幸福江阴新辉煌（2010）

- 蝉联中国县域经济基本竞争力百强县（市）第一名，实现“八连冠”
- 农民人均纯收入达14898元，连续十一年名列全省县（市）第一
- 成功举办第19届中国金鸡百花电影节，第11届中国国际儿童电影节“花落”江阴
- 江阴港实现“百万标箱、亿吨大港”目标
- “江阴板块”扩容至29只股票，上市公司数量和募集资金总量在全国县级市中保持第一
- 世界500强企业21个进驻江阴，江阴企业在境外投资的国家和地区达25个
- 10个企业跻身中国500强、13个企业营业收入超百亿元
- 再次荣登长三角地区县（市）商业十强榜首
- 长泾镇被命名为国家历史文化名镇
- 江苏金一文化发展有限公司被命名为“第四批国家文化产业示范基地”
- 成功举办中德国际足球邀请赛、2010中国徐霞客国际攀岩大师赛

……

人文荟萃暨阳城

- 徐霞客　明代杰出地理学家、旅行家、探险家
- 杨名时　清代兵部、吏部、礼部尚书，理学家
- 蒋春霖　晚清词人
- 缪荃孙　中国近代图书馆之父，目录、方志学家
- 刘半农　现代文学家、语言学家
- 刘天华　民族音乐家、国乐一代宗师
- 巨　赞　爱国高僧、佛学家
- 吴文藻　社会学家、人类学家、民族学家
- 上官云珠　电影表演艺术家
- 蒋新松　中国机器人之父
- 承淡安　中医学家、针灸学家
- 吴研因　教育家
- 吕斯百　油画家
- 罗　琼　中国妇女运动领导人
- 周水平　江苏农民运动先驱
- 张大煜　化学家
- 曹鹤荪　空气动力学家

……

中共中央政治局委员、中央书记处书记、中组部部长李源潮，于2010年1月7日在中央党校《关于“幸福江阴”建设的研究报告》上作出重要批示：

“‘幸福江阴’建设，你们干得很好。共产党的最根本宗旨，就是为人民谋幸福。人民幸福是科学发展的目的、动力和检验标准，人民幸福是科学发展观的出发点和落脚点。江阴将人民幸福在发展中具体化、目标化、科学化，使之成为政府与群众的共同意志，‘幸福江阴’建设取得突出成绩，使江阴人民的幸福指数和幸福感受明显提高。江阴的经验值得推广。希望你们继续努力，提高人民群众的幸福水平和满意度，并在幸福社会建设上探索出一条可行的道路来。”

2011

江阴年鉴

沈鹏

江阴市人民政府 主办
江阴市史志办公室 编

方志出版社

图书在版编目（CIP）数据

江阴年鉴. 2011/江阴市史志办公室编. —北京：
方志出版社，2011.6

ISBN　978—7—5144—0137—0

I. ①江…　II. ①江…　III. ①江阴市—2011—年鉴
IV. ①Z525.33

中国版本图书馆CIP数据核字（2011）第098731号

江阴年鉴（2011）

编　　者：江阴市史志办公室
责任编辑：何明忠
出 版 者：方志出版社
（北京市建国门内大街5号中国社会科学院科研大楼12层）
邮编　100732
网址　http://www.fzph.org
发　　行：方志出版社发行部
（010）85195814　85196281
经　　销：新华书店总店北京发行所
法律顾问：北京市大禹律师事务所
印　　刷：南京凯德印刷有限公司
开　　本：889×1194　1/16
印　　张：35
字　　数：1153千
版　　次：2011年6月第1版　2011年6月第1次印刷
印　　数：0001～3300册
ISBN　978—7—5144—0137—0/K · 109　定价：180.00元

地址：江苏省江阴市澄江中路9号　电话：0510－86861613（传真）　邮编：214431

2010年 江阴市获全国性荣誉

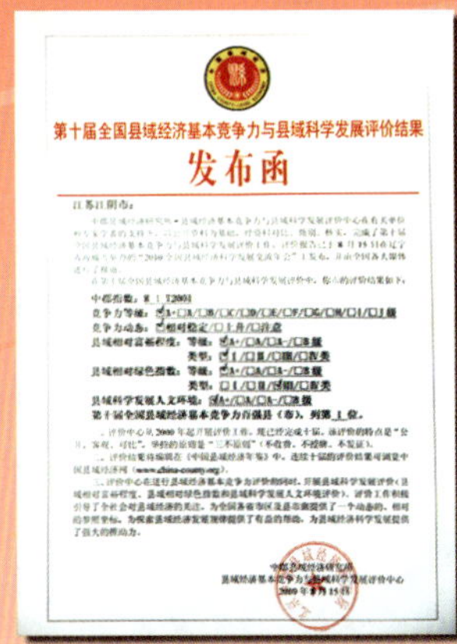
第十届全国县域经济基本竞争力与县域科学发展评价结果
发布函

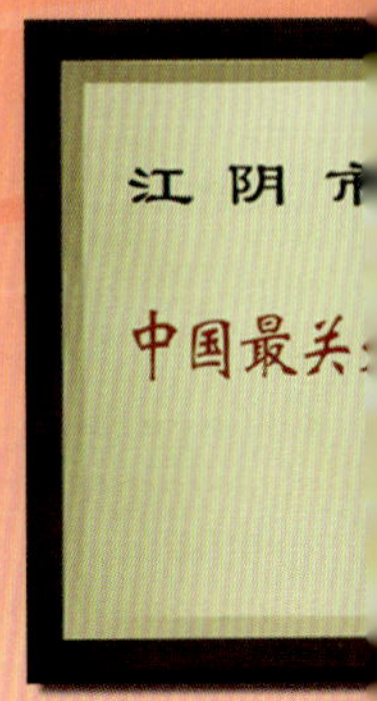

【第十届全国县域经济基本竞争力排名第一】

【中国最关爱民生的县（市、区）】

【全国法治县（市、区）创建活动先进单位】

【2010中国全面小康十大示范县市】

【2010年中国最具幸福感城市】

【2009年度最具竞争力的低碳产业基地城市】

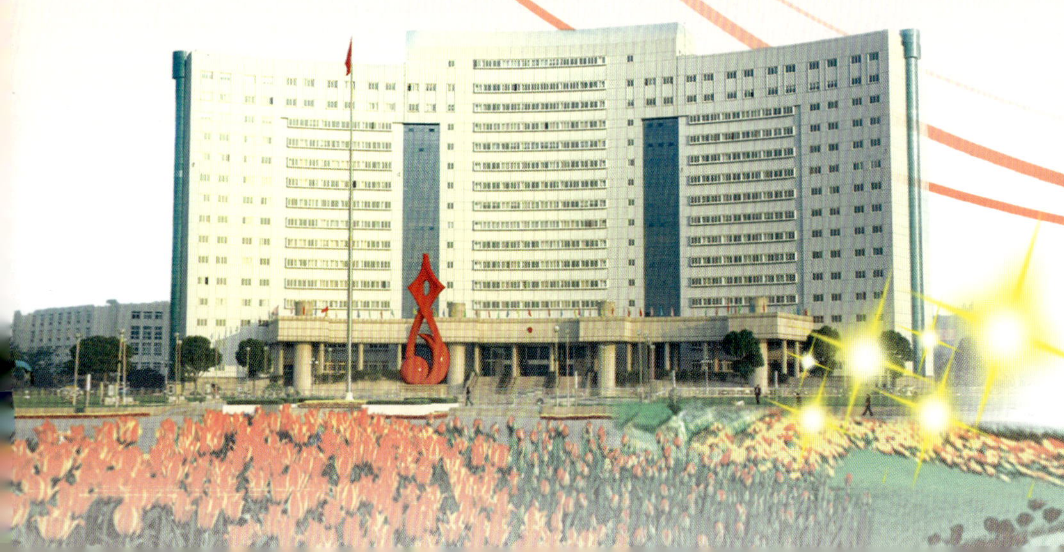

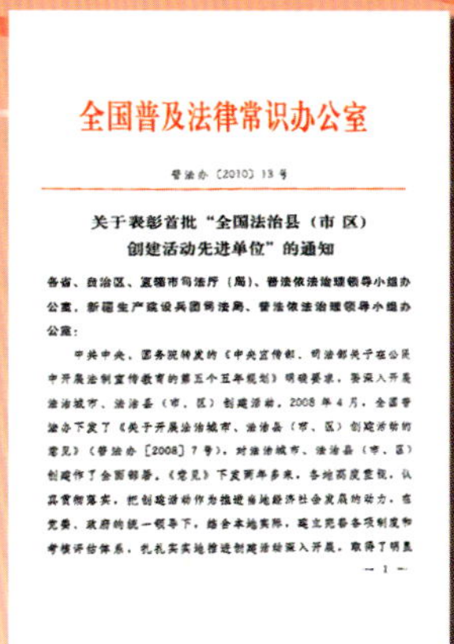
全国普及法律常识办公室

普法办〔2010〕13号

关于表彰首批“全国法治县（市 区）创建活动先进单位”的通知

【中国最具活力民营经济县(市)】

【中国和谐管理城市】

【全国创建学习型家庭示范城市】

【中国老年人宜居宜游城市】

【2008年至2009年实施畅通工程模范管理城市】

【全国残疾人社区康复示范县（市、区）】

【“十一五”国家科技计划组织管理优秀组织奖】

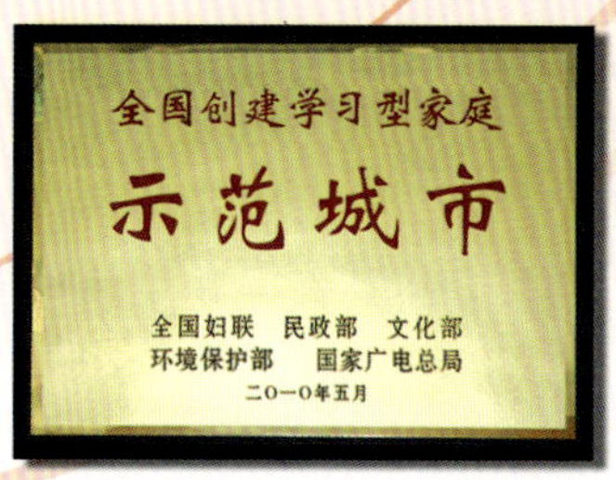

【2010年江阴市十大要闻】

③

①“幸福江阴”建设深入推进，赢得广泛赞誉和高度肯定。中共中央政治局委员、中央书记处书记、中组部部长李源潮就“幸福江阴”建设作出重要批示。

②江阴实现全国县域经济基本竞争力排名“八连冠”，摘取“2010年中国最具幸福感城市”十大获奖县(市)第一名、“2010年中国全面小康十大示范县市”第一名等多项全国性荣誉。

③扬子江船业成为首只在台湾上市的大陆企业股票，全市新增6只股票，“江阴板块”扩容至29只股票。

④成功举办第19届中国金鸡百花电影节，“幸福江阴”叫响全国，提升了幸福之城的城市竞争力和对外影响力。

【2010年江阴市十大要闻】

⑤ 大力推进新兴产业“445计划”，在全国同类城市率先成立科技人才资本战略合作创新联盟，创新探索“企业家+科学家+金融家”的发展模式。

⑥ 城乡一体化迈出新步伐，“不开发区”战略倒逼产业和城市同步转型。

⑦ 第十届全国“村长”论坛在华西村举行，全省、全市掀起新一轮学华西热潮。

⑧ 江阴港集装箱年吞吐量突破百万标箱，“以港兴城”实现新跨越。

⑨ 突出民生改善，全面实施被征地农民并轨城保政策，在全省率先推出新农合补充保险，“五道保障线”不断完善。

⑩ 文化产业、体育事业蓬勃发展，城市软实力进一步提升。

【2010年江阴市十件为民实事】

扶贫帮困

组织各级党员干部结对帮扶困难群众，各镇（街道）各级干部结对帮扶困难户9197户，帮扶群众超2万人；完成农村特困户危房改造106户；全年实现残疾人就业361人，残疾人就业率达94%以上。

就业创业

全年新提供就业岗位5.4万个，解决本地劳动力就业2.36万人，农村劳动力充分就业率93.5%，江阴籍大学生就业率91.3%；新组建新型农村合作经济组织32个，累计478个，全市参加各类合作经济组织农户14.8万户，比例达65.8%。

社会保障

全市企业养老保险新增参保职工7.2万人，净增3.26万人，城乡居民养老保险覆盖率达99%；新型农民基本养老金年内人均增加至每月120元；新增居家养老服务中心38个，总数100个；扩容“幸福一点通”老年求助服务用户1000户；总数达2500户；完成2000名“红十字”救护员和2万人群众性现场初级急救培训。

湿地绿化

徐霞客湿地公园一期项目竣工；开展市区198平方公里环境整治，完成城区“绿中添花”一期工程，城市建成区绿化覆盖率达44.2%；完成绿化造林2000公顷，森林覆盖率提高至28%，林木覆盖率达到20.05%；创建绿色家园示范村60个、示范镇3个。

环境治理

完成土地复垦整理112公顷（不包括万顷良田建设），完成213个自然村整治整理工作，总投资超1.4亿元，直接惠及农村人口1.98万户、6.88万人；城市全年空气质量达二级标准的天数300天；完成全市637个排水达标区创建任务，共建设道路污水管网234公里，建设截污管网502公里，城区、集镇生活污水集中处理率分别达90%和85%以上。

【2010年江阴市十件为民实事】

治安交通

全市违法犯罪警情比2009年下降12.65%；全面开展农村道路交通环境综合治理，启用智能化交通指挥中心，实现对道路交通状况即时优化和科学干预；有序推进技防入户工程，技防入户率城区（镇、街道）达47.5%、农村达30.3%。

安居工程

通湖路、暨阳路、文化路西段、定波路、河北街5条背街小巷完成改造；完成50万平方米的老小区整治和2.3万平方米的平改坡工程；第三期经济适用房和廉租住房建设，部分高层封顶；限价商品房建设夏港街道准备开工，南闸、云亭街道进入设计阶段。图为南闸街道建成“称心阁”高层安置房。

服务便民

新增城市公交空调大巴100辆，更新天然气（CNG）公交车150辆；新开辟公交线路5条；永安公交首末站投入使用，江阴汽车客运站正式投运；“12345”民生热线开通网上直播，市民诉求件办理满意率达95%以上；累计发放市民多功能卡120万张。

食品安全

实施城乡一体化早餐“放心工程”，新增“早餐亭”80个，累计建成125个；实施豆制品市场准入制度，放心豆制品供应网点达到50个；启动国家三星级屠宰加工中心建设，“政府放心食品工程”从早餐增至肉、豆制品、牛奶、蔬菜等6大类。

文体教卫

公益性文化设施达标率100%，万人拥有公共文化设施面积达810平方米；市民水上活动中心完成主体建设，人均拥有公共体育设施面积3.28平方米；江阴高级中学新校区一期工程建成并投入使用；完成第三轮农民免费健康体检；市人民医院新病房大楼和市精神卫生中心建成并投入使用。

【江阴市十佳标志性建筑】

①

②

③

④

⑤

① 体育中心

“飞”的创意融汇于该建筑群之中。充满个性的巨大屋顶，曲线优美有力伸展的“双翼”自然过渡到绿色的大地，与“流畅的旋律”融为一体，引而不发，展翅欲飞。体现了“勇争第一”的体育精神与“创一流”的江阴精神。获得2009年中国建筑色彩设计大奖、世界膜结构协会2010年度唯一膜结构奖和江苏省优秀建筑设计一等奖。

② 江苏省南菁高级中学新校区

紧邻耙齿山，依托山势，校园内有山有水有园，山趣水趣园趣相投，亭台楼阁相间。百年老校的传统文化在新校区的建筑中得到传承和体现，同时又赋予了菁园新的内涵，获得江苏省“建筑师杯”一等奖。

③ 江阴国际会展中心

整个结构就像一架钢琴，流畅的线条流淌着行云流水般的旋律，尽现现代建筑风格和都市风貌，是2010年第19届中国金鸡百花电影节的主会场。

④ 天华文化中心

博物馆、图书馆、文化馆、展览馆、美术馆和大剧院6个馆合成一体，各馆并联组合成400米长的巨大弧形综合体。体量恢弘，气魄宏大，功能齐全，充分考虑了刘天华民族音乐艺术的元素。

⑤ 赞　园

主体建筑采用清末民初江阴民居建筑风格，在恢复巨赞法师故居的基础上，统一风格，辅以点缀园艺景观小品。建筑和园林相互衬托，互为对景，做工精细，景色宜人。

【江阴市十佳标志性建筑】

⑥

⑦

⑧

⑨

⑩

⑥ 徐霞客旅游文化博览园

"神韵霞客，诗画江山"，以霞客文化为内涵，以江南水乡丰富的水生态环境为依托，以文化艺术为特色，是集名人瞻仰、体验观光、休闲游憩、艺术学研多重功能于一体的综合性文化生态旅游区。

⑦ 海澜国际马术俱乐部

建筑气势恢宏，是目前国内首个集马术训练、表演、比赛以及健身休闲度假为一体的标准型、国际化、综合性马术表演运动基地。其中马术表演馆采用奥匈帝国皇家宫殿标准设计建成。

⑧ 江苏省江阴高级中学新校区

建筑外墙以灰红色为主，同时结合校园内杏坛、三桥、孔子像等景观，体现了厚重的历史感和浓浓的文化氛围。新校区整体风格为"学府气质，文化沃土，青春乐园"。

⑨ 黄嘉喜来登酒店

高档次的商务酒店，东靠江阴长江大桥，南接滨江路，西邻黄山湖公园，北瞰长江，外形融合欧式圆顶建筑，曾作为第19届中国金鸡百花电影节的主要会场以及接待嘉宾之处。

⑩ 长泾明清街建筑群

古朴典雅的巷门牌坊，粉墙黛瓦的建筑风格与附近保留完整的千米石板街，著名影星上官云珠的故居等旅游景点，形成别具特色的人文景观，具有浓郁的明清古韵风味，是第19届中国金鸡百花电影节分会场。

【江阴市十大美丽村庄】

华士镇华西村

华西建村以来，不断创新提升“五业”（农、工、商、建、游）、“五容”（山容、河容、田容、厂容、村容）、“五子”（票子、房子、车子、孩子、面子），推动经济、政治、文化、社会及生态文明和党的建设，形成了“山南钱庄、山北粮仓、中间天堂”的新格局，真正是“美丽五容赛苏杭，幸福五子胜天堂”。

夏港街道长江村

长江村被评为中国经济十强村、全国新农村建设示范村、全国民主法治示范村。在村党委带领下，发展成果惠及全体村民，全面贯通水、电、路等设施，建成集休闲、娱乐、健身于一体的中央花园和千亩湿地生态园，户户通上清洁能源天然气。

徐霞客镇徐霞客村

徐霞客村位于“不开发区”核心区，村内有徐霞客故居、中国徐霞客旅游文化博览园、生态湿地公园、明清风貌街。新建小后宅新农村，增添老年活动中心、篮球场，基础设施完善，村庄绿化美化。先后通过江苏省生态村验收、省卫生村验收，被评为江阴市最美乡村，陆续建成社区服务中心、和谐社区、江苏省绿色家园示范村、无锡市社会主义现代化新农村示范村。

周庄镇山泉村

山泉村积极推行村民自治，坚持做好村务公开、村民议事、民主理财、民主监督，“民主促民生”的做法和取得的成绩连续受到国家、江苏省、无锡市领导的高度肯定，村级可支配收入居全镇第三位。村内的山泉花苑是新农村建设的样板小区，民政部部长李立国在视察山泉花苑老年公寓房时，欣然题词寄语山泉：“孝亲敬老，山泉示范”。

新桥镇圩里村

圩里村有集旅游观光及农业于一体的龙头企业——江阴市神龙蛇场和海澜国际马术俱乐部，全村绿化率达75%以上。先后被评为江苏省卫生村、生态村、康居示范村，无锡市农村旅游特色村、绿化模范村，被江阴市确定为农村旅游定点单位。

【江阴市十大美丽村庄】

月城镇双泾村

双泾村地处江阴市五大万亩圩区的马甲圩范围之内，依托自然生态环境以及良好的生态农业资源，积极发展生态农业旅游区，“双泾牌葡萄”“月城双泾螺蛳”先后被注册为农产品商标，享誉周边。南有167公顷“云外水庄”生态园，北有属“万顷良田”基地的近400公顷果园。

青阳镇悟空村

悟空村名源于悟空寺。村内悟空生态文化旅游区占地面积约100公顷，充分挖掘佛教文化底蕴；农业科技博览园占地面积22公顷，集中展示现代农业发展成果；嘉茂国际花鸟园占地面积2公顷，是目前国内最大的花鸟培养和观赏中心。先后获得江苏省卫生村、省村庄绿化合格村和无锡市绿色家园示范村等称号。

云亭街道花山村

花山村大力发展三产服务业，以绮山文化会所和彩云乡涧生态农庄为龙头，大力发展“农家乐”项目，带动村民增收致富。先后被评为江苏省生态村、省卫生村。村内有佘城遗址、龙王庙、双峰寺等古迹。书画是花山村的一大特色，在江苏省美术馆举办了“新江阴•新农村”书画展，成为全省第一个走进省美术馆举办画展的行政村。

顾山镇红豆村

红豆村因千年古树红豆树而获名。近两年开展连栋大棚建设和“神马”菊花、非洲菊花的种植工作，“金顾山”水蜜桃生产基地面积超33公顷。先后获得江苏省生态村，无锡市百村奔小康工程达标村、无锡市新农村建设先进村、无锡市党风廉政建设优秀村等荣誉称号。

徐霞客镇南苑村

南苑村内的江苏九州果业、圣发果业、万龙农庄、万顷良田等已形成高效观光旅游休闲为一体的现代农业，充分展现了“田园风光”。2007年建成江苏省卫生村。全村村容整洁、环境优美，林木覆盖率达到60%以上。村民生活宽裕、生活条件便利、生活方式文明。

江阴最具影响力大事

江阴板块

公司名称	上市时间	简称	代码
江苏四环生物股份有限公司	1993.9	四环生物	000518
成都蜀都大厦股份有限公司	1995.11	舒卡股份	000584
江苏模塑科技股份有限公司	1997.2	模塑科技	000700
江苏澄星磷化工集团公司	1997.6	澄星股份	600078
江苏中达制膜(集团)股份有限公司	1997.6	中达股份	600074
江苏法尔胜股份有限公司	1999.1	法尔胜	000890
中国化学建材股份有限公司	1999.4	中国玻纤	600176
江苏华西村股份有限公司	1999.8	华西村	000936
江苏阳光股份有限公司	1999.9	江苏阳光	600220
凯诺科技股份有限公司	2000.12	凯诺科技	600398
江苏三房巷实业股份有限公司	2003.3	三房巷	600370
江苏双良空调设备股份有限公司	2003.4	双良股份	600481
江苏长电科技股份有限公司	2003.6	长电科技	600584
江苏申龙高科股份有限公司	2003.9	江苏申龙	600401
江苏霞客环保色纺股份有限公司	2004.7	霞客环保	002015
江苏建伟集团有限公司	2004.7	泛马公司	1505
上海亚洲控股有限公司	2004.10	上海亚洲	p57
科玛工业有限公司	2004.11	科玛公司	1942
瀚宇博德国际控股有限公司	2006.10	瀚宇博德	667
扬子江船厂股份有限公司	2007.4	扬子江	Yangzijiang

- 2008年江阴市被中央确定为全国改革开放30年18个典型地区之一，被誉为"科学发展的先行者"。
- 国务院总理温家宝2009年1月9日视察江阴，称赞："化危为机，江阴有股劲"。
- 江阴市从2003年起蝉联中国县域经济基本竞争力百强县（市）排行榜第一名，实现"八连冠"；从2000年起农民人均纯收入连续十一年名列全省县（市）第一。
- 江阴市用人民幸福评估发展，荣获2010年中国最具幸福感城市县（市）第一名，连续三年名列"中国全面小康十大示范县（市）"第一。
- 华西村被树为科学发展新典型，全国掀起又一轮学华西新高潮。
- 江阴市荣获"中国最佳经济活力魅力城市""首批国家生态市""国家园林城市""全国绿化模范市""国际花园城市""全国双拥模范城"等40多项国家级以上荣誉称号，经济社会发展享誉全国。
- "江阴板块"不断扩容，上市公司达28个，股票29只，江阴被誉为"华夏A股第一县"。
- 江阴临港新城被批准设立省级开发区，江阴港实现"百万标箱、亿吨大港"目标，确立长三角地区枢纽港地位。
- 成功举办第19届中国金鸡百花电影节、江阴撤县建市20周年等重大节庆活动，不断激发全市人民爱党爱国爱家乡的巨大热情。
- 法尔胜被评为全国创新型企业，综合实力连续20年位居全国金属制品行业第一。

江阴最具影响力工程

- 市域骨架路网基本形成，7条省级干线公路、33条市级道路、463.8公里镇村道路建成通车，江阴境内公路通车里程达2400公里。
- 实施城市组团开发，“城市客厅”基本建成，敔山湾新城初具规模，城西组团开发加快推进，南门地区改造全面启动。
- 总投资18.7亿元，建成并启用南菁高中、江阴高中等29所新校区。
- 江阴体育中心、天华文化中心建成投运，成为广大市民的好去处。
- 全面启动现代农业十大重点示范工程。
- 全面推进城乡绿化、生态建设工程，城市绿化覆盖率和全市林木覆盖率分别达到45.02%和20.05%。
- 提前一年圆满完成支援绵竹清平乡地震灾区重建工程。
- 新桥“欧洲小镇”、长泾历史文化名镇、徐霞客特色景观旅游名镇等新市镇建设成效明显。
- 苏南区域水厂三期、“川气东送”配套工程江阴段建成投运。
- 澄江福地、良宵民俗艺术街坊、“中国裳岛”等一大批城市建设项目竣工投运，城市功能提升优化。

江阴最具影响力民生实事

- 城保扩面广覆盖，历次被征地农民并轨城保。
- 大力实施充分就业计划，累计提供就业岗位23.98万个。
- 率先在全省建立全民健康档案，免费为群众健康体检158万人次。
- 建成25万平方米经济适用房，改造提升53个老住宅小区居住品质。
- 各镇建成首批省体育强镇，全市人均公共体育场地面积达3.28平方米。
- 实施放心食品工程，“政府放心早餐”遍及城乡。
- 开通“12345”民生热线，努力提升公共服务水平，打造信息化“智慧江阴”。
- 慈善基金突破10亿元，创全国县（市）之最，社会救助、养老服务体系覆盖城乡。
- 建成478个农村新型合作经济组织，有效促进农民持续增收，农民户均增收8113元。
- 建立环卫管理、控源截污和规范排水行为城乡一体体系，整治971个自然村庄，直接惠及39.2万农村人口。

江阴最具影响力决策

- 实施建设“幸福江阴”战略构想，创新推出“幸福江阴”综合评价指标体系。
- 深入学习实践科学发展观，以华西经验丰富发展，以江阴精神激励发展。
- 实施“以港兴城、港以城兴、港城共荣、互动发展”战略，启动建设临港新城。
- 推进开发区“二次创业”，以人才科技为引领，着力打造科技新城。
- 实施新兴产业发展“445计划”，加快经济转型优化。
- 启动不开发区域建设，开创发达地区可持续发展新路径。
- 以民生需求倒逼经济和城市同步转型，产业与民生同步提升。
- 对内加快城乡一体化，提高城乡统筹发展水平，对外主动融入长三角，彰显城市特色，提升城市能级。
- 深入推进科技人才资本战略，加快开放式科技创新，打造人力资源和金融资本强市。
- 实施文化强市战略，以文化人、以文化文、以文化城，全面提升城市文化软实力。

江阴最具影响力模范人物

全国著名劳模、建设社会主义新农村的带头人——

吴仁宝

江阴最具影响力人物

最具活力造船厂的掌舵人——

任元林

以百姓幸福为最大快乐的杰出村官——

李良宝

江阴最具影响力人物

率先转型发展，续写华西辉煌的新书记——

吴协恩

致力培养“优秀的世界公民和永远的中国人”的名校长——

吴　辰

“钢铁是科技炼成的”先行者——

张文基

江阴最具影响力人物

集企业、科技、资本为一体的海归创业领军人物——

张　雷

全球最大毛纺企业、中国世界名牌的创造者——

陈丽芬

“海澜之家”连锁经营模式的创始人——

周建平

江阴最具影响力人物

严把国门的忠诚卫士——

徐大师

幸福江阴的平安护卫者——

徐　斌

江阴最具影响力提名人物

中国半导体封装行业领军人物——

王新潮

中国"化纤航母"的领航者——

卞平刚

江苏省首位农民工人大代表——

杨　进

中西医结合的抗肿瘤专家——

沈伟生

江阴最具影响力提名人物

矢志不移、助人为乐的个体工商户——

沈福才

江阴首个国家创新型企业少帅掌门人——

周　江

"徐虎"式人物——

周松庆

工业反哺农业,发展现代农业的带头人——

费剑英

勇创新业，诚信经营的优秀女性——

黄丽泰

江阴最具影响力提名人物

攻克"长江三鲜"养殖难题的土专家——

郑金良

中国最佳农村商业银行董事长——

赵　益

江阴首枚残奥会金牌获得者——

龚　彬

江阴无偿献血的倡导者、示范者——

蒋岳新

江阴现代商业的领头雁——

解红光

编辑说明

一、《江阴年鉴》是由中共江阴市委领导、江阴市人民政府主办、江阴市史志办公室负责逐年编辑的江阴地方年度资料性文献。

二、《江阴年鉴（2011）》是1993年该鉴创刊后的第19卷。它全面系统、准确翔实地记载2010年度江阴市自然、政治、经济、文化和社会生活等方面的基本情况，反映全市上下深入贯彻落实科学发展观，加快经济发展方式转变、建设“幸福江阴”的最新进程，旨在为各级领导决策提供参考依据，为江阴经济社会发展服务，为中外人士了解和研究江阴提供可靠信息，也为编史修志积累资料。

三、《江阴年鉴（2011）》按分类记事体例，设41个类目。类目下共设268个分目、1418个条目。总篇幅115.3万余字，画页78页，随文图片81幅，表格153张。为便于检索，除卷首设详细目录外，卷尾还设主题分析索引。

四、为体现时代特色、年度特色、地方特色和与时俱进的要求，《江阴年鉴（2011）》与《江阴年鉴（2010）》相比，版本改为大16开。宣传画页除保留《年度十大要闻》《年度十件为民实事》两个固定专栏外，新设《幸福江阴·和谐城市》《“辉煌十一五”江阴最具影响力人物和事件》《幸福江阴·文化繁荣》《幸福江阴·精彩记忆》专栏。正文部分新设《人力资源》类目和附录；原《卫生·体育》类目拆分为《卫生》《体育》两个类目；《金融》类目取消子分目；《先进集体》《统计资料》等归入附录中；组织机构和领导人名录列为类目。《资本经营》《国内贸易》《城乡建设》类目名称分别改为《企业上市》《商贸服务业》《城乡建设与管理》。其他类目基本框架不变。

五、《江阴年鉴（2011）》人物类目收录2010年度江苏省级以上劳模和先进个人简介及江阴市级以上先进个人名录，逝世人物收录原江阴市级领导、旅外江阴籍地市级以上领导干部和正高级以上知名人士。

六、《江阴年鉴（2011）》部分机构用简称，机构的全称与简称对照表列于目录前；部分条目涉及缩略语（注有“*”号），其注释按首字笔画顺序排列附于索引后。书名由中国书协名誉主席、江阴籍著名书法家沈鹏题写。

七、《江阴年鉴（2011）》采用的稿件，由各单位提供，并由各单位领导审定。各类目编辑署名于该类目尾页，宣传画页编辑为吴海英。撰稿者署名条目之后（连续两个以上条目为同一撰稿者，不一一署名）。

八、《江阴年鉴（2011）》正文所用统计数据，因统计来源、口径、方式、方法和时间不同而有一定差异，使用时请以江阴市统计局提供的《经济社会发展统计资料》数据为准。

九、《江阴年鉴（2011）》有纸型版和光盘版两种版本。光盘版随纸型版年鉴同时发行。

十、因时间仓促、水平有限，《江阴年鉴（2011）》难免疏漏不当之处，敬请读者批评指正。《江阴年鉴（2011）》的编辑出版得到各单位领导和撰稿者的关心和支持，在此谨表谢意。

各单位审稿领导名单

（以姓名首字笔画为序）

王冰	王亮	王恩	王大雷	王玉雷	王利峰	王学飞	王建炜
王荣军	王海军	尤力人	毛勇	卞宏	六扬	尹志华	卢忠
卢建法	卢澄晓	冯卫钊	冯爱东	朱敏	朱佳虎	朱建方	刘一青
刘卫星	刘文红	刘永红	刘红华	刘国兴	汤龙生	许阳	许宏
许晨	许卫国	阮蔚琳	孙明江	孙福康	杨瑞志	苏士虎	李仁法
李建国	李茂林	严军明	严志海	严建定	吴芳	吴国忠	吴建一
吴建良	吴明言	吴海平	吴海英	吴雷钧	何尧军	何建华	邱伟杰
余瑞伦	汪吉发	沈军	沈伟旗	张士元	张东标	张光伟	张再兴
张国兴	张英毅	张晓东	张静华	陆钢	陆礼平	陈泓	陈卫东
陈文斌	陈兴初	陈佩民	陈国兴	陈国林	陈建龙	陈建国	陈忠宇
陈晓东	陈福良	杭成	郁敏	郁秋皓	季永明	季相云	金锡妹
周法祥	周彦忠	周美娣	单春宏	胡进法	胡建新	胡品洪	胡莹洁
赵虎	赵益	赵强	赵志军	赵茹珊	俞良	俞伟人	俞烈彪
施迪庆	洪朝晖	顾平	顾新	顾培植	顾福平	夏益平	钱红
倪颖伟	徐文侠	徐冬青	徐洪刚	徐海峰	翁国琪	郭向明	高小乒
高文展	高林嵩	唐玉良	唐震球	陶苏根	黄慧	黄磊	黄建峰
黄林法	黄耀清	曹恩华	龚国贤	龚振东	盛金才	崔巍	屠湘如
蒋青	蒋永成	喻伟力	程军	储政伟	谢见龙	雷燕	蔡欣
蔡炯	蔡澄	蔡叶明	缪红	缪敏	缪辉	缪慧	缪兴坤
缪剑波	薛良	薛炯	薛洪都	戴伟刚	戴振威	魏锋	濮益民

各单位分管领导名单

（以姓名首字笔画为序）

马　军	王　健	王　寅	王长宁	王玉龙	王生虎	王海军	王维秧
王萍芳	尤力人	戈小年	仇　丰	计慧红	卞　宏	卞希力	叶　敏
叶海舟	包　煜	冯正兴	冯明刚	任静云	华　青	刘　政	刘　锋
刘一青	刘小微	刘永红	刘红华	刘志伟	刘国兴	刘忠明	刘晓军
江　良	汤玲璇	许卫国	许崇标	祁　林	阮丛友	孙　龙	孙　伟
孙　兴	杨国洪	杨建伟	杨瑞志	杨潮阳	苏士虎	李建国	严会东
严伟荣	严志海	严国琴	肖朱东	吴　钢	吴有成	吴自强	吴建新
吴晓东	吴淦新	吴雷钧	何　梦	何尧军	何建国	余瑞伦	邹星洪
沈　斌	沈敏能	张　海	张　跃	张东标	张伟龙	张国生	张建平
张英毅	张勤农	张耀忠	陆　军	陆　雁	陆卫力	陆建兴	陈　华
陈　勇	陈　逊	陈　娟	陈　峰	陈　强	陈卫宏	陈月萍	陈亚蕾
陈国林	陈国银	陈建龙	邵菊琴	杭　强	范本福	郁　敏	郁秋皓
季永明	金柏伟	金锡妹	周　蓉	周林海	周彦忠	周美华	庞晓敏
单　旭	单春宏	胡　宪	胡荣华	查建标	赵茹珊	赵　炯	段玲华
俞　良	俞伟人	施丽娟	宦雪忠	耿晨新	袁金英	袁喜忠	顾　平
顾　新	顾春宇	顾洪伟	顾培植	顾敏明	顾福平	夏宏伟	钱　标
钱　晴	倪继宏	徐　锋	徐文山	徐岳明	徐剑锋	徐益民	徐福民
殷永华	翁国琪	郭向明	高　立	高　原	唐　佳	唐志军	陶晓东
陶理江	黄　葵	黄　慧	黄岳君	曹晓元	曹焕平	龚菊平	盛良斌
盛金才	章　伟	董录科	程　军	储政伟	焦亚平	谢见龙	雷　燕
缪　辉	缪勤国	樊　蓉	檀春节	戴晓军	瞿江烨		

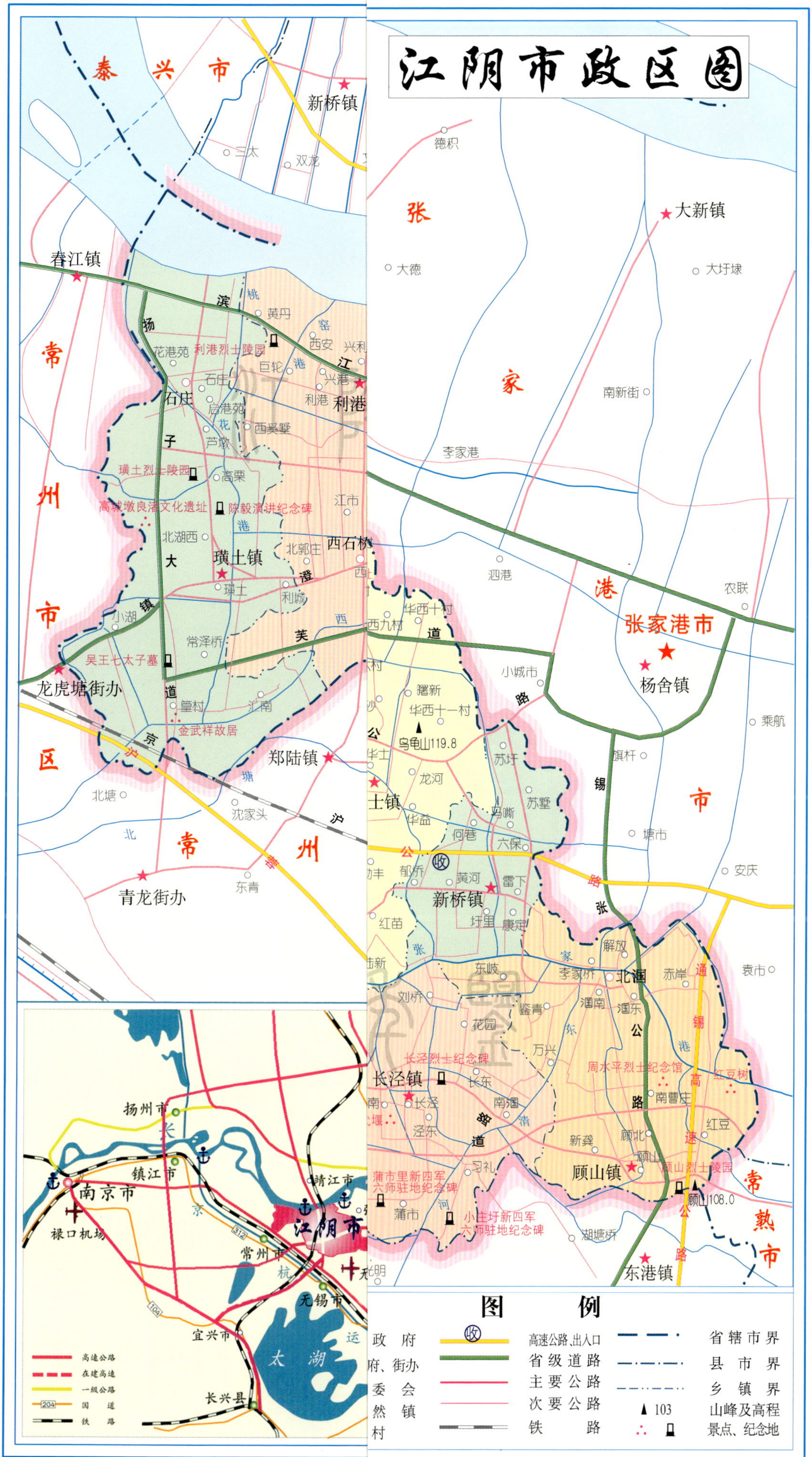

江阴市史志办公室　　江苏省全方地图应版必究　　注：图中境界不作实地划界依据

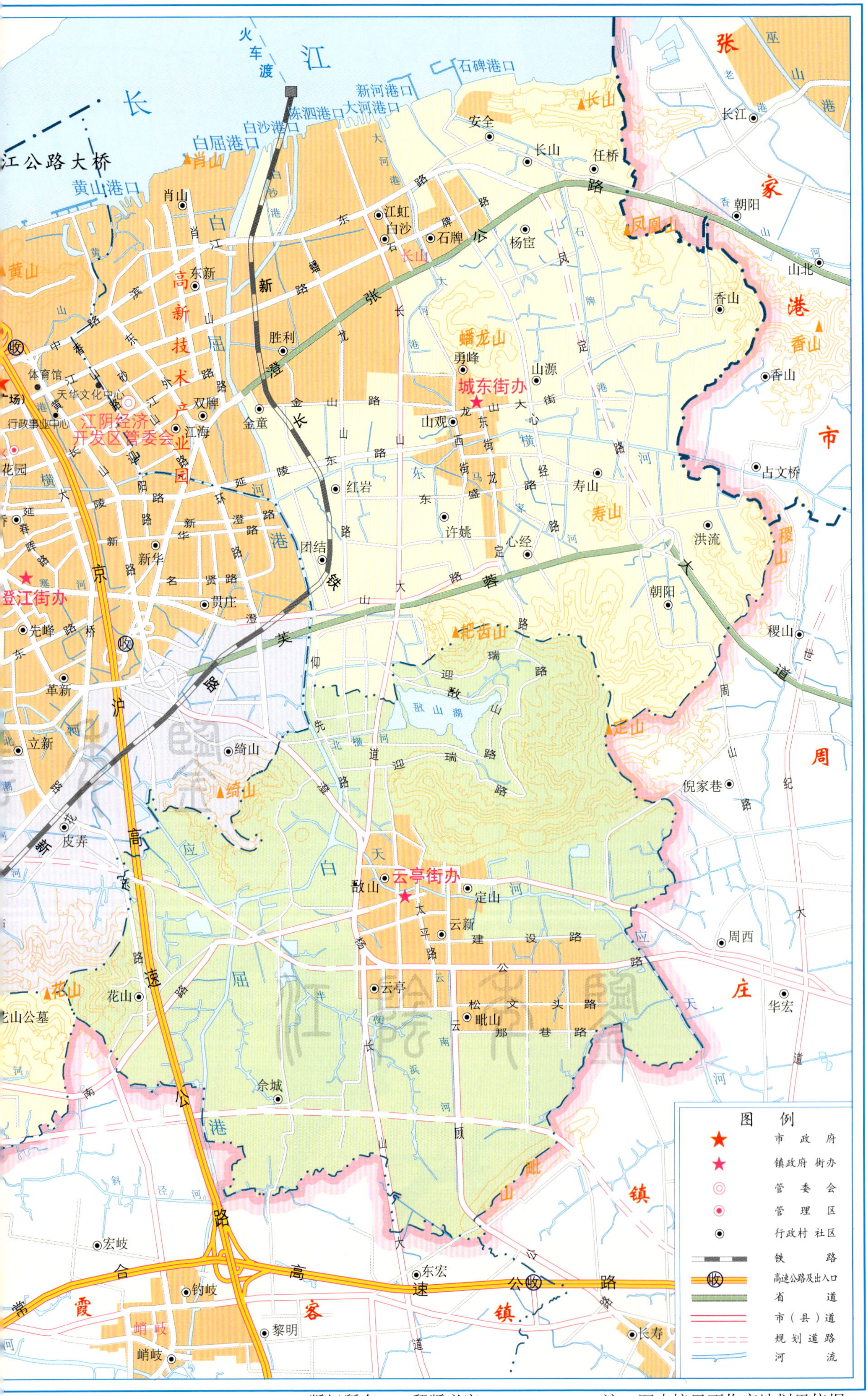

注：图中境界不作实地划界依据

江阴市部分机构全称、简称对照表

全　称	简　称	全　称	简　称
中共江阴市委	市　委	江阴市人民政府侨务办公室	市侨办
江阴市人民代表大会常务委员会	市人大常委会	江阴市城市管理局 （江阴市城市管理行政执法局）	市城管局 （市城管执法局）
江阴市人民政府	市政府	江阴市口岸办公室（江阴市港口管理局）	市口岸办（市港口局）
政协江阴市委员会	市政协	江阴市民防局（江阴市人民防空办公室）	市民防局（市人防办）
中共江阴市纪律检查委员会	市纪委	江阴市住房保障和房产管理局	市住保房管局
中共江阴市委办公室	市委办	江阴市市级机关事务管理局	市机关管理局
中共江阴市委农村工作办公室	市委农工办	江阴市供销合作总社	市供销社
江阴市精神文明建设指导委员会办公室	市文明办	中国民主同盟江阴市委员会	民盟江阴市委
中共江阴市委统一战线工作部	市委统战部	江阴市人民法院	市法院
中共江阴市委台湾工作办公室	市委台办	江阴市人民检察院	市检察院
中共江阴市委政法委员会	市委政法委	共青团江阴市委员会	团市委
中共江阴市委市级机关工作委员会	市级机关党工委	江阴市妇女联合会	市妇联
中共江阴市委党校	市委党校	江阴市科学技术协会	市科协
江阴市人大常委会办公室	市人大办	江阴市归侨侨眷联合会	市侨联
江阴市政府办公室	市政府办	江阴市文学艺术界联合会	市文联
江阴市政府外事办公室	市外事办	江阴市工商业联合会	市工商联
江阴市发展和改革委员会	市发改委	江阴市残疾人联合会	市残联
江阴市企业上市工作办公室	市上市办	江阴市人民武装部	市人武部
江阴市经济和信息化委员会	市经信委	中国民主建国会江阴市委员会	民建江阴市委
江阴市信息化办公室	市信息化办	中国民主促进会江阴市委员会	民进江阴市委
江阴市科学技术局	市科技局	中国农工民主党江阴市委员会	农工党江阴市委
江阴市人力资源和社会保障局	市人社局	九三学社江阴市委员会	九三学社江阴市委
江阴市国土资源局	市国土局	江阴市无党派知识分子联谊会	市知联会
江阴市文化广电新闻出版局	市文广新局	江阴市关心下一代工作委员会	市关工委
江阴市人口和计划生育委员会	市人口计生委	江阴市国家税务局	市国税局
江阴市环境保护局	市环保局	江阴市地方税务局	市地税局
江阴市安全生产监督管理局	市安监局	无锡市江阴工商行政管理局	江阴工商局
江阴市政府法制办公室	市政府法制办	无锡市江阴质量技术监督局	江阴质监局
江阴市园林旅游管理局	市园林旅游局	江阴市新国联投资发展有限公司	市新国联
江阴市民族宗教事务局	市民族宗教局		

要　目

细　目

特　载

专　文

媒体报道选辑

大事记

江阴概况

中国共产党江阴市委员会

江阴市人民代表大会常务委员会

江阴市人民政府

中国人民政治协商会议江阴市委员会

纪检·监察

民主党派·工商联·社会团体

武 装·政 法

人 力 资 源

农 业 · 水 利

工　业

开放型经济

沿江开发

企业上市

商贸服务业

现代物流业

港口口岸

城乡建设与管理

建　筑　业

信　息　化　建　设

交通·邮政·供电

环境保护

园林旅游

金融

财政·税务

综合管理

科 学 技 术

教　育

文 化 新 闻

卫　　生

体　育

社会生活

改 革

街道·镇概况

组织机构和领导人员名录

人　　物

附　　录

索 引

宣 传 画 页

Contents

Special Records

Special Article

Selection from the Media Report

Chronicle of Events

Brief Introduction of Jiangyin

Jiangyin Municipal Committee of the Communist Party of China

The Standing Committee of Jiangyin Municipal People's Congress

Jiangyin Municipal People's Government

Jiangyin Municipal Committee of the Chinese People's Political Consultative Conference

Discipline Inspection & Supervision

Democratic Parties & Association of Industry and Commerce & Public Organization

Military Equipment & Legal Systems

Human Resource

Agriculture & Water Conservancy

Industry

Open–Oriented Economy

Riverside Development

Enterprises Listing

Business Service

Modern Logistics

Port & Harbor

Urban & Rural Construction and Administration

Architecture

Informationization Construction

Traffic & Postal Services & Power Supply

Environmental Protection

Gardens & Tourism

Finance

Finance & Taxation

Comprehensive Administration

Science Technology

Education

Culture & News

Health

Sports

Social Life

Reform

Survey of Block & Towns

Name List of the Organizations and the Leaders

Personages

Appendix

Index

Publicity Poster

■英文翻译 谢 诚

“辉煌十一五”江阴最具影响力事件和人物

序

2006～2010年，江阴走过极不平凡又灿烂辉煌的5年，经济社会蓬勃发展，描绘出一幅幅城乡巨变的壮丽画卷，谱写了一曲曲民生改善的幸福赞歌。在两个5年规划承前启后、“两个率先”进程继往开来之际，全市组织开展了“辉煌十一五”江阴最具影响力事件和人物评选活动，由广大市民、网友投票评选出“十一五”期间最具影响力、最受关注和欢迎的大事、人物、工程、民生实事和决策。这对于坚定全市人民深化“幸福江阴”建设、率先基本实现现代化的信念，全面实现“十二五”各项目标任务具有重要的意义。

“十一五”是奋进追求的5年。5年来，全市人民始终以昂扬的姿态、饱满的激情开拓奋进、不懈追求。江阴于2005年在全省率先建成全面小康达标(县)市后，没有放缓前进步伐，而是认真思考“经济发展为什么？区域领先争什么？小康达标后干什么？”2006年踏上了具有江阴特色、符合科学发展的建设“幸福江阴”的新征程。2007年以民生需求倒逼转型，以创新创造驱动发展，积极推进经济社会“又快又好”发展向“又好又快”发展转变。2008年积极应对金融危机，从重点发展向优化发展转变，促进经济与民生互动、城市与农村协调、生产与生态和谐。2009年千方百计保增长、促转型、惠民生，被温家宝总理称赞为“化危为机，江阴有股劲”。2010年以中央政治局委员、书记处书记、中组部部长李源潮关于“幸福江阴”建设的重要批示为鼓舞，进一步深化“幸福江阴”建设，全力推动经济与民生同步提升、产业与城市同步转型。

“十一五”是铸就辉煌的5年。这5年，江阴市经济社会各项事业取得瞩目成就，打响了3张城市品牌：“科学发展的先行者”。始终坚持科学发展，产业结构明显优化，城乡经济一体化步伐加快。被中央确定为全国改革开放18个典型地区之一，被誉为“科学发展的先行者”，连续8年领跑县域经济，累计获得40余项国家级以上荣誉。“幸福实践的领头雁”。实施建设“幸福江阴”的战略构想，确立了“五民五好”的幸福愿景，创新推出“幸福江阴”综合评价指标体系，“以人民幸福评估发展”项目获中国地方政府创新奖，被评为“中国最具幸福感城市”县(市)第一名，为全国提供“幸福城市”发展的新样本，推动引领了幸福社会建设。“民生保障的排头兵”。相继出台一系列重视民生、保障民生、改善民生的政策措施，科学、文化、教育和各项社会事业发展成效显著，被评为中国最关爱民生城市、中国十大和谐名城、首批国家生态市等。

“十一五”是创新奉献的5年。5年来，全市上下在创新创造和奉献中感受幸福，创业激情不断迸发，创新活力不断涌现。科技、人才要素成为发展新支撑。在全国同类城市率先成立区域产学研战略联盟、科技人才资本战略合作创新联盟，建成中国国际人才市场江阴市场，打造“人才特区”，启动“江阴千人计划”*。产业、城市转型创新发展新路径。积极主动融入长三角，启动并实施新兴产业发展“445计划”*，临港新城港城互动、开发区二次创业、不开发区域建设成绩斐然，形成加快发展新的制高点。江阴精神、华西经验增强发展新动力。以华西经验丰富发展，以江阴精神激励发展，以时代先锋、诚信榜样树立发展示范，广大干部群众在建设“幸福江阴”中进一步凝聚人心、激励斗志。

承前启后、继往开来。这些激动人心的变化、令人喜悦的成就、弥足珍贵的经验，是对“十一五”辉煌的铭记，更将激情开创“十二五”的新篇章。

迈进“十二五”，江阴人民豪情满怀。新的起点，江阴有“十一五”积累的丰富而宝贵的发展经验，形成的强大而持久的精神动力，更有明确的“十二五”发展思路。这些都将科学地指导大家有序推进各项工作，引领我们奋力开启“幸福江阴”建设新篇章、再创现代化事业的新辉煌。

迈进“十二五”，江阴人民步伐坚定。新的征程，江阴人民将坚定不移地深化幸福江阴建设和率先基本实现现代化、推进产业转型和城市转型、强化科技支撑和人才支撑、增强体制机制内生动力和社会管理创新动力、加强党的建设和民主法治建设，全力打造经济社会科学发展、转型发展、聚力发展的新优势。

迈进“十二五”，江阴人民信心百倍。潮起幸福江阴城，风劲正是扬帆时。通过新的努力，必将能把江阴打造成为基本实现现代化的先行区、创新型经济的先导区、城乡一体化的示范区、江海联动的枢纽港城、学习进取的创新智城、和谐宜居的幸福名城。

“十二五”，既具挑战又充满机遇。江阴人民在科学发展观的指引下，一定会始终保持奋发有为、奋发进取、奋发图强的姿态，保持科学发展、率先发展、创新发展的干劲，凝心聚力，求真务实，为把江阴的明天建设得更加幸福美好而努力奋斗！

中共无锡市委常委、江阴市委书记　朱民阳

最具影响力大事

一、2008 年江阴市被中央确定为全国改革开放 30 年 18 个典型地区之一，被誉为“科学发展的先行者”

改革开放 30 年，江阴大胆探索，创新实践，与时俱进坚持体制创新，坚持不懈做强民族企业，坚定不移建设社会主义新农村，不遗余力构建民生工程，走出一条独具特色的发展之路。江阴发扬“四千四万”精神，从乡镇企业起步，在每一个重要发展阶段始终明确自身的历史定位，准确把握中央的发展战略，将国家大政方针、外部环境变化与江阴的实际紧密结合，找准发展突破口，不断实现新飞跃。以大集团企业迅猛发展和成批上市而被誉为“华夏 A 股第一县”，以华西“天下第一村”为样板的社会主义新农村建设而名扬全国，成为新“苏南模式”的象征。2008 年 10 月，江阴市被中央确定为全国改革开放 30 年 18 个典型地区之一，被誉为“科学发展的先行者”。《人民日报》、新华社、中央人民广播电台、中央电视台、新华网等主流媒体都以《科学发展的先行者》为题，集中宣传江阴不失时机抢抓发展机遇，因地制宜创新发展理念，坚持改革开放的先进经验、科学发展的成功之路和取得的辉煌成就。

二、国务院总理温家宝 2009 年 1 月 9 日视察江阴，称赞：“化危为机，江阴有股劲”

面对 2008 年国际金融危机，江阴市以“化危为机”为主线，努力在认识危机中把握规律，在应对危机中倒逼转型，在化解危机中率先发展。2009 年 1 月 9 日，中共中央政治局常委、国务院总理温家宝莅临江阴，视察江苏阳光集团公司和江苏新潮集团公司，并在江阴主持召开企业家座谈会。温总理充分肯定江阴应对国际金融危机采取的一系列帮扶企业、优化服务等举措，称赞：“化危为机，江阴有股劲”。温总理的亲临视察，充分体现了党和国家对江阴的高度重视，极大地推动了全市科学发展、率先发展、加快转型发展步伐。是年，江阴市明确抢有效投入、抢人才资源、抢产业转型升级等“六个抢”，银行和企业、政府和银行等“十个抱团”等方面的具体意见，突出人才、科技、文化、生态、民生“五个互动”，千方百计保增长、促转型、惠民生，呈现出经济稳健增长、城乡稳步优化、群众稳定增收的良好局面。

三、江阴市从 2003 年起蝉联中国县域经济基本竞争力百强县(市)排行榜第一名，实现“八连冠”；从 2000 年起农民人均纯收入连续十一年名列全省县(市)第一

江阴市全面落实科学发展观，不断增强可持续发展能力，加快沿江开发和城市化进程，推进富民工程，统筹人与自然和谐发展，全面提升区域经济竞争能力。2003 年，江阴市首次名列全国县域经济基本竞争力百强县(市)第一，此后连续名列榜首。2010 年，综合竞争力、相对富裕程度、相对绿色指数、科学发展人文环境评价等级均达到 A$^+$ 级，实现“八连冠”，继续领跑中国县域经济。是年，江阴市实现地区生产总值 2000.92 亿元，比 2005 年末增长 1.54 倍；人均地区生产总值 16.6 万元，比 2005 年末增长 1.5 倍；工业总产值首次突破 5000 亿元，达到 5458.07 亿元，比 2005 年末增长 1.3 倍。预算内财政收入 382.02 亿元，比 2005 年末增长 2.5 倍；一般预算收入 130.72 亿元，比 2005 年末增长 1.7 倍。完成社会消费品零售总额 381.38 亿元，比 2005 年末增长 1.2 倍。完成进出口总额 158.49 亿美元，比 2005 年末增长 1.4 倍；其中自营出口 94.24 亿美元，比 2005 年末增长 2 倍。城镇居民人均可支配收入达 30184 元，比 2005 年末增长 87.3%。农民人均纯收入达 14898 元，比 2005 年末增长 74.47%，从 2000 年起连续十一年名列全省县(市)农民人均纯收入之首。

四、江阴市用人民幸福评估发展，荣获 2010 年中国最具幸福感城市县(市)第一名，连续三年名列“中国全面小康十大示范县(市)”第一

“十一五”期间，江阴市提出用人民幸福评估发展，以民生需求倒逼经济转型优化、以经济发展保障民生改善提升，突出共建共享，不断提升人民群众的幸福感和满意度，实现了从以发展为目标到以人民幸福为目标的根本性转变。江阴市成为江苏省首批全面小康达标县(市)后，紧紧围绕建设“幸福江阴”新目标，进一步优化城乡区划、促进要素合理配置、加快城市化进程，撤镇建街道6个，行政村从2005年末的305个整合为226个，社区从72个增至90个。积极推进城乡统筹就业，实施“4045”* 再就业援助、“121”* 阳光扶助和“一帮一”援助就业工程，构筑城乡一体的保障体系，使发展成果更多地惠及普通百姓。加快技防城建设，提高治安防控水平，连续6年进入“全省社会治安安全县（市）”行列，群众对社会治安满意率98.3%。“以人民幸福评估发展”项目获第五届“中国地方政府创新奖”，是省内唯一获奖项目；荣获“2010年中国最具幸福感城市”县(市)第一名，“幸福江阴”建设成为中国幸福城市建设的生动样本。2010年12月，江阴市再次获得“中国全面小康十大示范县(市)”第一，实现“三连冠”。

五、华西村被树为科学发展新典型，全国掀起又一轮学华西新高潮

华西村始终与时俱进，敢为人先，走在全国农村发展的前列，成为中国社会主义新农村建设的样板。“十一五”期间，华西村围绕“地创高产出、人创高素质”，主动调整产业结构，加快经济转型升级，促进社会全面进步和人的全面发展，在推动科学发展新实践中创造了新经验。2008年在第二届中国名村影响力排行中，名列中国经济10强村第一。2010年10月，中共中央政治局委员、书记处书记、中组部部长李源潮在出席第十届全国村长论坛时，希望广大干部学习楷模，争先创优，涌现出更多像华西村那样科学发展的先进村，更多像吴仁宝那样一心为民的优秀村干部。江苏省委、省政府分别于2006年9月和2010年7月作出《关于深入开展“乡村学华西、农村干部学吴仁宝”活动，推动新农村建设的意见》和《关于深入学习华西村新经验，推动全省科学发展上新水平的决定》，华西村科学发展新经验成为全省典型示范。全国各地到华西村学习考察的农村干部超20万人次，掀起学习华西又一轮新高潮。

六、江阴市荣获“中国最佳经济活力魅力城市”“首批国家生态市”“国家园林城市”“全国绿化模范市”“国际花园城市”“全国双拥模范城”等40多项国家级以上荣誉称号，经济社会发展享誉全国

2006年5月，江阴市参加中央电视台举办的中国魅力城市展示活动，9月20日，获“中国最佳经济活力魅力城市”称号。10月16日，市委书记朱民阳出席颁奖典礼并领取奖杯。展示活动组委会对江阴高度评价：“她是一个充满故事的江南小城，杏花烟雨穿过，海韵江风走进；她是一个充满创造力和幸福感的城市，30年来连续创造了一个又一个发展的神话，领跑着中国县域经济”。“十一五”期间，江阴市先后获“首批国家生态市”“国家园林城市”“全国绿化模范市”“国际花园城市”“全国双拥模范城”“中国特别观察最具创新力城市”“中国最具活力民营经济县（市）”“中国十佳和谐可持续发展城市”“2009中国低碳风云榜”“最具竞争力的低碳产业基地城市” 等40多项国家级以上荣誉，连续10年成为台商“极力推荐城市”。2010年，在中国500强企业十大总部所在城市榜单上，江阴名列第八，并以拥有10个中国500强企业成为全国县级市中500强企业总部数量最多的县级市。

七、“江阴板块”不断扩容，上市公司达28个，股票29只，江阴被誉为“华夏A股第一县”

近年来，江阴市大力推进国际化进程，不断壮大规模经济，超前引进资本经营，创造了中国资本市场县级市上市公司集群，形成独具魅力的“江阴板块”，赢得“华夏A股第一县”美誉。1997年2月，江阴第一个企业股票(兴澄冶金股份有限公司)在深圳证券交易所挂牌上市。此后上市公司逐步增多，至2005年底，全市拥有国内上市公司14个，股票14只。“十一五”期间，持续巩固扩大“江阴板块”的先发优势，“江阴板块”不断扩容，至2010年，拥有上市公司28个，股票29只，其中有10个企业在境外上市。累计募集资金235亿元，有力推动了产业转型升级，促进全市经济快速发展。同时，江阴市加大后备企业培育力度，拥有100个科技型拟上市企业，其中有20个新兴创新型上市后备企业、80个中小板上市后备企业。

八、江阴临港新城被批准设立省级开发区，江阴港实现“百万标箱、亿吨大港”目标，确立长三角地区枢纽港地位

“十一五”期间，江阴市探索“以港兴城”新路，争创发展新优势，加快建设具有持久竞争力的现代化新港城步伐，港口经济快速发展，成为经济发展的助推器，区域竞争的新亮点。2006年1月，江阴临港新城开发建设全面启动。9月22日，通过国家发改委审核，江苏省政府批准设立省级江苏江阴临港经济开发区。“十一五”期间，着力把江阴港打造成上海国际航运中心组合港、长三角地区集装箱支线港、江苏沿江地区江河海中转港、水路换装枢纽港，取得显著成效。2009年，江阴港完成港口货物吞吐量1.08亿吨，提前一年实现“亿吨大港”目标，成为全国第五个亿吨级内河港口。2010年集装箱吞吐量突破100万标箱，货物吞吐量达1.2亿吨，成为长江沿线第四个达到百万标箱港口。累计开通航线52条，其中开通至韩国、日本2条国际近洋直达航线，并列入海峡两岸“大三通”(通邮、通商、通航)大陆方面首批63个两岸直航港口之一，2009年开通江阴至台湾基隆港的直达航线，改写了无锡地区集装箱进出口需经其他港口中转的历史。重启江阴至北方的水路经济运输通道，实现南北航线网络结构调整的重要突破，进一步确立了江阴港在长三角地区承继长江南北、沟通东部沿海各经济区的优势和地位。

九、成功举办第19届中国金鸡百花电影节、江阴撤县建市20周年等重大节庆活动，不断激发全市人民爱党爱国爱家乡的巨大热情

“十一五”期间，江阴市举办各类重大节庆活动，展示改革开放以来发展成就和“幸福江阴”建设成果，城市知名度和美誉度不断提高,广大干部群众争先创优的内在动力不断增强。近年来,江阴在改革开放30周年、新中国成立60周年和撤县建市20周年、江阴解放60周年等重要纪念日,通过举办纪念庆祝大会、巡游表演、"幸福江阴" 成就展、辉煌20年摄影图片展、播放电视专题片《辉煌30年——江阴》等系列活动,评选"时代先锋""诚信榜样"和"江阴骄傲——江阴改革开放30年30事30人"等,不断激发全市人民爱党爱国爱家乡的巨大热情。全市上下相应开展市优秀共产党员标兵、勤廉标兵、"三八"红旗手标兵等各类先进人物评选活动,营造了奋发进取、见贤思齐的良好风尚。2010年10月12~16日,第19届中国金鸡百花电影节在江阴举行,创全国首个县级城市举办该电影节的先例。江阴市全民参与、共建共享,88个企业积极奉献电影节,5万人次志愿者服务电影节,海内外200多家新闻媒体对电影节进行了充分报道。电影节以"相约幸福江阴·共享中国电影"为主题,53项活动精彩纷呈,"开放、大气、时尚、民享"的电影节融入了浓郁的江阴元素,江南小城的独特魅力借助电影节淋漓展示,"完美电影,幸福江阴"享誉全国。

十、法尔胜被评为全国创新型企业,综合实力连续20年位居全国金属制品行业第一

江苏法尔胜泓昇集团有限公司40多年来坚持以科技立厂为宗旨,走出一条从麻绳到钢绳、从钢绳到光绳的自主创新发展之路。2008年7月被评为全国创新型企业。"十一五"期间,法尔胜继续以科技为支撑,积极推动产业转型提升,创造业界奇迹。至2010年,公司成为全球最大的输送带用钢丝绳、桥梁缆索、精细钢丝绳等生产基地,成为中国光纤光缆行业十大影响力企业之一,"法尔胜"牌商标成为"中国驰名商标"。先后承担"全火焰水解法(OVD+OVD)光纤预制棒工艺及装备开发"等国家多项重点科技支撑计划课题,组建中国金属制品行业内唯一的"国家金属线材制品工程技术研究中心"。2010年,法尔胜完成营业收入166.36亿元,完成入库税金17.81亿元,综合实力连续20年位居全国金属制品行业第一。无锡市、江阴市分别作出《关于开展向法尔胜集团公司学习活动的决定》《关于深入开展"和谐发展学华西村、自主创新学法尔胜"活动的决定》,倡导企业加大科技创新力度,加快经济结构调整和增长方式转变。

最具影响力人物

一、最具影响力模范人物(1名)

全国著名劳模、建设社会主义新农村的带头人——吴仁宝

他始终坚持解放思想、实事求是、与时俱进,始终坚持"人民幸福"根本目标,始终坚持科学发展、转型发展、全面发展,创造性地走出了华西特色的社会主义新农村建设道路,成为全国农村党员的一面旗帜。华西经验成为推动江阴经济社会建设不断跃上新台阶的重要法宝。

二、最具影响力人物(10名)(按姓氏笔画排序)

最具活力造船厂的掌舵人——任元林

他抢抓跨江联动机遇,做大做强造船主业;他不断推进科技创新,最先拥有了自主设计公司;他善于资本经营,创造了大陆企业在中国台湾和新加坡两地上市的先河;他关爱员工、共同致富,齐心协力推进扬子江船业进入全国民营船厂前三甲。

以百姓幸福为最大快乐的杰出村官——李良宝

他以发展经济为第一要务,不断壮大冶金、物流等八大产业,建成全球最大绿色拆船基地、全国最大钢管配送中心,长江村跻身中国经济十强村前三甲;他以惠民利民为最大快乐,着力建设民生工程,努力实践"人人都有好工作、家家都有好收入"的幸福江阴建设目标。

率先转型发展,续写华西辉煌的新书记——吴协恩

他继承发扬老书记的优良传统和作风,恪守建设"美丽的华西村,幸福的华西人"的神圣使命,先人一步发展旅游、金融、物流、网络科技等新兴产业,加快转型升级和优化发展,让华西成为名副其实的"天下第一村"。

致力于培养"优秀的世界公民和永远的中国人"的名校长——吴　辰

她以培养学生"做优秀的世界公民和永远的中国人"为人生目标,不断创新教育理念,大力倡导人文关怀,创立自主教育模式,推进学校国际合作,成功创办了一家拥有万名师生,集学前、小学、中学教育与国际培训于一体的现代教育集团。

"钢铁是科技炼成的"先行者——张文基

他把科技创新作为第一要务,率先建成国内首条短流程优特钢生产线;成功研发直径600毫米~900毫米连铸超大规格圆坯,创世界纪录;成立国内首家企业特钢研究院,推进生态环保、节能增效。兴澄特钢效益连年领跑全国同行,成为江阴首个纳税超10亿元的大企业。

集企业、科技、资本为一体的海归创业领军人物——张　雷

他凭借全球眼光,敏锐捕捉到发展风电清洁能源的新机遇,于2007年毅然回国,创办江阴远景能源公司。依靠国际一流的人才团队、一流的研发机构、一流的创新技术,远景迅速成长为中国首个自主开发风核心控制技术的风力发电机主机生产企业。

全球最大毛纺企业、中国世界名牌的创造者——陈丽芬

她时刻瞄准世界顶尖目标,致力科技创新,牵头国家科研项目近百个,获国家专利200余个,制定国标30多项,“300支超级极品呢绒”开创中国毛纺新纪元。阳光集团成为全球最大的毛纺企业、高档服装基地,“阳光”成为中国世界名牌。

“海澜之家”连锁经营模式的创始人——周建平

他把创新作为企业发展的决胜之策,创造性推出“海澜之家”连锁经营模式,连锁门店1300多个,“海澜”品牌享誉全国。2010年海澜集团销售实现280亿元。又建成海澜国际马术俱乐部,创立了服务业新概念,体现了海澜文化新魅力。

严把国门的忠诚卫士——徐大师

他忠于职守,严把国门,先后截获各类有害生物2000余批次;他默默无闻,乐于奉献,多年奋战在重大疫情防控一线;他刻苦钻研,勇于创新,大力优化查验监管模式,为促进江阴港口建设和对外开放作出了积极贡献。

幸福江阴的平安护卫者——徐　斌

他忠诚刑警本职,不辞辛苦、不怕牺牲,长途奔袭、连续作战,近几年辗转云南、新疆等20多个省区市,行程数万公里,出差500余天,成功抓捕长期潜匿在外的负命逃犯15名。他独创的“刑侦工作法”在省内外备受好评。

最具影响力工程

一、市域骨架路网基本形成,7条省级干线公路、33条市级道路、463.8公里镇村道路建成通车,江阴境内公路通车里程达2400公里

“十一五”期间,江阴市加大交通基础设施建设。集旅客集散、综合办公、汽车维修、智能调度、公交营运生产、客运服务配套的江阴市公交总站竣工投运。占地面积5.33公顷,总投资2亿元,以长途及市际客运为主,城镇公交、城市公交、城市出租相互衔接,无缝换乘,四位一体的公共型一级客运站——江阴汽车客运站竣工投运。先后开通临港新城、澄南片、澄东片、澄东南片城镇公交,率先在全省实现公交一体化,城市公交分担率24%,5年提高16.7个百分点。为解决市民出行“最后一公里”问题,通过市场运作的方式,分两期建成公共自行车系统。至2010年末,长山大道、徐霞客大道、扬子江路北段、芙蓉大道、暨南大道等7条省级干线公路,梅园路、花山路、华陆路、五星路等33条市级道路相继建成通车,463.8公里镇村道路建成通车。江阴境内公路通车里程达2400公里,公路密度达2.43公里/平方公里。“十一五”期间,全市道路建设累计投资84.1亿元,新增道路588.38公里,在全省提前实现各镇15分钟上干线、30分钟到高速的交通出行目标,路网密度、管护水平达到中等发达国家水平。

二、实施城市组团开发,“城市客厅”基本建成,敔山湾新城初具规模,城西组团开发加快推进,南门地区改造全面启动

“十一五”期间,江阴市实施城市组团开发。江阴“城市客厅”于2006年8月启动开发,规划面积约为2.5平方公里,通过天华广场轴线贯穿A、B、C三个区域,区域拆迁全面完成。沃尔玛购物广场、嘉年华城市广场、魔方时代广场、凤凰城、丹芙春城等商住设施基本建成。江阴市民水上活动中心建设接近尾声,新梅豪布斯卡、金盘广场等项目加快建设。“城市客厅”区域已建成和在建的公共设施建筑面积达到90.84万平方米,涵盖行政、体育、休闲、娱乐、高档商住、酒店等功能。敔山湾新城规划面积5.17平方公里,2006年5月启动建设。坚持先营造环境后商业开发,先建花园后建城的开发理念。投资近35亿元,完成区域主干路网建设,建设并开放水域面积66.7公顷的敔山湖核心景观区,完成江阴国际会展中心、敔山会所、敔山客厅、敔山天桥、西堤商业街、敔山居茶苑等配套设施。江阴国际会展中心于2010年10月建成启用,占地面积8公顷,总建筑面积约3.5万平方米,适合举办国内外各种大型会议、展览及演出活动,已成功举办第19届中国金鸡百花电影节等重大活动。敔山湾新城初具规模,成为“城市中的花园,花园中的城市”。2009年,江阴城西组团“城市副中心”的开发建设全面启动,完成组团开发规划,加快区域内基础设施建设,实施了城裕路南延伸段、通惠路西延伸段、名邸路南延伸段以及芦花沟地块南侧、西侧规划道路的建设。南门地区旧城改造工程于2008年开始建设,逐步启动朝宗门、五云桥、五云桥公园、五云桥坊、南门会馆、澄南村拆迁商品房、城西街办拆迁商品房、忠义街修缮、毗陵路建设等工程,部分已投入使用。其中,忠义街修缮是旧城改造南门风貌带的核心,修旧如旧、风格清新的忠义街,再现南门老城独特的水乡韵味,彰显了城市文化底蕴。

三、总投资18.7亿元,建成并启用南菁高中、江阴高中等29所新校区

“十一五”期间,江阴市教育现代化建设再上新台阶,总投资18.7亿元,建成并启用江苏省南菁高级中学、江苏省江阴高级中学等29所新校区。全市学校装备条件达到省级II类以上标准,全面实现“校校通”。南菁高级中学新校区于2009年暑期正式落成,新校区占地面积20.6公顷,建筑面积11.78万平方米,总投资4.045亿元。作为“江阴教育的窗口、旗帜、名片”,南菁新校区的规模、档次堪称“省内领先、国内一流”,是江阴新的城市亮点和标志,也为实现江阴教育的历史性跨越打下了坚实的基础。江阴高级中学新校区一期工程于2010年暑期建成并投入使用。新校区占地面积 17.6 公顷，建筑面积近 10 万平方米，总投资 3.6 亿元，既展示江阴高中百年老校的历史文化底蕴，又体现了现代教育的办学理念。

四、江阴体育中心、天华文化中心建成投运，成为广大市民的好去处

“十一五”期间，为满足普通市民健身需要、吸引普通市民参与体育活动，集全民健身与专业比赛相互兼容，体现专业性与群众性的江阴体育中心于 2009 年 9 月建成投用，总投资 6.35 亿元，占地 15.8 公顷，是江阴市规模最大、标准最高、功能最全的大型现代化体育文化设施。主要健身设施包括 2 片国际标准的足球场、2 片 400 米标准跑道田径场、1 个全民健身活动中心、6 片室外灯光塑胶篮球场、10 片室外灯光网球场以及 1.4 万平方米室外健身活动场地。其中主体育场设有 31888 个座位，全民健身活动中心设有 65 片羽毛球场地和 3000 平方米的健身房。此外，还引进了新奥体、体育舞蹈、桌球、乒乓球等专业体育俱乐部。自投运以来，成功举办江阴“两会一节”、中德足球邀请赛以及第 19 届中国金鸡百花电影节等大型文体活动。累计接待国内外观众或健身市民超过 80 万人次。天华文化中心占地面积 17 公顷、建筑面积 6.4 万平方米，由大剧院、博物馆、图书馆、文化馆、展览馆、美术馆以及室外音乐广场等设施组成，是全市的标志性综合文化设施，其规模和装备水平在全国、全省同类城市中处于领先地位。投入使用后，为广大市民参与各种文化活动，展示江阴的文化成果发挥了显著作用。

五、全面启动现代农业十大重点示范工程

“十一五”期间，江阴市加大工业反哺农业力度，提高农业产业化经营水平，全面启动实施万顷良田建设示范工程、优质蔬菜示范工程、特种水产养殖示范工程、农业旅游示范工程、生态园建设示范工程、优质果品示范工程、花卉苗木示范工程、农家乐示范工程、产学研合作示范工程、村庄建设示范工程等现代农业建设十大重点示范工程，累计完成现代农业建设项目 52 项，产业面积 7533 公顷，以工商为主的“三资”投资超过 12 亿元。其中，万顷良田建设示范工程主要包括高效设施农业区、优质粮油生产区和生态经济林果区等片区，总规模 1222 公顷。优质蔬菜示范工程围绕无公害有机化生产和农产品安全，保障城市蔬菜供给。特种水产养殖示范工程重点建设“长江三鲜”基地和百花园高效渔业基地。农业旅游示范工程重点建设好华西农业旅游示范园和阳光农业旅游示范园。生态园建设示范工程包括“长江之星”湿地公园和申港万亩生态园。优质果品示范工程重点建设璜土葡萄基地和九州葡萄基地。花卉苗木示范工程重点建设澄丰多功能生态园和升泰现代农业园。农家乐示范工程重点建设澄丰、双泾、徐霞客、青阳和云亭绮山等农家乐庄园。产学研合作示范工程重点建设江阴农业科技园和推广应用 20 万吨有机肥生产基地。村庄建设示范工程结合发展高效农业，扎实展开村容村貌整治。

六、全面推进城乡绿化、生态建设工程，城市绿化覆盖率和全市林木覆盖率分别达到 45.02%和 20.05%

“十一五”期间，江阴市完成成片绿化造林 1.07 万公顷，2010 年城市绿化覆盖率和全市林木覆盖率分别为 45.02%和 20.05%，比 2005 年分别提高 1.9%和 7%。建成阳光、澄丰、双泾等生态园，生态园总面积超过 1333 公顷；全面建成徐霞客大道、长山大道、芙蓉大道、张家港河、锡澄运河等 44 条干道（河道）景观林带，总长约 446 公里，总面积 2000 余公顷；完成石宕复绿立面 101 万平方米；建成敌山湾绿道、黄山森林公园区域绿道、绮山森林公园绿道、徐霞客大道绿道；创建国家绿色小康村 1 个，省级村庄绿化示范村 58 个，省级村庄绿化合格村 213 个，无锡市绿色家园示范镇 13 个，无锡市绿色家园示范村 202 个。

七、提前一年圆满完成支援绵竹清平乡地震灾区重建工程

“5·12”四川汶川大地震发生后，江阴市负责对口援建绵竹市清平乡。援建工作组紧紧围绕江苏省委提出的“江苏绵竹一家人、一条心、一个目标”，克服余震不断、道路不畅、水电不通、通讯不良、飞石悬落等极端恶劣环境，充分发扬“人心齐、民性刚、敢攀登、创一流”的江阴精神，在比其他援建单位晚进场两个多月的情况下，2500 多名江阴建设者高效率开展对口援建清平乡的规划设计、工程建设、医疗教育帮扶、后续产业发展等工作，援建项目 12 项，累计支出 3.97 亿元，累计新建房屋 43000 平方米，新建道路和桥梁 6780 米，新建驳岸防护工程 1850 米，圆满实现了三年援建任务两年完成的目标，受到了江苏省、四川省、无锡市的充分肯定及灾区群众的广泛好评。

八、新桥“欧洲小镇”、长泾历史文化名镇、徐霞客特色景观旅游名镇等新市镇建设成效明显

“十一五”期间，江阴市以城市标准推进新市镇建设，配套设施不断完善，集镇建设管理有效加强，大力打造新桥、长泾、徐霞客等一批特色市镇。2006 年，新桥镇实施“欧洲小镇”建设战略，牢牢把握“中国元素、国际表述，欧洲元素、中国表达”的原则，注重欧洲风貌与小城镇建设风格的融合嫁接，追求欧陆风情与水乡特色的完美融合。以格林小镇为重点，配套简欧式商业步行街、海澜农庄马场、桃园山庄等欧洲标志性建筑和元素，展示简洁流畅、经典时尚的欧式城镇风格；以圩里村、郁桥村等原生态村庄为代表，以水景公园等传统建筑为特色，展示江南水乡、小桥流水的田园风光，形成“欧洲小镇”、风雅新桥相互融合的意境。2010 年 2 月新桥镇被评为国家园林城镇。2007 年年初，长泾镇对明清古街进行保护性修复，深度挖掘其文化内涵，总建筑面积 3 万余平方米，街长 420 米，古朴典雅的巷门牌坊，粉墙黛瓦的建筑风格与江阴保留最长最完整的石板古街、著名影星上官云珠故居等旅游景点形成浓郁的明清古韵风味。长泾镇现有明清建筑 56 处、重点文物保护区 17 公顷。2010 年 12 月 13

日长泾镇被评为国家历史文化名镇。徐霞客镇具有深厚的历史人文资源和独特的自然生态环境。该镇在挖掘徐霞客旅游资源的同时，着力开发建设“幸福桃园、阳庄菜园、红星鹿园、南苑田园、阳光林园和农家乐园”的现代乡村休闲旅游项目。2009年，徐霞客镇投资3800万元，把马镇社区中心街建成明清风貌街，形成春季看景、夏季游园、秋季品果、冬季休闲的“四季欢乐游”旅游特色景观。2009年10月13日，徐霞客镇入选首批全国旅游特色景观名镇。同年12月25日，该镇又被评为中国最受欢迎的旅游文化名镇。

九、苏南区域水厂三期、“川气东送”配套工程江阴段建成投运

“十一五”期间，为满足江阴城乡经济快速发展和广大市民的用水需求，2006年12月，苏南区域水厂20万立方米/日的三期供水工程开工建设，工程占地面积8公顷，2008年5月30日建成投运。水厂采用先进的制水工艺，实行自动化控制，实现零排放，保障了企业、广大市民的生产、生活用水。至此，全市实际总供水能力达90万立方米/日，供水人口超过200万人，供水区域覆盖全市城乡。为帮助解决太湖危机事件，江阴市启动建设长江供水工程，把长江水通入太湖水，为无锡提供自来水。至此，无锡从单一依靠太湖水，改为太湖水、长江水双水源供水。2010年，江阴市在云亭街道和利港镇两地建立地表和地下应急备用两个水源地，确保江阴市民用水安全，工程将于2012年底前完成。“川气东送”江苏配套管线一期工程在江阴境内有78公里，是江阴第二条主供气管道，2010年8月9日开始启用。至2010年末，江阴共建成天然气管网1080公里，居民用户72511户，三产行业用户560户，工业用户235户。天然气用量从2005年的1.07亿立方米增加到2010年的4.11亿立方米，增加近4倍。同时，大力推广清洁汽车，至2010年底，有150辆压缩天然气公交车投运，4座压缩天然气加气站投运。

十、澄江福地、良宵民俗艺术街坊、“中国裳岛”等一大批城市建设项目竣工投运，城市功能提升优化

2006年以来，江阴市新增麦德龙、大统华购物中心、乐天玛特、星光国际、必胜客等一批国内外知名商业企业。澄江福地、青果路美食街、益健路欧陆风情街、良宵民俗艺术街坊等一批特色街区，占地面积10多万平方米，总投资10多亿元，借用原老街的局部面貌恢复老街形态，结合本地古民居建筑形态设计，采用各种不同的建筑风格，还原风味老街的历史风貌。2009年12月，江阴市启动“中国裳岛”项目建设，以原江阴利用棉纺厂的工业建筑及场地空间为建设基础，通过整体的规划设计，打造体现中国纺织业历史变迁，展现江阴工业建设环境空间特色，融合江南地域文脉特点的中国纺织文化之岛。江阴还建成黄嘉喜来登、昊柏国际大酒店、桃园山庄休闲酒店等一批高档星级酒店。此外，江阴军事文化博物馆、徐霞客碑刻文化园、赞园等一批文化设施建成开放。“十一五”期间，江阴还完成城乡90余条道路25000余光源，总长350公里的路灯安装任务。建成澄江路、朝阳路等16条城区道路、河道、要塞森林公园景观区、黄山湖大型水景等景观亮化工程，同时照明自动监控系统建成启用，每年节约电费600余万元。

最具影响力民生实事

一、城保扩面广覆盖，历次被征地农民并轨城保

“十一五”期间，江阴市大力实施城保扩面广覆盖工程，累计净增22.7万人。2006年起，全面落实新型农民基本养老保险制度，养老金标准为每人每月120元；连续5次调整企业退休人员养老金，人均增资493.85元/月。全市基本形成以企业职工社会保险“五险”为主体，新农保、新农合等为补充的社会保障新体系，全市基本养老、医疗、工伤、失业、生育保险参保人数共170万人次，比“十五”期末增加98.2万人次，新型农民基本养老保险覆盖率100%，城乡基本社会保障覆盖率98.8%。2010年7月，全面推进历次被征地和被征地农民并轨城保工作，16.2万名被征地农民就业年龄段人员完成并轨。同时，推进最低生活保障工作的规范化管理，在实行应保尽保、分类施保、动态管理的基础上建立了低保标准自然增长机制，城镇和农村低保标准分别由月人均260元和180元提高至城乡一体的月人均350元。至“十一五”期末，全市累计发放低保金1.73亿元，切实保障了13.5万人次困难群众的基本生活。

二、大力实施充分就业计划，累计提供就业岗位23.98万个

2006年，江阴市出台新一轮就业再就业扶持政策；2007年，全市各行政村设立劳动保障工作站，建立起市、镇（街道）、村（社区）三级服务网络；2008年，全面开展充分就业镇（街道）村创建活动；2009年，实施促进以创业带动就业“515”* 工程，出台服务企业稳定就业局势等7项措施。五年累计提供就业岗位23.98万个，解决本地劳动力就业11.98万人，其中解决城镇就业困难人员再就业3901人，农村劳动力就业6.85万人；扶持自主创业3862人，带动就业22876人；全市城镇登记失业率、农村调查失业率始终控制在3%以内。

三、率先在全省建立全民健康档案，免费为群众健康体检158万人次

“十一五”期间，江阴市形成了以市级医疗卫生机构为龙头，片区医院为骨干，社区卫生服务中心（站）为基础的医疗卫生服务新体系；共投资6.6亿元，先后建成投运市中医院门急诊大楼、市红十字血站、市人民医院新病房大楼和市精神卫生中心，改建搬迁市妇保所等一批公共卫生设施，新建工程建筑面积22万余平方米，新增床位千余张；组织创建三级医院，市人民医院、市中医院通过三级医院初审；培育8个片区二级医疗机构，5个已成功创建为二级综合医院；建成17个由政府举办的社区卫生服务中心和196个社区卫生服务站，市域内社区卫生服务全覆盖，并基本形成15分钟健康服务圈，公共医疗卫生服务能力进一步提升。2010年1月起，全市社区卫生服务机构全部配备和使用基本药物，药品统一配供并实行零差率销售，基本药物价格平均降幅43%，门急诊均次费用同比下降29.2%。在全省率先建立了新农合定期免费体检制度，在全省同类城市率先建立全民健康档案。组织开展三轮新农合参合群众免费健康体检，共体检158万人次，并根据体检情况建立完善健康档案，组织开展预防保健和健康干预活动，城乡居民的健康素质不断提高，人均预期寿命达到78.12岁。

四、建成25万平方米经济适用房，改造提升53个老住宅小区居住品质

"十一五"期间，江阴市建立了以经济适用住房、廉租住房、公共租赁住房和限价商品房为主体的住房保障体系，对各类社会弱势群体实施梯度保障：建成两期经济适用住房25万平方米，缓解2380户中低收入家庭住房困难；新建、收购廉租住房2.7万平方米，保障了617户低保和低收入家庭的住房；向各类人才配租公共租赁住房200套。同时，累计投资4亿元，对53个老住宅小区实施了拓宽道路、铺设路面、增加车位、调整绿化种植等整治改造工程，改造总面积达323.6万平方米，近5万户、20.8万人受益；对241幢、10.6万平方米的平屋顶实施平改坡，解决了屋面渗漏、保温隔热的问题。老小区环境面貌、内部秩序、功能设施都有了明显改善。

五、各镇建成首批省体育强镇，全市人均公共体育场地面积达3.28平方米

"十一五"期间，江阴市加快发展体育事业。镇村体育设施快速推进，市政府共投入1200万元，引导镇(街道)投入设施建设资金超过3.5亿元。镇镇创成首批省体育强镇，建成游泳池、400米塑胶田径场、2000平方米全民健身活动中心，50%的镇(街道)拥有体育馆；实现村(社区)健身路径全覆盖，村村有篮球场，50%的行政村建有灯光球场。目前，全市共有篮球场798片，健身路径624套，乒乓室889个，羽毛球场750片，棋牌室525个，游泳池22个，体育馆12座，设施社会开放率达80%。2010年底，全市人均公共体育场地面积达3.28平方米。江阴二中是江苏省足球后备人才培育基地，二中女足获世界中学生足球锦标赛冠军。举办了中国徐霞客国际攀岩大师赛等多项赛事，建成全国最大的马术训练基地——海澜国际马术俱乐部，新长江集团与中国女子手球队结成战略合作伙伴。在第17届省运会上，江阴荣获23.5枚金牌，创历史最好成绩。

六、实施放心食品工程，"政府放心早餐"遍及城乡

"十一五"期间，江阴市以放心豆制品和放心肉为突破口，努力打造放心食品工程，营造"绿色、健康、安全"的消费环境。组建现代豆制品企业，从原料采购、生产设备、工艺流程到产品检测、运输包装各个环节采取严格的质量控制，全市"放心豆制品"生产企业供应网点达33个，市场份额为15%。组建年产30万头生猪产业合作联社，统一饲料配送、统一供种、统一疫病防治、统一销售，成为农民专业合作社省级示范联合社。积极探索在养猪专业合作社建设"放心肉"安全信息可追溯系统，建立肉品质量安全信息管理。积极开展"政府放心早餐"建设，坚持"六统一"(统一采购、统一验收、统一生产、统一配送、统一价格、统一管理)管理模式。按照食品生产质量许可QS要求，建成8000平方米的早餐主食加工配送中心，每天可提供10多万份放心、安全的早餐，供应品种60余种。加大早餐网点建设力度，加快"摊改亭"更新，至2010年，全市放心早餐供应点达172个，遍及全市城乡，其中150个为全封闭亭。

七、开通12345民生热线，努力提升公共服务水平，打造信息化"智慧江阴"

2009年2月1日，江阴市公共服务呼叫中心12345民生热线开通运行，整合30多个公共服务热线电话，把122个党、政、群机关和水、电、气等公益部门纳入联动体系，通过电话、网络等渠道广泛受理群众的咨询、投诉、求助、举报和建议。2010年1月，依托政府门户网站，建立"12345"民生热线网上直播室，加强政府与群众的互动交流，提升了公共服务水平。两年来，公共服务呼叫中心累计受理群众诉求105670件，群众满意率97.6%，化解了大量社会矛盾，市信访局的办信接访数量同比下降36%。同时，公共服务呼叫中心整合志愿者服务网点500个，建成覆盖全市城乡的便民服务网络，两年累计提供123426次便民呼叫服务。与此同时，江阴市以打造"智慧江阴"为引领，努力创建全国信息化示范市。3年来，江阴市建成了数据中心、呼叫中心、容灾备份中心"三中心"，人口、法人、宏观经济、空间地理"四大数据库"一期工程以及市民卡、公共服务呼叫中心、党政网站集群、数字城管、智能交通等一大批信息化应用示范工程，全市数字电视用户突破37万户，高清、互动电视和电子政务、便民信息等全新服务走进百姓家庭。江阴市连续两年入选"全国城市信息化50强"，成为全国县级市中唯一的"国家金卡工程多功能卡及RFID应用试点城市"；江阴市市民卡工程连续两届获得国家金卡工程最高奖"金蚂蚁奖"。

八、慈善基金突破10亿元，创全国县(市)之最，社会救助、养老服务体系覆盖城乡

"十一五"期间，江阴市大力推进慈善公益事业发展，通过开展慈善一日捐等活动，市镇两级募集慈善基金突破10亿元，创全国县(市)之最，累计救助困难群众40438人，发放慈善资金2.14亿元。2010年，全市拥有义工联合会1个、义工站17个、义工队204个、义工组535个，注册义工超万人。建立健全配套补充最低生活保障的分层分类社会救助办法，形成以临时救助、慈善互助、医疗补助、教育扶助、住房帮助、灾害资助等为主要内容的专项救助体系。实施重残救助1.25万人次，开展临时救助2万人次，落实物价补贴20万人次，累计发放生活救助金近7000万元；投入资金2097万元，完成困难户危房改造455户。对残疾人开展重残救助、临时补助等99278人次，发放救助金6407余万元，保障全市残疾人基本生活。医疗救助精神病人4222人次，白内障手术补助、免费辅具适配等工程救助残疾人9576人，康复服务残疾人2万余人。有1万名残疾人就业，就业率94%以上。建设市残疾人服务中心、托养中心和23个"幸福家园"服务机构。初步构建起家庭养老、社区服务、专业机构三者结合的养老服务体系。同时，鼓励社会资本进入养老服务领域，引入外资1500万美元建成夕阳红老年康乐中心、引进港资3.5亿元建设酒店式老年公寓，专业机构养老服务水平不断提高。

九、建成478个农村新型合作经济组织，有效促进农民持续增收，农民户均增收8113元

至"十一五"期末，江阴市累计建成产业型、服务型、物业型等各类农村新型合作经济组织478个，其中集体经济股份合作社134个，各类土地股份合作社108个，"四有"农民专业合作经济组织216个，富民合作社20个，入股农户14.8万户，占全市农户总数的65.8%；累计分红10.3亿元，户均增收8113元，年红利分配明显增长。同时，为促进农民持续增收，市、镇(街道)切实抓好经济财力相对薄弱行政村和困难户的脱贫转化工作，消除了村级有效收入在50万元以下的薄弱村，各级党员干部共帮扶困难户9197户，受益群众2.7万人以上。

十、建立环卫管理、控源截污和规范排水行为城乡一体体系，整治971个自然村庄，直接惠及39.2万农村人口

"十一五"期间，江阴市建成了"组保洁、村收集、镇转运、市处理"的生活垃圾收运体系，平均日处理生活垃圾量达到1200吨，无害化处理率持续保持100%，全市生活垃圾集中收集覆盖面100%。2006年，江阴启动实施自然村整治整理工程，共投入资金7.37亿元，整治自然村庄971个，直接惠及农村人口12万多户、39.2万人，整治自然村覆盖率超30%。光大环保(江阴)生活垃圾焚烧发电项目正式运营，生活垃圾处理实现了从卫生填埋到焚烧发电质的飞跃。建成了江阴市首座垃圾渗滤液处理厂，渗滤液实现达标排放。压缩式生活垃圾中转站从2007年的14座增加到29座。2009年起，组织实施全市控源截污工程，至2010年末，建成污水管网1600公里，全面完成921个排水达标区创建任务，完成196个村庄生活污水治理工程。全市城镇基本形成雨污分流、管网覆盖的生活污水收集治理体系。

最具影响力决策

一、实施建设"幸福江阴"战略构想，创新推出"幸福江阴"综合评价指标体系

2005年末，在全省率先全面小康社会达标后，江阴市委、市政府认真思考"经济发展为什么?区域领先争什么?全面小康达标后干什么?"2006年6月，在江阴市第十一次党代会上正式提出了建设"幸福江阴"的战略构想，确立了"五民五好"的幸福愿景：以民生为本，力求个个都有好工作；以民富为纲，力求家家都有好收入；以民享为先，力求处处都有好环境；以民安为基，力求天天都有好心情；以民强为重，力求人人都有好身体；制订了"幸福江阴综合评价指标体系"，并每年开展民意调查。从2006年起，坚持每年召开幸福江阴高层论坛，充分借智借力。2007年，江阴市十五届人大一次会议专门作出《关于深入推进"幸福江阴"建设的决议》，"幸福江阴"建设成为全市上下共同的奋斗目标；2008年出台《建设"幸福江阴"行动纲要(2008~2010)》，并逐年对目标任务进行分解落实。2009年，中央党校和清华大学进行专题调研总结。2010年1月7日，中共中央政治局委员、书记处书记、中组部部长李源潮在中央党校关于幸福江阴建设的研究报告上作出重要批示："'幸福江阴'建设，你们干得很好。共产党的最根本宗旨，就是为人民谋幸福。人民幸福是科学发展的目的、动力和检验标准，人民幸福是科学发展观的出发点和落脚点。江阴将'人民幸福'在发展中具体化、目标化、科学化，使之成为政府与群众的共同意志，'幸福江阴'建设取得突出成绩，使江阴人民的幸福指数和幸福感受明显提高。江阴的经验值得推广。希望你们继续努力，提高人民群众的幸福水平和满意度，并在'幸福社会'建设上探索出一条可行的道路来。"随后，江阴市又召开深入推进幸福江阴建设再动员大会，使幸福江阴建设理念更深入、内涵更丰富、路径更清晰。

二、深入学习实践科学发展观，以华西经验丰富发展，以江阴精神激励发展

2006年1月，江阴市委召开"学习华西经验、弘扬江阴精神"座谈会，明确以华西经验丰富发展，以江阴精神激励发展。先后出台了《关于深入开展"和谐发展学华西村、自主创新学法尔胜"活动的决定》《关于深入学习华西村新经验、推动科学发展上水平的实施意见》《关于在全市深入开展"弘扬江阴精神，共促社会诚信"主题活动的意见》等政策文件。坚持发扬以解放思想、实事求是、与时俱进为精髓的华西经验和"人心齐、民性刚、敢攀登、创一流"的江阴精神，充分激发江阴人民无比强大的凝聚力、顽强拼搏的竞争力、不断超越的创造力和高效务实的执行力。“十一五”期间，根据科学发展的要求，全面开展“七个学”活动，即全面小康学昆山、城乡统筹学张家港、服务业发展学常熟、体制创新学顺德、整合资源学南海、民营经济学萧山、现代农业学寿光，取人之长、创己之新。根据中央部署，按照“党员干部受教育、科学发展上水平、人民群众得实惠”的总要求，制定“深入学习实践科学发展观，又好又快推进幸福江阴建设”主题活动，创设“十个一”活动载体，深入开展“学华西学吴仁宝”的“双学”活动。从2008年12月至2010年2月，全市7万余名党员分3批开展深入学习实践科学发展观活动，完成调研报告2588篇，集中解决突出问题4305个，人民群众对活动的平均满意率达到98.5%。

三、实施“以港兴城、港以城兴、港城共荣、互动发展”战略，启动建设临港新城

2005年7月，省委常委、无锡市委书记杨卫泽指出江阴要建设充满活力、具有持久竞争力的新港城。2006年1月，江阴打破沿江西部“四镇两办”原有行政区划，正式建立临港新城，把188平方公里统一规划开发建设。“十一五”期间，临港新城围绕“以港兴城、港以城兴、港城共荣、互动发展”的战略方针和建设“江阴城市副中心”的目标，做好港口码头、临港产业、国际商务、现代服务、宜居生态“五篇文章”，积极助推城市西组团开发建设。加快推动临港经济产业发展，大力实施临港新城“500天行动计划”和《临港新城三年(2008~2010)行动纲要》。临港新城“四横八纵”道路交通骨架网和占地2平方公里的CBD中央商务区开发建设已基本形成，江阴保税物流中心封关运作，实现“百万标箱、亿吨大港”目标，先后荣获“新型工业化产业示范基地”“新能源节能环保装备产业集群”“国家级火炬计划江阴软件产业基地”“中国物流示范基地”“首届全国低碳经济示范单位”等多项荣誉称号，低碳、机械装备、新材料和现代物流四大特色产业加快培育，各项目标任务超额完成。临港新城以占全市1/6的户籍人口、1/5的土地，实现了占全市1/4的销售、1/3的投入、近1/2的外资和全部的集装箱吞吐量，经济总量在无锡和全省省级开发区排名中分别上升至第2位和第5位。

四、推进开发区“二次创业”，以人才科技为引领，着力打造科技新城

“十一五”期间，开发区通过实施制造业升级加速行动、城市经济集聚行动、载体平台创新行动、人文生态优先行动、强区富民促进行动以及科技引领计划、服务业倍增计划、“腾笼换凤”计划等创新举措，全力推进“二次创业”，实现了经济社会发展的新跨越，并在推动转型发展、建设科技新城的道路上迈出了坚实有力的步伐。2007年末，为加快推进战略性新兴产业裂变发展，开发区实施了三创载体“123”计划以及“以人引项，以项带群”战略。围绕“123”计划，建成具有江阴特色、彰显区域特征的“一城六园”科技创新创业创意载体120.6万平方米。扬子江科技企业加速器成为全国县级市首家国家级科技企业加速器，高新技术创业园升格为国家高新技术创业服务中心，获得中国产学研合作创新示范基地等国字号牌子。引进“530计划”项目93项，培育远景能源等新兴产业龙头项目；引进一大批科技领军人才，其中4人入选国家“千人计划”。2009年5月2日，开发区“以引进科技领军人才为主线，突破新兴科技创业带动整个地方产业升级转型”的经验，受到中央领导高度肯定。2010年，开发区创造地区生产总值260亿元，高新技术产业增加值占规模以上工业增加值的比重为52%，每平方公里产出为30亿元。

五、实施新兴产业发展“445计划”，加快经济转型优化

2009年12月，江阴市委、市政府提出新兴产业发展“445计划”，即用4年时间，重点打造以风电为主体的低碳产业、车船装备为主体的机械装备制造、新材料(石化)和现代物流4个“千亿级产业集群”和生物医药、服务外包、新传感器、文化创意、地区总部经济5个“百亿级新兴战略性产业园区”。通过“445计划”，把全市工业中新兴产业所占比重从2009年的32%提高到2013年的53%，每年提高约5.25个百分点。重点抓好现有传统产业依靠科技创新加快高新化、4个千亿级新兴产业依托模式创新集群发展加快规模化、5个百亿级新兴战略性产业园区依赖人才创新加快培育集成，进一步突出引进重大项目、龙头旗舰型企业，大力培育有自主知识产权、有自主品牌、有国际国内高端市场前景、有可持续竞争力的新兴产业。

六、启动“不开发区域”建设，开创发达地区可持续发展新路径

2009年12月，江阴市委十一届八次全会提出“不开发区域”建设的构想。2010年5~6月，市委、市政府编制《江阴市南部“不开发区域”产业发展暨结构调整规划》，将南部六镇部分地区200平方公里规划为“不开发区域”，在环境保护高度自觉的基础上，打造高效益的农业、高标准的旅游业、高水平的工业和高品质的人居环境。2010年6月21日，市十五届人大常委会第十七次会议研究通过《江阴市南部不开发区域产业发展暨结构调整规划的决定》。2010年7月，省政府办公厅发文批准同意设立江苏省江阴现代农业产业园区。2010年7~12月，市委、市政府相继出台《关于加快推进不开发区域建设的意见》《江阴市不开发区域产业发展指导目录》《关于实施跨区域投资促进产业集聚的意见(试行)》等配套政策。“不开发区域”建设的理念和探索，引起国内主流媒体的广泛关注，为发达地区推进可持续发展提供了创新的路径。

七、以民生需求倒逼经济和城市同步转型，产业与民生同步提升

2008年6月，江阴市委十一届五次全会提出，要“以民生需求倒逼经济转型优化，以经济发展保障民生改善提升”。民生倒逼机制不断拓展江阴转型新路径，实现了城市与经济的同步转型、产业与民生的同步提升。“十一五”期间，江阴市一方面扎实办好惠民利民的实事好事，努力让就业机会更加充分，让增收渠道更加畅通，让生态环境更加宜居，让百姓心情更加舒畅，让市民身心更加健康。江阴百姓的幸福感逐年上升，2010年达到87.44分。另一方面，以民生需求助推传统产业高新化、新兴产业集群化、新兴战略性产业育成化，构建以创新型经济引领的现代产业体系。5年来，江阴市农业规模经营比例提高到80%，高新技术产业增加值占规模以上工业增加值的比重提高到42%，服务业占地区生产总值比重提升4.7个百分点，三次产业比重优化为1.9∶59.1∶39。

八、对内加快城乡一体化，提高城乡统筹发展水平，对外主动融入长三角，彰显城市特色，提升城市能级

2008年6月，江阴市委十一届五次全会提出以"城市发展学新加坡、新市镇建设学上海"为目标，推动城乡资源互享、设施互通、发展互动，不断提升全市域均衡发展水平。按照城乡规划、基础设施、产业布局、公共服务、就业保障"五个一体化"的目标要求，着力推进新市镇和新农村建设，加快打造"一个中心城区、四个卫星市镇"的新型城市布局。发展路径上坚持以工哺农、以城带乡，制定出台《关于促进工业反哺农业的若干意见》等一系列政策文件，引导和鼓励创新实践，探索出了"以工投农、以工办农、以工扶农、以工带农、以工富农、以工促农、以工补农"等7种工业反哺农业模式。突出交通融入和智力融汇，进一步主动接轨大上海，主动融入长三角城市圈，不断深化与上海杨浦、浙江大学的全面合作，在科研合作、交通运输、人才引进、教育培训、文化旅游等方面积极参与区域合作，构建利益共享的长效机制，不断彰显出江阴的城市特色，不断提升城市能级。

九、深入推进科技人才资本战略，加快开放式科技创新，打造人力资源和金融资本强市

2006年，江阴市在全国县市率先建成区域产学研战略联盟，大力实施以"新合作、新技术、新产业"为核心的"三新"战略。"十一五"期间，组建7大产业技术联盟，推进北京、上海、西安、南京、深圳、香港等地区的联盟活动，构筑信息服务平台和科技项目超市，分别与南京大学、浙江大学、中科院、香港理工等高校和上海杨浦区建立战略合作平台。加快各类创新平台建设，建成国家级高新技术创业服务中心、国家级大学生科技创业见习基地、国家火炬计划江阴风电装备产业基地、国家火炬计划软件产业基地、全国县级市首个科技企业加速器、中国产学研合作创新基地等创新平台。海内外200多家高校院所与江阴企业广泛开展的1443项重大产学研合作项目，共投入研发经费65.2亿元，带动项目总投入186.3亿元，产品销售超1000亿元。2007年10月，市委、市政府制定实施《关于进一步加快引进和用好优秀人才的意见》，大力推进人才强市战略。2009年，建成中国国际人才市场江阴市场。2010年，明确把人才引领和创新驱动作为根本策略，打造"人才特区"。启动"江阴千人计划"，引进海内外高层次人才，实施企业家出国培训、党政干部"公共管理与区域创新"赴美研修班等工程，加快从人口资源大市向人力资源强市的转变。大力实施外向带动战略，全面提升经济国际化水平，用国际化引领产业和城市转型提升，"十一五"累计完成到位注册外资29.7亿美元。2010年出台"江阴科技金融22条"，组建无锡"国际人才特区"江阴科技人才资本战略合作创新联盟，联盟成员单位包括100个海内外风投、创投、产业基金及金融机构，江阴市100个海内外高层次人才科技创业企业和100个拟上市科技型企业。这是全国县级市成立的首家科技、人才、资本的战略合作平台，为打造"人才特区"和金融资本强市夯实基础。

十、实施文化强市战略，以文化人、以文化文、以文化城，全面提升城市文化软实力

2007年12月，江阴市委、市政府制定实施《江阴市文化大发展大繁荣行动纲要》《繁荣发展江阴夜晚文化实施意见》，按照"以文化人，繁荣文化事业；以文化文，激活文化产业；以文化城，建设文化名城"的总体思路，加快构建社会主义核心价值体系，不断丰富"幸福江阴"建设内涵。2008年6月，江阴全面启动创建国家历史文化名城，制订多项政策加强对历史文化街区、古村落等古迹、遗址的保护，先后公布两批共87项非物质文化遗产名录，其中5项被列入江苏省级"非遗"名录。在全省率先实施"幸福进万家·文化欢乐行"文化惠民工程，以政府购买形式开展"城市剧团下乡、农村小戏进城"活动，惠及群众120万人次。加快文化体制改革，通过管办分离，成立文广新局和文艺集团。大力推进文化产业发展，制定实施《关于加快文化产业发展的若干政策意见(试行)》，以江苏江阴软件园、江苏江阴文化创意产业园为依托，数字动漫、广告设计、数字传输等创意产业茁壮兴起。举办文化产业发展洽谈会，签约总投资额超100亿元。《江阴要塞》等一批优秀电视剧目热播。大力弘扬徐霞客精神，加强徐霞客文化品牌建设；一批龙头企业培育壮大，文化产业增加值占地区生产总值比重从2005年的2%提高到5.8%。

“幸福江阴”建设

’2010“幸福江阴”国际论坛专家发言(摘要)

2010年8月7日,清华大学和江阴市委、市政府在北京联合举办’2010“幸福江阴”国际论坛。江阴市领导赵国权、徐冬青、计军参加论坛。20国集团研究中心秘书长、博鳌亚洲论坛原秘书长龙永图,中央文献研究室副主任陈晋,国家统计局副局长徐一帆,中央党校原副校长杨春贵,清华大学党委副书记史宗恺,社科院社会科学所原所长景天魁,国家统计局总统计师鲜祖德,中郡县域经济研究所所长刘福刚等领导以及来自清华大学、中国社科院等国内著名专家学者出席了论坛。美国密歇根大学心理学和组织学教授、国际积极心理学会秘书长克里斯多夫·彼特森,美国资深记者、畅销书作者、宾夕法尼亚大学访问学者、美国前总统克林顿智囊罗伯特·莱特,亚洲积极心理研究院理事长倪子君等国外专家学者应邀出席论坛。《人民日报》、新华社、《光明日报》《经济日报》《党建》杂志社,《半月谈》杂志社等中央媒体有关负责人也出席论坛。论坛由美国加州大学伯克利分校心理学教授、清华大学心理学系主任彭凯平主持。

从2006年起,江阴每年都会在北京举办一次“幸福江阴”高层论坛,每次高层论坛都有新的收获,推动了新的发展,高层论坛已成为“幸福江阴”建设十分珍贵的“充电站”和“加速器”。“幸福江阴”建设在高层论坛的丰厚滋养和江阴全市上下的不断努力下,已经形成了“幸福江阴·以人民幸福评估发展”的发展理念和创新实践。在2010“幸福江阴”国际论坛上,与会领导、专家对江阴市以“人民幸福评估发展”的理念与创新实践给予高度评价和广泛赞誉,并从更高层次、更高水平上为推进“幸福江阴”建设建言献策。以下是25位领导、专家的发言摘要(排名不分先后)。

主持人,美国加州大学伯克利分校心理学教授、清华大学心理学系主任彭凯平:

“幸福江阴”是中国幸福城市的样本

在研究积极心理学的过程中,我们惊喜地发现,作为中国城市幸福样本的江阴,已经有通过广大市民参与的构建10项幸福指标的一个“幸福江阴”综合评价指标体系,江阴的很多做法和经验让我们这些从事幸福科学研究的学者非常受启发。因此,我们专门在首届国际积极心理学大会上,设立了构建幸福城市这个专题论坛,将江阴作为中国幸福城市建设的典型案例,共同来探讨幸福江阴的理论和价值,进一步探讨构建幸福城市的模式以及科学化的测评体系。

孙中山先生在《建国方略》的第一句话就是,国事者,一人群心理之现象也。要发展国家,要发展城市,一定要了解、理解、研究我们中国人民的心理。心理学也是现代化发展的必由之路。所有国家的现代化是以人均地区生产总值达到3000美元作为一个界限。中国已经迈入了现代化的门槛,这个门槛要经过一个心理学现象,叫做3000美元心理界线。这是社会冲突、社会问题最密集的时候。江阴提出建设“幸福江阴”,实际上走在了全国的前面。心理学还是科学发展观的科学基础,心理学主要研究的是社会发展,是人类的幸福,这是心理学与“幸福江阴”结合在一起的天然基础。

我们要通过理论化的视野,国际化的标准,科学化的探索,民主化的讨论,探讨性地研究“幸福江阴”实践及其执政理念,其可以完善的地方,未来发展前景在哪里,更重要的是,“幸福江阴”在中国、在世界推广有什么样的可能性和什么样的条件,有怎样的必要性。

20国集团研究中心秘书长、博鳌亚洲论坛原秘书长龙永图:

发展经济为幸福打下基础

中国实现科学发展观的历史进程中,出现了一个很重要的江阴现象,江阴着力打造中国建设科学发展观的一个品牌,制定一整套关于幸福的综合评价指标体系,这是一次重要的实践,也是一个重要的理论问题。

本次论坛与首届中国国际积极心理学大会相结合,是打造“幸福江阴”品牌过程中非常重要的提升。首先,可以提高“幸福江阴”的理论化水平,从心理学理论的角度来审视“幸福江阴”综合评价指标体系以及“幸福江阴”实践的整个进程;第二,使“幸福江阴”更加国际化。江阴打造的“幸福江阴”科学评价指标体系,使得这个评价体系有可能得到一些国际性的重要指导,使“幸福江阴”的评价体系将来得到国际认可。它在中国可以推行,在世界上也有实践的意义,这也将使“幸福江阴”的品牌建设、评价体系更具国际性;

第三，与清华大学以及国际上众多知名学者一起来讨论这个问题，新的角度可以使得“幸福江阴”的品牌及其评价体系更科学。因此，“幸福江阴”的国际讨论和一个重要的国际学术会议的联合，实际上是一个双赢的过程，而且特别是在对打造“幸福江阴”品牌方面具有重要的意义，对“幸福江阴”品牌的打造以及评价体系的建设，更具理论性、国际性和科学性。对清华大学和心理学界来说，作为中国幸福城市建设的引导者，江阴在实践科学发展观和建设中国的幸福生活方面是一个很好的案例。这个案例能够成为这个大会讨论的鲜活对象，使会议更加丰富，也为国际积极心理学研究理论作出贡献。

我非常赞赏江阴“以民生倒逼经济转型升级，以经济保障民生改善提升”的做法。江阴通过经济发展、产业转型，为幸福打下了坚实的基础，而对一些幸福问题从心理学的角度、精神的角度进行研究，对“幸福江阴”今后的规划会有很好的前瞻性，今后在“幸福江阴”建设中要逐步地、更多地从经济层面、物质层面转移到精神层面、心理层面。

中央文献研究室副主任陈晋：

“以人民幸福评估发展”的理念可以复制

关于“幸福江阴”的探讨，我谈两个问题：

第一，思考一下推进“幸福江阴”建设的重点有哪些？我们可以概括出很多重点，这次论坛是推动“幸福江阴”建设实践创新的精神化和理论创新的精神化，这两点互相促进。以人民幸福来评估发展，始终坚持民生倒逼经济的根本途径；在人民幸福与发展为谁的问题上，始终坚持民生重于一切的价值取向。这两方面对于江阴乃至全国来说，都是实践创新和理论创新。

第二，“幸福江阴”建设把人民的幸福感与党的执政理念结合起来，这是适用于当前的迫切话题，某种程度上也是全党和全国共同关注的话题。同时，这个话题也具有国际性，因为它反映了人类普遍尊重和寻求的价值理念。“以人民幸福评估发展”，与我们党倡导的为民宗旨一脉相承。因此，我认为“以人民幸福评估发展”，将党的执政理念具体化，是值得倡导、可以复制的。

中央党校原副校长杨春贵：

建设更高层次的“幸福江阴”

“幸福江阴”建设是一个促进科学发展、社会和谐的成功范例。“幸福江阴”建设是中央精神和江阴实际相结合的产物，其创造性实践中所包含的基本经验，对于全国各地贯彻落实科学发展观，促进社会和谐，加快全面小康建设具有普遍的导向作用和借鉴意义。例如“幸福江阴”建设坚持以民生需求倒逼经济转型优化，以经济发展保证民生改善提升，在关注物质财富增长的同时更加关注民生状况，更加注重人的发展，是加快地方发展实现人民幸福的成功范例。

“幸福江阴”建设是一个不断提高、不断提升人民幸福生活水平的过程。幸福是一个相对概念，从不幸福到比较幸福，从不够全面的幸福到比较全面的幸福，从低水平的幸福到高水平的幸福，从多数人的幸福到更多人的幸福，这是一个无限发展的过程。我们对待幸福也应当像对待一切事物那样，采取一分为二的态度，在总体幸福中不断发现某些人的不幸福、某些方面的不幸福、某种程度的不幸福，从而使我们的人民越来越幸福，这是党和政府的使命与责任。

按照科学发展观和现代化建设发展的要求，在更高层面上建设“幸福江阴”，需要我们深入和研究思考的问题很多。例如，如何进一步实现经济发展与资源环境双赢的问题，如何更好地发挥文化的力量来发展新兴产业和丰富城市内涵的问题，如何更好地促进城乡经济一体化发展的问题，如何处理好80多万新市民共享幸福的问题，如何更好地推进民生与民主互动的问题等等，这些问题的解决有待于江阴在实践中不断探索做出新的答案。

国家统计局副局长徐一帆：

“幸福江阴”评估体系作用积极

2006年制定出的“幸福江阴”评价体系，经过5年运作，在检测“幸福江阴”的进程中起到了积极作用。完整的指标体系使幸福不再虚无缥缈，成为看得见、摸得着的东西。设计思路上体现了幸福江阴的内涵，落实民众的选择权，在发展目标上问需于民；指标设计上问计于民，落实民众的参与权，让人民群众来选择体系指标，同时征求有关专家的意见；指标测评方面，落实民众的监督权，邀请第三方测评机构随机抽选江阴居民，采用问卷和电话等形式打出分值。

“幸福江阴”的内涵在延续，也在改变。在“十二五”期间，如何把新的人民利益诉求纳入指标体系。我提三点建议：第一，要关注各项指标数据的可获得性、准确性和时效性。第二，要做好与“十一五”评价体系的衔接，理清相关指标的信息。第三，关于城乡标准的划分问题，建议按照相关标准制定城乡指标，增强城乡比较的统一性和可比性。

资深学者李欣欣：

江阴要加快发展第三产业

近年来，江阴按照党中央以人为本、科学发展的理念，结合本地发展实际，确立“幸福江阴”发展目标，虽然在表述上比较简单,但是其标准非常高,真正做到是非常不容易的。

经过多年来江阴人的不懈努力,如今江阴已基本实现了养老、医疗、失业和最低生活保障对城乡所有人群的全面覆盖,实现了城乡居民的充分就业,实现了城乡及外来务工子女平等入学的待遇,实现了生态环境各项指标提前达到或高于国家标准,实现了社会治安状况全国领先等,进一步发掘和总结江阴的发展实践和经验,有助于全国各地区的经济社会发展与不断创新。

建议江阴要进一步加快发展第三产业。目前,江阴第三产业的内部结构升级还有待进一步提升。因为目前在江阴的第三产业结构中,为消费者服务的三产结构比例比较高,真正为厂商为企业服务的,比如金融、保险、法律咨询,还有一些中介服务这样的比例还有待进一步扩大,这其中的潜力很大,提升空间也很大。

美国加州大学洛杉矶分校心理学教授艾伦·帕杜齐:

提前考虑幸福曲线的"高原现象"

前几天在江阴的考察给我留下了深刻印象。我的第一反应就是要给孙子打电话,让他们认真学习中文,以后来江阴工作。对于幸福"江阴建设",我提两方面建议:

第一,要建立"幸福"的概念。在"幸福江阴"的专题片中,我看到人们都在微笑。他们的笑容,让我感到这里的人们对生活都非常满意。他们找到了工作、买上了房子,但是接下来怎么办呢? 所以,人们经常会问:我有了工作、有了房子就幸福了吗?那什么才是真正的幸福呢?因此,我们必须帮助人们建立起"什么是幸福"的概念。

第二,"幸福江阴"的理论非常优秀,非常有前瞻性,但是从学术角度来讲,要提前考虑理论的可持续发展。幸福增长到一定程度怎么突破增长的"天花板",也即幸福曲线的"高原现象"。还有,要长远谋划,举个例子,前阵子美国人遇到了金融危机,以前他们感到很幸福,现在就感到不幸福,这个例子说明,要居安思危。

国家统计局总统计师鲜祖德:

江阴把幸福的概念变成发展理念

用幸福来衡量发展,用民生来考核发展,这确实是一种观念的转变,更需要江阴人的勇气。江阴人把这种幸福的观念、幸福的理念,变成了具体行动并且取得了很大成就。

江阴有一套科学的考核评价体系。第一,这套体系把"幸福江阴"的理念变成了一组可测量的指标,既有客观的,也有主观的,这样就能客观公正地对他们的目标进行检测、评估。第二,这套体系的独到性在于没有地区生产总值,这是目前所有评价地区经济社会发展的指标体系当中唯一一个没有地区生产总值的一套体系。这并不是说地区生产总值不重要,而是体现江阴人更加注重发展的成果,更加体现以人为本的观念。

建议"幸福江阴"下一步对"人人都有好心情"进行进一步的深入研究。江阴人民的幸福感,通过主观的调查已经很高了,但是这种幸福感满足感如何推动江阴下一步更好更快地发展,如何把这种心理作用用于这种发展的理念当中去,值得研究。

中国纪检监察学院副院长李永忠:

以幸福指数导航科学发展

当不少地区以地区生产总值为"方向盘"加速发展时,江阴却在5年前以幸福指数为"导航仪"科学发展。发现问题需要智慧,提出问题需要勇气,解决问题需要能力,防患于未然需要远见,因此在今天举办的'2010幸福江阴国际论坛也就具有了特别的意义。

"幸福江阴"是客观发展时期的必然选择。经过调研,我归纳为以下几个"必然选择":苏南模式的必然选择,深化改革的必然选择,全面发展的必然选择,和谐发展的必然选择,以人为本的必然选择。江阴定位于政府创造环境、企业创造财富、人民创造幸福是正确的。江阴正努力把城市打造成为全体人民共建共享的场所,无愧于中国特色社会主义的发展方向。

以幸福指数为"导航仪",我建议从以下几方面入手,在幸福之路上科学发展:注重"幸福江阴"体系设计的科学性,让阶段性的小胜变为大胜,把成功的做法继续推广;注重"幸福江阴"参与的广泛性,让全体人民想参与、能参与,让广大群众在共建中及时共享;注重"幸福江阴"评价的客观性,让无利益冲突的第三方公平地考核、评判,目前江阴已经引入了第三方,这方面要继续保持、加大力度;注重"幸福江阴"建设的可持续性,让监督成为关键,让制度成为根本;注重"幸福江阴"模式的可复制性,让"幸福江阴"能够在更大范围内推广。

社科院社会科学所原所长景天魁:

江阴的幸福感特色明显

江阴的幸福感、幸福观有三个特点。第一,在内涵上的积极性。除了快乐感和满意感还有更加积极的东西,主要是指自豪感、奉献感、奉献后的满足感。我觉得江阴人的幸福感更主要的是创造、奉献,即敢攀登,创一流。这种幸福感是江阴一直保持领先地位的基础和精神资源。第二,江阴敢于让群众来评判是否幸福。江阴的幸福感基础比较全面,有好收入,确实是幸福的一个方面，但不一定收入高就一定幸福。例如哥斯达黎加，远没有美国强大，但是哥斯达黎加人的幸福感远远高于美国人，所以经济、政治、文化、社会各个方面都好，才能够构成幸福感的一个全面基础。第三，指标上的综合性。江阴人自己衡量幸福感的指标，不仅包括客观指标，也包括主观指标，不仅包括硬件，也包括软件，不仅包括个人感受，也包括各个方面指标的总和，比较全面地反映了江阴的实际，反映了江阴人生活的方方面面。江阴的发展历程是从乡镇企业起家，属于就地富裕，就地城市化，原有的社会资源保持下来，新的现代化资源也丰富进去。江阴人在一个自己熟识的天地里面，在自己所创造的一个环境里面，自己富裕起来、发展起来。这种幸福感，比很多地方来得强烈。

中郡县域经济研究所所长刘福刚：

要加强对幸福变化的研究

要加快经济转变方式，首先要实现县域经济科学发展，也就是说不仅要发展经济，还要发展社会、文化。以前，大家比较关注的是产业结构调整、经济效率等经济方面的问题，现在，在转变经济发展方式的同时，又增加了幸福指数目标。江阴初步形成了幸福与发展之间的目标与动力的良好互动。

关于"幸福江阴"建设，我有两点建议。第一，建设"幸福江阴"的过程、目标和评价体系建设非常科学，下一步要继续沿着这种思路完善工作。第二，"幸福江阴"建设要加强对幸福变化的研究。在指标的设计中，不仅要考虑指标的可操作性，同时要注重指标调查完之后与经济工作之间的可应用性，最核心的问题就是幸福指数的变化跟我们哪些工作有关，从中认识到哪些方面做得不够、哪些方面需要改善。所以，我建议可以改善互动机制，增加幸福指数的全国性、甚至是国际性的对比性研究。

美国密歇根大学心理学和组织学教授、国际积极心理学会秘书长克里斯多夫·彼特森：

"幸福江阴"的评价体系值得学习

在美国也有关于幸福的讨论，探讨怎样把一个城市建得更快乐、更幸福。积极心理学不光研究个人的心理，也研究一个城市总体的心理。在幸福城市研究方面，我们要研究什么是好的城市，什么是更好的城市，要有参数来评价。不同的城市，人们有不同的幸福观，大城市和小城市的人可能都是幸福的，但是他们幸福的方式却是不一样的。因此，在美国也有一种指标来衡量一座城市的幸福指数，包括经济发展的指数、满意度的指数，看看人们是不是高兴，是不是快乐，是不是满意。希望通过对"幸福江阴"综合评价指标体系的研究，推广幸福城市的模式，让我们拥有一个更加幸福的世界。

美国资深记者、畅销书作者、宾夕法尼亚大学访问学者、美国前总统克林顿智囊罗伯特·莱特：

幸福来自社区

用幸福指数来衡量发展，你们的做法非常好。同我去过的很多城市相比，江阴的目标非常明确——关注人们的幸福指数。我想从美国的城市说起，谈谈城市中的幸福问题。

我认为，人类幸福源头来自社区。据我所知，江阴就非常重视社区的建设。试想一下，如果周围有一群友善的邻居、朋友，人们就会感到幸福。从人类演变来讲，我们都是从小村庄过渡到大城市，人类的心理也因此而发展起来。因此，我建议更加注重社区在构建幸福社会中的重要地位。提供更加完善的配套公共设施，创造人与人之间的良性互动平台，这将对提升人们的幸福感产生积极作用。

美国加州大学伯克利分校社会系教授罗比·威勒：

"幸福江阴"要多进行国际交流

我来江阴考察时，江阴在提高人民生活质量、保护生态环境、促进慈善互助、关怀弱势群体等方面作出的努力，给我留下了深刻的印象。在发展经济的同时，发展社会事业和文化，这是符合心理学研究成果的。我很高兴看到江阴现在开始强调不能只发展经济，江阴选择了更为平衡的发展模式。

今后，"幸福江阴"要不断扩大国际影响，要更多地和国际上的学者、记者等进行交流，让他们到江阴来看看，与国际上的城市进行比较，让国际社会对"幸福江阴"进行评价，告诉世界江阴是幸福的。这样江阴会对全世界的城市发展模式讨论作出贡献，不光会成为中国其他城市发展的一个范例，也会成为世界其他国家的一个发展范例，在更大范围产生更积极的影响。

《人民日报》副总编辑谢国明：

充分考虑新市民

江阴不仅经济走在全国县级城市前列，社会精神方面也走在前列，在幸福建设中研究心理问题，具有先导作用和示范意义。以人民幸福评估发展，要充分考虑到全体人民的共建共享。我特别关心的是，江阴对 80 多万新市民发展的关注。我注意到一个细节，江阴新市民的子女已经可以同本地的学生一样入学。因此，我建议江阴在做好地区发展评估的同时，更多地把新市民纳入评估体系，因为他们同样为城市发展作出了大量贡献。希望江阴在这方面做出示范，给全国树立一个榜样。

新华社副总编辑夏林：

探索“幸福江阴”的可复制性

作为媒体，我们更感兴趣的是，“幸福江阴”能不能复制，一座幸福城市读本能不能成为中国城市的普及本？考察城市居民的幸福感，现在已经不仅仅是江阴，而且是一个全社会的话题，新华社联合中国市场协会，已经举办了三届“中国最具幸福感城市推选”活动，今年的主题是创造幸福。因此，我觉得江阴模式的可贵之处，就是“幸福江阴”综合指标评价体系是从自己的实际生活中产生的，是从已经开展了多年的工作过程中自己总结出来的，具有可操作性。下一步，新华社还要对幸福江阴进行很好的研究。

今天的幸福不代表明天，一个全体大众持续的具有社会归宿感、个体自主感、共同参与感的“幸福江阴”，能不能做到这一点，希望江阴进行更加深入的探索。江阴对幸福之路的探索没有完结，媒体对江阴的研究也没有完结。

《党建》杂志社社长刘汉俊：

注重文化的影响力

这次高层论坛将积极心理学与“幸福江阴”建设结合起来，产生了3方面的积极作用：从理论上提升实践水平，从学术层面考量幸福指数，用国际视野设计中国特色的幸福生活。

刚才在听“幸福江阴”专题报告的时候，我想起3个指标：生活的富裕、精神的愉悦以及人际关系的友好。我想，不管是在哪个年代、哪个地区，这3个指标永远是衡量幸福的真正指标。对于“幸福江阴”建设，我想说，幸福是有指数的，不仅有经济指标，也有社会指标，更有文化指标。文化是深层次的、持久的、宏观的，希望江阴市委、市政府在“幸福江阴”建设中更加注重文化的影响。

《光明日报》副总编辑李春林：

江阴主题成为苏南新亮点

现在苏南增加了一个新亮点，这就是江阴的主题：以人民幸福评估发展。“幸福江阴”主题作为重要的理念创新和实践创新，充分彰显了人民群众的历史主体地位，代表了当今世界的发展趋势，是科学发展观的生动体现，江阴主题的提出和实践，不仅大大提高了江阴人民的幸福指数，而且也是对中国特色社会主义理论体系的重要丰富和体现。《光明日报》密切关注“幸福江阴”的理念创新和实践创新，今后还将继续跟踪，尽主流媒体的社会责任，推动实现江阴经验的最大化。

《经济日报》副总编辑丁士：

让更多地区分享江阴的成功做法

祝贺“幸福江阴”论坛走向国际化。研究一座城市如何为了提高老百姓的幸福指数而不断努力，很有必要。关心江阴、研究江阴，实际也就是研究中国现代化进程中一个非常有代表性的案例。我们一直关注着“幸福江阴”的发展历程，这几年，江阴每年都有新目标，每年都有新措施，“幸福江阴”深入民间、越来越深入人心，这是值得肯定的。我们会继续关注“幸福江阴”的建设进程。

我建议今后进一步提高新市民的幸福指数。江阴已经注意到了这个问题，不仅要让老市民说好，也要让新市民说好。我们还要经常总结，以发展的眼光解决发展中带来的新问题。

《半月谈》杂志社副总编辑张正宪：

用民主提升幸福的品质

“幸福江阴”建设在不断地拓展中，幸福的内涵也在不断地深化中。这种幸福的内涵不仅满足精神需求，还要满足文化需求，我欣喜地看到，在江阴这种经济发达地区，仍保持着传统的乡土文化。这种幸福的内涵不仅是个体幸福，还是社会幸福，不仅是科技的，还是生态的，从这一点来看，江阴建设不开发区，从生态上面拓展百姓的幸福，这是一个很好的创举。

关于如何提升幸福的品质，我的一个建议是，江阴在引进人才的同时，要为广大的普通劳动者和江阴新市民搭建更多平台，实现更多梦想。江阴现在正用民主力量来逐渐提升幸福，此举会让“幸福江阴”建设更多地投射出现代文明的特色和现代文明的品质。另一个建议就是在“幸福江阴”建设的“五民五好”中加入“以民主为主，力求人人都有好机会”。

北京师范大学心理学院教授金盛华：

为孩子创造可持续的幸福

江阴市委、市政府能够提出以人民幸福评估发展，问情、问需、问计于民，让百姓出题，政府答卷，这是江阴对全中国的贡献。虽然探索出一个普遍适用的模式有很长的路要走,但是我们已经跨出了实质性的一步。

从学术层面上,我想提两个建议:首先,要加强"幸福江阴"评估的科学性、普遍性和独立性。一座城市的幸福,一定要在大多数的老百姓身上得到落实,从普通老百姓身上提炼出的幸福模式,将具有更加广泛的推广意义;其次,我注意到,相关文件里对孩子幸福的关注相对较少。"幸福江阴"可能在未来会遇到一个不可回避的挑战,那就是孩子的幸福。执政以民为本,民以子为本,所以在幸福城市建设中,我们要把孩子放到重要地位,为我们的孩子创造可持续的幸福。

清华大学经管学院客座教授、美国万国国际出版公司董事长孙立哲:

"幸福江阴"要不断引进发展新引擎

江阴给我们做出了一个令人惊喜和惊讶的表率和样板。利他主义是我们产生幸福感的源泉,但从经济学的角度来看,幸福是很难测量的。不过,江阴却给我们提供了一个很好的范例。幸福感是在不断变化和不断演化的,这个不断演化的背后是价值观的不断变化,因此,"幸福江阴"一定要不断引进新的发展引擎,这一点上,民主是很好的理论思路。还要实现可持续发展,这是满足性需求问题。别人从一个标杆里得到一个期望,来衡量自己,再从社会中找到新的标杆,来超越它的期望。再之就是内部能力,从内部能力找到未来期望,找到未来没有被发现的潜在的一个价值创造的机会。

亚洲积极心理研究院理事长倪子君:

着手进行幸福教育

在积极心理学范畴,幸福是一种能力,幸福可以由自已创造。美国著名双胞胎研究得出明确结论,人的幸福感50%来自于遗传,10%来自于环境,而40%来自于个人的主观心态。积极心理学研究发现,一个幸福的人才会成功,因为幸福的人有更大热情投入生活和工作。我们可以用积极的情绪体验、积极的人格特质、积极的组织等,让自己不仅得到快乐金子,还拥有快乐点金术。我建议江阴着手对市民进行幸福教育,特别是从学生开始,让他们感受积极情绪、感受快乐人生、建立人格特质,感受一个充满意义的人生开始,以孩子的幸福评估可持续发展。

21世纪GNH研究中心主任、《21世纪经济报道》国民幸福专版负责人张翔:

"幸福江阴"评价体系有示范意义

最近八九年来,中国的改革观念和发展模式进行了一个深刻的自我调整。现在人们已经普遍意识到,仅仅靠地区生产总值的增长并不一定能够打造一个良好的和谐社会,也不能够带来让人感到幸福的方式,仅仅通过地区生产总值已经很难全面描述和评价社会发展的优点。在这种情况下,中国需要建立一个新的评价体系,来评价和描述各个地区的发展状况,以这一套体系来指导各地的建设,改善各地的治理水平。

《21世纪经济报道》在全国设立研究中心,试图通过调查采访全国各地在发展评价体系改革方面的具体实践,各种各样的实践,然后邀请专家就如何更好地改革评价体系来进行研讨,并介绍全球各国在这方面的不同尝试,以及他们的得失。从目前看来,江阴确实是国内一个具有开创性的样本。

中山大学心理系主任、教授、博导高定国:

将社会支持纳入幸福评估体系

对于幸福这个话题,我有3个建议:第一,纳入社会支持指标。我们在心理学研究中发现,社会支持可以让人很好地抵御社会性痛苦。因此,建议"幸福江阴"评估体系更多地纳入社会支持指标,包括家庭、朋友、同事之间的关系,以及医疗、交通等公共服务。第二,学会感受幸福。幸福感很短暂,需要维持,我们要学会如何更好地感受幸福。第三,处理好经济发展与幸福建设的关系。经济基础是改善民生的重要保障,但是不能只用经济指标来衡量幸福指数,要协调好两者关系。

“幸福江阴”建设深入推进　百姓幸福感受持续提升

——2010年度“幸福江阴”民意调查报告

受市委、市政府委托，北京中郡县域经济研究所于7月下旬在全市范围内随机抽取3000个生活或工作在江阴的调查对象，围绕“幸福感”开展了2010年度“幸福江阴”建设民意调查工作。这是江阴市为及时反映经济社会发展给百姓生活带来的变化，了解人民群众对幸福江阴建设的认可程度和切身感受，按照《“幸福江阴”综合评价指标体系》的实施方案，听民意、摸民情、重民生，连续第四年开展该项民意调查工作，也是第二次委托第三方开展的调查。

调查结果显示：95.87%的调查者认为自己作为一个江阴人感到骄傲和自豪，97.13%的百姓对建设幸福江阴充满信心。在样本总数大幅增加的情况下，江阴百姓对幸福感仍然打出了87.44的高分，比上年提高了0.38分。

2007~2010年江阴市百姓幸福感平均打分对比一览

表1

年份	2010	2009	2008	2007
样本数(个)	3000	1200	1200	1200
调查结果(分)	87.44	87.06	86.95	86.29

一、调查样本概况

这次调查样本从1200个增加到了3000个，样本量扩大了1倍多，同时大幅度提高了外来务工调查对象(新市民)的比例，从去年的200个增加到750个，调查的新市民比重占到全部调查样本总数的四分之一。

从样本分组来看，被调查者年龄都在18周岁以上，男女比例为1.16：1，学历以高中文化所占比重最大，为40.33%，职业涵盖了社会各行各业，企业职工比重为58.20%，机关事业占12.83%，个体经营户占10.1%，还有少量离退休、学生、其他从业人员等。

2010年调查样本基本情况分组一览

表2

	样本量	比重(%)
按城乡分组		
城镇	1200	40
农村	1800	60
按户籍分组		
本地居民	2250	75
新市民	750	25

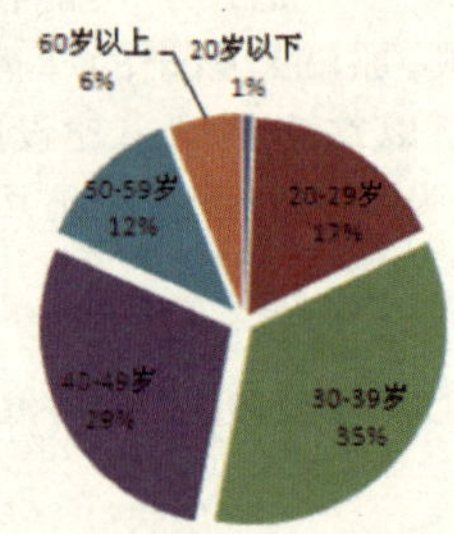

2010年江阴市调查样本按年龄分组情况

2010年江阴市调查样本按学历、职业分组情况一览

表3

	选项	2010年(%)	2009年(%)
按学历分组	初中及以下	27.60	25.42
	高中	40.33	39.67
	大专、本科	30.80	33.83
	研究生及以上	1.27	1.08
按职业分组	机关事业	12.83	14.50
	企业	58.20	56.67
	个体户	10.10	10.17
	离退休	5.47	5.17
	学生	1.13	1.50
	农民	4.60	4.67
	无业	1.37	1.33
	其他	6.30	6.00

二、调查主要结论

(一)江阴人拥有很高的幸福感和自豪感

调查结果显示，有95.87%的调查者认为作为一个江阴人感到自豪和幸福，97.13%的调查者对幸福江阴建设充满信心。

百姓对幸福感平均打分为87.44分，按新老市民分组看，江阴本地人平均打分为87.94分，新市民为85.94分；按城乡分组看，城镇调查者打分为88.14分，农村为86.97分；按职业分组看，平均打分最高的是机关事业单位工作人员，平均打分89.35分，其次是离退休人员，平均打分88.72分，失业或无业人员打分最低，平均打分81.92分。

2010年江阴市“幸福江阴”建设百姓认同情况一览

表4

		幸福自豪率(%)	信心率(%)	幸福打分(%)
合计		95.87	97.13	87.44
按新老市民分组	本地人	97.07	97.77	87.94
	新市民	92.27	95.20	85.94
按城乡分组	城镇	97.08	97.33	88.14
	农村	95.06	97.00	86.97

从“幸福感”“信心率”看，本地住户略高于新市民，城镇略高于农村，但城乡、新老市民感受的差异并不大；从总体看，百姓对“幸福感”“信心率”认同度都超过九成，江阴人民对家乡的建设和发展充满信心。

（二）超过八成的百姓明显感受到幸福江阴建设带来的变化

调查显示，86.17%的百姓认为建设幸福江阴对个人素质的提升起了很大作用，分别有82.6%和83.9%的调查者认为幸福江阴建设较大地提升了自己的经济地位和社会地位。

在开放题中问及江阴最近几年的发展对您个人带来哪些变化时，72.83%的百姓认为交通更加便捷了，65.63%的百姓认为环境改善了，61.53%的百姓认为收入增加了，57.27%的百姓认为社会保障提高了，52.53%的百姓认为社会治安更加稳定了，47.6%的百姓认为城市建设得更好了，46.9%的百姓认为社会文明程度提高了。

正是全市上下紧紧围绕建设幸福江阴的目标不动摇，始终坚持和谐共建、幸福共享，持续改善民生、为民谋福，把百姓关心的问题放在突出的位置加以解决，切实改变广大群众的工作生活环境，让人民群众真切感受自己是幸福江阴建设的真正受益者。

（三）大多数百姓都有了好工作、好收入、好居所

从调查结果看，江阴百姓对工作岗位的满意度比较高，满意率达到93.07%，对工作安全设施、单位福利保险和劳动强度等调查项目的满意率分别为94.97%、91.8%和95.07%。

从收入分布看，有81.43%的家庭人均收入超过10000元；有56.67%的家庭人均收入高于16000元；有18.57%的家庭人均收入高于30000元，生活水平相对比较富裕。93.57%的受访者表示家庭收入能够满足正常开支，其中很满足的占8.5%，能满足的占50.80%，一般满足的占34.27%。

从住房看，89.17%的被调查者对自身的住房条件表示满意，77.67%的被调查者有自己的住房，其中江阴本地市民拥有自己住房的比例达97.42%，新市民拥有自己住房的比例为18.40%；城镇居民户均住房面积为93.52平方米，对目前自身住房满意率为88.34%；农村居民户均住房面积为149.45平方米，对住房满意率为89.71%。

（四）超过九成的调查者对社会事业表示满意

通过这几年的新农村建设和以城带乡、城乡一体化发展，尤其是新老三路工程、公交优先、老小区改造等一系列惠民措施的推出，百姓对社会事业的满意度都保持在90%以上，其中交通出行满意率最高，为98.10%，其次是社会治安，满意率为97.77%。

2010年江阴市百姓对社会事业的满意度一览

表5

	满意率(%)	不满意率(%)
环境方面		
绿化建设	96.13	3.87
空气质量	91.83	8.17
水源水质	91.27	8.73
噪音控制	91.63	8.37
环境卫生	94.70	5.30
安全方面		
交通出行	98.10	1.90
交通安全	96.20	3.80
社会治安	97.77	2.23

（五）健全的公共服务保障了人人都有好心情、好身体

幸福的主体在人，人幸福与否的基础是要拥有好心情、好身体，因此通过心情与健康状况的调查，更能反映出广大人民群众的幸福感受。

调查结果显示，98.80%受访者认为自己和家人心情快乐，99.63%的家庭很和睦，99.43%的家庭认为邻里融洽。

“好身体”方面，98.97%的受访者表示自己和家人身体基本健康，其中绝大多数人都是“比较健康”，比重为64%；有32.5%的受访者经常参加体育健身活动，58.5%的受访者有时参加体育健身活动；有91.2%的受访者在最近几年参加过体检，其中58.07%的受访者至少两年能参加一次体检。95.8%的受访者表示社区服务齐全，96.63%的受访者表示公共健身锻炼场所令人满意。

社会保障方面，城镇有84.92%受访者参加养老保险，84.17%的受访者参加医疗保险；农村有86.72%的受访者参加了农村基本养老保险、农村合作医疗保险、商业保险等各种形式的保险，随着城乡医保并轨举措的实施，将会有更多的农村居民积极参加各类保险保障体系。

（六）新增的对政府工作满意度的调查也得到了百姓的认可

与以往调查内容不同，这次调查新增了一些更贴近百姓生活、更体现民愿的政府公共服务满意度的调查指标，通过百姓给政府工作打分让百姓更切实有效地参与幸福江阴建设过程。具体打分情况如下：

百姓对政府开展就业创业帮扶工作的满意率为97.17%

百姓对机关服务水平和效能建设情况的满意率为97.9%

百姓对政府信息公开的满意率为96.37%

百姓对政府法制民主建设的满意率为97.27%

百姓对政府依法行政的满意率为95.67%

百姓对文化建设、夜晚文化活动的满意率为97.57%

百姓对物业管理的满意率为94.9%

从调查结果看，百姓的满意度基本都在95%以上，绝大多数人民群众对政府服务感到满意，机关效能建设再获社会好评。

三、调查结果反映出的问题

从调查结果来看，大多数调查内容的满意率均都超过了90%，有些指标满意率为98%、99%，均说明幸福江阴建设开展以来，不仅城乡面貌、经济发展、社会事业得到了大幅度提高，人民群众也通过共建共享得到了实惠，从而更加认可市委、市政府的执政理念和工作成绩。

在百姓看来建设幸福江阴还需要注意哪些问题呢？通过开放题"在江阴今后的幸福江阴建设中，您认为需要注意哪方面问题"的调查结果显示，"收入增加、物价稳定、社会保障提高、环境改善"成为百姓当前最关心的几个问题。

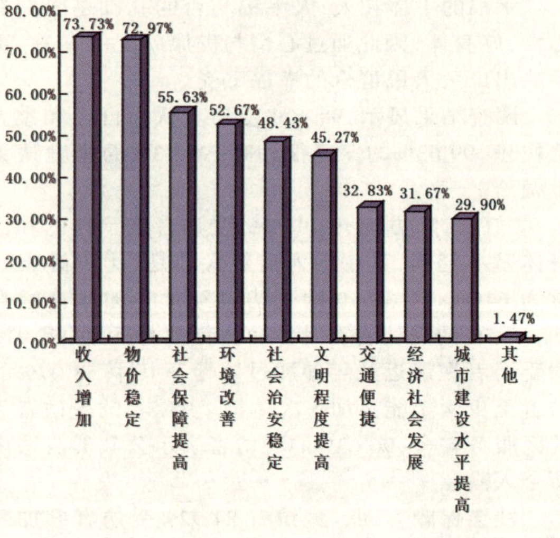

"幸福江阴"建设需要注意的10个方面

(一)富民增收仍然是百姓的第一需求

调查结果显示，73.73%的百姓把"收入增加"作为幸福江阴建设中最需要注意的问题，82.57%的百姓认为建设幸福江阴的关键是"增加居民收入"。

从家庭人均收入的调查结果来看，我市仍有1.47%的调查者家庭人均收入不足3000元，有15.2%的家庭人均收入在1万元以下，相对处于低收入阶段，有62.87%的家庭人均收入在1万元–3万元之间，有18.57%的家庭人均收入大于3万元。人均收入超过3万元的家庭中，城镇占22.33%，农村占16.06%，两者相差6.27个百分点；本地住户人均收入超过3万元的比重为21.82%，新市民只占8.8%，两者相差13.02个百分点，新市民高收入的比重明显低于本地人的比重。

以上几项调查，百姓都把"收入增加"作为最关心的问题，收入是否满足家庭的开销成为最直观反映幸福感受的指标，因此，要不断提升百姓生活水平，努力缩小城乡居民收入差距，关心支持新市民的工作生活，使绝大多数市民共同富裕，促进社会和谐发展。

(二)建立更加完善的社会保障体系是提升幸福感的关键

从调查结果来看，医疗、住房、物价仍旧成为影响百姓幸福感提升的主要因素。百姓对医疗机构的收费及服务整体满意率为82.7%，比上年提高了2.62个百分点，但仍旧有17.3%的百姓表示对医疗收费及服务"很不满意"和"不满意"，不满意率还偏高。有22.33%的新老市民还没有自己的住房，10.83%的百姓对目前自身的住房条件表示不满意。24.13%的百姓认为物价上涨很高，54.50%的百姓认为物价上涨较高，14.07%的百姓认为物价上涨一般，认为物价上涨的比重合计为92.70%，这个比重比上年提高了5.7个百分点。

从生活压力来看，9.43%的百姓认为生活压力很大，38.83%的百姓认为生活压力比较大，36.73%的百姓认为生活压力一般，只有15%的百姓认为生活压力不大或相对比较宽松。从这组数据可以看出，合计有48.26%的百姓认为生活压力大，接近了调查总数的一半。逐渐上涨的生活成本，迫使百姓对社会保障的需求更加强烈，67.7%的百姓认为"完善社会保障"是建设幸福江阴的关键因素，55.63%的百姓认为"社会保障提高"是以后"幸福江阴"建设工作的重点，完善和提高社会保障成为仅次于收入问题的第二热点。

(三)生态环境保护是经济发展中不可忽略的课题

从发展的过程来看，我们追求的"幸福江阴"不仅仅包括经济发展和人民生活水平的提高，还包括城市面貌、生活环境等生态环境的可持续发展。据调查，有8.17%的百姓对空气质量不够满意，8.73%的百姓对水源水质不够满意，8.37%的百姓对噪音控制不够满意。从百姓的愿望来看，45.5%的百姓认为建设"幸福江阴"的关键是"提高环保意识"，52.67%的百姓认为"环境改善"是建设"幸福江阴"过程中需要注意的问题。

数据表明，仍有一定比重的百姓对生活环境提出了质疑，这就促使我们要更加重视环境保护工作，在发展经济的同时，要加快提升产业转型步伐，逐步淘汰落后产能、高能耗、重污染企业，从大力发展服务业和港口经济入手，走出一条有江阴特色的发展之路，既让江阴人为家乡的经济建设成果感到自豪，也让新市民为居住在一座宜工宜商宜居的现代化港口城市而留恋。

(原载江阴市统计局《统计分析》)

第19届中国金鸡百花电影节

活动纪要

2010年10月中旬，第19届中国金鸡百花电影节在江阴成功举行，创全国在县级市举办该电影节的先例。江阴市全民参与，共建共享，江南小城的独特魅力借助电影节淋漓展示，使“完美电影·幸福江阴”享誉全国。电影节从申办到结束主要经历了以下大事：

2009年初，江阴市以市委、市政府的名义向中国电影家协会申请承办第19届中国金鸡百花电影节。

2009年3月，中国电影家协会正式复函，决定由江阴市承办第19届中国金鸡百花电影节。

2009年10月17日，在南昌举行的第18届中国金鸡百花电影节颁奖典礼暨闭幕式上，无锡市委常委、江阴市委书记朱民阳从中国电影家协会主席李前宽手中接过电影节节旗。

2009年10月20日，举行第19届中国金鸡百花电影节一周年倒计时启动仪式。

2009年12月23日，电影节江阴执委会举行第一次会议，通过了本届电影节组织领导机构方案和电影节总体工作方案。

2009年12月23日，“倾情奉献·真情感谢”——第19届中国金鸡百花电影节奉献与感谢大会召开。

2010年5月14日，“牵手百花·感受幸福”——第19届中国金鸡百花电影节奉献与感谢大会召开。

2010年5月14日，第19届中国金鸡百花电影节纪念林“光影之林”在敔山湾建成开放。

2010年5月14日，经过近半年的征集、评选，第19届中国金鸡百花电影节主题语和标识揭晓。

2010年6月3日，第19届中国金鸡百花电影节新闻发布会在北京举行，公布了第30届大众电影百花奖候选影片及候选奖项，发布了本届电影节主题语和标识。

2010年7月23日，“炫动光影·幸福江阴”第19届中国金鸡百花电影节电影藏品展在江阴文庙大成殿门前开幕。

2010年8月31日，江阴敔山湾国际会展中心按时竣工投运。

2010年9月20日，第19届中国金鸡百花电影节新闻发布会再次在北京举行，公布了第30届大众电影百花奖提名名单。

2010年10月12日，第19届中国金鸡百花电影节在江阴市芙蓉花体育中心盛大开幕。

2010年10月16日，第30届大众电影百花奖颁奖典礼在江阴敔山湾国际会展中心圆满落幕。

影人留言

第19届中国金鸡百花电影节汇聚了中国电影艺术界最耀眼的“星光”。数百位明星、嘉宾和电影人云集江阴，为这座城市留下了一段与中国电影的传世佳话，他们也用手中的笔留下了对江阴的赞美、惊叹和祝福。5天的光影盛典不仅使众多影人与江阴从此结缘，在幸福之城的感动也成了他们心目中最美好的一段记忆。下面是他们在江阴写下的留言。

袁咏仪：我爱江阴！

翟俊杰：祝福江阴更美好！

尹　力：成功的一届百花奖，难忘江阴！

康健民：难忘的江阴，永远的幸福！

王　霙：江阴我喜欢！

张国立：江阴美！

李前宽：相约江阴，共享幸福时刻，这块福地给我们留下美好印象，感谢江阴对中国电影的贡献！感谢江阴为第19届中国金鸡百花电影节所付出的热情和努力，这是一届成功的电影节！

于　洋：预祝江阴市人民永远幸福！

杨　静：愿江阴的天永远蓝蓝，愿江阴的水永远清清！

王晓棠：江阴，走在中国前列的幸福之城，走在中国前列的人民公仆，值得我们好好学习，铭记它的打动心灵之美！向江阴市委、市政府致以解放军的敬礼！

田　华：相约幸福江阴，共享中国电影！

苏有朋：幸福江阴，百花齐放！

卢　奇：愿江阴建设得更美丽！

王馥荔：美丽江阴！

梁家辉：百花齐放！江阴令百花复活了！

赵　薇：祝江阴永远美丽辉煌！

陈　坤：支持中国电影，支持金鸡百花！

何锦华：江阴充满喜乐幸福，到了江阴永远心灵富足！

秦　怡：祝金鸡百花电影节圆满成功！

瑶　淼：江阴的朋友，祝你们全家平安、幸福和美！

■类目编辑　李缉宁

专 文

凝心聚力　继往开来
把江阴的明天建设得更加幸福美好(摘要)

——2010年12月15日在市委十一届十次全体(扩大)会议上的讲话

中共无锡市委常委、江阴市委书记　朱民阳

第一个问题　“十一五”时期的主要成就和基本经验

“十一五”时期，江阴以科学发展为主题、以幸福江阴建设为主线、以普惠民生为主旨，经受了种种考验，战胜了重重困难，实现了经济社会发展的一个又一个新跨越。

2005年末，江阴在全省率先建成全面小康达标县(市)后，对照科学发展观的新要求、人民群众的新期盼，深入思考“经济发展为什么？区域领先争什么？小康达标后干什么？”，坚持以人民幸福评估发展，在2006年市第十一次党代会上，提出了建设“幸福江阴”的战略构想，以“五民五好”*的幸福蓝图凝聚起各种力量，全面开启了符合江阴特色的科学发展的新征程。2007年，以纪念江阴撤县建市20周年为鼓舞，以民生需求倒逼转型，以创新创造驱动发展，积极推进“又快又好”发展向“又好又快”发展的转变；全市地区生产总值首次突破1000亿元大关。2008年，以纪念改革开放30周年为强大动力，积极应对金融危机、自然灾害等诸多困难，从重点发展向优化发展转变，促进经济与民生互动、城市与农村协调、生产与生态和谐；江阴市被中央确定为改革开放30年全国18个典型地区之一，被中央调研组誉为“科学发展的先行者”。2009年，以国务院总理温家宝视察江阴为精神动力，实施“六个抢”*“十个抱团”*等政策措施，突出人才、科技、文化、生态、民生“五个互动”，千方百计保增长、促转型、惠民生，实现经济稳健增长、城乡稳步优化、群众稳定增收的良好局面，汇聚起“化危为机，江阴有股劲”的强大合力。2010年，全面落实中共中央政治局委员、书记处书记、中组部部长李源潮和省委常委、无锡市委书记杨卫泽的重要批示精神，深化“幸福江阴”建设，以民生倒逼转型，以民主促进民生，启动并实施新兴产业发展“445计划”*，全力推动经济与民生同步提升、产业与城市同步转型，实现了“十一五”的圆满收官。五年来，先后荣获首批国家生态市、国际花园城市、中国最佳经济活力魅力城市、中国十大和谐名城、国家可持续发展先进示范区等40余项全国性荣誉，在全国县域经济基本竞争力排名中实现“八连冠”。

“十一五”时期，在保持经济总量领先的基础上，取得产业结构调整优化的大突破。始终坚持加快发展不动摇，把产业结构调整、经济转型发展作为事关江阴可持续发展的重要举措，大力发展高效农业、高新制造业、高端服务业，加快推动由“江阴制造”向“江阴创造”、资源依赖向科技依托、投资拉动向创新驱动转变，经济社会发展跃上新台阶。全市在全面完成“十一五”节能减排目标的基础上，预计地区生产总值从2005年的787.97亿元增加到2010年的2000.92亿元，是2005年的2.54倍，年均增长20%；人均地区生产总值（按户籍人口算）从2005年的6.6万元增加到2010年的16.6万元，是2005年的2.52倍，年均增长19.6%；全口径财政收入从2005年的108.3亿元增加到2010年的382.02亿元，一般预算收入从2005年的48.38亿元增加到2010年的130.72亿元，分别是2005年的3.53倍和2.7倍；五年内完成全社会固定资产投资2237亿元，是“十五”期间的2.1倍，其中工业投入1329亿元，是“十五”期间的1.7倍。现代产业体系加快构建，全市三次产业的比重从2.04：63.64：34.32 调整到1.81：59.19：39。农业发展上，突出“紧接二产、密连三产”，探索出工业反哺农业“七种模式”*，预计五年累计完成“三资”投农*58.53亿元，全市农业规模经营比例从2005年的46.84%提高到2010年的80%。工业经济上，突出存量调优、增量调高，通过传统产业高新化和新兴产业规模化，加快结构优化和内涵提升。五年间，在工业总产值突破5500亿元大关的同时，高新技术产业增加值占规模以上工业增加值的比重从2005年22.8%提高到2010年的42%。服务业发展上，突出“港城互动、双轮驱动”，服务业增加值占地区生产总值比重提高到39%，年均提高一个百分点；建设以港口经济为核心的临港新城，推进以新港区建设为重点的“500天行动计划”和“三年行动计划”，江阴港货物吞吐量和集装箱运量从2005年的4278万吨和4.86万标箱，分别增加到2010年的1.25亿吨和101.07万标箱，成为全国第五个亿吨级内河港，初步成为辐射周边地区的枢纽基地；社会消费品零售总额从2005年的173.12亿元增加到2010年的381.38亿元，是2005年的2.2倍，连续多年位居全省同类城市第一。

“十一五”时期，在科技创新持续深化的基础上，搭建科技人才资本合作的大平台。突出科技和人才的支撑作用，坚持“科教兴市”“人才强市”战略，大力开展“质量与知识产权立市促进年”“科技与人才创新促进年”等活动，把政府、科技、金融、企业等社会资源全面有效地结合起来，为发展注入强劲动力。在全国同类城市率先成立区域产学研战略联盟、科技人才资本战略合作创新联盟，与国内外200多所大学和科研院所开展政产学研合作。2010年全市科技研发经费占地区生产总值的比重达2.5%，比2005年提高1.4个百分点。积极推进功能平台建设，建成国家高新技术创业服务中心、全国同类城市首个科技企业加速器、中国产学研合作创新示范基地，并荣获首届中国产学研合作创新奖。累计建成“三创”载体*210万平方米；累计建成国家级科技产业基地4个，国家级科技创业平台2个，国家级工程技术研究中心和重点实验室3个。累计建成国家级引智示范单位和基地8个、博士后科研工作站15个，数量均在全省同类城市中位居第一。加快实施专利、品牌、标准战略，拥有中国名牌产品13个，99个企业参与制定国际、国内行业标准。坚持“一个领军型团队可以带动一个产业”的理念，累计引进国家“千人计划”人才5名，加快实施“江阴千人计划”*，累计引进“530计划”项目104项，其中47项实现产业化；坚持“不求所有所在，但求所用有用”，扩充完善柔性人才库，入库人才已达4080人。引导企业树立“人才＋科技＋资本”的发展理念，着力建设金融生态区，推进政银企抱团合作，构建科技金融合作的体制机制，让金融单位在江阴发展更放心，让企业在江阴发展更安全，推动新兴产业快速发展。

“十一五”时期，在经济保障民生的基础上，实现社会事业协调发展的大跨越。把改善民生作为一切工作的出发点和落脚点，坚持把社会建设作为落实科学发展观的重点，从民本的视角、群众的利益、基层的实践出发，既做大做好经济“蛋糕”，又突出分好利益“蛋糕”，注重关怀弱势群体、注重强调民生细节、注重引导全民参与，努力改变以往社会事业滞后于经济发展的状况，走出一条创新为民的社会事业跨越发展新路径。在强化民本上，突出扩大就业、扶持创业，城镇登记失业率始终控制在3%以内，农村调查失业率始终控制在3.5%以内。在促进民富上，突出创业增收、保障增收和置业增收，建立覆盖城乡的社会保障体系，城乡居民收入年均增长10%以上，2010年城镇居民人均可支配收入和农民人均纯收入分别达到30148元和14898元，分别是2005年的1.87倍和1.74倍，其中，农民人均纯收入连续11年名列全省同类城市第一。在实现民享上，坚持环保优先，大力开展植树造林、治水治气、节能减排、循环生产，城市绿化覆盖率和林木覆盖率分别达44.2%和20.05%，比2005年分别提高1.9和7个百分点，环境质量综合指数达92，累计提高7个百分点。在保障民安上，加快技防城建设,实现全市域覆盖、全天候监控、全防区联动,人民群众对社会治安的满意度达98.8%。积极实施老小区改造、平改坡工程,在全省率先推出公有租赁房,累计建成经济适用房和廉租房27.7万平方米,努力让拆迁工程成为民心工程、惠民工程。在增进民强上,全力推进社会事业城乡均衡发展。积极整合城乡教育资源,实施义务教育绩效工资改革,建成并启用南菁中学、江阴高中等29所新校区;全市高等教育毛入学率达61%,比2005年提高12.86个百分点。建成以市级医院为龙头、片区医院为骨干、社区卫生服务中心为基础的医疗服务体系;累计实施三轮168万人次农民免费健康体检。倡导"老年人幸福才是真幸福",构建起以居家养老为基础、社区养老为依托、机构养老为辅助的养老体系。引导全社会开展结对帮扶,全市慈善基金总额超过10亿元,在全国同类城市中名列第一。完善全民健身服务体系,在全省率先完成"村村体育健身工程",人均预期寿命达到78.12岁,比2005年提高1.54岁。

"十一五"时期,在完善城市布局的基础上,加快城市农村互动发展的大融合。以"城市发展学新加坡、新市镇建设学上海"为引领,按照现代化城市的要求,不断放大城市的辐射效应,提升城市功能品位,更加突出新农村和新市镇的发展,推动城市和农村的互动融合,走上城乡经济社会一体化发展的道路。以城乡规划一体化引领城乡发展均衡化,创新设立临港新城,稳妥推进行政区划调整,澄江、夏港、申港、云亭、南闸、新城东撤镇(办事处)建街道。以"大智慧、大手笔、大作品、大印象"快速推进城乡建设,"一中心四片区"的城市布局初步形成,中心城区规划拓展到198平方公里。城市客厅基本建成,敔山湾新城初具规模,南门改造全面启动,西组团开发加快推进。路网骨架体系全面拉开,基本形成干支相连、城乡一体、快速通畅的路网体系,五年来道路建设累计投资达70.4亿元,新增道路536公里,路网密度达到中等发达国家水平。坚持"公交优先就是市民优先",积极构建覆盖城乡的公交网络体系,率先在全省同类城市实现城乡公交一体化,城市公交分担率达24%,五年提高16.7个百分点。加快管网建设,推进控源截污,工业污水处理率达100%,城区生活污水集中处理率达91.68%,集镇建成区生活污水集中处理率达83.5%。大力推进城市信息化建设,建成"12345"公共服务平台*、城市数据中心和容灾备份中心,连续两届入选"全国城市信息化50强",市民卡工程连续两届被评为"国家金卡工程金蚂蚁奖"。以城市标准推进新市镇建设,配套设施不断完善,被撤并集镇建设管理有效加强。大力推进社会主义新农村建设,农村生态环境更加优美、配套设施更加齐全、生活方式更加健康。优化农村社区化管理,农民集中居住率从2005年的54.69%提高到2010年的68%。推进城市管理重心下移,建成"数字城管",初步形成"大城管、动态化"的城市管理新格局。

"十一五"时期,在激发各类资源活力的基础上,形成深化改革扩大开放的大格局。始终坚持用改革开放来解决发展中的问题,用创新来化解发展中的矛盾,用机制来激发全社会的活力,形成推动科学发展、建设"幸福江阴"的强大合力。向市场要活力。正确处理好政府与市场的关系,对重点、重大工程成立项目公司,把可经营项目全部推向市场,引入战略投资者,运用社会资本来建设江阴、发展江阴。向改革要活力。按照"政府服务国际化、行政行为法制化、机关效能高效化"的要求,扎实推进服务型政府建设。按照"政事分开、管办分离"的原则,加快事业单位配套改革。完成"省管县"财政管理体制改革。理顺国资公司管理体制和经营机制,组建调整合并成16个国资公司,为经济社会建设注入活力。不断深化农村经济体制和经营机制改革创新,"三置换"改革*试点工作成效初显,新型合作经济发展稳健。推行"河长制"*,在全省率先开展排污权有偿交易。向制度要活力。坚持"群众关心什么,就考核什么",通过百姓参与、专家论证,制订"幸福江阴"综合评价指标体系,逐年完善指标、分解责任、推进落实,并荣获第五届"中国地方政府创新奖"。建立健全保障科学发展的"十大机制",从制度层面凝聚科学发展的合力。向开放要活力。引导园区"二次创业",经济开发区全力打造科技新城,临港新城成为新兴产业主阵地,靖江园区后发优势日益明显。深入推进经济国际化战略,五年来到位注册外资累计29.43亿美元,引进超亿美元项目30项;境外投资企业突破150个,对外投资的国家和地区24个;进出口总额从2005年的84亿美元增加至158.49亿美元。资本经营优势不断扩大,新增上市公司10个,累计上市股票达29只。

"十一五"时期,在巩固城市综合实力的基础上,促进城市未来竞争力的大提升。在确保经济社会领先优势的前提下,既把握当前打基础,更放眼长远谋发展,不断构筑战略新优势,提升城市未来竞争力。按照"不开发是为了更高水平开发"的理念,以生态的高度自觉,规划建设徐霞客农业生态旅游区,通过高效益的农业开发、高水平的工业开发、高标准的旅游开发和高品质的人居开发,为城市可持续发展留好空间。始终坚持"一个城市的硬实力靠科技、一个城市的软实力靠文化",做到"文化事业投入到位、文化产业改革到位",推动"城市剧团下乡·农村小戏进城"常态化、制度化,全市公益类文化设施达标率达100%,大力培育壮大"金一文化"等龙头企业,文化产业增加值占地区生产总值的比重从2005年的2%提高到5.8%。创建国家历史文化名城基本达标。坚定不移地把建设轨道交通作为影响江阴未来城市竞争力的关键举措,开展轨道交通建设的各项前期工作,启动建设京沪高铁安镇站连接线。从城市可持续发展的高度,实施人口素质大提升工程,大力弘扬江阴精神,学习华西经验,传承人文历史,完善全民素质教育体系,不断提升江阴市民的整体素质,塑造诚信、大气、开放的人文新形象。

"十一五"时期,在坚持正确用人导向的基础上,营造凝心聚力、风清气正的大环境。坚持用党员干部执政能力提升来保障发展、推动发展，全面加强干部队伍建设和基层党组织建设，巩固发展团结向上、政通人和、和谐稳定的良好局面。充分发挥党委总揽全局、协调各方的领导核心作用，最广泛地动员各方力量，最大限度地调动一切积极因素，在全市上下形成了各镇（街道）争名次升地位、各开发区再创业作贡献、各行各业创新创造创优的浓厚氛围。扎实开展党员先进性教育、学习实践科学发展观和创先争优等主题活动，开展文明创建、典型引领等主题教育，引导党员干部和市民群众提升素质。积极深化干部人事制度改革，大力推进公推竞岗、交流轮岗等制度，加强领导班子建设，选派年轻干部下挂基层一线、外挂先进地区、平挂热点岗位。干部结构不断优化，领导班子成员平均年龄从2005年的44.85岁降至2010年的43.44岁；市管领导班子成员本科以上学历从2005年的39.8%上升至2010年的70.2%；市管女干部人数从2005年的60人增加到2010年的129人；非中共干部人数从2005年的19人增加到2010年的27人。扎实推进强基工程，以争创全省党的建设模范区为统领，持续开展“学华西、强堡垒”“星级红旗社区”等创建活动，基本实现“一村一社区一名大学生村干部”工作目标，基层组织的创造力、凝聚力、战斗力持续增强。推动民主促进民生工作，拓宽民主参与渠道，健全社会参与机制，普遍推行基层党组织换届选举“双推一选”和“公推直选”，扩大党务、政务、村务公开范围，基层民主不断扩大。突出科技人才、企业家和党政领导干部“三支队伍”建设，每年组织党政干部、企业家赴国内外培训；组织两批共60名党政领导干部赴美国斯坦福大学培训，实现“周末讲坛”“企业家大讲坛”制度化、常态化，以大力度、大规模培训打造眼界宽、思路宽、胸襟宽的人才队伍。深入贯彻党风廉政建设责任制，构建具有江阴特色的惩治和预防腐败体系，大力推进廉政文化“六进”工程，严格对党员领导干部的监督，严肃查处违法违纪行为，积极开展“万人评议机关”、绩效考核等机关作风效能建设，不断营造风清气正的社会环境。坚持国防后备力量建设与经济社会发展同步推进，党管武装工作取得新成效，再次荣获全国双拥模范城。继续对口支援新疆霍城、阿合奇，累计投入建设资金4000多万元；对口援建四川绵竹、清平，累计援建金额达3.97亿元；对口援建睢宁，共建工业园区。

“十一五”时期，“幸福江阴”建设最大的收获，是创新“以人民幸福评估发展”的理念，积累丰富而宝贵的经验，提供强大而持久的精神动力。一是在发展导向上，始终坚持“以人民幸福评估发展”。提出“以民生需求倒逼经济优化发展、以经济发展保障民生改善提升”，既注重率先发展、做好经济“蛋糕”，更注重民生改善、分好利益“蛋糕”，努力让人民群众在创造创业和奉献中感受幸福。二是在发展目标上，始终坚持经济与社会同步提升。坚持产业结构决定城市结构、城市结构决定人口结构，大力推动发展布局集聚集约，产业层次调高调新，人口素质优化提升，努力形成“集聚高层次人才、培育高新技术产业、发展高端服务业、营造高品质人居环境”联动发展的新态势，在经济和社会同步提升中增强经济社会发展的活力。三是在发展空间上，始终坚持城乡一体和区域融合。内外并举、城乡互动，对内加快城乡一体化，对外主动融入“长三角”，以城乡规划、基础设施、就业保障、公共服务、管理体制的一体化，推进城乡均衡发展。四是在发展动力上，始终坚持创新创优、共建共享。始终把确定目标的前瞻性、实现目标的坚韧性和实施目标的可操作性有机统一起来，用创新创优来化解发展中的矛盾，用共建共享来激发全社会的活力，促进政府和企业、社会和个人共同发展。五是在发展引领上，始终坚持弘扬江阴精神、学习华西经验。把江阴精神作为江阴发展的力量之源，把华西经验作为引领发展的重要示范，通过“时代先锋”“诚信榜样”来树立鲜明导向，让广大干部群众在建设幸福江阴中进一步凝聚人心、激励斗志。

第二个问题　“十二五”发展的形势任务和战略要求

经过“十一五”发展，全市人均地区生产总值超2.4万美元，工业总产值突破5500亿元，江阴已经站在一个新的发展起点上。经济发展上，从工业经济“一马当先”转变为三次产业优化提升；社会事业上，从政府投入为主转变为政企政社互动；城乡建设上，从市镇板块相对独立转变为组团开发、融合发展；人民生活上，从单一追求致富增收转变为强调品质生活的全面提升；人文精神上，从树立典型、文明创建转变为文化引领、品牌塑造；城市竞争力上，从经济实力强转变为综合实力强。展望“十二五”，全市将进入基本实现现代化的攻坚期、转型发展的关键期、城乡统筹的突破期、民生幸福的提升期。未来的五年，起点更高，使命更重，责任更大。这就要求把江阴发展实际与时代发展规律结合起来、与区域发展特征结合起来、与人民愿望要求结合起来，全面辩证地看清形势，客观清醒地面对挑战，坚决防止盲目乐观，坚决防止自满松劲，坚决防止畏难慎微，以更加强烈的发展意识、忧患意识、机遇意识、创新意识，牢牢抢占“十二五”发展的主动权。

从国际看，在新一轮产业革命的大浪潮中加快抢占新的制高点，这既是挑战更是机遇。当前和今后一个时期，“我们仍处于大有可为的重要战略机遇期”，这是党的十七届五中全会作出的重大判断。一方面，国际资本转移呈现新趋向，循环经济、低碳经济成为吸纳国际资本的热门领域，跨国公司对中国的投资从原来的生产基地、市场中心向研发中心、战略中心转变，这为我们加快经济结构调整提供了重要的发展机遇。另一方面，新兴产业成为经济发展新引擎，国际金融危机以来，科技创新和产业革新推动了新兴产业崛起，中央提出要“加快培育和发展战略性新兴产业”，这为全市加快产业转型提供了极大的空间。机遇稍纵即逝，转型时不我待。在抢抓机遇中扩大先发优势，在加快转型中放大新兴优势，在内引外联中递增比较优势，形成经济发展新的制高点。

从国内看，在倡导包容性增长的大背景下加快凝聚转型发展的合力，这既是导向更是方向。中央多次强调“促进实现包容性增长”，这是一个很重要的信号和导向，要求我们既要保持经济平稳较快发展，又要加快转变经济发展方式，更要让发展成果惠及所有人群。与此相应，全市经济社会发展在“十二五”面临深刻变化：发展方式上，加快转型发展成为主要课题；产业形态上，构建现代产业体系成为首要任务；发展动力上，科技人才成为首要支撑；城乡建设上，城乡一体成为首要方向；社会转型上，注重公平正义成为重要追求。这要求江阴主动顺应形势变化，坚持海纳百川、兼收并蓄，从开放兼容、人才包容、社会宽容出发，健全城市核心价值体系，不断提升城市的包容力和凝聚力。同时，要科学把握发展规律，坚持激发民智、释放民力，从机会公平、规则公平、分配公平等入手，培育全社会共生共荣、创新创优的土壤，为城市的可持续发展提供不竭动力。

从区域看，在长三角地区加速融合的大趋势下加快提升城市特色能级，这既是压力更是动力。《长三角区域发展规划》已上升为国家战略，苏南地区城际快速轨道将相继建成，长三角一体化进程加速推进，区域产业布局、社会结构、城市功能、居民生活方式将出现深刻变化，产业转移、要素流动、信息共享将更频繁、更便捷。对江阴来说，抓住这个机遇，就可以乘势而上，错失这个机遇，就可能被边缘化。这要更加主动地接轨上海，全方位开展“无缝对接”，借助上海这个窗口，吸引更多的资金流、技术流、信息流、商品流流向江阴。更加主动地融入长三角都市圈，既积极参与区域合作，又加快构筑独特优势，不断提升江阴市在区域分工与合作中的城市特色和城市能级。

从自身看，在率先基本实现现代化的大跨越中加快确立竞争新优势，这既是目标更是使命。“两个率先”是省委对苏南发展提出的战略要求。“十一五”时期，全市按照省委“建设一个不含水分的、人民群众认可的、老百姓得实惠的全面小康”的要求，补缺补短补软，进一步巩固和提升了全面小康社会建设的层次和水平，同时，也为“第二个率先”奠定更加坚实的基础。“十二五”时期，是江阴市率先基本实现现代化的攻坚时期。放眼周边，许多先进县市都把率先基本实现现代化作为“十二五”的目标定位。这是一轮事关全局、事关长远的发展竞跑，不能犹豫和退缩，必须奋力拼搏，奋勇争先，确保“十二五”时期率先基本实现现代化。要跳出江阴看江阴，跳出国内找差距，坚持以世界先进城市为参照系和新坐标，积极借鉴国际化经验，充分利用国际化资源，加快向现代化目标迈进，不断提升江阴的综合竞争力。

从民生看，在市民期盼幸福感的大提升中加快深化幸福江阴建设，这既是信任更是责任。经济发展、社会发展，归根结底是为了人的全面发展。经过“十一五”的探索，“幸福江阴”建设取得阶段性成果，验证时代发展的规律，走在全国发展的前列，得到各级各界的认可。2010年初，中组部部长李源潮在批示中要求江阴“继续努力，提高人民群众的幸福水平和满意度，并在‘幸福社会’建设上探索出一条可行的道路来”。无锡市委也作出决定，在无锡开展“幸福市(县)区”建设活动，这既是鼓励，更是鞭策。“十二五”时期，人民群众对幸福生活充满新的期待，在就业收入上的“多元普惠”，在文教社保上的“人人享有”，在城乡发展上的“统筹一体”，在生态环境上的“宜人宜居”，在文化品牌上的“特色创新”，在政治参与上的“民主有序”，等等。顺应这些新期待，“十二五”时期，全市要继续坚持以幸福江阴建设统领经济社会全局，在民本意识上更加自觉，在转型发展上更加坚定，在体制机制上更加创新，提升品质，丰富内涵，在深化“幸福江阴”建设上形成新突破，把江阴真正打造成为独具魅力的幸福之城。

“十二五”发展的指导思想：以邓小平理论、“三个代表”重要思想为指导，深入贯彻落实科学发展观，按照省委“走科学发展之路，向基本实现现代化迈进”的总体要求，以“推进科学发展，建设幸福江阴”为主题，以加快转型发展为主线，大力实施民生优先、幸福导向；人才引领、创新驱动；城乡一体、区域融合；生态优化、文化提升；深化改革、扩大开放“五大策略”，推动科学发展、率先发展、转型发展取得更大突破，为在全省率先基本实现现代化打下具有决定性意义的坚实基础。

“十二五”时期，在整体发展环境、发展条件和发展动力深刻变化的背景下，全市要牢牢把握加快转型发展的五个基本策略，转变发展方式，创新发展模式，为江阴未来五年乃至更长时期发展确立竞争优势。一是民生优先、幸福导向策略。把提升市民的幸福感贯穿于经济社会发展的始终，把发展的目的真正落实到富民、惠民、安民上，实现富民与强市的有机统一；坚持发展成果的普惠性，着力加强公共服务和完善社会管理，建立公平均等的公共服务体系。二是人才引领、创新驱动策略。通过科技创新、产业创新、管理创新、制度创新、社会创新、体制机制创新，形成以各类人才为支撑、创新文化为基础、创新环境为依托、科技进步为动力、自主创新为主导、服务创新为保障的新型城市发展形态。三是城乡一体、区域融合策略。全力打破城乡二元结构，推动公共资源在城乡高位均衡配置、生产要素在城乡充分自由流动，全面融入长三角一体化进程，深入推进新型城市化建设，使城市与农村、各板块之间和谐互动、同步发展。四是生态优化、文化提升策略。以“不开发区域”建设为突破口，以打造军事旅游文化为着力点，大力加强生态环境建设，大力推进文化大发展大繁荣，加快形成资源节约、环境友好的生产方式和生活方式，加快建立具有区域特色的可持续发展体系和文化软实力发展体系。五是深化改革、扩大开放策略。深化重点领域和关键环节的改革，着力解决经济社会发展中的深层次矛盾和问题，建立健全保障科学发展的体制机制；大力推进对外开放，加快提升产业、资本、人才、外贸等国际化水平，建立更具活力、更加开放的经济社会发展格局。

“十二五”发展的总体目标：着力实施城乡居民收入倍增计划，着力构建较为完善的现代产业体系、公平均等的公共服务体系、优美宜居的生态环境体系和开放包容的文化发展体系，到“十二五”期末，全市综合经济实力、自主创新能力、国际竞争力和可持续发展能力显著增强，让人民更加幸福安康、城乡更加协调发展、社会更加公平正义，把江阴打造成为“三区三城”*，确保经济社会发展始终走在长三角地区和全国同类城市的前列。

一、主攻“两大目标”，就是坚定不移地深化“幸福江阴”建设和率先基本实现现代化，打造经济社会全面发展的新优势。

研判“十二五”的发展，任务千头万绪。总的看，有两个大的目标是必须始终牢牢把握、丝毫不能动摇的：一是坚持率先基本实现现代化不动摇，这是省委、无锡市委对江阴“十二五”发展的目标要求，体现着远大的战略眼光。二是坚持深化“幸福江阴”建设不动摇，这是全市对以人为本的探索实践，彰显了浓厚的城市特色。必须看到，“两大目标”是内在统一的。“幸福江阴”建设追求的是“更大多数人更幸福的生活”，现代化建设追求的是“更大多数人更全面的发展”，两者在本质上是息息相通的。“两大目标”相辅相成、彼此交融，形成一个有机的整体，共同指引着全市“十二五”时期的发展方向。

从以人为本的出发点和落脚点看，“两大目标”核心在于两条：一是突出民生改善，提升人的幸福指数，二是突出富民强市，促进人的全面发展。这“两大目标”既体现科学发展之本，又彰显江阴的创新实践。因此，“十二五”期间，必须将这两个核心任务统一起来，坚持“民生优先、素质为先”的理念，坚持“民生倒逼、环境倒逼”的路径，在事关全局、事关长远的关键环节上重点突破，真正让发展的成果体现在满足人的全面发展上，体现在促进社会的公平正义上，体现在提高人民的幸福指数上。一要突出持续增收，构建更有效的就业创业服务体系。加快完善城乡联动的就业创业服务平台，建立政府购买就业创业培训服务的长效机制，着力解决农村劳动力、“三置换”人员、零就业家庭、高校毕业生等重点人群的就业创业问题。实施“城乡居民收入倍增计划”，以扩大就业增加工资性收入，以鼓励创业增加经营性收入，以拓展投资领域增加资产性收入，以财政转移和结对帮扶增加困难群众收入，不断提高居民收入在国民收入分配中的比重、劳动报酬在初次分配中的比重，消除绝对贫困现象，明显增加低收入者收入，持续扩大中等收入群体，鼓励保护富裕阶层合法权益。二要突出城乡统筹，构建更健全的社会保障体系。进一步扩大社会保障覆盖面，努力实现城乡保障制度的衔接并轨，建立健全以城乡低保、无业重度残疾人生活救助、农村“五保”和城市“三无”对象为重点的社会公共救助体系。加快医疗保健、疾病防控、卫生监督、应急救治等公共卫生服务体系建设，完善大病医疗救助制度和新型农村合作医疗制度，鼓励社会资本进入医疗服务领域，形成“各具特色、各取所需”的医疗卫生服务体系。鼓励和引导社会力量参与兴办养老事业和养老产业，积极探索机构养老、居家养老、社区养老等多元化的养老服务模式。探索农村儿童、困难人群医疗保障、医疗救助的新机制。增加廉租房房源，扩大经济适用房覆盖范围，推进公共租赁房建设，努力使低收入家庭住得上廉租房、新就业人员租得起房，逐步把城镇中低收入居民和各类来澄就业创业人才纳入住房保障体系。三要突出均衡普惠，构建更完善的公共服务体系。加大公共财政投入力度，推进基本公共服务均等化，提高城乡公共服务供给能力。坚持教育优先，进一步加大教育投入、提高教学质量、促进教育公平、提升教师素质等，完善学前教育、义务教育、高中教育、职业教育等体系，全面实现教育现代化，初步建成学习型社会。大力实施“文化惠民、体育惠民”工程，完善公共文化体育服务体系；积极保护物质和非物质文化遗产，大力发展文化产业，打造一批具有较强综合实力、创新能力和核心竞争力的文化品牌；大力倡导全民健身，深入推进全民健康示范市建设。

二、加快“两大转型”，就是坚定不移地推进产业转型和城市转型，打造经济社会转型发展的新优势。转型发展是“十二五”时期发展的主旋律，也是江阴实现科学发展的主战略，必须贯穿经济社会发展的全过程。未来五年，全市要以世界先进城市、国内先进地区为标杆，更加主动、更加有效地推进产业和城市同步转型，努力实现经济发展由投资拉动向创新驱动转变、粗放增长向集约发展转变、城乡二元向城乡一体转变，筑牢江阴领先发展的坚实基础。一要全力打造现代产业体系，推动经济转型升级。中央《关于制定国民经济和社会发展第十二个五年规划的建议》提出现代产业体系的五个特征，就是“结构优化、技术先进、清洁安全、附加值高、吸纳就业能力强”。联系江阴实际，就是要打造以现代农业为基础、新兴产业为主导、先进制造业为依托、现代服务业相配套的产业体系，切实解决产业由散到聚、结构由重到轻的难题。“十二五”期间，要继续坚持“工业立市”战略，大力推动新兴产业规模化，深入实施新兴产业“445 计划”，聚焦政策，聚集资源，聚合力量，大力开展新兴产业招商，着力加强与央企和国外行业龙头企业的合作共建，每个新兴产业集群都要构建“五个一”的发展保障体系，即：一个特色鲜明的功能载体、一套充满活力的体制机制、一两所紧密合作的高校院所、一条龙头企业引领的产业链、一套运转高效的工作流程，把 4 个千亿级新兴产业培育成支柱产业，把 5 个百亿级战略性新兴产业培育成优势产业。到 2015 年，全市工业总产值达到 1 万亿元，其中新兴产业产值比重达到 60%以上。大力推动传统制造业高新化，通过技术革新、品牌创新、装备更新推动冶金行业“普转特”、纺织行业“低转高”，加快推进信息化和工业化的“两化融合”，全面提升制造业发展水平。大力推动服务业现代化，大力发展现代物流、服务外包、地区总部、金融投资、现代商贸等服务业，促进生产性服务业与先进制造业互动发展,发展品质消费,提升消费层级,第三产业增加值占地区生产总值比重超过44%。大力推动农业高效化,深入实施“以工哺农”、园区带动、农业“接二连三”*发展战略,重点发展设施农业、观光农业、生物农业,促进农业增效、农民增收。大力推进经济国际化,坚持“引进来”与“走出去”相结合,加快提升利用外资水平,积极转变外贸发展方式,鼓励有比较优势的企业赴境外投资,引导有实力的大企业集团、上市公司以“总部—生产基地—营销网络”的形式向外扩张,打造出一批具有国际竞争力的江阴本土跨国公司。采取更加有力的措施,培育扶持科技创新型中小企业的发展。大力推动企业资本经营,继续扩大“江阴板块”的领先优势,“十二五”期末上市公司累计达50个以上。二要全力打造城乡一体化格局,推动城市能级提升。加快城乡经济社会一体化发展,这是全市“十二五”发展的重大任务,也是提升区域竞争力的重要路径。进一步对接大上海、融入长三角,在产业发展、交通运输、人才引进、产学研合作等方面建立长效机制,推进沿江、泰锡宜城际快速轨道建设,既要在“同城效应”中承接上海的优势资源,又要在“和而不同”中培育江阴的城市特色。进一步优化城乡空间格局,加快打造“一个中心城区、四个卫星市镇”的新型城市布局,从单一的生产功能体向物流聚散、生产制造、研发商务、人文生态等复合功能体转变,奠定城市现代化的功能支撑体系。大力实施总投资820亿元的城市发展“215计划”*,用两年时间建设100项重点重大项目,推进活力工程、低碳工程、和谐工程、魅力工程、生态工程,以城市特色优势提升城市能级。进一步提升城市管理服务水平,按照城乡规划、基础设施、产业布局、公共服务、就业保障“五个一体化”的目标要求,以创建全国信息化示范市为契机,借鉴新加坡等国内外的先进经验,突出城市发展模式和管理模式创新,推进人性化服务、网络化覆盖、智能化应用、精细化管理,加快形成现代化城市管理新格局。进一步推进“不开发区域”建设,完善生态补偿制度,以不开发区域建设倒逼产业集约集聚发展;切实加强以治水、治气为重点的城乡环境综合治理;统筹建设城乡供排水、区域性治污工程等重大基础设施;坚持源头控制、科技支撑、严格监管多管齐下,大力发展低碳经济和清洁生产,深入推进节能减排和控制污染;深入开展城乡绿化造林,营造地绿、天蓝、水清、宜居的人居环境。进一步提升新农村发展水平,完善以工促农、以城带乡的长效机制,深化推进“三置换”改革,创新农村土地流转形式和农民集中居住模式,使农村发展的格局取得更大的突破。

三、强化“两大支撑”,就是坚定不移地强化科技支撑和人才支撑,打造经济社会创新发展的新优势。“十二五”期间,必须牢牢确立“科技是第一生产力,人才是第一资源”的理念,坚持人力资源优先开发、人才制度优先创新、人力结构优先调整,使转型发展真正建立在人力资源优势充分发挥、创新创业活力竞相迸发的基础上。一要加快完善以企业为主体的科技创新体系。强化政策扶持和激励导向,引导企业充分发挥主体作用,加快走自主知识产权、自主品牌、自主创新相结合的“三自”创新之路,全社会科技研发经费支出占地区生产总值比重达到3%。继续大力实施专利、品牌、标准战略,形成一批具有核心竞争优势的企业和产品。二要加快完善以紧密型为主导的产学研合作体系。以区域政产学研战略联盟为平台,全面构建现代装备、能源环保、电子信息、生物医药、金属材料及制品、化工和纺织新材料等产业的紧密型技术联盟,广泛开展深层次的研发创新、技术应用和成果孵化。深化推进与上海杨浦、浙江大学等地区和高校的对接,在项目、产业、人才等方面开展战略性合作。发挥科技人才资本战略合作创新联盟的作用,创新推进“企业家+科学家+金融家”的企业发展模式,加快推动科技与金融的融合,大力引进与发展股权投资和风险投资,“十二五”期末股权投资、风险投资和私募基金公司达到30个以上,在打造金融生态区中为企业创造生态的发展环境。三要加快完善以“三创”载体为重点的创新服务体系。加快科技和人才的发展,必须有载体、有依托、有平台。以创建国家级功能性载体为目标,大力推进“三创”载体建设,缩短项目产业化、市场化进程,加速项目从“种子”到“苗圃”再到“森林”的发展进程,为“十二五”发展培育支柱产业。四要加快完善以“三支队伍”为核心的人才队伍建设。以建设“人才特区”为目标,以领导干部、企业家和专技人才“三支队伍”培养为着力点,不断增强城市转型的活力。继续发挥江阴人才政策的比较优势,依托“柔性人才库”“海外驿站”、中国国际人才市场等载体,大力实施人才引进“千人计划”,吸引和引进领军型人才和团队到江阴来创业兴业。加大人才资本投入,探索建立人才发展特别导向、特别政策、特别机制、特别环境,完善政府宏观管理、市场有效配置、单位自主用人、人才自主择业的人才使用管理机制,将江阴市打造成各类人才集聚的高地。

四、增强“两大动力”,就是坚定不移地增强体制机制内生动力和社会管理创新动力,打造经济社会改革开放的新优势。体制机制优势是发展的最大优势,社会管理创新是发展的重大课题。“十二五”时期,全市要加大改革攻坚力度,创新社会管理路径,提升市场化和国际化水平,为又好又快发展提供制度保障。一要着力增强体制机制内生动力。要全面推进行政管理体制改革,继续深化政企、政资、政事、政府与中介组织分开以及管办分离等体制改革,强化政府公共服务职能,建设公共服务型政府。要全面加快社会事业体制改革,进一步加大社保、就业、住房、教育、文化、卫生、体育等惠及民生领域的改革,深化社会事业的政事分开、管办分离改革。要全面深化经济体制改革,推进各类企业产权多元化改革,进一步放开民间投资领域,加快民营经济转型升级。要推进“两型社会”建设综合配套改革,建立健全区域环境补偿机制、环境污染责任保险制度和环境治理代理人制度。要全面推进“强镇扩权”改革,通过徐霞客镇行政管理体制改革试点，积极探索机构设置综合、管理扁平高效、人员编制精干、运行机制灵活的基层政府新型管理架构。二要着力增强社会管理创新动力。要适应社会结构的新变化，树立以人为本、服务为先、社会参与、共建共享的社会管理理念，加强社会管理、体制、队伍和能力建设，加快形成党委领导、政府负责、社会协同、公众参与的社会管理格局。要加强基层基础工作，健全新型社区管理和服务机制，全面提升城市社区建设水平，深入开展农村社区建设，完善基层服务和管理网络，推进社会管理重心向基层组织转移，实现政府行政管理与基层群众自治有效衔接、良性互动。要加强社会组织建设，充分发挥慈善公益组织、行业组织、中介组织、志愿者组织的作用，鼓励和支持其依法有序参与社会管理。要完善社会矛盾调解机制，建立渠道畅通的诉求表达机制，拓宽社情民意表达渠道，培育理性平和、自尊自信、积极向上的社会心态，完善社会矛盾纠纷大排查、大调解组织管理体系，健全重大事项社会稳定风险分析和评估制度，从源头上预防和化解社会矛盾。要坚持产业结构和人口结构同步调整，社会文明和市民素质同步提升，大力推进百万人口素质大提升工程，创新人口管理服务体制。要大力弘扬江阴精神，学习华西经验，不断提升城市文明程度，深入开展群众性精神文明创建活动，广泛开展对市民的幸福教育，不断增强人民群众诚实守信、创新创业、共建共享的意识，营造良好的社会环境。

五、深化“两大建设”：就是要坚定不移地加强党的建设和民主法治建设，打造经济社会聚力发展的新优势。坚持党的领导是凝聚各方力量最为强大的政治保障，加强民主法治是构建和谐社会最为有效的制度安排，必须坚持党的领导和人民当家做主的有机统一，推动经济社会建设与法治建设有机结合，以科学执政、民主执政、依法执政，夯实有利于聚力发展的组织保障、制度保障。一要以改革创新精神加强党的建设。实现“十二五”发展的目标任务，关键在党，关键在人。要充分发挥党委总揽全局、协调各方的领导核心作用，转变领导方式，提升执政水平，不断提高党的凝聚力、战斗力。要围绕目标任务解放思想、更新观念。坚持用党的理论创新成果来武装党员、教育群众，用幸福江阴建设的美好愿景来激励人心、凝聚力量，大力度推进发展思路、体制机制、政策措施的改革创新，以创新的思路和举措来破解发展难题、争创发展优势，为经济社会的发展提供根本保证。要围绕目标任务配强班子、建好队伍。以加强各级党组织的执政能力和先进性建设为重点，大力加强领导班子和干部队伍建设，深入开展创先争优活动，加强学习型党组织和学习型领导班子建设，不断提高党的科学化领导水平，充分发挥各级党委领导核心作用和广大党员先锋模范作用，把党的政治和组织优势转化为推动发展的强大动力。要围绕目标任务廉政勤政、强化落实。廉政是党员干部最基本的道德底线，勤政是党员干部提高道德标准的根本要求。坚持标本兼治、综合治理、惩防并举、注重预防的方针，加快推进惩治和预防腐败体系建设，加强反腐倡廉长效机制建设，更有效地预防腐败。要全面加强党的作风建设，大力弘扬党的光荣传统和优良作风，切实提高各级党组织和党员干部的公信力、执行力和落实力，以优良的党风带民风促政风，以优良的党风凝聚党心民心。二要以公平正义的追求完善民主法治建设。坚持人民代表大会制度，支持人大及其常委会依法履行职能，切实履行宪法和法律赋予的职权，实现党的领导、民主决策、依法行政的有机统一。坚持和完善共产党领导的多党合作和政治协商制度，保证和支持人民政协发挥政治协商、民主监督和参政议政作用。巩固和壮大最广泛的爱国统一战线，更好地发挥各民主党派、工商联、无党派知识分子联谊会的作用。要健全科学决策、民主决策、依法决策机制，增强公共政策制定透明度和公众参与度。扩大公民有序参与社会管理，深入推进党务、政务、村务公开，保障人民群众的选举权、知情权、参与权、表达权和监督权。加强社区居民民主自治，增强基层民主活力，调动居民参与社会管理的积极性，维护居民合法权益和社区共同利益。以依法行政、公正司法为重点，加强法制宣传教育，深入推进民主法治建设，力争到“十二五”期末，把江阴初步建成行政依法高效、司法公正权威、法治氛围良好、社会和谐稳定的法治建设示范区。加强依法行政，完善以行政机关执法为主的综合执法体制，切实改进政府服务，提高政府公信力和执行力。稳妥推进司法体制和工作机制改革，促进公正、高效、权威执法，积极开展法律援助和司法救助，提高人民群众对法治建设的满意度。开展法制宣传教育，加强法治文化建设，提高公民法治意识，弘扬民主法治的时代精神。

第三个问题 2010年的重点工作和2011年的主要任务

2010年以来，全市上下以科学发展观为指导，加快转变发展方式，着力增强发展后劲，经济社会发展呈现出创新引领、结构优化、质量提升、民生改善的良好态势。一是以战略性新兴产业培育为引领，产业转型势头强劲。按照“抢抓一年、抢早一年”的思路，出台了《新兴产业发展“445计划”产业规划导向实施意见》《加快经济转型升级工作行动计划》《关于加快科技金融服务体系建设的意见》等政策文件；开展“445计划”专题招商、召开科技创新企业上市培育工作推进会、“学习华西经验、加快转型发展”等工作会议，专题研究部署，强力推进落实，全年完成新兴产业投资168亿元，比上年增长30.4%，占全市工业投资的51%；实现新兴产业规模以上工业总产值1875亿元，增长25%，占全市工业的33.8%。二是以城市功能品位提升为引领，城市转型成效明显。经过反复论证，编制的《南部“不开发区域”产业发展暨结构调整规划》，在市十五届人大十七次常委会审议通过，“不开发区域”建设成为倒逼产业和城市转型的重大举措。召开全市人才和教育工作会议，用更大力度、更新举措推进“人才特区”“教育强市”建设，以人口素质提升促进城市转型。以组织承办第19届中国金鸡百花电影节为契机,完善城市功能设施,展示城市独特魅力,江阴的知名度和美誉度进一步提升。三是突出民生改善提升,深化"幸福江阴"建设。召开"幸福江阴"建设再动员大会,先后出台《深入推进"幸福江阴"建设的工作意见》、《关于建立以民主促民生工作机制的意见》等政策文件,编制"幸福江阴"建设"新三年"行动纲要;举办"幸福江阴"国际学术研讨会、2010"幸福江阴"国际论坛等活动,开拓视野,学习先进,以创新的理念和举措深化"幸福江阴"建设。一大批民生实事工程相继启动、投运,群众的幸福感和满意度进一步提升。

2011 年的主要工作目标:(1)预期性指标:地区生产总值增长 12%(现价)以上,财政一般预算收入增长 12%以上,科技研发经费支出占地区生产总值的比重达到 2.6%以上;(2)约束性指标万元地区生产总值能耗同比下降 3.8%,化学需氧量和二氧化硫排放总量同比削减 4%以上;(3)富民指标:城镇居民人均可支配收入增长 11%以上,农民人均纯收入增长 11%以上,城镇登记失业率控制在 3%以内。

谋划 2011 年和下一步的工作,要认真思考,找准突破口,抓住切入点:一是如何加快形成"多元和谐、共生共荣"的"橄榄型"社会结构,拓宽群众持续增收的渠道,鼓励保护富裕阶层,做大做强中产阶层,切实帮扶贫弱群体,让社会各阶层各展所长、各尽所能,共享改革发展的成果。二是如何加快形成以发展新兴产业为主导的"工业立市"新格局,在政策和要素的聚焦中藏富于企,引导和鼓励企业加大人才引领、科技创新的投入力度,以质量提升促进总量扩大、滚动发展。三是如何加快形成"能级提升为目标、彰显特色为依托、品质消费为动力"的城市发展格局,按照现代化城市的标准,从城市硬件和软环境入手,增强城市的竞争力和辐射力。四是如何加快形成全市域"产业集聚、发展集约、生态优化"的可持续发展新优势,推进不开发区域建设,健全生态倒逼机制,完善区域功能布局,为江阴未来的发展留好空间。五是如何加快提升市民素质,从政府、企业、社会各个层面,大力推进学习型城市建设,全面加强民主法治建设,形成"开放包容、和谐进取"的社会发展环境。做好以上五个方面的工作,事关全局,影响深远。

重点抓好以下五方面的工作:

*一、在以结构优化为重点的产业转型上取得新突破。*坚定不移推进新兴产业发展,着力构建现代产业体系,全面加快产业转型发展。一要切实推进"三高"联动。积极发展设施农业、生物农业、观光农业,新增"三资"投农 5 亿元,农业适度规模经营比例达 82%。加快发展高新产业,深入推进新兴产业"445 计划",新兴产业投入占全市工业企业投入比重提高到 55%;新兴产业占全市规模产值的比重提高到 40%;大力发展港口物流、文化创意、工业设计、休闲旅游等现代服务业,服务业增加值占地区生产总值比重达 40%。二要切实优化产业布局。开发区要全力加快建设 4 个国家级的百亿战略性新兴产业基地,大力度建设科技新城。临港新城要加快建设 4 个千亿级新兴产业集群,全方位推进镇(街道)与产业园区合一的发展新模式,打造品质新城。靖江园区要以龙头项目的引进带动造船、重钢结构、冶金等特色产业发展。各镇(街道)要推进产业集聚、错位发展。三要切实增加有效投入。进一步加大招商引资力度,新增工商登记协议注册外资 12 亿美元、到位注册外资 7 亿美元。进一步加快项目建设进度,每季度继续组织开展重点重大项目集中开竣工活动,确保 2011 年超亿元重点重大项目开工 100 项、完成投资 200 亿元,带动全社会固定资产投入增长 10%以上。

*二、在以科技和人才为支撑的内生动力上取得新突破。*紧紧抓住科技和人才这两个关键,推进区域创新体系建设,加快转型发展步伐。一要继续深化自主创新。引导企业加大对传统产业的技改力度,技改投入比重达到 65%以上。推进企业实施专利、品牌、标准战略,全年新增中国驰名商标 2 件,新增专利申请量 4600 件。发挥企业创新的主体作用,支持企业加大对新技术、新产品、新工艺研发,高新技术产业增加值占规模以上增加值比重超过 43%。二要着力推进载体建设。加快创新平台建设,新建"三创"载体40 万平方米,累计建成 250 万平方米,力争取得传感网产业基地、装备制造产业基地和石化新材料产业园等"国字号"牌子。深化政银企抱团合作,创新金融产品和服务,创建省级金融生态示范县(市)。新增上市企业 3 个,力争 5 个。在对接上海杨浦、对接浙江大学等产学研合作方面取得切实成效。三要全面加强招才引智。大力推进"人才特区"* 建设,加快实施"江阴千人计划",全年引进各类人才 900 名。完善机制用才,积极创建"国家引智示范市"和"外国专家创业园",全年新增海外引才工作站 5 个,国内引才联系点 5 个。创新柔性人才引进新方法,不断充实柔性人才库。全面加强领导干部、企业家、专业技术、高技能、农村实用、社会工作等人才队伍建设。

*三、在以城乡一体为目标的城市转型上取得新突破。*最大限度地集聚、整合城乡资源,推进农村城镇化和城市现代化的双向提升,促进全市域均衡发展。一要大力推进城市总体规划修编工作。围绕"优化城乡结构、完善城市功能、提升人居环境品质"的要求,扎实开展《江阴市城市总体规划》修编,与全市"十二五"发展规划和土地利用总体规划的实现"三规合一"。二要大力实施城市发展 "215 计划"。重点完善服务功能,营造都市风貌,提升城市功能。发展绿色建筑、打造低碳社区,加快建设资源节约型、环境友好型社会。进一步提高人居水平,保障城市畅通,完善基础设施,建设适宜的生活环境。突出山水人文、彰显历史文化、推进环境整治,打造特色鲜明的滨江山水城市。营造绿色基地、畅通城乡水系、加快绿道建设,创造良好的生态环境。三要大力开展新一轮新市镇新农村建设。全面开展"幸福镇村"创建活动,年内 15%~20%的村、1~2 个镇达到无锡市"幸福镇村"创建标准。深入推进农村综合整治,完成符合规划要求的自然村整治 100 个,完善农村基本经营制度,创新农村土地流转

置换形式，推进20个行政村的“三置换”改革试点工作。完善农民增收长效机制，新组建各类新型合作经济组织30个。继续加大扶持薄弱村工作力度，优化提升村级集体经济发展。四要大力推进生态文明建设。完善落实产业“飞地”政策，健全财政转移支付等机制，从制度层面保障不开发区域发展。加强环境保护宣传教育力度，严肃生态环保工作领导问责制，严格实行“河长制”、市域生态补偿制。加快城区工业企业“退城入园”步伐，加大造林绿化工作力度，新增绿地1333.3公顷。全市建成区绿化覆盖率达44.35%。切实加强节能减排力度，加快建设生态工业示范区，争创“中国人居环境奖”。

*四、在以民生改善为核心的社会建设上取得新突破。*2011年是“幸福江阴”建设“新三年”行动纲要的第一年，要立足新起点，谋划新举措，在民生持续改善中共建和谐、共享幸福。一要不断健全社会保障。继续实施各项就业创业帮扶政策，加大对高校毕业生、下岗失业人员等的援助力度，确保实现本地劳动力就业2万人，扶持自主创业2000人。继续推进城保扩面，全年新增参保4万人，进一步落实新征地农民并轨城保，城乡居民养老保险覆盖率达95%以上。加快推进经济适用住房、廉租住房和限价商品房建设，全年新增各类保障性住房16万平方米，切实解决中低收入家庭的住房困难。不断加大慈善援助力度，健全社会救助体系。二要大力发展各项社会事业。继续整合教育资源，创建全国义务教育均衡发展示范区。深化医疗卫生体制改革，提高医疗卫生服务水平，加强食品药品安全管理。鼓励和引导老年事业和产业发展，新增30个社区居家养老站。进一步稳定低生育水平，健全流动人口管理服务网络。推进全民健身活动，全面推行公共体育设施社会化。三要继续创新社会管理。加强基层管理，加快管理理念由防控型向服务型转变，大力培育各类社会组织和民间组织，年内完成培育30个。加强“平安江阴”建设，及时掌握社情民意、网络舆情和治安动态，加大矛盾纠纷调处力度，严厉打击严重刑事犯罪。强化法治意识，推进依法执政，维护社会公平正义。强化安全生产管理，严格安全监督，确保人民群众生命财产安全。四要努力推动文化建设。充分挖掘江阴的历史文化资源，着力打造“军事文化旅游”品牌。以文化创意园为载体，引导各类资本投资文化，实现文化产业链式发展，不断完善公共文化服务体系，继续实施各类文化惠民工程。以承办第11届中国国际儿童电影节为契机，不断提高城市知名度和美誉度。

*五、在以执政能力提升为关键的党的建设上取得新突破。*着眼于提高党的执政能力、保持和发展党的先进性，以改革创新的精神统筹推进党的各项建设。一要着力加强思想道德建设。以加强学习型党组织建设为抓手，强化干部理论武装，继续落实市委常委旁听指导党委中心组学习制度。深入贯彻落实《公民道德建设实施纲要》，建设社会主义核心价值体系，市民对幸福江阴的知晓率达95%以上。精心组织“回眸‘十一五’，科学发展在江阴”主题活动，形成内宣外宣联动、民情政情互动的舆论格局。二要着力加强干部队伍建设。以深入开展“创先争优”活动为重点，切实加强领导班子建设。进一步完善干部培训体系，创新干部培训形式，着力提高干部素质。拓宽选人用人渠道，扩大公开选拔、公推竞岗范围，不断优化干部队伍结构。三要全面推进基层组织建设。深入推进基层党代表监督工作，不断完善党代表工作站制度，推行“参与式监督法”。坚持村级组织规范化管理，建立健全民主议事、民主决策、民主管理和民主监督各项制度。积极推进街道机构设置综合、管理扁平高效、人员编制精干、运转机制灵活的行政管理体制改革。认真组织好市镇两级党委换届选举，优化班子结构，增强发展活力。四要继续深化民主法治建设。支持市人大及其常委会依法履行职责，充分发挥人民政协政治协商、民主监督和参政议政的职能作用，强化与各民主党派、工商联、无党派知识分子联谊会的合作，发挥工会、共青团、妇联等人民团体的纽带作用，认真做好新形势下的民族、宗教、侨务和对台工作。完善村民自治，推进社区民主建设。继续加强国防动员，抓好人民武装工作。按照党要管党、从严治党的要求，建立健全廉政教育机制、权力监控机制、纠风长效机制、有效预防机制和从严惩戒机制，进一步加强反腐倡廉制度建设，努力构建内容科学、程序严密、配套完备、有效管用的反腐倡廉制度体系。

江阴市第十五届人大常委会工作报告(摘要)

——2011年1月13日在江阴市第十五届人民代表大会第四次会议上

江阴市第十五届人大常委会主任　吴崇翟

2010年的主要工作

一、围绕中心、服务大局,着力推动科学发展

常委会牢固树立党的观念和全局意识,全面贯彻落实人大工作会议精神,依法行使重大事项决定权和人事任免权,较好发挥了地方国家权力机关在推动科学发展全局中的重要作用。

坚持党的领导,全面落实市委决策部署。常委会把党的领导贯穿于依法履职的全过程,深入贯彻市委召开的全市人大工作会议和《关于进一步加强和改进人大工作的意见》精神,坚持重大事项和重要工作向市委请示报告制度,着力在完善决策机制、增强监督实效、发挥代表作用、加强组织建设和服务保障等方面创新举措、狠抓落实,不断提高人大工作实效和水平。始终坚持党管干部和依法任免相统一的原则,积极贯彻市委意图,严格遵循法定程序,严把人事任免提请审查关、考试关、投票表决关,依法做好人事任免工作。认真贯彻市委要求,发挥人大职能优势,积极构建具有人大特色的以民主促民生工作机制,实现公民旁听人代会制度化、代表列席重要会议规范化、代表与选民联系常态化、常委会工作公开多样化。

坚持科学决策,依法决定重大事项。常委会修订了讨论决定重大事项的暂行规定,科学界定重大事项的范畴,严格规范行使决定权的程序,健全完善跟踪督办和失误纠错机制,确保人大作出的决议决定合法有效、符合民意。一年来,常委会先后作出《关于批准南部"不开发区域"产业发展暨结构调整规划》《江阴市区域卫生发展规划》和部分政府投资重点项目调整投资方案等决议决定,为江阴经济社会的可持续发展提供有力保障。同时,常委会还综合运用专题调研、视察督查等方式,加强对决议决定落实情况的跟踪监督。

二、突出重点、优化监督,全力推进"幸福江阴"建设

常委会严格按照监督法的要求,围绕"谋创新、快转型、惠民生、促发展"的工作主线,紧扣中心抓重点,顺应民意抓热点,锲而不舍抓难点,监督工作成效明显提升。

(一)关注转型提升,推动经济平稳较快发展

加强对经济运行情况的监督,促进产业转型升级。常委会听取和审议"十二五"规划编制、2010年上半年国民经济和社会发展计划执行情况、《中华人民共和国循环经济促进法》贯彻实施情况,专题视察科技创新、台资企业发展情况和工业、服务业投入及经济转型升级情况,提出加快产业转型升级,提升自主

创新能力，加强节能减排工作，优化公共服务平台等建议，督促政府认真落实中央、省市有关政策，优化经济发展环境，加大对新兴产业、重点产业的扶持力度，引导企业转变发展方式，提高发展质量，增强发展后劲。此外，常委会领导还深入政府有关部门和企业走访调研，了解实情，听取意见，帮助企业排忧解难，为全市经济又好又快发展出谋划策。

加强财政预决算监督，促进依法科学理财。常委会坚持程序性审查和实质性审查并重，依法审查财政预决算情况，专题调研审计工作，督促政府加强收入征管，强化预算管理，注重政府债务管理，积极防范财政风险，促进依法科学理财。根据常委会的建议，市政府出台政府专项资金管理办法，并启动政府专项资金绩效评价试点工作，加强对财政资金使用情况的跟踪问效。常委会多次对政府投资重点项目资金使用情况进行监管，要求政府强化项目前期准备工作，量入为出编制政府投资计划，千方百计抓好资金平衡，严格审查项目审批管理程序，切实规范政府投资行为。常委会还对政府采购工作、公共财政网上办公平台运行情况进行专题调研。

加强对现代农业发展情况的监督，促进农民增收。常委会专题视察“现代农业十大重点示范工程”建设情况，多次配合省、无锡市人大常委会对农村“三置换”改革*工作、“万顷良田”工程*建设和土地流转工作开展调研，督促政府积极推动传统农业向现代高效农业转变，促进农业持续增效、农民持续增收。一年来，全市现代农业重点示范工程建设进展顺利，“万顷良田”工程、优质蔬菜、农业旅游等项目成效显著。

（二）关注民生热点，维护人民群众根本利益

立足统筹发展，加强城乡建设监督。常委会重点审议道路交通安全管理工作，专题视察市域道路和城区畅通工程，提出积极的建议意见。市政府高度重视，加快推进道路畅通工程建设，强化道路交通安全基础设施建设，组织开展交通专项整治行动，市民出行更加方便快捷，城区交通拥堵现象也得到有效缓解。常委会对数字化城市管理建设情况开展视察，督促政府进一步加快建设步伐，规范完善运行机制，着力打造“数字城管”。常委会还对市域河道管理、南门地区改造推进工作、小区物业管理推进情况、防震减灾工作和政府十件实事进行视察、调研和审议，有力推动城乡统筹发展。

立足惠民利民，加强民生事业监督。常委会高度关注食品安全，开展《中华人民共和国食品安全法》执法检查，专题调研质监系统技术机构发展情况，督促政府进一步加强普法宣传和行业自律引导，完善监管体系，细化监管责任，整合监管资源，加大执法力度，确保各个环节食品安全。开展粮食安全工作专项评议，要求市政府及有关部门高度重视粮食安全工作，实行最严格的耕地保护制度，加快粮食安全应急保供体系建设，培育发展粮食产业，依法加强粮油市场监管，多措并举确保“米袋子”安全。重视人民群众文化体育生活需求，对全市文化产业发展情况进行专题审议，实地视察广电事业发展情况，并组织开展以视察城乡文化体育事业发展为主题的“代表活动周”活动，督促政府大力发展公共文体事业和文化产业，完善公共文体服务体系，满足群众多样化文化需求。常委会还高度关注社会保障体系建设，听取和审议义务教育阶段教师绩效工资实施情况，视察养老事业发展情况，专题调研企业劳动用工制度，促进各项保障政策和措施落实到位。

立足可持续发展，加强生态建设监督。常委会连续多年跟踪监督，组织部分市人大代表视察大气污染物重点排放单位，对《中华人民共和国大气污染防治法》贯彻实施情况进行检查。市政府及有关部门通过组织开展大气污染防治“150天行动”，加大执法查处力度，及时纠正违法行为，全市空气质量有一定改善。常委会主动参与水环境治理工作，督促政府严格抓好控源截污排水达标区工程的建设、验收、整改和长效管理，真正把控源截污工程做成人民满意工程。目前，全市控源截污排水达标区创建工作提前一年完成，雨污分流、管网覆盖城乡的生活污水收集治理体系基本形成，城区生活污水集中处理率达到90%以上。

（三）关注公平正义，营造和谐稳定的法治环境。

一是加大依法治市监督力度，对依法治市规划实施情况进行专题审议和监督检查，视察并审议市政府“五五”普法工作情况，要求市政府进一步加强普法工作宣传力度，完善机制，普治结合，加快推进“法治江阴”“平安江阴”建设步伐。二是强化对司法工作的监督，首次就相关议题对“两院”开展联动监督，在同一次常委会上专题听取和审议市法院关于民商事审判工作情况的报告和市检察院关于民行检察工作情况的报告，督促两院相互监督、协调配合，建立健全审判权和检察权有序运行的良性机制，共同推进民商事司法工作规范化。继续组织部分常委会组成人员、市人大代表旁听法院庭审，促进司法机关严格、规范、公正司法。三是依法开展规范性文件备案审查，进一步规范审查程序及工作流程，对5件政府规范性文件进行备案，并主动将人大常委会作出的4件决议决定向无锡市人大常委会备案。四是认真做好信访工作，健全完善人大信访工作机制，增设人大信访科，配备专职接访人员，拓宽人大信访受理平台，把“12345”公共服务平台*、人大网站“民声留言板”等留言内容全部纳入信访办理，加强交办和督办，全年共办理来信143件，接待来访代表和群众112人次。

（四）关注监督实效，规范监督形式和程序

一是规范监督程序。梳理完善常委会专题审议、预算监督、执法检查、视察调研等多项日常监督工作制度，对有关工作时序、材料报送、会前准备、活动组织、跟踪督办等方面作了进一步的明确，监督程序更加规范。二是改进监督形式。落实监督法要求，继续开展执法检查，试点开展粮食安全专项工作评议，并通过无记名投票的方式进行满意度测评，常委会监督形式更加多样。三是精选监督议题。年初制定监督议题时征求“一府两院”意见，并注重把群众关注的热点、

部门工作的难点、代表建议反映的集中点与人大监督的重点有机统一,监督主题更加突出。四是优化监督行为。加强与"一府两院"及相关部门的主动沟通衔接,使被监督对象在接受监督前早知道、早谋划,监督中主动配合、主动推进,审议后重落实、重改进,形成工作合力,监督效果更加明显。

三、强化服务、营造特色,优化改进代表工作

常委会将支持、规范和保障代表依法履职作为代表工作的重点,不断创新形式,丰富内涵,拓宽渠道,优化服务,代表主体作用得到充分发挥。

创新服务平台,保障代表依法履职。常委会定期寄送人大刊物,依托人大网站及时传递信息,不断规范"人大代表之家"建设,为代表学习培训、小组活动、来访接待提供良好的场所和平台。邀请人大代表100多人次分别列席人大常委会会议、市政府常务会议,参加常委会组织的视察调研、执法检查、专项工作评议等活动,拓宽了代表知情知政渠道。同时,受上级人大委托,为在澄的全国、省和无锡市人大代表开展活动提供服务。

创新活动形式,增强代表活动实效。闭会期间,常委会组织305名市人大代表参加"代表活动周"活动,实地视察文化体育活动场所53个;组织无锡、江阴、各镇三级人大代表同步开展"无锡市人大代表联系服务群众见面周"活动和"市人大代表联系选民月"活动,分别召开42个座谈会,接待群众1013人;按照30%的述职计划,组织市、镇两级代表向选民述职;按照一季度一次代表小组活动要求,组织开展专题调研、会前视察等小组活动。一年来,常委会突出"日、周、月、年、届"五个时间节点,建立完善"代表接待日、代表活动周、联系选民月、主题调研年、届内述职制"等制度,促进代表履职经常化、制度化。这一创新实践受到全国人大和省人大高度关注,中央、省新闻媒体到江阴进行联合采访,江阴代表工作的做法在《人民日报》《中国人大》《新华日报》《人民与权力》等报刊上进行集中宣传。

创新督办机制,提高代表建议办理质量。常委会认真督办市十五届人大三次会议期间代表提出的159件代表建议,代表满意率达97.5%。特别是《关于优化城市交通管理手段,改善交通拥堵现象的建议》《关于要求增拨城市社区工作经费的建议》《关于增加无碘盐供应点的建议》等11件重点建议都得到较好落实。首次启用代表建议网上办理系统,实现代表建议实时录入、办理过程公开透明、办理结果随时可查。规范闭会期间代表建议办理程序,对代表在大会闭会期间和代表活动期间提出的102件建议进行认真交办,促进一批民生实事的推进落实。

四、完善制度、务实创新,切实加强人大自身建设

常委会及其机关以开展"制度规范年"活动为抓手,不断强化思想作风建设、制度建设和队伍建设,着力提高自身的履职能力和水平。

思想作风发生新变化。强化理论学习,认真学习中国特色社会主义理论,学习中央和市委重要会议精神,用科学理论武装头脑、指导工作。注重法律学习,制定"一月一法"学习计划,组织学习《中华人民共和国选举法》《中华人民共和国循环经济促进法》《中华人民共和国食品安全法》《中华人民共和国防震减灾法》等法律法规,提高依法办事能力。加强业务培训,坚持一季度一次业务培训,支持机关干部参加各类在职培训和学历教育,提高人大常委会及其机关干部的能力素质。切实转变工作作风,深入基层加强调查研究,全年共提交调研报告36篇、《调查与建议》23篇,为市委、市政府科学决策提供参考。切实加强机关党风廉政建设,组织开展"学习华西""创先争优"等活动,严格执行廉洁从政各项制度,树立人大机关为民、务实、清廉的良好形象。人大机关在"万人评议机关"活动中继续名列前茅,机关党总支被评为全市先进基层党组织,机关勤廉标准被评为江阴市十大勤廉标准,人大网站入选"互联网工作法"十佳服务平台。

制度建设有了新进展。深入开展"制度规范年"活动,修订讨论决定重大事项的暂行规定,建立开展专项工作评议、常委会组成人员守则、公民旁听人代会等履职制度,完善各办事机构工作职责等人大机关日常工作制度,梳理形成有关常委会决策、监督工作、代表工作及机关内部管理四个方面共38项制度,并狠抓制度的落实推进,促进人大工作的制度化、规范化、长效化。

宣传工作取得新成效。组织开展多层次业务培训,定期下发阶段性宣传工作要点,分片推进基层人大宣传工作,人大宣传工作实现新的突破。全年编印《江阴市人大常委会公报》6期,《江阴人大通讯》24期,更新人大网站信息2515条,在无锡以上刊物发表宣传文稿149篇,其中省级录用37篇,《中国人大》《人民日报》等全国性刊物录用42篇。

队伍建设得到新加强。继续加强组织建设,共任免常委会派出机构负责人12人次。大力推进机关干部队伍建设,通过明职责、压担子、勤交流、强锻炼,干部队伍能力和素质都有明显增强。加强对基层人大工作的指导、服务和考核,举办基层人大负责人和秘书人员培训班各1期,市镇联动开展监督工作和代表工作形成规范,基层人大工作制度化、规范化水平明显提高。

2011年的主要任务

2011年是实施"十二五"规划的开局之年,也是江阴市人大常委会设立30周年。市人大常委会要高举中国特色社会主义伟大旗帜,坚持以邓小平理论和"三个代表"重要思想为指导,深入贯彻落实科学发展观,积极贯彻落实党的十七大和十七届五中全会精神,全面落实市委十一届十次全会精神,认真总结常委会设立30年来取得的成就和经验,以"推动科学发展、建设幸福江阴"为主题,以督促加快转变经济发展方式为主线,依法行使各项职权,继续完善以民主促民生工作机制，促进民主民生各项重大举措的落实，更好地发挥地方国家权力机关在推进幸福江阴建设和社会主义民主法制建设方面的作用。

一、牢牢把握科学发展主题，更加注重服务“幸福江阴”建设大局

要坚持正确的政治方向，牢牢把握“十二五”发展的主题和主线，把科学发展观的要求贯穿到人大履职的全过程，把坚持党的领导、人民当家做主和依法治国有机统一起来，依法行使重大事项决定权和人事任免权，督促“十二五”规划纲要和建设“幸福江阴”新三年(2011～2013年)行动纲要的顺利实施，确保市委决策部署、人大决议决定的贯彻落实，更好地发挥人大在深入推进“幸福江阴”建设进程中的积极作用。要以纪念市人大常委会设立30周年为契机，认真总结经验，不断探索人大工作的规律，使人大工作与“十二五”发展的新形势新要求相适应。要学习先进经验，发挥人大职能优势，继续完善常委会、代表、公民“三位一体”的以民主促民生工作机制，在重大事项决定、专题审议、执法检查、代表活动等方面进一步扩大代表和公民的参与度，拓宽民主参与渠道，创新民主参与方式，健全民主参与制度，使发扬民主成为推动科学发展、改善社会民生、建设“幸福江阴”的强大动力。

二、牢牢把握转型、民生、法治重点，更加注重提高监督实效

要紧紧围绕市委中心工作和人民群众普遍关心的热点难点问题，更加突出监督工作的针对性和实效性，切实推动“一府两院”依法开展工作，有效促进全市经济社会又好又快发展。一要围绕经济转型升级实施监督。加强对全市国民经济和社会发展计划及财政预算执行情况的监督，审议和视察新兴产业发展“445计划”* 推进、服务业发展、现代农业产业园区建设、政府投资重点项目建设、科技金融服务体系建设等情况，组织开展《中华人民共和国节约能源法》执法检查，推动创新型经济发展，加快经济转型升级，实现“十二五”发展的良好开局。二要围绕城乡统筹发展实施监督。听取和审议城市总体规划修编情况，对城市基础设施向农村延伸、完善城乡公共交通体系、推进城乡教育一体化等开展监督，对市域交通道路建设开展专项评议，视察和推进城市客厅建设、敔山湾新城开发、南门改造、城西组团开发，促进提升全市城乡一体化发展水平。三要围绕保障改善民生实施监督。对全市学前教育发展、历史文化遗产保护、中医药发展、社区卫生服务体系建设、残疾人康复等工作情况进行审议、视察和专题调研，加强对政府实事工程落实情况的监督，推动以改善民生为重点的社会建设，提高城乡居民幸福指数。进一步加大对常委会决议决定、审议意见的督办力度，重视人大信访工作，推动民生热点难点问题的解决。四要围绕生态环境建设实施监督。对发展绿色低碳经济、节能减排和产业整治、固体废物污染防治、环卫收运体系建设、生态保护和修复等工作情况开展审议和视察，督促政府落实加强生态建设和环境保护的相关政策措施，推动可持续发展，建设生态文明。五要围绕民主法治建设实施监督。组织开展对市政府关于全市社区矫正工作情况、市法院行政审判工作情况、市检察院派驻检察室工作情况的审议、视察和专题调研，继续加强对政府规范性文件的备案审查工作，维护社会公平正义，促进社会和谐稳定。

三、牢牢把握依法履职要求，更加注重发挥代表作用

要以代表法修订为契机，组织开展代表法、选举法、监督法的深入学习和专题培训，进一步规范代表履职行为，促进代表依法履职。要强化服务保障工作，进一步拓展代表知情知政渠道，及时向代表通报市人大常委会和“一府两院”工作情况。要加强对基层人大和代表小组的指导，注重发挥“人大代表之家”作用，充分利用“代表接待日”“代表活动周”“联系选民月”“主题调研年”等多种形式，组织开展好闭会期间人大代表调研、视察、执法检查、专项工作评议等活动，扩大代表参与度，提高代表活动实效。要加强代表议案、建议督办工作，加大对重点建议的跟踪督办力度，着力提高建议办成率，真正让代表满意、群众受益。要完善激励机制，继续开展“代表活动先进小组、代表活动积极分子和优秀联络员”评选活动，坚持代表联系选民和向选民述职制度，基本完成届内代表述职任务。

四、牢牢把握创先争优目标，更加注重提高履职能力

要着力提高把握全局的能力，采取多种形式加强理论学习，进一步认清形势，明确任务，牢固树立科学发展理念，自觉服从和服务于全市工作大局。要着力提高依法办事的能力，坚持“一月一法”学习制度，忠实履行宪法法律赋予的职责，依法行使职权，运用法律手段推进各项工作。要着力提高审议决策能力，加强调查研究，提高常委会审议质量，增强决策的科学性、民主性。要着力提高服务保障能力，以开展“创先争优年”活动为抓手，继续加强干部队伍建设，不断完善人大常委会及其机关的工作机制，提高工作效能和服务水平；要密切与基层人大的联系，加强工作指导和交流，加强上下联动，探索规范街道和开发区人大工作，共同推动全市人大工作再上新台阶。

政府工作报告(摘要)

——2011 年 1 月 12 日在江阴市第十五届人民代表大会第四次会议上

江阴市市长　王锡南

2010年工作回顾和“十一五”主要成就

2010 年，市政府紧紧依靠全市人民，深入贯彻落实科学发展观，着力“保增长、保投入、保民生、保稳定”，较好地完成市十五届人大三次会议确定的目标任务。全市完成地区生产总值 2000.92 亿元，可比价增长 13.3%；财政一般预算收入 130.72 亿元，增长 18%。重发展，经济工作健康向上。完成农业总产值 59.15 亿元，增长 12.1%。新增新型农村合作经济组织 39 个，脱贫转化经济薄弱村 32 个。规划建设南部六镇 200 平方公里“不开发区域”，徐霞客现代农业产业园被认定为省级首批现代农业产业园区。完成工业总产值 5458.07 亿元，增长 16.1%；实现工业利税 521.49 亿元，增长 18.8%；完成服务业增加值 782 亿元，增长 19.8%；社会消费品零售总额 381.38 亿元，增长 18.6%；实现工商登记协议注册外资 12.03 亿美元，到位注册外资 7.5 亿美元；完成进出口总额 158.49 亿美元，其中自营出口 94.24 亿美元，分别增长 43.4%和 52.6%。新增上市股票 6 只、创投基金 7 只、小额贷款公司 4 个和村镇银行 1 个，全市 17 家商业银行存贷款余额分别增长 16.8%和 13.8%。重转型，产业结构优化升级。完成 120 项重点重大项目年内建设任务。预计全社会固定资产投资 626.52 亿元，增长 25.1%，其中工业投入 330.45 亿元，服务业投入 280.21 亿元。大力实施“445 计划”*，实现新兴产业规模以上工业产值 1875 亿元，增长 25%。新增省级以上企业技术中心和工程技术研究中心 41 个，国家纺织产品质量监督检验中心、贝卡尔特亚洲研发中心建成投运。实施重点产学研合作项目 75 项，申请专利 5776 件，新增法尔胜、华宏等中国驰名商标 7 件，江苏名牌产品 9 种。新建“三创”载体 *65 万平方米。引进高层次人才 268 人、“530 计划” 项目 31 项。组建省级江阴大学科技园，江阴软件园成为首批江苏省物联网产业基地，江阴市被列为省创新型试点城市。重功能，城乡建设统筹推进。“新三路”工程 *、港城大道建设进展顺利，梅园路三期等道路建成通车，澄江西路隧道开工建设。1912 特色街区一期、国际会展中心等一批重点项目建成，红星美凯龙等项目进展良好。江阴汽车客运站竣工投运，新增天然气公交车 150 辆。实施智能交通工程，强化交通管理，被评为全国实施畅通工程模范管理城市。“数字城管”一期建成投用。启动应急备用水源地和澄西水厂建设。完成城乡拆迁 480 万平方米，新建拆迁安置房 200 万平方米。完成新市镇建设项目178项，撤并自然村135个，整治村庄213个，创建全国环境优美乡镇(街道)3个，徐霞客镇成为全国特色景观旅游名镇。重环境，生态保护取得成效。万元地区生产总值能耗下降4%，主要污染物化学需氧量和二氧化硫排放总量分别削减3%和3.3%。关停小化工企业60个，淘汰落后用能设备260台(套)，完成退城入园企业39个。创建控源截污排水达标区637个，累计完成921个，三年任务两年完成。建成农村生活污水处理点60个，完成澄西污水处理厂二期扩建和南闸污水处理厂城乡一体化整合。实施水气环境综合治理，疏浚整治河道150条，市镇河道68个断面水质全面达标，环境空气质量优良率达到85%。完成造林绿化2000公顷，创建绿色家园示范镇3个、示范村60个，新桥镇获评国家园林城镇，华西村成为国家级生态村。重民生，富民保障巩固提高。城镇居民人均可支配收入和农民人均纯收入分别达到30184元和14898元，增长11.3%和13.1%。培训农村劳动力1.4万人，新增就业岗位5.35万个，实现本地劳动力就业2.36万人，江阴籍应届高校毕业生就业率达到91.3%，城镇登记失业率控制在3%以内。城保扩面7.2万人，历次被征地农民和被征地农民保障并轨城保15.2万人。新型农民基本养老保险提高到每人每月120元。向低收入群体发放物价补贴1900多万元。开展千企助千户等慈善救助活动，发放慈善资金5400多万元。实施新一轮对口援建新疆霍城工程。重和谐，社会事业全面进步。加强历史文化名城保护，启动南门忠义街修缮保护工程，长泾镇被评为国家历史文化名镇。启动建设广电大厦，成功举办第19届中国金鸡百花电影节。推进校舍安全工程和平安校园建设，江阴高中新校区等建成投用，被评为省义务教育优质均衡发展先进市和教育现代化先进市。全面推进医药卫生体制改革，实施国家基本药物制度，调整设置社区卫生服务中心17个，创建片区二级医院5家，人民医院升格为三级医院。完善残疾人康复服务体系，被评为全国残疾人社区康复示范市。成功举办中德国际足球邀请赛等大型赛事，第17届省运会江阴市运动员取得23.5枚金牌的历史最好成绩。体育彩票年销量突破3亿元。开展第六次全国人口普查。世代服务中心实现全覆盖，户籍人口计划生育率达99.5%。完成“五五”普法各项任务，被评为全国法治县(市、区)创建活动先进单位。全面开展安全生产隐患排查治理，未发生较大以上安全生产事故。推进明码标价示范街和放心消费创建活动，大力开展市场价格和食品药品监管整治，积极维护消费者权益。开展社会稳定风险评估，加强信访和维稳工作，市民社会治安满意率达98.8%。审计、民防、机关事务、妇女、儿童、青少年、红十字、老龄、档案、地方志、接待、民族、宗教、外事、对台、侨务、征兵、双拥、退管等各项工作也取得新成绩。

2010年为“十一五”画上圆满句号。“十一五”期间，胜利完成规划确定的主要目标任务，在全国县域经济基本竞争力评价中实现八连冠，被中央确定为全国改革开放30年十八个典型地区之一，被誉为“科学发展先行者”。

这五年，经济实力显著提升。相比2005年，预计全市地区生产总值增长153.93%，预算内财政总收入增长252.48%，一般预算收入增长170.2%，工业销售收入增长130.7%，社会消费品零售总额增长120.8%，全面实现翻番。新增规模以上工业企业643个，累计达1653个。新增营业收入超百亿元工业企业6个，累计达13个。入库税金超亿元企业达到25个，超10亿元企业2个。光伏、风电等新能源产业年产值超过290亿元。新增上市股票11只，累计达29只，募集资金超过150亿元。发行企业债券45亿元，新增私募企业15个、股权投资机构11个。新批超亿美元外资项目30项，到位注册外资总额达到29.7亿美元。新增境外投资项目68项，累计达到150项。贷款增量达933亿元，新增商业银行5家。“三资”投农*达58.5亿元，实施农业“510工程”*和现代农业十大重点示范工程，新增高效农业面积7466.7公顷，农业规模经营比例从46.8%提高到80%，新型农村合作经济组织达到478个。服务业增加值年均增长23.7%，占地区生产总值的比重提升4.7个百分点，三次产业比重优化为1.81∶59.19∶39。

这五年，城市形象显著提升。优化中心城区198平方公里规划，加大城市建设投入力度，政府性资金投入超过350亿元，是前五年的3.25倍。建成徐霞客大道、长山大道、芙蓉大道、暨南大道一期等省级道路7条，花山路、毗陵路等市级道路33条，基本形成全市域骨架路网。实施城市客厅、敔山湾、南门地区、西组团等组团开发，体育中心、天华轴线等一批重点项目建成。新增麦德龙、新百业广场、黄嘉喜来登、桃园山庄等一批大型商贸设施，澄江福地、良宵民俗艺术街坊等6个特色街区建成开放。建设商品房和拆迁安置房分别达到2800万平方米和1500万平方米。完成人防工程53个，民防疏散基地建成投用。公交总站竣工投运，在全省同类城市率先实现城乡公交一体化，自然村公交覆盖率达到87%，公交出行分担率从7.3%提高到24%。建成全国县级市首个城市公共自行车系统。自来水实现同网同价，日供水能力达到90万吨，苏南区域水厂三期工程建成投运。建成变电站21座，新增35千伏及以上主变容量540万千伏安。川气东送工程江阴段建成投运，新建居民住宅小区天然气管网入户实现全覆盖。老小区增设邮政信报箱超过10万个。江南农副产品批发市场建成投用，改造升级城中、花园等农贸市场12个。“政府早点工程”成为全国放心早餐工程的样板，城乡供应网点达到170个。“三中心”“四大数据库”*等城市信息平台建成，江阴市连续两届入选全国城市信息化50强。发放市民卡120多万张，市民卡工程两次获评国家金卡工程金蚂蚁奖。开通“12345”公共服务平台*和网上民生热线，中国江阴政府网站获全国地方政府网站创新品牌奖。在全国县级市率先实现有线电视数字化整体转换，无线网络覆盖率达100%，互联网宽带接入用户普及率达63.3%。完成老小区改造323.6万平方米、平改坡10万平方米、城区立面改造10万平方米,拓宽改造城区道路52.5万平方米。完成澄江路等15条城区道路的景观亮化和270多公里市镇道路的照明亮化。新建、改造城乡公厕131座,城区主干道实现清洗扫刷收一体化作业,垃圾焚烧发电厂建成投运。大力推进"三集中"和新市镇建设,实施一街道五村"三置换"改革*试点,新建社区15个,新增省三星级农村社区服务中心218个,农民集中居住率达到68%。全面推进撤并镇集镇区改造,整治村庄971个,改造危房455户、危桥352座。建成无锡市社会主义现代化新农村建设示范镇12个、示范村178个。

这五年,发展活力显著提升。新建国家级产业基地2个、国家级科技创业平台2个,新增省级以上高新技术企业140个、工程技术研究中心78个,省级以上院士、博士后工作站18个。组建全国专业标准化组织12个、国际标准化组织2个,87个企业成为210项国家、行业标准主要起草人。实施省级以上科技计划项目791项,组织申请专利1.5万件。创建中国世界名牌1种、中国名牌11种、江苏名牌68种,新增中国驰名商标14件。全社会科技研发经费占地区生产总值的比重达到2.5%,高新技术产业增加值占规模以上工业增加值的比重从22.8%提高到42%。建立区域产学研战略联盟、科技人才资本战略合作创新联盟和全国县级市首家国际人才市场,建成"三创"载体*210万平方米,引进"530计划"*人才110人,入选国家"千人计划"5人。被评为中国最佳经济活力魅力城市。完成行政区划调整和市镇两级行政机构改革,澄江、夏港、申港、南闸、云亭、新城东撤镇(办事处)建街道,建成覆盖全市的便民服务网络。完成省管县财政管理和市镇分级财政体制改革,实行公务员统一津补贴制度,全面实施政府投资重点项目代建制。高新技术产业开发区成为全国首批产学研合作创新示范基地,高新技术创业园建成国家高新技术创业服务中心,扬子江科技企业加速器被评为全国县级市首个国家科技企业加速器。设立临港新城并获批省级经济开发区,中央商务区建成区达到2平方公里,4个千亿级新兴产业园区初具规模。靖江园区获批全国重钢结构产业生产示范基地,成为全省沿江开发战略的先导区、示范区和跨行政区域开展经济合作的典范。工业集中区规模扩大,完成退城入园企业106个,工业集中率达90%以上。江阴港跻身亿吨大港行列,集装箱运量从4.8万标箱猛增到百万标箱,保税物流中心封关运作。新建码头泊位16个,其中万吨级泊位8个,开放码头泊位14个,实现江阴—台湾近洋航线直航。国际交流与合作深入开展,新增4个国际友好城市。

这五年,环境质量显著提升。万元地区生产总值能耗下降20%以上,主要污染物化学需氧量和二氧化硫排放总量均削减32%。在全省率先征收主要污染物排放指标有偿使用费和开展排污权交易,关停"五小"企业*360个,整治"三高两低"*企业286个,完成燃煤电厂脱硫改造27个。开展企业清洁生产审核436个,实施中水回用工程57个。完成污水处理厂提标改造37个,新增污水主管道774公里,累计达到1650公里,封堵排污口近700个,全市工业污水处理率达100%,城区和各集镇建成区生活污水集中处理率分别达91.6%和83.5%。整治张家港河、锡澄运河等市镇河道1018条,小康断面水质抽检达标率达到100%。全面实施"五整治两提高"*,新建垃圾箱7700个,搬迁散坟6.5万个,关停砖瓦窑厂37个,复垦矿山窑业用地482.7公顷,整理土地933.3公顷。绮山生态公园、望江公园等城市公园绿地建成开放,滨江要塞旅游区、学政文化旅游区被评为国家4A级风景旅游区。新增造林绿化1.27万公顷,石宕复绿75.3万平方米,全市林木覆盖率提高9.05个百分点,达到20.05%,建成区绿化覆盖率达到44.2%,人均公共绿地面积达到15.81平方米。环境质量综合指数达到92,提高7个百分点。被评为首批国家生态市、国家园林城市、全国绿化模范市,成功创建省人居环境奖。

这五年,民生尺度显著提升。城镇居民人均可支配收入和农民人均纯收入年均分别增长13.4%和11.5%,农民人均纯收入连续十年名列全省同类城市第一,被评为中国最关爱民生城市,实现中国全面小康十大示范市"三连冠"。实施"5年5万"农村劳动力培训工程*,累计培训劳动力7.5万人。新增就业岗位23.9万个,解决本地劳动力就业12万人。城保扩面36.1万人,增长127.8%。发放历次被征地农民和被征地农民基本生活保障金17.1亿元。企业退休人员月人均基本养老金提高411元,达1267元。新型农村合作医疗保险年人均筹资水平从70元提高到370元。城乡居民最低生活保障水平分别从每人每月260元、180元提高到350元,实现城乡一体化。住房公积金扩面12.7万人,新增经济适用房25.4万平方米、廉租房2.3万平方米,启动建设限价商品房9万平方米,在全省率先推出公共租赁住房。全市慈善基金总量超过10亿元,发放慈善资金2.2亿元。全面实行免费义务教育和义务教育学校教师绩效工资制。新建、改扩建南菁高中、祝塘中心小学、西郊中心幼儿园等各类学校78所,启动建设职教园,被评为全国社区教育示范区。江阴军事文化博物馆、徐霞客碑刻文化园、赞园等一批文化设施建成开放,万人拥有公共文化设施面积达到810平方米。"五送"文化下乡*超2万场次,成功举办徐霞客国际旅游节、刘天华民族音乐节等大型文化活动19场次。第二轮地方志编修工作基本完成,市档案馆成为全国县级首家国家一级档案馆。人民医院新病房大楼、红十字血站、精神卫生中心等一批公共卫生设施建成投用,形成市级医院为龙头、片区医院为骨干、社区卫生服务中心(站)为基础、民办医疗机构为补充的卫生服务体系。在全省同类城市率先建立全民健康档案,三轮农民免费健康体检达到167.8万人次。新增体育场馆面积120万平方米,完成村村体育健身工程,成功举办第五届市运会,承办国家级体育赛事27场,江阴籍运动员夺得全国以上比赛奖牌59枚,率先建成江苏省体育强市。全面实施百万人口素质大提升工程，顺利通过省“十一五”人口协调发展先进市创建验收。加强养老基础设施建设，建成居家养老服务中心88个，人口预期寿命达到78.1岁。开展睢宁工业园区共建，大力支援新疆霍城、阿合奇等中西部地区建设，全面完成援建四川绵竹市、清平乡各项工程，累计投入资金超过4亿元。江阴公安指挥中心、城市突发公共事件应急处置指挥中心建成投用，技防城建设实现全市域广覆盖，安全生产应急指挥中心和重大危险源实时预警监测网络投入运行。建立健全大信访、大调解、大巡防机制，全面清理信访积案，积极化解社会矛盾，违法犯罪警情数逐年下降，妥善处置一批突发事故，较好解决利用棉纺、大华织染等企业历史遗留问题。被评为中国十大和谐名城、全国和谐社区建设示范市、全国首批平安建设先进市。

五年探索实践启迪是牢牢把握“五个不动摇”：

一是牢牢把握解放思想、思危奋进不动摇。始终坚持与时俱进争一流，咬定发展不松劲，科学应对复杂多变的形势、异常严峻的挑战、前所未有的压力，居安思危定准位、不为过去辉煌所陶醉，创新扬弃快突破、不为既有经验所束缚，扬鞭自奋勇争先、不为任何困难所羁绊，弘扬江阴精神，学习华西精神，尊重首创精神，敢向高的攀，敢与强的争，越是困难越是向前，拼抢赶超，迎难而上，把握主动权，抢占制高点，保持江阴在全国的应有地位。

二是牢牢把握科学发展、创先争优不动摇。始终坚持经济中心、实业为本，优先发展先进制造业，加快发展现代服务业，全力推进经济转型、科技创新、资本经营，持续推动产业集聚、企业集群、资源集约，初步形成一、二、三产业协调互动，消费、投资、出口合力拉动，投入产出率、劳动生产率、资源利用率更为高效的增长方式，开创产业结构更优、发展质量更高、经济效益更好、竞争优势更强的新局面。

三是牢牢把握城乡一体、统筹协调不动摇。始终坚持城市引领、优势互补，更加注重城市功能完善，更加注重新农村建设，更加注重环境保护，推进城乡规划、产业发展、基础设施、公共服务和就业保障五个一体化，加快城乡发展互动、资源互享、设施互通，全市域骨架路网基本形成，新市镇建设成效显著，社区化管理延伸农村，基本实现城乡规划全面优化、城乡框架全面形成、城乡功能全面完善、城乡形象全面提升。

四是牢牢把握民生福祉、共同富裕不动摇。始终坚持以人为本、民生优先，强化“五民五好”，强化富民举措，强化成果共享，强化社会发展，既充分满足基本需求，又积极保障品质追求，多措并举提高居民收入，多方共谋完善社会保障，多管齐下加强公共服务，千方百计解决岗收医住行、科教文卫体等百姓最关心、最直接、最现实的利益问题，以人民幸福倒逼发展转型、评估发展成效，实现经济发展与民生保障同步提升。

五是牢牢把握依法行政、高效务实不动摇。始终坚持勤勉政事、亲廉重省，讲规范、讲程序、讲法制，认真贯彻人大及其常委会的各项决议，扎实办理人大代表建议和政协委员提案，创新实施人大代表和政协委员列席市政府常务会议制度，严格规范政府行为，大力推进行政权力网上公开透明运行，健全完善科学发展评价考核体系，全面落实党风廉政责任制，努力建设法治政府、服务政府、效能政府、阳光政府和廉洁政府。

经济社会发展中存在的不足和问题：经济发展、转型升级势头良好，但是产业层次与质量效益还有待加快提升；环境保护、节能降耗进展较快，但是河道水质与大气质量还有待标本兼治；致富百姓、保障民生成绩较大，但是增加收入与改善生活还有待继续努力；政治社会、生活秩序保持稳定，但是社会矛盾与安全隐患还有待积极化解；政府职能、体制机制创新转变，但是服务效率与工作作风还有待持续改进。

“十二五”展望和2011年主要任务

当前和今后一个时期，世情、国情将继续发生深刻变化，经济稳定发展的主题不会改变。江阴市仍处于可以大有作为的重要战略机遇期，将进入经济转型关键时期、城乡一体突破时期、生态环境优化时期和民生保障提升时期。“十二五”期间，全市将以邓小平理论和“三个代表”重要思想为指导，全面落实科学发展观，加快转变发展方式，坚持民生优先、幸福导向，人才引领、创新驱动，城乡一体、区域融合，生态优化、文化提升，深化改革、扩大开放，加快把江阴打造成为基本实现现代化的先行区、创新型经济的先导区、城乡一体化的示范区、江海联动的枢纽港城、文明现代的学习型城市、和谐宜居的幸福名城，确保城市综合竞争力继续走在长三角地区和全国同类城市的前列，建设创新型城市，率先基本实现现代化。“十二五”经济社会发展主要预期目标为：地区生产总值年均增长10%左右（可比价），单位地区生产总值能耗比“十一五”期末降低20%左右。全社会科技研发经费占地区生产总值比重达3%。城镇化率达70%。全市林木覆盖率达23%，建成区绿化覆盖率达46%。城镇登记失业率控制在3%以内。人口自然增长率控制在3‰以内。

全面开创“十二五”发展崭新局面，必须科学判断和正确处理经济稳定增长和转型发展的关系，稳中求快，转中求好，实现速度与质量齐头并进。坚持把经济结构战略性调整作为转变经济发展方式的主攻方向，坚定不移地推进新兴产业倍增、服务产业提速、传统产业升级，促进农业高效化、工业高新化、服务业高端化，在发展中促转型，在转型中谋发展，推动经济社会发展实现新跨越。必须科学判断和正确处理制造业和服务业的关系，双轮驱动，互为支撑，实现先进制造业与现代服务业齐头并进。坚持把优先发展先进制造业和加快发展现代服务业作为放大区域竞争优势的战略选择，全力以赴推进“445计划”，聚焦政策，聚集资源，聚合力量，推动江阴制造向江阴创造转变；规划大物流，建设大市场，发展大商贸，培育大外包，推动服务业发展提速、比重提高、质量提升，实现大转型。必须科学判断和正确处理城市发展和农村建设的关系，统筹融合，片区联动，实现城市发展与新农村建设齐头并进。坚持把城乡一体作为城市转型的重要途径，科学定位，统筹规划，合理布局，优势互补，全面推进区域融合、城市南拓、片区开发，加快破解城乡二元结构，促进公共资源在城乡之间均衡配置、生产要素在城乡之间自由流动，实现统筹发展、共同繁荣。必须科学判断和正确处理经济发展和生态保护的关系，双管齐下，两手都硬，实现经济发展与生态保护齐头并进。坚持把生态文明作为经济持续发展的必要前提，推动经济社会发展与人口资源环境相协调，大力发展绿色经济、循环经济、低碳经济，以减量化、再利用、资源化促进生产方式转变，用最少的资源投入、最小的能源消耗，实现生产发展、生活富裕、生态文明。必须科学判断和正确处理经济发展和民生福祉的关系，群策群力，共建共享，实现经济发展与民生改善齐头并进。坚持把民生福祉作为经济发展的第一追求，一切为了人民，一切惠及人民，一切依靠人民，倾听民情民声，关注民心民愿，凝聚民智民力，共建幸福家园，共享发展成果，共创美好未来。

2011年是"十二五"规划的开局之年，是经济社会转型的重要一年，做好今年的工作责任重大、意义深远。2011年政府工作的指导思想是：以科学发展观统揽全局，全面贯彻党的十七届五中全会精神，按照省、无锡市的统一部署，认真落实市委十一届十次全体(扩大)会议各项要求，突出经济转型主线、创新发展主题、民生保障主旨，增加有效投入规模、服务产业比重、新兴产业份额，优化体制机制、城乡形象、生态环境，提升城市文化、社会建设、民生尺度，推动经济社会又好又快发展。

2011年，全市经济社会发展的主要预期目标是：地区生产总值同比增长12%。财政一般预算收入增长14%。服务业增加值增长16%，占地区生产总值的比重达到40%。全社会科技研发经费占地区生产总值的比重达到2.6%以上。万元地区生产总值能耗下降3.8%，主要污染物化学需氧量和二氧化硫排放总量均削减4%。城镇居民人均可支配收入和农民人均纯收入均增长11%以上。城镇登记失业率控制在3%以内。人口自然增长率控制在2‰以内。居民消费价格指数控制在省定范围内。

2011年要重点抓好以下七个方面的工作：

一、强化经济转型主线，加快提升产业竞争优势

优化投入结构。坚持把投入作为经济工作的"牛鼻子"，以持续大规模有效投入促进产业结构优化、经济转型升级、发展后劲增强、生态环境改善。实施"7100计划"*，鼓励扩大民间投资，大力支持骨干企业建设新兴产业、总部经济等高端项目，引导和支持各类企业在本地投资发展。放宽投资领域，推动国资、民资、外资一起上。完善园区平台，扩大项目投入的集聚效应，强化土地资源集约利用机制，优先安排和保证重点重大项目用地需求，加快建设一批技术优、能耗少、产出高、带动强的新项目，提高投入产出水平。推行一站式、全程化服务，提高项目审批服务效率。

壮大新兴产业。推进"445计划"，优化产业布局，强化政策扶持，加强分类指导，壮大新能源、新材料、生物医药、信息技术、新能源汽车、高端装备制造等新兴产业，培育一批新兴产业龙头企业，加快建设一批特色产业园和特色产业带，年内完成新兴产业投入超过180亿元。加大战略重组、垂直整合、技术改造、"两化"融合力度，增强产业竞争力，高新技术产业和技改投入占工业投入的比重达到68%。加强外引内联，集聚人才、科技、资本等要素，推动民营企业做强做大，扶持优势成长型中小企业裂变发展。

提升服务产业。依托制造业优势，大力发展港口仓储、专业市场、道口经济等现代物流业，加快发展现代金融、服务外包、文化创意等高端服务业，扶持发展软件开发、动漫创意、研发设计等新兴服务业。完成服务外包业务总额4.5亿美元，实现工业企业分离发展服务业50个。整合优化旅游资源，加快形成观音文化博览、海澜马术文化等旅游特色。规划建设一批特色商业街区，大力推进城市综合体、大型商贸城落户江阴。进一步扩大内需，优化消费结构，挖掘消费亮点，社会消费品零售总额增长16%以上。

二、强化"三农"基础地位，加快建设社会主义新农村

推动农业增效。继续推进现代农业十大重点示范工程，大力实施万顷良田二期工程，加快建设徐霞客现代农业产业园及沿芙蓉大道生态高效农业示范带，新增设施农业333.3公顷，高效农业比例达到59%以上。坚持"一镇一品""一园一特"，大力发展农业特色村、合作社、专业户，培育农业龙头企业，完成"三资"投农*5亿元。严守耕地保护红线，加大土地复垦整理力度，创建全国国土资源节约集约模范市。加强粮食生产协作，稳定粮油生产，确保粮油供应安全。加大农田水利建设力度，推进农业机械化，争创全国农村水利现代化建设示范市。

加强农村建设。坚持统一规划、试点先行、政策扶持、规范操作，多路探索建设新农村。继续推进"三集中"，发挥新桥镇示范带动作用，着力推动青阳、申港等新镇(街道)区的示范建设，实施20个行政村"三置换"改革，加快形成一批功能齐全、环境优美、特色鲜明的现代化新市镇（村）。扎实开展农村环境综合整治，推广清洁环保生产方式，加强农业面源污染治理，大力提升农村生活污水处理水平，年内完成村庄整治100个。结合锡澄运河航道整治工程，推进沿线镇、村改造建设。

促进农民致富。大力开展转移培训、创业培训和实用技术培训，培训农村劳动力1万人。积极引导土地承包经营权流转和土地股份合作，增加农民土地收益，新增土地承包经营权流转面积1万亩以上。深入推进农村社区(村)股份合作制改革，鼓励集体资源开发和资产营运，增加农民经营性和财产性收入，新增

新型农村合作经济组织30个。鼓励农民利用一技之长，开展多种经营，拓宽致富门路。积极落实中央、地方强农惠农政策，加大财政对“三农”（农业、农民、农村）转移支付力度，继续对年收入低于150万元的行政村进行结对帮扶，促进村级经济均衡发展。

三、强化开放带动优势，加快扩大对外开放领域

三外争突破。整合优势资源，集中优势力量，招引优势项目，重点引进建设一批新兴产业、现代服务业超亿美元大项目，新增工商登记协议注册外资13亿美元、到位注册外资8亿美元。加大对外资企业的跟踪服务力度，推动企业在江阴增资扩股、生根开花、融合发展。坚持科技兴贸、品牌兴贸，优化出口产品结构和出口市场结构，促进加工贸易转型升级，完成进出口总额165亿美元以上。鼓励优势企业实施产业拓展，规避贸易壁垒，进行并购重组、联合参股、投资兴业，争资源，争市场，提高“走出去”的规模和水平，新批境外投资项目15项。

园区争贡献。提高贡献份额，提高产业水平，集约容量，调优存量，提升增量，做大总量，加快推动三大开发区和工业集中区二次创业，为全市经济发展、转型升级挑重担、作示范。高新技术产业开发区全力建设4个百亿级战略性新兴产业基地，努力打造创新型经济领军板块，加快创建国家级高新区。临港新城致力培育4个千亿级新兴产业集群，优化产业空间布局，提升产业承载功能，加快柳工机械、常隆客车等大项目建设。靖江园区加快打造千亿级园区，着力壮大造船、重钢结构、海工装备等特色产业，树立园区形象。工业集中区优化整合集聚，强化功能，扩大招商，增加有效投入，提高产业、项目的档次和水平。

港口争空间。整合岸线资源，优化口岸功能，加快新港区5号、6号码头建设，新开放万吨级码头泊位2个。推进区港联动，加快开辟新航线，引进船舶航运公司，扩大港口服务辐射范围。完善保税物流中心功能，推进港口物流园区升级，加快建设中建材、中金再生资源等物流大项目，争创国家级出口加工区。加快提升港口信息化水平，构建港口口岸物联网科技信息服务平台。深化大通关建设，优化口岸协调工作机制和监管模式，提高通关效率和服务水平。年内完成港口货物吞吐量1.25亿吨、集装箱运量110万标箱。

四、强化科技人才工作，加快培育持续发展后劲

大力推动自主创新。加快实施新产业、新技术、新合作三新战略，强化企业自主创新主体地位，引导企业增加研发投入，鼓励企业设立和兼并国内外研发机构，加快形成一批具有领先优势的技术创新载体。大力开展科技攻关，组织实施重点产学研合作项目和省以上科技计划项目各60项，新认定省级高新技术企业10个。全面实施质量提升工程和标准、专利、品牌战略，组织申请专利5000件以上，争创中国驰名商标2件，建成江苏省船舶金属材料监督检验中心。力争新建省级以上院士、博士后工作站5个，创建省级以上名牌5只。

大力实施人才战略。完善中国国际人才市场江阴市场，推进“江阴千人计划”*，打造“人才特区”，创建国家引智示范市和外国专家创业园。加快天安数码城、扬子江生物医药加速器二期等项目建设，新建“三创”载体40万平方米以上，引进“530计划”项目30项。创新人才引进方式，完善海外引才驿站和国内引才联系点等平台功能，引进高层次人才及团队200个以上。全面落实人才激励政策，配套人才服务设施，营造创新创业良好环境。

大力增强机制活力。建立科技公共服务支撑体系，推进科技研发、技术贸易、国际技术合作、产学研、科技金融等平台建设，促进政银企研紧密合作。完善自主创新财税、金融扶持政策，建立招投标、政府采购等新平台、新机制。推动金融生态区建设，健全投融资体系，建立信贷激励机制，新增信贷200亿元。创新资本经营路径，一手抓企业上市，大力培育上市后备企业梯队，帮助企业做好上市准备，力争新增上市公司5个以上；一手抓股权投资，扩大创投、风投基金规模，新增各类股权投资企业10个以上，各类基金总额累计超过60亿元。

五、强化城乡一体战略，加快构建城市崭新格局

推进城市南拓。按照“一个中心城区，四个卫星城区”的新型城市布局，拓展城市空间，优化城乡结构，完成《江阴市城市总体规划（2010～2030）》编制，大力实施城市发展“215计划”*，推动城市格局由带状向块状发展。研究论证东到长山大道、南到江阴大道、西到海港大道、北到芙蓉大道区域范围的城市功能定位和重大基础设施布局，规划城市南北轴线，推动绮山周边地块整体开发。配合做好沿江城际铁路和泰锡宜城际铁路江阴段建设的各项前期准备，努力形成区域交通枢纽。启动建设江阴大道、海港大道等道路，暨南大道二期、京沪高铁安镇站连接线、港城大道建成通车，构筑城市快速交通网络。

加快组团开发。坚持优规划、新机制、快推进、出效益，加快配套完善公建设施，创新建设管理机制，提升组团开发整体水平。城市客厅各类项目全面推进；敔山湾加快医院、学校等配套建设，加快地块出让和开发进度；南门地区扎实推进历史文化街区修缮整治，启动虹桥南路南延段建设，按计划进行拆迁和土地出让；西组团依法大力度实施项目拆迁，推进道路、商业、文化等基础设施建设，形成整体开发建设格局。

健全城市功能。大力推进畅通工程，实施延陵路、东外环路、滨江路等道路改造，加快澄江西路隧道工程建设。坚持公交优先，大力发展绿色公交、智能公交，推进公交车、出租车油改气，新建公交候车亭250座。新、扩建110千伏以上变电站8座，增加主变容量137万千伏安。进一步完善通信、邮政、燃气等基础设施配套，提升城市承载能力。加快锡澄运河城区段两侧、步行街南侧、长江影剧院周边、西门车站等区域老城改造步伐。

加强城市管理。加快梅园路延伸段、虹桥路等道路两侧立面改造，实施文富路二期、青山路等28条道路照明亮化。推进城中村改造，继续整治老小区，实施坡屋面改造4万平方米，大力推进城区10个拆迁安置小区绿化和停车设施改造，增设停车位6700个。加强无障碍环境建设，完善道路、公园、公共服务场所无障碍设施。深化环卫体制改革，提高环卫机械化作业和市场化运作水平。完善预防和查处违法建设的联动机制，坚决查处私搭乱建等违法行为。加强数字城管建设，提高城市管理信息化水平。

六、强化生态文明建设，加快形成绿色低碳环境

推进低碳经济工程。科学规划低碳城市，启动国家生态园林城市创建。加快建设低碳产业园区和低碳社区，提升不开发区域发展水平，打造低碳经济实验区和示范区。继续推行主要污染物排污权有偿使用和交易，探索实施氨氮和氮氧化物总量减排。强化资源节约集约导向，严把项目审核关，从严控制高能耗、高排放项目建设。坚决整治"三高两低"企业*和"五小"企业，关停小化工企业20个，全面完成小钢铁企业整治任务。大力推进清洁生产，扩大循环经济试点，推广使用节能、节水技术和产品，提升低碳经济水平。

推进水气整治工程。按照高等航道、水上景观、交通命脉、经济纽带的要求，优化完善功能设计，推进锡澄运河航道整治工程。加快申张线、锡北运河航道整治进度。落实河长制，完善生态补偿机制，实施西横河东段、青祝河二期等整治工程，疏浚整治市镇河道70条。建设应急备用水源地，基本建成澄西水厂，提升城乡供水一体化水平。加快镇(街道)污水处理厂网资源整合，新增污水管道200公里，完成滨江污水处理厂中水回用工程，推进污泥处置无害化和城乡污水处理一体化进程。加强垃圾焚烧发电厂运行管理，巩固城乡生活垃圾处理一体化成果。提升燃煤电厂脱硫效率，加强扬尘和机动车尾气等治理，持续改善大气环境质量。

推进绿色生态工程。实施锡张高速、京沪高铁江阴段等市级农村重点造绿工程，加快"新三路"工程*、港城大道等道路绿化，大力完善城市景观绿化，持续推进生态林、经济林等成片造林，积极开展农村四旁植树，完成城乡造林绿化1333.3公顷。扎实开展生态创建活动，创建无锡市"森林镇"5个、"森林村"40个。

七、强化以民为本理念，加快完善公共服务体系

统筹发展社会事业。完善城乡公共文化设施，继续实施"幸福进万家·文化欢乐行"等文化惠民工程，精心筹办第11届中国国际儿童电影节。繁荣文化市场，开发文化资源，加大文化遗产保护力度，提升城市文化品位。加强档案资源建设，提升利用服务水平。编制实施学前教育三年行动计划，启动立新中学、江阴高中新校区二期等工程，加快推进职教园建设。完善教师绩效考核和定期交流制度，提高教学质量，争创全国义务教育均衡发展示范区。启动敔山湾医院、第四人民医院等建设，加强医疗业务培训和医德医风建设，提高公共卫生服务质量。深入推进全民健身工程和体育基本现代化建设，市民水上活动中心投用。创新人口服务管理体制，提升人口计生工作管理水平，打造世代服务特色品牌，户籍人口计划生育率保持在99%以上。积极开发为老服务产品，推进老年产业发展，提高老年人生活品质。

千方百计增加收入。启动实施"城乡居民收入倍增计划"，坚持就业增收、创业增收、置业增收、保障增收、勤劳增收多措并举，让更多的城乡居民通过自身努力和政府帮扶富裕起来。完善就业服务体系，增加培训项目，鼓励企业创造就业岗位，稳定就业形势，再就业培训5000人，新增就业岗位5.2万个，解决本地劳动力就业2万人，江阴籍应届高校毕业生就业率达到90%以上，确保零就业家庭动态清零。提高企业职工工资集体协商制度落实率，加大督查企业执行最低工资标准的力度，引导企业健全职工工资正常增长和支付机制。深入开展"5年1万"创业培训工程*和创业型镇(街道)创建活动，完善创业服务平台，促进全民自主创业。健全扶持长效机制，落实优惠政策，鼓励大中专毕业生、转业军人、下岗工人、被征地农民等创办企业和从事个体经营。大力弘扬自力更生、勤劳致富的社会风尚，引导城乡居民依靠诚实劳动和合法经营，多劳多得、共同富裕。

加大社会保障力度。加快推进城保扩面，新增参保4万人，全面实施居民养老保险，城乡覆盖率达到95%以上，形成企业职工养老保险与居民养老保险相结合的社会保障体系。新型农村合作医疗保险年人均筹资水平提高到420元，提升住院补偿比例，推进医保异地联网结算服务。扩大住房公积金覆盖面，建成第三期经济适用房和廉租房，推进公共租赁住房、限价商品房和拆迁安置房建设。关爱弱势群体，大力开展结对帮扶和慈善救助，提高困难群众生活水平。

维护社会和谐稳定。启动"六五"普法，深入开展法制宣传教育和法律援助。完善信访工作机制，努力解决群众合理诉求。积极开展社会稳定风险评估，健全矛盾化解联动机制，大力防范和科学处置各类群体性事件。强化食品药品质量监督管理，保障居民饮食用药安全。完善重要商品价格监测预警机制，积极稳定市场价格水平。大力抓好"米袋子""菜篮子"工程，建成三星级屠宰中心2个。加强应急管理队伍建设，完善应急预案，强化应急演练，提升应急管理综合水平。积极稳妥解决企业改制和事业单位改革等历史遗留问题，切实预防征地拆迁、环境污染等引发社会矛盾。全面落实安全生产责任，狠抓安全标准建设，突出抓好隐患排查和专项整治，严防各类安全生产事故。创新社区管理模式，推行扁平化工作方式，提升社区管理水平。加强社会治安综合治理，大力推进技防入户工程，完善大巡防机制，有效防范、打击各类违法犯罪行为。

政协江阴市第十三届委员会常委会工作报告(摘要)

——2011年1月11日在政协江阴市第十三届委员会第四次会议上

政协江阴市第十三届委员会主席　黄满忠

2010年工作回顾

一、围绕中心,服务大局,推动科学发展

紧紧围绕市委、市政府的决策部署和全市发展大局,积极调整工作思路,深入开展议政建言活动,全年举行全委会议1次,主席会议15次,常委会议6次。

(一)紧紧围绕"十二五"规划编制,组织协商议政。组织委员参加市委、市政府和相关部门召开的有关《江阴市国民经济和社会发展"十二五"规划》编制工作座谈会,鼓励委员为推进全市"十二五"期间又好又快发展积极建言献策。在市政协第16次常委会上,常委们围绕"十二五"期间深化"幸福江阴"建设,加快转型发展,推进社会事业发展等方面提出建设性的意见和建议,为完善全市"十二五"规划作出积极贡献。

(二)紧紧围绕"幸福江阴"建设,开展调查研究。对"幸福江阴"建设"个个都有好工作""家家都有好收入""处处都有好环境""天天都有好心情""人人都有好身体"五个课题开展进一步调查研究。由市政协领导挂帅,相关专委会参与,成立5个调研课题组,历时5个月,发放了近万份调查问卷,召开近40次调研座谈会,形成5篇调研报告。市委主要领导研阅后要求相关部门吸收采纳政协的意见和建议。市政协还就新老锡澄运河整治改造工程进行深入调研,撰写的调研报告得到市委、市政府领导的充分肯定。

(三)紧紧围绕产业转型升级,举办委员论坛。围绕产业转型升级,举办"新兴产业规模化"和"传统产业高新化"委员论坛,16位企业家委员在论坛上作了交流发言。市委主要领导认为"政协此举值得肯定……发言很有典型的导向意义,要进一步放大此类导向作用"。交流发言材料在《江阴日报》"政协之窗"专版上刊登后,获得很好的社会反响。

二、畅通渠道,反映民生,促进社会和谐

(一)关注为民举措,推动视察和民主评议监督成效不断提升。选择市民群众密切关注的重点领域,制定全年视察计划,开展民主评议活动。主席会议视察新能源产业、文化创意产业、现代高效农业、基层司法所、残疾人就业基地建设、城乡重点重大项目建设、重点提案办理等方面工作,常委会议视察长泾镇泾水流韵历史文化街区建设情况,向市委、市政府报送7期视察专报。市政协第13次、第14次常委会议对市建设局和农林局工作开展民主评议。会后向市委、市政府报送评议

市建设局和农林局工作情况汇报，及时把基层群众对政府部门工作的意见和建议反映给市委、市政府。通过视察和民主评议活动，推动和促进部门工作的更好开展。

(二)关注统筹发展，推动提案办理落实成效不断提升。市政协十三届三次会议以来，收到委员提案331件，立案交办267件，涉及经济社会统筹发展的方方面面。其中12件重点提案中民生内容占40%以上，包括养老院建设、教育资源配置、人才工作、生态文明建设等等。通过重点提案办理情况视察、开展协商督查等活动，不断推进提案办理落实，提案办理的满意和基本满意率达100%。所提问题已经解决或基本解决的提案占46.1%，为近年来办理落实最好的一年。有40件提案被市政协评为优秀提案，24名委员被评为提案积极分子。

(三)关注民生民情，推动社情民意信息工作成效不断提升。一年来，市政协办公室向市委、市政府报送《社情民意》7期，上报信息45条，市委、市政府领导批示38条。各镇(街道)政协工作委员会向当地党委、政府报送《社情民意》28期，上报信息189条，党政领导批示146条。许多意见、建议经相关部门研究办理后，收到很好的社会效果。如《关于加强工程车及其他特殊车辆管理的建议》上报后，市委、市政府主要领导作出批示，市交通运输局联合市公安局对全市106个运输企业、1890辆工程运输车辆进行拉网式安全大检查，及时消除安全隐患。年终，有15名社情民意信息员获表彰。

三、团结各界，发挥优势，汇聚工作合力

(一)创新结对机制，充分发挥各民主党派、工商联、无党派知识分子联谊会作用。研究建立市各民主党派、无党派知识分子联谊会与镇(街道)政协工作委员会结对联系制度，为各民主党派、无党派知识分子联谊会成员了解基层工作，更好地知情参政创造有利条件。一年来，市各民主党派、无党派知识分子联谊会与镇(街道)政协工作委员会开展17次主题鲜明、内容丰富的结对联系活动，如建成文化联系点、专家工作站、新农村实践基地等，都收到很好的效果。市各民主党派、工商联、无党派知识分子联谊会参政议政热情高涨，全年完成调研报告28篇，提交提案200多件。

(二)调动各方力量，大力推进《江阴历史文化丛书》撰写和江阴市建国后“三亲”史料征集编纂工作。组织有关人员撰写《江阴历史文化丛书》10部，300余万字，目前已完成审稿定稿工作。发动机关各部门、各镇(街道)深入开展对建国后“三亲”史料的征集编纂工作。至去年底，共征集“三亲”史料文稿2362篇642万字。其中，各镇(街道)1824篇420万字。特别是长泾、新桥、夏港、澄江、祝塘、周庄、城东等镇(街道)经过几轮核实修改，已形成样书送审。

(三)开展广泛联谊，不断加强对外交流。一年来接待全国、省、无锡市和其他地区政协来澄视察、调研、考察共计60余批，1000余人次。参加苏浙沪十五县(市、区)政协工作研讨会3次，举办2次江阴市、海宁市政协书画联谊会书画联展，组织各民主党派、工商联、无党派知识分子联谊会代表和专委会、工作委员会主任赴浙江、福建、广东等地考察交流政协工作。

四、组织活动，增强实效，发挥基础作用

(一)加强专委会与界别工作。各专委会围绕市政协年度工作要点，积极开展调研、对口协商、提案、反映社情民意等履职活动71次，较好地发挥基础作用。学习文史委编辑出版《江阴文史资料》第25辑；提案委与市政府部门协同推进提案的办理落实；经济科技委就政产学研工作与市科技局开展对口协商；社会法制与海外联络委配合市法院成立“江阴暨阳司法救助基金”，鼓励企业家政协委员积极参与司法救助；教文卫体委与市教育、文广新、人口与计划生育、体育、文联、残联等单位赴云亭街道开展“五送一助”活动；城镇建设与环境保护委围绕拆迁安置、控源截污、道路畅通等工作开展民主监督。各专委会还加强与界别的联动，以城乡教育均衡发展、提交界别提案、促进地下空间利用等为主题联合开展9次活动，为深入推进“幸福江阴”建设献计献策。

(二)发挥基层政协组织作用。镇(街道)政协工作委员会紧贴当地党委、政府中心工作，联系实际，突出重点，积极履行职能。有的围绕产业转型升级、实事工程开展视察，有的就民间资本经营、村级经济发展进行调研，有的成立政协关爱基金、热心光彩事业。一年来，工作委员会组织学习63次、开展视察47次、评议部门63个、撰写调研报告20篇，有力推动基层经济社会事业的发展。

(三)强化委员主体意识。主动走访部分委员单位，协助、协调解决委员、委员企业的困难和问题，进一步增进与委员的感情，增强委员的光荣感和责任感。委员主体意识增强，“一肩双挑”，认真做好本职工作，踊跃参加社会公益活动。据不完全统计，一年来，政协委员和工作委员会成员各类捐款达1360万元，为1900户(名)贫困家庭和贫困学生送去关爱和温暖。

五、注重学习，提升素质，加强能力建设

(一)深入学习贯彻中央、省、市决策部署。为全体政协委员订阅《人民政协报》，编发《学习资料》7期、编印《江阴政协》16期、出版《江阴日报》“政协之窗”专版6期，认真组织委员学习中共十七届四中、五中全会精神，学习中央、省、市重要文件和重要会议精神，使委员充分了解政协工作信息，开阔履行职能视野。举办了“创新型经济”专题讲座，开展“走进上海世博会”委员活动日活动，使委员从理论到实践深化对中央、省、市重大决策部署的认识，深化对政协工作重要性的认识，从而进一步提升履职意识和能力水平。

(二)深入开展学习华西村新经验、推动科学发展上水平活动。市政协积极响应省委、市委学习华西村新经验号召，制定《市政协深入学习华西村新经验、推动科学发展上水平活动的实施意见》，召开动员大会，开展“走进华西、学习华西”委员活动日活动。举办委员论坛，8位政协委员结合各自工作实际，撰写学习华西村新经验推动科学发展上水平的体会文章。通过开展丰富多彩的学华西活动，全体政协委员进一步增强服务转型发展的主动性，增强共建共享“幸福江阴”的积极性。

（三）深入推进知情平台建设。不断拓展委员学习、知情渠道，全年举办以新兴产业发展、开发区经济转型升级、城乡规划一体化工作、经济薄弱村转化、生态文明建设、社会治安“打防控”一体化建设为主题的政情交流会，为600多人次的政协委员和市各民主党派、工商联、无党派代表人士等参政议政提供知情平台。市政协领导专程赴杭州学习观摩杭州市政协举办的专题民主议政会，借鉴经验，推进政协工作的深入开展。我们不断加强政协网站建设，及时更新内容，健全完善委员直通车平台，为委员更好地了解政协工作动态做好服务。

存在不足：履行职能的能力和水平有待进一步提高，发挥委员主体作用的方式和渠道有待进一步探索，政协自身建设有待进一步加强等。

2011年工作意见

一、准确把握经济社会发展新态势，全力投入科学发展新实践

“十二五”时期全国仍处于可以大有作为的重要战略机遇期，是全面建设小康社会的关键时期，是深化改革开放、加快转变经济发展方式的攻坚时期。全国全省进一步加快经济发展方式的转变，将使江阴有一个更好的加快转型发展的外部环境；长三角一体化使江阴在长三角的战略地位得到提升，区域之间的竞争也将面临新的挑战；人民群众对幸福生活充满新的期待，将使“幸福江阴”建设责任更重。江阴整体发展环境、发展条件和发展动力将发生深刻变化，将进入基本实现现代化的攻坚期、转型发展的关键期、城乡统筹的突破期、民生幸福的提升期。要准确把握经济社会发展的新态势，自觉把履行职能的各项工作放到“十二五”发展中去思考和谋划，深刻认识“十二五”发展的总体要求、主题、主线和战略重点，深刻认识“十二五”发展的总体目标和根本任务，切实把思想和行动统一到中央、省、市对形势的分析判断和对工作的总体部署上来，把智慧和力量凝聚到深化“幸福江阴”建设和率先基本实现现代化新目标上来，加强对全市“十二五”期间经济社会发展中深层次问题和矛盾的分析，多谋科学发展大计，为胜利完成全市“十二五”发展目标提供智力支撑。

二、紧紧围绕“幸福江阴”建设新目标，尽力拓展服务民生新渠道

“幸福江阴”愿景提出五年多来，市委、市政府带领全市人民“以民生倒逼经济转型升级，以经济保障民生改善提升”，“幸福江阴”建设取得阶段性成果。2010年12月，中共江阴市委十一届十次全体（扩大）会议深刻分析了“十二五”时期深化“幸福江阴”建设面临的新形势、新挑战，提出到“十二五”期末，把江阴打造成为“三区三城”*，确保经济社会发展始终走在长三角地区和全国同类城市前列的总体目标。要紧紧围绕这一新目标，牢固树立议政为民宗旨，拓宽服务民生渠道，切实维护人民群众利益。

（一）要积极发挥界别优势。要通过界别渠道密切联系各界群众，密切关注改革发展中出现的深层次矛盾和问题，高度重视转型升级过程中出现的新情况新问题，协助党委、政府把准社会脉搏，优化政策措施，努力协调关系、化解矛盾、理顺情绪，增进社会各阶层和不同利益群体的和谐。

（二）要充分反映群众意愿。要带着对人民群众的深厚感情，关注热点难点，抓住教育、医疗、物价、交通、治安、环境、住房等与人民群众切身利益密切相关的重点领域，积极提出提案，反映社情民意，开展调研、视察、监督活动，真实反映群众的意见和建议，为实现城乡居民劳有所得、学有优教、病有良医、住有宜居、老有善养建言献策，让改革发展的成果更多惠及江阴百姓。

（三）要主动帮扶弱势群体。要鼓励和支持委员积极参与慈善事业、扶贫开发、光彩事业、希望工程等活动，特别是委员企业要主动承担社会责任，为促进社会的和谐稳定作出积极贡献。

三、不断探索履行职能新思路，努力提升政协工作新水平

（一）要营造民主协商良好氛围。要通过主动汇报、积极争取，不断完善协商议题的确定、协商意见的处理等环节的运行办法，推动政治协商更加规范、更加完善。要充分运用常委会议、主席会议、专题协商会和专委会对口协商等民主协商形式，积极参与党委、政府公共政策的制定过程，广泛汇集各界人士的意见和建议，促进党政决策的民主化、科学化。2011年将探索举行民主议政会，主要围绕事关经济社会发展全局的重大问题，关系人民群众切身利益的民生问题，组织政协委员进行协商议政，通过民主议政的形式资政建言、推动工作。

（二）要加强民主监督工作。要按照政协章程和中共中央文件的规定，以改革的精神、创新的思维，把敢于监督与善于监督结合起来，切实增强民主监督的实效性。要认真做好提案工作“回头看”，对市十三届政协一次会议以来的B类提案（所提问题部分解决或已列入计划解决的）进行检查督办，及时总结经验，更好地推进提案的办理落实，进一步形成联合办理、整体推进、协调高效的提案工作局面。要认真做好社情民意信息工作，用心收集信息、思考问题、积累线索，客观、公正地把群众的意愿和诉求反映上来，切实发挥社情民意信息“直通车”作用。要继续开展对政府部门的民主评议工作，做到深入调研，了解实情，积极建言，促进政府部门工作的深入开展。

（三）要积极参政议政。要充分利用人才聚集的优势，以更加务实的作风、更加科学的方法，围绕加快转型发展主线，就产业转型、城市转型、社会转型、自主创新、招才引智等工作开展调查研究，力求角度准、调研深、建议实。将对新兴产业推进、传统产业转型升级、开发区科技新城建设、新市镇新型社区建设、财政工作、城乡重点重大项目建设等方面开展视察,为全市“十二五”规划的胜利实施提出真知灼见。

四、切实贴近中心工作新任务,着力丰富团结民主新内涵

(一)要加强与各民主党派、工商联、无党派代表人士的团结合作。要积极支持各民主党派、工商联、无党派知识分子联谊会在政协会议上踊跃发表意见,积极向市委、市政府报送他们的意见和建议。加大对重大课题开展联合调研的力度,积极协调解决他们在履行职能中遇到的困难和问题。健全完善市各民主党派、无党派知识分子联谊会与镇(街道)政协工作委员会结对联系制度,举办好以江阴市“十一五”规划的实施情况、“十二五”规划主要内容、不开发区建设情况、“445 计划”* 推进、全市服务业发展和信息化建设为主题的政情交流会,为市各民主党派、工商联、无党派知识分子联谊会知情参政提供平台。

(二)要加强同港澳台侨各界人士的联系。要以乡情、亲情、友情为纽带,广泛开展海内外联络联系。加强同少数民族、宗教界代表人士的联系,积极宣传民族政策和宗教政策,维护少数民族群众的合法权益,积极引导宗教与社会主义社会相适应。市政协书画联谊会要继续开展对外交流活动,举办好与友好县(市)政协的书画联展。

(三)要加强《江阴历史文化丛书》和江阴市建国后“三亲”史料的编纂出版工作。要确保《江阴历史文化丛书》的质量,力争在 2011 年上半年完成编纂出版工作。要指导各镇(街道)政协工作委员会巩固建国后“三亲”史料征编工作成果,组织人员认真审稿,统一出版,切实发挥文史资料“存史、资政、团结、育人”的积极作用。

五、积极适应时代发展新要求,有力推动自身建设再上新台阶

(一)要重视学习能力建设。全体政协委员要把学习能力作为适应时代发展需要的核心能力来打造,做到学有所求,学有所感,学有所获。要认真学习贯彻中共十七届五中全会精神,认真研读《江阴市国民经济和社会发展第十二个五年规划纲要》《建设“幸福江阴”行动纲要(2011~2013 年)》,深刻领会中央、省和市委、市政府的重大决策部署,深入学习经济、政治、文化、科技、历史等知识,不断提高服务“幸福江阴”建设的能力和水平。2011 年市政协将举行全国“十二五”规划纲要解析专题讲座。

(二)要推进“三化”建设。制度化、规范化、程序化是政协工作科学发展的重要基础。要认真抓好各项规章制度的贯彻执行,按照政协章程和形势发展的要求,在实践中不断加以完善,逐步形成健全的协商议事机制、长效的民主监督机制和活跃的参政议政机制。

(三)要抓好队伍建设。要切实加强委员队伍建设,认真搞好委员的学习培训工作,尊重和保护委员的发言权,加大对委员的宣传力度,鼓励委员创先争优,积极履行职能,努力建设一支综合素质高、政治热情高、议政水平高的委员队伍。要切实发挥专委会和镇(街道)政协工作委员会的基础作用,不断完善工作机制,充实工作内容,增强委组工作的主动性、创造性。要切实体现界别特色,完善界别活动机制,调动界别的积极性,全年各界别开展 2 次以上活动。要切实加强政协机关效能建设,着力提高大局意识和服务观念,不断增强政协机关的综合协调能力,为政协有效履行职能、顺利开展工作提供有力保障。

·小资料·

中国人民政治协商会议的主要职能

中国人民政治协商会议的主要职能是政治协商和民主监督,组织参加政协的各党派、团体和各族各界人士参政议政。

政治协商,就是对国家和地方的大政方针以及政治、经济、文化和社会生活中的重要问题在决策之前进行协商和就决策执行过程中的重要问题进行协商。中国人民政治协商会议全国委员会和地方委员会可根据中国共产党、人民代表大会常务委员会、人民政府、民主党派、人民团体的提议,举行有各党派、团体的负责人和各族各界人士的代表参加的会议,进行协商,亦可建议上列单位将有关重要问题提交协商。

民主监督,就是对国家宪法、法律和法规的实施情况,对中共中央与国家领导机关制定的重大方针、政策的贯彻执行情况,对国家机关及其工作人员在履行职责、遵纪守法、为政清廉等方面的情况,通过建议和批评进行监督。

参政议政是政治协商和民主监督的拓展和延伸,其内容和形式除与政治协商和民主监督相同的以外,还包括选择人民群众关心、党政部门重视、政协有条件做的课题,组织调查和研究,积极主动地向党政领导机关提出建设性的意见;通过多种方式,广开言路,广开才路,充分发挥委员专长和作用,为改革开放和社会主义现代化建设献计献策等。

——摘自中国网

■类目编辑　承　鸿

智慧经济:转型升级的强劲动力

——江苏省江阴建设创新型开发区调查

江苏省马克思主义中国化研究中心

江阴经济开发区是1993年11月江苏省政府批准的省级重点开发区,2002年10月被赋予国家级开发区的经济审批权和行政级别。“十一五”以来,江阴经济开发区大力引进高科技人才,积极推进自主创新,发展智慧型和战略性新兴产业,建设创新型开发区,有力地推进了产业结构调整和经济转型升级。2009年,全区研发投入占国内生产总值比重达3.52%,高新技术产业产值占规模以上工业总产值比重达62%;开发新产品210种,申请专利152件,其中发明专利32件,比上年同期增长100%;52平方公里的开发区实现区域生产总值350亿元。

挥写知识资本传奇

2010年9月8日,总部位于江阴市的中国第四大造船企业——江苏扬子江船业集团所属“扬子江船业”股票以台湾存托凭证(TDR)方式在台湾证券交易所挂牌上市,成为海峡两岸经济合作框架协议(ECFA)生效后登陆台湾资本市场的第一个大陆企业,被业界称为两岸资本市场合作的“破冰之旅”。当天该股以高出发行价1.3元新台币开盘,并连续两个交易日出现涨停。“扬子江船业”在台湾资本市场的轰动效应,体现了海外资本对江阴开发区高新技术企业的看重。衡量开发区竞争优势最核心的指标是研发能力,最有说服力的数据是每年有多少领先世界的新产品问世。江阴的成功经验之一就是注重引进智慧经济的动力——各类研发机构。

中科院、中国医学科学院,浙江大学、厦门大学、武汉大学等国家级科研院所、重点高校先后在江阴开发区设立分支机构,香港理工大学江阴研究院等10多个单位在江阴开发区先后挂牌成立。

开发区先后积聚了7个院士工作站、8个博士后工作站、3个区域性研发机构、4个国家级企业技术中心和国家纺织产品检验检测中心,80多个省级研发中心、30多个厂办研究所,90%的大中型骨干企业都建立了研发机构。数百个企业与国内外100多个高校科研院所形成产学研利益共同体,建立合作研发的产学研技术创新基地18个。

为了让研发机构在江阴开发区落地生根,开发区管委会还积极导入风险投资基金,吸引高新技术产业集聚发展。

营建智力冲浪开放环境

江阴开发区引进了120多位科技领军人才,带来86项科技创业项目。其中3人入选国家“千人计划”,5人入选省“双创人才”。江阴开发区在集聚创新主体的同时,努力为人才创新发展营造开放优越条件,开拓广阔发展空间。

强化产学研载体建设。江阴开发区在江阴区域产学研战略联盟框架下,积极构建各类专业性技术联盟,推动产学研围绕新兴产业建立公共技术研发平台。为强化服务和提高执行力,建立了科技创新政产学研联席会议制度、科技合作联络员制度;选派开发区工作人员担任“创业助理”,建立全程跟踪产学研合作的保障机制,对产学研活动中签订的合作项目,明确专人重点管理;同时加大督导力度,打造特别适宜生长和裂变成功的发展平台。

设立境外“创新驿站”。按照“领军人才—领先产品—领先产业”的发展思路,开发区抓住国际金融危机爆发后高端人才相对富余的有利时机,提出多方引进专业人才、大量汇聚创新因素的三个“100”目标,即各引进100名海归人才、科技领军人才和博士。为此,开发区把引进人才的前沿阵地向外延伸,到美国等人才聚集地延揽、猎获尖端人才,与旧金山美中交流协会合作,在美国“硅谷”设立“创新驿站”,聘请对中美政策比较熟悉的美方人员帮助引进科技人才和项目。扬子江国际生物医药孵化园在不到一年时间内聚集了来自世界生物医药领域的32个海归创业团队。其中近一半孵化企业进入试生产阶段。一个国际水平的包括生物、医药化学、临床动物和制剂等全方位的医药研发产业园区初具雏形。

提供科技信息服务平台和技术对接、转让中介服务。江阴开发区与江阴市区域产学研战略联盟、各行业协会、生产力促进中心等科技中介机构建立合作关系,实现科技信息共享。每年从企业征集技术难题,从高校、科研院所收集最新技术成果,提供给技术供需双方,搭建信息沟通平台,定期组织院校和科研单位与企业面对面对接。鼓励企业在国家级科技项目、省重大成果转化项目等各级各类项目申报中加强与院校的对接,着力提高全区企业承担科技项目的竞争力,争取更多优质项目落户开发区并实现产业化。

打造科技创业强劲磁场

建设创新型开发区,科技创新成为“立区之本”,开发区从一般“工场”蜕变为创新企业“孵化场”、科学家企业家“创业场”。而产生这种变化的先决条件则是政策的变化。

激励政策是最基础的支撑政策。加大财政科技投入,设立自主创新成果转化重大科技专项和产学研专项经费,支持企业引进科研成果,奖励科技含量高、经济效益好的产学研合作项目和科技创新创业先进个人。对留学归国创办企业的留学生在房租、物业管理费、个人住房、税收等方面提供减免、补贴等优惠政策;对满足条件的项目除享受市财政给予的100万元、60万元、40万元创业资金外,区财政予以同等金额支持。

创新政策侧重在动态中提供必要的扶持。创新型企业和企业的创新常常会碰到各种各样问题,需要开发区协助解决,针对问题及时制定相应的政策措施。比如针对企业融资难,开发区积极研究制定知识产权抵押体系,加快建立切合新兴战略性产业发展需要的投融资体系,推动企业裂变发展。同时,进一步完善研发孵化、科技加速、产学研、投融资及公共服务五大平台建设,积极引导企业增强自主创新主体意识,突出专利、标准和品牌等自主知识产权,加大研发投入力度,加大专利申报力度,在技术研发和新品开发方面舍得投入,在核心技术和高端产业方面敢于投入,在制定标准、打造品牌和现代经营方面善于投入。

个性化政策重在提高政策服务的针对性和有效性。引智与引资最大区别是:“智”是无形资产,而且是投资人的主要财产,每个投资人情况千差万别。开发区管委会以专业视角和战略眼光,根据不同情况制定相应政策。2007年,任职于英国投资银行的张雷回来创办远景能源科技公司。公司得到开发区提供的300平方米研发用房和500万元启动资金,汇聚来自摩根斯坦利、麦肯锡、维斯塔斯、通用电气、西门子、丰田等的20多位精英,组建了一支拥有风电核心技术的团队,在2000平方米厂房中创造年销售20亿元的高速聚变奇迹。

为了帮助企业积极应对国际金融危机,江阴开发区想方设法危中求机、为企业分忧。他们提出“成立之初做导师,发展之中做参谋,发展以后做保姆”,在企业发展处于上坡阶段时主动助推其强内力、借外力、拓市场,使之实现加速成长;在外部环境不利时助力企业加大投入、抢占有利位置,使之实现直线提升;在要素资源整合集聚上,做到“醒得早、跑得快、抓得准、抢得紧”,使之实现点对点对接;在服务企业发展上,做到鼓劲增压与解决问题、跟踪监测与指导发展、制度建设与长效服务相结合,实现全景创新。

(原载2010年《求是》第22期)

幸福江阴——江阴用人民幸福评估发展

苏 雁

幸福,是一个很抽象、主观、很感性的概念,因此,有人说,“幸福来自内心。”用这样一个概念作为评价发展状况的硬指标是需要一点勇气的。

江阴这样做了。

“从实现全面小康到建设‘幸福江阴’,最大的收获,不仅仅是物质财富的持续增长,更重要的是执政理念和发展路径的重大转变。江阴的创造性实践,对探索中国县级市可持续发展道路具有示范作用。”这是专家的评价。

近日,记者深入江阴采访,对话江阴的决策者和普通市民,希望感受“幸福江阴”的源头。

问需于民，构建“幸福江阴”指标体系

记者：我首先感兴趣的问题是：江阴为什么想到用“幸福”作为衡量发展的标准？这样做的地方好像不多呀。

朱民阳（无锡市委常委、江阴市委书记）：2005年末，江阴在江苏省率先实现全面小康社会达标、人均地区生产总值突破1万美元，经济发展已经积累了一定的基础。我们想到的是，经济发展为什么？区域领先争什么？全面小康达标后干什么？我们认为经济发展的最终目的就是改善民生，让广大人民群众共享发展成果，过上幸福生活。这是我们实施“幸福江阴”战略的根本原因。

记者：这个体系的核心是什么呢？

朱民阳：“幸福江阴指标体系”的核心是“五民五好”。就是：以民生为本，力求个个都有好工作；以民富为纲，力求家家都有好收入；以民享为先，力求处处都有好环境；以民安为基，力求天天都有好心情；以民强为重，力求人人都有好身体。

记者：政府制定的“幸福指标”能真正体现老百姓的需要吗？

朱民阳：以前，我们的发展指标都是政府制定的，却不一定是老百姓最急切、最盼望、最需要的。现在，“幸福江阴”指标体系让百姓来参与，比如“体育人口比例”“公交出行方便程度”等等都是他们特别看重的内容。群众参与的积极性特别高，总共有10万多张选票评选出了环境卫生满意度、心情愉快程度、家庭收入满意度等10项老百姓最关心的“幸福指标”。

记者：“幸福指标”是一个固定的指标体系吗？

汤建影（江阴市委政策研究室副主任）：不是。4年多来，我们坚持指标体系随民生需求之变而变，每年根据群众诉求和专家建议进行完善。现在的“幸福江阴”指标体系包括5大类、26项、39个具体指标，以民生为核心，老百姓对幸福的主观评价高达40%。

民生为先，抽象指标转为温馨体验

春寒料峭，江阴市公交车的座椅上还铺着棉垫子；主要路口右转弯的自行车和汽车，市民们不再需要直角转弯，而是走三角形的长边弧线，行驶变得更加安全；清晨，出门500米就到的公园和绿地上，老人们正在锻炼身体……在江阴采访的两天里，记者看到了一桩桩实事，一个个细节，让“幸福江阴”具体化为老百姓看得见、摸得着、用得上的温馨体验，也让记者体会到这座城市以人为本的用心与考量。

在江阴市新桥镇绿园社区，记者与72岁的退休工人石中佳谈的就是“幸福”。

记者：您觉得生活幸福吗？

石中佳：是不是幸福这样说吧。你看，我们社区平均每户年收入10万元。我的退休工资2万多，一家人住着宽敞的大公寓房，一年近千元的物业费都由镇政府包了；小区里有大公园、绿草地，还有老年活动中心，老年人天天在一起锻炼身体、唱戏、打牌。我看这就是生活幸福。

在澄江街道沈家田3幢，记者还从其他渠道来印证“幸福”。

记者：您靠什么维持生活？

陶灵（低保户、重度残疾人）：我每月都能拿到350元的政府低保补贴，街道还有各项补助。

蔡炯（澄江街道党工委书记）：江阴实现了城乡低保并轨，纳入最低生活保障线的居民和农民，人均每月低保标准350元。全市65万农民，已分三轮实施了免费健康体检，所有家庭建立了健康档案，人均预期寿命达77.85岁。

记者：“幸福江阴”的民生指标很多，个个落到了实处吗？

张光伟（江阴市交通局局长）：举个例子吧。江阴已实现了公交村村通，最长线路票价只要4元，乘坐公交出行的百姓达20.1%。

徐冬青（江阴市委常委、宣传部长）：江阴这座“小城”的文化生活十分丰富。我们投资6亿多元建成了天华文化中心，每两年举办一次“徐霞客文化旅游节”“刘天华民族音乐节”，还有“2009郎朗江阴音乐会”等，市民们在家门口就能享受到“文化大餐”。

记者：惠民支出在政府财力中如何分配？百姓满意度怎样？

朱民阳：4年来，我们的惠民支出每年达10亿元左右，占全市每年可用财力的15%，累计已达42.5亿元。据第三方有一项最新调查，老百姓对幸福感的平均打分是87.01分，97.83%的江阴市民为自己生活在这座城市感到自豪。

做好“蛋糕”，民生需求倒逼经济转型优化

记者：发展经济与搞好民生的关系你们是怎么处理的？

朱民阳：江阴在全国县域经济基本竞争力排名中实现了“七连冠”。经济与民生的关系，就好比是“做大蛋糕”与“分好蛋糕”的关系。为了“分好蛋糕”，首先是“做好蛋糕”，我们的思路是以民生需求倒逼经济转型优化，以科学发展保障民生改善提升。

记者：以民生需求倒逼经济转型优化，制度上如何设计？

朱民阳：老百姓的愿望是生活富足、环境优美。我们制订了全市镇（街道）机关考核评价体系，把各项民生指标定量化、直观化、责任化，使干部所想所干与人民群众的所盼所需紧密相连。我们强调，最本质的转型就是发展模式的创新。

记者：发展模式的创新在企业怎么实施？

陈丽芬（江苏阳光集团有限公司董事长）：阳光集

团以“科技立企”,平均每年开发出12大类5000多种花色品种;参与国际、国家标准制订42项,国际标准化组织纺织品技术委员会的国际秘书处就设在阳光,我们在世界行业里拥有了话语权。

张雷(江阴远景能源科技有限公司董事长):落户江阴开发区3年,远景能源已成为国内首个独立完成兆瓦级风机动态载荷和核心控制系统设计的风电企业,预计今年销售收入达30多亿元。

冯爱东(江阴市科技局局长):江阴正重点打造低碳、机械装备制造、新材料(石化)、现代物流“4个千亿级新兴产业集群”,生物医药、服务外包、新传感器、文化创意、地区总部经济“5个百亿级新兴战略性产业园区”。

江阴有一点也让记者觉得新鲜,就是有一批“不开发区”,顾山、长泾、祝塘、徐霞客、青阳、月城南部6个镇的200平方公里,都已被规划为“不开发区”。

记者:“不开发区”是什么概念?

朱民阳:不开发并不是不发展,恰恰是更加科学地发展和可持续地发展。“不开发区”积极探索工业反哺农业的新模式,发展生态农业、高效农业、科技农业,适度发展观光农业和生态旅游,为江阴的未来发展留足空间。

记者:“不开发区”的农民靠什么生活?收入水平是不是会比全市偏低?

汪贤兵(徐霞客镇阳庄村党支部书记):除了土地流转收入外,通过3个大户承包菜园建设,带动了本村老百姓特别是“4050”人员*的就业。农民增收效果明显,2009年全村人均收入13100多元,基本达到了全市农民人均纯收入的水平。工业少的地方,环境优势明显,200多公顷的阳庄菜园,让空气清新宜人。生活在这样的家园里,我们都感到很幸福。

(原载2010年5月14日《光明日报》头版头条)

江阴转型秘诀:企业+科技+资本

过国忠

2010年10月上旬,记者从江阴市委宣传部了解到,当年前8个月,江阴市新兴产业规模以上工业产值达1241.07亿元,比上年同期增长24.18%,增长速度高出全市整体水平8.48个百分点,高出传统行业12.13个百分点;占全市规模产值的比重提高到37.62%,较上年同期上升了2.38个百分点。其中,新能源产业完成规模工业产值179.12亿元,比上年同期增长52.23%,列新兴产业首位。

“我们在转型过程中,充分发挥自身的区位优势、主导产业优势和对外合作创新优势,走‘企业+科技+资本’的转型道路,全力打造创新型经济领军板块,进一步提升城市竞争力和现代化水平。通过两年努力,目前全市已呈现出以新能源、新材料、生物医药和服务外包、文化创意等为代表的新兴产业发展速度明显快于传统产业,发展预期明显好于传统产业的喜人局面。”无锡市委常委、江阴市委书记朱民阳说。

近两年,江阴市委、市政府在加大淘汰高耗能、高污染、低效益等落后产业力度的同时,按照加快“主导产业高新化、新兴产业规模化、传统产业品牌化”的思路,重点规划发展好3个省级开发区和12个乡镇产业集中区;政府搭建创新、创业、创意“三创载体”和各种科技创新合作平台;实施“江阴千人计划”*,重点引进海内外高层次领军人才;创新产学研合作方式,组建技术合作联盟,加快重点科技成果转化;鼓励企业上市募集资金,加快引进各类风投公司。以此来重点扶持培育一批最有发展前景的规模企业、一批最具创新能力的先导企业、一批最具产出成效的投资项目、一批最具增长潜力的重点产品。

“过去,江阴企业在‘星期天工程师’和银行支持下,取得长足发展。在经济全球化的今天,企业的这种发展模式产生了质的飞跃。其中,我们在实施科技创新方面,建立起以通过企业自主创新能力为目标的体系,并着力引导企业实施专利、品牌、标准战略,以提升企业的核心竞争力来提升重点产业的整体竞争力,以提升重点产业的整体竞争力来提升城市的竞争力与现代化水平。”朱民阳在接受《科技日报》记者采访时说。

据江阴市科技局局长冯爱东介绍,在依靠科技创新助推经济转型和加快发展新兴战略性产业上,江阴通过实施“龙头示范”“提速增效”“延伸覆盖”“核心支撑”“产业集聚”“存量裂变”“以点带面”“铺路搭桥”等涵盖重点成果转化、创新平台、产学研合作、科技金融、科技服务方面的科技创新创业“八大工程”,使科技创新为全市经济转型升级、优化发展发挥出了更强的引领和支撑作用。当前,全市已建成“三创载体”191万平方米;建有各类科研开发机构351个,其中国家级工程技术中心和国家级企业技术中心7个、省级工程技术中心60个;累计引进各类创业企业751个,其中海内外高层次人才创业团队600多个;全市现有中国名牌产品13种,中国驰名商标10个,有99个企业参与制定国际和国内行业标准。

另一方面,江阴通过资本运作,2010年还要新增5个上市公司,到2011年“江阴板块”有望突破30个。企业资本经营的渠道也不断扩展,2010年3月,周庄镇的企业家联合出资设立了全国首个乡镇创投基金,周庄因此成为中国私募股权投资基金第一镇。

江阴走“企业+科技+资本”的转型道路，推动了企业由“橄榄型”向“哑铃型”转变。2010年起，市委、市政府提出新兴产业发展“445计划”：用4年时间，在江阴经济开发区重点加速打造百亿生物医药产业园区、百亿新传感器产业园区、百亿服务外包园区、百亿文化创意产业园区，在澄江街道重点打造百亿地区总部经济园区，在临港新城重点加速打造千亿级低碳经济产业园、千亿级机械装备产业园、千亿级新材料产业园、千亿级现代物流产业园。同时，还要建成国家级生物医药加速器、国家级传感网产业基地、国家级服务外包示范区、国家级文化创意基地。

（原载2010年10月12日《科技日报》头版头条）

生态自觉“以退为进” 现代农业“接二连三”

江阴市建立“不开发区”开辟转型发展新路

王 敏 夏新炯

江苏省江阴市徐霞客镇规划200多公顷的阳庄菜园，由城里的蔬菜、餐饮企业投资，当地农民除每年每亩拿500元的土地流转金，还拿工资管理菜园。2010年春天，几名大学生村官又借网络游戏“偷菜”热，在菜园内办起了现实版“开心农场”。每块30平方米的菜地不仅竖牌标明蔬菜品种，写有认养者及照料者姓名，还计划装上摄像头，认养人在家就可通过网络实时观察蔬菜长势。没时间收菜，只需一个电话，农场就将菜送上门。“开心农场”引来不少周边城镇居民，一期3万平方米“菜地”已被“认养”一空。按每块菜地“认养费”每年500元计算，3万平方米就是50万元，减掉运营成本，给村里带来一笔可观的收入。

现代农业“嫁接”休闲特色农家游的阳庄菜园，是江阴推进“不开发区”建设的一个缩影。作为全国县域经济领头羊的江阴，在区域竞争激烈、开发区建设方兴未艾之际，却“以退为进”推进产业、城市同步转型，在长三角地区率先提出了规划“不开发区”的理念并付诸实施，在全市6个镇划定200平方公里“不开发区”，占全市总面积的五分之一，专门用于种植稻麦和发展现代农业，探索符合低碳排放的绿色经济发展模式。

江阴骨子里的生态自觉萌发于2007年，当时国家出台了《全国主体功能区规划》。2008年，在深入调研的基础上，江阴从城市规划上提出了“不开发”理念。2010年4月25日，初步编制完成了《江阴市南部地区不开发区域产业发展暨结构调整规划》，顾山、长泾、祝塘、徐霞客、青阳、月城6个镇按各自特点发展高效生态农业，适度发展观光农业、生态旅游等生态农业经济，其他不适合的工业项目一律撤出。当前，“不开发区”中所有落地项目几乎都是科技含量较高的现代农业，最醒目的工程是规划总面积1200公顷的“万顷良田”，目前投资超5亿元，已经流转连片土地近867公顷。2009年，其1号地块101.33公顷水稻每公顷产出超过9000公斤，3号地块310公顷葡萄平均每公顷效益达12万元。

“不开发区”并不是不开发的“退步”，而是通过建立倒逼机制来实现生态开发的一种“进步”。在这种生态自觉的“以退为进”中，江阴旨在打造长三角地区经济发展的绿色样板区，为未来发展腾出空间。农田面积在江阴首屈一指的青阳镇，在“不开发”战略的指引中，更加坚定了走特色农业、观光农业、高效农业之路的决心。当前，该镇正在大力实施“万顷良田建设工程”，一个江阴乃至无锡的“大粮仓”正在成形。与此同时，由工业反哺农业投入建设的国际嘉茂花鸟园也于春节开放，规模已超日本，是中国最大的温室花鸟厅，包括美国奥特莱斯名品折扣店等商业新业态也将入驻。“不开发区”内的居民同样可以享受到发展红利，而且富民的途径更加多样化，他们不但有在土地上进行耕作的收入，还有在现代农产品加工企业里获得的工资性收入，以及旅游业发展起来后从事现代服务业的收入。江阴农民平均纯收入2009年增幅达11%，而“不开发区”农民的纯收入增幅为14%。

200平方公里的“不开发区域”是江阴迎接低碳时代、推动经济转型的第一步。目前江阴已经启动新兴产业发展“445计划”，即用4年时间，打造4个1000亿元新兴产业集群和5个100亿元新兴战略性产业园区，大力推动产业转型和城市转型。

（原载2010年5月19日《农民日报》头版头条）

■类目编辑 李缉宁

大事记

1月

7日 第四届长三角投资发展论坛暨第三届"长三角最具投资价值县市"评选颁奖典礼在上海举行，江阴市连续第三次获"长三角最具投资价值县市"称号。

8日 长江海事局苏沪代表处在长江引航中心成立。

9日 中共江阴市委在市机关大楼举行干部培训工作推进会暨"公共管理与区域创新"第二期赴美研修班开班仪式，国家外国专家局副局长孙照华出席会议。

11～13日 江阴市政协十三届三次会议召开，305名政协委员出席会议。

12～14日 江阴市十五届人大三次会议召开，355名人大代表出席会议。

16日 2009年中国改革与发展论坛暨第九届中国改革人物颁奖典礼在北京人民大会堂举行，市委书记朱民阳荣膺2009年中国改革十大创新人物。

17日 在北京大学举行的第五届"中国地方政府创新奖"选拔暨颁奖大会上，江阴市"以人民幸福评估发展"项目成为十个获奖项目之一。

△ 中国废钢电子交易论坛开幕式在江阴举行。

18日 夏港街道长江村被司法部、民政部评为江阴市首个全国民主法治示范村。

19日 江苏省省长罗志军到江阴考察实施国家基本药物制度工作。

21日 全省国土资源规划工作会议在江阴召开。

21～22日 在北京召开的以"发展低碳经济、共建低碳中国"为主题的低碳中国论坛首届年会上，江阴市被评为2009·中国低碳风云榜"最具竞争力的低碳产业基地城市"。

22日 江阴市长宏小额贷款有限公司开业。

25日 2010年江阴（深圳）新兴产业发展恳谈会在深圳举办，31项新兴产业项目现场签约，总投资117.8亿元。

△ 兴业银行江阴支行开业。

28日 江阴市企业家协会文化艺术中心、无锡企业家摄影书画俱乐部江阴分会成立。

是月 法尔胜住电新材料有限公司的"环氧涂层七丝预应力钢绞线"项目获2009年度中国标准创新贡献奖二等奖。

△ 国家工商总局公布新一批中国驰名商标认定名单，江阴鑫裕装潢材料有限公司的"鑫裕"商标成为江阴装潢材料行业首个中国驰名商标。

2月

3日 '2010江阴（上海）城市转型发展恳谈会在上海举行，签约10项项目，总投资超20亿元。

4日 新桥镇被住房和城乡建设部命名为国家园林城镇，成为江苏省唯一获此殊荣的乡镇。

5日 江阴新浩再循环纸业有限公司在香港注册的中国浩然再循环有限公司在韩国交易所科斯达克创业板上市，成为在韩国交易所上市的首个中国环保可再生造纸企业。

6日 江阴嘉茂国际花鸟园开园，该园被无锡市园林旅游局推荐为"上海世博体验之旅"景点之一。

8日 江阴市第二届"时代先锋"评选揭晓，吴仁宝被评为"时代先锋标兵"，王新潮、李良宝、吴协东、沈伟生、张文基、陈丽芬、周江、周松庆、费剑英、徐斌被评为"时代先锋"，江阴市对口援建四川省绵竹市清平乡现场指挥组被评为"时代先锋荣誉集体"。

9日 中国电影家协会主席李前宽到江阴考察电影节筹备情况。

15日 江西省省长吴新雄到江阴考察。

25日 由《人民日报》、新华社、《光明日报》《经济日报》、中央电视台、中央人民广播电台、中新社、《科技日报》《解放日报》《文汇报》、东方卫视、《新华日报》、江苏卫视、江苏人民广播电台、《群众》杂志社、《扬子晚报》《现代快报》、新华网等近20个中央及省级媒体组成的采访团到江阴，围绕“幸福江阴”进行专题采访。

是月 《江阴要塞》获新中国成立60周年解放战争题材电视剧三等奖和央视2009年度“群英会”优秀电视剧奖。

△ 在教育部主办的全国第三届中小学生艺术展演活动中，江阴一中女子群舞《校园的脚步声》和江阴二中男子群舞《废墟·崛起》获一等奖，《校园的脚步声》同时获优秀创作奖。

△ 2009年（第九届）信息产业重大技术发明评选结果公布，江阴长电科技股份有限公司的“平面凸点封装技术研发及产业化”项目获重大技术发明奖。

3月

1～11日 市委书记朱民阳率江阴市科技经贸代表团赴丹麦、瑞士、以色列等国家开展招商引智和项目洽谈活动。1日，在世界风电研发中心丹麦奥胡斯市举行中国江阴低碳产业投资说明会。

3日 江阴市永川农村小额贷款有限公司开业。

5日 中国关心下一代工作委员会副主任杨春贵到江阴调研“幸福江阴”建设情况。

9日 青阳镇政府与上海东方通用航空有限公司签订新建通用航空江阴基地协议书，首个县级市航空基地落户江阴。

13日 全市1个主会场13个分会场分别举行“3·10”重点重大项目集中竣工开工仪式，开工项目62项，总投资119亿元，竣工项目28项，总投资19亿元。

19日 江苏省委书记梁保华到江阴视察调研创新型经济和城乡一体化发展，并寄语江阴：“在培育创新型经济和城乡一体化发展已取得明显成效的基础上，要继续坚定不移走科学发展之路，向现代化目标迈进，在更高水平、更高层次上加快转型发展，继续走在全省科学发展、转型升级的前列”。

△ 江苏省委常委、常务副省长赵克志到江阴调研经济转型、城乡一体化发展。

20日 由江阴市文联、江阴市国际标准舞协会承办的第五届“长三角杯”全国城市国际标准舞公开赛在江阴体育馆举行。

22日 由中央人民广播电台、江苏人民广播电台、中国江苏网等新闻媒体联合举办的《幸福江苏》大型新闻行动首场直播在江阴嘉茂国际花鸟园举行。市委书记朱民阳受邀现场访谈，解读“幸福江阴”建设四年来的收获、江阴率先提出“不开发区域”战略、“不开发区域”建设对“幸福江阴”建设的推动促进作用等。

24～27日 第二届中国长江鲜河豚美食节暨江阴市第六届美食节举行。

27～28日 第八届中国政府创新论坛暨“幸福江阴”国际学术研讨会在江阴召开，中央党史研究室副主任李忠杰、国家行政学院副院长周文彰、中央编译局副局长俞可平出席会议，市委书记朱民阳在会上作题为《以人民幸福评估发展》主题演讲。

28日 由周庄镇10名企业家共同筹资2.5亿元设立的全国首个创投基金——中科双盈创业投资基金成立。

△ 江苏银行江阴周庄支行成立，这是江苏银行设立的首个乡镇支行。

△ 国务院发展研究中心副主任卢中原到江阴调研新农村建设有关情况。

29日 徐霞客铜像揭幕暨海峡两岸朝圣公祭典礼在徐霞客旅游文化博览园举行。

30日 第五届中国徐霞客国际旅游节在徐霞客旅游文化博览园开幕。开幕式上，徐霞客镇被授予全国旅游特色名镇称号，中国徐霞客国际旅游文化电视周永久会址、南京旅游职业学院江阴培训基地落户江阴，江阴市被授予‘2009庆祝新中国成立60周年——百家电视台联播红色旅游巡礼先进单位称号。

△ 中国旅游产业与电视文化高峰论坛在江阴举行。

△ 红色旅游论坛暨全国红色旅游电视宣传总结表彰大会在江阴召开，江阴市被评为红色旅游电视宣传先进集体。

31日 江苏省省长罗志军到江阴视察，调研城乡一体化建设、培育战略性新兴产业及现代服务业发展等情况。

是月 全市22人被确定为第一批无锡市非物质文化遗产项目代表性传承人。

4月

1日 中国徐霞客国际旅游文化电视周颁奖晚会在江阴举行。

7日 全市首个社会资本运作的停车楼——新长江·寿山路停车楼投运。

16日 中国药科大学江阴百桥研究中心成立。

△ 南京银行江阴支行开业。

17～18日 在首届中国河豚烹饪技艺大赛上，江阴烹饪协会派出的14名选手获14枚特金奖，位居特金奖榜首。

20日 国家纺织产品质量监督检验中心落户江阴。

△ 环保部副部长张力军到江阴考察环保工作。

22日 市委书记朱民阳在天华文化中心展览馆会见到江阴参观的中国奥委会名誉主席何振梁。

24日 在北京举行的2009～2010年度中国城市管理发展年会上，江阴市被中国城市管理发展年会组委会评为2009～2010年度中国和谐管理城市，并列中国十大和谐管理城市之首。

△ 在2010年中国产业发展大会上，江阴市被评为中国产业发展能力百强县（市、区）、中国战略性

新兴产业最具竞争力县(市、区)20强,市委书记朱民阳被评为全国推动县区科学发展突出贡献人物。

24~25日 中国长三角校长高峰论坛在江阴举行,论坛主题为“质量:教育生命线”。

30日 江阴港口办事处撤销,原辖区纳入夏港街道管辖范围,港口办事处下辖黄田港村、江锋村、通江路社区、望江社区、澄西新村社区由澄江街道划入夏港街道管理,江阴长江港口综合物流园区管委会增挂江阴临港新城现代物流产业园管委会牌子。

是月 文化部公布第四次全国县级以上公共图书馆评估定级结果,江阴市图书馆第四次被评为国家一级图书馆。

△ 江阴高新技术创业园被科技部火炬中心评为国家级大学生科技创业见习基地试点单位。

5月

1~3日 在中国少年科学院“小院士”课题研究活动启动仪式上,华士实验中学被全国少工委评为中国少年科学院科普教育示范基地,学生徐斌获中国少年科学院小院士称号,教师常建强被评为优秀指导教师。

4日 市委、市政府下发《关于印发〈江阴市镇级机构改革实施意见〉的通知》。

6~8日 在上海举行的2010年世界客车博览会亚洲客车展上,江阴常隆6128电子伏特纯电动旅游客车获2010年度最佳环保客车奖。

8日 市委书记朱民阳会见中国国际儿童电影节主席、中国儿童少年电影学会会长侯克明一行。

10日 江阴市完成革命遗址普查工作,共核定遗址36处,其中革命遗址35处、其他遗址1处。

13日 中国图书馆学会第三届百县馆长论坛在江阴开幕。

14日 第19届中国金鸡百花电影节“光影之林”建成开放,电影节主题歌、主题语和标识揭晓。

19日 “江阴·徐霞客杯”国际足球邀请赛在江阴体育中心举行,中央电视台体育频道现场直播比赛,中国国家男子足球队3:0战胜德国足球甲级联赛劲旅勒沃库森队。市委书记朱民阳和拜耳作物科学大中华区总裁戴思成为比赛开球,市长王锡南颁发比赛优胜奖杯。

20日 在第四届中国政府网站国际化程度测评结果发布会上,“中国江阴”政府门户网站获全国优秀外文版奖,在参评的124个县级政府门户网站中名列第三。

△ 中德足球明星表演赛在江阴体育中心举行,德国足球明星队4:1战胜中国足球明星队。

24日 中华慈善总会会长范宝俊到江阴考察慈善和老年事业发展情况。

26日 全国首批国土资源科普基地——江阴国土资源科普馆揭牌。

28~29日 商务部副部长蒋耀平到江阴调研开放型经济。

30日 在中国老年人宜居(宜游)城市评价指标体系新闻发布会上,江阴市被评为中国老年人宜居宜游城市。

△ 在江苏省第五届“沿江体育带”全民健身大联动上,江阴市接过下一届大联动活动的会旗,成为全省首个举办本项活动的县级市。

31日 中共中央政治局委员、中央书记处书记、中组部部长李源潮到江阴调研人才和产业转型工作,并指出“江阴推动人才开发战略,以人引项,以项带群,步子很快,干得很好,目前新兴产业发展已经开花结果,希望江阴抓住当前发展的有利时机,继续创新发展、率先发展,为江苏乃至全国的发展作出新的贡献”。

是月 利港镇、云亭街道被评为全国环境优美乡镇,华西村被评为全市首个国家级生态村。

△ 市科协主席张英毅被科技部、中央宣传部和中国科协评为全国科普工作先进工作者。

6月

2日 江阴市在上海世博园比利时—欧盟馆举办比利时—欧盟馆“江阴日”活动,这是世博园开园以来第一个以城市名字来命名的城市主题日活动。

3日 江苏省委书记梁保华赴华西村调研。

4日 中央电视台9集大型电视纪录片《徐霞客》首播仪式在北京举行,7日起在央视十套黄金时段的《走近科学》栏目首播。

7日 在第八届中国(北京)RFID与物联网国际峰会上,经过国家金卡办、工业和信息化部、人力资源和社会保障部、住房和城乡建设部、中国人民银行等联合评选,江阴市市民卡工程获2009年度国家金卡工程金蚂蚁奖(多功能应用奖),成为全国各城市市民卡工程中唯一一个两次获国际金卡工程金蚂蚁奖的项目。

9日 民政部副部长窦玉沛到江阴考察老龄工作。

10日 市委、市政府举行“6·10”重点重大项目集中竣工开工暨老年用品展销中心落成典礼,全国老龄办副主任阎青春出席典礼,开工项目49项,总投资120亿元,竣工项目24项,总投资53亿元,江阴市老年用品展销中心启用。

12日 2010年江阴“6·12”长江水生生物资源增殖放流活动在黄田港口举行,河豚、四大家鱼等8种3046万尾鱼苗、鱼种放流长江。

16日 2010年江苏省“月城杯”龙舟精英赛在月城镇双泾村举行。

18日 国务院侨办副主任马儒沛到江阴调研侨务工作。

19日 2010“相聚长三角”——海外华侨华人专业协会会长世博行江阴创业论坛举行,8个海外华侨华人专业协会与江阴结盟，国务院侨办副主任马儒沛出席会议。

21日 全国农村新闻宣传工作会议暨现代农业建设研讨会在华西村举行，农业部副部长陈晓华、江苏省副省长黄莉新出席会议。

22日 在中国关工委和中央文明办联合召开的纪念中国关工委成立20周年暨全国关心下一代工作表彰大会上，江阴市民营企业东发管件制造有限公司总经理李惠珍被评为全国关心下一代工作先进工作者。

24日 中船澄西船舶修造有限公司新建的2个万吨级泊位通过省级验收对外开放，江阴港对外开放泊位增至33个。

29～30日 全国政协副主席、民革中央常务副主席厉无畏到江阴，就江阴市大力发展文化创意产业，促进经济转型发展进行视察。

30日 第二届金一文化创意产业高峰论坛暨"创意亚洲"开幕仪式在临港新城举行，全国政协副主席、民革中央常务副主席厉无畏出席开幕式，并作题为《以文化创意推进品牌建设》的主题发言。世界动漫大师、铁臂阿童木动漫作品作者月冈贞夫，中国十大杰出设计师之一、北京奥运会吉祥物设计师陈楠等国内外专家学者，围绕"如何实现文化创意突围"展开讨论。

△ 在上海世博园中国民营企业联合馆举行的经济转型发展与现代城市管理中欧论坛暨中国(长三角)"世博之星"展评颁奖典礼上，江阴市被评为中国最具活力民营经济县(市)。

7月

4日 市委常委、副市长计军在华西村国际会议中心会见布隆迪对外关系与国际合作部部长奥古斯丁·恩桑泽和驻华大使加布里埃尔·萨布希米克一行。

5日 在全国法院文化建设工作会议上，江阴市法院被最高人民法院命名为全国法院文化建设示范单位，成为江苏省法院系统被命名的两个法院之一。

△ 中共中央对外联络部副部长陈凤翔考察华西村。

8日 由中国城市竞争力研究会主办的2010年中国城市分类优势排行榜发布会在香港举行，江阴获"2010中国县级市综合竞争力排行榜"第一名和"2010中国县级市成长竞争力排行榜"第三名。

12日 中央电视台新闻联播以《江苏江阴："不开发区"里的进与退》为题，聚焦报道江阴市以建设"不开发区"为契机，换个思路加快发展的新经验。

△ 全国经济百强县财政科学化精细化管理研讨会暨系列宣传报道活动在江阴市举行。

△ 工业和信息化部副部长杨学山到江阴视察信息化建设情况。

13日 经国家广播电影电视总局批准，第十一届中国国际儿童电影节在江阴市举办。11月9日，在北京举行的江阴·第十一届中国国际儿童电影节新闻发布会上宣布，该届电影节于2011年5月31日至6月4日举办。

14日 市委常委、副市长计军会见意大利格罗塞托省省长LeonardoMarras一行。

21日 人力资源和社会保障部副部长、国家外国专家局局长季允石考察江阴引智工作。

22日 在北京人民大会堂举行的首届中国城市民生建设调研成果发布会上，江阴市被评为中国最关爱民生的县市。

22～24日 "江阴周庄杯"首届华东区中学生跆拳道比赛在周庄镇体育馆举行。

23日 市委在天华文化中心召开十一届九次全体(扩大)会议，主要任务是：回顾总结上半年工作，研究部署下半年重点工作，进一步动员全市广大党员干部，深入实践科学发展观，全力加快经济发展方式转变，全面提升"幸福江阴"建设水平。市委书记朱民阳代表市委常委会作《全力加快经济发展方式转变，全面提升"幸福江阴"建设水平》的工作报告。

25日 在辽宁省沈阳市举行的2010年中国城市信息化峰会暨第二届中国城市信息化50强发布会上，江阴市再次当选全国城市信息化50强。

25～29日 在2010年中国图书馆学会长春年会上，江阴市图书馆被中国图书馆评为2009年度全民阅读活动先进单位。

29日 卫生部副部长、国家中医药管理局局长王国强到江阴视察。

30日 全省促进农民增收工作会议在华西村举行，江苏省人大常委会副主任丁解民、副省长黄莉新出席会议。

31日 中共江苏省委、江苏省政府发文《关于深入学习华西村新经验 推动全省科学发展上新水平的决定》。

是月 长泾镇被住房和城乡建设部、国家文物局联合评选为第五批中国历史文化名镇。

8月

7日 清华大学与江阴市委、市政府在北京联合举办'2010"幸福江阴"国际论坛，二十国集团研究中心秘书长、博鳌亚洲论坛原秘书长龙永图，中央文献研究室副主任陈晋，国家统计局副局长徐一帆，清华大学党委副书记史宗恺，中郡县域经济研究所所长刘福刚出席论坛。

△ 由清华大学主办的首届中国国际积极心理学大会在北京开幕，"幸福江阴"作为一个城市的幸福建设样本向国际社会推广。

8日 '2010江阴市文化产业发展洽谈会在北京举行，35项项目成功洽谈，总投资额51.449亿元，其中现场签约20项，投资额43.587亿元。产业项目涉及影视制作、动漫产业、文化旅游、创意设计、大型游戏、电影院线等。

9日 江阴市对接央企发展新兴产业恳谈会举行，江阴与中国节能环保集团公司、中国建筑工程总公司、中国中化集团公司等央企签订13项新兴产业项目，总投资53亿元。

12日 市委书记朱民阳会见到江阴考察的全国政协常委、全国工商联副主席、大连万达集团董事长王健林一行。

13日 市委、市政府下发《关于加快推进不开发区域建设的意见(试行)》，要求不开发区域发挥生态资源、旅游文化、产业发展优势，突出生态保护，彰显发展特色，重点建好基本农田保护区、水源地保护区、生态林地区、生态旅游保护景区、生态产业园区五大功能区。

△ 第19届中国金鸡百花电影节官方网站(http://movie.ijiangyin.com)开通。

15日 在辽宁省鞍山市举行的第十届全国县域经济科学发展交流年会上，江阴市再次蝉联全国县域经济基本竞争力百强县(市)第一，实现"八连冠"。

△ 由24个政府职能部门和澄江街道组成的市城市管理委员会成立，在城市规划范围内由成员单位根据各自职能，履行城市管理职责。

19日 应江苏省委、省政府邀请，华西村党委原书记吴仁宝赴南京为全省领导干部学习会作《华西村加快经济转型升级、推动科学发展的新经验》专题报告。省委书记梁保华主持会议并会见吴仁宝。

24日 在上海举办的中国国际针织博览会上，顾山镇被中国针织工业协会授予中国针织内衣产业基地称号。

27日 中国红十字会副会长郭长江到江阴考察红十字会工作。

是月 由江阴软件园、南京大学江阴信息技术研究院和江阴港港口集团联合承担的港口物联网支撑技术与平台研究项目获江苏省立项，这是全省首个以港口物联网为背景的产学研前瞻性联合创新项目，也是全国首个整合物流和物联网技术的专业化应用平台。

△ "夕阳红"爱心护理院被确定为医保定点医疗机构，成为江阴市首个医养结合的专业养老院。

9月

1日 在全省畅通工程模范管理城市授牌仪式上，江阴市被公安部、住房和城乡建设部评为2008~2009年度实施畅通工程模范管理城市。

4日 在最新张榜的中国500强企业十大总部所在城市榜单上，江阴名列第八，并以拥有10个全国500强企业总部成为全国县级市中500强企业总部数量最多的县级市。

△ 由市规划局与北京超图软件股份有限公司合作开发的自然资源和空间地理数据库及共享平台通过专家验收，这是国内测绘行业在县级市首个建成并投入运行的地理信息共享交换平台。

7日 江阴市首个农村气象信息服务站在新桥镇成立。

8日 江苏扬子江船业集团所属股票"扬子江船业"以台湾存托凭证的方式在台湾证券交易所挂牌上市，成为海峡两岸经济合作框架协议生效后登陆台湾资本市场的第一个大陆企业，也是第一个同时在新加坡和中国台湾两地挂牌上市的中国大陆企业。

△ 南京艺术学院音乐学院、附属中学生源基地以及社会艺术考级点在江阴申港金杯艺术培训中心成立，这是全国首个乐器行业校企合作艺术培训中心、申港首个文化产业基地。

10日 中影·星光国际影城开业，中国文联主席团委员、中国电影家协会常务副主席康健民，中国电影发行放映协会会长杨步亭，江阴市常务副市长高佩出席中影·星光国际影城开业仪式暨电影《康定情歌》预告片首发式，并为影城揭幕。

17日 全市举行"9·10"重点重大项目集中竣工开工暨江阴国际会展中心落成启用仪式，开工项目45项，总投资97亿元，竣工项目36项，总投资44亿元。

18日 第19届中国金鸡百花电影节主会场——江阴国际会展中心启用。

21日 国家民族事务委员会副主任丹珠昂奔率少数民族参观团参观华西村。

△ 江阴市13个光伏配件产业企业合作成立全省首个光伏配件产业标准联盟。

25日 第19届中国金鸡百花电影节系列活动启动仪式暨海澜情·中国国际马术视觉艺术盛典开幕式在江阴市新桥镇海澜马场举行。

28日 江阴高级中学新校区落成投用。

是月 中国台湾电机电子工业同业公会发布2010年大陆地区投资环境与风险调查结果，江阴位居城市综合实力榜第四名，连续第十年成为台商"极力推荐城市"。

△ 江阴市被《福布斯》杂志评为2010福布斯中国大陆最佳县级市。

10月

6日 农业部部长韩长赋，中央农村工作领导小组副组长陈锡文到江阴考察现代农业发展情况。

6~7日 以"创先争优强村、转型发展富民"为主题的第十届全国"村长"论坛在华西村举行，中共中央政治局委员、中央书记处书记、中央组织部部长李源潮，江苏省委书记梁保华，农业部部长韩长赋，中央农村工作领导小组副组长陈锡文、江苏省省长罗志军出席论坛开幕式。江苏省委副书记王国生、副省长黄莉新出席闭幕式。

8日 王进健任中共江阴市委副书记，程政任中共江阴市委常委（均赴新疆工作）。

11日 江阴市与挪威阿伦达市达成建立友好城市关系意向，市委书记朱民阳、副市长计军与阿伦达市市长特瑞尔·拉森等出席签约仪式。

△ 江苏江阴农村商业银行被中国社科院确定为全国首个中小银行研究基地，并在全国农村合作金融机构服务“三农”（农业、农村、农民）和支持中小企业先进评选颁奖典礼上，荣膺全国合作金融机构“最佳支持中小企业贡献奖”。

12日 全国政协副主席陈宗兴视察江阴。

12～13日 ’2010中国江阴对外经济合作洽谈会在江阴举行，总投资超37亿美元的53项重点重大项目签约。

10月26日，江苏宝利沥青股份有限公司股票“宝利沥青”在深圳证券交易所上市。（王加令摄）

12～16日 第19届中国金鸡百花电影节在江阴举行。12日晚，在江阴体育中心举行开幕式文艺晚会，全国政协副主席陈宗兴宣布电影节开幕，市委书记朱民阳致辞，国家广电总局副局长张丕民、中央统战部副部长楼志豪、中国文联副主席吴贻弓出席开幕式。15日在中影·星光国际影城举行金鸡国际影展颁奖典礼，在南菁高中礼堂举行中国电影论坛闭幕式暨“金鸡百花杯”江阴市中小学生影评大赛颁奖仪式。16日，电影节落幕，同时第30届大众电影百花奖在敔山湾江阴国际会展中心揭晓，中国文联、中国电影家协会与江阴市委、市政府在国际会展中心举行闭幕酒会。

13日 第二届江阴市国际咨询委员会第二次年会举行。

△ 中央统战部副部长楼志豪视察江阴民主党派工作开展情况。

16日 全国关心下一代工作委员会副主任刘晓莲率全国关工委学习培训班参观考察华西村。

18日 民政部、卫生部、中残联联合发文《关于命名全国残疾人社区康复示范县（市、区）的决定》，江阴市被评为全国残疾人社区康复示范市（县、区）。

23日 江阴市第20届科技节重要活动之一，无锡“国际人才特区”江阴科技人才资本战略合作创新联盟成立，这是全国县级市成立的首个科技、人才、资本的战略合作平台。

25日 首届全国公安集邮学术研讨会暨第二套人民警察邮票图稿设计座谈会在江阴举行，江阴市公安局被评为全国警营文化先进集体。

28日 江阴市公安局被公安部评为2007～2010年度全国公安机关执法示范单位。

△ 全国钢标准化技术委员会特异钢管工作组成立，并召开第一届全体委员大会，江苏界达特异新材料股份有限公司成为该工作组承担单位（秘书组）。

29日 市城市管理监督指挥中心启用。

30日 巴拿马籍“TRUST INTEGRITY”轮靠泊江阴港务局4号泊位，总吨位57082吨，载重96027吨，装载55600吨铁矿，刷新江阴港口史上载货到港载重吨位最大船舶纪录。

11月

1日 江阴浦发村镇银行开业。

△ 江阴市党政网站集群开设的市民论坛上线运行。

2～3日 由国际攀岩联合会主办，国家体育总局登山运动管理中心、江苏省体育局和江阴市政府承办，江阴市体育局和徐霞客镇协办的国际最高级别的攀岩赛事——’2010中国徐霞客国际攀岩大师赛在徐霞客镇举行。

3日 江苏省经济和信息化委员会公布“省首批物联网产业基地”名单，江阴（国家）软件园成为首批入选园区。

4日 全国人大常委会副委员长、民革中央主席周铁农视察华西村新农村建设。

7日 民政部部长李立国到江阴考察民政工作。

△ 民政部副部长窦玉沛、全国老龄办副主任陈传书率全国社会养老服务体系建设推进会与会代表到江阴，考察社会养老服务体系建设情况。

12日 中国法院网江阴频道暨江阴市人民法院网开通。

13日 江阴市中源小额贷款有限公司开业。

18日 经省政府批准，江阴等10个县级市被确定为首批江苏省创新型试点城市。

21日 中英创意设计产业洽谈及合作交流会在临港新城金一文化创意亚洲大厦举行。

21～24日 法属波利尼西亚议会主席兼法阿市市长奥斯卡·特马鲁到江阴进行友好访问，双方签订《江阴市与法阿市建立友好城市关系备忘录》。

24日 江阴市被全国普法办公室表彰为首批全国法治县(市、区)创建活动先进单位。

是月 长江三角洲城市市场信息协作网评选出2009年长三角县(市)商业十强,江阴名列榜首。

△ 由江苏阳光股份有限公司承担的“十一五”国家科技支撑计划重大项目——多功能舒适性毛精纺面料生产技术通过中国纺织工业协会验收。

△ 经大禹水利科学技术奖奖励委员会批准,由江阴市水利农机局、水利机械施工工程有限公司等单位研制开发、拥有自主知识产权的“SSYA600型气动式深水清淤机”项目获水利部大禹水利科学技术二等奖。

12月

1日 联合国人居署亚太区办事处主任野田顺康与江阴市签署《低碳经济和可持续城市发展项目——江阴“不开发区”实践备忘录》,在可持续城市发展的框架下应对气候变化。

△ 江苏省第十四届“省长杯”足球赛在江阴举行。

3日 华西村被命名为江苏省廉政教育示范基地。

5日 求是《小康》杂志社在北京举办以公共服务与城乡统筹为主题的2010年中国第五届全面小康论坛,江阴市被评为2010年中国全面小康十大示范县市第一名,实现“三连冠”。

6日 在北京召开的第四届中国产学研合作高峰论坛暨表彰大会上,江阴市政府被中国产学研合作促进会授予全国产学研合作促进奖,市委书记朱民阳被授予全国产学研合作突出贡献奖。

△ 江阴市党史工作会议召开,传达中央、江苏省和无锡市党史工作会议精神,研究部署下阶段全市党史工作,表彰全市近5年涌现出的一批党史工作先进集体和个人。

9日 江苏金一文化发展有限公司被文化部评为第四批国家文化产业示范基地,成为无锡地区首个获此称号的文化企业。

△ 江阴市澄信小额贷款有限公司开业。

10日 锡澄运河航道整治工程启动仪式暨江阴市“12·10”重点重大项目集中竣工开工仪式启动,开工项目32项,总投资109亿元,竣工项目48项,总投资96亿元。

14~15日 市委第十一届十次全体(扩大)会议在黄嘉喜来登酒店举行,主要任务是:全面贯彻党的十七届五中全会、江苏省委十一届九次全会和无锡市委十一届九次全会精神,总结“十一五”的形势和任务,部署2011年的工作和举措。市委书记朱民阳代表市委常委会作题为《凝心聚力,继往开来,把江阴的明天建设得更加美好》工作报告。

26日 在湖南省长沙市举行的2010年中国(大陆)最具幸福感城市颁奖典礼上,江阴市获2010年中国最具幸福感城市称号,列十大获奖县级市第一名。

△ 上海大学创业学院江阴基地成立。

27日 江阴港年内完成集装箱吞吐量100万标箱,货物吞吐量1.2亿吨,成为长江沿线第四个达“百万标箱”的大港。是年,江阴港完成集装箱吞吐量101.07万标箱,货物吞吐量1.25亿吨。

△ 在2010年首届中国旅游节庆品牌峰会上,中国(江阴)徐霞客国际旅游节获2010年度最佳人文历史旅游节庆奖。

是月 江阴市被中国烹饪协会命名为中国河豚美食之乡。

△ 江阴市自主开发的“江阴市发展党员信息管理体系软件”获国家版权局颁发的计算机软件著作权登记证书,实现江阴党建专利“零”的突破。

△ 全国首部城乡党建一体化专著,由市委组织部和市委党校联合编著的《江阴城乡党建一体化的实践与探索》出版发行。

是年 江阴农民人均纯收入14898元,连续11年名列全省县(市)第一。

·小资料·

中国国际儿童电影节简介

中国国际儿童电影节创办于1989年,是经国务院批准,联合国教科文组织备案,由国家广播电影电视总局电影管理局主办、中国儿童少年电影学会承办,在中国举办的国际性活动,每两年举办一届,旨在加强各国儿童电影的交流与合作,让中国儿童展望世界,让世界了解中国,促进世界儿童电影的发展。

自1989年起,中国国际儿童电影节已举办十届,其中,第一届至第六届在北京市举办,第七届至第十届分别在山东淄博市、浙江省横店市和宁波市、山东省青岛市举办。第十一届中国国际儿童电影节将在江苏省江阴市举办。

■类目编辑 承 鸿

江阴概况

市情简介

【建置沿革】 江阴古称暨阳，位于长江三角洲，有7000年人类生息史、5000年文明史、2500年文字记载史。西晋太康二年(281年)置暨阳县，属毗陵郡，治所在今江阴市东南。南梁绍泰元年(555年)废县置郡，建治君山之麓，因地处长江之南，遂称江阴郡，下辖江阴、利城、梁丰3县，为"江阴"名称之开始。此后江阴分别为郡、国、军、路、州治，建置几经变化。元至正二十七年(1367年)，恢复县建置。1949年4月23日江阴解放后，属苏南行署常州专区。1953年改属苏州地区。1983年3月实行市管县体制，改属无锡市。1987年4月经国务院批准撤县建市。

【地理位置】 江阴市位于北纬31° 40′ 34″至31° 57′ 36″、东经119° 59′至120° 34′ 30″。北枕长江，南近太湖，东接常熟、张家港，西连常州，地处苏锡常"金三角"几何中心，交通便捷，历来为大江南北的重要交通枢纽和江海联运、江河换装的天然良港。

【区域面积】 江阴市总面积987.5平方公里，陆地面积811.7平方公里，水域面积175.8平方公里，其中长江水面56.7平方公里。沿江深水岸线长达35公里。城市建成区面积53.8平方公里。

【行政区划】 2010年，江阴市澄江街道和青阳镇各新设立1个社区居民委员会，同时，澄江街道撤销3个社区居民委员会。至年末，全市有11个镇、6个街道，有243个村委会、108个社区居民委员会(其中17个为村区合一)。新增新型农村合作经济组织39个，脱贫转化经济薄弱村32个，撤并自然村135个，整治村庄213个。政府所在地在澄江街道。

【人口】 2010年，全市户籍总人口120.71万人，比上年增长0.3%。全市人口出生率6.73‰，比上年下降0.1个千分点；人口死亡率6.86‰，比上年提高0.16个千分点；人口自然增长率–0.13‰，比上年下降0.26个千分点。户籍人口计划生育率为99.73%，流动人口服务管理率90%，计划生育政策兑现率100%。实施"幸福江阴·百万人口素质大提升"工程，建成1个市级、17个镇级世代服务中心和192个村(社区)世代服务室，实现世代服务全覆盖。年内，有外来人口788592人(登记数)。 (史 志)

【气候】 2010年，江阴市气候总特点：气温偏高，降水量正常，日照正常。出现寒潮、暴雨、雷电、雾、高温、冰雹、龙卷风、台风、干旱等灾害天气。降水分布不均，2月、4月异常偏多，6月、11月异常偏少。入梅时间正常，出梅晚，梅雨期偏长，为32天(6月17日～7月18日)，梅雨量偏多，为270.9毫米。8月平均气温30.3℃，超历史同期纪录。雷暴初日2月9日，终日9月14日。雷暴日36天。结冰终日3月26日，初日11月26日。终霜4月16日，初霜11月9日，无霜期206天。有35℃及以上高温日29天，雾日5天，雨日113天。年内共出现寒潮5次、暴雨4次，台风受外围影响2次。一、寒潮。1月4～5日，24小时内最低气温下降8.8℃，5日最低气温–4.2℃；1月20～22日，48小时内最低气温下降14.3℃，22日最低气温–0.9℃；2月9～11日，48小时内最低气温下降9.7℃，11日最低气温–1℃；12月6～8日，48小时内最低气温下降9℃，8日最低气温0.1℃；12月13～15日，48小时内最低气温下降8.9℃，15日最低气温–0.1℃。二、暴雨。7月11日降雨量51毫米；7月12日降雨量85.2毫米；7月13日降雨量59.5毫米；8月16日降雨量66.1毫米。三、高温。7月29日～8月5日，连续8天高温，8月9～15日，连续7天高温。四、干旱。10月26日～12月10日，全市降水异常偏少，仅11月15日出现3.6毫米的降水。五、强对流天气。2月9日、7月21日、8月4日出现强对流天气，局部区域出现短时强降水，并伴有雷电、冰雹、龙卷风等灾害性天气。

2010年江阴市气象资料一览

表6

项目			1月	2月	3月	4月	5月	6月	7月	8月	9月	10月	11月	12月	全年
平均气温(℃)	2010年		4.3	6.6	8.8	12.8	21.1	24.5	28.8	30.3	25.4	18.0	12.6	6.9	16.7
	1957至2009年	平均值	2.9	4.5	8.7	14.6	19.9	24.2	28.0	27.5	23.2	17.7	11.6	5.4	15.7
		最高值	6.1	9.0	12.5	17.9	23.2	27.2	30.9	30.1	25.6	21.1	14.7	7.9	17.6
		年份	2002	2007	2002	2005	2007	2005	1994	2006	1999	2006	1998	1968/1994	2007
		最低值	−0.2	0.7	5.5	12.1	17.7	22.1	25.4	24.3	20.6	15.1	7.7	0.5	14.5
		年份	1997	1964	1970	1965	1977	1983	1976	1980	1957	1981	1976	1967	1957/1980
最高气温(℃)	2010年		18.6	22.6	26.7	24.7	33.4	35.9	37.8	39.2	36.2	26.8	23.9	22.2	39.2
	日期		20	24	19	30	3	30	1	12/13	8	17	13	5	8月12、13日
	1957至2009年	最高值	20.7	26.8	29.6	34.3	35.6	38.2	39.1	39.4	37.8	33.3	28.8	23.2	39.4
		日期	14	12	29	21/28	11	21	29/31	2	7	4	1/2	10	8月2日
		年份	2002	2009	2007	2004/2005	2009	2006	2007	2003	1995	2002	1979/2003	2008	2003
最低气温(℃)	2010年		−7.0	−3.9	−2.4	2.9	11.4	16.1	21.4	23.0	13.8	7.1	2.5	−3.0	−7.0
	日期		14	13	10	16	7	3	14	26	30	31	26	31	1月14日
	1957至2009年	最低值	−14.2	−11.4	−7.5	−1.0	3.8	11.7	15.5	17.1	9.3	1.3	−4.6	−10.0	−14.2
		日期	31	6	3	4	5	6	5	30	29	30	30	29	1月31日
		年份	1977	1969	1958	1962	1961	1969	1976	1968	1972	1986	1971	1991	1977
降水量(毫米)	2010年		19.3	109.4	114.1	136.7	72.7	19.2	283.3	175.5	90.5	42.1	3.6	29.8	1096.2
	1957至2009年	平均值	44.7	49.8	74.1	83.5	100.6	163.2	181.2	139.3	96.8	58.2	52.3	31.7	1075.2
		最多值	136.8	119.4	206.7	180.9	249.5	391.6	481.7	468.8	281.2	223.1	162.3	110.0	1914.4
		年份	2006	1990	1991	1958	2002	1999	1991	1999	1990	1994	1967	1959	1991
		最少值		5.2	13.3	28.2	22.6	34.2	8.8	9.5	1.4	0.4	0.0		581.8
		年份	1963	1968	1962	1997	2003	1969	1971	1978	1997	1979	1995	1973/1987	1978
日照时数(小时)	2010年		173.4	101.2	132.9	149.6	174.8	156.4	175.3	244.2	174.0	162.3	189.3	200.9	2034.3
	1957至2009年平均值		139.0	131.2	149.8	165.6	185.3	167.4	213.2	223.8	172.2	179.1	154.2	153.2	2033.8

（陶廷森　黄　葵）

经济发展

【综合实力】 2010年，全市实现地区生产总值2000.92亿元，比上年增长16.8%，其中：第一产业增加值36.26亿元，增长12.57%；第二产业增加值1184.23亿元，增长15.15%；第三产业增加值780.43亿元，增长19.59%。全市户籍人口人均地区生产总值16.6万元，比上年增长16.5%，按当年汇率折算达25067美元。产业结构继续优化，第一、第二、第三产业增加值在地区生产总值中的构成比例为1.81∶59.19∶39，第三产业比重比上年提高0.91个百分点，再创历史新高。财政收入快速增长。全年财政收入382.02亿元，比上年增长40.8%，其中一般预算收入130.72亿元，增长18%，财政收入占地区生产总值的比重为19.09%，比上年提高3.26个百分点。在全国县域经济基本竞争力排名中再次名列第一，实现"八连冠"。

【沿江开发】 2010年，江阴市经济开发区加快推进现代化科技城建设。全年完成业务总收入1580.28亿元，比上年增长23.3%。其中工业产品销售收入935.7亿元，增长15%；实现财政收入43.97亿元，增长26.3%；新批进区企业152个，其中外资企业32个；新增工商登记协议注册外资2.1亿美元，年内到位注册外资1.11亿美元。临港新城完成业务总收入2276.07亿元，比上年增长27.7%。其中：工业产品销售收入1426.73亿元，增长28.4%；实现财政收入53.92亿元，增长16.8%；年内新批进区企业761个，其中外资企业

29个；新增工商登记协议注册外资6.2亿美元，到位注册外资3.36亿美元。靖江园区完成业务总收入414.08亿元，增长34.4%。其中工业产品销售收入264.06亿元，增长26.9%；实现财政收入14.56亿元，增长99.7%；年内新批进区企业103个，其中外资企业5个；新增工商登记协议注册外资1.02亿美元，到位注册外资1.45亿美元。

【企业上市】 2010年，江阴市在"政府引导、企业自主、市场运作、政策扶持"机制推动下，通过私募股权投资基金和信贷融资"双轮驱动"，加大股权招商力度和信贷支持力度，积极推进企业引进战略投资，为企业架起通向资本市场的桥梁。年内，"新浩纸业""宝利沥青"等6只股票先后上市。至年末，全市拥有28个上市公司、29只股票，其中境外上市企业10个，累计募集资金235亿元。其中，国内上市公司总资产499.58亿元，总股本87.99亿股，净利润11.38亿元，营业收入315.24亿元。国内上市公司数量和募集资金总量在全国县级市中保持第一。

【农林牧渔业】 2010年，全市完成农林牧渔业总产值59.14亿元，比上年增长12.1%，其中农业产值23.48亿元，林业产值5.83亿元，畜牧业产值13.76亿元，渔业产值8.21亿元，农林牧渔服务业产值7.87亿元。粮食总产量19.63万吨，其中夏粮4.86万吨，秋粮14.77万吨；小麦产量4440公斤/公顷，水稻产量8950.5公斤/公顷。全年生猪出栏33.2万头，家禽出栏1190万羽，奶牛存栏7200头，牛奶产量2.82万吨，肉类总产量4.98万吨，水产品产量2.24万吨，水果、禽蛋、特种养殖等其他农副产品均比上年有不同幅度的增长。全市农业投入15.81亿元，比上年增长21.2%。新增农业旅游点7个。完成农家乐餐饮、垂钓、农产品销售等营业收入3.5亿元。年内有20种产品获无公害农产品证书，有7个农产品获绿色食品证书。发放粮食政策性补贴2724.69万元，水稻、小麦、油菜、奶牛、能繁母猪5大品种的农业保险覆盖面达100%。全面实施现代农业"十大示范"* 工程建设。全市高效农业面积达1.9万公顷，设施农业面积0.45万公顷，农业规模化经营比例达80%。城乡"菜篮子"工程建设继续加强，全市蔬菜复种面积1.04万公顷。全年农业机械化投入2884万元，其中新增高性能插秧机66台，更新大中型拖拉机53台、秸秆还田机162台、植保机392台。年末全市拥有农业机械总动力25.14万千瓦、大中型拖拉机687台、联合收割机432台。全市机插秧面积1.48万公顷，机插率92.5%。全年水利建设总投入2.47亿元，完成各类土石方430万立方米，疏浚河道178条，河道清淤300万立方米。修建防渗渠道51公里，改造机电泵站29座，完成圩堤加高加固10.2公里，改造农桥53座。

【工业】 2010年，全市完成现价工业总产值5458.07亿元，比上年增长16.1%；完成工业产品销售收入5353.56亿元，增长17.6%；实现工业利税521.49亿元，增长18.8%；实现工业利润391.58亿元，增长20.5%。工业产品销售率为97.92%，比上年提高0.28个百分点。全年工业用电量198.56亿千瓦小时，比上年增长13.06%。年末全市工业固定资产原值1903.72亿元，比上年末增加235.58亿元，增长14.1%。规模工业比重提高。全市规模工业企业完成现价工业总产值5123.05亿元，比上年增长18.02%，占全市工业总量的93.86%，比上年提高1.28个百分点；完成工业产品销售收入5013.93亿元，增长18%，占全市销售收入的93.66%，比上年提高2.56个百分点。华西集团公司、新长江实业集团公司、兴澄特种钢铁有限公司、三房巷集团有限公司、阳光集团有限公司、海澜集团有限公司、澄星实业集团有限公司、扬子江船业(控股)有限公司8个企业集团营业收入超200亿元，西城三联控股集团有限公司、法尔胜泓昇集团有限公司、双良集团有限公司、华宏实业集团有限公司、利电能源集团5个企业集团营业收入超100亿元，5个企业超50亿元，8个企业超30亿元，14个企业超20亿元，25个企业超10亿元。60个工业企业利税总额超亿元，其中1个企业超20亿元，8个企业超10亿元。全市工业百强企业全年完成产品销售收入3530.84亿元，实现利税342.07亿元，分别占全市工业总量的65.95%和65.59%。

【建筑业】 2010年，全市建筑业资质企业实现建筑业总产值116亿元，比上年增长16%；全年建筑业资质企业房屋建筑施工面积893万平方米，房屋建筑竣工面积406万平方米。年内创省级优质工程4项、无锡市级优质工程12项。

【房地产业】 2010年，全市完成房地产开发投资额106.51亿元，比上年增长34.9%。年内房地产开发房屋施工面积819.38万平方米，比上年增长28.7%；竣工面积244.97万平方米，比上年增长40.1%；商品房销售面积235.75万平方米，比上年下降6.3%，其中现房销售面积67.50万平方米，比上年减少18.44万平方米；期房销售面积168.25万平方米，比上年增加2.72万平方米。

【金融业】 2010年，驻江阴市银行机构年末各项存款余额2005.1亿元、贷款余额1546.02亿元，分别比年初增加357.06亿元和188.77亿元，存、贷款增长迅速。银行现金净投放199.14亿元，比上年增长7.5%。保险业务收入32.44亿元，比上年增长25.7%；保险业务支出13.61亿元，比上年下降8%。全市证券交易量2934.76亿元，比上年增长96.8%。

【国内贸易业】 2010年，全市实现社会消费品零售总额381.37亿元，比上年增长18.6%。其中：城镇268.66亿元，增长19.3%；农村112.72亿元，增长16.8%。社会消费品零售总额按行业分，批发零售贸易业357.82亿元，增长18.6%；住宿餐饮业23.56亿元，增长17.9%。全市5个重点物流园区年内实现开票销售收入851.46亿元,比上年增长52.2%;上缴税金10.09亿元,增长16.8%。

【邮电通信业】 2010年,全市完成邮电业务总收入23.43亿元,比上年增长5.3%。电话交换设备总容量100.47万门,拥有固定电话(包括移动式固定电话)用户55.23万户,比上年减少22.2%。在网移动电话用户157.68万户,比上年减少7.20万户。国际互联网用户26.46万户,其中宽带网用户26.37万户。

【交通运输业】 2010年,全市完成客运总量1.24亿人次、客运周转量27.04亿人公里;完成货运总量3223万吨、货运周转量45.18亿吨公里,分别比上年增长12.53%和70%。完成港口吞吐量1.25亿吨,比上年增长15.46%,其中外贸运量1292万吨,下降24.2%。完成集装箱运量101.07万标箱,增长34.4%。全市年末拥有各类汽车17.92万辆,比上年增长24.2%;其中私人自备车13.28万辆,增长30.6%,私人自备车占全市汽车总数的80.47%,比上年提高11.96个百分点。

【民营经济】 2010年,全市民营经济实现增加值1225.56亿元,比上年增长14.7%(按当年价格计算,增长速度按可比价格计算),占全市地区生产总值的61.25%。民营经济年末注册资金1099.32亿元,比上年增长23%,其中私营企业注册资金942.75亿元,增长32.6%;个体工商户注册资金20.17亿元,增长10.1%。民营经济固定资产投资额372.85亿元,增长35.3%,占全社会固定资产投资额的59.5%。实现工业总产值3578.31亿元,增长16.2%,占全市工业总量的65.56%。实现社会消费品零售额356.95亿元,增长19.3%,占全市社会消费品零售总额的93.6%。实现税收133.75亿元,增长25.2%,占全部税收总收入的52.4%,比上年提高1.2个百分点。

【固定资产投资】 2010年,全市完成全社会固定资产投资额626.52亿元,比上年增长25.1%。其中城镇投资283.36亿元,农村投资236.65亿元。总投资中第一产业投资15.86亿元,比上年增长21.2%;第二产业投资330.45亿元,增长22.0%;第三产业投资280.21亿元,增长29.3%。40项重点服务业投资项目完成投资65亿元,55项工业重点重大项目完成投资118.42亿元。

【市场建设】 2010年,全市拥有各类市场90个,其中生产资料市场23个,消费品市场67个。全年各类市场成交总额1346.97亿元,比上年增长26.7%,其中消费品市场成交额416.08亿元,增长31.4%;生产资料市场成交额930.89亿元,增长24.7%。金属材料市场、长江港口综合物流交易中心、景澄物流交易市场和华东石化物资交易市场成交额均超100亿元。

【外向型经济】 2010年,全市完成进出口总额158.49亿美元,比上年增长43.4%,其中自营出口额94.24亿美元,增长52.6%。新增进出口企业151个,其中新增出口企业135个。新增江苏省服装出口基地1个,有15个品牌被评为2009~2010年度江苏省出口名牌,出口基地和品牌建设继续位列全省前列。新批外资项目66项,其中超千万美元项目30项,新增工商登记协议注册外资12.03亿美元,增长19.4%;新增到位注册外资7.5亿美元,增长4.4%;新批服务业外资项目30项,服务业到位注册外资占比达34.87%。新增境外企业19个,协议投资额1.09亿美元,增长82.7%。新增服务外包企业52个;完成服务外包业务总额3.5亿美元,增长62.8%;其中离岸服务外包1.82亿美元,增长128.2%。

【旅游】 2010年,全市完成国内旅游总收入125.52亿元,比上年增长27.2%;接待国内外旅游总人数930.31万人次,其中接待外国人31366人次;全市旅游景区(点)、工农业旅游示范点接待游客人数1520.87万人次,增长9.5%。旅行社年内接待游客120.1万人次,增长37.5%。19个星级旅游涉外饭店(宾馆)实现营业收入5.15亿元,客房平均出租率为65.91%。

社会事业

【科技】 2010年,全市拥有各类专业技术人员12.95万人。全年实施省级以上各类科技计划项目312项,其中列入国家科技计划项目43项。年内获批省级高企、民企、省创新型企业、省农业科技型企业119个,其中获批高新技术企业27个、省民营科技企业68个、省创新型企业23个、省农业科技型企业1个。获批省级有关科技创新型试点城市、园区、乡镇6项,其中江阴市被评为首批江苏省创新型试点城市。列入无锡市各类科技计划25项。获批无锡市级高企、市级工程技术研究中心和无锡市知识产权优势企业共108个。全年申请专利5776件,其中发明专利796件,授权专利3830件。高新技术产业产值1650亿元,高新技术产业增加值占规模以上工业增加值的42%。

【教育】 2010年,全市各类学校在校学生174281人,其中小学85117人,普通中学63749人,职业学校13656人,大中专11550人,特殊教育学校209人。幼儿园在园幼儿36494人。各类学校教职员工15710人,其中专任教师14454人。教育投入不断加大,全市教育一般预算支出21.13亿元,增长25.7%。建成启用投资3.08亿元的江阴高中新校区(一期)、投资5923万元的西郊中心幼儿园;完成19栋总面积7.7万平方米的校舍安全及抗震加固改造;组织第三届长三角校长高峰论坛、江苏省第一届"幸福教育"论坛;中心小学以上学校多媒体"班班通"比率达96.2%。全市有省四星级高中7所、省三星级高中5所;91%的中心幼儿园为省示范幼儿园;92%的中心小学和100%初中为省义务教育现代化学校;12所高中技术装备超省II类标准。本地幼儿入园率达99.6%以上,小学入学率、巩固率、毕业率均保持100%,

初中升学率达97.5%,高等教育毛入学率超过60%。

【文化】 2010年,全市拥有文化馆、文化服务中心18个,艺术表演团体2个,公共藏书(图书馆、文化服务中心、农家书屋)1002万册。电视覆盖率、有线电视入户率100%。文化遗产保护得到加强,长泾镇被命名为中国历史文化名镇,修缮文物保护单位23个。新挖掘整理12大类175项非遗项目,"致和堂膏滋药制作方法"入选第三批国家级非遗名录推荐项目名单。设立每年2000万元的文化产业发展引导资金,举办'2010江苏省江阴市文化产业发展(北京)洽谈会,引进项目35项,总投资额51.45亿元,全年文化产业增加值占国内生产总值的5.8%。公益性文化设施达标率100%,万人拥有公共文化设施面积达810平方米,17个镇(街道)建成图书馆分馆,建成"农家书屋"203个、文化信息资源共享基层服务点257个。获全国第15届"群星奖"的作品2部,获第20届中国新闻奖一等奖的作品1部,获"群文之星"称号1人。

【卫生】 2010年,全市拥有各类医疗卫生机构451个,其中医院、卫生院35所,开放床位5366张;年末共有卫生技术人员6967人。医疗卫生一般预算支出3.76亿元,增长20.1%。编制出台《江阴市区域卫生发展规划(2010—2020)》,努力打造15分钟健康服务圈,形成以市级医院为龙头、片区医院为骨干、社区卫生服务中心(站)为基础、民营医疗机构为补充的医疗卫生服务新体系。组织实施第三轮"幸福江阴"参合群众47万人次免费健康体检,并完善更新健康档案,举办健康知识讲座1345余场。医改不断深化,17个社区卫生服务中心和196个服务站全面实施基本药物制度。全市人均期望寿命达78.12岁。

【体育】 2010年,江阴市体育事业与体育产业协调发展。在江苏省第十七届运动会上取得历史最好成绩,共获23.5块金牌;江苏省马术竞赛训练基地正式批准落户江阴,联办江苏省体操队、蹦床队、艺术体操队、技巧队,举办市男子篮球甲、乙级联赛和足球俱乐部联赛、乒乓球联赛、羽毛球大联盟公开赛等30项群众体育活动,推动了市民体育健身热情,体育人口达50%。成功举办中德国际足球邀请赛、2010中国徐霞客国际攀岩大师赛等国际国内重要赛事,全国最大的马术训练基地——海澜国际马术俱乐部建成开放,新长江集团有限公司与中国手球协会合作,获得"中国女子手球队战略合作伙伴"称号。体育彩票销售全年实现销售3.23亿元,连续5年位列全国县级市之首。是年,江阴市成为全省首批体育基本现代化试点县市之一。

人民生活

【"幸福江阴"建设】 2010年,"幸福江阴"建设综合评价指标完成情况良好,百姓对自己的幸福感打出了高分。客观评价方面:监测的43个指标中,全部完成或超额完成时序进度。客观指标为100分,比上年提高2.18分。主观评价方面:93.07%的人对自己的工作满意,93.57%的人认为自己家庭收入能满足正常开支、生活比较富足,96.13%和94.7%的人分别对城市绿化和环境卫生感到满意,98.97%的人认为自己身体健康,99.63%的人认为自己家庭和睦,95.87%的人感到作为江阴人自豪与幸福。百姓对幸福感平均打分为87.44分。根据主客观评价情况,"幸福江阴"综合评价指数为94.98分,比上年提高1.46分。

【就业】 2010年,全市新增就业岗位5.35万个,新增本地劳动力就业2.36万人。全市城镇登记失业率为2.46%,农村调查失业率为2.85%,分别比上年下降0.03个百分点和0.05个百分点。严格执行最低工资的规定,全市劳动合同签订率为98.2%,月薪制实施率稳定在91%以上。

【社会保障】 2010年,全市企业职工基本养老保险累计参保人数44.93万人,城镇职工基本医疗保险累计参保51.03万人。历次被征地和被征地农民中有15.3万人并轨城保,15.86万人纳入基本生活保障范围。新型农村社会养老保险累计参保12.37万人。发放慈善救助金3897万元。发行福利彩票2.62亿元。社会救助机制不断完善,弱势群体和低收入家庭实现"应保尽保"。

【城乡居民生活】 2010年,全市城镇居民人均可支配收入30184元,比上年增长11.3%;农民人均纯收入14898元,增长13.1%,连续十一年名列全省县级市第一;城乡居民人均储蓄存款余额54468元,增长14.7%。城镇居民家庭恩格尔系数为34.8%,农村居民家庭恩格尔系数为36%。城镇居民人均住房面积35.13平方米,农村居民人均住房面积66.9平方米。

城乡建设

【基础设施建设】 2010年,江阴市全面实施《城市建设三年行动纲要》,"新三路"* 工程、港城大道工程进展顺利,梅园路三期等道路建成通车,澄江西路隧道开工建设。1912特色街区一期、国际会展中心等一批重点项目建成,红星美凯龙等项目进展良好。江阴客运总站、公交总站竣工投运。完成老小区改造50万平方米、平改坡2.3万平方米。全市完成拆迁480万平方米,建设拆迁安置房191万平方米。城市建成区面积53.8平方公里。

【公用事业】 2010年,全市新、扩建和改造220千伏变电站3座、110千伏变电站5座。年末35千伏以上主变容量1073.6万千伏安,比上年增加94.6万千伏安。全社会用电量218.95亿千瓦小时,比上年增长13.7%。自来水日供水能力90万立方米,全年售水量21638万立方米。天然气年供气总量达到41660万立方米。城乡公交快速发展,实现城乡公交一体化,至年末,城市公交线路达到53条,公交站点850个,公交车辆570

台,日发班次3450个,日营运里程7.8万车公里,日运送乘客32.71万人次,城市万人拥有公交标台数达到18.5标台,公交出行分担率达到24%,在全国同类城市中处于领先水平。全市城镇公交拥有线路16条,车辆176台,日发班次684个,乡镇公交覆盖率达到93.3%,自然村公交通达率达到87%。

【环境保护和治理】 2010年,江阴市全面推进节能减排,万元地区生产总值能耗完成年度目标,主要污染物化学需氧量和二氧化硫排放总量分别削减4965吨和9407吨。深化排污权交易,在全国首创废水排放智能卡管理制度,排污权交易额和智能卡安装率名列全省第一。青阳、云亭、利港3镇(街道)被环保部授予"全国环境优美乡镇"称号,全市镇(街道)全部成为"全国环境优美乡镇"。华西村成为全市首个国家级生态村,全市新增2个省农村环境综合整治示范村、4个省级生态村。铺设污水管网206公里,新建95个农村生活污水处理点,城区和集镇建成区生活污水集中处理率分别达到91.68%和83.50%。全年有实施强制清洁生产审核企业26个,进行环境风险评估企业51个,投保环境污染责任保险企业87个。全市环境综合质量稳中有升,饮用水源水质达标率100%,环境空气质量优良率93.4%,市区区域噪声平均值52.6分贝,交通噪声平均值66.9分贝。

【造林绿化】 2010年,全市完成造林绿化面积1400公顷,林木综合覆盖率达20.05%。城市建成区绿化覆盖率44.2%,人均公共绿地面积达到15.85平方米。创建省级村庄绿化示范村13个、无锡市绿色家园示范镇3个、示范村60个。完成石宕复绿30万平方米。

(季克军)

精神文明建设

【文明创建】 2010年,江阴市积极开展"当好东道主,办好电影节,讲文明,树新风"活动,以举办第19届中国金鸡百花电影节为契机,实施文明礼仪学习宣传、城市环境优化提升、公共秩序自觉维护、文明服务品牌争创、志愿服务道德实践"五大行动",编发《江阴市民文明礼仪手册》5万本、《文明公约卡》15万张。开展第二届"时代先锋"先进事迹巡讲活动,组建"时代先锋"先进事迹宣讲团,分赴全市机关、学校及企事业单位作报告25场。持续深化"文明在路上"活动;在电影院、图书馆、博物馆等重要文化场馆广泛张贴、播放有关言语文明、着装文明、行为文明等内容的温馨提示,引导市民群众在公共场所和大型活动中守秩序、讲文明,普及观赏礼仪;深化诚信道德实践,举办企业信用讲座,评选推荐新一轮"百城万店无假货"活动省级示范街和示范店,进一步弘扬诚信文化,推进诚信社会建设。开展"市民公共文明指数"测评活动,对公共场所道德、生活环境、交通行为、公益活动、未成年人成长环境等方面工作加强巡访,发现问题督促整改,江阴市在江苏省参加测评的9个县(市)中名列前茅。以评选江苏省级及无锡市群众性精神文明建设先进单位为契机,着力提升基础创建工作水平。是年,全市获"2009~2010年度江苏省价格诚信单位"称号的企事业单位有14个;获江苏省级文明村、镇标兵2个,文明单位(含先进单位)21个,文明行业(含先进行业)17个,文明村镇(含先进村镇)18个,文明社区(含先进村镇)2个。

【志愿活动推广】 2010年,江阴市召开全市文明服务志愿奉献大会,组建场馆志愿者、窗口志愿者、城市文明志愿者3支队伍,全面推广礼仪宣讲、文明交通、美化家园、文明窗口、市民巡访等志愿服务活动。电影节期间,400多名场馆志愿者累计服务6万多小时,成为电影节的一道亮丽风景线;新华网、新浪网等媒体对江阴市志愿者工作进行了宣传报道。市委书记朱民阳批示,"江阴市志愿者服务电影节作出重大贡献,体现了江阴精神,彰显了城市风采,可敬、可亲、可爱。"积极推动志愿服务工作经常化、项目化制度,组织青年志愿者、文明交通志愿者、农业科技志愿者、巾帼志愿者等长年开展志愿服务活动。是年,评选表彰2008~2009年度江阴市志愿服务活动先进集体和个人145个,无锡市"志愿者之星"1人。

第19届中国金鸡百花电影节志愿者 (市文明办供稿)

【未成年人思想道德建设】 2010年,江阴市全面开展未成年人思想道德建设基地式学校创建工作,着力构建具有"行动德育"特征的德育教育体系。组织召开江阴市中小学创建专题教育示范基地推进会,开展"与世博同行、展校园风采""做一个有道德的人""我们的节日""七彩的夏日""红领巾寻访江阴创造”“红领巾与‘530计划’*领军人物手拉手”等活动，组织“游圣徐霞客之路”知识竞赛、“迎世博·迎电影节”青少年英语风采大赛、提高学生文明素养，拓展学生视野。推进社区未成年人活动中心建设，举办家庭教育论坛，巩固家庭教育阵地，开展家校合作教育示范基地创建活动，加强校外教育辅导站、民营经济关工委建设，树立100个重点示范企业关工委。年内，全市新增企业家长学校38所，建成民营企业关工委2832个，规模型企业关工委组建率达95%。不断优化社会文化环境，实施少儿文艺精品工程。推进高雅民族艺术和节日民俗文化进学校、进社区、进农村，更多优秀少儿节目上声频荧屏。持续开展网络网吧、荧屏声频视频、出版物市场和校园周边环境整治专项行动，保持依法打击高压态势，加强社会监督，实现群防群治，社会文化环境进一步净化。年内，儿童教育片《虫虫畅想曲》开机拍摄。辅延中心小学被评为无锡市“与世博同行、展校园风采”活动先进集体；新桥镇绿园、澄江街道河北街、华士镇华士3个社区未成年人活动中心被确定为无锡市社区未成年人活动中心示范点；“创办企业家长学校，搭建家庭教育新平台”项目被无锡市教育部门表彰为创新品牌。

【现代农民教育培训】 2010年，江阴市以提高农民思想道德素质、科技致富能力和职业技能为重点，大力推进现代农民教育培训工程。建成乡镇星火课堂3个，全年培训本地农村劳动力1.4万人，完成全年目标任务的108%，农村青壮年劳动力职业技能培训覆盖率达95.8%。年内，完成创业培训2400人、农业实用技术培训8380人、企业家或星火带头人培训380人、科技管理人员培训350人、师资培训48人、农民致富实用技术培训2000人、技能鉴定农机人员培训550人、农机人员基础培训2019人，均超额完成全年目标任务。 （陈宏兵）

2010年江阴市全国性荣誉

【概况】 1978～2009年，江阴市先后获得全国性荣誉105项。2010年，进一步深化“幸福江阴”建设，以民生倒逼转型，以民主促进民生，启动并实施新兴产业发展“445计划”*，全力推动经济与民生同步提升、产业与城市同步转型，实现“十一五”圆满收官。是年，江阴市蝉联全国县域经济基本竞争力排名“八连冠”、中国全面小康十大示范县市“三连冠”，被评为中国和谐管理城市、中国最具活力民营经济县(市)、中国最关爱民生的县(市、区)、全国首个老年人宜居宜游城市、全国实施畅通工程模范管理城市等，共计获得13项全国性荣誉。至年末，累计获得全国性荣誉118项。

【蝉联全国县域经济基本竞争力排名“八连冠”】 2010年8月，第十届全国县域经济基本竞争力排名评价在辽宁省鞍山市揭晓，江阴市再次排名第一，蝉联“八连冠”。此次参评单位共2001个，其中县级市366个，评价中心以国家权威部门发布数据为基础，不仅评价县域经济的“竞争力”，还评价县域经济的“科学发展”，突出从富裕程度、相对绿色指数、人文环境三方面进行全面评价。2009年，江阴市实现地区生产总值1713.36亿元，全市户籍人口人均地区生产总值14.26万元，实现财政收入271.28亿元，财政收入占地区生产总值比重为15.83%。城镇居民人均可支配收入27119元，农民人均纯收入13172元。基本竞争力等级评价达到A+级，科学发展所含地区相对富裕程度、相对绿色指数、人文环境3个等级评价均达到A+级，因而胜出。本届评比前10名是：江苏江阴市、昆山市、张家港市、常熟市(以上4个县级市作为“区域经济强县组团”并列第一名)，以下依次是江苏吴江市、浙江慈溪市、江苏太仓市、浙江绍兴县、江苏宜兴市、福建晋江市、浙江义乌市、广东增城市、浙江余姚市。

【中国全面小康十大示范县市“三连冠”】 2010年，江阴加快转变发展方式，着力增强发展后劲，经济社会发展呈现出创新引领、增长较快、质量提升、结构优化、后劲增强、民生改善的良好态势。“幸福江阴”建设已成为中国城市形象中“幸福”的代名词。是年，全市完成地区生产总值2000.92亿元，财政一般预算收入130.72亿元；规划建设200平方公里不开发区域；“新三路”*工程、港城大道建设进展顺利，新增天然气公交车150辆，完成城乡拆迁480万平方米，新建拆迁安置房191万平方米；万元地区生产总值能耗下降4%，主要污染物化学需氧量和二氧化硫排放总量分别削减3%和3.3%，环境空气质量优良率93.4%；城镇居民人均可支配收入和农民人均纯收入分别为30184元和14898元，新增就业岗位5.35万个，城保扩面7.2万人，向低收入群体发放物价补贴1900多万元，发放慈善资金3897多万元；江阴高中新校区等建成投用，调整设置社区卫生服务中心17个，人民医院升格为三级医院；残疾人社区康复服务体系进一步完善。12月5日，求是《小康》杂志社在北京举办以“公共服务与城乡统筹”为主题的“2010中国第五届全面小康论坛”，江阴市荣获2010年中国全面小康十大示范县市第一名，实现“三连冠”。

【最具竞争力的低碳产业基地城市】 近年来，江阴市在做精、做深传统产业的同时，创新发展低碳经济。2009年12月，启动并实施新兴产业发展“445计划”，计划至2013年，全市新能源产业产能规模年均增长20%以上；新能源产业规模占全市经济总量的比重年均提高5.25个百分点；新增新能源产业企业突破500个，其中规模以上工业企业超过200个，新能源产业超亿元企业达到100个。根据“445计划”临港新城打造低碳产业园，以建设“国家火炬风电装备产业基地”为目标，依托远景能源(江阴)有限公司，从事兆瓦级风力发电设备研发、制造。至2010年初，江阴市光伏和风电装备等新能源产业企业达40多个，光伏行业涵盖硅料生产、组件封装、光伏应用产品和专用生产设备制造等多个产业链环节。风电装备产业基本形成风电成套机组与风电特钢、轮毂、塔座等关键零部件相互配套发展的产业格局，零部件配套整机的比重接近30%。同时，江阴市还注重扶优育小，引导大型企业以资产、技术、品牌为纽带，通过兼并重组、强强联合、互相持股等方式，向新能源产业跨越发展。2010年1月21日至22日，在北京举行的低碳中国论坛首届年会上，江阴市被评为2009中国低碳风云榜“最具竞争力的低碳产业基地城市”。

【中国最具活力民营经济县(市)】 2005年，江阴提出建设以民生为本的“幸福江阴”构想，6年来，坚持在考核体系上“问计于民”、发展目标上“问需于民”、建设成效上“问绩于民”，把考核的指挥棒真正交到群众手里。“幸福江阴”建设成为科学发展观在县域城市创新实践的生动样本。江阴不断依靠科技创新加快传统产业高新化，引导企业加大人才引进、研发和销售力度，加快实施专利、品牌、标准战略，抢占产业和产品的“话语权”，加快传统产业由“橄榄型”向“哑铃型”转变。不断依托模式创新和人才创新大力实施新兴产业“445计划”，至2010年上半年，江阴市有99种企业参与制定国际和国内行业标准，有92个产品市场占有率全国第一。2010年6月底，经济转型发展与现代城市管理中欧论坛暨中国(长三角)“世博之星”展评颁奖典礼在上海世博园中国民营企业联合馆举行，江阴加快经济发展方式转变、提升“幸福江阴”建设水平的经验和做法得到与会专家学者的充分肯定，荣获“中国最具活力民营经济县(市)”称号。

【荣获“2010年中国最具幸福感城市”县(市)第一名】 “十一五”期间，江阴市提出以人民幸福评估发展、以民生需求倒逼经济转型优化、以经济发展保障民生改善提升，突出共建共享，不断提升人民群众的幸福感和满意度，实现了从以发展为目标到以人民幸福为目标的根本性转变。江阴市成为江苏省首批全面小康达标县(市)后，紧紧围绕建设“幸福江阴”新目标，进一步优化城乡区划、促进要素合理配置、加快城市化进程，撤镇建街道6个，行政村从2005年末的305个整合为226个，社区从72个增至90个。积极推进城乡统筹就业，实施“4045”再就业援助、“121”阳光扶助和“一帮一”援助就业工程，构筑城乡一体的保障体系，使发展成果更多地惠及普通百姓。加快技防城建设，提高治安防控水平，连续6年进入“全省社会治安安全县(市)”行列，群众对社会治安满意率达98.3%。2010年1月，江阴“以人民幸福评估发展”项目获第五届“中国地方政府创新奖”，是省内唯一获奖项目。12月，在2010年中国(大陆)最具幸福感城市颁奖典礼上，江阴荣获“2010年中国最具幸福感城市”县(市)第一名。

【中国最关爱民生的县(市、区)】 2005年后，江阴市出台一系列重视民生、保障民生、改善民生的政策措施，取得显著成效，坚持用人民幸福评估发展，群众关心什么，就考核什么，做到百姓出题目、政府做答卷、人民来评判，使发展成果更多地惠及普通百姓。“十一五”期间，江阴市基本养老、医疗、工伤、失业、生育保险参保人数达170万人次，新型农民基本养老保险覆盖率100%，城乡基本社会保障覆盖率98.8%，累计发放低保金1.73亿元；累计提供就业岗位23.98万个，解决本地劳动力就业11.98万人；率先在江苏省建立全民健康档案，免费为群众健康体检158万人次；建成两期经济适用住房25万平方米，投入4亿元改造老小区53个；累计建成篮球场798片，健身路径624套，乒乓室889个，羽毛球场750片，游泳池22个，体育馆12座，设施社会开放率达80%，人均公共体育场地面积达3.28平方米；建成8000平方米的早餐主食加工配送中心，每天提供放心、安全早餐10万余份，放心早餐供应点遍及全市城乡，达172个；连续两年入选“全国城市信息化50强”；坚持开展慈善一日捐等活动，市镇两级募集慈善基金突破10亿元，创全国县(市)之最，累计救助困难群众40438人，发放慈善资金2.14亿元；建成478个农村新型合作经济组织，农民户均累计增收8113元；建立环卫管理、控源截污和规范排水行为城乡一体体系，无害化处理率持续保持100%，生活垃圾集中收集覆盖面100%，整治971个自然村庄，直接惠及39.2万农村人口。“首届中国城市民生建设调研成果发布会暨中国城市民生建设论坛”由中国城市经济学会和中国劳动学会共同主办，调研活动经过网络推选、问卷调查、专家组实地调研、综合审议等一系列程序，先后对全国569个城市涉及就业、分配、三农*、社保、住房、医疗卫生、教育、环境和社会福利等10余个方面的200多项数据进行统计归整和科学评价，2010年7月22日，在北京人民大会堂举行首届中国城市民生建设调研成果发布会，江阴市以“五民五好”*“幸福江阴”建设，在做大经济蛋糕同时注重分好群众利益蛋糕的关爱民生经验与做法，得到与会专家充分肯定，被评为中国最关爱民生的县(市、区)。

(史　志)

【全国创建学习型家庭示范城市】 江阴市于1995年率先在全国开展“一二三”家庭读书工程，把学习型家庭创建作为一个全社会系统工程来抓，组建由分管领导挂帅、市文明委牵头、市妇联主抓、部门齐抓共管的组织体系，实现市、镇(街道)、村(社区)三级建网、立体布局、横向到边、纵向到底创建格局，市、镇财政经费逐年增加，学习型家庭创建活动真正成为面向家庭、依托基层、参与面广的群众性精神文明创建活动。市妇联充分发挥在家庭领域工作优势，1996年起实施"巾帼文明工程"，成立巾帼书库，2003年起开展"创建学习型家庭，推进家庭美德建设"系列活动，2006年起实施"培育新女性、建设新农村"妇女教育培训工程，2008年向全市学习型家庭免费赠送《现代家庭怎样教育子女》5000册，2010年启动"阅读，做书香女人"活动，组织8778册图书在城乡妇女中开展"图书漂流"活动。同时，在学校、农村、社区、企业建立家长学校等学习阵地，通过举办书画展、家庭文化节、社区学习节、知识竞赛、学习论坛等活动，使"知识立家、知识当家、知识富家"学习理念深入人心。是年，全市70%以上家庭拥有1个书橱、2份报刊、300册健康向上的图书，"家家有好书，户户都学习，人人求知识，个个讲文明"的家庭新风尚全面形成。5月14日，江阴市被全国妇联、民政部、环境保护部、文化部、国家广电总局联合表彰为全国创建学习型家庭示范城市。（邓秀琴）

【中国和谐管理城市】 2006年后，江阴市坚持创新城管体制机制，实施城市管理的市场化、社会化运作，努力地经营城市，实现城市管理效益的最大化。在城管机制方面，着力构建高效联动的大城管，加快完成数字城管监督指挥中心建设，积极搭建全市数字化城市管理平台，实现数字城管试运行。在执法方式方面，在江苏省城管系统首先推行说理性执法，坚持人性化规范和设置擦鞋摊、水果摊、早点摊和修车摊及清洗场点，在全市全面实施动态化、网格式巡查机制，打造便民、为民、利民执法新形象。在城市管理方面，坚持城乡统筹发展，执法管理、环卫管理、照明管理实施城乡一体化模式。在市场化运作方面，通过公开招投标、服务外包及利用社会资本的方式，着力推进户外广告、环卫作业、城市亮化等方面市场化运作，实现城市资源的整合高效利用。2010年4月24日在北京举行的2009~2010年度中国城市管理发展年会上，江阴市在城市管理发展和创新中所做出的成绩，得到组委会领导和专家的一致肯定和高度评价，被中国城市管理发展年会组委会评为2009~2010年度中国和谐管理城市，并名列中国十大和谐管理城市之首。（史 志）

【全国实施畅通工程模范管理城市】 2007年，江阴市被评为全国首批平安畅通县（市）。2008年起，围绕"用三年时间建成全国交通秩序最畅通、最文明的地区之一"目标，坚持"城市发展，交通先行"理念，开展交通安全示范乡镇、示范企业、示范学校和示范公路创建活动，推动道路交通管理规范化、科学化、智能化。累计开展交通法制宣传教育活动1500余次，印发宣传材料420万余份，播发节目、稿件5000余次（篇）。先后建成芙蓉大道、长山大道、暨南大道等。2009年，市政府出台《江阴市道路交通安全基础设施管理实施意见》，推进建设镇村道路"五个一"*工程。建设"新三路"*工程，形成对接周边城市、高速铁路、高速公路和港口码头"四横七纵"快速路网。2008~2010年，累计拓宽主干道和支次道路6条，打通"断头"路、"瓶颈"路3条，改造易堵路口7处，形成"十横八纵两环"城区路网。新增临时停车泊位1982个，城区公共停车泊位累计达1.5万余个。通过外迁中小学校、安装隔离护栏、设置待转区、禁止左转弯、信号灯配时等，解决早晚高峰期间"潮汐"交通突出问题。累计投入7000万余元，整改影响交通畅通节点、堵点、乱点307处，新增红绿灯108组、人行横道灯31组，设置交通标志2518余块。累计开通城乡公交线路47条，城区主干道开辟公交专用车道和优先车道11条，实现"一环八射"公交专用道系统全环通。投入750万元，新增公共自行车租赁服务，解决乘客"最后一公里"问题。建成启用的市交通指挥中心，与70个路口电子警察、30个卡口监控、13个联网灯控路口、10个LED(发光二极管)信息诱导显示屏及车辆行踪监控系统相连接。投资7900万元，建成车辆行踪监控系统，安装高清抓拍设备214套，交巡警非现场执法率达70%以上。持续开展道路交通环境综合整治150天行动等系列活动，累计查处交通违法行为300万余起。推广具有江阴特色"交巡警勤务入村"工作法，建成镇村交通管理服务站23个。推行交通事故调处"公调对接"机制，城乡14个交巡警中队均建成人民调解工作室，通过"人民调解、共同调解、联合调解"等方式，有效提升交通事故调处质效。2010年7月、9月，江阴市被公安部、住房和城乡建设部联合表彰为城市道路交通管理（县级）一等畅通城市、全国2008~2009年度实施畅通工程模范管理城市。

（金维华 王 洁）

【中国老年人宜居宜游城市】 近年来，江阴市在经济高速发展的同时，十分重视生态保护、社会建设、民生改善，注重老龄事业快速发展，让老年人共享"幸福江阴"发展成果。2010年，江阴市积极争创全国老年人宜居（宜游）试点城市，作为整体推动老龄工作和老龄事业发展的新举措。正确处理好"五个关系"，在惠老制度建设上，坚持城镇和乡村一体化普惠制理念；在老年服务体系建设上，坚持硬件和软件同等重视；在满足老年人需求方面，坚持依靠政府和市场两种力量，实现社会福利和老龄产业并举；在提升老年人生活质量上，坚持既注意改善物质生活，又重视改善精神文化生活；在制定老龄事业发展规划上，坚持既立足当前，又考虑长远，做到未雨绸缪。基本实现地区生产总值与水质指标、城市与乡村统筹规划、老年人与全体居民的幸福指数3个同步提高。5月30日，由中国老年学学会牵头，中科院、全国老龄办、民政部、卫生部、人保部以及相关高校专家组成的评审委员会对全国的部分县级市进行评审，指标体系包括门槛指标和评

定指标，江阴市以87分获得首个“中国老年人宜居宜游城市”称号。 （秦建国）

【全国残疾人社区康复示范县（市、区）】 2010年，江阴市以实现残疾人“人人享有康复服务”为目标，按照“布网络、抓延伸、建阵地、进社区、入家庭”工作模式，在全市建成残疾人社区康复站（点）210个，以市残疾人服务中心为平台，以镇级残疾人社区康复站为依托，以村级残疾人社区康复点为支撑，以残疾人家庭为基础，形成“三级四层”康复服务网络体系，实现全市各地、各类别残疾人康复服务两个“全覆盖”。全面推进“全国残疾人社区康复示范市”创建工作。5月5日，在申港街道召开全市“创建全国残疾人社区康复示范市迎检工作会议”，推广申港社区卫生服务中心残疾人康复站及江南社区卫生服务站残疾人康复点样板经验；6月上旬，对全市17个镇（街道）的创建工作进行现场示范指导，全市残疾人社区康复32个站178个点全部达标。7月，由江苏省残联领导及有关专家组成的省检查组到江阴验收，江阴市以残疾人100%满意率的优异成绩通过验收。10月，民政部、卫生部、中残联联合授予江阴市“全国残疾人社区康复示范县（市、区）”称号。 （徐 辉）

2010年7月，江阴市召开“全国残疾人社区康复示范市”创建工作汇报会。

（市残联供稿）

【全国法治县（市、区）创建活动先进单位】 2010年，江阴市继续推进依法治市工作，将法治建设纳入年度市委常委会10项重点工作、社会发展管理目标与新农村建设目标任务、政治文明和精神文明建设目标任务之一，明确法治建设是确保和谐稳定、加强民主政治建设重要举措。调整市依法治市领导小组以及办公室成员，将100余名法制副校长充实到全市中小学校，组建200余名成员普法讲师团、800人法治建设联络员队伍。全年累计投入250万元，保障法治建设顺利开展。深化法治文化“一镇一品牌”工程，先后建成新桥镇法治文化家园、长泾镇滨河法治文化绿廊、申港街道消防主题园、夏港街道新农村法制俱乐部等基层法治文化阵地。推进年度法治建设实事工程，通过推进会、媒体监督、邀请各界代表视察等形式，加大推进法治建设力度，10项法治建设实事项目全部完成。年内，江阴市获2008～2009年度江苏省法治县（市）创建工作先进单位考核综合评定第一名，被评为全省法治县（市）创建工作先进单位。11月24日，江阴市被全国普法办公室表彰为首批全国法治县（市）创建活动先进单位。

（冉隆峰）

【获“十一五”国家科技计划组织管理优秀组织奖】 “十一五”期间，江阴市科技局在全国县(市)中首创八大科技计划项目储备库建设，每年筛选全市近1000个重点科技项目，积极向上争取各级各类计划和资助，鼓励企业自主创新，为江阴经济转型升级提供科技支撑。至2010年，江阴市共组织实施国家级、省级各类科技计划项目800余项，无锡市级项目近300项，其中实施国家02重大科技（极大规模集成电路制造装备与成套工艺）专项项目3项、重大科技支撑计划项目5项、科技型中小企业创新基金项目53项、火炬计划项目70项，实施江苏省重大科技成果转化资金项目17项。为全市企业争取上级科技扶持资金总计5亿余元。江苏法尔胜集团公司、江阴兴澄特种钢铁有限公司等企业获国家重大科技支撑计划项目，江苏长电科技股份有限公司获国家02科技重大专项项目，江阴兴澄特种钢铁有限公司、江苏长电科技股份有限公司、江阴天江药业有限公司、江苏吉鑫风能科技股份有限公司等17个重点骨干企业获江苏省重大科技成果转化项目。2011年1月，江阴市获国家科技部颁发的“十一五”国家科技计划组织管理优秀组织奖，是江苏省唯一获得该殊荣的县（市）。 （周红芬）

■类目编辑 陈学超

中国共产党江阴市委员会

重要会议

【市委十一届九次全体（扩大）会议】 2010年7月23日，中共江阴市委在天华文化中心小剧场召开十一届九次全体(扩大)会议。主要任务是回顾总结上半年工作，分析当前形势任务，研究部署下半年重点工作，进一步动员全市广大党员干部，深入实践科学发展观，全力加快经济发展方式转变，全面提升“幸福江阴”建设水平，确保实现全年和“十一五”规划目标，为“十二五”发展打下更加坚实的基础。市委常委会主持会议。市委委员、候补委员、纪委委员和市领导及各单位主要领导等出席会议。市委书记朱民阳代表市委常委会作《全力加快经济发展方式转变，全面提升“幸福江阴”建设水平》的工作报告。市委副书记、市长王锡南部署下阶段工作。朱民阳总结全市上下加快转变发展方式，着力增强发展后劲，经济社会发展呈现创新引领、增长较快、质量提升、结构优化、后劲增强、民生改善的良好态势。提醒全市上下要充分认识经济形势的复杂性，在积极应对中抢抓先机；充分认识要素制约的严峻性，在化解矛盾中服务企业；充分认识转型发展的紧迫性，在主动调整中率先转型；充分认识城市竞争的激烈性，在区域发展中创先争优；充分认识下半年工作的艰巨性，在积极作为中走在前列。下半年工作总体要求：贯彻落实国家和省委、省政府加快转型发展的各项决策部署，围绕“产业高新发展、城乡一体发展、生态优化发展、社会和谐发展、人民幸福安康”的工作目标，以有效增长加快转型发展，以加快转型保证高效增长，确保完成和超额完成全年各项目标任务，确保转型发展走在全省乃至全国前列。重点要做好6方面工作：一是以集约集聚、高质高效为第一要义，进一步形成产业转型的新优势。二是以科技创新、人才引领为第一引擎，进一步增强转型发展的驱动力。三是以建管并举、城乡互动为第一准则，进一步推进城乡发展的一体化。四是以文化繁荣、品位提升为第一内涵，进一步增强区域发展的软实力。五是以均衡普惠、和谐有序为第一追求，进一步提升城乡居民的幸福感。六是以引领发展、执政为民为第一使命，进一步提高党员干部的执行力。

【市委十一届十次全体（扩大）会议】 2010年12月14日至15日，中共江阴市委十一届十次全体(扩大)会议在黄嘉喜来登酒店举行，主要任务是全面贯彻党的十七届五中全会、省委十一届九次全会和无锡市委十一届九次全会精神，总结“十一五”成就和经验，部署2011年的工作和举措，动员全市上下在新的起点上，凝心聚力，奋勇拼搏。市委常委会主持会议。市委委员、候补委员、纪委委员和市领导及各单位主要领导等出席会议。市委书记朱民阳代表市委常委会作题为《凝心聚力，继往开来，把江阴的明天建设得更加美好》工作报告。大会通过《中国共产党江阴市第十一届委员会第十次全体会议决议》。朱民阳在总结过去5年的主要成就和基本经验时说，江阴以科学发展观为指引，围绕“幸福江阴”建设的目标，创新实践，务抓落实，抢抓机遇不松劲，迎难而上不动摇，团结实干不分心，经受了种种考验，战胜了重重困难，实现了经济社会发展的一个又一个新跨越，在推动科学发展、建设“幸福江阴”、推进“两个率先”的道路上迈出了坚实有力的步伐。江阴在保持经济总量领先的基础上，取得了产业结构调整优化的大突破；在科技创新持续深化的基础上，搭建了科技人才资本合作的大平台；在经济保障民生的基础上，实现了社会事业协调发展的大跨越；在完善城市布局的基础上，加快了城市农村互动发展的大融合；在激发各类资源活力的基础上，形成了深化改革扩大开放的大格局；在巩固城市综合实力的基础上，促进了城市未来竞争力的大提升；在坚持正确用人导向的基础上，营造了凝心聚力、风清气正的大环境。指出“十二五”江阴将进入基本实现现代化的攻坚期、转型发展的关键期、城乡统筹的突破期、民生幸福的提升期。全会确立了“十二五”发展的总体目标:着力实施城乡居民收入倍增计划,着力构建较为完善的现代产业体系、公平均等的公共服务体系、优美宜居的生态环境体系和开放包容的文化发展体系,到“十二五”期末,全市综合经济实力、自主创新能力、国际竞争力和可持续发展能力显著增强,让人民更加幸福安康、城乡更加协调发展、社会更加公平正义,把江阴打造成为“三区三城”,即成为基本实现现代化的先行区、创新型经济的先导区、城乡一体化的示范区,江海联动的枢纽港城、文明现代的学习型城市、和谐宜居的幸福名城,确保经济社会发展始终走在长三角地区和全国同类城市的前列。江阴要实现这一目标,一要主攻“幸福江阴”建设和率先基本实现现代化的“两大目标”。二要加快产业转型和城市转型“两大转型”。三要强化科技支撑和人才支撑“两个支撑”。四要增强体制机制内生动力和社会管理创新动力“两大动力”。五要深化党的建设和民主法治建设“两大建设”。2011年是“十二五”的开局之年,主要任务:一是加快形成“多元和谐、共生共荣”的“橄榄型”社会结构,拓宽群众持续增收的渠道,做大做强中产阶层,切实帮扶贫弱群体,让社会各阶层各展所长、各尽所能,共享改革发展的成果。二是加快形成以发展新兴产业为主导的“工业立市”新格局,在政策和要素的聚焦中藏富于企,引导和鼓励企业加大人才引领、科技创新的投入力度,以质量提升促进总量扩大、滚动发展。三是加快形成“能级提升为目标、彰显特色为依托、品质消费为动力”的城市发展格局,按照现代化城市的标准,从城市硬件和软环境入手,增强城市的竞争力和辐射力。四是加快形成全市域“产业集聚、发展集约、生态优化”的可持续发展新优势,推进不开发区域建设,健全生态倒逼机制,完善区域功能布局,为江阴未来的发展留好空间。五是加快提升市民素质,从政府、企业、社会各个层面,大力推进学习型城市建设,全面加强民主法治建设,形成“开放包容、和谐进取”的社会发展环境。市委要求全市上下凝心聚力学习贯彻会议精神,正确把握会议精神实质,迅速学习宣传决策部署,抓紧完善“十二五”规划,求真务实做好当前工作,确保年度目标任务的圆满完成,抓紧落实2011年发展的各项准备工作,奋力开创江阴“十二五”发展的新局面。

【全市领导干部会议】 2010年3月22日,市委召开全市领导干部会议,传达3月19日省委书记梁保华到江阴调研时的讲话精神。市委副书记、市长王锡南主持会议。市委书记朱民阳要求抓紧抓实5方面的工作:一要打造人才高地。深入推进“530计划”*,加快推进人才引进“千人计划”,不断引进国内外各类优秀人才。二要突出自主创新,推进“三创”载体和科技公共服务平台建设,建立多层次的创新引导基金,加强紧密型政产学研战略联盟建设,吸引更多高水平科技成果向江阴转移、到江阴转化,并重视自主知识产权,引导企业加大科研投入力度,推进科研成果转化,持续推进企业自主创新和消化、吸收、再创新。三要促进产业转型升级。按照农业高效化、工业高新化、服务业高端化的要求,加快产业优化升级。围绕新兴产业发展“445计划”*,狠抓项目引进、签约、开工、竣工、投产,确保全年各项项目落实,不断提高服务业占地区生产总值的比重。四要做好集聚集约。按照“一中心四片区”总体布局和“三集中”总体要求,推动城乡面貌持续改善,生态环境不断修复和资源要素集聚集约;加大对农村社会事业的投入,建立城乡一体的社会保障体系;以农村“三置换”为突破口,以点带面抓好农民转市民工作。五要突出督查考核,各单位按照市委、市政府下发的《关于对〈建设“幸福江阴”行动纲要(2008~2010年)〉2010年度目标任务分解的通知》,逐项抓好落实。市委、市政府要对各部门、各镇(街道)“幸福江阴”建设落实情况实施月报制度和双月督查制度,确保各项目标如期达标。

6月1日,市委、市政府召开全市领导干部会议,传达贯彻中组部部长李源潮在江阴调研时的重要讲话精神,动员全市上下把握难得的发展机遇,围绕产业与城市同步转型,集中精力抓好当前工作,全力以赴谋求转型发展,加快深入推进“幸福江阴”建设,确保全市经济社会实现又好又快发展。市委书记朱民阳指出,贯彻落实好李源潮讲话精神,必须牢牢把握好4方面工作:一是必须始终把“幸福江阴”建设作为事关长远发展的重大目标任务,心往一处想、劲往一处使。二是必须始终把转型发展作为推动科学发展的长期任务,学人之长、补己之短,在自主创新中优化动力,在制度创新中完善机制。三是必须始终把科技和人才引领作为可持续发展的强有力支撑,确立人才优先发展战略布局,统筹抓好各类人才队伍建设,推动江阴从资源依赖向科技依托、从投入拉动向创新驱动、从资源消耗向环境友好转变。四是必须始终把狠抓落实和干事创业作为实践科学发展的一贯作风。广大党员干部,尤其是领导干部要带头弘扬干事创业精神,务实干好每一天,创新做好每件事。朱民阳还对经济转型升级、项目投入和招商、社会稳定、不开发区域建设、深化政府机构改革、“十二五”规划、全力办好金鸡百花电影节和创建国家历史文化名城等重点工作进行了具体部署。市委副书记、市长王锡南主持会议并讲话,要求全市各级各部门要抓转型,发展新兴产业;抓投入,增强发展后劲;抓增长,推动经济振兴;抓环境,改善优化生态;抓统筹,推动城乡一体;抓稳定,确保健康发展,为全面完成全年目标任务打好基础。

重要决策

【深化“幸福江阴”建设】 2010年1月28日,市委召开第97次常委(扩大)会议,传达贯彻中组部部长李源潮关于“幸福江阴”建设的重要批示精神。要求全市上下以此为动力，继续深化，更加注重可操作性，在幸福社会建设上探索出一条可行的道路。会议讨论研究《建设“幸福江阴”行动纲要（2008～2010）》中2010年度目标任务，要求各级各部门结合本单位工作实际，提出推进“幸福江阴”建设更加创新务实、具有可操作性的举措，使“幸福江阴”建设成为推动落实各项工作的主线。

2月5日，市委、市政府印发《关于对〈建设“幸福江阴”行动纲要（2008～2010）〉2010年度目标任务分解的通知》。要求各责任领导和责任单位，对照时序、强化责任，抓好各项目标任务的落实。

2月10日，市委、市政府召开全市深入推进“幸福江阴”建设动员大会。省委常委、无锡市委书记杨卫泽希望江阴再接再厉，在“幸福江阴”建设上率先探索、实践和示范，加快提升人民群众的幸福感和满意度，不断取得新的更大成效，为无锡开展幸福市（县）区建设探索积累更多更好的经验。江阴市委书记朱民阳总结“幸福江阴”建设4年来，在经济与民生同步提升、城市与农村互动发展、共建与共享形成合力等方面的成效。强调继续开创“幸福江阴”建设的新局面，要为无锡乃至全省作出更多更大的贡献，必须重点做到：一要以加快转型夯实发展，一步不松地坚持“民生倒逼转型”的发展路径，促进经济与民生的相互提升。二要以激发民智聚力发展，一心一意地强化“民主推动民生”的动力源泉，促进民主与民生的相互统一。三要以制度创新保障发展，一以贯之地汲取“机制重在创新”的重要经验，促进行政与市场的相互推动。四要以国际经验丰富发展，一如既往地坚定“眼界决定境界”的宽广追求，促进内力与外力的相互融合。五要以能力提升推动发展，一刻不停地弘扬“能力决定成败”的进取精神，促进地位与作为的相互激励。市委副书记、市长王锡南要求全市上下要在理念上创新，在内涵上深化，在速度上加快，在成效上优化，突出结构调整快转型、持续发展快投入、机制体制快创新、城乡一体快推进、生态环境快优化、接轨上海快行动、民生福祉快提升、社会稳定快落实。

2月25日，市委召开第98次常委（扩大）会议，讨论听取有关深化“幸福江阴”建设具体工作，进一步深化“幸福江阴”建设，真正做到以人民幸福评估发展，促进全市经济社会又好又快发展，在幸福社会建设上作出有益探索，加快向现代化目标迈进。

4月6日，市委、市政府举行“‘幸福江阴’创新机制，改善民生”督查推进会。会议总结在深入推进“幸福江阴”建设中要继续坚持和发扬的5点经验：要带着感情和责任抓民生；要注重换位思考；要从细节做起；要多路举措、共建共享；要善于学习借鉴。会议强调，深化“幸福江阴”建设，要继续坚持以人民幸福评估发展，改善民生必须通过机制创新来巩固和推进，要充分发挥基层创造和部门实践在机制创新中的作用。要重点在规划调控、城市建设、城市管理、特许经营、住房保障、畅通优先、园林旅游发展、消费促进等8个方面创新机制、改善民生。

5月14日，市委召开第100次常委会议，讨论研究《关于进一步深入推进“幸福江阴”建设的工作意见》《“幸福江阴”建设行动纲要（2011～2013）框架》，部署制订《“幸福江阴”建设行动纲要（2011～2013）》，成为新三年“幸福江阴”建设基本制度化要求，并与“十二五”发展规划有机结合，处理好经济发展和生态、民生的关系，更多体现发展为民、发展惠民。

5月19日，市委、市政府印发《关于印发〈关于2010年深入推进“幸福江阴”建设的工作意见〉的通知》。明确2010年主要任务：（一）突出国际视野和江阴特色，进一步提升“幸福江阴”建设理论水平；（二）突出尊重民意和政府治理，进一步制订完善“幸福江阴”行动纲要和评价指标体系；（三）突出民主导向和民主建设，进一步完善民主促民生的机制；（四）突出深化改革和转变职能，进一步实现政府善政善治；（五）突出幸福管理和幸福教育，进一步构筑全社会健康和谐的幸福观；（六）突出市场运作和社会参与，进一步培育和激发社会组织和民间力量服务“幸福江阴”建设；（七）突出打造城市品牌和文化软实力，进一步加强“幸福江阴”对外宣传。

6月1日，市委、市政府举行“‘幸福江阴’民主促进民生”督查推进会，强调“民主促进民生”是“幸福江阴”建设可持续推进的根本动力，要以民主的方式、民主的程序、民主的力量来解决民生问题，真正为百姓谋福利、办实事。指出要继续坚持和发扬基本经验，坚持以人为本，以民为先；坚持党政、市民、媒体的互动，发挥党政主导力、市民主体力、媒体引导力；坚持问情于民、问需于民、问计于民、问馈于民，切实落实人民群众的知情权、参与权、选举权、监督权；坚持民主集中、服从多数、关注少数；坚持民主法治，依法行使民主权力。要求下一步关键在4个方面不断深化提升“民主促进民生”工作水平：即推进党政决策科学化、民主化；规范民生工程中的民主参与机制；发挥新闻媒体的宣传监督作用；提高市民的民主参与能力。

7月6日，市委、市政府召开全市被征地农民并轨城保工作动员大会。市委书记朱民阳要求各级各部门按照相关政策、标准落实好被征地农民并轨城保工作，切实抓紧抓好抓出成效。妥善处理好民主与民生、个性与共性、体内与体外、时效与成效、用足与用好、保障与创业6个方面的关系。

8月20日，市委、市政府举行“‘幸福江阴’完善社会保障与关爱弱势群体”督查推进会，强调完善社会保障与关爱弱势群体工作是“幸福江阴”建设的重要内容，是提高党的执政能力的本质要求。弱势群体是“小比例、大问题”，能否妥善处理好决定着“幸福江阴”建设的整体水平。指出下一步要努力在促进就业和社会救助体系,完善社会保障,提高医疗卫生水平上下工夫、出成效。

9月25日,市委、市政府举行“‘幸福江阴’城乡一体化发展”督查推进会,指出深入推进城乡一体化发展要善于抓住关键问题,明确城乡统筹发展的阶段性着力点和突破口,在推动城乡一体化发展上创造新经验,取得新成效。具体做好深化“三置换”改革、城乡教育、农林、城乡环保、城乡体育5个方面工作。

12月7日,市委、市政府举行“‘幸福江阴’以人民幸福评估发展”评估督查推进会。强调“幸福江阴”建设取得成绩的根本原因:始终坚持以人民幸福评估发展,始终坚持制度完善和工作督查,始终坚持积聚力量共建共享。指出还需要进一步思考的问题:一是注重创新性、实践性和可操作性问题;二是“五个好”中要重点突出“好工作”问题;三是幸福基础的问题;四是人口素质的问题;五是城乡发展“215计划”*问题。布置下一步深化“幸福江阴”的建设要重点做好以下工作:重点围绕突出“五个好”、突出弱势群体、突出外来人口“三个突出”做好各项工作,提升人民群众的综合素质和幸福感;强化“幸福江阴”的制度推进;完善“幸福江阴”的民主促进。

12月8日,市委第111次常委会议讨论研究《建设“幸福江阴”行动纲要(2011～2013)》《“幸福江阴”综合评价指标体系(2011～2013)》《2011深入推进“幸福江阴”建设工作意见》。强调要继续巩固、深化“幸福江阴”建设,科学指导、有序推进“十二五”时期尤其是未来3年的各项工作。按照中组部部长李源潮“在幸福社会建设上探索出一条可行的道路来”的总要求,突出幸福导向,全面保障和增进民生福祉,全面深化体制机制改革、全面构建现代产业体系、全面提升城乡一体化水平,奋力开拓“幸福江阴”建设新征程,确保江阴新一轮发展的领先地位。要坚持“五民五好”,更高水平共享民生福祉;增强共建动力,探索幸福社会建设新路径;加速转型提升,夯实“幸福江阴”建设基础。要进一步调整和完善“幸福江阴”综合评价指标体系,通过主客观指标评价,坚持百姓视角、群众认可的原则,更高地体现人民群众幸福感受的指标以及政府工作目标,使发展成果更多地惠及人民群众。

【加快发展新兴产业和经济转型升级】 市委确定2010年为“新兴产业培育年”,开始实施上年12月十一届市委第十次全委(扩大)会议提出的新兴产业“445计划”。

1月5日,市委印发《中共江阴市委常委会2010年十项重点工作》,实施新兴产业“445计划”,开展“新兴产业培育年”活动,推动经济转型升级。开发区加快推进“4个百亿级、国家级园区”建设。临港新城加快4个“千亿级产业基地”建设,完成百万标箱亿吨大港目标,争取申报出口加工区。

1月6日,市委、市政府召开新兴产业发展“三大战略支撑”和“三大智力支撑”推进会,加快推进“445计划”实施。将推进轨道交通、文化软实力和不开发区域作为“三大战略支撑”,撬动产业和城市转型发展。将加快对接上海杨浦区、背靠浙江大学和建立“柔性人才库”作为“三大智力支撑”,打造有利于人才工作的模式、保障和体制机制。

1月28日,市委召开第97次常委(扩大)会议,讨论《关于加快推进新兴产业发展“445计划”,促进经济转型升级的政策意见》和《关于加快推进新兴产业“445计划”的实施意见》及《导向目录》。促进政策意见和实施意见导向鲜明、重点明确、可操作性强。

2月1日,市委、市政府下发《关于加快推进新兴产业发展“445计划”促进产业转型升级投资导向目录》《关于加快推进新兴产业发展“445计划”产业规划导向的实施意见》《关于加快推进新兴产业发展“445计划”促进经济转型升级政策意见(暂行)的通知》《2010年江阴市加快经济转型升级工作行动计划》。导向目录分一、二、三产业,有农业、低碳产业集群、机械装备制造产业集群、新材料产业集群、生物医药产业园区、新传感器产业园区、现代物流产业基地、服务外包产业园区、文化创意产业园区、地区总部经济园区10大板块160条,列入目录项目属重点鼓励类项目,可享受相关优惠政策。实施意见主要指明政府主导,企业主体;聚焦科技人才,提升产业竞争力;集聚优势条件,抢占行业制高点;优化布局,集群发展的原则。明确用4年时间,重点打造4个“千亿级产业集群”和5个“百亿级新兴战略性产业园区”,把全市工业中新兴产业所占比重从2009年的32%提高到2013年的53%,每年提高5.25个百分点。低碳产业集群以临港新城低碳产业园为主要承载区,重点发展光伏和风电新能源装备制造业;机械装备制造业产业集群大力发展大型整机装备;新材料产业集群重点打造石化5大产业链;现代物流产业集群重点建设物流基础设施体系和物流管理公共服务平台;生物医药产业园区以开发区生物医药孵化园为主体创新发展;服务外包产业园按照制造业和服务业分离路径打造特色;新传感器产业园区以开发区为主阵地。政策意见重点聚集传统产业转型升级、新兴产业快速壮大和新兴战略性产业的引进及培育,设立3亿元的经济转型升级专项扶持资金,推动传统产业高新化,促进新兴产业规模化。同时加强资本与技术、产品结合,创新机制体制,优化服务保障。制订推进新型工业化基地、千亿级新兴产业集群、百亿级新兴战略性产业园、靖江“千亿园区”、现代农业、现代特色服务业、金融生态区建设和科技创新发展、落实“千人计划”、生态环境整治10大行动计划。

2月2日,市委、市政府召开重点骨干企业座谈会暨转型升级工作会议,要求企业从现有产业基础出发,从为人民谋幸福的角度出发,站在产业与城市同步转型的高度,推进传统产业依靠科技创新高新化，大力发展新兴产业。政府统筹推进“一中心四片区”的发展。政府和企业要抱团合作，构建新型政企关系，全力打好创新转型攻坚战。

3月18日，市委、市政府在深圳召开全市企业转型优化发展座谈会，引导企业准确地判断形势，加快实现从“倒逼转型”转向“主动转型”。市委书记朱民阳要求企业重点在5个方面下工夫。一是发展定位要从传统低端向新兴高端转型，传统产业要向以科技和人才为支撑的新兴产业转型，要向高端化、信息化、环保化发展；二是产品市场要从产品促销向品牌营销拓展，坚定不移走自主创新、自主知识产权、自有品牌的“三自”发展之路；三是生产环节要从制造向“微笑曲线”两头延伸，加快以企业为主体的技术创新体系建设，加大技术研发经费投入，建立适应市场经济要求的人才引育机制；四是产业链要从“单一割裂”向集约整合提升，要在竞争中合作，在合作中发展，在发展中谋求多赢和共赢，运用资本、技术、市场，实现产业链垂直整合；五是经营管理要从传统家族式管理向科学化、精细化、柔性化改进，注重企业制度的健全完善、企业经营的科学高效、企业文化的创新创造、企业责任的全面履行。同时要求，全市各级各部门在服务企业创新转型方面，要更加突出政银企合作方式方法的创新，进一步创新金融合作的机制模式；企业要加快主辅业的分离，并以行业为主体，控制资源，抱团合作；政企要更加突出载体和功能平台建设，更加突出效能提升和服务创新，把一些好的做法制度化、常态化，让服务意识和服务能力内化为政策制度、职责内涵和管理流程。

3月24日至4月15日，市委先后召开低碳产业园调研推进会、千亿级机械装备制造产业集群发展现场办公会、现代物流产业集群发展调研推进会、千亿级新材料产业集群发展调研推进会、“四个百亿级”新兴战略性产业园区现场办公会，加快推进新兴战略性产业发展，助推“445计划”实施和全市经济转型发展。

4月16日，市委、市政府召开经济运行分析暨经济转型升级工作推进会，巩固全市经济运行的良好态势，确保各项经济目标任务有序推进，加快推进经济结构调整和产业转型升级。市委书记朱民阳传达全省加快转变经济发展方式工作会议精神，要求各企业突出转型升级，提高产业发展水平；突出科技支撑，增强产业发展动力；突出人才保障，增强产业发展活力；突出开发开放，优化产业发展氛围。强调在转变发展方式中要注意处理好速度与结构、质量、效益的关系，推动产业升级与优化生产力布局的关系，培育新的经济增长点与培育新的消费增长点的关系，转变生产方式与转变生活方式的关系。抓好投入、招商、服务，按年初既定目标抓重点、克难点，培育新的增长点。

6月24日，市委、市政府在华西村召开学习华西经验、加快转型发展工作会议，贯彻落实省、无锡市转型发展工作会议和省人才工作会议精神，实现超前谋划、优化路径、集约集聚、创新机制、统筹协调“五个转”，要以更大决心、更快速度、更新举措全面推进产业和城市的同步转型。市委书记朱民阳强调加快转型中要使巧劲、有韧劲、有闯劲、有实劲、有冲劲、有干劲，调动干部积极性，促进转型各项工作落到实处。

7月8日，市委、市政府举行40个传统型和创新型企业创新发展现场观摩活动，引导广大企业家走“知识 + 资本 + 人才”的转型之路，推动江阴经济转型升级。

12月2日，市委召开第110次常委会议，坚决执行中央、省、无锡有关“十二五”发展的决策精神，紧密结合江阴实际，制订完善江阴“十二五”发展规划，加快经济转型升级，努力构筑江阴发展新优势。

【以“学华西”活动助推科学发展】 2010年6月24日，市委、市政府在华西村召开学习华西经验、加快转型发展工作会议，深入学习华西转型发展经验，开创全市科学发展的新局面。号召全市继续高扬华西这面与时俱进、永不褪色的鲜艳旗帜，充分利用华西这个身边的典型，走进学、深入学、持久学，在全市上下营造“学先进、快转型、勇争先”的浓烈氛围。

9月4日，市委召开第106次常委会议，讨论研究关于《深入学习华西村新经验、推动科学发展上水平的实施意见》。要求全市上下围绕建设“幸福江阴”目标，深入学习华西村转型发展、科学发展的新经验，努力推动科学发展上水平。会议部署开展万人“走进华西、学习华西”活动、“学习华西村新经验、推动科学发展上水平”大讨论、各镇（街道、开发园区）“比转型、赛发展”结对竞赛活动及全市学华西宣传教育活动和总结交流活动。同时，要注重总结发现在学习过程中涌现出来的典型事迹和先进人物，充分发挥先进典型的示范带头作用。

同日，市委、市政府印发《关于深入学习华西村新经验，推动科学发展上水平的实施意见》。意见指出：根据省委、省政府《关于深入学习华西村新经验，推动全省科学发展上新水平的决定》和无锡市委、市政府“率先学习、全面学习”的工作要求，进一步激发全市上下创先争优、转型发展的积极性和创造性，积极营造“学先进、快转型、勇争先”的浓厚氛围。全市各级各部门要深刻把握华西村新经验的实质，把学习华西村新经验，与开展基层党组织创先争优活动紧密结合起来，不断为全市转型发展、科学发展、率先发展激发活力、凝聚动力。重点要围绕“五个一”扎实开展活动：组织开展一次万人“走进华西、学习华西”活动；组织开展一次“学习华西村新经验、推动科学发展上水平”大讨论；组织开展一次“比转型、赛发展”结对竞赛活动；组织开展一次宣传教育活动；组织开展一次总结交流活动。

【加快“人才特区”建设】 2010年7月31日，市委召开第103次常委会议，传达贯彻无锡人才工作会议精神。提出以政府为引导，加快引进培养“530计划”等各类高层次人才，对高层次人才要“一站式”服务，帮助解决创业、生活等具体问题；加快“人才特区”建设，加快培育和发展新兴产业，促进产业和城市同步转型。

8月24日，市委召开第105次常委会议，讨论研究关于《推进新兴产业发展“445计划”建设江阴“人才特区”的暂行办法》等文件。会议指出，加快江阴“人才特区”建设必须紧密结合江阴推进新兴产业发展“445计划”的实际和特点，注重以人才集聚带动产业集聚，充分体现政策的可操作性、系统性和实践性。在加大技能人才引进方面，要进一步围绕“柔性人才库”建设，注重引进和使用国外退休工程师和高技能人才；引进经营、管理、技术、资本等各类高端人才。在人才生活环境和创新创业投融资环境方面，要注重以人为本，细化措施，提高可操作性，给予人才及家属优惠待遇，营造吸引人才的发展环境和生活环境。

9月4日，市委、市政府下发《关于印发〈关于推进新兴产业发展“445计划”，建设江阴“人才特区”的暂行办法〉的通知》。要求以“人才特区”建设，实现人才资源优先开发、人才结构优先调整、人才资本优先积累、人才投入优先保证，推动新兴产业发展“445计划”实施，引领城市转型提升。办法适用范围：国家“千人计划”人才，江苏省高层次创新创业人才计划人才，无锡市“530计划”人才，江阴“445计划”实施急需的科技领军型创新创业人才，江阴“445计划”产业实施中紧缺的高技能人才，其他有突出贡献的高层次人才。重点适用区域：江阴新兴产业发展“445计划”产业园区。总体目标：到2012年打造成人才特别能吸引、特别能发展、特别能成功的江阴“人才特区”。同日，市委、市政府召开全市人才和教育工作会议。强调率先打造“人才特区”和教育强市是江阴的战略抉择，打造“人才特区”就是要以高层次创新创业人才、战略性新兴产业领域急需紧缺人才为重点，全面加强党政人才、企业经营管理人才、专业技术人才、高技能人才、农村实用人才、社会工作人才等“六支队伍”建设，实施特别的政策、营造特殊的环境，把江阴建成优秀人才集聚的高地。市委书记朱民阳指出，打造“人才特区”和教育强市的切入点在“整合优化”，要以全局之举来谋求人才和教育资源的全面优化。人才工作“整合优化”要做到：更加注重企业+科技+资本的合作模式，把企业作为引才用才主体，重点用好高层次的科技人才、高素质的经营管理人才和高技能的实用人才这三类人才，着力拓展柔性引才用才渠道；更加依托园区+站点+项目的载体功能，主导和引导并举、数量和质量并重，高水平建设创新创业平台；更加突出市场+资源+服务的联动效应，多层次加强人才与产业聚合。打造“人才特区”和教育强市的标准是“国际化”，要以开放之举来推动人才和教育水平的全面提升。打造“人才特区”和教育强市的关键是“重落实”，要以严格落实责任、创新方式方法、广泛宣传发动等务实之举来促进人才和教育工作的全面突破。

【实施生态文明建设】 2010年1月5日，市委印发《中共江阴市委2010年十项重点工作》，推进“不开发区域”建设，加快城乡生态文明建设步伐。规划建设徐霞客农业生态旅游区，走出一条农业产业主导、自然生态优先、文化科技支撑的可持续现代高效农业发展道路。推进资源集约利用，倡导健康的生活方式、文明的生产方式和绿色的消费方式，不断提升城市可持续发展能力。加大环境保护和污染防治力度，继续推行区域生态补偿和水环境综合整治。加强节能减排，关停重污染企业，加强生态园区建设，推进污水处理城乡一体、管网一体，推广清洁生产和资源循环作用。

2月23日，市委、市政府召开全市生态文明建设动员暨环境保护大会，以新加坡为新标杆，在江阴市实施生态文化、低碳产业、低碳城市、生态农业建设、生态环境建设和生态文明制度创新等6大工程，并在“十二五”期间既实现经济总量翻一番，又下降能耗，建设低碳城市。市委书记朱民阳强调，生态文明建设涉及经济社会方方面面，要系统筹划，分步实施；要运用市场、经济、行政、社会监督等多种手段，以铁的决心、铁的手腕、铁的纪律，坚持不懈抓好生态文明建设和环境保护工作；要抓住重点，全民参与，并从领导做起，努力把江阴建成全国生态文明先驱城市和幸福之城。

2月25日，市委召开第98次常委(扩大)会议，讨论研究《关于建设生态文明先驱城市的实施意见》，要求在具体指标上注意与“幸福江阴”建设指标、现代化要求指标的对接，贴近江阴发展实际，加强生态文明建设，努力打造江阴未来可持续发展的新优势。同日，市委、市政府印发《关于建设生态文明先驱城市的实施意见》。提出以践行党的十七大精神为宗旨，通过生态文明“六大工程”建设，形成最大程度节约资源能源和保护生态环境的产业结构、增长方式和消费模式，逐步实现城市功能不断优化和提升，城乡人居环境达到国际水平，生态文明观念在全社会牢固树立的总体目标。全面实施生态文明建设6大工程：(一)生态文化工程，主要包括中小学生态教育工程、生态文明教育基础建设工程和企业绿色文化建设工程等。(二)低碳产业发展工程，包括新兴产业发展工程、传统优势产业提升工程、中小型高耗产业限控工程、“退城入园”及生态迁移工程等。(三)低碳城市建设工程。(四)生态农业建设工程，包括养分管理和精准化施肥、农药减施及替代、农村生物质开发和土壤安全工程。(五)生态环境建设工程，包括节能减排工程及再生水利用工程、水环境综合治理工程、环境空气质量达标工程、农村环境综合整治工程等。(六)生态文明制度创新工程，依据生态文明建设的要求，完善创新各项生态文明制度。意见还要求建立健全生态文明建设工作机制并进行责任分解。

5月4日，市委、市政府召开“不开发区域”调研推进会。会议明确，“不开发区域”既要成为现实的优势，也要成为未来的竞争力，要加强对“不开发区域”的研究、探索和实践。确定澄南6镇200平方公里（占全市1/5的面积）为“不开发区域”，重点突出基本农田保护区、水源地保护区、生态林地区、生态保护旅游景区、生态产业园区的发展。

6月9日，市委第101次常委（扩大）会议讨论研究“不开发区域”产业发展，打造江阴发展新优势和竞争力，实现保护与发展并举，使江阴成为宜工、宜商、宜居、宜游的高品质城市，探索近阶段苏南地区的“三农”发展新路径。

7月31日，市委第103次常委会议讨论研究《加快推进“不开发区域”建设的意见》，明确“不开发区域”不是不开发，而是要加强生态环境的修复和保护，实施高效益的农业开发、高标准的旅游开发、高水平的工业开发和高品质的人居开发。建立完善集中集约发展机制、全市区域补偿机制和交易机制三大体制机制。要根据“不开发区域”规划确定对南部6镇的个性化考核内容，把考核激励作为重要抓手和关键举措，推进“不开发区域”的保护开发。

8月13日，市委、市政府印发《关于加快推进“不开发区域”建设的意见》（试行）。意见根据《江阴市南部“不开发区域”产业发展暨结构调整规划》而制定。以科学发展观为指导，以建设“幸福江阴”为目标，充分发挥生态资源、旅游文化、产业发展优势，突出生态保护，彰显发展特色，重点建好基本农田保护区、水源地保护区、生态林地区、生态旅游保护景区、生态产业园区等5大功能区，加快走农业高效益、工业高水平、人居高品质、旅游高标准的发展道路。意见制订了发展目标、推进措施和加强督查考核办法。

【加快城乡一体化建设】 2010年1月5日，市委印发《中共江阴市委2010年十项重点工作》：以对内加快城乡一体化，对外主动融入长三角为目标，推动城市转型提升。提升城市规划设计和建设、管理水平，打造城市宜居特色，提高城市功能品位。推进新市镇和新农村建设。按照板块式推动、战略式合作的方式，继续深化“一中心四片区”的功能定位和发展特色。对接上海，规划建设轨道交通，提升城市文化软实力，在“长三角”格局中占据优势地位。

6月9日，市委、市政府印发《关于加快完善社会救助城乡一体化建设的意见》。进一步加强社会救助工作，整合救助资源，提高救助水平，切实保障城乡困难群体的基本生活权益。完善低保政策，健全城乡低保一体化动态管理机制，建立城乡低保一体化管理信息平台、建立低保对象就业增收激励制度、建立低保与其他优惠政策分类挂钩机制；整合救助资源，健全城乡社会救助一体化资源服务机制，发挥就业援助、医疗救助、住房救助、教育救助、临时救助、慈善救助、社会救助的作用；规范帮扶服务，健全城乡特殊困难群体专项救助机制，实施边缘困难群体社会救助、实施重度残疾人员生活救助、实施重点优抚对象优先救助、实施高龄困难老人帮扶救助。

同日，市委、市政府印发《关于加快推进医疗保障城乡一体化建设的意见》。坚持预防为主，全面构建促进健康为主的工作机制，促进城乡公共卫生服务均等化、强化城乡健康知识宣传教育、实行全过程动态化健康管理；提高补偿水平，全面完善缓解“因病返贫”的保障制度，提高新农合基本医疗保障水平、创新建立新农合大病补充保险制度、加大困难人群大病救助力度、发挥新农合基金的综合效用；优化资源配置，全面形成城乡居民方便就医的服务网络。加强专业公共卫生服务机构建设、完善多层级医疗服务体系、推进社区卫生服务机构规范化建设；突出重点改革，全面建立实施基本药物制度的运行机制。全面实施基本药物制度、建立科学有效的激励机制、建立医疗机构补偿机制、建立分级诊疗的协作机制；强化基础建设，全面提升城乡医疗卫生的服务水平。加强卫生人才队伍建设、建立卫生资源共享机制、提升医疗服务质量和水平。

6月12日，市委、市政府印发《关于深化农村“三置换”改革，统筹城乡一体化发展的实施意见》。意见要求深化开展以“土地承包经营权置换收入保障、农村住宅置换城镇住房、农村居民身份置换城镇居民身份”为主要内容的“三置换”改革。以改造农村、提升农业、转移农民、转型发展、城乡一体为根本取向，以新产业、新市镇、新社区等建设为载体，积极、稳妥、有力地推进农民居住集群、要素利用集约、产业发展集聚，创新完善城乡统筹的运行机制和科学体制，加快构建形成城乡经济社会发展一体化新格局。

9月25日，市委、市政府举行“幸福江阴”城乡一体化发展督查推进会。要求深化农村“三置换”改革，提升农村集聚集约发展水平；加大农民培训力度，提升农民素质，构建城乡就业创业和服务保障平台；拓展农民增收渠道，提升农民持续增收水平；优化城乡资源配置，推进城乡公共服务均等化；加强农村环境保护，着力改善城乡人居环境。农村“三置换”工作要注重集中集聚，加快形成股份化经营模式，因人制宜落实居民住房，增加居民资产性收入，分类研究解决农民身份置换问题；要按照优化、整合和国际化要求，积极推动教育事业发展；发展现代农业要注重引进特色大项目，同时在“万顷良田”建设中突出产学研合作，提升产出水平；严格执行环保容量指标，倒逼形成全市城乡一体、管网一体、市场化运作的污水处理系统；倡导体育风尚、体育氛围、体育精神和体育文化，提升体育发展水平，促进居民体质的提高。

11月1日,市委召开第109次常委会议,讨论研究关于《江阴城市发展“215计划”》。决定用两年时间,实施100余项城市重大重点建设工程项目,推进活力工程、低碳工程、和谐工程、魅力工程、生态工程等5大工程。要求与新兴产业发展“445计划”互动对接。

重要活动

【学习实践活动】 2010年2月23日,江阴市委在天华文化中心小剧场召开全市第三批学习实践活动总结大会。市委书记朱民阳要求全市上下以巩固和扩大学习实践活动的成果为契机,把深入推进“幸福江阴”建设作为全市进一步落实科学发展观的实践载体和重要抓手,努力在幸福社会建设上探索可行道路。

3月16日,江苏省委召开全省深入学习科学发展观活动总结电视电话会议,要求各地全面总结和巩固扩大学习成果,指导幸福社会建设。市领导朱民阳、吴崇翟、赵国权、高佩、须振宇、孙英、王一飞、陶苏根、张时献、曹恩华在江阴分会场参加会议。

4月6日,全党深入学习实践科学发展观活动总结大会在北京举行,市领导朱民阳、赵国权、高佩、蔡叶明、薛良、计军、须振宇、孙英、陈佩民、袁秋中、钱文琴、封晓春、顾仁华等在江阴分会场收听收看会议实况。市委要求全市党员干部按照中央和省委的部署要求,做好当前各项工作,努力推动全市经济社会又好又快发展,在科学发展道路上再创新辉煌。

【走访调研活动】 2010年1月11日,市委书记朱民阳率相关部门负责人前往新国联公司现场办公。朱民阳要求新国联公司创新机制体制,加快南门地区改造和“中国裳岛”建设步伐,为全市国资公司改革发展创造成功经验。市委常委、常务副市长高佩主持会议,市委常委、组织部长蔡叶明,副市长封晓春出席办公会。

2月1日,江阴市“幸福在江阴·温暖千万家”走访调研活动全面启动。至2月12日,市领导分组走访了部分残疾贫困家庭、薄弱村、“蹲村进户”联系点、部分企业集团、驻澄部队、江阴边防检查站、武警官兵、市老领导和节日加班一线职工。

2月20日,市领导分片开展“走访企业、服务发展”活动。市委书记朱民阳分别在22日和23日带队走访调研市人社局和市环境保护局,要求部门倾听百姓心声、提升服务水平、优化产业布局。

3月26日,市委书记朱民阳主持召开全市社会保障工作调研座谈会,要求全市各级各部门加快做好社会保障工作,按照“公开、公平、公正”原则,有序推进城乡一体化进程;主持召开产业集聚调研座谈会,强调要以产业集聚推动江阴城乡经济社会一体化发展;与市领导赵国权、袁秋中、封晓春调研“三置换”工作,要求突出富民惠民,在土地变股份、住房与保障、农民转市民等方面探索新路径。

3月下旬至4月15日,市委围绕新兴战略性产业展开调研。其中,3月24日,市委召开低碳产业园调研推进会,加快经济转型发展。30日,市委书记朱民阳与市领导蔡叶明、薛良、计军、费平在利港镇召开机械装备产业园现场办公会,要求利港镇以科学规划为引领、科技人才为支撑,打造现代机械装备产业集群。4月1日,市委书记朱民阳与市领导高佩、蔡叶明、薛良调研现代物流产业集群,推进其发展。2日,市委书记朱民阳与市领导蔡叶明、薛良、计军、费平、封晓春参加千亿级新材料产业集群发展调研推进会,突出“集群、集聚、集中”战略,完善产业布局,加快存量调整优化,打造千亿级新材料产业集群。15日,市委、市政府召开“四个百亿级”新兴战略性产业园区现场办公会。提出把新兴战略性产业打造成未来产业发展制高点,要求开发区夯实产业基础。

4月30日,市委书记朱民阳与市委副书记赵国权率有关部门负责人到水利农机局调研。要求水利农机部门构建和谐水利,打造平安水利。同日,与市委副书记赵国权率有关部门负责人调研市农林局,要求农林部门发展农业、改善农村,让农民增收,提升现代化农业水平;率有关部门负责人调研市物价局,要求物价部门全力做好物价工作,让百姓享受实实在在的价格消费;与市委常委、组织部长蔡叶明调研祝塘镇产业结构调整情况,要求祝塘镇走标准、品牌、联合发展之路,争当特色发展、裂变发展的先行者和殷实安康、实惠百姓的示范镇。

5月4日,市委书记朱民阳与市领导高佩、计军、袁秋中带领有关部门负责人赴地区总部经济园区、国际汽车文化城现场办公,要求加快形成集聚效应。10日,市委书记朱民阳与市领导赵国权、封晓春到周庄镇山泉村调研,要求推广山泉村民主自治管理经验,探索新农村建设新路径。12日,市委书记朱民阳与市领导赵国权、高佩率领有关部门、各镇(街道)主要负责人,现场检查城乡一体化建设工作进展情况。要求各级各部门推进城乡一体化建设,凝聚全市力量参与“幸福江阴”建设。

7月14日,市委书记朱民阳与市领导高佩率领有关部门负责人检查调研“中国裳岛”项目建设进展情况,要求把“中国裳岛”打造成全球服装行业的展示、交流和信息平台。同日,与市领导高佩、钱文琴率领有关部门负责人到南闸街道调研新市镇规划建设工作,要求南闸街道按照城市标准建设,加快融入中心城区。

7月28日,市委书记朱民阳与市委常委、宣传部长徐冬青到城市客厅A地块开发地点现场办公,要求还山于民,打造聚焦江阴印象之作。

8月1日,市委书记朱民阳与市领导高佩、孙英率领有关部门负责人现场检查市民水上活动中心、老体育馆外部改造、锡澄高速公路南北出入口等,要求相关部门在设计、建设过程中充分体现个性化分类、完善功能布局,全力打造民生实事工程。

8月2日,“走进企业、走进基层、服务发展”集中走访调研活动正式启动，市领导分别进行走访调研。其中,市委书记朱民阳与部分市领导分别于14日调研临港新城低碳产业园、16日走访部分“530计划”企业,17日出席开发区生物医药产业集聚发展推进会、18日出席云亭街道规划建设推进会、31日视察敔山湾开发现场。

9月17日，市委书记朱民阳与市领导王锡南、吴崇翟、黄满忠、高佩、蔡叶明、孙小虎、薛良、计军、孙英、陈佩民、何士荣、钱文琴、龚振东、张济建、曹恩华等分组督查全市经济转型升级项目建设情况。

9月29日，市委书记朱民阳与市领导高佩、蔡叶明、倪颖伟、袁秋中、封晓春、吴林兴调研全市财政国资工作，要求财政部门做好开源节流、增收节支工作,为“幸福江阴”建设提供财力支撑。

10月8日，市委书记朱民阳与市领导吴崇翟、黄满忠、赵国权、蔡叶明、孙小虎、薛良、计军、须振宇、孙英、陈佩民、袁秋中、费平、钱文琴、封晓春、张济建率领参加全市开发区工作会议的代表先后检查观摩临港新城、江阴—靖江工业园区和江阴经济开发区的转型发展情况。

12月10日,市委书记朱民阳与市领导王锡南、吴崇翟、赵国权、高佩、蔡叶明、孙小虎、薛良、孙英、龚振东、封晓春、张济建分组督查全年转型升级项目建设情况,要求各级、各部门、各企业快投入,快落实,确保项目早产出。

【招商考察活动】 2010年1月25日,市委、市政府在深圳市举行新兴产业发展恳谈会，围绕新兴产业开展专题招商与洽谈交流。会上有31项新兴产业项目签约,总投资达117.8亿元。市领导朱民阳、高佩、蔡叶明、孙小虎、薛良、计军、费平和数百名客商参加。

1月28日,市委、市政府在南京召开政银企共建金融生态区恳请会,13个金融机构新增授信额度340亿元。市领导朱民阳、费平、封晓春参加恳谈会。

3月1日至11日，市委书记朱民阳率领江阴市科技经贸代表团到丹麦、瑞士、以色列等国开展招商引智和项目洽谈活动。16日至18日,市委副书记、市长王锡南与市领导黄满忠、高佩、蔡叶明、孙小虎、薛良、计军、何士荣、费平、封晓春率市经济考察团赴南京市江宁区、佛山市南海区考察,并在深圳举行座谈会。

5月7日,市委书记朱民阳与市领导赵国权、高佩、袁秋中率领市党政代表团赴苏州市吴中区考察学习城乡一体化工作并举行两地座谈交流会。16日至18日,市委书记朱民阳与市领导蔡叶明、徐冬青、费平带领市部分青年企业家赴京考察学习汉王、百度等国内顶尖企业,与俞敏洪、冯军、奕润峰等国内著名企业家座谈。

7月11日，市委书记朱民阳与市委常委、常务副市长高佩率江阴市党政考察团赴广东省增城市学习考察，并举行座谈会。12日,在深圳举行’2010江阴(深圳)房地产发展恳谈会。26日,市委书记朱民阳与市委常委、常务副市长高佩率有关部门、开发区、临港新城和镇(街道)主要负责人赴上海世博园专题考察低碳城市发展，要求全市上下以发展低碳城市为目标,注重引入低碳、生态、环保理念,打造城市发展新优势。27日，市委书记朱民阳与市领导蔡叶明、费平、张济建率市党政代表团赴上海市杨浦区学习考察，强化智力支撑,全面对接杨浦。

8月9日,江阴市对接央企发展新兴产业恳谈会在北京举行，江阴市与中国节能环保集团公司、中国建筑材料集团有限公司、中国中化集团公司等央企签订13项总价值53亿元的新兴产业项目，涵盖低碳产业、机械装备产业、新材料产业和现代物流产业四大千亿级新兴产业。市领导朱民阳、薛良、费平参加。

9月7日至11日，市委书记朱民阳与市领导薛良率领市经贸代表团到台湾省考察。8日,代表团在台北召开江阴市新兴产业合作恳谈会,向70余位台湾省客商重点介绍江阴新兴产业发展“445计划”及临港新城4个“千亿级新兴产业集群”的规划建设情况;9日，代表团在新竹举办江阴市新兴战略性产业合作恳谈会，向40余位台湾省客商介绍江阴规划建设5个“百亿级新兴战略性产业园区”的情况。

9月13日，市委书记朱民阳率市经贸代表团赴香港开展新兴产业合作洽谈活动。14日,代表团在香港召开’2010中国江阴（香港)新兴产业发展恳谈会。10余位香港知名人士以及100余位香港客商和新闻媒体记者应邀参加。会上签约项目9项。

10月12日至13日，市委、市政府举行’2010中国江阴对外经济合作洽谈会,世界20余个国家和地区的800余位客商参加。13日,在国际大酒店举行重点重大项目签约仪式，签订总投资超37亿美元的53项重点重大项目，其中七成以上为新兴产业项目。同日，江阴市与中国建筑材料集团有限公司、中国中化集团公司、中信泰富集团公司等20余个央企在泓昇苑酒店举行新兴产业发展合作恳谈会。本次洽谈会举行20个经贸合作洽谈和专题招商活动,共签约项目170项。

11月4日至12日,市委书记朱民阳率市经贸代表团围绕江阴产业转型升级、不开发区域建设等,在日本藤冈、川越、新潟等城市和地区开展经贸交流活动。4日和10日,分别在大阪和新潟举行中国江阴(大阪)先进制造业发展恳谈会和江阴(新潟)深化合作恳谈会。并访问丸和运输、新潟港、WINPRO公司、三菱瓦斯化学DME公司等重点企业，全面推进江阴与日本的经贸合作。

【表彰活动】 2010年2月8日，市委、市政府在江阴大剧院举行2009年度先进表彰大会,全市334个先进集体和612名先进个人受到表彰。同时,江阴市第二届“时代先锋”评选结果揭晓:“时代先锋标兵”吴仁宝;“时代先锋”王新潮、李良宝、吴协东、沈伟生、张文基、陈丽芬、周江、周松庆、费剑英、徐斌;“时代先锋荣誉集体”江阴市对口援建四川省绵竹市清平乡现场指挥组。

4月28日,市委、市政府在江阴市“百万工人大练兵、建功立业促转型”劳动竞赛启动仪式上表彰全国劳动模范、江苏省和无锡市“五一”劳动奖状奖章获得者、江阴市“十佳工人先锋号”和“十大金牌工人”。

6月19日,市委、市政府联合发《关于命名表彰2007—2008年度江阴市文明社区、江阴市文明村镇、江阴市文明行业和江阴市文明单位的决定》,江阴市69个文明社区、74个文明村、12个文明镇、20个文明行业和658个文明单位受到表彰。

6月29日,市委举行纪念建党89周年暨开展创先争优活动动员大会,作出《关于表彰命名“江阴市第三批基层党建工作示范点”的决定》《关于表彰2007~2009年度先进基层党组织的决定》,表彰“江阴市第三批基层党建工作示范点”30个、先进基层党组织143个。

11月29日,市委、市政府在江阴大剧院举行“深化创先争优·弘扬江阴精神”推进会和第19届中国金鸡百花电影节总结表彰大会。会上,江阴广电集团获得“突出贡献奖”,61个部门获得“优秀贡献奖”,各行各业的126人分获优秀个人奖和先进个人奖。

【领导干部学习培训】 2010年1月9日,市委在市机关大楼举行干部培训工作推进会暨“公共管理与区域创新”第二期赴美研修班开班仪式,要求各级各部门创新干部教育培训方式,加快培养高素质党政领导干部。1月16日,江阴市第二期赴美研修班的30名干部赴斯坦福大学研修“公共管理与区域创新”专题,研修学习期3个月。

4月29日,市委、市政府举办全市领导干部学习会,请零点研究咨询集团董事长袁岳作《把握提升幸福度的关键》专题讲座,提高全市各级领导干部推进“幸福江阴”建设的能力和水平。

12月14日,邀请江苏省原副省长吴瑞林为出席市委第十一届十次全体(扩大)会议的全体干部、全市“双百”企业主要负责人作《“十二五”发展定位与战略》专题讲座。

同时,从3月起,全市党政干部按规定参加“选师选课选时”学习活动。

2010年江阴市党政干部“选师选课选时”学习活动一览

表7

<table>
<tr><th>时 间</th><th>学 习 对 象</th><th>学 习 专 题</th><th>主 讲 人</th></tr>
<tr><td>3月21日</td><td>科级和中层党政干部</td><td>《新农村建设——城乡一体化》</td><td>浙江大学中国农村发展研究院教授、浙江省农办副主任、农业部软科学委员会专家顾益康</td></tr>
<tr><td rowspan="2">4月17日</td><td>科级党政干部</td><td rowspan="2">《贯彻两会精神,促进经济转型》</td><td>中共上海市委党校经济学教研部教授徐根兴</td></tr>
<tr><td>机关中层党政干部</td><td>中共江阴市委党校市情研究室副主任秦泗阳</td></tr>
<tr><td>5月22日</td><td>科级和中层党政干部</td><td>《低碳经济与经济转型》</td><td>无锡市委党校经济学教授、无锡市政府决策咨询专家芮黎明</td></tr>
<tr><td>6月26日</td><td>科级和中层党政干部</td><td>《和谐社会建设和社会工作发展趋势》</td><td>浙江大学社会工作系主任、教授、硕士生导师马良</td></tr>
<tr><td>7月24日</td><td>科级和中层党政干部</td><td>《公共危机处理与媒体公关》</td><td>浙江大学公共管理学院教授、博士熊卫平</td></tr>
<tr><td>8月28日</td><td>科级和中层党政干部</td><td>《深化行政管理体制改革推进服务型政府建设》</td><td>中共上海市委党校教务处处长、教授曾峻</td></tr>
<tr><td rowspan="2">9月18日</td><td>科级党政干部</td><td>《领导干部的压力调适》</td><td>全国高等学校“两课”百名优秀教师之一,浙江大学博导、教授黄步琪</td></tr>
<tr><td>机关中层党政干部</td><td>《领导干部的心理和谐》</td><td>中共无锡市委党校党建教研部主任、教授尹志明</td></tr>
<tr><td>10月23日</td><td>科级和中层党政干部</td><td>《贯彻十七届五中全会精神 认真实施“十二五”规划》</td><td>中共上海市委党校经济学教研部教授徐根兴</td></tr>
<tr><td>11月27日</td><td>科级和中层党政干部</td><td>《网络时代的政府管理》</td><td>南京大学政府管理学院教授、博士李永刚</td></tr>
</table>

【项目签约、奠基、竣工典礼】 2010年,江阴市主要领导朱民阳、王锡南等参加的全市大型项目签约、奠基、竣工典礼和活动启动仪式及企业上市挂牌仪式等45次。其中,项目签约仪式6次,项目奠基、开工、竣工典礼等18次,项目揭牌仪式8次,活动启动仪式9次,企业上市挂牌仪式4次。市委、市政府继续举行“3·10”“6·10”“9·10”“12·10”重点重大项目集中竣工开工仪式,市领导分组参加。3月13日,“3·10”重点重大项目集中竣工开工仪式,总投资138亿元涉及90项项目,其中28项竣工投运项目总投资19亿元,62项开工项目总投资119亿元;6月10日,“6·10”重点重大

项目集中竣工开工仪式，总投资173亿元涉及项目73项，其中24项竣工投运项目总投资53亿元，49项开工项目总投资120亿元；9月17日，“9·10”重点重大项目集中竣工开工仪式，总投资141亿元涉及项目81项，其中，36项竣工投运项目总投资44亿元，45项开工项目总投资97亿元；12月10日，“12·10”重点重大项目集中竣工开工仪式，总投资205亿元涉及项目80项，其中48项竣工投运项目总投资96亿元，32项开工项目总投资109亿元。

（徐建平）

组织工作

【概况】 2010年，江阴市组织工作在提升各级领导班子和领导干部加快经济转型升级、推动科学发展的能力上下工夫，全市共任免干部324人次，其中提拔正科职级干部27人（包括援疆干部明确正科级5人），提拔市管领导班子副职65人，提拔公安、学校及其他副科职领导21人，另有法院、检察院及其他市级机关28人按规定晋升职级。创新后备干部培养模式，从市级机关选派44名市管后备干部和优秀年轻干部到江阴城市拆迁指挥部挂职锻炼。注重基层选人用人导向，领导干部年度调配中，新提拔到乡镇（街道）、开发区工作的干部占新提拔副科职级干部总数的55%。新提拔7名村书记或担任过村书记的基层干部进镇（街道）领导班子。全年选拔干部中，有基层挂职经历干部17人。干部教育培训资源优化整合，党校培训、基地培训、社会培训、境外培训“四位一体”培训机构体系和区域性教师联聘师资库得到完善。全年“走进党校选师选课选时”菜单式选学培训党政干部6500人次，市干部教育网累计点击学习23万余人次。第二期赴美中长期研修班在斯坦福大学举办。与国内外多个知名高校围绕江阴产业与城市转型合作开设多期提升科学发展能力的专题培训班。继续选聘35名大学生到村（社区）任职，基本达到“一村一社区一名大学生”。启动大学生村干部“提升能力素质、提升管理水平，拓展成长空间”计划。10月，中组部部长李源潮参加在华西村召开的全国大学生村官座谈会，对江阴大学生村官工作给予充分肯定。加强基层党建工作，依托开发区新成立江阴首个高新园区党委。评选30个基层党建工作示范点、143个先进基层党组织、33个“星级红旗社区”。实施农村基层干部“四训四挂”工程*。开展新一轮“十百千”计划*，全年指导126个企业新建或改造党员（人才）服务中心，累计培养发展企业党员565名，组建非公企业党组织和群团组织432个，全市累计有企业党组织1600多个。加强党建阵地建设，全市17个镇（街道）全部建成2000平方米以上的党员人才服务中心，村、社区、企业建成党员人才服务中心（站）538个。实施党内关爱工程，在市镇（街道）两级建立1600万元党内关爱资金的基础上，推动基层探索建立村（社区）级关爱资金；试点开展困难党员创业援助，全市累计出资238万元，扶持8项创业项目，带动100余名困难党员脱贫致富。继续推行“三大党课”，全年依托江阴党建网上传“视频党课”126部，在《江阴日报》开设专刊《暨阳党建》并刊出“报刊党课”12期，利用网络平台对流动党员发送“短信党课”3720条。组工信息工作连续第三年被评为江苏省组织系统先进。完成全国组织系统内网（“大组工网”）的建设联网工作。与江阴市委党校联合编著26.1万字的《江阴城乡党建一体化的实践与探索》一书由江苏人民出版社出版发行。

【绩效考核体系实现全覆盖】 2010年，江阴市按照江苏省委组织部“健全促进科学发展的领导班子和领导干部考核评价机制”试点要求，以完善干部绩效考核评价体系为突破，在实施镇（街道）机关工作综合考核基础上，出台《市级机关工作目标绩效考核实施办法（试行）》《开发园区目标考核暂行办法》，实现镇（街道）、市级机关、开发园区绩效考核体系的全覆盖，较好地解决了如何科学、准确、有效地评价分析领导班子和领导干部工作实绩的问题。通过建立分类分层的绩效考核体系，突出各项工作的重点，发挥考核评价体系的导向作用，确保市委、市政府工作任务的落实。

【市镇两级党委换届考察】 2010年7月中旬至8月中旬，江阴市委将换届考察与年度考察相结合，对65个市级机关部门、3个开发园区、17个镇（街道）共85个市管领导班子近700名市管领导干部进行全面考察，近5000名干部群众参与考察中的民主推荐、民主测评、民主评议和民意调查，近1500人参加个别座谈。在此基础上，市委统筹干部调配，选好配强领导班子，市管领导班子年龄结构进一步改善，班子平均年龄下降0.6岁。其中，机关部门班子平均年龄下降0.63岁，正职下降0.53岁；乡镇班子平均年龄下降0.77岁，党委书记下降0.3岁，镇长下降0.99岁。学历层次明显提升，市管领导干部最高学历大学文化以上增加5.8%，达到70.2%。女干部和党外干部配备率都有所提高。

【干部动态培训电子档案建立】 2010年，江阴市委组织部开展“学风建设年”活动，强化培训考核管理。对全市市管干部和后备干部建立动态培训电子档案，实行“量化计分、定期跟踪、组织考学”。年初公布培训菜单，将干部选学报名情况录入个人电子档案，每月汇总更新参训情况，折算成相应学分。对其他条线培训，训后凭结业证书，经组织人事部门认定，按培训学时数计入电子档案，出勤率低于三分之二者不予登记。训前1周短信提醒，训后1周反馈培训完成情况。年终根据完成情况实行组织考学评优一票否决制，干部参训出勤率在75%以下的，实施劝学谈话。对确因特殊情况未完成培训任务的，明确在提任后的试用期间补足相应学时。年内，全市2000余名市管干部和后备干部全部建立动态培训电子档案，实行量化计分、定期跟踪、组织考学。

【"人才特区"建设】 2010年9月，江阴市出台《关于推进新兴产业发展"445计划"建设江阴"人才特区"的暂行办法》及9个配套文件，明确建设江阴"人才特区"的系列措施，全面启动"人才特区"建设，并确定打造低碳、生物医药和新材料产业3个专业"人才特区"的目标。通过独立组团赴海外招才、建立柔性人才库、加强"530计划"项目综合服务等举措加速集聚海内外高层次人才。至年末，全市拥有国家"千人计划"引进对象5人、省"双创"计划引进人才8人，省"双创"基地2个，无锡"530计划"项目115项。

【海归人才项目产业化率超75%】 2010年，江阴市实施人才引进与产业转型相结合、政策扶持与加大投入相结合、海外智力与本土资本相结合的"三个结合"措施推进海归人才项目产业化，取得明显成效。4个"千亿级新兴产业集群"和5个"百亿级新兴战略性产业园区"有效推进，设立2亿元人才开发专项资金和3亿元经济转型升级专项扶持资金。建成4个国家级引进国外智力示范基地，282名海归人才进入江阴民营企业，600余名外籍高层次人才常年服务于江阴。年底，全市累计引进的115项海归创业项目产业化率平均达47%，其中落户江阴高新技术创业园的65项中有49项实现产业化，产业化率超75%。全市"530计划"项目年内共实现开票销售超20亿元，其中远景能源销售达18.7亿元。

【领导干部监督实行"五方联审"】 2010年6月起，江阴市推行领导干部任期责任五部门联合审计工作，即由纪检（监察）、组织、编办、农工办、审计等部门，同步联动实施任期廉洁自律考查、选人用人责任审查、机构编制责任审核、镇（街道）经济发展成果和公有资产保值增值审计、任期经济责任审计，简称"五方联审"。离任及任期满3年以上的党政领导及市属国有企事业单位责任人全部纳入，实现了审计对象、资产监督、任期责任三项内容全覆盖。年内，通过"五方联审"形式审计干部5人。

【"七彩党建工作法"推行】 2010年，江阴市按照中央、省委和无锡市委的统一部署扎实开展创先争优活动，并在活动中推行"七彩党建工作法"，即实施"红色先锋、橙色关爱、金色活力、绿色和谐、青色成长、蓝色民主、紫色品牌"七项工程，通过开展党建先进评选、党内帮扶机制完善、"两新"（新经济组织和新社会组织）党建全覆盖、社区党建和谐品牌创建、基层干部科学发展能力提升、党内民主发展和具有江阴特色党建品牌的打造等推动组织创先进、党员争优秀、群众得实惠。年内，此工作法被《中国浦东干部学院学报》作为创先争优活动典型案例刊登推广，并先后被中组部《组工信息》《新华日报》、搜狐网、中国共产党新闻网、凤凰网等10余家主流媒体刊登。

【社区党建质量管理体系认证在国内领先】 2010年，江阴市委组织部率先在澄江街道寿山路社区和新桥镇绿园社区进行社区党建和社区建设合二为一的ISO 9001质量管理体系认证。该质量管理体系借鉴海尔卓越绩效模式、日本的精益生产模式和欧美及新加坡社区管理特色，注意运营和管理方式，引入ISO 14001环境管理体系、OHSMS 18001职业健康安全管理体系和SA 8000社会责任体系形成"四位一体"的管理体系。11月3～13日，北京新世纪论证有限公司通过对上述两个社区的贯标论证，认为其在全国同类组织中处于领先。该体系通过目标管理实现党建工作细化、量化，体现鲜明的江阴特色，将在全市基层党组织中推广应用。

【发展党员信息管理软件获国家知识产权保护】 2010年，江阴市委组织部针对基层发展党员工作实际需求，根据江阴发展党员十项制度的规定，自主开发"江阴市发展党员信息管理系统软件"。该系统包括入党流程指南、入党人员管理、入党资料下载等内容，将党员发展流程规范为29个具体步骤，通过软件程序和网络化操作实施流程控制，实现对入党积极分子、发展对象、预备党员等的教育培训实时信息更新、查询和发展党员在线审批，做到发展党员审批实时化、流程标准化、操作简便化、发展规范化。11月22日，该系统软件获得国家版权局颁发的计算机软件著作权登记证书，实现江阴党建知识产权保护"零"的突破，为党建工作实现社会化、效益化作了有益探索。

（张 艳）

2010年江阴市党的基层组织设置情况一览

表8 单位：个

党(工)委						党总支部						党支部						党组
总数	其中					总数	其中					总数	其中					
	党工委	企业	事业单位	机关	其他		行政村	机关	企业	事业	其他		行政村	机关	企业	事业	其他	
118	9	27	16	42	24	343	175	35	56	18	59	3368	1088	373	1801	453	347	31

2010 年江阴市党员队伍结构情况一览

表 9　　　　单位:人

总数	性别		年龄					学历					
	男	女	35岁及以下	36岁至45岁	46岁至54岁	55岁至59岁	60岁及以上	研究生	大学本科	大学专科	中专	高中	初中及以下
74276	57717	16559	16680	13936	11192	8434	24034	955	13080	15367	2176	12953	29745

2010 年江阴市发展新党员情况一览

表 10　　　　单位:人

总数	性别		年龄			学历					
	男	女	35岁及以下	36岁至59岁	60岁及以上	研究生	大学本科	大学专科	中专	高中	初中及以下
1527	1013	514	995	530	2	7	404	444	161	368	143

（市委组织部）

宣传工作

【概况】 2010 年，江阴市宣传思想文化工作以“学华西、快转型、江阴有股劲”宣传教育为推进器，以举办第 19 届中国金鸡百花电影节为主抓手，以创新文化体制机制为突破口，为“幸福江阴”建设提供了强大的舆论支持、精神动力、思想保证和文化条件。精心策划“幸福江阴建设巡礼”系列报道，广泛开展学习宣传时代先锋活动，注重外宣工作，提高江阴对外知名度和美誉度。加快发展文化产业。市委宣传部被江苏省委宣传部评为全省 2010 年文化、科技、卫生“三下乡”先进集体，被无锡市委宣传部评为无锡市“五个一”工程优秀组织奖。承办无锡市推进文化体制改革加快文化强市建设工作会议。

【“深入学习华西村新经验，推动科学发展上水平”活动】 2010 年 6 月 3 日，江苏省委书记梁保华专程到华西村调研，要求进一步总结并在全省学习推广华西村的新经验，促进全省科学发展上新水平。7 月 31 日，江苏省委、省政府下发《关于深入学习华西村新经验，推动全省科学发展上新水平的决定》。8 月 25 日，无锡市委在华西村召开专题座谈会。江阴市委随即成立深入推进学习华西新经验活动领导小组，制订下发实施意见。9 月 7 日，市委召开学习华西村新经验活动工作部署会。全市各级各单位纷纷组织党员干部到华西学，有 2 万余名党员干部亲身感受华西村科学发展的新成绩、新面貌。市委宣传部作为主题活动的牵头单位，扎实推进各类活动，召开理论座谈会，深入探讨华西村创造的新经验对加快全市科学发展、转型发展的借鉴意义；举办学习华西经验、加快转型发展“幸福江阴”图片展；推出澄江街道、江阴经济开发区、法尔胜泓昇集团 3 个先进典型，在无锡各大媒体进行集中报道。新闻媒体推出“学华西、快转型，江阴有股劲”系列新闻报道。各镇（街道）、开发园区之间开展“比增长速度、赛转型成效，比运行质量、赛税收贡献，比科技创新、赛人才引进，比投资力度、赛发展后劲，比节能减排、赛生态优化”的“五比五赛”勇争先活动，在全市形成新一轮学华西高潮。

【第 19 届中国金鸡百花电影节成功承办】 2010 年 10 月 12～16 日，江阴市举全市之力、集八方智慧，成功承办第 19 届中国金鸡百花电影节。本届电影节以“相约幸福江阴·共享中国电影”为主题，广泛开展“当好东道主、办好电影节，讲文明、树新风”活动，印发 15 万份《江阴市民电影节文明公约》宣传卡，编印 5 万册《江阴市民文明礼仪手册》，组织 5 万人次志愿者倾情奉献电影节，江阴市卓越的组织能力和“江阴小白菜”出色服务赢得中外嘉宾和社会各界的广泛赞誉。电影节期间，来自 26 个国家和地区的 41 部影片、34 部国产新片参展，26 部国产新片举行新闻发布会或观众见面会，49 部国内外新片进行群众性展映活动。200 余家媒体的 350 名记者，采编 9800 余篇次全方位、多角度、立体式的宣传报道，举办的 53 项活动精彩纷呈，开幕式文艺晚会、“星光大道”明星走红地毯仪式和颁奖典礼 3 大活动展现了幸福之城的“开放、大气、时尚、民享”，充分提升了江阴的知名度和美誉度，创全国首个县级市举办该电影节先例。

【"以人民幸福评估发展" 新闻宣传活动】 2010年，江阴市围绕"以人民幸福评估发展"的主题，精心策划"幸福江阴建设巡礼"系列报道，在以民生需求倒逼经济转型、以经济发展保障民生改善、百姓民生无小事、生态环境是城市的最大优势等8个方面进行深度报道。新闻媒体相继开设《谋创新、快转型、惠民生、促发展》《学华西、快转型，江阴有股劲》《聚焦"445计划"和不开发区建设》等一批宣传专栏，宣传新兴产业跨越发展、现代服务业加速发展、传统产业优化发展的举措和成效。强化"幸福江阴"民主促民生的宣传力度。《江阴日报》举办5期《民生论坛》，"24小时民生热线"接受3000余人次的各类咨询，件件有回复，事事有回音。江阴电台《空中热线》栏目邀请30个部门近100位负责人走进电台与百姓沟通联系，听众满意率达95%以上。江阴电视台利用《暨阳时空》"时空声音"、24小时新闻热线和网站留言信箱等平台，开辟与市民沟通的新模式。全年推出近30个专栏和系列报道，累计刊播5000余篇主题报道，为全市产业与城市同步转型、又好又快推进"幸福江阴"建设营造良好氛围。

【第二届"时代先锋"学习宣传】 2010年初，江阴市评选出第二届"时代先锋"。为充分发挥先进典型的示范带动作用，市委宣传部在全市组织开展学习宣传"时代先锋"活动，进一步激励广大干部群众弘扬江阴精神，不断创先争优，加快转型升级，建设"幸福江阴"。在市级新闻媒体集中宣传报道"时代先锋"的先进事迹；邀请市作协会员分头深入"时代先锋"所在单位，采访"时代先锋"生动事迹，编印《江阴市第二届"时代先锋"》一书，分发至各基层党支部；成立市第二届"时代先锋"先进事迹宣讲团，深入各镇(街道)及机关、企事业单位巡回报告，累计举办19场次，教育党员群众数万名；多方收集"时代先锋"创业创新创优的历史图片，制成14块展板，与"时代先锋"报告会同时深入基层进行图片巡回展。

2010年8月7日，在北京举办的'2010幸福江阴国际论坛会场一角。

（市委宣传部供稿）

【对外宣传成果列全省县(市)前茅】 2010年，江阴市注重外宣效应，组织"'2010幸福江阴北京高层论坛"、"幸福江阴"中央及省级媒体集中采访、"学习华西新经验"集中采访等重大活动，扩大江阴对外影响。出版《江阴模式——媒体眼中的幸福江阴》《2010幸福江阴概览》等书籍，制作《江阴：科学发展的先行者》《以人民幸福评估发展》等电视宣传片，全面而生动地宣传"幸福江阴"建设。全年向无锡以上媒体发稿2800余篇(条)。其中，中央级主流媒体(纸质)87篇，《新华日报》80篇；中央电视台26条，江苏电视台310条；中央人民广播电台38条，江苏人民广播电台242条。分别在《光明日报》《农民日报》《科技日报》《新华日报》刊发5个头版头条。《新华日报》、江苏电视台、江苏人民广播电台用稿继续在全省同级县市中名列前茅。《人民日报》海外版刊登整版报告文学《幸福江阴执政创新实践：以人民幸福评估发展》；《现代快报》刊登16版重头报道《江阴，一座城市的幸福读本》，全面生动解读"幸福江阴"建设；中央电视台新闻联播以《江苏江阴："不开发区"里的进与退》为题，报道江阴在"幸福江阴"建设中实施"不开发区域"的创新战略。积极参与中央主流媒体大型活动，宣传江阴市获得"2010中国最具幸福感城市""中国最关爱民生县(市)""中国最具活力民营经济县(市)"等荣誉，提高江阴对外知名度和美誉度。

【电视纪录片《徐霞客》播出】 2010年，江阴市、中国徐霞客研究会、中科院共同组织，江阴广电集团与中央电视台联合摄制9集电视纪录片《徐霞客》。该片开创性地以徐霞客游历历程为脉络，引用大量历史文献资料，生动地再现了当年徐霞客游历过程中的重要发现，真实展现徐霞客不畏艰难、科学探索的实践精神，是一部集史实性、科学性和可看性于一体的大型文献电视纪录片。6月4日，该片首播仪式在北京举行。6月7～9日在中央电视台十套《走近科学》栏目分3次播出，让全国更多人了解一代游圣徐霞客，了解《徐霞客游记》，了解中国丰富的山川资源和悠久的人文历史，进一步弘扬"热爱祖国、尊重实践、献身科学、勇于探索"的徐霞客精神。

（邹鹏辉）

统战工作

【概况】 2010年，江阴市统战工作开展"制度建设年""民族团结促进年""和谐寺观教堂创建""走进企业，服务企业""幸福在江阴，关爱暖侨心""基层统战工作推进年"等主题活动，发挥优势、凝心聚力，促进各领域统战工作全面开展。进一步提升民主党派参政议政能力。创新学习形式,开展学习和践行社会主义核心价值体系主题活动,邀请民进中央副主席王佐书和民盟江苏省委专家到江阴授课;考察发展民主党派和无党派知识分子联谊会新成员42名;建立2个民进中央会史教育基地、省首个民主党派建设教学基地;完善市委领导与党外人士联系交友制度、政府部门及司法机关与民主党派、工商联和无党派知识分子联谊会对口联系制度。开展走访调研企业活动,走访4个结对共建挂钩企业,帮助协调解决非公企业困难;每季度召开一次工商联系统行业组织工作例会,促进非公企业学习先进经验,提升发展潜力;加强非公经济代表人士队伍建设,引导民营企业健康发展;建立光彩事业汇总制度,定期通报情况,激励非公经济人士主动承担社会责任;协助市温州商会、福建商会顺利换届,选举产生新一届理事会;开展"三信"评比,倡导企业守信用、讲信誉、重信义。走访慰问83户少数民族贫困家庭,发放补助金18万元;树立少数民族致富典型,通过推荐就业、帮扶就业、指导创业形式,引导少数民族脱贫致富;为符合条件的33名中考、25名高考考生办理考试加分证明;为26名符合条件人员更改民族成分;建立3个"少数民族工作示范社区"。加强宗教事务管理,确保春节期间敬香祈福活动、青阳天主堂五月朝圣活动等80余场大型宗教活动(100人以上)安全无事故;每月初一、十五突击抽查专项整治的未经批准场所;协助江阴市道教协会召开道协成立暨第一次代表会议;协助市基督教"三自"爱国会换届;对寺观教堂量化考评细则,树立君山寺、东岳庙、南门天主教堂、市基督教堂4个示范典型;引导宗教界人士一次性为玉树灾区募捐24万余元;落实"1+5"(1个宗教场所结对帮扶5户困难家庭)结对帮困计划;推进东岳庙无梁殿、青阳悟空寺、扬子江国际礼拜堂等重点宗教工程项目建设。开展社区侨务工作示范点创建工作,澄江街道寿山路社区、新桥镇绿园社区被评为省社区侨务工作示范点;走访慰问30名困难归侨侨眷,发放补助金24500元;接待到江阴交流的美国、日本等13个国家的海外华侨华人22批217人次;通过《美国侨报》《欧洲时报》等海外媒体以及多个海外网站刊登江阴投资环境,并在《华人时刊》开辟专栏进行江阴投资环境系列报道。年内,共接待参观调研人员1200余人;引进"530计划"项目1项;走访慰问215户困难统战成员、共建社区贫困家庭等,发放慰问金28万余元;为基层群众和统战对象办实事54件;开展统战理论调研,宣传党的统战政策和江阴市统战工作,被各级各类媒体录用信息、文章275条(篇)。是年,市委统战部被中央统战部和中国统一战线杂志社联合评为全国统一战线宣传先进单位、被国家宗教局评为"五五普法"先进集体、被省侨办评为侨务工作先进集体。

【党外人士参政议政】 2010年,江阴市民主党派、工商联、无党派知识分子联谊会等党外人士先后参加6期政情交流会,就开发区转型升级、经济薄弱村转化等内容展开讨论,发表意见和建议。完善特约监督员制度,配合市检察院推荐5名党外人士担任第一批特约检察员;配合市纪委推荐3名党外人士担任党风联络员,拓宽民主监督渠道。推广"三个一"(一成员一模拟提案、一成员一建议、一支部一调研)活动。围绕市委下达的调研任务和自选课题,组织民主党派市委委员、调研小组深入基层开展调查研究,为提升民主党派参政议政能力打下坚实基础。配合有关部门增补政协委员4名(1名香港委员)。市"两会"期间,党外各界人士提交提案158件,占总数的59%,其中重点提案10件,占总数的83%;19人被评为优秀政协委员,13人被评为提案积极分子,6人被评为反映社情民意积极分子;完成调研报告7篇,7人作专题发言。

【社会主义核心价值体系"十个一"学习践行活动】 2010年5月,江阴市委统战部组织开展学习和践行社会主义核心价值体系"十个一"主题活动:开展"制度建设年"活动;组织民主党派、工商联和无党派知识分子联谊会的专家,开展一次科、文、卫"三下乡"活动;组织一支民主党派、工商联和无党派人士的志愿者(义工)队伍,并开展一次赴社区志愿(义工)活动;开展一次祭扫烈士墓活动;邀请民进中央副主席王佐书到江阴举办一次《践行社会主义核心价值体系》专题报告;邀请民盟江苏省委专家组到江阴举办一场围绕"低碳经济—城市竞争力"的专家报告会;举行江苏省社会主义学院"民主党派建设教学基地"挂牌仪式;开展一系列文体比赛活动;组织一次外出学习考察活动;开展一系列学习调研活动,全年共6次。各民主党派、无党派知识分子联谊会把学习和践行社会主义核心价值体系作为加强自身建设的一项重要工作,做到有计划、有方案、有活动、有检查、有总结,不断夯实多党合作的思想基础。

【统战成员素质提升】 2010年,江阴市委统战部为帮助统战成员不断开阔视野、增长才干,加强对其素质提升的各项工作。将学习文件、会议精神、法律法规和专题调研相结合,创新调研形式,形成学研活动特色,做到每次活动有专题、有内容、有目的、有牵头单位。全年确定6个学研主题,先后组织各民主党派、无党派人士就中央一号文件、城乡一体化、新兴产业"445计划"等内容,赴新桥、华士等地开展学研活动,推进各民主党派、无党派人士提高政治把握和合作共事能力。为帮助市非公企业增强自我创新意识,邀请经济学家郎咸平、叶檀等5名知名人士为企业家授课。年内累计培训企业家1500余人次,提升统战成员的政治素养和创新能力。

【基层统战工作】 2010年,江阴市委统战部组织镇、街道统战委员听取无锡市"周末大讲堂"民族问题专题讲座;赴无锡市委党校参加宗教知识培训,提升基层统战干部理论素养。通过召开分片交流会、组织到先进镇参观学习、平时检查与年终考核相结合等形式,加强对基层统战工作的督导,促进各镇、街道统战委员提升工作水平。指导镇、街道把统战工作纳入对村(社区)的考核,推动村(社区)统战园地建设,巩固和扩大统战工作基层阵地。汇编各镇、街道统战创新成果,并组织统战委员参与评议,使统战委员在做好基础工作中发现工作亮点。

【海外华侨华人专业协会会长世博行江阴创业论坛举办】 2010年6月,江阴市委统战部配合市委、市政府成功举办'2010相聚"长三角"——海外华侨华人专业协会会长世博行江阴创业论坛,促进海外高层次人才了解江阴,带动海外人才到江阴考察交流。国侨办副主任马儒沛,省侨办主任钱兴荣与江阴市领导王锡南、赵国权、薛良、计军、曹恩华参加活动。来自美国、澳大利亚等7个国家和地区的55位海外华侨华人专业协会会长,带着90项最新研究成果到江阴考察创业环境,6位会长受聘成为江阴海外引才顾问。论坛举办后,江阴市引进澳大利亚华人金融专家协会、加拿大华人信息技术协会等8个信息服务机构,在人才引进、项目入驻等方面展开合作;引进"530计划"人才宋无名,并于7月创办江阴万康医疗科技有限公司,注册资本150万元,创业项目"高灵敏磁共振射频成像线圈的研发及产业化推广"成为无锡市"530计划"B类项目。 (范烨菁)

农村工作

【概况】 2010年,江阴市围绕"深化建设'幸福江阴'、率先基本实现现代化"的总目标,全面落实中共无锡市委《关于做好2010年全市农村工作的意见》和无锡市农村工作会议精神,突出以城乡规划、产业发展、基础设施、公共服务、就业保障"五个一体化"构建城乡统筹的科学体制和运行机制,不断深化以工哺农、以城带乡发展,通过开展"立足城乡转型,作为一体发展"一系列主题活动,全面推进城乡转型和一体化发展的各项重点工作,并取得了明显成效。进行社会保障工作、"三置换"工作和产业集聚发展系列专题调研,举办全市城乡一体化发展专题培训班,分解细化目标任务,安排制订时序进度,全面部署年度"三农"工作,为进一步推进社会主义新农村建设积蓄能量。年内,全市累计规模经营面积2.27万公顷,农业适度规模经营比例达80%;新增高效设施农业面积933.33公顷,新增高效农业面积666.67公顷,高效农业面积比例提高到58.5%,新建农村水利现代化示范园1个,新增喷滴灌面积40公顷,高效农业主要环节机械化水平达到45%,无公害、绿色、有机食品种养面积比例达70.2%;新培育2个产出超亿元农业园区,全市12个市级以上农业龙头企业实现销售收入65.9亿元,同比增长13.8%;加快推进现代生物农业发展,全市完成生物农业销售收入2.02亿元,培育生物农业规模企业1个。统筹推进城乡基础设施建设,按照"构筑骨架、沟通南北、畅通环路、完善路网"的思路,加快实施"1530"(全市镇村均可在15分钟内进入市域路网,30分钟内进高速公路)通达工程,形成了快捷、畅通的城乡交通网络,路网密度达中等发达国家水平。实施城乡公交一体化改造,实现行政村村村通公交,市民公交出行分担率为24%,完成新改建农路桥梁20座,新建农村公路19.29公里。按照"五整治两提高"*的要求,全面推进城乡绿化、美化、亮化、净化工程,改善城乡环境面貌。全年全市新增绿化造林面积1400公顷,全市林木覆盖率提高到20.05%;新建无锡市级绿色家园示范村60个、示范镇3个,创建农村河道综合整治示范村5个,完成农村生态改厕5994户,创建国家卫生镇3个。缩小城乡差距,均衡城乡公共服务。加大城乡教育资源整合优化力度,农村义务教育学校装备条件达省级II类标准比例达100%;加快城乡医疗卫生事业发展,新创建农村示范社区卫生服务中心3个,社区卫生服务全覆盖,基本形成"小病在社区、大病进医院"的就医格局,农村人口和计划生育优质服务机构覆盖率达100%,农村残疾人村级康复室覆盖率达92.7%以上;加强农村文化体育设施建设,实现文化设施全覆盖,全市4000人以上行政村100%建成农村社区服务中心,全面实施"村村体育健身工程",基本形成体育中心集聚发展、农民公园有机结合、健身工程遍布城乡、学校场馆社会共享的体育场馆设施体系,其中人口4000人以上的行政村70%以上建有省级一类标准体育设施。强化农村基层民主法制建设,全市已有80%村和社区建成"民主法治示范村"和"民主法治示范社区",52.94%的镇和30%以上的村达到无锡市级以上文明镇村创建标准。加大农民培训就业力度。始终把农民作为就业保障的重要群体,在城市社区设立就业援助站、行政村设立就业专业援助点、劳动保障专管员,广泛开展劳动者职业技能免费培训,深入实施就业援助计划,形成市镇村(社区)三级联动的就业促进体系。全年全市共培训农村劳动力1.44万人,组织2450人参加创业培训、8380人参加农业劳动力实用技术培训,青壮年劳动力接受职业技能培训覆盖率95.2%,农村劳动力充分就业率93.3%,农村调查失业率控制在3.5%以内。完善社会保障体系,实施被征地农民基本生活保障与城保全面接轨。全市符合条件的应并轨人数169852人,至年末已完成并轨操作160916人,占94.7%,收缴资金37169万元,缴费率100%。建立健全社会养老保险、医疗保险、失业保险、被征地农民基本生活保障、最低生活保障的五道保障线。企业职工基本养老保险扩面覆盖率达90.1%,居民养老保障覆盖率达95%;新农保养老金标准从2010年7月1日起每人每月80元调整到120元;全面建立农村新型合作医疗保险制度,人均筹资370元,住院实际补偿率45.7%,政策范围内补偿率达63.8%。

【现代农业新增投资6.8亿元】 2010年,江阴市继续实施现代农业十大重点示范工程，以“万顷良田”*、农业产业园区等十大重点示范工程为引领，实现苗木、果品、蔬菜、水产四大高效产业集聚、集约、区域化、规模化发展。年内，全市“万顷良田”建设工程整理土地346.67公顷，确保粮田面积基本稳定，实现农业适度规模经营面积比例达80%。在南部六镇“不开发区域”核心区内规划建设江苏江阴现代农业产业园区，一期工程占地773.33公顷，由南部设施蔬菜生产区、中部管理服务与技术展示区和北部果树花木生产区构成。全年全市农业投资项目达84项，新增投资6.8亿元。

【农民人均纯收入连续11年列全省之冠】 2010年，江阴市以扩大就业增加农民工资性收入，实现工资性收入11702元，增长12.92%；以发展高效农业并鼓励创业增加经营性收入，实现经营性收入1727元，增长13.62%；以拓展投资领域增加财产性收入，实现财产性收入705元，增长14.08%；以财政转移和结对帮扶增加困难群众收入，实现转移性收入764元，增长13.86%。多元富民打造“橄榄型”社会结构，形成农民持续增收长效机制。全年农民人均纯收入14898元，比上年增长13.1%，连续11年名列全省县级市第一。

【市校合作】 2010年，江阴市把与浙江大学开展的市校合作作为推进新兴产业发展的“三大智力支撑”之一，通过双方高层次、多领域、全方位的合作，实现了江阴城乡一体化的特色发展、跨越发展。10月29日，江阴市与浙江大学围绕创新合作机制、推进转型升级主题，成功举行“城乡一体化发展”课题研究成果汇报交流会、浙江大学科技成果推介洽谈会、江阴—浙江大学2010年度市校合作推进仪式等一系列市校合作活动，推动重大科研项目攻关，加快科技创新载体建设，促成高新技术成果转化。2009年6月至2010年末，市校合作累计签约项目56项，其中51项已顺利实施。由浙江大学中国农村发展研究院顾益康教授领衔的“江阴城乡一体化发展”（含澄东片区一体化和徐霞客镇农业生态旅游一体化）课题和“临港新城一体化发展”课题研究已完成，有效促进了“一中心四片区”板块发展格局的形成。推进农业高效化、品牌化、特色化，农业合作项目中有4项被列入省高效农业、渔业项目，争取上级财政资金1060万元。

【农村生态文明建设】 2010年，江阴市坚持在保护中开发、在开发中保护，全面实施生态修复工程，巩固提升生态市建设成果。推进植树造绿、农村综合环境整治、控源截污行动，改善城乡环境。年内，全市完成绿化项目近20项，城市绿化覆盖率和林木覆盖率分别达到44.2%和20.05%，人均公共绿地达15.81平方米。累计创建绿色家园示范村202个，示范镇13个。按照“政府引导、镇村实施、社会参与、共建共享”的原则，通过“拆破房、清违章、疏河道、穿新衣、披绿装、增设施、强管理”的措施，对全市自然村庄进行整治整理，全年全市完成213个自然村的整治整理，总投入资金超1.4亿元，直接惠及农村人口1.98万余户6.88万人。累计投入资金70.37亿元，整治自然村971个，直接惠及农民12万余户39.2万人，全市整治覆盖率超过30%。

【示范镇村创建】 2010年，江阴市对照无锡市示范镇村争创条件，于年初确定徐霞客和长泾2个镇，璜土镇北湖西村、利港镇黄丹村、申港街道横塘村等18个村作为示范镇村创建单位，按照“经济发展、生活富裕、社会文明、社区整洁、管理民主”5大类28项指标的创建要求，实行“缺什么补什么”举措，及时跟踪、指导上述单位开展现代化新农村建设示范镇村争创工作。至年末，2个示范后备镇和17个后备示范村创建达标，顺利通过验收。全市累计已有示范镇12个，示范村178个，创建比例分别达到80%和90%。

【经济薄弱村脱贫转化】 2010年6月，江阴市在总结第六轮薄弱村扶持工作基础上，出台《关于深化结对帮扶增强村级财力的意见》，启动新一轮薄弱村扶持工作。意见通过明确征收土地留用地制度、建设用地指标、扶持资金等配套政策，进一步完善帮扶政策体系，加快脱贫转化步伐。7月和11月分别召开全市薄弱村扶持推进会，加大帮扶力度，形成帮扶合力，力争3年让薄弱村村均可支配收入达到150万元以上。年内，全市村级可支配收入超过150万元的薄弱村达到30个，村级可支配收入比上年增长15%，已消除村级有效收入在50万元以下的薄弱村。落实市镇两级财政转移支付，减轻村级负担，切实保障农村基层干部的权益和村务工作的正常运转。组织市级机关部门、骨干企业与薄弱村联系挂钩、结对帮扶。挂钩部门加大资金、科技、项目、政策等扶持力度，对薄弱村基础设施和社会公益事业建设给予力所能及的资助，全年薄弱村得到各级财政转移支付、结对单位及社会捐赠收入达3723万元，村均51万元。继续实施党员干部结对帮扶困难户活动，全市各级党员干部共帮扶困难户9197户，帮扶群众达2.7万余人。

【农村经营管理】 2010年，江阴市加强农村集体资产管理，于6月出台《关于进一步加强村级集体资产管理的意见》，健全村级集体资产管理制度，坚持用制度管权、管事、管人。稳步推进村账镇（街道）代理制度，确保村级财务管理规范有序、管理民主、公开透明。年末，有45个村实行村账镇（街道）代理，全市村级财务公开率达100%。完成对祝塘、南闸等10个单位共12人次的镇（街道）党政领导干部经济责任审计，通过报表分析、深入村企实地核查等细致工作，形成程序规范、内容全面、重点突出、评价客观的审计报告12份。（庞嗣铨　吴　双）

涉台工作

【概况】 2010年，江阴市认真开展各项涉台工作。全年接待到江阴考察台商10批260人次，新批台资企业10个，增资企业10个，新增投资总额 1.55 亿美元，注册资本 1.29 亿美元。合同利用台资 0.91 亿美元，实际到账 1.05 亿美元。江苏扬子江船业（控股）有限公司成为大陆首个在台湾上市企业，共募集台资 1.48 亿美元。江阴市连续第七年被台商评为“最值得推荐投资城市”。全年接待到江阴交流联谊的台胞 10 批 266 人次，接待台湾游客 17000 人次。年内，组织 43 个团组 148 人次赴台开展经贸、文化和商务培训。其中，江阴市委书记朱民阳于 9 月 7～11 日率团赴台开展经贸考察和投资洽谈活动，并参加“扬子江船业”台湾上市仪式。市台湾同胞投资企业协会（下称市台协）举办业务交流、爱心捐助、联谊活动 12 次，并成功换届。市台属联谊会举办活动 3 次。市台办妥善处理台商台属的各类难题 54 个；与市台协、市台属联谊会联合在 3 月 5 日举办有 200 余人参加的’2010 台商台属台胞春茗酒会，举办徐霞客铜像揭幕暨 2010 年海峡两岸朝圣公祭典礼；组织参加’2010 锦绣江苏夏令营的 103 名台湾师生、台湾澎湖市政代表参观华西村；安排好 10 月 12～13 日在江阴举行、由江苏省 19 位台协会会长参加的秋季联谊活动；继续做好台北故乡子弟奖学金和邢氏清寒奖学金发放工作；11 月，做好市人大视察贯彻执行《中华人民共和国台湾同胞投资保护法》工作，协助市人大召开台商代表座谈会，了解地方政府服务台商、全市的投资软环境建设以及台商在江阴生活、工作、娱乐等方面的情况；报送各类信息 152 篇，在新闻媒体发稿 117 篇，在台北江阴同乡会主办的《江阴乡讯》发稿 64 篇，宣传江阴各项事业发展成就；协助台湾三立电视台《东方大钱潮》栏目摄制组拍摄《美丽华西村，幸福华西人》专集和该台采访报道长江村新农村建设情况及台湾东森电视台采访报道江阴对接世博旅游业发展概况。年内，为台湾《非凡新闻》《商业周刊》等媒体集体采访以存托凭证方式在台湾上市的江苏扬子江船业（控股）有限公司提供帮助。

【海峡两岸纪念徐霞客朝圣公祭典礼举行】 2010 年 3 月 29 日，徐霞客铜像揭幕暨 2010 年海峡两岸朝圣公祭典礼在徐霞客博览园举行，来自海峡两岸及各地的徐霞客研究会成员 300 余人出席典礼。江阴市副市长袁秋中在典礼上致辞，并与中国徐霞客研究会会长张宏仁、台湾徐霞客研究会总召集人陶宗翰一起向“中华游圣”徐霞客敬献花篮。台湾徐霞客研究会秘书长陶翼煌宣读祭文。江阴徐霞客研究会向台湾徐霞客研究会赠送了著作，江阴徐霞客实验小学的 8 名学生被授予“3·29 旅游小天使”绶带。

【现代直驱应用技术研究院落户江阴】 2010 年 4 月 17 日，台资企业江阴丰达科技有限公司与浙江大学合作设立的江苏（浙大）现代直驱应用技术院落户江阴临港新城，为江阴加快推进新兴产业发展提供了新平台。江苏（浙大）现代直驱应用技术研究院以高效节能设备、先进物流设备和数控机床设备为主攻研究方向，力争成为全国高新技术装备产业重要的科研、检测、试验、咨询服务和人才培训基地。市领导朱民阳、薛良等出席研究院成立仪式。

【37 名学子获台北故乡子弟奖学金】 2010 年 8 月 23 日上午，台北市江阴同乡会理事长、台湾静宜大学原校长徐熙光为江阴市 26 名应届高中毕业生和 11 名大学在读生颁发了 2010 年度台北故乡子弟奖学金各 1500 元。台北故乡子弟奖学金 1997 年由台北市江阴同乡会倡议设立，主要用于奖励品学兼优且家境贫寒的学生，至 2010 年已持续颁发 14 年，成为江阴市较有影响的奖学金之一。

【首批台商就诊贵宾卡发放】 2010 年 10 月 27 日下午，江阴市在昊柏酒店举行首批台商就诊贵宾卡发放仪式。领取就诊贵宾卡的 178 名台商及其家属，在江阴可以享受到更为方便、快捷、优质的医疗服务。市委常委、副市长计军到会并讲话，市台办、市人民医院相关负责人出席发放仪式。市台协监事长黄俊郎代表台协向市人民医院赠送了“惠泽台商”匾额，以表示对此举的衷心感谢。

【市台协换届选举】 2010 年 12 月 22 日，江阴市台协召开第四次会员大会，会议代表 82 人，选举新一届理事会、监事会成员。廖松福当选市台协第四届理事会会长、刘宜仁当选常务副会长、黄俊郎当选监事长。市委常委、副市长计军到会祝贺。市台协聘请 26 个机关部门为顾问单位。

（徐国军）

机构编制管理工作

【概况】 2010 年，江阴市机构编制工作以科学发展观统领全局，坚持科学控编、阳光用编、廉洁管编、依法治编为效能目标，不断创新工作体制机制，机构编制管理服务水平明显提升，顺利实施机构改革，为优化政务环境、服务“两个转型”和推进“幸福江阴”建设提供了有力的机构编制保障。年内，完成市政府机构改革和乡镇机构改革工作，部署实施街道机构改革工作，完成有关市管主要领导干部的任中机构编制责任审核和徐霞客镇行政管理体制改革试点准备阶段工作；按照理顺体制、整合职能和规范管理的原则，稳妥推进事业单位机构改革；完成对镇级机关编外用工的清理规范工作，共清退编外用工 172 人，规范使用编外用工 54 名；加强机构编制信息建设，建立人员编制数据库，开设网上举报投诉平台，引入机构编制工作联络员和监督员制度。

【机构编制综合管理】 2010 年，江阴市机构编制部门加大机构编制规范化、法制化管理力度，机构编制管理水平进一步提升。出台《江阴市机关事业单位人员使用、列编管理暂行规定》，杜绝机关事业单位超编进人、逆向进人和财政供养人员无序增长现象。积极参与“五方联审”（五个部门联合审计），顺利完成对档案局、党校、科技局、规划局和发改委 5 个部门 5 位市管主要领导干部的任中

机构编制责任审核。围绕年内镇（街道）和市政府机构改革中机构、部门设置调整，及时更新人员信息、变更数据。（张 勇）

机关党工委工作

【概况】 2010年，江阴市级机关党工委认真学习贯彻党的十七届四中、五中全会和市委十一届九次全体（扩大）会议精神，围绕市委、市政府"谋创新、快转型、惠民生、促发展"工作大局，不断深化机关"五型"（学习型、创新型、服务型、廉洁型、和谐型）党组织建设活动，深入开展创先争优活动，抓好机关党的思想、组织、作风、制度和反腐倡廉建设，扎实推进争创全省党的建设模范区活动，为实现经济社会平稳发展、加快推进"幸福江阴"建设提供强有力的思想和组织保证。年内，28个机关党组织换届选举，评选表彰市基层党建工作示范点5个、市先进基层党组织11个、市级机关"五型"党组织20个。举办"一个党员一面旗帜"先进事迹报告会，进一步增强机关党员干部党性观念。加强国资企业党建工作，与市纪委、市委组织部、市国资委联合下发《关于加强和改进市国资公司党建工作的意见》，组织国资企业党建工作年度考核，取得明显成效。狠抓机关作风效能建设，不断创新政府功能性服务，积极推广"互联网工作法"，组织开展"互联网工作法"三十佳评选活动。组织开展年度"万人评议机关"活动，收到表扬信息107条、批评建议307条，均原汁原味反馈给各参评部门（单位）。加强机关党风廉政建设，抓好党性党风党纪主题教育活动，组织开展《中国共产党党员领导干部廉洁从政若干准则》宣教活动。推进"廉政文化进机关"活动，深入开展华西勤廉标准大讨论，严肃查处党员违规违纪行为。群团活动开展元旦长跑、"浦发杯"羽毛球赛、"民防杯"拔河赛、"红盾杯"足球赛、"幸福杯"网球赛等。组织开展"当好东道主、办好电影节、展示机关新形象"主题实践活动，以及"生态文明·幸福江阴"摄影作品大奖赛。在举办第19届中国金鸡百花奖电影节期间，组织机关广大党员干部参加志愿者文明交通执勤，展示良好形象。开展"幸福在江阴·真情送温暖"走访慰问活动，机关干部走访慰问结对社区、经济薄弱村的困难党员、困难群众和贫困学生，赠送实物和资助现金共计651.21万元；组织参加"幸福江阴·万人慈善一日捐"活动，市级机关共捐款278.7万元。组织5689名机关干部职工参加年度健康体检。编发《机关党的建设与作风建设资料汇编》1期、《机关作风建设简报》10期。

【学习型党组织建设】 2010年，江阴市继续推出年度必读书目，开展"菜单式"选学，在机关干部中实行"三个三"（每天用3个"半小时"分别浏览网上新闻、看电视新闻、读报纸；每年读政治理论、新知识、专业技能书籍3本；每年写心得和调研等文章3篇）学习方法，坚持每月两次集中学习和"每月学一法"制度，加强理论学习的制度化、规范化建设。在市级机关下发《全年理论学习计划》和《十七大专题学习计划》，编发7期党课教材，在每月一期《机关党建信息动态》上开辟《十七大精神解读》专栏。广泛开展"双学"（学习十七大、学习新党章）知识竞赛，市级机关有51个单位2175名党员参加竞赛，法院机关党委等12个单位获得优秀组织奖。组织开展"解放思想抓机遇，创新发展增优势"思想解放大讨论活动，通过举办专题讲座、召开座谈会讨论、组织新闻媒体访谈部门负责人等措施，营造活动氛围，拓宽机关干部工作思路。机关各部门结合《中华人民共和国劳动合同法》《中华人民共和国就业促进法》等一批新法律法规的贯彻实施，共组织252期18130人次参加新知识、新技能"双新"学习培训与竞赛活动。机关干部踊跃参加在职学历教育，共有451名机关干部在读研究生、本科、大专等函授学历，年内已毕业研究生32名、本科生83名、大专生34名。机关干部结合工作实际，加强调查研究，积极撰写有指导性和参考价值的调查报告，有3050余篇调研文章在公开刊物上发表，其中国家级657篇、省级1026篇。

【"五型"党组织建设活动】 2010年，江阴市学习贯彻《中国共产党党和国家机关基层组织工作条例》和中央《关于在基层组织和党员中深入开展创先争优活动的意见》，以"五型"党组织建设和"一个党员一面旗帜"教育实践活动为载体，积极开展创先争优活动，引导机关党组织在推动发展、服务群众、凝聚人心、促进和谐方面发挥积极作用。年内28个机关党组织换届选举，发展党员68名，转正112名。工商局机关党委等5个党组织被评为全市基层党建工作示范点，政法委党支部等11个党组织被评为江阴市先进基层党组织。"七一"前夕，评选表彰20个市级机关"五型"党组织示范点。举办"一个党员一面旗帜"先进事迹报告会，邀请赴四川绵竹市清平乡地震灾区援建总指挥、第二届"时代先锋"集体代表沈文华等"旗帜党员"作先进事迹报告，引导机关党员干部增强党性观念和党员意识，在市级机关营造"创先争优、攀高比强"良好氛围。全年市级机关各党组织获得无锡市以上表彰奖励共136人次。国资企业突出"党建工作制度化、内控机制规范化、廉洁从业常态化"三大重点，成效明显。

【"三服务"活动】 2010年，江阴市推广"互联网工作法"，围绕市委关于"扎实推进作风效能建设，创新政府功能性服务"要求，不断创新政府功能性服务，推进市级层面4项任务和部门层面3大类69个创新子项目的落实，并开展"互联网工作法"三十佳评选活动。不断完善机关作风建设监督机制，充分发挥市级机关"三个一百"联系点监督员作用，及时调整充实队伍，定期开展意见征询，接受社会各界监督，有效推进机关作风和效能建设。联合市纪委、文明办、电台制作4期“空中热线”特别节目，邀请民政局、交通局等部门主要领导走进社区、农村，接受群众咨询、投诉，畅通民意渠道，帮助解决部分民生实事。

【“万人评议机关”活动】 2010年11月上旬，江阴市两年一次的“万人评议机关”活动启动。共组织市镇两级集中测评16场，继续在行政服务中心、地税服务大厅、国税服务大厅和市劳动保障局就业管理中心服务大厅设点，组织社会公众和服务对象测评。活动中发放评议表18639份，回收9357份，回收率约为50.2%。其中，第一类纳税人回收2506份，第二类各类代表回收547份，第三类副科级及离退休干部回收843份，第四类基层和社区干部代表回收1992份，第五类社会公众回收3334份。此外，市领导和参评部门主要负责人回收121份，市委、市政府分管领导回收14份。共收到各类书面意见414条，其中107条表扬、307条批评或建议。与2008年相比，85个参评部门(单位)名次上升的有28个，持平的有19个，下降的有27个。组织部、宣传部、机关党工委、纪委(监察局)等22个部门被评为“万人评议机关”优胜部门(单位)；公安局(610办)、文广新局、体育局3个部门（单位)获“升位奖”。市委办公室、政府办公室、人大机关、政协机关名列第一类前四名，根据评议规定，不参加表彰，享受相应的奖励。

【“廉政文化建设”进机关活动】 2010年，江阴市认真抓好机关党性党风党纪教育，扎实推进“廉政文化建设”进机关活动。围绕“学习华西老书记，强化党性做表率，勤政廉政谋发展”主题，通过领导带头上党课、开展读书征文、组织参加无锡市党纪条规知识竞赛等活动形式，增强机关干部党性修养和廉洁从政意识。开展《中国共产党党员领导干部廉洁从政若干准则》宣传教育活动，共举办各类学教活动520余场次，受教人数达3000余人次，撰写学习心得1200余篇。深入开展华西勤廉标准大讨论，要求各单位抓好制订方案、组织宣传、开展讨论、固化标准等4个阶段工作，形成各具职能特点、行业特色的勤廉标准。市人大机关、市总工会等10个部门(单位)勤廉标准被评为市级机关“十佳勤廉标准”。组织机关干部认真学习全国“双百”、省双“五十”和优秀纪委书记王瑛等先进典型事迹，教育引导机关干部增强勤廉意识，争做勤廉好干部。积极开展读书思廉、谈话促廉、反面警廉等活动，采用创建廉政网站（页）、发廉政短信和廉政格言警示卡等形式，将廉政教育与文化熏陶有机结合，营造尊廉崇廉的良好氛围。推进部门权力内控机制建设，引导各单位结合本部门(单位)行政工作特点和规律，抓住权力设定、行使、监督、评价、问责等关键环节，让权力在制度约束下运行。贯彻落实《国资企业领导人员廉洁从业若干规定》，加强对国资企业制度监督检查，推动国资企业反腐倡廉建设。

【社区结对共建】 2010年，江阴市调整结对单位和社区，认真落实五项措施和五项制度，进一步规范共建程序，丰富共建内容，提升共建质量。围绕“共建和谐社区、同创美好家园”主题，机关3600余名党员干部积极为社区基层群众办实事、做好事、解难事。据统计，机关各党组织积极帮助社区建设，共办理950余件实事，累计资助(含实物折款)468.59万元。（邹宇伟）

党校工作

【概况】 2010年，江阴市委党校以《中国共产党党校工作条例》和全国、江苏省、无锡市党校工作会议精神为指导，继续抓好教学科研一体化向教学科研咨询一体化转型、函授教育大发展向宽领域高端型学历教育转型、单一的培训后勤保障向综合性后勤保障转型的“三个转型”工作，努力向着把市委党校建设成“党员干部的大学堂、市委工作的研究地、模式创新的示范点”的目标迈进。1月18日，经江阴市市级机关党工委批准成立中国共产党江阴市委员会党校党总支部，下设3个党支部。同日，经江阴市市级机关团工委批准成立中共江阴市委党校团支部。11月1日，中央党校研究室在《党校发展决策参考》第一期上以《市县党校创新发展的样板——江阴市委党校的成功实践及其启示》为题，介绍该校加强全面建设的经验。全年获集体荣誉7项，其中省级荣誉有江苏省党校系统行政后勤工作先进集体、中共江苏省委党校党员干部在职研究生优秀教学点、江苏省精神文明建设工作先进单位，有11人次受上级表彰奖励，教师公开发表论文13篇。年内，江阴市委党校工会和妇委会进行换届选举；制定《中共江阴市委党校（江阴市行政学校）“十二五”发展规划》和《中共江阴市委党校（江阴市行政学校)“十二五”文化建设纲要》；圆满完成第19届中国金鸡百花电影节执委会、外联接待部和车辆调度组工作人员办公、食宿等接待任务。

【干部培训与学历教育并重】 2010年，江阴市委党校突出干部能力培养和行为训练，创新教学和培训模式，不断增强教学培训的针对性、前瞻性和实效性。全年完成主体班培训7期442人次，市管干部、机关中层干部“三选”培训9个专题18期4653人次，部委办局委托办班15期1200人次。全年开发各类宣讲专题20个，累计深入社会各界宣讲150余场次。全年举办外地干部培训班、接待外地干部到江阴参观考察126期(批)6418人次，创历史新高，并居全国同级党校前列。在学历教育中热情服务，规范管理，确保教学质量。年内保质保量做好党校系统函授教育收尾工作；继续与南京大学公共管理学院联办MPA学位班，全年录取新生22人；继续办好江苏省委党校在职研究生班。

【成为上海首个市外研究型现场教学基地】 2010年，江阴市经济和社会发展继续走在全国县（市）前列。中共上海市委组织部、中共上海市委党校、上海行政学院决定将江阴市作为上海市市外的第一个研究型现场教学基地，依托江阴党校对参训学员进行“幸福江阴”建设现场教学。10月8日在江阴党校挂牌。该基地建立后，有利于充分利用双方的人力资源、社会资源和案例资源，实现资源共享，优势互补，不断丰富两校的教学内容和方法，为两地干部培训搭建一座理论与实践相结合的桥梁，为区域合作培训干部探索新经验。江阴市委党校可依托上海市委党校、上海行政学院深厚的科研实力，进一步提升科研水平，更好地服务“幸福江阴”建设。

2010年10月8日，在江阴市委党校举行研究型现场教学基地挂牌仪式。

（市委党校供稿）

【社科研究成果】 2010年，江阴市委党校与市委组织部合撰的《江阴城乡党建一体化的实践与探索》一书，于12月由江苏人民出版社出版发行，是国内第一本从实践层面系统研究城乡党建一体化的著作，对全国城乡党建一体化建设具有借鉴指导意义；与江阴市委宣传部合作的《当代中国城市发展丛书·江阴卷》完成初稿并通过江苏省社科院专家审阅；与市政协、市纪委等部门联合完成6个研究课题；与常熟、张家港、昆山3市的市委党校联合申报的江苏省委党校课题《苏南城乡一体化现状及其对策研究》顺利结项。此外，2009年度申报的9个无锡市党校课题顺利结项，并成功申报8个2010年度无锡市党校课题。参加无锡市党校系统科研工作年会，提交论文12篇，并有6篇获优秀论文，获奖数量多于往年和其他与会同级党校。

【教师能级提升】 2010年，江阴市委党校通过开展读书活动、承担课题、实践锻炼、专题调研等形式，建立专职教师知识更新和能力提升机制，加强学习型组织建设。组织党员干部和教研人员开展“读四本书”活动，即：读共产党的书——熟悉和掌握马克思主义的基本理论及其中国化的最新重大理论成果；读江阴的书——熟悉和掌握江阴经济社会、历史人文的基本情况；读党校的书——熟悉和掌握党校教育、培训规律；读世界的书——熟悉和掌握时代发展趋势。校领导模范带头，率先以授课的形式交流读书心得体会。其他人员分别以书评、专题报告、读书沙龙等形式展示学习成果，互相学习，共同提高。实施“青蓝工程”，在教师中倡导“可以没有领导干部的权力和地位，但必须有领导干部的能力、素养和水平”的理念，指导青年教师规划职业生涯，快速成长。实施TOT（培训者培训）培训，全年选送7名教师外出培训，其中3名分别到中央党校、国家行政学院、中国浦东干部学院进修培训。年内，1名教师赴江阴市委办公室锻炼半年，1名教师延续上年在临港新城挂职锻炼至5月。

【校园改扩建工程竣工投用】 江阴市委党校的校园改扩建工程于2008年7月18日开工，2010年2月26日竣工投用，总投资0.8亿元。改扩建后的校园面积2.93万平方米，建筑面积2.6万平方米，有报告厅3个、教室12个、会议室6个、贵宾厅1个，住宿床位410个、餐位800个、停车位220个，硬件设施在全省同级党校名列前茅。按照“经营市场化、管理科学化、服务规范化”要求，聘请专业团队管理后勤，建立完善各项制度，保证后勤服务优质高效。全年接待各类团队500余个4.5万人次，创历年之最。 （孙伟贤）

老干部工作

【概况】 2010年，江阴市认真落实老干部各项待遇，优化服务、创新工作，进一步推动老干部工作的科学发展。年初，市委召开老干部工作会议，市委常委、组织部长蔡叶明到会并讲话。10月，圆满完成对参加第19届中国金鸡百花电影节的18名省、无锡市老领导的接待服务工作。全市的老干部工作取得可喜成绩，在两年一次的“万人评机关”活动中，江阴市委老干部局再次被评为“先进集体”。至年末，老干部局管理服务离退休干部1257人，其中离休干部299人，市管退休干部958人。

【老干部思想建设】 2010年，江阴市进一步推进老干部的思想政治建设和党支部建设。形成一套符合老干部特点的思想政治工作方法和措施，全年举行情况通报会2次、形势报告会2次；认真做好离退休干部走访慰问工作；完成市级老领导2次外出参观考察任务；为全市离退休干部订阅《中国老年报》，免费赠阅《江阴日报》《银潮》《共产党员》等报纸杂志，维护更新“老干部之窗”网站，编发6期《七彩人生》。在老干部党支部建设上，按照《关于进一步加强和改进离退休干部党支部建设工作的意见》，做好离退休干部党支部的换届选举工作；按照中组部要求，在离退休干部党支部和离退休干部党员中扎实开展创先争优活动；全年召开离退休干部党支部书记碰头会2次，组织离退休干部党支部书记、学习组长集中学习辅导4次，编发《学习通讯》4期；表彰12个“五好”离退休干部党支部和14名优秀离退休干部党支部书记。

【老干部服务保障】 2010年，江阴市以老干部家庭、离退休时所在单位、居住社区、定点医疗机构和老干部管理工作部门“五位一体”为抓手，着力推进老干部就近学习、就近活动、就近关心照顾、就近发挥作用的“四就近”工作。做好离退休干部工龄补贴的审核工作，建立和完善困难帮扶机制，对市属企事业单位市管退休干部每人发放5500元慰问金；协调解决好个别老干部在拆迁安置中的矛盾和问题；向老干部家庭发放敬老孝亲倡议书，发放“求助服务卡”240份，制作315张“信息联系卡”，安装“幸福一点通”105户。市老干部局机关继续做好与38名重点对象结对联系工作。完成1013名离退休干部的体检、咨询工作，与市卫生局联合举行健康知识专题讲座，探望住院老干部125人次，协助做好32名老干部的后事协调工作。推进老干部社区服务示范点建设，开展“老干部社区服务工作先进单位”评选活动，8个社区被评为江阴市先进单位，3个社区被评为无锡市先进单位；国庆前夕，根据上级的统一部署，协助做好市领导走访慰问55名抗日老战士工作。

【老干部文体活动】 2010年，江阴市各级老干部管理工作部门以开展争创省示范性老干部活动阵地为抓手，加大老干部活动阵地基础设施建设和软件投入力度。全市有各类老干部活动组织149个，30余个机关单位、17个乡镇(街道)均有独立的老干部活动场所和相应的活动设施，总面积达29769.4平方米，总投资7238.1万元。不断完善工作机制、管理机制和活动机制，组织开展各类健康有益的文体活动。先后组织老干部开展“虎年闹元宵”活动，迎国庆、金鸡百花电影节歌曲和戏曲演唱会，“敬老杯”扑克牌友谊赛，“金秋杯”老干部钓鱼联谊赛等多项活动；以“杯赛片赛活动”为特色，城区老干部开展“民政杯”“开发区杯”“安监杯”“粮食杯”4次棋牌球赛，乡镇老干部开展“祝塘杯”“夏港杯”“月城杯”“城东杯”“新桥杯”5次棋牌赛。市老干部活动中心全年开放345天，安排各类活动280余次，活动人数达3万余人次。（孙　渊）

保密工作

【概况】 2010年，江阴市保密工作发挥“保安全、保发展”的作用，以新修订的《中华人民共和国保守国家秘密法》(以下简称新《保密法》)颁布实施为契机，利用多种形式开展“五五”保密法制宣传，组织保密承诺书签订人员知识竞赛，增强领导干部和公务员保密意识。在全市党政机关开展信息公开保密审查、涉密载体清理检查，清理取缔涉密文件资料非法交易，加强党政机关及国家秘密载体定点复制单位保密管理，确保党和国家秘密的安全。

【普法宣传活动】 江阴市为配合2010年10月1日新《保密法》实施，在9月底开展“新《保密法》学习宣传周”活动。利用机关大楼和行政事业中心大屏幕滚动播放学习宣传口号；在机关大楼及重点单位张挂宣传展览；组织全市3782名保密承诺书签订人参加知识竞赛；组织收看江苏省首届保密知识电视竞赛决赛录播节目；通过手机短信向党政机关领导干部发送宣传信息近万条。开展新法学习征文活动，征集征文48篇，其中9篇获优秀奖。月城镇、信访局、江阴出入境检验检疫局等组织新法学习辅导讲座9场，400余人参加。司法局组织法制艺术团赴乡镇和社区演出普法宣传节目8场，观众达万人。9月30日，《江阴日报》专版全文刊登新《保密法》以及国家保密局负责人就该法修订有关问题的记者专访。

【计算机信息系统保密检查】 2010年5月，江阴市召开20个重点党政机关部门保密工作会议，明确信息公开保密审查及涉密载体集中清理工作要求。各单位结合《信息系统和信息设备使用保密管理规定》，对照新《保密法》相关要求，完善保密制度，落实管理措施，开展自查自纠。共检查涉密计算机（含笔记本电脑)12台，非涉密计算机约586台，检查移动存储载体106个，清理涉密文件资料32份。11月，江阴出入境检验检疫局开展计算机信息系统保密大检查，购置专用保密检查工具，对全局106台计算机重新分类登记，逐台逐项检查，及时堵塞漏洞，消除隐患，确保信息安全。

【涉密文件资料非法交易集中清理取缔】 2010年8月，江阴市委机要保密局联合有关部门、单位开展清理取缔涉密文件资料非法交易工作，对13个重点废纸回收企业和个体户、废纸收购点进行现场检查，消除隐患。发放保密知识宣传单100余份，增强废纸回收从业人员的保密意识。同时利用搜索软件对本市接入互联网的网站进行关键字检索。通过检查，未发现涉密文件资料非法交易情况及网站登载非法交易涉密文件资料的信息。（李朝阳）

信访工作

【概况】 2010年，江阴市信访工作围绕各级人大和政协“两会”、上海世博会、中共十七届五中全会和第19届中国金鸡百花电影节等重大活动，全面排查化解矛盾纠纷，依法规范信访秩序，夯实基层基础工作，强化干部队伍建设，各项工作取得新的成效，确保全市信访形势平稳有序。全年市信访局受理群众来信来访总量比上年上升7.2%，共计受理群众来信1127件，下降5.2%；接待群众来访1356批5760人次，批次和人次分别比上年上升17%和10%；接待并协调处理到市集访204批3885人次，批次和人次分别比上年上升69%和22%。

【信访按时结案率达98%】 2010年，江阴市委第98次、104次常委(扩大)会议两次听取信访工作汇报，研究部署信访工作。全市先后召开6次有关信访稳定工作会议，专门下达信访工作责任书和重点信访案件化解责任书，落实各部门信访工作责任。市信访局按照国务院《信访条例》要求，对受理的信访事项全部及时转送交办。加大交办督办力度，将集体访、联名信、初信初访、异常信访、领导批示件等重要信访事项全部列入交办范围，采取现场督办、去函督办、电话催办等形式有效跟踪，推动责任单位“快处理、快答复、快反馈”。年内责任单位信访按时结案率达98%。

【畅通群众诉求渠道】 2010年，江阴市信访工作依托市公共服务呼叫中心“12345民生热线”，做到全天候服务、全市域覆盖、全过程监督、全方位联动。全年受理市民咨询、投诉、求助、举报和建议64625件(电话诉求55117件、网络诉求9508件)，群众满意率达98.24%。建成“12345民生热线”网上直播室，建立网上直播运行管理机制和相关部门领导与网民互动交流机制，主动解疑释惑、采纳建议。年内，分别就市民卡、控源截污、世博会、小区停车难等专题举办6期网上直播节目。坚持市、镇(街道)和机关部门党政领导定期接待群众来访制度，着力在“提高准点率、降低替代率、杜绝挂空率、增加约访率”上下工夫，取得明显成效。全年市领导共接待群众来访125批1220人次。

【化解信访突出问题】 2010年，江阴市强化矛盾纠纷排查化解力度，完善市镇村三级排查网络，健全经常排查与集中排查、普遍排查与重点排查相结合的滚动排查机制。全年全市共组织开展6次集中排查活动，矛盾纠纷就地化解率达90%以上。做好初信初访办理工作，按照“四个100%”(受理、交办、告知、反馈均达100%)的要求，做到件件有着落，事事有回音，从源头上预防初信初访转化为信访积案。重视重点信访案件化解工作，开展信访积案化解、涉诉涉访矛盾纠纷和征地拆迁信访问题排查化解等专项活动，综合运用领导包案、现场会办、个案救助、信访终结等灵活有效措施，促使重点信访案件有效化解。年内，100件重点信访案件有92件已彻底解决。

【规范信访秩序】 2010年，江阴市信访部门继续加强对到市集访、缠访闹访、无序上访人员法制宣传教育，引导信访群众依法、有序、文明信访。切实做好突发事件现场处置工作，完善应对突发异常情况工作预案，按照“十分钟快速处置法”妥善处置市委、市政府门口集访和异常个访。认真贯彻省有关规范信访秩序的文件精神，加大训诫教育和对违法信访行为的打击力度。年内，3人因用不实史实去联合国开发署“告洋状”被行政拘留。

【完善工作机制】 2010年，江阴市信访工作以机制促合力。完善涉稳信息综合分析研判机制。各镇(街道)及联席会议专项小组坚持每半月预警信息上报和重大信息实时上报、公安信访每日信息互通、涉稳部门每周工作例会制度。市信访局编发各类专报、通报、建议102期，多数得到领导批示并予以落实。完善联合接处访机制。对群众到市集访和异常个访，相关镇(街道)和职能部门派人在第一时间赶赴现场并会同信访部门做好接待和劝返工作。对疑难复杂信访问题，坚持接访前会商制度，统一答复口径，明确工作方案，确保问题处置得好、人员劝返得回。对当场无法解决的信访问题，各涉事责任单位依法及时解决，并在一周内上报处置情况。市信访局加强跟踪督办，全面掌握处置进展情况。完善信访督查工作机制。在市信访局日常督查基础上，建立由政法、公安、司法、信访等部门组成的联合督查组，督查信访决策落实情况，研究解决信访突出问题。年内，督查组开展面上督查8次，专项督查20余次。 (袁春霞)

史志工作

【概况】 2010年，江阴市党史、地方志工作齐头并进，取得了新成绩。5月，在无锡地区率先完成全国性革命遗址普查任务，做法和经验被广泛推广。10月起，认真贯彻落实中共中央《关于加强和改进新形势下党史工作的意见》和全国、全省、无锡市党史工作会议精神，并于12月6日率先在全省县级市中召开党史工作会议，由中共江阴市委下发《关于加强和改进新形势下党史工作的实施意见》。《江阴市志(1988～2007)》编修工作在完成分纂，总纂篇目通过无锡市史志办评审，至年末基本完成各专志总纂任务。编纂出版第18卷年度资料性文献《江阴年鉴(2010)》。完成9000字《江苏省志·江阴市概况(1978～2008)》初稿编写任务和《江苏年鉴》等多部上级年鉴中有关江阴内容的供稿任务。年内，市史志办制订党史、地方志工作“十二五”规划，做好纪念建党90周年各项准备工作，启动《中共江阴历史大事记(1919～2010)》《党史教育丛书——党史知识500问》《红色回眸》等党史书籍编撰工作。组建史志工作通讯联络员队伍，培训镇、部门修志人员200余人次，审读镇、部门志书6部300余万字，提出修改意见3000余条。工作人员在省级以上业务刊物发表论文2篇。为社会各界人士提供地情资料查询服务40余批60余人次。是年，市史志办被江苏省委党史工办、江苏省人力资源和社会保障厅联合表彰为2009～2010年度江苏省党史系统先进集体，《江阴年鉴(2009)》获全国地方志系统第二届年鉴综合特等奖和首届江苏省年鉴奖综合特等奖。

【革命遗址普查完成】 2010年1月起，江阴市按照中央党史研究室、江苏省委党史工办、无锡市史志办有关开展革命遗址普查工作的文件精神，成立革命遗址普查工作领导小组，下设市普查办公室(设在市史志办),对全市革命遗址(1919～1949)进行全面普查。市委召开全市革命遗址普查工作会议;市普查办公室在夏港街道进行普查试点后向全市推广。各镇(街道)及相关部门普查工作小组按照遗址界定、名称核实,现场勘察、物品清点,普查调研、资源互证,拍摄照片、实景录像,分级审核、汇总装帧等普查流程,对辖区内革命遗址进行全面普查。至5月底,全市核定革命遗址35处、其他遗址1处,其中被列为江苏省级文物保护单位2处,江阴市(县)级文物保护单位8处,未定保护级别26处;被列为江苏省级爱国主义教育基地1处,江阴市(县)级爱国主义教育基地5处,未定利用级别30处;形成全市革命遗址普查成果18套,总字数350万字,图片1000余幅,录像片17套,率先在无锡地区完成革命遗址普查任务,普查经验被无锡市向所辖其他县、区推广。

【2010版《江阴年鉴》出版】 2010年6月,江阴市地方综合系列年鉴第18卷《江阴年鉴(2010)》(纸质版和光盘版)由方志出版社出版。该年鉴全面系统、准确翔实地记载2009年度江阴市自然、政治、经济、文化和社会等方面的基本情况,反映全市上下深入贯彻落实科学发展观、致力基本实现现代化、建设"幸福江阴"的最新进程。按分类记事体例,分39个类目,下设300个分目、1336个条目,计102.8万字。画页23页,随文图片67幅,表格139张。卷首画页与上年相比除保留《年度十大要闻》《年度十件为民实事》两个固定专栏外,新设《'2009江阴市竣、开工重点重大项目(选粹)》《"幸福江阴"看新景》《江阴解放60周年成就》《江阴市第二届"时代先锋"》专栏。

【2009版《江阴年鉴》获全国特等奖】 2010年9月,2009版《江阴年鉴》荣获首届江苏省年鉴奖综合特等奖(列同类年鉴第一)。11月,该部年鉴在中国地方志指导小组办公室和中国地方志协会主办的全国地方志系统第二届年鉴评奖中,以其独特的地方特色、优良的编校质量、准确翔实的内容记述和素雅的装帧,在各省(市、自治区)推荐参评的500余部优秀年鉴中脱颖而出,成为全国获得特等奖的49部年鉴之一,名列县区级地方综合年鉴前茅。

【《江阴市志(1988～2007)》完成专志总纂】 2010年,市史志办继续推进二轮修志工作,督促各单位对原则确认的入志文稿进行自审。至6月底,全市参与修志的166个单位完成自审工作。是月起,市史志办陆续对分志清样稿进行初次核校。7月起,启动分纂工作,并启动《限外补要》等资料搜集整理工作。9月15日,根据《江苏省地方志书审查验收及出版办法》的规定,市史志办将《江阴市志(1988~2007)》志稿总纂篇目报无锡市史志办审定。10月中旬篇目通过审定后进入总纂。至12月,基本完成总纂工作。全志设专志31卷,志前有图片选录、序、凡例、地图、前志摘要、总述、特记、大事记,志后有专记、特辑、附录、限外补要、前志纠误补遗、索引、编后记,总计300余万字。全年编发第二轮地方志编修工作简报5期1250份,刊用各种信息40余条。

【基层修志指导】 2010年,全市编修的部门志有《江阴市民政志》《江阴市残联志》《江阴市总工会志》《江阴市军事志》《江阴市老干部工作志》《江阴市审判志》《江阴市财政志》《江阴市国税志》《江阴市地税志》《江阴市交通志》等,镇志有《月城志》《新桥镇志》《顾山镇志》《申港镇(街道)志》《青阳镇志》《祝塘镇志》《璜土镇志》《徐霞客镇志》。其中《月城志》于5月由凤凰出版社出版,总计19编163万字。年内,市史志办根据各编修单位的实际情况和修志进度,采取登门指导、请进来指导、分析部分初稿质量等方法,就修志各阶段业务要求和注意问题与各有关单位编修人员交流、沟通,有针对性地予以指导。全年培训部门、镇修志骨干200余人次,接待上门业务咨询20余人次,解答电话咨询40余次;审读《月城志》《江阴市民政志》《江阴市残联志》《顾山镇志》《新桥镇志》等志稿,合计300余万字,提出具体修改意见3000余条;做好《新桥镇志》等出版协调工作。 (史 志)

档案工作

【概况】 2010年,江阴市档案事业稳步推进。全年共接收档案45987卷、7801件。征集家谱30部257册、图书资料295册、全国劳模和"五一"劳动奖章获得者个人资料29人、老山前线战地日记4册,各类照片5000余张,实物档案10余件。完成口述历史性文章6万余字,其中5篇被省和无锡市档案杂志刊登。举办各类培训班4期,培训300余人次。33个单位档案管理达省级以上标准,完成复查验收单位79个、进馆单位年度评估66个。完成169卷新中国成立前档案的抢救修裱。数字化档案馆(二期)顺利通过江苏省专家组验收。组织开展档案法律法规宣传月活动,编发《企业档案知识问答》《家庭建档指南》等宣传手册2000余份。优化窗口服务,全年共接待查档7957人次,调阅案卷7731卷次,提供各类证明材料20023份。接待全国各地考察人员40余批次、展览参展人员36150人次。

【数字档案馆(二期)建设顺利通过验收】 2010年6月23日,江阴市数字档案馆(二期)主要应用软件平台建设项目顺利通过由江苏省档案局组织的专家组验收。该项目技术先进、结构合理、功能齐全、操作方便,适用于不同层面的用户,是档案事业服务民生的优质平台。年内,利用人次首次突破1万人次;为13个派出所及部分市级机关、镇(街道)等单位输机120万条、扫描363万页。(参见《信息化建设》类目的《信息化运用》分目)

【33个单位档案管理达省星级标准】 2010年,江阴市继续在市、镇(街道)、机关和企事业单位中开展档案管理星级评定活动,促进档案管理规范化。年内评定为省级以上标准的单位有33个,其

中中国电信股份有限公司江阴分公司达省五星级标准；江阴市老干部局、共青团江阴市委员会、江阴市卫生局、江阴市祝塘中心幼儿园等9个单位达省三星级标准，江阴市周庄实验幼儿园、江阴市澄江街道青果路社区居委会、江阴市南闸街道观山村村委、江阴市青阳镇旌阳社区居委会等23个单位达省二星级标准。

【基层档案工作指导】 2010年，市档案局继续做好基层档案工作指导，提高全市立卷归档、软件运行、数字化建设等档案管理整体水平。深入基层各单位指导822人次，对66个进馆单位进行年度评估，其中优胜单位24个，合格单位40个，整改单位2个。系统指导并协助做好江阴市对口援建（四川省绵竹市清平乡）指挥部档案的收集、整理、移交工作，共有9项项目的122卷基建档案和文书档案的各类电子文件材料、10件实物档案移交进馆。年内为基层数据转换6万余条。

【档案接收及征集编研】 2010年，市档案馆接收纸质档案45987卷、7801件。其中婚姻登记处2007～2009年的婚姻档案29044卷；人武部退伍军人档案199卷；工商局的注销档案9363卷；司法局2005～2007年的矫正档案914卷。接收并整理政府公开信息24个单位712件、现行文件66件。征集到家谱30部257册；影像资料35盘；实物档案10件，其中有宝贵的老山前线战地日记4册；新中国成立后29位劳模和"五一"劳动奖章获得者的资料1000余份；江阴知青资料200余份，文稿10万字、家书2封；江阴市获得各类荣誉资料38份。为党和国家领导人观察江阴拍摄照片10批次。拍摄第19届中国金鸡百花电影节开幕式、闭幕式和颁奖晚会等活动照片。完成口述历史性文章6万余字，其中《我参加了奇袭白虎团的战斗》等5篇被省《档案与建设》杂志刊登，《实现江阴档案事业跨越式发展》被《江苏经济报》刊登。完成《江阴档案信息》12期，计7万余字。 （黄剑宝）

接待工作

【概况】 2010年，江阴市接待各类宾客858批37358人次，其中党和国家领导人及老领导12人次，部、省级领导258人次，军队少将及以上军衔将领19人次。到江阴百人以上团队有18批，团队人数最多的是参加第19届中国金鸡百花电影节宾客3000余人。

【到江阴的国家级领导】 2010年，国家现任领导及原领导到江阴视察指导工作的有12人次。其中现任领导有中共中央政治局委员、中央军事委员会副主席徐才厚上将，中共中央政治局委员、书记处书记、中组部部长李源潮（2次），全国政协副主席厉无畏，全国政协副主席陈宗兴，全国人大常委会副委员长、民革中央主席周铁农；原领导有全国人大常委会原副委员长蒋正华，全国人大常委会原副委员长热地，全国政协原副主席张怀西（3次），全国政协原副主席李蒙。

【到江阴的江苏省级领导】 2010年，到江阴视察指导工作的江苏省委、省政府领导有梁保华、罗志军、王国生、赵克志、石泰峰、弘强、李云峰、杨卫泽、杨新力、黄莉新、李笃信、张卫国、何权、徐鸣、李小敏、曹卫星等；江苏省人大常委会领导有李全林、柏苏宁、张艳、丁解民等；江苏省政协领导有张连珍、周珉、张九汉、陈凌孚、黄因慧、周健民等。到江阴视察指导工作的江苏省人大常委会原领导有陈焕友、储江、高德正、洪锦炘、王寿亭、王霞林、李明朝、李佩佑等；江苏省政府原领导有杨晓堂等；江苏省政协原领导有孙颔、许仲林、胡福明、林玉英、顾浩、任彦申、吴冬华、王荣炳、胡序建、吴瑞林、俞兴德、孙安华、武继烈、李仁、陆军等。

【到江阴的国家部委及外省的省级领导】 2010年，据不完全统计，到江阴考察指导工作的国家各部委及各省、市领导和原领导以及其他重要人士有92人。其中在职领导75人，先后为江西省省长吴新雄，中国银监会副主席蒋定之，中国电影家协会主席李前宽，国务院发展研究中心副主任卢中原，中央党史研究室副主任李忠杰，国家行政学院副院长周文彰，中央编译局副局长俞可平，国家旅游局党组成员、纪检组组长刘金平，国际休闲产业协会主席、中国旅游协会副会长王军，甘肃省委常委、秘书长姜信治，宁夏区委常委、政法委书记苏德良，海南省委常委、副省长陈成，国有重点大型企业监事会主席董树奎，国家人口和计划生育委员会副主任赵白鸽，新华社副社长、常务副总编周锡生，国家统计局副局长兼总统计师李强，国家体育总局纪检书记吴齐，环保部副部长张力军，国家发改委党组成员、纪检组组长苏波，商务部副部长蒋耀平，湖南省省长助理袁建尧，中组部副部长李正勇，民政部副部长窦玉沛、全国老龄办副主任阎青春、国侨办副主任马儒沛、中央国家机关工委常务副书记杨衍银、农业部副部长陈晓华，民盟中央组织部部长陈幼平，北京市委常委、组织部部长吕锡文，中共中央对外联络部副部长陈凤翔，全国政协委员、全国政协教科文卫体委员会委员、国家测绘局原局长陈邦柱，工业和信息化部副部长杨学山，上海交通大学党委副书记、创业学院院长徐飞，人力资源和社会保障部副部长、国家外国专家局局长季允石，卫生部副部长、国家中医药管理局局长王国强，天津市委常委、市委教育工委书记荀利军，中纪委监察部案件审理室副主任耿文清，上海市副市长胡延照，国家民委副主任丹珠昂奔，最高人民法院副院长南英，农业部部长韩长赋，中央农村工作领导小组副组长兼办公室主任陈锡文，中央组织部部务委员兼组织二局局长陈向群，中央组织部秘书长邓声明，农业部党组成员、人事司司长梁田庚，中央统战部副部长楼志豪，国家广电总局党组成员、副局长张丕民，中国文联党组成员、书记处书记夏潮，中国电影家协会名誉主席谢铁骊，中国文联副主席、中国电影家协会名誉主席吴贻弓,中国文联主席团委员、中国电影家协会分党组书记、常务副主席康健民,中国电影发行放映协会会长、中国电影海外推广公司董事长杨步亭,中国电影家协会副主席张会军,中国电影家协会副主席尹力,博鳌亚洲论坛秘书长龙永图,中国徐霞客研究会会长、国家地矿部原副部长张宏仁,中国关工委副主任刘晓连,中国关工委副主任、中央党校原副校长杨春贵,中国关工委副主任祖书勤,中华慈善总会会长、民政部原副部长范宝俊,江苏省法院党组书记、院长公丕祥,中纪委驻科技部纪检组组长、党组人员郭向远,江苏省省长助理徐向南,民进中央副主席王佐书,西藏自治区副主席次仁,全国政协人口资源环境委员会副主任、中国林学会理事长、国际竹藤中心主任江泽慧,国家工商总局副局长刘凡,全国人大外事委员会副主任郑斯林,民政部部长李立国,全国政协经济委员会副主任李荣融,工业和信息化部副部长苗圩,全国供销总社监事会主任蒋省三,国家02科技重大专项第一行政责任人、上海市副市长沈晓明,民航总局副局长夏兴华,上海交通大学副校长吴旦等。老领导有10人,先后为福建省委原副书记黄瑞霖,国务院原副秘书长刘济民,农业部原部长陈耀邦,中央巡视组组长、中央委员、十一届全国人大环境与资源保护委员会副主任委员、辽宁省委原书记、省人大常委会原主任张文岳,国家行政学院原院长陈福今,财政部原部长项怀诚,中国文联前副主席仲呈祥,全国政协委员、全国工商联原副主席程路,农业部原部长何康,中组部原秘书长何载等。其他重要人士有7人,先后为世界华人华侨华商联合总会执行主席兼秘书长、联合国和平文化大使梁海洋,零点研究咨询集团董事长袁岳,全国政协常委、中国广播艺术团副团长、中国曲艺家协会副主席冯巩,招商银行行长马蔚华,北京控制工程研究所所长张笃周、党委书记徐希悦,中华海外联谊会常务理事、美国美东华人社团联合总会共同主席梁冠军等。

【到江阴的军队少将及以上军衔首长】 2010年,据不完全统计,先后到江阴参观考察的军队少将及以上军衔首长有19人,先后为空军副司令员陈小工中将,空军原副政委、全国人大财经委委员芮清凯中将,空军装备部部长魏钢少将,上海长海医院副院长孙颖治少将,中央军委原委员、总政治部原主任于永波上将,江苏省委常委、省军区政委李笃信少将,省军区副政委杨森少将,军办副主任曹育民少将,总政组织部部长柴绍良少将,总政宣传部部长王建伟少将,总装备部政委迟万春上将,总装司令部参谋长尚宏少将,总装政治部主任王家胜少将,总装后勤部副部长钱毅平少将,南京军区司令员赵克石上将,省军区司令员许援朝少将,南京军区政委陈国令上将,南京军区原空军副司令员韩德彩中将,北京军区原副司令员刘逢君中将。

2010年江阴市承办省级以上重要会议一览

表11

序号	会议名称	会议时间	与会人数	与会最高领导
1	全省国土资源规划工作会议	1月21~22日	80人	江苏省国土资源厅副厅长吴震强
2	第八届中国政府创新论坛暨“幸福江阴”国际学术研讨会	3月26~28日	120人	中央党史研究室副主任李忠杰
3	第五届中国徐霞客国际旅游节	3月30日	600余人	国际休闲产业协会主席王军
4	第五届中国长三角校长高峰论坛	4月24~25日	300人	江苏省委常委、无锡市委书记杨卫泽
5	江苏省政协理论研究会	5月25~26日	150人	江苏省政协理论研究会会长许仲林
6	全国农村新闻宣传工作会议	6月21日	350人	农业部副部长陈晓华
7	民盟江苏省委组织工作会议	6月21日	50人	江苏省副省长、民盟江苏省主委曹卫星
8	全国百强县财政科学化精细化管理研讨会	7月12日	65人	财政部原部长项怀诚
9	国家外国专家局人才工作座谈会	7月19~22日	90人	人力资源和社会保障部副部长、国家外国专家局局长季允石
10	江苏省促进农民增收工作会议	7月29~30日	400人	江苏省委常委、副省长黄莉新
11	部分省区市纪检监察案件审理工作研讨会	8月23~25日	40人	中纪委监察部案件审理室副主任耿文清
12	第十届全国村长论坛	10月6~7日	2000人	中共中央政治局委员、中央书记处书记、中组部部长李源潮
13	第19届中国金鸡百花电影节	10月12~16日	3000余人	全国政协副主席陈宗兴
14	江苏省法院文化建设工作会议	10月20~21日	150人	江苏省法院党组书记、院长公丕祥

(孙凤球 陈 悦)

■类目编辑 王萍芳

江阴市人民代表大会常务委员会

重要会议

【概况】 2010年，江阴市召开人民代表大会1次，人大常委会会议7次、主任会议11次，听取和审议"一府两院"（江阴市政府、法院、检察院）工作报告和专项报告30项。市人大常委会依法作出决议、决定9项。

【市十五届人大三次会议】 2010年1月12～14日，江阴市第十五届人民代表大会第三次会议在江阴大剧院举行。出席会议应到代表367人，实到355人。市委、市人大、市政府、市政协有关领导；市委各部门、市政府各部门，群众团体及有关单位主要负责人；市有关副处级干部；出席市政协会议的委员；不是代表的镇党委书记（街道党工委书记）、镇长（街道办事处主任）、镇人大专职副主席（街道人大工委专职副主任）；在江阴的全国人大代表、省人大代表和无锡市人大代表小组组长；驻江阴有关单位主要负责人；历届市人大常委会领导和市政协主席；市人大常委会各办事机构主任科员列席会议。会议期间，代表们听取和审议《江阴市人民政府工作报告》，审查和批准《关于2009年国民经济和社会发展目标完成情况和2010年国民经济和社会发展计划草案的报告》《关于2009年财政预算执行情况和2010年财政预算草案的报告》，听取和审议《江阴市人大常委会工作报告》《江阴市人民法院工作报告》《江阴市人民检察院工作报告》，书面审议市政府《关于市十五届人大二次会议代表建议办理情况的报告》，选举李宁、郁秋皓为市人大常委会委员，表决通过相关报告决议。会议期间，共收到代表就全市政治经济社会建设等方面的工作提出的议案、建议、意见159件（条）。

【全市人大工作会议】 2010年4月29日，江阴市委召开全市人大工作会议，贯彻落实全国"两会"精神和省、无锡市人大工作会议精神，加强和改进人大工作。市领导朱民阳、王锡南、吴崇翟、黄满忠、赵国权等和各镇（街道）、市级机关各部门、有关驻澄单位主要负责人及基层人大专职主席、人大工委主任等参加会议。会议由市委副书记赵国权主持。市委书记朱民阳充分肯定市人大常委会成立30年来在推动全市改革开放和促进经济社会持续快速健康发展中作出的重要贡献，加速了社会主义民主和法制建设进程，为密切党与群众的联系发挥了重要作用。要求各级各部门充分认识坚持和完善人民代表大会制度的重要意义，增强做好人大工作的责任感和使命感；人大及其常委会要履行宪法和法律赋予的职责，依法行使重大事项决定权，增强监督实效；人大代表要发挥好推动科学发展、促进社会和谐的重要作用。市长王锡南、市人大常委会主任吴崇翟也分别作了重要讲话。会上，江阴市委下发《关于进一步加强和改进人大工作的意见》。

【市人大常委会会议】 2010年，市十五届人大常委会共举行7次会议。

第十四次会议于1月6日召开。会议听取并审议了市财政局局长黄耀清受市政府委托所作《关于2009年国民经济和社会发展目标完成情况及2010年国民经济和社会发展计划草案的报告》《2009年财政预算执行情况和2010年财政预算草案》、市发改委主任陆礼平受市政府委托所作《2009年政府投资重点项目资金计划执行情况和2010年政府投资重点项目资金安排情况的报告》；会议表决通过市人大常委会《关于表彰2008～2009年度人大代表活动先进小组、代表活动积极分子和优秀联络员的决定》《关于接受许晨同志辞去江阴市第十五届人大常委会委员职务请求的决定》和《市人大常委会代表资格审查委员会关于代表变动情况的报告》；投票表决通过有关人事任免。

第十五次会议于2月26日召开。会议讨论通过市十五届人大常委会2010年工作要点，表决通过有关人事任命事项。

第十六次会议于4月26日召开。会议听取并审议市政府《关于贯彻实施循环经济促进法情况报告》和《关于全市文化产业发展情况的调查报告》，补选郁秋皓为市第十五届人大常委会代表资格审查委员会委员，表决通过有关人事任免事项，讨论通过市十五届人大常委会南闸、云亭街道工作委员会组成人员名单。

第十七次会议于6月28日召开。会议听取并审查市政府《关于2009年财政决算和财政同级审情况的汇报》；听取并审议市政府有关《全市区域卫生发展规划情况的汇报》；有关批准江阴市南部不开发区域产业发展暨结构调整规划的议案及相关说明。会议表决通过《关于批准江阴市2009年财政决算的决议》《关于批准江阴市区域卫生发展规划的决议》《关于批准江阴市南部不开发区域产业发展暨结构调整规划的决定》；表决通过《江阴市人民代表大会常务委员会讨论决定重大事项的暂行规定》《江阴市人民代表大会常务委员会开展专项工作评议的暂行办法》《江阴市人民代表大会常务委员会组成人员守则》《江阴市人民代表大会常务委员会关于公民旁听人民代表大会的暂行办法》等市人大常委会有关制度。

第十八次会议于8月31日召开。会议听取市政府、市法院有关人事任免的提请报告，表决通过有关人事任免事项；听取并审议市政府《关于2010年上半年国民经济和社会发展计划执行情况的报告》《财政预算执行情况以及政府投资重点项目资金到位情况和项目建设进展情况的报告》；听取并审议市法院《关于民商事审判工作情况的报告》、市检察院《关于民行检察工作情况的报告》；听取并审议市政府有关提请授予田华、于洋"江阴市荣誉市民"称号的议案；书面审议市政府有关市十五届人大常委会第十七次会议审议意见办理情况的答复。会议表决通过市人大常委会《关于批准部分政府投资重点项目调整投资方案的决议》；表决通过了《江苏省江阴市授予荣誉市民称号办法》和市人大常委会《关于授予田华、于洋"江阴市荣誉市民"称号的决定》。

第十九次会议于10月26日召开。会议听取和审议市政府《关于我市控源截污排水达标区创建工作情况的报告》，听取和审议市政府《关于市十五届人大三次会议代表建议办理情况的报告》。会议听取市人大常委会、市政府、市法院有关人事任免的提请报告，表决通过有关人事任免事项。会议表决通过江阴市人大常委会《关于接受方国良同志辞去江阴市第十五届人大常委会副主任职务请求的决定》以及《关于接受高林嵩等同志辞去江阴市第十五届人大代表职务请求的决定》。会议还书面审议了市政府、市法院、市检察院有关市十五届人大常委会第十八次会议审议意见办理情况的答复。

第二十次会议于12月9日召开。会议听取并审议市人大常委会就《中华人民共和国食品安全法》组成执法检查组检查江阴市实施情况的报告。会议听取并审议市粮食局《关于江阴市粮食安全工作情况的报告》，以及市人大常委会粮食安全专项工作评议工作组对市粮食安全专项工作的评议报告，对粮食部门的粮食安全专项工作进行了民主测评。会议听取市人大常委会、市政府、市检察院有关人事任免的提请报告，表决通过有关人事任免事项。会议表决通过《关于接受曾国新辞去江阴市第十五届人大代表职务请求的决定》《关于召开市十五届人大四次会议的决定》；通过市人大常委会代表资格审查委员会《关于代表变动情况以及补选代表资格审查情况的报告》、市十五届人大四次会议有关文件草案和建议名单及《市人大常委会工作报告(讨论稿)》；会议还书面审议了市政府《关于市十五届人大常委会第十九次会议审议意见答复情况的报告》，专题学习了党的十七届五中全会精神。

【市人大常委会主任会议】 2010年，江阴市人大常委会共召开13次主任会议。主要议题有：讨论通过《关于2010年市人大代表小组活动的意见》《关于2010年基层人大工作的指导意见》《关于组织全市人大代表开展联系选民活动的意见》《关于评议粮食安全专项工作的实施意见》《"市人大代表活动周"活动方案》，讨论通过江阴市人大常委会领导分工调整和市人大常委会各办事机构与政府部门、"两院"及有关单位、各片人大对口联系安排，2010年度市人大常委会重点督办的11条代表建议。听取市政府关于信息化工作情况、大气环境治理情况、"五五"普法开展情况、2009年财政决算情况和财政同级审情况、重点督办的代表建议办理情况、2010年上半年国民经济和社会发展计划执行情况、财政预算执行情况以及政府投资重点项目资金到位情况和项目建设进展情况、教师绩效工资实施情况、道路交通管理情况、2010年投资重点项目资金安排准备情况、市域河道管理工作情况的汇报。听取办公室、研究室有关全市文化体育事业发展情况的调研报告，内司工委、研究室有关服务企业发展、规范企业劳动用工制度的调研报告，财经工委有关政府采购工作情况的调研报告，环资城建工委、研究室关于"万顷良田"建设和土地流转工作情况的调研报告，教科文卫工委关于文化产业发展情况的调研报告，人大代表联络工委、研究室有关重点督办建议办理情况的调研报告。专题学习党的十七届五中全会，全国人大、政协"两会"精神和市委十一届九次、十次全会精神，并处理有关日常工作。

监督工作

【概况】 2010年，江阴市人大常委会围绕"谋创新、快转型、惠民生、促发展"工作主线，抓好重点、热点、难点的监督，听取和审议"一府两院"专项工作报告30项，开展专题视察16次，执法检查、专项工作评议各1项。

【推动经济平稳较快发展】 2010年，江阴市人大常委会密切关注全市经济运行情况，听取和审议"十二五"规划编制、2010年上半年国民经济和社会发展计划执行情况、《中华人民共和国循环经济促进法》贯彻实施情况，专题视察科技创新、台资企业发展情况和工业、服务业投入及经济转型升级情况，提出加快产业转型升级，提升自主创新能力，加强节能减排工作，优化公共服务平台等建议，督促政府认真落实中央、省和无锡市有关政策，优化经济发展环境，加大对新兴产业、重点产业的扶持力度，引导企业转变发展方式，提高发展质量，增强发展后劲。此外，常委会领导还深入政府有关部门和企业走访调研，了解实情，听取意见，帮助企业排忧解难，为全市经济又好又快发展出谋划策。

【促进依法科学理财】 2010年，江阴市人大常委会坚持程序性审查和实质性审查并重，依法审查财政预决算情况，专题调研审计工作，督促政府加强收入征管，强化预算管理，注重政府债务管理，积极防范财政风险，确保依法科学理财。根据常委会的建议，市政府出台了有关政府专项资金管理办法，并启动了政府专项资金绩效评价试点工作，加强了对财政资金使用情况的跟踪问效。常委会多次对政府投资重点项目资金使用情况进行监管，要求政府强化项目前期准备工作，量入为出编制政府投资计划，千方百计抓好资金平衡，严格审查项目审批管理程序，切实规范政府投资行为。常委会还对政府采购工作、开发区和临港新城财政工作进行了专题调研。

【促进城乡统筹发展】 2010年，江阴市人大常委会重点审议道路交通安全管理工作，专题视察市域道路和城区畅通工程，提出建议意见。市政府高度重视，加快推进道路畅通工程建设，强化道路交通安全基础设施建设，组织开展交通专项整治行动，市民出行更加方便快捷，城区交通拥堵现象得到有效缓解。常委会对数字化城市管理建设情况开展视察，督促政府加快建设步伐，规范完善运行机制，打造“数字城管”。常委会还对市域河道管理情况、南门地区改造推进工作、小区物业管理推进情况、防震减灾工作和政府十件实事进行视察、调研和审议，推动城乡统筹发展。

【促进解决民生问题】 2010年，市人大常委会关注民生热点，对全市文化产业发展情况进行专题审议，实地视察广电事业发展情况，听取和审议义务教育阶段教师绩效工资实施情况，视察养老事业发展情况，专题调研企业劳动用工制度，视察“现代农业十大重点示范工程”建设情况，配合省、无锡市人大常委会对江阴市农村“三置换”工作、“万顷良田”建设和土地流转工作的调研，维护人民群众根本权益，促进民生不断改善。对贯彻实施《中华人民共和国大气污染防治法》情况进行检查，建议政府坚持政府负责、政策引导、突出重点、防治并重，依法推动大气环境质量全面改善。参与水环境治理工作，督促政府严格抓好控源截污排水达标区工程的建设、验收、整改和长效管理，真正把控源截污工程做成人民满意工程。

【开展食品安全执法检查】 2010年9月至11月，江阴市人大常委会开展对全市实施《中华人民共和国食品安全法》情况进行执法检查。执法检查组由部分市人大常委会组成人员、市人大代表及市人大常委会办公室、研究室、教科文卫工委、内务司法工委的有关人员组成。执法检查组集体学习上述法规，专题听取市政府关于全市贯彻实施此法的情况汇报，召开3次食品安全工作座谈会，听取食品安全委员会成员单位领导、部分乡镇分管负责人，人大专职副主席、市人大代表、基层群众代表以及部分企业业主的座谈发言，察看了华贸粮油配送有限公司、江南农副产品批发市场、职业技术学院、市职教中心、周庄生猪定点屠宰场、红光蔬菜基地、双华豆制品有限公司等单位的食品安全情况。针对检查中发现的问题，建议政府加强普法宣传和行业自律引导，完善监管体系，细化监管责任，整合监管资源，加大执法力度，确保各个环节食品安全。

【开展粮食安全工作专项评议】 2010年8月至12月，江阴市人大常委会对市粮食部门试点开展粮食安全工作专项评议。根据江阴市人大常委会《关于评议粮食安全专项工作的实施意见》，评议工作组相继召开粮食流通工作、粮食安全监管工作和基层代表座谈会，听取市粮食局、粮食局直属企业、民营粮食经营企业负责人和粮食安全监管部门以及相关镇政府、行政村负责人的意见和建议，视察中粮物流、华士粮油应急供应点和华士镇陆桥粮管所，实地了解粮食储存、流通、监管等情况。其间，评议工作组在网络、报刊等新闻媒体公开评议工作组联系电话和电子邮箱，征求社会各界对粮食安全工作的意见和建议。江阴市第十五届人大常委会第二十次会议上，市人大常委会委员对全市粮食安全工作进行了测评，满意率达97.5%。

2010年11月10日，市人大执法检查组检查大统华虹桥店。 （袁忠良摄）

【促进"法治江阴"建设】 2010年，江阴市人大常委会加强法律监督，为全市经济社会发展创造良好的法治环境。加大依法治市监督力度，对依法治市规划实施情况进行专题审议和监督检查，视察并审议市政府"五五"普法工作情况，要求市政府进一步加强普法工作宣传力度，完善机制，普治结合，加快推进"法治江阴""平安江阴"建设步伐。强化对司法工作监督，在同一次常委会上专题听取和审议市法院关于民商事审判工作情况的报告和市检察院关于民行检察工作情况的报告，督促两院相互监督、协调配合，建立健全审判权和检察权有序运行的良性机制，共同推进民商事司法工作规范化。组织部分常委会组成人员、市人大代表旁听法院庭审，促进司法机关严格、规范、公正司法。依法开展规范性文件备案审查，规范审查程序及工作流程，对5件政府规范性文件进行备案，将人大常委会作出的4件决议决定向无锡市人大常委会备案。做好信访工作，增设人大信访科，配备专职接访人员，拓宽人大信访受理平台，把"12345"公共服务呼叫中心、人大网站"民声留言板"等留言内容纳入信访办理，全年共办理信件134件，接待到访代表和群众112人次。

人事任免

【概况】 2010年，江阴市人大常委会始终坚持党管干部和依法任免相统一的原则，积极贯彻市委意图，严格遵循法定程序，严把人事任免提请审查关、考试关、投票表决关，依法做好人事任免工作。全年，任免和决定任免国家机关工作人员49人次。

2010年江阴市任免人大常委会及"一府两院"工作人员一览

表12

时间	会议	任免名单
1月6日	市十五届人大常委会第十四次会议	决定任命濮益民为江阴市民防局局长。
2月26日	市十五届人大常委会第十五次会议	决定任命何卫东为江阴市副市长(挂职)。
4月26日	市十五届人大常委会第十六次会议	任命蔡林为江阴市人民法院刑事审判庭庭长、审判委员会委员；刘尧宇为江阴市人民法院西石桥人民法庭庭长；钱宇穗为江阴市人民法院民事审判第一庭副庭长，免去其滨江人民法庭副庭长职务；吴海强为江阴市人民法院执行庭副庭长；刘俊为江阴市人民法院青阳人民法庭副庭长；张勇为江阴市人民法院滨江人民法庭副庭长；丁蔚为江阴市人民法院审判员；杨奕为江阴市人民法院审判员；储振宇为江阴市人民法院审判员；刘浩明为江阴市人民法院审判员。免去孙荣良江阴市人民法院审判员职务。 任命吴玉兰、袁伟成、徐仁方、许庆健、张瑜、苏士松、郭建新、吴刚、缪品露、吴忠良、赵彩宝、张玉萍、王仁良、徐惠春、陈丽萍、花尧清、袁三宝、费士川、云静蓉、赵建龙、施艳君、钱成法、顾岳章、张霞、张修文、夏丽洁、曹惠芬、吴丹宁、方国钦、时卫任、华永梅、吕云瑞、承雅平、肖卫琴、陶一鸣、王丹妮、张建国、刘文彬、任陈芳、任国英、徐国民、王彩英、张冬青、徐家邦为江阴市人民陪审员。
8月31日	市十五届人大常委会第十八次会议	决定任命卢澄晓为市监察局局长；崔巍为市食品药品监督管理局局长；施迪庆为市民防局局长。免去李一中市监察局局长职务；免去濮益民市民防局局长职务。 任命陈忠宇为市人民法院副院长。免去程建忠市人民法院审判委员会委员、民事审判第二庭庭长职务。
10月26日	市十五届人大常委会第十九次会议	任命吴芳为市人大常委会南闸街道工作委员会主任；顾少农为市人大常委会临港新城工作委员会主任。免去徐华文市人大常委会南闸街道工作委员会主任职务；免去曹志斌市人大常委会临港新城工作委员会主任职务。 决定任命陆钢为市民政局局长；蔡欣为市建设局局长；何建华为市住房保障和房产管理局局长；免去季三宝市民政局局长职务；免去阚满荣市建设局局长职务；免去吴贯一市住房保障和房产管理局局长职务。 任命朱新阳为市人民法院审判委员会委员，免去其市人民法院长泾人民法庭庭长职务；黄东为市人民法院审判委员会委员；韩仁波为市人民法院审判委员会委员。免去朱行军市人民法院执行庭庭长职务；免去陈瑞昌市人民法院审判员职务。
12月9日	市十五届人大常委会第二十次会议	任命李瑞良为市人大常委会经济开发区工作委员会主任；钱华光为市人大常委会夏港街道委员会主任。免去朱亚平市人大常委会经济开发区工作委员会主任职务，免去程政市人大常委会夏港街道工作委员会主任职务。 决定任命六扬为市商务局局长；免去钱华光市商务局局长职务。 任命陈卫东为市人民检察院检察委员会委员；免去吴子东市人民检察院检察委员会委员、检察员职务；免去李兵市人民检察院检察员职务；免去孟龙兴市人民检察院检察员职务；免去沈君鹤市人民检察院检察员职务；免去黄芝君市人民检察院检察员职务。

代表工作

【概况】 2010年，江阴市人大常委会将支持、规范和保障代表依法履职作为代表工作的重点，不断创新形式，丰富内涵，拓宽渠道，优化服务，代表主体作用得到充分发挥。常委会定期寄送人大刊物，依托人大网站及时传递信息，不断规范“人大代表之家”建设，为代表学习培训、小组活动、到访接待提供良好的场所和平台。建立完善“代表接待日、代表活动周、联系选民月、主题调研年、届内述职制”等制度，促进代表履职经常化、制度化。邀请人大代表80多人次分别列席人大常委会会议、市政府常务会议，参加常委会组织的视察调研、执法检查、专项工作评议等活动。按照30%的述职计划，组织市、镇两级代表向选民述职。按照一季度一次代表小组活动要求，组织开展专题调研、会前视察等小组活动。年内，市人大常委会接受8名市人大代表辞去代表职务，补选市人大代表4名，年末市人大代表共362名。

【“人大代表联系选民月”活动】 2010年5月下旬至6月12日，江阴市人大常委会组织在江阴的无锡市人大代表、江阴市人大代表、各镇人大代表集中开展“人大代表联系选民月”活动。68名在江阴的无锡市人大代表、316名江阴市人大代表、900余名镇人大代表和选民代表参加活动。来自全市基层镇村、企业、学校等各行业的1013名群众代表分别参加了42次座谈会、44项见面接待活动，向人大代表提出涉及经济建设、社会事业、城市管理、环境保护等方面的意见建议450多条，经梳理汇总，16条提交无锡市人大常委会，60条交由江阴市政府办理，138条转交各镇、街道办理。

【“市人大代表活动周”活动】 2010年9月13日至17日，市人大常委会组织全体市人大代表集中开展以视察城乡文化体育事业发展为主题的“市人大代表活动周”活动。全市25个市人大代表小组共305名代表以“一看二听三议”的方式，集中视察了小组所在行政区域内的文化体育事业发展情况。活动周期间，代表们共实地视察各类文化体育活动场所53个，从规划布局、建设管理、活动组织、队伍建设等方面提出意见建议73条。经梳理汇总和整理归纳后，交由市政府及有关部门研究解决的意见建议22条。

【督办代表建议意见】 2010年，江阴市人大常委会认真督办市十五届人大三次会议期间代表提出的159件建议，代表满意率达97.5%。《关于优化城市交通管理手段，改善交通拥堵现象的建议》《关于要求增拨城市社区工作经费的建议》《关于增加无碘盐供应点的建议》等11件常委会重点督办建议都得到了较好落实。首次启用代表建议网上办理系统，实现代表建议实时录入、办理过程公开透明、办理结果随时可查。规范闭会期间代表建议办理程序，对代表在大会闭会期间和代表活动期间提出的102件建议认真交办。（缪宇强）

·小资料·

人大代表的法律地位

人大代表是国家权力机关组成人员。全国人民代表大会代表是最高国家权力机关组成人员，地方各级人民代表大会代表是地方各级国家权力机关组成人员。

一、宪法规定我们国家的一切权力属于人民，人民群众通过选举自己的代表来行使属于自己的权力，人大代表受人民群众的委托，集合在一起组成权力机关来集体行使国家权力。所以，人大代表是国家权力机关组成人员。

二、国家权力机关的重要责任是把人民群众的意志变为国家的意志，把党的主张变为国家的主张，而人大代表作为反映人民群众利益和意志的载体，有责任通过执行代表职务，把人民群众的意志变为国家的意志，把党的主张变为国家的主张，也就是说，国家权力机关行使权力是要通过人大代表执行代表职务来实现。

三、把人大代表界定为国家权力机关的组成人员，也是有宪法作为根据的。宪法第五十九条规定，全国人民代表大会由各省、自治区、直辖市和解放军代表组成；第五十七条规定，全国人民代表大会是最高国家权力机关；第九十六条规定，地方各级人民代表大会是地方国家权力机关。因此，把人大代表定义为国家权力机关的组成人员。

提高人大代表在国家政治生活中的地位，有助于进一步激发人大代表的责任感和工作积极性。

——摘自中国人大网

■类目编辑 王萍芳

江阴市人民政府

市政府领导成员分工

王锡南　主持市政府全面工作，负责财税、人事、国有资产管理工作，分管财政局、人社局、国有资产管理办公室，联系国税局、地税局。

高　佩　负责市政府常务工作，负责发展计划、服务业、城乡规划建设、交通、城市管理、旅游、房管、人防工作，分管发改委、服务业办、建设局、交通局、规划局、城管执法局、住保房管局、园林旅游局、人防办、供销合作总社，联系电信公司、邮政局、供电局。

计　军　负责开放型经济、沿江开发、港口建设、外事、侨务、政府机关、接待、信息化工作，分管开放园区、商务局、口岸办、港口局、台办、侨办、政府办、接待办、外事办、信息化办，联系海关、海事局、边检站、出入境检验检疫局、长江引航中心、船检局。

袁秋中　负责农村、农林、水利农机、粮食、统计、国土资源、气象、对口支援工作，协助市长分管财税工作，分管农林局、水利农机局、粮食局、统计局，联系国土资源局、气象局。

费　平　负责工业、科技、技术改造、技术监督、劳动社保、安全生产、金融保险工作，分管经信委、科技局、高新技术创业园、人社局、安监局、金融办，联系科协、质监局、金融保险机构，协调担保公司。

钱文琴　负责民政、卫生、人口与计划生育、物价、宗教、人民武装、机关后勤管理、老龄、退管工作，负责与人大、政协、群团、驻军的联络工作，分管民政局、卫生局、人口计生委、物价局、民族宗教局、机关管理局，联系残联、工商局、烟草局、盐务局。

龚振东　负责教育、文化、体育、广播电视、行政服务中心、地方志、档案工作，分管教育局、体育局、文广新局、史志办、档案局，联系药监局。

封晓春　负责改革、资本经营、政府法制、政策研究工作、环保工作，分管监察局、审计局、司法局、法制办、环保局、上市办、政府研究室，联系法院、检察院。

陶苏根　负责稳定工作，具体负责公安局工作，分管信访局。

张济建　负责科技镇长团工作。

陈文斌　分管行政服务中心工作。

年度重点工作

一、坚持经济转型出成效，构筑持续发展新优势。做强农业经济，做优工业经济，做大服务经济，做好“三外”（外贸、外资、外经）经济，做特园区经济。

二、坚持城乡建设快推进，树立现代港城新形象。突出功能品位，完善路网交通，加快片区开发，统筹村镇建设。

三、坚持生态建设大力度，落实环境保护新举措。持续抓好绿化造林，持续抓好节能减排，持续抓好环境整治。

四、坚持社会建设上水平，力求民生福祉新提升。强化富民举措，强化保障水平，强化公共服务，强化社会管理。

五、坚持自身建设下工夫，开创政府工作新局面。更高水平依法行政，更实作风高效施政，更大责任为民理政，更严要求勤廉治政。

政府常务会议

2010 年 2 月 3 日，江阴市政府召开第一次常务会议，讨论并原则通过《江阴市 2010 年体制改革创新工作实施意见（讨论稿）》《关于 2010 年度体制改革创新工作目标任务分解考核意见（讨论稿）》《关于促进我市房地产市场平稳健康发展的若干意见（讨论稿）》《江阴市人民政府关于创建“国家节水型城市”的实施意见（讨论稿）》《关于江阴市 CNG 汽车加气站点布局规划（讨论稿）》《关于江阴市义务教育学校校长绩效考核办法（讨论稿）》。会议讨论了《关于 2010 年江阴市工业经济发展主要指标目标分解情况（讨论稿）》《围绕中心服务大局切实保障经济社会健康运行（讨论稿）》《关于 2010 年扩大消费需求的实施意见(讨论稿)》《关于调整自来水价格中水资源费和南水北调基金收取标准(讨论稿)》《关于调整我市新建住宅有线数字电视配套建设收费标准的意见（讨论稿)》《关于滨江路城区段禁行货车的建议(讨论稿)》《关于加快推进工业企业主辅分离试点工作的实施意见(讨论稿)》。会议还研究了关于严格控制和加强规划变更管理的规定,同意成立临港新城6号码头物流中心项目推进协调小组，决定授予江苏阳光集团有限公司2009年度江阴市“市长质量奖”。

2月24日，市政府召开第二次常务会议，讨论并原则通过《2010年江阴市节能降耗工作实施意见(讨论稿)》《关于妥善解决农民住房的实施意见（讨论稿)》《关于开展创建优质产品生产基地的意见(讨论稿)》《关于认真做好第六次全国人口普查工作的通知(讨论稿)》。会议讨论了《关于2010～2012年退城入园规划（讨论稿)》、关于建设生态文明先驱城市和进一步做好市老龄事业发展的实施意见，及创建省无障碍环境建设示范城市实施方案。会议还讨论了有关人事任免问题。

3月25日，市政府召开第三次常务会议,讨论并原则通过《关于进一步加强全市财税工作的若干意见(讨论稿)》《江阴市向上争取资金考核暂行办法（讨论稿)》《关于江阴市限价商品住房管理暂行办法(讨论稿)》。会议讨论了关于合同民办教职工若干问题的意见、关于学校代课人员若干问题的意见、“中国江阴”党政网站集群管理办法、关于开展2010年度创建江苏省土地执法模范市活动的通知、江阴市2009年度土地卫片执法检查工作实施意见和成立工作领导小组、关于加快推进工业企业主辅分离试点工作的实施意见和关于当前护林防火工作。会议同意调整江阴市防汛防旱指挥部成员，并通报有关人事处分决定。

4月15日，市政府召开第四次常务会议,讨论并原则通过《关于打造惠民拆迁工程的若干工作意见(讨论稿)》《关于加强城市拆迁指挥部行政推动作用的工作意见(讨论稿)》《关于推进体育现代化建设的意见》《关于开展全市水环境综合整治“150天行动计划”的实施意见(讨论稿)》《关于开展全市大气污染防治“150天行动计划”的实施意见(讨论稿)》。会议讨论了关于江阴市镇级机构改革方案、镇级机关事业单位编外用工清理工作实施意见、镇级机构改革人员分流实施办法和关于申请增拨澄江街道社区和管理区工作经费。会议还通报征求《关于合同民办教师若干问题的意见》《关于规范使用学校编外人员的通知》的意见情况。

5月6日,市政府召开第五次常务会议,讨论并原则通过《江阴市区域卫生发展规划（2010～2020)(讨论稿)》《关于加快推进城乡医疗保障一体化建设的意见(讨论稿)》。会议讨论了《全市不开发区域产业发展暨结构调整规划(讨论稿)》《关于建设江阴天安数码城的情况汇报(讨论稿)》、关于建设“幸福江阴”行动纲要(2011～2013)框架草案、关于加快完善城乡社会救助一体化建设的意见、关于进一步完善被征地农民基本生活保障制度的意见、历次被征地农民和被征地农民中就业年龄段人员参加企业职工基本养老保险的意见、关于实施招商项目跨区域集聚的政策意见,并通报中德足球比赛准备情况。会议还讨论通过有关人事任免。

6月4日,市政府召开第六次常务会议,讨论并原则通过《关于深化农村“三置换”改革•统筹城乡一体化发展的实施意见（讨论稿)》《关于万顷良田工程建设和经营管理创新的实施意见（讨论稿)》。会议讨论了《关于深化结对帮扶增强村级财力工作的意见(讨论稿)》《进一步加强村级集体资产管理的意见(讨论稿)》《关于南闸、云亭街道规划发展等相关问题的意见(讨论稿)》《关于拍卖江阴长江饭店的建议(讨论稿)》、关于2010年度镇（街道）机关工作综合考核的意见、关于加强文化产业发展的若干政策意见、文化产业发展引导资金管理办法、文化产业发展指导目录、文学艺术奖评审委员会组成人员调整名单、文物管理委员会成员调整建议名单、关于江阴市规范性文件制定和备案实施办法、江阴市人民政府重大行政决策后评价暂行规定和江阴市重大行政决策过错责任追究规定。会议还讨论通过有关人事任免。

6月13日，市政府召开第七次常务会议,讨论并原则通过《江阴市绿地认养认管办法（讨论稿)》《关于江阴市“12345民生热线”网上直播室运行管理暂行办法(讨论稿)》《关于江阴市政务信息资源目录体系和更换平台管理暂行办法(讨论稿)》。会议讨论了《关于江阴市应急备用水源地建设方案(讨论稿)》、关于加大工作力度确保完成节能降耗目标任务的通知、江阴市钢铁产业整合整治工作实施意见和关于生产性废旧金属收购经营设立禁设区域公告。会议还同意成立江阴市城市管理委员会。

7月7日,市政府召开第八次常务会议，会议总结分析上半年度政府工作和经济社会各项目标任务完成情况，明确下半年度的工作重点和举措，要求各级各部门围绕“收好尾、保住底、开好头”,全力以赴抓好当前,确保全面超额完成全年目标任务。发改委、经信委、科技局、财政局、商务局5个部门负责人作交流发言，各位副市长对分管工作进行总结部署。

7月16日，市政府召开第九次常务会议,讨论并原则通过《关于加快江阴市旅游业发展的若干意见(讨论稿)》。会议讨论了《关于事业单位和财政管理有关问题(讨论稿)》《关于江阴市南部不开发区域产业发展指导目录（讨论稿)》、关于全市“三创”载体•建设、江阴大学联盟科技园建设方案、全市政产学研合作工作、全市科技金融工作、关于通报“十一五”规划情况和关于调整自来水销售价格。会议还同意成立江阴市第一次全国水利普查领导小组。

8月13日，市政府召开第十次常务会议，讨论并原则通过《关于全面开展拉网式安全生产隐患排查治理工作方案(讨论稿)》《关于集中开展严厉打击非法违法生产经营建设行为专项行动方案(讨论稿)》《南京工业大学、江阴市人民政府关于合作共建南京工业大学浦江学院(江阴)的协议》《江阴市级财政项目绩效预算管理试行办法(讨论稿)》《江阴市级财政项目支出绩效评价暂行办法(讨论稿)》《江阴市人民政府关于贯彻落实全民健身条例的实施意见(讨论稿)》《关于科学创新建设管理机制、大力发展公共租赁住房的意见(讨论稿)》《关于进一步提升节约集约用地水平促进产业转型升级的实施意见(讨论稿)》。会议讨论了关于江阴市集体林权制度改革工作实施方案和关于调整企业退休军转干部地方补贴标准。会议还讨论了有关人事任免。

8月17日，市政府召开第十一次常务会议，讨论并原则通过《关于推进新兴产业发展“445计划”、建设江阴“人才特区”的暂行办法(讨论稿)》《江阴市排水设施建设和排水许可管理办法（讨论稿)》《江阴市城市近期建设规划(2009～2015)(讨论稿)》。会议讨论了关于澄星实业集团有限公司搬迁重组过程中涉及的相关事宜和关于江阴市钢铁行业淘汰落后产能及设备第一阶段实施方案。

10月14日，市政府召开第十二次常务会议，讨论并原则通过《江阴市国民经济和社会发展第十二个五年规划纲要（讨论稿)》《关于更大力度加快科技金融服务体系建设、推进新兴产业发展“445计划”的实施方案(讨论稿)》《中共江阴市委、市人民政府关于表彰全市科技人才资本合作优秀民营企业的决定(讨论稿)》。会议讨论了《锡澄运河航道整治工程情况汇报(讨论稿)》和关于江阴城市发展“215计划”。会议同意成立江阴市水资源管理示范市建设领导小组。会议还通报了有关人事处分决定。

10月25日，市政府召开第十三次常务会议，讨论并原则通过《关于加快创业投资股权投资发展的若干意见(征求意见稿)》《关于进一步加强应急管理体系规范化建设的意见(讨论稿)》《关于加强应急队伍建设的意见（讨论稿)》《江阴市人民政府关于建立江阴市主要经济指标联审制度的通知(讨论稿)》《关于提高劳动模范待遇的实施意见》《人口综合信息库管理暂行办法(送审稿)》《江阴市地下空间开发利用暂行办法》和《关于建立预防和查处违法建设联动机制的实施意见（征求意见稿)》。会议讨论了关于十五届人大三次会议代表建议办理情况的报告、关于印发《江阴市特殊困难残疾人生活救助实施办法》的请示。会议还讨论通过有关人事任免。

11月15日，市政府召开第十四次常务会议，讨论并原则通过《江阴市机关事业单位编外用工清理规范工作实施意见（讨论稿)》《江阴市市级机关事业单位编外用工管理暂行办法（讨论稿)》《2011年江阴市新型农村合作医疗筹资方案(讨论稿)》。会议讨论了《江阴市村级公益事业建设一事一议财政奖补工作实施方案（讨论稿)》《关于对CNG汽车改装进行补贴的请示（讨论稿)》《关于江阴质监局对外出让现有土地房屋以解决系统整体搬迁建设资金的请示(讨论稿)》。

11月25日，市政府召开第十五次常务会议，传达国务院关于加强法治政府建设的意见精神。讨论并原则通过《江阴市维护稳定工作领导小组关于开展社会稳定风险评估工作的实施意见（讨论稿)》《江阴市居民养老保险暂行办法(讨论稿)》《江阴市居民养老保险暂行办法实施细则（讨论稿)》《关于深化行政权力网上公开透明工作的意见(讨论稿)》《今冬明春造林绿化工作实施意见(讨论稿)》。会议还讨论了《关于优化建设项目审批流程工作的意见(讨论稿)》。

12月1日，市政府召开第十六次常务会议，讨论并原则通过《江阴市人民政府关于稳定消费价格总水平保障群众基本生活的实施意见(讨论稿)》。会议讨论了《2011年度政府投资项目安排(讨论稿)》，关于江阴市2011年国民经济和社会发展管理目标，建设“幸福江阴”行动纲要（2011～2013)，“幸福江阴”综合评价指标体系（2011～2013)，关于江阴市“十二五”的民生发展规划、工业经济发展规划、农业发展规划、人才发展规划、科技发展规划、土地利用总体规划，关于江阴市创建国家生态园林城市实施方案和成立江阴市创建国家生态园林城市领导小组事宜。会议还同意给江阴市对口援建绵竹市清平乡现场指挥组提记集体二等功、给江阴市公安局提记集体二等功。

12月14日，市政府召开第十七次常务会议，讨论并原则通过《2011年市委、市政府为民办十件实事（讨论稿)》。会议讨论了《2011年江阴市重点重大项目安排计划(讨论稿)》《工业投资及重点项目安排计划(讨论稿)》《服务业重点重大项目安排计划（讨论稿)》《关于江阴澄星集团花山路老厂区整体搬迁资产评估的请示(讨论稿)》、关于江阴市政府性投资建设项目监督管理办法、关于江阴市历次被征地和被征地农民并轨城保工作总结评估、关于统一全市企业缴纳基本养老保险费比例和关于江阴体育中心管理运营方案。

12月22日，市政府召开第十八次常务会议，讨论并原则通过《江阴市2010年国民经济和社会发展计划执行情况与2011年江阴市国民经济和社会发展计划草案(讨论稿)》《2011年江阴市工业经济发展主要指标目标分解情况(讨论稿)》《2010年预算执行情况与2011年预算安排（讨论稿)》。会议还讨论了《2010年政府工作报告(讨论稿)》。 (赵 钧)

行政审批

【概况】 2010年，江阴市行政服务中心以“提升功能性服务、打造人民满意中心”为主线，不断探索实践行政审批方式创新，围绕服务全市发展大局，积极助力新兴产业“445计划”，全面优化提升依法行政和为民服务水平，各项工作稳步有序推进。年内，有5个部门（单位）9项项目进驻市行政服务中心办理；新建1个分中心，同时抓好已建分中心的长效管理机制；有7项项目缩短承诺时间32个工作日；率先在无锡地区达到行政许可项目100%进驻、其他服务项目80%进驻中心的目标。市行政服务中心开辟重大项目行政服务快车道，做好市重点项目集中会办的后续跟踪服务；开展基本建设项目审批流程再造工作；建立“一表制”前置审批网上并联办理新机制；健全镇级行政服务中心运行管理机制，行政审批系统延伸到17个镇级便民服务中心；建成市级权力网上运行业务系统，实现行政权力全过程在网上运行；建成全市统一的“网上政务大厅”，实现行政权力事项的权力主体、程序、依据、标准等静态信息和办理动态信息的实时显示；建成行政权力电子监察和法制监督系统，实现信息采集、流程监控、绩效评估等功能；与市档案局数据库开通联网，在中心办事大厅设立档案信息查询点。全年办理各类审批和服务事项近35万件，综合当场办结率为80%，提前办结率达40%；联办件4万余件，网上审批7万余件。承诺件提前办结率达40%，群众满意率达99.9%。全年收到企业和群众赠送锦旗68面、表扬信18封。是年，市行政服务中心获无锡市行政审批制度改革工作先进单位，江阴市“团结、廉洁、高效、开拓”好班子、“三服务”工作先进部门等各级各类荣誉13项。

【“两集中、四落实”工作取得突破】 根据市政府“行政审批内容向服务中心集中、行政审批项目向服务中心窗口集中，确保进驻项目落实、人员配备落实、审批质量落实、考核办法落实（简称“两集中、四落实”）的工作要求，2010年，市行政服务中心继续推进项目进驻和提速工作。年内，有市卫生局、规划局、口岸办、水利农机局、江南水务股份有限公司5个部门（单位）的9项项目（其中服务项目4项、其他事项5项）进驻市行政服务中心；开展第七轮提速，市发改委、规划局、建设局、国土局、交通运输局、口岸办、人社局等9个部门的27项项目，共缩短承诺时间160个工作日。全年联办件超过4万件，网上审批件超过7万件。是年，继续推进分中心建设，新建地税分中心；同时抓好分中心与市中心的并轨管理。

【行政权力网上运行信息系统通过省级验收】 按照江苏省、无锡市有关工作部署和要求，江阴市成立行政权力网上公开透明运行工作领导小组，办公室设在市行政服务中心。通过清理审核、建设实施和运行提高三个阶段工作，基本完成全市统一的行政权力网上运行信息系统建设，实现行政权力事项的权力主体、程序、依据、标准等静态信息和办理动态信息的实时显示，初步实现行政权力网上运行目标。3月起，全市各部门普遍进入网上运行，至年末，全市权力网上运行量达35万余件，其中许可9.1万余件、处罚6200余件、强制8件、征收3300余件、其他25万余件。年内与无锡市其他市（区）一起在全省率先通过省政府考核验收，获优秀等次。

【基本建设项目审批流程优化】 2010年10月，市行政服务中心印发《关于推进基本建设项目审批流程优化工作的通知》，并拟定8张审批流程图，对全市各部门减少审批事项、简化审批程序、规范审批行为作出明确规定。年内，江阴市将基本建设项目细化分为工业类和非工业类两大类，针对不同类别进行流程优化。对没有前后置关系的基本建设审批项目实行并联审批，几个部门同步办理，限时办结。通过优化基本建设项目审批流程、实现审批服务提速，全市基本建设项目相关的审批承诺时限压缩140余个工作日，提速40%以上。

【重点重大审批项目服务机制完善】 2010年，市行政服务中心重点围绕服务全市新兴产业“445计划”专项活动，编印《“445计划”审批服务指南》，设立服务专窗，建立服务快车道，形成与经济开发区及临港新城相关审批部门的沟通协调机制。各部门服务窗口均推出切实有效举措：环保窗口开展强化服务月活动，编印环保服务手册、投资创业环保指南；工商窗口推出政策支持、绿色通道等5项举措；发改委、规划局等多个窗口开通市重点重大项目行政服务快车道。年内，市行政服务中心充分发挥项目审批集聚优势，建立房地产交易和基本建设项目一条龙审批链，对重点重大项目开展联办和会办，组织敔山湾、职教园等多项项目的审批协调会。同时还建立跟踪服务机制，做好无锡市重大项目及江阴市84项集中会办重点项目的后续跟踪服务工作。

【三级便民服务体系建设】 2010年是江阴市三级便民服务体系建设的优化提升年。在市、镇、村三级框架基本搭建到位的基础上，市行政服务中心充分发挥龙头作用，突出镇、街道便民服务中心的主体作用，完善村（社区）便民服务室的补充作用，进一步完善运行机制，全面提升管理运行水平。在指导好镇、街道便民服务中心合理调整进驻部门的同时，开展专项活动推进工作。2月，推出镇、街道便民服务中心“一镇一特、一镇一品”特色工程，加强示范点的建设力度；4月，组织镇、街道便民服务中心窗口人员赴市中心窗口进行“菜单式”培训；11月，开展镇、街道便民服务审批代办员培训，提升基层审批业务能力，并会同市纪委效能室举行村（社区）便民服务室星级评定现场推进会；12月，对全市申报星级的村（社区）便民服务室进行考核验收，其间共检查40个村(社区)便民服务室。是年,全市各镇、街道便民服务中心共办理相关事项15万余件。澄江、周庄、长泾、云亭4个便民服务中心被评为江阴市级示范点,其中澄江、周庄便民服务中心获评无锡市级示范点。

【"一表制"前置审批网上并联办理机制施行】 2010年,市行政服务中心拓展"一表制"网上并联审批范畴,创新企业注册登记"一表制"工作机制,进一步加强对窗口审批业务流程的研究,与部门合作整合业务流程,将企业注册登记"一表制"系统延伸到前置审批事项,建立"一表制"前置审批网上并联办理平台。年内,市工商、交通、港口、环保、卫生、文广新等部门实现网上并联办理。同时建立前置审批网上并联办理协调机制,定期召开工作协调会议;制定出台网上并联办理办法,明确各部门职责,规范办理流程,建立长效管理与监督制度。企业注册登记"一表制"审批网上并联办理平台的建立,进一步拓展网上审批系统的功能,简化办事程序,实现提速增效。全年"一表制"前置审批系统共办理400余件。

(夏 一)

法制工作

【概况】 2010年,江阴市依法行政工作坚持以科学发展观为指导,围绕建设法治政府工作目标,积极创新工作机制,着力提高行政管理效能,取得显著成效。市政府出台《江阴市人民政府重大行政决策程序规定》《江阴市重大行政决策过错责任追究规定》《江阴市重大行政决策听证办法》等文件,建立健全符合江阴市发展实际的重大决策制度体系。市政府法制办全年审查制定各类文件233件,受理行政复议案件30件,受理信访复查复核案件15件;审查市政府各类合同8份,完成市领导交办的重大涉法事项24件,审核换发行政执法证、监督证共231张;收到政府有关部门和镇政府、街道办事处报送备案规范性文件9件,向无锡市报备5件。是年,江阴市政府被江苏省全面推进依法行政工作领导小组评为省级依法行政示范点(2010~2011);市政府法制办被省政府办表彰为"县级政府法制工作规范化建设示范单位"和"信息工作先进集体";市农林局、水利农机局和城管执法局被评为行政部门省级依法行政示范点。

【规范性文件审查制定】 2010年,市政府法制办共审查制定各类文件233件,其中市委、市政府文件158件,江苏省政府和无锡市政府征求意见的文件17件,其他文件58件。规范性文件审核制定过程始终坚持围绕中心、突出特色、推动发展、科学创新的工作思路,强化制度对经济增长方式转变、社会稳定的保障和推动作用,确保所制定的文件切合江阴实际,具有较强的可操作性。如《江阴市城市地下空间开发利用管理暂行规定》,是借鉴上海、沈阳、深圳等地的先进经验,结合江阴实际制定的规范性文件,在规范地下空间开发利用方面走在周边县市前列。该文件在产权登记方面有所创新,明确了地下空间的土地使用权、房屋所有权登记的有关规定,同时还规定地下空间规划管理办法、法定义务以外投资修建的人民防空工程权属登记等内容,具有较强的可操作性。对与群众利益密切相关的重要规范性文件的出台,坚持深入基层开展调查研究,通过召开论证会、听证会、征询市人大代表和市政协委员意见等多种方式,广泛听取各方面意见,确保规范性文件制定的科学性、民主性。如在起草《关于历次被征地农民和被征地农民中就业年龄段人员参加企业职工基本养老保险的意见》《关于进一步完善被征地农民基本生活保障制度的意见》过程中,市政府法制办通过举行听证会,广泛听取各方意见,确保制定出台文件的科学性、民主性和可操作性。

【行政执法监督】 2010年,江阴市依法行政领导小组办公室规范考核程序,完善考核方法,确定和建立各有侧重、各具特色的考核内容和指标,对全市行政部门、镇(街道)开展依法行政考核,形成以考核推进法治政府建设的良好机制。市政府制定行政执法监督定期检查计划,把与人民群众生产生活密切相关的法律、法规实施情况作为行政执法监督检查的重点,由市政府法制办会同监察局等部门,同时邀请市人大代表、政协委员组成检查组进行专项检查,确保相关法律法规得到正确实施。是年,市政府法制办对全市行政机关(含垂直管理行政机关)的5094项行政权力进行"地毯式"审核清理,编制市级行政权力总目录,建立市级行政权力动态管理数据库,建设政府法制监督系统。年内,根据国务院《关于第五批取消和下放管理层级行政审批项目的决定》要求,对照国务院第五批取消的113项行政审批项目,对全市行政审批项目进行专项清理。强化对部门和镇政府、街道办事处报送的规范性文件的备案审查,从源头上杜绝因规范性文件违法导致具体行政行为违法情况的发生。继续抓好行政执法队伍建设,严格对执法人员的培训和执法证件的管理,全年共审核发放执法证件231张。

【行政复议应诉】 2010年,市政府法制办全年共收到行政复议案件申请33件,受理30件,因不符合行政复议受理范围而不予受理3件;审结28件。在受理结案的28件案件中,作出维持原具体行政行为决定的22件,因申请人撤回申请而终止复议的6件。在结案的28件案件中采用简易程序审理的案件有15件,占审结案件的53.57%,通过调解、和解使申请人撤回复议申请的案件6件,并针对复议中发现的问题对相关单位发出行政复议意见书2份。年内,市政府大力推进行政复议委员会试点工作,不断探索建立行政复议委员会和实行相对集中行政复议权的有效运作模式,在行政复议申请受理方式、复议委员会议事规则等方面设计和建立一整套具有地方特点的制度，确保行政复议委员会试点工作稳步推进。

【履行法律顾问职责】 2010年，市政府法制办收受市政府交办的重大涉法事项24件，重大合同8份，信访复查、复核案件15件。内容涉及破墙开店、民办合同教师及代课教师、推进新兴产业“445计划”、村委使用集体土地费用优惠、明确餐厨废弃物主管部门、“数字化城市管理”等。市政府法制办通过走出去实地调查，坐下来反复研究，及时召开听证会、协调会和座谈会，积极参与市委、市政府重大政策的论证，在最短时间内从依法处理问题的角度上，拿出符合实际、切实可行的意见和建议，妥善协调、处理好涉及政府的各类涉法事项，充分发挥参谋助手和法律顾问的作用。

（韩 斌）

外事工作

【概况】 2010年，江阴市外事工作认真贯彻中央对外方针政策，坚持以服务全市经济社会发展为中心，认真做好外事接待，切实搞好外事管理，积极拓展与国外的友好交流渠道，圆满完成全年目标任务。年内，江阴市与俄罗斯弗拉基米尔市正式结为国际友好城市，与挪威阿伦达尔市签署两市《建立国际友好城市关系意向书》，举办与日本藤冈市缔结友好城市10周年系列庆祝活动。是年，市外事办接待来自40余个国家和地区的客人40批393人次。全年批准因公出国（境）团组166批425人次，其中江阴市团组121批375人次、非江阴市团组7批8人次，省组团38批42人次；出访国家和地区达42个。

【外宾接待】 2010年，市外事办共接待来自40余个国家和地区的客人40批393人次。其中接待外宾31批338人次，包括使领馆人员4批25人次、外国记者1批2人次。

3月22日，美国哈佛大学案例中心专家安诺德博士一行访问江阴，参观新桥镇、嘉茂国际花鸟园、夕阳红老年康乐中心和江阴体育中心。市委书记朱民阳、副市长计军会见客人。

3月27日，江阴市举办“幸福江阴”建设国际学术研讨会。市委书记朱民阳、常务副市长高佩会见与会外宾。

4月13日，莫桑比克大使安东尼奥·伊纳西奥一行访问江阴，参观嘉茂国际花鸟园和华西村。副市长计军会见客人。

5月19～20日，江阴市举办中德国际足球邀请赛。市委书记朱民阳、市长王锡南会见外宾。

6月24～27日，日本藤冈市市长新井利明一行访问江阴，参观徐霞客博览园、嘉茂国际花鸟园、海澜集团有限公司和华西村。市委书记朱民阳、市长王锡南分别会见客人。两市签订《友好交流合作备忘录》。

7月4日，布隆迪外长奥古斯丁·恩桑泽一行访问江阴，参观华西村、新桥镇和海澜集团有限公司。副市长计军会见客人。

7月13日，韩国驻沪总领事金正基一行访问江阴，参观华西村。市长王锡南会见客人。

8月29日，美国劳工部前副部长莫天成夫妇一行访问江阴，参观华西村、海澜集团有限公司、规划馆、徐霞客博览园和嘉茂国际花鸟园。市委书记朱民阳、副市长计军、张济建会见客人。

10月10～14日，日本新潟县森邦雄副知事一行访问江阴，参观海澜国际马术俱乐部和华西村，并出席第19届中国金鸡百花电影节开幕式。市委书记朱民阳、副市长计军会见客人。

11月2～3日，江阴市举办2010年徐霞客国际攀岩大师赛。市委书记朱民阳、副市长龚振东会见国际攀岩协会主席马尔克先生。

11月18～19日，日本日中友好技术人才交流协会副会长梅木信秋一行访问江阴，参观徐霞客博览园、澄江福地、临港新城、英桥国际学校、长江生态园，并参加人才合作交流洽谈会。市委书记朱民阳，副市长计军、费平会见客人。

11月21～24日，法属波利尼西亚议会主席奥斯卡·特马鲁一行访问江阴，参观华西村、海澜集团有限公司、步行街、河豚渔村、高尔夫球场。市长王锡南、市人大常委会主任吴崇翟、副市长计军分别会见客人。

【外国记者采访江阴】 2010年12月14日，法国电视一台纪录片《中国的崛起》记者JEAN-MICHELE CARRE到江阴，采访拍摄江阴经济社会发展。市委宣传部部长徐冬青接受采访。来宾还参观拍摄了江阴市规划馆幸福江阴成就展和华西村。

【国际友好城市交流活动】 2010年1月，江阴市组织举办友好城市青少年书画展，来自日本、韩国、美国、意大利等国的青少年参加活动。6月，举办江阴市与日本藤冈市缔结友好城市10周年系列庆祝活动，藤冈市市长、议长受邀访问江阴，并出席了江阴·藤冈友好城市10周年纪念林种植活动和藤冈风情摄影展系列活动。

【新结国际友好交流关系】 2010年10月11日，挪威阿伦达尔市市长特瑞尔·拉森一行5人对江阴市进行访问考察，市委书记朱民阳、副市长计军会见客人。双方就两市建立友好城市关系达成意向，并签署《建立国际友好城市关系意向书》。11月15日，中国人民对外友好协会批复，同意江阴市与俄罗斯弗拉基米尔市正式结为友好城市。江阴市与俄罗斯弗拉基米尔市的友好交往始于2002年6月。俄罗斯弗拉基米尔市于公元990年建市，位于弗拉基米尔—苏兹达尔高平原南部、克利亚济马河左岸、莫斯科东北178公里处。曾一度是俄罗斯的首都，又名金环，是俄罗斯最美丽、最宁静、最古老的城市之一。面积1238平方公里，人口约36万人。该市是一个工业城市，工业门类比较齐全，拥有机械制造、金属加工、机电工程一体化、仪器制造、化工、纺织、食品加工以及建筑材料等产业。

该市还是一个历史文化古城，拥有金门、圣母升天教堂和圣德米特里教堂等历史文化遗产。

（钟 娟 时 平）

侨务工作

【概况】 2010年，江阴市侨务工作继续坚持以海外侨务工作为主导、国内侨务工作为基础，充分发挥侨务资源优势，打品牌，创特色，侨务工作开创新局面。全年结交、接待海外华侨华人和港澳同胞34批326人次，其中海外高层次人才85人。市侨务部门以《中华人民共和国归侨侨眷权益保护法》颁布20周年为契机，组织开展有奖知识竞赛、展板宣传、下发侨法宣传资料等系列侨法宣传活动；抓好学习培训，举办法律报告会；开展法律咨询服务；召开座谈交流，建立反映侨情民意联系点；提交《关于建立涉侨案件情况通报联系制度的建议》，形成《江阴市涉侨案件情况通报联系制度》的意见。年内，发挥华侨活动中心平台作用，建立每周活动日制度，组织建立唱歌、舞蹈、健身、棋牌、手工5个兴趣小组，全年活动50余次，参加人员1200余人次；开设英语等日用知识培训班31次81学时；举行2期留学人员亲属交流会。通过活动中心平台，形成季季有交流、月月有联谊、周周有活动、人人能参与的侨界人士活动机制。总结新桥镇绿园社区的经验，推进社区侨务工作示范点创建工作，进一步推进社区侨务工作向纵深发展，在机关、社区、侨属中聘请12名侨务工作特邀联络员。全年接受各类捐赠折合人民币60万元。继续组织开展“幸福在江阴，关爱暖侨心”活动，走访慰问30名困难归侨侨眷，发放补助金2.45万元。落实重点侨资、港资企业联系制度，组织侨企、海协会理事参加江苏省、无锡市新春联谊活动。深入“海归”企业调研，听取意见建议。以华侨活动中心为主阵地，开展在江阴海外创新创业人才联谊活动。是年，市侨务部门向国家级、省级刊物投稿76篇（次），重点宣传侨界人士和侨企情况，通过《美国侨报》《欧洲时报》《华盛顿新闻》等海外媒体宣传介绍江阴投资环境。市侨办获江苏省先进集体、无锡市先进集体荣誉；市侨联获江苏省侨联组织建设先进单位、无锡市侨联系统信息通讯工作先进单位荣誉。澄江街道寿山路社区被评为全国“五五普法”侨法宣传角挂牌单位，并同新桥镇绿园社区一起，创建为省社区侨务工作示范点。

2010年4月19日，市长王锡南会见华侨薛国俊。 （市侨办供稿）

【为“530计划”搭桥】 2010年，市侨办主动参与全市高层次人才工作，以市委、市政府提出的紧紧围绕新兴产业和新兴战略产业园区发展“445计划”，大力实施科技创新创业“八大工程”目标，积极争取国家、江苏省侨务部门的支持，大力吸引“530计划”*中的海外高层次人才到江阴落户，取得一定成果。11月25日，带着“530计划”中公共项目的陈日清博士和李小轩博士，在省侨办的陪同下到江阴考察投资环境。陈日清博士就“基于ISO/IEC18000-6C标准超高频RFID系统的研发和产业化”、李小轩博士就“GIS移动数字地图物流定点和管理服务平台”项目，与江阴高新技术创业园进行深入探讨。

【“相聚长三角”活动成果显著】 “2010相聚长三角——海外华侨华人专业协会会长世博行”活动由江苏、浙江、上海三省市侨办联合举办。其中江苏段的活动安排在江阴举办。2010年6月17~19日，“2010相聚长三角——海外华侨华人专业协会会长世博行江阴创业论坛”在江阴举行。来自美国、澳大利亚、德国、加拿大、日本、英国、新加坡等7个国家和地区的55位海外华侨华人专业协会的会长，带着90项最新研究成果在江阴考察创新创业环境，寻找落户江阴、合作创业的良机。论坛上，江苏省侨办主任钱兴荣致辞，江阴市市长王锡南介绍江阴经济社会发展情况，国务院侨办副主任马儒沛作讲话。美国华人医药科学家协会会长陈邦华、美国华人专业团体联合会理事长林民跃、美国华人生物医药科技协会会长翟一帆、德中文化经贸促进总会会长庞忠武、中国留学人员创业协会日本会长李春晖、澳大利亚华人金融专家协会会长曾毅6位海外华侨华人专业协会会长受聘为江阴市海外引才顾问。江阴经济开发区管委会与澳大利亚华人金融专家协会、加拿大华人信息技术协会、南京大学德国校友会、新西兰新中文化交流协会、德中文化经贸促进总会、江阴临港新城管委会与加拿大中国商会、中国留学人员创业协会、新加坡清华校友会等8个协会分别签订合作框架协议。会后,55位会长分两批分别赴江阴经济开发区、临港新城进行专场项目对接。

【侨务接待】 2010年4月,巴西CELBRAS集团创始人薛祖恒先生的长子薛国俊回江阴青阳探亲。19日,市长王锡南在市机关大楼会见薛国俊一行,向客人介绍家乡巨变,并希望其能为家乡的经济社会发展出力。

5月9日,由国务院侨办中国海外交流协会办公室主任周莉带队的“敬贤观光团”到江阴访问。观光团有来自新加坡、澳大利亚、巴拿马、美国、加拿大、巴西、菲律宾、日本、法国、比利时等国家和中国香港地区的16位知名华侨领导及其亲属共28人。副市长计军、市委统战部部长曹恩华陪同参观华西村。

6月24日,国务院侨办组织广东、广西、福建、云南、海南、江西、吉林7个省(自治区)侨办系统华侨农场工作领导等50余人,带着农村产业发展和产业结构调整的情况等课题学习考察华西村,对华西村新农村建设所取得的成绩赞叹不已。

11月18日,中央统战部副部长尤兰田率领中华海外联谊会海外理事考察团一行60余人到江阴参观考察。考察团参观了华西村60周年纪念馆、幸福园,听取华西村原党委书记吴仁宝的报告并观看演出。市委副书记赵国权陪同考察。

【建立侨务工作联络点】 2010年,市侨联与市高新技术创业园等5个单位建立工作联系点,与花园管理区侨联小组等5个单位建立反映侨情民意联系点,与凯路威电子有限公司等5个侨资企业建立联系点;在美国芝加哥、内华达、硅谷和加拿大多伦多地区发展5个海外联络点。年内,聘请美国阿拉米达州市友城协会主席李翠英、副主席琚以中、秘书长吴靖,美国北加州中国和平促进会副会长张琳4人为市侨联第六届委员会海外顾问。

【留联会工作】 2010年,江阴市留学人员亲属联谊会(以下简称市留联会)按地区每季举办美加、东南亚、东亚、西欧等地区的会员交流会,为留学人员亲属创造相互交流、联络沟通的机会。全年发展会员22名,至年末共有会员604名。年内,市留联会开展《江阴学子在海外》影照集(第三辑)征集工作,完善更新405名海外留学人员信息,收集汇总97名江阴籍回国服务人员的情况,掌握了解181名博士以上学位的留学人员信息;继续加强与海外留学人员的联络交往,发展海外联络点2个。 (包凯凯 蔡荣芬)

对口支援与帮扶

【对口援疆】 根据中央关于对口援疆的统一部署,江苏省确定江阴市对口援建新疆霍城县。新一轮对口支援工作期限为2011~2020年。江阴市委、市政府高度重视,年内成立市对口援疆工作领导小组,统筹领导对口支援工作;成立市对口支援新疆霍城县前方工作组,具体组织实施对口援疆各项工作;明确对口援疆工作职能部门为市发改委。按照中央、省下达的援建资金规模和标准,积极筹措资金,并将援助资金列入2011年市财政年度预算。4月,在江苏省党政代表团到新疆伊犁州进行对口支援考察交流活动期间,市委书记朱民阳专程赴伊犁霍城县对接新一轮对口援疆工作。8月,市长王锡南组织代表团赴霍城对接交流,进一步推动对口援疆工作。当月江苏省在新疆伊犁州伊宁市举行6项援建项目启动仪式,其中江阴市有2项(霍城县江苏职业技术学校项目、霍城县兰干乡梁三宫村二组灾后农民安置房项目)。11月底,市委副书记王进健、市委常委程政等9名援疆干部赴新疆霍城工作。

【南北合作】 2010年,为贯彻落实江苏省委、省政府关于区域共同发展战略部署,江阴市委、市政府把南北挂钩工作摆在重要位置。根据人员变动情况,及时调整南北挂钩合作领导小组成员,完善组织机构。选派新一任挂职干部赴睢宁负责协调合作具体事宜,做好两地的交流和联络工作。市委组织部、市发改委、经信委、财政局等职能部门均明确负责人,各司其职,有效推进南北工作的顺利开展。市卫生局、公安局、科技局、妇联、档案局、气象局等部门双向互动,深入开展工作交流,进一步推动双方多领域的合作。市教育局响应江苏省“千校万师”工程,扎实推进形式多样的支教活动,开展结对帮扶,年内共选拔37名优秀教师赴睢宁定期支教。市人社局组织对口劳务交流,建立南北劳动力交流信息定期通报制度,确定每月5日为信息通报日。全年向睢宁县提供就业岗位信息累计6000余个,为营造区域优势互补的发展格局提供有效载体。积极推进共建园区建设,江阴—睢宁工业园区顺利通过江苏省南北共建园区考核验收。11月,在连云港市举行的第四届苏北地区投资贸易洽谈会上,江阴市组织参展企业3个,参会企业10余个,推出产业转移等项目19项,签约项目1项。

【援建四川绵竹】 2008年“5·12”四川汶川大地震后,江苏省委、省政府确定江阴市对口援建绵竹市清平乡。当年7月组建江阴市对口援建现场指挥部。市政府办、发改委、建设局、财政局、交通局、规划局、农林局、教育局、园林旅游局、团市委、市城乡规划设计院、一建建设有限公司、公安局援川警队、申港街道办事处等单位参与援建、支援、帮扶工作。共完成援建清平乡工程建设项目12项,具体为:清平乡小学、幼儿园工程,卫生院工程,敬老院工程,场镇公益性项目配套防护工程、配套道路工程,自来水厂一期工程,幸福大桥、银杏沟大桥工程,综合服务中心工程,广电基础设施工程,幸福家园工程,社区服务中心及幸福家园室外配套工程;累计新建房屋4.3万平方米,新建道路、桥梁6780米,新建驳岸防护工程1850米。同时完成援建绵竹市区工程2项,具体为:诸葛双忠祠维修重建及周边环境整治工程，茶盘街、历史博物馆入口道路工程；累计新建和维修房屋1500平方米，环境整治1.42万平方米，新建道路770米。上述所有工程于2010年4月底全部竣工交付使用；5项工程分别获"扬子杯"优质工程奖或省级文明工地称号。江阴市援建资金累计支出3.97亿元。其间，市委书记朱民阳、市长王锡南等领导先后多次赴清平乡对接、视察援建工作。是年，市对口援建现场指挥部获江苏省对口援建四川绵竹先进集体称号，沈文华等11人分别获国家、江苏省、绵竹市的先进个人荣誉。

（李开章）

市级机关事务管理工作

【概况】 2010年，江阴市级机关事务管理工作坚持"三服务"宗旨，围绕全市发展大局和机关政务运转，强化履职能力，优化素质形象，管理、服务和保障水平稳中有升。年内，根据市政府机构改革实施意见，市机关管理局由政府直属事业机构调整为政府办公室管理的事业机构。是年，圆满完成市委、市政府交办的重大活动保障任务，其中保障第19届中国金鸡百花电影节期间明星、嘉宾用车8186台次，被电影节执委会授予"特殊贡献奖"。扎实推进机关幼儿园新址建设各项准备工作，实现当年开工建设目标。细致保障部分机关部门财务管理，执行预算指标2.9亿元。高效保障机关部门日常公务用车3166台次47.6万公里。规范实施政府采购项目1700批次，比上年增长41.63%，涉及预算资金3.7亿元，资金节约6317万元，节约率17.01%，超过全国平均水平。优质保障全市性会务，接待650场次，接待外宾79批次。配合市审计局搬迁和部门用房调整；实施相关办公用房的改造、粉刷和妥善分配。通过招标对外委托和自我修理方式，实施机关大楼、行政事业中心、文明广场涉及楼宇自控改造、水系统处理、电梯、喷泉维修及相关节能改造等20项较大工程；完成机关大楼零星维修4259项次，自修率75%，维修经费比上年减少67万元，设备运行效能有效提高。维护机关安全、秩序，严格车辆、人员和物资出入管理。全年办理出入证（单）6100次，组织安全检查54次，均落实隐患整治。同时，加强机关外包服务质量管理，制订《重点部位服务质量管理规定》，在承包单位中开展"流动红旗"和"十佳优秀服务员"评比；对机关餐饮、公共卫生、绿化美化、硬件环境等进行专项整治，机关反响较好，满意率90%以上。是年，江阴市被评为无锡市节能先进单位。

【"绿色、节能、环保"主题活动启动】 2010年，江阴市启动"绿色、节能、环保——公共机构在行动"主题活动，市机关管理局向全市公共机构发起倡议，紧扣"倡导节约文明，引领节能行动"主题，精心组织开展一系列活动：开展"节能宣传周"，倡导6月17日"能源紧缺体验日"活动，号召机关干部争当"绿色出行、绿色办公"模范；制作流动宣传展板，在全市发放《节能在我身边》节能知识宣传图册7000余册；组织7000余人踊跃参加江苏省公共机构节能法律法规知识竞赛活动，获优秀组织奖；举办全市公共机构节能工作培训班，各镇、街道办事处、开发区、临港新城、靖江园区、独立办公的机关部门及下属有独立办公事业单位的主管部门近100名责任领导，系统学习《公共机构节能条例》《江苏省公共机构节能管理办法》，邀请江苏省省级机关事务管理局公共机构节能管理处领导，作"如何从管理和技术层面推进公共机构节能工作"专题讲座。

【行政事业中心建成"全国物业管理示范大厦"】 2010年，江阴市行政事业中心对照争创部优目标，整治办公环境，举办潜能激励讲座，开展拓展训练，建立《员工手册》，完善台账资料等，组织消防培训演练、创优达标培训、ISO 9001质量管理体系培训等活动。12月，市行政事业中心通过建设部审核，成为江阴市继市机关大楼后被评定的第二个"全国物业管理示范大厦"。

【电影节车辆保障】 第19届中国金鸡百花电影节于2010年10月11日至16日在江阴举办，市机关管理局承担车辆保障任务。为圆满保障2858位领导、明星和嘉宾的用车需求，该局通过向苏州外事旅游车船有限公司租赁，向乡镇企业和党政机关征用，发动安徽瑞风、江阴宝诚、新东亚、奔驰等销售商赞助等形式，共征集大巴、中巴、商务车、小车406辆。通过征调、租赁形式，募集驾驶员和后勤工作人员467名；选确定8个加油站、2个维修点为加油维修定点单位。同时，根据电影节执委会6个工作部的工作特点和多个重要活动的特殊要求，以及6个方位接送站的应急需要等，制订18个保障方案。通过提前组织驾驶员培训和现场演练，编制调配信息动态管理软件等，确保了电影节用车的科学调度、保障高效。因工作成绩突出，被电影节执委会授予"特殊贡献奖"，"凤凰网"、《扬子晚报》等媒体作专题报道。

【服务外包集中统一管理调研】 2010年，市机关管理局根据江阴市"创新政府功能性服务，加快经济转型升级"项目安排，围绕"机关后勤服务外包项目实施集中统一管理"课题，组织市场调研，掌握行政事业单位外包服务项目、监管及收费情况，结合机关大楼、行政事业中心物业管理实际，制订服务外包管理办法和质量标准、收费标准、采购管理、考核和奖惩管理等6项配套规定，为规范行政事业单位物业管理，降低财政运行成本作出积极贡献。

（钱晓瑜）

■类目编辑 俞也平

重要会议

【市政协十三届三次会议】 2010年1月11～13日举行。305名江阴市政协委员出席会议，在江阴的全国、江苏省、无锡市政协委员，十二届江阴市政协常委代表，政协机关、市委统战部和台办副科长以上干部，不担任市政协委员的镇（街道、办事处）政协工作委员会副主任，驻澄单位代表等74人列席会议。市委、市人大、市政府、市纪委的有关领导及市政协、市委统战部老领导应邀出席开幕式和闭幕式。开幕式由市政协副主席吴林兴主持，闭幕式由市政协副主席张时献主持。来自各镇（街道、办事处）的20名市民代表列席开幕大会和当日的分组讨论。

根据会议议程，委员们听取和讨论江阴市委书记朱民阳重要讲话；审议并通过市政协主席黄满忠代表政协江阴市第十三届委员会常务委员会所作的工作报告和副主席曹恩华所作的政协江阴市第十三届委员会第二次会议以来提案工作情况报告；列席市十五届人大三次会议；听取和讨论市长王锡南所作的《政府工作报告》和其他报告；听取关于市政协十三届三次会议提案审查情况报告；通过大会决议；黄满忠在会议闭幕时讲话。

会议期间，组织全体委员视察良宵民俗艺术街坊、嘉茂国际花鸟园、“三路”工程和南菁高级中学；召开专题座谈会；收到提案328件，其中集体提案57件。

【市政协十三届常委会十一至十六次会议】 第十一次常委会议于2010年1月13日召开。会议听取市政协十三届三次会议各组讨论情况汇报；审议《江阴市政协十三届三次会议决议（草案）》和《提案审查情况报告（草案）》。

第十二次常委会议于3月5日召开。会议听取市政协副主席、市委统战部部长曹恩华关于市十三届政协委员届中调整的情况说明，同意增补3名市十三届政协委员；协商决定有关人事事项，听取市委组织部副部长李萍关于市委有关人事事项的提名和说明，同意2人任镇政协工作委员会副主任；协商通过《政协江阴市委员会2010年工作要点》和《2010年政协委员学习意见》。市政协主席黄满忠就开展好全年政协工作提出要求。

第十三次常委会议于6月23日召开。会议学习全国人才工作会议精神；听取市政协副主席、市委统战部部长曹恩华关于市十三届政协委员届中调整事宜，同意1人辞去市十三届政协委员职务，增补2名市十三届政协委员；民主评议市建设局工作，听取市建设局局长阚满荣关于全市建设工作的情况汇报，市政协城镇建设与环境保护委员会主任李人之作调研情况中心发言。市委常委、常务副市长高佩到会听取意见和建议。市政协主席黄满忠就开展好政协下半年工作作讲话。

第十四次常委会议于9月27日召开。会议学习省委、省政府《关于深入学习华西村新经验，推动全省科学发展上新水平的决定》和江阴市委、市政府《关于深入学习华西村新经验推动科学发展上水平的实施意见》；听取副市长钱文琴关于市政协十三届三次会议以来提案办理情况通报；民主评议市农林局工作，听取市农林局局长胡品洪关于全市农林工作情况汇报，市政协经济科技委员会主任李培生作调研情况中心发言，钱文琴到会听取意见和建议。市政协主席黄满忠对市政协下阶段工作作部署。

第十五次常委会议于10月30日召开。会议组织常委学习中共十七届五中全会精神；协商决定有关人事事项。会议期间，与会人员视察长泾镇泾水流韵历史文化街区。

第十六次常委会议于12月29日召开。会议听取并同意市委组织部副部长张志浩关于市委有关人事安排的提名和说明；听取市政协副主席、市委统战部部长曹恩华关于市十三届政协委员届中调整情况说明，同意3人辞去常委、委员职务，同意11人辞去委员职务，同意增补17名市十三届政协委员；协商讨论市政协十三届四次会议议程和日程安排，决定于2011年1月11～14日召开市政协十三届四次会议；协商通过市政协常委会工作报告和提案工作情况报告，并委托报告人；协商讨论《江阴市政府工作报告(征求意见稿)》和《江阴市国民经济和社会发展第十二个五年规划纲要(草案)》，听取市政府秘书长朱敏关于政府工作报告有关情况说明，副市长钱文琴到会听取意见。市政协主席黄满忠就做好市政协十三届四次会议准备工作作讲话。

【"新兴产业规模化"委员论坛】 2010年3月30日，市政协举办"新兴产业规模化"委员论坛。市政协主席黄满忠，副主席张时献、黄丽泰、张英毅以及市经信委、科技局等单位负责人出席论坛。论坛由张时献主持。8名企业家政协委员围绕如何进一步推动新兴产业规模化作交流发言。黄满忠作讲话，要求全市企业家政协委员进一步统一思想，坚定新兴产业发展规模化的信心；多措并举，加快新兴产业规模化发展步伐。

【"传统产业高新化"委员论坛】 2010年5月28日，市政协举办"传统产业高新化"委员论坛。市政协主席黄满忠，副主席吴林兴、张时献、曹恩华、张英毅等出席论坛。论坛由张时献主持。8名企业家政协委员围绕"传统产业高新化"主题，结合企业实际分别作交流发言。黄满忠作讲话，要求企业家政协委员统一思想，多措并举，加快传统产业高新化发展步伐；调整产品结构，加大技改投入，大力实施品牌战略，多元拓展融资渠道，注重人才培养和引进。

协商议政

【概况】 2010年，江阴市政协紧贴市委、市政府中心工作，围绕全市经济社会发展重大课题和人民群众关注的热点问题，开展各种形式的政治协商和参政议政活动。全年举行全委会议1次、主席会议15次、常委会议6次。各专门委员会、各镇(街道)政协工作委员会开展各项履职活动244次，完成调研报告26篇。

【对口协商】 2010年4月29日，市政协社会法制与海外联络委员会与市检察院就民事行政检察工作开展对口协商。政协委员听取市检察院关于民事行政检察工作情况介绍，并就进一步加大民事行政检察工作宣传力度等提出意见和建议。

10月29日，市政协城镇建设与环境保护委员会与市邮政局开展对口协商。市知联会代表应邀参加。政协委员听取市邮政局关于江阴邮政工作情况介绍，并集中学习中共十七届五中全会精神。

11月5日，市政协社会法制与海外联络委员会与市法院就法院执行工作开展对口协商。市政协副主席吴林兴参加。政协委员听取市法院关于执行工作总体态势和情况介绍，对进一步做好法院执行工作提出意见和建议：要通过人才引进、教育培训方式，提高执行队伍整体素质，提高干警服务大局、服务发展、服务民生意识和水平，创新执行方式和执行工作机制，缓解"执行难"问题。

11月30日，市政协经济科技委员会与市科技局就"政、产、学、研"开展对口协商。政协委员听取市科技局关于江阴市政、产、学、研合作工作情况介绍，对进一步做好政、产、学、研合作工作提出意见和建议：要围绕培育发展壮大"445计划"*，提升政府创新引导力、企业自主创新力、新兴产业集聚力、人才带动力和政产学研联盟综合服务力。

12月30日，市政协城镇建设与环境保护委员会与市民防局就地下空间资源利用开展对口协商。农村和农业界别、无党派界别政协委员参加。政协委员听取市民防局关于加快地下空间开发利用情况介绍，对进一步做好全市地下空间资源利用提出意见和建议：要提高地下空间开发管理能力水平，加强早期规划。

【完成专题调研任务】 2010年，市政协组织相关专门委员会就"幸福江阴"建设"个个都有好工作""家家都有好收入""处处都有好环境""天天都有好心情""人人都有好身体"和新老锡澄运河整治改造工程课题作专题调研，形成《对"个个都有好工作"的进一步调查与建议》《关于新老锡澄运河整治改造的建议》等6篇调研报告，报送市委、市政府决策参考。

【重要视察】 2010年3月11日，市政协领导视察远见风能(江阴)有限公司、力沃新能源科技股份有限公司、国光重机有限公司、振江钢结构有限公司、浚鑫科技有限公司，听取市经信委主任沈伟旗关于全市新能源产业发展情况汇报，建议市政府和有关部门要深化认识，培育提升企业竞争能力，增强技术创新能力，营造新能源产业发展良好环境。

2010年5月20日，市政协领导视察红光城市菜园。 (市政协办供稿)

4月20日，市政协领导视察扬子江文化创意产业园、江苏江阴文化创意产业园、金一文化产业园、刘家大院，听取市文广新局局长王建炜关于全市文化产业发展情况汇报，建议市政府和有关部门统一认识，化优势资源为品牌优势，形成发展合力，优化发展环境，推动文化创意产业发展。

5月20日，市政协领导视察红光城市菜园、九州果业科技有限公司、百花园农庄、阳庄菜园、嘉茂国际花鸟园，听取市农林局局长胡品洪关于全市现代高效农业发展情况汇报，建议市政府和有关部门坚定发展信心，科学完善规划，创新运营机制，加强政策扶持，用好各类人才，构建销售体系，走出一条适合江阴实际的农业现代化道路。

7月14日，市政协领导视察新桥、顾山两镇司法所，听取市司法局局长陈建国关于全市基层司法所工作情况汇报，建议市政府和有关部门加强业务建设，积极服务和谐发展大局，完善制度建设，巩固基层司法所规范化建设。

9月15日，市政协领导视察市残联就业服务中心、澄江街道璜塘上村残疾人工疗站、周庄镇华宏残疾人就业扶持基地，听取市残联理事长周美娣关于全市残疾人就业工作情况汇报，建议市政府和有关部门把残疾人就业基地建设工作摆到更加突出位置，保持残疾人就业基地发展良好势头，营造残疾人就业浓厚氛围。

11月5日，市政协领导视察市民水上活动中心、江阴高中新校区、扬子江路、世新客运中心，听取市建设局局长蔡欣、交通局局长张光伟关于城乡重点重大项目建设工作情况汇报，建议市政府和有关部门科学规划，强化管理，搞好服务，确保重点重大项目工程建设质量，不断提升城乡重点重大项目建设水平。

11月16日，市政协领导视察市老年用品展销中心、夏港实验学校、远见风能(江阴)有限公司，听取副市长钱文琴关于年度12件重点提案办理情况通报，建议市政府和有关部门加大提案办理推进力度，加快提案落实速度，加深提案办理协作力度。

【政情交流】 2010年3月23日，市政协举行新兴产业发展政情交流会，出席会议的市政协领导和部分政协常委、委员等听取市经信委副主任傅建荣关于全市新兴产业发展情况介绍，并就新兴产业发展扶持政策、引进相关人才、搭建融资平台提出建议。市政协主席黄满忠提出：要深刻认识发展新兴产业对加快全市转型提升的意义，着力突破关键技术，加强人才和智力引进，建立多元化融资体系，培育一批行业领军企业，增强发展新兴产业竞争力。

4月19日，市政协举行开发区经济转型升级政情交流会，出席会议的市政协领导和部分政协常委、委员等观看江阴经济开发区建设情况电视专题片，听取市委常委、江阴经济开发区党工委副书记、管委会副主任孙小虎关于江阴经济开发区推进现代化科技新城建设情况介绍，并就发挥江阴经济开发区引领辐射作用，注重科技含量、要素集约、人才引进、法制建设提出建议。市政协主席黄满忠提出：要统一认识、明确目标、多措并举，积极推进开发区经济转型提升。

5月11日，市政协举行城乡规划一体化工作政情交流会，出席会议的市政协领导和部分政协常委、委员等听取市规划局局长缪敏关于江阴市城乡规划一体化工作情况介绍，并就发展高效农业、优先规划生态建设绿地、打造宜居城市空间提出建议。市政协主席黄满忠提出：要完善城乡规划编制，充分发挥城乡一体化规划引领作用，把规划作为建设管理纲领，大力宣传规划重要性，加强管理、落实责任，共同推进城乡规划一体化工作。

6月18日，市政协举行经济薄弱村转化工作政情交流会，出席会议的市政协领导和部分政协常委、委员等观看全市经济薄弱村转化工作电视专题片，听取市委农工办主任唐玉良关于全市集体经济薄弱村扶持工作情况介绍，并就为经济薄弱村提供更多政策支持提出建议。市政协主席黄满忠提出：要制订计划、配强班子、广开财源、社会帮扶、节约开支、强化考核，推进经济薄弱村转化工作。

10月22日，市政协举行生态文明建设政情交流会，出席会议的市政协领导和部分政协常委、委员等观看全市生态建设情况电视专题片，听取市环保局局长王利峰关于全市生态文明建设情况介绍，并就农村生活污水处理、《江阴市环境保护"十二五"规划》制订、加大生态文明宣传力度、创新环保机制等提出建议。市政协主席黄满忠提出：要坚持生态文

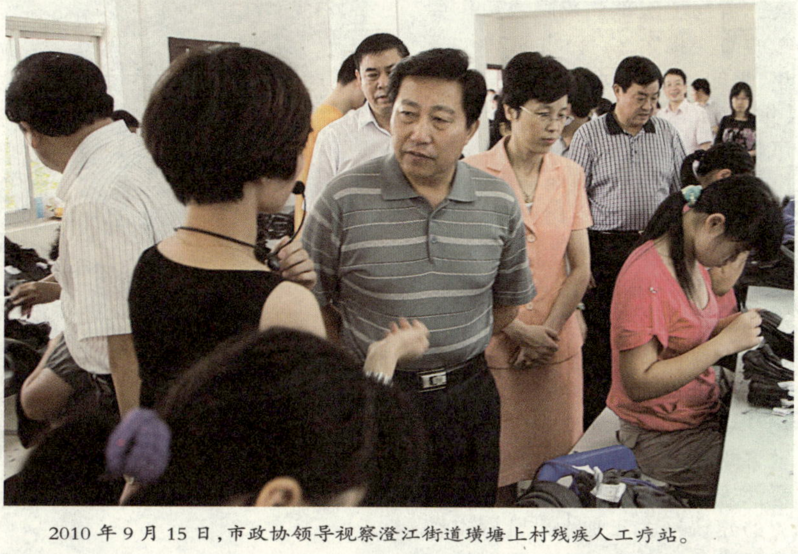

2010年9月15日，市政协领导视察澄江街道璜塘上村残疾人工疗站。

（市政协办供稿）

化、生态经济、生态环境"三位一体"共同建设,坚持最严格环境准入制度,加强环保执法监管,抓好环保队伍建设和监管机构建设,为生态文明建设提供坚强保证。

11 月 11 日,市政协举行社会治安"打防控"一体化建设政情交流会,出席会议的市政协领导和部分政协常委、委员等听取市公安局政委李宏关于全市社会治安"打防控"一体化建设情况介绍,并就加大群防群治力量,加大科技投入力度提出建议。市政协主席黄满忠提出:要扎实开展社会治安防控体系建设,进一步突出大巡防建设,开展纠纷排查、调解工作,创新工作思路,推动"打防控"一体化建设持续健康发展。

民主监督

【概况】 2010 年,江阴市政协通过提出提案、反映社情民意、开展民主评议等民主监督活动,服务"幸福江阴"建设。全年收到委员提案 331 件,审查立案 267 件,确定重点提案 12 件,所有提案在规定日期前全部答复完毕,委员满意率和基本满意率达 100%。已经解决或基本解决的 A 类提案 123 件,占 46.1%;正在解决和列入计划逐步解决的 B 类提案 122 件,占 45.7%;因条件限制或与现行有关政策规定不符,暂时不能解决,需向上级部门反映或留作参考的 C 类提案 22 件,占 8.2%。是年,编印《社情民意》7 期。

【重点提案】 2010 年 3 月 1 日,市政协十三届二十七次主席会议协商确定 12 件提案为 2010 年度重点提案,分别是:《关于加大力度建设养老院及老年公寓的建议》《关于多措并举,创意先行,推进江阴市文化产业的大发展的建议》《对徐霞客农业生态旅游区规划建设若干问题的建议》《关于优化江阴市教育资源配置促进城乡教育均衡发展的建议》《关于构建柔性人才高地,提升核心竞争能力的建议》《关于加大民营资本和高技术人才、高技术项目对接力度,加快江阴市产业升级转型步伐的建议》《关于加快整合人才市场和劳动力市场的几点建议》《关于促进江阴市老龄产业发展,共建共享幸福江阴的建议》《关于鼓励海外留学人员回乡创业、就业的建议》《关于生态文明制度先行的建议》《关于江阴市深度融入长三角的调查与建议》《关于加快创新转型,进一步提升江阴现代产业发展水平的建议》。12 件重点提案由市政府主办,相关部门协办,市政府、市政协联合督办。至 6 月 5 日,12 件重点提案全部办复。加大力度建设养老院及老年公寓、进一步做好控源截污工程、加强地下管网建设和管理、优化发展公共交通、加快提高被征地农民保障水平等建议得到落实。

【社情民意工作】 2010 年 3 月 25 日,市政协举行社情民意信息工作会议。会议总结 2009 年工作,部署 2010 年工作,表彰 2009 年度优秀社情民意信息员、特约信息员。市政协主席黄满忠要求明确新思路,注入新动力,统一思想,围绕中心,体现特色。8 月 16 日,召开社情民意信息工作座谈会,黄满忠要求注重信息的收集,认真组织撰写,使社情民意信息工作水平有新提升。是年,市政协编印《社情民意》7 期,报送信息 45 条,市委、市政府领导批示 38 条;其中《兴国公园西侧良宵民俗艺术街坊内街环境亟须整治》《关于加强工程车及其他特殊车辆的建议》等信息受到市委、市政府高度重视。各镇(街道)政协工作委员会向当地党委、政府报送《社情民意》总计 28 期,上报信息 189 条,党政领导批示 146 条。

【民主评议】 2010 年 4 月,市政协成立民主评议市建设局工作调研小组,制订《关于民主评议市建设局工作方案》,组织召开 8 个不同类型的座谈会,发放意见测评表 203 份。6 月 23 日,召开市政协十三届十三次常委会议,对市建设局工作进行评议。会议建议市建设局树立更高标杆,坚持高质量建设,高标准管理,切实加强队伍建设,进一步建立健全制度,通过扎实有效的工作,让人民群众更满意。

6 月,市政协成立民主评议市农林局工作调研小组,制订《关于民主评议市农林局工作方案》。调研组先后组织召开 8 个不同类型的座谈会和与市农林局的协商对接会,发放民主测评表 300 份。9 月 27 日,召开市政协十三届十四次常委会议,对市农林局工作进行评议,会议建议市农林局继续解放思想,开拓创新,在发展高效农业、高端农业、生物农业、生态休闲农业等方面下工夫,狠抓农产品安全工作,切实抓好农产品质量检测。(任陈芳 张 蓝)

2010 年 4 月,市政协开展民主评议市建设局工作。 (市政协办供稿)

■类目编辑 邢 盈

廉政教育

【概况】 2010年，江阴市纪委、监察局对全市党风廉政建设和反腐败各项工作任务进行细化分解，将年度28项反腐倡廉重点任务分解到18个牵头单位、45个配合单位以及100余个责任单位，对6个重点部门和单位落实责任制情况进行党风廉政巡查；实施惩防体系建设项目化管理，印发《惩防体系建设项目化手册》，将惩防体系建设重点工作任务分解为58项重点项目，落实牵头和配合部门，开展督查4次，至年末，58项重点项目全部落实完成。贯彻实施《中国共产党党员领导干部廉洁从政若干准则》(以下简称《廉政准则》)，开展“学《廉政准则》，做勤廉公仆”主题教育活动，利用政治理论学习、党课教育、干部培训和网上知识测试等多种形式，举办各类《廉政准则》学习教育活动520余场次，受教育人数3000余人次，撰写学习心得1200余篇。开展“创建学习型机关，争做党的忠诚卫士，争当群众的贴心人”主题实践活动，加强纪检监察机关自身建设。推进村级纪检监察组织建设，建立村、社区纪检组织307个，在6个企业内开展非公企业纪检组织建设试点。完善纪检监察组织网络，建立党风联络员队伍，选聘30名社会各界代表任党风联络员。通过电子显示屏等媒体播放廉政公益广告，加强节日期间廉政建设，向全市1000余名科级以上领导干部发送廉政警示提醒信息2300余条。深入开展坚决制止党员干部违规收送礼金礼券专项工作，各级纪检组织收到25人次上交礼金礼券21.98万元。全年对5名主要领导干部进行廉洁自律考查，28名科级以上领导干部就购房、购车、婚丧嫁娶等重大事项按规定报告。

【学习推广华西勤廉标准】 2010年，江阴市纪委、监察局以华西村老书记吴仁宝勤廉实践为内容，总结制订华西勤廉标准和解读内容，3月起在全市党员干部中开展华西勤廉标准学习讨论活动。活动分制订学习讨论方案、组织宣传学习、开展形式多样的大讨论、固化部门(行业)勤廉标准4个工作阶段，各部门(单位)产生各具职能特点、行业特色的勤廉标准83条，其中市人大机关、市总工会等10个部门(单位)制订的勤廉标准被评为市级机关“十佳勤廉标准”。6月拍摄制作《勤廉托起第一村》《勤廉花开芙蓉城》等电视片4集，在江苏卫视《廉政时空》栏目播出。以推广华西勤廉标准为重点，在农村基层开展“勤政廉政学习华西村、学习吴仁宝，争创勤廉党组织、争当勤廉好村官，组织考评村(社区)班子、群众评议村(社区)干部”(简称“双学双争双评”)活动，全市330个村(社区)干部向全体党员、村民代表作述学、述职、述廉报告，各镇(街道)共推荐勤廉“好班子”37个，推荐勤廉“好村官”38名。是年，江阴“学习推广华西勤廉标准”工作获2010年度江苏省纪检监察工作创新成果优胜奖和无锡市预防腐败工作创新成果推广奖。

【廉政文化品牌建设】 2010年，江阴市纪委、监察局加强“江上清风”品牌廉政文化建设，3月起在全市征集“江上清风”品牌标识。6月，启动党风廉政宣传教育月活动，举办“江上清风”廉政书画展，开设“江上清风”大讲堂，建立“江上清风”研究会。7月3日，在市委党校举行“江上清风”廉政文化标识启用、大讲堂暨研究会成立仪式和“勤廉实践与幸福社会建设”主题研讨会。同时，加强校园廉政文化建设，在全市校园内开展“清风育桃李　廉香伴成长”主题教育活动。11月23日，在临港新城实验学校举行主题教育活动启动仪式。是年，刊发《江上清风》机关廉政报6期，在《江阴日报》刊登《江上清风》反腐倡廉建设专栏4期；华西村被评为省廉政教育示范基地，新桥镇绿园社区被评为省廉政文化示范点，澄江街道大桥社区、市国土局、临港新城、顾山镇洄东村被评为无锡市廉政文化示范点。

【纪检监察干部队伍建设】 2010年，江阴市纪委、监察局加强纪检监察干部队伍建设，严格管理，制订完善《纪检监察干部行为规范》《纪检监察干部管理若干规定》《纪检监察干部若干纪律规定》《纪检监察系统内部监督工作意

2010年12月3日,华西村被命名为"江苏省廉政教育示范基地",江苏省委常委、省纪委书记弘强向华西村授牌。(曹晓峰摄)

见》等规章制度45项,并将内部管理制度进行汇编下发执行。进一步完善纪检干部选拔制度,通过开展公推竞岗活动选拔内设科室副主任2名、纪检监察工作室副主任2名。

附:华西勤廉标准的内涵与解读

坚定信仰,上下一致:加强党的领导,反对宗族势力;提高理论素养,坚定理想信仰;贯彻基本路线,落实农村政策;加强班子团结,坚持问计于民。

实事求是,吃透两头:研究政策形势,把握经济规律;适应地域特点,发展特色产业;推进体制融合,坚持公平服务;不搞形象工程,防止盲目唯心。

解放思想,与时俱进:保持开放包容,反对故步自封;强化机遇意识,善于改革创新;紧跟时代步伐,落实科技兴村;跟踪市场需求,完善风险防控。

有福民享,有难官当:优化投资环境,发展社会事业;建设生态文明,增加群众福利;强化公仆意识,勇于担当责任;不怕艰难困苦,排除发展障碍。

守法守约,诚信为本:加强法制教育,建设和谐村庄;依法理政治村,推进民主管理;坚持公道正派,防止徇私舞弊;倡导信用至上,决不毁约赖账。

艰苦奋斗,实绩到位:崇尚勤俭节约,反对铺张浪费;加强"三资"管理,坚持科学理财;完善考核机制,确保正确评价;分配公平合理,激发各方活力。

严整治家,率先垂范:加强廉政教育,完善制度约束;坚持廉洁自律,反对以权谋私;严格家庭管理,防止骄横颓废;遵守道德规范,注意自身形象。

生命不息,服务不止:保持积极心态,坚持老有所为;不计待遇得失,实现薪火相传;发挥纽带作用,参与村务监督;坚持移风易俗,反对封建迷信。

监督惩处

【概况】 2010年,江阴市纪委、监察局受理信访举报265件(次),其中属于受理范围的220件(次),自办信访59件,内部提供案件线索39件;实施信访监督案件13件,发信访通知书1份,批评教育3人次,为13名领导干部澄清问题,向组织人事部门通报情况15人次,对12名干部实施信访谈话,为集体挽回经济损失20.8万元;以"江上清风"网站为平台,设立《网上信访室》《给书记写封信》等互动栏目,受理网络信访举报案件11件。全年立案查处各类违纪违法案件160件,其中党内案件156件、行政案件4件;处分160人,其中党纪处分156人、政纪处分4人,涉及科级领导干部7人;挽回经济损失2357万余元,其中金额1万元以上案件16件、10万元以上案件17件、100万元以上案件5件。依纪依法审理党政纪案件160件,其中党纪案件157件、政纪案件5件、党政纪双重处分案件2件;自审案件71件(其中自办乡科级以上案件7件、基层报批案件64件),协助基层审理案件89件。年内,继续推进"审理助辩"工作,为24名党员提出的党纪案件助辩委托申请,实施助辩24例,助辩率达15%;全市17个镇(街道)全部实施审理助辩谈话。健全办案协调机制,制订《反腐败协调小组议事规则》和《反腐败协调小组组织协调工作暂行规定》,加强与检察、公安、审计等执纪执法机关的协调配合。全年共播出"空中热线"节目50期,其中在徐霞客镇、周庄镇华宏村和云亭街道开展"空中热线"进农村大型户外直播活动3期。先后组织市交通局、卫生局、城管局等50个部门(单位)的69名领导和185名科室负责人走进"空中热线"节目直播室,解答、解决老百姓提出的各类问题482个,咨询投诉办理答复率达100%。全年编发《纠风动态》4期。

【基层党代表监督工作】 2010年,江阴市纪委、监察局加强基层党内民主监督工作,制定下发《关于在全市开展基层党代表监督工作的实施意见》,通过专题调研、现场观摩、召开片会等形式,督促指导各镇(街道)建立党代表工作站,开展党代表监督工作。是年,党代表工作站建设实现全覆盖,全市各镇(街道)共建立党代表工作站37个,接待党员群众258批次,收到并处理各类建议、意见143条,提出建议65条。全年党代表共列席镇(街道)重大会议、听取情况通报27次,参加重大事项听证会6次,开展调研和视察31次,进行询问和质询13次,参加重点项目、重大事项督查39次,参加各类民主测评和评议46次。

【"一案四访"工作】 2010年,江阴市纪委、监察局在总结案件剖析、一案多报告、整改督查、回访教育、警示教育工作基础上，创新实施“一案四访”工作，即对一个案件中的违纪人员、违纪人员身边人、发案单位、办案工作人员进行回访。3月，在江阴职业技术学院开展“一案四访”工作，针对职业技术学院原院长张某滥用职权造成学院4000余万元巨额经济损失一案，通过开展个别访谈、集体座谈等方式，回访张某本人及其同事、学院党政领导班子成员和办案人员，集中组织开展廉政教育和整改督查5次，制定完善部门管理、财务审计、重大事项决策等制度64项。同时，市纪委制定出台《办案工作责任制暂行规定》《办案人员若干纪律规定》等11个方面的制度规定，进一步规范检查办案程序，完善“一案四访”工作细则。是年，江阴市“一案四访”工作获2010年度无锡市预防腐败创新成果一等奖。

【内控机制建设】 2009年10月起，江阴市纪委、监察局制定下发《关于建设部门内控机制的实施意见》，在全市各级行政机关、国有企业79个单位中分类分层次开展内控机制建设工作。建设分权力清理审核、流程优化机制建设、完善提高、检查考核4个阶段，在全市设立16个内控机制建设联系点。2010年4月，市纪委制定下发《江阴市部门内控机制建设评价办法》。10月，各单位开展内控机制建设自查评估工作。11月，市纪委会同市法制办有关部门对全市29个自评为优秀并申报示范点的单位进行评价验收，其中市建设局、农林局、供电局等16个单位被评为内控机制建设示范点。

行政监察

【概况】 2010年，江阴市纪委、监察局对各级重大决策部署落实情况加强监督检查，对全市“四化一新”* 环境整治、“三路”* 环境整治、水环境及大气污染整治“150天行动计划”、控源截污、公款出国(境)、厉行节约专项活动等工作进行专项督查，全年开展各类督查150余次。

【专项检查】 2010年，江阴市纪委、监察局开展最低生活保障专项整治工作，对个别镇城镇最低生活保障未按月发放、低保申报材料不齐全、内容填写不完整、档案管理不完善等4个方面问题整治情况进行跟踪督查，确保问题整改到位。开展全市建成区综合整治督查9次，刊发《督查专报》8期，对部分单位不及时制订上报整改方案及长效机制、整治项目推进缓慢、整治效果存在偏差、后续管理跟进不够、部门协调配合不畅等10个问题进行曝光，并督促整改到位。在社会团体、国有企业中开展“小金库”专项治理活动，全市290个社会团体和81个国有企业开展自查自纠，对31个社会团体和63个国有企业进行重点检查，清理纠正“小金库”4个，涉及金额38.69万元。7月中旬起，会同有关部门对36项强农惠农资金项目进行清理检查，涉及金额72.07亿元，查处损害农民利益问题8个。对规范公务员津贴补贴制度执行情况进行专项检查，纠正违反规定发放津贴补贴、资金福利金额12.8万元；加强教育收费情况督查，查处违规收费问题5个，涉及金额154.19万元。

【工程建设领域专项治理】 2009年10月起，江阴市纪委、监察局全面开展工程建设领域专项治理工作。成立专项治理工作领导小组和市发改委、建设局、国土局等9个专项工作组，制定《专项治理工作方案》等8个专项方案和《专项治理工作制度》等6项工作制度，建立案件线索移送、信息报送、专项治理督查等3项工作机制。通过项目建设单位自查、业务主管部门排查，共梳理出2008年以来投资额在100万元以上、由政府投资和使用国有资金项目570项，并建立排查项目数据库；梳理9个方面171项规章制度，建立和完善34项制度，纠正问题410个；受理举报和案件线索6件，立案查处4件，其中党政纪处分1人、移送司法机关处理3人；推进工程建设项目信息公开和诚信体系信息公开试点工作，制订《试点工作方案》，编制《项目信息公开目录》和《信用信息公开目录》，在江阴市政府网站上设立《工程建设领域项目信息公开》专栏，市电子监察中心对市重点项目监管系统、房屋拆迁管理信息系统进行实时监管。

【民主评议基层站所活动】 2010年4～11月，江阴市纪委、监察局在全市范围开展以“建勤廉队伍，让人民满意”为主题的民主评议基层站所活动。该活动分动员部署、自我评议及整改、集中评议、总结提高4个阶段进行，就依法办事、制度建设、服务效能、队伍素质和工作业绩5个方面内容，对市国税局、公安局、人保局、城管局和住保房管局5个部门110个基层站所进行民主评议。通过广场评议、问卷调查、召开座谈会、组织走访、明察暗访等多种形式，共走访各类代表5294人(户)，发放调查问卷及征求意见表8166份，召开座谈会85次，征求意见、建议3188条，内部排查问题596个，制定整改措施331条，完善规章制度195项。是年，市国税局第三税务分局，市公安局华士派出所、交巡警大队车辆管理所、消防大队，市住宅房管理所及周庄镇劳动和社会保障管理服务所等18个单位被评为无锡市人民满意基层站所。 (诸宇星)

■类目编辑 谢 诚

民主党派·工商联·社会团体

中国民主同盟江阴市委员会

【概况】 2010年，民盟江阴市委深入学习贯彻中共十七届四中、五中全会精神，以社会主义核心价值体系学习教育活动为抓手，以“制度建设年”活动为载体，紧紧围绕市委、市政府“谋创新、快转型、惠民生、促发展”中心工作，履职尽责，建言献策，服务社会，为“幸福江阴”建设作贡献。年内，发展新盟员10人，调进盟员1人，盟员总数达245人；出刊《江阴民盟》6期，并调整充实编委会成员，及时更新民盟江阴市委网站内容；盟员在各类媒体和无锡市级以上民盟刊物发表文章260余篇，发表各类教学科研论文136篇，出版专著10部。是年，民盟江阴市委获江苏省“民盟社会服务工作先进集体”“民盟宣传工作先进集体”“民盟农村教育烛光行动先进集体”等称号，澄江支部、职技中心支部被评为江苏省民盟社会服务先进基层组织；3人获江苏省民盟“农村教育烛光行动”优秀组织奖，2人被评为江苏省民盟社会服务先进个人，1人被评为民盟江苏省委宣传工作先进个人。

【“制度建设年”活动】 2010年，民盟江阴市委开展“制度建设年”活动，不断完善制度建设，推进组织活动制度化。是年，贯彻江阴《关于进一步做好民主党派组织发展工作和完善民主党派机关有关制度座谈会议纪要》，修订、完善《盟市委主委会议议事制度》《盟市委民主决策制度》《盟市委工作例会制度》《重点调研课题集体论证制度》《基层盟组织考核细则》等20余项制度，结集《民盟江阴市委规章制度汇编》；下发盟支部活动记载簿，规范盟支部活动，做到年初开局有计划、平时活动有记载、年终考核有标准，为基层支部建设规范化、绩效化提供制度保障。

【民盟江苏省委组织工作会议在江阴召开】 2010年6月21～22日，民盟江苏省委组织工作会议在江阴召开。民盟中央组织部部长陈幼平和江苏省副省长、民盟江苏省委主委曹卫星出席会议，并分别就组织工作作重要讲话；中共江阴市委书记朱民阳到会致辞；民盟江阴市委作《积极作为有地位，创新特色添活力》的大会交流；与会人员观看《以人民的幸福评估发展》专题片。会议期间，市长王锡南，副市长、民盟江阴市委主委龚振东陪同与会人员一行先后参观海澜集团有限公司、新桥镇步行街、南菁高级中学及南菁支部活动室等地。

【参政议政】 2010年，民盟江阴市委负责人在中共江阴市委召开的民主协商会上提出“整合旅游资源，大力推进江阴旅游业发展”“关注全市粮食安全”等意见和建议，受到市委、市政府重视和采纳。1月，民盟江阴市委在市政协十三届三次会议上作《多措并举，创意先行，推进我市文化产业的大发展》专题发言，提交集体提案8件。盟员人大代表、政协委员在市人大、政协“两会”期间提交提案、建议35件(条)。是年，民盟江阴市委参加市委统战部中心组学习研究活动6次、市政协政情交流会6次，就大力发展文化旅游产业、优先规划生态建设绿地，打造宜居城市空间等专题建言献策；完成重点调研报告《加快发展低碳经济，争做全国低碳城市领跑者》，组织各支部完成调研报告16篇、提交社情民意80余条；与市教育局、文广新局、民政局、行政服务中心等部门举行情况通报、调研考察、座谈交流等活动，与月城镇、青阳镇、徐霞客镇政协工作委员会开展结对联系活动；《关于多措并举、创意先行，推进我市文化产业大发展的建议》《关于加强我市柔性引才工作的建议》2件集体提案和《关于加强我市地下管网建设和管理的建议》等3件个人提案被市政协评为2010年度优秀提案。

【社会服务】 2010年，民盟江阴市委组织盟员开展捐资助学、扶贫帮困、“慈善一日捐”及文化、科技、卫生“三下乡”等各类公益性社会服务活动。年内，5位盟员书法家为云亭街道社区居民义务书写春联400余幅；职技中心支部“学雷锋义务磨刀队”为居民提供磨刀服务；盟员志愿者(义工)在西大街社区为群众提供教育咨询服务；教研支部盟员送教下乡，开展师徒结对活动；澄江支部施行“春蕾行动”（由中国儿童少年基金会发起并组织实施的救助贫困失学女童重返校园的社会公益项目），与长山中学结对共建、设立教育资助基金，累计捐款20万余元。是年，盟员李惠珍创办的江阴市未成年人关爱教育基地通过法律法规教育和技能培养，继续为涉案未成年人员提供帮教工作；訾建平管理的奥丽雅鞋业公司继续以连锁仓储式销售店形式实施“百店千人”计划，扶持大学毕业生就业创业。青海玉树地震发生后，各支部募集捐款24580元，盟员夏东江捐献衣物200余套，许建铭将创作的书法作品义拍4万余元捐献给灾区。

【盟员成果和荣誉】 2010年，盟员李惠珍获“影响中国·第10届中国时代十大创新企业家”“全国关心下一代工作先进工作者”“第二届时代楷模——共和国经济建设杰出贡献人物”等多项荣誉称号；蔡晓英创作的《带锁的日记》获全国第十五届群星奖，个人获全国百名“群文之星”称号，编导的课本剧《半夜鸡叫》获第五届全国校园文艺汇演一等奖；牛新生在《江阴日报》策划编辑的A1版《南门开街》荣获中国县市区域报好新闻一等奖和江苏省县市报好新闻一等奖；宋协海撰写的论文获全国职业教育优秀论文二等奖；薛花娟、赵成哲的科研成果获江苏省科技进步一等奖；陶建荣创作的油画《远望归来》获江苏省第九届“五星工程奖”银奖；尤国耀创办的江阴市福娃体育俱乐部和少儿棋类中心成功承办首届江苏省国际跳棋比赛，策划全国儿童象棋比赛，培训的学生获国家级比赛1金、2银、4铜的好成绩；王玲负责的市职工学校、文化宫被全国总工会评为全国职工教育培训优秀示范点；孟春燕所带班级获江苏省先进班集体；杨治明出版《云珠宴》，并被评为影响中华·2010年全国诗文书画先进工作者；丁阿虎出版长篇小说《姐妹》。 （陆钧铭）

中国民主建国会江阴市委员会

【概况】 2010年，民建江阴市委深入学习贯彻科学发展观和中共十七届四中、五中全会精神，围绕中共江阴市委十一届八次、九次全体（扩大）会议精神，切实加强自身建设，认真履行参政党职能，为促进江阴经济转型，建设“幸福江阴”发挥积极作用。年内，组织会员开展以“学习社会主义核心价值体系、学习会章会史和会的优良传统；争创先进集体、争当优秀会员”为主要内容的“双学双争”主题教育活动；成立江阴民建企业家协会，组织企业家会员开展专题调研、理论研讨、考察交流等活动；以基层支部轮值制形式出刊《江阴民讯》6期；组织支部主任参加民建江苏省委举办的基层支部负责人培训班学习；推荐1人为特约检察员，2人为特约监督员，1人为特约人事员；发展会员7人，会员总数达160人。是年，教工支部被评为江苏省民建先进集体；1人被评为民建全国优秀会员，1人被评为省民建优秀会员，1人被评为省民建专门委员会优秀委员。

【参政议政】 2010年，民建江阴市委积极参加中共江阴市委召开的民主协商会和市政协组织的政情交流会，完成市政协交办的《关于让工薪阶层买得起房、住得上房的思考与建议》专题调研报告。1月，民建江阴市委在市政协十三届三次会议上作《徐霞客旅游规划发展区域》专题发言，提交集体提案6件。会员人大代表、政协委员在市人大、政协“两会”期间提交提案、建议35件（条）。是年，民建江阴市委编辑出版《参政议政调研材料专辑》（第20期）；《徐霞客旅游规划发展区域》及《关于发展我市居家养老服务，推进“幸福江阴”建设的建议》2件集体提案和《关于进一步转变政府职能，发挥行业商会作用的建议》《关于加快提高被征地农民保障水平的建议》等6件个人提案被市政协评为2010年度优秀提案；担任各级特约监察员、审计员、公安员等社会职务的会员认真履职尽责，分别提出有价值的意见和建议。

【社会服务】 2010年，民建江阴市委组织会员参加中共江阴市委统战部组织的文化、科技、卫生“三下乡”活动；协同江阴金信营销与管理咨询有限公司开设主题为“2010后危机时代企业的选择”大讲坛，为企业发展提供服务。全年会员向社会捐款、捐物近500万元。会员黄丽泰经营的利安达集团公司赞助第19届中国金鸡百花电影节100万元，为市慈善总会冠名基金、无锡市慈善总会、甘肃省天水市文泰华光彩小学及徐州市丰县、沛县、睢宁等地贫困大学生捐款50余万元；林克文开办的天力燃气公司免费为江阴低保户安装天然气，并给予用气价格优惠，个人捐资助学累计200余万元；叶卫春经营的新暨阳集团有限公司为南菁高级中学和江阴高级中学52名贫困学生、南菁中学新暨阳奖学基金、长泾老街建设等捐款40万余元；胡鹏飞经营的全顺汽车有限公司为“西藏爱心之旅”、青海省玉树地震灾区、江苏省希望工程“圆梦行动”、市慈善基金等捐款30万余元；六以方经营的联通实业有限公司为市慈善基金捐款25万元；修红斌为新疆霍城地区捐助价值16.7万元的内衣；王小立为广西希望小学、贫困学生捐款10万余元；方士兴为市慈善总会捐款3万元。

【会员成果和荣誉】 2010年，会员吴雯玉被全国餐饮协会评为优秀经理；蒋志刚被评为中国石油化工集团公司清理整顿工作先进个人、江苏石油公司年度先进工作者；沈英的论文《以境育情在语文教学中的应用和研究》获全国骨干教师论文评比一等奖；陈雷经营的江阴科博机械有限公司获“江苏省高新技术企业”称号，“热管式人工地层冷冻系统”和“路面积雪融化装置”两项技术获国家专利证书，为国外客户在国内试制纸浆分解罐、真空回火炉、快开式蔬菜水果消毒炉等试验获得成功；修红斌经营的江苏恒泰建设咨询工程公司被评为省优秀代理机构；沙满玉经营的金桥拍卖有限公司被评为江苏诚信经营示范单位；高亚珍经营的友好旅行社被评为江苏省诚信旅行社。

（孙敏霞）

中国民主促进会江阴市委员会

【概况】 2010年，民进江阴市委认真开展社会主义核心价值体系学习教育活动和"创建先进地方组织、先进基层组织"活动，深入学习贯彻科学发展观和中共江阴市委十一届八次、九次全体（扩大）会议精神，加强自身建设，提高参政能力，履行参政党职能，圆满完成全年各项工作任务。8月，夏港街道"吴文藻、冰心纪念馆"和澄江街道"吴研因纪念馆"被民进中央确定为首批"民进会史教育基地"，全国人大常委会副委员长、民进中央主席严隽琪为两个纪念馆题写馆名。9月，小学教育支部在市实验小学成立。10月，邀请民进中央副主席王佐书到江阴作"学习和践行社会主义核心价值体系"专题报告。12月，《江阴民进》创刊。年内发展新会员5人，会员总数达89人，其中有无锡市人大代表3人，无锡市政协委员2人（含常委1人），江阴市人大代表4人，江阴市政协委员15人（含副主席1人、常委3人）。是年，要塞中学支部被民进中央评为民进全国先进基层组织，支部主任徐锦梅代表民进江苏省基层组织进行大会交流；民进江阴市委被民进江苏省委评为先进地方组织；江阴学院支部、机关支部被民进江苏省委评为先进基层组织；2名会员被民进江苏省委评为先进个人。

【参政议政】 2010年，民进江阴市委负责人在中共江阴市委召开的民主协商会上就江阴经济社会发展中的重大问题提出意见建议，受到市委、市政府的重视和采纳。1月，民进江阴市委在市政协十三届三次会议上作《加强为老服务"五个一"工程建设，助推我市老龄事业健康快速发展》专题发言，提交集体提案5件。19名会员人大代表、政协委员在市人大、政协"两会"期间提交提案、建议42件（条）。是年，民进江阴市委召开参政议政研讨会4次，和市民防局举行对口座谈会2次；《关于促进我市老龄产业发展，共建共享幸福江阴的建议》《关于着力解决我市高校毕业生就业问题的几点建议》2件集体提案和《关于加快整合人才市场和劳动力市场的几点建议》个人提案被市政协评为2010年度优秀提案；担任各级特约监察员、检察员等社会职务的会员认真履职尽责，分别提出有价值的意见和建议。

【社会服务】 2010年，民进江阴市委组织会员开展扶贫帮困、"慈善一日捐"及文化、科技、卫生"三下乡"等各类社会服务活动。是年，继续赴新农村实践基地——云亭街道花山村开展访贫问苦、重阳节慰问、调研等活动，为村民提供各项服务；赴西大街社区开展义工活动；举办的开明进修学校积极开展教育部"一村一名大学生"计划实践工作，为提高广大社会青年知识文化水平和新农村建设做实事，全年招收新学员400余人，有学员近千人。

（李 之）

中国农工民主党江阴市委员会

【概况】 2010年，农工党江阴市委组织开展中共十七届五中全会精神和社会主义核心价值体系学习活动，邀请农工党无锡市委副主委汤忠元就社会主义核心价值体系建设作专题辅导。年内，增补许晨为农工党江阴市委主委；完善农工党江阴市委网站，深入开展政治理论宣传、党务情况报道和成员风采展示；加强先进典型宣传，协助市政协做好"委员之窗"宣传工作，引导广大党员学习典型、立足本职、爱岗敬业、关心党派工作，营造人人为党务工作作贡献的良好氛围；及时向农工党无锡市委报送党务工作动态。是年发展新党员5人，至年末党员总数为103人。

【参政议政】 2010年1月，农工党江阴市委在市政协十三届三次会议上作《生态文明 制度先行》专题发言，提交《关于我市食品安全工作的思考和建议》等集体提案8件。党员人大代表、政协委员在市人大、政协"两会"期间提交提案、建议13件（条）。是年，农工党江阴市委组织40余人次参加市政协政情交流会6次，与市环保局互动交流1次，开展与乡镇结对联谊活动2次；《关于生态文明制度先行》的建议等提案被市政协评为2010年度优秀提案；担任市特邀监察员、审计员、警风警纪监督员、党风联络员等社会职务的党员，积极参加有关会议和活动，认真完成监督检查和评议任务。

【农工党建党80周年纪念活动】 2010年，农工党江阴市委围绕中国农工民主党建党80周年开展系列活动。3月，开展为广东省惠州市邓演达纪念园建设募捐及征集文物活动，募集资金7200元；7月，召开纪念农工党成立80周年大会，举办"我与农工党"征文比赛，收到征文9篇。是年，在全体党员中开展党史、党章专题学习讲座和知识竞赛，邀请农工无锡市委副主委汤忠元作党史讲座，重温中国农工民主党成立80年来的光荣历史；选派党员参加农工党无锡市委"纪念中国农工民主党建党80周年成果展"开展仪式和纪念建党80周年座谈会。

【社会服务】 2010年1月，农工党江阴市委组织党员参加中共江阴市委统战部组织的文化、科技、卫生"三下乡"活动，选派6名医学专家为云亭街道群众提供健康咨询服务；3月，组织5名党员到西大街社区参加志愿者服务活动，为200余名群众测量血压；8

月，联合中共江阴市委统战部邀请市人民医院内分泌科副主任黄文龙在市博物馆作《体检报告释疑和预防慢性病》专题讲座；12月，组织党员参加市政协组织的“五送一助”(送医、送教、送文化、送健康、送器械和助残)活动。年内，综合二支部开展结对扶贫活动，为10余名失聪和智障孩子捐赠近3000元的文体生活用品；党员朱耀华和崔俊友参加市人民医院“爱心传送健康”活动，为居民提供健康义务咨询服务；黄国强捐资25万元用于公益事业。许振芳与澄康路社区敬老院常年开展结对服务，每年向该院捐赠3000元钱物；高晓华、吴疆分别赴新疆进行1～2年的支教和援医工作。

【党员成果和荣誉】 2010年，江阴农工党医卫界的党员积极开展科研，撰写科研论文，年内在省级以上刊物发表论文15篇。党员高恒科研成果“联合经额和鼻内窥镜辅助下经鼻蝶入路治疗脑脊液鼻漏”获省卫生厅新技术引进二等奖，另一课题“脑缺血的差异蛋白组学改变(KF200967)”成为省卫生厅医学重点学科(实验室)开放课题；崔俊友科研成果“VVI模式下右室不同部位起搏对左室收缩同步性影响”获无锡市科研立项；李浩负责的市第四人民医院顺利通过二级乙等医院评审；高晓华出版2本生物学著作，辅导的3名学生获江苏省生物竞赛一等奖。 (周美华)

九三学社江阴市委员会

【概况】 2010年，九三学社江阴市委深入学习贯彻科学发展观，以树立和践行社会主义核心价值体系活动为主线，以促进经济发展方式转变为着力点，以建设高素质参政党为目标，自身建设、参政议政、社会服务等各项工作取得新进展。年内，贯彻落实九三学社无锡市委《关于开展树立和践行社会主义核心价值体系活动的实施意见》精神，分年龄层次对社员进行价值观调研，分析社员思想动态，有针对性地开展学习教育活动；以纪念九三学社成立65周年为契机，组织社员参加九三学社无锡市委举办的纪念大会，开展学习社章、社史活动，弘扬“爱国、民主、科学”优良传统；组织社员祭扫黄山烈士陵，对社员进行爱国主义和革命传统教育；发展新社员7人，社员总数达78人，其中高级职称47人，社员平均年龄50.5岁。是年，九三学社江阴市委被评为2010年度九三学社江苏省委社会服务工作先进集体；主委喻伟力在九三学社建社65周年表彰活动中被九三学社中央委员会评为优秀社员；秘书长韩琴敏被九三学社江苏省委评为组织工作先进个人。

【参政议政】 2010年，九三学社江阴市委积极参加中共江阴市委、市政府、市政协组织的各类会议、视察及调研活动，就江阴经济社会发展规划、重大政策等建言献策。1月，九三学社江阴市委在市政协十三届三次会议上作《关于构建柔性人才高地，提升核心竞争能力》专题发言，提交《关于借“校舍安全工程实施”东风，布“我市中小学规划调整”大局的建议》《关于加强城市管理的建议》等集体提案6件。社员人大代表、政协委员在市人大、政协“两会”期间提交提案、建议15件(条)。是年，九三学社江阴市委参加市政协政情交流会6次，与镇、街道政协工作委员会结对联系3次；完成江阴市委交办的《借鉴国际经验，提升我市城乡一体化水平》调研报告；《关于加强城市管理的建议》《关于构建人才高地，提升核心竞争能力的建议》2件集体提案被市政协评为2010年度优秀提案；担任市特约监察员、审计员、警风警纪监督员、人民监督员等社会职务的社员履职尽责，认真完成监督检查和评议任务。

【社会服务】 2010年2月，九三学社江阴市委组织高级农艺师社员到云亭街道开展文化、科技、卫生“三下乡”活动，为农户提供农科咨询；3月，联合市体育局到西大街社区开展志愿者(义工)活动，为社区居民进行国民体质测试和体育锻炼指导；12月，联合九三学社无锡市委向顾山镇红豆村村民赠送价值2000余元的药品，向水产养殖户赠送水产防病药物。是年，社员高级农艺师张小兰、高级兽医师殷琴分别与九州果业科技有限公司、定海畜禽有限公司养猪场结对，为科学种养提供技术指导。

【江苏省“九三学社专家工作站”成立】 2010年12月5日，江苏省“九三学社专家工作站”在顾山镇红豆村成立，九三学社江苏省委专职副主委叶勇和江阴市政协主席黄满忠为专家工作站揭牌；九三学社江苏省委秘书长王献民，江阴市政协副主席、中共江阴市委统战部部长曹恩华在揭牌仪式上讲话。省林业科学研究院与顾山镇政府“园林规划”项目、东南大学与红豆村“太湖发达地区新农村建设关键技术集成与综合示范”项目、中国科学院南京土壤研究所与顾山镇水蜜桃合作社“水蜜桃产业发展技术支撑”项目等5项合作项目当场签约。中国象棋特级大师徐天红、中国科学院土壤研究所土壤生物与生化研究室主任董元华等6位九三学社专家被顾山镇政府聘为顾问。是日，还举行工业、农业专家咨询座谈会和医药卫生专家义诊送药活动。

【社员成果和荣誉】 2010年，九三学社江阴市委副主委张小兰被评为第一次全国污染源普查先进个人；社员曹霞莉被江苏省水利厅评为水利工作先进个人；裴煜被省住房和城乡建设厅评为施工图设计文件审查先进工作者；陆卫宇摄影作品《钢铁战士》获全国魅力钢铁摄影大赛优秀奖，《套马》获第三届多彩贵州·中国原生态国际摄影大展优秀奖；荣朝晖获第八届中国建筑学会青年建筑师奖，设计的江阴体育场获2010年国际膜工业协会最佳建筑奖，设计的长江国际小区、南菁高级中学礼堂等获省优秀设计二等奖，设计的泰州纪念馆、江阴职教园等获省“建筑师杯”设计大赛二等奖；邵淑艳负责的油田钻具钢被评为江苏省名牌产品，“系列油井钻杆钢的研制”项目通过江苏省新产品鉴定及无锡市科技成果鉴定。 （韩琴敏）

江阴市工商业联合会

【概况】 2010年，市工商联以“促会员优化转型、谋企业创新发展”为目标，切实履行商会职能，引导全市民营企业健康发展。全年发展新会员103人（个），至年末有各类会员2797人（个）、镇（街道）商会17个、行业商会（协会）20个、异地商会2个、学会1个。是年，市工商联被评为江苏省县（市、区）工商联先进集体。

【参政议政】 2010年1月，市工商联在市政协十三届三次会议上作《加快创新转型，进一步提升江阴现代产业发展水平》专题发言，同时提交《全力培育新兴产业，合力打造宜居临港新城》《关于加快城市“退二进三”进程，大力发展现代服务业的建议》《关于加快申报“徐霞客农业生态旅游开发区”的建议》《关于进一步加快我市行业组织体制改革的建议》《关于完善中小企业服务体系的建议》集体提案5件。是年，完成《关于进一步促进我市中小企业加快创新型经济发展的思考与建议》专题调研报告；集体提案《关于完善中小企业服务体系的建议》被评为市政协2010年度优秀提案。

【会员培训与考察】 2010年，市工商联紧密结合形势，以发展创新型经济、促企业转型为重点，组织会员培训及外出考察，引导企业家认清发展形势，加快转型升级步伐。年内，邀请著名财经评论人叶檀作《中国经济发展模式新思考》专题演讲；与诺亚（江阴）财富管理中心联合邀请著名经济学家金岩石作《后危机时代金融服务创新及投资机遇分析》大型演讲；与市司法局联合邀请浙江大学客座教授王笃明作《有效应对企业应收账款催收策略》讲座。全年培训企业家1200余人次。是年，分两批组织近40名企业家赴日本考察中小科技型企业；组织企业家赴安徽怀远县工业园、宣城工业园、芜湖经济开发区等地考察投资环境；组织女企业家赴杭州万事利集团有限公司学习企业文化。

【镇（街道）商会工作】 2010年，市工商联引导镇级商会创新思路，将一批学历高、素质优的年轻企业家吸收入会，组建镇级青年商会。年内，顾山商会组建顾山青年商会，吸收70余名40岁以下、有发展潜力的企业家入会。全市各镇（街道）商会围绕经济形势分析、企业管理、创新发展等主题举办各类培训班、专题讲座、报告会等20余次；组织会员外出学习考察10余次，召开各类交流会、座谈会10余次。是年，各镇（街道）商会积极发动会员回报社会，其中霞客商会配合徐霞客镇党委、政府推动第二轮“双百”（100个企业与100户贫困家庭结对）富民工程，帮扶贫困家庭；顾山商会动员非公企业党组织与自然村结对，扶持村级经济发展；华士商会组织会员捐助泰清寺建设；城东商会组织会员企业与辖区内困难家庭结对。是年，云亭、月城商会完成换届，夏继发、钱德洪分别当选两会新一届会长。

【行业组织和异地商会工作】 2010年，市工商联加强对行业商会（协会）和异地商会的指导，不断规范行业组织建设。年内，新建市服装行业商会；指导市温州商会、福建商会完成换届；每季度召开工商联系统行业组织工作例会；组织工商联系统行业组织、异地商会会长和副会长赴温州地区交流学习；与市民政局共同开展行业商（协）会评估工作，市装饰装潢业商会被评估为全市唯一一个AAAA级行业组织；编发首期《江阴行业动态》。是年，各行业组织开展一系列特色活动：市装饰装潢业商会举办第六届装饰·建材节，市传媒业商会举办第二届“幸福江阴”大型主题海报展，市餐饮业商会积极配合市物价局召开全市餐饮行业物价调研座谈会。

（张　燕）

江阴市无党派知识分子联谊会

【概况】 2010年，市知联会深入学习贯彻科学发展观，切实加强自身建设，认真履行参政议政职能，努力提升参政议政能力，各项工作取得新进展。年内，继续开展“自觉接受中国共产党的领导，坚持走中国特色社会主义道路”主题教育活动；召开二届四次会员大会；组织骨干会员外出交流学习，与无锡、南通等地知联会开展交流活动；修改完善章程及财务制度，建立会员登记制度；开展“会员活动日”考察、周末沙龙交流、网络交流等活动，举办首届会员春节联欢会。是年，市知联会第二届第十五次理事会选举潘少峰为秘书长，并增补其为理事；2名会员加入无锡市知联会，会长张晓东当选无锡市知联会副会长；发展新会员8人，1人加入中国共产党，会员总数达71人，平均年龄40.5岁。

【参政议政】 2010年1月，市知联会在市政协十三届三次会议上作《如何搞好新市镇建设的建议》专题发言，提交集体提案5件。会员人大代表、政协委员在市人大、政协“两会”期间提交提案、建议18件（条）。是年，市知联会组织会员参加党派学研活动5次、市政协政情交流会6次，与城东街道政协委员会开展结对联系活动1次；完成市政协交办的《将拆迁工程打造成惠民工程、民心工程的思考与建议》专题调研报告；集体提案《关于鼓励海外留学人员回乡创业、就业的建议》和《关于进一步做好控源截污工程的建议》被市政协评为2010年度优秀提案；担任各级特约监察员的会员认真履行职责，提出有价值的意见和建议。

【社会服务】 2010年，市知联会组织会员参加中共江阴市委统战部组织的文化、科技、卫生“三下乡”和“义工”活动。是年，市无党派知联会成立由10余名会员组成的慈善义工小分队，为各类服务对象开展法律咨询、就业指导、心理辅导、农业指导、义诊等特色服务；继续开展捐资助学、结对扶贫帮困、“慈善一日捐”等活动，参加各类公益性社会服务活动；会员孔秋海与定海畜禽有限公司养猪场进行结对帮扶，定期进行技术指导。赵萍、周可科连续多年资助多名贫困学生。

【会员成果和荣誉】 2010年，会员夏坚勇的报告文学《江堤下的那座小屋》获新闻作品年度最高奖——中国新闻奖一等奖；李国平在第六届全国“聚焦课堂”评优课活动中获得一等奖；周月新负责的毕业生就业工作获无锡市人事局先进集体奖；李丽获无锡市小学英语课堂教学比赛一等奖，论文《从马思洛层次理论看小学英语教学》获无锡市教育系统优秀论文二等奖。 （沈海燕）

江阴市总工会

【概况】 2010年，江阴市各级工会坚持服务大局、服务职工，积极协调劳动关系，切实维护职工权益，大力提升职工素质，团结动员职工为推动经济社会转型发展建功立业。年内，新建各类工会组织396个，其中独立工会52个，外资企业工会10个，镇级行业工会2个；发展会员1.79万人，其中农民工会员1.23万人。是年，市总工会获全国“安康杯”竞赛活动优秀组织单位、全国工会系统“五五”普法先进集体、全国工会基层组织建设工作创新成果一等奖、全国职工教育培训优秀示范点、江苏省模范区域性劳动争议调解组织等省级以上先进荣誉10项。

【劳动竞赛活动】 2010年，市总工会组织全市职工开展“百万工人大练兵、建功立业促转型”劳动竞赛活动。活动选择动漫设计、集成电路封装、数控编程等12个工种作为全市性竞赛项目，做到传统和新兴产业相结合、智能和技能型相结合，充分体现出职工技能竞赛从形式到内容上的创新。各基层工会积极响应、上下联动，全市有近70万职工参加技能比赛、师徒帮教、技术创新等各种形式岗位练兵和技能比武。此次竞赛活动提出合理化建议1.6万余条，改革工艺1000余项，创新成果近80项，全年累计创造经济效益近3亿元。

2010年7月，江阴市总工会组织“兴澄杯”冶金行业行车工操作技能比赛。
（市总工会供稿）

【职工素质提升“5110”工程】 2010年，市总工会大力实施具有江阴特色的职工素质提升“5110”工程，即从2010年起，用3年时间，全市各级工会培训5000名职工技术人才、1万名班组长、10万名职工（含5万名农民工），通过市、镇（街道）、企业分级培训，造就一支与江阴经济社会发展相适应的知识型、技术型、创新型职工队伍。是年，市总工会依托职工学校深入企业办班96期，培训职工8179人，其中班组长培训30期，职工技能人才培训46期，职工培训20期，获得各类技能证书的职工达806人；各基层工会开展各类培训512期，培训职工3.53万人，获得各类证书的职工达1572人。深入开展职工书屋示范点创建工作，向全市21个职工书屋示范点赠送20余万元书刊。至年末，建成全国职工书屋示范点3个，省级示范点3个，无锡市级示范点7个。

【模范先进评比表彰】 2010年，市总工会组织开展全国劳动模范和江苏省、无锡市“五一劳动奖章”“五一劳动奖状”推荐评选工作以及市十佳工人先锋号、十大金牌工人、十大职工技术操作能手、十大职工技术创新成果评选活动。4月28日，市委、市政府在江阴大剧院举办“百万工人大练兵、建功立业促转型”劳动竞赛启动仪式暨“五一”表彰大会，隆重表彰各类模范先进人物。10月，推动市委、市政府出台《关于提高劳动模范待遇的实施意见》，建立完善各类劳模荣誉津贴制度、困难帮扶制度和春节慰问制度，组织劳模先进疗休养、体检和参观考察等活动。

【企业工资集体协商】 2010年，市总工会推动市委、市政府把建立和推进企业工资集体协商制度列入经济社会发展、精神文明建设年度目标和市重点骨干企业考核评比内容，并由市政府每年向镇（街道）下达企业工资集体协商工作目标任务书，签订年度目标责任状。是年，全市有6692个企业签订工资专项集体合同，其中单独签订工资专项集体合同的企业3577个；签订区域性工资集体合同248份、行业工资集体合同13份，覆盖企业3115个；已建制企业占应建制企业的98.3%,全面完成无锡市总工会下达的目标任务。

【企事业单位职代会制度建设】 2010年,市总工会推进全市各企事业单位职代会制度建设,积极探索企业集团二级职代会、非公企业职代会有效实现形式,形成以职代会为基本形式,以集体协商、厂务公开、职工董监事设立为重要形式的企业民主管理制度体系,推动落实职工的知情权、参与权、表达权和监督权。加强企业厂务公开机制建设,促进规范企业劳动用工管理,指导推动江苏新潮科技集团有限公司、江苏长博集团有限公司、江阴精亚集团有限公司等基层企业通过职代会共决企业规章制度、共决职工工资水平。至年末,江阴市单独建立职代会制度企业有2429个,建立区域性职代会制度企业239个、覆盖企业3730个,已建制企业占全市应建制企业的90.5%。市总工会企业职代会、厂务公开民主管理工作入选江苏省创新成果项目。市总工会被评为江苏省推动厂务公开民主管理工作先进单位。

【劳动争议调解机制创新】 2010年,市总工会制定下发《关于开展工会劳动争议调解组织规范化建设活动的实施意见》,对镇(街道)、村、企业三级劳动争议调解组织规范化建设提出具体目标和要求,建立完善考核评价机制。是年,全市17个镇(街道)全部建立工会调解庭,建制率100%。市总工会劳动争议调解中心加强与市人民法院劳动争议巡回审判庭沟通协作,双方签订《关于加强诉调对接工作,构建和谐劳资关系的实施意见》,深化合作共建机制;组织开展工会劳动争议调解“千百十”活动(即为千名工会劳调员培训发证,开展百题劳动法律法规知识竞赛和十佳优秀维权案例征集评选)。至年末,全市累计建立市、镇(街道)、村(企)三级劳动关系调解组织3228个,有专兼职调解员12263人。全年各级劳调组织参与调解各种群体性上访和劳资纠纷事件1115件,调解成功1017件,调解结案率100%,调解成功率91.2%,涉及职工1270人,涉及金额769.52万元。

【劳动保护工作】 2010年,市总工会深化争创“劳动保护合格、示范工会”工作,形成群众性监督检查网络,全市劳动保护合格工会达80%以上;深入开展“安康杯”竞赛活动,投入10万元购买安全生产培训教材1万册下发职工、发放市民安全宣传资料2000余册;组织开展百场电影进社区、进企业安全文化宣传活动;组织职工参加无锡市“1+3”安全监控工作体系知识竞赛,营造“关爱生命、关注安全”的社会氛围。市总工会制作的职工安全健康教育影视资料被评选为江苏省劳动保护十佳创新成果。

【困难职工帮扶】 2010年,市总工会通过建立网络、完善机制,实现帮扶平台向多元化延伸,逐步形成以市总工会职工帮扶中心为龙头,镇(街道)职工帮扶工作站为支撑,向村、企业帮扶工作点延伸的三级工会职工帮扶网络,并形成帮扶资金筹措机制、就业促进机制、法律联动机制、助学链式机制、医疗互助机制和人文关怀机制六大工作机制,实现困难职工帮扶工作社会化、经常化、制度化。是年,全市各级工会共筹集送温暖资金967.6万元,走访慰问困难职工家庭6998户;发放金秋助学金506.8万元,资助困难职工子女2497人;提供就业岗位15209个,帮助1385名下岗失业人员实现再就业;新增职工住院医疗互助保障参保人员1.5万人,参保总人数达8.6万人,给3136人次患病住院职工发放互助保障金130.69万元,给142名慢性病患者发放医疗绿卡14.2万元,给78名患重大疾病职工发放大病救助金39万元。 (张 炜)

共青团江阴市委员会

【概况】 2010年,团市委不断加强基层基础建设,切实履行组织青年、引导青年、服务青年和维护青少年合法权益的职能,团结带领全市团员青年为“幸福江阴”建设作贡献。年内,完善组织网络、创新组织格局、优化队伍建设;推进分类引导青年工作;继续做好青少年思想道德建设,开展一系列主题教育和实践体验活动;从项目、培训、资金、政策等方面积极帮扶青年就业创业;做强做优青春建功新农村行动、青少年环保行动、青年志愿者行动等共青团品牌活动;加强青少年维权体系建设;深化“希望工程”;开展“十佳大学生村干部”评选表彰活动,举办大学生村干部汇报展演;编印《青春建功新农村》简报4期。是年,全市新增江苏省级青年文明号集体2个、无锡市级青年文明号集体2个、江阴市级青年文明号集体49个。江阴“社区团校‘让团课走近青少年’”项目获2010年度江苏省共青团工作创新创优成果评比一等奖。

【组织建设】 2010年,团市委建立网络创业团支部、社区物管团支部、服装协会团支部、楼宇团支部、外来务工青年团支部、葡萄专业合作社团支部等一批新型团组织;针对城市社区团员建立社区团校,针对乡镇农村团员建立青年联谊会,针对经济开发区团员建立“楼宇+网络”园区“青年之家”。推动“一村官(大学生村干部)一团建”项目,培育利港镇“新利港青年之家”、徐霞客镇“依托开心菜地,优化建团路径”、长泾镇“乡镇共青团组织格局创新”等一批优秀团建项目。开展“两新”(新经济组织和新社会组织)团组织“百日会战”,全年新增“两新”团组织344个。是年,举办各类团干部培训班、学习会、研讨会43次,完成团建调研论文20余篇。通过公选等选拔方式,新选团市委副书记1名、部长2名,更新直属团委负责人7名。至年末,全市有直属团委84个,派驻基层团工委3个,团支部1964个。

【青年分类引导工作】 2010年,团市委继续开展青年分类引导试点工作,通过实践探索,形成利用重大事件、媒体、传统经验3种教育引导青少年的方式方法。春季西南旱灾期间,组织引导青少年开展节水、护水、爱水、捐水活动，募集爱心款110余万元。8月起，组织开展“青春邀约”大走访系列活动，深入普通青年中开展“话成长”“话创业”“话环保”“话维权”“话团建”等面对面访谈活动。第19届中国金鸡百花电影节筹备及举办期间，组织开展青少年参与电影节、服务电影节系列活动，引导青少年积极奉献、弘扬文明新风。平时通过互联网、手机进行团情资讯群发、信息共享，并与网络论坛合作加强对青年的教育引导。

【青少年教育主题活动】 2010年，团市委以“高举团旗跟党走 我与江阴共奋进”创先争优主题教育活动为统领，组织开展一系列青少年教育和体验活动。开展“红领巾寻访江阴创造”“红领巾与‘530计划’领军人物手拉手”等实践体验活动，建立2个“红领巾‘530计划’体验基地”，聘请3名“530计划”领军人物担任少先队荣誉辅导员；开展纪念五四运动91周年暨“幸福在江阴 低碳新生活”生态文明主题活动；开展中小学暑期夏令营、青少年素质拓展实践营等活动；开展“清风育桃李 廉香伴成长”校园美德教育、18岁成人仪式等教育活动；举办“万名好少年”展评活动。

【青年就业创业】 2010年，团市委积极引导，推进青年就业创业。实施青工技能振兴计划，开展青年创新知识培训和创新技能观摩活动14期（次），7名青年在无锡市“创业杯”青年职业技能大赛中获得佳绩。全年新增青年就业创业见习基地10个，重点开发6个网络运营商见习基地，总计提供见习岗位965个，完成见习317人，实现就业238人；举办各类招聘会17场次，提供岗位3026个，现场2300余人达成用工意向；开展计算机应用、家电维修、焊工等订单式培训，参加人数达1300余人次；推进网络创业工程，举办淘宝创业公益讲座和网络创业项目论证研讨会，建立网络创业青年人才数据库，开设淘宝网络创业训练营，培训260人次，成功创业213人。联合中国人民银行江阴市支行共同构建“江阴青年创业金融服务体系”，推出“青易贷”项目，为青年个人和中小企业提供贷款3977万元；建立“金融超市”，为成长型企业打造融资绿色通道；成立“金融智囊团”，为规模以上青商企业提供“一企一策”金融顾问服务。

【青春建功新农村行动】 2010年，团市委继续组织实施青春建功新农村行动，推动“三为三新”（为农村青年外出务工增收落实新岗位，为农村青年劳动致富培训新技能，为农村青年创业致富提供新服务）等共青团品牌向纵深发展。启动农村青年创业致富“3+1”计划（“3”指农技专家导师团、金融机构、创业致富能人，“+”指大学生村官的联系作用，“1”指农村有意愿创业的青年），组织“农技专家乡村行”活动13次，培训青年农民700余人次。全年新增无锡市“三为三新”基地4个，4人被评为无锡市建设社会主义新农村杰出（优秀）青年。

【青年环保行动】 2010年，团市委以“幸福在江阴 低碳新生活”生态文明主题活动为统揽，开展绿色低碳实践、农耕文化体验、高科技农业观摩学习等各类生态环保体验活动，参加人数达1600人。制作发放《畅想幸福，低碳新生活》环保手册2万份，建造共青林、红领巾林46.67公顷，建立青少年生态文明实践基地7个。

【青年志愿者行动】 2010年，团市委组织开展“志愿江阴，共享文明”“健康1+1志愿社区行”“相约星期六社区服务广场”等一系列青年志愿者活动。在第19届中国金鸡百花电影节举办期间，组织417名青年志愿者累计服务达1.48万个小时，出勤率始终保持100%。为此，获市委书记朱民阳批示“我市志愿者服务工作为电影节作出重大贡献，体现了江阴精神，彰显了城市风采。可敬、可亲、可爱，十分感谢。希望继续发扬光大”。

【青少年维权工作】 2010年，团市委进一步明确思路，强化措施，切实推进青少年权益工作。探索在乡镇建立法律援助工作站1个，在村建立法律援助接待室7个。针对五类重点青少年群体（闲散青少年群体，有不良行为青少年或严重不良行为的青少年群体，农村留守儿童群体，服刑在教人员未成年子女群体，流浪乞讨青少年群体），发挥“未成年人社区矫正志愿团”作用，开展教育帮扶和心理疏导；针对全体青少年学生，开展法制教育进课堂、禁毒防艾教育、自护情景剧大赛等活动，增强青少年自护能力。全年为青少年提供法律援助40余次。

【希望工程】 2010年，团市委开展“与爱同行 圆梦大学”希望工程圆梦行动、青年文明号集体与贫困学生“一助一”结对助学活动、大学生暑期勤工助学阳光行动，全年共资助贫困大学新生68人、结对帮扶贫困中小学生295人，发放助学金35万元，提供爱心助学岗位745个，受益大学生427人。 （刘永刚）

江阴市妇女联合会

【概况】 2010年，市妇联紧扣胡锦涛总书记建设“坚强阵地”和“温暖之家”要求，紧贴市委、市政府“谋创新、快转型、惠民生、促发展”决策，团结带领全市妇女奋发有为、开拓创新，各项工作实现新跨越。是年，江阴市被全国妇联、民政部、环境保护部、文化部、国家广电总局等五部门联合命名为“全国创建学习型家庭示范市”，是全省唯一获此殊荣的县级城市；江阴市五好文明家庭创建活动协调小组被评为第七届全国先进协调组织；市妇联被评为无锡市“双学双比”（学文化、学科技、比发展、比贡献）竞赛活动先进集体。

【组织建设】 2010年，市妇联加强组织建设工作，开展党群共建创先争优活动。全面完成村妇代会、社区妇联换届；成立国土局妇女工作委员会；推进“妇女儿童之家”建设，华士镇率先成立镇级“妇女儿童之家”，并在14个村、2个社区全部建立“妇女儿童之家”，云亭街道成立“流动儿童快乐家园”。年内,举办基层妇联干部培训班,特邀江南大学法政学院社会学系主任吕青、江阴市委党校常务副校长俞伟人等作有关妇女社会工作、学习型组织建设方面的讲座;与市委组织部联合举办中青年女干部培训班,54名市、镇(街道)机关中层女干部参加培训。是年,澄江街道、新桥镇绿园社区分别被评为全国妇联基层组织建设示范街道、社区。

【妇女就业创业引导】 2010年,市妇联积极引导、推进妇女就业创业。是年,依托女企业家协会,围绕“创新、转型、发展”主题,召开女企业家协会年会、政企交流会,组织女企业家与“530计划”企业高科技领军女性结对;联合市金融办、财政局、人社局、中国人民银行江阴市支行等部门,制订出台《江阴市妇女创业小额担保贷款管理办法(暂行)》,向妇女发放贴息贷款310万元;联合市人社局举办家政、餐饮、月嫂等技能培训班74期,培训妇女5080人,举办创业培训班19期,培训妇女767人,其中女大学生292人,举办女性专场招聘会28场,推荐8008名妇女就业;联合市农林局大力培育农村妇女合作经济组织,至年末累计建立23个;出资35万元扶持14个巾帼创业基地和10项妇女优秀创业项目。

【“三八”国际劳动妇女节100周年纪念活动】 2010年3月6日,市妇联举行纪念“三八”国际劳动妇女节100周年大会暨“江花烂漫”大型文艺演出,表彰10名“三八红旗手标兵”、60名“三八红旗手”和30个“三八红旗集体”;8日,组织百余名妇女在大桥公园种下100棵桂花树,并树立“百年妇运纪念林”永久石碑;组织城乡妇女开展以“我运动、我健康、我幸福”为主题的健身展示活动;与市史志办、档案局联合编发《江花烂漫》纪念图书,集中展示近百年来江阴100位优秀女性的风采;制作100块宣传展板,举办江阴市十佳“三八红旗手标兵”事迹展和妇女工作成就展。

【妇女“两癌”检查】 2010年,江阴市妇女儿童工作委员会多次召开专题协调会,明确用两年时间对全市35~59岁妇女免费进行宫颈癌和乳腺癌检查。市妇联与市卫生局、人社局、人口计生委等部门联合制订《关于江阴市妇女宫颈癌和乳腺癌检查项目实施方案》;与市卫生局联合召开重大公共卫生(妇幼)项目推进会,推进“两癌”检查工作;与市红十字会联合开展“两癌”特困妇女红十字关爱活动,向20名患病妇女发放每人3000元医疗救助金。是年,全市分别完成乳腺癌、宫颈癌筛查11万人、11.11万人,检出乳腺癌29例、宫颈癌18例、癌前病变12例、其他妇科疾病22723例。

【依法维权】 2010年,市妇联与市法院、公安局、司法局联合制订出台《关于依法处理涉及家庭暴力婚姻家庭案件若干问题的意见》,共同建立人身安全保护裁定执行联动机制,为家庭暴力受害者撑起保护伞;围绕“平安家庭”建设,广泛开展法律法规宣传活动,发放宣传资料97236份;利用各级维权站、维权热线、法律服务中心等平台为妇女提供维权服务,全年市、镇(街道)两级妇联组织共接待处理564人次的来信来访来电。3月,江苏省人大常委会执法检查组对江阴贯彻实施《中华人民共和国妇女权益保障法》和《江苏省实施〈中华人民共和国妇女权益保障法〉办法》情况进行执法检查,高度评价江阴的妇女维权工作。

【扶贫帮困】 2010年,市妇联继续实施“单身贫困母亲援助行动”,协调市慈善总会向100名单身贫困母亲每人发放2000元的生活救助金;深入开展“身边的希望工程”助学活动,发放“邢氏清寒助学金”及“上润助学金”20万元,各级妇联组织向2244名贫困生发放助学金307万元;推进结对帮扶活动,建立89名“春蕾”女童爱心库,发动女企业家等社会爱心人士与女童结对;持续推进“巾帼助老”志愿服务活动,组织1478名“巾帼”志愿者、162个志愿服务集体为1093个独居老人提供物品代购、就诊陪同、精神慰藉等服务。

【家庭教育推进活动】 2010年,市妇联以“阅读,做书香女人”为主题引导妇女带动家庭成员多读书、读好书,组织“图书漂流”活动,交流书籍8778册,收到体会文章1013篇、心得6872条;与市教育局联合举办“好书同分享,快乐伴成长”亲子悦读暨家庭教育征文活动,收到征文605篇,评选表彰优秀文章116篇;举办“把握爱的律动,实现有效沟通”家庭教育论坛;壮大家庭教育骨干队伍,新增5名教育、心理等方面专业人士加入家教讲师团;继续推进企业家长学校建设,新建27所,累计建成127所,江阴“创办企业家长学校,搭建家庭教育新平台”的做法被评为无锡市未成年人思想道德建设工作创新品牌。是年,市、镇(街道)两级妇联组织举办家庭教育讲座84场,听众1.7万人次。 (邓秀琴)

江阴市科学技术协会

【概况】 2010年,市科协紧紧围绕“幸福江阴”建设总体目标,努力为科教兴市、人才强市战略服务,提高科普工作水平,全市科协事业取得新进展。年内,继续开展“三创”*活动,培养表彰“三创”人才50名;开展科技创新人才、科协工作先进个人、优秀“科技工作者之家”等评优表彰活动,共表彰奖励科技工作者105名,先进集体62个;开展建言献策活动,报送《江阴市科技工作者之声》3期,其中,《关于江阴医药事业发展的调查和建议》《关于推进企业科技与人才工作的建议》等建议得到市委书记朱民阳的批示。全年新建企业科协18个,至年末累计有学(协)会32个、院校科协2个、开发区科协2个、镇(街道)科协16个、企业科协49个、农村专业技术研究会66个。是年,市科协被评为江苏省文化、科技、卫生“三下乡”先进集体;3名科技工作者获国家、省级表彰。

【重点人群科学素质行动】 2010年，市科协全面推进重点人群（未成年人、农民、城镇劳动人口、领导干部和公务员）科学素质行动，以该行动为切入点带动全民科学素质的整体提高。举办"华小杯"青少年机器人大赛等系列活动；组织农民科学素质网络知识竞赛活动，举办各类农业科技培训1000多期，培训农民7万余人次；开展"科普大篷车暨阳行"、科普进社区等活动；为全市各机关事业单位编印《节能在我身边——机关节能减排小常识》手册7000份，促进科学节能意识的养成。是年，江阴市《全民科学素质行动计划纲要》实施工作通过无锡市督查组的验收。

【科学普及】 2010年，江阴市各科协组织和团体举办各类科普宣传587场次，参与群众达45.8万人。5月，以"坚持科学发展，走近低碳生活"为主题，突出"节约能源资源、保护生态环境、保障安全健康"内容，开展"科普周"系列活动210余场次，参与互动人数达20余万人次。9月，围绕"走近低碳生活，你我共参与"主题，紧贴群众需求，开展健康知识咨询、科普文艺演出、科普展品体验、节能产品演示等"全国科普日"系列活动。年内，市科协积极推进科普场馆和阵地建设，建成长江珍稀鱼类科普馆等四大专题科普馆，其中江阴国土资源科普馆被评为全国首批国土资源科普教育基地；完善江阴科普网站等科普载体，在《江阴日报》开设《科普园地》专栏；巩固农村科普阵地，实现每个镇（街道）、每个村（社区）都有科普活动站、科普宣传栏和科普宣传员。至年末，累计建成科普教育基地21个；科技特色学校20所，其中华士实验中学被评为中国少年科学院科普教育示范基地；科普示范镇（街道）4个；科普文明社区45个。

【科技工作者服务工作】 2010年，市科协在为科技工作者服务上创新方式和渠道，提高服务能力与水平，进一步规范工作制度，扩大服务范围，提升工作成效。发挥"科技工作者之家"平台作用，建立走访调研制度，加强与科技工作者的沟通交流，全年走访服务各类科技人才460余人次。是年，成立市科技工作者服务中心，为科技工作者提供集来信来访、建言献策、学术研讨、科技咨询等功能为一体的创新服务平台，接待科技工作者482人次，开展各类学术研讨、技术推广交流活动16场次。

【学术交流活动】 2010年初，市科协按全市"新兴产业培育年"要求，召开新兴产业学会筹建工作座谈会，举办以"普及物联网知识，展望高科技时代"为主题的学术讲座，全市各学（协）会、镇（街道、开发区）科协、企业科协举办各类学术交流活动320余场次；开展科技论文评审，在参评的281篇科技论文中评出一等奖论文21篇、二等奖41篇、三等奖72篇。

【"兴农富民"工程】 2010年，市科协根据无锡市科协要求，扎实推进"兴农富民"工程，深入开展农村党员科技先锋"三百工程"（建立百个农村党员科技先锋岗，设立百个农村党员科技示范基地，开展百场农村党员科技致富宣讲），在全市建立科学先锋岗30个、科技示范基地30个，成立农村党员科技致富宣讲团并完成百场宣讲。加强"科普惠农"载体建设，在祝塘镇建立市首个科普惠农服务站，为农民、大学生村官开展培训咨询服务共计870人次；与祝塘镇永平村开展结对扶贫，提供科技咨询服务。全年组织科技下乡活动15次，发放科技资料5万余册。是年，璜土镇葡萄协会被省科协评为"科普惠农兴村"先进单位，并获6万元奖金。

【服务企业活动】 2010年，市科协深化服务企业活动，走访60余个企业，征集并解决企业技术难题26个，促进企业增收2100余万元；加强科技咨询服务，为企业提供创新创业、科技开发、合作交流服务，指导企业规范技术贸易运作，全年签订咨询服务合同22份，完成交易额1200万元。全年为企业申报"金桥工程"（在科技与经济之间"架桥"）和"厂会协作"（学会、协会与企业协作）项目17项，6项被评为无锡市优秀项目，4项被评为无锡市重点项目并被推荐参加省优秀项目评比。

（焦亚平）

江阴市
文学艺术界联合会

【概况】 2010年，市文联广泛组织开展文艺创作、文艺展演、送文化下乡等活动，积极为"幸福江阴"建设增光添彩。年内，在中国美术馆成功举办"幸福江阴"美术书法摄影作品展；先后承办2010"泰和江南——江阴三月三·半农诗会"、中国曲艺名家"送欢笑下基层"、上海世博会城市广场"周周演·江阴专场演出"、第五届"长三角杯"全国城市国际标准舞公开赛暨世界华人舞蹈联合会首届青少年国际舞蹈锦标赛等大型文艺活动。是年，作家协会会员出版、发表（刊物发表和网站发表）文学作品17部，其中长篇小说4部；夏坚勇的报告文学《江堤下的小屋》在《新民晚报》发表并获第20届中国新闻奖一等奖。民间文艺家协会的文艺作品获省级以上奖项有10部；戏剧曲艺家协会的戏剧小品在省以上比赛获奖17项；音乐舞蹈协会的音乐舞蹈节目在省级以上展演中获奖5个；美术家协会有17幅作品入选省级以上展览；书法家协会有15幅作品入选省级以上展览；摄影协会有28幅作品入选省级以上展览，全年共举办美术、书法、摄影展览15次，完成83场次惠民演出，受惠群众达15万人次。

【市文联第五次代表大会召开】 2010年1月8日，市文联第五次代表大会在市文化馆小剧场举行。市委书记朱民阳、市长王锡南、市人大常委会主任吴崇翟、市政协主席黄满忠等市领导和全市200余名文艺工作者代表出席大会。无锡市文联主席雷群虎到会祝贺。会议审议并通过市文联第四届委员会工作报告和《江阴市文学艺术界联合会章程修改草案》,选举产生委员47名,常委11名,艺术指导委员会委员38名,黄磊任文联主席,周林海任文联副主席兼秘书长。

【第五届“长三角杯”国标舞大赛在江阴举行】 2010年3月20日,市文联、市国标舞协会在江阴体育馆联合举办第五届“长三角杯”全国城市国际标准舞公开赛暨世界华人舞蹈联合会首届青少年国际舞蹈锦标赛。本届大赛得到世界华人舞蹈联合会大力支持,有来自京、沪、黑、徽、浙、苏等省市70支代表队1698对选手参赛,共进行57个组别117场次比赛。江阴市有市文化馆、星光舞蹈学校、博艺琴行、天琴文化艺术培训中心、绿洲形象影视艺术中心、国标舞协会、国标舞协会青阳舞蹈中心、德艺国标舞培训中心8个单位317人参加比赛,取得金牌34块、银牌40块、铜牌34块。

【江阴三月三·半农诗会】 2010年4月16日,由江阴市政府主办、市文联等单位联合承办的2010“泰和江南——江阴三月三·半农诗会”开幕式暨“叫我如何不想她”——纪念一个诗人刘半农研讨会在市文化馆举行。全国各地近百位诗人相聚江阴,纪念“五四”新文化运动先驱、江阴籍著名诗人刘半农。研讨会就刘半农对诗歌民谣的倡导、对文学革命的执著、对地域文化的挖掘和对新文化运动的贡献等话题进行深入探讨,以创新的力量使诗歌走向大众,贴近生活。副市长龚振东出席开幕式。当晚,在市大剧院上演“叫我如何不想她”诗歌音乐会,市领导徐冬青、计军和著名诗人舒婷等观看文艺演出,并为“三月三诗人奖”获奖诗人颁奖。

【上海世博会举行江阴专场演出】 2010年6月19日,市文联联合市文艺集团在上海市南京路世纪广场举行上海世博会城市广场“周周演”“幸福欢歌”江阴专场演出。此次演出精心挑选歌舞《一路阳光》《紫藤花》和独角戏《三老太应聘》等11个具有浓郁江阴地域特色的节目,突出“幸福江阴”主线,把江阴改革开放以来取得的巨大成就与文化魅力呈现在观众面前,让海内外游人了解江阴、熟悉江阴、喜爱江阴。演出受到现场观众的热烈欢迎。

【曲艺名家“送欢笑下基层”活动】 2010年10月24~25日,由中国曲艺家协会、江苏省文学艺术界联合会主办,省曲艺家协会和江阴市委宣传部、市文联、市文艺集团联合承办的中国曲艺家“送欢笑下基层”演出活动分别在周庄镇体育馆、江阴大剧院举行,中国曲艺家协会分党组书记、相声名家姜昆率李金斗、巩汉林、金珠、大兵、赵卫国、王汝刚、毛猛达、兰成、戴志诚、李建华、刘全利兄弟等20多名著名表演艺术家参加演出,受到市民热烈欢迎。

【“幸福江阴”作品在中国美术馆展出】 2010年11月8日,“幸福江阴”美术书法摄影作品展在中国美术馆一楼大厅举办。中国文联党组成员、书记处书记夏潮,中国书法家协会荣誉主席沈鹏,中国书法家协会、美术家协会、摄影家协会有关领导及市领导徐冬青、龚振东出席开幕式并剪彩。此次展览是江阴市美术、书法、摄影作品首次在中国美术馆专题展出,120件参展作品紧扣时代脉搏,贴近实际、贴近群众、贴近生活、风格各异,具有很高的艺术水准。展览得到中国文联领导、首都各文艺界的普遍赞誉。中华网、人民网、新华网、雅虎中国、中新网、天津网、《中国文艺报》及《扬子晚报》等媒体对开幕式盛况进行报道。 (龚 翼)

江阴市红十字会

【概况】 2010年,江阴市红十字会开展“博爱”系列救助活动,帮助弱势群体,发放各类救助款物80万余元;开展各种形式宣传活动,把弘扬红十字精神与社会主义精神文明建设紧密结合,全年各类媒体报道播出市红十字会活动新闻、文稿92篇(条);推进无偿献血、造血干细胞捐献工作,落成启用步行街爱心献血屋,147名造血干细胞捐献志愿者采样入库,1人成功捐献造血干细胞;进行崇尚科学、捐献遗体知识宣传,年内有7名遗体捐献志愿者进行登记,1人实现捐献遗愿;完成2010年市委、市政府为民办十件实事项目之一的培训2000名红十字救护员和2万名群众现场初级急救任务;为玉树地震、舟曲泥石流等灾区募集救灾款物469.9万元。是年,市红十字会获无锡市红十字会系统2010年度目标管理考核优秀奖第一名、单项工作特别贡献奖、二项创新工作奖;江苏省南菁高级中学、江阴市第一中学被江苏省红十字会评为省红十字示范学校。

【“博爱”救助行动】 2010年,市红十字会继续开展“博爱”系列救助行动,帮助弱势群众解决困难;开展“幸福在江阴,博爱暖人心”贫困家庭新春救助活动,市、镇(街道)两级红十字会走访慰问200余户贫困家庭及麻风病人,发放救助金20万余元;向外来民工子弟学校发放救助物资8.6万余元;援助特殊教育中心校贫困学生,发放住宿费5.3万余元;开展学生大病医疗救助,为12名学生发放大病救助金13万余元;开展贫困青少年白血病救助工作,为9名白血病患者发放救助金11.72万元;与市妇联联合开展妇女“两癌”(乳腺癌、宫颈癌)筛查红十字医疗救助行动,为20名患者发放救助金6万元;援助市图书馆设立盲人图书室资金5万元;援助新疆霍城县红十字会救助物资16.75万元,援助玉树地震、舟曲泥石流等灾区救助款物469.9万元。

【红十字宣传活动】 2010年5月10日,市红十字会、应急办、民防局联合开展主题为“知识守护生命,平安铸就幸福”的纪念“5·8”世界红十字日和“5·12”防灾减灾日大型广场宣传活动,市公安、安全、卫生等20余个部门和红十字志愿者、社区群众等200余人参加活动,副市长钱文琴出席启动仪式。市红十字会志愿者在现场进行心肺复苏、创伤止血等急救示范；开展劝募活动，现场募集善款1162元；发放《救护知识宣传册》1000余份、《避险逃生应急手册》960份。是月，基层红十字会开展红十字博爱周宣传活动125场次，出板报110期，张挂(贴)标语370条，发放宣传材料4.5万份；进行现场急救及防灾演练62场次，参与人数5.4万人次；开展志愿服务112次，被服务人数1.3万人次。镇(街道)红十字会组织干部、志愿者走进社区，开展宣传和志愿服务。学校红十字会宣传《中华人民共和国红十字会法》，开展避险逃生演练。社区红十字服务站组织志愿者，为社区群众进行法律宣传、测血压等服务。卫生系统红十字会组织会员开展医疗咨询、为敬老院老人进行义务体检等活动。9月11日是第11个“世界急救日”，市红十字会、澄江街道、市人民广播电台在新华路社区举行“急救知识进社区，‘幸福江阴’好身体”大型直播活动，通过现场讲解、现场答疑、有奖抢答等形式，宣传现场急救和防灾避险知识，指导群众学习心肺复苏、止血包扎等操作技能。

【红十字志愿服务】 2010年1月20日，市红十字会与港口办事处在通江路社区举行健康爱心行动进社区活动，为社区群众进行医疗咨询、无偿献血宣传、心肺复苏操作演示等活动，现场发放宣传资料600余份；5月29日，与市志愿者协会、“爱心向前走”网络志愿者群体联合举行关爱白血病儿童公益义演，倡导关心帮助弱势儿童，现场募集善款8370.2元；8月17日，市红十字会、“红尘友爱”等民间公益组织联合在夏港街道举办“风雨同舟，众志成城，情系清平、舟曲赈灾”义演，动员社会各界帮助灾区群众，现场募集善款15841.6元；12月，开展关爱白血病儿童“爱心向前走”公益募捐系列活动，募集善款23749.1元；年内，市红十字会成立由33名心理咨询师组成的心理援助志愿者服务队，为群众提供心理咨询服务。是年，江阴市红十字无偿献血志愿者服务队拥有成员120余人，广泛开展志愿服务活动，在街头、军营、爱心献血屋等场所宣传无偿献血知识，累计服务工时达3200余个小时。

【造血干细胞捐献行动】 2010年，市红十字会分别在4月24日、8月28日、10月19日和12月25日开展4次造血干细胞捐献采样活动，147名造血干细胞捐献志愿者采样加入中国造血干细胞捐献者资料库。6月2日，江阴凯澄机械公司员工陆磊成功捐献造血干细胞，救助一名广州的白血病患者，成为江阴市第5名、江苏省第155名、中国第1664名成功捐献造血干细胞志愿者。

2010年9月11日，市红十字会、澄江街道、市人民广播电台联合举行“急救知识进社区，幸福江阴好身体”直播活动。 （市红十字会供稿）

【救护培训】 2010年，市委、市政府将“完成2000名红十字救护员和2万名群众现场初级急救培训”纳入为民办十件实事项目。市红十字会制订项目实施方案，组织42名人员接受省红十字会救护培训专家授课；下发救护培训实施细则和培训器材，督导镇(街道)开展救护培训工作。各镇(街道)成立红十字急救培训领导小组，制订救护培训计划，依托成教中心建立救护培训站，对辖区内机关干部、企事业单位职工、社区(村)群众、中小学生等广泛开展救护培训，稳步推进实事项目。至12月该实事项目全面完成。江苏省红十字会给予高度评价并转发《江阴市救护培训政府实事项目实施情况汇报》。是年，市红十字会为江阴贝卡尔特合金材料有限公司、安利(中国)日用品有限公司江阴分公司、劳氏船级社(中国)江阴分公司等30余个单位培训救护骨干229人；为380余名第19届中国金鸡百花电影节志愿者、1.2万余名高一年级学生、1.4万余名驾驶人员以及江阴职业技术学院大学生、民防志愿者、蒲桥街社区党员、延陵路社区群众等进行现场救护培训；为江阴职业技术中心校培训37名红十字急救员。

【郭长江到江阴考察】 2010年8月27日，中国红十字会副会长郭长江到江阴考察。副市长、市红十字会会长龚振东陪同考察。郭长江一行先后考察江苏省南菁高级中学红十字活动中心、澄江街道红十字救护培训站及步行街爱心献血屋，并观看《幸福江阴》宣传片。郭长江一行对江阴近年来实行政府买单开展救护培训、市民踊跃无偿献血并成立爱心服务队及1000余名志愿者加入中国造血干细胞捐献者资料库等工作给予高度评价。 （周序全）

■类目编辑 谢 诚

武装·政法

人民武装

【**概况**】 2010年，江阴市人武部开展“创先争优”（创建先进基层组织，争做优秀共产党员）活动，加强思想政治建设，推进军事斗争常态化准备，创建学习型党委班子，夯实基层建设基础，全面建设继续保持科学发展良好势头。是年，市人武部党委被南京军区评为团以上党委班子岗位练兵先进单位，被无锡军分区党委树为先进典型并作出《开展向江阴市人武部党委学习活动的决定》，市人武部党委、纪委被江苏省军区评为先进团级党委和先进纪委；市人武部被江苏省军区评为全民国防教育先进单位。

战备训练　加强春节、国庆节等节庆期间战备值班制度，完善应急预案，落实上海世博会安保维稳措施，优化民兵组织，抓好防空作战、军兵种岗位预案编制等队伍建设，严格按纲施训，有效提高平时组训和战时指挥能力。参加无锡军分区组织的“学、训、整”活动，获2个单项第一名，参训率、参考率均达100%。组织3批民兵参加江苏省、无锡市组织的抗洪抢险、防化救援骨干培训；组织基干民兵参加清明节前后山林防火值勤巡逻等。

征兵工作　按照为部队输送优质兵员要求，继续抓好兵役登记和统计工作，召开各级征兵工作会议，将任务分解至行政村、社区。宣传《中华人民共和国国防法》《中华人民共和国兵役法》和《江苏省征兵工作条例》等法规，营造全社会关心支持征兵工作、适龄青年依法服兵役的舆论氛围，编发简报4期470份，在军地各类媒体用稿43篇。进一步完善退役士兵城乡一体化货币安置政策，采取“以货币安置为主，双向选择、帮助就业为辅，强化配套服务，取消城乡差别，实现一体化安置”办法，激发广大应征青年参军热情。退役士兵（士官）一次性货币安置费标准：2年义务兵由原3.2万元调整为3.5万元，10年以下复员士官在此标准上每多服役一年增加0.3万元，10年以上（含10年）复员士官在此标准上每多服役一年增加0.1万元；转业士官由原来的7.2万元调整为7.5万元，安置金分别由市、镇两级财政承担。规范逃避服兵役处罚措施，对逃避服兵役的义务兵家庭罚款优待金5倍计3.65万元。对征兵任务未完成的单位收取每人5万元的兵员调节费，超额完成的按每人5万元奖励。是年，圆满完成征兵工作任务，所征新兵均为中共党员或共青团员，高中以上学历占89.6%，其中大专以上学历占22.6%。

拥政爱民　扎实开展军民同心共建“幸福家园”活动，协调组织驻澄部队与30个镇、街道、行政村结对签约。组织民兵预备役人员参加上海世博会、第19届中国金鸡百花电影节、中德足球对抗赛、月城龙舟赛等大型活动期间安全保卫工作。12月19日下午，紧急组织、协调民兵160人和73035部队官兵200人扑灭花山山林火灾。

【**“创先争优”试点活动**】 2010年，江阴市人武部开展“创先争优”活动，制定《关于加强基层人武部、民兵营（连）正规化建设三年规划（2010～2012）》和《在民兵基层党组织和党员中深入开展“创先争优”活动实施意见》，建立考核评议机制，制订实施方案，细化具体标准，与基层建设同步筹划、同步部署、同步指导、同步考评。党委班子成员实行分片包干帮带责任制，加强对机关、民兵基层党组织的分类指导，开展比武竞赛活动，提高履行使命任务能力。该活动做法在无锡军分区遂行多样化军事任务政治工作研讨会上作经验介绍，并获优秀成果奖。是年，市人武部获江苏省军区拒腐防变教育试点知识竞赛团体第一名，被南京军区列为“创先争优”活动试点单位。

【**党委班子岗位练兵演示射击六发六中**】 2010年2月1日起，市人武部党委班子作为江苏省唯一的人武部代表，参加南京军区团以上党委班子岗位练兵成果汇报活动。6名党委班子成员组成双37高炮班，训练对地面固定目标实弹射击，在营训练29天，野外驻训24天，动用车辆22台次、双37高炮2门，行程1780公里，参加实弹合练6次。3月22日下午4时,在南京军区一号观摩点进行现地课目演示汇报，取得六发六中优异成绩，被南京军区评为党委班子岗位练兵先进单位，参演人员受到中央军委、中国人民解放军总参谋部领导和南京军区首长接见，指挥作业成果入选南京军区政治部编印的《人武部岗位练兵指挥手册》范例。

【民兵“三精”比武】 2010年7月15日,江阴市人武部组织37名民兵应急连队员开展“三精”(精准射击、精熟操作、精确指挥)军事技能强化训练。8月1日,代表无锡市参加在泰州市举办的江苏省民兵应急分队“三精”比武竞赛。竞赛分轻武器基础射击、轻武器应用射击、手榴弹投准、轻武器分解结合、警棍盾牌操作、卫生与救护、穿戴防护器材、室内想定作业、分队行动、情况处置10个课目，市民兵获得单项2个第一、2个第二、1个第三和团体第四的好成绩，民兵应急分队作战能力得到检验。 (符银芬)

人民防空

【概况】 2010年，江阴市民防局(人防办)认真贯彻执行《中华人民共和国人民防空法》,围绕“长期准备、重点建设、平战结合”原则,按照“紧跟城市建设步伐,同步发展民防事业”目标,持续、健康、快速发展民防建设事业。是年,江阴市被江苏省军区、省民防局评为“十一五”期间人民防空先进城市；全市基层民防工作建设经验接受江苏省民防局专题调研，并被树为全省基层民防工作典型。

人防工程建设 全市人防工程新开工面积与上年持平，竣工面积比上年增长27.5%。全市已基本形成了以人防指挥所为主导，专业队工程、人员掩蔽工程、物资仓储工程相配套的地下防护体系。完成实地标示工作,普查全市企事业单位人防工程，普查率达100%。防空地下室开发利用率达95%以上。

人防依法行政 坚持依法行政理念,推进法治人防建设。市人防办被列为全市首批行政权力网上公开透明运行3个试点单位之一,人防行政审批公开、公平、公正，所有人防审批项目均在网上公开透明操作,接受社会监督。调研全市地下空间开发利用状况，规范管理和开发城市地下空间资源,由市政府出台《江阴市地下空间开发利用办法(暂行)的通知》。细化人防工程项目审批、建设、使用等管理措施,制定《关于人防专业队工程配建比例等事项的补充规定》,提升人防工程依法建设与管理水平。是年,办理行政监督证6张、行政执法证14张、行政许可项目5项、行政处罚项目45项、强制执行项目1项、其他行政权力项目11项。回复群众举报开发商出售防空地下室投诉事件7件,答复率、满意率均达100%。

人防法规宣传教育 在人防网站、江阴电视台、江阴人民广播电台、《江阴日报》等媒体上宣传人防(民防)法规和政策,开展人防(民防)宣传教育进机关、进社区、进学校、进企业等活动,发放宣传资料5000余份，组织社区文艺汇演、宣传教育及联谊活动30余次,展出宣传专栏、板报50个(块),向全市38所中学免费发放民防知识教材1.45万余册。在江阴职业技术学院开展民防知识教育，受教育大学生2800人。在182、183坑道建成民防教育基地，免费向社会开放，参观人数达2万余人次。在江阴民防网站上传文稿300余篇,照片280幅,视频10余个，民防网站被评为江阴市级互联网工作法十佳服务平台。全年在各级报刊上发表文章51篇,其中国家级12篇、江苏省级8篇、无锡市级20篇。

【民防指挥通信体系建成】 2010年，江阴市民防局不断完善民防指挥通信系统，建成市民防地面指挥所和江阴长江大桥前沿指挥所,将防空、防灾和重要目标防护指挥融为一体，并赋予各指挥所特有功能。完成基本指挥所与民防地面指挥所、江阴长江大桥前沿指挥所视频、语音、数据互联互通,接入城区重要交通监控信号、城郊治安卡口监控信号、部分重要目标防护监控信号，实现与上级条线部门高清视频通信，应急指挥通信保障体系基本建成。不断加强防空、防灾警报体系建设,在各镇、街道、开发区新增警报点,防空、防灾警报网覆盖城区和集镇区。按照国家人防办警报信号发放规范要求，升级改造警报发放控制方式，有效提高警报信号发放可靠性。是年,防空警报试鸣成功率达100%。

【社区民防建设】 2010年2月，江阴市民防局切实加强基层民防建设，提高居民应急防灾综合能力。在澄江街道天鹤、西横街2个社区,启动民防建设试点工作,受到社区居民拥护。建立社区民防工作站,制订居民防灾预案,组建社区民防志愿者队伍，培训社区居民防灾技能，配发民防应急器材，对6个居民小区进行防灾疏散实地标示,组织开展防灾演练3次,社区民防建设达到“十有”(有一个社区民防领导小组、有一支民防志愿者队伍、有一套必备的民防应急器材、有一块固定民防知识宣传阵地、有一批民防知识宣传书刊、有一本记录民防工作的台账、有一个小区应急避难场所、有一套居民应急防灾预案、有一次居民防灾演练、有一套防空防灾预警机制)标准。

【人防维护管理资金专户设立】 2009年6月,江阴市为加强人防工程平时维护保养,保障正常运行资金,市政府办公室印发《关于进一步加强人防工程管理的意见》,规定出租人防工程按租赁合同约定租赁费的15%提取人防维护资金，并开设专户存储；自用人防工程，每月按人防工程建筑面积每平方米0.7元标准提取存储。至2010年末，全市有35个建设单位设立人防工程维护管理资金专户,累计维护管理资金178.08万元。

【数据容灾备份中心建设】 2010年，江阴市民防局完成数据容灾备份中心三期工程建设，运用云存储、云计算等先进技术,从网络安全、空间扩容、功能升级等方面改造灾备系统,容量扩至150TB(存储容量单位,1TB=1024GB),提升灾备系统服务方式、内容和能力。年内,完成市公安局、国土资源局、财政局等20余个用户单位数据灾难恢复演练,市民卡工程等信息化建设重点工程实现数据灾备,江阴房产、社保、“数字城管”等系统启动接入数据容灾备份中心。

(朱 兴 计 华)

武 警

【概况】 2010年,武警江阴市消防大队(亦称江阴市公安消防大队,以下简称市消防大队)深入贯彻实施《中华人民共和国消防法》,倡导“服务、创新、责任、和谐”的工作理念,努力打造一支“攻无不克,战无不胜”的消防铁军。开展构筑社会“防火墙”工程,落实各级消防工作责任制,专项检查新农村建设消防工作,全面推广火灾公众责任保险参保工作。开展消防隐患专项治理,进一步完善灭火救援体系,市消防指挥中心建成投入使用。举办《中华人民共和国消防法》培训班22期,培训人员5100余人次。在学校、社区开展消防业务培训82次,指导灭火疏散演练56次。全年接警出动1315次,出动消防车辆3410辆次、人员14505人次,其中扑救火灾173次,灭火成功率100%;参加抢险救援198次、社会救助48次,抢救被困人员108人,保护财产价值1.82亿元。至年末,全市连续第八年未发生重大人员伤亡火灾事故。是年,市消防大队被江苏省消防总队评为消防部队执勤岗位练兵先进单位和“十佳基层大队”,市消防大队特勤中队被公安部评为“上海世博会消防安保工作先进集体”。

武警江阴市中队隶属武警江苏省总队无锡支队和江阴市公安局,主要担负江阴市看守所外围的武装看守、武装拘捕、武装押解、武装追捕和处置突发事件等任务,确保执勤目标绝对安全。2010年,开展争先创优活动,完成上海世博会、第19届中国金鸡百花电影节安全保卫及苏州维稳处突任务。全年累计看守犯罪嫌疑人13485人,担负押解勤务118次,押解犯人1567人,出动警力302人次,行程4.6万公里。是年,连续第七年被武警江苏省总队评为基层建设标兵中队。

(孔德所 汪学虎)

【消防督查】 2010年,江阴市消防大队加强建设工程消防监督管理,审核项目317项,验收250项,审验面积392.7万平方米,现场判定消防产品254次,抽检67批次,排查确定消防安全重点单位1066个。在上海世博会、第19届中国金鸡百花奖电影节等重大活动和“五一”“十一”节日期间,组织开展“平安行动”集中检查活动5次,检查单位1665个次,整改火灾隐患和消防违法行为402处(次)。继续推进基层派出所消防监督管理,开展校园消防专项检查、建筑消防设施专项行动等。

【市公安消防指挥中心建成启用】 2010年10月22日,江阴市公安消防指挥中心建成并投入使用。该中心位于城区东外环路以西、澄张公路北侧的江阴经济开发区内,占地面积2.07公顷,建筑面积1.07万平方米,总投资4700万元。是一座集消防调度指挥、大队行政办公、中队执勤训练为一体的综合性建筑,具备现代化、智能化的消防指挥调度和消防宣传教育等功能。同时,投资500万元,在该中心建成市消防教育馆,12月28日挂牌开馆,馆内展示江阴消防事业发展历程的实物、照片、文字记载以及报刊、电视宣传视频等资料,供企事业单位职工、大中小学校师生和社会各界人士参观、学习消防知识和技能,提高全市人民消防安全意识。

【市综合应急救援大队成立】 2010年12月28日,江阴市为进一步加强全市综合应急救援队伍建设,全面提升综合应急救援能力,依据《中华人民共和国突发事件应对法》《中华人民共和国消防法》等法律法规,依托市公安消防大队、市合成化民兵应急连,成立市综合应急救援大队。市公安消防大队加挂市综合应急救援大队牌子,领导班子组成、隶属管理、人员编制及管理体制不变,市合成化民兵应急连为市综合应急救援大队分队。市综合应急救援大队的主要职能:以抢救人员生命为主的危化品泄漏事故、道路交通事故、地震及其次生灾害、建筑坍塌事故、重大安全生产事故、爆炸和群众遇险等救援工作,协助有关专业队伍做好水旱灾害、气象灾害、地质灾害、森林火灾等自然灾害,以及水上事故、重大环境污染等突发事件抢险救援工作,最大限度地减少人员伤亡和财产损失。

【火灾公众责任保险】 2010年,江阴市消防大队为提高社会单位火灾防范能力,减少单位火灾责任风险,创新社会消防管理措施,4月起调研应投保火灾公众责任保险单位情况,制订《关于推动公众聚集场所和易燃易爆单位参保火灾公众责任保险的实施方案》,会同市保险行业协会,制定火灾公众责任保险条款和费率标准,委托市政府采购中心集中招投标确定5个定点承保单位,通过火灾风险评估、防灾防损检查和费率浮动等机制,加强投保单位的风险管理自觉性,降低火灾风险隐患,有效预防火灾事故,加强公众聚集场所安全,提高社会综合管理水平。年内,全市共有82个公众聚集场所、23个易燃易爆单位参加火灾公众责任保险,参保金额32.56万元,其中公众聚集场所参保率80%。

附:2010年火灾事故情况

2010年,江阴市共发生火灾事故157次,造成2人死亡、1人受伤,直接财产损失431.61万元。与上年比较,因统计口径变化,火灾发生数增加105次,直接财产损失增长45.75%,继2002年后连续第八年未发生重大人员伤亡火灾事故。年内,镇区发生火灾95次,直接财产损失368.73万元,分别占总数的60.5%和85.43%；乡村地区发生火灾32次，直接财产损失14.63万元，分别占总数的20.38%和3.38%。物资储存场所发生火灾54次，直接财产损失356.35万元，分别占总数的34.39%和82.56%；居民住宅发生火灾40次，直接财产损失16.32万元；交通工具引发火灾10次，直接财产损失30.01万元。电气故障引发火灾48次，直接财产损失43.48万元，分别占总数的30.57%和10.07%；生产作业类火灾23次，直接财产损失295.53万元，分别占总数14.64%和68.47%。8~10时发生火灾21次，直接财产损失24.54万元，分别占总数的13.37%和5.68%；14~16时发生火灾20次，直接财产损失174.51万元，分别占总数的12.73%和40.43%。沿江石油化工储存单位数量和规模逐年增大，火灾扑救难度加大，给消防保卫工作带来严峻挑战。

（孔德所）

社会治安综合治理

【概况】 2010年，江阴市政法综治工作紧紧围绕“幸福江阴”建设大局，认真贯彻落实中央、江苏省、无锡市政法工作会议精神，以“谋创新、快转型、惠民生、促发展”为主线，深入推进“三项重点工作”（社会矛盾化解、社会管理创新、公正廉洁执法），政法各部门切实履行各项职能，保持高度政治敏锐性和责任感，注重社会矛盾化解和社会管理创新，着力维护社会和谐稳定，保障百姓安居乐业，坚持整治与改造相结合，加大对治安重点地区综合治理，从源头上解决问题，全市违法犯罪警情比上年下降12.65%，人民群众对社会治安满意度上升至98.5%。是年，江阴市被全国普法办公室表彰为首批全国法治县（市）创建活动先进单位。

【“三项重点工作”推进】 2010年5月24日，江阴市委、市政府召开全市推进“三项重点工作”动员会，贯彻落实中央政法委、中央维护稳定工作领导小组关于深入推进“三项重点工作”精神。是年，全市政法各部门注重社会矛盾化解，圆满完成上海世博会、第19届中国金鸡百花电影节安保工作，排查受理各类矛盾纠纷事件12498件，调解成功率100%。认真贯彻《江阴市社会稳定风险评估意见》，化解不稳定因素事端300余次，处置群体性事件200余件。深入开展“打黑除恶”等专项斗争，破获刑事案件8676件，23件命案全部侦破，故意杀人、强奸、抢劫等“八大类”案件破案率达89.5%。检察机关受理提请批准逮捕案件1359件2129人，提起公诉1859件2892人。法院受理刑事案件1890件2982人，审结1857件2931人。加大对治安重点地区综合治理，全市违法犯罪警情比上年下降12.65%。注重公正廉洁执法，全面推进法治系列创建工作，深入开展法制宣传教育，严厉打击破坏社会主义市场经济秩序犯罪，破获经济犯罪案件316件，立案侦查涉嫌贪污、贿赂等职务犯罪案件24件28人，批捕经济犯罪28件36人；化解“执行难”问题取得新进展，执结率达94.4%；创新法律援助机制，共受理（办理）各类援助案件747件。

【维稳工作“三排查两治理”】 2010年，江阴市按照江苏省、无锡市统一部署，深入开展“三项排查”（信访热点难点问题排查、安全事故隐患拉网式排查、基层基础工作薄弱环节排查）、“两项治理”（征地拆迁专项治理、非法违法生产经营建设行为专项治理）工作。8月11日，市委召开专题会议，研究“三项排查”“两项治理”工作，13日，召开市委常委（扩大）会议，专题研究部署全市社会稳定和安全生产工作，集中开展“三项排查”和“两项治理”，抓好排查化解，及时消除不稳定因素；抓好重点环节，牢牢把握工作主动权；抓好控源治本，确保社会和谐稳定；抓好制度建设，确保各项工作落到实处。是年，投入资金5645万元，完成整改挂牌督办隐患44处，12166个（次）企事业单位共排查各类安全生产隐患13457处，从根源上化解矛盾，解决问题，消除隐患，群众信访上访、重大刑事案件、安全事故发生率明显下降，全国“两会”和上海世博会期间越级进京到沪实现零上访，得到江苏省、无锡市督查组充分肯定。

【技防入户工程】 2010年，江阴市深入推进社会治安“大防控”体系建设，启动技防入户工程建设，加快技防设施向基层防范延伸，构建全时空、全覆盖、多层面、多手段的科技防控网络，提升全市科技防控水平。该工程是“平安江阴”建设重点工程，计划两年时间完成。技防入户主要对象是沿街商户、城乡居民户以及市（商）场、车站、广场、网吧、酒吧、金融网点、便利店等易发案、高发案场所、单位和重点部位。是年，市综合治理办公室、公安局联合市财政局等5个部门制定《全市技防入户工程建设工作意见》，市政法部门精心组织，深入宣传，耐心讲解，广泛动员市民自愿参与技防入户工程建设，市电信局、规划局、建设局等部门联动实施。至年末，全市共完成城（镇）区沿街商户技防入户7645户，入户率达66.45%；城乡居民技防入户11.5万户，占总目标的58.7%。

（冉隆峰）

公　安

【概况】 2010年是江阴市公安局用3年时间实现“全国现代警务先导区、示范区”目标的第二年，市公安机关提出“向理念要战斗力、向创新要推动力、向务实要执行力、向表率要凝聚力、向统筹要驾驭力”基本指导方针，铸炼“忠诚履职、为民奉献、务实创新、勇争一流”江阴警察精神，用前瞻理念带动全警、用创新手段突破瓶颈、用精细管理提升质效，抓好信息警务、预知警务、合成警务、动态警务、换位警务、诚信警务、人本警务7项重点工作，努力建成“社会治安最稳定、最安全的城市”“交通秩序最畅通、最文明的地区”和“公安队伍最优秀、最具活力的警队”。年内,“幸福江阴”年度民意调查公安和安全,结果显示,群众对“交通出行”“社会治安”和“交通安全”3项指标满意率分别达98.1%、97.8%和96.2%,位居全市社会事业25项指标前三名,《人民日报》《法制日报》《人民公安报》等中央主流媒体聚焦江阴公安30余次,江阴警务被誉为“中国基层警务改革的样板”。是年,江阴市被公安部、住房和城乡建设部授予“实施畅通工程模范管理城市”称号,连续第六年被江苏省委、省政府评为全省社会治安安全县(市)。市公安局、市交巡警大队车辆管理所分别被公安部评为公安机关执法示范单位和优秀县级车辆管理所;市公安局被江苏省文明委授予“2007~2009年度创建文明行业工作先进单位”称号;市公安局整体工作绩效考核成绩继续名列无锡市第一,被无锡市政府记集体二等功;有21个部门、13名干警受到江苏省级以上表彰和奖励。

维护社会稳定　把握预知预警和妥善处置两个关键环节,完善维护稳定工作体制和机制,建立常态化重大决策事项社会稳定风险评估机制,构建网上公安及网上网下协同稳控新格局,建立江苏省、无锡市、江阴市三级网警协作机制,网络舆情始终处于可控状态。推出“公调对接”矛盾纠纷调处模式、群体性事件“十分钟处置”工作法和“建档跟踪管理”等。是年,共处置和化解重大矛盾纠纷事件190余件。

维护治安安定　组织开展“冬季行动”“双百会战”“治安重点地区整治”“亮剑”等专项行动,加大打击“盗、抢、骗”等多发性系列侵财犯罪力度,抢夺和抢劫、入室盗窃犯罪警情数分别比上年下降30.3%、31.4%。开展打击发票犯罪、银行卡犯罪、假币收缴3项专项行动,持续开展“黄、赌、毒”专项整治。全年共破获各类刑事案件8676件。其中,现行命案23件全部侦破;故意杀人、强奸、抢劫等“八大类”案件破案率89.5%;侦破江西省宜春籍特大职业白日闯盗窃等团伙19个,破获系列案件100余件;摧毁恶势力团伙26个,涉及115人,侦办江苏省公安厅挂牌黑社会性质组织案件2件。破获经济犯罪案件281件,挽回经济损失2.1亿余元。破获毒品案件1471件,查处涉毒人员1534人,缴获海洛因、冰毒等毒品903.17克。抓获刑事犯罪人员6242人,其中移送检察机关起诉2735人,逮捕1735人,劳动教养474人,收容教育169人。抓获网上逃犯1112人,其中,历年逃犯227人,命案逃犯23人。

交通管理　建成并启用市公安交通指挥中心,实现对城乡道路交通即时优化和科学干预,交巡警非现场执法率达70%以上,中心与“110”“119”报警电话实现无缝连接,提高交巡警接处警、交通事故处理、信息查询、业务办理等效果和速度;推出“交巡警勤务入村”工作法,全市共建成入村交通管理服务站23个,周庄镇山泉村设立全国首个村级巾帼交通指挥岗;实行交通事故赔偿纠纷人民调解机制,全年协助调解交通事故赔偿纠纷事故820余次,赔偿额220万余元,调解成功率达92%;车辆管理推行互联网机动车号牌自编自选服务。是年,全市共发生各类交通事故34504次,比上年增长7.1%;亡262人,比上年下降6.4%;伤1724人,比上年下降3.6%;经济损失935.52万元,比上年增长15.2%。

公安行政管理　在全国建立首个流动人口服务管理跨区警务协作机制,出入境管理大队、车辆管理所和基层派出所等部门推行“4S”(Self-motivated 主动、Smiling 微笑、Speedy 高效、Satisfactory 满意)服务。出入境管理大队被公安部出入境管理局授予办理部分再次赴港澳签注审批权限,成为江苏省第一个县级出入境管理部门授权试点单位,全年共受理审批中国公民因私出境申请66152人次,办理境外人员证件、签证(注)3121份。完成第六次全国人口普查户口整顿工作。推行检警工作新模式,全市6个中心派出所建立检察官办公室制度。

【安全保卫工作】 2010年上海世博会期间,江阴市公安机关按照上级公安部门的统一部署和要求,以江阴平安稳定、服务和保障上海世博会顺利举办为首要任务,以开展“双百会战”(自4月15日起至10月底,集中200天时间开展以打击和防范突出犯罪为重点的“双百打防整治会战”)为主线,加强涉沪重点群体、治安危险分子等动态管控,提升社会面巡防等级,通过统一着装与便衣结合、卡口堵控与流动巡逻互补,组织城区派出所进行夜间亮灯编队巡逻行动,组织开展“大围剿、大清查、大巡查、大检查”集中清查统一行动,召开全市重点企事业单位“世博”安保暨“平安企业”创建推进会,全面提升“反恐怖袭击、防滋事破坏、保单位稳定、促世博安全”内部防范等级。加强进沪车辆专用通行证发放审核程序,共发放通行证1.2万余张。水警部门与江阴海事局联合建立进沪船舶安检工作常态机制,确保长江江阴段和内河航道9个船舶安检点安全稳定。开展学校、幼儿园“拉网式”安全大检查,强势落实校园安全防范措施,建立校方、警方、家长三位一体的校园护学岗制度,在云亭街道中心幼儿园试点运行江苏省首个应用物联网技术智能校园安全管理系统。其间,全市未发生重大涉稳事件和治安问题。10月12日至16日第19届中国金鸡百花电影节在江阴举行,市公安局详细制订安全保卫方案和应急预案,出动警力1万余人次,累计加班5万余小时,出色完成开幕式、走红地毯和颁奖典礼三项大活动和50余项其他活动及16位嘉宾入住酒店等安保任务,被电影节执委会授予优秀贡献奖。其间,全市违法犯罪警情环比下降22.9%,亡人交通事故比上年同期下降33.3%。

【设防城市建设形成“一体两翼”】 2010年,江阴市公安机关有效整合防控资源,形成“一体两翼”(“一体”指扁平化指挥体系,“两翼”指大巡防和技防城)架构,全力打造全市域覆盖、全时空控制、全防区联动的设防城市。年内,精心组织指挥网,树立公安指挥中心高度权威,挑选刑侦、交巡警队和派出所等实战部门具有丰富经验民警从事接处警调度工作,做到“五知七会”(知法律法规、知地形地貌、知警力分布、知卡点位置、知预案体系,会受理报警、会准确指令、会指挥调度、会警情研判、会群众工作、会服务协调、会设备应用),坚持“走出去、请进来”战略,分批选送民警到先进地区随岗培训,提高实战水平。任何人员接到指挥中心指令后均须无条件执行,指挥中心监控室重点检查督导全市巡防车辆、治安卡口、监控室、重点岗亭、社区警务室运作情况,并建立公安指挥中心、巡防大队、督察大队交叉互补督导体系,综合运用网上报备、电台点名、卫星定位系统(GPS)定位、视频监控、实地查看等手段,全时段、全方位督导全市巡防情况,任何情况下均能第一时间就近调集警力、堵住城市出入口、抓捕犯罪嫌疑人。纵深发展大巡防,全市每天保持有89辆警车、418辆摩托车24小时不间断巡防。高端发展技防城,全市企事业单位安装视频监控探头累计达3.2万余个,率先在全省应用物联网技术智能校园安全管理系统,推进技防入户工程建设,城镇和农村入户率分别达47.5%和30.3%;在镇际交界、城郊结合部主要道口,累计建成治安岗亭136个,与巡防勤务、技防监控相呼应,构成城区5分钟处警反应防线、城郊10分钟支援反应防线、镇际15分钟拦截反应防线、市际20分钟包围反应防线的“四道防线”,基本实现“犯罪分子不敢来江阴,来了不敢作案,作了案跑不了”的防控目标。是年,全市警情发生数在2009年下降31.8%的基础上又下降12.65%,江苏省公安厅厅长孙文德专门批示予以肯定。

【江阴警察精神】 2010年3月,江阴市公安局启动“铸炼江阴警察精神、争当群众心目中的好警察”主题教育活动,公布好警察标准:政治坚定、业务精通、作风过硬、公正执法、服务群众。以问卷调查、网上公开征集、征文演讲、专题研讨等形式,开展“江阴警察精神”大讨论。11月,首次提炼出具有时代特征、凸显核心价值、具有江阴公安特色的“江阴警察精神”:忠诚履职、为民奉献、务实创新、勇争一流。市公安局召开新闻发布会,向社会公布并解读其内涵。忠诚履职——卫护平安的使命与职责,为民奉献——警察职业的特质与价值,务实创新——科学发展的源泉与动力,勇争一流——“江阴精神”的传承与发扬,接受社会各界和人民群众监督。“江阴警察精神”成为全体公安民警共同价值取向和行为准则,引领公安工作科学发展、服务“幸福江阴”精神旗帜。至年末,市“十大群众心目中的好警察”评选工作尚在进行中。

【打击经济犯罪专项行动】 2010年,江阴市公安机关开展打击发票犯罪、银行卡犯罪和假币犯罪专项行动,至11月,破获发票犯罪案件33件,其中江苏省公安厅督办案件1件,捣毁大型印制窝点1个,小型印制、储藏窝点13个,抓获犯罪嫌疑人42人,摧毁犯罪团伙4个,涉及14人,缴获各类假发票50.18万份,斩断以靖江和常州两地为中心的2个发票犯罪网络;破获信用卡犯罪案件73件,抓获犯罪嫌疑人32人、网上逃犯18人,捣毁销售终端(POS)机套现窝点5个。市公安局摧毁陈金国特大制贩假发票窝点案件经验接受中央电视台《今日说法》栏目组专程采访,打击POS机犯罪技战法被江苏省公安系统推广,市公安局经济犯罪侦查大队被江苏省公安厅记集体二等功。

【“公调对接”机制建立】 2010年,江阴市按照江苏省公安工作电视电话会议精神,由政法综治部门牵头,公安机关、司法行政机关及社会矛盾纠纷调解组织各司其职、密切配合,形成公安机关行政调解和人民调解相互衔接、良性互动矛盾纠纷调处的“公调对接”机制。7月,市公安局启动“公调对接”工作,全市39个派出所、14个交巡警中队均建成派驻式人民调解室,有专(兼)职调解员171人,实现接处警工作与大调解机制有机衔接。同时,推行交通事故纠纷人民调解制度,通过“人民调解、共同调解、联合调解”等方式,提升交通事故调处效力。周庄派出所在“公调对接”工作中,探索创新,以农村社区警务室为平台,成立全市首个“公法联调”(公安机关与人民法庭联合调解)金湾工作站,其做法和经验被《江苏法制报》刊载。是年,人民调解员累计接待群众1100余人次,调解交通事故纠纷472次,化解不稳定因素事端300余次,调解成功率100%,理赔总额520万余元。市交巡警大队被江苏省高级人民法院、司法厅、社会治安综合治理委员会办公室等联合评为“诉调对接”工作先进集体。

【全国首创流动人口服务管理跨区域警务协作机制】 2010年,江阴市公安局针对全市登记在册的暂住人口78.8万人,外来刑事作案人员占65%以上,现有流动人口服务管理模式存在实有底数不清、信息资源封锁、跨区办案不便、联动协作困难等难题,遵循“平等、协作、共赢、发展”原则,与劳务输出人员20万人、在江阴超过4000人以上的县(市)公安机关建立“一对一”的警务交流协作机制,实现警务信息资源有效整合和最大共享,解决“流出地公安机关管不到、流入地公安机关管不好”问题。3月18日,与河南、江西、山东、湖南、贵州、四川、安徽以及江苏省苏北地区等8省29个县(市)公安机关建立协作关系,召开流动人口服务管理跨区域警务协作机制座谈会,共同签署《协作备忘录》。流动人口服务管理跨区域机制在全国属首创,《人民日报》《法制日报》等中央主流媒体予以报道,公安部在全国社会管理创新会议上予以推荐。是年,通过协作机制,抓获原籍地逃犯18人、侦破案件200余件,一般刑事案件跨省办案成本比上年下降20%以上。

【全国首个县级情报信息研判作战中心成立】 2010年9月1日,江阴市公安局成立全国县级公安机关首个情报信息研判作战中心。该中心依托自建系统与国家、江苏省、无锡市三级公安情报平台,开展信息研判、预警应用和查证处置工作,具体规划和实施全市公安机关情报信息研判,落实各项制度规范,加强警种部门之间信息联动,全面掌控合成作战。作战中心联动脱氧核糖核酸(DNA)实验室、智能交通指挥、车辆行踪监控、无线移动监控、信息科技平台等六大科技工程建设,指导面上防控工作。该中心25名专业研判人员与业务部门、基层所队70名专(兼)职研判员形成三级研判梯队,探索性地开展以人、车、案、网等信息为支撑的专业研判。至年末,通过研判,直接抓获违法犯罪人员456人,占无锡市40%以上。此举得到公安部、江苏省公安厅充分肯定,并派人专程到江阴调研。

【"警民恳谈"活动】 2010年8月起,江阴市公安局为拓宽警民联系渠道,构建和谐警民关系,开展"警民恳谈"活动,把每月第一个周六定为"警民恳谈日"。活动内容和目的是了解掌握社情民意、发现并解决存在问题,提升公安机关保平安保稳定、促发展促和谐的能力和水平;密切警民关系、推进互动交流,提升公安民警群众工作能力和公正廉洁执法能力;转变警务理念、创新勤务模式,提升新形势下城乡社区警务工作水平;改进工作作风、树立队伍形象,提升人民群众的安全感、满意度,实现公安作风效能建设争先进位目标。同时运用"网上警务室""平安QQ群"等平台,不断创新活动形式。全年共组织"警民恳谈会"5次461场,参加群众7323人,收集意见和建议1287条,发放警民联系卡53万余份。通过活动,排查矛盾纠纷2186次,破获刑事案件849件,涉案1023人,破获治安案件987件,涉案1952人,抓获网上在逃犯人129人。

【群体性事件"十分钟处置"工作法推广】 江阴市公安机关针对社会矛盾对抗性日益增强,特别是集体上访事件时有发生情况,于2009年9月起试行群体性事件"十分钟处置"工作法:公安机关在处置集体上访、堵门堵路等群体性事件时,必须在10分钟内依法将上访人群疏散或带离,确保单位正常工作秩序及道路畅通。2010年起全面推广,采用事前宣传、事发告知、事中处置、事后跟踪等工作流程,统一"快速高效处置各类群体性事件,严防事态的扩大恶化"理念,保障在短时间内集结大量警力赶赴现场处置;完善信息预警机制、领导问责机制、考核奖惩机制,提高群众法制意识,从源头上减少群体性事件发生。处置群体性事件时,确保上访群众情绪平稳,上传民意简单,调解处置规范,提高维稳处置效率。是年末,预防群体性事件发生48件,成功处置各类群体性事件71件,均未造成事态扩大和不良影响。群体性事件"十分钟处置"工作法为江苏省公安系统首创。

(金维华　王　洁)

检　察

【概况】 2010年,江阴市检察院紧紧围绕加快转型发展工作大局,瞄准"创建全国一流基层检察院"目标,突出"社会矛盾化解、社会管理创新、公正廉洁执法"三项重点工作,认真履行法律监督职能,不断强化执法办案效果,为全市经济社会发展提供良好司法保障。是年,全院受各级表彰的部门有29个次、干警51人次,法警大队被最高人民检察院评为司法警察编队管理示范单位,市检察院被江苏省人民检察院、人力资源和社会保障厅联合表彰为检察机关先进集体。

刑事检察　因直接移送起诉案件增加,全年共受理提请批准逮捕案件1359件,涉案2129人,分别比上年下降11.93%和10.94%,其中外来人员犯罪占79%;经审查批准逮捕1167件1802人,分别比上年下降11.63%和7.77%;受理移送审查起诉案件1990件3066人,案件比上年增长8.2%,人数下降0.2%;向法院提起公诉1859件2892人,与上年基本持平。从快批准逮捕2个黑社会性质组织犯罪嫌疑人29人、赌博犯罪嫌疑人69人、毒品犯罪嫌疑人160人、合同诈骗和非法制售发票等犯罪嫌疑人37人,金融诈骗、破坏金融管理秩序、扰乱市场秩序等经济犯罪18件18人,杀人、伤害、抢劫等严重暴力犯罪157件210人。

查处和预防职务犯罪　全年立案侦查工程建设、拍卖等领域的贪污、贿赂犯罪案件23件,涉案27人,均为重特大案件。依法查办拆迁、环卫领域渎职侵权犯罪案件3件,涉案3人。通过办案追缴赃款赃物515.82万元,挽回经济损失576.1万元。所办案件起诉到法院后均作出有罪判决。结合办案开展调查分析,发出检察建议书16份。开展警示、法治宣传80场次,对新建的江阴汽车客运站等6项总标的10亿元的重大工程开展专项预防,向全社会免费提供行贿犯罪档案查询182次。在全市相关行业深入推进职务犯罪危险源点查控工作做法和经验,得到无锡市预防职务犯罪工作领导小组肯定,并在无锡市推广,被最高人民检察院转发。

诉讼监督　全年提前介入重大、疑难案件引导侦查取证17次,作出依法不予批准逮捕327人、不起诉54人,立案监督案件3件、涉案6人,追加逮捕8人,追加起诉18人,发出纠正违法通知书13份;出席刑事法庭开展庭审监督760次,依法审查刑事判决书、裁定书1838份。检察入监入所人员4256人,预防超期羁押43人次,对248名社区矫正人员开展专项检察,对其中4人建议收监执行。对认为确有错误的民事行政判决、裁定案件,依法提请上级检察院抗诉4件,发出再审检察建议8件，通过再审改变原审结果9件；对不符合抗诉条件的申诉案件，妥善做好息诉服判工作，协助法院办理执行和解案件8件，努力维护司法裁判权威。

控告申诉举报检察　与市司法局社会矛盾纠纷大调解中心建立工作联系，与各镇、街道矛盾纠纷调处服务中心联合制定《检察机关与乡镇(街道)矛盾纠纷调处服务中心对接工作意见》和《办理检调对接信访案件工作流程》，成功实施"检调对接"案件18件。在全市17个镇、街道设立"涉检涉法"信访工作联系点，拨专款添置检察专用宣传车，深入各镇、街道社区开展普法宣传和现场接访活动39次，依法妥善处理群众各类举报、控告、申诉案件223件。

【刑事和解机制建立】 2010年，江阴市检察院为化解社会矛盾，促进轻微刑事案件双方当事人达成和解，在实现当事人双方利益最大化的同时，保证司法资源有效利用，探索检察环节调解工作与社会矛盾纠纷大调解机制对接新方法、新模式，建立与市公安局、司法局相互衔接的刑事和解机制：在办理交通肇事、轻伤害等案件时，犯罪嫌疑人主观上存在过失，且人身危险性和社会危害性不大、在现有法律允许并在双方自愿的情况下，先行委托市司法局人民调解员调解，对积极履行赔偿责任、有悔罪表现、被害人予以谅解的，促成犯罪嫌疑人和被害人达成和解，对加害人依法予以从轻处理，实现法律效果和社会效果统一。是年办理此类案件30件，涉案32人，未出现和解后又反复情况。

【刑事被害人特困救助】 江阴市检察院于2007年12月在无锡市率先设立刑事被害人特困救助专项基金，探索刑事被害人特困救助工作机制，于2008年被无锡市推广。2009年5月无锡市人大常委会通过并于10月1日施行《无锡市刑事被害人特困救助条例》。2010年3月，江阴市检察院被中央组织部确定为刑事被害人特困救助工作司法改革课题联系点，并被最高人民检察院申诉检察厅列为刑事被害人救助工作专题调研对象。5月，市检察院在办理特大杀人案时，发现即将毕业的一名女大学生身中10余刀，腹部一根神经被刺断，如不及时治疗将造成终生瘫痪，而其家庭条件十分困难。对此，市检察院及时发放救助金4万元，作为首次治疗费用，邀请专业人员进行心理辅导。经过医治后其重新站立起来，并对今后生活充满信心。是年，市检察院对18名因受犯罪行为侵害使身体或家庭陷入困境的被害人，启动刑事被害人特困救助机制，共发放救助金14.4万元。

【涉罪外来人员管护教育基地建设】 江阴市检察院于2008年7月联合市公安局、法院、司法局和关工委等单位出台《关于建立关爱教育基地平等保护涉罪外来未成年人取保候审权利的工作意见(试行)》，对涉罪外来未成年人提供诉讼权益保护。2010年，为平等保护所有涉罪外来人员诉讼权益，为他们创造适用非羁押性强制措施条件，先后在市新浩循环纸业有限公司等15个民营企业建成涉罪外来人员管护教育基地15个，其中江阴利安达服装集团有限公司专门建成涉罪女性外来人员管护教育基地。全年有115名涉罪外来人员进入管护教育基地接受帮教，其中，安徽省宁国县一名涉罪青年，接受为期一个月帮教后，到浙江省宁波市一企业打工，成为该企业中层干部，为此中央电视台《道德观察》栏目来江阴专程作专题报道。是年，江阴市涉罪外来人员管护教育基地建设情况接受中央政法委等部门视察调研，并得到江苏省委政法委和省检察院认可，被无锡市人大常委会列入2011年立法调研计划。

(盛建强)

审　判

【概况】 2010年，江阴市法院推进"涉诉矛盾化解、社会管理创新、公正廉洁执法"三项重点工作，依法履行审判职责，受理各类案件17860件，审执结16893件，解决争议标的22.6亿元，分别比上年下降13.92%、12.6%和17.22%。举办"第三届法律文化周"活动。年内，市法院被最高人民法院命名为首批全国法院文化建设示范点。

刑事审判　受理刑事案件1890件，审结1857件，分别比上年增长9.2%和8.2%，涉案2927人(被判处十年以上有期徒刑125人)。其中，审结黑恶势力犯罪案件27件，涉案188人，故意杀人、故意伤害致人死亡或重伤、绑架、强奸案件197件，涉案244人，非法吸收公众存款、合同诈骗等涉众型经济犯罪案件8件，涉案16人，贪污、贿赂案件20件，涉案22人。严格依法适用非监禁刑，对84名取保候审的被告人决定逮捕，比上年增加2.2倍；加大财产刑处罚力度，判处罚金、没收财产2510.4万元，比上年增长25.5%。开展轻微刑事案件和解工作，依法保护被害人合法权益，和解案件赔偿到位率100%；对1019名罪行较轻被告人适用缓刑、管制、单处罚金等非监禁刑，对7名犯罪情节轻微的被告人免予刑事处罚。

民商事审判　共受理民商事案件10091件，审结9451件，分别比上年下降11.2%和9.8%，涉案标的17.1亿元，比上年增长1.3%。其中审结婚姻家庭纠纷案件1227件，与公安、妇联等部门建立反家庭暴力工作机制，成立"涉家暴婚姻案件合议庭"；审结劳动争议案件1314件，比上年增长19.2%；审结交通事故损害赔偿案件1505件，为受害人挽回经济损失1.7亿元；审结民间资金借贷纠纷案件1328件，对4名虚假诉讼行为人实施司法拘留；审结买卖、承揽等传统合同类案件2308件；运用企业破产重整制度，审结濒临破产的民营企业江阴市同庆商务印刷有限公司，帮助其重获生机，实现"留住企业、安定员工、保障债权"的目标，该案为江阴市首件破产重整案件。

知识产权审判　推行知识产权刑事、民事、行政“三审合一”审判方式。全年共受理知识产权纠纷案件80件，审结72件，分别比上年增长135.3%和132.3%。其中，审结网络影视作品著作权侵权纠纷案6件。继续推进18个知识产权司法保护联系点工作，向150个高新技术企业发送加强知识产权保护倡议书和案例选编，帮助企业提高维权意识。是年，市法院被评为全省知识产权审判工作先进集体。

行政审判　受理行政诉讼案件35件，比上年增长40%，结案率100%，审查和执行非诉行政案件59件。协调拆迁行政争议，立案前化解16件，审理中协调8件。与政府法制部门共同做好行政首长出庭应诉工作，是年行政首长出庭率100%，连续第四年居无锡市首位。

执行工作　推行集中查询、集体办案等举措，完善执行工作威慑机制，向被执行人发出财产申报令4963份，送达拘留预告通知书414份，其中130名被执行人在指定期限内履行义务，210名被执行人因拒不申报财产或抗拒执行被司法拘留，12个拒不执行或拒不协助执行的单位被处以罚款。与公安、工商、建设、金融等部门执行联动，通过信用惩戒手段促使被执行人履行义务，委托相关部门查询信息、协助执行3.6万次，对9名被执行人限制出境。是年，共受理执行案件5564件，执结5280件，执结率94.9%，执结标的5.4亿元。

【便民诉讼服务】 2010年，江阴市法院加快建设诉讼服务中心，排查和处理涉诉信访积案，加快建设弱势群体权益保护“绿色通道”，继续推行巡回审判、“假日法庭”等便民审判方式，加大司法救助力度。是年，处理来信1752件，接待上访人员12213人次，分别比上年增长4.4%和27.2%，提供诉讼引导、接受咨询1041人次；集中清理重点信访案件97件，化解96件；为3600余名诉讼人员挽回经济损失5800余万元；劳动争议、交通事故2个专业化巡回审判庭审结案件923件，人民法庭巡回审判审结案件917件，“假日法庭”审结案件232件。免困难当事人诉讼费8.2万元，向符合救助条件的71名执行人发放救助款52.5万元。

【民商事案件调撤率达七成】 2010年，江阴市法院贯彻“调解优先、调判结合”工作原则，与市司法局建立“诉调对接”工作机制，与市总工会、公安机关联动调解，加强人民调解组织业务指导，培训基层调解人员800余人次、交通事故调解员30人。是年，驻院人民调解工作室诉前调结民事案件947件，调解成功率70.3%；委托基层调解组织化解矛盾纠纷事件150件；成功调解劳动争议案件13件、交通事故损害赔偿案件7件。全年民商事案件调撤率达70.1%，比上年上升7.3个百分点，刑事附带民事案件调解率达80.4%。

【社会管理创新】 2010年，江阴市法院围绕“三项重点工作”，推进社会管理创新，开展“百名法官服务基层”活动，重点调研工业企业180个、非公有制服务业企业57个，对企业劳资纠纷、合同纠纷和经营管理中存在的法律风险、漏洞，发出司法建议61份；健全司法建议、司法调研和司法报告工作机制，推行行政、知识产权审判年报制度；参与社会综合治理，与69个单位签订和谐共建协议，各法庭与基层派出所、交巡警中队建立重大矛盾纠纷稳控联动机制，从源头上预防矛盾纠纷发生；少年庭依托青少年维权“爱心港湾”平台，开展司法为校园安全护航活动；参与社区矫正工作，重点跟踪帮教90名判处缓刑、管教未成年罪犯，预防和减少重新犯罪；针对司法审判领域出现的新情况、新动向，采用大要案专报、情况反映、调研报告等形式及时提出司法对策和建议，为党委、政府重大决策提供参考。

【审务公开】 2010年，江阴市法院进一步增强接受监督意识，向人大代表、政协委员寄送《法院工作通报》，上门走访代表、委员128人次，邀请代表、委员59人次参加旁听和评议庭审。11月12日，江阴法院网正式开通，拓宽了审务公开渠道，全面推进裁判文书上网工作，保障人民群众对法院司法活动知情权、参与权、表达权、监督权和评判权。加强与各级新闻媒体联系沟通，及时向社会发布审判信息，主动接受社会公众和新闻舆论监督。“法院开放日”实现制度化和形式多样化，逐渐成为审判公开重要平台，全年接待参观群众500余人次。完善人民陪审员工作机制，全年人民陪审员参与审理案件1603件，占适用普通程序案件72.9%。

【被命名为全国法院文化建设示范点】 2005年，江阴市法院在全国法院系统率先举办法律文化周活动，通过法院文化论坛、法官宣誓、法律咨询等，弘扬法治精神，传播法院文化。2006~2009年，市法院打造法官行为文化，规范司法行为，建立健全法官分级考核制度、法官业绩考核结果运用制度，构建客观公正法官业绩评价体系，实现法官审判业绩考评管理工作制度化、规范化。规范立案、审判、执行流程和庭审、听证公开制度。实施利民便民措施，成立诉讼服务中心，推行网上立案、巡回办案、预约开庭，为当事人提供一站式服务。延伸“假日法庭”服务内容，从案件审理扩展到咨询、保全、执行等环节，为当事人提供“假日服务”便捷通道。开通涉弱势群体权益保护“五快”(快立案、快保全、快审理、快执行、快救助)绿色通道，重视保护农民工、下岗职工、老弱病残、危困企业职工等合法权益。开展“警示教育”专项活动、“人民法官为人民”主题实践活动等，加强司法作风建设，提升法官、法警为大局服务和为人民司法能力。举办青年法官论坛，培养知识型、专家型、复合型法官，干警本科以上学历占90%，其中研究生学历或在读研究生占32%。在各级各类学术刊物和媒体发表调研、宣传文章8000

余篇，先后被最高人民法院评为全国法院调研工作先进单位和全国法院应用法学研究先进集体。编排廉政文化小品《责任》，举办法官勤政廉洁书画展和摄影展，印发廉政文化专刊《法院风采》，自主研发“江阴法院廉政档案管理系统”“涉诉信访管理系统”等。宣传和学习少年庭庭长、江苏省人民满意法官黄东先进事迹，形成争先创优、团结拼搏良好氛围。在每年6月1日和12月4日“法院开放日”，邀请学生、工人、农民、驻军战士等参观法院文化建设，观摩旁听庭审。在江阴大桥公园内建成法院文化展区，有古代法制故事、诚信故事、法院审理典型案例等展板16块，引导人们崇尚法治，恪守诚信。在农村、学校、社区、企业举办各类法制讲座、法律咨询活动220余场，受教育群众达15余万人。在市民中心设立青少年维权“爱心港湾”，成为教育、感化、挽救失足青少年和维护青少年权益的重要载体。2010年1月、10月，市法院先后被最高人民法院、江苏省高级人民法院命名为法院文化建设示范点。至2010年末，到江阴参观法院文化建设单位达350余个，各界人士3000余人次，人民网、《人民法院报》等媒体报道江阴法院文化建设情况。 （华灵芾）

司法行政

【概况】 2010年，江阴市司法局围绕“社会矛盾化解、社会管理创新、公正廉洁执法”三项重点工作，推进司法行政各项工作并保持良好发展局面。年内，原公证律师管理科变更为法律服务管理科，负责管理、指导全市公证、律师、司法鉴定、基层法律服务等工作。是年，市司法局被江苏省司法厅表彰为司法行政系统先进集体，市人民调解委员会被江苏省司法厅、省高级人民法院评为优秀人民调解委员会，获“无锡市杰出人民调解组织”称号。

法制宣传 围绕创建全国“五五”普法先进市目标，继续开展公务员“每月一法”和函授学法、“青少年法制夏令营”系列、农民工“学法守法善维权、促进和谐共发展”等活动，组织普法讲师团，举办法制讲座40场，有2万余人次公务人员接受教育。参加全国百家网站“五五”普法法律知识竞赛，征集法治论文25篇。开展“12·4”法制宣传日活动，印发宣传资料3万余份，接待群众咨询500余人次，制作《法眼直击“12·4”》电视特别节目。市法治文化研发中心创作编排“‘五五’普法一台戏”，全年巡演近30场。周庄镇建立江苏省首个法制漫画馆。各种法治文化作品被《江苏法治文化丛书》录用66件。至年末全市有民主法治村（社区）209个，其中，全国民主法治示范村1个，江苏省33个，无锡市60个。

人民调解 开展矛盾纠纷专项排查调处工作，建立健全各类对接机制，全年化解矛盾纠纷事件4462件，其中通过“公调对接”化解3439件、“援调对接”化解15件、“诉调对接”化解996件、“检调对接”化解12件。成立拆迁、土地、环境污染纠纷等专业调解小组，建立健全交通事故纠纷、医患纠纷人民调解工作机制，全年成功调处医患纠纷事件77件。制定社会矛盾纠纷调处成功率综合考核办法，加强市、镇两级调处中心规范化建设、指导和考核力度，通过江苏省社会矛盾纠纷调处成功率指标考核。深入开展星级调委会创建活动，有58个村（社区）成为首批“三星级”调委会。有3078人领取首批人民调解员证，集中培训首席调解员410人，有4人被江苏省高等人民法院、司法厅评为优秀人民调解员。全年，全市各级调解组织共受理各类矛盾纠纷事件12484件，调解成功12484件，成功率达100%，其中，防止群体性上访事件257件，涉及3545人次。开展矛盾纠纷大排查26045次，排查纠纷事件8344件。

社区矫正 探索社区矫正劳动教育基地及监管大队运行机制，开展矫正工作志愿者队伍规范化建设，矫正工作志愿帮教团被市文明委表彰为“十佳志愿服务团队”。申港街道成立全市首个青少年社会教育研究会。印发《江阴市社区矫正心理矫正实施意见》，为500余名新入矫正对象建立心理档案，有222人次接受心理测试，开设团体心理健康讲座15场，360人次听讲，在社区、学校为普通人和青少年等群体提供心理咨询服务。全市共接收矫正对象535人，组织集中教育8955人次、公益劳动7989人次，为3名矫正对象举行减刑听证会，协助市检察院开展附加条件不起诉工作4例，完成对拟假释的罪犯实行假释前社会环境评估报告31例。全年有417人按期解除社区矫正，年末有在矫对象776人。

帮教安置 全市接受回归刑释解教人员359人，帮教率、安置率均达100%。重新登记帮教志愿者603人，并颁发证书。全年为25名刑释解教人员落实低保政策，建成过渡性安置基地33个，为刑释解教人员预留工作岗位，帮助解决生活困难，有效预防和减少重新违法犯罪。

法律援助 建立涉军法律援助站。试行招聘专职援助律师工作，建立法律援助中心专职办案人员、社会律师、法律服务工作者三者并重的“江阴办案模式”。组织开展法律援助巡回宣传活动，现场解答法律咨询，发放宣传资料，利用电视、报刊等新闻媒体报道法律援助典型案例，解答民生关注法律问题，扩大法律援助社会影响力。全年共受理各类法律援助案件810件，接受咨询3800余人次。

法律服务 开展律师事务所规范化建设提升年活动、基层法律服务工作职业道德教育和集中整顿活动，组织律师执业纪律知识考试。制定《江阴律师业2010~2014五年发展规划》，编印《江阴律师三十年》。组织103名律师与澄江街道77个村（社区）结对活动，开展律师与企业家诚信文化交流。江苏远闻律师事务所江阴分所捐资35万元援建泰兴市南沙小学。12个律师事务所共代理各类案件3374件，涉及财产标的7.6亿元，索回赔欠款5.4亿元。参与市领导接访，接待上访群众61批402人次，集体上访4批172人次。加强公证信息化建设，提高办证质量和效率，市公证处办理各类公证11684件。全市司法鉴定所共收案590件，采信率达100%。31个基层法律服务所共代理各类案件6599件。是年，远望医院司法鉴定所被评为江苏省司法鉴定先进集体，江苏远闻律师事务所江阴分所被评为江苏省优秀律师事务所；江苏江成律师事务所江阴分所曹友志被评为江苏省优秀律师。

【八成司法所达无锡市三星级】 2008年起，江阴市司法局夯实司法行政基层基础，大力推进司法所建设，下发《关于进一步加强司法所队伍建设的通知》《关于全面落实司法所专项编制选准配备司法所工作人员的通知》等文件，明确各镇（街道）司法所专项编制数、人员性质及入编要求，理顺管理模式，通过安置军转干部、公务员调任等充实稳定司法所队伍。实行实报实销、列入财政预算等方式，落实司法所工作经费。对照江苏省优秀司法所、无锡市五星级司法所要求和标准，统一配置司法所徽章标识及电话、复印机、电脑等办公设备。制定《基层司法行政工作百分考核标准》，采取定期考核、督查办法，将司法所建设与评优奖励挂钩。规范基层工作台账，将各项制度上墙，接受群众监督。创新基层星级人民调解委员会考核评定模式，健全矛盾纠纷排查制度，成立基层司法工作站，建立社区矫正劳动教育基地，开展心理矫正，实现帮教安置工作机构网络化、回归接茬制度化、法制教育经常化、安置就业市场化。创新法制宣传方式方法，开展“一镇一点”法治文化点建设。建立健全以社会主义法治理念、法律知识、业务技能等为内容的教育培训制度，制订司法行政干警培训规划和年度培训计划，开展台账评比等活动，提高基层司法行政队伍实践能力，相继推出专职人民调解员制度、星级调委会建设等创新成果。至2010年末，在全市17个司法所中，有5个入选首批江苏省优秀司法所，85%成为无锡市三星级以上司法所。

【交通事故纠纷人民调解机制开省先河】 针对交通事故高发态势所引起的民事赔偿纠纷大幅增加，交通事故损害赔偿调处工作大量占用公安、审判机关资源的状况。2010年8月9日，江阴市交通事故纠纷人民调解委员会在市交巡警大队成立，在14个交巡警中队均设立交通事故人民调解工作室。公开招聘具有法律专业大专以上学历、22周岁以上、热心公益事业、有一定组织协调能力专职调解员30人，通过法律法规以及调解技巧、方法等培训，获得人民调解员证书后正式上岗，专门从事交通事故调解工作，化解因交通事故产生的民事纠纷和社会矛盾。至年末，共成功调处交通事故纠纷967件，得到当事人好评，有力地维护社会和谐稳定。人民调解机制引入交通事故纠纷调解工作做法，开江苏省交通事故调解之先河。

【涉军法律援助站成立】 江阴市司法局针对出现涉军法律援助案件新情况，主动与驻澄部队沟通协商，建立涉军法律援助机制。2010年3月10日，市司法局、法律援助中心与驻澄部队举行法律援助协议签约仪式，成立驻澄部队法律援助站。市法律援助中心组织人员到部队开展法制教育和法律骨干培训，每月定期指派专职援助律师到部队值班，为军人军属提供法律咨询、法律援助申请、协调纠纷以及协助、代理诉讼等服务。6月30日，市法律援助中心与驻澄部队联办涉军法律援助服务成果现场会，100余名团职以上军官观看涉军法律援助服务纪实片、模拟法庭演示及各类法律援助宣传展板。全年，该援助站共接待官兵涉法咨询600余人次，受理(协办)案件20余件，切实维护军人军属合法权益。

【法律服务专项活动】 2010年3月，江阴市司法局开展“双促双助”(促转型、促升级，助稳定、助发展)法律服务专项活动。全市律师事务所和基层法律服务所担任1553个企业法律顾问，103名律师与77个社区(村)结对，开展法律服务接待日、咨询日活动，提供法律咨询，参与疑难纠纷和重大突发事件调处等。是年，共接待上访群众765人次，走访企业1019个，向企业发送“联系卡”或“咨询函”1977张（件），妥善处置群访、群诉、群体性事件52件，办理涉及企业转型升级的法律事项109件，为企业挽回经济损失5.47亿元。

（吴永华　包丹凤）

■类目编辑　成甦萍

综　述

【概况】 2010年，江阴市人社局以新局成立为新起点，以“民生为本、人才优先”为主线，按照“谋创新、快转型、惠民生、促发展”要求，各项工作取得了新成绩，为江阴经济社会转型发展和“幸福江阴”建设深入推进提供有力的才智支撑和民生保障。全年引进各类人才7500人；新增就业岗位5.35万个；组织招录各类人员793人（含编外用工人员）；处理举报投诉案件4120件，受理劳动人事争议仲裁案件755件，认定工伤案件2863件，追欠职工工资3500万元。推进公共服务信息化水平，“金保工程”（利用先进的信息技术，以中央、省、市三级网络为依托，支持劳动和社会保障业务经办、公共服务、基金监管和宏观决策等核心应用，覆盖全国的统一的劳动和社会保障电子政务工程）首期项目和网上业务经办系统通过江苏省专家验收，基本建成以“五保合一”（养老、医疗、失业、工伤、生育保险）为核心，社会保险、医疗保险、就业管理及劳动监察等业务部门工作一体化的信息系统，业务管理延伸至镇、村、社区，全年有6900多个单位开通网上经办业务。同时加强信息网络容灾备份系统建设，涉及全市50多万医保参保人员，年内成功举行模拟切换演练，开展民主评议镇（街道）劳动保障所活动，进一步精简办事环节、优化办事流程、改进服务质量，先后召开各类座谈会40多次，聘请行风评议员351人，发放调查问卷3000多份。完成对全局机构、人员和职能的全面调整，共设17个行政科室、9个事业单位。加强内控机制建设，将原劳动、人事系统80多项权力项目梳理整合成43项，汇编成《江阴市人力资源和社会保障局内控体系建设工作规程》。全面提升队伍素质，开展中层干部岗位论坛活动和调研课题交流会，举办全局干部职工培训班。年内，江阴市获“江苏省促进农民创业就业工作先进县（市、区）”“江苏省农村劳动力转移就业工作示范县（市、区）”等称号；市人社局获国家外国专家局“两刊”（《专家工作通讯》《国际人才交流》）宣传工作先进单位、江苏省养老保险宣传工作先进单位等4项省级及以上荣誉，获无锡市人社工作综合考核第一名。

【江阴市人力资源和社会保障局成立】 根据无锡市委、市政府《关于印发〈江阴市人民政府机构改革方案〉的通知》和江阴市委、市政府《关于印发〈江阴市人民政府机构改革实施意见〉的通知》文件精神，江阴市人力资源和社会保障局于2009年12月21日正式成立。新局整合原江阴市人事局、原江阴市劳动和社会保障局的职责，共设办公室、规划信息科、组织人事科、政策法规科、人才开发科、公务员管理科等17个行政科室，下设9个事业单位，其中人力资源管理服务中心、社会保险基金管理中心、引进国外智力办公室为副科级事业单位。

【获省促进农民创业就业工作先进县（市、区）】 近年来，江阴市把促进农村劳动力就业和农民创业增收作为建设“幸福江阴”的重要内容，建立健全市、镇、村三级就业服务体系，实现信息联网三级共享，依托基层劳动保障工作平台，重点加强对农村就业困难人员的就业帮扶和动态管理。出台《关于促进以创业带动就业工作的意见》，提出全民创业概念，把创业扶持对象扩展到全市城乡，并结合农业的实际情况，提出种养殖农庄型孵化基地的创新思路。同时对农业创业项目同样提供创业优惠政策。实施农村劳动力技能培训工程，提高农村劳动力的就业创业能力。2010年，全市实现本地劳动力就业23591人，其中农村劳动力新增就业12652人，组织各类农村劳动力培训2.47万人，农村劳动力充分就业率为93.5%，实现农民创业3862人，带动就业22876人。年末，江阴市被江苏省人社厅等单位联合授予“省促进农民创业就业工作先进县（市、区）”称号。

【获省农村劳动力转移就业工作示范县（市、区）】 近年来，江阴市依托市、镇、村三级就业服务体系，在全市开展“充分就业镇村创建活动”，实施“5年5万”农村劳动力培训工程，农村青壮年技能培训覆盖率为90.8%；拓展就业渠道，鼓励培植就业容量大的制造业和服务业，吸纳农村富余劳动力；对农村就业困难人员开展"131"农村就业援助服务*，有效帮助被征地农民、农村富余劳动力实现就业。开展南北劳务交流活动，搭建对口交流平台，加强农村劳务输入输出工作。2010年，全市农村劳动力43.64万人中有41.76万人实现转移就业，转移就业率为95.7%。年末，江阴市被江苏省人社厅等单位联合授予"省农村劳动力转移就业工作示范县(市、区)"称号。

人才开发

【概况】 2010年，市人社局以全市建设"人才特区"为契机，大力开展以高层次人才和高技能人才为重点的人才开发工作，下发《关于推进新兴产业发展"445计划"*建设江阴"人才特区"的暂行办法》等系列文件，健全乡镇人才工作考核机制，编制完成《"十二五"人才规划》。成功组织国家外国专家局首次在县级市召开全国人才工作座谈会，召开"530计划"*企业产业化推进会，开通"530计划"服务网。建立江阴海外引才工作站6个和国内引才联系点15个。创建国家级引智示范单位1个、江苏省级引智示范单位1个，累计建成国家级、省级示范基地(单位)9个。成功申报引智项目65项，累计423项，执行255项，项目申报和完成数连续七年列全省同类城市第一，引智示范基地(单位)总量位居全省同类城市第一。成功申请博士后科研工作站3个，累计15个。全年引进各类人才7500人、"530计划" 项目34项。培养高技能人才3205人。新增国家"千人计划"*对象3人，国务院政府特殊津贴对象1人，江苏省有突出贡献的中青年专家3人，全市人才总量突破23万人。共审核人才公有租赁房申请材料249份，发放优秀人才证21份，审核年度高层次柔性人才租房补贴材料63份。年内，市"530计划"办公室被评为无锡市 "530计划"工作先进集体。

【编制《江阴市"十二五"人才规划》】 2010年，江阴市落实全国、江苏省、无锡市人才工作会议精神，全面部署人才队伍建设工作。市人社局根据市"十二五"经济社会发展目标要求，参与组织编制《江阴市"十二五"人才规划》。《规划》通过在"十二五"期间创新实施人才特区建设、高层次创新创业人才集聚、职业技能人才"百千万"培养、高校毕业生创业促进、民营企业基业常青藤、院校整合提升等工程，确保人才发展目标的前瞻性、措施的创新性。

【人才环境建设】 2010年9月4日，江阴市召开全市人才和教育工作会议，下发《关于推进新兴产业发展"445"建设江阴"人才特区"的暂行办法》等文件，提出以高层次创新人才、战略性新兴产业领域急需人才为重点，全面加强党政人才、企业经营管理人才、专业技术人才、高技能人才、农村实用人才、社会工作人才"6支队伍"建设，率先打造"人才特区"。计划到2012年，全市引进新兴产业高层次创新创业人才及团队200个以上，民营企业引进高级经营管理人才2000名以上，新增各类人才5万名以上，新引进设立创投基金30亿元，股权投资基金30亿元，培育创业板后备企业10个，科技领军型创业人才创办企业的销售总收入达200亿元以上。会上，对张雷等7名"留学回国人员创业奖"获得者、李维平等4名"科技创新人才奖"获得者、张国伟等3名"首届江阴市高技能人才成就奖" 获得者进行奖励。市人社局出台《关于进一步加快引进和用好优秀人才的意见》《关于落实"江阴千人计划"，助推新兴产业发展2010年高层次人才工作意见》等文件。通过制订一系列促进"人才特区"建设、吸引高层次人才到江阴创新创业的政策文件，全市人才体制机制进一步得到优化，人才引育力度进一步得到加大。

【高层次人才招引】 2010年，市人社局随无锡市人社局赴日本、韩国招才引智，独立组团赴美国、加拿大等国招聘高层次人才和引进项目。成功组织2010年海外博士江阴创业恳谈活动和金鸡百花电影节海外高层次人才项目洽谈会。积极组织江阴企业参加大连 "海创周"(中国海外学子辽宁(大连)创业周)和广州 "留交会"(中国留学人员广州科技交流会)。组织全市19个公司参加 "2010中国江苏·盐城外国专家项目洽谈会"，对接海外高水准科研项目和高层次人才。先后18次组织全市多个企业赴深圳、上海、武汉、南京等地招聘。通过参加 "上海交大——江阴创新创业周"活动，举办高新技术企业和服务外包企业专场招聘会，组织博士后科研站赴南京等地招聘等多种形式招揽国内高层次人才。全年共引进"530计划"领军型创业人才31人，引进海外留学人才105人，引进国内高层次创新创业人才268人，新增国家"千人计划"3人，新增江苏省"双创"(创新创业)人才5人。

2010年7月20日，国家外国专家局人才工作座谈会在江阴市召开，国家人社部副部长、外专局局长季允石(后排左三)参加了会议。 (市人社局供稿)

2010年4月9日，江阴市人社局组队赴美国、加拿大等国招聘高层次人才和引进项目。图(右一)为江阴市副市长张济建，(中)为中国驻美国旧金山总领事馆科技参赞董建龙，(左一)为市人社局局长季相云。（市人社局供稿）

【引智工作】 2010年，江阴市引进国外智力办公室共为企业申请引智专项经费205万元，65项引智项目获国家、省级、无锡市批准立项，其中长电科技的“触点阵列封装(LGA)及球栅阵列封装(BGA)项目”被评为国家级软件与集成电路专项重点项目。阳光农林开发有限公司被评为“国家级引智示范单位”，成为2010年江苏省唯一一个国家级引进国外智力示范单位，阳光集团成为全国唯一一个集工农业为一体的国家级引智示范单位。江阴国际人才网全面开通，实现国际人才招聘有形市场与无形市场的全面对接。全年共为来自事业单位的40名外国专家办理“中华人民共和国外国专家证”。长电科技的博士李维平成为无锡地区第一位获得“江苏省友谊奖”的外籍高层次人才。

【高技能人才培养】 2010年，江阴市人社局下发《关于进一步加强技能人才工作的实施意见（暂行办法)》，启动“百千万”技能人才引进培训计划（百名紧缺型技能人才引进计划、千名高技能人才培养资助计划、万名技能人才培训提升计划)。根据市发展新兴产业及产业转型升级对高技能人才的需求，实施政府购买紧缺型高技能人才培养机制，向社会公布首批30个紧缺型职业(工种)，并将培训补贴标准提高至高级工每人每次500元、技师每人每次2000元、高级技师每人每次3000元。全年组织4.16万人参加各类职业培训，对2.58万人进行各类职业技能鉴定，其中2.24万人取得国家职业资格证书，2人获“江苏省技术能手”称号，1人获“江苏省有突出贡献高级技师”称号，1人获“江苏省有突出贡献技师”称号。

【引才平台建设】 2010年，江阴市在中国旅美科技协会等海外华人社团中建立6个江阴海外引才工作站，聘请海外引才顾问23人；在国内知名高校和科研院所中建立15个国内引才联系点，聘请国内引才顾问30人；与知名人力资源服务机构万宝盛华(中国)公司达成“猎头”服务等方面的战略合作协议。江阴市政府与上海市人才服务中心建立人才服务战略合作关系，与上海交通大学签订《科技与人才合作框架协议》和《共建“上海交通大学创业学院江阴基地”合作协议》，市内6个企业与上海交大就一批新兴产业项目签订协议。与浙江大学共建4个大学生实习基地，并签订《江阴市·浙江大学国际招才引项服务平台合作协议》。成功申请博士后科研工作站3个，全市博士后科研工作站数量达15个，其中国家级12个，省级3个。全年招收博士后32人，其中科研工作站博士后15人。

【“530计划”企业服务工作】 2010年，江阴市进一步优化“530计划”企业服务体系和发展环境，组织开展“530计划”企业调查摸底工作，编印发放“530计划”企业简介、“530计划”企业通讯录等资料。出台《关于推进“530计划”项目产业化的实施意见（暂行)》，召开市“530计划”项目产业化推进会，促进“530计划”企业与本市企业、银行及风投机构的对接工作，无锡圣马科技有限公司等5个民营企业与江阴塞姆生化试剂(上海)有限公司等5个“530计划”企业签订合作框架协议，江阴农村商业银行与江阴贝科生物有限公司等5个“530计划”企业签订贷款协议。市委、市政府建立市领导和有关部门走进“530计划”企业、联系“530计划”人才制度，召开服务“530计划”企业发展座谈会和外国专家暨高层次人才联谊会，为“530计划”企业和重点重大投资项目开辟绿色通道。至年底，全市有34项“530计划”项目落户江阴，47个“530计划”企业实现销售，104名“530计划”企业领军型人才和紧缺型高层次人才领到“高层次人才服务卡”。

城乡就业

【概况】 2010年，江阴市人社局坚持稳定就业和推动创业并举，为实现“个个都有好工作”奠定良好的基础。全年共举办各类大型招聘会110场次，新增就业岗位5.35万个；本地劳动力实现就业2.36万人，城镇困难人员再就业1043人；江阴籍应届大中专毕业生实现就业7005人，就业率为91.3%。重点扶持自主创业2100人，带动就业1.3万人。城镇登记失业率为2.46%，农村调查失业率为2.85%，困难家庭高校毕业生就业率为100%。组织农村劳动力培训2.47万人，下岗失业人员培训5359人，创业培训2450人。

【减负稳定就业】 2010年，江阴市人社局围绕保稳定、保就业的目标，出台《关于进一步落实减轻企业负担稳定就业局势政策措施的实施意见》，继续执行上年度推出的缴费降率政策，降低企业医疗保险单位缴费率、失业保险单位缴费率0.5个百分点，全年核发社会保险补贴2408.54万元，岗位补贴246万元，直接为企业减负达8438.03万元，有效稳定了企业就业岗位。

【充分就业长效机制完善】 2010年初，江阴市人社局根据全市人力资源和社会保障暨企业工资集体协商工作会议精神，专门制订下发全市镇(街道)就业创业工作要点，明确镇(街道)就业创业工作的重点和要求，进一步健全充分就业工作的长效机制。发挥城市社区就业援助员和农村劳动保障专管员两支队伍和“村村通”就业信息网络平台作用，坚持落实政策和跟踪服务相结合。全年举办各类招聘会110场次，新增就业岗位5.35万个，本地劳动力实现就业2.36万人，大中专毕业生实现就业7005人，就业率为91.3%。

2010年5月，江阴市举办普通高校毕业生公益性招聘会。 (王 琰摄)

【重点困难人员帮扶就业】 2010年，江阴市人社局紧紧围绕就业援助这一主题，进一步强化人力资源市场的配置作用，有针对性地开展多种形式的主题招聘活动，重点帮扶各类困难群体就业。全年举办“2010年春季城乡联动大型招聘会”“女性专场招聘活动暨创业培训指导现场会”“青年就业专场公益招聘会暨大学生暑期勤工助学阳光行动”“下岗失业人员专场招聘会”等专题性招聘会。重点开展“就业服务进家入户专项活动”等系列活动，对低保家庭、特困职工家庭和零就业家庭的未就业高校毕业生进行重点推荐介绍。至年末，城镇困难人员实现再就业1043人，32户困难家庭高校毕业生全部实现就业，就业率达100%。

【创业带动就业】 2010年，江阴市以无锡市创建国家级创业型城市为契机，专门召开全市创建创业型镇(街道)推进会，下发《关于开展创建创业型镇(街道)活动的通知》，对各镇(街道)创建工作提出具体工作要求和考核标准。积极推进创业服务，建立完善创业基础工作制度，在各镇(街道)设立创业工作联络员，在各镇使用的就业信息管理系统中增设创业管理模块，对自主创业人员进行动态管理。组织召开第二次创业项目专家评审会议，举办全市首届促进创业带动就业论坛暨创业成果展示活动，各镇(街道)结合辖区特点，打造创业工作特色项目。至年底，全市共认定创业孵化基地8个，创业实训基地8个，开发创业项目25项，扶持自主创业2100人，实现带动就业1.3万人。

人事工作

【概况】 2010年，江阴市人社局不断优化人事体制机制，完成教育系统下属事业单位岗位设置管理工作，联合有关部门开展义务教育学校绩效工资检查。规范机关、事业单位编外用工人员的录用、管理，拟订机关、事业单位编外用工管理办法，出台《江阴市事业单位工作人员试用期考核试行办法》。会同市卫生局深入开展调研，着手开展医疗卫生事业单位实施绩效工资施行工作。坚持公开、公平、公正的原则，共招录参照公务员及各类事业单位人员793人(含编外用工人员)。完成28871人次机关事业单位在职人员工资晋升审批工作，培训公务员1028人，开展公共必修课培训考核3271人。

【事业单位岗位设置管理】 2010年，江阴市人社局制订下发《事业单位岗位设置管理实施意见》，并举办业务培训班。至年末，完成岗位设置的事业单位有385个，占全市事业单位总数的70%；新签订事业单位聘用合同人员17812人，签订率在71%以上。其中市教育系统下属事业单位全部完成岗位设置和人员聘用工作；市卫生系统事业单位岗位设置工作启动，进入岗位设置方案拟订阶段。

【人员招录管理】 2010年，江阴市人社局完成参照公务员管理8人的录用政审，会同市公安局招录人民警察55人。编报全市事业单位人员招聘需求计划。全年共举行事业单位招聘考试21批次(含定向及教育系统编外用工)，累计招聘740人，其中教育系统90人、卫生系统98人、其他事业单位14人、教育系统编外人员538人。规范编外用工人员管理，出台《江阴市市级机关事业单位编外用工管理暂行办法》。严格事业单位用人制度，出台《江阴市事业单位工作人员试用期考核试行办法》。

【机关事业单位年度考核】 2010年，江阴市人社局认真组织实施年度行政机关和事业单位考核工作，市级机关及镇(街道)有公务员3483人、参照公务员管理人员444人参加年度考核，共评出优秀586人，评定合格3330人，评定基本合格11人。奖励公务员710人，其中107人获三等功，603人获嘉奖。全市参加考核的事业单位工作人员有23884人，评出优秀等次3506人，合格20363人，基本合格8人，不合格7人。未参加考核的事业单位人员有249人。

【工资福利管理】 2010年，江阴市人社局完成机关、事业单位在职人员的级别、薪级工资正常晋升审批工作28871人次，人均月增资27.35元。做好2009年度分配到市机关事业单位军转干部及随军家属79人的确定工作。完成事业单位573人的职务、职称、技术等级变动工资审批；行政机关274人的职务任命、调整工资审批；机关事业单位定级人员和新录用人员295人的工资确定；为113人办理调动工资确定及手续转移；审核179人次的丧葬抚恤费，为79人次办理遗嘱补助。

【专业技术人员管理】 2010年，江阴市人社局创建并启动专业技术人员信息化素质考核网上报名服务平台，全市参加考核3641人，培训860人。组织全市专业技术人员3271人参加第四周期公共必修课培训考试。组织年度职称评审，初审2656份，受理评审材料2598份，其中破格晋升16份。完成1281名中小学教师、工程师中级专业技术资格评审，对416名企业建筑一线人员进行工程技术初级资格评审。组织申报江苏省“六大人才高峰”(教育、医药卫生、电子信息、机械汽车、建筑、农业)第七批高层次人才项目资助14项。

【军转干部安置】 2010年，江阴市安置军转干部78人，安置随迁随调家属1人。联合有关部门走访慰问企业军转干部2400多人次，发放慰问费400多万元。组织企业军转干部进行体检，发放体检卡862张，免费为企业军转干部征订党报。为全市815名企业退休军转干部发放困难补助金501.7万元。

劳动维权

【概况】 2010年，江阴市人社局坚持“双维护、双服务”(维护劳动关系双方合法权益，服务经济服务民生)的方针，深入开展和谐劳资关系镇(街道)创建活动，不断完善劳动保障诚信企业评价制度，加强工资宏观调控，大力开展“春暖行动”“平安世博”矛盾纠纷排查调处活动。积极探索并建立建筑领域农民工工资保证金制度。全年接待举报投诉案件4120件，立案280件，结案率100%；劳动合同签订率、月薪制实施率稳定在91%以上。全年共接收并处理劳动人事争议仲裁案件931件，结案率98.9%；完成行政复议案件27件，行政诉讼案件17件，胜诉率均为100%。开展工资支付等专项执法检查7次，书面审查企业7646个，追欠职工工资3500万元，督促签订劳动合同5.66万份。

【和谐劳资关系建设】 2010年，江阴市人社局按照无锡市委、市政府下达的工作目标，出台《关于开展和创建和谐劳资关系镇(街道)活动的实施意见》和《江阴市和谐劳资关系工作目标》，组织开展和谐劳资关系镇(村)建设活动。强化党政主导的工作格局，有效推进企业工资集体协商工作，全市共签订工资专项集体合同企业6692个，其中单独签订3577个，签订区域性合同248份，覆盖企业3115个，建制率达98.3%。完善劳动保障诚信企业评价制度，全市共评出A级单位3711个，B级单位3733个，C级单位202个。是年，新桥、青阳镇被评为无锡市和谐劳资关系创建先进镇。

2010年3月，江阴市召开人力资源和社会保障暨企业工资集体协商工作会议。

(市人社局供稿)

【劳动人事争议仲裁调处】 2010年，江阴市人社局坚持加强基层调解组织建设，在全市17个镇(街道)成立劳动争议调解室，与市法院联合设立劳动人事争议巡回法庭，仲裁案件数量明显降低，仲裁效率大幅提高。全年共立案受理各类劳动人事争议案件755件，结案667件，其中非裁决结案数占总结案数的86.2%。全市17个镇(街道)劳动人事争议仲裁调解室共调解各类案件2180件，涉及调解金额7196万元。

【开展劳动保障专项执法检查】 2010年，江阴市人社局开展农民工工资、职业中介机构、非法用工整治等专项执法检查7次，共检查企业647个，书面审查企业7646个，追发拖欠职工工资3500万元，清退用人单位收取的不合理费用19.38万元，督促签订劳动合同5.66万份，督促132个用人单位参加社会保险登记，涉及参保职工2385人；督促1310个用人单位缴纳社会保险费166.61万元；取缔非法职业中介机构4个，清退童工18人。

【企业工资调整】 2010年，江阴市人社局下发《关于公布2009年度江阴市劳动力市场部分职位工资指导价位的通知》和《关于公布2010年度企业工资指导线的意见》，指导企业合理确定各类人员的工资水平，并根据江苏省和无锡市关于调整最低工资标准的通知，下发《关于调整江阴市最低工资标准的通知》，月最低工资标准由每人850元调整为960元，小时最低工资标准由每小时7.2元调整为7.8元。 (邱 敏)

■类目编辑 纪晓华

农业产业结构

【概况】 2010年，江阴市全面推进"万顷良田"*建设、绿色蔬菜种植、产学研合作、农业旅游、生态园建设、特种水产养殖、优质果品种植、花卉苗木栽培、"农家乐"营运、村庄整治等现代农业十大重点示范工程建设，初步形成以优质水稻、优质果品、精细蔬菜、名贵花卉苗木、特种水产等为主导的高效农业产业集群。全市实现农林牧渔业总产值59.14亿元，比上年增长12.1%；农业适度规模经营比例80%，比上年提高5.17个百分点。年末高效农业面积1.9万公顷；设施农业面积0.45万公顷，比上年增加933.33公顷。实施2010年度"现代农业十大重点示范工程"建设项目28项，计划总投资6.81亿元，建成面积1000公顷。深化"工业反哺农业"七种模式*和"一资带三资"（国有资本带动外商资本、工商资本、民间资本）农业多元化投入体系，徐霞客现代农业产业园区被认定为江苏省级现代农业产业园区，建成现代农业示范园区9个，"三资"投农15.81亿元，累计70.2亿元。落实各项支农扶农惠农政策，发放农业政策性补贴4000万余元。争取农业部和江苏省农业扶持项目113项、项目资金5036万元。开展产学研全方位合作，江阴与浙江大学、南京农业大学、江苏农林职业技术学院签订产学研全面合作协议。全市示范园区、农业企业中，与南京农业大学、浙江大学等30个国内外农业科研机构、大专院校实现技术合作的占90%，有效促进高效农业、生物农业发展。农民专业合作组织建设成效显著，新建农民专业合作社10个、合作社联社1个，至年末累计265个（其中农民专业协会46个，农民专业合作社218个，合作社联社1个）。争取江苏省级农民专业合作组织建设项目8项、无锡市级项目2项，落实项目资金130万元。新增农业旅游点7个，完成农家乐餐饮、垂钓、农产品销售等营业收入3.5亿元。制订实施农产品地方标准10个、企业标准8个，累计制订实施农产品地方标准63个（其中江苏省级7个、无锡市级56个）、企业标准48个，实施县（市）级水产标准化体系项目1项，建设国家级农业标准化示范区1个、江苏省级农业标准化示范区3个、无锡市级农业标准化示范区1个。年内有20种产品获无公害农产品证书，有7种产品获绿色食品证书。年末全市累计被认定江苏省无公害农产品产地89个、被认证农业部无公害农产品91种、获绿色食品证书农产品25种，"三品"（无公害农产品、绿色食品、有机农产品）种植面积达1.53万公顷，占全市食用类农产品种植面积的70.2%；累计拥有农产品注册商标70余件（其中国家地理标志证明商标1件）、江苏省名牌农产品3种、无锡市名牌农产品22种。是年，全市农民人均纯收入14898元，比上年增长13.1%。

（孔建国）

【生物农业发展】 2010年，江阴市继续加快发展生物农业，编制《江阴市生物农业实施意见》和《江阴市生物农业发展规划（2011～2020年）》，初步明确生物农业发展方向、具体目标和相关支持政策。同时，大力引进生物农业方面的各类专业人才，促进科技成果快速转化，提升生物农业发展水平。至年末，全市有生物农业企业13个、生物农业科技创新中心5个、生物农业实验基地6个，与22个国内外农业科研机构、大专院校实现生物农业技术挂钩合作；初步形成生物育种、生物有机肥料和生物饲料、生物制剂3种生物农业发展形态，其中在花卉组培、特种水产、生物肥料等方面达到国内领先水平；实现生物农业销售收入2.02亿元。

【与浙江大学举行农业项目对接活动】 2010年3月16～17日，江阴市农林局领导率叶飞园艺场、倍斯特农业专业合作社、澄江街道红光蔬菜专业协会等10余个农业企业（协会）负责人走进浙江大学，与浙江大学农业生命环境学部10余名农业专家、教授开展"江阴市—浙江大学农业合作项目对接活动"。活动期间，江阴农业企业家考察浙江大学教学基地，领略浙江大学农业科技成果。双方就"商品化盆景基地建设""大棚葡萄高产栽培技术应用"

“城市菜园蔬菜现代观光大棚布局规划”等项目建设达成合作意向。是年，“商品化盆景基地”“浙江大学葡萄研发基地”“振江农业产业园”3项农业项目与浙江大学签约；“江阴—浙江大学大学生实习基地”落户江阴农业科技园。

【太湖水污染治理二期农业类项目通过省级验收】 2010年8月，江阴市承担的2009年度省级太湖水污染治理二期农业类项目经江苏省农业委员会验收组查验评审合格，通过省级验收。市太湖水污染治理二期农业类项目共27项，其中华士镇勤丰村等乡村生活污水生态净化处理项目9项、青阳镇悟空村等氮磷流失生态拦截工程项目6项、市美天奶业有限公司等大中型畜禽养殖场废弃物处理工程3项、市联业生物科技有限公司分散畜禽养殖场粪便集中处理项目1项、南闸丁果山生态园等发酵床生态养殖示范工程项目8项。项目计划总投资2529万元，实际投资2550万元，其中省级补助资金905万元、项目实施单位自筹资金1645万元。

【农村清洁能源工程建设项目通过省级验收】 2010年10月，江阴市承担的2009年度省级农村清洁能源工程建设项目经江苏省农业委员会委托无锡市农业委员会验收组查验评审合格，通过竣工验收。市农村清洁能源工程建设项目分为Ⅲ类沼气工程6项和秸秆气化工程1项，实际总投资679万元，其中省级补助资金255万元，项目实施单位自筹资金424万元。 （张小兰）

【农民培训工作】 2010年，江阴市农林局依托市农业干部学校组织开展各项农民培训工作。完成农村劳动力和实用技术培训2.53万人次；举办农民经济合作组织、村干部、经纪人等创业培训14期817人；实施创业培训考核153人；完成“阳光工程”（农业部、财政部等6部门从2004年起联合组织实施的农村劳动力转移培训项目）培训4期300人；完成“致福工程”（由致公党江苏省委倡导发起的一项旨在“致力扶农，教农民上网，为农民造福”的农民培训工程）培训11期400人；完成基层农业技术推广人员培训1期50人。年内，开展农业技术人员科技结对、科技入户等活动10项，组织“送科技下乡”活动5次，推广粮油、果蔬、畜禽、水产等主导品种15种，主推技术20项，实用技术入户率和到位率达95%以上。是年，市农业干部学校被农业部评为农民培训工作突出学校。 （缪 炎）

种 植 业

【概况】 2010年，江阴市以发展高效生态农业为抓手，突出农业增效、农民增收主线，推进各项种植业发展。全市实现种植业（农业和林业）总产值29.31亿元，其中农业产值23.48亿元、林业产值5.83亿元；占农林牧渔业总产值的49.55%，比上年提高2.51个百分点。全市发放惠农政策性补贴2724.69万元，水稻、小麦、油菜、奶牛、能繁母猪五大品种的农业保险覆盖面达100%。粮食作物种植连创佳绩，全市夏粮种植面积1.14万公顷，秋粮种植面积1.74万公顷；粮食总产量19.63万吨，其中夏粮4.86万吨、秋粮14.77万吨；小麦每公顷平均产量4440公斤，创江阴市历史之最，水稻每公顷平均产量8950.5公斤，创江阴市12年来新高；稻、麦每公顷平均总效益达12526.5元，比上年的8667元增加3859.5元，增长44.53%，创历年效益之最。其中小麦每公顷平均效益4276.5元，水稻每公顷平均效益8250元。经济作物种植成效明显，全市油料作物种植面积900公顷（其中油菜760公顷），总产量0.18万吨（其中油菜种子0.13万吨）；标准化、规模化、产业化蔬菜基地建设较快发展，建成红光村、蔡泾村、南闸村、邓阳村、阳庄村、红豆村、葫桥村、东支村、申南村、未来青叶农园有限公司等一批高标准菜田计788.67公顷；保护地设施栽培总面积1373.5公顷，其中温室（连栋大棚）25.9公顷、普通大棚971.2公顷、遮阳网324公顷、防虫网52.4公顷；年末蔬菜基地总面积6560公顷，其中常年菜地5287公顷、季节性菜地1273公顷，全年蔬菜总产量45万吨；茶园面积38.06公顷，茶叶总产量12.9吨；食用菌总产量4585吨；果园面积2708.7公顷，水果总产量3.97万吨。是年，全市各蔬菜农药残留检测点蔬菜检测平均合格率98.9%，市农产品质量检测中心监测各类蔬菜样品平均合格率97.2%，接受江苏省、无锡市例行监测各类蔬菜样品数量192个，蔬菜合格率名列省内前茅。植树造林成果显著，全面实施“绿色江阴”建设，全年完成造林面积1400公顷，石宕复绿面积30万平方

图为江阴九州果业科技有限公司的蔬菜大棚 （市农林局供稿）

米，林木覆盖率比上年提高1个百分点，达20.05%；实施新“六路”（顾山幸福大道、红郁路、华士南环路、峭张线、马文路、云南路）景观生态防护林带建设工程，营造成片防护生态林38.4公顷；新增果林面积166.67公顷，年末果林面积2333.33公顷、苗木面积4000公顷。是年，创建江苏省级村庄绿化示范村13个，无锡市级绿色家园示范镇3个、示范村60个；完成每5年一次的国家森林资源连续清查工作和1200公顷集体林权制度改革主体工作；对种子市场进行大检查，取消1种不适宜种植的种子品种；石宕复绿工作全面结束，5年累计复绿75.3万平方米。（孔建国）

【新增2个规模化设施蔬菜基地】 2010年，江阴市加快推进蔬菜生产规模化、现代化、产业化发展，重点组织实施南闸街道南闸村、申港街道新华发集团有限公司2个设施蔬菜（指利用人工建造的温室、大棚等设施生产的蔬菜）基地建设。是年，2个基地建成投产，新增温室（连栋大棚）4500平方米、钢管大棚67公顷，新建硬化道路9000米、永久性排灌沟渠1.4万米，总投资2500万余元。（金国良）

【水稻新品种“武运粳23号”推广种植】 “武运粳23号”（原名“运2645”），系常州市武进区农业科学研究所育成的早熟晚粳稻新品种，具有熟期适中、高产稳产、增产潜力大、米质优、综合抗性较强、适应性广等特点。2008年，江阴市从武进引进“武运粳23号”原种200公斤，分别在长泾、祝塘、南闸、顾山等地进行试验示范种植。2009年进行全市扩点示范，示范效果明显。2010年，江阴推广种植面积达5980公顷，占全市粳稻播种面积的44.85%。“武运粳23号”穗大、粒多、粒重高，属穗重型品种。据市作栽站统计：2010年“武运粳23号”机插秧每666.67平方米（即每亩）平均穗数为21.3万穗，每穗总粒数123.2粒，实粒数107.5粒，千粒重28.2克，每666.67平方米理论产量645.7公斤，比“武粳15号”和“扬粳4038”分别增产47.3公斤和35.8公斤。经品尝，“武运粳23号”米质在江阴各粳稻推广品种中名列前茅。（岳惠英）

【“澄糯218”成为苏、浙、皖糯稻首选品种】 “澄糯218”是江阴市农业试验站选育成功的糯稻新品种，2009年2月通过江苏省农作物品种审定委员会审定。2010年，市农业试验站认真做好“澄糯218”原种生产和提纯复壮工作，制“澄糯218”晚系原原种70公斤、早系原原种60公斤；生产晚系原种1万公斤、早系原种0.55万公斤。是年，“澄糯218”种子因其品质好、产量高而深受农户欢迎，畅销安徽、浙江、江苏苏北多个地区，销量25万余公斤，成为苏、浙、皖糯稻首选品种，并被国家和江苏省纳入新品种资源库。（蔡国华）

【农药减量使用】 2010年，江阴市围绕国家《太湖流域水环境综合治理总体方案》要求，贯彻“预防为主，综合防治”植保方针，树立“公共植保”“绿色植保”理念，实现农药减量使用和农业持续丰收。市植保站通过强化病虫测报、提升病虫监控水平，坚持吃准虫情、不盲目用药，推广栽培避虫害、抗性农作物品种减病害、机插秧田无纺布（或防虫网）覆盖等病虫综合防治技术，推广高效低毒低用量新农药和生物农药，推进植保专业化统防统治等各项措施的实施，有效控制农药用量。是年，全市粮油作物农药总用量为1076吨，比2009年减少6.5%，比2007年减少20.3%，全面完成无锡市下达的比2007年下降20%的目标任务。

【褐飞虱防控】 褐飞虱是水稻种植区域最具威胁的害虫之一。2010年，江阴市水稻中后期褐飞虱自然发生程度偏重，局部大发生。市农林局及时启动“以农业防治为基础、以化学防治为关键、以生物防治为辅助”的综合防治体系，全面展开有效防控工作。由于防控到位，江阴市水稻褐飞虱虫害减轻到最低限度，田间“冒穿”净面积仅为8133平方米（12.2亩），占水稻种植总面积的0.01%。据调查测算，全市经有效防控挽回水稻褐飞虱虫害损失1.5万吨，占水稻总产量的10.42%；实际损失45吨。（邵益栋）

【肥料施用结构改善】 2010年，江阴市以农业增效、农民增收和减少农业面源污染为重点，切实改善肥料施用结构。是年，全市实施测土配方施肥面积2.5万公顷（其中小麦0.9万公顷，水稻1.6万公顷），占主要农作物播种面积的91.47%；实行商品有机肥补贴政策，推广应用商品有机肥1.08万吨，施用面积2710公顷；实行绿肥种植补贴政策，鼓励和引导农民适度恢复绿肥种植，利用冬闲田种植红花草等豆科绿肥666.67公顷，绿肥鲜草总产量1.5万吨，每666.67平方米节约氮肥4.5公斤；继续搞好秸秆综合利用工作，推广留高茬、机械化秸秆还田、利用秸秆发展食用菌栽培等秸秆综合利用技术，年内秸秆综合利用率100%；减少化肥施用总量430吨。

【耕地质量建设与管理】 2010年，江阴市加强耕地质量建设与管理，抓好耕地质量监测，掌握耕地质量动态变化情况，推进无公害农产品和绿色食品生产发展。年内，建成县域耕地资源管理信息系统、测土配方施肥专家咨询系统和耕地质量监测预报预警体系；开展测土配方施肥个性化服务，为农作物种植大户提供测土化验、技术培训、跟踪调查、成果展示等一系列免费服务；于11月3～16日开展全市测土配方施肥种植大户秋季耕层土壤样品采集调查工作，该调查涉及65个行政村，采集土壤样品101种，登记种植大户调查表303份，通过耕层土壤样品采集调查和进行土壤样品理化性质检测分析，市土肥站将根据检测分析结果，结合作物生长需求，合理推荐施肥配方，指导农作物种植大户科学施肥，促进江阴测土配方施肥工作再上新台阶；完成全市耕地地力评价工作。是年，江阴市被列为江苏省测土配方施肥普及示范创建市；市农林局被评为江苏省“耕地质量建设与管理工作先进单位”。

（蔡惠忠）

【承担省级农产品监测和抽检任务】 2010年，江阴市农产品质量检测中心根据江苏省农业委员会《全省主要农产品预警性监测实施方案》和《全省无公害农产品、绿色食品、有机农产品质量安全监督抽检工作方案》的规定和要求，参加全省主要农产品预警性监测和获证“三品”质量安全监督抽检工作。按照省农产品质量安全监管局的统一部署，市农产品质量检测中心组织对无锡市、南通市蔬菜市场的蘑菇进行预警性监测，杜绝含有荧光增白剂的蘑菇进入市场交易；组织对苏州市的获证“三品”进行质量安全监督抽检，确保“三品”质量稳定可靠。是年承担省级“三品”专项监督抽检任务的县级农产品质量检测机构仅2个，江阴市农产品质量检测中心为其中之一，并且是无锡地区唯一承担省级农产品预警性监测和“三品”专项监督抽检双重任务的农产品质量检测机构。

（金国良）

养 殖 业

【概况】 2010年，江阴市加大养殖业项目建设力度，全面提升特种养殖发展水平，加快推进养殖基地标准化示范建设，促进农民增收，丰富市民“餐桌”。全市实现养殖业（畜牧业和渔业）总产值22.14亿元，比上年增长5.03%；占农林牧渔业总产值的比重为37.44%，比上年下降2.19个百分点。年内，全市重大动物疫病免疫密度、消毒面、畜禽产地检疫、屠宰检疫受检率、检疫合格出证率和无害化处理率均达100%；组织开展生鲜乳收购及抗生素残留专项整治行动和水产品质量安全专项整治行动；举行“2010年中国·江阴长江水生生物资源增殖放流活动”。畜禽养殖良种化、规模化、生态化发展，全年生猪出栏33.2万头、年末存栏24万头，羊出栏2.33万只、年末存栏1.43万只，家禽出栅1190万羽，奶牛年末存栏7228头；牛奶产量2.82万吨，肉类总产量4.98万吨，禽蛋总产量1.03万吨；畜禽规模养殖比重逐年提升，至年末，生猪规模养殖比重为78.1%，肉禽为93.1%，奶牛为93%。水产养殖特色化、产业化、持续化发展，年末水产养殖面积4100公顷，其中鲢、草、青、鲤、鲫、鳊鱼等常规鱼养殖面积2670公顷，河蟹、青虾、南美白对虾、克氏螯虾、澳洲淡水龙虾、斑点叉尾鮰鱼、甲鱼、鳜鱼、美洲鲥鱼、河豚等特种水产养殖1330公顷；水产品总产量2.24万吨，其中特种水产品177万公斤；人工繁养刀鱼成功，年内繁苗10万尾；引进繁养美国金斑鱼、银斑鱼等新品种；休闲渔业发展为水产业亮点。是年，市农林局被评为江苏省兽药饲料监管工作先进集体、省长江禁渔期渔政管理先进单位、省渔港监督渔船检验工作先进集体和省动物防疫和监测信息报送工作先进单位。

（孔建国）

【长江水生生物资源增殖放流活动】 2010年6月12日上午，江阴市政府在黄田港口举行“2010年中国·江阴长江水生生物资源增殖放流活动”，40余名渔民代表、100余名放流志愿者以及江阴各界人士200余人将3046.5万尾鱼苗鱼种放流长江。农业部长江渔业资源管理委员会办公室副主任郑喜森、中国水产科学研究院淡水渔业研究中心副主任戈贤平、江苏省海洋与渔业局副巡视员林建华、无锡市副市长陈金虎和江阴市领导朱民阳等参加放流活动。此次活动放流的鱼苗鱼种有河豚、瓦氏黄颡鱼、鮰鱼、细鳞斜颌鲴等珍稀鱼类和“四大家鱼”（青、草、鲢、鳙鱼），价值250万余元。申港三鲜养殖有限公司、双良集团有限公司等7个企业参与放流活动，并联合向全社会发出“积极加入到长江生态保护与渔业资源增殖放流行动中来，用实际行动保护母亲河”的倡议。这是江阴市开展长江水生生物资源增殖放流活动的第9年，从2002年“长江放流第一人”郑金良首次无偿向长江放流40万尾河豚鱼苗起，9年间，江阴向长江水域放流的河豚等珍稀鱼类及“四大家鱼”鱼苗鱼种累计9000万余尾，社会资本投入超1000万元，天然水域鱼类资源得以增加，水域生态效益逐步显现，长江鱼类资源出现恢复性增长。

（丁建英）

【畜禽养殖污染综合整治】 2010年，江阴市组织开展畜禽养殖污染综合整治活动，通过生态健康养殖小区创建、沼气工程建设、畜禽粪便废弃物处理和禁养区内畜禽养殖场关停等多项措施的实施，全市畜禽养殖污染综合整治工作基本到位。是年，各镇（街道）共计召开72次专项整治会议，发放宣传资料近5万份，投入畜禽养殖污染综合整治资金6729万元（其中政府投入5029万元，养殖业主自筹1700万元）；禁养区内拆除和关闭畜禽养殖场191个，限养区内关闭11个、整治到位232个，一般养殖区内关闭75个、整治到位773个，拆除畜禽养殖棚舍面积总计22.4万平方米，新建畜禽养殖小区7个；完成沼气综合利用工程建设31个计1.14万立方米；新建化粪池451个计2.1万立方米、堆粪棚1123个计2.9万平方米、排污沟渠11.11万米；对列入2010年度无锡市畜禽养殖污染综合整治目标任务的全市10个规模畜禽养殖场分别组织开展排查工作，分类确定整治方案，其中关闭规模养牛场1个，其余9个规模畜禽养殖场则通过配套实施雨污分流、干湿分离、沼气厌氧发酵、发酵床生态养殖、制作有机肥等有效措施，实现畜禽粪便废弃物的综合治理和无害化处理、资源化利用。

【第三届动物检疫技能操作大比武现场操作决赛】 2010年8月27日凌晨，江阴市农林局在市食品公司西门屠宰场举行江阴市第三届动物检疫技能操作大比武现场操作决赛，来自全市各镇（街道）的32名动物检疫人员在比武现场一展身手，市总工会和无锡市动物卫生监督所领导莅场观摩指导。经现场操作比赛当场打分，综合前期理论考核成绩，评选吴冬明（青阳镇）、孔新荣（周庄镇）、徐恒（城东街道）为江阴市动物检疫状元，糜益锋（青阳镇）、沈海斌（周庄镇）、李明（华士镇）为江阴市动物检疫标兵，江虹艳（利港镇）、夏林刚（长泾镇）、何文杰（周庄镇）、蒋中林（澄江街道）为江阴市动物检疫技术能手。是年，市农林局组队参加无锡市第三届动物检疫技能操作大比武获团体一等奖。（姚国兴）

农业机械

【概况】 2010年，江阴市继续加快农业机械化进程，强化现代高效设施农业机械装备，加强农机服务专业合作组织建设，完善农机安全生产长效监管机制。是年，全市农机化总投入2884万元（含农机具投入1558.4万元），其中中央和江苏省级财政购机补贴与项目资金投入679.51万元，无锡市财政投入150.9万元，江阴市级财政投入331.76万元。更新大中型拖拉机53台、联合收割机3台、秸秆还田机162台、机动植保机械392台，新增高速插秧机66台、机械化育秧设备2套、复式作业机18台、粮食烘干机1套、微耕管理机299台、低温保鲜库990立方米、叶轮增氧机154台、水下曝气增氧设备31套、自动投饲机28台、奶牛自动挤奶设备3套。年末农业机械总价值1.76亿元、总作业面积12.85万公顷，节水灌溉面积166.67公顷。全年稻麦生产机械化水平为95%，其中机耕率100%，机械植保率100%，小麦机种率98%、机收率100%、麦秸秆还田率72%，水稻机插率92.5%、机收率95%、稻秸秆还田率60.4%。全市现代高效设施农业主要生产环节机械化装备水平达45%。按江苏省农业生产机械化评价指标测算，全市农业生产综合机械化水平为85.77%，已迈入高级发展阶段。

【农机服务专业合作组织建设】 2010年，江阴市继续通过政策导向、资源整合、创新管理等举措，引导全市农机户走合作发展之路。是年，全市建有农机服务专业合作社61个。大部分农机服务专业合作社都开展机耕、机插秧、机收和机械植保等“一条龙”作业服务，方便广大农户。部分有条件的农机服务专业合作社采用耕地流转、农户耕地入股等方式，直接经营粮食生产和现代高效设施农业产业，实施一体化经营发展模式。农机服务专业合作社的农机保有量、农机作业面积均占全市农机总量、农机作业总面积的50%以上。

【农机后勤服务保障】 2010年，江阴市水利农机局加强农机后勤服务保障工作。是年，为农民办理1516台（套）农业机械购置补贴；举办农机技术培训班45期，培训2019人次，其中550人次获农业部颁发的职业技能证书；协同中国石油化工股份有限公司江苏江阴石油分公司为农机户办理农用油料优先、优惠供应加油卡1800张；为外出跨区作业农机办理“全国农机跨区作业证”126张。实施农机科技入户工程，全市选定28名农机科技人员为560户农机示范户提供农机技术服务。农忙期间，江阴市农机青年志愿者服务队成立5个农机技术服务小组，为农机户抢修农机具1095台次。

【农机安全生产】 2010年，江阴市上路拖拉机检审全部由拖拉机自动检测线进行电脑检测，年内检审变型拖拉机341台、小型拖拉机107台、自走式联合收割机132台。658台大中型拖拉机、137台自走式联合收割机参加政策性农机保险，参保率100%；农机上牌率、年检率和驾驶人员持证率均为95%以上。江阴市农机安全监理所协同江苏移动通信有限责任公司江阴分公司为1100余户农机户办理入网“平安农机通”，通过网络短信开展警示宣传教育、年审时间提示等工作；协同安全生产监督管理、公安等部门开展事故隐患排查和路检工作，查出农机事故隐患105处，整改97处，查处各类农机违法违章行为102次。是年，未发生道路外重大农机事故。

2010年江阴市农机动力及主要机具保有量一览

表13

农机动力、主要机具名称	计量单位	数量	农机动力、主要机具名称	计量单位	数量
一、农机动力			四、变型拖拉机	台	522
柴油机	万千瓦	11.07	五、其他机械		
汽油机	万千瓦	1.57	机动插秧机	台	948
电动机	万千瓦	12.49	机械育秧设备	套	29
二、农用拖拉机			机动植保机械	台	2675
大中型	台	687	固定农用水泵	台	2172
小型	台	564	六、大中型农具		
三、联合收割机			旋耕机	台	746
自走式	台	177	水田驱动耙	台	530
背负式	台	250	秸秆还田机	台	532

2010 年江阴市主要农业机械项目作业面积一览

表 14　　单位:万公顷

项目	机耕面积	机种面积		机收面积		机械植保面积	机械秸秆还田面积
		小麦	水稻	小麦	水稻		
数值	2.97	1.00	1.58	1.04	1.55	3.10	1.72

（曹明良）

水利建设

【概况】 2010 年，江阴市以创建全国农村水利现代化建设示范县(市)为抓手,推进水利建设可持续发展。是年,全市水利工程建设总投资 2.47 亿元，完成各类土石方 430 万立方米,疏浚整治镇村河道 178 条 160 公里，加固加高圩堤 10.2 公里，修建防渗渠道 51 公里、沟渠建筑物 442 座,改造机电泵站 29 座、圩口闸 8 座、桥梁 15 座。

【“小康河道断面达标整治工程”三年计划完成】 2010 年是江阴市实施“小康河道断面达标整治工程”三年计划的最后一年。是年,江阴市继续按“河底无淤积、河面无杂物、河堤有绿化、河道有管理”建设标准对全市镇村河道进行达标整治，主要内容有河道清淤、重点河道综合整治和防洪排涝工程建设等。全年清淤整治镇村河道 173 条,新建、翻建驳岸 19.29 公里，加固圩堤 4.54 公里，新建和改建排涝泵站 16 座、桥梁 7 座,挖填土方 336.67 万立方米，砌筑石方 8.68 万立方米。总投资 9500 万元。

【白屈港灌区续建配套与节水改造工程竣工】 该项工程实施范围涉及白屈港灌区内长泾、祝塘、华士、徐霞客、南闸、青阳、云亭等镇（街道),2009 年 12 月 10 日开工,2010 年 5 月底竣工。主要工程量：建设白屈港总渠护坡 3.42 公里、地下灌溉支渠 11.78 公里,新建、拆建、改建泵站 13 座,拆建桥梁 1 座,新建节制闸 2 座、过水涵洞 1 座。总投资 2400 万元，其中中央财政 800 万元，江苏省财政 533 万元,江阴市财政 1067 万元。

【中央财政小型农田水利专项工程竣工】 2009 年度江阴市实施的中央财政小型农田水利专项工程分璜土镇常泽桥村、南闸街道蔡泾村、利港镇江市村 3 个项目区，总面积 496.67 公顷,2010 年 3 月 20 日开工,5 月 30 日竣工,11 月 5 日经无锡市小型农田水利专项工程验收组验收达标。主要工程量:拆建排灌泵站 9 座,整治渠道 18.7 公里,建设渠系建筑物 122 座。总投资 676.08 万元，其中中央财政 40 万元,江苏省财政 260 万元,江阴市财政 92.72 万元，各受益村自筹合计 283.36 万元。该项工程竣工后，改善农田灌溉能力 508.67 公顷,每年增加农业产出 210 万余元。

【徐霞客农业生态旅游区水系沟通一期工程竣工】 该项工程分霞客湖至白屈港、霞客湖至幸福桃园南北两条线路，分别于 2010 年 3 月 18 日和 19 日开工,11 月底竣工。主要工程量：新开挖河道 660 米，拓浚河道 580 米，新建桥梁 5 座、石驳岸 205 米，挖填土方 12.03 万立方米。总投资 1800 万余元。

【祝塘镇西旸桥圩区防洪排涝工程竣工】 祝塘镇西旸桥圩区北接富贝河,西靠锡华河,东临西阳路,南至基督教堂向南 80 米处村道，集水面积 17.33 公顷,2010 年 4 月 22 日开工,7 月 15 日竣工。主要工程量:新建排涝闸站 1 座、窨井 10 座、圩堤 550 米，修筑混凝土护岸 400 米，铺设涵管 550 米。总投资 800 万元。

【长泾河整治工程竣工】 长泾河整治工程是江阴市 2010 年建设长泾古镇仿明清街道工程的重要配套工程,2 月 28 日开工,9 月 30 日竣工。主要工程量：清淤河道 6.5 公里,水下混凝土预制桩加固老驳岸 3.96 公里（其中老驳岸上部新建钢筋砼护岸 1.5 公里),新建桥梁 3 座、调水闸站 1 座、滚水坝 1 座,翻建桥梁 4 座,铺设管道 800 米,挖填土方 23.2 万立方米。总投资 3500 万元。

【北横河改道工程竣工】 北横河位于夏港街道,北通普惠中心河，南接老夏港河，全长 2.1 公里,是澄西地区水系横向调节的重要通道。北横河改道工程是澄西污水处理厂扩建工程的重要配套工程,2010 年 4 月 28 日开工,5 月 28 日竣工。主要工程量:新开挖河道 50 米，新建箱涵 213 米，挖填土方 8511 立方米，浇筑砼 360 立方米，浆砌块石 1160 立方米。总投资 190 万元。该工程实施后为澄西污水处理厂二期生化曝气池建设让出位置，使该厂扩建工程如期开展,提高城市污水处理率。

【黄昌河抢险工程竣工】 黄昌河是江阴市南部地区通航河道之一，东起锡澄运河,西至新沟河,中接新夏港河,全长 7.52 公里,担负澄西和相邻的常州市、武进地区引水、排涝、防洪、泄洪等功能。抢险工程实施范围分别为月城镇锡澄运河口至二号桥向西 400 米,南闸街道新夏港河口至泗河村，总长 3300 米,2010 年 6 月 1 日开工,9 月 10 日竣工。主要工程量:挖填土方 1.47 万立方米，砌筑石方 5100 立方米,浇筑砼 358 立方米,基础抛填块石 0.58 万立方米，制作安装钢筋 27 吨，修筑施工道路 580 米。总投资 1000 万元。

（周金棋　张科峰）

防汛防旱

【概况】 2010 年 5 月 1 日至 9 月 30 日汛期，江阴市总降雨量为 641.2 毫米。梅雨期为 6 月 17 日至 7 月 18 日,出梅比常年稍迟,梅雨量270.9毫米。7月降雨量283.3毫米，比常年偏多,7月12日出现江阴全年最大日降雨量85.2毫米,8月16日降雨量亦达66.1毫米。汛期内河水位基本在3.65米至3.95米之间波动,7月13日出现江阴全年最高内河水位4.45米,超警戒水位0.45米。汛期长江潮位略低于常年,30天35次超警戒潮位,7月14日出现江阴全年最高长江潮位6.26米,超警戒水位0.76米。全市汛期储备编织袋3吨、圆钉2.68吨、树桩8050根、土工布3.6万平方米。全市沿江13座水(套)闸及2座抽水站引长江水6.2亿立方米、排水8.3亿立方米。

【抗御大暴雨袭击】 2010年7月20日凌晨2时起，江阴市青阳、徐霞客、祝塘等镇遭受大暴雨袭击。据青阳水文站测报,7月20日凌晨2时至5时,降雨达128.3毫米，大暴雨使青阳水位从降雨前的3.43米迅速上涨到3.8米左右。这次降雨范围集中在江阴南部，也是江阴圩区较为集中的地区,造成5个工厂进水,多处农田受淹,2条供电线路受损。面对突如其来的强降雨，市防汛防旱指挥部迅速行动，全面开启强降雨区的排涝泵站，降低圩区河道水位,并开启沿江闸站抢排涝水,使青阳水位得到有效控制,工厂、农田积水全部排出。

2010年江阴市汛期降水量统计一览

表15

站　名	汛期总雨量(毫米)	雨日(天)	汛期最大日雨量(毫米)
肖　山	681.4	57	110(7月12日)
青　阳	430.9	54	58.2(7月12日)
定波闸	644.5	62	113.8(7月12日)
气象台	641.2	52	85.2(7月12日)

2010年江阴市汛期水位特征值统计一览

表16

江河名	站　名	最高水位(米)	日　期	最低水位(米)	日　期
长　江	肖　山	6.26	7月14日	2.49	5月11日
锡澄运河	青　阳	4.45	7月13日	3.47	6月21日
锡澄运河	定波闸	4.72	7月13日	2.59	5月8日

注:水位为吴淞基面以上高程。

(范　斌　李铁寿)

水政水资源

【概况】 2010年，江阴市全面贯彻落实国家“实行最严格的水资源管理制度”精神,拓展水法宣传,促进依法治水,按照建设“资源水利、生态水利、安全水利、民生水利”要求,强化水资源节约和保护,推进水资源管理工作创新发展。是年,市水利农机局深入开展水法宣传活动;水行政执法队伍围绕“三服务”(服务企业、服务基层、服务发展)工作要求,实施“四个零”(服务受理“零推诿”、服务方式“零距离”、服务事项“零积压”、服务质量“零差错”)服务制度;依法查处各类水事违章违法案件；组织开展“长江河道涉砂船舶专项整治”“百湖执法大检查”等专项活动。全年征收水资源管理费1938万元、南水北调基金980万元。

【水法宣传】 2010年，江阴市围绕“严格水资源管理,保障可持续发展”主题开展丰富多样的水法律、法规宣传活动。3月22日“世界水日”，市政府在学院场举行“江阴市2010年水法宣传活动启动仪式”,水行政执法人员、水利工作人员、企业职工、学校学生和社区居民代表等250余人组成各宣传活动方队参加活动，副市长袁秋中等向各宣传活动方队授发队旗、节水知识宣传手册、节水器具，居民代表宣读节水护水倡议书,学生代表进行节水护水宣誓,并举行“珍惜水·节约水·保护水”千人签名等一系列水法律、法规宣传活动。年内，组织开展评选100户“节水型家庭”、举办水资源管理专题讲座、向社区发放节水宣传手册和节水宣传邮戳等活动。

【水资源管理规范化建设】 2010年,江阴市以国家提出的“实行最严格的水资源管理制度”为水资源管理工作抓手,深入开展“全省水资源管理规范化建设示范县”“全省水资源管理信息化建设示范县”创建工作,组织全市各镇(街道)开展“水资源管理规范化建设示范镇(点)”活动,启动《水资源开发利用、用水效率控制、水功能区限制纳污三条红线》和《“十二五”节水型社会建设规划》课题研究，开展水资源管理ISO 9000质量体系认证工作。是年,启动应急备用水源地建设;加强饮用水安全监管工作;推进水资源管理信息化一期工程建设;严格取水许可审批及入河排污口前置审查制度;强化基层水资源管理监督考核机制;组织开展取水许可监督管理专项检查;配置先进的水资源管理仪器和设备，提升水资源管理档案水平;完成《江阴市水资源管理示范县建设方案》编制工作,报江苏省水利厅审核。12月26日,江苏省水资源管理座谈会在江阴市召开,各市水利(务)局分管局长、水资源处处长等参加,水利部水资源司司长孙雪涛、省水利厅副厅长陆桂华莅会指导,江阴市副市长袁秋中等出席座谈会。座谈会就落实"实行最严格的水资源管理制度"等议题进行深入探讨。会后,江阴市进一步深化水资源管理规范化工作。

【节水载体建设】 2010年,江阴市水利农机局继续组织开展节水型示范载体创建工作,与市发改委、市水利农机局联合出台《关于加强建设项目节水设施"三同时"管理工作的通知》,全力推进"八大行业"(火电、化工、造纸、冶金、纺织、建材、食品、机械八大高耗水行业)节水行动。全市创建省级节水型企业4个、省级重点节水技改项目2项、省级节水示范项目4项、省级节水型灌区载体项目1项;市实验小学、市小荧星艺术幼儿园创建成为无锡市"节水型学校";澄江街道希望社区创建成为省"节水型社区";江阴福汇纺织股份有限公司、江苏省苏龙发电有限公司等4个企业完成水平衡测试工作;江阴怡达化工有限公司创建为"零排放"企业。

【水功能区管理】 2010年,江阴市加强水功能区管理,全面推进水资源保护工作。是年,对全市62个水功能区72个断面每2个月开展1次水质监测,对地下水水位每月监测2次,并编发水功能区水质监测和地下水动态监测的通报;结合全市水环境整治和大气污染防治"150天行动计划"要求,组织力量督促张家港河、锡澄运河沿线各镇(街道)按期完成排污口封堵整改工作。

【饮用水源地保护】 2010年,江阴市进一步加强饮用水源地保护工作。是年,组织开展饮用水源地保护专项执法检查;完成《江阴市饮用水源地安全保障规划》编制工作,该规划8月经无锡市水利局组织验收通过,由市政府批准实施,系江苏省首个县级饮用水源地安全保障规划;完成利港黄丹地下水应急备用水源地和云亭绮山地表水应急备用水源地前期勘察及可行性研究报告编制工作,应急备用水源地建成后能有效应对突发性水污染事件,提高饮用水安全保障能力。

【水资源管理信息化建设】 2010年,江阴市水资源管理办公室被江苏省水利厅列为信息化建设省级示范点。作为全省水资源管理信息化建设的分工程,江阴市水资源管理信息系统一期工程重点建设171个遥测点(其中135个地表水量遥测点、24个地下水量遥测点、12个地下水位遥测点)。一期工程建设方案经省水利厅组织验收通过,工程建设单位也由省水利厅统一招标确定。至年末,完成90%的遥测点信息系统建设工程量。

【水政执法】 2010年,江阴市水行政执法工作坚持"三规范、三到位"(法律规范、调查到位,文书规范、证据到位,立案规范、程序到位),切实提升执法管理水平。是年,依法查处各类水事违章违法案件52件,其中责令限期拆除违章设施案件27件,责令采取补救措施案件25件;依法查处江阴泓盈仓储有限公司擅自在长江滩地吸砂吹填等案件;开展河道清障工作,全市清除无主建筑垃圾3876立方米、倒伏树木1996棵、沿河乱搭乱建12处500平方米、乱垦乱种6处616平方米、无主水泥沉船85条、住家船32条、坝基围堰11处、渔簖218个、毛竹3164根,有效消除汛期安全隐患。

【长江河道涉砂船舶专项整治】 2010年7月23日,无锡市水利局在江阴召开无锡市长江河道涉砂船舶专项整治与执法行动专题会议。会后,江阴市水利、公安、海事部门迅速开展专项整治与执法行动。在《江阴日报》刊登《无锡市水利局、江阴海事局关于进一步加强长江江阴水域涉砂船舶管理的通告》;对境内各类涉砂船舶进行清理排查、登记建档,有5艘采砂船和53艘过驳吊机船登记入册;组织开展多次联合执法行动。8月19日,无锡市副市长陈金虎、江阴市副市长袁秋中等赴长江边对涉砂船舶专项整治工作进行现场检查指导并参加"清江"行动。同日,江苏省长江河道采砂管理局局长徐殿洋赴江阴现场督导并听取"长江河道涉砂船舶专项整治与执法行动"工作汇报。8月26日,省水利厅、江苏海事局有关领导到江阴检查江阴市开展长江河道涉砂船舶专项整治与执法行动情况,对江阴市长江河道采砂管理工作予以充分肯定。

【"百湖执法大检查"专项活动】 2010年,按照江苏省水利厅的统一部署和要求,江阴市继续开展"百湖执法大检查"专项活动。年初,市水政监察大队下发《关于继续深入开展"百湖执法大检查"专项活动的通知》,并召开专题会议,明确工作任务,落实执法检查措施。同时,结合江阴水系特点和水功能区划要求,拓展"百湖执法大检查"范围,全面覆盖重点河道。是年,有近400项涉河项目接受检查登记,建档入册。10月15日至11月15日,组织开展白屈港引河违章设置渔网渔簖和乱搭乱建专项整治行动,取缔违章设置渔网14口,拆除违章搭建939平方米。 (吴建兴)

■类目编辑 邢 盈

综 述

【概况】 2010年，江阴市工业系统面对回暖基础未稳、国际市场依然动荡、原辅材料价格剧烈波动、劳动用工结构性矛盾凸显等因素相交织的复杂局面，紧紧围绕“抓创新、促转型、稳增长”工作主题，创新思路，积极作为，圆满完成2010年及“十一五”期间工业经济各项目标，为全市工业经济在“十二五”期间保持率先发展夯实了基础。全市完成工业现价总产值5458.07亿元，比上年增长16.10%，其中规模以上企业完成现价总产值5123.05亿元，比上年增长18.02%；完成工业增加值1201.47亿元，比上年增长18.58%，其中规模以上企业完成工业增加值1164.2亿元，比上年增长13.1%（可比价）；实现利税521.49亿元，比上年增长18.75%，其中利润391.58亿元，比上年增长20.48%。全年完成工业固定资产投资330.45亿元，比上年增长21.95%。工业用电198.56亿千瓦时，比上年增长13.06%。至年末，全市有工业企业8580个，比上年末减少0.86%；职工60.39万人，比上年末增长4.47%。全市工业资产总计4727.48亿元，比上年增长19.14%；固定资产原值1903.72亿元，比上年增长14.12%；所有者权益合计1873.7亿元，比上年增长19.88%。全市工业产品销售率为97.92%，比上年提高0.28个百分点；资金利税率为13.66%，比上年提高0.24个百分点；销售利税率9.74%，比上年提高0.09个百分点；成本费用利润率7.88%，比上年提高0.2个百分点；工业增加值率22.01%，比上年提高0.46个百分点；全员劳动生产率提高到19.89万元/人，流动资金周转天数为175天。

（陈飞 金珏）

工业企业科技进步　2010年，江阴市积极推进企业自主创新，加强引导，培育企业可持续发展能力，逐步将企业的规模优势转化为技术优势，形成以企业为主体、市场为导向、产学研相结合的技术创新体系。全市新增江阴市富仁高科有限公司等6个省级企业技术中心，新增江阴众和电力仪表有限公司等20个无锡市企业技术中心。至年末，全市累计有国家级企业技术中心5个，省级企业技术中心16个，无锡市级企业技术中心21个。

资源节约与综合利用　2010年，江阴市全社会综合能耗1645万吨标准煤（其中工业总能耗1320万吨标煤，等价法），其中原煤2129.5万吨（含输出电力用煤428.65万吨）、焦炭191.2万吨、油料76.36万吨、天然气4.1亿立方米、液化气3.66万吨，全社会电力消费量218.95亿千瓦时，其中工业用电198.56亿千瓦时。全市规模以上工业产值能耗0.28吨标准煤/万元（当量法），比上年下降9.7%；规模以上工业增加值能耗1.23吨标准煤/万元（当量法）。“十一五”期间全市单位地区生产总值能耗累计下降20.5%，全面完成“十一五”期间节能工作各项目标任务。

【省级以上企业技术中心建设】 2010年，江阴市省级以上企业技术中心成绩斐然。全年企业产品销售收入总额796.4亿元，产品利润总额48.1亿元，其中新产品销售收入390.4亿元；企业科技活动经费支出额29.9亿元，其中研究与试验发展经费支出额27.3亿元；从事研发人员达8670人，其中有高级技术职称人员1600人；完成科研项目428项，其中省部级以上政府科技项目35项；申请专利1025项，其中发明专利227项。

【99种产品通过省级鉴定】 2010年，江阴市有29种新产品新技术列入省重点新产品新技术开发计划，63种新产品新技术列入无锡市重点开发计划。是年，全市有99种产品通过省级以上新产品新技术鉴定，通过鉴定的新产品新技术都具有显著的社会效益和经济效益，合计新增销售收入达45亿元，利税15亿元，为企业抵御市场风险、增加利润开辟了新市场，提升了企业核心竞争力。

【节能改造】 2010年，江阴市共实施45项节能与循环经济项目，总投资8.3亿元，其中3项国家级节能项目和8项省级节能项目年节能量达12.4万吨标煤。是年，全市共争取到省级节能专项资金520万元；江苏华西集团公司、江苏华宏实业集团有限公司、江苏利电能源集团的3项节能改造项目共争取到国家级节能专项资金925万元，列全省同类城市第一位。

【清洁生产审核】 2010年，江阴市组织68个企业开展清洁生产审核，其中38个企业为自愿性开展清洁生产审核，制订各类清洁生产改造方案及措施1135项。所有方案及措施全部实施后，每年可节电8687.84万千瓦时、节煤9.07万吨、节蒸汽8.04万吨、节天然气4万吨、节水134.11万吨、减排二氧化碳7.78万吨、减排二氧化硫923.3吨、减排烟尘811.63吨、减排废水85.36吨，同时每年可为企业创造经济效益共计4.93亿元。

【综合利用】 2010年，江阴市共完成33个综合利用企业的认定申报工作，其中3个为新认定企业。全年共综合利用粉煤灰170万吨、煤泥107万吨、转炉渣8.08万吨、脱硫石膏57.05万吨、生活垃圾30.7万吨、刨花和树皮3570.33吨，为全市的固体废物减排和循环利用作出了贡献。

（吴　明　祁晓蕾）

工业性投资

【概况】 2010年，江阴市在建及竣工项目1072项，项目总投资447.49亿元，完成投资330.45亿元，比上年增长21.95%。其中镇、村企业在建及竣工项目1003项，项目总投资327.9亿元，完成投资270.81亿元，比上年增长24.84%。在建项目中，上年结转项目224项，总投资124.62亿元，年内完成投资73.68亿元；新开项目848项，总投资322.87亿元，年内完成投资256.77亿元。按投入内容分：设备投资238亿元，占完成投资总量的72.02%；土建投资92.45亿元，占完成投资总量的27.98%。按行业结构分：低碳产业投资43.93亿元，占完成投资总量的13.29%；车船及装备制造业投资56.96亿元，占完成投资总量的17.24%；石化新材料产业投资40.28亿元，占完成投资总量的12.19%；生物医药产业3.13亿元，占完成投资总量的0.95%；电子及传感器产业投资23.84亿元，占完成投资总量的7.21%；冶金行业投资44.14亿元，占完成投资总量的13.36%；纺织行业投资42.73亿元，占完成投资总量的12.93%；轻工行业投资21.54亿元，占完成投资总量的6.52%；化工行业投资8.41亿元，占完成投资总量的2.55%；金属制品行业投资20.99亿元，占完成投资总量的6.35%；其他产业投资24.5亿元，占完成投资总量的7.41%。

【重点项目】 2010年，江阴市工业重点项目有55项、总投资212.38亿元，年内开工率达100%。年内完成投资118.42亿元，占全市工业投资的35.84%。其中，45项当年新增重点项目完成投资91.72亿元，10项上年结转项目完成投资26.7亿元。55项工业重点项目中，38项基本竣工或竣工投产，分别为：新树工程塑料有限公司EPS项目，康强电子有限公司电子封装材料，凯澄起重机械有限公司HK电动葫芦，力沃新能源科技股份有限公司风力发电设备，华新精密金属科技有限公司球化合金钢，远见风能（江阴）公司风电发电机，汉邦（江阴）石化对苯二甲酸（PTA）项目，海润太阳能电力有限公司150兆瓦太阳能电池组件，海澜集团有限公司高档外贸服装，长电科技股份有限公司通信集成电路，瀚宇博德科技（江阴）有限公司多层线路板，国宇高科通信技术有限公司片式元器件，利士德化工有限公司EPS项目，欧凯纳斯科技江苏有限公司医药中间体，浚鑫科技有限公司太阳能电池，建滔电子材料（江阴）有限公司电子覆铜板，法尔胜股份有限公司线接触钢丝绳（一期）、（二期），江阴机械制造有限公司线接触钢丝绳，海润太阳能电力有限公司200兆瓦太阳能电池，江海非织造布有限公司高铁防水聚酯毡，天龙重工机械有限公司绞缆、输送机械，七星电缆有限公司特种电缆，和时利工程塑胶科技发展有限公司聚对苯二甲酸丁二醇酯（PBT）高弹纤维，泰坦高压电器有限公司控制及输变电器，天华纱业有限公司高档色纺纱，爱康太阳能器材有限公司太阳能边框，中能轨道器材科技有限公司高铁轨道减震器，恒润环锻有限公司工程机械零部件，阳光集团有限公司500兆瓦太阳能电池组件，艾尔姆风机叶片制品（江苏）有限公司海上风机叶片，三鑫电子有限公司新型电子元器件，凯诺科技股份有限公司高档精纺呢绒，模塑集团风电球铁铸件，曾氏动力机械科技有限公司风冷柴油机，申港电磁线有限公司风力发电电机，国光重型机械有限公司1.7万吨油压机，华海海洋工程机械装备有限公司海洋工程配套件。

（陈　佳）

新兴产业

【概况】 2010年，江阴市新能源、新材料、车船及机械装备、生物医药、电子信息等新兴主导产业和战略性产业规模产值完成1951亿元，比上年增长28%以上，占全市规模产值的比重达38.08%。新兴产业实现规模利税227.4亿元，增长16.5%，占全市规模工业利税的50.56%。其中车船及机械装备制造业入库税金达48.13亿元，超出冶金、纺织两大传统行业之总和。新兴产业完成投资168.14亿元，占全市的50.9%，比上年提高3.35个百分点。

【新能源产业】 2010年，江阴市新能源产业完成规模产值294.03亿元，比上年增长64.71%，高于全市规模工业增速46.68个百分点，占全市规模经济的比重提升到5.74%。新能源行业发展后劲增强，全市新能源产业以光伏产业和风电装备制造业为发展重点。光伏产业涵盖硅料生产、单晶硅拉棒(多晶硅铸锭)、硅片切割、电池片生产、组件封装、光伏应用产品和专用生产设备制造等多个环节，上、中、下游产品较为齐全，江阴浚鑫科技有限公司的光伏电池转换效率位居世界前列，产能达电池片100兆瓦、电池组件30兆瓦；宁夏阳光硅业有限公司形成年产1500吨多晶硅生产能力；江阴贝卡尔特合金材料有限公司成为全球硅片切割钢丝生产的行业龙头。风电产业基本形成包括风电特钢、轮毂、塔座、主轴、塔筒、法兰、齿轴、轴承座、机舱罩、特种涂料等关键零部件相互配套发展的格局，零部件配套整机的比重接近30%。江苏吉鑫风能科技股份有限公司的轮毂、底座等产品国内市场占有率超过60%，其铸态无镍低温球铁铸造大型高韧部件获得了国家发明专利，填补了国内空白；中船澄西船舶修造有限公司的风电塔筒、国光重型机械有限公司的风电主轴市场占有率名列国内前茅；江阴兴澄特种钢铁有限公司、江苏省宏晟重工集团有限公司、江阴华强特钢热电有限公司已成为国内重要的风电主轴、风电齿轮锻圆及锻件等风电用钢生产基地。

【石化新材料产业】 2010年，江阴市石化新材料产业完成规模产值563.17亿元，比上年增长34.51%，高于全市规模工业增速16.48个百分点，占全市规模工业的比重提升到10.99%。江阴市石化新材料产业主要包括可发性聚苯乙烯(EPS)、聚酯切片(PET)、聚酰胺(PA)、不饱和聚酯树脂及聚苯乙烯上游原料苯乙烯(SM)、特种涂料上游偏苯三酸酐(TMA)，以及化工新材料产品下游特种薄膜、复合板、工程塑料等。拥有规模以上重点化工新材料产业企业30余个，EPS产能达90万吨，占全国产能的1/4以上。

【车船及机械装备产业】 2010年，江阴市车船及机械装备产业完成规模产值936.42亿元，比上年增长17.84%，占全市规模工业18.28%。全市共有汽车和船舶及配件制造业企业220个，其中规模以上企业80个。分别为：船舶产业规模企业27个，其中大型修造船厂3个、拆船厂1个和船舶配套设备厂23个，具备年制造大中型远洋船舶400万载重吨总量的能力；汽车产业规模企业52个，其中整车制造厂2个、汽车修理企业1个和零部件制造企业49个。江苏常隆客车有限公司拥有年产3000辆整车的生产能力；江阴模塑集团有限公司具备年生产各类汽车保险杠140万件的生产能力，国内市场占有率在30%以上，是目前国内最大的汽车外饰件系统服务供应商。全市拥有5万台（套）各类装备机械整机制造能力，其中江苏双良集团有限公司是亚太地区规模最大的中央空调制造基地。位于利港镇的江阴机械装备产业园，已经吸引一大批企业入驻，通过互为配套，协同发展，有效提升效益空间，并且辐射效应逐步放大。园内总投资30亿元的柳工路面机械研发制造基地，整合柳工旗下压路机、平地机、沥青摊铺机、铣刨机等路面机械生产，拥有世界先进研发能力，整个项目将于2011年10月份前建成投产，建成后可形成年销售50亿元的规模。

【电子信息产业】 2010年，江阴市电子信息产业完成规模产值134.25亿元，比上年增长29.37%，高于全市规模工业增速11.34个百分点，占全市规模工业的比重提升到2.62%。全市电子信息产业重点发展集成电路芯片设计及生产、新型电子元器件、光通讯、数码视听、计算机及网络、射频识别(RFID)和特种光缆等电子材料、延伸产品。到年末，全市电子信息产品制造规模以上企业有30余个，从业人员超过27000人，具有110亿块集成电路封装、250亿只晶体管、120万片分立器件芯片、800万芯公里光通信和7000万平方英尺印刷集成电路板的主要产能。新传感器产业和射频识别技术应用在经济开发区已集聚了江苏凯路威电子有限公司、江苏汉德天坤科技发展有限公司、江苏省利奥射频识别创新科技有限公司等10余个企业。

【生物医药产业】 2010年，江阴市生物医药产业完成规模产值22.87亿元，比上年增长0.94%，占全市规模工业的0.45%。全市生物医药产业集聚了江阴迈康升华医药科技有限公司、江阴力博医药生物技术有限公司、江苏神洲济仁药业有限公司等65个新医药企业，重点研发生产具有自主知识产权的新药、中药制剂、传染病防治疫苗、新型诊断试剂、高产基因工程菌、天然类药物、生物保健类制品等。其中，江苏四环生物股份有限公司、江阴康正生物制品有限公司、江阴天江药业有限公司3个企业年销售超亿元。

（陈　飞　金　珏）

规模经济

【概况】 2010年，江阴市有规模以上工业企业总计1650个，完成现价总产值5123.05亿元，比上年增长18.02%；完成工业增加值1164.2亿元，比上年增长13.1%(可比价)；实现利税461.32亿元，比上年增长20.15%，其中利润349.23亿元，比上年增长20.16%。年内，10个企业入围中国企业500强。至年末，全市有营业收入超百亿元企业13个，有利税超亿元企业60个。

【“百强”工业企业】 2010年，江阴市“百强”工业企业共计完成工业总产值3537.53亿元，比上年增长23.5%，占全市的64.81%；工业增加值677.52亿元，比上年增长13.38%，占全市的56.39%；完成产品销售收入3530.84亿元，比上年增长22.73%，占全市的65.95%；实现利税342.07亿元，比上年增长17.89%，占全市的65.59%，其中利润250.41亿元，比上年增长13.54%，占全市的63.95%。

2010年江阴市“百强”工业企业一览

表17　　单位：万元

企业名称	产品销售收入	利税总额	工业增加值	工业总产值	合计入库税金
江苏华西集团公司	3677886	202095	571994	3757139	39465.30
江阴兴澄特种钢铁有限公司	2535702	182664	290049	2397849	68111.61
江苏法尔胜泓昇集团有限公司	1544192	198205	327885	1488312	178077.42
江苏新长江实业集团有限公司	2146403	161855	423889	2350931	69210.54
中船澄西船舶修造有限公司	661641	89914	151242	722540	55113.15
江苏利电能源集团	1011420	137295	207257	1011420	50321.14
江苏阳光集团有限公司	1810478	146820	258014	1829111	66109.26
江阴苏龙热电有限公司	259279	60769	85033	259279	30382.80
江苏扬子江船厂有限公司	1502958	550386	448678	1520629	109487.73
江苏西城三联控股集团有限公司	1813106	50249	256540	1636496	69940.63
江阴澄星实业集团有限公司	694971	127276	217660	680242	7171.47
江苏双良集团有限公司	1114370	90867	249978	1106294	31934.98
江苏三房巷集团有限公司	2055049	104086	411084	2000096	18077.58
海澜集团有限公司	1437783	136706	223547	1400012	46826.71
江苏新潮科技集团有限公司	410890	56559	129000	425000	18505.13
江阴江东集团公司	629191	47837	125698	648218	23154.97
江苏华宏实业集团有限公司	932042	74974	173672	934370	13305.28
无锡市兆顺不锈中板有限公司	505156	3558	18595	501735	2568.77
江苏倪家巷集团有限公司	485812	20315	87016	469889	8753.57
海润光伏科技股份有限公司	436789	80241	108151	465567	5872.25
申达集团有限公司	181316	11325	40655	186666	7466.83
江阴德玛斯特钻具有限公司	154310	38729	46716	177859	12419.24
江苏利安达集团有限公司	223939	47204	55783	230343	17535.56
江阴新和桥化工有限公司	299075	25743	34021	297033	9109.88
江阴海达集团有限公司	471473	31363	88152	464079	11013.11
瀚宇博德科技(江阴)有限公司	426764	21724	114803	462382	25753.49
江阴市双达钢业有限公司	266719	20212	29250	277432	7545.48
江苏吉鑫风能科技股份有限公司	194673	39762	53375	213500	17583.16
江苏向阳集团有限公司	255620	19248	51130	261718	6543.63
江阴模塑集团有限公司	356365	38825	90967	379031	7811.71
江阴热电有限公司	81109	23393	19368	81109	7882.38
云蝠投资控股有限公司	73366	7505	14985	71897	4752.55
江阴市华澄实业有限公司	96861	6858	11176	90861	5995.22
江阴市兰天彩印包装有限公司	60182	18647	22291	61860	6018.42
阿法拉伐(江阴)设备制造有限公司	107185	30378	46757	104148	10832.44
江阴联通实业有限公司	148893	14920	29027	148850	7007.70

续表 17

企 业 名 称	产品销售收入	利税总额	工业增加值	工业总产值	合计入库税金
江阴协统汽车附件有限公司	135340	24671	33941	134440	8284.07
江苏蝙蝠塑料集团有限公司	237016	6419	30683	237716	2046.61
江苏华兰药用新材料股份有限公司	43616	2936	9101	47612	3297.89
帝斯曼工程塑料(江苏)有限公司	237891	6056	69362	238305	11560.89
江阴新浩再循环纸业有限公司	90159	12169	18933	75001	5529.32
无锡百川化工股份有限公司	168528	10401	35034	169000	4020.38
江苏焱鑫科技集团有限公司	82088	9076	21997	85122	4729.47
江阴市申澄集团有限公司	117058	5510	26572	122041	4219.27
江阴市康源印染有限公司	80684	2355	15546	77347	1863.99
江苏新华发集团有限公司	54018	6352	9735	45106	5572.52
江阴市电工合金有限公司	158307	6597	22850	161937	2391.11
江苏红柳床单有限公司	235957	4091	22652	149642	6159.51
江苏万翔集团有限公司	345822	12587	71486	348710	1604.92
江阴市天华纱业有限公司	139714	16381	31435	145000	6099.28
江苏中油兴能沥青有限公司	228571	28672	31040	250277	14002.18
江苏嘉盛化学品工业有限公司	195125	4134	37830	201979	3095.39
江苏华士集团公司	174924	18000	36196	178828	1925.07
江阴福汇纺织有限公司	243853	1323	68482	295721	5787.97
江阴鑫裕装潢材料有限公司	89615	7703	18295	90406	1594.83
江阴市界达特异制管有限公司	107309	6492	28950	105218	2138.19
江阴市创新气门嘴有限公司	56045	5804	11205	56317	2020.21
江阴浚鑫科技有限公司	241865	26653	36936	229080	8004.58
江阴爱康太阳能科技有限公司	112453	10764	22000	110000	2223.78
江阴远景能源科技有限公司	125000	18520	20760	145000	4961.31
江阴加华新材料资源有限公司	65215	20075	16303	67233	3764.91
江苏省宏晟重工集团有限公司	104220	5134	16015	81543	2927.84
江阴南工锻造有限公司	48148	6994	12957	56333	3448.77
江阴市安基橡胶工业有限公司	94487	4984	14568	84252	4430.55
中粮麦芽(江阴)有限公司	60720	10123	14511	56805	4265.03
江苏康妮集团公司	82225	8145	17950	86325	3837.43
江阴中南重工股份有限公司	40200	8405	9283	32256	2929.67
江阴市华骏机械有限公司	67148	9406	16100	66000	4681.16
江阴凯澄起重机械有限公司	50103	11610	12345	49380	6127.36
江苏富仁集团有限公司	68177	3942	13635	65500	3922.51
江阴市万事兴汽车部件制造有限公司	40587	1427	8545	42723	1370.69
江阴天江药业有限公司	40141	17372	15721	46408	5858.57
江阴海达橡塑股份有限公司	49368	7499	19314	50398	3780.50
江阴精亚集团有限公司	33622	−784	6375	33737	1322.18

续表 17

企 业 名 称	产品销售收入	利税总额	工业增加值	工业总产值	合计入库税金
江苏银铃集团公司	109011	6741	21573	108106	3104.19
江苏宝利沥青股份有限公司	98187	12341	18655	103000	5245.36
江苏怡达化工有限公司	50705	3936	6351	43031	1794.01
江阴市长乐新科技电源有限公司	88258	5594	20013	91803	1977.68
无锡鹰贝机械有限公司	19559	3058	6651	18666	1909.12
江阴美纶纱业有限公司	86297	10238	12649	84296	5559.46
江阴裕华铝业有限公司	40860	2525	10485	43689	1352.03
江苏苏青水处理工程集团有限公司	49108	4951	11295	49000	1555.95
江苏中泰钢结构股份有限公司	63636	8982	16325	65300	2273.86
江苏福尔泰铜铝集团	155000	10070	25300	158280	2234.08
江阴宝柏包装有限公司	57774	4394	11688	58442	1983.18
无锡圣马科技有限公司	39168	2679	6488	43450	1063.23
中建钢构江苏有限公司	66180	6728	14505	72000	1496.18
江阴市升辉热能有限公司	41275	6517	10634	44997	2086.95
江阴市茂达棉纺厂	46613	5939	10865	46512	1234.89
建滔电子材料(江阴)有限公司	142031	6156	30238	137449	2254.12
江阴长仪集团有限公司	37361	3915	8967	37882	487.36
江苏龙鼎集团有限公司	58864	1162	11738	58918	788.64
江苏星源航天材料股份有限公司	47443	173	7105	46085	46.01
江苏国光重型机械有限公司	25183	2552	5573	28085	825.13
江苏瑰宝集团有限公司	39286	3279	6879	39286	864.43
江阴市针织绒线有限公司	29029	4281	5640	28280	1106.87
江阴市华源科技有限公司	191289	3604	30164	210729	718.99
江阴信邦电子有限公司	46569	4363	11065	40675	2217.87
江苏阿波罗复合肥有限公司	9466	3723	2299	10267	637.92
江阴福斯特纺织有限公司	62010	6332	13940	74517	967.35

【10 个企业入围中国 500 强】 2010 年 9 月 4 日，2010 中国企业 500 强名单在安徽省合肥市揭晓。江苏省有 49 个企业入围，其中江阴市入围数达 10 个，较上年新增 1 个企业——江苏双良集团有限公司。具体是：江苏华西集团公司，完成营业收入 440.6 亿元，列 138 位；江苏新长江实业集团有限公司，完成营业收入 278.8 亿元，列 223 位；江苏阳光集团有限公司，完成营业收入 259.6 亿元，列 236 位；江苏三房巷集团有限公司，完成营业收入 226.34 亿元，列 264 位；江阴澄星实业集团有限公司，完成营业收入 215.25 亿元，列 276 位；海澜集团有限公司，完成营业收入 207.3 亿元，列 289 位；江苏西城三联控股集团有限公司（上年的江阴市西城钢铁有限公司），完成营业收入 187.78 亿元，列 315 位；江苏扬子江船业集团公司，完成营业收入 163.76 亿元，列 361 位；江苏法尔胜泓昇集团有限公司，完成营业收入 158.17 亿元，列 368 位；江苏双良集团有限公司，完成营业收入 143.26 亿元，列 397 位。

【13 个企业营业收入超百亿元】 2010 年，江阴市营业收入超百亿企业总数达 13 个。分别是江苏华西集团公司、江苏新长江实业集团有限公司、江阴兴澄特种钢铁有限公司、江苏三房巷集团有限公司、江苏阳光集团有限公司、海澜集团有限公司、江阴澄星实业集团有限公司、江苏扬子江船厂有限公司、江苏西城三联控股集团有限公司、江苏法尔胜泓昇集团有限公司、江苏双良集团有限公司、江苏华宏实业集团有限公司和江苏利电能源集团。其中华

西集团公司营业收入超过500亿元,达512.6亿元,居全市首位;新长江实业集团、兴澄特种钢铁和三房巷集团3个有限公司营业收入均超过300亿元。

【60个企业利税超亿元】 2010年,江阴市工业企业实现利税超亿元企业共有60个,其中利税超10亿元企业有10个,分别是:江苏扬子江船厂有限公司、江苏华西集团公司、江苏法尔胜泓昇集团有限公司、江阴兴澄特种钢铁有限公司、江苏新长江实业集团有限公司、江苏阳光集团有限公司、江苏利电能源集团、海澜集团有限公司、江阴澄星实业集团有限公司和江苏三房巷集团有限公司;利税5亿元~10亿元的企业有7个,分别是:江苏双良集团有限公司、中船澄西船舶修造有限公司、海润光伏科技股份有限公司、江苏华宏实业集团有限公司、江阴苏龙热电有限公司、江苏新潮科技集团有限公司、江苏西城三联控股集团有限公司;利税1亿元~5亿元的企业有43个。

(陈 飞 金 珏)

民营工业经济

【概况】 2010年,江阴市民营经济实现工业总产值3578.31亿元,比上年增长16.2%。完成注册资金1099.32亿元,比上年增长23%,其中私营企业完成注册资金942.75亿元,比上年增长32.6%;个体工商户完成注册资金20.17亿元,比上年增长10.1%。全市民营经济实现增加值1225.56亿元,比上年增长14.7%,占全市经济增加值的61.2%,其中第一产业实现增加值25.47亿元、第二产业实现增加值792.94亿元、第三产业实现增加值406.89亿元。实现税收收入133.75亿元,比上年增长25.2%,占全市上缴税金的52.4%,其中私营企业上缴税金92.56亿元,比上年增长24.9%;个体工商户上缴税金7.04亿元,比上年增长110.1%。完成固定资产投资372.85亿元,比上年增长35.3%,占全社会投资的59.5%。实现消费品零售总额356.95亿元,比上年增长19.3%,占全市消费品零售总额的93.6%。

【"百佳"民营企业】 2010年,江阴市创新型、拟上市"百佳"民营中小企业实现销售收入222.14亿元,比上年增长31.35%,实现工业总产值225.53亿元,比上年增长23.98%,实现利税22.33亿元,比上年增长32.38%,其中入库税金8.26亿元,比上年增长38.3%。4项数据分别比全市工业企业平均增幅高出13.71、7.88、3.58、15.69个百分点,充分体现了"百佳"民营企业发展潜力大、产品附加值高、核心竞争能力强的突出特点。

2010年江阴市"百佳"民营中小企业一览

表18 单位:万元

企业名称	产品销售收入	利税总额	工业增加值	合计入库税金
江苏博大数控成套设备有限公司	9120	1030	2232	675
江阴市东杰纺机专件有限公司	4650	767	1115	341
江阴市蓝天机械制造有限公司	6885	966	2350	557
江阴市恒阳石油机械有限公司	9483	1183	2409	447
江阴苏派服装集团有限公司	50645	2260	8589	606
江阴市融泰科技有限公司	7827	−740	1200	382
江苏双友重型机械有限公司	8019	−565	2255	829
江阴市液压油管有限公司	26019	7936	4400	2173
江阴中绿化纤工艺技术有限公司	15708	4272	4213	1967
江阴市三杰实业有限公司	15051	1797	3095	868
江阴市华英成套设备有限公司	14377	5585	9073	1225
江阴市润信电器配件有限公司	12444	700	1908	490
江阴市长江耐火材料厂	9616	1250	2776	842
江苏申港电磁线有限公司	30258	943	4001	261
无锡联信离合器有限公司	6932	436	1798	284
江苏中煤矿山设备有限公司	15872	3030	9057	1311
江阴市三联机械制造有限公司	6613	355	968	214
江阴市虹桥机械制造有限公司	6439	689	2082	683
江阴市双烽板式换热器有限公司	4637	1158	2170	699

续表 18

企　业　名　称	产品销售收入	利税总额	工业增加值	合计入库税金
江阴市海华橡塑有限公司	10330	720	3452	461
江阴众和电力仪表有限公司	18528	6468	3727	1154
江苏方程电力科技有限公司	6448	1118	1612	260
江苏海陆装饰有限公司	42310	12239	11960	3596
江阴纳尔捷机器人有限公司	4694	413	1430	341
江阴市镍网厂有限公司	23100	69	2917	193
江阴市神宇通讯技术有限公司	30321	1372	3930	420
江苏常隆客车有限公司	25663	1761	5322	876
江苏秋林港机有限公司	18000	1000	4135	449
江阴市玻璃钢船厂	25622	2995	5611	838
江阴市北海救生设备有限公司	13225	1027	2651	729
江阴泰富沥青有限公司	67654	4305	12281	1663
江阴市裕华汽车零部件有限公司	26238	892	2423	842
江阴市星宇塑胶有限公司	7354	1103	852	359
江阴市南方不锈钢管有限公司	14794	176	2311	412
江阴市洪腾机械有限公司	16008	1013	3365	455
江阴海江塑胶制品有限公司	12677	1377	2093	240
江苏新达科技有限公司	22368	658	4419	437
江阴市新佳盛压铸机制造有限公司	10614	430	1300	445
江阴尔福莱容器制造有限公司	15842	1366	3333	528
江阴市澳星电气有限公司	6048	343	900	196
江阴开益特种压缩机有限公司	6129	664	1215	610
江阴新仁科技有限公司	75922	13942	24333	8549
江阴市新大压铸有限公司	6683	351	1510	884
江阴圆方机械制造有限公司	10407	627	2024	295
江阴市南华冶金机械制造有限公司	11101	423	2118	447
江阴市三鑫精密钢管有限公司	23163	706	5400	448
江阴康瑞不锈钢制品有限公司	46170	340	4576	275
江阴市和时利工程塑胶科技发展有限公司	28352	4400	5696	926
江阴市长龄液压机具厂	30483	11208	7620	2282
江阴柳工道路机械有限公司	72728	6410	7398	3474
江阴市海陆冶金设备制造有限公司	18951	4159	5382	1876
江阴市燎原锻压有限公司	32669	1376	4195	960
江阴标榜涂装有限公司	34368	2375	6009	1305
江阴博尔汽配工业有限公司	12382	1173	2831	696
江苏龙华集团有限公司	29900	1788	8230	721
江阴天虹板业有限公司	28778	2680	3508	2510
江阴振宏重型锻造有限公司	48808	5306	9236	1497

续表 18

企 业 名 称	产品销售收入	利税总额	工业增加值	合计入库税金
江阴华东装饰材料有限公司	25629	659	5612	710
江阴金凤特种纺织品有限公司	8990	575	1709	183
江阴市华诺新型材料有限公司	125769	3950	21381	857
江阴方圆环锻法兰有限公司	55516	6962	10723	4462
江阴市天宇镍网有限公司	21013	1618	4338	301
江苏海豹集团	59673	5536	10440	204
江阴市华方新技术科研有限公司	14683	2850	3289	895
江阴市江顺模具有限公司	10914	481	2729	362
江阴市润玛电子材料有限公司	14800	4800	6500	1545
江阴延利汽车饰件有限公司	6000	772	3500	287
江阴市江化微电子材料有限公司	27188	8432	7412	3247
江阴龙盛塑胶有限公司	25709	1561	4998	1805
江阴市第四纺织机械制造有限公司	16869	1379	2869	418
江阴市恒润法兰有限公司	24740	3100	4515	2236
江阴市宝力轻钢房屋有限公司	26856	1841	3560	1099
江阴市振新实业有限公司	55491	3984	9840	3227
江阴市凯华机械制造有限公司	7205	702	2386	636
江阴鑫联金属制品有限公司	16989	3104	6397	781
江阴市比图特种纸板有限公司	29713	1771	3720	1049
无锡共成交通器材有限公司	12706	1842	3387	1674
江阴市通利包装材料有限公司	22919	1874	5385	230
江阴市恒大纱业有限公司	9748	1584	1499	241
江阴市明康绝缘玻纤有限公司	17712	581	4430	282
无锡市厚德自动化仪表有限公司	3659	76	751	372
江阴市京澄高级装饰玻璃厂	20403	−34	4481	540
无锡鸿昌精密机械有限公司	8584	822	1298	567
江阴市汇通包装机械有限公司	11410	713	2889	272
江阴市百舸有色金属材料有限公司	109935	4904	18682	1354
江阴市林盛机械有限公司	10022	1132	2203	659
江阴东方港晟金属制品有限公司	14918	358	2148	832
无锡兴泰船舶装备有限公司	4363	275	1250	236
江阴东辰机械有限公司	31869	5382	8035	3073
江阴黄山船舶配件有限公司	18369	4107	6145	1605
江阴市南方管件制造有限公司	11550	872	2300	813
江阴大地机械制造有限公司	22317	3422	4500	910
江阴东联高压管件有限公司	3089	1366	654	405
江阴三林机械有限公司	16809	351	3697	452
江阴华新电器有限公司	30308	1436	6062	489

续表 18

企业名称	产品销售收入	利税总额	工业增加值	合计入库税金
江阴市第三铸造机械有限公司	17334	1471	3910	937
江阴市恒丰钢绳制品有限公司	13094	1031	3350	939
江阴市东发管件制造有限公司	12681	705	5048	264
江阴齿轮箱制造有限公司	23038	4039	7849	2288
江苏海鹏特种车辆有限公司	5398	−917	975	165

（施柏林）

纺织工业

【概况】 2010年，江阴市纺织工业完成工业总产值1124.36亿元，占全市工业总量的20.6%；完成产品销售收入1108.71亿元；完成利税总额80.1亿元，其中利润58.09亿元；完成自营出口25.24亿美元，占全市出口总额的26.78%，比上年增长34.21%，其中服装出口8.82亿美元，占全市出口的9.36%，比上年增长12.06%。据不完全统计，销售收入在1000万元以上的规模纺织企业共有588个，完成工业总产值1055.13亿元，完成产品销售收入1038.37亿元，实现利税70.85亿元，其中利润51.81亿元。年内，全市开票销售收入前50名工业企业中纺织行业有12个，入库税金总额前50名工业企业中纺织行业有12个。纺织行业主要产品产量：化纤产量242.45万吨，其中粘胶纤维3.62万吨，涤纶纤维232.34万吨，锦纶2.82万吨，氨纶2.69万吨；棉纺织行业生产纱52.8万吨，其中棉纱18.05万吨，混纺纱18.08万吨，纯化纤纱16.67万吨；布31010万米，其中棉布13327万米，棉混纺布15015万米，纯化纤布2668万米；印染布68951万米；呢绒14199万米；绒线20235吨；非织造布28465吨；服装37650万件，其中梭织服装11783万件，西服及西服套装3738万件，衬衫4308万件，儿童服装875万件，针织服装25867万件。纺织行业中主要行业的占比情况：化纤行业占27.79%、服装行业占22.4%、毛纺织行业占21.6%、棉纺织印染行业占17.76%、纺织制成品业占6.29%、针织行业占4.15%。是年，在人力资源和社会保障部组织的5年一评的全国纺织工业先进集体、劳动模范和先进工作者评选活动中，阳光集团有限公司荣获全国纺织工业先进集体，居红宇等6人被评为全国纺织系统的劳动模范，市政府副秘书长程建明、周庄镇党委书记吴国忠、祝塘镇党委书记张少波获全国纺织产业集群发展突出贡献奖；江阴华方新技术科研有限公司董事长吴奕宏、江苏天华纱业集团董事长周爱民入选《中国纺织报》组织评选的2010中国纺织十大人物新闻。

【技术改造】 2010年，江阴市纺织行业完成工业投入42.73亿元，占全市工业投入的12.93%，列入2009年度市重点技改项目结转到2010年的有海澜集团公司的200万套高档外贸服装项目，2009年投入15000万元，累计投入24000万元。列入2010年度市重点技改项目的有江阴市和时利工程塑胶科技发展有限公司的3万吨PBT高弹纤维项目，总投资10000万元，2010年度已完成投资；江阴天华纱业有限公司1.7万吨高档色纺纱项目，总投资13000万元，2010年度已完成投资；凯诺科技股份有限公司800万米高档精纺呢绒项目，总投资22500万元，2010年度完成投资10000万元，其余未完成部分结转至2011年。在2010年全市工业投资前50名工业企业中纺织行业有3个，分别是海澜之家服饰股份有限公司、江阴市天华纱业有限公司、江阴宏凯化纤有限公司。

【技术创新】 2010年，江阴市纺织行业通过省级鉴定的新产品共有江苏阳光集团有限公司、凯诺科技股份有限公司、江苏三房巷集团有限公司、江苏华西集团公司、江阴市茂达棉纺厂、江阴芗菲服饰有限公司、江苏倪家巷集团有限公司、江阴龙华染织五厂有限公司、江阴福斯特纺织有限公司、江苏申利实业股份有限公司、江阴博伦化纤有限公司、江阴市和时利工程塑胶科技发展有限公司等12个企业的40种。年内，江苏阳光集团有限公司的“新型多组分再生纤维在精毛纺上的应用开发技术”、凯诺科技股份有限公司的“毛用浆料研制与天然抗菌剂开发的关键技术及其在精纺毛织物上的产业化应用”2项项目分别获得了中国纺织工业协会的科技进步二等奖，并同时获得江阴市科技进步一等奖。

【自营出口】 2010年，江阴市纺织企业共完成自营出口25.24亿美元，比上年增长34.21%，占全市自营出口的26.78%，在各行业中排名第二。全市自营出口前30名企业中，纺织企业占8个，分别是：江苏三房巷集团有限公司完成4.98亿美元，江阴福汇纺织有限公司完成2.4亿美元，江苏阳光集团有限公司完成2.11亿美元，江苏华宏实业集团有限公司完成1.92亿美元，江苏红柳床单有限公司完成1.89亿美元，云蝠投资控股有限公司完成9258万美元，江苏利安达服装集团有限公司完成7166万美元，江阴市申澄集团有限公司完成6812万美元。

【标准战略】 2010年，由江阴市红卫青山纺织有限公司制订的

FZ/T 12022–2009《涤纶与粘纤混纺色纺纱线》行业标准于6月1日正式实施；由江苏申利实业股份有限公司制订的FZ/T 72010–2010《针织摇粒绒面料》行业标准于12月1日正式实施。江苏三房巷集团有限公司申报的《增白涤纶短纤维》、江阴精亚集团有限公司申报的《真空吸尘机组》、江苏阳光股份有限公司申报的《精梳毛麻混纺毛织品》、江阴市红卫青山纺织有限公司申报的《涤纶色纺纱线》等行业标准被列入工信部2010年标准制修订计划,《针织复合服用面料》行业标准由国家针织产品质量监督检验中心下达给江苏申利实业股份有限公司执笔起草，以上标准计划预计2011年完成。

【产业集群复评】 2010年，中国纺织工业协会对各纺织产业集群进行复评,江阴市被继续授予"中国纺织产业基地市（县）"称号。同时,周庄镇被命名为"中国化纤名镇"和"中国棉纺名镇",祝塘镇被继续命名为"中国针织服装名镇",顾山镇被命名为"中国针织内衣·服装名镇"。

（王桂珍）

机电冶金工业

【概况】 2010年,江阴市机电冶金工业完成总产值3443.14亿元,比上年增长23.78%,占全市的63.08%,其中:冶金工业完成2110.50亿元,占全市的38.67%;机械工业完成1074.08亿元,占全市的19.68%；电子工业完成258.56亿元,占全市的4.74%,比上年增长169.36%。全年完成利税总额308.17亿元，其中利润242.29亿元。是年,有机电冶金工业在建重点项目43项,占全市重点项目数的78.18%,完成投资总计84.05亿元，占全市工业投资的70.97%。有19个机电冶金企业进入全市开票销售收入前50名,完成开票销售收入2172.7亿元;有22个机电冶金企业进入全市入库税金前50名,完成税金总额67.63亿元;有29个机电冶金企业进入全市工业投入前50名,完成工业投入75.14亿元。有4个企业获得江苏省机械行业优秀民营企业,分别为:江苏法尔胜泓昇集团有限公司、江苏新长江实业集团有限公司、江苏扬子江船厂有限公司和江苏吉鑫风能科技股份有限公司。江苏华宏科技股份有限公司荣获国家级博士后工作站。法尔胜泓昇集团有限公司的"耐久型超高强度平行钢丝拉索关键技术及产业化"和江阴兴澄特种钢铁有限公司的"高品质中高碳特殊钢棒线材连续生产技术与工艺开发"两项技术荣获国家科技进步二等奖。

2010年江阴市机电冶金工业重大项目一览

表19 单位:万元

序号	企业名称	项目内容	所属区域	计划总投资	2010年完成投资
1	江阴兴澄特种钢铁有限公司	4300毫米中厚板	经济开发区	202000	119000
2	江阴中南重工装备有限公司	不锈钢管系	经济开发区	23000	3000
3	江阴新潮科技集团有限公司	通信集成电路	经济开发区	13000	11800
4	江阴兴澄特种钢铁有限公司	钢渣综合利用	经济开发区	12000	6000
5	瀚宇博德科技(江阴)有限公司	多层线路板	经济开发区	10000	10000
6	江苏华海海洋工程装备有限公司	海工装备项目	靖江园区	68600	50000
7	江苏国宇高科通信技术有限公司	片式元器件	靖江园区	50000	38200
8	江苏永益重钢有限公司	大型钢构	靖江园区	28200	1000
9	江苏法尔胜新日制铁缆索有限公司	线接触钢丝绳	璜土镇	13000	10000
10	江苏双良集团公司	海水淡化设备	利港镇	35000	12000
11	江阴乐基科技公司	钻杆、油井管	利港镇	30000	29800
12	江阴市国光轧光机纤维辊有限公司	1.7万吨油压机	利港镇	100000	46000
13	江阴市浚鑫科技有限公司	太阳能电池	申港街道	58000	58000
14	江阴市申港电磁线有限公司	风力发电电机	申港街道	10000	5000
15	江阴市三鑫电子有限公司	新型电子元器件生产项目	申港街道	10000	5000
16	艾尔姆风能叶片制品(江苏)有限公司	风机叶片	申港街道	10000	10380
17	建滔电子材料(江阴)有限公司	电子覆铜板	新材料产业园	26000	22000
18	江苏法尔胜泓昇集团公司	线接触钢丝绳	新材料产业园	11000	13000

续表 19

序号	企业名称	项目内容	所属区域	计划总投资	2010 年完成投资
19	江阴机械厂	机械零部件	月城镇	14000	11900
20	江阴市裕华汽车零部件有限公司	汽车零部件	青阳镇	14000	3000
21	江阴新仁科技有限公司	高精铝板带箔	徐霞客镇	92000	28350
22	江阴市海润光伏科技股份有限公司	太阳能电池	徐霞客镇	45000	46000
23	江阴天龙重工机械有限公司	绞缆、输送机械	徐霞客镇	13000	13000
24	江阴市曾氏动力机械科技有限公司	风冷柴油机	徐霞客镇	13000	8200
25	江阴市华燕石化机械装备有限公司	甲醛成套设备	徐霞客镇	12000	1500
26	江苏吉鑫风能科技股份有限公司	大型风电铸件	云亭街道	27000	100
27	江阴市七星电缆有限公司	特种电缆	云亭街道	12000	14700
28	江阴泰坦高压电器有限公司	控制及输变电器	云亭街道	10000	8000
29	江阴爱康太阳能器材有限公司	太阳能边框	华士镇	12000	10000
30	江阴市中能轨道器材科技有限公司	高铁轨道减震器	华士镇	11000	10050
31	江阴江化微电子材料股份有限公司	高纯电子材料	周庄镇	22000	6000
32	江苏瑞德新能源科技有限公司	光伏电子浆	周庄镇	18000	7000
33	江阴模塑集团有限公司	风电球铁铸件	周庄镇	10000	6000
34	江苏阳光集团有限公司	太阳能电池组件	新桥镇	160000	80000
35	江阴市明康电子开机有限公司	电子覆钢板	长泾镇	10000	3500
36	江阴市恒润法兰有限公司	工程机械零部件	祝塘镇	15000	15000
37	江阴康强电子有限公司	电子封装材料	经济开发区	16000	9700
38	江阴凯澄起重机械有限公司	HK 电动葫芦	经济开发区	13500	11000
39	江苏力沃新能源科技股份有限公司	风力发电设备	利港镇	16000	12800
40	江阴华新精密金属科技有限公司	球化合金钢	申港街道	23000	11100
41	江阴远景能源科技股份有限公司	风电发电机	申港街道	22000	12000
42	江阴华润制钢有限公司	高压油井管	月城镇	150000	40000
43	海润光伏科技股份有限公司	太阳能电池组件	徐霞客镇	35000	21400
合计				1495300	840480

【48 种产品通过省经信委新产品(新技术)鉴定】 2010 年,江阴市机电冶金行业在新产品开发、科技创新上取得显著成绩,有 25 个企业的 48 种产品通过省经信委新产品(新技术)鉴定。分别为:江阴新仁科技有限公司的“智能冷库用铝板和太阳能电池反射箔”;江苏常隆客车有限公司的“YS6180GBRT 客车”;江阴钟舟电气有限公司的“YBM 系列屏装多功能电力仪表”;江阴嘉鑫风电轴承有限公司的“1.5 兆瓦风力发电机用变桨轴承”;江阴江顺模具有限公司的“高速列车型材制造用挤压模具”;江阴市电工合金有限公司的“高强度高导电铜镁合金绞线”;江苏法尔胜新日制铁缆索有限公司的“超高强度大规格预制平行钢丝索股和锌铝合金镀层钢丝耐久性缆索体系”;江阴市锦明玻璃技术有限公司的“浮法玻璃生产线专用拉边机和六轴重载工业机器人”;江苏双良空调设备股份有限公司的“XRI5-40/30-3000(60/90)电站冷凝热回收大型第一类溴化锂吸收式热泵机组、XRII109/85-32/38-907(130/145)高温型第二类溴化锂吸收式热泵机组、XRYQII-50/40-291(65/85)直燃型第一类溴化锂吸收式热泵机组和 XZ-204HZ 蒸汽单效型溴化锂吸收式冷水机组”;江阴江达机械设备有限公司的“JD-B 曝气增氧机”;无锡江加建设机械有限公司的“免烘干干混砂浆生产成套设备”;江阴丰力生化工程装备有限公司的“SLJ 三质体振动流化床干燥机”;江苏焱鑫科技有限公司的“智能型蒸汽吹灰系统和烟气余热酸性气回收节能环保装备”;江阴瑞泰电气有限公司的“预装式厢式变电站和电力变压器和树脂绝缘

干式变压器”；江阴东辰机械制造有限公司的“中棒精整线和大棒精整线”；江阴新仁科技有限公司的“短流程铸轧制备 Al—Zn—Mn 合金汽车散热器片铝箔和耐高温装饰铝箔”；江苏华宏科技股份有限公司的“Q91Y 系列龙门式液压废钢剪”；江阴市江凌科技有限公司的“JM—B—3BC 振动变送器和 JM—B—3E 双通道振动监测保护仪”；江苏吉鑫风能科技股份有限公司的“5 兆瓦海上风电特大型部件轮毂和底座”；江阴加华新材料资源有限公司的“高性能磷酸镧铈铽和超高纯氧化轧”；江阴中南重工股份有限公司的“高纯铝集合管”；江阴市汇通包装机械有限公司的“WSD600C 全自动控制钭口拉链制袋机”；江阴市华恒仪表有限公司的“HY—V—6000 振动监控保护装置”；江阴兴澄特种钢铁有限公司的“600 毫米电渣重溶圆管坯、超低温风电法兰用连铸圆坯钢、活塞用高品质非调质钢 38MnVS6 钢和 CrMo 系列油井钻杆用钢”；江阴柳工道路机械有限公司的“CLG612H-III 全液压单钢轮振动压路机、CLG6032 振动压路机和 CLG612T 全液压双钢轮振动压路机”；法尔胜集团的“PU 同步带用微细钢丝绳、电气铁路用钢丝绳、电梯用钢丝绳、健身器材用钢丝绳和汽车用柔性钢丝绳”。

化工、医药工业

【概况】 2010 年，江阴市有规模以上化工、医药企业 217 个，完成工业总产值 752.9 亿元，占全市规模以上企业工业总产值的 18.27%。有 5 个化工、医药企业进入全市开票销售收入前 50 名，完成开票销售收入 262.75 亿元；有 6 个化工、医药企业进入全市入库税金前 50 名，完成税金总额 7.29 亿元；有 5 个化工、医药企业进入全市工业投入前 50 名，完成工业投入 37.74 亿元；有 2 个化工、医药企业进入全市自营出口前 30 名，完成实绩 25848 万美元。年内，全市化工、医药工业完成投资 51.82 亿元，其中，设备投资 29.01 亿元，土建投入 22.81 亿元。汉邦(江阴)石化有限公司、江苏三房巷集团有限公司、江阴市华燕石化机械装备有限公司、江阴天江药业有限公司等化工、医药企业的 8 项项目列入市重点技改项目，当年完成 28.52 亿元。是年，7 项化工、医药项目获得江阴市科学技术进步奖，10 种产品通过省级新产品鉴定。江阴澄星实业集团有限公司位列全国工商联发布的“中国民营企业 500 强”第 37 名，并名列中国企业联合会、中国企业家协会第九次发布的“2010 中国企业 500 强”第 276 位，连续第九次跻身 500 强。

2010 年江阴市化工工业主要产品产量一览

表 20　　单位:吨

产品名称	年产量	比上年增减(%)
磷酸	567418	0.57
农药	16291	1.27
涂料(油漆)	28920	29.04
石油沥青	621143	68.86
初级形态的塑料	181256	33.58
化学药品原药	856	12.48
合成纤维聚合物	1624790	10.35
化学试剂	1811	54.54
合成橡胶	32620	57.53
合成洗涤剂	5498	3.27

轻工工业

【概况】 2010 年，江阴市规模以上轻工企业共有 145 个，完成工业总产值 147.44 亿元，占全市规模以上企业工业总产值的3.58%。有 6 个轻工企业进入全市开票销售收入前 50 名，完成开票销售收入 127.21 亿元；有 5 个轻工企业进入全市入库税金前 50 名，完成税金总额 4.07 亿元；有 2 个轻工企业进入全市工业投入前 50 名，完成工业投入 2.13 亿元；有 2 个轻工企业进入全市自营出口前 30 名，完成实绩 16570 万美元。全市轻工工业完成投资 21.54 亿元，其中，设备投资 15.3 亿元，土建投资 6.24 亿元。列入市工业性重点技改项目 3 项，项目总投资 12.28 亿元，年内完成 3.34 亿元。9 月 28 日，江阴模塑集团公司分别与荷兰 SAS 公司、中国包装总公司签订合作协议，在经济开发区成立舒乐阿卡(江阴)物流器具制造有限公司和舒乐阿卡(江阴)包装服务有限公司两个合资企业，总投资额为 2500 万美元，可形成年产 100 万块托盘及物流器具的生产能力。是年，全市轻工行业有 3 项科技项目获得江阴市科学技术进步奖；3 种产品通过省级新产品鉴定。

2010 年江阴市轻工工业主要产品产量一览

表 21

产品名称	单位	年产量	比上年增减(%)
家具	件	524532	21.93
皮革服装	件	180000	246.47
机制纸及纸板	吨	372606	−0.48
纸制品	吨	31479	−0.97
塑料制品	吨	244354	−6.89
多色印刷品	对开色令	1258296	34.38

(马　骏)

建材工业

【概况】 2010年，在国家墙改政策引导与市场需求推动下，江阴市建材工业经济发展超乎往年，量增价扬，产销两旺。各企业抓住市场发展机遇，积极整合重组壮大企业规模，狠抓技改增强市场竞争能力，全行业发展优胜劣汰有序推进。年内，关停砖瓦企业4个，兼并重组水泥企业2个，新增混凝土砖新墙材企业3个。至年末，传统建材行业有水泥粉磨生产企业7个，年产水泥290万吨；砖瓦企业6个，年产黏土八五多孔砖1.8亿块。新型墙材行业有混凝土砖生产企业22个，年产量2.35亿标砖；加气混凝土砌块企业3个，年产量55.5万立方米；纸面石膏板生产企业1个，年产量6021万平方米；蒸压灰砂砖生产企业1个，年产量0.34亿标砖。全行业综合利用煤渣5.7万吨，粉煤灰114.5万吨，采矿尾屑55.28万吨，脱硫石膏52万吨。

【传统建材行业整合】 2010年，江阴市传统建材行业在国家大力淘汰落后产能的产业政策导向下，加快行业结构的调整与兼并重组。新桥砖瓦厂、三房巷砖瓦厂、光明砖瓦厂、祝北砖瓦厂年内先后关停；全市砖瓦企业仅保留华西砖瓦厂、桐岐砖瓦厂等6个企业。水泥行业积极兼并重组盘活存量资源，年初，月城水泥有限公司与江苏金峰水泥集团实施合并重组，以江苏金峰水泥集团为主组建江苏金峰月城水泥有限公司，拆除老厂水泥生产线，技改新建年产200万吨水泥粉磨生产线，总投资1.8亿元，以42.5等级以上高标号水泥为主打产品，该项目于12月底竣工投产；10月崎星水泥有限公司投资800万元，兼并江阴顾山水泥有限公司（保留顾山水泥有限公司厂名），实行内部承包管理制度。是年，传统建材生产经营得益于市场一改往年困境，产销两旺、量稳价升，黏土八五多孔砖全年平均价格每万块在3800元左右，水泥（32.5级）价格年初在240元左右，上半年价格走势相对平稳，至8月下旬受上游水泥熟料企业限产价涨，价格一旬三变，至12月初，每吨水泥（32.5级）涨至500元左右，价格翻番，至年底逐步回落至460元左右。全行业生产盈利水平大幅提升。

【新型墙材年产标砖33.1亿块】 2010年，江阴市新型墙材行业继续坚持不懈抓管理，抓质量、抓技改，成功打通市场发展瓶颈，企业产品产销两旺，市场应用蒸蒸日上，发展趋势强劲。全年全市新型墙材生产能力（折标砖）达33.1亿块，年产量（折标砖）25.75亿块，占全市墙材总量的96%；综合利用工业废渣137.98万吨。新型墙材产品应用全面推开，尤其是蒸压加气混凝土砌块、蒸压灰砂砖应用比例大幅提高，全年城乡新型墙材应用比例平均达78%，比上年提高21个百分点。年内，全市有8个新墙材企业进行全面技术改造，总投入265.57万元，其中7个为混凝土多孔砖企业，1个为蒸压加气混凝土砌块企业。通过两年的努力，至2010年末，经江阴市墙体材料改革办公室备案登记的混凝土多孔砖生产企业全部完成技术改造，安装电子配料系统和建立产品检测室，并全部通过江苏省新型墙材产品认定。是年，新墙材应用呈现两大亮点：一是高档商住楼、别墅群大面积应用新型墙材，加快推动了全市新墙材产品的推广应用；二是新墙材应用由原来混凝土多孔砖为主体的较单一产品向多品种拓展，蒸压加气混凝土砌块、蒸压灰砂砖大范围应用，并逐步从内墙应用为主转向内外墙体全面应用，由办公大楼、商务楼向大型商住楼群广泛应用，进一步奠定了新墙材产品应用的市场主体位置，促进了新墙材生产与应用的良性互动。

【新型建材平稳发展】 2010年，江阴市纸面石膏板产量首次超过年设计能力，年产量达6021万平方米，蒸压加气混凝土砌块产量创出新高，达55.51万立方米，产品供不应求需带款提货；蒸压灰砂砖产销两旺经济效益大增，一举扭转困局；混凝土多孔砖全年产销平衡且价升量稳，长期困扰企业的应收款问题得到大幅度缓解，全行业发展跨上良性运行轨道。年内，全市建设申报项目430项，建筑申报面积762.54万平方米，当年竣工面积407.95万平方米，新墙材应用占项目竣工总面积的78%。　（苏宇文）

电力工业

【概况】 2010年，江阴市拥有单机容量3000千瓦以上企业27个，其中公用热电厂13个，自备热电厂14个，装机总容量204.1万千瓦（不含利港电厂），年发电量115.35亿千瓦时，比上年增长2.12%，年供汽量1848万吨，比上年增长9.41%。

【电力企业管理】 2010年，江阴热电企业紧紧围绕全市经济社会发展大局，认真履行监管职责，确保了电力安全生产形势总体平稳，圆满完成迎峰度夏、上海世博保电和节能减排等重点任务，全市电力市场继续保持安全稳定运行，节能减排工作继续推向深入，电价电费政策执行更加规范，电力调度“三公”（调度公开、公平、公正）更加透明，电力市场建设取得新进展。年供汽量1848万吨，比上年增长9.41%。

【电力平衡管理】 2010年，江阴市热电企业全面落实省委、省政府实现“十一五”期间节能减排目标的各项部署，紧密围绕“调整结构，加快转变经济发展方式”中心工作，着力在增加供给上下工夫，在优化需求上求突破，在协调保障上见实效，在抗击自然灾害、平衡电力电量、提高电网负荷率、促进节能减排、确保电网安全和维护社会稳定等方面均发挥了重要作用。全年全市供用电总体基本平衡。全社会用电量218.95亿千瓦时，比上年增长13.66%，其中工业用电量198.56亿千瓦时，比上年增长13.06%。

（陈　飞）

■类目编辑　李孜渊

综　述

【概况】 2010年，江阴市按照“拓展领域、扩大规模、提升层次、优化结构”工作方针，在产业集聚中寻求突破提升，在加快发展中促进转型升级，在优化环境中打造竞争优势，加快推进对外开放，加速提升产业、资本、人才、外贸等国际化水平，建立并形成更具活力、更加开放的经济社会发展格局，实现开放型经济持续健康发展。全年完成工商登记协议注册外资12.03亿美元，比上年增长19.43%；新增到位注册外资7.5亿美元，完成年计划的107.13%；新批外资项目66项，增资项目89项。完成对外贸易进出口总额158.49亿美元，增长43.4%；其中出口94.24亿美元，增长52.62%，出口增幅分别高于全国、江苏省、无锡市平均水平的21.3、16.8和13.1个百分点；进口64.25亿美元，增长31.65%。有进出口超千万美元企业155个，其中超亿美元企业22个。新增对外贸易经营者备案登记企业440个、进出口实绩企业302个、服务外包企业52个，江苏省服装出口基地1个；新批境外投资项目19项，中方协议投资额1.1亿美元，增长81.74%。全年完成服务外包业务额3.5亿美元，其中离岸服务外包额1.82亿美元，增长128.24%。

2010年江阴市各镇(街道)、开发区开放型经济主要指标一览

表22　　　　单位：万美元

项目 名称	工商登记协议注册外资		到位注册外资		自营出口	
	总　额	比上年增减(%)	总　额	比上年增减(%)	总　额	比上年增减(%)
江阴开发区	21024	−3.81	11055	−58.70	174512	45.01
临港新城	61994	28.71	33614	59.66	207297	58.13
江阴—靖江工业园区	10161	−16.68	14505	39.87	33428	797.04
澄江街道	6048	130.90	2196	0.78	145977	42.22
申港街道	18430	165.93	8418	28.83	78872	103.29
夏港街道	18153	177.57	9911	137.96	89674	33.16
璜土镇	13753	501.09	8040	502.25	22648	63.47
利港镇	15150	325.58	8011	1912.81	16104	45.15
月城镇	1048	94.07	1324	461.02	6941	15.98
青阳镇	3120	362.30	1512	−7.47	8648	59.13
徐霞客镇	2977	12.99	2049	66.86	47523	96.65
南闸街道	2016	34.80	1050	36.72	1196	−31.64
云亭街道	1262	−19.34	681	508.04	19546	23.99
华士镇	6924	119.03	2324	−18.85	85988	96.62
周庄镇	960	190.22	796	90.43	108799	51.12

续表 22

名称＼项目	工商登记协议注册外资		到位注册外资		自营出口	
	总 额	比上年增减(%)	总 额	比上年增减(%)	总 额	比上年增减(%)
新桥镇	5377	58.18	5292	113.04	27714	−14.61
长泾镇	1370	−14.38	252	121.05	13798	24.56
顾山镇	1359	1869.99	835	1110.45	34217	26.59
祝塘镇	1859	46.62	645	19.22	26842	32.34

【2010 年中国江阴对外经济合作洽谈会】 2010 年 10 月 12～13 日，中国江阴对外经济合作洽谈会在江阴举行，来自 20 多个国家和地区的 800 多名客商参加洽谈会。全国政协副主席陈宗兴、中央统战部副部长楼志豪、20 国集团研究中心秘书长龙永图和江苏省、无锡市、江阴市领导等出席洽谈会。新华社、《香港大公报》等 30 多个国内外新闻媒体作专题报道。洽谈会以推进“445 计划”*和突出战略性产业集聚集约发展、不开发区域可持续发展、城市与经济同步转型为主题，相继举行发展创新型房产恳谈会、招才引项洽谈会、发展新兴产业对接央企投资合作恳谈会、南部不开发区域专题招商会、开发区战略性新兴产业招商推介会、临港新城新兴产业发展恳谈会、海洋工程装备产业专题研讨会、重点重大项目签约仪式、洽谈会新闻发布会和各镇（街道）专题投资环境说明会等 20 多项活动，签约项目 107 项，总投资 272 亿元，其中重点重大项目 53 项，总投资 261 亿元；低碳产业、机械装备等“445 计划”新兴产业项目 36 项，总投资 184 亿元。其间，美国阿拉米达市、以色列卡迈尔市、挪威阿伦达尔市等代表团到江阴访问并出席洽谈会，江阴市与挪威阿伦达尔市签订友好城市协议。

2010 年 10 月 11 日，江阴市与挪威阿伦达尔市建立友好城市关系。图为市委书记朱民阳（后排中）、副市长计军（前排左二）与挪威阿伦达尔市市长瑞尔·拉森（前排左一）等出席签约仪式。 （王加令摄）

【第二届江阴市国际咨询委员会第二次年会】 2010 年 10 月 13 日，第二届江阴市国际咨询委员会举行第二次年会，20 国集团研究中心秘书长龙永图、日本福井县议会会员小泉刚康、江苏省商务厅副厅长赵进、比利时贝卡尔特公司亚洲区总裁马国运等 40 多名委员参加会议。年会以“城市与经济同步转型，民生与产业同步提升”为主题，就《江阴市“十二五”国民经济和社会发展总体规划》和改善人居环境、促进城乡一体化、发展循环经济、加强生态建设等进行讨论，为加快江阴经济转型发展提供新思维、新理念、新对策；聘任华新丽华股份有限公司董事长焦佑伦，国际景观生态学会理事、同济大学建筑与城市规划学院教授刘滨谊，中国社会科学院财政与贸易经济研究所党委书记、所长斐长洪，深圳城市空间规划设计有限公司总规划师唐曦文，山东中创新能源研究院院长王文阁，香港物流协会常务副会长郑会友为江阴国际咨询委员会委员。市长王锡南主持会议，市委书记朱民阳出席会议并作《城市与经济同步转型、产业与民生同步提升》主题报告。

【江阴（深圳）新兴产业发展恳谈会】 2010 年 1 月 25 日，江阴市在深圳举行新兴产业发展恳谈会，深圳市副市长吕锐锋、佳兆业集团控股有限公司董事局主席郭英成、深圳天安数码城有限公司总经理戴洪亮、香港建滔积层板控股有限公司董事局主席张国华和江阴市领导朱民阳、高佩、蔡叶明、孙小虎、薛良、计军、费平及 100 多名客商出席恳谈会。恳谈会突出科技人才战略，围绕新兴产业开展专题招商与洽谈交流，签约项目 31 项，总投资 117.8 亿元，其中外资项目 14 项，总投资 8.93 亿美元。签约项目中，涉及先进制造业项目 14 项，现代服务业项目 17 项。江阴天安数码城项目总投资 20 亿元，中信泰富码头物流项目总投资 20 亿元，光伏太阳能及系统应用项目总投资 1 亿美元。

【江阴(香港)新兴产业发展恳谈会】 2010年9月14日,中国江阴(香港)新兴产业发展恳谈会在香港会展中心举行,全国人大常委会常委、香港立法委原主席范徐丽泰,外交部驻港公署副特派员高玉琛等香港知名人士和客商100多人应邀出席会议。新华社香港分社、香港凤凰卫视、《文汇报》《大公报》《经济日报》等香港媒体现场采访报道。恳谈会上,签约项目9项,总投资69.8亿元,主要涉及新能源、光电子、生物医药、现代物流、服务外包、文化创意等领域,均属江阴新兴产业发展"445计划"重点推进项目。

对外贸易

【概况】 2010年,江阴市加快推进外贸结构优化和转型提升,积极应对国际贸易摩擦,对外贸易实现恢复性增长。全年完成对外贸易进出口总额158.49亿美元,比上年增长43.4%,其中出口94.24亿美元、进口64.25亿美元,分别增长52.62%、31.65%。"十一五"期间,江阴市进出口总额年均增长18.8%,分别高于全国、江苏省和无锡市平均水平2.81、3.44和2.83个百分点。其中出口年均增长24.19%,分别高于全国、江苏省和无锡市平均水平的8.52、7.11和5.73个百分点。是年,全市完成技术进口项目合同登记18项,合同额1860万美元;技术出口项目合同登记5项,合同额917万美元,增长239.63%。

【外贸出口结构】 2010年,江阴市加快外贸转型升级,促进产品结构不断优化,新材料、新能源、机械装备出口比重逐步提高。全年新兴产业出口比重达34.46%,比上年提高8.29个百分点,其中新材料出口19.55亿美元,增长111.36%;新能源出口8.82亿美元,增长134.43%;机械装备出口4.11亿美元,增长30.4%。纺织原料及纺织制品出口25.23亿美元,增长34.21%,占全市出口比重的26.78%;塑料及其制品出口9.21亿美元,增长47.94%,占全市9.77%;化工产品出口4.64亿美元,增长25.55%,占全市4.92%,;机电产品出口27.85亿美元,增长32.86%,占全市29.55%;高新技术产品出口13.08亿美元,增长116.84%。

【外贸经营主体】 2010年,江阴市政府鼓励和引导企业开拓国际市场,不断壮大进出口经营主体。全年新增对外贸易经营者备案登记企业440个,累计2789个;新增进出口实绩企业302个,累计1588个,其中出口实绩企业258个,累计1416个。年内,全市外商投资企业完成进出口总额82.53亿美元,其中出口50.12亿美元,分别占全市的52.08%、53.19%;内资企业完成进出口总额75.95亿美元,其中出口44.12亿美元,分别占全市的47.92%、46.81%。年内,民营企业进出口成为江阴市对外贸易新的增长点。全年完成进出口总额56.05亿美元,占全市进出口总额的35.31%,年均增幅30%,高于全市平均增幅的11.2个百分点。其中出口32.57亿美元,占全市出口总额的34.56%,年均增幅35.36%,高于全市平均增幅的11.17个百分点。是年,江苏扬子江船业(控股)有限公司等"江阴市出口30强企业"完成出口58.2亿美元,比上年增长61.12%,占全市出口总额的61.76%。全市有出口超千万美元企业155个,其中江苏扬子江船业集团公司、江苏三房巷集团有限公司等22个企业出口超亿美元。三房巷集团有限公司、兴澄特种钢铁有限公司分别名列"2009年度进出口最大的500个企业"第229位、第423位;华贸进出口有限公司、长电科技股份有限公司分别名列"2009年度进出口最大的100个民营企业"第55位、第75位;长电科技股份有限公司、澄星国际贸易有限公司分别名列"2009年度出口最大的100个民营企业名单"第59位、第64位。年末,江阴市被省商务厅、财政厅联合认定为江苏省服装出口基地。全市累计有省级出口基地3个,其中江苏省(江阴)科技兴贸出口基地完成合成、合金新材料出口12.61亿美元,增长91.53%,占全市出口总额的13.38%,比上年提高2.72个百分点;江苏省(江阴)面料出口基地完成面料出口8.4亿美元,增长39.88%,高于全省同类产品出口增幅的2.38个百分点。

2010年江阴市出口超亿美元镇、街道一览

表23　　单位:万美元

名　　称	出口额	比上年增减(%)
澄江街道	145977	42.22
周庄镇	108799	51.12
夏港街道	89674	33.16
华士镇	85988	96.62
申港街道	78872	103.29
徐霞客镇	47523	96.65
顾山镇	34217	26.59
新桥镇	27714	-14.61
祝塘镇	26842	32.34
璜土镇	22648	63.47
云亭街道	19546	23.99
利港镇	16104	45.15
长泾镇	13798	24.56

【国际市场开拓】 2010年，江阴市商务局鼓励和引导企业扩大进口，引进先进技术设备、节能环保设备、关键零部件和重要原材料，提升竞争力；提高出口产品档次，扩大机电产品和高新技术产品占外贸出口的比重，提升附加值。全年落实国内外参展展位330个，参展企业196个（次），参展展会达30个。是年，全市进出口国家或地区达182个，有出口市场179个，其中对欧盟市场出口占全市出口比重的17.97%，比2005年提高6.86个百分点；对东盟市场出口占全市的9.47%，提高1.5个百分点；对拉丁美洲市场出口占全市的7.45%，提高3.06个百分点；对大洋洲市场出口占全市的5.02%，提高0.85个百分点。

【贸易促进】 2010年，江阴市商务局引导企业用足用好各级外经贸扶持政策，先后组织申报中小企业国际市场开拓资金、省级外经外贸发展引导资金等项目751项，落实兑现各类外经贸扶持资金7180.82万元。年内，加大出口信用保险宣传、导向力度，推行中小企业出口信用保险政府平台集约投保模式，对中小企业实施特殊承保政策，扩大中小企业出口信用保险受益面。全年有出口信用保险投保企业111个（含关联企业36个），申报保额12.11亿美元，申报保费481.2万美元。

【国际贸易摩擦应对】 2010年，全球贸易摩擦加剧。江阴市无缝钢管、石油钻杆、铝挤压材等出口产品遭遇美国、印度、欧盟加征关税等各类贸易摩擦事件7件，涉案企业20个次。年内，市政府建立健全外贸预警体系和重点行业、重点产品风险预警机制，完善企业技术创新和结构升级的制度条件，引导企业整合出口产品，加强知识产权保护，扩大服务贸易出口，做好反补贴调查应对工作，促进各类贸易摩擦的有利裁决。是年，江阴市南阳彩色纤维母粒有限公司、江阴海伦化纤有限公司在印度尼西亚对中国聚酯短纤反倾销案件中，终裁获得关税零税率；江苏法尔胜泓昇集团有限公司在美国对中国钢绞线反倾销、反补贴案中获得9.42%反补贴税率，属中国涉案企业获得的最低税率。

利用外资和对外经济合作

【概况】 2010年，江阴市认真研究金融危机后跨国公司全球布点和国际资本流动特点，创新投资促进方式，突出引进技术含量高、关联度大、牵引力强、产业链长的基地型项目和成长型、核心环节龙头企业，推动外资并购、增资扩股、企业境外上市、引进私募股权投资（PE）与风险投资（VC）实现新突破。全年新批外资项目66项，增资项目89项。工商登记协议注册外资12.03亿美元，比上年增长19.43%；新增到位注册外资7.5亿美元，完成年计划的107.13%。是年，推进跨国公司培育工程、国际化人才培育工程、品牌标准工程和海外上市工程，鼓励企业通过新设、并购、重组、联合、参股等多种形式，建立境外生产基地和营销网络，实施收购资源和技术战略，扩大境外生产、合作规模和领域。全年新批境外投资项目19项，增长26.7%，其中非贸易企业8个、贸易公司9个、境外代表处2个，中方协议投资额1.1亿美元，增长82.74%。年末，全市新增对外劳务输出人数392人，累计达554人，从业结构以纺织缝纫和机械行业等劳务为主，并逐步向电子、机场服务、食品包装等行业拓展。

2010年江阴市新批境外投资企业、机构一览

表24 单位：万美元

境外企业、机构名称	中方举办单位	总投资	批准日期	项目所在地	项目性质
江南工业公司	江阴模塑集团有限公司	1850	2010.1	美国	独资
江苏德和生物科技有限公司美国公司	江苏德和生物科技有限公司	100	2010.1	美国	独资
孟加拉毛衫有限公司	江苏云蝠服饰有限公司	1020	2010.2	孟加拉国	合资
孟加拉云蝠毛衫有限公司	江苏云蝠服饰有限公司	950	2010.4	孟加拉国	独资
天堂软件株式会社	无锡天堂软件技术有限公司	45	2010.5	日本	合资
江阴鑫宝利真空铸件(印度)有限公司	江阴鑫宝利金属制品有限公司	180	2010.6	印度	独资
江阴爱居兔运动服饰有限公司韩国办事处	江阴爱居兔运动服饰有限公司	–	2010.6	韩国	独资
美国江苏皇家家纺有限公司	江阴市红柳被单厂有限公司	30	2010.7	美国	独资
美国华波光电科技有限公司	江阴华波光电科技有限公司	35	2010.7	美国	独资
苏瑞士股份有限公司	江阴市皇典投资有限公司	900	2010.10	瑞士	独资(并购)
江阴爱居兔服装有限公司韩国办事处	江阴爱居兔服装有限公司	–	2010.11	韩国	独资
阿法亚(新西兰)有限公司	江阴阿法亚国际贸易有限公司	500	2010.12	新西兰	独资

【优化引资结构】 2010年，江阴市加快优化利用外资结构，拓宽利用外资领域，加大制造业、现代农业、社会事业、服务业及金融保险、医疗卫生、文化教育、中介咨询等引资力度，全年到位注册外资7.5亿美元，其中新兴产业占73.02%、服务业占27.98%；新增工商登记协议注册外资12.03亿美元，其中新兴产业占62.7%、服务业占35.73%。是年，相继引进联合物流(总投资9980万美元)、中邦仓储(总投资4500万美元)、中节能（江阴）低碳经济技术开发(总投资2930万美元)等项目，服务业利用外资实现新突破。年末，全市累计有外资研发中心5个，其中独立研发中心2个、非独立研发中心(企业内设)3个。

【服务外包】 2010年，江阴市实施服务外包"生根战略"，建立健全服务外包企业生根发展的长效机制，加快引进国际服务外包及软件出口龙头企业，培育拥有自主知识产权的服务外包企业，提升服务外包综合竞争力。江阴经济开发区重点发展软件研发、动漫创意、生物医药、工业设计等服务外包业；临港新城重点发展港口物流服务外包业；澄江工业园重点发展总部经济。全年新增服务外包企业52个，完成年计划的104%；完成服务外包业务总额3.5亿美元、完成年计划的116.54%，服务外包业务执行额3.15亿美元、完成年计划的142.98%，其中离岸服务外包额1.8亿美元、完成年计划的100.99%，离岸服务外包执行额1.51亿美元、完成年计划的100.91%。是年，推进工业分离发展服务业。壮大服务外包企业群体，引导贝卡尔特(中国)技术研发有限公司、方正国际软件(江苏）有限公司等重点企业发展离岸业务，提高外包企业核心竞争力。全年全市累计有26个企业通过"双软"认证*，16个企业通过软件能力成熟度模型集成3级国际认证，6个企业通过ISO 27001等国际资质认证，1个服务外包企业通过ISO 20000认证；江阴迈康升华医药科技有限公司、江苏隆天软件有限公司入围无锡市"123"计划*，江阴迈康升华医药科技有限公司、无锡吉亦思自动化科技有限公司被评为无锡市技术先进型服务企业。12月24日，江阴市服务外包协会成立，首批入会服务外包企业35个。

外经贸亮点

【概况】 2010年，江阴市围绕"445计划"和产业集聚集约发展，优化对外贸易结构和方式，拓展对外经济合作领域和层次，提高利用外资质量和水平，增强服务外包的集聚和影响力，开放型经济呈现传统优势逐步消失、新的比较优势正在逐步确立等特点。是年，江阴市十佳外商投资企业、十佳优秀外方经理、十大新批外资项目、十大投产外资重点项目、十大服务业利用外资项目、十大外贸出口企业、十大民营出口企业、十大机电出口企业成为年度外经贸新亮点。

【十佳外商投资企业】 2010年，江阴市外商投资企业创新发展方式，积极开拓市场，完成进出口总额82.53亿美元，占全市进出口比重的52.07%，其中出口50.12亿美元，占全市出口比重的53.18%。是年，江阴市委、市政府向为江阴市经济社会事业发展作出重大贡献的10个外商投资企业、10名外方经理分别授予"十佳外商投资企业"和"十佳优秀外方经理"称号。

2010年江阴市十佳外商投资企业一览

表25 单位：万美元

企 业 名 称	投资总额	注册资本	外资比例(%)
江阴贝卡尔特合金材料有限公司	14390	5100	90
江阴兴澄特种钢铁有限公司	50608	40961	61.12
江阴利港发电股份有限公司	14136	14136	45.14
江阴苏龙热电有限公司	46114	14432	25
江苏扬子江船厂有限公司	9560	8352	100
帝斯曼工程塑料(江苏)有限公司	10000	3900	100
阿法拉伐(江阴)设备制造有限公司	2000	1200	100
瀚宇博德科技(江阴)有限公司	31100	16097	100
江阴浚鑫科技有限公司	26798	13500	100
江阴新和桥化工有限公司	4950	2800	100

2010年江阴市十佳优秀外方经理一览

表26

姓 名	所在企业名称	所在企业外资比例(%)
海姆·魏斯曼	贝克吉利尼新材料(江阴)有限公司	100
张耀军	贝卡尔特(中国)技术研发有限公司	100
刘宜仁	江阴华新钢缆有限公司	75
余宗勋	江阴宗承钢铁有限公司	100
曹宇铉	无锡天天文化用品有限公司	100
金庆泰	庆昌科技(江阴)有限公司	100
小根泽·英德	信越(江苏)光棒有限公司	87.50
麦肯迪诺·阿尔伯特	江阴胜海实业有限公司	90
山本哲也	江苏川电钢板加工有限公司	100
刘禧德	东方能源(江苏)有限公司	100

【十大新批外资项目】 2010年，江阴市围绕转型升级，综合运用专业化招商、专业对接招商、产业链招商、市场化招商等方式，重点引进新兴产业和服务产业项目，培育新材料、新能源、电子信息、生物技术和环保等新兴产业集群。全年新批外资项目66项，增资项目89项，工商登记协议注册外资12.03亿美元，到位注册外资7.5亿美元。全市投资额排名前10名的新批外资项目总投资8.08亿美元，注册资本3.55亿美元，协议注册外资2.81亿美元。

2010年江阴市十大新批外资项目一览

表27 单位:万美元

项目名称	投资总额	注册资本	协议注册外资
盛康光伏科技项目	9980	4990	4990
联合物流(江阴)项目	9980	4000	4000
永益重钢项目	9800	3300	1575
华海海洋工程装备项目	9800	3500	1715
三鹏汽车零部件制造项目	9800	3300	1320
中舟海洋工程装备项目	9559	3530	3530
信越(江苏)光棒项目	9123	4450	3394
克瑞特服饰项目	5126	3852	3852
中邦仓储项目	4500	3000	3000
桂芳园房地产项目	3088	1618	728

【十大投产外资重点项目】 2010年，江阴市优化服务环境，加快外资项目审批和项目建设，奥海船舶配件、国宇高科通信技术等13项超千万美元外资重点项目正在建设中，汉邦(江阴)石化、中舟海洋工程装备等20项重点项目竣工投产，其中排名前10名的投产外资重点项目总投资9.12亿美元，注册资金4.27亿美元，合同外资2.53亿美元。

2010年江阴市十大投产外资重点项目一览

表28 单位:万美元

项目名称	投资总额	注册资本	外资比例(%)
汉邦(江阴)石化项目	34502	12436	15
华澄重工项目	9850	3500	25
浚鑫科技项目	9800	5000	100
中舟海洋工程装备项目	9559	3530	100
新树工程塑料项目	7500	2500	100
海润光伏科技项目	5858	5858	29
克瑞特服饰项目	5126	3852	100
华新精密金属科技项目	2998	2998	100
弘建置业项目	2998	2000	100
光大环保能源(江阴)项目	2997	1000	100

【十大服务业利用外资项目】 2010年，江阴市实施先进制造业、服务业"双轮驱动"战略，开展多形式、多元化招商选资工作，全年新批服务业外资项目33项，协议注册外资2.32亿美元。服务业利用外资占全市到位注册外资的34.87%，其中排名前10名的服务业利用外资项目总投资3.2亿美元，注册资金1.88亿美元，协议注册外资1.51亿美元。

2010年江阴市十大服务业利用外资项目一览

表29 单位:万美元

项目名称	投资总额	注册资本	协议注册外资
联合物流项目	9980	4000	4000
克瑞特服饰项目	5126	3852	3852
中邦仓储项目	4500	3000	3000
桂芳园房地产项目	3088	1618	728
中节能(江阴)低碳经济技术开发项目	2930	2930	586
中腾环保科技项目	2000	800	800
中昊置业项目	1359	680	476
苏星汽车维修服务项目	1250	500	500
宏企教育软件科技项目	1000	1000	1000
银信置业项目	791	403	110

【十大外贸出口企业】 2010年,江阴市各外贸企业顺应国际、国内形势变化,抓住国际市场回暖机遇,优化出口产品结构,扩大出口规模,多元化开拓国际市场,全年完成外贸进出口总额158.49亿美元,比上年增长43.4%。全市有超千万美元企业155个,超亿美元企业22个,其中排名前10名的外贸出口企业完成出口34.3亿美元,占全市外贸出口总额的36.4%。

表30

2010年江阴市十大外贸出口企业一览

单位:万美元

企业名称	出口额	比上年增减(%)
江苏扬子江船业集团公司	84834	174.20
江苏三房巷集团有限公司	49823	50.02
江苏新潮科技集团有限公司	35605	59.87
江阴浚鑫科技有限公司	34157	158.82
江苏法尔胜泓昇集团有限公司	26856	40.26
江阴兴澄特种钢铁有限公司	25555	151.30
江阴福汇纺织有限公司	24001	14.28
江苏阳光集团有限公司	21127	15.98
联合铁钢(中国)有限公司	20704	92.39
中船澄西船舶修造有限公司	20353	-42.80

【十大民营出口企业】 2010年,江阴市各民营企业主动调整出口产品结构,积极参与国际市场竞争,全年新增备案登记民营企业437个,占全市登记企业数的99.32%。全年有出口实绩民营企业955个,完成外贸出口32.57亿美元,比上年增长80.13%,占全市出口总额的34.56%,比上年提高5.28个百分点,其中排名前10名的民营企业完成外贸出口12.61亿美元,比上年增长152.26%。

表31

2010年江阴市十大民营出口企业一览

单位:万美元

企业名称	出口额	比上年增减(%)
江苏新扬子造船有限公司	33045	1221.78
江苏长电科技股份有限公司	26769	42.52
江阴海润太阳能电力有限公司	19450	405.38
江阴市华宏化纤有限公司	18873	99.63
江苏华贸进出口有限公司	6086	201.21
江苏吉鑫风能科技股份有限公司	5463	-16.70
江阴钢盈钢铁贸易有限公司	4703	291.94
江阴市申澄集团有限公司	4574	23.9
无锡百川化工股份有限公司	3940	104.87
江苏新华发金属物资有限公司	3176	-

【十大机电出口企业】 2010年,江阴市重点培育机电产品出口企业,加快外贸增长方式转变和外贸结构转型升级,全年完成机电产品出口27.85亿美元,比上年增长32.86%,其中排名前10名的机电产品出口企业完成外贸出口20.59亿美元,比上年增长46.02%,占全市机电产品出口总额的73.93%。

表32

2010年江阴市十大机电出口企业一览

单位:万美元

企业名称	出口额	比上年增减(%)
江苏扬子江船业集团	84834	174.24
江苏新潮科技集团有限公司	34905	59.49
中船澄西船舶修造有限公司	20128	-43.29
江苏法尔胜泓昇集团有限公司	19248	16.32
江阴爱康太阳能器材有限公司	12979	161.41
瀚宇博德科技(江阴)有限公司	11366	17.28
阿法拉伐(江阴)设备制造有限公司	8073	35.62
江阴江东集团公司	5801	6.53
江苏吉鑫风能科技股份有限公司	5463	-16.70
江苏华西集团公司	3101	-12.38

(苏曦泓 张艺泽)

■类目编辑 延克俭

沿江开发

综　述

【概况】 2010年，江阴市委、市政府强化开放带动优势，加快组团开发和二次创业，提高贡献份额和产业水平，沿江开发呈总量攀升、布局稳定、业态平衡发展态势。年内，江阴经济开发区建设百亿级战略性新兴产业基地，打造创新型经济领军板块，创建国家级高新区；临港新城优化产业空间布局，提升产业承载功能，加快重大重点项目建设，培育千亿级新兴产业集群；靖江工业园区不断壮大造船、重钢结构、海工装备等特色产业，建设千亿级园区，形成各具产业特色的互动开发格局。全年沿江开发完成营业收入4010.32亿元，比上年增长30.4%，其中工业产品销售收入2404.74亿元，增长20.61%；全社会固定资产投资354.2亿元，其中基础设施投入63.88亿元、工业投入244.05亿元，分别增长20.27%和32.63%。实现地区生产总值740.19亿元，增长19.1%，其中工业增加值528.44亿元，增长19.1%；财政收入112.45亿元，增长27.4%；工业总产值（现价）2506.4亿元，增长13.37%；利税总额321.77亿元，增长14.23%，其中工业利税213.89亿元。协议注册外资9.32亿美元，到位注册外资5.92亿美元。是年，有进区企业989个，其中外商投资企业58个，建成投产开工企业780个。拆迁房屋1553户47.89万平方米，建造安置房168万平方米。年末从业人员27.28万人，用电总量达87.2亿千瓦时。

江苏省江阴经济开发区

【概况】 2010年，江苏省江阴经济开发区（简称江阴经济开发区）全力推进产业与城市同步转型、先进制造业与现代服务业同步发展、传统产业与新兴产业同步提升、创新高地与生态家园同步建设，加快建设百亿生物医药产业园、百亿新传感网产业园、百亿服务外包产业园、百亿文化创意产业园，打造创新型经济领军板块，经济社会各项事业保持协调发展良好态势。全年完成业务总收入1580.28亿元，比上年增长23.29%，其中工业产品销售收入935.7亿元，增长15.03%；工业总产值1002.29亿元，增长20.02%，其中规模企业工业总产值930.33亿元，增长21.6%；自营进出口总额33.45亿美元，其中自营出口17.06亿美元，分别增长39.58%和45.01%。实现财政收入43.97亿元，增长26.27%；工业利税83.01亿元，增长15.13%，其中工业利润52亿元，增长9.73%。协议注册外资2.1亿美元，到位注册外资1.1亿美元。完成全社会固定资产投资131.87亿元，增长25.29%，其中工业投入104.36亿元，增长30.12%；服务业投入27.3亿元，增长9.2%。民生投入达15亿元，增长40%。科技大道、延陵路、创新大道等区间主干道路建设进展顺利，公安滨江分局、市消防大队移建工程竣工投运；建成控源截污区块110块，新增绿化面积15万平方米；完成农户拆迁1200户，在建安置房100余万平方米，安置被拆迁农户800户，新增就业岗位3700个。是年，江阴经济开发区成为国家级大学生科技创业见习基地、江苏省高层次人才创新创业基地，建成江苏省江阴传感网科技产业园、江苏省首批科技企业加速器。　（朱亚丽）

【招商引项】 2010年，江阴经济开发区实施先进制造业和现代服务业"双轮驱动"战略，逐步形成利用外资"多元化"和招商领域"立体化"格局。1月赴深圳举办新兴战略性产业发展恳谈会，签约天安数码城、京宝行艺术会馆、利奥创新科技、名洋现代服务业集聚区、天瑞生物芯片、腾龙堂动画、兴天下科技7项项目，总投资27.7亿元；4月先后赴北美、日本、欧洲和中国香港、台湾地区开展招才引智活动，信邦电子Connect、佳邦科技整合被动组件、浩瀚光电等5项项目落户开发区；7月在上海浦东举行江苏江阴新兴战略性产业（上海）专题推介会，签约新兴产业项目10项，总投资16.7亿元；8月赴北京参加2010年江苏省江阴市文化产业发展（北京）

洽谈会,签约数字艺术应用、爱国者儿童电子书等文化创意产业项目9项，总投资20亿元;10月在江阴举行战略性新兴产业招商推介会,签约ARC创投基金、晟峰软件园等项目20项，总投资34亿元。全年新批进区企业152个,其中外商投资企业32个;协议注册外资2.1亿美元，到位注册外资1.1亿美元。引进超1000万美元项目8项;有12个工业企业完成主辅分离。是年,通过外出招商、展会招商、中介招商等各种方式,推动联迅天兆光热科技、天安数码城、迪卡侬运动超市等一批重点项目签约落户。引进见龙国际贸易(新和桥化工中国销售中心)和璨宇国际贸易（杜奥尔科技中国销售中心)2个外资销售总部;签订美国雷勃电气公司全资并购江阴齿轮箱制造业有限公司协议;对日软件外包外资企业升龙信息技术有限公司注册落户;贝卡尔特亚洲研发中心开业，成为开发区最大的综合创新型外资研发机构；中特集团兴澄特钢研究院成立，为特种板材领域国家级企业技术中心；引进新加坡中邦仓储项目,总投资超亿美元,服务业利用外资实现“零突破”。

（陆　丰）

【主导产业发展】 2010年，江阴经济开发区实施制造业升级加速行动，推动金属新材料、电子信息、精密机械等主导产业提升高新化、集约化发展水平。年内,金属新材料产业实现开票销售450亿元，其中兴澄特种钢铁有限公司286亿元、贝卡尔特控股集团84亿元；电子信息产业实现开票销售110亿元，其中瀚宇博德有限公司48亿元、新潮科技集团有限公司38亿元;精细化工产业实现开票销售115亿元，其中新和桥化工有限公司25亿元、帝斯曼工程塑料(江苏)有限公司23亿元、见龙国际贸易有限公司40亿元；高档纺织产业实现开票销售55亿元，其中福汇纺织有限公司24亿元、申澄集团有限公司12亿元；精密机械产业实现开票销售45亿元，其中中南重工股份有限公司在深交所挂牌上市，募集资金5.47亿元。年末,全区有工业企业900余个，其中销售额超1000万元以上规模企业120余个、超亿元企业45个,有16个企业被评为江阴市百强企业、11个企业被评为百佳企业，法尔胜集团有限公司、兴澄特种钢铁有限公司2个企业入围中国企业500强。全年完成商业开票销售431亿元、服务业增加值72亿元,服务业增加值占地区生产总值比重比上年提升2个百分点。

（沈振兴）

【科技创新创业】 2010年，江阴经济开发区稳步推进“科技引领”计划,积极创建国家级高新区,推动全区增长模式从“产值增长”向“价值增长”转变。全年科技研发投入15.1亿元，占地区生产总值的5.8%；申报省级以上科技计划项目51项,获得各级科技资助经费1.8亿元;实现高新技术产业产值648亿元，占规模工业增加值比重达64.67%。年内,实施“专利、标准、品牌”战略,申请专利1008件,占全市专利申请总数的17%,其中发明专利237件，专利授权483件，申报软件著作权26件。“兴澄”“法尔胜”商标被国家工商总局认定为中国驰名商标；法尔胜泓昇集团有限公司“耐久型超高强度平行钢丝拉索关键技术及产业化”项目、兴澄特种钢铁有限公司“高品质中高碳特殊钢棒线材连续生产技术与工艺开发”项目获国家科技进步二等奖。区内科技小额贷款公司获批成立,总投资3亿元。是年,加快推进技术平台建设，申报江苏省院士工作站3个、博士后工作站1个、工程技术研究中心5个，无锡市工程技术研究中心5个，签订建立研究生工作站协议6个。与浙江大学、南京航空航天大学、南京理工大学建立成果转化合作关系,签约重点产学研合作项目20余项;建立中国药科大学江阴百桥研究中心、卫生部抗体技术重点实验室等技术平台。年末，累计引进“530计划”*项目93项、新兴产业创业团队36个、“科技领军型人才”120人(其中海外创新创业人才40人);建成“三创”载体*120.6万平方米。

【生态环境建设】 2010年，江阴经济开发区按照科技园区、公共社区、生态景区“三区融合、联动发展”理念,实施“清水”“蓝天”“生态建设”“中水回用”“生态产业”“环境信息”“生态文明”七大工程，有序推进国家级生态工业示范园区创建工作。全年基础设施投入27.3亿元,新科路、澄张公路降坡、大河港拓浚及驳岸景观工程竣工。完成控源截污区块建设110块，建设污水管网12公里、控源截污支网89公里;新增绿化面积15万平方米,绿化造林16.66公顷。11月与中国光大国际有限公司签订中水回用工程投资协议，总投资1150万美元，是区内首个外商独资建设的环保型公共基础事业项目;12月《江阴经济开发区国家生态工业示范园区建设规划》通过环保部、商务部、科技部联合组织的专家评审。全年关停小化工企业3个，削减化学需氧量700吨、二氧化硫5600余吨，有5个企业通过清洁生产审计,6个企业通过ISO 14001环境管理体系认证。双牌、山观社区建成无锡市绿色社区。

【新兴产业培育】 2010年，江阴经济开发区按照全市新兴产业发展“445计划”*,突出集聚集约,加快创新创业，推动新兴产业快速发展。年内,成立生物医药、新传感网、服务外包、文化创意四大产业园区管委会，制订《2010~2013年四大战略性新兴产业发展规划》，引进新兴产业项目151项，实现销售额78.74亿元。是年,生物医药产业园引进“530计划”项目53项，有22项项目实现产业化；集聚各类生物医药企业68个,实现销售收入11.97亿元。新传感器产业园引进项目22项,有孵化项目44项、培育项目8项；集聚企业52个，实现销售收入41.83亿元;江苏凯路威电子有限公司射频识别猪肉质量安全追溯案例获中国物联网优秀应用案例奖，江苏汉德天坤科技发展有限公司自主研发的SI-L-TK002智能视频检测系统软件(V1.0)获第八届江苏省优秀软件产品奖（金慧奖)。服务外包产业园引进服务外包企业62个,累计集聚服务外包企业200个,完成服务外包业务额15.84亿元，其中离岸外包业务额1.2亿美元。文化创意产业园引进文化创意项目52项，累计达154项,实现销售收入9.1亿元;江阴国动文化传媒有限公司制作完成动画连续剧《风花仙子外传》,并在江苏优漫卡通频道及搜狐网播出。

（朱亚丽）

【重点重大项目建设】 2010年，江阴经济开发区加快项目建设，提升发展水平,先后实施"3·10"等4次重点重大集中开工竣工项目24项(先进制造业项目13项、现代服务业项目1项、基础设施项目2项、民生工程项目4项、三创载体项目4项)，总投资85.25亿元,其中开工项目16项,总投资53亿元;竣工项目8项，总投资32.25亿元。3月,法尔胜泓昇大厦项目奠基，总投资1.5亿元，是江阴首座智能型环保楼;6月，江阴天安数码城开工建设，总投资20亿元,主要建设集工业设计(文化创意)、物联网、创业投资为一体的民营科技园区;9月，东苑四期拆迁安置小区启动建设,建筑面积8.35万平方米,总投资1.7亿元;12月，海澜创新大厦奠基，总投资20亿元，建筑面积22万平方米,高258米,届时将成为城市东部地区地标性建筑和创新型智能大厦。

（张 坡）

江苏江阴临港新城

【概况】 2010年,临港新城(江苏江阴临港经济开发区）围绕创建"苏锡常泰都市圈临港产业中心"和"江阴城市副中心"总目标,实施《冲刺三年行动纲要》《突破四大千亿级产业集群行动纲要》,经济社会各项事业继续保持良好发展势头。全年完成营业总收入2016.1亿元,比上年增长35.69%,其中工业产品销售收入1426.7亿元,增长27.54%;工业总产值(现价)1429.5亿元，增长26.26%;全社会固定资产投资187.7亿元,增长48.2%，高于全市平均水平24个百分点，其中工业投资115亿元,增长37.46%。实现地区生产总值392亿元,增长20.18%,增幅高于全市平均水平6个百分点;财政收入53.92亿元，增长16.8%，其中一般预算收入24.53亿元,增长20%。完成集装箱运量101.07万标箱，货物吞吐量8998万吨，分别增长34.37%和16.36%。高新技术产业占规模以上工业增加值比重达68%以上；工商登记注册外资6.2亿美元、增长28.7%,到位注册外资3.4亿美元、增长59.7%。新批外资项目29项,注册外资项目26项;新开工超亿元项目22项,在建项目39项。是年，申报省级以上各类科技计划项目20项,申请各项专利903件;申报市级以上研发机构9个，农业科技发展项目4项;引进"530计划"领军型人才3人，高级技工等技能人才2000人。橙天嘉禾江阴影视城、江阴世贸中心等重点项目开工建设,江阴高中新校区、夏港江锋广场三期、申港南华国际交流中心、利港卫生院及敬老院、璜土文体中心等功能性项目建成投用,新开工建设道路5条,竣工投用4条,完成芙蓉大道、镇澄路及港城大道两侧环境综合整治工程。全年举办各类招聘会32场，开展各类培训班80余期,提供就业岗位2万余个，实现本地劳动力就业6500余人；完成28734名历次被征地和被征地农民并轨城保工作，新增参保人员46574人，发放各类保障金7143万元、特困群众补助金973万元。年末实现社区卫生服务网络全覆盖，有社区卫生服务站38个,人均新型农村合作医疗保费370元；新建居家养老服务中心12个。慈善义工联合会全年募捐慈善资金335.47万元。

【新港区建设】 2010年，江阴临港新城新港区依托江阴港通江达海优势,完善腹地物流网络体系，加快港区物流平台建设，实现港区经济快速发展。全年完成集装箱吞吐量101.07万标箱，比上年增长34.37%。新增万吨级海轮3艘、千吨级海轮6艘,累计航线达45条,其中内贸航线22条、外贸近洋航线4条、外贸内支线19条,航班密度达每周83班。年内，苏南码头完成重组，引进香港保华集团战略合作联盟，注册资金2998万美元；临港国际物流园引进物流航运企业25个,进出库货物62万吨,开票销售10亿元,上缴税金1080万元。是年，完成危险品集装箱堆场改扩建工程,并通过安全验收；启动内港池码头改造工程，完成3号码头龙门吊轨道修复工程;5号码头建设正在有序推进中。

【中央商务区建设】 2010年,江阴临港新城中央商务区加快推进项目建设,出让土地16.3公顷,新开工建筑面积30余万平方米;到账外资1446万美元,入驻企业76个。是年,区间金港路南延段、浦江路西延段竣工通车；江阴世贸中心开工建设，创意亚洲大厦建成投运,国际创意港、联检大楼封顶；江阴益茂房地产有限公司与美国温德姆集团达成五星级酒店合作协议,并完成初步设计方案。完成新沟村9个企业和新双庙等村173户民户拆迁工作。

【江阴保税物流中心建设】 2010年，江阴保税物流中心进境保税仓储、出境退税、进出境转口以及服装质检、商品分拨配送等业务全面展开，完成进出口货物49.6万吨,货值12.5亿美元,比上年分别增长157.8%和326.2%;上缴税金1.19亿元,增长860.7%。全年审核进出区作业单1.53万票，增长230.6%；签发报关单出口退税证明6346份,增长222.3%。是年，贝卡尔特钢帘线有限公司总部在中心设立亚太分拨中心，开展进口钢丝盘卷国际转口业务；美国德鲁公司设立华东地区国际航行船用物料配送中心。全年设立代理报关及物流仓储企业10个,通过中心办理海关业务的进出口企业达600个，业务范围辐射周边15个县市。

【招商引项】 2010年，临港新城实施“名企业进入、大项目带动、高水准回报、高科技支撑”招商策略，相继赴欧美、日本、韩国和中国香港、台湾、深圳、上海、北京等地开展招商引项工作，着力引进税源型、科技型、龙头型和环保型大项目。8月9日赴北京举办对接央企发展新兴产业恳谈会，与中国节能环保集团公司、中国建筑工程总公司等签订新兴产业项目13项，总投资53亿元。8月23日先后赴日本、韩国开展招商引资和对接知名企业项目洽谈活动，签订一批投资合作项目，其中东洋机电液压油缸和电机项目总投资6000万美元，信越化工光纤预制棒生产项目总投资6.5亿元，韩国联合铁钢物流项目总投资9980万美元，江阴金晟大酒店项目总投资2亿美元。9月6日赴中国台湾、香港开展经贸洽谈活动，签订席勒飞机制造、中金金属交易市场、盛康光伏科技、积华灵大四期生物医药等项目，总投资5.5亿美元，注册资金2.9亿美元。10月12日在江阴举办新兴产业发展恳谈会，签约项目20项，其中外资项目11项、内资项目9项，总投资152亿元。全年新批外资项目29项，其中注册外资项目26项(含超千万美元项目13项、超亿美元项目6项)、增资项目3项(中基复合材料、浚鑫科技、江苏中金再生资源项目)。进区企业761个，其中外商投资企业25个；建成投产开工企业561个。年末，工商登记注册外资6.2亿美元，增长28.71%，占全市52.32%；到位注册外资3.36亿美元，增长59.66%，占全市44.82%。拥有世界500强企业10个、央企12个、国际知名企业或行业领军企业15个。

【重点重大项目建设】 2010年，江阴临港新城实施重点投资项目63项，总投资313.5亿元，其中工业项目27项、服务业项目36项。年内，相继举行“6·10”“12·10”等重点重大项目集中竣工开工仪式，有62项重点重大项目集中开工竣工，其中开工项目30项、竣工项目32项。总投资28亿元的汉邦石化60万吨精对苯二甲酸项目投入试生产，总投资12亿元的红星美凯龙家具城项目主体结构封顶，总投资10亿元的建滔电子覆铜板项目进入设备安装阶段，总投资6.3亿元的大江金属镀锡板项目投入试生产，总投资3.4亿元的利士德化工48万吨可发性聚苯乙烯项目（一期）竣工投产，总投资3.3亿元的中国淮矿长宏国际物流园项目竣工投运，总投资3亿元的江阴高中新校区项目建成投用，总投资10亿元的丹麦艾尔姆风机叶片一期项目竣工投产。是年，总投资13亿元的港城大道建设项目进入路面摊铺阶段，总投资15亿元的海岸商业城A、C地块项目全面开工建设，总投资28.4亿元的海伦石化60万吨精对苯二甲酸项目和总投资9100万美元的信越光棒项目正在建设中。全年完成投资187.75亿元，增长48.15%，其中工业投入114.68亿元，增长36.98%。

【科技创新创业】 2010年，临港新城实施“产业发展高端化、载体建设特色化、人才引进集聚化”发展战略，加强规划指导，启动建设物流研究院、电子新材料研究所、远景风电工程技术中心等研发载体项目10项，引进软件和文化创意企业70个，新增北京交通大学、日本早稻田大学智能研究所等科研院所8所，开展产学研合作项目25项，建成“三创”载体32万平方米。年内，江锋广场、智富大厦、创意亚洲大厦等建成投运，国际黄金珠宝文化产业园、橙天嘉禾江阴影视城项目落户临港新城，中国(江阴)国际创意港和福华软件城正在建设中。是年，软件及文化创意产业销售收入26亿元，上缴税金5136万元，分别增长108%和62%；服务外包产业完成业务额8333万美元，离岸外包业务额4500万美元；低碳产业完成产值111亿元，增长142.8%；机械装备产业完成产值428亿元，增长102.5%；新材料产业完成产值181亿元，增长113.3%；现代物流产业完成产值723亿元，增长114.3%。全年引进“三创”企业75个，有5个企业通过“双软”企业认证，4个企业通过软件能力成熟度集成模型3级认证，3个企业通过ISO 27001认证，隆天软件项目入围无锡服务外包“123计划”。临港新城获中国物流学会产学研基地、国家文化产业示范基地、江苏省首批物联网示范基地、省级中小企业创业示范基地等称号。

（刘光旭）

江苏江阴—靖江工业园区

【概况】 2010年，江苏江阴—靖江工业园区(简称江阴—靖江工业园区)以建设跨江联动先导区和示范区为目标，坚持体制创新和科技创新，发挥园区品牌、政策和产业优势，突出“传统产业升级、新兴产业发展、联动管理创新、联动形象提升”工作重点，创新开发，提升服务水平，园区经济社会各项事业保持“平衡、平稳、高速、高效”发展态势。全年完成业务总收入414.07亿元，比上年增长34.39%，其中工业产品销售收入264.05亿元，增长26.89%；工业总产值267.74亿元，增长27.26%；利税总额52.12亿元，增长12.36%。实现地区生产总值88.36亿元，增长35.02%，其中工业增加值65.78亿元，增长29.94%；财政收入14.56亿元，增长99.74%；自营进出口总额4.84亿美元，增长308.3%，其中自营出口额3.34亿美元，增长796.59%。协议注册外资1.02亿美元，到位注册外资1.45亿美元。年内，完成全社会固定资产投资34.59亿元，增长15.64%，其中工业投入25.01亿元、服务业投入9.58亿元。建成110千伏变电所1座，铺设天然气管道6公里、污水管网2公里，新增绿地面积45万平方米。启动六圩港水利和二圩港整治工程，完成八圩港驳岸改造工程，联检大楼、规划展览馆建成启用。是年，有进区企业103个，其中外商投资企业5个；建成投产开工企业99个。从业人员3.19万人。全年用电总量7.05亿千瓦时，拆迁房屋353户12万平方米。

【招商引项】 2010年，江阴—靖江工业园区采取招商选资策略，重点招引重钢结构、汽车零配件和低碳技术新兴产业等大型项目。10月12日，在中国江阴对外经济合作洽谈会上，签约投资超亿美元项目3项，其中新扬子海洋工程项目总投资1亿美元，业务范围包括海洋工程装备及配件生产和特种船舶的改装与修理。12月8日，组团赴广州参加第四届中国(广州)国际海事贸易展览会暨中国海洋工程装备和技术展，展示园区船舶制造基地产业发展优势，推介新扬子船业、新东方造船等船舶项目。是年，利用国内外各类协会、商会和中介机构组织等进行委托招商、中介招商和代理招商，引导企业用市场化动作模式参与招商。海鹏特种车辆有限公司与澳大利亚马克西公司、日本TCM株式会社签订战略性合资合作协议。江苏扬子江船业集团与中东投资公司、地中海成功集团联合向新加坡PPL控股有限公司提出收购要约，拟控股权份额分别占50.1%、45%和4.9%，并与靖江市政府签约新城商业核心区基础建设项目，总投资25亿元；9月8日"扬子江船业"TDR在台湾证券所挂牌上市，募集资金约10亿元。全年江阴—靖江工业园区有进区企业103个，增长45.07%，其中外商投资企业5个，增长66.67%；建成投产开工企业99个，增长43.48%。协议注册外资1.02亿美元，到位注册外资1.45亿美元。

【科技创新】 2010年，江阴—靖江工业园区坚持"强专利申报、壮平台建设、稳人才引进"原则，注重政策引导和资金注入，加快产学研平台建设。全年举办各类产学研合作交流活动10次，签约产学研合作项目10项。新增江苏省企业技术中心1个，无锡市企业研发机构2个；承担省级科研成果转化项目1项，参与制订行业标准7项。开发新产品38个，申报专利54件，授权专利38件，其中发明专利2件，认定为省级高新技术产品1个。是年，与江苏科技大学进行产学研合作交流及项目对接，签订企业实习基地建设协议项目1项，建立企业研究中心1个；举办海洋工程装备产品专题研讨会，编制出台《江苏江阴—靖江工业园区海洋工程装备产业发展规划》，规划建设"以海工模块和海上浮式生产储油装置为核心，以海洋工程船为品牌，以海工配套设备和海工材料为拓展，以海工服务为延伸"的综合海工装备体系，重钢结构、船舶产业向海工产业延伸转型。年末园区累计设立国家级专业实验室、检测中心、博士后工作站4个，各类研发机构9个；先后与清华大学、同济大学、东南大学等20余所国内知名高校和科研院所建立战略同盟，以企业为主体实施各类科技项目200余项。

【新兴产业发展】 2010年，江阴—靖江工业园区实施"新材料、新能源、新技术"发展战略，加快优势产业向高端裂变延伸，新兴产业形成多元布局、多元发展格局。年内，船舶制造业、重钢结构产业依托资本和技术优势，不断研发新技术，开拓新空间，抢占新市场，实现产业链、价值链向高端延伸和同步提升；汽车零配件产业突破产品技术和品牌瓶颈，与国内外高端行业和研究机构实施横向联合。全年引进新兴产业项目3项，其中华海海洋工程装备项目总投资9800万美元，注册资本3500万美元，占地面积11.33公顷，主要从事海洋工程配套产品设计和制造；国宇高科通信技术项目总投资9980万美元，主要从事生产片式元器件、敏感元器件、传感器等，产品广泛应用于北斗全球卫星导航系统工程领域；350公里/小时高速铁路合金线项目由中铁建康远新材料有限公司自主研制并通过国家试运行测试，产品填补国内空白。

（朱　开）

2010年10月7日，江阴—靖江工业园区联检大楼建成启用，园区管委会及海关、海事、检验检疫等联检服务部门陆续进驻办公。（江阴—靖江工业园区党政办供稿）

■类目编辑　延克俭

企业上市

阵容变化

【概况】 2010年，江阴市企业上市工作取得突破性进展，6个企业的6只股票在境内外实现上市。2月5日，“中国浩然”在韩国交易所科斯达克创业板上市，成为在韩国交易所上市的首个来自中国的环保可再生造纸企业。7月13日、8月3日“中南重工”“百川股份”先后在境内中小板上市。9月8日，“扬子江船业”在中国台湾证券交易所以存托凭证的方式挂牌上市，成为海峡两岸经济合作框架协议正式生效后登陆台湾资本市场的第一个大陆企业。10月26日，市内首个在境内创业板上市企业江苏宝利沥青股份有限公司的股票“宝利沥青”挂牌，实现了创业板上市零的突破。10月27日，鑫仁铝业控股有限公司股票“鑫仁铝业”在新加坡交易所成功挂牌，成为首个外市企业在江阴创办公司挂牌上市的企业。至年末，江阴市上市公司数量增至28个、股票29只，其中境外上市10个、创业板1个、中小板3个、主板14个，累计募集资金235亿元。

【“中国浩然”】 2010年2月5日，江阴新浩再循环纸业有限公司在中国香港注册的中国浩然再循环有限公司股票“中国浩然”在韩国交易所科斯达克创业板成功上市。在当日科斯达克指数大跌近4%的不利市场条件下，“中国浩然”开盘后大涨15%，以涨停价5000韩元收盘，成功融资折合人民币2.7亿元，成为在韩国交易所上市的首个来自中国的环保可再生造纸企业。该公司是江苏省第一个、全国第十个在韩交所上市的中国企业。江阴新浩再循环纸业有限公司是一个从事废纸回收、分拣、利用，脱墨浆生产和涂布白板纸制造的工业制造企业，拥有年产70万吨的废纸回收利用能力和年产各15万吨的造纸、造浆能力，是长三角地区最大的民营废纸回收企业和最大的高档涂布白板纸生产厂商之一。

【“中南重工”】 2010年7月13日，江阴中南重工股份有限公司股票“中南重工”正式在深交所中小板挂牌上市。“中南重工”是一个工业金属管件龙头企业，主要生产法兰、压力容器和大口径、复合材料、高性能管件等，是国内金属管件行业的佼佼者和最大的管件制造商，参与制定了多项国家标准、行业标准。其首次公开发行股票3100万股，发行价格18.8元。在当天大盘低迷、中小板指数比上个交易日下跌47.71点的行情下，尾盘最终锁定20.15元，当日涨幅达7.18%，为江阴中小企业向资本市场进军带了好头。

【“百川股份”】 2010年8月3日，无锡百川化工股份有限公司股票“百川股份”正式在深交所中小板挂牌上市。江阴市委书记朱民阳和该公司董事长郑铁江一同敲响开市宝钟。“百川股份”以每股33元、高出发行价65%的价格“红盘”高开，尾盘最终锁定32.99元，涨幅达到64.95%，领涨同日深交所中小板上市的其他两只新股。该公司主要从事醋酸丁酯、偏苯三酸酐的生产与销售，属于精细化工行业，产品主要用于涂料溶剂、添加剂以及增塑剂，其主打产品已成功打开国外市场，产品远销欧美及东南亚市场，深受客户好评。该公司已成为阿克苏诺贝尔、PPG工业集团、巴斯夫、立邦涂料、帝斯曼和花王等多个知名跨国集团公司的固定供应商。

【“扬子江船业”】 2010年9月8日，扬子江船业(控股)有限公司的股票“扬子江船业”以存托凭证的方式在中国台湾证券交易所正式挂牌上市。该公司成为海峡两岸经济合作框架协议(ECFA)正式生效后登陆中国台湾资本市场的第一个大陆企业，也是第一个同时在新加坡和中国台湾两地挂牌上市的中国大陆企业。江阴市委书记朱民阳和该公司董事长任元林，以及中国台湾证券交易所董事长薛琦等一同为“扬子江船业”开市击鼓。市委常委、临港新城管委会主任薛良出席上市仪式。本次共发行2.4亿单位台湾存托凭证，发行价格为每股18.8元新台币，募集资金总额超过45亿新台币(约10亿元人民币)。该股票在中国台湾上市引起了岛内媒体的强烈关注，数十个媒体对上市说明会和当天的挂牌仪式进行了跟踪报道，在岛内资本市场和股民间引起了强烈反响。

【“宝利沥青”】 2010年10月26日，江苏宝利沥青股份有限公司股票“宝利沥青”正式在深交所创业板挂牌上市。无锡市及江阴市领导贡培兴、朱民阳、黄满忠、封晓春出席上市仪式。“宝利沥青”以每股40.2元、高出发行价10.26%的价格“红盘”高开，最终尾盘锁定40.61元，涨幅达11.38%。“宝利沥青”是全市第一只在境内创业板上市的股票，同时创下了“江阴板块”中所有股票的最高发行价。该公司是华东地区研发、生产和销售高等级公路新材料的龙头企业，技术水平居于国内领先地位，主营产品为通用型改性沥青、高强度结构沥青料、高铁专用乳化沥青、废橡塑改性沥青等专业沥青产品。

【“鑫仁铝业”】 2010年10月27日，鑫仁铝业控股有限公司股票“鑫仁铝业”在新加坡证券交易所挂牌上市。共发行股票1.98亿股，总股本为10.98亿股，募集资金达1.1亿新元(5.6亿人民币)，此次发行股票募集资金将主要用于总投资8亿元的新仁科技二期项目建设。该公司全资控股注册在徐霞客镇的鑫仁国际贸易有限公司，旗下共有5个子公司，其中江阴新仁科技有限公司于2006年初入驻璜塘工业园，是中国民营企业500强“湖南曾氏铝业集团有限公司”主要的铝加工基地之一，主要生产空调箔、汽车散热器箔、太阳能箔、防爆箔等，是母公司鑫仁国际贸易有限公司的主要经济增长点。

国内上市公司动态

【概况】 2010年，江阴市17个国内上市公司严格执行《中华人民共和国公司法》《中华人民共和国证券法》等法律法规，认真履行股东大会审定的各项决议；认真执行《国务院办公厅关于依法打击和防控资本市场内幕交易的意见》，制订《外部信息使用人管理制度》《内幕信息及知情人管理制度》《年报信息披露重大差错责任追究制度》等有关制度。年内，“澄星股份”“三房巷”“凯诺科技”“双良节能”“长电科技”“华西村”6个上市公司派发现金红利，“双良节能”“华西村”2个上市公司转增股本。“双良节能”发行可转换公司债券，总额为72000万元。“长电科技”配售股份11178万股，募集资金61423万元。是年，“中达股份”控股子公司南京金中达新材料有限公司受南京栖霞区迈皋桥已搬迁停产的原南京塑料四厂厂区地下可燃气体管道破裂引发爆炸影响，遭受较大损失。“澄星股份”合资成立江阴天澄新能源科技有限公司，开发磷酸铁锂材料及电池，以4026.58万元收购江阴黄田港仓储服务有限公司拥有的仓储资产，以8997.17万元收购江阴澄利散装化工有限公司拥有的储罐资产。“江苏阳光”以3313.09万元受让香港东升有限公司持有的江阴施威特毛纺织有限公司25%的股权，以6778.18万元向金润热能电力有限公司转让公司所持有的璜塘热电有限公司24%的股权。“三房巷”为江阴兴佳塑化有限公司等5个企业提供担保，共计3亿元担保额度。“凯诺科技”第一大股东海澜集团有限公司将其持有的本公司82827808股股份过户给江阴第三精毛纺有限公司，海澜集团有限公司不再持有本公司的股份。“江苏申龙”完成关于重大资产重组。“双良节能”发布公司注册名称、股票简称变更等公告。“长电科技”与中科龙泽信息科技有限公司合作，共同开发面向电信业的新型智能移动存储产品，研制新型无线宽带网络业务承载和运营支撑平台。“四环生物”控投子公司爱迪新能源公司启动国家科技支撑计划20万吨/年煤焦油制备清洁燃料油工业示范工程。“友利控股”行业分类从“综合类”(代码:M)变更为“制造类”(代码:C)的“合成纤维制造业”(代码:C4705)。“模塑科技”与德国德哈克铸件控股有限公司合作，开发、设计和生产大型铸件产品(限1.5兆瓦以上的风力发电零部件)。“法尔胜”以自有资金7000万元对子公司法尔胜光通公司进行增资，扩大光缆生产规模。“华西村”开展期货交易，交易品种有精对苯二甲酸、乙二醇、聚酯。“霞客环保”子公司滁州安兴环保彩纤有限公司新上年产3万吨差别化涤纶短纤维项目。“中南重工”以11946万元超募资金用于补充本次募集资金投资项目资金缺口，以5105万元超募资金归还银行贷款。“百川化工”用募集资金11634.34万元置换预先已投入募集资金项目的自筹资金。“宝利沥青”使用超募资金16800万元对子公司增资、新设立公司、还贷及补充流动资金。

【“中达股份”】 2010年4月22日，公司修订公布《外部信息使用人管理制度》《内幕信息及知情人管理制度》《年报信息披露重大差错责任追究制度》《董事会秘书工作制度》。4月26日，发布重大诉讼进展报告：原告(吉林华微电子股份有限公司)与“中达股份”签订的《保证反担保合同》及《质押反担保合同》全部终止，同时，原告同意“中达股份”为其向中国进出口银行提供的连带责任保证到期后即行终止，“中达股份”无须为其提供新一期担保。7月28日，南京栖霞区迈皋桥已搬迁停产的原南京塑料四厂厂区地下可燃气体管道破裂引发爆炸，致使位于其附近的公司控股子公司南京金中达新材料有限公司遭受较大损失，厂房、设备和办公楼均受到不同程度的损失，并有46人受伤，其中重伤2名。为避免股票价格出现异常波动，公司申请股票于7月29日停牌，次日恢复交易。10月21日，召开第五届董事会第十三次会议，审议通过《关于对公司亏损的经营性资产进行停产整顿的议案》。12月10日，召开第五届董事会第十四次会议，审议通过《关于控股子公司江阴美达新材料有限公司对外租赁的议案》，决定将江阴美达新材料有限公司资产租赁给山东泗水康得新复合材料有限公司经营，经双方协商，本次租赁押金600万元，租赁期原则上定为3年；审议通过《关于转让申瑞公司56%股权的议案》，决定将公司控股子公司江阴亚包新材料有限公司等子公司持有的申瑞公司280万元出资额（占其股份总额的56%）转让给自然人毛炳健。

【"澄星股份"】 2010年1月4日，召开2009年度第三次临时股东大会，审议通过《关于公司非公开发行A股股票的方案》：本次非公开发行股票的数量不超过10000万股，不低于3000万股，发行价格不低于本次董事会决议公告日2009年12月19日（定价基准日）前20个交易日股票交易均价的90%；审议通过《江苏澄星磷化工股份有限公司非公开发行股票预案》《关于本次非公开发行股票募集资金使用可行性报告的议案》。3月16日与昆明路马企业管理咨询有限公司签署《股权转让协议》，将公司持有的东川澄星磷业有限公司90%股权转让给昆明路马企业管理咨询有限公司。3月16日，召开第六届董事会第五次会议，审议通过《关于转让东川澄星磷业有限公司股权的议案》。4月6日，召开第六届董事会第七次会议，审议通过《关于共同设立公司开发磷酸铁锂材料及电池的议案》，当日公司与江阴奔路投资有限公司、朱亚平、高大文、百泽（常州）新能源科技有限公司签订《共同设立公司开发磷酸铁锂材料及电池的协议书》，各方拟以自有货币资金共同出资6700万元成立江阴天澄新能源科技有限公司，其中公司出资1876万元，占注册资本的28%。4月30日，公布《年报信息披露重大差错责任追究制度》《江苏澄星磷化工股份有限公司内幕信息知情人登记制度》。5月20日，召开2009年度股东大会，审议通过《2009年度董事会工作报告》等7项议案，其中《2009年度利润分配预案》为：2009年度母公司实现净利润74408670.44元，加年初未分配利润207108945.82元，提取法定盈余公积金7440867.04元，本次可供股东分配利润267562041.14元。《2009年度利润分配方案》为：以2009年12月31日公司总股本为基数，向全体股东每10股派发0.15元现金红利(含税)，资本公积金不转增股本。5月26日，召开第六届董事会第十二次会议，审议通过《关于收购江阴黄田港仓储服务有限公司仓储资产的议案》，以评估价格4026.58万元予以收购；审议通过《关于收购江阴澄利散装化工有限公司储罐资产的议案》，以评估价格8997.17万元予以收购。6月9日，公布《外部信息使用人管理制度》。7月13日，分红派息实施公告：本次分红派息以股权登记日总股本651471186股为基数，向全体股东每10股派发0.15元现金红利(含税)。发放范围：2010年7月16日下午3:00上海证券交易所收市后，在中国证券登记结算有限责任公司上海分公司登记在册的全体股东。12月8日，召开第六届董事会第二十一次会议，审议通过《关于撤回非公开发行股票申请材料的议案》。

【"江苏阳光"】 2010年3月5日，公司股票异常波动公告：公司股票在2010年3月2日至3月4日连续三个交易日收盘价格涨幅偏离值累计达到20%。公司核实后确认：公司未来三个月内，不存在股权转让、资产重组、整体上市等引起公司股票价格异常波动的事项；公司生产经营活动一切正常，不存在应披露而未披露的信息；公司不存在应披露而未披露的重大事件。3月20日，召开第四届董事会第二十六次会议，审议通过《公司2009年度董事会工作报告》等12项议案，其中《公司2009年度利润分配及资本公积金转增股本的预案》：公司2009年度共实现净利润160774904.71元，扣除10%的法定公积金，加上以前年度未分配利润，本年度末实际可供股东分配的利润为769816221.48元，2009年度不分配不转增；审议通过《关于公司收购香港东升有限公司所持有江阴施威特毛纺织有限公司25%股权的议案》。同日，公司与香港东升有限公司签署《股权转让协议书》，公司以自有资金3313.09万元受让香港东升有限公司持有的施威特公司25%的股权，股权转让总价款为3313.09万元，股权转让完成后，公司持有施威特公司100%的股权。3月23日，发布公告：《年报信息披露重大差错责任追究制度》《对外信息报送和使用管理办法》。4月21日，召开第四届董事会第二十七次会议，审议通过《关于吸收合并全资子公司江阴施威特毛纺织有限公司的议案》，同意本公司对全资子公司江阴施威特毛纺织有限公司实施整体吸收合并。合并完成后，施威特的独立法人地位将被注销。11月25日，召开第四届董事会第三十次会议，审议通过《关于公司转让所持江苏阳光璜塘热电有限公司24%股权的议案》。同日，公司与江阴金润热能电力有限公司签署《股权转让协议书》，股权转让总价款为6778.18万元，股权转让完成后，公司将持有江苏阳光璜塘热电有限公司51%的股权，奇恩特有限公司持有25%的股权，江阴金润热能电力有限公司持有24%的股权。

【"三房巷"】 2010年1月20日，公司公告：公司收到《高新技术企业证书》，被认定为高新技术公司。2月13日，公布《内幕信息知情人登记制度》《外部信息使用人管理制度》《年报信息披露重大差错责任追究制度》。4月10日，召开2009年度股东大会，审议通过2009年度利润分配方案，分红派息以2009年12月31日的总股本318897692股为基数，向全体股东按照每10股派发现金红利1元（含税），剩余未分配利润结转以后分配。现金红利发放日：2010年4月30日。9月11日，召开2010年第一次临时股东大会，审议通过《公司对外担保议案》。公司为控股股东江苏三房巷集团有限公司的控股子公司提供担保，具体担保对象及额度：为江阴兴佳塑化有限公司5000万元银行借款额度提供担保、为江阴华美特种纤维有限公司5000万元银行借款额度提供担保、为江阴新伦化纤有限公司10000万元银行借款额度提供担保、为江阴华怡聚合有限公司6000万元银行借款额度提供担保、为江阴华盛聚合有限公司4000万元银行借款额度提供担保,共计3亿元担保额度,期限为1年。

【"凯诺科技"】 2010年3月30日,公司公告:公司收到《高新技术企业证书》,被认定为高新技术公司。4月21日,公布《内幕信息知情人登记制度》《外部信息使用人管理制度》《年报信息披露重大差错责任追究制度》。5月12日,召开2009年度股东大会,审议通过《2009年度利润分配方案》,本次分配以646604078股为基数,向全体股东每10股派发现金红利0.3元(含税)。现金红利发放日:2010年6月28日。8月13日,公司第一大股东海澜集团有限公司将其持有的本公司82827808股股份(其中无限售条件的流通股23665882股,有限售条件的流通股59161926股)过户给江阴第三精毛纺有限公司,此次股权转让过户登记后,江阴第三精毛纺有限公司持有本公司股份150578388股(其中无限售条件的流通股47331764股,有限售条件的流通股103246624股),占公司已发行总股本的23.29%,为公司控股股东,并承诺将继续履行股改相关承诺。海澜集团有限公司不再持有本公司的股份。

【"江苏申龙"】 2010年1月4日,公布《内幕信息知情人登记制度》《重大合同法律审查制度》《重大信息内部报告制度》《财务监管规定》。1月27日,发布2009年度扭亏预盈公告。3月29日,召开第四届董事会第二次会议,审议通过《资产重组之意向协议》。申龙高科集团股份有限公司将全部资产及负债整体出售给申龙创业集团有限公司,实现"净壳重组"。申龙高科以新增A股股份换股吸收合并海润光伏科技股份有限公司,海润光伏公司全部资产、负债、业务和人员进入申龙高科公司,同时办理法人注销登记手续。本次出售资产和吸收合并资产的审计、评估基准日为3月31日。3月30日,发布重大资产重组事项的进展公告。4月18日,召开第四届董事会第三次会议,审议通过《关于申请恢复上市的议案》。公司因2006~2008年度连续三年亏损,公司股票已于2009年4月2日被暂停上市。公司2009年度报告已于2010年4月20日披露,经南京立信永华会计师事务所有限公司审计,公司2009年度实现归属于母公司所有者的净利润13147566元。公司于2010年4月23日向上海证券交易所提交了恢复上市申请文件。7月9日,公布《关于重大资产重组事项的进展公告》,资产重组中相关债务(截至2010年3月31日,公司银团贷款余额为986314688.23元)处理结果:银团贷款中237754049.41元贷款移贷至江苏太白集团有限公司(公司持36%股权)和江苏镇钛化工有限公司(公司持35%股权);银团贷款中672720000元指定贷款,担保方式变更为江苏阳光集团有限公司以持有的1.5亿股江苏阳光股份有限公司股份作质押担保,重组获有权机关审批通过后,将该指定贷款移贷至申龙创业;银团贷款中剩余75840638.82元贷款本金由公司归还银团代理行。11月17日,公布《关于收到财政补贴的公告》,市财政局给予公司财政贴息补助3500万元,该款项已于11月16日到公司账户。

【"双良节能"】 2010年3月20日,公司公布《外部信息使用人管理制度》《年报信息披露重大差错责任追究制度》。4月9日,召开2009年股东大会,审议通过《2009年利润分配方案》。以总股本675069376股为基数,向全体股东按每10股派发现金股利2.5元(含税),以资本公积金向全体股东按每10股转增2股的比例转增股本,现金红利发放日:2010年4月26日。4月17日,发布公告:4月16日,公司收到中国证券监督管理委员会《关于核准江苏双良空调设备股份有限公司公开发行可转换公司债券的批复》,公司向社会公开发行可转换公司债券72000万元,期限5年,发行有效期在核准发行之日起6个月内。5月12日,公布《可转换公司债券上市公告书》:可转换公司债券发行总额为72000万元,原股东优先配售41835200股,占本次发行总量的58.1%。网上向一般社会公众投资者发售的双良转债为30164800股,占本次发行总量的41.9%。本次网上一般社会公众投资者的有效申购数量为7799977800股,中签率为0.38672931%。6月23日,发布公告:公司注册中文全称由双良空调设备股份有限公司变更为双良节能系统股份有限公司,公司注册英文全称变更为:Shuangliang Eco-Energy Systems Co.,Ltd;公司经营范围变更为研究、开发、生产空调、热泵、空气冷却设备、海水淡化节能设备、能源综合回收节能系统及其零部件并提供相关产品服务;公司股票简称自6月29日起由"双良股份"变更为"双良节能"。8月11日,公布《关于"双良转债"跟踪信用评级结果的公告》:本期公司债券信用等级维持为AA,评级展望维持为稳定。8月28日,发布《关于变更公开增发募集资金投资项目实施方式的公告》,将原计划中的租用土地、投资建设厂房、配套设施等变更为收购江阴恒创金属制品有限公司和江苏双良复合材料有限公司相应的土地使用权、适用厂房和部分配套设施。收购江阴恒创金属制品有限公司部分资产的金额为6668.8万元,收购江苏双良复合材料有限公司部分资产的金额为5215.62万元。9月4日,发布《关于对外投资设立子公司的公告》,公司以自有资金出资设立江苏双良合同能源管理有限公司,注册资本5000万元,公司以现金出资5000万元,占注册资本的100%。12月26日,发布《关于将公开增发节余募集资金用于补充公司流动资金的公告》:2008年1月8日,经中国证券监督管理委员会核准，公司向社会公开发行人民币普通股63069376万股，实际募集资金净额867818095.65元。募集资金投资项目结余资金38799920.4元，加上募集资金存款利息收入7229192.74元，公司募集资金节余共计46029113.14元。公司将节余的前次募集资金46029113.14元用于补充公司生产经营发展所需的流动资金。

【"长电科技"】 2010年1月15日，召开2010年第一次临时股东大会，审议通过《关于取消2009年第二次临时股东大会公司向特定对象非公开发行股票方案的议案》《关于公司符合配股条件的议案》《关于公司配股方案的议案》等议案。3月6日，公布《内幕信息及知情人管理备案制度》。3月9日，发布《与中科芯集成电路股份有限公司战略合作协议的公告》，中科龙泽信息科技有限公司以承担国家级科技重大专项为重要契机，利用长电科技股份有限公司的系统级封装（SiP）封测技术优势，共同开发面向电信业的新型智能移动存储产品，为电信运营商和信息服务提供商(SP)量身打造新型无线宽带网络业务承载和运营支撑平台。3月29日，召开2009年度股东大会，审议通过《2009年度利润分配方案》，以2009年度末总股本74518.4万股为基数，每10股派发现金红利1元（含税），发放日:2010年5月12日。3月30日，发布《公司承担国家科技重大专项获批的公告》，公司申报的"关键封装设备、材料应用工程项目验证""高端封装工艺及高容量闪存集成封装技术开发与产业化"两个项目获立项批准。8月9日，发布《关于配股申请获得发审委审核通过的公告》。8月27日，召开第四届董事会第三次会议，审议通过《关于公司本次配股比例及配股数量的议案》《关于投资4345万元对通信用四边无引脚混合集成电路封装生产线技改扩能的议案》等议案。10月11日，发布《2010年度配股发行公告》，以2010年10月8日长电科技总股本745184000股为基数，按每10股配售1.5股的比例向全体股东配售，共计可配售股份数量为111777600股A股，配股价格为5.69元/股，预计募集资金总额不超过63700万元。10月27日，召开第四届董事会第四次会议，审议通过《关于在江苏宿迁市苏州宿迁工业园区设立长电科技（宿迁）有限公司及其后续投资的议案》，注册资本15000万元；《关于在安徽滁州市经济开发区设立长电科技(滁州)有限公司及其后续投资的议案》，注册资金15000万元。12月15日，召开2010年第三次临时股东大会，审议通过《关于收购第一大股东新潮集团位于江阴长山路的土地的议案》《江阴康强电子有限公司日常关联交易事项的议案》《关于公司全资子公司长电国际(香港)贸易投资有限公司受让新加坡APS公司持有的长电先进部分出资的议案》等议案。

【"四环生物"】 2010年5月14日，召开2009年度股东大会，审议通过《2009年度利润分配预案》等议案，公司2010年度归属于母公司所有者的净利润为23341344.8元，加上以前年度未分配利润-379254768.29元，期末未分配利润为-355913423.49元。2010年不进行利润分配和资本公积金转增。6月21日，发布《关于撤销公司股票"退市风险警示"特别处理的公告》，公司股票交易于6月23日停牌1天，6月24日复牌，股票交易自6月24日起撤销退市风险警示。证券简称由"*ST生物"变更为"四环生物"，证券代码仍为"000518"，日涨跌幅限制由5%恢复为10%。9月8日，发布《投资设立全资子公司的公告》，公司名称：江阴四环投资有限公司，注册资本为5000万元人民币，为本公司的全资子公司；发布《对外投资公告》，江苏四环生物股份有限公司与北京大河之洲集团有限公司分别以现金方式对爱迪新能源公司增资15000万元和5000万元，太原市普容得科贸有限公司以专利技术无形资产增资13900万元。增资扩股完成后爱迪新能源公司正式启动国家科技支撑计划20万吨/年煤焦油制备清洁燃料油工业示范工程，投资总额2.78亿元。

【"友利股份"】 2010年2月11日，公司公告：经2009年4月16日第七届董事会第八次会议和2009年5月11日2008年度股东大会审议，通过《关于公司控股子公司江苏双良氨纶有限公司吸收合并江阴舒卡纤维有限公司的议案》，并于2009年6月30日正式签署吸收合并协议。合并后的江苏双良氨纶有限公司于2010年2月8日领取了新的企业法人营业执照。2010年4月21日，召开第七届董事会第十九次会议，审议通过《2009年度利润分配预案》等议案，公司2009年实现净利润2774.63万元，其中：母公司2009年度实现税后净利润5337.2万元，加上年初未分配利润6704.7万元，减去提取法定盈余公积金533.7万元以及应付普通股股利4088.8万元之后，本年度实际可供投资者分配利润为7419.4万元。本年度不进行利润分配，也不进行资本公积转增股本。8月6日，公布《内幕信息知情人管理制度》《担保管理办法》《年报信息披露工作重大差错责任追究制度》。11月15日，发布《关于变更公司行业分类的临时公告》，根据公司主营业务中氨纶制造占公司经营收入绝大部分（比重达88.34%）的实际情况，并按照中国证监会发布的《上市公司行业分类指引》所确定的分类原则与方法，公司拟将公司的行业分类从"综合类"(代码:M)变更为"制造类"(代码:C)的"合成纤维制造业"(代码：C4705)。

【"模塑科技"】 2010年3月19日，召开第七届董事会第七次会议，审议通过《投资设立江阴德哈克铸造有限公司的议案》，公司拟与德国德哈克铸件控股有限公司共同投资设立江阴德哈克铸造有限公司，注册资金1000万美元，公司出资450万美元（占45%股份)，经营范围:开发、设计和生产大型铸件产品(限1.5兆瓦以上的风力发电零部件、机床)，并提供相关技术咨询及维修服务。4月23日，发布《关于子公司被认定为高新技术企业》公告,公司控股子公司上海名辰模塑科技有限公司收到《高新技术企业证书》,认定有效期为3年。4月28日，公布《公司章程》《定期报告的编制和披露制度》《控股子公司管理制度》《内幕信息知情人报备制度》《年报信息披露重大差错责任追究制度》《外部信息报送和使用管理制度》《信息披露事务管理制度》。5月13日,召开第七届董事会第十次会议,审议通过《江南模塑科技股份有限公司向江阴模塑集团有限公司收购武汉名杰模塑有限公司10%股权》。8月25日，发布公告：本公司出资2000万元，在江苏省江阴市投资设立全资子公司江阴明鸿置业有限公司,经营范围:房地产开发、销售、租赁、咨询服务。

【"法尔胜"】 2010年2月2日，公司公告：公司控股子公司江苏法尔胜特钢制品有限公司收到《高新技术企业证书》,有效期为3年。4月17日,公布《年报信息披露重大差错责任追究制度》《定期报告的编制和披露制度》《对外信息报送和使用管理制度》。4月15日,召开第六届董事会第二十五次会议,审议通过《公司2009年度利润分配预案》等议案,2009年度母公司实现净利润31930239.69元，加年初未分配利润-48729277.94元,2009年度母公司可供股东分配的利润为-16799038.25元。公司不实施利润分配，不进行资本公积金转增股本。5月21日,发布《关于认购江苏阜宁农村合作银行股份事项进展情况公告》,公司以现金出资1950万元认购该银行1500万股股份，占其增资扩股后股本总额3亿股的5%。6月22日，召开第六届董事会第二十九次会议,审议通过《关于收购香港怡明国际有限公司持有的本公司控股子公司江苏法尔胜光通有限公司25%股权的议案》《与日本东京制纲株式会社签订关于江苏法尔胜新日制铁缆索有限公司及江苏双友东纲金属制品有限公司股权重组意向书的议案》《关于收购江苏双友空调安装有限公司持有的江苏双友东纲金属制品有限公司15.91%股权和收购江苏法尔胜新日制铁缆索有限公司持有的江苏双友东纲金属制品有限公司19.09%股权的议案》。10月30日，发布《对下属全资子公司增资公告》,根据公司当前情况及今后经营发展的需要，本公司决定以自有资金7000万元对江苏法尔胜光通有限公司进行增资，增资后光通公司的注册资本变更为110586140.09元,经营范围:通信用光缆的生产。11月1日,以传真方式召开第六届董事会第三十二次会议，审议通过关于公司委托渣打银行(中国)有限公司南京分行向江阴市辰华物资有限公司提供贷款1亿元的议案。11月14日，召开第六届董事会第三十三次会议,审议通过《关于收购东京制纲株式会社持有的25%股权的议案》,交易金额2320.67万元,交易完成后公司持有江苏双友东纲金属制品有限公司60%的股权；审议通过《关于转让所持有的江苏法尔胜新日制铁缆索有限公司15%股权的议案》;审议通过《与江苏法尔胜泓昇集团有限公司合资设立江阴法尔胜金属制品有限公司的议案》,公司与江苏法尔胜泓昇集团有限公司合资设立江阴法尔胜金属制品有限公司，合资公司注册资本18020万元，本公司出资14040万元,占75%股份，经营范围为：钢丝、钢丝绳的制造、加工、销售。12月9日,公布《公司章程》。12月16日,召开第六届董事会第三十五次会议,审议通过《关于收购台湾东泰造纸股份有限公司持有的本公司控股子公司江苏法尔胜新型管业有限公司25%股权的议案》,经双方协商确定该股权的转让价格为656.75万元，交易完成后本公司持有江苏法尔胜新型管业有限公司100%的股权,本次股权收购不构成关联交易。

【"华西村"】 2010年3月18日，公司公布《年报信息披露重大差错责任追究制度》《年报信息披露重大差错责任追究制度》《内幕信息知情人登记管理制度》，发布《关于证券投资的公告》：公司拟用不超过1亿元（占公司2009年度经审计净资产的7.96%)的资金进行短期证券投资。3月18日,发布《关于开展期货业务的公告》，交易品种：精对苯二甲酸、乙二醇、聚酯。4月12日,召开2009年度股东大会,审议通过《2009年度利润分配预案》等议案,2009年度母公司实现净利润78954585.23元,提取10%的法定盈余公积,加上年初未分配利润268018300.11元，减去分配2008年度现金红利，本年末共计可供投资者分配的利润为317077047.77元。拟以公司总股本440007581股为基数，向全体股东每10股派发现金红利0.5元（含税），剩余利润295076668.72元结转至下年度。本年度公司不送红股、不进行资本公积金转增股本。4月21日,公布《公司章程》。5月13日,召开第四届董事会第十七次会议，审议通过《关于变更公司经营范围的议案》等议案,将公司原经营范围纺织品、化工原料、化学纤维品的制造,国内贸易,热电站,电气设备的安装、维护、调试服务,自营和代理各类商品及技术的进出口业务,变更为化工原料、化学纤维品的制造,危险化学品的销售,国内贸易，自营和代理各类商品及技术的进出口业务;发布《关于资产置换暨关联交易的公告》:2010年5月12日，江苏华西村股份有限公司与控股股东江苏华西集团公司在华西村签署了《资产置换协议书》，公司拟以下属精毛纺厂、热电厂的资产、负债及江阴华西特种纺织品有限公司75%的股权与华西集团拥有的东海证券有限责任公司1亿股股权进行置换，经双方协商确定，公司置出资产的价格为32011.84万元，置入资产的价格为39800万元,置出资产与置入资产产生的差额由公司向华西集团支付等额的现金。9月20日,召开2010年第二次临时股东大会，审议通过《公司2010年半年度资本公积金转增股本的议案》，公司以总股本440007581股为基数，用资本公积金向全体股东每10股转增7股，共计转增308005306股，转增后公司总股本增加至748012887股；审议通过《关于增加公司注册资本的议案》，公司2010年半年度资本公积金转增股本的方案完成后，注册资本相应增加至748012887元；审议通过《关于修改公司章程的议案》。12月3日，召开第四届董事会第二十次会议，审议通过《关于扩大涤纶短纤维生产规模的议案》，公司拟利用现有公用设施及聚酯切片产能，新建10万吨涤纶短纤维生产线，项目总投资约为12160万元，其中设备总投资约10160万元。12月9日，发布《关于实际控制人名称变更的公告》，经江阴市地名委员会批准，同意“华西村”更名为“华西新市村”，更名后的全称为“江阴市华士镇华西新市村”，据此，公司实际控制人名称变更为“江阴市华士镇华西新市村村民委员会”。

【“霞客环保”】 2010年2月2日，公司公布《内幕信息知情人登记和备案制度》。2月26日，发布《关于2009年度募集资金存放与使用情况的专项报告》：2009年8月非公开发行股票3000万股，募集资金净额14475万元，本次非公开发行股票募集资金净额用于偿还总额为15500万元的银行贷款，截至2010年12月31日偿还11500万元，募集资金账户余额为2984.85万元；召开第三届董事会第三十四次会议，审议通过《公司2009年度利润分配预案》等议案：截至2009年12月31日，公司实现净利润2490178.52元，加年初未分配利润62253822.31元，减去2009年度提取的法定盈余公积金249017.85元和已分配2008年红利5132640.01元，2009年度可供分配利润59362342.97元。分配预案为：不分配利润。3月10日，召开第三届董事会第三十五次会议，同意转让淮安市霞客环保色纺有限公司100%的股权，公司将所持淮安霞客90%的股权转让给朱国俊、10%的股权转让给洪涌。3月12日，公布《年报信息披露重大差错责任追究制度》。3月30日，公布《外部信息报送和使用管理制度》。4月21日，召开第四届董事会第二次会议，审议通过《滁州安兴环保彩纤有限公司关于年产3万吨差别化涤纶短纤维项目的议案》。8月6日，发布《关于子公司获得国家补助资金的公告》，本公司控股子公司滁州安兴环保彩纤有限公司熔体直纺有色差别化涤纶短纤维项目国家投资计划申请经国家发改委批准，获得扩大内需中央预算内投资计划854万元。

【“中南重工”】 2010年6月22日，公司公告《关于核准江阴中南重工股份有限公司首次公开发行股票的批复》。6月29日，发布《首次公开发行股票发行公告》，本次发行数量为3100万股，占发行后总股本的5.2%。其中，网下发行620万股，网上发行2480万股。本次发行股票申购简称为“中南重工”，申购代码为“002445”，经发行人和主承销商协商一致，确定本次发行价格为18.8元/股，网下发行申购缴款时间为：2010年6月30日(T日)9:30~15:00。7月9日，发布《首次公开发行股票上市公告书》，上市地点：深圳证券交易所；上市时间：2010年7月13日；首次公开发行后总股本：12300万股；募集资金总额：58280万元；募集资金净额：54748.2万元；保荐机构及主承销商是国信证券股份有限公司。8月6日，公布《公司章程》《董事、监事和高级管理人员所持本公司股份及其变动管理规则》。8月23日召开2010年第一次临时股东大会，审议通过《增加公司注册资本到12300万元的议案》《修订公司章程议案》。9月10日，发布《关于公司超募资金使用公告》，募集资金项目包括“管件和法兰技改扩产项目”和“管系技改扩产项目”，总投资金额49643万元，募集资金计划投资金额37696.2万元，仍存在资金缺口11946.8万元。

【“百川化工”】 2010年7月13日，公司公告《关于核准无锡百川化工股份有限公司首次公开发行股票的批复》。7月20日，发布《首次公开发行股票发行公告》，本次发行股份总数为2200万股，其中网下发行440万股，网上发行1760万股；简称“百川股份”，申购代码为“002455”，实际募集资金数量为44000万元，超出发行人拟募集资金数量15460万元。申购款有效到账时间为2010年7月21日(T日)9:30~15:00。7月30日，发布《首次公开发行股票上市公告书》，公司上市时间：2010年8月3日；首次公开发行后总股本8780万元；首次公开发行股票增加的股份2200万股；募集资金净额40654.68万元。8月27日，召开第二届董事会第四次会议，审议通过《修改公司章程议案》《信息披露事务管理制度》《内部审计制度》等议案。8月27日，发布《关于超募资金归还银行贷款及补充公司流动资金的公告》。8月28日，公布《公司章程》《信息披露事务管理制度》；发布《关于使用募集资金置换预先已投入募投项目的自筹资金的公告》：截至2010年8月20日，公司募投项目自筹资金已累计投入11634.34万元，现拟使用募集资金11634.34万元置换预先已投入募集资金项目的自筹资金。10月27日，公布《外部信息使用人管理制度》《内幕信息知情人管理制度》。

【“宝利沥青”】 2010年9月27日，公司公告《关于核准江苏宝利沥青股份有限公司首次公开发行股票并在创业板上市的批复》。10月11日，发布《首次公开发行股票并在创业板上市发行公告》，本次发行股票数量为2000万股，其中网下发行400万股，网上发行1600万股。发行申购缴款时间为：2010年10月12日(T日)9:30~15:00。10月25日，发布《首次公开发行股票并在创业板上市公告书》，股票简称：宝利沥青；股票代码：300135；首次公开发行后总股本8000万元；首次公开发行股票增加的股份2000万股；上市时间2010年10月26日；募集资金总额72920万元；募集资金净额68941.71万元。11月18日，召开2010年第二次临时股东大会，审议通过《关于变更公司注册资本的议案》《关于修改公司章程的议案》《关于向陕西宝利增资5000万元人民币的议案》等议案。12月17日，召开2010年第三次临时股东大会，审议通过《关于使用超募资金5000万元对湖南宝利沥青有限公司进行增资的议案》《关于使用超募资金3000万元投资设立吉林宝利沥青有限公司的议案》《关于使用超募资金4500万元归还银行贷款及使用超募资金4300万元永久性补充流动资金的议案》。

募集资金使用

【概况】 2010年，江阴市有8个企业在资本市场募集资金。其中"中南重工""宝利沥青"等6个企业上市，共募集资金总额35.82亿元，主要用于上新项目，培育新的经济增长点；增资再投入，扩大再生产；补充流动资金和偿还银行贷款等。"长电科技"配股，共募集资金61423万元，主要用于还贷和补充流动资金。"双良节能"向社会公开发行可转换公司债券72000万元，募集资金净额69925万元，主要用于收购土地使用权、厂房等。

【"中国浩然"募集资金使用】 2010年2月5日，公司在韩国证券交易所上市，募集资金2.7亿元。公司将利用所募集资金，多渠道加强公司上游的收购废纸资源业务，3年内实现180万吨回收量；计划再投资新建一条生产高档涂布白板纸的生产线，从规模经济中获益，打造国内乃至国际最大的再循环纸业企业。

【"中南重工"募集资金使用】 2010年7月13日，公司在深圳交易所中小板上市，募集资金净额54748.2万元。募投项目：管件与法兰技改扩产，项目总投资23375万元，其中募投资金投入16144.3万元；管系产品技改扩产，项目总投资26268万元，其中募集资金投入21551.9万元。在本次发行前已投入5193.25万元资金用于本次发行募集资金投资项目土地使用权购买、厂房建设、设备定购等，公司用募投资金置换出招股说明书已确定的预先投入的自筹资金。募投项目总投资49643万元，募集资金计划投资金额37696.2万元，存在资金缺口11946.8万元。11946.8万元超募资金用于补充本次募集资金投资项目资金缺口；使用超募资金5105.2万元归还银行贷款。

【"百川股份"募集资金使用】 2010年8月3日，公司在深圳交易所中小板上市，募集资金净额40654.68万元。公司本次发行募集资金将投资于"年产2万吨偏苯三酸酐、2万吨偏苯三酸三辛酯"项目，项目需资金28540万元。扣除上述募投项目资金需求外，公司此次超额募集资金净额部分为12114.68万元，使用超募资金12000万元归还银行贷款及使用超募资金114.68万元补充公司流动资金。使用募集资金11634.34万元置换预先已投入募集资金项目的自筹资金。

【"扬子江船业"募集资金使用】 2010年9月8日，公司以存托凭证的方式在中国台湾证券交易所挂牌上市，募集资金总额超过45亿新台币(约10亿元人民币)。此次募集的资金主要用于海洋工程装备的研发。未来数年内，海工装备将占到整个公司业务量的30%左右。

【"宝利沥青"募集资金使用】 2010年10月26日，公司在深圳交易所创业板上市，募集资金净额68941.71万元。募集资金投资项目之一，改性沥青生产及仓储项目由陕西宝利沥青有限公司具体实施，该项目计划使用募集资金5000万元，以本次募集资金向陕西宝利沥青有限公司增加投资5000万元，该公司注册资本由3000万元变更为8000万元；使用超募资金5000万元对湖南宝利沥青有限公司（系公司全资子公司）进行增资，用于建设年产6万吨聚合物改性沥青、2万吨乳化沥青和4万吨重交沥青仓储新建项目；使用超募资金3000万元投资设立吉林宝利沥青有限公司，用于建设年产3万吨聚合物改性沥青、1万吨乳化沥青技术改造项目；使用超募资金4500万元归还银行贷款及使用超募资金4300万元永久性补充流动资金。

【"鑫仁铝业"募集资金使用】 2010年11月27日，公司在新加坡证券交易所挂牌上市，募集资金1.1亿新元(约5.6亿元人民币)。此次发行股票募集资金主要用于新仁科技二期项目建设，以进一步扩张公司产能。

【"长电科技"募集资金使用】 2010年10月8日，以总股本745184000股为基数，每10股配1.5股，10月20日结束，共计可配售股份总数为111777600股，每股5.69元，募集资金61423万元，其中，40000万元用于偿还银行贷款，其余用于补充流动资金。

【"双良节能"募集资金使用】 公司于2010年5月10日完成向社会公开发行可转换公司债券72000万元，发行募集资金扣除承销及保荐费2075万元后，余额69925万元。募集资金主要用于收购江阴恒创金属制品有限公司和江苏双良复合材料有限公司相应的土地使用权、适用厂房和部分配套设施等项目。

经营业绩

【概况】 2010年，江阴市新增国内上市公司3个，累计拥有国内控股的上市公司17个。年报业绩统计数据显示：2010年，这17个上市公司总资产499.59亿元，比上年增加76.34亿元；总股本87.99亿股，比上年增加3.21亿股；营业收入315.24亿元，净利润11.38亿元，分别比上年增加80.36亿元和5.13亿元；年终市值800.84亿元(不含江苏申龙)。其中，有9个上市公司的净利润和7个上市公司的每股收益高于上年，"江苏中达"亏损。(2009年江阴国内控股上市公司经营业绩详见2010版《江阴年鉴》239页)。

2010 年江阴国内控股上市公司经营业绩一览

表 33

代码	公司(股票)名称	每股收益(元)	每股净资产(元)	净资产收益率(%)	每股现金净流量(元)	营业收入(万元)	净利润(万元)	总资产(万元)	净资产(万元)	负债率(%)	总股本(万股)	流通股(万股)	市值(亿元)
000518	四环生物	0.0074	0.7000	1.07	0.2120	20837	930	96204	87972	80.56	102956	90125	72.07
000584	友利股份	0.3092	4.0200	7.99	1.4300	139601	16292	350021	187798	46.35	40888	29746	35.82
000700	模塑科技	0.1100	2.4378	4.52	0.3793	197085	6230	389424	92170	76.33	30904	30904	22.31
000890	法尔胜	0.0339	2.7000	1.26	0.2300	168327	1888	337820	119160	64.73	37964	37952	24.41
000936	华西村	0.2400	2.4900	13.62	0.4400	324586	20356	354026	196899	44.38	44001	44001	65.23
002015	霞客环保	0.1000	2.5300	4.20	1.1100	154788	2757	180838	55881	69.10	20109	14593	23.49
002445	中南重工	0.4700	7.0600	9.43	0.0600	40115	4956	112874	87817	22.20	12300	3100	28.11
002455	百川化工	0.8300	8.0800	14.22	0.0800	168528	6205	115535	70933	38.60	8780	2200	31.61
300135	宝利沥青	1.2100	12.2700	20.39	1.0100	104501	7679	118972	98947	16.83	8000	2000	36.69
600074	江苏中达	−0.3880	0.5720	−50.68	0.4800	206085	−30419	296462	52342	82.34	66124	66124	31.14
600078	澄星股份	0.0740	2.4100	3.13	0.7400	249999	7237	607776	167897	72.38	65147	51266	51.08
600220	江苏阳光	0.0351	1.6200	2.10	0.2390	310632	6043	551091	335751	39.08	178334	127396	92.38
600370	三房巷	0.1907	3.6600	5.31	0.6100	130313	6819	156078	133182	14.67	31890	31890	20.12
600398	凯诺科技	0.1300	3.0000	4.52	0.3200	114643	8458	241025	198567	17.62	64660	49603	37.37
600401	江苏申龙	0.0300	0.4399	7.46	0.3800	41492	575	96699	13567	85.97	25805	(停牌)	–
600481	双良节能	0.2855	2.8400	10.58	−0.0540	419203	24543	519355	244309	52.96	67507	67214	134.47
600584	长电科技	0.2700	2.8100	11.38	0.4900	361624	23269	471669	252502	27.12	74518	74518	94.54
合计				70.50		3152359	113818	4995869	2395694	851.22	879887	722632	800.84
平均		0.1063	2.3157	4.15	0.4061	185433	6695	293875	140923	50.07	51758	42508	50.05

上市后备企业动态

【概况】 2010 年，江阴市上市后备企业的培育取得良好势态，在上年拥有 85 个上市后备企业的基础上，年内，对全市规模以上企业和新兴创新型科技企业进行详细的排队摸底、排查分析，进一步调整充实上市后备企业队伍。至年底，上市后备企业扩容至 100 个。有多个企业接受上市辅导和上报中国证监会排队待审。

【江南水务股份有限公司上市申请报证监会】 2010 年 3 月 29 日，江苏江南水务股份有限公司收到中国证监会行政许可申请受理通知书(100497 号)。至此，公司《首次公开发行 A 股股票》行政申请材料接受中国证监会审查。本次拟发行 5880 万股普通股。江南水务的上市保荐人为兴业证券股份有限公司。

【江阴港港口集团股份有限公司接受上市辅导】 2010 年 4 月 26 日，江苏江阴港港口集团股份有限公司发布公告：公司拟首次公开发行股票并上市，辅导机构为海通证券股份有限公司。公司的主要发起人为陈乐、唐维廉、杨格、左西龙、华江、徐剑东等 39 名自然人。

【海澜之家服饰股份有限公司上市申请报证监会】 2010 年 6 月 29 日，江阴海澜之家服饰股份有限公司向中国证监会提交公司首次公开发行 A 股股票的申请材料，拟在深圳证券交易所中小企业板公开发行上市。海澜之家的上市保荐人为华泰联合证券公司。

【华宏科技股份有限公司接受上市辅导】 2010 年 9 月 1 日，江苏华宏科技股份有限公司发布公告：公司拟首次公开发行股票并在国内证券交易所上市，并于 2010 年 8 月 3 日起正式接受齐鲁证券股份有限公司的辅导。公司的主要发起人为江苏华宏实业集团有限公司、胡士勇、胡品龙、胡士勤、胡士清、胡士法。

【吉鑫风能科技股份有限公司上市申请报证监会】 2010 年 9 月 3 日，江苏吉鑫风能科技股份有限公司向中国证监会提交公司首次公开发行 A 股的申请材料，本次申请发行新股 5080 万股。吉鑫风能的上市保荐人为宏源证券股份有限公司。

【界达特异新材料股份有限公司接受上市辅导】 2010 年 10 月 19 日，江苏界达特异新材料股份有限公司发布接受上市辅导的公告：江苏界达特异新材料股份有限公司拟首次公开发行上市股票，已接受招商证券股份有限公司的辅导。公司主要股东为薛建良、周建华、招商资本投资有限公司、深圳市创新投资集团有限公司等 9 位自然人、法人。

【爱康太阳能科技股份有限公司接受上市辅导】 2010 年 10 月 26

日，江苏爱康太阳能科技股份有限公司发布公告：公司拟首次公开发行股票并上市，辅导机构为平安证券股份有限公司。公司主要发起人为江苏爱康实业有限责任公司、爱康国际控股有限公司、南通高胜成长创业投资有限公司、无锡高德创业投资有限公司、苏州中昊新能源投资管理中心（有限合伙）、海澜集团有限公司、高投名力成长创业投资有限公司、江阴爱康投资有限公司、绍兴平安创新投资有限责任公司、江苏高胜科技创业投资有限公司、平安财智投资管理有限公司。

【斯菲尔电气股份有限公司接受上市辅导】 2010年11月2日，江苏斯菲尔电气股份有限公司发布公告：公司拟首次公开发行股票并在国内证券交易所上市，辅导机构为齐鲁证券有限公司。公司主要发起人为江苏新潮科技集团有限公司、江阴澄强投资有限公司及王晓凌等14名法人和自然人。

【华兰药用新材料股份有限公司接受上市辅导】 2010年12月6日，江苏华兰药用新材料股份有限公司发布公告：公司拟首次公开发行股票（A股）并上市，辅导机构为中国建银投资证券有限责任公司，并已向中国证监会江苏监管局办理辅导备案登记。公司的主要发起人为江阴市华兰硅氟塑料有限公司、华一敏、建银国际医疗保健投资管理（天津）有限公司、苏州汾湖创业投资股份有限公司、江苏康缘集团有限责任公司。

政府服务

【概况】 2010年，江阴市把企业上市工作作为转型发展的有力抓手，大力做好企业上市服务工作，促使企业上市、资本经营工作取得了突破性进展。1月举办创新型企业上市与融资对接会，提高企业上市融资操作技能；2月举办全市科技创新创业企业上市培育工作推进会暨江阴市企业上市促进中心签约仪式，促进科技创新创业型企业自身快速发展，加速上市步伐；3月召开中国企业海内外上市江阴研讨会，帮助更多优质的江阴企业了解海内外上市情况；3月、5月、7月分别召开企业上市工作会议、企业资本经营工作推进会和企业上市工作推进会，全力打造经久不衰、持续发展的企业集群，扩容"江阴板块"。年内，韩国证券交易所驻北京代表处首席代表郑知定等两人走访江阴，了解企业赴海外上市状况。

【科技创新创业企业上市培育工作推进会】 2010年2月4日，江阴市召开全市科技创新创业企业上市培育工作推进会暨江阴市企业上市促进中心签约仪式。江阴市委书记朱民阳在会上强调，当前形势下，江阴科技创新创业企业要眼观四方，了解各方行情，做到"眼界宽、思路宽、胸襟宽"，进一步加强与高层次人才的交流合作，积极研究企业上市问题，促进企业自身快速发展。市委常委、组织部长蔡叶明主持会议。副市长费平、封晓春出席会议。港澳资讯股份有限公司董事长唐骏应邀出席会议，并与与会科技创新创业企业家进行了交流互动。会上，江阴市与港澳资讯股份有限公司签约合作共建江阴市企业上市促进中心。共有20个科技创新创业企业被列入首批企业上市促进孵化培育计划。其中，力博医药生物技术有限公司、金一文化发展有限公司等10个企业与江阴市企业上市促进中心进行签约。

【全市企业上市工作会议】 2010年3月4日，江阴市召开企业上市工作会议，全面部署下阶段企业上市工作。市长王锡南、副市长封晓春，相关部门和100个上市后备企业负责人参加会议。王锡南在讲话中指出，针对企业上市等资本运作，要想清楚、弄明白、看得准、行动快、服务好、见成效，牢固树立"抓上市就是抓发展""资本经营就是企业经营"的理念，加快推动企业上市，壮大扩容"江阴板块"，确保年内5个以上企业上市，力争8个企业上市，同时建立风投基金3个以上，培育好100个上市后备企业，真正使江阴资本经营在2010～2011两年间实现新的突破。会上，相关部门、单位领取了上市目标任务书。

【中国企业海内外上市江阴研讨会】 由江阴市上市办、苏州国际发展集团有限公司主办，黎曼投资有限公司、新韩金融投资有限公司、中国浩然再循环有限公司等承办、协办的中国企业海内外上市（韩国上市案例分析）研讨会，于2010年3月14日在江阴市召开。该论坛旨在交流与分享中国民营企业在海内外上市的流程与成功经验，帮助国内企业特别是具备上市条件的成长型中小企业更快捷地了解海内外上市的规则和方法，为其实现上市融资提供契机。本次研讨会邀请了国内外领先的投资银行、基金管理公司、律师事务所和会计师事务所负责人就国内上市情况、海外主要资本市场及韩国成功上市经验体会等内容进行了面对面的交流，江阴新仁科技有限公司等20多个企业参加了研讨。

【协调解决上市难题】 2010年，针对企业在上市过程中遇到的各类历史遗留问题，江阴市上市办一方面帮助企业加强自身清理，另一方面与相关职能部门加强沟通协调，全力以赴帮助企业解决问题。对属于个别性质的问题基本做到企业提出请求，当日限时解决；对牵涉面较广的问题，及时组织相关部门召开现场办公会。年内，分别为江苏华兰药用新材料股份有限公司、江苏界达特异新材料股份有限公司、江苏宝利沥青股份有限公司等企业就上市问题以及江苏申龙高科集团股份有限公司重组事宜，召开了30多个现场办公会，并积极做好对上争取等工作，以最短时间为企业解决了许多实际问题，加快了企业的上市进程。 （*夏弟方*）

■类目编辑　李孜渊

综 述

【概况】 2010年，江阴市服务业围绕制造业升级，工业企业分离发展服务业，提高生产服务业配套能力；适应消费结构升级，突出城市服务优化，提高生活服务业发展水平；抓住国家推进"三网融合"（电信网、互联网、电视网）带来的机遇，发展电子商务、互联网内容产业、网络电视等新兴服务业。全年完成服务业增加值780.43亿元，比上年增长15.1%(可比价)，服务业增加值占地区生产总值比重39%，比上年提升0.91个百分点；服务业总投入280.2亿元，增长29.29%，高于全市固定资产投资增幅4.18个百分点，占全市固定资产投资的44.72%；服务业一般预算收入48.45亿元，增长27.61%，占全市一般预算收入的37.07%；服务业税收总额80.89亿元，增长27.61%，占全市财政总收入的21.17%、税收总额的33.9%。全市有服务业重点项目39项，总投资205.58亿元，当年完成投资64.94亿元，累计完成投资111.05亿元。年内，市委、市政府召开全市商贸服务业工作推进会，出台《关于扩大消费需求的实施意见》，优化商贸发展结构，创新节假日消费增长机制和特色商业街集聚机制，促进商贸流通业创新发展。全年商贸流通业完成固定资产投资23.71亿元，新增注册资金100万元以上企业1225个，新增营业面积18.33万平方米，涌现出销售超100亿元商品市场6个、超10亿元流通公司21个。完成商业开票销售2490.19亿元，增长40.19%；社会消费品零售总额381.37亿元，增长18.56%；市场成交额1346.97亿元，增长26.67%。服务业增加值、社会消费品零售总额、市场成交额和服务业总投入4项指标蝉联全省同类城市第一。是年，规范市场经济秩序，将工业企业中服务业分离出来，实施商业街区业态调整与改造，推进城市客厅、临港新城等市级商业副中心建设；启动建设海岸城综合体、金三角城市综合体等项目，澄江福地、虹桥新天地等重点项目竣工开业；举办"二月初八·南门会""第二届中国长江鲜·河豚美食节"等节庆活动和"2010年春秋房市车展"等会展活动；引入团团乐建材团购中心等家装新型业态，新开办商贸服务单位5033个。年末，市政府颁布《江阴市商务局主要职责内设机构和人员编制规定》，对市商务局内设机构进行调整，下设办公室、综合管理科（挂"政策法规科"牌子）、服务业发展科（挂"贸易市场科"牌子）、对外贸易科、机电科技科（挂"机电办公室"牌子）、外国投资科（挂"服务外包科"牌子）、园区管理科、外经合作科、组织人事科（挂"老干部工作科"牌子）9个机构，并按有关规定设立纪检监察室。

2010年江阴市重点服务业项目投资完成情况一览

表34　　单位:万元

项目名称	总投资	当年完成投资	累计完成投资
华西空中新农村综合大楼	180000	64000	120000
黄嘉喜来登酒店	70000	45000	90000
恒德码头	20000	37997	58269
红星美凯龙家居广场	45000	30000	30000
中国裳岛	30000	30000	30000
桃园山庄休闲酒店	20000	30000	35000
海岸城综合体	150000	25000	25000
金三角城市综合体	88000	25000	25000
扬子江生物医药加速器	79000	25000	45000
丹芙春城	180000	23000	104000
嘉年华城市广场	59829	23000	23300

续表 34

项目名称	总投资	当年完成投资	累计完成投资
金属材料市场改扩建工程	70000	20000	31000
新生活未来居家	20000	18000	18000
江阴环球金贸中心	70000	15000	34500
智富大厦	13000	14000	19250
夏港国际汽车城(一期)	55000	13000	13000
江阴皇冠假日大酒店	50000	13000	13000
魔方时代广场	35000	13000	18550
深国投商业中心	22500	13000	23000
新梅豪布斯卡	65000	12000	12000
成品油管道江阴段	20000	12000	20000
汉皇国际大酒店	12000	12000	12000
国际创意港	16000	11000	11000
江阴永康五金城	50000	10000	49000
奥特莱斯品牌直销广场	25000	10000	23765
刘家大院画家村	15000	10000	10000
海澜之家研发营销大楼	11000	10000	10000
戴斯国际商务广场	10000	10000	11000
超晨大厦	10000	10000	10000
中信泰富广场	80000	9000	83030
虹桥新天地	44500	9000	45000
江苏申通国际货运中心	12000	8500	10000
江锋临港新城广场	12000	8500	16400
大众医药物流配送中心	20000	8000	8000
豪生豪廷酒店	60000	7000	7500
江阴汽配城	50000	6000	6000
凯悦国际金融中心	32000	6000	6500
汇智广场	180000	2300	2300
百货大楼改造工程	15000	1100	1100

【江阴市蝉联"长三角县(市)商业十强"第一名】 2010 年,江阴市委、市政府围绕服务城乡居民,实施"服务商业,构建网络,引导消费"战略,加快零售商业网点规划布局,改造完善城市商业设施,引进商业品牌,建设特色商业街区,繁荣城乡商业,提升江阴商业集聚效应,全市商贸服务业保持较快发展势头。11 月 25 日,长江三角洲城市市场信息协作网第十次联席会议暨长三角城市商业发展论坛在南通市召开,江阴市凭借上年度商贸服务业增加值 358.48 亿元、商品销售总额 2566.84 亿元、社会消费品零售总额 384.12 亿元等业绩,荣膺"长三角县(市)商业十强"第一名。

【"澄江福地"商业街区建成开业】 2010 年 5 月 8 日,由江阴时代置业有限公司投资开发的"澄江福地"商业街区建成开业,总投资 6 亿元,建筑面积 4.3 万平方米。"澄江福地"东连暨阳商城、南接人民路步行街、西附中山公园、北邻人民医院,以体验式时尚休闲生活业态为特色,保留"四眼井"和吴氏老宅等历史建筑,设有精品专卖店、名品折扣店、连锁超市、便利店、东南亚美食、釜山料理、酒吧茶座、咖啡西餐、KTV 歌城、电玩中心和儿童天地等,建有服装街、特色中餐街及百福广场、旱喷广场,引进各类品牌产品 152 种。另有影楼 1 座、美发店 2 个、商务会所 1 所,地下停车场车位 206 个。是年,先后举行"端午盛会""巴拉巴拉"江苏省少儿模特大赛、环球美食节和周末广场文艺活动,节假日日均客流量 2 万多人次。全年商业营运情况较好,其中餐饮娱乐业好于零售商业,肯德基和釜山料理等特色餐饮火爆,服装街相对冷清。

批零贸易业

【概况】 2010 年,江阴市批零贸易业围绕"搞活流通、扩大消费"工作重点,不断增强城镇商业集聚效应,壮大新型流通业态,完成商品销售总额 2294.95 亿元,比上年增长 31.01%;社会消费品零售总额 357.81 亿元,增长 18.6%;征缴国税 29.62 亿元,入库地税 4.44 亿元,分别增长 31.19%和 0.42%。年内,星光百货、顾山镇天誉灯具市场、金顾山旅游商品购物中心、徐霞客镇好易购购物中心、周庄镇新百业超市和长泾镇明清街等网点竣工开业;沃尔玛购物广场、深国投商业中心、长泾镇恒生时代广场和永康五金城(二期)等项目土建竣工;环球金贸中心、魔方时代广场、戴斯国际商务广场、红星美凯龙家居广场、奥特莱斯品牌直销广场和金属材料市场改扩工程等项目正在加快建设中。启动建设海岸城综合体、金三角城市综合体、新生活未来居家、夏港国际汽车城、青阳镇大源商业步行街、徐霞客镇欧风街和百货大楼改造工程。是年,江阴市商贸办印发《关于加强春节等节日期间商贸服务业工作的通知》，举办“活力‘五一’购物节”和“欢乐金秋购物节”，组织城区各大商场和超市开展春节、中秋等假日促销和“六一”儿童、暑期学生等专场促销活动；组织开展“家电下乡”“汽车下乡”和汽车、家电“以旧换新”专项检查，全市“家电下乡”网点拓展至250个，实现“家电下乡”销售额2.84亿元、“以旧换新”销售额4.92亿元，财政贴补兑现率居无锡地区之首。

2010年江阴市重点商场销售总额一览

表35 单位：万元

名称	2010年	2009年	增减(%)
华地百货商场	124128	95760	29.62
华联商厦	42208	37135	13.66
大润发超市江阴大卖场	38925	36023	8.06
国际购物中心	29916	27242	9.82
五星电器江阴大卖场	26170	23664	10.59
锦江麦德龙江阴商场	26131	24710	5.75
乐天玛特商场	15662	14278	9.69
银泰百货商场(第八商场)	11598	10387	11.66
上海农工商江阴大卖场	7493	7689	-2.55
精品商厦	6479	3928	64.94
人民商场	2910	2900	0.34

【酒类饮品行业协会成立】 2010年3月9日，由江阴市糖业烟酒有限公司、宝昌有限公司、康大酒业有限公司等8个企业联合发起并组建的江阴市酒类饮品行业协会在泓昇苑大酒店举行成立大会，有52个会员单位、106名企业负责人出席第一届会员大会。大会审议并通过协会章程和《诚信经营自律公约》，选举许坤林为协会会长、缪宗元为秘书长；明确协会接受市民政局社团科管理、市商贸办监督管理，会址设在澄江中路60号。是年，该协会协助市商务局开展《酒类流通管理办法》宣传活动，落实酒类经营备案登记制度和酒类流通随附单制度。至年末，全市累计有2157个酒类经销企业进行备案登记，发放酒类流通随附单1.1万余份，备案登记率、随附单发放率列无锡市2市7区第一位。

【节庆促销助推江阴消费市场】 2010年，江阴市继续实施“扩内需、保增长”战略，出台《关于2010年扩大消费需求的实施意见》，推出“节庆促销、引创商机、带动消费”新举措。1月举办“迎新春购物节”，城区商业实现销售额1.51亿元；3月举办“二月初八·南门会”系列活动，吸引消费群体18万人次，带动地产商品销售6800万元；5月举办“活力‘五一’购物节”，实现销售额1.16亿元；10月举办“金秋购物节”，实现销售额1.89亿元，比上年增长22.69%。是年，全市有15个镇(街道)恢复传统庙会集场，共举办集场19场次，实现集场成交额2.1亿元，拉动消费5亿元。

（沈敏能）

供销合作商业

【概况】 2010年，江阴市供销合作总社贯彻落实国务院、江苏省政府《关于加快供销合作社改革发展的若干意见》，突出“服务三农、转型发展、总量突破”工作重点，创新发展路径，转变发展方式，全面推进供销合作商业健康发展。全年完成商品销售总额78亿元，比上年增长71%。年内，对全系统社有资产进行全面清理、权属界定和登记，对15个企业实行收支两条线管理；开展农产品经纪人培训，有102人获全国农产品经纪人中级职业技能证书和农产品经纪人资格证书。12月8日，成立农村合作经济联合会，主要开展信息和技术服务、跨区域产品双向流通服务等，各镇(街道)均设立分会。年末，全市有供销合作商业网点600个，农村社区服务中心219个，农民专业合作社77个，合作经济联合社2个。

【基层供销社“三位一体”建设】 2010年8月11日，市政府召开全市基层供销社“三位一体”(农村社区服务中心、农民专业合作社、合作经济联合社)建设推进会，下发《关于推进全市基层供销合作社“三位一体”建设的实施意见》，推进基层供销社向集聚型发展。年内，市供销合作总社参股组建江阴市澄记豆食文化有限公司，注册资金600万元，实现生产机械化、产品包装化、运销冷链化，主要产品有内酯、百叶、豆腐、素鸡、豆干、油豆腐等6类20多种，日均生产能力5000公斤。是年，筹建国家三星级屠宰中心，协助养猪专业户试点建设“放心肉”安全信息可追溯系统，扎实推进无公害蔬菜种植基地建设。全年新建三星级农村社区服务中心9个，全市累计达219个，实现销售额16.65亿元，新增农村就业岗位1100多个。全年合办农民专业合作社15个，总投资3319万元，入社农户675户，带动农户2406户，实现销售额8028万元，助农增收4245万元；累计创办各类专业合作社77个，其中省级科技型农民专业合作社2个、“四有”农民专业合作社10个，无锡市级“四有”农民专业合作社14个。

（陆锡良）

粮油购销

【概况】 2010年，江阴市粮食局完善粮食收购、粮食储备、市场流通、质量监管和产业发展体系，积极应对粮食流通新变化，完成粮食收购4.25万吨，其中本地收购

2010 年，市粮食局开展市场粮油质量检查，全市粮油抽检合格率 97.1%。图为工作人员对超市粮食质量进行检查。（市粮食局供稿）

小麦 1.2 万吨，收购价每公斤 1.9 元，比上年提高 11.8%；收购晚粳稻 0.8 万吨，收购价每公斤 2.8 元，比上年提高 40%。外地收购粮食 2.25 万吨。全年销售粮食 101.1 万吨，其中中谷江阴国家粮食储备库销售 65.4 万吨、中粮麦芽(江阴)有限公司销售 23.4 万吨、市属国有粮食经营企业销售 7.1 万吨、各民营粮食流通企业销售 5.2 万吨；轮换粮食 1.8 万吨，抽检粮油样品 720 种，粮油样品合格率达 97.1%。年内，市粮食局强化放心粮油产品监督管理，发布粮油质量报告 12 期，全市放心粮油质量合格率 100%，学校、部队、机关等重点集体伙食单位采购率 100%，无粮油质量投诉现象发生。是年，组织粮油经营企业建立苏北、东北粮食基地，引进"岁穗福""稻花香"等品牌高端大米投放市场，高端大米市场占有率达 42%。全年建成粮油应急供应点 8 个、放心粮油经营单位 38 个、粮食安全信用企业 16 个、粮食收储企业规范化管理合格单位 14 个。市粮食局获国家"县市级粮食行政管理部门依法行政示范单位"称号，被江苏省人力资源和社会保障厅、省粮食局联合表彰为全省粮食系统先进集体。

【粮油应急供应点建成 8 个】 2010 年 3 月起，市粮食局提升服务功能和宏观调控能力，启动全市粮油应急供应点建设工作。年内，通过对企业基础设施、应急能力等综合检查、考评，市华贸粮油配送有限公司、夏港粮油购销有限公司、月城粮油购销有限公司、文林粮油购销有限公司、长泾粮油购销有限公司、顾山粮油购销储运有限公司、北涸粮油购销有限公司、华士粮油购销有限公司 8 个企业被认定为江阴市首批粮油应急供应点。应急供应点主要职能：市场平稳时，自主进行市场经营，承担重点单位、普通市民粮油供应职能；粮油供应紧张时，接受市粮食局统一调控，按照粮油供应政策承担政策性粮食供应。

（曹焕平　何晓峰）

烟草专卖

【概况】 2010 年，江阴市烟草专卖局（无锡市烟草公司江阴分公司）围绕"建设现代烟草"目标任务，实施品牌战略，强化专卖管理，提升电子营销水平，全年销售卷烟 6.04 万箱，比上年增长 2.98%；实现销售收入 15.07 亿元，增长 4.99%。是年，开展《中华人民共和国烟草专卖法》(修订)和《烟草专卖行政处罚程序规定》宣传活动，印发各类宣传资料 1000 余份，并为卷烟零售户提供法规咨询和真假烟识别服务。

【卷烟营销与服务】 2010 年，无锡市烟草公司江阴分公司优化销售结构，统筹调控市场，科学组织货源，推广电信互动电视(ITV)机顶盒网上订货模式，全年采用机顶盒订货的零售户 1520 户，网络订货率达 100%(电脑订货和机顶盒订货)。是年，实施卷烟仓储移库，纳入无锡物流仓储体系，送货线路由 16 条减至 13 条，客户经理走访线路由 24 条增至 30 条，客户服务部由 6 个调整为 4 个；按照"发展同向、工作同心、服务同步、利益同体"要求，完成 300 个卷烟零售经营服务标准店评定、建设和柜台安装工作。

【卷烟打假破网】 2010 年，江阴烟草专卖局围绕"端窝点、断源头、破网络、抓主犯"工作重点，强化责任意识，与工商、公安等部门建立联席会议制度、联合办案制度，形成卷烟打假破网工作合力。是年，加强对食品城、车站码头、城乡结合部等重点区域和卷烟回收店的日常监控，开展"闪电 7 号""闪电 8 号""打击违规大户、无证经营户专项整治"和清理整顿零售许可证等专项行动，查出违规零售户 119 户，其中不亮证经营 25 户，异地经营(拆迁、证址不符)69 户，转让、出租、出借、买卖许可证 12 户，不正常经营(经常关门、长期不订货、卷烟不出样)13 户。全年破获涉烟案件 328 件，其中 5 万元以上案件 16 件，移送公安机关 6 件，刑事拘留 7 人；查获涉案卷烟 1207.37 件。

（张　炜）

盐业专营

【概况】 2010 年，江阴市盐务管理局（江苏省苏南盐业有限公司江阴分公司）围绕"保规模、促转型、强优势"工作重点，坚持市场监督与保障销售相结合、专营执法与服务管理相结合，规范盐品购销市场秩序，初步实现盐业行政职能由专一市场执法向便民服务的转变。全年销售盐产品 3.39 万吨，其中小包装食盐 1.08 万吨、工业盐 2.31 万吨；纯碱、元明粉、印染助剂等非盐产品 5.52 万吨。实现销售收入 6784.89 万元，利润480.06万元。年内,加强食盐安全监管责任网、食盐安全群众监督网、食盐安全现代流通网“三网”建设,推行客户经理营销模式,出台《苏南盐业江阴分公司客户经理制实施办法》,提升营销能力和服务水平;设立澄东、城区、华士、澄西4个配送服务部,形成市镇村盐产品延伸配送网络。

【盐政监督管理】 2010年,江阴市盐务管理局加强食盐市场监督管理,相继开展元旦、春节保障食盐市场安全专项行动、保障上海世博会期间食盐安全联合执法检查、学校等公共食堂食品安全联合专项行动和“庆中秋、国庆,迎金鸡百花电影节”食盐安全联合检查、保障亚运会期间食盐市场专项行动等系列活动。全年出动盐政执法人员854人次,查处违法案件5起,没收盐产品0.16吨。全市碘盐覆盖率达99.31%,碘盐合格率100%,合格碘盐食用率99.31%。是年,开展食盐安全知识和食盐加碘消除碘缺乏危害宣传活动,增强公众食盐安全防范意识和依法维权意识;开展“科学补碘,持续消除碘缺乏病”宣教咨询活动,发放宣传手册1000多份。

(张 慰)

重点市场

【概况】 2010年,江阴市拥有各类商品市场94个,其中生产要素市场1个、生产资料市场31个、消费品市场62个。贸易市场成交额1346.9亿元,比上年增长21%,其中专业市场成交额930.8亿元,增长19.7%。全市有超亿元市场12个、超10亿元市场8个、超100亿元市场4个,其中江阴长江港口综合物流园区交易中心、金属材料市场成交额均超200亿元。年内,全面实行市场信用分级监管制度,有63个市场通过无锡市工商行政管理局达标验收。健康、云亭、利港农贸市场完成商场化改造工程,总投资1200万元;云亭农贸市场、江南农副产品批发市场安装“八合一”(一次检测农药残留、亚硝酸盐、二氧化硫、吊白块、重金属、硝酸盐、水产品甲醛、乳制品蛋白质8种含量)农产品快速检测仪,并加入无锡市食品质量安全监控网;健康农贸市场为经营户配置无线电子秤系统,属全省零售农贸市场首创。是年,云亭、利港农贸市场和健康农贸市场分别通过无锡市三星级和五星级文明市场认定;江阴长江港口综合物流园区交易中心、新生活家居广场被评为省级创建诚信文明市场先进单位;健康农贸市场被评为无锡市创建平安市场先进单位;长泾农贸市场等15个市场被评为江阴市创建平安法治市场先进单位。

(马 新)

2010年江阴市重点市场主要指标一览

表36 单位:万元

指标 / 名称	成交额		开票销售		上缴税金	
	总额	比上年增减(%)	总额	比上年增减(%)	总额	比上年增减(%)
长江港口综合物流交易中心	2653632	55.12	2286891	56.41	33175	−18.02
金属材料市场	2848047	38.01	2434228	38.01	8245	2.35
景澄物流配送交易市场	1680178	5.24	1660750	3.88	7211	4.77
江南农副产品批发市场	558617	2.84	–	–	–	–
华东石化物资交易市场	1605751	36.83	1372437	36.83	5324	27.74
汽车交易市场	312690	24.67	267256	24.67	2497	47.84
纺织市场	203800	56.77	–	–	–	–
橡胶化工市场	48307	−20.84	41288	−20.84	215	−40.61
华东有色金属批发市场	404910	104.96	346077	104.96	588	−1.67
金三角建材市场	45000	12.50	41540	3.85	8970	2.14
江阴废旧金属市场	33429	−85.61	28572	−85.61	3610	1504.44
沿江石化市场	12000	30.01	1020000	24.02	6100	28.01
长阳金属材料市场	1174684	113.50	1067894	113.68	2872	113.53

【废钢电子交易市场启动建设】 东盟交易所(NCCE)华东总部于2009年6月落户江阴。2010年1月16日,临港新城管委会、南宁(中国–东盟)商品交易所联合举办首届中国废钢电子交易论坛,就废钢行业未来发展方向以及电子交易模式的可行性进行探讨。4月28日,设立江阴废钢电子交易市场,主要从事各类工业品、农产品、能源产品、大型机械设备、技术产品、文化产品和进出口商品等大宗物资的现货即期、中远期电子交易等业务,并建设集交易、结算、信息、融资、物流、商品展示和国际采购等全程式服务于一体的特大型交易场所。是年,市场各项功能和各业务板块应用、宣传推广、资源整合等全面启动,先后引进会员单位50多个,并在安徽合肥、河北唐山和江苏徐州、泰

州、张家港、靖江等地设立废钢电子交易指定交收交割仓库8个；与上海浦发银行江阴支行、工商银行江阴支行签订《指定结算银行合作协议》。全年市场废钢成交量达74.49万吨，成交额24.27亿元，实现开票销售1000多万元。

（周法祥）

住宿和餐饮业

【概况】 2010年，江阴市住宿和餐饮业扩内需、促消费，提升品质档次，完成营业收入30.14亿元，比上年增长30.2%；社会消费品零售总额23.6亿元，增长17.93%。年内，市政府制订《关于培育发展江阴特色美食工作的实施方案》，启动“31230”特色美食培育工程*。组织申报“中国河豚美食之乡”并获命名，举办中国河豚美食产业发展研讨会和“第二届中国长江鲜·河豚美食节暨江阴市第六届美食节”，推进青果路美食街和益健路欧陆风情（酒吧）街业态调整；开展“一次性餐具”“餐饮市场价格秩序”“地沟油和餐厨垃圾”专项检查和创建省级食品安全示范街活动，全面实施餐饮业食品安全分级管理。是年，黄嘉喜来登酒店、宜必思酒店、杨柳岸水榭山庄、招隐苑天水雅居素斋馆、重庆德庄火锅、钱塘茶人茶庄、湘西部落餐馆、刘家大院餐馆、煌金园宾馆、新东亚大酒店客房部、申港街道汉皇国际大酒店、新桥镇桃园山庄休闲酒店等一批新网点建成开业；釜山料理、千野尊客餐馆、集集小镇餐馆、芭菲时尚酒吧、曼谷蕉叶泰式餐厅、上海棒约翰西餐、台湾雪锅自助式餐厅、“滇雅阁”云南风味主题餐厅、佳客来牛排店和“荷蛙轩”干锅料理时尚餐厅等特色餐饮企业落户澄江福地；江阴皇冠假日大酒店、青阳1881酒吧街等项目启动建设；长晟豪生大酒店、城市客厅1912酒吧街和青阳镇崇华大酒店等一批市级重点项目正在加快建设中。永丰源大酒店成功举办“第五届蟹黄汤包节”；南京江南人民公社餐饮有限公司在江阴开出4个连锁餐厅，星期8自助茶吧、N多寿司店实现连锁发展；雅唐澳门豆捞变更为柒茶馆时尚餐厅，香港旺角金阁店取代长江路口百世德咖啡西餐厅。年末，全市有餐饮单位（包括学校、工厂和建筑工地食堂）4757个、住宿服务单位400个。大华食品有限公司获“全国优秀早餐企业”称号，天水雅居获“全国十佳诚信单位”“中国餐饮服务名牌企业”称号。市烹饪协会组队参加在扬中市举行的“国缘杯”首届全国河豚烹饪技能大赛，获特金奖14个；组团参加第二十届中国（乌鲁木齐）厨师节，获特金奖3个、金奖5个和清真面点烹饪第一名。

2010年江阴市重点住宿餐饮企业营业收入一览

表37 单位：万元

名　　称	2010年	2009年	增减(±%)
天水雅居	16493	12569	31.22
国际大酒店	10766	7386	45.76
泓昇苑大酒店	6800	6108	11.33
海中天大酒店	6317	6124	3.14
来富岛大酒店	4917	4355	12.90
昊柏大酒店	4050	1345	201.13
黄嘉喜来登酒店	3519	–	–
兴澄大酒店	3462	4119	−15.95
法尔胜大酒店	3422	2926	16.94
华西金塔宾馆	3287	1954	68.23
新扬子大酒店	3146	2715	15.88
海中天花园厨房	3139	2413	30.07
新东亚大酒店	3109	3577	−13.08
华天大酒店	2915	2993	−2.61
怡乡春竹酒店	2616	2885	−9.34

【江阴市获“中国河豚美食之乡”称号】 2010年，江阴市注重河豚安全烹食管理，弘扬安全烹饪河豚技艺，促进河豚美食产业发展，相继制订《“中国江鲜美食之乡”河豚鱼安全烹饪公约》《河豚鱼安全烹制操作规范》《江阴市养殖(控毒)河豚鱼安全烹饪技术规范》，并建立河豚安全烹食可追溯体系，对经营河豚餐饮服务企业继续实行认证制度和年审制度，强化河豚烹饪特种厨师培训。全年拥有河豚经营餐饮企业2722个，其中国家级特许经营企业3个，省级19个；获江阴市级以上河豚烹调资格厨师1183人，其中225人获省级养殖（控毒）河豚烹调师资格。11月15日，经江苏省烹饪协会推荐，中国烹饪协会专家认证组认定，江阴市被命名为“中国河豚美食之乡”。

【第二届中国长江鲜·河豚美食节暨江阴市第六届美食节举行】 2010年3月24日，由江阴市政府主办、市商贸办和市烹饪协会承办的第二届中国长江鲜·河豚美食节暨江阴市第六届美食节在青果路美食街举行。美食节先后开展“江鲜菜系”创新佳肴作品展、“二月初八·南门会”民俗婚宴、青果路江鲜美食夜市、江阴河豚文化与安全烹食学术研讨会、养殖（控毒）河豚鱼烹饪师培训、春季名酒展销、江阴特产食品展销和“马蹄酥”消费者评选8项活动，展出江鲜美食菜肴205道，评出

2010年3月24日,第二届中国长江鲜·河豚美食节暨江阴市第六届美食节在青果路美食街开幕。(市商务局供稿)

江鲜餐饮名店13个、江鲜招牌菜24道、青果路美食特色菜9道;苏之酥食品厂、红房子食品有限公司、胖大嫂西饼店和大华食品有限公司获"马蹄酥"非物质文化遗产传承奖。美食节上,市烹饪协会发布《"中国长江鲜美食之乡"河豚鱼安全烹饪公约》。节后,该公约被中国烹饪协会和江苏省、上海市、湖北省、安徽省烹饪协会,江西省、浙江省餐饮行业协会引用推广。

居民服务业

【概况】 2010年,江阴市家政、美容、理发、浴室、洗染、摄影、维修、擦鞋、洗车、婚庆等居民服务业加快设施更新和服务创新,阿曼尼发型工作室、涉谷造型周庄店、天瑜伽园健康生活馆、陆琴脚艺、天水足道会馆、子惠皇家生活会所、凤凰水会、新奥体俱乐部、伽玛影研新派婚纱馆、钱瑰量贩KTV、皇家一号歌城、蜜果婚庆礼仪店等一批新型网点建成开业;上海永琪美发美容连锁店进驻江阴。上花轿婚纱摄影店更名为皇家爱情婚纱摄影会馆。年内,贯彻《江苏省特种行业管理条例》,对旅馆业、典当业、公章刻制业实行许可管理;对开锁业和生产性废旧金属收购业实施名录管理;对寄卖业、旧货交易业、金银首饰加工置换业、印刷业、汽车租赁业和机动车维修业实行备案管理;对洗浴、娱乐、美容美发等服务行业实施社会治安分级管理,促进全市服务行业洁净经营。全年新增注册家政服务企业16个、美容美发店407个、浴室25个、洗染店22个、摄影店31个、各类维修网点242个、擦鞋店3个、洗车店11个、婚庆服务企业8个、清洁服务企业13个;有9个家政服务企业、522个美容美发店、23个浴室、48个洗染店、33个摄影店、1个擦鞋店、427个维修网点和6个婚庆服务企业关闭歇业。年末,全市在业家政服务企业45个、美容美发店2235个、浴室296个、洗染店174个、摄影店157个、各类维修网点1718个、擦鞋店9个、洗车店72个、婚庆服务企业36个、清洁服务企业69个。

【"陆琴脚艺"进驻江阴】 2010年11月4日,扬州陆琴三把刀发展有限公司"陆琴脚艺"江阴店在长江路231号落户开业,营业面积2800平方米,设有香薰、板蓝根、生姜、牛奶、中药、冰离子足疗和修脚、刮脚、捏脚及保健按摩等项目,主要通过陆氏足疗手法,刺激双脚穴位及反射区,调整人体脏腑虚实,疏通经络气血,增强血脉运行,是集SPA、休闲、简餐、足疗、中医推拿、治疗脚病等于一体的专业足疗休闲会所。

【凤凰水会竣工开业】 2010年12月28日,由江阴凤凰城置业有限公司投资5000万元建设、香港水疗管理公司经营管理的江阴凤凰水会在城市客厅凤凰路88号竣工开业,建筑面积2万平方米,拥有游泳馆、男女浴场、桌球室、棋牌室、自助餐厅、商务客房、美容SPA房和高保真影院等设施,是以水疗SPA、休闲桑拿、保健养生为主的VIP商务型的休闲理疗娱乐中心,推行VIP尊崇贴身服务模式,为会员提供充值赠送、节日赠礼、康体档案和私人秘书全程接待等服务。(沈敏能)

■类目编辑 延克俭

江阴市实施文化强市战略

江阴市按照“以文化人，繁荣文化事业；以文化文，激活文化产业；以文化城，建设文化名城”的总体思路，全面启动创建国家历史文化名城，制订多项政策加强对历史文化街区、古村落等古迹、遗址的保护，在全省率先实施“幸福进万家·文化欢乐行”文化惠民工程，加快文化体制改革，大力推进文化产业发展，加强徐霞客文化品牌建设，一批龙头企业培育壮大。

① 2010年5月27日，举办江阴市第十四届读书节开幕式。

② 2010年6月13~17日，舞蹈《荡湖船》参加上海世博会“江苏活动周”巡演。

③ 2010年9月14日，全国第十五届“群星奖”获奖节目到江阴演出。

【第19届中国金鸡百花电影节】

①

2010年10月12～16日，第19届中国金鸡百花电影节在江阴举行，创全国首个县级城市举办该电影节的先例。江阴市全民参与、共建共享，88个企业积极奉献电影节，5万人次志愿者服务电影节，海内外200多个新闻媒体对电影节进行了充分报道。电影节以“相约幸福江阴·共享中国电影”为主题，53项活动精彩纷呈，“开放、大气、时尚、民享”的电影节融入了浓郁的江阴元素，江南小城的独特魅力借助电影节淋漓展示，“完美电影，幸福江阴”享誉全国。

②

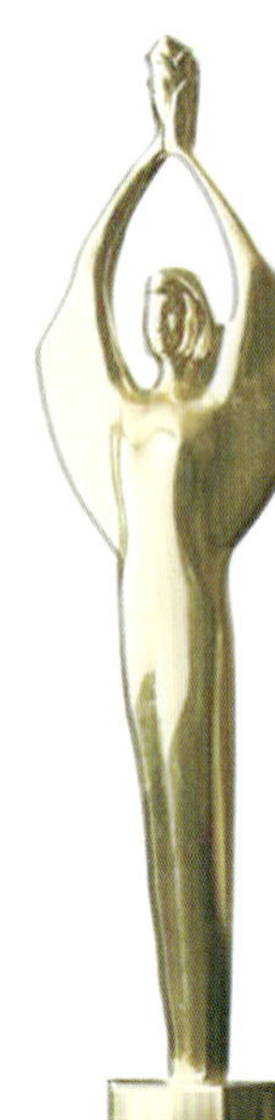

① 2009年10月20日，志愿者在电影节倒计时牌前合影。
② 2009年12月23日，无锡市委常委、江阴市委书记朱民阳(中)为奉献企业代表颁奖。
③ 2010年5月14日，市领导与荣誉市民、友好大使合影。
④ 2010年10月15日，无锡市委常委、江阴市委书记朱民阳为著名电影表演艺术家田华、于洋颁发荣誉市民证书。
⑤ 2010年10月12日，杨澜(中)主持第19届中国金鸡百花电影节开幕式。
⑥ 2010年10月16日，举行第19届中国金鸡百花电影节闭幕式。

第19届中国金鸡百花电影节
The 19th China Golden Rooster & Hundred Flowers Film Festival
相约幸福江阴　共享中国电影
2010. 10

③

④

⑤

⑥

【江阴市澄江街道】

澄江街道地处江阴市核心城区，传统历史文化和现代文明的交融使澄江更具发展魅力。以繁荣社区文化为主线，丰富街道的群众文化。以街道、村和社区文化阵地联动，满足群众需求。通过突出文化市场建设和文物保护、利用工作，加快文化市场健康发展，加快文化产业发展，提升文化产业在地区生产总值中的比重。

① 2010年9月17日，澄江街道"水墨江南"画家村文化产业项目开工典礼。
② 2009年12月31日，上海滑稽演员与街道领导合影共迎新年。
③ 2010年7月26日，市委常委、宣传部长徐冬青（前排左二）视察街道便民服务中心绿色网吧。
④ 2010年8月8日，澄江街道全民健身启动仪式上的健身项目展示。
⑤ 2009年7月10日，澄江街道河北街社区文化活动。

【江阴市夏港街道】

夏港街道位于江阴市城区西，距江阴市区约5公里，是一座富有灵气、充满活力的江南小镇，区位优势明显。建有8座万吨级外港码头，新长江路、长达路、新港大道连接南北。夏港人文历史悠久，境内有万安桥、孝子牌坊，走出了吴文藻、俞伟超、俞敏洪……

① 小戏进城广场文艺演出　②③ 夏港人文历史展览馆一景　④ 吴文藻 冰心故居　⑤ 长江村

【江阴市申港街道】

申港有着深厚的历史文化底蕴和浓厚的群众文化氛围。近年来，申港街道以打造文化强镇为目标，加大文化设施建设投入、加快文化产业发展、加强文化精品创作，建成春申广场、季子文化公园、城市规划展示馆、长江珍稀鱼类保护研究中心、图书馆分馆、国家航空航天模型基地等29个文化活动点；成功申报《段龙》《络苏板》《荡湖船》《申港百页》《鸳鸯菜》等一批省、市级非物质文化遗产，《荡湖船》于2010年应邀参加上海世博会巡游；成立了全国首个乐器行业校企合作中心、申港首个文化产业基地金杯艺术培训中心。

① 2009年5月1日，首届中国·江阴季子文化节。
② 古戏台锡剧演出
③ 2010年6月19日，第19届中国金鸡百花电影节“唱响百花·走进申港”特别活动。
④ 2010年9月8日，金杯艺术培训中心乐器展示。
⑤⑥⑦⑧ 非物质文化遗产项目展示

江阴市南闸街道

①

②

南闸街道位于江阴城区的南郊，是江阴市的“南花园”，自古人才辈出，有着深厚的人文积淀和文化底蕴。南闸不仅哺育出了奥运会冠军陆春龙、影视演员袁立，还培养出了一批书法家和画家。2010年，南闸街道被江苏省文化厅评为“江苏省书画之乡”。

③

① 2008年5月9日，江苏省锡剧团下乡演出。
② 2008年7月1日，许达书法作品展。
③ 2010年10月9日，江苏省锡剧团南闸少儿学员班开班仪式。
④ 2010年2月8日，迎世博 讲文明 树新风——南闸街道市民文明素质提升工程启动暨第一届“宜居南花园”杯群体文体活动大赛开幕仪式。
⑤ 2010年9月，“小手拉大手·文明一起行”文明礼仪知识竞赛。

④

⑤

【江阴市云亭街道】

2010年，云亭街道开辟4个广场文化阵地，新建市民休闲广场——绿城广场，每天有近千名群众吹拉弹唱和跳舞健身，极大丰富和活跃了街道群众业余文化和街道夜晚文化。组织开展庆百年“三八”妇女才艺展示、首届文化艺术节、“小戏进城”等文化活动。成立街道文联，创作了具有云亭特色的《美丽的敔山湾》《毗山之恋》《山水云亭》等7首歌曲，原创小品《为人》获江苏省“五星工程奖”银奖。以书画为载体，举办了花山村安全文化书画展，结合街道生态环境优势，积极引入民资近3000万元，建成花山文化会所并投入运营。

① 以原创节目为主做亮小戏进城。2010年7月31日云亭街道小戏进城参加广场文艺表演。
② 2010年10月19日，云亭街道原创小品《为人》获第九届省“五星工程奖”银奖。
③ 2010年9月29日，云亭街道举办首届文化艺术节青年才艺大奖赛。
④ 2010年3月8日，云亭街道妇女健身展示活动。

【江阴市璜土镇】

璜土镇高城墩良渚文化遗址的发现，昭示了五千年文明发展的历史，1999年被评为全国十大考古新发现之一。境内晚清诗人金武祥写下名句“桂林山水甲天下”；清代小说家屠绅，其名录入辞海文化名人录；还有当代著名教育家陶白（利城村后区里村人）和著名书法家朱文郁（常泽桥村人），为弘扬民族文化，发展璜土传统艺术起到了不可磨灭的示范教育作用。1996年10月被无锡市评为书画特色镇。

① 2010年12月10日，汉邦石化PTA项目投运仪式。
② 新建文体中心图书馆一角
③ 舞蹈《边关情》
④ 2010年5月5日，“幸福璜土文明行”五送进村活动。
⑤ 2010年8月2日，第三届中国·江阴璜土葡萄节。

【江阴市利港镇】

利港自古人杰地灵，特色文化根基深厚。早在上世纪九十年代初，民间舞蹈《九狮舞》《茶花担舞》就被收录在《中国民族民间舞蹈集成》。多年来，政府加大文化投入力度，建成了龙狮广场和5个龙狮舞传承基地，定期举办“龙狮文化节”，形成了独特的龙狮品牌文化。

同时，文化精品创作形成特色。据统计，从2000年至2010年，全镇创作的小品、歌词、书画作品，获省级以上奖项20余次，江阴市级以上百余次。镇文化服务中心连续11年获“江阴市先进文化服务中心（站）”称号，2009年、2010年连续两年获“无锡市先进基层文化站”称号。

① 表演省级非遗项目《茶花担舞》
② 表演传统民间舞蹈《打莲湘》
③ 无锡市非遗项目芦埠港灯会
④ 表演无锡市非遗项目《九狮舞》
⑤ 无锡市非遗项目《面塑》

【江阴市月城镇】

月城传承着千年的历史文化，保存着淳朴秀美的水乡风光，展现着缤纷多彩的民俗节日，是锦绣江南一颗璀璨的明珠。月城镇古称“卧龙”，地处江阴市西南陲，是典型的江南水乡，文化底蕴深厚，戏曲著作繁荣。从1978年至2010年，全镇创作、演出的小戏、小品等，获国家、省、市各级奖项有90余次，为各级文艺单位和艺术院校输送文艺人才50多人。1994年，被江阴市文化局、文联、剧协命名为“小戏之镇”；1996年被江苏省文化厅命名为“江苏省民间艺术之乡（小戏）”“江苏省群众文化先进乡镇”；2000年，被文化部命名为“中国民间文化艺术之乡(小戏)”；2008年再次被文化部命名为“中国民间文化艺术之乡（戏剧）”。2002～2010年，镇文化服务中心多次被评为江阴市文化工作先进单位。

① 龙舟竞渡 万人空巷
②③ 小戏之乡 老少能吟
④ 鱼儿乐水 钓者乐渔

【江阴市青阳镇】

青阳镇位于江阴南部，距市区18公里。2006年3月，镇内南楼崧泽文化遗址的发掘，把长江下游的文明史推前至5500~6000年前，南朝梁武帝信奉佛教，于青阳悟空村建“招隐寺”，宋代宋太宗敕封“招隐寺”为悟空寺。青阳葛氏一门出了33位进士，名满宋代……深厚的历史文化底蕴与当代先进文明互相交融。近年来，青阳镇党委政府紧紧围绕“打造江阴城市副中心”这一定位，坚持以人为本，坚持发展第一要务，统筹推进农业产业化、经济多元化和集镇城市化步伐，着力将青阳建设成“新型经济强镇、历史文化名镇、生态休闲新镇、江南旅居小镇”。

① 现代生态高效农业园——“万顷良田”观光园
② 位于青阳古运河上的三元桥
③ 位于青阳镇的江阴市农业科技博览园一角
④ 新落成的青阳医院

【江阴市徐霞客镇】

XU XIA KE ZHOU BAO

徐霞客

一周要闻

以党建工作促富民工程　以创业乐园促收入倍增

无锡市委常委、江阴市委书记朱民阳来镇调研

市委不开发区域建设专题调研组来镇调研

加快推进控源截污工作　大力优化生态生活环境

市政协主席黄满忠来镇调研幼儿教育工作

① 《徐霞客周报》

② 2011年2月15日，“幸福霞光——来自徐霞客镇的新春报告”专场文艺汇演。

③ 2010年10月23日，全省首个乡镇级专业文化剧团徐霞客锡剧团排演的《一件连衫裙》获无锡市创作、演出一等奖。

④ 徐霞客故里湿地公园

徐霞客镇因“千古奇人”而名扬天下，又因“游圣故里”而著称于世，更因生态旅游而闻名遐迩。明代杰出的地理学家、旅行家徐霞客耗尽毕生心血以日记体写成旅游文学著作《徐霞客游记》，被誉为千古奇书。晴山堂石刻、徐霞客故居被国务院列为全国重点文物保护单位。现代，境内先后产生了一批在各界的杰出人物，其中中将1人，副军职6人，享受国务院特殊津贴者10人。近年来，徐霞客镇积极推进文化建设，共建共享文化阵地，2009年，成立全省首个乡镇级专业文化剧团——徐霞客锡剧团；创办《徐霞客周报》，首开全市乡镇级周报先河；徐霞客电视新闻外宣工作连续4年列全市乡镇第一；以徐霞客大道为轴线，联结“幸福六园”等农业观光基地，实施了马镇明清风貌街、峭岐欧风街改造和徐霞客湿地、水系沟通工程，形成了旅游文化特色品牌。

【江阴市华士镇】

华士镇人文荟萃，文化底蕴深厚。针灸学教育大家、一代宗师承淡安，油画家、美术教育家吕斯百，上海市原作协主席、著名文学评论家徐中玉等华士籍专家、教授、学者遍布海内外。渔篮虾鼓、赵氏木雕、砖刻、纸马等非物质文化遗产入选省、无锡市名录。近年来，乡镇设施一流的文化中心、占地20公顷的城市主题公园等一大批文化品牌工程相继建成。

① 被誉为“天下农民第一团”的华西特色艺术团为游客表演保留节目
② 华士镇文史馆以文字、照片、实物等形式展示华士深厚的历史文化底蕴
③ 2010年2月3日，无锡市委常委、江阴市委书记朱民阳（右）为文化中心揭牌。
④ 华士镇主题公园

【江阴市周庄镇】

周庄镇文化源远流长，明代时期，民间土布相当兴旺，清代为鼎盛时期，日产土布千匹，销往大江南北以及东南亚，成为闻名遐迩的纺织之乡，有“江南布码头”之盛誉。近几年，周庄成功举办中国曲艺名家送欢笑下基层、无锡锡剧院锡剧周等活动，成立卧龙湖会所、大宗言会所、周西村会所等，创作的小品、歌曲、文学、书画等作品多次在国家、省、市级刊物上发表、获奖和展出。其中3个原创小品三度获得江苏省群文创作最高奖项“五星工程奖”。

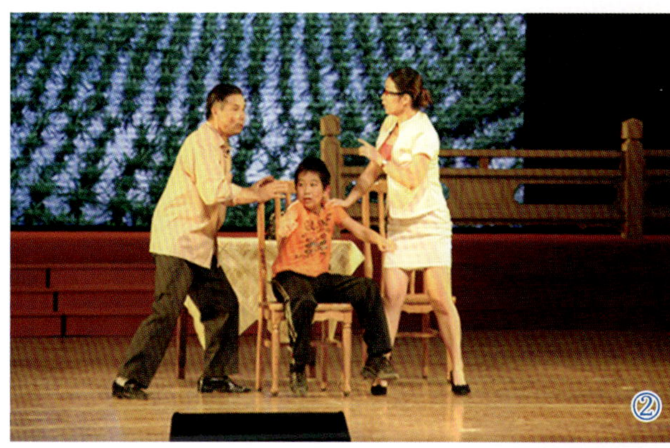

① 2010年10月24日，著名相声表演艺术家姜昆(左)在周庄献艺。
② 2010年11月，小品《为了妈妈》在全国获奖。
③ 全市首条农村步行街——宗言街
④ 第六届中国曲艺牡丹奖中国曲艺名家江阴行“走进周庄”演出活动现场

【江阴市新桥镇】

新桥镇地处江阴东南，境内有“郁桥古银杏”和“苏墅活人桥”，以及记入县志史册的“东坡别业”“白鹿山庄”等多处文化遗存。古代有被列为一方名宦的郁文周、陶孚尹和从一品武将陶飞熊；当代有被誉为中国混凝土之父的中国工程院资深院士吴中伟和11位获国务院特殊津贴的专家学者，更有先后当选为全国“两会”代表（委员）的著名企业家陆克平、周建平、陈丽芬。在加快推进“欧洲小镇、幸福新桥”建设中，新桥镇着力推进文化惠民载体建设，以社区为主阵地丰富市民文化活动。2010年，建成海澜国际马术俱乐部、街心文化广场、江阴市图书馆新桥分馆、黄河社区休闲广场、新桥中学、水景公园B区等一批文化精品工程；先后承办“第19届中国金鸡百花电影节系列活动启动仪式”“文明新桥”“社区文化体育节”等大型群众性文化活动；江苏省马术协会和江苏省马术队先后落户新桥，“马文化”产业成为新桥产业转型发展的新方向。

①② 上级领导视察新桥

③ 2010年5月28日，新桥镇获“国家园林城镇”称号。

④ 2010年6月21日，新桥镇“七一”千人大会。

【江阴市长泾镇】

长泾镇古名“东舜城”，是吴文化的发祥地之一，也是中国著名电影表演艺术家上官云珠和著名化学家、催化学科奠基人之一张大煜的故乡。2009年11月长泾镇启动长泾历史文化街区建设工程，开展“保护母亲河、留住城市记忆”300天行动计划，2010年9月竣工并举行开街仪式，改造后的长泾历史文化街区形成了四大功能区。2010年7月，长泾镇被住房和城乡建设部与国家文物局联合评选为第五批中国历史文化名镇。

① 2010年9月30日，举行长泾历史文化街区竣工开街仪式。
② 2010年10月13日，第19届中国金鸡百花电影节江阴友好大使袁咏仪(左二)在长泾。
③ 长泾历史文化街区夜景
④ 2010年7月22日，长泾镇荣获“中国历史文化名镇”称号。
⑤ 新建成的长泾实验幼儿园

【江阴市顾山镇】

顾山镇境内有著名的江南丝竹高手周少梅故居、完整的明清古街及南朝梁代香山古寺和古犀带桥。顾山又是红豆故乡，相传梁代昭明太子亲手种植了顾山红豆树，红豆象征着顾山人浓浓的亲情、友情、乡情。顾山人才辈出，明朝有李应升，现代有得到毛泽东赞扬的周水平烈士，当代有原北大校长吴树青、原南师大校长谈凤梁等一批志士名人。顾山镇文体事业蓬勃发展，2010年成功举办首届全民运动会，营造了全社会健康向上、团结进取的浓厚氛围。顾山镇特色文化产业不断壮大，2010年成立顾山镇内衣协会，获“中国针织内衣产业基地”称号，代表传统苏作紫檀工艺的紫檀博物馆也建成开馆。

① 镇区新貌
② 2010年10月，全国政协原副主席张怀西(左二)视察紫檀博物馆。
③ 华东地区最大的毛衫生产、出口基地——云蝠投资控股有限公司。
④⑤ 顾山镇居住小区掠影

【江阴市祝塘镇】

享有“中国针织服装名镇”美誉的祝塘镇历史悠久，人杰地灵，是徐霞客的祖居地、施耐庵著书立说的隐居地。全镇文化事业蓬勃发展，成效显著，建有“三馆”（炎黄陈列馆、廉政文化教育馆、祝塘成果馆），“两场”（世纪公园广场和室内小剧场），“三个中心”（青少年绿色上网中心、读书活动中心和书画创作交流中心）。全镇有35户特色文化家庭，李中林家庭藏书2万多册，被评为江苏省“新华书缘杯”十大藏书家。古镇记忆公园作为全市首个非物质文化遗产主题公园集中展示了非物质文化遗产的精华。

① 2011年1月20日，无锡市委常委、江阴市委书记朱民阳视察祝塘镇古镇记忆主题公园。
② 2010年2月4日，江阴市文化科技卫生“三下乡”集中活动启动仪式在祝塘举行。
③ 江苏省“新华书缘杯”十大藏书家——李中林
④ 2010年9月30日，祝塘镇全民健身活动月启动仪式。
⑤ 2010年8月8日，央视在祝塘中心小学拍摄电视剧《成长密码》。

【江阴市文化艺术集团】

文化艺术集团全面实施“幸福进万家·文化欢乐行”活动，不断提升文化软实力，扎实推进文化惠民工程，健全公共文化服务体系，精品文艺创作硕果累累，群众文化活动繁荣活跃。“天天有展览、月月有活动、季季有演出”，全年无休的惠民举措引领市民的文化走向。成功献演世界经典芭蕾舞剧《天鹅湖》，举办“三月三半农诗会”、首届江阴摇滚音乐节及全国知名曲艺名家刘兰芳、姜昆、巩汉林莅澄表演和周立波海派清口等质量上乘的文化活动，提高市民艺术涵养，提升城市文化品位，宣传江阴美誉度。

① 2010年6月19日，市文艺集团与市文联赴上海南京路参加“世博会城市文化广场周周演”活动。
② 2010年6月7日，俄罗斯莫斯科芭蕾舞《天鹅湖》在江阴大剧院上演。
③ 2010年5月7日，举办中国图书馆学会第三届百县馆长论坛 。
④ 2010年5月14日，文化馆编排的儿童音乐剧《带锁的日记》在广州荣获文化部第十五届群星奖。
⑤ 2010年9月30日，世界非物质文化遗产南京云锦展在江阴市博物馆举办。

【江阴市体育局】

年内，2500座市民水上活动中心主体结构完成建设。体育局再次被评为“全国全民健身活动先进单位”，连续七年获体育总局表彰，全省体育工作县级综合考核首次排名第一。并先后获“江苏省县级体育工作先进单位”“江苏省体育彩票工作先进单位”“2006~2010年江苏省体育彩票销售量‘五连冠’突出贡献奖”“江苏省承办省级以上体育竞赛最佳赛区”等荣誉和称号。新桥镇体育健身中心、夏港街道体育健身中心、璜土镇体育公园被体育总局命名为“国家全民健身工程示范项目”。市体育中心体育场屋顶膜结构获得世界膜工业协会IFAI2010年度IAA国际杰出成就奖，为本年度中国境内唯一获此殊荣的工程项目。

① 2010年5月19日，国家体育总局足管中心副主任林晓华(前排右一)给徐霞客镇党委书记路建忠(前排右二)颁发杰出贡献奖杯。
② 2010年4月22日，无锡市委常委、江阴市委书记朱民阳(左一)陪同中国奥委会名誉主席何振梁(右一)参观天华文化中心展览馆。
③ 2010年11月2日，中国徐霞客国际攀岩大师赛开幕式。
④ 2010年元旦，无锡市委常委、江阴市委书记朱民阳(右)作重要讲话并宣布长跑活动开始。

【江阴市史志办公室】

市史志办业务工作主要有党史征编和地方志编修两个方面，是江阴文化建设的重要组成部分。党史工作涉及党史研究、党史学习教育、党史宣传、党史纪念活动、党史资料征编、党史遗址保护利用、党史题材作品编审出版等工作。地方志工作涉及地方志书编修、年鉴编辑、地情资料征编和部门志、镇（街道）村志编修业务指导等工作。近5年来，江阴史志工作取得较好成绩。党史方面完成抗战课题调研、革命遗址遗迹普查工作和《党史知识500问》《红色回眸》《辉煌十一五》等书籍的编写工作。地方志方面完成《江阴市志（1988～2007）》330万字初稿的编纂工作，先后指导《华士镇志》《月城志》《江阴市妇女联合会志》等10余部部门志、镇（街道）村志出版。《江阴年鉴》于1993年创刊，至今已连续出版19部，屡获全国和省级特等奖。2010年，2009版《江阴年鉴》又在江苏省和全国年鉴评比中双获特等奖。是年，江阴市史志办被评为2009～2010年度江苏省党史系统先进集体，并获得江苏省党史宣传优秀奖。

【江苏金一文化发展有限公司】

江苏金一文化发展有限公司主营高品质贵金属文化创意产品和个性化邮品的创意设计和策划营销，2010年被命名为无锡市文化产业示范基地，江苏省优秀民营企业，国家级文化产业示范基地。为2008年北京奥运会贵金属特许分销商和零售商，2010年广州第16届亚运会贵金属类供应商和特许生产商，2010年上海世博会标志特许贵金属产品经营企业，2011年深圳大运会贵金属特许生产商，2011年西安世界园艺博览会贵金属特许生产商，2012年海阳亚洲沙滩运动会贵金属类独家特许经营商。金一成为中华社会文化发展基金会战略合作伙伴，抢救流失海外文物专项基金“国宝工程”工益活动捐助单位。公司成立了创意设计研究所，成功申请了近百个外观设计、实用新型、软件著作权等专利。2010年11月，公司获“广州亚运会会徽终选奖”；同月，公司研发的《世博全记录金条套装》被上海世博局授予“中国2010上海世博会特许商品创新奖”。

①

②

③

④

⑤

⑥

① 2008年12月26日，全国政协副主席张梅颖(左二)出席金一文化产业园开园仪式。
② 2010年6月30日，全国政协副主席厉无畏(右二)出席创意亚洲开幕式。
③ 江苏金一文化发展有限公司
④ 2009年度最佳创意产品——世博金钥匙
⑤ 国家文化产业示范基地牌
⑥ 2010年6月30日，无锡市委常委、江阴市委书记朱民阳为创意亚洲揭幕。

【江苏省全方地图应用开发中心】

江苏省全方地图应用开发中心是江阴市水利农机局下属事业单位，由江阴市水利农机局与江苏省测绘局联合创办的科技型经济实体，具有乙级测绘资质。承担：地形图、电子地图、真三维地图、其他专用地图的编制；同时还可承担工程测量、房产测绘、地籍测绘、地理信息系统工程、海洋测绘等测量工程，是《江阴市志》《江阴年鉴》及部门志、镇志选用地图的合作单位。

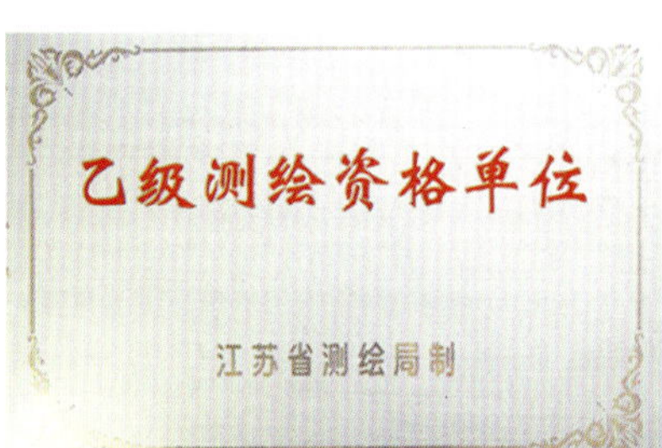

现代物流业

综 述

【概况】 2010年，江阴市依托市域内长江港口、高速公路道口和新长铁路站场等交通资源优势，重点发展仓储物流、商务服务、配送加工等特色物流业，增强集聚区区域辐射力，初步形成港口物流、公(铁)路运输等仓储配载物流格局和产业、资源集聚服务平台。全年完成物流营业收入2050亿元，比上年增长18%；货运量2878万吨，增长0.49%；货运周转量26.74万吨公里，增长0.5%。港口货物吞吐量1.25亿吨，集装箱运量101.1万标箱。全市9个道口集聚区开票销售620亿元，上缴税金4.6亿元；5个重点物流园区开票销售851亿元，上缴税金10.1亿元。是年，“港口物联网支撑技术与平台研究”项目获江苏省立项，成为全省首个整合物流和物联网技术的专业化应用平台。至年末，全市累计建成省级现代服务业集聚区2个、物流基地3个，无锡市级现代服务集聚区3个，江阴市级物流园区5个、道口集聚区9个。

【港口物流】 2010年，江阴市依托港口优势和岸线资源，推进区港联动，发展港口物流，完成港口货物吞吐量1.25亿吨，比上年增长15.46%；集装箱运量101.1万标箱，增长34.36%。年内，江阴港航线覆盖近洋航线、沿海内贸航线、长江内支线及内河支线，航班密度每周达83个班次。开通有海口、丹东、中国台湾和韩国、日本等外贸近洋航线，外贸内支线对接上海外高桥和洋山港等地，累计航线达45条。是年，由江阴软件园、南京大学江阴信息技术研究院和江阴港港口集团股份有限公司联合承担的“港口物联网支撑技术与平台研究”项目获江苏省立项，其中港口物联网组网控制软件、港口设备运行状态监控系统、专用车载卫星导航监控系统软件、工程设备资产管理系统、无线自动抄表系统等技术获自主知识产权认证，天气信息监控系统软件、工程设备资产管理系统、集装箱卡车卫星导航监控软件、专用车载卫星导航监控系统软件在黄田港投入运行，无线自动抄表系统与港口设备远程监控软件在天津港示范应用，港口设备运行状态监控系统在宁波港推广。至年末，江阴长江沿线建有千吨级以上泊位87个，其中万吨级泊位43个，开放泊位31个，石化仓储量达160万立方米。

重点物流园区

【概况】 2010年，江阴市有江阴长江港口综合物流园区、城东物流园区、城西物流园区、金三角物流园区、江阴—靖江物流园区5个重点物流园区，规划面积10.8平方公里。全年开票销售851.5亿元，比上年增长52.17%；上缴税金10.1亿元，增长16.79%。年末，累计进驻企业6000多个，从业人员5万多人。

【江阴长江港口综合物流园区】 位于滨江西路1号，规划面积3平方公里。2010年，园区发挥交通、区位和经济优势，建立行业政策环境、基础设施和信息网络平台，推动物流企业兼并重组；重点培植和引进第三方物流企业，第三方物流占市场份额的30%，物流成本占地区生产总值的比重下降到13%以下。全年开票销售366.62亿元，增长38.8%；上缴税金5.09亿元；主导产业投入43亿元，完成全年目标任务的144.1%；协议注册外资1.8亿美元，到账外资1亿美元。完成货物吞吐量3500万吨，新增注册现代物流、商贸商务、软件和文化创意企业420个，引进外资项目13项、“530计划”*项目11项。“港口物联网支撑技术与平台研究”项目获江苏省立项，“面向物联网的嵌入式系统建模与转换研究”和“面向公共安全的多模态个体鉴识信息网络分析平台”项目入围江苏省科技支撑计划。是年，完成现代物流产业发展规划、空间布局规划、夏港国际汽车城规划编制工作。江锋广场竣工投运，红星美凯龙家居城、智富大厦主体工程封顶，国际汽车城正在加快建设中。区内现代物流产业园被评为中国物流示范基地，江阴软件园被评为江苏省首批物联网产业基地。

【城东物流园区】 位于锡澄高速公路江阴南北出口交界处，东至白屈港、南接云亭，西至澄杨路、北接人民东路，规划面积2.2平方公里。2010年，园区利用高速公路道口交通资源和发展空间，整合市区以及周边乡镇市场资源，形成南、北分区。北区以金属材料交易、物流配送为主，建有金属材料市场、仓储中心、交易中心等，累计进驻企业400个；南区以家居建材、汽车交易为主，建有家居广场、建材市场和汽车交易区等，进驻企业200个。是年，城东物流园区开票销售281.3亿元，增长40.3%；上缴税金1.1亿元，增长13.4%。

【城西物流园区】 位于锡澄路与澄南大道交汇处，东起锡澄公路、西至夏港界，北起芙蓉大道、南至南闸界，规划面积2平方公里。2010年，园区利用交通便捷优势，整合周边市场资源，形成东、西2个分区。东区以生活资料为主营特色，建有江南农副产品批发市场、上海农工商江阴大卖场等；西区以五金机电为主营特色，建有江阴永康五金城、中亚橡胶市场等。是年，城西物流园区销售60.69亿元，上缴税金1215万元。

【金三角物流园区】 位于锡澄公路南闸段两侧，东至徐霞客大道，西接锡澄路，南至黄土泾桥，北邻澄江街道，规划面积1.2平方公里。2010年，园区实施“补位型经营、错位化发展”战略，利用城市南移发展契机，拓展招商领域，相继引进嘉福花园洋房、金三角城市综合体等项目，初步形成建材、木材、建筑卫生陶瓷、有色金属、废旧金属等大类产品集聚的经营型物流园区和华东地区规模较大的建材商品集散地。是年，建有金三角建材市场、华东有色金属市场、金三角建材木材市场、金三角灯具市场等，经营国内外知名品牌商品1万多种；启动建设城南居住区、“都市新型卫星城”和锡澄路沿线、紫金路沿线、徐霞客大道两侧商贸区。全年开票销售70.8亿元，增长111.6%；上缴税金1.77亿元，增长663.78%。

【江阴—靖江物流园区】 位于靖江市通江路，规划面积2.64平方公里。2010年，园区发挥江海联运优势，加快形成钢铁、煤炭、油品等物流配载和仓储体系，建有3.5万吨级码头6座、泊位13个，在建码头1座、万吨级泊位4个。全年完成货物吞吐量3000多万吨，实现销售收入128.69亿元，增长128.75%；上缴税金2.31亿元，增长45.55%。

重点物流项目

【概况】 2010年，江阴市以基础设施为载体，全面提升物流功能，推进物流重点项目建设。全年有物流重点项目9项，其中续建项目4项、新建项目5项，完成投资16.77亿元。江苏申通国际货运中心、江苏(苏南)成品油管道项目等物流项目竣工投运，金属材料市场改扩建工程、永康五金城、大众医药物流配送中心、中粮粮食物流(二期)、江阴汽配城等项目正在加快建设中，深国投商业中心、魔方时代广场、嘉年华城市广场·1912等项目进入收尾阶段。

【申通国际货运中心项目】 该项目位于沿江高速周庄、徐霞客出口处南侧，由杭州申通物流有限公司投资建设，总投资1.2亿元，占地面积5.54万平方米，建筑面积5.46万平方米，其中办公及信息中心6251平方米、交换中心1.24万平方米、仓储中心6400平方米、仓储房1.74万平方米，其他设施1.21万平方米，主要建设集货物运输的陆空国际业务代理、小件快递和货物配载、仓储、装卸、搬运等于一体的国际货运中心。2010年，快递分拣、转运服务、仓储和生活配套等基础设施建设竣工投运，完成投资8500万元，累计完成投资1亿元。

【苏南成品油管道(江阴段)工程项目】 该项目由中石化江苏石油有限公司于2009年启动建设，总投资14亿元，其中江阴段管道由常州龙虎塘穿过境内西横河、新沟河、新夏港河、锡澄运河南闸段、花山河、云南路、白屈港河、延陵东路、石牌港河、长山油库、锡澄高速线到达无锡堰桥，全长89.2公里，管线设计输量为300万吨/年，最大能力580万吨/年，总投资2亿元。2010年，江苏苏南成品油管道(江阴段)铺设工程竣工，并完成长山油库配套改造工程。12月17日，苏南管道从南京首站发油5.2万吨，于19日凌晨3时顺利通过江阴，实现一次性投油成功。

【金属材料市场改扩建项目】 该项目位于城东物流园区内，占地面积7.46公顷，由江阴华钢置业有限公司投资兴建，总投资7亿元。建设周期为2009～2012年。2010年完成投资2亿元，建成钢材交易中心4.7万平方米，内设电子交易平台、智能化车管和电子监控系统；综合商务楼5.33万平方米，钢贸大厦3.01万平方米。配套物流中心正在加快建设中。

【永康五金城项目】 该项目位于芙蓉大道立交桥西南侧，占地面积20公顷，建筑面积24万平方米，由江阴永康五金城有限公司投资兴建，设有市场营业区、仓储物流区、商务办公区、会展中心、市场服务中心、信息中心、网上交易中心等，总投资5亿元。建设周期为2007～2011年。2010年建成商铺1300余间，建筑面积5万平方米，完成投资1亿元，累计完成投资4.9亿元。

【江苏大众医药物流配送中心项目】 该项目位于澄江街道办事处辖区内，由江苏大众医药连锁有限公司投资兴建，总投资2亿元，主要建设无锡地区最大的现代医药物流中心，形成江阴医药总部经济中心和20亿元药品仓储配送能力。2010年完成投资8000万元，建成药品配送中心4万平方米、配套用房1万平方米、中药饮片生产车间1万平方米。

【中粮粮食物流(二期)项目】 该项目位于江阴经济开发区，由中粮(江阴)粮食仓储有限公司投资兴建，总投资2亿元，占地面积16.66公顷，其中一期项目占地面积8.66公顷，建成码头泊位4个、立筒仓1座、配套设施7.8万平方米。2010年，启动二期项目建设工程，占地面积7.73公顷，其中滩地面积1.33公顷，主要建设5万吨级码头、13.9 万吨立筒仓及工作塔、5.5 万吨平房仓及相关生产生活设施。年内，各项工程正在加快建设中，完成投资 226 万元。

【江阴汽配城项目】 该项目位于澄杨路以北、东外环路以西、芙蓉大道以南，占地面积 11.53 公顷，建筑面积 17 万平方米，主要建设集汽车配件、汽车用品交易、汽车维修、汽车影院、综合商务大楼及汽车酒店等为一体的专业化汽配市场。2010 年，各项基础设施正在加快建设中，完成投资 6000 万元。

重点物流企业

【概况】 2010 年，江阴市有专业许可经营物流运输企业 451 个，比上年增长 39%；危险品运输企业 32 个，增长 14%；货物运输车辆 8987 辆，增长 51%。全年各类重点物流企业完成销售收入 374.78 亿元，比上年增长 61.2%；上缴税金 10.86 亿元，增长 44.3%。

2010 年江阴市重点物流企业主要经济指标一览

表 38　　单位：万元

企业名称 \ 各项指标	开票销售	比上年增减(%)	上缴税金	比上年增减(%)
江阴市宇联物资再生利用有限公司	170000	1.22	18258	108.75
中油销售江苏有限公司	370105	76.49	14651	−4.99
江阴天力燃气有限公司	116393	31.07	9133	10.34
江阴海澜之家供应链管理有限公司	148977	57.70	9019	116.51
江阴市月山再生资源有限公司	5060	−20.23	8709	117.33
无锡市烟草公司江阴分公司	150804	5.38	6729	9.24
江阴市长江钢管有限公司	447000	31.67	6327	213.22
见龙(江阴)国际贸易有限公司	19000	137.50	6228	16.73
江苏中金再生资源有限公司	450463	3070.71	4454	43569.6
中国移动通信集团江苏有限公司江阴分公司	104706	−2.54	4010	9.81
江苏江阴港港口集团股份有限公司	101882	45.52	3969	6.01
中国石油化工股份有限公司江苏江阴石油分公司	262349	22.49	2365	−15.81
中国电信股份有限公司江阴分公司	63520	4.89	2253	1.56
江阴市新暨阳石油有限公司	126405	14.78	1925	75.18
江阴市润德物资有限公司	334467	213.32	1904	273.02
江阴长三角钢铁集团有限公司	430905	166.49	1830	185.58
江苏大众医药集团连锁有限公司(江阴)	61601	17.41	1704	34.53
江阴华西化工码头有限公司	13200	40.81	1402	213.98
江阴九贤金属材料有限公司	35865	1562.96	977	48.62
江苏华西化工贸易有限公司	37017	−1.84	975	115.45
江阴恒阳化工储运有限公司	5975	3.05	908	55.77
江苏三房巷国际贸易有限公司	292142	−7.03	839	−72.27

【中石化股份有限公司江苏江阴石油分公司】 2010 年，该公司突出“经营、发展、安全、管理”主题，强化基础管理，加快网络发展，全年销售各类油品 41.12 万吨，比上年增长 13.63%，其中成品油 40.52 万吨，增长 11.19%；润滑油 0.49 万吨，增长 115.66%；压缩天然气 0.12 万吨。实现销售收入 26.23 亿元，其中非油品营业额 1539.95 万元；上缴税金 2365 万元。年内，实施差别化营销策略，开展客户三

级维护和定期走访活动，全面启动终端消费机刷卡业务。江阴公交总站加油加气站建成投运，为江阴首座加气站；城西、三元等加气站和金友、云顾等加油站改造竣工，新建五云家园便利加油点、峭花加油站，完成石庄、周庄、申港、迎宾、新桥、华新6座加油站便利店改造工程。是年，针对柴油资源供需矛盾突出状况，坚持"保农业、保终端、保重点"工作方针，发挥区域市场供应主渠道作用，确保公交、农业、特种车辆用油和关系国计民生与重点行业的资源供应。全年实现成品油批发终端比重64.18%，比上年增长13.47%；区内销售比重74.07%，增长10.15%；润滑油（长城包装）终端比重达70%。

【中油销售江苏有限公司江阴分公司】 该公司隶属中油燃料油股份有限公司，专业从事沥青、燃料油生产和成品油销售配送，销售配送网络覆盖江苏、浙江、江西、安徽和上海等省市。2010年，公司推行健康安全环境管理体系，实施沥青装置、油品仓储技能改造，完成投资3000多万元，年沥青生产加工量由40万吨提高到70万吨，月加工原油约6万吨，生产加工能力达历史最高水平。全年加工原油58.78万吨，销售各种油品94.66万吨，实现营业收入37亿元、利润7344万元，上缴税金1.47亿元；完成油品周转量470万吨，其中成品油吞吐量325万吨。

【长江钢管有限公司】 该公司隶属江苏新长江实业集团公司，专业从事无缝钢管生产加工和钢材贸易、仓储配送等业务，拥有大型室内仓库15万平方米，大型货运车辆40多辆，为华东地区规模较大的钢管配送企业、中石油和中石化企业钢管专业配送中心，是江阴市百强明星企业、无锡市及江苏省重点物流企业。2010年销售各类钢材124.3万吨，比上年增长41.3%，其中销售钢坯19.73万吨、钢铁料6.1万吨、钢板6.86万吨；实现销售额44.7亿元，增长31.67%。完成外贸出口10.4万吨，增长41%。是年，强化分级服务管理，与国内外4800多个企业建立合作关系，拥有20%的客户采购量。12月被中国钢贸企业百强榜评审委员会等联合评定为"中国钢贸企业百强"。

2010年，江苏利安达集团有限公司在江阴经济开发区内建成压缩天然气仓储输配站。 （市服务业办公室供稿）

【大华食品(配送)有限公司】 该公司于1998年起承接江阴市"政府早点工程"项目，采用"统一采购、统一生产、统一配送、统一价格、统一标识、统一服务"经营管理模式，2008年完成由流动餐车到固定商亭经营模式的转换升级。2010年，投资1200多万元，新建生产、加工、配送车间8000平方米，形成主食加工配送中心1.2万平方米，其中生产车间6000平方米、配送中心1500平方米、仓库2000平方米、综合楼2500平方米。配送车间全部实行冷链控制，并拥有专业配送厢式货车15辆，日配送能力达250个网点。是年，公司在江阴设有销售网点180个，日均配送及销售早餐10万份，实现销售额5000万元。

【长阳金属材料市场有限公司】 该公司位于江阴—靖江工业园区，由江苏新长江实业集团公司投资兴建，专业从事有色金属、黑色金属、机电产品、五金材料交易配送等业务。2010年，公司依托靖江口岸及区位优势，完善市场功能平台，投资1000多万元建成长阳金属加工配送中心，建有钢材仓储设施5万平方米、船用板开平生产线2条，主要为周边造船、钢构企业提供数控切割、机械加工、剪板折弯等加工仓储配套服务。全年完成开票销售106.8亿元，上缴税金1345万元。 （周法祥）

■类目编辑 延克俭

港口口岸

港口口岸建设与管理

【概况】 2010年，江阴港口口岸系统坚持“以港兴城”战略，主动服务“千亿级现代物流产业集群”建设，加速港口转型提升，圆满实现“亿吨大港、百万标箱”的“十一五”发展目标。年内，与上海国际航运研究中心、上海海事大学合作完成《江阴建设区域性枢纽港战略研究（2011～2015）》课题1项；围绕“打造千亿级现代物流产业集群，港口部门能够做什么”等问题开展调研，形成调研报告8篇；编制完成《江阴口岸“十二五”规划》；深化“区港联动”，新辟江阴至山东营口、河北唐山、福建泉州3条内贸航线，使全港内、外贸航线累计达46条，其中内贸航线23条，外贸近洋航线4条，外贸内支线19条，航班密度每周达85班次；完成港口投资5亿元，夏港电厂1个泊位、中船澄西船舶修造有限公司（以下简称中船澄西）2个泊位通过省级竣工验收，新港区5号码头、中粮麦芽（江阴）有限公司码头一期续建工程开工建设，三房巷、利士德、中石化等企业所属码头后方罐区、堆场扩建工程进展顺利；扩大口岸开放，中船澄西2个万吨级泊位、三房巷国际储运液体化工码头通过省级开放验收，全港对外开放泊位累计达34个；推进“港口规范管理年”活动，沿江51个、内河39个港口企业完成换发或新发新版港口经营许可证；开展危险货物港口作业安全专项整治，完成8个码头企业危险货物港口作业安全专项评价，新发危险货物港口作业资质认可证4份，审批危险货物港口作业9932批次。至年底，全港拥有千吨级以上码头泊位87个，其中万吨级以上泊位43个，完成货物吞吐量1.25亿吨，集装箱运量首次突破100万标箱，达101.07万标箱，分别比上年增长15.46%和34.36%。江阴口岸连续第三年被评为江苏省文明口岸；市口岸办（港口局）被评为江苏省港口安全管理工作先进单位、无锡市交通行业管理先进单位，并连续第三年荣获江苏省共建文明口岸活动先进组织者称号。

2010年江阴港分货类吞吐量一览

表39　　　　单位：万吨

货物分类	吞吐量	其中		其中		占全港(%)	比上年增减(%)
		进港	出港	外贸	内贸		
煤炭及制品	3309.75	2498.31	811.44	1.17	3308.58	26.43	20.08
矿建材料	2489.37	1312.16	1177.17	6.74	2482.63	19.88	22.93
石油、天然气及制品	722.17	469.77	252.40	99.52	622.65	5.77	0.11
化工原料及制品	900.81	675.74	225.07	514.04	386.77	7.19	6.14
金属矿石	2285.14	1650.43	634.81	406.29	1878.85	18.25	−1.69
非金属矿石	52.76	39.74	13.02	0	52.76	0.42	183.50
有色金属	2.75	2.01	0.74	0.01	2.74	0.02	0.36
钢铁	1734.47	1091.93	642.54	109.47	1625.00	13.85	24.66
水泥	0	0	0	0	0	0	−100
木材	3.96	2.29	1.67	1.34	2.62	0.03	214.29
化肥及农药	1.89	0.62	1.27	0	1.89	0.02	−42.38

续表 39

货物分类	吞吐量	其中		其中		占全港(%)	比上年增减(%)
		进港	出港	外贸	内贸		
粮食	184.39	111.34	73.05	32.45	151.94	1.47	51.90
机械、设备、电器	73.64	33.66	39.99	7.09	66.56	0.59	75.25
轻工、医药产品	314.92	198.96	115.96	13.64	301.28	2.51	9.47
农林牧渔业产品	31.56	12.03	19.53	1.45	30.11	0.25	58.35
其他	414.15	198.40	215.75	98.61	315.54	3.31	70.71
总计	12521.75	8297.40	4224.35	1291.82	11229.93	100	15.46

【集装箱运量首超百万标箱】 2010年，江阴港坚持“以航线吸引货源、以货源稳定航线”，积极探寻与各大船运公司及货主的合作之路，集装箱吞吐量快速攀升。内贸方面，随着国内对工业原料的旺盛需求，全面实施“北上、南扩、西进”策略，完善航线网络布局。2月上旬开通“江阴—营口”航线，4月中旬开通“江阴—唐山”航线，全面辐射北方渤海湾和鲅鱼圈两大经济区，9月下旬开通“江阴—泉州”周班直达航线，完善江阴至东南沿海的航线设置，使内贸航线增至23条，集装箱量大幅上升，全年完成内贸集装箱运量88.13万标箱，比上年增长56.67%；外贸方面，通过提升内支线密度，保持中转运量稳定，联手马士基、中海集装箱运输股份有限公司等行业巨头，抢抓上海世博会机遇，加密至上海港的外贸内支线航班，使外贸内支线增至19条，直达外高桥的航班达每周24班，直达洋山港的航班达每周13班，主动承接转港货源，为腹地外贸企业提供更加快捷高效的物流服务，全年完成外贸集装箱运量12.94万标箱。12月27日，随着“迪海6号”货轮装船结束，江阴港集装箱运量首次突破百万，达100.1万标箱，成为继上海、苏州、南京之后长江沿线第四个达到“百万标箱”的大港，也是江阴港继上年实现“亿吨大港”目标后的又一重要里程碑。至年底共完成101.07万标箱，比上年增长34.36%。

【《江阴建设区域性枢纽港战略研究》课题完成】 2010年初，市口岸办(港口局)与上海国际航运研究中心、上海海事大学合作开展建设区域性枢纽港和全方位对接上海港研究，先后七易其稿，于6月完成《江阴建设区域性枢纽港战略研究(2011～2015)》课题。该课题立足把江阴港建设成为上海国际航运中心重要组合港、长江中下游地区重要物流和贸易中心、长三角地区区域性枢纽港的发展定位，全面分析了江阴港现状和发展环境，通过对集装箱运输、物流产业、口岸等的发展预测，提出江阴港口口岸2011～2015年近期和2020年远期发展战略及建设区域性枢纽港的保障措施，为江阴港在“十二五”乃至更长远时期的发展起到重要指导作用。

【港口经营许可证换发新证】 2010年3月1日，由交通运输部修订新颁布的《港口经营管理规定》正式实施，规定港口经营许可证的有效期为3年。为此，市口岸办(港口局)对港口经营服务企业进行全面走访调研，于7月成立2个工作组，深入130余个港口企业开展专项检查，广泛宣传，严格把关，为企业换证提供上门指导服务，有序开展新证的换证工作，从源头上杜绝不规范企业进入市场。经过受理申请、材料审查、现场审查、综合审核等环节，对符合资质要求的港口经营企业及时换发和审定新发新版港口经营许可证。至年底，沿江47个、内河36个港口企业换发新证；沿江4个、内河3个港口企业新发新证。 (朱怡洁　包　芳)

【专项行动应对世博安保】 2010年上海世博会期间，按国家有关部委关于构建以上海为核心的世博安保环沪“护城河”工程的总体要求，市口岸系统强化口岸和港口安保工作。市口岸办(港口局)与各港口企业建立反恐和安全防范工作领导小组，制订反恐及安全防范应急预案，严格落实责任，细化安保措施。其间，开展危险货物港口作业安全整治，组织培训港口安全人员240余人次，全市危险货物港口作业从业人员持证上岗率达100%；改善涉港企业的安全生产条件，危险货物港口作业企业建立安全监管档案率达100%；举行港口设施安保训练，组织各项安全检查100余次，消除安全生产隐患62处，维护港口安全；主动协调各口岸部门，推出“应对世博安保、服务外贸企业”34条措施。江阴海事局与码头单位签订世博安保责任状，组织港航单位进行世博安保演习，开展入沪船舶专项检查和专项签证，全力营造良好水上交通环境。其间，共对船舶实施安检669艘次，检查危险货物集装箱130标箱，查出并督促整改缺陷6478项；完成入沪船舶信息报送3212艘次，传送船员信息表148份计1116人次。江阴海关制订世博安保通关应急预案，提高查验监管比例，加强对进出境货运监管，维护良好通关秩序。其间，累计监管进出境船舶1259艘，进出口货物633万吨，进出境集装箱17598标箱。江阴边防检查站全力构建世博安保口岸防控网络，做到重点船舶登轮检查、换班船员行李物品登轮查验、安保重点时段码头巡查、入沪船舶船体检查“四个100%”；建立健全世博安保口岸联动机制，牵头召开世博安保联席工作会议12次，开展世博安保应急处突演练16次。江阴出入境检验检疫局开通上海世博会报检“绿色通道”，实施24小时预约报检，承诺凡世博物资做到随到随办；加强与上海检验检疫局沟通、协调，两次走访上海航交所办事处，围绕如何更好地为企业提供优质服务、方便企业快速通关等商签合作备忘录。其间，24小时值班达1589人次，加班时间2092小时，受理24小时预约检验检疫850批次。通过上述一系列专项行动，不仅为上海世博会的成功举办提供了外围保障，同时也为圆满实现江阴港“亿吨大港、百万标箱”目标创造了良好环境。

（朱怡洁 高 军 许金辉 岳 野 徐友生）

海 事

【概况】 2010年，江阴海事局围绕水上安全监管中心工作，全面提升服务国民经济和社会发展全局、服务社会主义新农村建设、服务人民群众安全便捷出行的“三服务”水平，助推上海世博水上安保工作，成功组织港航单位开展世博安保演习，顺利完成年度目标任务。全年监管进出港船舶（含途经船舶）10.55万艘次；办理船舶进出港签证81394艘次；审批国际航行船舶进出口岸查验手续4500艘次，其中外籍船舶4156艘次；监管辖区船舶载货量1.01亿吨，其中外贸货运量达1119万吨；办理船舶登记220艘，其中新造船舶下水报备81艘次；办理危险货物适装许可10411件，监管危险货物1417万吨，比上年增长11.9%；办理防污作业许可1386件；审批废钢船拆解80艘次，计74.5万轻吨；实施港口国监督检查44艘次，海船检查415艘，内河船舶检查927艘；实施安全管理体系审核74次；实施行政处罚339件、处罚金110.33万元，分别比上年增长180%和121%；全年海巡艇巡航1.22万小时、巡航里程14.3万海里，纠正违章行为9309次。是年，江阴海事局被评为全国交通运输行业文明单位，局党委被评为直属海事系统先进基层党组织、无锡市先进基层党组织。长山海事处连续第二年被评为“全国青年文明号”，并荣获江苏海事局先进集体称号。

【水上应急搜救】 2010年11月26日，江阴市水上搜救中心组织搜救成员单位举行江阴港“澄水救二号”水上搜救综合应急演习。此次演习模拟两船发生碰撞，引发人员落水、船舶有沉没危险和水域污染的突发事件，市水上搜救中心接到报警后立即启动应急预案，调集“澄顺拖6号”“江阴9号”“澄港工拖1001号”和公安艇等船舶，出动5艘海巡艇赶往现场施救，圆满完成各项演练项目。通过综合演练，成员单位水上应急搜救处置能力得到提升，为日常水上应急搜救工作积累了实战经验。年内，成功处置“宁大6”油轮起火、“安平5”海轮失控等一系列重大水上事故险情，组织实施水上救助201次，成功救助遇险船舶129艘次，救助遇险人员345人次，救助船舶成功率95.56%，救助人员成功率97.73%，有力保障辖区船舶和船员生命财产安全。

【内河支线电煤船专用服务通道开设】 2010年，随着江阴港口经济快速发展，江阴辖区电煤船运输发生新的变化，除传统的海运航线电煤运输外，中转性质的内河支线电煤运输船舶明显增多。上半年，仅镇江长江运输有限公司的6个电煤运输船队就往来江阴和扬州两地20余航次，向扬州第二发电有限公司运送电煤超过8.1万吨。为适应电煤运输的这一变化，减少电煤运输过程中的延误，江阴海事局开设内河支线电煤船专用服务通道，由专人值守为电煤运输船舶提供优先签证服务。该服务通道巧妙地错开业务办理的高峰时段，24小时接受电煤船的电话签证预约，并建立电煤运输船队信用档案，对定线江阴的电煤运输船队实行“诚信管理”。纳入“诚信管理”的船队办理签证时可享受简化证书查验程序，如“江苏推909”船队在黄田港海事处仅用3分钟就顺利办好所有船舶进出港签证手续。内河支线电煤船专用服务通道方便了行政相对人，是海事服务地方经济建设的又一次新尝试。是年，优先保障电煤运输船舶进江累计达886艘次，保障3000余万吨煤炭安全抵港。

【“四示范”创建活动】 2010年，江阴海事局为全面推进文明执法示范窗口建设，提升海事文明创建水平，开展执法示范站点、监控指挥示范中心、政务服务示范大厅、巡航救助示范船艇（以下简称“四示范”）创建活动。局属各窗口单位，对照“四示范”创建活动要求，结合自身实际制订争创计划、目标，稳步推进活动开展。一方面抓好硬件建设，政务大厅新配置大屏幕电子显示屏和电视，加强法律法规宣传；制作海事公告板、执法文书填写样板，指导船方规范申报；将海事八大纪律、辖区示意图、执法依据、执法人员证照等上墙公示，加强政务公开力度；增添相关杂志、报刊，丰富“船员之家”建设，营造良好执法窗口环境，展现窗口文化，提升窗口形象。另一方面抓好软件建设，加强窗口执法人员服务意识教育，规范执法人员着装、文明用语，制定台账记录制度。通过“四示范”创建活动，海事执法窗口服务意识和执法能力得到较大提升。 （高 军）

海 关

【概况】 2010年，江阴海关围绕管理强关建设目标，以构建大监管体系为统领，以从严治关为主线，稳步推进队伍建设和业务建设，顺利完成各项年度工作目标任务。全年征收关税和进出口环节税63.93亿元；监管进出口货运量1405.55万吨，货值123.28亿美元；监管进出境船舶4562艘次、人员47650人次、集装箱34384标箱；验放报关单32143份；办理加工贸易手册2349份，备案金额31.1亿美元；实际减免税款9123万元。立案查处各类走私违规行政案件21起，案值3555万元，涉税780万元；查处刑事案件4起，案值320万元，涉税61万元,抓获走私犯罪嫌疑人5名。是年5月承办南京关区在江阴召开的2010年南京关区加贸及保税监管工作会议;6月为加强内控机制建设,对全关所有岗位的职权进行梳理,历时3个月编制完成《江阴海关内控管理执行手册》;9月接待参加中国浦东干部学院公共政策研究专题研究班的中央各部委和省(区)司局级以上干部40余名学员到江阴海关专题调研;10月开设第19届金鸡百花电影节通关绿色通道,推出“优先转关、优先报关、优先验放”便捷通关措施,为来自巴西、法国等21个国家的26部参展国际电影办理快捷的进出境手续;编发月刊《江阴海关通关动态》12期。是年,江阴海关获江苏省文明单位、江苏省文明口岸先进单位,海关通关科、缉私分局法制科获南京关区先进集体。

【出口分类通关改革】 2010年2月起,江阴海关根据海关总署统一部署,实施出口分类通关改革,即以企业守法管理为核心,综合企业类别、商品风险等各类风险要素,由计算机系统对报关单电子数据进行实时风险分析,并按风险高低分别实施“低风险快速放行”“低风险单证审核”“高风险重点审核”和专业审单等作业方式。其中适用“低风险快速放行”的出口报关单,系统将作出即时自动放行处置。在此通关模式下,企业信誉度高、商品风险低的出口报关单申报后不必再经人工接单审核环节,而由电脑即时自动放行;而企业信誉度差、商品风险高、申报有疑点的出口报关单申报后将自动转到专家审核岗位,接受严格的海关人工审核。通过实施出口分类通关改革,全年江阴口岸90%以上的出口货物享受即报即放的通关便利,既加快了进出口货物通关速度,又优化了海关人力资源配置,企业与海关实现双赢。

【江阴海关民主监督管理委员会成立】 2010年6月29日,江阴海关按南京海关统一部署,召开民主监督管理委员会成立大会,会议表决通过《江阴海关民主监督管理委员会工作办法》,并经群众推荐、会议投票等程序,选举产生江阴海关民主监督管理委员会第一届委员9名。民主监督管理委员会主要职责是代表江阴海关全体关警员参与江阴海关民主管理,收集并向江阴海关党组提交群众意见和建议,监督评议江阴海关各项工作。至12月底,民主监督管理委员会共征集群众意见和建议19条,向党组提交提案6件。

【新一届海关特邀监督员聘任】 2010年4月20日,江阴海关举行新一届海关特邀监督员聘任仪式,来自市人大、政协、政府机关、行业协会以及进出口企业等单位的12名代表获聘,聘期2年。海关特邀监督员的主要职责是对海关及其工作人员在勤政廉政、工作作风等方面实施监督,提出批评性或建设性的意见和建议;收集并向海关反馈社会各界、人民群众对海关及其工作人员的意见和建议或检举投诉,协助或参与海关政风行风、政务公开等方面的调查评议活动。

【海关大监管体系建设课题研究完成】 2010年6月14日,成立江阴海关大监管体系建设领导小组,启动此项建设工作。8月初,成立由办公室及业务部门多名骨干组成的专项课题研究小组,负责开展课题调研工作,起草具体实施方案。课题研究小组成员通过文件学习、走访调研、调查座谈等方式全面收集江阴海关的基本管理信息,对江阴海关审批权限、机构设置、人员配备的调整问题,现场监管、后续管理、查缉走私的联系配合问题,以及分类通关改革、选查分离等具体业务问题进行整理分析和深入思考,明确大监管体系建设的基本思路,并设计具体实施方案。10月8日完成《江阴海关大监管体系建设实施方案》初稿。

【海关监管保税物流中心进出口货值增三倍】 2010年,江阴海关在江阴保税物流中心共监管进出口货物49.6万吨,货物总值12.5亿美元,分别比上年增长158.3%和326.6%。其中,进出境货物16.3万吨,货值9657万美元;进出区货物33.3万吨,货值11.5亿美元。全年征收税款开单数1.19亿元,入库数5323万元,分别比上年增长860.7%和388.8%。审核进出区作业单15322票,比上年增长230.6%,其中报关单11008票、分送集报4314票,分别比上年增长172.7%和622.6%;签发报关单出口退税证明联6346份,比上年增长222.3%。截至12月底,保税物流中心设有代理报关及物流仓储企业10个,通过该中心办理海关业务的进出口企业数量近600个,涵盖15个省市。 (许金辉)

边防检查

【概况】 2010年,江阴边防检查站(以下简称江阴边检站)以上海世博会安保工作为中心,强化部队精细化管理模式,扎实开展提高边检服务水平活动和爱民固边模范码头(港区)创建活动,推行服务外贸企业9项创新举措,积极打造“边检QQ群”服务品牌,全力提升口岸通关效率,圆满完成各项工作目标任务。全年共检查入出境(港)中外籍船舶3981艘次、中外籍旅客员工55819人次、办理各类边防证件19198份;查获伪假证件案件6件,查处口岸违法违规案件12件15人次;开通“边检绿色服务通道”71次,救助受伤外籍船员8人次;查处船员与“货郎船”非法交易案件136件,为相关企业挽回经济损失近千万元。在第19届金鸡百花电影节期间,承担开、闭幕式检票和安保任务,出动警力250余人次,车辆20台次。积极推进部队基础设施建设,累计投入资金400余万元,新建边检警务室3个,改造警务室20个。是年,江阴边检站被江苏省公安边防总队评为“大力弘扬海地维和精神,培育当代革命军人核心价值观”主题教育活动先进单位;监护二中队被共青团江苏省委评为江苏省级青年文明号;执勤业务一科被江苏省公安边防总队评为提高边检服务水平“十佳服务标兵科队”;2人成为新华社签约摄影师,1人成为人民公安报社通讯员,全年刊发新闻稿件157篇,被中央电视台采用6篇,实现中央级电视宣传零突破。

【9项新举措服务外贸企业】 2010年,江阴边检站坚持既要服务好上海世博大局,确保口岸安全稳定,又要最大限度地服务好地方经济发展的宗旨,结合边检工作实际,制订9项创新优质服务举措:提前介入,积极协调,主动服务新开放码头;最大限度压缩机关警力,充实执勤一线,积极向江苏省边防总队争取超配警力,确保到港船舶正常作业;对未开放的拆船厂码头需靠泊外轮的,试行"季度先行上报计划制",在锚地进行船舶交接的,由边检站直接办理相关手续;对江苏省边防总队暂不能下达"一船一报"指标的部分船舶,适时自行组织勤务,确保为船舶正常办理出入境手续;对大批量船员换班或同时登轮情况,根据代理申请,派遣业务骨干登轮进行认证对照和行李物品检查,最大限度节约手续办理时间;对修造船厂实行驻厂办证和上门服务;将码头一线工人登轮证的有效期延长至半年;放宽外地到辖区修造船厂登轮工作人员办理登轮证件的条件,由船方出具委托书放宽为由厂方出具担保函即可;允许修造船厂验船、试航人员办理长期登轮证。

【"边检QQ群"开通】 2010年3月,为简化工作环节,提高通关效率,江阴边检站开通集网上报检、网上办证、信息发布、在线咨询、网上监督等服务项目为一体的"边检QQ群"。年内,通过"边检QQ群"共受理服务对象咨询4256人次、办理各类边防检查证件11236份、受理船舶预检申报2134艘次,依托视频通讯、文件传输等功能,船舶出入境及各类证件办理手续一次性办结率达90%以上,船舶平均通关速度提高23%,实现所有船舶经预检入境靠港即可作业,为企业节约成本600万元,"中国军网"、《法制日报》等10余个新闻媒体予以集中报道。

【"爱民固边模范码头"创建活动】 2010年,江阴边检站按江苏省公安边防总队要求,开展"爱民固边模范码头(港区)"创建活动,建立"六联"机制:政府联合,由地方政府牵头联合其他查验单位,形成合力、整体联动、共同推进;组织联建,以部队党组织和码头企业党组织的联建,共同开展党建知识竞赛、党建经验交流等活动;双向联评,一方面依托码头年审,对码头单位的软硬件设施进行审验,另一方面,每季度由站纪委牵头到服务单位广泛听取意见和建议;口岸联防,对码头单位协警力量进行整合,由边防和协警共同组成码头巡逻、巡查小组,定期对码头安全工作、生产秩序等进行检查;人员联训,定期为企业送法上门、组织培训和军训,同时依托企业资源,帮助边检培训水电工、营房维修工等专业人才;警企联谊,定期与码头企业开展"警营一日"、球类比赛、文娱联欢等活动,密切警企关系。该项创建活动有效促进口岸整体形象和功能的提升,并被市口岸办列为《江阴口岸"十二五"发展规划》创建一流口岸措施之一。

【豪华邮轮旅客通关时间人均不到30秒】 2010年,载有欧美旅客的巴哈马籍"海之傲"五星级豪华环球邮轮先后5次停靠江阴港苏南国际码头。江阴边检站专门选拔专业素质好、外语水平高的检查员成立现场验放组,并开通绿色通道,以人均不到30秒的通关速度完成1400余名旅客及员工证件、行李的检查验放,"文明、热情、高效"的服务赢得船方、游客和有关部门的一致好评。

(李雨成　岳　野)

出入境检验检疫

【概况】 2010年,江阴出入境检验检疫局(以下简称江阴国检局)按照"强基础、守底线、促转型、上水平"总体工作目标,坚持质量安全、服务发展主线,推出以扶持一批优质企业、争创一个出口免验企业、建好一个产业集聚监管示范区、提升一项核心能力、构建一个大质量工作机制为主要内容的"五个一"工程,全力助推产业结构调整和经济转型升级。全年共检验检疫出入境货物52035批次,货值36.5亿美元,分别比上年增长10.76%和21.55%,其中出境45776批次18.1亿美元、入境6259批次18.5亿美元;发现不合格货物295批,货值2.94亿美元,分别比上年增长75.6%和115.5%;检疫船舶2532艘次、集装箱28432标箱,分别比上年下降19.05%和增长6.58%;检疫查验出入境人员46510人次、健康体检3212人次,分别比上年下降15.02%和增长5.62%;签发各种优惠原产地证16393份,签证金额10.9亿美元,全市出口企业获得进口国关税优惠5450万美元,其中签发中国—东盟自贸区优惠原产地证3385份,金额2.8亿美元,比上年数量增长近2倍、金额增长4.3倍;利用各种优惠政策帮助企业减免检验检疫收费713.5万元。年内,帮助9个企业实施以电子报检、电子监管、电子核放、电子邮单为主要内容的"4e"模式,江阴实施"4e"模式的外贸企业累计达35个;全面贯彻落实《出口工业品企业分类管理办法》,新增和复审一类企业70个、二类企业175个、三类企业218个,其中一类企业占无锡市的三分之一强,法尔胜泓昇集团、阳光集团、信邦电子有限公司被国家质检总局授予"中国质量诚信企业"称号,中南重工股份有限公司等4个企业被江苏出入境检验检疫局授予"江苏质量诚信企业"称号,全市的"质量诚信企业"数量在全省名列前茅;开通世博会报检"绿色通道",方便企业快速通关。强化国境口岸卫生监督,开展供船食品风险分析评估,培训供船食品、饮用水从业人员90人次,确保了上海世博会期间和江阴口岸食品安全;大力开展道德实践活动和志愿服务活动,11月5日成立江阴检验检疫志愿服务队和青年工作委员会。是年,江阴国检局获江苏省文明单位、江苏检验检疫系统文明单位。

【不合格进口氧化皮退运】 2010年3月,江阴国检局对来自印度的1万余吨进口氧化皮实施入境检验时,发现其二氧化硅和氧化钙含量超过国家规定3%,不符合《限制进口类可用作原料的固体废物目录》

环保限制要求，及时出具检验检疫证书和处理通知书，并移交江阴海关作全批退运处理。6月9～19日，该批货物被分批退运出境，成为江阴口岸退运不合格进口氧化皮的首例。

【进口铁矿不合格批次检出率超五成】 2010年，铁矿为江阴港主要进口大宗散装货物，年内共进口232批，累计重量427.9万吨，货值5.07亿美元，经江阴国检局检验，共检出不合格铁矿131批，重量220万吨，涉及金额2.55亿美元，不合格批次占进口总批次56.5%。3月25日山东一企业从印度进口铁矿砂1.9万吨，货值196万美元，经检验发现铁含量仅55.78%，低于装货港检验报告值58.21%和合同规定拒收值58%的标准，为此，该企业依据江阴国检局检验结论拒收了该批货物。是年，江阴国检局在铁矿砂检验中累计为国内收货人挽回经济损失达600余万美元。

【一艘入境废船捕获20只活鼠】 2010年5月21日，江阴国检局在江阴敦丰拆船厂码头检疫入境的俄罗斯籍废船“GRIGORIY DIDENKO”轮时，在船舶生活区和作业区发现新鲜鼠粪和鼠咬痕，判断船上存有活鼠，决定实施诱捕。经检疫人员连续3天采用鼠笼法除鼠，累计布放100笼次，捕获活鼠20只，经专家鉴定，有1只为黑家鼠，其余为黄胸鼠，是江阴口岸实施卫生检疫16年来首次在一艘外轮上检出20只活老鼠。5月24日起对该船生产区采用慢性毒饵除鼠，连续布点三次，对生活区进行溴甲烷密闭熏蒸。该事件引起系统内外高度关注，进一步提高了对检验检疫工作的重视程度。

【24小时内截获8种检疫性有害生物】 2010年2月12日下午，江阴国检局对圣文森特籍“皮兰”轮实施入境检疫时，在其食品舱中截获检疫性有害生物菜豆象、四纹豆象、烟草甲、赤拟谷盗4种，媒介生物蜚蠊1种；13日上午在印度籍“联合”轮食品舱中截获检疫性有害生物鹰嘴豆象、巴西豆象、小麦印度腥黑穗病菌3种。检疫人员对相关食品分别实施封存和销毁处理。口岸入境外轮检疫在24小时内截获8种有害生物在江阴港尚属首次。至年底，江阴国检局共从入境货物及运输工具中发现动植物病虫害32种，其中包括小麦印度腥黑穗病菌、菜豆象、鹰嘴豆象、四纹豆象、材小蠹属（非中国种）、巴西豆象6种一类有害生物。

【帮助技源药业成为江阴首个欧盟卫生注册企业】 2010年，江阴技源药业有限公司生产的硫酸软骨素计划打入欧洲市场，但企业必须先通过欧盟卫生注册。为使技源公司的产品尽早进入欧洲市场，江阴国检局首先帮助企业建立国际上公认和接受的食品安全保证体系，然后深入工厂车间，仔细研究各个生产、仓储环节危害因素的关键控制点，排查每一个可能影响产品质量的隐患，从原料验收到成品包装和存放，从工人防护到纱窗上一个不起眼的洞和门上的一条裂缝，都事无巨细，一丝不苟地从严要求。特别对不符合欧盟注册要求的，及时提出整改意见，并督促企业落实和完善。3月该公司顺利通过江苏出入境检验检疫局专家组考核验收，并经省局上报国家局，由国家局向欧盟推荐。6月获得欧盟注册，成为江阴地区首个获得欧盟卫生注册的企业。 （徐友生）

船舶检验

【概况】 2010年，中国船级社江阴办事处（以下简称江阴办事处）坚持以人为本，充分调动员工积极性，服务理念进一步强化，比学赶帮超氛围浓厚，各项年度工作目标全面完成。全年共完成各类船舶检验315艘次，其中入级营运检验109艘、国内营运检验183艘、入级建造检验15艘、国内建造检验8艘；各类船用产品检验4800个工作控制号；各类检验总收入达4530余万元。检验船舶艘次、船用产品数量和总收入分别比上年增长25.5%、28.8%、50%，再创历史新高。2月3日，江阴办事处与张家港沙钢集团就建立合作关系达成一致意见；4～10月，江阴办事处对办公大楼进行装修，重要道口加装监控设备。12月与张家港海事局拟定合作意向，明确在业务方面相互支持、交流经验、增进互动，利用各自领域的专长解决工作中的难题。是年，江阴办事处顺利通过中国船级社总部目标管理考核，并被评为双文明先进集体；连续5年蝉联江苏省“青年文明号”称号。

【首艘实施油漆新标准船舶监造】 2009年9月起，中船澄西建造5.3万吨散货船“银平轮”，江阴办事处负责对其按船舶油漆新标准（船舶专用海水压载舱和散货船双舷侧处所保护涂层性能标准，下简称PSPC）要求进行入级船舶建造检验。由于PSPC涂层新标准技术要求高、建造难度大，江阴办事处积极应对，成立专门项目组，加强建造检验指导。该项目组深入建造现场，与建造方研究探讨，认为推行PSPC过程中将会遇到涂层破损、钢板表面盐分超标以及合拢后压载舱表面真空喷砂三大难题，并与建造方共同制定相应措施。在主涂层施工前做好打磨去污、喷射处理、灰尘颗粒和分布测量、水溶性盐限制等检查和测量工作；在船台合拢过程中采取统一合拢缝固定马板尺寸、作业区复合陶瓷棉布保护、内外脚手架各自配备统一保护设施、采用木质跳板、在合拢缝内部边缘起弧、加强精度控制等措施。及时对生产管理人员和施工人员进行培训，吃透标准内容和操作规程，并贯穿建造全过程。通过严格管理，整船仅用7个月时间完成建造，其中船台搭载周期仅50天。2010年5月17日由中船澄西交付船东上海时代航运有限公司。实施涂层新标准后，涂层寿命将从5年延长至15年。“银平轮”成为中国船级社监造的第一艘实施PSPC入级船舶，是造船工艺改革的一个重要里程碑。 （刘颖恒）

长江引航

【概况】 2010年，长江引航中心以建设“全国引航一面旗”为主线，狠抓队伍建设，提高服务能力，各项工作取得较好成绩。全年共引领中外籍船舶63385艘次（含移泊13526艘次）、总吨5.7亿吨、净吨3.1亿吨、里程838万公里，分别比上年增长21.6%、29.6%、34.8%、19.2%，引航艘次首次突破6万大关，创历史新高。其中引领江阴港中外籍船舶8788艘次（含移泊1785艘次），引领里程105万公里，总吨7117万吨、净吨3611万吨。上报等级责任事故为零。是年，长江引航中心获“全国十佳引航机构”、江苏省文明单位称号；所属张家港引航站获全国交通系统“工人先锋号”、江阴引航站获江苏省五一劳动奖章、常熟等3个引航站获江苏省精神文明建设工作先进单位称号。

【引领船舶突破6万艘次】 2010年，长江引航中心进一步优化引航生产管理，引航服务能力显著提升。是年引进引航员28人，新任命晋级引航员64人；组织业务骨干对18个生产调派制度进行修改完善，重新修订下发《长江引航中心恶劣天气船舶疏港应急预案》，调派流程进一步规范；组建引航监控室，对长江引航船舶实施全天候不间断动态监控，应急保障能力进一步增强；及时、有序组织应急疏港，确保内外贸船舶不压港。全年共引领中外籍船舶63385艘次（含移泊），首次突破6万大关。

【特种船舶引领年增长18.11%】 2010年，长江引航中心及其所属基层站领导多次主动走访港航企业，了解港航企业困难，竭尽全力提供超常规服务。全年中心共引领特种船舶4102艘次，比上年增长18.11%。其中，顺利引领船长213.35米的中国籍“广源”轮至安徽荻港，刷新长江安徽段港口引航船长纪录；引领船长277米、载重吨14.5万吨的“五星锦绣”轮至泰州港，刷新泰州港引航船长纪录；引领船长243米、吃水10.36米的“安托尼”轮安全靠上常州通用码头，创常州港引航船长靠泊之最。优质服务赢得港航单位的高度赞扬，全年共收到政府部门、港航单位感谢信56封，锦旗27面。

【半军事化管理建设】 2010年，长江引航中心为打造“水上国门形象第一人”，根据长江海事局半军事化建设的基本要求，制订《长江引航中心半军事化建设方案》《长江引航中心半军事化管理基本规范》，开展半军事化管理建设。全年共组织5期半军事化训练班，参训人员达253人次。通过半军事化训练，广大引航职工把军训形成的过硬作风、军人气质带回单位、带到引航生产一线，全员的纪律观念、工作作风、团队协作精神、制度执行力明显加强，快速反应能力显著提高，引航队伍正规化建设全面提升。11月在长江海事局半军事化建设成果演示评比中，长江引航中心报送的《打造“水上国门形象第一人”——长江引航中心半军事化建设成果演示》荣获一等奖。

【引航队伍建设】 2010年，长江引航中心共选派4名引航员上外轮跟船全球学习；选派1名引航员参加世界引航大会，加强国际交流；选派14名专业人才分4批参加全国性培训和交流。在省级以上航运期刊上发表论文18篇，提升长江引航在航运界的话语权和影响力。新聘13名高级引航员，推荐4人参加高级引航员职称评审。严格执行“凡进必考”原则，全年累计招录95人，创中心成立以来招录人数之最。 （黄 伟）

2010年9月，长江引航中心第五期半军事化训练班开班。 （张 峻摄）

■类目编辑 赵本金

城乡建设与管理

城乡规划

【概况】 2010年，江阴市规划部门围绕加快经济发展方式转变、提升“幸福江阴”建设水平的总目标，坚持城乡统筹理念；按照城乡一体化的要求，以空间资源配置为手段，以“谋创新、快转型、惠民生、促发展”为主线，创新体制机制、突出有效服务，在深化规划编制与研究、规范规划实施与管理和拓展新技术应用等方面实现新突破。完成江阴城乡一体化发展产业布局、“一城四片区”*功能布局、城市发展与远景战略（“215计划”*）、现代化综合交通体系、“幸福江阴”新三年城市建设等规划的专题研究；完成新兴战略性产业园规划、城市综合交通规划、城乡建设规划（城市近期建设规划）、城市三线（黄线、蓝线、绿线）规划、无障碍设施专项规划等规划编制；完成西组团控制性详细规划、南门地区控制性详细规划、安镇高铁连接线长泾站规划、梅园综合客运枢纽核心地区城市设计等规划编制；做好南闸、云亭、夏港3街道限价商品房*、敔山湾公共租赁房、第四期经济适用房和廉租房等民生工程规划服务；做好加油站、电动汽车充电站、备用水源地等规划选址；加强城区江阴二中和周边地块、兴澄大饭店及周边地块、汽车城综合体等重要地块规划研究；做好城中村改造、老小区改造跟踪服务工作；做好对虹桥南路拆迁、“中国裳岛”等498项建设项目的跟踪服务；完成国际会展中心、凯悦国际金融中心、幸福华都等重点项目和全市在建居住小区的管线综合协调；完成江阴大道、海港大道、顾桐路、长新路的线形走向及横断面规划方案；争取沿江城际轨道H3线、泰锡宜Z3线枢纽站设置在江阴境内；确定江都—如东液化天然气管道项目泰兴—芙蓉段（江阴段）的走向及管位；确定供电220千伏花南变进出线路径、500千伏江阴东下级配套、220千伏芙运线线路走向、220千伏亚包变进线走向；制订城区管线整治实施方案；完成全市域规划成果（总规、控规）入库和应用；完成市规划建设用地1∶500比例尺426平方公里数字化地形图全覆盖；完成市自然资源和空间地理数据库及共享平台一期工程建设；完成江阴三维数字城市综合信息平台一期建设等。全年共受理各类审批事项4470件，办结4402件，发放建设项目选址意见书119份、建设用地规划许可证572份（面积1673.85万平方米）、建设工程规划许可证副本440份（面积725.15万平方米）、建设工程规划许可证正本318份（面积452.05万平方米）。年内，市规划局荣获江苏省援助四川省绵竹先进城乡规划管理部门，市规划设计院荣获江苏省援助四川省绵竹先进城乡规划编制单位、市对口援建四川省绵竹市清平乡灾后恢复重建先进集体，“江阴市规划政务平台框架及规划管理信息系统”获江苏省建设科学技术奖。

【江阴产业布局规划研究】 2009年10月，江阴市规划局委托同济大学编制《江阴产业布局规划研究》，于2010年6月完成。规划以优化产业发展结构和布局、创新城乡空间和产业布局、加快城乡一体化建设步伐为目标，按照率先基本实现现代化和可持续发展的要求，探讨江阴制造业的发展趋势即制造业类型的选择以及制造业结构提升与重组的路径与目标，研究现有产业布局的形成机理和缺陷以及下一轮产业布局的主要方向和用地规模，为经济社会发展和土地开发提供科学、合理的依据。

【“一城四片区”功能布局规划研究】 2009年10月，江阴市规划局委托东南大学城市规划设计研究院编制《加速形成“一城四片区”功能布局规划研究》，于2010年6月完成。规划通过详尽的现状分析，探讨“一城四片区”的功能定位与产业选择。在对江阴城市空间布局演化趋势、相关理论研究及城市规模预测的基础上，研究确定“一城四片区”的产业空间布局和用地布局，通过空间结构和功能布局的构架，推进节约、集约的土地资源利用方式，优化生态环境、产业布局和空间结构。通过对交通系统、基础设施等硬件支持体系的规划研究和具体的实施与措施方法来保障规划的可行性和实际可操作性。

【现代化综合交通体系规划研究】 2010年1月，江阴市规划局委托江苏省城市规划设计研究院编制《江阴市加快构建现代化综合交通体系研究》，于6月完成。研究通过对“十一五”交通发展的回顾和评价，总结出当前存在的问题，确立发展目标；对轨道交通、市域公路、市域快速公交、航道与港口的分布、城市道路、公共交通、停车设施等方面分别进行研究，提出应加强区域交通衔接，完善市域交通网络，提升中心城区交通服务水平，强化交通管理等一系列发展策略，建设一个“集约生态、外畅内达、多样选择”的现代化综合交通体系。

【安镇高铁连接线长泾站规划设计研究】 2009年11月，江阴市规划局委托深圳城市规划设计研究院编制《江阴市安镇高铁连接线长泾站规划设计研究》，于2010年8月完成。规划综合考虑长泾站对澄东南片区的带动作用，以及对长泾地区土地价值等发展影响因素，结合交通接驳、回车场地、立体组织、人员疏散、线路的延展性等技术影响因素，提出长泾枢纽站点的设置形式和位置的可行性方案。规划对枢纽站场布局以及交通组织进行设计，并结合长泾镇的城市建设以及未来的发展方向，对枢纽站周边地区进行概念性方案设计，同时对“长泾新城”的发展提出进一步的构想。

【梅园综合客运枢纽地区规划设计研究】 2009年11月，江阴市规划局委托深圳城市规划设计研究院编制《江阴市梅园综合客运枢纽地区规划设计研究》，于2010年8月完成。规划通过对江阴城市和梅园地区的相关规划和现状条件，以及轨道对于城市的影响两大方面的分析，提出梅园枢纽站的交通定位为交通类型最全面的市级综合客运枢纽、最重要的客运交通集散门户；枢纽站周边地区定位为市重要的商务金融信息服务中心、多功能高品质、体现滨江特色的重要城市功能片区。规划分析梅园枢纽站未来的人流结构，并对H3线和轨道一号线提出选型、选线、站点布置的建议方案。腹地范围运用公共交通导向型开发模式的理论及模式，强调延续城市特色的理念对枢纽站及周边用地进行规划设计。

【城市慢行交通系统规划】 2010年4月，江阴市规划局委托江苏省城市交通规划研究中心、江阴市城乡规划设计研究院编制《江阴市城市慢行交通系统规划》，于10月完成。规划针对现阶段城市快速发展过程中带来的慢行交通问题，从规划研究、重点区域、行动策划三方面构建慢行交通体系，建立慢行交通系统框架，建设慢行交通示范区，提出近期建设及实施保障措施，缓解机动车与非机动车交通通行矛盾，改善市民出行环境，优化交通通行秩序，提高通行效率。

【市港口集疏运规划】 2010年7月，江阴市规划局委托南京市城市与交通规划设计研究院、江阴市城乡规划设计院编制《江阴市港口集疏运规划》，于10月完成。规划结合江阴市域空间发展目标及城市化发展目标，优化各港区功能定位和辐射范围，协调其与城市建成区之间的关系。在此基础上，结合上位区域交通设施规划，按照空间整合、集约发展、合理分流的规划理念，构建包括公路、铁路、水路三种方式的综合集疏运网络体系和集疏运枢纽体系，实现层次分明、布局合理、快速集疏的港口集疏运体系。

【南部“不开发区域”产业发展暨结构调整规划】 2009年10月，江阴市规划局委托江阴市城乡规划设计院编制《徐霞客现代农业产业园区总体规划》，提出“不开发区”的概念。在此基础上，2010年由市发改委牵头编制《江阴市南部“不开发区域”产业发展暨结构调整规划》，明确江阴市月城、青阳、徐霞客、祝塘、长泾、顾山南部6镇为“不开发区域”，重点发展高效生态农业、生态旅游以及体验经济等生态型经济和低碳经济。规划“不开发区域”共200平方公里，其中核心区域40平方公里、一般区域160平方公里。规划总体目标是通过10年左右的调整与发展，整体控制区域开发强度，走出产业转型升级、产业空间生态化布局、经济社会可持续发展的新路。

【江阴城市发展“215计划”】 2010年7月，江阴市规划局根据市委、市政府关于彰显城市发展特色、打造城市发展新优势的要求，组织制定江阴城市发展“215计划”。计划用两年时间，以活力、低碳、和谐、魅力、生态五大工程为引导，以100余项具体建设项目为抓手，从城市功能、居住、产业、生态、交通、基础设施等方面提出具体的实施计划，并通过具体项目的建设推进保障计划的实施。

【三维数字城市综合信息平台一期建设完成】 2009年10月，江阴市规划局组织开展江阴三维数字城市综合信息平台建设。2010年12月完成一期建设，包括外业模型数据的采集、贴面及模型纠正及113.5平方公里的模型建立，模型全部为精细模型。该平台建成后将为规划管理决策提供有效的三维尺度支撑，同时也为信息数据共享业务从二维转向三维提供新的思路和研究方向。参见《信息化建设》类目【三维数字城市综合信息平台建设】条目。

【城区管线整治】 2010年，为解决城区架空线路零乱无序的“蜘蛛网”问题，创造干净、整洁、有序的城市环境，江阴市规划局梳理城区198平方公里33条重要道路管（杆）线现状情况，遵循城区范围内新（改）建管线全部入地、弱电管线同沟共井的原则，结合城区管线规划，制订城区管线整治实施方案，优化城区环境。年内，环城南路（平冠桥至绮山路）、梅园路（环城南路至芙蓉大道）、暨阳路、文化路、定波路等道路的管线全部迁改入地，滨江路、延陵路、长山大道、江锋路、新长江路、新港大道等道路的管线部分迁改入地。同时，完成城区198平方公里范围内的28条重要道路209个改造节点及建成区50余平方公里范围内的24条重要道路117个改造节点环境整治项目现场踏勘、梳理及汇总工作。

【数字化地形图全覆盖成果通过验收】 2009年10月,江阴市规划局组织开展全市域规划建设用地1∶500数字化地形图及全市域数字化航空正射影像图航空摄影测量。2010年10月17日,该成果通过省级专家验收。专家认为:该成果设计合理、技术路线先进、质量优良,根据数据标准要求,采用采编一体化的数据生产平台,经数据质检、整理和转换,保证了数字化地形图成果质量,为深入推进规划管理城乡一体化进程提供了高精度的信息数据支撑。参见《信息化建设》类目【规划建设用地数字化地形图成果通过验收】条目。

【城乡规划设计】 2010年,江阴市城乡规划设计院提升技术水平、加强质量管理、开拓设计市场,完成规划设计项目21项、市政项目110项、勘察项目190项、测量项目25项、景观设计项目4项,完成建筑设计面积125万余平方米,创合同产值约4000万元。完成新疆霍城县清水河开发区江苏工业园区控制性详细规划修编及霍城县火车站地区控制性详细规划、煤化工园区控制性详细规划,总规划面积37.2平方公里。年内,该院荣获建筑工程甲级资质单位,成为江苏省勘察设计协会理事单位。全年获江苏省优秀设计奖一等奖1项、二等奖1项、三等奖1项;无锡市优秀设计奖二等奖8项、三等奖13项。

(李正茂)

2010年10月17日,市规划建设用地1∶500比例尺数字化地形图全覆盖专家验收会。

(市规划局供稿)

【城乡规划管理专项治理】 2010年,江阴市规划局围绕房地产开发中违规变更规划调整容积率问题以及工程建设领域突出问题,成立市城乡规划管理专项治理工作小组,对2007年1月1日以后领取规划许可证的房地产开发项目,2008年以后立项、在建和竣工的由政府投资和使用国有资金项目进行自查,主要涉及调整用地性质、调整容积率、规划许可手续办理过程等环节,对自查出的问题及时上报,并通报责任单位进行认真整改。

城市建设

【概况】 2010年,江阴市按照"大智慧、大手笔、大作品、大印象"要求,全力实施"幸福江阴"城市建设。拓宽城市骨架,改善居住环境,优化发展布局,提升城市价值。完成梅园路三期、人民东路延伸段、名邸路二期、天华文化中心与体育中心地下通道装修工程、澄杨线人行天桥、黄山森林公园绿道、黄山景观通道三四期、公交总站区间道路、普惠路南段、青山路二期东段、东外环路南延伸段南段12个市政道桥工程,以及江阴高中新校区一期、城西幼儿园、国际会展中心、精神卫生中心和消防中队立面改造工程5项代建项目,总投资约39.3亿元。东城河污水截流、东横河污水截流、花山路道路排水一标段、皮弄路道路排水、澄江西路一期道路排水、普惠路一标段6个工程荣获"2010年度无锡市市政示范工程"称号。其中东横河污水截流、普惠路一标段和皮弄路道路排水3个工程还荣获"2010年度江苏省市政示范工程"称号。

(花红艳)

【毗陵路工程竣工】 该工程西起花山路,东至大桥南路,全长2111米,红线宽40米。道路设计等级为城市主干道二级,路面采用沥青玛蹄脂碎石混合料,排水工程分为雨水和污水,雨水管道平行道路中心线,设置于道路两侧非机动车道内,南侧距道路侧石1.8米,北侧距道路侧石1米,雨水由东向西接入花山路预留雨水检查井,污水管基本平行于道路中心线,管中距侧石2.7米,污水由东往西接入梅园路污水泵站。工程总投资3990万元,花山路至皮弄路段由江阴市城乡规划设计院设计、江苏腾飞工程项目管理有限公司监理、江阴市市政建设工程有限公司施工。工程于2009年4月10日开工,2010年5月15日竣工,8月10日通过初验,12月29日通过竣工验收。皮弄路至大桥南路段由市城乡规划设计院设计、市四方建设监理有限公司监理、市南方建设集团有限公司施工。工程于2008年10月1日开工,2009年9月竣工,2010年12月22日通过验收。

【杨岸路工程竣工】 该工程位于东门地区,为江阴城市总体规划确定的南北向道路。工程设计北起先锋路,南至塘前路,全长243.69米。实际施工长约87.7米。杨岸路道路等级为城市支路二级,设计行车速度为20公里/小时。道路横断面形式为单幅路,规划红线宽度12米。杨岸路雨水工程北起先锋路，南至上花园小区，集水范围为道路路面雨水及两侧各汇水范围内的雨水，向北接入澄塞河。杨岸路污水工程主要收集沿线小区和远期规划路接入的生活污水，污水接入规划先锋路污水系统。工程总投资50万元，由市城乡规划设计院设计、市澄宁项目管理咨询有限公司监理、市城市建设有限公司施工。工程于2009年10月开工，2010年3月竣工，12月29日通过验收。

【花北路工程竣工】 该工程位于南郊立新小区南侧，为江阴市城市总体规划确定的东西向干道，西起花山路，东至皮弄路，全长1143.03米，道路等级为城市次干道二级，设计行车速度为40公里/小时。道路规划红线宽度30米。花北路雨水工程的集水范围西起花山路，东至皮弄路，两侧各100米汇水范围内的雨水分别纳入北潮路雨水管网和排入北潮河。花北路北潮河以西的污水向西流向接入已建花山路污水系统，北潮河以东的污水向东流向接入规划皮弄路污水系统。工程总投资1302.06万元，由江阴市城乡规划设计院设计、江苏外建建设咨询监理有限公司监理、江阴市志银市政工程有限公司施工。北潮河桥是一座花北路上跨越北潮河的桥梁。桥梁总长31.04米，总宽30米，为一跨25米简支梁。桥梁与河道正交。桥梁设计车速为40公里/小时，地震基本烈度6度。工程总投资284.8万元，由南通市市政工程设计院有限责任公司设计、江苏外建建设咨询监理有限公司监理、江阴市志银市政工程有限公司施工。工程于2008年8月开工，2009年10月竣工，2010年12月22日通过验收。

【文定路延伸段工程竣工】 该工程位于城区，南起环城南路，北至人民东路，为老文定路南延伸段，全长390.96米，宽18米。排水工程分为雨水和污水，雨水管道平行道路中心线，设置于道路两侧车行道内，距道路侧石1.8米，雨水由北向南排入澄塞河，污水管基本平行于道路中心线，布置在道路西侧的车行道内，管中距路中心2.4米。工程总投资290万元，由江阴市城乡规划设计院设计、江苏外建建设咨询监理有限公司监理、江阴市市政建设工程有限公司施工。工程于2009年5月8日开工，2010年5月28日竣工。文定路澄塞河桥位于文定路K0+315.42处，跨越澄塞河。桥梁桥跨布置为20米的一跨简支空心板梁桥，桥梁总长36米。桥面铺装车行道采用沥青砼，人行道采用彩色广场砖。该工程总投资约177.68万元，由江阴市城乡规划设计院设计、江苏腾飞工程项目管理有限公司监理、江阴市市政建设工程有限公司施工。工程于2007年11月29日开工，2008年4月5日竣工，2010年12月29日通过验收。

【名邸路二期工程竣工】 该工程位于城西区，北起规划路南至青山路，道路施工全长168.7米。路面宽度14.5米，人行道宽度分别为2.5米、2米。在城西幼儿园旁设置40米长停车港湾。双侧布置雨水管，管道中心距道路中心线3.7米，管道自K0+030起，至K0+180排入青山路雨水系统。工程总投资132万元，由市城乡规划设计院设计、市澄宁项目管理咨询有限公司监理、市城市建设有限公司施工。工程于2010年4月20日开工，8月20日竣工，12月29日通过验收。 （吴 明）

【城西幼儿园工程竣工】 该工程位于杏春桥以西，青山路以北，文富路东侧位置。建筑面积9200平方米。设计规模为8轨、24个班级。工程由幼儿园A区、B区以及室外工程组成，其中A区设计层数为三层框架结构，B区设计层数为二层框架结构，A、B区由连廊连接。工程总投资5926万元，由市城乡规划设计院设计、南方建设集团有限公司施工、市东方建设监理有限公司监理。工程于2009年9月30日开工，2010年8月23日竣工。

【国际会展中心竣工】 该工程坐落于敔山湾新城，东靠耙齿山，南临定山湖，北临芙蓉江路，西接长山大道，占地面积约8公顷，建筑面积约3.5万平方米，高度约29米。该中心整个结构设计线条流畅，造型形似一架钢琴，新颖别致，充满现代感。在功能设置上，配备多功能厅、电影厅、会议室、贵宾室和室外展厅等，其中多功能厅面积达4619.5平方米，采用54米跨钢桁架，整个大空间没有一根柱，在中国第19届金鸡百花电影节期间承担闭幕式主会场功能，电影节过后成为大型会议和展览的主场地。工程总投资约3.5亿元，由中冶天工上海十三冶建设有限公司总承包，四川时代建筑设计有限公司、上海现代建筑设计有限公司设计，江苏腾飞工程项目管理有限公司实施项目管理。工程于2009年7月19日施工，2010年1月29日主体封顶，8月20日竣工。

【江阴高中新校区一期工程竣工】 该工程位于申港街道申兴路东侧、澄西大道南侧、申港河西侧、申新河北侧，占地面积16.67公顷，建筑面积8.75万平方米，其中新建6.75万平方米，改建2万平方米。设计规模为20轨、60个班级可容纳学生3000人、教职工320人。江阴高中新校区一期子项目有科研信息楼、教学楼、行政办公楼、食堂、学生公寓、教师公寓、校史馆、浴室、看台等10余项，总投资3.08亿元，由江阴市民用建筑安装工程有限公司等10余个单位施工，江苏腾飞项目管理有限公司等3个单位监理。工程于2009年4月20日开工，2010年8月30日竣工投运。

【精神卫生中心工程竣工】 该工程位于夏港街道五星路南侧，与夏港卫生院、敬老院组成新第三人民医院，建筑面积1.19万平方米，建筑层数7层，建筑高度23.7米。设计规模为250个床位的综合性精神科病房楼。工程总投资1.29亿元，由江阴市城乡规划设计院、新思维设计公司负责设计，江苏新桥建工有限公司施工总承包，江苏建业恒安工程项目管理有限公司实施监理。工程于2009年10月4日开工，2010年11月30日竣工。 （任雪云）

2010年江阴市城区道路结转工程进度一览

表40

工程名称	起讫地点	长×宽(米)	施工单位	施工进度
毗陵路	大桥南路至花山路	2111×40	江阴市市政建设工程有限公司 江阴南方建设集团有限公司	2008年10月开工 2010年5月竣工
文定路南延伸段	人民东路至环城南路	390×18	江阴市市政建设工程有限公司	2009年5月开工 2010年5月竣工
梅园路三期	前进桥至环城南路	740×40	江阴南方建设集团有限公司	2009年5月开工 2010年10月竣工
人民东路延伸段	东外环路至澄张公路	1500×40	江阴市城市建设有限公司	2009年10月开工 2010年10月竣工
杨岸路	先锋路至塘前路	88×12	江阴市城市建设有限公司	2009年10月开工 2010年3月竣工
名邸路二期	青山路至规划路	169×19	江阴市城市建设有限公司	2010年4月开工 8月竣工
澄杨路汽车城人行天桥	澄杨路	78×6	江阴市市政建设工程有限公司	2010年5月开工 10月竣工

（刘　宏）

房屋拆迁

【概况】 2010年，江阴市房屋动迁管理部门紧紧围绕年度目标任务，坚持依法实施、阳光操作、平安拆迁，规范有序地推进房屋拆迁工作稳健发展。4月，由市委组织部从城市拆迁指挥部成员单位中抽调44名骨干力量，脱产一年专职从事城区拆迁推进工作。加强拆迁领域内控机制建设，预防违规违纪行为的发生，共细化明确各项工作流程26个，排查风险源点87个，制订防控措施90条。完成城区拆迁住户2600余户，搬迁企业32个。其中梅园路三期、普惠路南段、通富路西延伸段、立新小区六期、中信泰富广场、公路管理处地块、贯庄小区三期、汽车文化城、车辆管理所等12个历年遗留、结转项目全部完成。强化拆迁商品房建设质量监督，采取定人、定位、定责任“三定”加压；全过程、全天候、全方位监督检查“三全”监管；材料进口关、隐蔽工程施工关、工程变更关“三关”把严；抓好按照方案施工、抓好按照操作规程施工、抓好按照制度标准施工“三抓”保质，严格要求建设单位按照规定标准建设拆迁商品房，加强监督管理，确保工程质量。全年共建设拆迁商品房面积达191万平方米，其中城区近20万平方米。全年完成城乡拆迁面积480万平方米，其中城区201万平方米。

【惠民利民拆迁政策】 2010年，根据江阴实际，江阴市房屋动迁管理部门在调研被拆迁群众需求和民愿的基础上，制定出台《关于打造惠民拆迁工程的若干工作意见》，维护被拆迁群众的切身利益；按照“大改小、低改高、质改好”的要求，进一步优化房源户型结构，合理布局安置区域，配套做好小区环境；科学确定城区拆迁商品房市场价格，对选择货币补偿、自行购房安置的城市房屋拆迁给予一次性补贴，引导被拆迁群众按需选择货币补偿和实物安置两种形式，保障拆迁群众得实惠，顺利推进全市拆迁工作。至年末，此拆迁政策惠民利民5300多户。

【拆迁行业规范管理】 2010年，江阴市房屋动迁管理部门开展拆迁从业队伍素质提高年活动，围绕政策水平、职业道德、文明商谈、规范操作等方面进行专题教育和集中整治，对城区所有拆迁从业单位进行不定期集中检查；结合江苏省、无锡市拆迁专项治理活动要求及江阴市拆迁工作实际，对城区近两年所有拆迁项目进行全面排查清理，进一步规范拆迁工作，受到省、无锡市检查组的充分肯定；全面健全拆迁系统基层机构设置，至8月底，全市各镇、街道均设置专门的拆迁管理办公室。市动迁办对各镇、街道拆迁办人员定期组织培训教育，统一规范全市各乡镇的拆迁行业管理。

【新开项目拆迁】 2010年，江阴市房屋动迁管理部门按照要求，以市政道路、社会事业、组团开发为重点，在积极办理各项手续的同时，启动新开项目拆迁工作。全年共启动南门地区，西门汽车站周边区域，谢北、斜泾村区域等21项项目，共涉及拆迁面积179万平方米，其中南门区域为50余万平方米。至年末，延陵东路延伸段、人民东路延伸段、河北街城中村改造、革新村水龙头周边地块等8项项目全部完成。

【信访矛盾化解】 2010年以来，因征地拆迁引发的信访矛盾总量略有增加，江阴市房屋动迁管理部门实行首问责任制和责任追究制度，把各类信访问题落实到具体人员身上，责任到人，跟踪检查，督促落实，及时解决拆迁中各类信访难题。全年共接待拆迁方面的信访170件次，其中，初访137件次、重复访33件次。初访中集体访4件次52人次，重复访中集体访3件次43人次，处理各类转办来信53

件次，接待来访 328 人次，答复江阴拆迁网上咨询 540 条，较好地维护了社会稳定。（王 瑶）

城市管理

【概况】 2010 年，江阴市城管局围绕提升群众满意度，推进"幸福江阴建设"总目标，通过加强城管网站建设，建立起与居民群众的互动平台；以组建城管志愿者、城管义工等形式，唤起全社会对城市管理工作的理解和支持。先后组建 100 名城市管理志愿者和城市管理监督员队伍，参与城市管理活动。全年制作和发放城管便民联系卡 4 万余张；与建筑工地业主签订文明施工合同 50 余份；落实城区主次干道沿线门店"门前四包"（包卫生、包秩序、包绿化、包立面）责任书 1 万余份。是年，全局行政处罚案件 2.08 万起，罚款金额 362.4 万余元；拆除违法建筑 696 起，计 6.15 万平方米；签订市容责任状 1.84 万件；办理特种垃圾处置证 8983 张，收费 257.98 万元；办理行政许可 7848 件；受理各类信访投诉 2035 件，及时签收率 100%，按时回复率 100%，群众满意率 98%。完成第 19 届中国金鸡百花电影节等各类重大活动市容环境保障 80 余次。年内，江阴市荣获"中国和谐管理城市"称号，并名列中国十大和谐管理城市之首。

【市城市管理委员会成立】 为切实加强对全市城市管理工作的领导，进一步提升城市管理水平，统筹兼顾全市的城市管理工作。2010 年 6 月，成立由 24 个政府职能部门和澄江街道组成的市城市管理委员会，下设办公室和镇（街道）城市管理领导小组，办公室设在市城管局。该委员会成立后，在城市规划范围内，由各成员单位根据各自职能，全面履行城市管理职责，形成网格化运作、市场化经营、社会化管理、专业化整治、经常化监督的城市管理新格局，标志着高位协调、高位监督、联动作战以及自上而下的城市管理责任体系、监督体系和评估体系得到解决，实现了从"小城管"体制向"大城管"体制的转型。

【"动态化、网格式"巡查机制推行】 2010 年，江阴市城管局在全市全面推行"动态化、网格式"巡查机制。通过运用现代管理技术和手段，着力于加强源头控制，形成前置式执法模式；巡查中突出重点，加强城乡联动、区域联手、部门联勤，使城市管理问题在一线发现，办法在一线产生，问题得到及时有效解决；同时，在动态巡查中，按照民本为重的理念，注重执法的说理性，努力化解执法管理的矛盾，使加强城市管理的过程成为做群众工作的过程，成为城市管理宣传的过程，较好地提高了见勤率、管事率和群众满意率，城市管理水平和效能明显提升。据统计，全面实施巡查机制以后的行政处罚案件比上年同期增长 38.3%。

2010 年 5 月，江阴城管执法队员走进校园，宣传城管法规。（市城管局供稿）

【人性化便民服务措施】 2010 年，江阴市城管局遵循严格控制、科学设置、便于管理、秩序良好的原则，人性化施划汽车泊位 1797 个和自行车、摩托车停车位 6000 米，整理广告 1400 余处，清理摊点亭棚 200 余个，有效缓解停车压力；加大人行道违法停车查处力度，从 4 月起，推出人性化便民服务措施，对人行道违法停车行为实施"一次教育，二次处罚"，即机动车第一次违法停车信息记录作教育处理，第二次依法实施处罚，年内共处罚人行道板违章停车 9703 起，教育处理 1.24 万起，受到了行为人的好评。

【市容环境整治】 2010 年 7～9 月，江阴市城管局在"市城区 198 平方公里重要道路、节点环境整治"期间，排查 193 个重点部位。同时，围绕人民中路等 27 条主要道路、江阴体育中心等 8 个活动地点和黄嘉喜来登等 16 个住宿接待酒店，逐一梳理排查解决 550 余个市容细节问题。其中，城区范围内共清除各类乱张贴 3000 余处，整改和拆除违规的广告牌匾 3500 余处。在芙蓉大道、长山大道、暨南大道"三路"沿线环境综合整治中，共拆除私搭乱建和有碍观瞻的建筑物 500 余处，计 8 万余平方米，清理各类禽畜棚和看护棚共 419 处，清运垃圾 4.5 万吨，整治各类店招店牌 5200 余处，整治乱堆乱放 2420 处，以优美的市容环境，迎接第 19 届中国金鸡百花电影节的开幕。

【公共照明工程】 2010 年，江阴市城管局完成果园路、凤凰路南段等 30 条城乡道路路灯安装工程，计 31.3 公里、2162 盏。完成 11

个居民小区及26条道路计300余盏路灯补装任务。完成保修期满的39条道路路灯维护工程的服务外包工作。做好虹桥北路沿线、南街、中山路、环南路、东横河水域及城区高层等10余个景观亮化项目工程建设；督促完成城区范围内西景花苑、虹桥新天地、阳光国际等近50幢新建高层的亮化工程建设。同时，通过依托照明自动监控系统平台，对新建道路实行全半夜模式，推进照明新技术、新光源的运用，全年节约电费700余万元。

【立面改造工程】 2010年，江阴市城管局立足于重塑城市形象，致力改造老城区的面貌。全年完成南街、中山北路、环城南路、澄江福地延伸段4处共8个标段的立面改造工程，解决工程技术问题30个，协调群众纠纷等200余起，完成涂料粉刷8.48万平方米，广告拆除1.38万平方米，新做广告格栅8060平方米，油漆1.3万平方米。立面改造工程的完成，有助城市特色街区和道路的独特个性彰显，较好地提升了城市的品质和形象。其中7～9月实施的青果路至西横街立面改造工程，体现了简约的明清风格，投资少，效果好，成为连接“南门二月初八”青果路美食一条街与兴国公园、良宵民俗艺术街坊的重要纽带。

【户外广告市场化运作】 2010年，江阴市城管局先后3次对毗陵路等20条道路的灯杆旗广告阵地使用权，进行公开拍卖，实现收益355.7万元；协议出让楼顶和墙体广告、高炮广告和其他指示牌，实现出让金收益173.5万元，年内全局户外广告市场化运作收益530.83万元，是上年户外广告收益的2.39倍，超额完成指标。加大社会资本运作，由中国移动江阴分公司出资90万元，更新城区108个便民信息栏；由上海浦东发展银行江阴支行出资20万元，改设城区70个便民修理亭；由江阴金三源广告公司出资60万元，在城区主要道路接点设置交通隔离栏214块。

【“数字城管”系统运行】 2010年6月，江阴市城管局再造城市管理流程，整合城市管理信息化资源，创新建成数字城管项目，搭建数字化城市管理平台，建立城市管理监督指挥中心。8月起对主城区67.9平方公里实施数字化城市管理，运行情况良好。通过监督员主动发现上报，每天城市管理案件由原50余件上升为400件，是系统运行前的8倍，系统从问题发现上报、确认责任单位到任务派遣，一般只需要3分钟～5分钟即可完成。一般事件类问题的处置，最短用时不超过半小时，城市管理案件处置时限平均缩短20%。至年末，城市管理监督指挥中心受理各类城市管理问题3.57万件，按期结案率93.86%。

（唐建清）

公用事业

【概况】 2010年，江阴市公用事业管理部门加强行业管理，不断完善市政道路养护市场化运作机制，达到降本增效的目的，保证市政设施的完好；组织实施控源截污工程，全面开展生活污水处理，改善生态环境，新增污水管网206公里，累计1600公里，基本实现排污管网环通；全面推进畅通工程，实施人行道降坡、渠化改造、设置中心护栏以及环城南路、滨江西路等道路改造，修复道路3.69万平方米，人行道1.74万平方米；加强管道燃气特许经营权的管理，建立健全管理台账，确保全市燃气行业安全稳定运行；推进城乡供水一体化进程，提高城乡统筹发展水平，有14个镇级水厂纳入江南水务统一管理范围；规范排水户接管管理，接管排水户10.19万户；完成澄西污水处理厂2.5万吨/日扩建工程建设，实现全市污水处理能力64.9万吨/日，征收污水处理费1.08亿元，城区生活污水集中处理率达91.68%，各集镇建成区生活污水集中处理率达83%以上。

（金吴亚　黄苑苑）

2010年江阴市城区道路改造工程一览

表41

道路名称	起讫地点	道路规模	改造内容	施工单位	施工进度
滨江西路	西外环路至黄田港大桥	长1980米 宽40米	沥青摊铺。	江阴市市政工程建设有限公司	2010年8月23日开工 9月27日竣工
环城南路	绮山路至平冠桥	长1237米 宽25米	管线入地，人行道改造，沥青摊铺。	江阴市市政工程建设有限公司	2010年7月24日开工 10月10日竣工
定波路	澄江路至暨阳路	长414米 宽7米	管线入地，人行道改造，沥青摊铺。	江阴市城市建设有限公司	2010年6月10日开工 9月20日竣工
暨阳路	虹桥路至中山路	长475米 宽9米	管线入地，人行道改造，沥青摊铺。	江阴市市政工程建设有限公司	2010年6月10日开工 9月20日竣工
文化路	虹桥路至定波路	长223米 宽9米	管线入地，人行道改造，沥青摊铺。	江阴市城市建设有限公司	2010年6月10日开工 9月20日竣工
通湖路	澄江路至君巫路	长516米 宽5米	人行道改造，沥青摊铺。	江阴市城市建设有限公司	2010年6月1日开工 8月14日竣工
虹桥南路	环城南路至南街	长450米 宽40米	人行道改造，沥青摊铺。	江阴市市政工程建设有限公司	2010年3月27日开工 6月27日竣工

续表 41

道路名称	起讫地点	道路规模	改造内容	施工单位	施工进度
南街人行道	环城东路至环城西路	人行道面积 7530 平方米	人行道降坡。	江阴市市政工程建设有限公司	2010 年 2 月 23 日开工 4 月 1 日竣工
河北街	春晖路至大桥路	长 656 米 宽 10 米	人行道改造，沥青摊铺。	江阴市城市建设有限公司	2010 年 7 月 25 日开工 9 月 11 日竣工
文化路人行道	花园路至朝阳路	人行道面积 2650 平方米	人行道降坡。	江阴市城市建设有限公司	2010 年 2 月 1 日开工 2 月 12 日竣工
朝阳关路人行道	延陵路至人民东路	人行道面积 2008 平方米	人行道降坡。	江阴市市政工程建设有限公司	2010 年 2 月 26 日开工 3 月 25 日竣工
天安路人行道	凤凰路至天安路	人行道面积 800 平方米	人行道降坡。	江阴南方建设集团有限公司	2010 年 6 月 7 日开工 7 月 7 日竣工
府西路人行道	澄江路至朝阳路	人行道面积 1480 平方米	人行道降坡。	江阴市市政工程建设有限公司	2010 年 2 月 23 日开工 3 月 6 日竣工

（赵　丁）

【供水】 2010 年，江阴市供水总量为 2.4 亿立方米，比上年增长 6.56%；完成售水量 2.16 亿立方米，比上年增长 6.39%；产销差率为 9.73%；日最高供水量 79.2 万立方米，创历史最高水平，水质综合合格率为 100%。

【供水管网建设】 2010 年，江阴市加快供水管网建设，新建、改建供水管网 82 公里以上，完成 23 个居民小区的供水管网改造；加快建设区域联合供水，江阴至张家港共完成澄杨线 15.8 公里管网建设，江阴至常州共完成芙蓉大道 27.4 公里管网建设。同时，配合创建国家节水型城市，加强节水工作示范推广，更换老式龙头 5643 个，改造厕所水箱 560 套，进一步提高江阴的节水型器具普及率和城市节水水平。（黄　晖）

【自来水销售价格调整】 2010 年 9 月 1 起，江阴市根据江苏省《“十一五”水价改革意见》《关于调整水资源费的通知》和江阴市物价局《关于调整自来水销售价格的通知》精神，调整全市水资源费及自来水销售价格。城乡自来水同网到户价格统一为生活用水 2.6 元 / 立方米、工商服务业用水 3.3 元 / 立方米、特种用水 4.5 元 / 立方米。

【国家节水型城市创建工作通过验收】 2008 年，江阴在获得江苏省节水型城市的基础上，市委、市政府提出创建国家节水型城市目标，并成立创建工作领导小组，制订创建方案。围绕创建国家节水型城市 6 项基本条件、5 项基础管理指标、11 项技术考核指标和 3 项鼓励性指标，加强组织领导，落实目标责任；实施部门联动，营造浓厚氛围；抓好制度建设，实施管理科学化；强化计划管理、建立健全指标体系；注重科研投入，加大节水设施建设力度；加强综合整治，改善水环境质量。至 2009 年底，创建的各项指标均达到或超过国家考核标准。2010 年 12 月，顺利通过由国家发改委住房建设部组织的国家节水型城市考核验收。（刘咪娜）

【燃气管理】 2010 年，江阴市城区燃气供给方式为瓶装液化石油气和管道天然气两种。全市有 13 座液化石油气储配站，全年液化石油气供应量为 3.84 万吨。全市有天然气门站 1 座，天然气管网总里程达 1085.71 公里，其中高压 202.47 公里，中压 366.58 公里，低压 516.66 公里。全年天然气供应量 4.17 亿立方米，平均日供气量 114 万立方米，其中居民用户 74890 户，用量为 1913 万立方米，公共服务用户 578 户，用量为 650 万立方米，企业生产用户 221 户，用量为 3.91 亿立方米。

【天然气汽车加气站投入运营】 江阴公交总站压缩天然气汽车加气站位于梅园路东、立新路南，由中国石油化工股份有限公司江苏江阴石油分公司投资建设，总投资 1900 万元，于 2010 年 3 月通过竣工验收。该加气站是市首个为城市公交车辆加气的天然气加气站，标志着市汽车能源的替换工作进入正式实施阶段，加气站使用对有效减轻汽车尾气排放，净化空气质量，合理利用绿色能源，改善城市大气环境具有积极意义。至年底，全市有公交总站、城西、三元、交运 4 座加气站投入运营，全市天然气加气站日供气能力为 6 万立方米。

【瓶装燃气送气服务人员统一管理】 2010 年，江阴市燃气管理部门针对送气服务人员人数众多，素质参差不齐，管理难度较大的情况，加强从业人员的岗位培训和管理，规范瓶装燃气送气行为，自 9 月 1 日起，对全市 300 余名瓶装燃气送气人员实行“三统一”管理，即统一培训持证挂牌上岗、统一着装、统一使用送气配送单，维护用户的合法权益，确保瓶装燃气的安全配送，保障社会公共安全和燃气用户的使用安全。（芦　旻）

【环境卫生管理】 2010 年，江阴市环卫部门继续修订完善《江阴市环境卫生全面作业质量考核办法及考核标准》，制定《江阴市城区道路快速保洁作业规程》和《江阴市城区公厕管理办法》。按照一类公厕标准，新建 5 座公厕，向市民免费开放。按照二级公厕标准，完成城区 122 座公厕的改造并投用。完成渗滤液尾水管网铺设计 6.2 公里，以及渗滤液缓冲泵站、南门压缩式中转站和城区 6 座垃圾中转站渗滤液预处理工程的建设改造，并增添环卫作业车辆36辆。全年全市共无害化处理生活垃圾45.56万吨，其中焚烧发电处理34.6万吨，卫生填埋10.96万吨。平均日处理生活垃圾量为1248吨。生活垃圾无害化处理率持续保持100%。

【道路快速保洁】 2010年4月，江阴城区环卫部门成立由125名业务骨干组成的快速保洁队伍，统一配备50辆电瓶三轮车、130辆自行车，对城区105条重点道路、路段共220万平方米的路面实施无缝隙、无尘化保洁，推行水洗路面、机械清扫、洒水降尘“三位一体”的新型作业模式，环卫作业时间由原来的8小时调整为16小时。快速保洁的推行，使城区主次干道漂浮物停留时间不超过15分钟，实现了常规保洁与快速保洁相结合，“一体化保洁”与“交叉保洁”同步进行。

【新增道路清扫保洁试行市场化运作】 2010年8月，江阴市创新城市道路保洁社会化运作机制，通过招投标、服务外包等形式，以政府采购方式，首次对城区6条新增道路清扫保洁项目实行公开招投标。经过竞标，江阴市要塞环境卫生发展有限公司中标，取得梅园路、北潮路、花北路、立新路、皮弄路和峭花路6条新增道路计12.5万平方米的城市道路保洁权，承包期限3年。此举使全社会参与、共建共享城市管理成果明显得到提升。

【“一诺千金·洁美暨阳”环卫服务品牌】 2007年，江阴市环卫部门向公众公开环卫三项服务承诺：凡是属于环卫的问题，一定全力做好；凡是属于和环卫相关的问题一定要配合做好；有些不属于环卫的问题，凡是市民提出要求，一定尽力做好。在践行服务承诺的过程中，为提升环卫服务质量，科学推进环卫事业发展，确立了“一诺千金·洁美暨阳”的服务品牌。三年来，环卫行业以敬业、服务、创新、和谐的服务理念，规范服务队伍形象，完善品牌基础设施，强化环卫科学管理，明确品牌服务标准，创新突破工作思路，用实实在在的行动践行环卫承诺，使全体市民都享有洁净的环境。2010年，市环卫部门获无锡市环卫管理先进单位。年末“一诺千金·洁美暨阳”环卫服务品牌获江阴市十佳文明服务优质品牌。（蒋创新）

【控源截污排水达标区创建】 2010年，江阴市围绕控源截污排水达标区创建任务目标，确立属地负责、分级管理的原则；落实督察推进制、现场滚动巡查制、定期工程例会制、回头看四项制度强化工程监管，在无锡地区率先完成921个排水达标区块的创建任务，提前实现“三年任务两年完成”的目标。全年全市投入资金5.5亿元，全面完成637个排水达标区创建任务，其中完成阳台立管256.69公里，建设截污管网718.6公里，增设雨水管68.85公里。至年末，全市城乡基本形成雨污分流、管网覆盖城乡的生活污水收集治理体系。同时，对新建项目严格按雨污分流的原则，全面实行统一建设模式；对已完成创建的排水达标区按新出台的《江阴市排水设施建设和排水许可管理办法》和《江阴市控源截污排水达标区长效管理实施细则》的有关规定，规范排水许可行为，杜绝私接乱排等不规范排水行为，维护控源截污工作的长效稳定性。（黄苑苑）

【城区道路改造】 2010年，江阴市市政管理部门围绕城区保畅通的中心主题，完成文化路、南街、朝阳关路、虹桥南路、天安路、府西路6条道路的降坡；完成虹桥路与南街、大桥路与毗陵路、人民东路与黄山路、香叶路与花园路、文定路与河北街、绮山路与人民东路、环南路与绮山路、文化路与虹桥路8个交叉口的渠化改造；对虹桥南路、澄江西路、人民东路、中山路等道路设置中央护栏；对河北街、通湖路、文化路、暨阳路、定波路、环城南路、滨江西路7条道路进行改造。通过实施畅通工程，改善了城市内部交通设施，缓解了交通矛盾，使城市路网的通畅性和安全性得到提高。（金吴亚）

【锡澄运河西侧污水截流工程】 该工程是无锡市和江阴市的重点工程，工程分为地下管线工程和泵房工程。管线工程起点为城市污水处理厂，终点为澄西污水处理厂，途经梅园路(穿越锡澄运河)、通江路、滨江路。沿线在杏春桥西桥堍南侧建设污水提升泵站1座，规模为6万吨/日，规划用地面积1224.59平方米；在黄田港大桥西桥堍北侧建设通江路污水提升泵站1座，规模为8万吨/日，规划用地面积1491.32平方米。管线总长约11公里，主干管采用顶管施工，支管采用牵引施工。工程总投资1.2亿元，由南京市市政设计研究院有限责任公司设计，上海宝冶建设有限公司、江苏神龙海洋工程有限公司、无锡市海洋工程有限公司、江阴市市政建设工程有限公司

图为江阴环卫工人整队出发　　（市城管局供稿）

施工，江苏外建建设监理有限公司、江苏腾飞工程项目管理有限公司、江苏新东方工程管理咨询有限公司、江阴市四方建设监理有限公司监理。工程投运后，截流锡澄运河西岸排污口109个，改善了锡澄运河的水环境质量。该工程最大日输送污水量达8万吨。工程于2009年3月28日开工，2010年12月30日竣工。

【城区污水管网完善配套工程】 该工程是江阴市重点工程，总投资7141万元，由江阴市城乡规划设计院设计，工程分为3个标段，由江阴市市政建设工程有限公司、江苏神龙海洋工程有限公司、无锡市海洋工程有限公司承建，江苏外建建设监理有限公司、江苏腾飞工程项目管理有限公司、江苏新东方工程管理咨询有限公司监理。工程建设管网约12公里，涉及道路20条。施工方法主要采用非开挖牵引施工，工程于2010年4月18日开工，12月30日完工。

2010年江阴市城区污水管网完善配套工程建设管网一览

表42

片区	道路名称(起讫位置)	管径、管道长度及施工方式
君山片区	君山路(君巫路至东横河)	直径400/500毫米、563米，开挖施工。
	君巫路(中山北路至虹桥北路	直径400毫米、454米，牵引施工。
	沿河路(君山路至虹桥路)	直径400/500毫米、289米，开挖施工。
	君巫路三十九弄(远望医院至君巫路)	直径400毫米、223米，开挖施工。
	澄江西路(中山北路至定波路)	直径400毫米、153米，牵引施工。
健康片区	健康路(澄江西路至东横河)	直径400毫米、596米，牵引施工。
	虹桥北路(澄江西路至文化路)	直径400毫米、178米，牵引施工。
	文化西路(虹桥北路至健康路)	直径400毫米、300米，牵引施工。
	暨阳路(虹桥北路至健康路)	直径400毫米、122米，牵引施工。
澄康片区	澄康路(君巫路至东横河)	直径500/600/800毫米、1252米，牵引施工。
	虹桥北路(交警大队至君巫路)	直径300/400毫米、254米，牵引施工。
	君巫路(虹桥北路至滨江路)	直径300/400毫米、513米，牵引施工。
	澄江西路(澄康路往东204米)	直径400毫米、204米，牵引施工。
	文化西路(澄康路至朝阳路)	直径300/400毫米、338米，牵引施工。
高巷片区	寿山路(中山路至虹桥路)	直径400/800毫米、473米，开挖、顶管施工。
	寿山路(虹桥路至三元坊巷)	直径400毫米、308米，牵引施工。
	高巷路(寿山路至人民路)	直径400毫米、240米，牵引施工。
	南街(青果路往东180米)	直径400/300毫米、380米，开挖施工。
	环城南路	直径400/560/800毫米、870米，开挖、牵引施工。
文定片区	文定路(文定菜场至人民路)	直径500毫米、655米，牵引施工。
	阳光路(朝阳关路至文定路	直径400毫米、360米，牵引施工。
	河北街(朝阳关路至春晖路)	直径400毫米、512米，牵引施工。
	天鹤路(人民路至春晖路)	直径400毫米、420米，牵引、开挖施工。
	天鹤路(蒲桥路至大桥路)	直径400毫米、384米，牵引施工。
	大桥路(延陵路至人民路)	直径500毫米、1072米，牵引施工。
	安居巷(蒲桥路至天鹤七村区间路)	直径400毫米、367米，牵引施工。
	天鹤七村区间路	直径400毫米、167米，开挖、牵引施工。
	蒲桥路(安居巷往南47米)	直径400毫米、47米，开挖施工。

（夏　涛）

【黄田港大桥加固维修】 黄田港大桥始建于1992年，为市重要过境桥梁。该桥因长期承受超量、超载车辆的负荷，一直处于疲劳运行状态。2010年初出现突发性的损伤扩大现象，桥梁管理部门组织专家现场勘查，研究加固技术措施，制订加固方案。主要措施：引桥板梁下部整体铺贴高强度碳纤维；桥面（包括主桥部位）凿除沥青和混凝土铺装层，重新配直径8毫米焊接钢筋网片，浇筑7厘米~10厘米混凝土铺装层，铺4厘米沥青混凝土；钢筋露筋锈蚀部位除锈封闭；伸缩缝更换和路缘石大修等。经过一个多月的施工，消除了桥面及梁体结构病害，桥面平整紧实，于4

月 18 日通车,总投资 610 万元。

【市政养护管理】 2010 年,江阴市市政公用事业管理部门进一步增强服务意识,规范管线建设,全年主持召开 110 次管线协调会,解决开发企业管线建设的难题。在严把道路开挖审批关的同时,完善市政道路养护的市场化运作机制。全年办理道路开挖手续 193 份,共修复道路 3.69 万平方米,修复人行道 1.74 万平方米,修复侧平石 1.59 万米,为消除路面积水而增设雨水井 25 座,清理道路零星碎石、砖块等杂物 355 处。 (金昊亚)

房地产开发

【概况】 2010 年,江阴市房地产开发管理部门加强行业管理,继续实施《房地产开发(电子)项目手册》制度,组织全市房地产开发企业赴江苏省住房和城乡建设厅产业促进中心进行培训。按规定发放“住宅质量保证书”“住宅使用说明书”,全年发放“两书”1.56 万套。推进住宅产业现代化,建设节能环保型住宅,促成泰昌房产开发有限公司水岸新都 C8 号楼申报“省优秀住宅示范工程”认定,无锡惠泽置业有限公司的藏品敔山湾申报“AA 级住宅”性能认定。完成房地产开发住宅项目竣工交付使用验收项目 48 项,面积 224.69 万平方米。会同市有关部门成功举办两届房交会。完成普通商品房开工面积 372.26 万平方米,竣工面积 234.29 万平方米,开发土地面积 25.37 万平方米;商品房销售面积 224.53 万平方米,销售额 144.16 亿元。全年全市通过公开出让土地 91 宗,面积 269.65 公顷,促成开工 25 幅,面积 64.51 公顷。受理群众来电、来信投诉 88 起,“12345”民生热线投诉 61 起,会同有关部门答复处理 7 起,处理答复率均为 100%。

【城区拆迁商品房建设】 2010 年,江阴市房地产开发管理部门从拆迁户切身利益出发,以缩短拆迁群众在外过渡时间,提高拆迁商品房质量为目标,紧抓拆迁商品房建设质量,采取签订责任状、分工责任到人、定期检查等方法保证拆迁商品房的建设标准和建设时间。年内城区共建成拆迁商品房 16 万平方米,分别是贯庄三期 3.8 万平方米 400 套、立新四期 12.2 万平方米 996 套。

【房地产企业资质管理】 2010 年,江阴市房地产开发管理部门严格把关、热情服务,帮助重新申报延期资质房地产企业 45 个。同时对新成立的企业申报资质及时办理,完成新申报企业 36 个。对资质到期的企业,主动提醒对方及时办理延期手续。至年末,全市城区登记在册的房地产开发企业达 134 个,比上年增加 21 个。

(任 强)

房地产管理

【概况】 2010 年,江阴市住房保障和房产管理部门办理房屋所有权登记 5.16 万起,建筑面积 1218.98 万平方米,其中初始登记 1.52 万起,建筑面积 200.69 万平方米;转移登记 6873 起,建筑面积 135.47 万平方米;变更登记 1723 起,建筑面积 261.85 万平方米;新建房登记 587 起,建筑面积 262.4 万平方米;房屋他项权利登记 2.34 万起,抵押面积 1324.23 万平方米,贷款额 258.27 亿元。归集房屋维修资金 8676 万元。完善住房保障体系,第三期保障性住房有序推进,创新公有租赁住房机制,启动高层次人才公寓建设。全年组织举办春秋两季房交会,累计成交商品房 558 套,成交面积 16.29 万平方米,成交金额 3 亿元。编制完成《江阴市“十二五”住房保障规划》。全年改造老小区面积 50 万平方米。完成全市 6 万平方米的老旧公房整体修缮工作,包括屋面翻修,承重墙体翻修及加固,破旧门窗更换,雨篷、天沟翻修,电线线路及配套设施、设备维修等,大大改善公房承租户的居住条件和居住环境。完成房屋安全鉴定 75 起,出具房屋安全鉴定报告 71 份,共鉴定面积 17.9 万平方米。完成住宅房屋装饰装潢审核 1834 份、房屋结构改造安全许可 78 份。

【限价商品住房政策出台】 2010 年,江阴市探索限价商品住房这一新的保障形式。限价商品住房是由市政府指定镇(街道)建设,附加限制销售价格、住房套型面积和销售对象等要求的普通商品住房。此举旨在解决“夹心层”(中低收入住房困难的家庭、农村低收入住房困难家庭)住房困难问题,促进住房市场供应结构平衡,引导房地产市场健康发展。3 月,市政府出台《江阴市限价商品房暂行管理办法》。确定有关镇(街道)建设,限制销售价格、限制住房套型面积、限制销售对象。《暂行办法》规定:申请人须为澄江街道、城东街道办事处的常住户口,或在该区域内单位工作满 5 年的大专以上的各类专技人员(可不受户籍限制)。单身家庭提出申请的,申请人须年满 28 周岁;申请人的家庭上年人均收入不高于市统计局公布的本市上年城市居民人均可支配收入(具体收入线标准由市政府定期向社会发布);家庭人均住房建筑面积低于 25 平方米。至年末,云亭、夏港、南闸 3 个街道完成规划选址、设计条件、环评审批、初步方案、土地招拍挂等前期准备工作。

【公有租赁住房保障机制】 2010 年 11 月,江阴市政府出台《关于科学创新建设管理机制,大力发展公共租赁住房的意见》,明确建立由“政府引导、企业参与、多元投入、市场运作”的公共租赁住房建设管理新机制,通过政府投入和社会投资相结合,拓宽公共租赁住房建设渠道,加快公共租赁住房建设步伐。根据全市人才的实际需求,对 78 套公租房全部实施精装修,添置和配备基本生活设施和必要设备,满足承租人拎包入住的需求。全年共向 214 户人才家庭实施公有租赁住房保障,其中研究生以上学历人才占 31%。

【廉租住房保障扩面】 从 2010 年 1 月 1 日起,江阴市廉租住房保障对象扩面至家庭人均可支配收入在1000元以下、人均住房建筑面积低于18平方米的低收入住房困难家庭。至年末，全市有208户家庭享受廉租住房保障，其中103户享受实物配租，105户享受租金补贴；共发放廉租住房补贴79.07万元，其中向低保户发放16.23万元，低收入家庭发放62.84万元。

【老小区改造和平改坡工程】 2010年，全市老小区改造面积为50万平方米，涉及天鹤六村、天鹤七村东小区、美丽花苑等10个住宅小区，改造项目包括拓宽整修道路、铺设沥青路面，增加停车位，调整绿化种植等24项，于3月2日开工，11月30日竣工，投资5000万元。同时，对五星花苑、城富花苑、文富花苑、通渡花苑4个拆迁安置小区的围墙护栏进行全面更新改造。4月1日开工建设平改坡41栋、平改平4栋，工程约2.3万平方米，11月30日已竣工，投资700万元。

【13项物业管理项目被评为省优秀】 2010年，随着江阴市城市化进程的加快，住宅小区实现物业服务已基本覆盖全市，拥有物业管理企业80个，实施物业服务的住宅小区215个，面积1650万平方米。年内，市住保房管部门针对物业管理收费难、收费标准低、公用部位维修资金使用难等问题，起草了《江阴市物业管理收费办法》和《江阴市维修资金管理办法》；会同有关部门赴周边县市学习调研，撰写调研报告，对小区停车难、公用设备设施查验不严等突出问题，提出相应的对策建议；出台《关于加强拆迁商品房建设管理和拆迁商品房小区物业管理的意见》，化解拆迁小区管理矛盾，提出有针对性的措施，并明确各部门的职责，提高全市拆迁安置小区物业管理水平。全年共有13项物业管理项目获优秀项目，其中江阴市行政事业中心物业管理项目获住房和城乡建设部优秀项目，东都国际大厦、圣庭苑、锦湖苑二村3项项目获江苏省优秀项目，汇丰大厦、阳光威尼斯、临港新城管委会等9项物业管理项目获无锡市优秀项目。 （邱 敏）

图为竣工的芙蓉新村老小区改造工程 （市住保房管局供稿）

村镇建设

【概况】 2010年，江阴市下辖11个建制镇、6个街道办事处和2个经济开发区列入村镇统计范围。11个建制镇和夏港、申港、云亭、南闸4个街道，共辖行政村192个、自然村1819个；镇区现状用地面积0.99万公顷，人口44.3万人；农村现状用地面积1万公顷，人口51.6万人。长江自来水覆盖率为100%，日供水能力39.6万立方米，供水管道长2286公里。绿地面积为920公顷。夏港街道获得江苏省住房和城乡建设厅“江苏人居环境范例奖”。月城镇沿山村、华士镇龙河村被评为江苏省康居示范村。至年末，全市有村镇房地产开发企业40个，其中三级资质企业22个、暂定三级资质企业16个、四级资质企业2个，开发商品房65.7万平方米。

【农民集中居住】 农民集中居住是加快城市化进程和实现土地、产业、人口“三大集中”的重要组成部分。自2005年起，江阴市实施农民居住集中，2010年是第六年，全年撤并自然村135个，涉及9040户29378人，拆迁房屋面积279万平方米。至年末，集中居住率为68%。

【村庄整治】 2010年，江阴市对151个自然村进行整治，新修筑道路281.3公里，铺设排水管171.58公里，增设垃圾箱593个，新建厕所185座，新增公共绿化面积53.8万平方米。年内，利港镇江市村、华士镇龙河村、月城镇沿山村、顾山镇涸东村被评为江苏省重点整治村。是年，选择璜土镇曹家头村等100个村庄进行农村生活污水处理，于年底完工，总投资约1.02亿元。

（张 建）

■类目编辑 纪晓华

建筑业

综 述

【概况】 2010年，江阴市建设部门坚持巩固与开拓并重，继续加大对建筑市场的监管力度，调整充实力量，完善城区、临港新城中央商务区、青阳、长泾、周庄5个片区工程建设管理办公室职能和制度。完善企业信用考评体系，严格“黑名单”(违法、违规、失信的企业)制度，完成153个企业考评，发放信用手册316份。完善评标专家库制度，实施资格后审和不低于成本的最低投标价办法，实行异地抽取评委和远程评标，全年完成评标交易项目813项、评标金额133.6亿元；完成审图项目480项、施工面积711万平方米。加强工程报建管理，实施施工许可公示牌制度，组织项目竣工验收，全年办理施工许可证568张，验收备案项目454项，监理备案项目363项。全面推行主监人负责制和多人上岗制，监督工程项目2180项、建筑面积1593万平方米，竣工验收项目662项、建筑面积485万平方米。工程质检15.9万余组次，出具检测报告11.3万余份。成立平安建设职业技能培训公司，开展各类培训65期，培训9866人次。全年完成建筑业总产值116亿元，比上年增长16%；建筑业增加值40.52亿元，比上年增长31.64%；全年施工平均人数6.5万人次，实现利税10.7亿元。年内，市建筑行业协会成立。是年，全市获江苏省“扬子杯”优质工程4项、“紫金杯”建筑装饰优质工程奖项3项；无锡市“太湖杯”优质工程奖项12项、“太湖杯”建筑装饰优质工程奖项5项、“市政示范工程”6个、工程建设质量管理成果奖项22项；4个企业获无锡市优秀企业称号。

（薛 莲）

2010年江阴市建筑创优工程一览

表43

奖项	工程名称	工程造价（万元）	建筑面积（平方米）	结构	施工单位	项目经理
江苏省“扬子杯”优质工程	江苏省南菁高级中学新校区行政办公楼	2275	10105	框架	江阴一建建设有限公司	朱耀良
	江阴市红十字血站业务大楼	1882	11970	框架	江阴一建建设有限公司	周红兵
	国家纺织产品质量监督检验中心	2551	13000	框架	江苏新桥建工有限公司	陶剑刚
	东都大厦	1670	20879	框剪	江苏新桥建工有限公司	钱林才
无锡市“太湖杯”优质工程	银信广场主楼	3944	25040	框架	江苏无锡二建建设集团有限公司	倪德培
	江苏省南菁高级中学新校区行政办公楼	2275	10105	框架	江阴一建建设有限公司	朱耀良
	江阴市红十字血站业务大楼	1882	11970	框架	江阴一建建设有限公司	周红兵
	国家纺织产品质量监督检验中心	2551	13000	框架	江苏新桥建工有限公司	陶剑刚
	东都大厦	1670	20879	框剪	江苏新桥建工有限公司	钱林才
	江苏省南菁高级中学新校区实验楼、教学楼	5200	60567	框架	江阴一建建设有限公司	朱耀良
	长江国际小区6号楼	2373	21453	框剪	江阴一建建设有限公司	秦 东
	澄江街道先锋村社区村委会大楼	3845	19052	框架	江阴市先锋建筑有限责任公司	沈和兴
	江苏省南菁高级中学新校区1～6号学生公寓楼	4331	37969	框架	江苏锦澜建设有限公司	史山其
	江苏省南菁高级中学新校区体育馆	4331	9817	框架	江苏新桥建工有限公司	陶剑刚
	江苏省南菁高级中学新校区食堂	4331	7578	框剪	江苏新桥建工有限公司	陶剑刚
	江苏省南菁高级中学新校区礼堂艺术馆	1811	7214	框架	江阴一建建设有限公司	朱耀良

2010年江阴市建筑装饰优质工程一览

表44

奖项	工程名称	工程造价（万元）	施工单位	项目经理
江苏省"紫金杯"建筑装饰优质工程	银信广场综合楼幕墙工程	2082	无锡王兴幕墙装饰工程有限公司	陈浩明 何向阳
	江阴市国际大酒店商务综合楼装饰工程	1200	江阴市澄星装饰工程有限公司	谢伟良
	江阴市长达科技大楼装饰工程	1200	江阴市澄星装饰工程有限公司	谢伟良
无锡市"太湖杯"建筑装饰优质工程	银信广场综合楼幕墙工程	2082	无锡王兴幕墙装饰工程有限公司	陈浩明 何向阳
	江阴市国际大酒店商务综合楼装饰工程	1200	江阴市澄星装饰工程有限公司	谢伟良
	江阴市体育中心地下车库及商业设施装饰工程	586	江阴市澄星装饰工程有限公司	陈星
	江阴市长达科技大楼装饰工程	1200	江阴市澄星装饰工程有限公司	谢伟良
	江阴市红十字血站装饰工程	468	江阴市鸿发装饰装潢有限公司	孙建平

（钟卫东）

建筑工程勘察设计

【概况】 2010年，江阴市勘察设计单位完成工程勘察设计项目1541项(含专项设计资质项目)，工程设计总产值1.72亿元。建设行政主管部门组织大型项目初步设计审查55项，完成深基坑支护设计项目审查44项。至年末，全市拥有各类工程设计资质单位32个，其中甲级资质单位3个、乙级15个、丙级2个、设计与施工一体化资质企业11个、施工图设计一类审查机构1个。全市从事勘察设计人员484人，其中一级注册建筑师27人、一级注册结构师36人、注册岩土工程师16人。是年，获江苏省优秀勘察设计奖项目13项，获无锡市优秀设计奖项目30项。

（梁洪健）

【规范施工图审查】 2010年，江阴市施工图审查机构进一步规范施工图审查行为，严格贯彻国家、江苏省施工图审查新精神、新规范、新标准，提高审查质量；加大对违反强制性条文、影响工程安全、涉及公众利益等工程施工图的审查力度，进一步加强建筑节能、太阳能设计、无障碍设计方面的审查工作。年内，结合江苏省施工图审查工作开展十周年纪念活动，开始实行岩土专业工程师执业注册制度，严格按照国家、省注册师管理协会规定的时间和要求，组织注册师参加专业继续教育培训学习及其他业务学习。全年共接审项目558项，接审面积1034万平方米；出具审查意见书556份，审查面积1070万平方米；发放合格证书480份，审查合格面积711万平方米。是年，市施工图审查机构在江苏省同类机构考核评定中获优秀等次。

（章莉莉）

建筑施工

【概况】 2010年，江阴市建设管理部门改变以往的监督模式，全面推行节点控制和小组巡查的日常监督模式，设置桩基、基础、主体、幕墙、保温节能等控制节点，所有控制节点均由项目总监统一报到建设工程质量监督站登记备案，根据具体情况安排人员以小组形式进行监督检查，并将检查结果以书面形式纳入监督档案，监督管理效率明显提高。加强建设工程监理，市区建设工程监理达100%。年内，江苏省分户验收强制性地方标准《住宅工程质量分户验收规程》(DGJ32/J103-2010)颁布实施，为及时做好宣传和贯彻工作，市建设管理部门共举办6期培训班，培训700多人，经考核合格后颁发上岗证书。年末，全市有建筑业企业207个，其中总承包企业47个(一级资质企业4个、二级18个、三级25个)，专业承包企业145个(一级资质企业2个、二级39个、三级101个、不分等级3个)，劳务企业15个(一级资质企业10个、二级3个、不分等级2个)；平均从业人数5.1万人，全员劳动生产率人均18.7万元。全年施工面积947万平方米，比上年减少16.7%，其中新开工面积538万平方米，比上年下降6%；竣工面积409万平方米，与上年持平。是年，全市获江苏省"扬子杯"优质工程4项，江苏省"紫金杯"建筑装饰优质工程3项，江苏省工程建设质量管理小组成果奖2项；无锡市"太湖杯"优质工程12项，无锡市"太湖杯"建筑装饰优质工程5项，无锡市工程建设质量管理小组成果二等奖9项、优秀奖13项；分别有2个企业获无锡市建筑业优秀企业和装饰优秀企业称号。（夏燕 钟卫东）

【建设工程监理】 2010年，江阴市建设部门以提高工程质量、安全控制水平为抓手，进一步加强对监理企业的管理。年内，江阴市四方建设监理有限公司变更为江苏四方建设项目管理有限公司，江阴市东方建设监理有限公司变更为江苏新东方工程管理咨询有限公司；江苏飞扬建设咨询管理有限公司增加市政公用工程乙级资质，江阴市澄宁项目管理咨询有限公司增加市政公用工程丙级资质。全市监理企业全年承接工程项目监理备案 363 份,施工面积 854.39 万平方米,工程造价 111.38 亿元,市区建设工程监理覆盖率达 100%。全年共有 37 个外地监理企业在江阴市执业。年末,全市有监理企业 8 个,其中专业资质甲级企业 3 个、乙级 5 个。 (周宇晴)

【建设工程质量监督】 2010 年,江阴市建设工程质量监督部门共受理质量监督项目 2180 项(含市政工程 89 项),总建筑面积 1593 万平方米,创历史新高。其中,年内新增质量监督项目 1026 项(含市政项目 47 项),建筑面积 758 万平方米;竣工验收项目 662 项,建筑面积 485 万平方米,竣工验收合格率 100%。申报检测鉴定并补办房产证项目 50 项,建筑面积 31.9 万平方米。申报江阴市优质结构工程项目 110 项,其中 43 项获江阴市优质结构工程,建筑面积 64 万平方米。解决工程质量投诉案件 27 件。

【建筑节能标准实现 50%】 2010 年,江阴市建设工程质量监督部门进一步加强对建筑节能原材料和成品监督及对建筑现场的抽测和检测力度,采取随机抽测和提高抽测频率的方法,以确保节能材料质量,实现保温节能效果。会同建设管理部门总工办、审图中心、检测中心对市内公共建筑及住宅工程项目进行建筑节能检查,累计检查项目 21 项、建筑面积 38 万平方米。抓好样板房、样板间、样板墙的施工质量,实行样板开导,典型引路,确保建筑节能施工和住宅工程质量的稳步提高。全市竣工房屋中符合建筑节能要求的建筑面积从 2006 年 30 万平方米提高到 2010 年 150 万平方米,新建住宅和公共建筑基本实现 50%的建筑节能标准。(夏 燕)

【建设工程质量检测】 2010 年,江阴市建设工程质量检测中心秉承"科学、公正、热情、高效"宗旨,为社会提供公正性建设工程质量检测服务。全年共计完成检测 15.88 万余组次,发放检测报告11.34 万份,检测数据准确率 100%,完成非税收收入 1800 万元。市建设工程质量检测中心自 2005 年起连续荣获"江苏省先进检测机构"称号。2010 年,该中心正式取得国家实验室认可资格。 (张宜开)

建筑市场管理

【概况】 2010 年,江阴市建设管理部门进一步强化建筑行业管理,有计划、有步骤推进工程建设领域项目信息公开和诚信体系建设工作,依托市政府门户网站,设立工程建设领域项目信息公开专栏,建立工程建设领域项目信息和信用信息服务平台,公开工程建设领域项目信息。建立工程建设领域诚信体系守信激励和失信惩戒制度。成立市建筑行业协会,完善企业信用考评体系。严格施工许可,实施施工许可公示牌制度,认真组织项目竣工验收。做好信用手册换证工作,共发放信用手册 316 份,其中本地企业发放年度信用手册 148 份,外地企业发放单项信用手册 168 份。组织 209 名全国注册造价师、195 名造价员参加继续教育;完成造价师初始注册 17 人次、造价员验证 798 人;完成 171 个建筑业企业的资质核查,25 个企业的资质申报;为 603 项工程项目办理安监手续,建筑面积 812.79 万平方米,造价 87.74 亿元。加大违章工程查处力度,打击建设领域违法行为,全年共立案查处违法违规案件 210 件,结案 183 件,到账罚没款 251 万元。落实拖欠工程款和农民工工资投诉受理机制,成立专项领导小组,全年共受理投诉案件 44 件,涉及民工 3157 人,涉及金额 2605.4 万元。接收工程档案 1200 个、545 万平方米。成立平安建设职业技能培训公司,完成各类培训 65 期、9866 人次。年末,全市有造价咨询企业 6 个,其中甲级资质企业 2 个,乙级资质企业 4 个;被评为造价咨询企业信用 AAA 级单位 3 个,AA 级单位 3 个。 (薛 莲)

2010 年江阴市创建江苏省及无锡市文明工地一览

表 45

工程名称	文明工地级别	施工单位	建筑面积(平方米)	结构	项目经理
江锋广场三期	省、无锡	江苏新桥建工有限公司	30560	框剪	钱林才
口岸单位办公楼	省、无锡	江阴市民用建筑安装工程有限公司	79132	框架	王兴良
江阴世新客运中心	省、无锡	江阴一建建设有限公司	42300	框架	金建新
苏龙苑二标段	省、无锡	南通四建集团有限公司	71518	框剪	朱永标
苏龙苑三标段	省、无锡	江阴一建建设有限公司	57096	框架	吴晓东
江阴国际软件园智富大厦	省、无锡	华锦建设股份有限公司	48000	框筒	许建军
江南小区二期一标段 14 号楼	省、无锡	江阴市华厦建设工程有限公司	21000	框架	徐建良
阳光假日花园一期	省、无锡	江苏省华建建设股份有限公司	105811	框剪	陆元贵
江阴市金科东方大院四期(G01 号~G03 号楼)	省、无锡	江苏邗建集团有限公司	53539	框剪	王爱兵
江阴长晟豪生大酒店	省、无锡	江苏顺通建设工程有限公司	76528	框筒	张建兵
江阴金宸国际花园三期 6 号、7 号、10 号、11 号楼	省、无锡	南通鑫金建筑安装工程有限公司	31756	框剪	陆增国
红星美凯龙商业用房	省、无锡	江苏省建筑工程集团有限公司	86127	框架	周荣兴
和院西区住宅用房一标段	省	广州华锦建设集团股份有限公司	40377	框架	陈道秀
江阴市民水上活动中心	省	江阴一建建设有限公司	31893	框架	朱耀良
锦秀天成三期 1 号、8 号楼及地下车库	省	重庆建工住宅建设有限公司	46303	框架	胡明刚

续表 45

工程名称	文明工地级别	施工单位	建筑面积(平方米)	结构	项目经理
泰和江南小区二期7~9号楼	省	南通四建集团有限公司	42323	框架	利　军
江阴高级中学新校区六标段	无锡	江阴市民用建筑安装工程有限公司	23532	框架	任达文
江阴高级中学新校区科研信息楼(三标段)	无锡	江阴一建建设有限公司	18313	框架	徐锦德
江阴市公安消防大队指挥中心用房	无锡	江阴一建建设有限公司	10645	框架	周红兵
龙城福第桃花源一期	无锡	江苏武进建筑安装工程有限公司	32000	框架	应国光
金科·锦绣天成二期	无锡	江阴市华厦建设工程有限公司	36000	框架	沈建康
龙城福第住宅小区10号、11号楼	无锡	江阴市华厦建设工程有限公司	26688	框剪	孙震宇
江阴魔方时代广场一标段	无锡	江阴一建建设有限公司	49424	框架	冯新益
江阴市虹桥大厦	无锡	江阴一建建设有限公司	22401	框剪	黄卫东
金色水岸住宅小区一标段	无锡	江阴一建建设有限公司	25161	框剪	丁网度
金色水岸住宅小区二标段	无锡	江阴东方建筑集团有限公司	47000	框剪	陈永法
江阴市第三人民医院精神卫生大楼	无锡	江苏新桥建工有限公司	11848	框架	陶正荣
江阴国际会展中心	无锡	中冶天工上海十三冶建设有限公司	35000	框架	梁洪海
苏龙苑住宅小区一标段	无锡	南通建工集团股份有限公司	26117	框剪	邱海兵
戴斯国际商务广场	无锡	江阴南方建设集团有限公司	22000	框剪	吴军伟
中船澄西研发中心大楼	无锡	江阴一建建设有限公司	28137	框剪	黄　栋
青山路—芙蓉大道	无锡	江阴市市政建设工程有限公司	2633	道路排水	芮杨成
江阴经济开发区投资开发有限公司办公楼及辅助用房	无锡	江阴一建建设有限公司	6477	框架	秦　东

（任　红）

【施工许可与竣工备案实现网上申报】 2010年，江阴市建设管理部门利用江苏省建设工程施工许可与竣工备案监管服务平台，实现网上申报审批，优化审批流程，提高审批效率。全年办理施工许可证568张，施工面积960万平方米，工程项目竣工备案454份，建筑面积514.7万平方米。（张　潇）

【建筑企业信用管理】 2010年，江阴市建设管理部门加大建筑企业信用管理力度，对全市153个建筑施工企业按优秀、合格、不合格3个等次进行年度综合考核。考评结果为优秀企业3个，优秀率2%；合格企业150个，合格率98%；考核结果记入企业信用档案，同时向社会公布。进一步强化建筑市场的准入制度，全年为本市建筑施工企业办理年度《江苏省建筑业企业信用管理手册》148份，为到江阴投标的外来建筑施工企业办理单项手册168份、单项工程信用预登记267份。（周宇晴）

【建筑企业资质管理】 2010年，江阴市建设管理部门根据江苏省《关于开展2010年建筑业企业资质监督检查的通知》要求，对全市建筑企业资质进行核查。核查重点为工程结算收入、注册建造师数量、技经人员情况、企业信用等。核查结果显示，全市合格建筑资质企业有171个，其中一级合格资质企业6个、二级53个、三级及劳务合格企业112个。加强建筑企业资质管理，全年完成13个新建筑业企业的资质申报，3个建筑业企业的资质升级，9个建筑业企业的资质增项。认真做好建造师注册管理工作，至年末，累计对一、二级建造师1317人发放注册证书、印章，其中一级建造师133人，临时一级建造师24人，二级建造师970人，临时二级建造师190人。（谢玉丰）

【安全生产】 2010年，江阴市建设部门进一步加强建设系统安全生产工作组织领导，确保各部门、各条线安全生产工作目标有效实施。积极开展企业安全生产主体责任深化年活动。年初，市建设局与相关科室签订2010年度安全生产工作责任状21份，与施工企业签订2010年度安全生产工作告知承诺书174份。积极推进“文明工地”“平安工地”创建活动和建筑安全质量标准化工作，推广智富大厦、长晟豪生大酒店等工程先进管理经验，并组织召开现场推进会，倡导先进引路。加强对全市建筑施工企业安全生产许可证申请、受理、审查、发证管理，并对建筑工程进行安全监督备案，全年共办理安全监督备案的工程项目603项，总建筑面积812.79万平方米。年内，为8个企业新办安全生产许可证、18个企业办理许可证延期；为建筑施工企业主要负责人、项目负责人和专职安全生产管理人员“三类人员”办理安全生产考核合格证书延期637本。年末，全市具有安全生产许可证的单位175个。共创建江苏省级文明工地16个，无锡市文明工地29个，江阴市文明工地42个；智富大厦工程成为国家“AAA”标准化工地。

【工程运输专项整治】 2010年，江阴市开展工程运输安全专项整治工作，市建设局成立工程运输安全专项整治工作领导小组，制订《江阴市工程运输安全专项整治工作方案》，组织召开工程运输安全生产工作会议。组织相关部门和人员对全市建筑工地进行检查,共检查施工工地378个,所查工程运输车辆全部符合要求;实行建设工程运输安全文明管理承诺制度,共签订建设工程运输安全文明管理承诺书152份。9月10日起,实施建筑工地及施工运输车辆扬尘控制“150天行动计划”,同时对渣土车辆进行集中整治,加强运输源头管理,基本做到审批手续不全不开工、围挡不合要求不开工、地面硬化不达标不开工、冲洗排放设备不到位不开工、保洁人员不到位不开工。至年末,共检查施工工地206个,施工工地扬尘污染得到有效控制。(任 红)

【建筑行业从业人员培训】 2010年,江阴市建设职工学校以人才培养为主线,狠抓建筑行业从业人员培训。对建筑施工员、质量检查员、安全管理员、预算员、材料员、城建档案管理员、物业管理员和房地产权产籍管理员“八大员”按照江苏省规范要求开展培训,并组织参加上、下半年两次江苏省统考;对建筑安全“A、B、C”三类人员每季度进行一次培训,并组织参加江苏省统考。组织三级项目经理培训,考试合格转换为小型项目管理师,实现三级项目经理向小型项目管理师平稳过渡。年内先后举办市政新规范、住宅工程分户验收新规范、中小学校舍抗震加固工程质量验收规则等培训班;分土建、市政、设备安装、园林4个专业开展建筑一线专技人员培训,共有400余人经过培训考试合格,经评定领取相应的专业技术职称。积极开展建筑特种作业人员的岗位培训。年内,江阴平安建设职业技能培训公司筹建的业务培训考核基地正式投运,分建筑特种作业吊车、电梯、电工等12个专业,其中6个专业于11月份开班。至年末,累计开设各类建筑行业从业人员培训班65期,参训人数9866人次;培训建筑特种作业人员1834人,经考试合格取得住房和城乡建设部印制的特种作业操作资格证书。(戴德兴 巫 磊)

【建设工程招投标管理】 2010年,江阴市建设工程招投标管理办公室进一步规范招投标行为,提高招投标监管水平。以加强国有资金监管为重点,在大力推行工程量清单招标和计算机辅助评标基础上,着重把好资格预审、招标文件备案和评标监督等重要环节监管,抓好招投标活动中诚信体系建设,实现对法律法规负责与对招投标各方主体负责的协调统一。全年共完成项目交易标段项813项,建筑面积1203.94万平方米,交易金额133.6亿元,交易金额比上年增长41.88%。其中,公开招标标段项328项,建筑面积275.47万平方米,中标金额47.36亿元;邀请招标标段项150项,建筑面积534万平方米,中标金额56.67亿元;直接发包标段项320项,建筑面积419.53万平方米,交易金额28.52亿元;交通、水利等专业工程标段项15项,交易金额1.06亿元。(巫 磊)

【城建档案管理】 2010年,江阴市城市建设档案管理部门进一步加强城建档案业务建设和馆库建设,推进城建档案声像工作、信息化建设、重点项目及村镇建设档案管理。年内,与苏州大学档案数字化研究所联手开发新软件,并购置存储设备,实现馆藏档案项目级、工程级、案卷级、目录级、文件级五级化管理和档案业务全流程动态监控管理,档案数字化建设取得新突破,城建档案工作更加规范化、高效化。全年扫描档案6500卷,其中文字纸张35万页,图纸4.4万张,存储容量累计达10.24万兆;接收建设工程档案1200个,进行档案专项验收439次,开具报送责任书430份,参加建设工程竣工验收423次,出具档案接收证明书414份;接待查阅档案412人次,调阅案卷661卷,排架入库9055卷。至年末,馆藏档案达73597卷。(刘 莹)

【建设工程安全检查】 2010年,江阴市建设部门先后组织节后复工安全、企业主体责任落实情况、世博期间安全生产、节庆期间安全生产、拉网式隐患排查治理及建筑施工消防安全6次大检查,检查重点内容为施工台账、监理台账、人员到位、安全生产管理、文明施工、企业安全生产责任制落实、安全隐患排查治理、安全生产教育培训、危险性较大的工程安全管理情况等。累计查出隐患2001条,治理隐患2001条,整改率100%。工程建设稽查部门加大违章工程查处力度,定期开展工程小型建设项目专项检查,补充完善《查处分离制度》《行政执法过错责任追究制度》等制度,对检查中发现的违法违规行为按情节轻重分别处以通报批评、信用扣分和行政处罚。全年共立案查处违法违规案件210件,结案183件,到账罚没款251万元。(於 惠)

【建设工程安全生产专项整治】 2010年8月,江阴市根据江苏省、无锡市文件精神开展建设工程安全生产专项整治活动,成立全市建设系统安全专项整治工作领导小组,召开动员会。此次专项整治时间为8月2日~9月10日。整治的主要内容是:各级建设行政主管部门贯彻落实安全生产方针政策、法律法规,建设工程安全生产责任单位主体责任落实情况、城市房屋建筑拆除工程,建筑市场行为,建筑施工现场安全生产五大类情况是否规范运行,重点从深基坑工程、高支模工程、脚手架工程(含高空卸料平台)、建筑起重机械、拆除工程、轨道交通、市政基础设施工程等方面进行整治。在各企业进行自查基础上,工作领导小组再进行督查。全市共自查在建房屋建筑工程项目429项、市政基础设施地下管线项目32项、房屋拆除工程项目21项;工作领导小组共督查项目198项,发整改通知书20份、停工通知书26份。(任 红)

■类目编辑 陈学超

信息化建设

综　述

【概况】 2010年,江阴市在信息基础设施、信息产业、信息化应用、信息化环境等信息化建设方面均有较大突破。7月12日,工信部副部长杨学山一行视察江阴信息化建设情况后给予高度评价。年内,全市以建设无线宽带城市为突破口,提高信息基础设施建设水平,无线热点累计1400个,信息化基础设施主要指标达到或接近发达国家水平。信息产业集聚和产业链延伸效果明显,软件和物联网产业增长势头良好,江苏江阴软件园获首批江苏省物联网产业基地。各行各业信息化应用不断深入,交通指挥中心建成投运。信息化环境不断优化,基础数据库和信息资源交换平台加快建设,新增34个信息化示范村,4个信息化示范镇。是年,江阴市相继获得中国城市信息化50强、全国城市信息化综合实力百强、国家金卡工程多功能应用奖、中国政府网站优秀奖、中国政府网站优秀外文版奖等荣誉。

【再获"中国城市信息化50强"称号】 2010年2月,由亚太地区城市信息化合作办公室和中国计算机用户协会共同组织对中国城市信息化50强进行评选,主办单位面向全国600余个城市发出邀请,有280余个城市申报。主办方从信息基础设施、信息资源开发利用、信息化环境、政府信息化水平、信息技术应用水平和综合评价6个方面26项标准进行考察评价。7月25日,在辽宁沈阳举行的2010中国城市信息化峰会暨第二届中国城市信息化50强发布会上,江阴市信息化工作总体水平得到评委们高度认可,连续第二次入选"中国城市信息化50强";副市长计军因为创新拓路径和融合促产业等信息化工作理念和工作实绩,被评为中国城市信息化领军人物。

【名列全国城市信息化综合实力百强】 2010年2月,中国经济信息化评测中心组织主办中国城市信息化百强评选活动。此次评测选取120个地级市和30个县级市参加,评选组委会多方面获取信息,以工业化和信息化融合指数、电子政务指数、社会信息化指数、信息产业发展指数和信息化基础设施完备指数等5个评测指标为依据,并邀请国内外信息化专家,保证评测的客观性和完备性。根据各城市信息基础设施、信息终端普及率、信息资源开发利用、政府信息化水平和社会经济信息化等评价指标,按省会(副省级城市、直辖市)、地级城市、县级城市三个不同组别,共评出100个全国信息化综合竞争力百强城市。经综合评定,江阴市被评为2009年全国城市信息化综合实力百强之一,在入选百强的18个县级城市中名列前茅。同时,在此次评选中,市信息化办公室主任翁国琪被评为2009年全国最佳政府首席信息主管(CIO)之一,是10位获奖者中唯一来自县级城市的政府CIO。

【市民卡工程第二次获国家金卡工程金蚂蚁奖】 2010年6月7日,在第八届中国(北京)射频识别(RFID)与物联网国际峰会上,经过国家金卡办、工信部、人力资源和社会保障部、住房和城乡建设部、中国人民银行等多个国家部委的联合评选,江阴市民卡工程荣获2009年度国家金卡工程多功能应用奖(金蚂蚁奖),继2009年6月3日获此奖后第二次获此殊荣。成为全国各城市市民卡工程中唯一一个两次获此奖项的项目。金蚂蚁奖是国家金卡工程建设的最高奖项,江阴市民卡在技术安全性和应用多功能方面获得国家权威部门充分肯定。国家金卡工程建设领导小组办公室评价江阴市民卡工程:建设速度最快、整合功能最全、系统运行最稳、安全性能最高。江阴市民卡工程于2008年9月启动建设,2009年7月1日发卡应用,截至2010年底,全市累计发放市民卡全功能卡120万张,开通公园年卡、手机支付、社保、公安警务通等23项公共和便民应用服务,拓展加盟商家100余个,累计刷卡5000万余人次。

【"中国江阴"政府网站获2项殊荣】 2010年1月,在国家工业和信息化部电子科学技术情报研究所、中国信息化研究与促进网组织的"2009年度中国优秀政府网站推荐绩效评估及中国互联网最具影响力"评比中,"中国江阴"政府网站荣获中国政府网站优秀奖。5月

20日,在第四届中国政府网站国际化程度测评结果发布会上,“中国江阴”政府门户网站获得全国优秀外文版奖,在参评的124个县级政府门户网站中名列第三。江阴市党政网站集群工程于2009年建设完成,实现“中国江阴”政府门户网站与71个党、政、群团和企事业单位网站的整合,并对政府门户网站进行重大改版,提升党政网站的服务、利民功能。开通三种语言版本,为10类人群设置办事绿色通道和场景式引导服务。年内,《市长信箱》(《12345回音壁》)栏目同步显示公共服务呼叫中心诉求办理结果,累计办结25万余件;《民生热线》栏目进行6期视频直播互动;《市民论坛》栏目为市民诉求开辟绿色通道;《网上政务大厅》栏目提供5600余项行政服务的政策宣传、网上咨询和结果反馈服务。

【新增34个信息化示范村】 2010年,江阴市坚持“政府引导、市场运作”的原则,以详细的建设要求与考核指标体系为制度保障,以提高基础设施、开发涉农应用为工作重点,继续推进信息化示范村建设。各镇、村成立工作领导小组,有序推进创建工作。各示范村通过专项创建工作,信息基础设施建设得到加强,宽带网络、数字电视、电脑、手机的覆盖率与使用率有效提高;加强村务公开力度,促进村委、村民与企业之间的交流;拓宽了农产品销售与市场信息获取渠道,推动农村经济发展,农村信息化建设成效显著。经过综合考评,有34个村(社区)达到信息化示范村建设的要求,全市信息化示范村(社区)累计153个;申港街道、璜土镇、月城镇、徐霞客镇达到信息化示范镇建设标准,全市信息化示范镇(街道)累计10个。 (秦光华)

【长电科技跻身全球半导体封测企业10强】 2010年2月,根据全球最具权威的信息技术研究与顾问咨询公司——美国Gartner公司公布的2009年全球半导体封装测试企业收入排行榜,江苏长电科技股份有限公司以3.42亿美元的年营业收入跃升全球第8位,比2008年上升3位,为国内封测行业中首次跻身全球十强的企业,也使国内封测企业在全球封测行业中的地位得到提升。 (沈 阳)

【交通指挥中心投运】 2010年上半年,江阴市交通指挥中心正式投运,位于江阴市公安局交巡警大队五楼,建筑面积800平方米,其中指挥大厅350平方米、专业电信级机房300平方米及领导决策室近70平方米。该中心作为市公安局交巡警大队科技强警及智能交通建设的核心部门,充分利用先进的物联网、计算机网络、地理信息系统(GIS)/全球定位系统(GPS)、自动化控制、人机交互、视频监控、自动控制及有线无线通讯等技术,对整个城市道路交通管理的动态静态数据进行采集、分析、处理、识别和发布,使各级领导能利用系统提供的信息和多种通讯手段,借助于系统提供的辅助决策功能和控制指挥功能,均衡城区交通流分布,有效调度警力,指挥处置各类交通情况和突发事件,确保交通组织、交通秩序等职能工作有机结合,城市道路交通安全畅通。 (宗德清)

信息化基础设施建设

【概况】 2010年,全市信息化基础设施向有线无线优势互补的方向发展,全市新增无线热点600个,累计达1400个;3G信号实现市域全覆盖,全市移动电话普及率达每百人150部,无线网络覆盖率达100%,无限网络普及率达28.3%;城镇居民计算机拥有率达到75%,互联网宽带接入用户普及率73.2%,信息化基础设施水平主要指标处全国领先水平,达到或接近新加坡水平。 (秦光华)

【推进“三网融合”建设】 2010年,江阴市广播电视集团公司投资近3000万元,推进“三网融合”(电信网、计算机网和有线电视网相互融合)建设,网络资源管理平台上线运行,实现基础地图、管道杆线、前端系统、光缆网、电缆网等资源的网络化设计维护,增强运维分析统计和决策支持等功能;建成高清互动电视平台,完成该平台个人宽带认证计费系统改造;高清转播车和移动演播车完成升级改造等。年内,对全市18个乡镇级广电站的网络优化和以太无源光网络(EPON)+以太数据通过同轴电缆传输(EOC)双向化改造工程全面铺开,新建分机房33个,网络优化及双向改造(包括新建小区)新增光点1845个,双向网络覆盖用户达16.65万户。

【高清互动电视平台建成运行】 2010年,江阴广播电视集团公司投资400余万元,于7月完成具有江阴特色的数字电视高清、互动平台建设。11月12日正式面向用户推广,提供清晰的视听节目享受、视频点播、节目回看、电视游戏等功能。该平台采用美国哈雷公司最新的再编码码流处理复合技术,利用省网波分传输的高清信号做备份信源,实现从卫视节目信号源到有线电视信号调制输出整个播出传输过程全备份、无单点故障,最大程度的保障高清卫视电视信号的安全播出和传输,真正实现“不间断、高质量、既经济、又安全”要求,充分保障了高清节目前端传输、播出的安全性和可靠性。让用户把看电视变为用电视。 (夏晓峰)

【中国电信江阴分公司】 2010年,公司全面规范2010年政府重大项目接应流程,形成部门联动、高效协同的响应支撑体系;按照城市美化及实用功能等要求,完成全市157座公用电话亭的改建;加快实施宽带提速工程,全市4兆宽带覆盖率达100%;持续推进无线宽带城市建设,提高无线热点覆盖质量。围绕“三级技防”体系建设的总体要求,完成一大批“校园安防”项目,先后启动青阳、南闸、新桥等镇(街道)的道路监控改(扩)建项目;完成“公安局车载移动视频监控”项目,配合政府大力推进“平安e家”建设。充分发挥公司人才及技术优势,顺利完成第19届中国金鸡百花电影节期间通信保障工作。整合市民卡的小额支付功能和天翼用户识别模块(UIM)卡的“一卡通”功能。探索农村信息化建设新模式,新建成4个信息化示范镇和34个信息化示范村，并逐步形成贴近农村信息化需求和具有江阴特色的农村信息化建设内容。公司先后获2009～2010年度江苏省诚信单位、中国电信江苏公司“AAA”县分公司、2010年度农村信息化建设先进县分公司等称号。（焦文华）

【中国移动江阴分公司】 2010年，公司抢抓机遇，围绕客户需求，加强新技术、新领域、新模式的研究，手机报、无线音乐、飞信和手机邮箱、游戏、阅读、歌曲下载以及手机证券等一系列新业务，引领移动生活新时尚。年内，江阴华兰生物一卡通、数字城管移动定位、城管通、南闸街道亮化工程、江阴崇华大酒店综合接入等项目的签约和成功运行，为江阴构建信息社会助力添彩；“满意100”系列活动的持续开展，营造出诚信、便捷的消费环境。是年，公司在客户总数、运营收入、上缴地方税收等方面较上年均实现稳步提升，固定资产投入累计达2.08亿元；全球移动通讯系统（GSM）网十二、十三期扩容工程，时分同步码分多址（TD-SCDMA）网二、三、四期工程，软交换和IP承载网扩容工程，城域驻地网扩容工程，市政新建道路随路管线建设、迁移改造工程等如期完成。TD-SCDMA建设在江阴市区和重点乡镇首先覆盖的基础上，逐步向全市域覆盖延伸。通过采用维护人员对全网细致测试、基站扩容、增派应急通信保障车、加大光缆巡检、24小时网管监控、便携式基站的运用等一系列手段，完成第十九届中国金鸡百花电影节活动通信保障工作。公司先后荣获2007～2009年度江苏省文明行业、第十九届中国金鸡百花电影节优秀贡献奖、2009～2010年度江苏省诚信单位等荣誉。（汪海鸥）

【中国联通江阴分公司】 2010年，中国联合网络通信有限公司江阴市分公司，在市域范围内为公众、商企和政府机关等客户提供包括移动电话、宽带接入、固定电话、数据传输、互联网等基础电信和增值电信等服务。年内，公司充分发挥3G、宽带及市场推广等多方面优势，迅速提升发展能力。针对集团客户和公众客户市场，分别制订一揽子解决方案，提升3G发展品质。与公安部门合作建设100个电子警察和124个道路监控智能卡口，完成集治安、视频监控、交通违章为一体的车辆行踪监控系统。是年，公司获得2010年无锡市通信行业放心消费创建活动先进单位等荣誉。（柯 鸣）

信息化产业

【概况】 2010年，江阴市软件产业和物联网产业年销售收入均突破35亿元。全市170余个软件企业中，销售收入超千万元的企业由上年的2个增加到10个。能力成熟度模型集成（CMMI）3级认证企业新增7个，累计17个。“双软”认定（软件企业认定和软件产品登记）企业新增9个，累计34个；物联网企业突破70个。江阴（国家）软件园被认定为首批江苏省物联网产业基地。（秦光华）

【江阴软件园入选首批省物联网产业基地】 2010年，江阴（国家）软件园围绕市委、市政府“445计划”*，着力发展新兴产业，为企业发展出谋划策，从而加快推动经济转型和产业升级，使物联网产业成为园区取得重大突破的抓手和裂变扩张跨越发展的加速器。园区内，南京大学江阴信息技术研究院将港口物联网节点模块技术，成功应用于上海港和黄埔等国内大港。江苏联优信息科技公司参与行业标准的修订工作，完成大规模物联网组网技术前期研发，申请发明专利24件项，首套产品进入市场。无锡天堂软件技术公司自主研发的体态传感技术获突破性进展，推出第一代互动游戏产品，并重点转入产品产业化；幸福江阴语音麻将等语音控制棋牌类游戏与幸福江阴虚拟电子宠物等语音控制类游戏设备被推向市场。江苏远望神州软件有限公司自主研发的多维信息管理系统，成功应用于远望测量船舶和钻井平台，并全方位对接相关领域。10月，江阴（国家）软件园被江苏省经济和信息化委员会列入省首批物联网产业基地名单。

【建成全省首个港口物联网科技平台】 2010年9月26日，江阴软件园与南京大学研究院共建的港口物联网支撑技术与平台研究室正式揭牌。该研究室研发的平台通过传感、模块、组网节点等将港口要素如机械设备、人员、货物、设施等互联起来，形成传感器网络，通过网关与港口内部局域网联通，形成港口物联网，具有识别、传输定位和控制功能，主要服务物流企业，特别是港口物流企业，解决物流供应链一体化方案，在展示物流技术最新成果和物联网技术应用于港口物流的同时，开展物流与物联网技术研发和产业化。港口应用物联网可提升管理智能化，有效提高港口管理水平和工作效率。是年，该平台被列为江苏省产学研前瞻性联合重大项目，是全省乃至全国首个港口物流及港口物联网科技平台。（陈志丹）

【长电科技承担国家科技重大专项项目】 2010年，江苏长电科技股份有限公司承担“高端封装工艺及高容量闪存集成封装技术开发与产业化”和“关键封测设备、材料应用工程”国家科技重大专项项目。其中“关键封测设备、材料应用工程”产业化项目成功开发的0.4毫米节距圆片级凸点技术、45微米以下间距高密度焊线技术、多层薄芯片堆叠技术等关键技术，成功应用于音频功放、电源管理、高速信号处理芯片、上海世博会门票等产品中，得到诺基亚、苹果、摩托罗拉等业内国际一流企业的认可，这项技术突破将中国本土封测企业首次成功推入国际先进封装行列。应用工程项目在长电科技的主持下，成功开发出23种关键封测设备、5种封测材料的整条封测生产线，使关键封测设备、材料摆脱进口依赖，实现了国产化，提升了国内集成电路封测产业自主创新能力和整体创新水平。（沈 阳）

【凯路威公司自主开发南京软博会签到卡芯片】 2010年9月，江苏凯路威电子有限公司使用物联网技术,为第六届中国(南京)国际软件产品博览会的贵宾制作签到卡。与传统的签到卡不同,凯路威提供的签到卡内嵌有其自主开发的X射线射频识别(X-RFID)芯片,贵宾进入会场时,相关信息会被几米外的读卡仪自动扫描识别,欢迎语随即出现在显示屏上,整个过程都是设备自动控制,无需人工参与和卡片接触。9月3日,博览会吸引来自美国、德国等21个国家和地区563个软件企业参展,其中包括微软、IBM、华为、阿里巴巴等28个世界500强和中国软件百强企业。江阴市凯路威科技、华丽网络和南大富士通软件测试中心3个企业产品参加展出。（秦光华）

【汉德天坤公司软件产品获省金慧奖】 2010年由江苏汉德天坤科技发展有限公司自主研发的"SI—L—TK002智能视频检测V1.0系统软件,在世博会应用效果良好。11月,该软件得到江苏省经济和信息化评审委员会专家的一致肯定,获第八届江苏省优秀软件产品奖(金慧奖),为江阴企业首获此奖。该奖项由省政府批准设立,省经济和信息化委员会委托省软件产品检测中心进行评选,较具权威。公司该软件能实现周界报警及入侵目标监测,具有自动视频检测、报警提醒等优点,可用于全天候的持续监控或者针对重要时段的无人值守监控,适用于消防、安防、城管、交通等各个行业。至年末,该软件已广泛应用于政府机关、高等院校、公安、监狱、码头、船厂、机场、展览馆等场所监控。

【RFID获物联网优秀应用案例奖】 2008年,江苏凯路威电子有限公司就开始在猪肉食品质量安全领域进行大量调研分析,用自主研发的X射线射频识别(X-RFID)技术,率先在江阴市建立覆盖猪肉及猪肉制品生产全过程的管理平台。2010年,该项猪肉质量安全追溯应用成果,参加2010中国物联网与智慧城市建设高峰论坛——物联网优秀应用案例和示范项目评选活动,在150余个参赛案例中脱颖而出,获物联网优秀应用案例奖。此项技术有助提升和优化猪肉生产流通企业的信息化管理水平,提高政府监管部门的监管效率,保障消费者对猪肉质量安全的信息和知情权。（徐扬）

【江阴承担工信部两化融合软课题】 2010年2月,江阴市正式承担工信部《县域推进两化融合促进经济转型提升的研究》软课题的研究。信息化和工业化融合(简称两化融合)是国家产业结构调整升级和经济发展方式转变的重大战略部署,加快促进两化融合,有利于提升区域产业创新能力、培育发展新兴产业和新的经济增长点、优化产业结构和构建现代产业体系、促进经济发展方式的转变。该项目由副市长计军为总负责人,由市信息化办公室与南京理工大学组成教授联合课题组,通过政产学研合作的方式,提出兼具全国普适性和江阴特色的目录框架、方法路径和评价体系等内容,为全国县域经济如何通过两化融合促进经济转型和江阴经济更好更快发展归纳理论体系积累实践经验。（秦光华）

信息化应用

【概况】 2010年,江阴市各领域信息化应用建设项目多、成效好。公安情报信息研判作战中心、车辆行踪监控系统、"金保工程"暨网上业务办理系统、行政权力网上公开透明运行系统、市公共财政网上办公平台、外经贸企业分类服务平台、数字档案、市重大危险源预警监测与应急救援指挥中心、药械信息化监管等应用效益明显,城市的综合管理水平和服务市民水平得到有效提升。（秦光华）

【公安情报信息研判作战中心建成】 2010年,江阴市公安局按照公安部、省公安厅和无锡市公安局深化"大情报""大平台"体系建设的相关要求,实施情报信息主导警务战略,强化情报信息研判服务决策、服务实战的效能作用。9月1日,成立市公安情报信息研判作战中心。该中心投资近百万元,建筑面积300平方米,配备电脑40台,内设重点人员管控组、高危车辆查控组、案(事)件研判组、情报信息综合组4个工作组。在局指挥中心、刑事侦查、网络监管、国内安全保卫、禁毒等部门和派出所精选25名干警,组成专业研判队伍,在深度应用省公安厅"大平台"的基础上,借助自主研发的智能排查系统、高危管控预警系统、车辆行踪监控系统等江阴本地"小平台",进行以人、车、案、舆情等信息为支撑的专业研判,精确指导全市防控工作。中心成立后,充分发挥情报信息综合研判的核心纽带作用,推动情报研判从被动接收处理向主动服务实战的转变,全年共核查各类预警信息35041条,抓获违法犯罪(嫌疑)人员284名,比上年同期增长75.4%;抓获网上逃犯117名,直接破获刑事案件905件、治安案件276件,实战功效明显。

【车辆行踪监控系统投运】 2010年9月,江阴市车辆行踪监控系统建成投运。该系统主要由1个平台、4个子系统组成。平台即车辆行踪监控系统平台,子系统有视频监控、智能卡口、电子警察和实战应用。在城区道路、城郊结合部及出入城道路的100个重要卡点、路口,安装高清电子警察,124个道口安装高清智能卡口,实现对出入市域关键路段、道口的机动车、非机动车及行人进行抓拍。对车辆超速、闯红灯、压线、逆行等违章行为记录上传,采集机动车号牌原始数据、机动车辆轮廓原始数据和驾驶人脸像原始数据,记录出、入道口机动车的时间、地点、车速及图像等信息,并将数据和图片上传中心平台进行后续处理。系统为车辆布控、车辆及驾驶人关联排查等公安业务提供高质量的数据源,为公安管理部门加强出入道口的机动车和驾驶人查控、打击各类违法犯罪行为提供有力支持。（宗德清）

【"金保工程"通过省验收】 江阴市首期"金保工程"(是指利用先进的信息技术,支持劳动和社会保障业务经办、公共服务、基金监管和宏观决策等核心应用的劳动和社会保障电子政务工程)于2008年8月启动,所建系统囊括养老、医疗、工伤、生育、失业五项社会保障业务以及新型农村养老保险、被征地农民基本生活保障等社会保险业务，同时涵盖劳动就业管理、人力资源市场、劳动行政等各项劳动保障业务体系，实现全市参保人员定点医疗机构实时医保刷卡就医、各项劳动保障业务的信息化服务和网上社会保险参保缴费申报。系统覆盖对象涉及全市户籍人口及外来务工人员110万人，600余个联网服务点，不仅推进人力资源和社会保障信息应用水平，提升服务效率和为民服务能力，也方便群众办事。2010年4月28日，“金保工程”暨网上业务办理系统，顺利通过江苏省专家验收。（徐林华）

【行政权力网上公开透明运行系统投运】 2010年1月，江阴市行政权力网上公开透明运行信息系统正式建成并开始试运行。4月启用，系统主要包括网上政务大厅：即所有行政权力事项，包括权力主体、程序、依据、标准等静态信息和办理动态信息实时显示。行政权力业务系统：所有行政权力事项全过程实现网上办理，各岗位工作人员均在网上审核材料、填写意见、制作文书、作出决定；进行各类行政权力事项在受理和办理过程中可能发生的补正、暂停、退回、多项处罚并案等各种操作，并记录异常操作理由。行政权力电子监察和法制监督系统：建立行政权力数据库，实时信息采集、流程监控、自动预警、绩效评估、异常处理以及实时报送等功能，对政府信息公开、行政权力运行情况进行实时监控监察。7月1日，江阴市与无锡市其他市（区）一起通过江苏省政府的考核验收并获优秀等次。至年底，有各类行政权力事项4949项、40万余件实现网上运行。（杨　健）

【公共财政网上办公平台运行】 江阴市公共财政网上办公平台由市财政局于2008年启动建设，包括一站式登录门户系统、财政业务应用系统和协同通讯服务系统。平台集财政行政业务、财政管理、预算执行和国有资产管理等财政业务多领域于一体，实现业务上全面覆盖、数据上全部共享、流程上互相衔接、管理上协调统一、服务上规范有序。2010年1月1日正式上线运行，376个市级预算单位率先使用平台进行会计核算。下半年，该平台实现向乡镇延伸，成功接入江阴经济开发区、澄江街道、祝塘镇3个试点单位。（沈凡想）

【数字城管项目运行】 江阴数字城管项目建设方案于2009年2月通过国家住房和城乡建设部、省住房和城乡建设厅专家评审，同年7月正式启动建设，由市城市管理监督指挥中心负责实施，总投资1168万元。2010年7月试运行。该项目采用一级监督、指挥，二级考核，三级联动的运作模式，采用万米单元网格管理法和事部件管理法相结合的方式，共包括街道网格3个、社区网格77个、单元网格541个。项目涉及城市管理部件7大类94小类，城市管理事件15大类375小类，其中有江阴特色的扩展部件7小类。项目包括对全市327千米乡镇道路路灯及路灯附属设施进行普查，在主城区普查各类城市管理部件16.56万个，兴趣点、标志物总计1.35万个；在菜场、车站、广场等城市管理重点区域新建视频监控点终端40个，对235辆环卫作业和城管执法车辆等安装车载GPS终端，定制开发城管智能监督指挥车载系统、市容管理信息化子系统、工地渣土监控管理子系统等12个扩展子系统。9月，该项目正式投运。每天发现的城市管理案件由50余件上升为400余件；问题处置从发现上报、确认责任单位到任务派遣，10分钟内即可完成；31个相关部门实现整体联动。至12月底，受理案件21757件，结案20423件，按期结案率93.86%。

（刘智超）

【完善外经贸企业分类服务平台】 2010年，江阴市商务局将全市近400个主要外经贸企业录入网络系统，实现统一管理，全市外经贸企业分类服务平台进一步完善。该服务平台通过短信群呼、公务电子邮件群发等方式，及时将相关通知、重要事项告知企业，便利企业办理外经贸事项，服务企业的效率与质量得到提高。年内，有133个企业通过该平台在中小企业国际市场开拓资金网站进行在线注册，申报拨付资金770.90万元，以高质量、高速度完成年度中小企业国际市场开拓资金申报工作。（苏曦泓）

【数字档案馆（二期）通过省级验收】 2010年6月23日，江阴市数字档案馆（二期）主要应用软件平台建设项目通过江苏省档案局组织的专家组验收。该数字档案系统采用数据在线同步等多种技术手段，能对档案信息资源进行有效的管理和整合，具有全文检索和“三性保证”（保证档案真实性，完整性，有效性）功能；采用权限、日志控制，多项加密密钥和消息摘要算法第五版（MD5）数据库防篡改加密技术。系统包含数字档案馆馆藏、虚拟档案室、共享信息管理、多媒体管理等系统，外网功能新增个人家庭档案管理以及企业档案信息系统子网等架构及相关应用模块，分别部署在局域网、政务内网、政务外网、因特网4个网段。运行目录数据案卷级22余万条、文件级340余万条，全文数据库数据740余万页，全文数据1.7百万兆比特（TB）。11月，虚拟档案室投运，市委办、市政府办、市农林局、市档案局、市法制办5个单位接入虚拟档案室。该系统经过半年的试运行和测试，性能稳定。年内，完成13个派出所290万页，机关、乡镇33万页，道路工程指挥部40万页档案的数字化录入工作，总计扫描363万页。数字化档案目录累计达375.61万条，提供210万个原文数据的在线使用，使用人次首次突破1万人次。（翁礼福）

【药械信息化监管系统建设】 2010年，江阴市食品药品监管局投入20万余元，完善整合医疗机构远程监管系统，开发药械信息化监管总平台系统，并按监管对象分类增设监管子平台系统，包括实施基本药物所涉医院、社区卫生服务中心监管子系统、基本药物配送单位和市域内其他药品批发企业监管子系统、民营医疗机构（60个）监管子系统等。通过定时采集全市医疗机构药品采购及库存信息，形成医疗机构药品采购信息数据库和库存信息数据库，实现对全市200余个医院、社区卫生服务中心和卫生服务站的远程监管、查询医疗机构药品采购、使用及库存情况，将辖区80%以上的药品消费(使用)纳入监控。同时对11个药品、药包材和医疗器械生产企业的生产环节，利用“全球眼”视频监控系统进行实时监控。药械单位安全监管信息化系统实行一企一档，将全市所有500余个药械生产、经营企业的基本信息、日常监管信息、违法信息采集形成电子动态记录。(刘益锋)

【市体育局网站开通】 2010年2月，江阴市体育局网站(http://tyj.jiangyin.gov.cn/jyty/index.html)正式开通。该网站设要闻动态、图片新闻、竞技体育、群众体育、体育产业、协会建设、党政综合、体育大事记、场馆建设、信息公开、网上办事、乡镇体育及科学健身等栏目，全方位展示江阴体育工作开展情况，年内发布各类信息500余条。(李忠耘)

信息化环境建设

【概况】 2010年，江阴市信息化环境建设着力推进人口、地理、法人、宏观经济四大基础数据库建设。人口数据进入二期工程，全市域规划建设用地数字化地形图(比例尺1:500)全覆盖成果通过省级验收，三维数字城市综合信息平台完成一期建设。完善信息交换平台，市政务信息资源目录体系和交换平台一期工程通过验收。完成全省司法行政专网的接入工作，人力资源和社会保障信息容灾系统建成投运。全市新增34个信息化示范村(社区)，累计达153个，申港街道和璜土、月城、徐霞客镇建成信息化示范4镇(街道)，全市信息化示范镇(街道)数量累计达10个。(秦光华)

【人口数据库工程建设】 江阴市人口数据库以公安数据为基准，以身份证为唯一标识，为电子政务、公共服务应用奠定基础。2010年9月1日，该工程一期通过省级验收。一期工程建成200万人口所需的软硬件系统，实时交换能力达到500条/秒，接入公安部门人口基础信息240万余条、社保信息50万余条、农保信息70万余条、普通教育学生信息10万余条、市民卡信息120万余条。11月，人口数据库二期工程完成招标，由市国信市民卡有限公司负责建设。至年底二期工程新接入民政婚姻数据；新开发全过程日志系统，任何查询、修改、删除、拷贝等使用人口信息的行为都实时记录，同时新增户籍、性别、教育程度等信息的统计分析功能，以提高人口信息的辅助决策作用。(张成奇)

【规划建设用地数字化地形图成果通过验收】 江阴“全市域规划建设用地1:500数字化地形图(DLG)及全市域数字化航空正射影像图(DOM)航空摄影测量”项目由江阴市规划局于2009年10月组织开展，项目投资1065万元，覆盖全市域规划建设用地。2010年10月17日，项目通过省级验收。是年，新测地形图覆盖面积426平方公里，采用先进的全数字航空摄影测量技术，通过航空摄影、控制测量、相片数据采集、外业调绘和编辑成图等4个阶段，各阶段均组织质量抽检，以确保成果质量。

【三维数字城市综合信息平台建设】 “江阴三维数字城市综合信息平台”由市规划局于2009年10月组织建设，投资400万元，工程包括外业模型数据采集、贴面及模型纠正、113.5平方公里精细模型等。2010年12月，完成一期建设。该平台提供多种浏览模式、基本分析及测量功能和规划辅助决策功能等，为规划管理决策提供有效的三维尺度支撑，同时也为信息数据共享业务由二维转向三维提供新的思路和研究方向。(戴俊杰)

【政务信息资源目录体系和交换平台建设】 江阴市政务信息资源目录体系与交换平台项目建设，是市信息化建设的重大基础性建设项目，也是市政务信息资源跨部门共享与交换的统一平台。主要建设内容有：建成全市政务信息资源共享目录，方便信息资源查询和共享；提供政府信息资源交换平台，实现部门间横向按需信息交换。2010年初，完成工商、税务等15个部门的信息资源目录编制工作。4月29日，经市有关专家考核，一期工程顺利通过验收。系统建成投运后，夯实了城市信息化基础设施、提升信息资源整合水平，实现权力在网上公开运行。(秦光华)

【完成省司法行政专网接入】 2010年，江阴市司法局根据上级要求，进行全省司法行政专网接入工作。该专网依托省电子政务内网建设，属于涉密网，与互联网实行物理隔离，确保该专网安全有效运行。同时制定下发一整套严格的安全保密制度，对各业务科室接入专网的电脑指定专人负责，明确岗位职责，确保司法行政在网上开展业务的高度安全。12月，完成全省司法行政专网的接入工作。接入专网后，全市社区矫正管理系统、公证业务管理系统、人民调解、司法鉴定、律师、基层法律服务等多个司法行政工作业务软件在专网上运行。(于风怀)

【人力资源和社会保障信息容灾系统建成】 2010年12月，江阴市人社局信息容灾系统建成运行。该系统投入450万余元，经招标采购、系统的安装调试和系统容灾模拟演练等后投运。该系统覆盖全市50万余名医保参保人员，采用数据实时异地复制及冗余网络技术，实现应用级的容灾要求，确保一旦中心主系统发生突发性灾难时，可以在较短的时间内由容灾系统接管整个医保业务，确保涉及广大群众切身利益的医疗保险业务正常开展。系统投运，进一步保障了参保人员相关信息的数据安全。(徐林华)

■类目编辑 赵修平

交通·邮政·供电

交 通

【概况】 2010年，江阴市完成交通基础设施建设超18亿元，暨南大道二期（含川气东送配套道路）、扬子江路北段、京沪高铁安镇站连接线等“新三路”工程完成工程投资6.25亿元，占工程总量的60%，其中扬子江路北段建成通车。锡澄路辅车道摊铺、麦德龙转盘改造、梅园路中分带隔离、青山立交拆除、澄杨路汽车城段改造、南云路改造等工程竣工。轨道交通争取工作取得阶段性成果。月城水韵大桥、顾山北板桥、长泾夏甸桥、大河港桥竣工；20座危桥完成改造。新建农村公路19.3千米。至年末，全市公路总里程2400千米。申张线周庄D标和申张线华士、长泾、顾山段7.8千米航道整治、申张线华士张家圩生态景观试验段竣工验收。申张线二期8.5千米航道整治、锡澄运河航道整治开工建设。完成滨江西路、澄张公路共13千米养护中修工程。建成郁河路、新港大道等农村公路示范路55.9千米。新桥镇通过全省农村公路管养及安保工程示范镇验收。公路养护干线好路率达95.6%、优良率为99.9%，支线公路好路率为92.5%，优良率为95.3%。镇道好路率达75.2%，村道好路率达73.3%。辖区内干线航道通航保证率达99%，船闸通航保证率达100%。大力实施公交优先发展战略，全市公交出行分担率达24%、自然村公交覆盖率达87%。全年全社会客运总量12409万人次，客运周转量27.04亿人公里；货运总量3223万吨，货运周转量45.18亿吨公里；江阴长江公路大桥汽车年通过量1783万辆；境内高速公路道口年出入车辆1629.23万辆，其中入口流量为814.87万辆，出口流量为814.36万辆。上海铁路局新长车务段（新长铁路）江阴站年发送货物16.16万吨，到达货物8万吨；江阴轮渡所完成航渡（双向）13194渡。全面实现交通行政权力网上公开运行。建立处所联动机制，全年查处“黑车”661辆次，公路超限率控制在5%以下，完成418辆出租车公司化改造，成立出租车服务中心，GPS调度系统全面推广使用。是年，江阴市获江苏省城乡客运一体化发展先进单位；新桥镇成为全省13个农村公路管养及安保工程示范乡镇之一。

【城镇公交】 2010年，江阴城市公交新增的150辆天然气公交车全部投运，公交智能调度系统全面推广使用。深化城镇公交一体化建设步伐，在完成“一中心四片区”城镇公交一体化基础上，新辟线路5条，优化调整线路22条，基本实现城市公交到小区的全覆盖。建成永安公交首末站。年内，江阴汽车客运站建成投运，开通长山大道、暨南大道、芙蓉大道西段“三路”城镇公交；首开江阴公交旅游专线，开通徐霞客旅游公交专线2条，设公交站点73个，投放公交车辆26辆，日发班次由48班增至76班。至年底，全市城镇公交拥有线路16条，车辆176辆，日发班次684班，日运送乘客3.7万人次，全市自然村公交覆盖率达87%；城市公交线路53条，公交车辆570辆，公交站点850个，日发班次3450班，日营运里程7.8万车千米，日运送乘客32.71万人次，城市万人拥有公交标台数达18.5标台，公交出行分担率达24%。

【在全省率先实现公交到小区全覆盖】 2010年1月，江阴市为进一步方便城区市民出行，对全市东至东外环路、西至西外环路、南至芙蓉大道、北至滨江路范围内的居民小区实施公交到小区全覆盖工程。新辟公交线路4条，调整公交线路9条，新增益健花园、健康花园、海澜名花园、名雅居等4个小区和长江国际西门、梅园新村东门、五云家园西门、环西新村西门、阳光国际花园南门、铂领公馆北门、丽都城市花园南门、桃源居北门、港城名邸南门、先锋名都花园北门共10个小区出入口公交站点。至年底，在全省率先实现城市公交到小区全覆盖。

【扬子江路北段建成通车】 扬子江路北段工程于2009年6月10日开工建设，全长8.84千米，其中老路挖除新建段2.53千米、改建段1.95千米、新建段4.36千米。双向六车道一级公路，设计时速为80千米/小时，路基横断面顶宽为：老路挖除新建段37米、改建段57米、新建段57米，道路两侧绿化带宽度5到25米不等，全线有中小桥梁2座，涵洞31个。是江苏232省道江阴段的一部分，位于璜土镇境内，起自江苏338省道(滨江西路)161.72千米，终于镇澄路47.52千米。2010年，该工程列入市“新三路”工程，是以市场化运作投融资建设的重大工程项目。12月30日建成通车。

【338省道江阴段大修工程完成】 2010年5月10日，江苏338省道江阴段包括澄张专用公路、澄南大道、滨江西路，全长40.56千米开工大修。该路段建于21世纪初，主车道宽22.5米，双向六车道，一级公路设计，沥青砼路面。随着近年交通流量猛增，道路路面车辙明显、裂缝较多。大修工程总投资4800万元，全幅摊铺66.15万平方米，铣刨摊铺2.8万平方米。10月15日竣工。大修后道路平整舒适，道路通行环境得到改善。

【水韵大桥竣工】 水韵大桥于2009年11月2日开工建设，位于月城镇新规划的南环路，起于月前路，向东上跨红旗路、锡澄运河，在共建路交叉口处接老南环路。桥梁总长716.8米，宽26.5米，道路按双向四车道二级公路标准设计，桥梁设计荷载按公路一级设计。全桥横向采用整幅分离式双箱双室或双箱四室断面，主桥(55+90+55)为预应力变截面混凝土连续箱梁，采用挂篮悬臂浇筑施工；引桥为等截面预应力混凝土连续箱梁，西引桥长270米，东引桥长240米，采用整体支架现浇施工。工程总投资1.05亿元，2010年12月30日竣工。

【申张线13千米航道整治工程通过验收】 申张线周庄段、新桥上下段共13千米航道整治工程于2006年4月开工建设，总投资3.3亿元。工程按三级航道标准设计、五级航道标准实施，航道底宽大于35米，航道水深大于2.5米，弯曲半径大于480米，航道直立式驳岸口宽不小于70米，航道斜坡式模袋砼护岸口宽不小于80米。其中，周庄段整治航道7.7千米，新建护岸1.27万米，建模袋护坡1276米，水上土方开挖65万立方米，水下土方疏浚54.67万立方米，改建桥梁2座，工程投资2.3亿元；新桥上下段航道整治5.3千米，新建直立式驳岸900米，模袋护坡8563米，水上土方开挖9万立方米，水下土方疏浚61.5万立方米，配套完成绿化景观工程面积约2万平方米，工程投资1亿元。航道整治工程于2010年5月20日竣工，7月15日通过省交通工程质量验收，并被无锡市交通工程质量监督站评为优良工程。

【华士张家圩段航道生态景观试点竣工】 2010年，江阴市大力推广生态景观护岸应用，追求节约投资与保护环境、改善生态的高度统一。2月28日，在申张线华士张家圩段试点建设生态景观航道，5月20日完工，总投资150万元。共绿化里程1千米，景观绿化面积2万平方米，新建廊架、廊亭、休闲健身步道、安全护栏、芦苇护岸、模袋护坡等，具有“俯瞰航道接天碧，四季色彩各不同”的立体效果。

【江阴汽车客运站建成投运】 江阴汽车客运站于2009年3月开工建设，位于江阴立新路南、梅园路东、花山路西侧，占地面积5.33公顷，站务楼建筑面积2.2万平方米，立体停车楼建筑面积1.5万平方米，总投资2亿元。2010年底竣工验收。该站配有检票口21个，检票门11个，售票窗口19个，4个应急补票窗口。设计日发送旅客2万余人次，节假日最高可达3万人次。该站以长途及市际客运为主，兼具城镇公交、城市公交、城市出租相互衔接、无缝换乘“四位一体”的公共型一级客运站功能。该站建成后，江阴形成以汽车客运站为主体，西有城市公交、东有城镇公交的“一体两翼”综合交通枢纽格局，对进一步促进江阴城市建设和经济发展，为市民群众提供更加便捷、舒适、安全的交通出行提供便利。

【首批压缩天然气公交车投入运行】 2010年，按照江阴市政府出台的《关于加快发展压缩天然气汽车的意见》精神，加快绿色、低碳交通发展步伐，先后投资6750万元，首开江阴使用天然气公交车先河，购置150辆压缩天然气(CNG)公交车，于5月、7月、9月、12月分期分批在城市公交13条线路和免费班线上投放使用。该公交车因使用压缩天然气，既节约又环保，并具有运行时间相对变长、噪音相对变小等优点。

【公交GPS智能调度系统全面推广】 江阴市公交营运在2009年建成GPS智能调度系统一期的基础上，2010年投资950万元，建立“中心监控+场站调度+现场协管”的管理模式，分别在公交永安、杏春、滨江、城西、公交总站5个场站推广应用，由手工路单排班，实现电脑自动排班、远程实时监控、数据统计分析等智能调度模式。同时建立完善车辆机务、维修和物资、安全、客运服务等子系统，实现企业资源规划(ERP)公交智能信息化管理平台，有效提高公交营运效率和质量，为市民提供便捷、安全、高效的出行环境。

(张 俊 袁静菊)

邮 政

【概况】 2010年，江阴市邮政局以“转方式、调结构”为抓手，克服内外部环境变化大、发展改革任务重等因素，全年完成邮政业务总量2.22亿元，比上年增长12.03%；完成业务总收入1.34亿元，比上年增长23.33%，实现历史性突破，收入规模处于全省领先地位。其中，报刊发行业务、集邮业务和2011年邮政贺卡业务三项收入继续保持全省县(市)局第一。年内，加大信报箱、报刊亭建设改造，超额完成年度城区老小区信报箱改造3.5万户的目标计划，新增信报箱4万余户；新增15个邮政报刊亭，并对城乡41个报刊亭进行翻新改造。是年，江阴市邮政局被评为2007~2009年度江苏省文明行业，是该局第5次获此殊荣；局工会被江苏省总工会评为“模范职工之家”。

【"文明礼仪进万家"活动】 2010年1月16日，江阴市委宣传部、市文明办和邮政局在学苑广场举行"'四化一新'齐参与、文明礼仪进万家"——江阴市民文明礼仪知识有奖竞答活动的启动仪式，并在现场进行答题卡明信片派发、回收。答题卡采用四联明信片形式，其中答题回函卡为邮资明信片，其余为普通明信片，上面印有文明宣传公益广告。四联明信片的图案以文明礼仪和社会公德为内容的手绘漫画为主，并印有2010年年历。明信片除作为活动载体外，还具有贺年、兑奖、收藏的附加价值。参与答题的市民不仅可以参加贺年明信片的抽奖，还可以参加市邮政局组织的幸运抽奖。邮政贺卡的抽奖、收藏、宣传等功能与礼仪文化教育相结合，提高了广大市民学习文明礼仪的覆盖面和参与度。

【"第19届中国金鸡百花电影节"邮品】 2010年，江阴市邮政局配合在江阴举办第19届中国金鸡百花电影节活动，开发制作"第19届中国金鸡百花电影节"邮册1000本、邮折1000封和纪念封2000枚。其中《幸福江阴》金鸡百花电影节邮票珍藏册由江苏省集邮公司审批，市邮政局开发制作。"相约幸福江阴·共享中国电影"个性化邮票由中国集邮总公司审批、制作。邮册中包含"幸福江阴·魅力城市""延陵古邑·悠悠史踪""崇文重教·钟灵毓秀""地灵人杰·英才辈出""军事重镇·义勇之邦""经济兴盛·文化繁荣""安定祥和·物阜民熙""通途交汇·网络八方""华夏第一·熠熠生辉"等题材，全面、系统地介绍江阴的人文历史和城市魅力。10月12日，在第19届中国金鸡百花电影节开幕现场，市邮政局设立"临时邮局"，服务广大市民，刻制专门纪念邮戳，供参观者纪念、收藏。开幕式当天，现场销售邮册500本、邮折600封、纪念封1000枚。

【城区报刊投送提速】 2010年，江阴市邮政局对城区原有邮运网络进行调研论证，科学布局、合理调整运行线路。8月1日，在原有3条汽车专用邮路的基础上，新增2条汽运邮路，同时，对60个大客户及80余个邮件接转点改人工接转为汽车专送。此举不但加快了报刊传递的时效，也使投递员的投递负重减轻。通过报刊投送提速，《江阴日报》《现代快报》《扬子晚报》《华东信息日报》《经济参考报》等报刊较提速前平均节约时间30~95分钟。报刊投递的提速，得到城区广大读者的赞许。

【邮信送平安交通安全知识竞答活动】 2010年12月11日，市文明办、市公安局主办，市邮政局和市公安局交巡警大队承办"安全在心中、文明在路上"邮信送平安交通安全知识竞答活动，促进"幸福江阴"建设。该活动以36万份经过精心设计的包含交通安全知识试题、文明交通行为规范、轻微交通事故快速处理办法、全市电子警察抓拍分布点、中心城区固定停车场等内容的直邮通邮件，经邮局送达全市城乡每一位机动车驾驶员。驾驶人员在答题卡上填上正确答案并回寄后，可获交巡警部门的相关奖励。通过举办上述活动，促使机动车驾驶员提高安全行车、遵章守纪的自觉性，提升江阴文明交通行为。 （洪志云）

供 电

【概况】 2010年，江阴市全社会用、供、售电量分别达218.95亿千瓦时、193.89亿千瓦时和182.59亿千瓦时，分别比上年增长13.67%、16.52%和16.59%；供电线损率5.83%，比上年下降0.05%；供电可靠率和电压合格率，城区分别达99.92%和99.75%，农村分别达99.74%和99.04%；完成电力销售收入132.33亿元，比上年增长21.53%。全社会最高负荷刷新6次，8月2日13时16分创历史纪录，达到337.79万千瓦，比上年增长9.39%。年内完成220千伏及以下电力基本建设投资6.29亿元。至年末，市供电公司拥有35千伏及以上变电所88座，主变容量1073万千伏安，拥有各类电力客户60.52万户。是年，市供电公司以"三个建设"为抓手，深入开展"绿色电能，创新奉献，服务'幸福江阴'"优质服务主题活动，组织开展争先创优和群众性技术练兵活动，部署开展标准化供电所和标准化班组建设，并不断寻找差距，推进管理创新。全年，完成"嫦娥二号"卫星发射、上海世博会和电影节等一系列保电任务60余次。公司先后被评为全国安康杯竞赛优胜企业，"全国模范职工之家"，国家电网公司党的建设、队伍建设和文化建设"三个建设"联系点；保持省、市文明行业称号，荣获江苏省电力公司安全生产先进集体、文明单位称号。新桥供电所被评为国家电网公司标准化建设示范所。

【"十一五"电气化镇村创建工作完成】 江阴市于2006年启动"十一五"新农村电气化镇村创建工作，由市供电公司按照15年不落后标准进行规划设计，在首批建成国网公司新农村电气化县（市）基础上，5年累计投入5.16亿元，先后完成11个镇、119个村电气化创建任务，改造接户线9.08万户。2010年，江阴市用于新农村电气化投资达1.25亿元。12月23日，无锡市经信委受江苏省经信委委托，对南闸街道新农村电气化创建工作进行考评验收，并予以通过。至此，市供电公司"十一五"新农村电气化镇、村创建工作全面完成。新农村电气化建设，让江阴电网布局得到进一步完善，供电半径有较大缩小；电网输配电能力与环网能力得到提高，供电质量也有提升，电能损耗有较大幅度降低。其中，10千伏线路供电半径由原来的15千米平均缩小至6.6千米，低压线路供电半径由原来的500米平均缩小至380米；农村电网供电可靠率和电压合格率，分别达到99.74%和99.04%。

【全国"安康杯"竞赛优胜企业称号连获三年】 2010年，江阴市供电公司继续参加"安康杯"竞赛，认真贯彻落实关于安全生产一系列指示，按照安全第一，预防为主，综合治理的方针，以及在控、可控、能控的安全生产要求下，突出保人身、保供电、保设备3个重点，抓住施工、操作、修试、抢修4个现场标准化管理，深入开展安全生产大检查，全面落实安全生产责任制和安全生产负责制。加强安全思想和技能培训，组织开展“安康杯”流动红旗竞赛，安全月，安全周和反事故演习等活动。5月，市供电公司被中华全国总工会和国家安全生产监督管理总局授予2009年度全国“安康杯”竞赛优胜企业称号。这是该公司连续三年获此项荣誉称号，也是近5年来在全国“安康杯”竞赛活动中第四次获此殊荣。是年公司组织开展安全督察800余次，查处不安全行为94次。同时，公司从2007年起，连续4年被江苏省电力公司评为安全生产先进集体。

【500千伏陆桥变投运】 2010年2月4日，江阴500千伏陆桥变电所建成投运。该变电所位于华士镇陆桥地区，是江苏省“十一五”期间500千伏主干网架重要组成部分（该变容量属省电力公司电网，不作为地方电网容量统计）。设计规模为100千伏主变4组，500千伏出线6回，220千伏出线16回，占地面积5.87公顷，建设面积1300平方米，土建项目一次完成，概算投资7.4亿元。本期建设100千伏主变2组，500千伏出线2回，220千伏出线12回。其中，220千伏变电装量采用结构紧凑，占地少，可靠性高的气体绝缘全封闭(GIS)组合电器。该变电所投运后，江阴主电源由220千伏上升到500千伏。

【主变容量突破1000万千伏安】 “十一五”期间，江阴市供电公司科学论证、合理规划电网布局，缩小供电半径，加强电力基础设施建设，5年完成电力基建投入37.31亿元。至2010年底，域内35千伏及以上变电所由“十五”期末67座增至88座，其中220千伏5座、110千伏16座；主变容量由568万千伏安增至1073万千伏安，成为全国首个主变容量突破1000万千伏安的县(市)级供电公司。

【嫦娥二号卫星发射海上测量船基地保供电】 2010年9月，江阴市供电公司接到为嫦娥二号卫星发射海上测量船基地保供电任务后，按照一级保电应急响应，公司领导亲自挂帅，精心组织，层层落实保电工作责任。组织分析嫦娥二号卫星发射期间影响海上测控部供电安全危险源点；先后组织5次拉网式安检工作，对排查出来的缺陷及时整改；与20余个用电单位签订安全责任书；9月30日至10月2日，嫦娥二号卫星发射保电期间，公司全力以赴、精心调度，加强巡检，先后派出180余名保电人员24小时对设备进行巡检；对涉及海上测量船基地保供电任务的变电所和输电线路列为重要部位，进行蹲点式守护，确保电力正常供给。

【国内县（市）级首座汽车充电站投运】 2010年8月5日，江阴西外环汽车充电站开工建设。该充电站总投资2280万元，位于城区西外环路，占地面积4562平方米，建设面积691.5平方米，充电站配备7台直流充电桩和3台交流充电桩，可同时为5辆大型车辆、2辆中型车辆和3辆小型车辆提供充电服务。同时，该充电站根据发展需要，预留更换电池模块功能，以满足充电客户需求。9月30日，充电站竣工投运，为国内县(市)首座汽车充电站。

【市供电公司工会建成“全国模范职工之家”】 2010年，江阴市供电公司工会在创建“全国模范职工之家”中，把建家工作有机融入到公司各项生产建设和发展之中，在维权中建家，在推动关注安全、关爱生命中建家，在企业文化建设中建家，在强化工会自身建设中建家，不断赋予建家活动新的时代内涵，使之成为职工信赖的温馨之家、幸福之家、魅力之家。7月，市供电公司工会被全国总工会授予“全国模范职工之家”称号，成为江阴市唯一获此殊荣的基层工会组织。

【成为国网公司“三个建设”联系点】 2010年7月，国家电网公司为全面推动党的建设、队伍建设和企业文化建设的“三个建设”工作，决定在全国设联系点，以点带面开展此项工作。经各网、省公司选拔推荐，从1822个县(市)供电企业中选拔、确定9个县(市)公司为“三个建设”联系点，江阴市供电公司名列其中，成为江苏省唯一入选的县级供电企业。8月20日，国网公司“三个建设”专家组在公司调研，通过明察暗访，一致认为：江阴市供电公司作为国网公司“三个建设”联系点，党的建设有创新、队伍建设有特色、企业文化建设有实绩。

2010年江阴市投运变电所一览

表46

变电所名称	电压等级（千伏）	工程投资（万元）	建设面积（平方米）	设计容量（万千伏安）	本期容量（万千伏安）	建设时间	投运时间
史村	110	7891	1940	3×8	2×8	2009年8月20日	2010年6月28日
皋岸	110	7759	1913	3×8	2×8	2009年10月13日	2010年7月8日
太清	110	4748	1963	3×8	1×8	2010年1月22日	2010年11月18日
成化	220	22100	910	3×24	1×24	2009年5月28日	2010年6月15日
亚包	220	17900	4660	3×24	1×24	2009年8月11日	2010年6月25日

（罗平方）

■类目编辑　赵修平

环境保护

综　述

【概况】 2010年，江阴市以生态文明建设为主线，突出主要污染物总量减排和环境综合整治，严格环境执法监管，推进制度创新，全市饮用水源水质达标率100%，环境空气质量优良率93.79%；市区区域噪声平均值52.6分贝，交通噪声平均值66.9分贝。全年铺设污水管网234公里，关停取缔小化工生产企业61个，关停小锅炉、窑炉48台，对造纸、电镀、人造革等行业的182个企业实施限期治理。全市监督监测废水达标率和污水处理厂废水达标率均为100%，均比上年有明显提高。审批建设项目1987项，验收“三同时”（污染防治设施与主体工程同时设计、同时施工、同时投入使用）项目598项，劝阻、拒批项目21项。继续开展绿色系列创建活动，全市新增江苏省级农村环境综合整治示范村2个、绿色学校3所、环境教育基地3个、生态村4个、绿色社区3个、绿色家庭4个；无锡市绿色学校12所、绿色社区7个。是年，江阴市环保局共出动环保执法人员23935人次，检查污水处理厂及工业企业11116个次，征收排污费8704万元；采集废水样品21877种，获得各类监测数据82367个；公开746个企业环境行为等级评定；下达行政处罚决定书313份，罚款1023万元；处理各类环境信访投诉2479件，其中江苏省级以上信访投诉163件，受理率和结案率均为100%。开展服务基层工作，实现全市环境监察网络全覆盖，实施“网定格、格定责、责定人”环保片警管理制度，形成“有污染找环保片警”“有事故网络整体联动”合力治污的良好格局。

【环保宣传】 2010年，江阴市环保局组织各级领导干部开展生态文明建设培训，开展环保青年志愿者环保知识进社区、“六·五”系列宣传等活动，在全市增设大型环保公益广告牌15块。利用报社、电台、电视台、网络等宣传媒体，普及生态知识、倡导生态理念，提升全民生态环保素质。电视台每周有一期《聚集环保》节目、电台每半月有一期《环保之窗》节目、《江阴日报》每月有一期《生态江阴》专版、每季度编印一期《江阴环保》杂志。全年刊发《生态江阴报》12期、《江阴环保》杂志4期，拍摄《聚焦环保》电视片20期，在电台播出《环保之窗》节目26期、《空中热线》节目2期，在国家级报纸杂志发稿18篇、省级报纸杂志发稿75篇，在江阴环保网发稿588篇。

2010年6月1日，市环保局工作人员走进江阴电台《空中热线》直播节目，“面对面”与市民沟通交流。（市环保局供稿）

【《建设生态文明先驱城市实施意见》出台】 2010年3月，江阴市召开生态文明建设动员大会，市委、市政府出台《关于建设生态文明先驱城市的实施意见》，全面部署生态文明建设工作任务，旨在通过生态文化、低碳产业发展、低碳城市建设、生态农业建设、生态环境建设和生态文明制度创新六大工程，形成最大程度节约资源能源和保护生态环境的产业结构、增长方式和消费模式，在全社会牢固树立生态文明观念，促进生态文明行为方式渗透到社会的各行各业和方方面面。力争3~5年内，生态文明在政府、产业和公众三个层面全面启动，生态建设初见成效，生态经济体系框架基本形成，公众生态意识和参与程度明显提高，初步形成城乡环境质量持续改善、人居环境更加舒适宜人、自然生态趋于平衡的良好格局，全面推动城市品位和内涵再上新台阶。年内，全市努力提升污染减排水平，加大河道整治力度，确保大气质量达标，强化环保执法监管，增强服务发展能力，着力推进生态文明建设。

【环境污染责任险推行】 2010年，江阴市针对投保企业环境评估能力差和缺乏环保人才等问题，协调保险公司为投保企业提供风险评估，聘请专家指导江阴正邦化学品有限公司、无锡禾美农化科技有限公司等55个投保企业开展环境事故预防管理，提高企业环境事故预防能力。同时，借助具有相应资质的第三方开展高危企业环境风险评估，全市完成55个企业环境风险评估，签约投保企业87个，收取保费132万元，保险额6800万元。9月，徐霞客镇红星村某段污水管网突然爆裂导致污水外溢，发生死鱼、周边村民不能正常用水等事故，中国人保财险江阴支公司接到报案后，3天内理赔1.6万元，成为省内首件环境责任保险理赔事件。

污染源治理

【概况】 2010年，江阴市加快推进乡镇生活污水处理厂及配套污水管网建设、城区污水处理厂除磷脱氮升级改造工程和燃煤炉窑脱硫治理工程建设，实施化学需氧量减排项目58项，其中城镇污水处理厂及配套管网项目25项、工业企业工程治理项目28项、结构调整项目5项。完成21项二氧化硫工程减排项目。完成3个污水处理厂提标改造并达标排放，削减排污口8个，铺设污水管网234公里，完成186个企业生活污水接管，城区、镇区生活污水处理率分别达90%和85%，完成化学需氧量和二氧化硫减排任务。是年，市环保局检查全市48个带钢企业，对16个存在问题的企业进行限期整改。完成14个污水处理厂中控系统建设，取缔张家港河、锡澄运河等河流沿线63个瓶片清洗、油桶清洗非法加工点，对河道沿线118个企业生活污水实施接管。

【"150天行动计划"】 2010年4月至9月，江阴市开展水环境整治和大气污染防治"150天行动计划"，出动执法人员10066人次，加大污水处理厂和工业污染源监管力度，组织开展污泥规范处置、污水处理厂规范化建设、清查沿河排污口等专项行动。开展电力(热电)行业专项整治，对全市28个热电厂的脱硫和在线监控设施等进行专项检查，关停小锅炉27台。开展钢铁行业专项整治，向25个单位和部门下达钢铁整治工作目标任务书，对全市钢铁企业进行全面自查和现场核查，完成江阴兴澄特种钢铁有限公司烧结机脱硫项目工程建设，关停工业燃煤窑炉8台。开展人造革、印染等行业专项整治，针对人造革、印染、带钢企业废气扰民等问题开展集中整治，完成12个人造革企业、24个印染企业和5个带钢酸洗企业废气治理任务。开展突出环境污染问题整治，解决5个污染严重、群众反映强烈的突出环境问题。治理化工行业工艺废气，完成5个化工企业整治。开展机动车尾气污染整治，检测51435辆机动车尾气，向检测合格的机动车发放合格标记。市交通部门建成公交车天然气加气站4座，150辆天然气公交车投入运行，从根本上改善大气环境质量。

【农村污染综合整治】 2010年，江阴市推进畜禽养殖污染治理工作，推广测土配方施肥、农作物病虫害综合防治及秸秆综合利用等生态农业技术，控制农业面源污染。全年拆除及关闭禁养区内的畜禽养殖场190个；关闭限养区内的畜禽养殖场8个，整治245个；关闭一般养殖区内的畜禽养殖场207个，整治775个。新建秸秆集中收集点3个，收集秸秆1万余吨，全市64%小麦秸秆实行全量还田。继续加快农村生活污水集中处理，完成95个农村生活污水处理点建设。

【污泥处置】 2010年，江阴市环保局下发《关于下达污水处理厂污泥无害化处置目标责任书的通知》，要求建立和完善污水处理厂污泥无害化处置工作责任制，把污泥无害化处置列入年度工作考核，提高污泥无害化处置责任性。同时，江阴市率先在全省开征污泥处置排污费，收费标准为每吨25元。年内，全市共收取污泥处置排污费270万元，审批危险废物转移255批次，其中外地危险废物进入江阴处置6批次，江阴危险废物到外地处置44批次，督促19个危险废物经营单位规范台账记录，其中12个单位完成应急预案编制。

【《饮用水源突发污染事故应急预案》编制】 2010年，江阴市政府编制《饮用水源突发污染事故应急预案》，加强饮用水源地周边环境等各项安全管护力度，保证城市水源清洁、安全、优质。明确在发生因环境污染威胁造成或可能造成全市集中式饮用水源地取水中断或供水中断的突发环境事件时，政府相关部门在预防预警、污染控制和应急处置过程中的组织结构、职责及具体工作和资金保障、通信与信息保障、技术装备保障、人力资源保障等应急保障措施，提高政府应对突发环境事件能力，保障公众生命健康安全。是年，全市加强各项供水工程建设，区域联网江阴至张家港（经周庄增压站）联络管网建设完成15.8公里，芙蓉大道至常州联络管网建设完成27.4公里。

环境监管

【概况】 2010年，江阴市环保局强化环境执法监管，继续严厉打击环境违法行为，加大污染有奖举报和违法行为曝光力度，通过强化限期治理、排污许可证管理等综合措施规范企业环境行为，通过排污收费、加大行政处罚力度等措施提升企业环保治理自觉性，增强企业环境保护方面的动力和压力。年内，市环保局推进"不开发区域"产业转型，参与产业发展规划编制，协助区域所在镇政府实施污染企业关停和搬迁工作，督促其加快污水处理厂、污水管网等基础设施建设。大力推进排污口规范化整治，通过全市47套水污染源和40套气污染源在线自动监控系统，开展在线数据比对、在线仪强制检定、相关软件升级改造以及加强对第三方（运行维护公司）的考核等，提高在线监控设施的正常运行率。是年，全市监督监测废水达标率和污水处理厂废水达标率均为100%，比上年有明显提高。

【新兴产业项目开通环保审批直通车】 2010年3月，江阴市开通"445计划"*重大新兴战略性产业项目审批直通车，对列入全市"445计划"的重大新兴战略性产业项目提高环保行政许可服务效率，在江阴市审批权限的项目，报告书项目由法定的60个工作日缩短为10个工作日，报告表项目由法定的30个工作日缩短为3个工作日，登记表项目实施"告知承诺制"，即来即办。是年，市环保局成立新兴产业服务组，编制工作计划，推出环保服务"445计划"手册，对市重大新兴战略性项目开辟"绿色审批通道"并派专人实行全过程跟踪服务，全市新批的56项新兴产业项目均提前办结，累计缩短6780个工作日。

【环保投诉受理】 2010年，江阴市环保局开展"整治违法排污企业保障群众身体健康"环保专项行动，集中进行饮用水源地环境规范化整治、重金属污染整治、秸秆禁烧、风险源排查等11大类专项行动，在专项行动中解决群众合理环保诉求。年内，市环保局受理各类环境信访投诉事件2479件，其中省级以上信访事件163件，水污染投诉事件571件，大气污染投诉事件1304件，噪声污染投诉事件386件，固废污染投诉事件34件，受理率和结案率均为100%。

【核与辐射安全监管】 2010年，江阴市有放射源单位99个，在用放射源877枚，在用射线装置单位103个，在用射线装置390台。全市放射源单位辐射安全许可证领证率100%；射线装置辐射安全许可证领证率100%。年内，市环保局与公安局联合对重点源和闲置源进行专项检查，对废旧金属冶炼企业放射性监测工作进行专项整治行动。经检查，全市23个废旧金属冶炼企业中有16个企业做到专人负责，配备相关监测仪器，并建立日常监测台账，有效防止放射性物质入炉冶炼。是年，市环保局累计检查辐射单位339个次，检查率100%；回收废源45枚，回收率100%，妥善处理1起放射性污染事故；推进技防能力建设，开发应用江阴市核与辐射监管软件系统，完成39个放射源单位监控传感网络系统现场端建设。

【控污减排举措】 2010年，江阴市以开展清洁生产、推动企业开展环境管理体系认证和引进新型减排技术为抓手，大力倡导发展低碳经济。年内，举办ISO 14001环境管理体系内审员培训班，召开生物质燃料应用、无污泥处理印染污水、工业炉窑除尘和技术现场推介会，组织相关企业进行技术成果展示，推广新型减排技术。同时加强认证组织管理，对开展认证的企业进行跟踪管理和技术服务，对存在环境违法现象的企业责令限期整改，严重违法而不整改的单位建议认证公司暂停认证，确保通过认证的企业单位产品能耗明显降低、企业竞争力有效提升。是年，全市完成26个企业强制清洁生产审核，50个企业一般清洁生产审核，对资金投入多，经济环境效益好的突出企业，给予资金奖励共计20万元；51个企业通过ISO 14001环境管理体系认证，全市累计228个。

【环境事故应急处置】 2010年，江阴市制定完善《突发环境事件应急预案》，做好突发环境事件的应急处置，配备应急装备和监测仪器，健全指挥系统，落实处置措施。开展重点行业企业环境风险及化学品检查工作，建立全市企业风险源数据库、应急专家库、物资储备库；组织辖区内涉及环境风险源的企事业单位编制突发环境事件应急预案。年内，处理各类环境应急事故13件，其中顾山镇溴素陶罐破裂事故因采用在现场直接将溴素生产成溴化钠的处置方法，最大程度减少对外环境的影响，受到省环保厅应急中心好评，处置经验向全省各级环保部门进行推广。

（姚　奎）

■类目编辑　承　鸿

园林旅游

园林绿化

【概况】 2010 年，江阴城市园林绿化工作围绕“大智慧、大手笔、大印象、大作品”的工作思路，根据“幸福江阴”建设“谋创新、快转型、惠民生、促发展”的有关要求，细化目标任务、硬化工作措施、量化建设成效，生态环境质量不断改善，重点工程建设加速推进，完成了凤凰路、芙蓉路、西园路、拥军路、文定路、花北路等道路绿化工程，以及澄杨路、澄张路贯庄小区、黄田港大桥堍等补绿增绿工程，并实施城市绿化环境综合整治和城区“绿中添花”工程。绿化行业管理有效提升，管护机制创新切实推进，通过了国家园林城市复查。全年增加绿化面积 186.2 万平方米。至年底，江阴建成区绿化覆盖率达 44.2%，绿地率达 39.92%，人均公共绿地达 15.81 平方米。

【城市绿化环境综合整治】 2010 年 10 月，园林旅游局完成芙蓉大道、长山大道、暨南大道的 10 万平方米地被及水生、湿生植物设计和补植。对滨江路、西外环路、芙蓉大道、梅园路、大桥路、人民路、通江路、文富路、普惠路、花山路、澄张连接线、环城南路、绮山路、青山路、环城西路、长山大道、锡澄路、澄杨路 18 条重要道路、198 平方公里市区绿化环境进行综合整治，共栽植女贞、广玉兰、香樟、杜英、银杏、意杨、垂柳、桂花等各类乔灌木 2 万余株，种植各类色块、草坪 10 万平方米。

【城区“绿中添花”一期工程】 2010 年 7 月，市园林旅游局对黄山路、毗陵路、延陵路、环城南路、大桥路、环城北路、滨江路、虹桥南路 8 条道路实施“绿中添花”，在黄山路种一串红，毗陵路种紫薇，延陵路种山茶，环城南路种紫萼茶梅，大桥路种红花萱草，环城北路种美人蕉，滨江路种月季，虹桥南路种美女樱等，做到景中添花、一路一花、四季有花。投资额为 400 万元。一期工程于 9 月完成。

【区域绿道建设和统一管理】 2010 年 7~9 月，市园林旅游局围绕“幸福市民、快乐游客、致富农民”的宗旨，通过“因地制宜、以藤结瓜、造瓜连藤”等手段，投资约 316 万元，完成全长 26 公里的徐霞客大道区域绿道一期工程建设。9 月，成立市绿道运营管理办公室，对徐霞客大道区域、黄山公园、绮山生态公园、敔山湾四个区域绿道进行统一经营管理。

【城市绿化养护实施市场化】 2010 年 7 月，市政府下发《江阴市绿地认养认管试行办法》，鼓励和吸纳社会资本参与全市的绿化养护管理工作，逐步实现城市绿化养护管理的多元化，推进城市主要道路的树穴改造实行市场化运作。8 月，天力燃气公司出资 400 万元冠名，对人民中路、环城东路、花园路、文化路、文定路、虹桥南路、西横街等 10 个路段的树穴盖板实施市场化改造。此工程于 9 月 30 日全部完成。全年共完成各类绿地认养认管面积 1 万平方米。

【国家园林城市复查顺利通过】 2010 年 6 月 2 ~ 3 日，江苏省住建厅领导和专家到江阴进行三年一度的国家园林城市复查预检。11 月 10 ~ 12 日，由住建部主办、中国城市建设研究院和江阴市政府承办的全国第四期《城市园林绿化评价标准》宣贯会议暨国家园林城市复查活动在江阴举行，来自全国 13 个省（市）、353 名城市园林绿化主管部门的负责人参加会议。其间，江阴顺利通过了住建部的国家园林城市复查。会上还把江阴的园林绿化作为一个成功典范向全国推广。

旅 游 业

【概况】 2010 年，江阴旅游业贯彻落实国务院《关于加快发展旅游业的意见》，高标准、快节奏推进旅游产业发展，年内共接待游园人数 1520.87 万人次，比上年增长 9.47%；旅行社地接人数达 120 万人次，比上年增长 37.52%；接待入境游客 3.1 万人，比上年增长 77.48%；全市旅游总收入 118.9 亿元，比上年增长 20.56%；旅游增加值 56.4 亿元，比上年增长 14%。星级饭店和旅行社入库税金 4028.7 万元，比上年增长 15.16%。

【旅游发展基金创设】 2010 年 7 月，市政府下发《关于加快江阴市

第五届中国徐霞客国际旅游节开幕式现场　　（市园林旅游局供稿）

旅游业发展的若干意见》，主要内容有“十二五”期间旅游发展目标任务、旅游资源开发建设重点、旅游发展环境优化等。特别是明确把旅游业培育成江阴国民经济转型的新龙头和人民群众更加满意的现代服务业的目标，积极扶持全市旅游业跨越式发展。首次由市财政建立每年1300万元的旅游发展基金，扶持全市旅游业跨越式发展，主要项目有旅游市场开发，旅游宣传促销，旅游信息化建设、人才培训、旅游企业地接奖励等。

【第五届中国徐霞客国际旅游节活动】 2010年3月30日始，江阴承办第五届徐霞客国际旅游节。该节由国家旅游局支持，中国旅游协会、江苏省旅游局、无锡市政府主办，江阴市政府、无锡市旅游局承办，中国旅游电视委员会、中国旅游研究院、中国旅游报社、中国康辉集团协办。通过“徐霞客铜像揭幕、海峡两岸朝圣公祭典礼”“纪念温家宝总理致徐霞客诞辰420周年纪念大会贺信三周年座谈会”“中国徐霞客国际旅游文化电视周”永久会址落户江阴，以及开幕在江阴、闭幕在昆明的“昆明——江阴旅游战略合作活动”等主题系列活动，实现以节促旅、以节聚客。

【旅游宣传促销活动】 2010年3月，市园林旅游局开展“走进徐霞客故里、体验幸福之旅”旅游推介周活动，周边城市的260个旅行社到江阴进行旅游踩线，其中60个旅行社与江阴签订了合作协议。5月，举行“幸福江阴新体验”万名南京市民游江阴活动。随后赴浙江宁海、横店、安吉，广东增城，山东泰安、汶上，江苏宜兴、常熟、南通、泰州、扬州等地开展旅游宣传促销和客源互送合作。为加强对外宣传，先后参加了重庆、昆明、上海、杭州等地的大型国际国内旅交会。与央视等国家级媒体合作，在央视《朝闻天下》栏目投放江阴旅游形象宣传片，于10月和11月播出。还与中国旅游报社合作开展“江阴道路”系列研讨活动，完成了《江阴的幸福转型——一个经济发达地区的旅游业发展观察》系列采访报道、《旅游铸就城市经济转型新龙头——江阴道路》课题组调研、《幸福江阴——旅游产业发展铸就城市经济转型新龙头》发展模式论坛等重点活动。

【旅游行业管理】 2010年，江阴市通过“八个一”，即提高一个认识、举办一次讲座、组织一次自查、出国培训一次(学习新加坡酒店管理经验)、新建一批星级宾馆、组织一次餐饮比赛、搞好一次评比、达到一个目标(零投诉，满意率达到100%)活动，进一步提高宾馆软硬件质量。为加强对全市旅游企业的安全工作进行监督，坚持每月召开一次安全例会，对旅游企业例行消防安全检查、食品卫生安全检查、治安安全检查，确保全市旅游企业达到安全、健康、秩序、质量“四统一”的目标。组织选拔旅游企业服务人员参加无锡市星级宾馆中式宴会摆台、西式宴会摆台、调酒、铺床4项技能大赛。比赛中江阴市园林旅游局获得优秀组织奖，三名参赛人员分别获得一、二、三等奖。其中泓昇苑大酒店选送的调酒师还代表无锡市参加江苏省技能大赛，获得三等奖。

【农业旅游点建成70多个】 2010年，江阴市拓展农业“接二连三”* 产业功能，赋予传统农业生产、生活、生态新功能，进一步提升农业综合效益。全市累计建成以农业园区、产业基地和农家乐为主要形态的农业旅游点70多个，年内，新增嘉茂国际花鸟园、长江之星湿地公园、农业科技园、海澜农庄、百花园农庄、金桃山庄、东舜湖公园、神宇休闲农庄8个无锡市级农业旅游示范点。　（高振华）

无锡市级农业旅游示范点嘉茂国际花鸟园一角　　（市园林旅游局供稿）

■类目编辑　李缉宁

金融

综述

【概况】 2010年，江阴市经济逐步走出金融危机的影响，主要经济指标从复苏走向持续增长，经济回升向好势头发展，金融运行质量明显提高，并继续保持经济金融良性互动的态势。是年，江阴市创建“江苏省金融生态市”，4月通过无锡市的现场评审，11月被省级有关部门审核批准，成为“全省金融生态达标县(市)”。年末，全市银行机构有17个，各项存款余额为2005.1亿元，比年初增加357.06亿元，比上年增长21.67%；贷款余额为1546.02亿元，比年初增加188.77亿元，比上年增长13.91%。全市存贷款余额均位列全省各县（市）首位。全市保险机构有38个，实现保费收入32.44亿元，比上年增长25.69%，其中财产险实现保费收入10.55亿元，比上年增长27.17%；人身险保费收入21.87亿元，比上年增长25.12%。新增小额贷款公司4个，累计5个，注册资金15亿元，累计贷款余额16亿余元，实现净利润7843万元。全市有证券公司4个，开户数160478户(不含东北证券)，全年客户资产总额316.27亿元。全市有典当行8个，累计营业利润1160.46万元，当年当户数3296户，为中小企业和市民贷款余额2.36亿元。全市有担保公司41个，担保总余额105亿元，资金放大倍数平均为3.5倍，为中小企业担保余额89亿元，为地方企业发展壮大提供了有力支撑。

【科技金融服务体系完善】 创新融资体系，加强科技项目与金融资本的对接融合，加大对“445计划”*战略性新兴产业和科技创新创业企业发展的金融支持力度，加强金融与科技的紧密合作，建立科技与金融互动机制。9月1日，市政府出台《关于优化人才创新创业融资环境的实施意见》。10月22日，市政府出台《关于加快科技金融服务体系建设的意见》，组建科技、人才、资本战略合作创新联盟，提出规范发展种子基金、鼓励扩大天使投资基金、引导放大创投基金、大力发展私募股权投资基金、创造条件设立新兴产业投资基金、引进壮大投资管理队伍、创新金融产品和服务、完善科技担保体系、开展科技保险业务试点、提供人才融资项目对接和建立科技金融信息交流平台等22项具体措施。在年初制订的《江阴市金融支持高层次人才来澄创业信贷政策指引》的基础上，充分吸收其他先进地区经验和做法，建立完善风险补偿机制，建立“银行+担保+额外风险补偿”的贷款合作模式，鼓励金融机构向科技企业开展融资服务，实现政府引导、金融、企业共同投入的良性运作。

【金融资源集聚】 为更好地服务与发展地方经济，2010年以来，先后引进多个金融机构，加快发展服务“三农”(农村、农民、农业)的小额贷款公司。1月22日，长宏小额贷款公司挂牌开业。1月26日，兴业银行江阴支行开张营业。3月3日，永川小额贷款公司挂牌营业。4月16日，南京银行江阴支行挂牌经营。10月28日，专为科技企业提供金融服务的市第一个科技小额贷款公司在高新技术开发区完成招投标工作，由江阴顺元投资发展有限公司和江阴市长江钢管厂作为主发起人的科技小额贷款公司中标，注册资金为3亿元，正在审批之中。11月1日，由浦发银行江阴支行作为主发起人，全市12个重点企业和华西村共同参与成立的，江阴首个村镇银行——江阴浦发村镇银行成立开业。11月13日，中源小额贷款公司开业经营。12月9日，澄星小额贷款公司开业经营。全市小额贷款公司的成立，为新农村建设发挥了重要的作用，年内贷款余额达16余亿元，其中涉农小贷比例占40%以上。面对农户没有抵(质)押物的问题，长宏小贷公司还推出“农户联保贷款”和“票据贴现贷款”两种模式，深受农户欢迎。至年末，小额贷款公司经营稳健，情况良好；西城小额贷款公司获批复，正在筹备开业阶段。

【强化政银企合作力度】 2010年1月，江阴市政府在南京召开政银企(南京)合作恳谈会，中国进出口银行南京分行与市政府签署战略合作备忘录，建设银行江阴支行、招商银行江阴支行等12个驻江阴金融机构与江阴兴澄特种钢铁有限公司、江苏扬子江船厂有限公司等14个企业签约，授信额度为340亿元。3月底，江阴金阳担保有限公司在授信额度内调出5000万元用于"530计划"企业和高层次人才的融资担保服务，江苏江阴农商银行、上海浦东发展银行江阴支行发放"530计划"项目贷款3050万元，加大对"530计划"重点企业跟踪对接，根据其项目投资需求，在充分论证的基础上给予相应额度投入。支持全市妇女创业发展，制订出台《江阴市妇女创业小额贷款管理暂行办法》，举行"创业帮扶·情暖巾帼"妇女创业小额贷款签约仪式，江苏江阴农商银行与5名创业妇女代表签署50万元的小额担保贷款协议。10月23日，市科技局、经信委、金融办等单位成功举办一年一度的科技节，超100个海内外知名创投、风投和产业基金机构及金融机构的负责人云集江阴，与江阴企业达成一期总投资为15亿元的创投及产业基金合作项目，14个商业银行向市科技型企业贷款授信规模为323亿元，有28个科技型中小企业获得10.67亿元的科技贷款授信。12月3日，民生银行南京分行与周庄镇政府签署战略合作协议，并向周庄镇江阴长乐纺织有限公司、江阴市旭日特种化纤有限公司等24个中小企业发放3亿元的"中小企业贷款券"。

（黄凯来）

银　行

【概况】　2010年，江阴市银行机构在国家积极财政政策和适度宽松货币政策的引领、支持下，结合地方经济发展和产业结构调整特点，推动信贷结构优化，促进地方经济平稳较快发展。年末，全市各项存款余额为2005.1亿元，比年初增加357.06亿元，比上年增长21.67%，其中储蓄存款656.51亿元，比年初增加86.23亿元，比上年增长15.12%；各项贷款余额为1546.02亿元，比年初增加188.77亿元，比上年增长13.91%，存、贷款总量在全省各县(市)中位列首位。是年，银行运行特点：一是存款总量大幅增加。至年末，全市银行业机构各项存款比年初增加357.06亿元，虽略低于上年397.49亿元的增量，但这是在账面贷款增量减半、派生存款减少的情况下取得的，且与周边昆山、张家港、常熟等市相比，江阴市的存款总量与增量继续保持领先，全市实体经济资金储备充裕。二是信贷投放稳步增长。年内，全市188.77亿元的信贷投放增量虽远低于上年366亿元的历史最高量，但剔除贴现贷款后，全年贷款实际净增加297.1亿元。而超百亿的实质性贷款用于置换贴现贷款，也是江阴市银行业史上所罕见的，这既是全市银行业在信贷规模受控后调整优化信贷结构主动作为的结果，又在很大程度上满足全市实体经济的资金需求。三是信贷结构趋于优化。具体表现为传统产业贷款增速放缓，全市第一大产业——冶金业的贷款余额不增反降，比年初减少9.1亿元，第二大产业——纺织业的贷款增速也仅有4%，远低于全市贷款增长的平均水平；全市大型企业贷款年末贷款余额首次出现负增长，比年初减少8.7亿元，而中小企业贷款增加111.7亿元，增长15.2%，高于全市平均水平；农民个人创业贷款全年新增17.9亿元，实现翻番。四是资产质量不断提升。年末，全市银行业机构不良贷款余额18.29亿元，比年初减少6.6亿元，不良贷款率1.18%，比年初下降0.65个百分点，不良贷款再次成功实现余额、比例"双降"。五是直接融资多点突破。在银行间债券市场，江苏阳光集团有限公司、江苏苏龙发电有限公司、江阴兴澄钢铁有限公司分别以3.68%、3.42%、3.27%的利率发行10亿元、6亿元、8亿元的短期融资券；在资本市场，"中国浩然""中南重工""百川化工"在中小板市场上分别首次公开募集资金2.7亿元、5.8亿元和4.4亿元，"宝利沥青"在创业板市场发行募集资金7.3亿元，并成为江阴市首个创业板上市公司，"扬子江船业"在台湾以发行存托凭证的方式募集资金45亿元新台币。此外，年内"双良节能"7.2亿元可转换债券成功发行，"长电科技"配股6.14亿元。直接融资的多点突破为全市实体经济输入助推其不断发展壮大的"资金血液"。

2010年江阴市银行机构存款情况一览

表47

类别 / 单位	人民币存款		对公存款		居民储蓄存款		外币存款	
	年末余额（亿元）	比上年增减（%）	年末余额（亿元）	比上年增减（%）	年末余额（亿元）	比上年增减（%）	年末余额（亿美元）	比上年增减（%）
人民银行江阴市支行	8.97	-68.65	–	–	–	–	–	–
农发行江阴市支行	3.09	33.76	–	–	–	–	–	–
工行江阴支行	185.77	19.93	131.52	25.71	54.25	7.91	0.84	277.47
农行江阴支行	368.59	21.73	185.58	24.60	183.01	18.96	1.39	19.81
中行江阴支行	210.59	22.68	141.48	30.31	69.11	9.55	1.97	48.01
建行江阴支行	189.26	13.43	116.34	9.98	72.92	19.42	1.23	243.19
交行江阴支行	135.43	22.53	107.92	23.25	27.51	19.8	0.49	-14.58
浦发银行江阴支行	166.51	9.22	142.43	7.73	24.08	18.95	0.86	3.83
招商银行江阴支行	73.78	28.82	65.72	30.51	8.05	16.52	0.05	-66.43

续表 47

单位＼类别	人民币存款		对公存款		居民储蓄存款		外币存款	
	年末余额（亿元）	比上年增减（%）	年末余额（亿元）	比上年增减（%）	年末余额（亿元）	比上年增减（%）	年末余额（亿美元）	比上年增减（%）
中信银行江阴支行	21.96	23.29	19.97	20.55	1.99	59.87	0.08	2415.15
华夏银行江阴支行	12.45	48.97	10.76	40.98	1.69	133.3	0.01	-59.28
兴业银行江阴支行	30.90	–	27.04	–	3.86	–	0.03	–
南京银行江阴支行	19.63	–	18.80	–	0.83	–	0.01	–
江苏银行江阴支行	58.49	28.87	54.60	28.93	3.89	28.17	0.03	48.70
江阴农商银行	418.35	19.73	259.50	27.23	158.85	9.20	0.39	31.30
邮储银行江阴市支行	45.45	2.15	3.11	-56.45	42.34	13.35	–	–
江阴浦发村镇银行	4.39	–	4.14	–	0.25	–	–	–

注：建行江阴支行存款中含建行临港新城支行存款。

2010年江阴市银行机构贷款情况一览

表 48

单位＼类别	人民币贷款		外币贷款	
	年末余额(亿元)	比上年增减(%)	年末余额(亿美元)	比上年增减(%)
人民银行江阴市支行	–	–	–	–
农发行江阴市支行	22.49	16.96	–	–
工行江阴支行	183.72	9.72	1.39	-19.01
农行江阴支行	250.45	1.70	1.64	-11.80
中行江阴支行	168.51	17.43	6.46	55.46
建行江阴支行	159.83	12.55	1.43	42.25
交行江阴支行	104.58	19.42	0.95	30.90
浦发银行江阴支行	140.85	12.60	0.56	266.21
招商银行江阴支行	38.73	-29.43	0.05	402.02
中信银行江阴支行	16.37	15.75	0.05	92.45
华夏银行江阴支行	12.32	19.57	–	–
兴业银行江阴支行	14.70	–	–	–
南京银行江阴支行	12.60	–	–	–
江苏银行江阴支行	44.37	32.23	0.15	649.25
江阴农商银行	285.90	15.86	0.18	47.21
邮储银行江阴市支行	2.87	82.18	–	–
江阴浦发村镇银行	2.48	–	–	–

注：建行江阴支行贷款中含建行临港新城支行贷款。

【中国人民银行江阴市支行】 2010年，支行有在编职工49人，内设办公室、国库会计部、货币信贷与征信部、货币发行部、外汇管理部、纪检监察审计室6个部室。全年以科学发展观为指导，贯彻执行适度宽松的货币政策，维护辖区金融稳定，提高金融服务水平，有力地支持地方经济健康平稳发展。年内，支行被评为江苏省金融生态达标县先进集体、无锡市集中清理执行积案活动先进集体、2007～2008年度江阴市文明单位、2009年度系列平安创建先进单位、2008～2009年度江阴市优秀志愿服务团队、江阴市档案工作年度评估优胜单位。

引导信贷均衡投入。以季度金融形势分析例会、经济金融分析报告等为平台，加强与政府、银行和企业的交流沟通，提高政银企对金融宏观调控的认识，多渠道传递金融宏观调控意图，引导信贷资金均衡平稳投放，在风险可控的前提下对基本面和信用记录较好，有竞争力、有市场、有订单但暂时出现经营或财务困难的企业积极给予信贷支持。积极搭建政银企合作平台，促进有效信贷投放，先后组织3次政银企签约活动，有564个企业参与银企签约，累计签约562亿元，其中523个中小企业在中小企业签约活动中获211亿元的银行授信。

加快信贷转型。根据江阴市委、市政府关于全市产业结构调整的战略部署，牵头先后出台《关于优化信贷结构，支持江阴市产业结构调整和防范部分行业产能过剩的意见》《江阴市金融业支持农村三置换和合作经济组织信贷政策指引》《江阴市金融支持高层次人才创业信贷政策指引》等金融政策意见，引导商业银行加大对全市高科技人才、新农村建设和产业结构转型的信贷支持力度，得到地方政府和企业的普遍认可，辖区信贷投放结构渐趋优化。全年全市钢铁产业贷款净减少9.14亿元，低于上年同期全市钢铁业21%的信贷增速；纺织业的贷款增速4%，低于全市纺织业产值13.5%的增速；由小企业主构成的个人生产经营性贷款45.8亿元，增长18.2%；农户贷款37.47亿元，增长91.5%。

金融生态建设。完善多部门联动机制，进一步落实江阴市政府对金融生态环境建设的激励和考核机制，按照《江苏省金融生态县创建考核办法》，积极组织"省级金融生态达标县(市)"的自评、初审及申报工作，最终顺利通过相关指标考评，成功申报成为"省级金融生态达标县(市)"；完善社会征信体系，成功举办"幸福江阴·诚信周庄"等全国征信知识宣传周系列活动；对辖内企业发行16亿元短期融资券的外部评级报告进行评审，从严把关，保证企业短期融资券按时足额发行；开展贷款卡发放、年审及查询业务，发放贷款卡1820张，年审企业5943个，受理个人信用报告查询1971人次。

金融服务。构筑便捷的支付清算通道，启用批量支付工具办理国库直接拨付业务，办理20批次652笔6.6亿元的直接拨付业务，提高财政资金使用效率；在江阴市公共财政网上办公平台开设国库窗口，及时下载满足国库核算和清算需要的国库集中支付额度、支付信息，实现国库集中支付信息传输网络化、实时化；出口退税实现无纸化，办理出口退税6720笔46.6亿元；推进集中代收业务，江阴电信首批231笔99.8万元电话费代收业务通过江苏省集中代收付系统提交，标志着全市集中代收业务正式启动；组织开展"人民币流通满意工程"，科学预测货币发行总量，注重优化券别结构，重视小面额货币供应，及时调运和储备发行基金，确保旺季现金投放、回笼安全无事故，净投放现金199.14亿元，比上年多投放13.89亿元，增长7%；出台《江阴市银行业金融机构反假货币上岗资格证书管理办法》，加强反假货币上岗资格的管理，对全市银行业机构2008年12月31日前取得反假货币上岗资格证的1677人，通过上机集中考试进行重新认定登记备案，通过率89%。

外汇管理。发放出口收汇核销单18.16万份，办理出口收汇核销业务17.77万笔99.84亿美元；办理进口付汇核销67.81亿美元；国际收支申报13.9万笔169.1亿美元；审批开立资本项目外汇账户153个；改进货物贸易进口付汇核销管理，推出出口无纸化核销、退税，对12个企业14.3亿美元1.99万份核销单进行无纸化核销；推行跨境人民币结算试点，筛选256个出口企业作为试点单位，确定出口试点企业229个；办理江阴雪豹科技有限公司、江苏长博集团有限公司、江阴福斯特纺织有限公司境外设立特殊目的公司外汇登记及江苏新仁科技有限公司、江苏扬子江船厂有限公司、无锡圣马科技有限公司境外设立特殊目的公司外汇登记变更。 （修斌瑶）

【中国银监会无锡监管分局江阴办事处】 2010年，江阴办事处有职工4人。认真落实中国银监会和江苏银监局的工作部署，根据无锡银监分局的工作要求，引导银行业金融机构合理控制投放节奏，促进地方经济的稳健发展；引导银行业金融机构加大对战略性新兴行业、科技创新企业等鼓励产业的信贷支持，积极开发金融产品和进行服务创新，支持低碳经济发展，并引导银行业金融机构对政策限制性行业实施信贷退出，促进地方经济结构的优化；通过监管会议、检查、培训等多种渠道，提高银行业金融机构对贷款新规的认识和理解，提高贷款新规的执行力；要求银行业金融机构摸清底数，清理规范，防范政府融资平台贷款风险；坚持审慎监管，防范金融风险，严控不良款反弹，不断完善案件防控长效机制建设，促进银行业稳健运行；积极引导银行金融机构合理调整营业网点布局，支持兴业银行、南京银行在江阴设立支行，支持设立江阴浦发村镇银行，增加县域机构种类，提高对县域地区的金融支持能力；支持江阴农村商业银行跨地区发展，在省内外设立异地支行和发起设立村镇银行，进一步拓展发展空间。至年末，全市银行业金融机构不良贷款金额18.31亿元，比上年减少6.62亿元，不良贷款率为1.18%，比上年下降0.65个百分点；全年实现账面利润50.5亿元。 （王维忠）

【中国农业发展银行江阴市支行】 2010年，支行有职工18人，内设办公室、信贷部、会计出纳部。认真贯彻落实上级行党委的各项指示精神，根据《省分行文明服务窗口建设规范》，着力于文明服务示范窗口建设，从营业环境、硬件设施、礼仪形象、服务行为等各方面进行配备和完善，推进精品银行建设，各项工作取得较好成效。履行支持粮棉油购销储业务的基本职能，全年发放地方储备粮贷款4843万元，其中调入稻谷560万公斤，小麦742万公斤。支持城乡公交车辆购置项目，发放农村流通体系建设中长期贷款1.35亿元，推进城乡客运资源整合，让农村群众享受“同城待遇”。通过积极营销沟通，争取到万顷良田建设项目的支持权，先后投放贷款3亿元，较好地解决耕地经营分散、农民居住点布局凌乱等问题和矛盾，为破解保护资源，保障发展难题，实现土地资源集约高效利用发挥积极作用。拓展银行承兑汇票业务，全年对外签发银票106笔，金额1.24亿元，贴现10笔，金额1亿元。年内，该行被江苏省分行评为“先进职工之家”，行领导班子被评为“四好”(政治素质好、经营业绩好、团结协作好、作风形象好)领导班子，被确定为省行文明服务窗口示范点。

年末，支行各项存款余额3.29亿元，比年初减少1.2亿元，比上年减少26.75%；各项贷款余额22.49亿元，比年初增加3.26亿元，比上年增长16.96%；发放贷款15.68亿元，考核存款日均余额5.22亿元；实现账面利润5275万元，比年初增加636万元，比上年增长13.71%；完成国际结算量2868亿美元，比上年增长20.71%；实现中间业务收入33.28万元，比上年增长92%，各项指标均达到江苏省分行精品银行的标准。

（郁聪慧）

【中国工商银行股份有限公司江阴支行】 2010年，支行有员工392人，内设办公室、业务管理科、信贷管理科、公司业务科、负债业务科、个人金融业务科6个科室，下辖2个营销中心、1个营业部和20个分支机构。人民路支行经过装修改造，于1月11日对外营业。文化路储蓄所由原来的文化西路78号迁至云亭街道云新路12号，升格并更名为工行江阴云亭支行，于2月8日对外营业，办理综合业务。4月25日起，下辖21个网点的现金款项全部交由市保安押运有限公司，全面实行社会化押运，有力地降低现金款项押运途中的风险，提升安全防护水平。12月，朝阳路储蓄所和君山路分理处原址升格并更名为工行江阴朝阳路支行和工行江阴君山路支行。面对错综复杂的经济金融形势，支行贯彻总、江苏省行发展战略，紧紧围绕经营发展的转型升级，以负债业务为重点，以资产业务为抓手，以产品创新为龙头，全力推进业务经营和各项工作协调发展，取得了较好的经营业绩。年内，支行获得全国精神文明建设工作先进单位称号。

试行商标专用权质押贷款。为了更好地引导企业将商标价值有效转化、利用和提升，支行率先在江苏省内发放商标专用权质押贷款。12月20日，工行江阴支行在江阴工商局的牵头下，与市电工合金有限公司成功签署“超新”中国驰名商标专用权质押贷款融资协议，发放3000万元的贷款。这是变无形资产为现金的新型融资渠道。

年末，支行各项存款余额191.36亿元，比年初增加34.93亿元，比上年增长22.33%；各项贷款余额220.67亿元，比年初增加41.48亿元，比上年增长23.15%；实现账面利润7.67亿元，比年初增加1.09亿元，比上年增长16.56%；完成国际结算量47.05亿美元，比上年增长41.5%；完成中间业务收入2.46亿元，比年初增加1.24亿元，比上年增长101.33%。

（吴建新　顾　瑶）

【中国农业银行股份有限公司江阴支行】 2010年，支行有职工643人，内设公司业务部、国际业务部、个人金融部、电子银行部、财会运营部、信贷管理部、综合管理部、人力资源部（工会）8个部室，下辖1个营业部和39个二级支行。加大网点改造、离行式自助银行和自助设备的投放力度，通过网上银行、转账电话、手机银行和后台批处理等手段分流柜台业务，推进电子银行从渠道应用向渠道经营转变，年内电子银行总的渠道分流率达83.2%。本着“稳妥、节约、安全”的原则，实施押运社会化改革，1月6日与市保安押运有限公司签订押运服务合同，将现金押运工作移交保安公司运作，减少在押运工作上的人力、物力投入和存在风险，增强治安防范能力。面对复杂多变的经济环境，紧紧围绕全年工作目标要求，积极应对同业竞争和市场变化新形势，不断强化市场营销，4月2日，成功办理一笔金额为820.82万元的国内信用证，填补全国农行系统内该项业务的空白，为融资多元化的尝试做出了积极的探索。年内，被农业银行总行评为全国百家先进支行，获2007~2009年度江苏省文明行业先进行业称号。

增加农户小额贷款。支行认真承担服务“三农”责任，以农户小额贷款为推手，通过多种途径在重点镇村加强农户小额贷款的业务宣传，全力以赴加大全市农户小额贷款投放力度，全年对125户农户实施3672万元小额农户贷款。

实行星级客户包户管理。为提高个人高价值客户的综合贡献度，支行制订《个人高价值客户包户管理营销指导意见》，明确包户管理的要求、内容、对象、管理方式、人员配备以及工作职责、考核办法等，形成了一套比较完整的管理办法。全行全年共对1994户四星级及100万元以上存款大户进行包户管理，取得初步成效。

年末，支行各项存款余额377.77亿元，比年初增加67.09亿元，比上年增长17.78%；各项贷款261.33亿元，比年初增加2.36亿元，比上年增长0.93%；完成国际结算量59亿美元，比上年增长21.78%，外汇资本金账户开户率46%，注册资本总额为2.54亿美元。国际结算市场份额、资本金账户开户率和注册资本占比3项指标均保持全市同业第一。

（顾晓红）

【中国银行股份有限公司江阴支行】 2010年，支行有职工478人，内设综合管理部、业务管理部、风险管理部、公司业务部、国际结算部、个人金融部、保卫部7个部门。下辖1个营业部和22个分支机构。认真贯彻上级行“抢市场、争地位，严执行、强管理，提素质、优服务”战略方针，积极创新机制，抢抓机遇，较好地实现了各项业务健康、快速、可持续发展。5

月 16 日顺利实施由保安公司押运，促进现金及尾箱调拨流程的规范化，同时进一步提高对一线网点的服务水平。

国际结算业务取得突破。支行国际结算部强化团队管理和条线管理职能，加强网点对接与联动，发挥国际结算架构效能，通过阶段竞赛和推动提升网点和团队绩效，实现规模和效益的持续突破，国际结算业务量突破 50 亿美元大关，达 50.78 亿美元，比上年增长 40.25%，市场排名稳居同业首位，其中出口议付完成 6.97 亿美元，完成率 174%，比上年增长 94%；开证完成 8.05 亿美元，完成率 146%，比上年增长 70%。支行在做好传统结算业务的同时，加强产品创新与组合，在供应链融资产品、本外币保函、资金业务规模上持续突破，实现国际结算中间业务收入 1.1 亿元。

业务产品创新。支行在稳步发展业务的同时，不断追求产品创新，11 项新业务有突破，8 项业务年底排名分行第一。在境内银行贷款规模普遍压缩，利率价格相对较高的市场环境下，帮助企业降低融资成本，成功叙做中行江苏省分行年度第一笔短期融资业务、江苏省分行辖内唯一一笔 30 公斤量的黄金租赁业务、最大一笔 1733 万美元信用证项下转汇款业务。

做好蓝图上线准备工作。支行为了实现从"以账户为中心"向"以客户为中心"模式转换，使客户更加便利，交易处理效率有效提高，流程设计更符合现代商业银行需要，从 7 月始，支行积极配合上级行完成 IT 蓝图（是中国银行运用最新信息技术建设全新核心银行系统的重大项目，项目建成后将极大地提升该行客户服务、风险防范、内部管理等各方面水平）实施的相关工作，严格控制在各倒排的时间点完成各项规定的工作安排，及时了解蓝图推进进度，密切纵、横向的沟通联系，配合上级行完成多个蓝图配套系统的投产、客户信息补录、蓝图培训等工作。

实施机构改革。支行为提高全行授信资产风险管理水平，在无锡分行的统一规划下，于 4 月初成立无锡分行风险管理部江阴支行风险管理团队，将风险管理的相关职能从业务管理部和公司业务部分离出来，并增加贷后监督和中小企业预警职能，完善岗位设置和职责，强化主动风险管理要求，提高尽责前移、政策制度培训和指导等专业服务能力，有效提升全行风险管控水平，促进支行资产业务的可持续发展。

年末，支行各项存款余额 223.61 亿元，比年初增加 42.88 亿元，比上年增长 23.71%；贷款余额 211.30 亿元，比年初增加 39.43 亿元，比上年增长 22.94%；实现账面净利润 3.2 亿元，比年初增加 0.58 亿元，比上年增长 22.33%；完成国际结算量 50.8 亿美元，比上年增长 40.3%；实现中间业务收入 2.19 亿元，占营业收入比重 27.47%，比上年增长 60.76%。 （钱 敏）

【中国建设银行股份有限公司江阴支行】 2010 年，支行有职工 367 人，内设办公室、人力资源部、业务管理部、产品拓展部、财务会计部、个人金融部、安全保卫部 7 个部室，下辖 1 个营业部和 22 个分支机构。围绕"战略转型，改革攻坚，科学管理，稳健经营"，实现更大更强的目标不动摇的工作总体要求，明确目标，理清思路，落实措施，在发展中求转型，在转型中促发展，全力以赴实现各项业务的快速发展，各项业务取得明显成效。先后完成兴国支行、文定储蓄所、五星支行 3 个网点的装修和搬迁。新增周庄北新西路离行式自助银行。同时，完成全行网点二代转型和星级网点评选工作。支行与中金再生资源（中国）投资有限公司签署现金管理系统使用协议，在江苏省分行中第一个运营客户端企业现金管理系统。年内，被评为无锡市内部治安保卫工作先进集体，无锡市文明单位、国际收支申报优秀行；所辖周庄、城中、东门 3 个支行被评为江苏省分行青年文明号。

加快发展国际业务。支行将提高授信客户外汇业务结算份额作为提升国际结算量的途径，大力发展新的目标客户，加快外汇产品推介、宣传和营销工作，取得明显成效。全年完成国际结算 25.51 亿美元，比上年增长 40%；完成结售汇 5.27 亿美元，比上年增长 71%；外汇账户新增 35 户，外汇中间业务收入 2805 万美元，均超额完成全年计划。全年开证笔数为 398 笔，比上年增长 96%；金额为 6.34 亿美元，比上年增长 107%。

年末，支行各项存款余额 169 亿元，比年初增加 23.24 亿元，比上年增长 16%；各项贷款余额 133.46 亿元，比年初增加 19.47 亿元，比上年增长 17%；实现账面利润 3.72 亿元，比年初增加 2841.81 万元，比上年增长 8.27%；完成国际结算量 25.6 亿美元，比上年增长 40%；实现中间业务收入 1.68 亿元，比上年增长 34.53%，完成率在分行内排名第一。贷款不良率为 0.21%，比年初下降 0.34 个百分点，资产质态良好。全行实现安全无事故、无案件。 （王敏军）

【中国建设银行股份有限公司江阴临港新城支行】 2010 年，支行有职工 37 人，内设办公室、公司业务部、会计结算部、个人银行业务部 4 个部室，下辖江阴利港南街储蓄所 1 个。紧紧围绕"创优、争先、稳步"的工作思路，推进支行三年工作目标计划，狠抓内部管理、强化风险管理，以客户为中心、市场为导向，加快业务发展为主题，取得良好业绩。年内，支行被无锡市平安金融创建活动领导小组评为平安金融先进单位。

加快拓展业务。支行深入推进金融业务结构转型，充分利用支行在辖区的影响力，贴近企业客户产品需求，推出一系列金融服务产品，为企业、客户提供优质、高效、快捷的服务，全年完成结售汇业务 3.2 亿美元；新增国际结算户 10 户，办理保理业务 2.88 亿元，新增小企业联贷联保授信 1210 万元，新农村建设贷款 1.5 亿元，代理保险业务 1500 万元。

调整信贷结构。支行根据江

阴市委、市政府打造临港新城机械装备工业园规划目标，调整信贷结构，支持当地中小绩优机械装备制造企业，为江苏国光重型机械有限公司、江阴市华骏机械有限公司、江阴市三杰实业有限公司等企业发放信贷资金5亿元,有力支持机械企业的发展。

年末，支行各项存款余额28.2亿元，比年初增加4.7亿元，比上年增长16.53%；各项贷款余额33.34亿元，比年初增加1亿元,比上年增长2.52%;实现账面利润7469万元，比年初增加254万元,比上年增长3.4%;完成国际结算量5.51亿美元，比上年增长12%;实现中间业务1928万元,比上年增长90%。 （戴雪平）

【交通银行股份有限公司江阴支行】 2010年，支行有职工193人,内设办公室、计划信贷科、会计科、私人金融科、零售信贷管理科、国际部6个部(科)室,下辖1个营业部和7个分支机构。该行以“突出负债带动、调整优化结构、加快转型升级、全面提升效益”为工作思路,全行干部员工团结一致,克难奋进,努力工作,实现各项业务又好又快发展。年内,该支行被交通银行总行党委评为交通银行学习型组织标兵单位，被江苏省文明委表彰为2007~2009年度江苏省精神文明建设工作先进单位，被无锡分行评为先进集体。

开通“报关一点通”业务。支行继续完善公司产品，更好地为企业服务。随着企业结算电子化程度的提高，针对广大进出口企业网上支付关税的需求，与江阴海关签订合作协议，为在交行开户的进出口企业开通“报关一点通”业务,使得企业能够轻松在电子口岸网上支付关税，银行为企业提供传送税单服务，通过这项产品的推广，企业网上支付的渠道得到进一步的拓展。

国际业务产品创新。支行在国际业务方面继续谋求以产品创新中促发展,结合客户的需要,交行与客户叙做进口保付业务、保理项下的出口风险参与等新型贸易融资业务；尝试境内非居民NRA账户（指境外机构在境内中资和外资银行开立的账户）的开立、结算及船舶项下的出口卖方信贷业务；利用离岸中心和全球结算网络的优势进一步推广离岸业务；同时通过人民币国际信用证等产品推进人民币跨境结算，持续不断的创新得到江阴进出口企业的欢迎和认可。

加大小企业信贷投放力度。支行全体干部员工围绕江阴市委、市政府“抓增长、促转型”的工作重心,积极开展“争先进位”活动,拓展市场,服务企业,进一步加强对中小企业的金融服务力度,充分利用交通银行小企业信贷“展业通”产品的短流程、高效率的优势,在风险可控的前提下,加大对小企业的信贷投放力度。全年新增小企业授信客户139户,小企业贷款余额12.23亿元,比上年增加7.48亿元,增长158%。

世博产品营销。支行作为上海世博会江阴唯一合作银行,及时推出世博产品及有关业务,共销售世博贵金属1960万元,销售世博会门票1.88万张，另外还及时推出世博信用卡、世博借记卡、世博场馆卡等，深受年轻人的喜爱。7月底,无锡分行在太湖饭店组织举办“尊享世博、盛世藏金”王刚现场签售世博金活动。支行组织江阴的客户积极参加，客户购买热情高涨,活动当日销量528万元，活动共销售世博贵金属1045万元。另外在服务世博过程中,开展提升服务质量活动,强化对各网点进行服务质量的考核和指导,实现交通银行总、分行提出的世博服务的零投诉。

年末，支行各项存款余额138.66亿元,比年初增加24.24亿元,比上年增长21.18%;各项贷款余额110.88亿元，比年初增加18.34亿元，比上年增长19.82%；实现考核利润5.38亿元，比年初增加1.22亿元,比上年增长29.3%；完成国际结算量34.3亿美元,增长31.42%；实现中间业务收入7876万元,比上年增长9.88%。

（孔祥年）

【上海浦东发展银行江阴支行】 2010年,支行有职工229人,内设办公室、会计部、资金财务部、授信审查部、风险管理部、公司银行业务管理部、个人银行发展管理部、科技信息部、贸易金融部、公司金融一部、公司金融二部、公司金融三部、船舶航运金融部、合规部14个部室,下辖营业部和5个分支机构。该行以科学发展观为指导,实践创先争优,强化风险控制，提升服务水平，推进机构建设,实现业务发展、效益提升、风险控制、文化建设协调发展的良好局面。积极引导员工进行技能训练和业务知识学习，形成比学赶超的争先氛围。年内荣获无锡外汇局举办的国际收支统计申报业务竞赛团体第一名、南京分行行庆15周年暨第六届业务技术比赛团体总分第二名、无锡市银行业第二届操作技能比赛团体第二名；包揽江阴银行业会计基本技能比赛全部单项第一，并荣获团体一等奖。年内,支行获总行先进党支部、南京分行先进集体、南京分行行庆15周年奖、无锡市文明单位。

加快业务产品创新步伐。支行把创新作为重要发展战略,根据市场需求进行业务创新和机构创新，成功操作该行首笔支票授信业务，办理南京分行首笔内保外贷船舶融资业务，金额为1008.9万美元;办理金额为500万元的该行首笔国内信用证代付业务，成功办理分行首笔出口双保理业务，实现分行年度出口双保理业务零的突破。成立船舶航运金融部,率先培养行业经理队伍,积极探索行业营销、特色营销的新路子。

提供优质服务。加大整理、整顿、清扫、清洁、素养、安全6S检查力度，通过对现场科学合理的定位及清理整顿，逐步使现场操作流、物流通顺流畅,有效推进服务的规范化、标准化。探索厅堂服务新模式，将营业厅堂细化为自助存取款服务区、网银体验区、理财区等十大服务板块，做到厅堂服务工作时间上不断线、空间上全覆盖。年内,多个营业网点被评为无锡市文明规范服务示范单位、无锡市文明规范服务明星网点。

建设平安银行。推行安全保卫工作目标管理责任制,增强全员的防范意识和责任意识,形成齐抓共管的工作网络。制订客户非理性不友好行为、网点客流量激增、非系统原因影响网点服务、抢劫财产、自然灾害、客户突发疾病等8项应急预案演练措施,并进行38个批次的预案演练,平安银行机制建设卓有成效。

年末,支行各项存款余额191亿元,比年初增加18.71亿元,比上年增长10.51%;各项贷款余额144.5亿元,比年初增加18.42亿元,比上年增长14.6%;实现账面利润4.36亿元,比年初增加1.13亿元,比上年增长34.98%;完成国际结算量24.6亿美元,比上年增长28%;实现中间业务收入3620万元,比上年增长11.08%。各项主要经营指标均创下历史新高,多项指标稳居南京分行之首。

（王银行）

【江苏银行股份有限公司江阴支行】 2010年,支行有职工70人,内设业务发展部、国际业务部、综合管理部、安全保卫部4个部门,下设1个营业部和3个分支机构。该行认真贯彻落实科学发展观,坚持走效益、质量、规模协调发展之路,深入推进经营转型,积极转变发展模式,较好实现支行各项业务的持续快速健康发展。以江苏银行总、分行开展文明优质服务全明星行动为抓手,突出支行特色,针对不同层次、不同条线的员工,组织开展"用心服务、快乐你我"提升服务系列培训活动,活动取得预期成效,网点服务质量、客户满意度和支行整体形象明显提升,被评为江苏省精神文明建设工作先进单位,在总行文明服务示范网点评比中名列第一。3月28日,江苏银行江阴周庄支行成立,是江苏银行成立以后设立的第一个乡镇网点,也是江阴支行下属的第三个经营性支行。

加大小企业贷款的投放力度。支行继续开展"同心同行,携手共进"小企业兴业助贷计划,按照"小中选大、好中选优"的原则积极营销中小企业客户,在信贷规模总量控制的情况下,对中小企业进行政策性倾斜,大力推进小企业贷款的投放力度,有力支持一批发展前景较好的中小企业。全年支行累计投放中小企业贷款余额33亿元,支持江阴地方经济建设的发展。

年末,支行各项存款余额58.72亿元,比年初增加13.17亿元,比上年增长28.92%;各项贷款余额45.36亿元,比年初增加11.69亿元,比上年增长34.64%;完成国际业务结算量8.43亿美元,比年初增加3.78亿美元,比上年增长81.3%。（石　蕾）

【招商银行股份有限公司江阴支行】 2010年,支行有职工90人,内设办公室、公司银行部、零售银行部、会计部、营业部5个部室,下辖虹桥南路支行1个分支机构。全面践行招商银行总行经营转型的战略思想,推进经营战略调整与管理变革,在复杂多变的经济形势下,全行干部员工统一思想,振奋精神,围绕全年经营目标任务,团结一致,攻坚克难,圆满完成上级行下达的各项目标任务。根据江阴企业的特点,为企业设计"中港直通车""保联璧"等业务产品。加强与招银租赁公司的合作,共同分享融资和客户资源优势,拓宽客户的中长期融资渠道。为海澜集团有限公司设计的内保外贷业务,成为支行与香港分行联动的首笔资产业务。成立内控领导小组,形成内控管理网络,健全内控管理月度通报制度,制订奖罚分明的考核机制。通过"合规管理教育年"的活动,积极营造合规文化,员工在合规的氛围中践行合规操作,使合规经营成为全行干部员工的自觉意识和行为习惯。年内,支行被授予江苏省银行业文明规范服务千佳示范单位称号。

年末,支行各项存款余额74.1亿元,比年初增加15.8亿元,比上年增长27.1%;各项贷款余额38.7亿元,比年初减少2.4亿元,比上年下降15.2%。全年实现利润1.36亿元,比年初增加1600万元,人均创利150万元;完成国际结算量5.7亿美元,比上年增长54.9%;实现中间业务收入1718万元,比上年增长68.4%。

（陶　榕）

【江苏江阴农村商业银行股份有限公司】 2010年,江阴农商银行有职工859人,内设办公室、人力资源部、合规部、对外机构管理部、公司业务部、个人业务部、国际业务部、信贷管理部、风险管理部、财务部、稽核审计部等17个部室。江阴下辖1个营业部和26个支行(部)、44个分理处、169台自动柜员机,外辖盱眙等7个支行和控股设立四川宣汉等5个村镇银行、22台自动柜员机。该行坚持发展第一要务,拓展业务市场,深化风险防控,提升管理水平,稳妥地发展各项业务,取得良好成绩。积极支持江阴公共文化艺术事业,成为第19届中国金鸡百花电影节独家指定银行、特别合作伙伴,被市委、市政府联合授予第19届中国金鸡百花电影节卓越贡献奖。6月24日,被中国社会科学院确定为全国首个中小银行研究基地,社科院副院长李扬和中国银监会副主席蒋定之共同为该行授牌,并发布中国国情调研成果《江苏江阴农村商业银行考察》。9月,荣获中国银行业协会全国合作金融机构"最佳支持中小企业贡献奖";12月,被《金融时报》、中国社会科学研究院评为中国金融机构金牌榜"金龙奖·最佳农村商业银行奖"。

跨区域发展。江阴农商银行加大跨区域发展力度,5月24日,投资6500万元,控股52%,设立江苏句容茅山村镇银行;6月12日,划拨营运资金5000万元,在安徽马鞍山开办当涂支行;7月20日,划拨营运资金5000万元,在安徽滁州开办天长支行;9月28日,划拨营运资金1000万元,在安徽芜湖市开办芜湖县支行;11月23日,划拨营运资金1000

万元,在贵州遵义开办仁怀支行;12月3日,投资1820万元,控股52%,设立海口苏南村镇银行;21日,投资5100万元,控股51%,设立江苏兴化苏南村镇银行;22日,划拨营运资金1000万元,在江苏泰州开办高港支行;28日,划拨营运资金1000万元,在江苏徐州开办睢宁支行。至年末,该行累计设立7个异地支行,累计控股设立5个村镇银行。

支持江阴产业转型升级。江阴农商银行紧密配合市政府产业转型升级发展的各项政策,支持农业经济升级发展,投放农业贷款余额41.85亿元,比上年增加4.26亿元;支持企业转型升级,投放民营、个私、股份制中小企业贷款余额249.36亿元,比上年增加67.58亿元,其中支持高新科技企业授信总额7.28亿元,累计发放贷款11.29亿元。

拓展暨阳卡业务。江阴农商银行依托市民卡推广,将暨阳卡具备的代收代扣水电、电视、通讯等费用的银行端服务功能整合至市民卡,全面运行警务通现场罚缴系统,至年末,激活市民卡13.99万张;依托暨阳卡推广银贷通业务,全年共办理银贷通业务1930户,授信15.8亿元;创新暨阳卡智能通知存款业务,结合第三方存管业务,更好地为百姓理财增值,全年共办理6828户。

规范股权结构。江阴农商银行根据财政部、中国人民银行和中国银监会、证监会、保监会《关于规范金融企业内部职工持股的通知》,通过实施盈余公积转增资本和现有法人股东收购职工股份的方案,促使职工股占总股份比例下降至11.96%,满足了上市规范要求,上市工作取得阶段性成果。年末股本总额11.33亿元,比上年同口径增加3.78亿元。

实施长寿幸福金制度。2月5日,江阴农商银行第十次股东大会通过并实施"长寿幸福金制度",对年满70周岁、80周岁、90周岁、100周岁以上退休职工,每年分别发放"长寿幸福金"0.3万元、1万元、5万元、10万元,弘扬尊老传统美德,年末共发放"长寿幸福金"25.6万元。

年末,江阴农商银行各项存款余额445.13亿元,比年初增加86.72亿元,比上年增长24.2%,其中本地人民币存款占全市总量的21.38%;各项贷款余额305.39亿元,比年初增加51.83亿元,比上年增长20.44%,其中本地人民币贷款占全市总量的19.57%。资产总额高达528.2亿元。贷款综合利息收回率99.7%;不良贷款余额为1.5亿元,不良贷款率0.49%。营业收入16.67亿元,比年初增加3.88亿元;营业支出5.98亿元,比年初增加1.16亿元;实现利润总额10.77亿元,比年初增加2.69亿元。 (耿轶韬)

【中信银行股份有限公司江阴支行】 2010年,支行有职工28人,内设公司业务部(含小企业部)、国际业务部、零售业务部、综合管理部、放款分中心5个部门。下辖1个营业部。该行全年把夯实基础管理、营造团队文化,把制度建设、团队建设、文化建设作为支行全年的工作重点。通过开展形式多样的学习、实践、营销活动,打造一支技能过硬、服务到位、营销有方的优秀团队。2月10日,成立支行放款分中心。3月4日,成立小企业金融业务中心。8月25日,成立贵宾理财中心,为客户提供专业的理财规划,理财产品有债券、基金、保险、信托等品种,基本形成中信金融超市的雏形。全年对存量客户进行深度的营销开发,收付汇量超4亿美元,实现收入与规模的协调增长。根据市场产业的特点,推出相配套的钢铁、汽车金融等特色业务。年内,在全市银行业会计技能大赛中获得团体成绩第三名。支行年度合规综合检查成绩位居同城支行前列。各项考核指标名列无锡分行前列,被评为总行青年文明号、无锡分行优秀团队、江苏省文明服务示范单位。

年末,支行各项存款余额21.96亿元,比年初增加4.14亿元,比上年增长23.29%;各项贷款余额16.37亿元,比年初增加2.07亿元,比上年增长15.75%;实现账面利润5140.68万元,比年初增加586万元,比上年增长13%;完成国际结算3.81亿美元,比上年增长47%;完成中间业务596万元,比上年增长37%。 (缪勤国)

【中国邮政储蓄银行江阴市支行】 2010年,支行有职工128人,内设综合管理部、会计核算部、综合业务部、信贷业务部、公司业务部5个部门,下辖1个营业部和5个二级支行。是年,该行以加快转型,根据银行业协会和上级部门有关要求,印发《服务质量管理工作实施意见》,聘请第三方评估机构定期对网点进行服务测评,开展大堂经理服务礼仪和服务规范培训,向柜员发放网点规范服务手册和光盘,组织保安人员规范服务培训,进一步增强员工服务意识,提高服务水平。建立晨会制度,利用晨会进行服务规范的日常演练,通过服务演练巩固培训效果。加强风险管控,以邮储银行总行"业务行为规范年"活动为抓手,进行全行宣贯,加强各类业务授信管理,修订储蓄等业务制度;层层签订《案件防控责任书》,开展不良贷款"百日清收"活动,对个人贷款违规行为责任认定和责任追究,制订《客户洗钱风险等级划分和等级评估管理办法》。推出多项新业务和新产品,加快向商业银行转变的步伐,先后增开小企业贷款、票据贴现、网上银行等业务,进一步满足市场和各类客户的需求。

年末,支行各项存款余额45.45亿元,比年初增加0.96亿元,比上年增长2.15%;各项贷款余额2.87亿元,比年初增加0.51亿元,比上年增长82.18%;实现利润1646.81万元,比年初增加1200万元,比上年增长27.11%;实现营业收入4011.4万元,比上年增长13.47%。 (吴敏霞)

【华夏银行股份有限公司江阴支行】 2010年,支行有职工32人,内设营业部、公司客户部、个人客户部、办公室4个部室。继续秉承"质量、效益、速度、结构协调发展"的经营理念,围绕"保增长、调结构、控风险、创效益”的核心目标，促进各项业务的健康发展。

推出华夏“易达金”和“一线通”业务。在国内推出首张现金分期信用卡——“易达金”卡，“易达金”卡持卡人可以无限次在其“易达金”卡额度内进行现金分期，无需任何担保和抵押及每次申请。而且，持卡人通过华夏信用卡客服热线申请放款，金额自定，放款后可根据自己的资金周转安排，选择1、3、6、12、18、24个月还款周期，自由分期还款，“易达金”信用卡手续费率为1期1.5%，3~24期0.75%。华夏“一线通”为新型金融自助服务电话刷卡结算(TPOS)业务。该业务通过固定电话支付终端机具，以签约方式绑定客户的银行结算账户，具有功能全面、一应俱全、实时到账、周转方便、费率低廉、全程严控、资金安全等特点，年末有91户。

推出“龙舟计划”为小企业服务。“龙舟计划”分为三大系列，即针对企业创立初期尚未建立起有效的企业信用，主要面临担保不足、融资难问题的“创业通舟”；针对成长期的小企业，规模扩张迅速，要求融资速度快、使用灵活、产品多元化的“展业神舟”；针对企业发展已达到一定规模，社会信用度较高，有较为完善的财务管理，希望降低财务成本、实现持续快速增长需求的“卓业龙舟”。该计划拥有“联贷联保”“快捷贷”“接力贷”等6款产品，秉承华夏银行“小、快、灵”系列产品的特色，为江阴的小企业客户提供优质高效快捷的服务和个性化金融解决方案。

推出“环球智赢”国际金融服务品牌。该品牌是华夏银行贯彻落实国家产业振兴规划，支持重点行业发展，助力中国企业“走出去”的重要举措，分“全面化的产品超市”“个性化的特色解决方案”和“专业化的行业服务方案”三个层次。秉承“全球、全智、全赢”的理念，以立足全球事业发展的战略眼光，通过全面、专业、智慧的国际金融服务，帮助客户把握市场先机，全面赢得国际市场。该品牌推出后，加强银企合作，促进该行国际金融服务又上一个新的台阶。至年末，完成国际结算1.14亿美元，实现国际结算收入378.6万元，办理结售汇量2.58亿美元，服务国际业务客户20余户。

年末，支行各项存款余额12.5亿元，比年初增加4.01亿元，比上年增长47.23%；各项贷款余额12.32亿元，比年初增加2.02亿元，比上年增长19.61%；实现账面利润4365.78万元，比年初增加2048万元，比上年增长88.34%；完成中间业务收入436.14万元，比上年增长275.98%。

（缪红光　黄　洁）

【兴业银行股份有限公司江阴支行】 支行于2010年1月25日挂牌营业，有职工42人。地址位于市人民东路301号。内设综合部、财务会计部、业务管理部、业务拓展一部、业务拓展二部、业务拓展三部、零售业务部7个部门。面对更加复杂的宏观经济形势和金融环境，该行坚持“真诚服务、共同兴业”的经营理念，认真贯彻落实国家各项宏观调控政策和金融监管要求，依法合规经营，全力支持地方经济。推出“自然人生”“兴业通”“兴业财智星”“金芝麻中小企业金融服务方案”“节能减排项目贷款”“银银平台”“电子银行五星导航”“投资银行业务”“热线兴业95561”等一批在国内市场获得广泛认可的产品和服务品牌。

年末，支行各项存款余额30.8亿元；各项贷款余额14.7亿元；实现账面利润2500万元。

（赵逸芳）

【南京银行股份有限公司江阴支行】 支行于2010年4月16日开业，有职工27人。地址位于虹桥北路151号江阴新百业广场。内设办公室、公司金融一部、公司金融二部、公司金融三部、业务管理部(含国际业务部)，下辖营业部。年内，支行坚持以中小企业业务为支行营销重点，灵活组合金融产品，开辟多种渠道，拓宽担保方式，为优质中小企业提供全方位的金融服务。开展业余体育文化活动，营造团队文化，通过多种学习形式将南京银行“金梅花”理财“坚忍不拔、傲然挺立、敢为天下先”的精神灌输给每个职工。先后组织员工学习《银行业金融机构从业人员职业操守指引》《银行业从业人员行为准则》和银监会一系列管理规定以及支行《员工准则》，通过学习，使职工认清了形势，自觉倡导廉洁、抵制腐败，保证各项业务的顺利发展，树立了良好的社会形象。

年末，支行各项存款余额19.67亿元；各项贷款余额12.6亿元；实现账面利润0.26亿元；完成国际结算量0.81亿美元。各项主要经营指标居南京银行无锡分行前列。

（朱红梅）

【江阴浦发村镇银行】 银行于2010年11月1日成立，是由上海浦东发展银行股份有限公司发起，联合江苏华西集团公司、江苏江南水务股份有限公司、江苏向阳集团有限公司、江苏法尔胜泓昇集团有限公司、江苏西城三联控股集团有限公司、江阴顺元投资发展有限公司、海澜集团有限公司、江苏双良集团有限公司、江阴市长江钢管有限公司、江阴天澄投资有限公司、江阴协统汽车附件有限公司和江阴市申港三鲜养殖有限公司12个本地企业参股成立，具有独立法人资格的股份制商业银行。该行地址位于市朝阳路178号，有员工19人，内设综合管理部、资金财务部、风险管理部、业务管理部，下辖营业部。面对激烈的市场竞争，坚持“面向三农，服务中小企业”的理念，强化风险控制，提高服务水平，实现较快的发展。

年末，该行各项存款余额4.39亿元，各项贷款余额2.48亿元。

（周明霞）

保　险

【概况】 2010年，江阴市保险行业围绕中国保监会“转方式、调结构、防风险、促发展”的要求，坚持整顿规范保险市场秩序，全行业实现平稳健康发展，财产保险正逐步以粗放式经营向以效益为中心转变,经营质量显著提升,无序竞争得到遏制,效益凸现;寿险业逐步由短期业务向长期业务转变、由趸交业务向期交业务转变,内涵价值不断增长。年内,组织全市20个财险公司签订《江阴市企财险“见费出单”自律公约》《江阴市非车财产险“见费出单”行业自律公约》,有效治理虚挂应收、保费不全额入账等市场顽疾;16个寿险公司签订《江阴市银邮代理保险业务自律公约》,规范手续费支付标准,防范欺诈误导;36个财产险、人身险公司签订《江阴市中介业务自律公约》《江阴市航意险自律公约》,杜绝中介渠道弄虚作假、虚增成本、非法套取现金等突出违规问题,推动保险代理市场的规范化、专业化经营。按江苏保监局“加大现场检查力度,严惩违法违规行为”的要求,对全市财产险公司开展车险、企财险业务的现场检查,对违约公司进行违约处罚。根据江苏保监局《关于加强车险理赔工作管控工作的通知》和《江苏省机动车辆保险行业自律公约》要求,对全市财产险公司进行车险理赔检查,保护被保险人的利益。人身险以防范销售误导和账外结付手续费为重点,加强暗访和现场检查,维护和保障被保险人利益,销售行为逐步规范。继上年成立市道路交通事故理赔服务中心后,又成立华士、长泾2个理赔服务中心,方便事故当事人。成立市交通事故人民调解委员会,专门调解交通事故理赔案件,有效解决交通事故理赔难的问题,维护保险公司和被保险人的合法权益、化解因交通事故产生的矛盾,维护社会稳定。市保险协会结算中心为93个中介机构结算手续费4813.94万元。财产险业务继续在汽车消费推动下迅速增长。寿险业务营销和银邮代理业务拉动增长较快,财产险、人身险业务总量居江苏县级市首位,超过宿迁、淮安2个地级市总量。年末,全市保险业实现保费收入32.44亿元,比上年增长25.69%,其中财产险保费收入10.55亿元,比上年增长27.17%;人身险保费收入21.87亿元,比上年增长25.12%。财产险、人身险分别占保险总额的32.52%和67.48%。全年赔(给)付7.89亿元,比上年减少2.68亿元,其中财产险赔付4.27亿元,综合赔付率40.4%,比上年下降6.82个百分点;人身险赔(给)付3.62亿元,比上年减少2.87亿元,其中短险赔款0.44亿元,赔付率44.35%,比上年下降14.31个百分点,死亡、病残赔付0.28亿元,比上年减少0.03亿元,满期给付1.49亿元,年金给付1.41亿元。退保金2.68亿元,比上年减少0.3亿元。全市保险密度2688元,比上年增加543.24元,超过全省平均水平,保险深度1.62%,比上年上升0.11个百分点。是年,新成立英大泰和人寿保险股份有限公司江阴营销部1个寿险公司。紫金财产保险股份有限公司江阴支公司经江苏保监局批准在江阴筹建。年末,全市累计有保险机构38个,其中财险公司21个、寿险公司17个,有中介机构6个。保险从业人员3000余人。

2010年驻江阴市各主要财产保险公司业务情况一览

表49

公司名称	保费收入(万元)	比上年增减(%)	赔款(万元)	比上年增减(%)	赔付率(%)
人保产险江阴支公司	33702	33.34	12556	12.63	37.75
太保产险江阴支公司	29174	24.72	12905	13.95	44.23
平安产险江阴支公司	17438	47.63	6316	17.42	36.22
天安产险江阴支公司	945	27.3	744	−33.15	78.65
大众产险江阴支公司	187	−58.56	390	−7.80	208.92
中华联合产险江阴支公司	3871	17.73	2060	32.73	53.22
永安产险江阴营销部	228	−40.99	–	–	–
华安产险江阴支公司	818.66	33.38	274	4.18	33.4
大地产险江阴支公司	1250	16.30	517	4.44	41.38
安邦产险江阴支公司	1558	−10.85	1126	23.19	72.29
阳光产险江阴支公司	1338	19.89	415	−53.05	31.05
太平产险江阴支公司	2484	17.09	966	−28.23	38.89
都邦产险江阴支公司	1688	−7.40	743	−6.19	44
永诚产险江阴支公司	3268	−13.83	1770	4.18	54.15
国寿产险江阴支公司	5890	39.66	1568	14.45	26.62
华农产险江阴支公司	297	20.34	–	–	–

续表 49

公司名称	保费收入(万元)	比上年增减(%)	赔款(万元)	比上年增减(%)	赔付率(%)
渤海产险江阴支公司	288	12.35	–	–	–
民安产险江阴支公司	326	41.43	104	9.47	32.05
安诚产险江阴支公司	535	46.33	38	–	27.71
长安责任江阴支公司	207	–	2	–	0.98

2010 年驻江阴市各主要寿险保险公司业务情况一览

表 50

公司名称	保费收入(万元)	比上年增减(%)	赔(给)付					
			赔款(万元)	比上年增减(%)	满期给付(万元)	比上年增减(%)	年金给付(万元)	比上年增减(%)
中国人寿江阴支公司	93182	–0.93	3974	–30.33	13600	–22.50	1435	–95.65
太保人寿江阴支公司	37256	43.80	1792	199	1350	–46.73	1358	2.95
平安人寿江阴支公司	40280	4.70	1080	–39.70	1063	–78.82	–	–
泰康人寿江阴营销部	1681	269.90	19.17	–47.37	–	–	–	–
海康人寿江阴营销部	885	–21	27.29	5.12		–	12.89	–
太平人寿江阴支公司	5149	95.80	–	–	49.07		1175	–
友邦人寿江阴营销部	446	101.50	34.24	–	–	–	–	–
新华人寿江阴营销部	9407	37.60	14.71	131.70	130	–	16.31	508.58
生命人寿江阴营销部	4686	48.40	70.74	–36.61	–	–	–	–
中意人寿江阴营销部	3175	48.60	29.29	68.72	–	–	5.2	–
人民人寿江阴营销部	22494	–	118.43	–	–	–	–	–
华泰人寿江阴营销部	29	–	–	–	–	–	–	–

（杨瑞志）

【中国人民财产保险股份有限公司江阴支公司】 2010 年，支公司全体员工 173 人践行“科学发展、效益为重、提升管控、人尽其才”的组织经营策略；以“志存高远，敢于超越自我，拓宽发展路径，寻求服务创新”的工作思路来增强公司综合实力；为江阴的经济发展、民生改善、社会稳定、建设“幸福江阴”提供保险大保障，注重优质服务，主动担当责任。会同市环保、公安部门进行专题研发，推出“环境污染险、火灾公众责任”保险新业务。针对市场服务需求，将全员队伍分为业务销售、查勘定损和实务内勤 3 个专业团队加强培育。推出“一张纸理赔，一小时赔付”的快捷服务客户群体办法。完善承保、理赔和共性优质服务的一套硬软件和动态式的绩效考评机制，规范运作。本着“有效增员，合理配制”的原则，加大公司全面建设的力度，注重激活公司内部生机和活力。增设营销部、电话直销部和理赔服务处理中心。改造对外服务营业大厅。全年实现保费收入 3.37 亿元，比上年增长 33.34%，保费总量占江阴市场份额的 31.95%，简单赔付率为 37.26%。经营规模仍保持在江阴市场主体中的领先地位，在无锡市人保系统同级支公司中率先实现保费收入超 3 亿元。是年被江苏省分公司、人保总公司评为明星县区支公司和标杆县区支公司。

规范事故赔偿处理。支公司重视面广量大又错综复杂的事故处理，坚持“公道、公平”的原则，明确专业部门的职责。坚持 24 小时全天候服务制、客户回访制、赔付兑现承诺制的优化服务。坚持从接报案情、现场查勘定损、逐项理算核赔、直至各级权限审批等重大环节上规范化、程序化运作，实施硬件与软件合规流程跟踪管控。全年处理赔案 2.72 万件，赔付 1.26 亿元。其中车险赔案 2.44 万件，支付赔款 9513.94 万元；非车险赔案 2756 件，赔款 3042.42 万元。涉及因发生火灾或爆炸事故，造成企财险重大损失赔案 7 件，支付赔款 1253 万元。全年事故处理率、质量达标率、案件结案率均为 100%。

拓展业务经营。支公司在销售渠道构建上，采取业务直销、推开营销、谋求合作代销的多种并存的路径；销售保险产品上，将传统险种与新险种结合，满足不同客户群体的供求保障；销售领域上，以巩固挖掘原有承保客户资源与开发新兴业务领域并重，扩展业务发展的空间，增强发展后劲;销售因果关系上,着力转变发展方式,提升销售能力,深扩人保品牌效应。通过不断地拓新实践,使客户群体增强风险防范意识,加强财产保值创新意识和保险补偿功能意识。全年公司业务发展快、增幅大,业务总量同比净增保费8430万元,总保费比上年增长33.34%。

参与农业保险。支公司积极拓展新业务,开发新领域。全年根据政府强农惠农的倾斜政策,贯穿“政府主导、商业运作”的经营模式,继续抓好农业保险。利用下辖的农业、农村网点集聚保险资源。全年继续承保全市小麦1.08万公顷,油菜201.6公顷,水稻1.6万公顷,能繁母猪1.13万头,奶牛3325头,保费收入286万元;同时新开发农业设施(大棚)保险产品,全年有216户参保,承保面积283公顷,保费收入39.04万元。年内因发生自然灾害造成小麦、水稻和农业设施损失,支付赔款4.6万元;因病毒等引起母猪、奶牛死亡1648头,支付赔款76万元。 (杨进发)

【中国人寿保险股份有限公司江阴支公司】 2010年,支公司全体员工30人以建设“最具价值、最具品质、最具魅力”的“三最”型标杆县(市)支公司为抓手,狠抓科学管理,呈现出业务增长与效益提高、加快发展与防范风险、自身发展与服务大局的协调局面。构建起较为完善的农村销售渠道,建立以支公司为中心,以8大中心网点为纽带,以17个营销服务部为单元的镇村两级服务网络,农村业务占总量的75%以上,农村销售队伍人数超800人。年内推出“美满一生”“福禄双喜”等养老理财险种,深受市民欢迎。加大对小额贷款保险和老年人意外保险的拓展力度,完成短险收入3000多万元,其中意外险收入2367万元。个险期交新单保费收入1.28亿元,经营效益得到明显提升。全年完成保费总收入9.32亿元,连续第八次蝉联寿险系统县(市)支公司全国第一。

完善高危人员团体意外伤害保险。支公司从2005年推出国寿高危人员团体意外伤害保险后。每年配合市安监局对全市危险、特种行业和公共场所的安全进行监管,增强各企事业单位主体责任意识,完善事故的善后处理机制,保障广大人民群众的生命财产安全和切身利益,取得了极好的社会效益。至2010年末,公司为2万余人次提供高危险保障及优良的服务,累计理赔1939万元。此险种在中国人寿公司2010年度创新成果评选中获三等奖。

(刘 燕)

【中国太平洋财产保险股份有限公司江阴支公司】 2010年,支公司全体员工148人以持续优化综合成本率为主攻方向,全面实施“以客户需求为导向”的战略转型,进一步提升客户满意度。继续践行“诚信天下,稳健一生,追求卓越”的核心价值观,落实“可持续价值增长”理念,充分发挥支公司行业领先和品牌服务优势,借助行业环境利好,推行车险精细化管理,重点发展非车险核心业务规模,提升支公司核心竞争能力,总体业务继续保持平稳较快增长。全年完成保费收入2.92亿元,比上年增长24.72%,在太保系统县支公司中继续名列前茅;结案4.13万件,支付赔款1.29亿元,均创历史新高。此外,支公司热心参与公益活动,投入社会事业建设,累计出资200余万元资助“文明广场周末影院”“千场电影送农村”活动和各级各类体育赛事及大型文娱活动,资助市公安交警大队和消防大队建立逃逸事故处理基金和防灾奖励基金,在陕西革命老区开设“江阴太保班”,开展结对挂钩扶贫帮困工作,并为江阴市慈善创始基金及市内为残疾人、火灾受灾户、白血病患者等受灾户捐款,向江阴社会福利院孤残儿童赠送衣物、书籍、食品等。是年获得太保产险总公司“太平洋之星”销售十强支公司银质奖;被评为江苏省档案管理一级达标企业;获得无锡市A级纳税信用等级企业、无锡市重合同守信用企业,连续11年被无锡分公司授予“先进集体”称号。 (吴珊珊)

【中国太平洋人寿保险股份有限公司江阴支公司】 2010年,支公司全体员工42人坚持“诚信天下、稳健一生、追求卓越”的核心价值观,围绕上级公司“遵循规律,突破瓶颈,打牢基础,狠抓关键”的经营指导思想;坚持“淡化任务指标,强化发展经营目标”的工作理念;抓住一线客户市场的需求化,求真务实,开拓进取,有效地实现支公司良好的业务态势,取得业务规模和业务结构的双突破。年内,该支公司通过每月定期组织员工参加合规培训,加强合规风险防范意识、提高风险防范能力,坚持合理、优质、科学的服务理念,不做违规、违法业务,保证业务品质的全面提升。9月为一名患良性脑肿瘤的客户快速理赔20万元。10月公司客户满意度评价系统上线,接受客户的监督。年内积极参与市政府组织的送温暖活动,与月城镇秦皇村结为帮扶对象,给秦皇村1.2万元帮扶款。全年完成保费收入3.73亿元,比上年增长43.8%;理赔案件392件,赔款1792万元,比上年增长199%。 (季凤华)

【中国平安财产保险股份有限公司江阴支公司】 2010年,支公司全体员工120人继续贯彻总公司“全面提升经营能力,推进跨越发展”的经营策略,抢占发展机遇,扩大市场份额,坚持“对客户负责、对员工负责、对股东负责、对社会负责”的企业使命,营造“提速第一、专业第一、效率第一、可靠第一”的优质服务氛围,以专业的服务满足客户的要求。贯彻平安产险总公司新的“平安车险,万元以下,资料齐全,一天赔付”的服务承诺,时效由三天缩短为一天。以保险为核心,融证券、信托、银行、资产管理、企业年金等多元金融业务为一体,为客户提供综合金融服务。通过“一个客户、一个账户、多个产品、一站式服务”,为客户提供更多、更便捷的产品和服务,为江阴经济发展贡献力量。为增进与客户的相互理解,拉近与客户之间的距离,9月18日,支公司举办第七届平安客户服务节，活动包括低碳车主公益活动，向客户赠送平安特色的低碳环保车贴，宣传"平安出行，低碳出行"绿色环保理念，倡导绿色交通，促进能源节约。客服节还举办车辆安全知识讲座、"有车有平安"网上查询体验宣传、礼仪之星评选等活动。全年完成保费收入1.74亿元，比上年增长47.63%，市场份额有效提升至16.53%；赔款6316万元，比上年增长17.42%。

（王　晨）

【中国平安人寿保险股份有限公司江阴支公司】 2010年，支公司全体员工30人以"客户至上、服务为上"为宗旨，为客户提供专业化的服务和周到完善的风险保障。1月7日，支公司新职场落成。推出移动展业项目（MIT），公司业务员通过笔记本电脑、网卡等设备，在客户面前一次性完成数据录入、上传、后台审批、费用支付、结果反馈和确认等完整业务流程，MIT的上线标志着平安代理人的展业全面摆脱繁琐的传统流程和工具，进入电子化时代。积极参与社会公益事业，履行企业社会责任。4月为青海玉树地震捐款1.16万元。9月1日，平安吉星送宝（分红型）少儿险。全年完成保费收入4.03亿元，比上年增长4.7%，赔款1080万元，比上年下降39.7%。

（黄　靖）

【中华联合财产保险股份有限公司江阴支公司】 2010年，支公司全体员工30人继续以"忠诚服务、笃守信誉、回报社会"为宗旨，以"稳健、创新、持续、高效"为经营理念，员工服务意识、保险为民的意识进一步增强。是年全面开展财产险、车辆保险、短期人身险、进出口货运险等险种，拓展江阴市农业机械保险和公众火灾责任保险等新险种，公司的服务功能和承保能力快速增强，综合实力排序位列江阴财产保险公司的前五名，为"幸福江阴"保驾护航作出了贡献。年末实现保费收入3871万元，人均保费126万元；处理各种赔案2500余件，赔付2060万元，案均赔付速度比上年加快近20天。

（陈国良）

【海康人寿保险有限公司江阴营销部】 2010年，江阴营销部全体员工20人坚持"通过为客户及合作伙伴提供最佳的'财务保障'型产品和服务，成为最值得推荐的人寿保险公司"的原则，在给客户提供更多好的产品的同时，更提供专业的服务。12月举办"海康人寿星尚大典"，启动海康品牌推广江阴站的活动。同时，在江阴城区及乡镇进行路游和市场调研活动，全面展开品牌推广活动。全年完成保费收入885万元，比上年下降21%；给付赔款27.29万元，比上年增长5.12%。

（徐　芳）

【都邦财产保险股份有限公司江阴支公司】 2010年，支公司迁址至市澄江中路118号国贸大厦14楼。是年公司全体员工20人秉承"注重品质，快速稳健持续发展"的经营理念和以客户、员工"快乐"为中心的服务理念，以打造"服务最好的保险公司"为原则，严格遵守行业自律，规范经营，以服务创品牌，与时俱进，积极推进保险业又好又快的发展。年底，支公司为推动意健险业务发展，在充分调查市场需求后，推出"都邦真情意外伤害激活卡"。同时，推出"安心无忧个人责任保险""监护人责任保险"等产品，丰富都邦保险责任保险产品库。年内被评为都邦保险江苏省十大优秀团队之一。全年完成保费收入1688万元，赔款743万元。

（徐　丽）

【中国人寿财产保险股份有限公司江阴支公司】 2010年，支公司全体员工60多人遵照"笃行勤勉，恪守诚信，规范经营，为客户创造价值、使员工富有成就、为社会营造和谐"的总体思路，以质量效益为核心，抓住结构优化、规范经营两个重点，努力开创业务全面提速、品质稳步提升、结构持续优化、效益不断增长的新局面。年内，该支公司贯彻落实市政府《关于深入结对帮扶增强村级财力工作的意见》的文件精神，与璜土镇常泽村结对帮扶，从财力上给予常泽村大力的支持。全年实现保费收入5890万元，比上年增长39.66%，保费总量位列江阴财险公司之第四位，市场份额约为5.7%。共承担风险保额218.09亿元，实付赔款1567.6万元。其中比较大额的赔付有江苏扬子江船厂船舶建造险赔款54.59万元，江阴金泰纸业有限公司火灾赔款30.13万元，江苏长电科技有限公司火灾赔款14.91万元，江苏申利实业有限公司火灾赔款15.81万元以及江阴毛染厂火灾赔款14.9万元等。业绩居全国人寿财险系统县级市榜首，并被评为中国人寿财险总公司先进单位。

（吴永燕）

证　券

【概况】 2010年，江阴市有证券公司4个，开户数160478户（不含东北证券），占无锡地区的16.07%，全年交易额2530.08亿元，占无锡地区的19.17%，实现利润19748万元，占无锡地区的21.29%。

（黄凯来）

2010年驻江阴市主要证券营业部经营情况一览

表51

营业部名称	开户数（户）	客户资产总额（亿元）	交易金额（亿元）	营业收入（万元）	营业支出（万元）	营业利润（万元）
华泰证券江阴营业部	127153	280.78	1866.51	19100	4700	14400
国联证券江阴营业部	18177	20.59	441.89	6471	3039	3432
南京证券江阴营业部	15148	14.9	221.68	3906	1990	1916

【华泰证券股份有限公司江阴福泰路证券营业部】 2010年，江阴福泰路证券营业部全体员工40人执行公司的方针、政策，主动应对市场变化，构建“紫金理财服务”体系，强化过程控制，实施“结果和过程并重”的常态化管理模式，健全营业部合规体系的建设。主要通过大力推广“紫金理财服务”，扎实推进营业部理财服务转型；以活动促提升、服务带营销，加强营销队伍和渠道建设，努力提高营销水平；积极推行常态化管理，加强合规体系建设，促进营业部管理水平再上台阶；完成组织架构调整，为营业部转型提供组织保障；开展“创先争优”和“平安金融”创建活动，使华泰证券江阴营业部各项业务取得进步，经营业绩良好，发展态势稳定，服务定价、服务带动营销的新模式已基本形成，营业部在江阴市的竞争能力进一步提升，经纪业务的各项指标继续保持领先。全年完成交易量1866.51亿元。（刘 怡）

【国联证券股份有限公司江阴大桥北路证券营业部】 2010年，江阴大桥北路证券营业部全体员工20人加大宣传和营销力度，努力提高团队的整体战斗力和凝聚力，完善营销和服务体系；树立公司品牌，形成良好的口碑。年内，该营业部制订客户维护和开发计划，壮大营业部的客户群体；建立和开拓新的营销渠道，并对原有的渠道进行深度开发，争取其成为营业部未来新的利润增长点。吸纳优秀人才，扩大员工和经纪人队伍。加强合规风控管理，加强内部培训，提高员工和经纪人的综合素质和业务技能。制订切合实际的营销考核办法，充分调动全体员工营销积极性。全年完成各类基金产品4228.7万元，完成指标的159.8%，其中“金如意2号”完成1926.5万元，完成指标的448%，开户数比上年增长11%。全年完成A、B股交易量441.89亿元。

【南京证券股份有限公司江阴营业部】 2010年，江阴营业部地址迁至市人民中路289~2号泓昇商务大厦17~18楼。是年，营业部全体员工14人秉承“以人为本、以心为桥，以诚为基、以德兴业”的经营理念；发扬“创新、务实、诚信、奉献”的团队精神，致力将南京证券江阴营业部建设成为“平台完整、业绩显著、特色鲜明”的现代金融企业。坚持以客户为中心，为客户提供综合性证券业务服务，全方位满足客户的需求，拥有创新类证券公司业务资质，业务领域广泛。年内，该营业部成功发行“神州1号”“神州2号”“神州3号”集合理财产品。至年末，交易量达221.68亿元，比上年增长9.36%；实现利润1916万元。

（陈素萍）

典 当

【概况】 2010年，江阴市新成立安信和元通典当行2个。至年末，全市有典当行8个，当户数3296户，全年各典当行营业利润1160.46万元，为中小企业和市民贷款余额2.36亿元，其中质押贷款余额1.11亿元，抵押贷款余额1.11亿元，绝当贷款余额1379.81万元。

2010年江阴市典当行经营情况一览

表52

名 称	当年当户数（户）	营业利润（万元）	年末贷款余额（万元）	其中		
				质押贷款余额（万元）	抵押贷款余额（万元）	绝当贷款余额（万元）
江阴大阳典当有限公司	576	154.6	1825.3	779.3	754.9	291.1
无锡安泰典当有限公司	1352	288	4134	855	2513	766
江阴泰昌典当行	773	361	4624	2281	2292	51
无锡银信典当有限公司	244	259.91	4985.99	3984.28	730	271.71
江阴汇金典当有限公司	20	0.4	1746	1451	295	0
江阴市汇丰宁典当有限公司	200	7.96	1441.07	620.07	821	0
江苏安信典当有限公司	30	79.53	2880.44	935.44	1945	0
江阴市元通典当有限公司	101	9.06	1924.31	169.81	1754.5	0

【江阴大阳典当有限公司】 2010年，江阴大阳典当有限公司全体员工10人以规范化的专业管理和先进的信息技术为手段，遵照“发展经济、服务群众、诚信守信、方便快捷”的服务宗旨，致力于为中小企业和大众百姓排忧解难，提供最为快捷方便的融资业务。坚持在安全中求效益、在规范中求创新、在稳健中求发展的方针，努力提高工作质量。在房地产典当中做到实地考察，精细评估，完善抵押登记手续，而对于过小户型的房产更是非常谨慎。在证券典当业务中，从原来依靠证券公司监管与客户配合控制风险，改进为自主监管，有效地控制风险。在机动车典当业务上与二手车交易市场建立合作关系，更好地控制汽车典当的风险，同时更注重客户的个人素质和当金使用用途，更好地提高机动车典当的质

量。全年累计典当6483人次。上缴税款59万元,比上年增长37.2%。

（郭向明）

【无锡安泰典当有限责任公司】 2010年，安泰典当有限责任公司全体员工15人以稳定经营为基本理念,开拓新的客户,增加新的客源。同时抓住客户对资金需求的迫切性，在政策允许的范围内适当提高息费率，最大范围提高收入水平。年内,该公司面对江阴典当行业的竞争压力，及时调整经营思路,从服务上狠下工夫,向银行申请商户通刷卡机，使客户还款可以直接刷卡，为客户节省去银行排队的时间。当客户不便于上门办理续当手续时，公司提供上门为客户办理手续，既为客户提供方便，又减少拖欠息费的情况。全年累计发放贷款3.6亿元，业务4100多笔，实现营业收入700万元,比上年增长24%,上缴税款83万元。

（黄　蓓）

担　保

【概况】 2010年，江阴市有各类担保机构41个,注册资本36.07亿元，比上年增加13.01亿元，增长56.42%。其中注册资本亿元以上20个,3000万元以上6个,全年正常开展担保业务的有21个。江阴市沪港投资担保有限公司、江阴市中泰投资担保有限公司、无锡市中富投资担保有限公司、江阴鑫品投资担保有限公司4个担保机构获国家2010年度担保机构免征营业税许可,累计7个。获免税许可的担保机构可享受3年的营业税免税政策。11月19日,市政府召开全市融资性担保机构规范整顿工作会议。要求全市各有关部门切实贯彻落实江苏省经信委、中小企业局《关于开展全省融资性担保行业规范整顿的通知》文件精神,进一步规范全市融资性担保行业运行秩序,强化政府主管部门对担保行业的监督和引导职能,提升担保行业为中小企业提供融资服务的能力和水平。同时,成立以副市长费平为组长的市融资性担保机构规范整顿工作领导小组。至年底,江阴市朝阳担保有限公司等7个担保机构率先通过规范整顿。此项工作历时3个月。年内为缓解中小企业融资困难局面,全市各担保机构积极应对,累计完成担保总额123.84亿元,年末担保余额100.06亿元。

（施柏林）

·小资料·

担保公司存在对银行的意义及优势

因银行小额贷款的营销成本较高,中小企业向银行直接申请贷款受理较难,这就造成小企业有融资需求时往往会向担保机构等融资机构求救,担保机构选择客户的成本比较低,从中选择优质项目推荐给合作银行,提高融资的成功率,就会降低银行小额贷款的营销成本。在贷款的风险控制方面,银行不愿在小额贷款上投放,有一个重要的原因是银行此类贷款的管理成本较高,而收益并不明显,对于这类贷款,担保机构可以通过优化贷中管理流程,形成对于小额贷后管理的个性化服务,分担银行的管理成本,免去银行后顾之忧。事后风险释放,担保机构的优势更是无可替代的,银行直贷的项目出现风险,处置抵押物往往周期长,诉讼成本高,变现性不佳。担保机构的现金代偿,大大解决了银行处置难的问题,有些担保机构做到1个月(投资担保甚至3天)贷款逾期即代偿,银行的不良贷款及时得到消除,之后再由担保机构通过其相比银行更加灵活的处理手段进行风险化解。作为银行,其固有的贷款模式流程,造成中小企业主大量时间浪费,而担保公司恰恰表现出灵活多变的为不同企业设计专用的融资方案模式,大大节省了企业主的时间与精力,能迎合企业主急用资金的需求。担保公司在抵押基础上的授信额度大大超过抵押资产值,为中小企业提供更多的需求资金。目前,许多投资担保公司,在贷后管理和贷款风险化解方面的规范和高效运营,获得了银行充分信任,一些合作银行把贷后催收、贷款资产处置外包给担保公司,双方都取得了比较好的合作效果。担保公司以前归类为准金融类机构,现属于非金融机构,而银行是属于纯金融行业,两者形式上类似,功能上都能够为企业融资,但还是有本质的区别。担保公司不是以自有资金放贷,而是为企业信誉做担保,由银行放贷。也就是说企业在银行资信度不够达到贷款标准,可以找担保公司担保,那么担保公司做的就是银行不愿意做的那部分业务,风险由担保公司来承担。担保公司的优势就是门槛低,办事效率高,放款速度快,接受各种形式的抵质押物作为反担保措施,比如房产、车辆、商标、股权等等抵质押物。

——摘自百度网

财政·税务

财 政

【概况】 2010年，江阴市财政部门面对复杂多变的国内外经济环境，抓住江阴市“谋创新、快转型、惠民生、促发展”的有利时机，深入贯彻落实科学发展观，认真执行积极财政政策，全心全意组织收入，切实加强财政科学化、精细化管理，努力实现全市经济增长与财税收入增长的良性循环。全年完成全口径财政收入382.02亿元，其中一般预算财政收入130.72亿元；完成一般预算支出115.89亿元，其中用于民生保障支出38亿元。年内，市财税部门确立培植财源与加强征管两手抓的工作思路，建立以市、镇(街道)为主体的两级协税护税组织机构，形成市镇联动、部门协作、信息共享、综合治税机制。市财政部门抓住国家实施积极财政政策机遇，加大新兴产业投入；积极向上争取资金，充分发挥财政政策扶持引导作用，促进经济平稳较快发展。进一步优化财政支出结构，加大对改善民生和社会建设方面的投入，支持办好各项惠民实事工程，以更大的财政支持力度保民生、保稳定。继续深化各项财政改革，完善国有资产体制机制创新，做好非税改革后续工作，开展绩效预算试点，完善政府采购制度建设，全面推行参与式预算，正式运行公共财政网上办公平台，不断提升管理水平，财政工作的内在动力和活力得到增强。是年，江阴市被江苏省政府评为财政收入新增贡献先进单位，市财政局获无锡市财政系统争先创优先进集体一等奖，获江阴市“三服务”工作先进、“好班子”、部门内控机制建设示范点单位等多项荣誉。

【财政收入首次超300亿元】 2010年，按照江阴市政府下达的工作目标和《江阴市财政收入考核管理办法》，市财政局对各镇(街道)、开发区下达全年目标任务，并对完成情况实行征管绩效考核，确保应收尽收。年内，加强对重点行业、企业的税源跟踪调研，做好收入入库情况预测；在建立税库银联网的基础上，新建原则明确、划分清晰、更新及时、信息共享的企业库和建筑房地产项目库，确保全市各项税收按照属地原则准确划分。是年，在全市经济增长的支撑下，财政收入逐步摆脱国际金融危机爆发后增幅回落、增收乏力的局面，呈现出持续稳定增长的良好势头。全年财政总收入首次超300亿元，完成382.02亿元，比上年增长40.82%；完成一般预算收入130.72亿元，比上年增长18.01%。

2010年江阴市一般预算财政收入情况一览

表53　　　　单位:万元

项目	财政收入							
	合计		国税		地税		财政	
	完成实绩	比上年增长(%)	完成实绩	比上年增长(%)	完成实绩	比上年增长(%)	完成实绩	比上年增长(%)
市本级	315065	-3.10	28026	-14.82	122679	26.23	164360	-15.74
开发区	170551	23.67	107913	40.97	59167	1.71	3471	8.98
临港新城	245293	20.13	101922	13.35	132244	23.75	11127	50.22
靖江园区	52633	94.02	36065	137.04	14723	32.51	1845	130.05
澄江街道	147604	25.73	36007	2.01	90665	27.02	20932	95.17
乡镇	579905	24.47	234918	17.41	316404	28.31	28583	48.92
全市合计	1307186	18.01	468182	22.15	617580	25.13	221424	-4.09

注：乡镇收入合计数中含有临港新城辖区范围内的夏港街道、申港街道、利港镇、璜士镇的收入合计数。

2010年江阴市财政预算支出情况一览

表54　　　　单位：万元

项　目	当年度预算数	当年度完成情况		上年完成	与上年相比	
		完成数	完成年初预算(%)		增减额	增减(%)
一、一般预算支出合计	975933	1158983	119	1016983	142000	13.96
(一)一般公共服务	109321	128113	117	112874	15239	13.50
(二)国防	580	1536	265	1015	521	51.33
(三)公共安全	57810	70629	122	57458	13171	22.92
(四)教育	193610	211269	109	168103	43166	25.68
(五)科学技术	19665	25694	131	22393	3301	14.74
(六)文化体育与传媒	9842	12776	130	9967	2809	28.18
(七)社会保障和就业	73365	92104	126	68215	23889	35.02
(八)医疗卫生	31917	37581	118	31315	6266	20.01
(九)环境保护	35100	48857	139	35896	12961	36.11
(十)城乡社区事务	160085	238509	149	209952	28557	13.60
(十一)农林水事务	48943	57861	118	47771	10090	21.12
(十二)交通运输	43335	46494	107	43052	3442	7.99
(十三)资源勘探电力信息等事务	60350	80013	133	89741	-9728	-10.84
(十四)商业服务业等事务	32905	20729	63	13502	7227	53.53
(十五)金融监管等事务	320	648	202	293	355	121.00
(十六)地震灾后恢复重建	17000	14056	83	14000	56	0.40
(十七)国土资源气象等事务	6785	5921	87	6698	-777	-11.60
(十八)住房保障	26900	29555	110	26805	2750	10.26
(十九)粮油物资储备管理事务	750	1933	258	644	1289	200.16
(二十)债务付息	200	200	100	-	200	-
(二十一)其他	47150	34505	73	57289	-22784	-39.77
二、基金预算支出合计	428188	1149093	268	450395	698698	155.13
预算支出合计	1404121	2308076	164	1467378	840698	57.29

【财税优惠政策】 2010年，江阴市财政部门组织实施增值税转型改革，落实出口退税、高新技术企业所得税优惠，取消治安联防费、劳动用工年检登记(合格)证工本费、人事争议仲裁收费等，停征劳动争议仲裁费、征(拨、使)用土地管理费等部分行政事业性收费项目及政府性基金项目，减轻企业税费负担。全年实际退付增值税79.41亿元，其中出口退税46.85亿元，免抵调减20.47亿元、再生资源12.09亿元。兑现再生资源回收企业地方性奖励5596万元，发放石油价格补贴资金2330万元，拨付外贸出口企业奖励资金1219万元，兑付家电、汽车、摩托车下乡和家电“以旧换新”财政补贴资金7405万元。

【财政惠民支出38亿元】 2010年，江阴市财政部门进一步优化财政支出结构，加大对改善民生和社会建设方面的投入，重点支持各项惠民实事工程。一是完善社会保障体系。积极稳妥推进居民养老保险，按上年基数增加10%的数额，提高企业退休人员养老金待遇，将12万农村老年居民全部纳入农村养老保险的范畴，全年发放老年农民养老保险金1.17亿元。新型农村合作医疗筹资标准从上年的330元/人提高到370元/人，筹资规模达2.4亿元。筹集城保“并轨”资金3.5亿元，全年发放历次被征地农民和被征地农民保障资金2.8亿元。市财政筹集资金1000万元，支持完善基本住房保障体系，落实廉租房、经济适用房等各项政策。完善社会救助体系，积极帮扶困难群体，全年发放各种补贴6000余万元。二是加大“三农”* 支出力度。全年全市财政支农支出预算安排4.8亿元。三是实施积极就业政策。安排促进就业专项资金1000万元。审核拨付7500余名再就业人员的岗位补贴、保险补贴等支出2200余万元。建立健全妇女创业小额担保贷款管理办法，加快小额贷款贴息政策的落实，及时落实小额贷款贴息资金20余万元。四是全面发展社会事业。实施义务教育学校教师绩效工资改革，全年财政增支3.35亿元；安排资金27万元，为2.5万名小学生免费发放7.7万册教科书；安排2009～2010学年春季学期助学金432.1万元，受助学生7876人；安排资金5000万元，用于中小学校舍加固；安排3000万元专项经费，用于加快社区医疗卫生服务体系建设、加强农村基本公共卫生服务、健全突发应急机制等；安排基本药物制度改革配套经费1亿元，稳妥推进医疗卫生体制改革工作。是年，全市财政惠民支出共38亿元，比上年增长27%。

【设立3亿元经济转型升级扶持资金】 2010年，江阴市财政部门围绕转型升级主题，调整财政政策扶持方向和重点。由市财政、开发区财政和临港新城财政各出资1亿元，设立3亿元的经济转型升级扶持资金，积极促进全市的“新兴产业培育年”“千人计划促进年”活动，加快推进新兴产业发展“445计划”*。经济转型升级扶持资金扶持的重点为：传统产业转型升级，促进新兴产业规模化，引进及培育新兴战略性产业，加强领军型人才、高层次柔性流动人才的培养等。

【向上争取扶持资金超12亿元】 2010年，江阴市财政部门与有关职能部门密切配合，通过对全市一批涉及扩大内需、产业振兴、科技创新等重点项目的强化包装和推介，累计争取中央、省级各类专项扶持资金12.2亿元，比上年增长30%。其中用于科技创新、节能减排、结构调整、环境整治等方面的专项补助资金达5亿元。年内，为支持全市金融担保行业的发展，并为地方企业发展壮大提供有力支撑，市财政部门积极帮助担保机构向国家、省争取担保行业专项资金，共计2248万元，为中小企业提供了更多的金融支持。 （沈旻旭）

国家税务

【概况】 2010年，江阴市国税部门努力化解国际金融危机带来的后续影响，积极应对复杂经济形势，以高度责任感和使命感踏实工作，国税收入再次刷新历史纪录，为国家和地方经济社会事业建设积聚大量财力。全年共组织各类工商税收收入182.30亿元(含调库20.97亿元)，比上年增长19.98%。其中，增值税和消费税入库137.35亿元，比上年增长12.71%；其他工商税收入库44.95亿元，比上年增长49.42%。其他工商税收中，企业所得税入库40.04亿元，比上年增长50.91%，个人储蓄存款利息所得税入库691.1万元，比上年下降76.07%，车辆购置税入库4.85亿元，比上年增长48.44%。市国税局组织的地方财政收入为177.32亿元，比上年增长19.58%，一般预算收入49.39亿元，比上年增长23.77%。江阴市国税收入呈现“三个高于”：即完成国税收入各项指标增幅高于预期，高于无锡市平均水平和周边地区，国税对地方财政贡献份额同口径占比高于周边县市、无锡市局和省国税局。江阴国税对地方财政贡献份额占比名列全省第一。是年，全面开展规范执法示范点创建活动，市国税局第四税务分局被评为无锡市规范执法示范点；开展“建勤廉队伍，让人民满意”民主评议基层站所活动，市国税局第三税务分局被评为无锡市人民满意基层站所。

【办税服务厅推行“6S”管理】 2010年，市国税局按照“规范、整理、修养、安全、清洁、整顿”的“6S”品牌要求，推进全局各办税服务厅软、硬件建设，全市所有办税大厅均设自助办税服务区，服务区内置有自助办税计算机、扫描仪、打印机等。部分自助办税区除认证报税外，还开通网上申报、网上在线开具普通发票、网上发送电子邮件等功能。简化合并办税流程，将原65个三类窗口统一整合归并为64个两类窗口，其中37个为综合受理窗口、27个为发票管理窗口。通过推行“6S”品牌管理，全市国税系统实现硬件环境“优”、办税流程“简”、自助办税“便”目标，办税效率明显提高。

【大企业税源监控】 2010年，市国税局成立大企业和国际税收管理科，负责全市大企业管理工作。年内，对全市189个大企业(包括百强企业集团）进行基础信息收集，完成对1个企业集团的风险管理课题的研究，对4个大企业进行风险评估，完成对16个内、外资大企业税务审计，对5个大企业进行反避税调查、跟踪管理，加强对17个大企业的股权转让、股息分配、特许权使用费等非居民税收管理。全年完成非居民税收入库2.34亿元，比上年增长119.63%，占无锡市国税入库非居民税收总额的23.27%。

【加大专项检查及大要案审理力度】 2010年，市国税局开展房地产、建筑安装业和黄金票案专项检查，开展无锡“7·15”专案、常州“1·14”票案等案件的检查。全年共检查企业249个，其中发票案件164个、举报案件37个、日常及专项检查48个；检查企业总数比上年增长56.6%；结案率达95.18%；入库税款3417.57万元，入库率90.99%，组织自查入库1679万元。对欠交税款的纳税人采取限制出境96人次，对虚开发票及偷税的85件案件移送公安机关处理，取保候审76人，逮捕12人。加大大案、要案审理力度，共审理30万元以上重大税务案件13件，其中100万元以上的大要案1件，移送公安机关11件。

【税源专业化管理】 2010年，市国税局施行“实施风险管理、创

2010年，市国税局干部多次走进江阴人民广播电台解读新的国家税收政策。
（市国税局供稿）

新税收管理员制度、实行市（县）局实体化”加“应用税源管理平台”“3+1”工作理念，出台《关于成立江阴市局税源风险管理专业化团队的意见》，明确责任科室或团队的专业化管理职能；设立税源专业化管理股，负责本区域内各级税务部门界定的大企业及重点风险、复杂涉税事项的管理。明确专业化管理重点，制订《2010年税收风险管理重点工作规划》，为全面开展税源专业化管理提供目标指向；加强数据情报管理，为税收风险分析和组织风险应对提供有效的数据支撑；制订《江阴市国税局税源风险管理操作规程》，细化各专业化管理部门、各环节、各岗位的职能分工和运行机制；建立风险管理绩效评价机制。同时按月通报各部门、各单位风险管理工作进度和成果。全年发现有疑点企业11户，自查补税7户，入库税款590万元。通过税源专业化管理的不断完善，江阴市国税系统涉税风险应对效能名列无锡市国税系统前茅。

【完善涉税服务举措】 2010年，市国税局扩充“同城通办”内容，将税务登记、纳税申报等7项常规办税事项，列入“同城通办”项目。全年全市各办税服务厅办理发票发售4268个次，发售发票36.69万份；办理发票验旧4473个次，验旧发票33.02万份；“同城通办”抄报税2.34万个次，“同城通办”认证24.5万份，税务事务所接受跨分局纳税人申报4117个次，其中一般纳税人申报2261个次，小规模纳税人申报1856个次；认证发票和报税的企业户数更多。此项服务使更多的纳税人享受“多种涉税业务、到任何分局办结”的办税便利。发挥网上办税功能，引导纳税人借助网络办理税务登记、发票管理、信息咨询。全市受理网上咨询数量208件，办理扣缴税款3114个次，扣税2.18亿元，网上预审3715个次，税企往来邮件9.98万次，发布预警信息5.05万条。增加服务延伸点，在商贸企业集中的金属材料市场设立“长三角纳税服务站”，在物流园区设置纳税服务窗口，为纳税人提供申报、认证、开票、税法咨询等功能。同时，在各镇、街道设立便民服务中心和委托代征工作站，依托社会力量实现个体税收社会化征收。（蔡亚春）

地方税务

【概况】 2010年，江阴市地税系统全面落实“以旬保月、以月保季、以季保年”的组织收入工作机制，实现税收收入的可控、平稳、有序增长。全年组织各项收入133.62亿元，比上年增长25.66%；市县级税收80.27亿元，比上年增长27.89%；一般预算收入61.76亿元，比上年增长24.80%；征缴社保费等非税收入48.83亿元。是年，江阴市地税系统政务信息工作在全省地税系统67个县（市、区）局中连续3年保持第一；有3篇专报信息被国务院办公厅采用，其中2篇专报信息分别被国务院领导批示，实现建局以来政务信息首次被国务院办公厅采用，并被国务院领导批示的重大突破；网站信息工作继续保持在苏南地税系统县（市、区）局中领先。

【接收耕地占用税和契税征收业务】 2010年4月，江阴市地税系统全面接收原由市财政部门征收的耕地占用税、契税的征收工作，此两税划转后，市地税局全面实施“先税后征”等一系列制度，全年共受理契税申报业务28450件，完成减免税审批5149件，征收耕地占用税、契税计7.54亿元。

【省级大集中系统全面运行】 江阴市地税部门的省级大集中系统于2009年11月建成上线。2010年，江阴市地税系统在无锡市地税系统率先编印《大集中系统日常征管业务操作规程》手册，内容涵盖非正常户认定、注销登记、纳税评估等28项征管业务。通过规范业务操作，进一步统一业务标准，保证了相关数据的准确性。同时，做好基础数据的审计修改工作，进行3轮基础数据修改，修改错误信息1.2万余条，修正率98%以上。

【提升国、地税协作水平】 2010年，江阴市地税系统进一步完善国税、地税联席会议，征管户籍交换，重大征管措施通报等制度，通过与市国税部门协作，做到涉税信息资源共享、征管优势互补，增值税户定额协作核定面达100%，实现与市国税局个体共管户定期定额信息的全面共享。全年获国税系统1193个次共管户定额信息，月总定额5786.7万元，年增收个体税收近1000万元。

【推行“外经证”管理新规定】 2010年，江阴市地税系统对“外出经营活动税收管理证明”(简称“外经证”)的管理，实行所得税预征、扩大开具范围、健全缴销台账等三项新规定，积极控管税源，强化跟踪管理，促进了建筑安装行业所得税的大幅增长。全年“外经证”及时缴销率达95.1%；全市建筑安装业纳税人申报个人所得税6561.92万元，比上年增长99.92%；由地税机关征管所得税的建筑安装企业申报企业所得税共计9071.06万元，比上年增长98.6%。

【完善纳税服务体系】 2010年，江阴市地税系统积极推进全功能窗口建设，调整大厅窗口设置，整合窗口数量，提高窗口利用率，增加审批、咨询、维权等服务内容；推出“12366”咨询热线人工坐席服务电话，全年共呼入6160件、处理5284件，接通率达85.8%。年内，在市地税局成立无锡市地税系统首个行政服务中心地税分中心，为纳税服务工作提供更广阔平台。为充分发挥税收的服务职能，优化企业转型发展的环境，整理编印《江阴市地方税务局服务“445计划”政策汇编》，全力服务江阴市“445计划”，内容涵盖服务“445计划”政策指引、服务“445计划”纳税举措、行政审批事项办理流程等，其中包括推进产业转型提升政策10条、解决发展难题政策8条、支持房地产健康发展政策4条、支持“三农”发展政策8条、支持生态环境治理政策3条、支持文化产业发展政策3条。

2010年6月，无锡市地税系统首个行政服务中心地税分中心在江阴揭牌成立。
(市地税局供稿)

【助推企业主辅分离】 2010年，江阴市地税系统全面推进企业主业与辅业的分离工作，及时印发《关于发展生产性服务业促进企业主辅分离的实施意见》，下达全年主辅分离目标，并组织开展规模以上企业主辅分离的摸底排查工作。年内推进主辅分离企业22个，实现地方税收1612.97万元，其中营业税476.13万元。是年，市地税局获无锡市局推进主辅分离工作三等奖。

【税收专项稽查】 2010年，江阴市地税系统以房地产业、建筑业、药品经销行业、营利性医疗与教育培训机构等为重点，开展税收专项稽查工作。制订完善稽查、征管工作协作制度，落实查前预告工作，形成征稽合力，以税收专项检查和分级分类稽查为重点，进一步整顿和规范税收秩序。全年查补各项收入2.3亿元，查处大要案40件，均创历史新高。同时，以贯彻实施国家税务总局新版《税务稽查工作规程》为契机，狠抓稽查各个环节的全程监控，选案准确率和结案率均达100%。

【丰富税收宣传形式】 2010年，江阴市地税系统不断丰富税收宣传形式，开展税收宣传动漫上公交、税收宣传进餐厅、“税收维权服务牵手你我他”、第十届“诚信杯”小学生税收宣传书画比赛等一系列税收宣传活动。其中税收宣传动漫上公交活动被无锡市局评为税收宣传月活动优胜项目。同时，扩大税收宣传志愿者队伍，发动外籍人士参与税收宣传活动，并逐步在外籍群体中形成“传帮带”的税法宣传良好格局。

(汪泽峰　吴晗冰)

■类目编辑　俞也平

发展计划管理

【概况】 2010年，江阴市发展计划管理工作围绕谋创新、快转型、惠民生、促发展的主线，抓关键，抓重点，在谋划全市经济和社会长远发展、促进经济和社会转型发展上下工夫。全年完成地区生产总值2000.92亿元，可比价比上年增长13.3%；财政收入完成382.02亿元，比上年增长40.82%，财政一般预算收入130.72亿元，比上年增长18.01%。全社会固定资产投资626.52亿元，比上年增长25.11%。城镇居民人均可支配收入和农民人均纯收入预计分别达到30184元和14898元，比上年分别增长11.3%和13.1%。是年，编制完成《江阴市国民经济和社会发展第十二个五年规划纲要》《"幸福江阴"建设行动纲要(2011～2013)》《江阴南部不开发区域产业发展暨结构调整规划》，成为江阴未来发展纲领性指导文件。援建四川清平乡任务圆满完成，援建工作受到江苏、四川两省省委、省政府通报表彰。新一轮对口援建新疆工作全面启动、稳步开展。南北合作深入推进，全年共安排财政专项资金100万元支持南北共建园区建设。

【规划纲要编制】 2010年，市发改委采取"开门"编规划的方法，历时18个月，经过调查研究、文本起草、讨论审核三个阶段，编制完成《江阴市国民经济和社会发展第十二个五年规划纲要》。《规划纲要》分6篇12章，约2.9万字，涵盖江阴经济社会发展主要方面，分析了江阴"十二五"发展的基础和环境，明确江阴"十二五"发展的指导思想，发展策略、发展定位和发展目标，理清江阴"十二五"发展的主攻方面和主要任务。该《规划纲要》于2011年1月14日经市第十五届人代会第四次会议审议通过。年内，市发改委策应市委、市政府实施"不开发区"重大战略决策，深入南片区域6镇实地调研，组织专家研讨论证，编制完成《南部不开发区域产业发展暨结构调整规划》。《规划》科学界定了不开发区的概念、空间范围，具体明确产业发展方向、实施路径，引领6镇走高效农业、高水平工业、高品质人居、高标准旅游发展道路。该《规划》于2010年6月28日经市十五届人大常委会第十七次会议审议通过。年内，市发改委围绕深化"幸福江阴"建设新内容、探索幸福社会建设新路径的要求，借鉴国内外先进经验，吸纳专家学者意见，坚持在国际化、现代化的背景下重新审视和巩固、扩展"幸福江阴"建设，科学制订《"幸福江阴"行动纲要(2011～2013)》，从坚持"五民五好"*、幸福预期管理、激活社会组织能量、加速转型提升、深化民主管理等方面提出新三年"幸福江阴"建设目标任务和路劲举措。该《纲要》于2011年1月14日经市第十五届人代会第四次会议审议通过。是年，共编制完成综合规划纲要1个、专题发展规划11个、开发园区特色发展规划纲要3个。

【目标管理】 2010年初，市发改委围绕促进经济、社会和城市转型升级的主线，制订出台《2010年度国民经济和社会发展管理目标》，并向各部门和各镇、街道以及各开发区分解责任目标，明确发展创新型经济、优化经济结构、提升城市功能、推进生态文明建设等内容。《目标》设立50项管理目标和80项一级分解子目标。市目标管理办公室实施跟踪服务，按月有分析、季有汇报、半年有检查、全年有通报的要求，每季度公布各项目标进展落实情况。全年共对目标落实情况进行分析6次，公布进展情况4次。80项子目标中，完成突出、成效显著的项目有41项，占总数的51%；全面完成或基本完成的项目有39项，占总数的49%。

【经济运行分析调研】 2010年，市发改委进一步强化经济运行监测分析和预警力度，重点分析研究江阴经济社会发展中的难点和热点问题。积极开展调查研究，围绕中心工作和热点难点问题，开展深入细致的调研工作，先后完成《巧借世博东风加快融入上海，借鉴先进理念建设幸福江阴——上海世博会：江阴发展的新机遇》《2009年江阴与发达县(市)经济比较分析》等调研材料，总结撰写

《企业家精神视角下的区域发展比较——以江苏江阴和昆山为例》《创新型企业与创新型区域经济的互动机理及对策探讨——以江阴市法尔胜泓昇集团为例》等报告。全年共召开经济运行分析会8次，编制《经济运行监测报告》4期。

【生产要素争取】 2010年，江阴市积极争取各种生产要素，在批项目、配资金、给政策3个方面取得突破。限上项目审批进展顺利，江阴澄西水厂建设工程、江阴市港利物资有限公司重件码头改建工程、无锡(江阴)港申夏港区杂货码头工程等项目顺利获批，江阴市绮山应急备用水源地工程、江苏三房巷集团有限公司聚合级对苯二甲酸(EPTA)项目、江苏华西集团公司和上海东方通航江阴机场有限公司直升机临时起降点项目、广西柳工机械股份有限公司无锡(江阴)研发制造基地、江苏常隆客车有限公司节能与新能源客车项目等重大项目审批正常协调推进。积极做好中央扩内需资金争取工作，全年共为江阴兴澄特种钢铁有限公司、江苏长电科技股份有限公司、江南水务股份有限公司、江阴天江药业有限公司、江阴金凤特种纺织品有限公司等单位申报中央新增投资项目26项，共争取到中央新增投资1.2亿元。组织申报太湖水环境治理省级三、四期专项资金项目150项，先期争取到三期专项项目资金4266万元。做好进口棉花配额、外资项目免税、扩内需农林项目申报工作，全年共争取到棉花配额4.75万吨，申报进口设备免税588万美元。是年，江阴市被批准为江苏省复合材料特色产业基地。

【重大工程项目协调】 2010年，市发改委积极做好清洁能源使用，加快推广使用燃用压缩天然气汽车协调工作。三元站、交运站、公交总站和城西公交首末站4个燃用压缩天然气加气站先后竣工投运，全年共完成油改燃用压缩天然气公交车150辆、驾校车30辆。探索试点电动汽车使用，公交充电站建成投运，为全国县(市)级首建。能源类项目顺利推进，光大垃圾发电厂二期建成投运。各类能源管线建设按时序推进，年内，中石化苏南成品油输送管道成功投油、“川气东送”高压管线项目建成、青阳输配站投运、中石油液化天然气过江路由正式确定。统筹协调和推进城乡供水一体化工作，供水城乡一体化格局初步形成，城西水厂项目全面推进。先后完成11个镇、街道15个自来水厂资产整合工作。协调推进城乡污水处理一体化工作，完成厂网资产情况摸底调查工作，结合新制定的全市污水规划，协调相关镇、街道，推进污水处理城乡整合进程。是年，南闸、青阳污水处理厂完成整合。

【固定资产投资管理】 2010年，江阴市按照保规模、调结构总体要求，抢抓有效投入，认真做好固定投资管理工作。全社会固定资产投资完成626.52亿元，比上年增长25.1%，其中一产投入完成15.86亿元，比上年增长21.2%；二产投入完成330.45亿元，比上年增长22%；三产投入完成280.21亿元，比上年增长29.3%，完成全年目标任务。投资结构不断转型优化，第三产业投入增幅高于第二产业投入增幅7.34个百分点。

【重大项目管理】 2010年，江阴市突出重大项目支撑作用，编制完成《2010年度重点重大项目计划》，排定全市重点重大项目120项，年度计划投资239亿元，带动全社会投入600亿元。年内，全市120项重点重大项目完成投资240.2亿元，占年度计划的100.5%。实施4个“10”行动，即在3月、6月、9月、12月的10日，组织一批规模大、产业优、前景好的重点重大项目集中开工竣工，在全社会形成有效投入的浓厚氛围，推动全市加快项目开工建设，加快项目建设进度。优化项目审批服务，继续实施重大项目审批“集中会办”机制。年内，先后组织召开联席会议5次，为21项热点、难点项目提前介入、联合办理、加快审批。 (王生虎)

审 计

【概况】 2010年，市审计部门围绕谋创新、快转型、惠民生、促发展大局，履行审计监督职责，提升审计质量水平。预算执行审计深入开展，经济责任审计借力推进，政府工程审计突破难点，专项资金审计切实加强，督查整改力度持续加大，“免疫系统”功能充分发挥。审计工作在促进增收节支、推进依法行政、维护群众利益、推动廉政建设等方面发挥积极作用。积极开展学习好、服务好、管理好、廉洁好“四好科室”和协作好、纪律好、作风好、业绩好、质量好“五好审计组”活动。组织投资项目审计、财政预算执行审计、经济责任审计、专项资金审计、“现场审计实施系统”应用实例编写、信息简报写作等课题培训，先后有10人脱产或业余参加上级组织的各类培训班，审计人员业务素质全面提升。全年共实施审计项目126项，完成82项；出具审计报告或审计调查报告82份，出具审计决定书30份，移送处理书1份。查出管理不规范资金55.94亿元，违规资金4946万元，其中增加财政收入4806万元、追回并归还原渠道资金140万元。完成政府基本建设投资送审金额39.35亿元，核减3.63亿元。

【预算执行审计】 2010年，市审计局加大对2009年度财政预算执行和税收征管审计(简称“同级审”)力度，坚持并完善统一领导、统一计划、统一方案、统一实施、统一处理的财政“同级审”体制模式，推动财政“同级审”在审计内容、组织方式、人力配备、资源共享等方面的统筹安排和有效整合。关注财政资金支出的方向和绩效，促进财政支出结构优化。注重从体制、机制和制度层面上去发现问题、落实整改。6月，受市政府委托向市人大作《关于江阴市2009年度本级预算执行和其他财政收支的审计工作报告》，报告披露2009年市级财政预算执行、税收征管质量、部门预算执行、专项资金绩效和市重点重大建设项目审计情况，并提出改进和加强财政预算管理的6个方面审计意见和建议。10月，书面向市人大常委会主任会议报告2009年“同级审”发现问题审计整改落实情况。是年，共实施完成市交通局等14个部门和单位的部门预算执行审计。

【税收征管质量专项审计调查】 2010年3月，结合财政“同级审”安排的税收征管质量专项审计调查，市政府组织召开全市100个重点税源企业和163个房地产开发企业税收征管质量专项审计调查会议。针对专项审计调查单位数量多、工作量大的实际，市审计局在审计力量组织上，有效整合江阴经济开发区审计局、临港新城审计局和社会中介机构人员，并加入到市审计组，弥补审计局力量不足，确保审计项目按时、优质、高效完成。税务部门对审计调查高度重视，做到全面开放、全面合作、全程服务、全额追缴、全力整改，确保专项审计调查达到预期目标，收到较好的效果。在企业自查的基础上，市审计组对上报数据进行汇总分析、筛选比对，确定34个企业为重点检查对象。审计信息《有关企业转移利润少缴税收的问题应尽快整改》专报得到市长王锡南专门批示。年内，各单位通过自查补缴税费1.15亿元；市审计组共查实重点检查对象少缴税费4806万元。

【经济责任审计】 2010年，经济责任审计工作紧抓资产保值和增值、收入目标完成，债权债务增减变动、资金使用效益等情况，量化评判领导干部任期工作实绩。市审计局按照“积极稳妥、量力而行、提高质量、防范风险”的原则，稳步推进经济责任审计。创新领导干部经济责任审计工作机制，成立领导干部经济责任五部门联合审计领导小组，制定下发《关于对市管主要领导干部实施任期经济责任五部门联合审计的意见》，把经济责任审计监督实践与规范化建设紧密结合。在实施祝塘镇、璜土镇等5个单位任中经济责任审计时，采取组织、纪检、农工办、编办、审计5个部门联合进点、同步实施的方式，促使审计事实更加真实可靠，审计评价更加客观公正。突出领导干部绩效审计，在检查经济指标、财务收支的同时，重点将环保、教育、关心弱势群体、新农村建设、被征地农民保障等社会关注的资金纳入领导干部经济责任审计范围。充分运用审计成果，扩大审计影响。凡是经济责任审计中发现的问题，应出具审计决定书的均出具审计决定书；同时，督查科抽取部分经济责任审计项目，对落实审计决定和审计问题整改以及审计建议采纳的情况进行检查，并出具督查报告，加强被审计单位内部管理，完善内控制度。全年共完成祝塘镇、璜土镇、申港街道等主要领导干部经济责任审计项目31项，其中，任中审计项目5项。查纠违规金额140万元，管理不规范金额20.35亿元，提出审计建议49条，被审计单位采纳47条。

【基本建设项目审计】 2010年，基本建设项目审计围绕政府投资建设的重点重大项目，加强对基础性、公益性建设项目的审计力度。年内，市政府研究制订《江阴市政府投资项目审计操作规程》《江阴市审计局聘请中介机构参与政府投资项目协审办法（试行）》《江阴市审计局聘请中介机构参与政府投资项目审计质量控制和考核办法(试行)》等制度，规范基本建设项目审计工作行为。市审计局对政府投资重点项目的招投标文件、标底、合同文本进行审核，从基础阶段控制工程造价；严格工程施工过程尤其是项目变更、隐蔽工程等跟踪审计，继续做好汶川地震灾后恢复重建工程跟踪决算审计，帮助市援建指挥部制定项目管理、资金管理、工程质量监督方面的一系列制度。全年实施跟踪审计项目47项，跟踪项目总投资78亿元。强化政府投资项目决算审计，规范审计复核程序。复核人员提前介入，参与每一个环节，对审计项目进行全面复审复核，剔除虚报冒估，确保工程审计质量。是年，完成国土交易中心大楼、徐霞客大道等27项重点工程项目决算审计，审计总额59.97亿元，节约工程款2.99亿元。全年共计划安排基本建设项目112项，实际实施审计项目118项，完成送审金额39.35亿元，核减基本建设支出3.63亿元。

【民生资金审计】 2010年，民生资金审计围绕国家有关惠民政策措施落实情况和人民群众关注的热点问题，加强专项资金使用和效益的审计监督。是年，民生资金审计项目有2009年度新型农村合作医疗基金、2007～2009年度社保五项基金、2009年度家电汽摩下乡补贴资金、第二期太湖水污染治理项目资金、科技风险投资基金、政府债务、教师绩效工资等。市审计局充分做好审前学习政策、查阅档案、参阅案例、审前调查、制订方案、明确目标等准备工作。审计实施中，为确保2009年度家电、汽摩下乡补贴资金的审计调查数据充分、真实、准确，审计人员深入商家和农户，认真听取销售商家和农民群众对下乡政策执行过程中存在问题的反映；根据江苏省审计厅关于第二期太湖水污染治理项目审计检查要求，采取摸清底数、逐一过堂、完善整改三项举措，保证专项资金落实；对江阴市8700万元科技风险投资基金成立三年来运行情况进行调查摸底，并对投资的34个高新技术企业发出审前调查表。对审计结果提出切实可行的建议。全年共完成专项资金审计和审计调查项目16项，拆迁项目6项。

【审计信息系统运用】 2010年，按照国家审计署“金审工程”要求，市审计部门加大“现场审计实施系统”应用力度，坚持在机关行政办公和审计业务管理中普及应用“审计管理系统”，将日常行政办公和审计业务的各类工作流程纳入到“审计管理系统”中，确保审计业务人员和审计项目全部采用“现场审计实施系统”，实现审计办公自动化、无纸化，基本普及“审计管理系统”与“现场审计实施系统”数据交互应用。年内,被列入2010年度计划审计项目(除基建项目)均使用“现场审计实施系统”进行审计,所有审计人员均使用“现场审计实施系统”撰写审计日记、审计工作底稿和有关审计文书。

【审计信息成果运用】 2010年,市审计局按照宏观性、建设性、整体性要求,充分挖掘和整合审计报告、审计信息等各类信息,综合反映审计发现的体制性、机制性、制度性方面存在的问题,提出建设性意见,提升审计信息成果的影响力,推动审计成果利用。积极撰写有质量、有分量的审计信息,为市委、市政府领导决策提供参考。6月,市委书记朱民阳对《低保资金的审核发放管理工作需进一步加强》审计信息作出批示,市委、市政府迅速召集民政、财政、总工会、审计、监察等部门领导召开专题会议,研究出台《关于进一步加强最低生活保障资金管理的规定》,从制度上保证了低保工作的规范有序。市政府采购办将《全市政府采购资金绩效审计调查报告》中提出的“政府采购监管部门要不定期对采购单位、定点采购供应商执行定点采购制度情况进行监督检查”等审计建议列入《2010~2012年度江阴市公务印刷和办公消耗用品定点采购有关事宜通知》中,进一步规范政府采购行为,政府采购资金使用效益明显提高。《控制工程造价应从设计阶段抓起》《对园林绿化工程合理低价中标的几点建议》《对城市环境综合整治工程项目,审计建议应加强对施工现场和竣工结算的管理》《应加大对农村造林绿化工程的管理》等审计信息,都得到市委、市政府有关领导充分肯定。是年,被市领导批示的《审计报告》或征求意见稿共20篇;累计编发《江阴审计信息》62篇,其中被市领导批示10篇,被各级机关累计采用80篇次,其中被国家审计署网站采用4篇、江苏省审计厅网站采用11篇、《无锡审计简报》采用44篇、《江阴党政信息》采用21篇。

【三项举措规范中介机构参审行为】 2010年3月,市审计局组织召开由13个中介机构法人代表及技术负责人参加的协审工作座谈会,明确“一条心”“一把尺”“一本账”“一棵松”“一票制”工作要求和举措,参与政府投资项目审计的中介机构均签订《廉洁从审承诺书》;采用公开择优招标选择中介机构、强化审计组长全过程管理监督、建立中介机构考评机制三项举措规范中介机构参审行为。三项举措:一是根据《聘请中介机构参与政府投资项目协审办法》,建立中介机构信息资源库,采用公开招标择优选择中介机构,保证参与协审的中介机构专业资质和良好信誉,要求中介机构严格按照审计机关工作程序和作业规范,实施政府工程项目审计,防范和降低审计风险;二是从2010年起,凡是聘用中介机构协审的政府工程审计项目,一律由审计机关人员担任审计组长,审计组长负责与审计对象的联系、接受审计资料、监督协审人员与审计对象核对数据、监督现场调查或勘察核实,对协审单位初步审定结果进行复核,出具审计报告;三是实行《聘请中介机构参与政府投资项目审计质量控制和考核办法》,以项目为单位按审计质量、审计程序管理、审计效率和审计成果等内容进行考核,总审计师组织力量定期或不定期对中介机构的审计结果进行抽审,市审计中心根据协审单位项目考核结果和抽审情况进行综合考评,综合考评实绩作为审计收费和中介机构备选名录的重要依据。年内,全市参与政府投资项目审计的中介机构按照三项举措规范参审行为,其审计质量、审计效率明显提高。 (凌代文)

统计管理

【概况】 2010年,市统计局围绕全市“幸福江阴”建设和社会经济转型目标,更新统计理念、巩固统计基础、深化统计改革、推进统计创新、优化统计服务。全力开展第六次全国人口普查和各项专项调查。建立完成全面小康、“幸福江阴”基本现代化、科学发展评价考核、节能减排、基本现代化、无锡“三城同创”*、城市环境考评等专项监测工作。坚持开发和利用统计信息资源,编制《江阴市统计月讯》和《江阴市经济发展排行榜》,进行统计调研、统计分析,为党政领导决策提供准确依据。积极适应统计体制和方法制度改革,创新统计方法,以先进的核算制度监测产业升级,以科学的调查方法反映市情民生,以完善的指标体系推进“幸福江阴”建设。全面开展统计业务培训和从业人员资格考试培训,全年培训从业资格考试人员591人;举办统计业务基本知识各类培训班100多期,累计培训各类统计人员2000余人。

【第六次全国人口普查】 2010年,市统计局根据国家普查项目和周期安排的有关规定,全面实施全国第六次人口普查。此次人口普查标准时点为11月1日零时,主要调查人口和住户的基本情况,包括性别、年龄、民族、受教育程度、行业、职业、迁移流动、社会保障、婚姻生育、死亡、住房情况等。普查的对象是在江阴市境内居住的自然人。市统计局按照启动从早、谋划从细、推动从紧、落实从实的要求,在市人口普查领导小组的统一部署下组建镇级人口普查机构18个,安排人口普查工作人员272人;组建村级人口普查机构338个,安排人口普查工作人员2263人,聘请普查指导员1万余名。全市共有318个普查区、6794个普查小区。为确保普查质量,全市各级人口普查办公室对各个普查区的入户登记工作进行全面督查,重点督查入户登记、上门签字、特殊场所登记等情况;市人口普查办公室工作人员还抽查部分户主姓名底册,查看户籍人口、出生人口和死亡人口等基础数据是否存在错填、漏填情况。在普查数据复查阶段,通过自查、互查、议查等方式,对普查登记结果全面复查,发现差错,经入户核实后,予以及时更正,确保第六次全国人口普查数据的误差率不超过5‰。至年底,第六次全国人口普查按步骤完成清查摸底、入户登记、数据录入和数据审核工作。

【专项统计调查】 2010年,市统计局认真落实统计年定报制度,克服任务重、时间紧、人手缺等困难,积极做好各项年定报工作,完成上级统计部门和市委市、政府布置的各项统计调查任务,及时、科学、客观反映江阴经济社会发展实际。年内,先后完成农产量调查、农村劳动力抽样调查、研究与试验发展清查、成本费用调查、基本单位名录更新调查、工业品价格调查及权数调查、企业景气调查、62个文化服务业企业调查、2010年度妇女儿童监测调查、200户城镇暂住人口情况快速抽样调查、城乡居民调查、群众安全感满意率调查、"幸福江阴"民意调查等专项调查20多项。

【统计执法检查】 2010年6月,全国开展统计执法大检查。市统计局按照江苏省、无锡市要求,按规定在时间节点内建立机构,下发文件,开展动员,对全市镇、街道、开发区的地区生产总值和服务业、科技、人口普查等统计基础工作进行自查自纠。全市统计执法自查自纠工作领导小组办公室分6个工作组,重点对"三上"企业*自查自纠工作进行业务指导。全年,全市共自查2009年度规模以上工业企业1632个、资质以上建筑业企业46个、房地产开发企业88个、限额以上批发和零售业企业193个、限额以上住宿和餐饮业企业46个以及固定资产投资项目1005项;自查2010年度规模以上工业企业1644个、资质以上建筑业企业50个、房地产开发企业92个、限额以上批发和零售业企业216个、限额以上住宿和餐饮业企业72个以及固定资产投资项目792项。

【统计监审】 2010年,市统计局对基层统计的基础工作和数据质量加强系统评估和检验,树立统计权威,加大统计监审力度。5月,制订下发《2010年统计监审工作安排》,确定统计监审单位、监审内容和监审方式。7~9月,结合全国执法大检查,采取重点监审、专业监审和综合监审的方式,对涉及工业、农业、服务业以及农民收入、劳动工资和财贸等方面的150个企事业单位、行政部门进行统计监督检查。共综合监审新桥、长泾和璜土3个镇的规模以上工业企业70个、服务业企业7个、农业调查点4个以及固定资产投资项目20项,查处统计违法案件4件。

【"幸福江阴"监测指标体系完善】 2010年,市统计局根据市委、市政府要求,为深化推进"幸福江阴"建设,更加广泛全面反映民情民意,进一步完善"幸福江阴"综合评价指标体系。通过了解百姓对"幸福"切身感知和实际诉求,产生"城乡居民人均收入之比""城市生活污水处理率""集镇生活污水处理率""自然村公交通达率"4项最受关注的客观评价指标,并将其纳入"幸福江阴"客观评价指标体系。在制订《建设"幸福江阴"行动纲要(2011~2013)》"幸福江阴"的主、客观指标体系时,通过召集有关部门根据其实际工作情况进行交流、讨论后,对客观指标体系进一步进行调整,删减相对偏重宏观幸福指标,增加更能反映百姓微观幸福感受指标。聘请北京中郡县域经济咨询所作为第三方调查机构,对江阴市市民的幸福感进行随机抽样调查。为反映"幸福江阴"建设成果,市统计局通过跟踪、监测和评估,定期向市委、市政府提供监测结果,撰写《"幸福江阴"建设深入推进 百姓幸福感持续提升》《经济转型与民生改善互动共进城市发展与人民幸福同步提升》调查报告,进一步提高"幸福江阴"监测调查数据的客观性。年内,面向全市发放调查问卷3000多份,"幸福江阴"客观评价指标体系的指标数由39项上升为43项。

【统计服务】 2010年,市统计局充分使用统计平台,对社会经济数据进行采集评估后进行汇编成册,主动参与国际生态文明城市和最佳人居环境奖创建以及2010年度节能减排等江阴市有关重大工作的统计资料收集工作。充分利用统计数据服务社会各界,全年,为近100个企业省级名牌和信用评价的数据进行审核把关。搭建信息服务平台,设立咨询热线,建设综合数据库,满足社会各界相关数据信息要求。积极开展统计调研,及时公布数据、揭示规律、发现问题、提出建议,全年出刊统计分析20篇,其中《农民收入稳固增长,收入来源趋向多元——2009年农村居民收入增长点评》《收入增加带动支出增长》《能耗水平稳步下降,消费结构持续优化》《镇域经济持续壮大,传统强镇优势明显——江阴市各镇(街道)主要经济指标在无锡的地位简析》等5篇统计分析得到市委领导的重要批示。

【统计信息工作】 2010年,市统计局围绕全市经济社会发展中热点、难点问题,把统计工作和统计方法制度建设等方面的问题作为统计信息反映的重点,较好地发挥了统计信息在决策中的参谋预警监测作用。按时出版《江阴市统计月讯》《江阴沿江开发园区建设动态》《江阴服务业主要指标完成情况》《江阴工业统计快讯》《全市国民经济主要指标完成情况》《沿海部分县(市)主要经济指标》和《固定资产投资快讯》,组织编辑出版《2010年江阴统计年鉴》。全年撰写各类统计信息98条,被江苏省、无锡市、江阴市各类新闻媒体和内部刊物采用56条(次)。

(薛宇锋)

工商行政管理

【概况】 2010年,江阴工商局围绕服务发展和维护民生需要,在服务经济转型、实施商标战略、依法强化监管、积极创先争优等方面履职尽责,助推外资合伙、商标权质押、打击侵犯知识产权和制售假冒伪劣商品"双打"行动等工作成效显著。年内,共新增内资企业 4340 个、新增外资企业 72 个、新增个体工商户 9030 户；成功申报驰名商标 7 件、著名商标 12 件、知名商标 33 件；办结案件 886 件，捣毁制假窝点 12 个；市消委受理消费申诉举报事件 957 件，结案率 98%。是年，江阴工商局被评为江苏省文明行业，无锡工商系统先进集体，在无锡工商局年度考核中历史性地获得所有 18 个单项考核条线第一名。临港新城、澄北 2 个分局被命名为省级文明工商分局。“红盾社区行”服务品牌入围江阴市“十佳”优秀服务品牌。

工商行政管理“空中热线”与市民互动　　（江阴工商局供稿）

【服务经济转型】 2010 年，江阴工商行政管理部门围绕全市新兴产业发展“445 计划”*，全面推行开业风险提示、联合会审、一表制、五项服务等帮扶措施，实施上市后备企业全程指导、新兴产业跟踪培育、“530 计划”* 项目重点扶持和服务发展进园区等个性化服务。年内，江苏省首个由内资合伙转制为外资合伙企业——江阴市晨星物联网络研究所（有限合伙）正式落户江阴。全年共办理各类登记事项 2.5 万件，特事特办 60 件，现场办公 53 次，解决各类问题 360 个。办理动产抵押物登记 234 件，担保主债权 44.1 亿元，办理股权出质出资登记 23 件，融资 59.2 亿元。至年末，全市共新增内资企业 4340 个（其中私营 4197 个），累计 27186 个（其中私营 24641 个）；新增外资企业 72 个，累计 1327 个；新增个体工商户 9030 户，累计 51479 户。是年，江阴工商局收到各类荣誉锦旗 11 面。

【工商行政执法】 2010 年，江阴工商局加大行政执法力度，积极开展违法出资、公共服务行业、军服使用、房地产销售、流通领域贩私、世博标志、广告等案件查处活动。全年共办结案件 886 件，捣毁制假窝点 12 个，移送司法机关案件 6 件，追究刑事责任案件 2 件。年内，全市未发生行政复议被撤销或行政诉讼败诉案件。是年，临港新城工商行政管理分局被评为江阴市行政执法规范示范点。

【流通领域食品监管】 2010 年，江阴工商局进一步加强流通领域食品监管力度，强化食品源头监管，实施“四检联动”* 监管模式。以法定节假日、第 19 届中国金鸡百花电影节等为关键点，开展食品安全检查，在全市营造放心安全的食品消费环境。在全市 68 个大中型超市实施电子索证、索票制度，对 58 个食品批发单位实行电子开票管理。全年共完成流通商品、食品快速检测 4878 个批次，法定检测 401 个批次，检测合格率达 98.5%；配备“八合一”快速检测仪 * 检测农产品 7.9 万个批次，合格率达 96.3%；督促食品单位自检 1.7 万个批次。开展专项检查 16 次，发出责令整改通知书 243 份，查处各类食品案件 102 件，查获假冒劣质食品 30.6 吨。

【消费维权】 2010 年，市消委围绕“消费与服务年”主题，以关爱民生、扩大内需为着力点，开展消费维权进农村、进学校、进社区、进军营等活动和启动企业承诺放心消费联盟活动，通过有奖问答、“3·15”大型宣传咨询、市民论坛、编印《消费之友》特刊、发送公益短信和在消费场所设置“放心消费”宣传架等形式，加大宣传力度。年内，全市 302 个“12315”维权联络站接待信访咨询 2.48 万人次，受理消费申诉举报事件 957 件，结案率 98%，为消费者挽回经济损失 197.6 万元。第八个校园青少年维权岗在顾山小学成立。市消委被中国消费者协会评为落实首项职能先进单位，实现“四连冠”，还被评为江苏省诉调对接工作先进集体。

【助推农民创业】 2010 年，江阴工商局继续为农民专业合作社和农村经纪人登记提供政策法规咨询、申请、受理、审批“一站式”服务。全年新发展农民专业合作社 41 个、农民专业合作联社 4 个。以“红盾护农”“合同帮农”“政策惠农”和“市场助农”等工作为抓手，切实维护农民合法权益。年内，新成立合同助农指导站 27 个，发展农村经纪人 412 人，举办经纪人培训班 3 期，有效促进了农民增收、农业增效。

【查获特大销售假冒国际名品案】 2010 年，江阴工商局坚持开展打击侵犯知识产权和制售假冒伪劣商品专项行动，落实“快、准、全、广、联”工作机制，取得重要阶段性成果。12 月上旬，江阴工商局根据消费者举报，在公安机关的配合下，通过排查物流车辆，对在淘宝网一个名为“格调名仕馆”网店设在江阴境内的货物仓库进行了突击检查。执法人员共查获涉嫌假冒的世界一线名品近 2 万件，涉及品牌有巴宝莉、普拉达、阿玛尼、杰尼亚、D&G、BOSS、Polo 等 78 种品牌，商品的种类小到眼镜、发卡，大到皮衣、箱包等。知识产权代理机构维权鉴定人员根据该批物资市场同类商品零售价格测算，该批涉嫌假冒商品的市场价值超过5000万元，在种类上和数量上，均创下近年来全省之最。也为近年来国内罕见。此案受到国务院高度关注，先后9次在中央电视台《新闻联播》《焦点访谈》《经济与法》等栏目中播出，并位列国家工商总局年度评出的“全国侵犯知识产权和制售假冒伪劣商品专项行动十大典型案例”之首。是年底，江阴工商局在市区还捣毁一特大销售假冒世界名品窝点，查获假冒世界顶级品牌61种，各种名表和服饰900多件，案值超1500万元。案件均移交公安机关处理。 （沈纯雅）

质量技术监督管理

【概况】 2010年，江阴质监局积极开展“争先进位创三甲”活动，优化提升工作效能，服务经济社会发展。名牌战略巩固推进，全年省级以上名牌产品企业销售收入和利税分别比上年增长17.94%和15.15%，分别占全市工业销售收入和利税的50.19%和50.24%。年内新增省名牌9种。稳步推进卓越绩效管理，三房巷集团有限公司获“江苏省质量奖”，法尔胜泓昇集团有限公司获“无锡市市长质量奖”，法尔胜泓昇集团有限公司还通过江苏省卓越绩效管理孵化基地现场验收。进一步强化企业质量主体责任，推行“首席质量官”制度。在省级以上名牌企业中开展质量信用等级评定工作，全市66个省级以上名牌企业提出A级以上评定申请，占全市省级以上名牌企业数的96%。经江苏省质量信用评审委初审，申报企业全部进入现场评审阶段。在省级名牌生产企业和重点骨干企业中组织开展“质量对比提升”活动，继续推进约谈制度和质量预警制度。全年约谈食品生产加工企业40个，查出产品质量不合格企业100多个，对4个镇发出质量预警报告4份。探索实行质量失信企业惩戒和淘汰机制，全年共将11个多次监督检查不合格且整改潜力较小的塑料建材产品生产企业定为质量失信黑牌企业；连续进行专项检查，迫使企业提高产品质量或者转型，有4个企业在市场和监管双重压力下停产。推进节能减排专项行动，帮助列入江苏省质量技术监督局能源计量能效评估试点工作的全市5个重点能耗企业，完成能效对标评价报告；开展锅炉房安全节能管理达标活动，全年进行能效测试和节能诊断的锅炉有111台。根据市政府出台的《关于创建优质产品生产基地的意见》，制订优质产品生产基地评价标准。年内，共有5个镇报送15类优质产品生产基地培育计划。是年，全市获江苏省能源计量示范单位荣誉称号的企业有3个。

【技术标准战略】 2010年，江阴质监局进一步深化技术标准战略工作。组织召开全市光伏配件产业标准联盟启动工作会议并形成联盟章程，出台全市第一个企业联盟标准。江阴市界达特异制管有限公司成为本行业的全国专业标准化技术委员会工作组成员。4月，国家纺织产品质量监督检验中心（江阴）获得国际标准化组织天然纤维素纤维工作组联合召集人资格；6月，该中心博士陆永良获得国际标准化组织天然蛋白质纤维工作组专家资格；年内，该中心还顺利通过中国合格评定国家认可委员会监督评审和扩项审核，确认纺织原料、纱线、纺织品、羽绒羽毛及制品和服装五大类319种产品和128项参数的检测能力。全年全市共完成18个企业29种产品的国家标准、行业标准项目计划立项；2项农业标准被江苏省质量技术监督局批准立项；16个企业承担主持起草的17项国家、行业标准批准发布。是年，江阴德阳生物科技发展有限公司“CAM净化空气植物的研发及产业化生产”项目获江苏省高新技术标准化试点项目；阳光集团有限公司申报的“纺织业蒸汽及水循环使用”项目被确定为2010年江苏省循环经济标准化试点项目，该企业还成为无锡市标准创新工作站；全市被确定为江苏省质量技术监督局第7批标准化良好行为试点企业有6个。

【技术监督服务】 2010年，江阴质监局加强各类服务平台建设，全力为地方产业发展提供技术监督服务。年内，共培训特种设备安全管理人员、作业人员1.5万余人次，开设各类产品标准、质量法律法规免费培训班10期，参训人员600余人次。完成全市9107个企业15230种产品标准的查标核标工作，制订并咨询企业标准180项。“江阴标准网”新增网员单位1400余个，为网员单位提供标准文献资料5000余份。全年全市各个检测检验机构共完成计量器具检定12.8万台（件），产品质量检验1.9万批次。4月20日，国家纺织产品质量监督检验中心（江阴）举行揭牌仪式。同年，江阴市产品质量监督检验所获准筹建“江苏省船舶金属材料质量监督检验中心”。

【特种设备专项检查】 2010年，江阴质监局在春节前后复工复产、上海世博会、国庆节、第19届中国金鸡百花电影节以及安全生产月等重点时段，对全市特种设备安全开展检查，对液化气瓶、电梯及事故隐患治理等开展专项检查。年内，累计出动检查人员820人次，检查有关企业569个，下发特种设备安全监察指令书203份；发现一般隐患587处，整改率100%；发现重大隐患264处，其中整改完成262处；按期完成政府挂牌督办隐患整改单位2个。

【产品质量集中整治】 2010年，江阴质监局将豆制品、乳制品、肉制品及饮用纯净水生产企业作为食品安全重点企业进行集中整治。年内，对夏季食品、学生饮用奶和儿童食品、食用油脂、食用添加物质等开展专项检查共41次，检查有关企业78个，发出责令整改通知书41份。对食用包装材料开展质量监督专项检查，检查有关企业65个，涉及产品89个批次。对建筑用轻钢龙骨、塑料型材、化纤、纱线4类区域性集聚产业产品开展专项检查，共检查有关企业200余个，涉及产品250个批次。

【"质量专家服务进百企"活动】 2010年7月，江阴质监局向企业、相关部门、协会等单位征召质量专家，成立江阴市质量管理专家队伍。8月，组织召开全市省级以上名牌产品生产企业和部分优势成长型企业分两期举办卓越绩效评价准则宣传贯彻培训会，特邀南京理工大学经济管理学院原院长、博士生导师，知名质量管理专家韩之俊教授及江苏科技大学张家港校区管委会主任、《江阴市市长质量奖评定标准》起草人顾平教授到江阴授课。9月11日，江阴市质量振兴领导小组办公室下发《江阴市"质量专家服务进百企"活动方案》，13日，江阴质监局配合市政府举办"质量专家服务进百企"活动启动仪式，聘请顾平教授为活动专家顾问，聘请法尔胜泓昇集团有限公司副总裁刘礼华、兴澄特种钢铁有限公司总工程师李国忠等江阴质量管理卓越企业的管理中高层管理者35人以及质监系统技术机构专家18人组成江阴市质量专家队伍。9月至年底，专家们深入61个省级及以上名牌产品生产企业、部分优势成长型企业和39个中小企业进行指导，讲授传播质量知识和先进的质量理念、方法、技术以及诊断质量问题，帮助企业开展以"查质量意识、查质量水平、查保证体系、查标准执行情况、查计量检测保证、查现场管理、查质量损失和访问用户"为主要内容的"七查一访"活动；指导企业以国内外质量管理领域的优秀企业、知名企业为标杆，开展"标杆对比"活动，并指导企业推行卓越绩效管理模式，提升质量管理水平。通过开展质量专家服务进企业活动，进一步强化企业质量意识，企业的创新经营管理方式、质量管理水平和能力有了提升。

（朱晓艳）

价格管理

【概况】 2010年，市物价局以服务结构调整促转型、服务消费扩大促增长、服务民生改善促和谐为主线，以清费减负、服务社会发展、优化价费环境为着力点，加强价格监管，规范市场价格秩序，积极开展创建价格诚信单位、打造明码标价一条街等活动，有效抑制物价上涨对人民生活带来的影响；以提升价格鉴证服务质量、拓宽价格鉴证服务渠道为落脚点，不断创新工作思路。有效落实无锡市出台的有关战略性新兴产业的收费减免和优惠政策，提出切合江阴市实际情况的执行建议，全市有11个部门的16项收费政策实行减免和优惠。出台《江阴市新建商品房销售价格行为规则》，规范新建商品房销售价格行为；修订物业收费管理办法，制订并实施普通住宅小区物业管理服务优质等级评定标准，要求物业公司对收费标准、服务项目等内容进行公示，解决物业管理服务和收费存在问题。进一步完善价格监测机制，成立江阴市物价局价格监测中心；及时预警价格异动，及时对市蔬菜办、市区主要农贸市场、批发市场和部分蔬菜种植大户进行调查，科学分析价格上涨原因，形成数据准确、情况翔实的分析报告。是年，市物价局被评为江苏省价格工作先进集体，江苏省物价局价格监测、价格检查、价格认证、价格举报、成本工作先进单位和无锡市文明单位。

2010年春节期间，市物价局人员进行市场价格检查。 （市物价局供稿）

【水价调整】 2010年，市物价局坚持服务"445计划"、兼顾民生利益与衔接周边水平为原则，综合分析价格走势，抢时间节点推进自来水价格调整工作。通过把握政策、充分调研、财务审计、成本认证、制订方案、征求意见、组织听证、上报审批等程序，科学合理制定水价标准。通过调整水价，起到了有效限制高耗水、高排放产业发展，促进水资源节约和环境保护的作用。9月1日起，在全市正式实施新水价政策。此次调整项目包括基本水价和水资源费(含南水北调基金)两个项目。其中，居民生活用水价格调整幅度最小，由每立方米2.4元调整为每立方米2.6元，涨幅8.33%。按居民家庭平均每月每户用水量10立方米计算，平均每户每月增支2元，年增支24元。工商服务用水、特种用水调整幅度分别为11.11%和16.28%。

【价费环境优化】 2010年，市物价局充分发挥价格杠杆作用，加大调控力度，提高调控能力，有效落实价费政策，优化价费环境，助推经济转型发展。进一步规范房价行为，调研7个房地产开发企业，了解分析房地产价格变动频率大的现状原因，出台《江阴市新建商品房销售价格行为规则》，对“一价清”及明码标价执行等方面进行规范；对房地产开发企业执行情况进行专项督查，纠正个别开发商不规范价格行为，查纠违规金额220万余元。加强药品价格管理，认真贯彻落实江苏省基本药物制度及相关价格管理政策，对江阴地区常用的741种药品和江阴天江药业有限公司生产的611种中药饮片价格进行调整和梳理，同时还调整部分医院自制剂价格，有效规范了药品价格秩序。落实优惠政策，组织对全市行政事业单位2009年度收费许可证进行年审，至年末，共清理取消11个收费部门的16项收费，降低5个收费部门的5项收费，年度减轻企业负担3.05亿元。

【市场价格监管】 2010年，市物价局积极履行价格监督职能，严格规范市场价格行为。加大日常市场巡查和重大节日市场检查力度，查处价格违法案件8件，经济制裁金额41万元，收缴财政21万元；在元旦、春节、国际劳动节、国庆节、中秋节期间开展市场检查，对大型超市、粮油市场、农贸市场、旅游景点以及液化气、餐饮和出租车等涉及民生价格的场所、部位进行巡查，共出动检查人员120人次，发放价格政策宣传材料3000余份，价格政策提醒函、倡议书1200余份。加强对5个涉企缴费监测点的业务指导，积极开展质检收费、电力价格、行业协会收费、涉农收费等专项检查，发放《价格政策宣传手册》《价格便民手册》和世博会、电影节期间价格政策提醒函3000余份。强化“12358”价格举报电话值守制度，全年共受理各类咨询投诉事件412件，办结率、答复率均达100%，退还消费者21.76万元，协调价格纠纷涉及金额250余万元。至年末，累计查处价格违法案件27件，实现经济制裁191.4万元，收缴财政127.42万元，有效维护了消费者利益。

【价格鉴证】 2010年，市物价局以涉案物品价格鉴证为主线，加大价格鉴证认证质量力度。积极做好刑事案件涉案物品、民事案件涉案财产、道路交通事故车损、行政执法机关委托认证、非涉案财产等价格鉴证工作。年内，先后完成3次火灾事故委托鉴定，鉴证结论得到委托单位和当事人的肯定，为司法部门定罪量刑提供了客观的价格依据；完成市法院委托的涉案价格鉴证60件，解决了审理过程中遇到的价格争议；完成全市自来水营运成本进行认证，市政府动迁办委托的30个住宅小区的拆迁商品房现行市场价格认证，亚同环保污泥处理（江阴）有限公司委托的污泥处置成本价格认证等。全年共完成各类物品价格鉴证2961件，标的额达9064.25万元。

【应对物价上涨】 2010年，市物价局针对农产品、主副食品价格快速大幅上升、持续高位运行的形势，及时组织监测人员深入市区和乡镇农贸市场及大型超市，选取32种主副食品品种进行跟踪监测，详细了解批发和零售环节的市场价格、进货渠道和销售情况。针对农贸市场散装绿豆售价每斤达到10元，超市价格在12元左右，与上年同期相比涨幅达100%的情况，采集市区和乡镇农贸市场及大型超市的绿豆价格和其他食品价格，并寻访食品城杂粮批发商，科学分析价格上涨原因，形成数据准确、情况翔实的分析报告，提出10条关于稳定消费价格总水平，保障群众基本生活的实施意见，并形成文件下发各单位，为有效抑制物价过快上涨提供政策支撑。

【价格诚信建设】 2010年，市物价局以价格诚信建设为着力点，广泛开展价格政策宣传、推进明码标价等主题活动，巩固价格诚信建设成果，努力营造良好消费环境。1月10日、3月16日在学院广场开展价格政策宣传咨询活动，徐霞客镇、顾山镇、利港镇等物价站也利用“3·15”国际消费者权益日和农村集场等节日举行价格宣传咨询活动，向全市主要商业经营单位、交通客运企业、餐饮企业等发放价格政策提醒函、倡议书8000余份，受理价格咨询、投诉事件30余件。5月27日，成功举办“诚信价格行·幸福在江阴——迎世博规范市场价格行为年主题活动”启动仪式。市物价局就推进价格诚信建设，强化企业价格自律，规范市场价格秩序，推动“幸福江阴”建设，向全市经营者发出价格诚信倡议，部分企业响应倡议，开展诚信承诺。通过树典型、抓示范等方式，不断推进全市规范明码标价工作。选择20条市区、镇主要商业街创建“规范明码标价一条街”，指导各镇按照要求开展工作。长泾镇开展建材经营行业明码标价专项整治，由原来基本不标价，实现基本规范标价的要求；顾山镇将旅游购物商场创建成明码实价商城。11月10日，在周庄镇召开全市“创建明码标价一条街”现场推进会，对全市价格诚信创建工作进行再推动。是年，全市有15个单位参与创建江阴市“明码实价店”活动；42个单位申报参评创建江苏省级价格诚信单位，经考核，有14个被评为江苏省价格诚信单位。

【物价门户网站建设】 2010年，市物价局把推进政务公开建设作为工作重点。建立完善市物价局门户网站，设立《政务公开》《民生价格》《价格管理》《收费管理》《价格检查》《价格监测》《价格认证》《工作动态》《咨询投诉》《机关建设》10个栏目；公布各类行政职权共38项，其中行政处罚15项，非行政许可23项；制作行政职权运行流程图，公开办事时限和监督电话；建立主动公开和依法申请公开制度、工作评价和考核评估制度、受理行政投诉制度、公开透明运行责任追究制度4项行政权力公开透明运行制度，向社会公开，并全部录入静态库，行政权力事项在网上运行率达100%；网上公开服务承诺、政策文件、各类价费标准。同时，选择城区、镇各4

个农贸市场，从4月1日起每星期一至星期五向社会公布当天采集的价格信息，公布的代表品种从年初选定肉、鱼、蛋、菜类等10种增加至年底20种。物价门户网站的建设，对引导社会消费预期，提高人民群众知情权、参与权、监督权，打破经营者和消费者之间的信息不对称状态，促进价格信息社会共享起到积极作用。

（聂立友）

国土资源管理

【概况】 2010年，江阴市国土资源部门坚持保护资源、保障发展、维护权益、服务社会的工作重点，维护土地管理秩序，认真做好各类建设项目用地保障工作。全年共计供地428宗，总面积为1080.07公顷，充分满足全市各类建设项目用地的需求。组织国有建设用地使用权挂牌出让14个批次114宗地，总面积376.61公顷，土地成交价款114.26亿元，创历年土地成交额之最。继续推进“万顷良田”工程*建设，一期工程取得积极成效，有效带动农村环境改善、农业增效、农民增收。全年共为周庄、顾山等8个镇36个村组办理撤组保障手续，有12330人享受被征地农民基本生活保障待遇，累计发放土地证书60194本，为上年发证量的2.1倍。全面完成第二次全国土地调查工作，按照国家、江苏省要求，历时两年，认真核查了全市疑问图斑413处，并及时提交核查成果。是年，江阴市被江苏省国土资源厅第四次授予“江苏省土地执法模范县(市、区)”荣誉称号；市国土局被人社部及国土资源部联合表彰为“全国土地资源管理系统先进集体”，被国土资源部表彰为全国国土资源管理系统推进依法行政先进单位；被江苏省国土资源厅表彰为全省国土资源系统“五五普法”工作先进单位、2009年度江苏省地籍管理先进单位；市国土局开发区分局被省国土资源厅表彰为江苏省优秀国土资源所。

【制订“万顷良田”二期工程实施意见】 2010年，市国土局在“万顷良田”一期工程取得积极成效，基本建成优质粮油生产区、高效设施农业区、生态经济林果区3个特色片区的基础上，全面启动二期工程。年内，制订下发《关于“万顷良田”工程建设和经营管理创新的实施意见》，重点明确推进“万顷良田”工程建设的目标任务、建设标准和主要措施。确定2011年计划建设1378.67公顷的具体任务，并全部完成建设方案论证。同时，明确全市2011～2015年每年启动建设1333.33公顷，5年滚动开发6666.67公顷的目标任务。

【获省土地执法模范县（市、区）“四连冠”】 2010年，市国土局保持执法监察高压态势，不断健全执法机制，大胆探索执法举措，坚决防止违法用地反弹。着力强化执法责任，建立健全了一套“联创、联管、联考、联动”的联合执法新机制，筑牢全市依法用地的坚固防线。全年累计开展土地执法动态巡查1520次，发出责令停止违法行为通知书127份，有效遏制违法用地31宗，土地面积16.67公顷。是年，江阴市被江苏省国土资源厅表彰为2010年度江苏省土地执法模范县(市、区)，第四次蝉联榜首，同时获得农用地转用指标20公顷的奖励。

【防治地质灾害】 2010年，市国土局加强地质灾害防治工作。编制完成《江阴市2010年度地质灾害防治方案》，对全市重要地质灾害隐患点进行摸底检查，建立地质灾害巡查台账，做到巡查早展开、问题早发现、隐患早排除、灾害早预防、措施早落实。全面落实监测、发布、抢险、治安、救护等防灾责任制，完善群测群防监测制度，增强群众防灾、避险意识。加强对工程建设进行地质灾害调查和综合评价，提出保障地质环境和工程建设安全意见和措施。年内，在全市重点地质灾害隐患点设立地质灾害危险区警示牌10块；完成地质灾害危险性评估备案445份，其中三级评估备案237份、暂免评估备案208份。

【土地卫片执法通过检查】 2010年，是土地卫片(指地面的实时卫星照片)执法检查全国覆盖第一年，并首次根据检查结果依据《违反土地管理规定行为处分办法》实施问责。3月，市国土局制订下发《江阴市2009年度土地卫片执法检查工作实施意见》，对工作目标和任务、检查范围、检查时间、检查内容、方法步骤作出详细规定。各镇(街道)和有关部门按要求成立专门的领导机构和相应的工作班子，并抽调骨干力量，采取分片包干、责任到人、落实到每一宗地的形式狠抓落实；认真组织进行核查整改，严禁弄虚作假和漏报瞒报行为，确保卫片执法检查进度和质量，按照“边调查、边审核、边查处和争取主动”原则，对违法违规用地行为进行整改和处理。8月，市国土局会同相关部门，规范对全市2009年度土地卫片执法检查工作，整理归档项目用地、案件查处等相关文件资料，并制订上级督察验收迎检方案。此次检查，共完成被卫星遥感监测的图斑99处，用地63宗。年末，顺利通过国家、江苏省和无锡市三级国土资源部门和国家土地督察南京局的检查验收工作，实现江阴市土地卫片执法检查“零约谈”“零问责”。（王　栋）

安全生产监督管理

【概况】 2010年，市安监局围绕“杜绝重特大事故，遏制较大事故，控制一般事故，压降事故起数和死亡人数”工作目标，扎实开展各项安全监管工作，全市各类安全生产事故起数和死亡人数分别比上年下降17.9%和1.78%。落实安全生产政府领导责任、部门监管责任、企业主体责任三项责任制度，下发《深化安全生产责任制的通知》《一岗双责安全生产责任制》。年内，全市85个责任单位签订安全生产责任状，9037个工业企业全部签订安全生产主体责任承诺书，共签订各类安全生产责任状和告知承诺书29632份，比上年增长9%。先后组织召开全市安全生产工作大会、市安委会主任会议、安全生产专项工作会议和各种安全生产联席会议等共计10次,从严培训、明制度、查隐患、配专人、添装备、会宣传、树典型7个方面强化安全生产监管工作,确保上海世博会和第19届中国金鸡百花电影节等大型活动期间全市安全平稳。全年未发生较大以上安全生产事故,安全生产形势继续保持平稳态势。是年,江阴市安全生产工作连续四年在无锡市安全生产工作目标考核中名列第一,市安监局被评为无锡市安全生产先进单位。

【重点行业生产安全"零事故"】2010年,市安监局利用重点时段加大对全市重点行业生产安全督查力度,采取中层干部挂钩镇、街道为企业服务和成立专项检查组的办法,确保重大节日和上海世博会、第19届中国金鸡百花电影节等重点时段重点行业生产平安稳定。年内,先后成立专项检查组25组(次)。上海世博会期间,市安监局组成5个检查督查组和3个突发应急事件领导小组,对全市涉及危险化学品、冶金铸造、烟花爆竹以及工程运输车辆等重点企业开展安全检查2796次;在元旦、春节、国庆节等重大节日期间,市安监部门以危险化学品、冶金、存在重大危险源企业为重点,检查各类企业509个(次),督促企业整改安全生产隐患1235处,首次实现在元旦、春节等重点时段,全市重点行业生产安全"零事故"。

【四大重点领域专项整治】2010年,市安监局积极开展危险化学品、冶金、化纤牵伸工艺岗位和工程运输四个重点领域的安全生产专项整治活动。危险化学品领域全年换领证企业9个,安全现状评价企业169个;完成安全现状评价报告132份,高危自动化改造备案的企业113个,完成信息填报和备案的危险化学品重大危险源企业52个;关闭化工企业62个(其中危险化学品企业12个)。冶金领域全年组织196个冶金铸造企业负责人进行安全生产知识培训;对全市75个冶金企业进行全面安全检查,共查出使用国家淘汰设备等各类安全隐患309处。其中,兴澄特种钢铁有限公司4月30日19时起,永久性停止铁水对外运输,存在多年的铁水外运等安全隐患得到整治。化纤牵伸工艺岗位专项整治活动中,组织全市61个化纤企业的安全生产管理工作负责人及安全生产部门负责人,于5月13日在徐霞客镇万翔集团有限公司召开全市化纤企业牵伸工艺岗位专项整治工作现场会,部署专项整治工作目标任务,至年末,61个化纤企业牵伸工艺岗位的安全装置整改完成。工程运输安全专项整治活动中,对全市392个单位1875台工程运输车辆进行省标卫星导航定位系统安装,至年末,全市共有106个运输企业,1640辆工程运输车领取了"核准标志",累计发放准行证505份。

【安全行政许可管理】2010年,市安监局严格安全行政许可管理,强化安全源头管控,督促危险化学品企业严格执行安全生产"三同时"(指一切新建、改建、扩建的基本建设项目工程、技术改造项目工程、引进的建设项目,其职业安全卫生设施必须符合国家规定的标准,必须与主体工程同时设计、同时施工、同时投入生产和使用)制度。全年共组织项目设立安全审查6次,安全设施设计审查20次,竣工验收18次,召开危险化学品安全管理联席会议6次;初审通过危险化学品建设项目26项,否决项目2项。确保换领证工作时间和质量,全年共出动核查人员205人次,核查113个单位生产、经营证换领情况;行政审批窗口全年共收件723件,办结723件,其中上报件469件,即办件62件,承诺件96件,发放危险化学品经营许可证(乙种)315份、危险化学品经营许可证(甲种)14份、安全生产许可证30份,第三类易制毒化学品经营单位备案62份,履职报告96份。至年末,全市共发放烟花爆竹经营(零售)许可证436份。

【安全标准化工作】2010年,市安监局深入推进安全标准化建设,在全市161个危险化学品企业全面推行安全标准化创建工作,确定30个基础条件扎实的危险化学品企业作为年内省级创建标准化重点企业。年内,全市通过国家二级标准化验收的危险化学品企业有8个,通过市、镇二级标准化预验收的危险化学品企业达90%。工业企业ABC分类监管有序开展,全市有9033个工业企业按照状况实施ABC分类监管,年内,全市共新增A类企业69个、B类181个;年末,全市普通工业企业有A类521个,B类6761个,C类1751个。全面推行行政村安保办公室和规模以上企业安保科标准化建设,颁布《行政村安保办公室建设标准》,全年共完成全市243个行政村安保办主任和安全员安全生产标准知识培训,培训合格颁发江阴市安全生产监督检查证。

【重大危险源预警监测】2010年,市安监局加强重大危险源预警监测力度。年内,对全市135个企业263个重大、重点危险源点进行全面检查。市重大危险源预警监测与应急救援指挥中心对109个企业201个重大危险源点进行24小时预警监测,全年该中心共接警214次,其中事故隐患报警143次、安全生产咨询8次、安全生产违法违规行为举报63次,均在第一时间得到妥善处置,并及时处置危险源点的危险事件20件,其中压力超标1件、温度超标11件、泄漏浓度超标8件。是年,该中心覆盖范围逐步扩大,新接入13个企业30个重大危险源点,至年末,累计接入109个企业201个重大危险源点。

【安全宣传教育培训】2010年,江阴市安全生产宣传教育活动不断深入,市安监局充分利用报刊、广播、电视、网络等媒体加大安全生产法律法规宣传力度。6月12日,启动第十七个"安全生产月"活动,现场发放安全宣传资料2万余份,展出展板120块,市、镇两级组织现场宣传咨询活动20

多场次,参加人数8万余人,悬挂宣传横幅700余条,张贴宣传画6000余幅,出专栏板报900余处。全年在《中国安全生产报》《江苏安全生产杂志》和国家安全生产网等宣传刊物、媒体上专题刊登安全生产论文20篇。《中国安全生产报》头版专题报道兴澄特种钢铁有限公司停止铁水外运工作;在《江阴日报》和江阴电视台累计报道各类安全新闻80余条,共采集上报并被录用信息350条,发出安全提示短信3万余条;参加由国家安监总局和中华全国总工会举行的安全生产应急知识竞赛答题人员5860人次。充分发挥《中国安全生产报》《江苏安全生产杂志》在安全宣传方面重要作用,2010年度征订数量分别达到1950份和1820份,分别比上年增长50%和28%。江阴市安全生产教育培训中心共培训12976人次,其中危险化学品从业单位主要负责人1281名、管理人员1372名、采购员(保管员)1431名,分别比上年增长41.5%、19.6%和10.8%;普通行业主要负责人1390名、管理人员2898名,分别比上年增长14.9%和13.5%。培训特种作业人员计13446人次。通过培训,有效提高了企业安全生产主体责任意识。

【生产安全执法】 2010年,江阴市全面推行规模以上企业建立隐患排查长效机制安全监控体系,对危险化学品、冶金、电力等高危行业落实专家检查制度。严格按照"违法违章行为查纠率、执法检查按期复查率、举报核查回复率、执法检查信息及时上网率"4个100%要求,严厉打击安全生产非法违法行为。年内,对生产经营单位开展行政执法检查2080个次,查出安全隐患3300余处,限期督促整改并按期复查的隐患3245处,整改复查率100%。安全生产监察大队6个中队累计进行企业检查1557个次,发出整改指令书274份,执行行政处罚43个,处罚金额达629万元。开展职业病危害状况调查工作,至年末,全市共完成1250个企业网上登录,167个存在粉尘和高毒物品职业危害的生产经营单位申报,并将有关数据录入国家安监总局作业场所职业病危害申报与备案管理系统中,完成率100%。 (王征逢)

食品药品监督管理

【概况】 2010年,市食品药品监管局继续贯彻国家、江苏省、无锡市食品药品监管工作会议精神,坚持科学监管理念,规范依法行政。年内,完成由江苏省局垂直管理改为地方分级管理变革。围绕执法能力资格管理、民主决策、规范执法行为、政府信息公开、应急机制、行政监督问责六方面制定完善27项依法行政制度,并将市食品药品监管局政务网站纳入江阴党政网站集群化管理,全年所办理的行政处罚案件全部在江阴市行政权力网平台上公开透明运行。先后制订出台《江阴市2010年食品药品安全工作要点》《江阴市2010年食品安全整顿工作方案》和《江阴市2010年食品安全十项重点工作》等规范性文件。开展乳制品、食用油和学校及其周边地区等食品安全专项监督检查整治活动,同时还开展食品安全本级抽检工作,年度食品安全检测在无锡市抽检中达到97.81%,超额完成无锡市下达的96%的目标任务。在全省率先推行学校食堂标准化管理,出台《江阴市学校周边学生小饭桌管理规定》。组织开展规范零售企业经营行为以及虚假违法药品、医疗器械、保健食品广告专项整治活动;加大对麻黄碱及其制剂、无菌医疗器械生产企业及其生产销售领域的检查,针对"疫苗门""工业氧冒充医用氧"等事件,应急组织查处江苏延申生物科技股份有限公司、河北福尔医药有限公司违规生产的7批不合格人用狂犬病疫苗等3件有害事件。加大涉药企业管理人员业务培训教育力度。编印《药品从业人员知识读本》《江阴市医疗机构药品质量管理手册》等培训教材,全年共举办培训班8期,培训545人次,联合南京中医药大学开展成人学历教育,62人合格毕业。年内,对79个药品零售企业进行《药品经营质量管理规范》的认证或到期重新认证;分别核发21张、变更54张、注销1张药品经营许可证;分别核发17张、变更6张、注销1张医疗器械经营企业许可证;换发零售药店药品经营许可证65张。全市药品不良反应在线申报单位29个,上报不良反应702例,其中新的或严重的不良反应118例,占报告总数的16.8%。是年,江阴市未发生重大食品药品安全事故;市食品药品监管局被江苏省精神文明指导委员会评为2007~2009年度江苏省文明行业。

【食品安全监管与检测】 2010年,江阴市将食品安全工作纳入《江阴市2010年国民经济和社会发展管理目标》和《"幸福江阴"建设行动纲领》,市食品药品监管局按照该管理目标和行动纲领精神,印发《江阴市2010年食品药品安全工作要点》《江阴市2010年食品安全整顿工作方案》和《江阴市2010年食品安全十项重点工作》等规范性文件。针对季节性和易突发情况,组织开展本级抽检,全年本级部门共完成抽检各类食品5432批次,合格率91.4%,其中评价性抽检719批次,合格率84.14%,对检测不合格品种,及时分析原因、落实整改措施。采取有效措施,确保全市食品安全检测合格率达标。积极开展乳制品、食用油、一次性筷子和学校及其周边区域等食品安全专项监督检查,集中销毁不合格奶粉80.3公斤,责令餐饮服务单位自行销毁来源不明的6600双一次性筷子,通过经销单位召回不合格牛奶馒头218袋共218公斤,查扣海宁市维亨食品有限公司生产的"维亨寿桃包"546袋共196.56公斤、"维亨奶黄包"981袋共353.16公斤和无锡奔牛生物科技有限公司生产的"食品专用甜炼奶酱味调料炼乳"19桶共95公斤。是年,无锡市抽检江阴食品安全合格率为97.81%,高出考核指标1.81个百分点。江阴市食品安全综合评价性抽检合格率列居无锡市各县(市)、区首位。

【省内率先推行学校食堂标准化管理制度】 2010年,市食品药品监管局出台《江阴市学校食堂食品安全管理规定》,在江苏省率先实施学校食品安全检测制度。年内,市财政投入160万余元,在全市173所各级各类学校的202个食堂建立食品安全检测室,统一配备食品安全检测仪,提高快速检测蔬菜农药残留等有害物质的能力。为进一步规范学校周边学生"搭伙"行为,市食品药品监管局在江苏省率先出台《江阴市学校周边学生小饭桌管理规定》,明确学生"小饭桌"举办者食品安全主体责任,对在学校周边专为30名以下学生提供就餐服务的"小饭桌"举办者实行备案登记制度,并要求制订"小饭桌"操作规程,完善设施设备。全年共对32户"小饭桌"举办者进行技术指导并让其签订食品安全责任书。

【基本药物安全保障】 2010年,市食品药品监管局强化基本药物源头质量控制体系,对基本药物生产企业全面实施药品质量授权人制度,提高药品注册标准和执行标准,严格按药品生产质量管理规范建立定点配送企业监管档案,准确掌握2个基本药物定点配送企业的仓储条件、配送能力、品种信息等有关情况;组织开展基本药物流通和使用环节中购进渠道、合法票据、购销管理等专项检查,加强对基本药物进货、验收、储存、出库、运输等环节的监管,对基本药物生产、流通、使用环节进行评价性抽验。全年共完成基本药物评价性抽验133批次,收到检验报告3批次;基本药物监督抽验144批次,收到检验报告31批次,评价性抽检和监督抽验全部合格。

【完善药品监管系统】 2010年,市食品药品监管局投入资金20万余元进一步完善整合医疗机构远程监管系统,开发完成药械信息化监管总平台系统。该系统按监管对象分类,增加监管子平台系统,有效规范信息化监管手段,确保公众用药安全。完善的子平台系统包括实施基本药物涉及的所有医院、社区卫生服务中心、基本药物配送单位和市域内其他药品批发企业的信息化监管4个子系统。是年,全市医疗机构、批发企业全部纳入药械远程网络信息化监管。

【药品稽查执法保持全省领先】 2010年,市食品药品监管局进一步加大药品稽查执法力度,组织开展基层药械质量大检查和非药品冒充药品等7项专项检查活动,全年共出动稽查执法人员1924人次,检查涉药、涉械单位641个次,现场发现过期失效药械7批次、假冒药械12批次、无产品注册证诊断试剂3批次,处理无证经营药械案件35件,当场处罚案件38件,立案查处68件,结案57件,涉案金额57.99万元。是年,市食品药品监管局药品稽查行政处罚案卷在江苏省食品药品监管系统的66个基层局的案卷评查中列第八名、在江阴市组织的评查中获优秀,稽查水平及罚没款到账率在全省同级局中继续保持领先。 (陆 婵)

资产经营管理

【概况】 2010年,市财政局进一步加强国有企业监督管理工作,加大对企业投资行为监督力度,认真审核国资公司对外投资等重大事项。年内,江阴市审核批准成立恒通排水设施管理有限公司、大澄新媒体发展有限公司等4个国有二级公司;审核批准新国联投资发展有限公司内部资产整合方案、国教投资发展有限公司资产整合方案、国澄投资发展有限公司下属江南水务公司收购乡镇水厂等涉及企业投资、改制、资产处置等方面的事项20余项。开展国有企业产权登记工作,组织产权登记工作人员业务培训,根据各公司上报的产权登记资料组织专项审核。积极做好原改制企业国有股权退出工作,并按规定程序实施审计、评估和公开挂牌拍卖,共完成月城腾龙机械厂、云亭除锈剂有限公司等6个企业国有股权退出工作,同时配合做好棉纺织有限公司破产工作。规范管理行政事业单位非经营性资产,借助江阴市公共财政网上办公平台上线运行的契机,建立"财政部门——受托主管部门——行政事业单位"三级国有资产动态管理信息平台,对行政事业单位的非经营性资产实现全面动态管理。对全市教育系统市属学校固定资产、经营性资产、经济实体等进行核查,完成市级直属学校相关国有资产移交。继续推行并逐步完善国有房屋的公开拍租,全年共组织国有房屋租赁权拍卖会5次,出租国有房屋125处,租赁权拍卖总成交金额2225万元,成交年租赁总金额692.23万元,比上年租赁总金额457.7万元增长了51.24%,实现国有资产保值、增值最大化。 (沈旻旭)

【新国联投资发展有限公司】 2010年,公司顺利实施资产整合。根据创新国有企业机制体制工作要求,对公司所属的江阴电力投资有限公司、江阴市基础产业总公司、江阴电力发展中心、江阴普惠建设有限公司、江阴市新国联光电高科有限公司(原江阴市晶体材料厂)进行股权结构调整,并与江阴城市客厅开发发展有限公司实施重组,拥有江阴电力投资有限公司、江阴城市客厅开发发展有限公司等9个全资子公司;配合市国资办,将该公司所持有的江阴光大水务公司30%的股权转让给江阴国澄投资发展有限公司。10月,公司增设审计部。年内,积极推进片区开发战略。南门规划展示馆、忠义街164号等一批特色建筑相继竣工;澄南村安置房、城西安置房开工建设,五云桥坊拆迁商品房通过验收。城市客厅片区市民水上活动中心主体结构封顶;天华轴线完成长江路到滨江路全段建设;芙蓉湖景观工程完工;新一城商业中心、"1912"特色街区、"魔方时代"等一系列商业项目均进入收尾阶段。江阴利用棉纺厂改建“中国裳岛”项目一期基本建成。虹桥南路(环城南路—应天河)及周边地块、毗陵路南北两侧地块拆迁工作有序开展，该区域拆迁总户数2967户，拆迁面积52.5万平方米。至年末，累计签约民房1710户，拆除住宅12万平方米，非住宅2.6万平方米，投入拆迁资金8亿元，出让土地14.12公顷。加强电力投资企业管理。年内，江阴苏龙热电有限公司、江阴热电有限公司、周北热电有限公司、江阴滨江热电有限公司、江阴澄东热电有限公司5个电力投资企业共完成发电量86.37亿千瓦小时，供热量483.18万吨。对外投资初见成效。主动接洽国内业绩领先的优质创投企业，探讨合作的可行性，论证初步投资方案，逐步构筑稳妥型投资平台。启用产权交易中心，并于9月完成江苏江阴中谷国家粮食储备库大桥股权7000股转让工作，实现零突破。加强资产专业运营管理。新成立江阴市新国联物业资产管理有限公司，对口管理各类物业资产；花鸟市场管理日益规范，城市客厅中轴线、“中国裳岛”启动二次招商；成功举办“南门·二月初八”、城市客厅糖果节、中国裳岛时装秀系列活动。是年，该公司协助市财政部门完成对江阴华润制钢有限公司投资股权追缴3400万元。年末，公司总资产72.21亿元，净资产37.52亿元，超额完成市政府下达的目标任务。

(陈 浩)

【江阴市国澄投资发展有限公司】 2009年9月公司成立，为经营和发展公用事业为主的管理型国资公司，由市国资办全额出资。该公司成立后，以服务和发展民生为己任，以实现国有资产保值增值为目标，加强投资企业经营管理，大力推进供水、污水处理事业发展，扎实有效开展各项工作。2010年，投资企业各项技经指标完成良好。江南水务股份有限公司实现供水量2.4亿立方米，售水量2.16亿立方米，日均供水量65.67万立方米，日最高供水量达79.2万立方米，销售收入3.88亿元，水费回收率99.99%，水质综合合格率100%，服务满意率99.12%。光大水务(江阴)有限公司共处理污水4253万吨，平均日处理污水11.65万吨，尾水排放达标。各投资企业以保障民生为目标，加大建设投入力度。江南水务股份有限公司着力全市域供水管网建设完善，年内，完成港城大道、芙蓉大道(西段)、扬子江路、滨江路、澄鹿路等21条道路和23个小区改造，新建、改建供水管线(公称直径100毫米以上)近82公里。光大水务(江阴)有限公司投入3000万余元，完成澄西污水处理厂一期扩建工程，新增日处理污水能力2.5万吨；城区控源截污工程进展顺利，2009、2010两年累计完成270个区块，范围涉及澄江街道、夏港街道、港口办事处(2010年4月撤销，并入夏港街道)三个行政区域，工程总概算5.37亿元，铺设各类污水管道367公里；大力推进城乡供排水一体化进程，配合有关部门完成江阴污水处理规划修编工作，至年末，累计完成一体化整合乡镇水厂16个、乡镇污水处理厂1个。

(许庞春)

【江阴广播电视集团】 2010年，集团依据市场导向，努力开拓新兴资源，传统业务与新兴产业共同发力，广电产业经营向多元化发展。制订《加强集团内控机制工作实施意见》，补充完善工程建设、设备采购、节目购销等重点环节和关键岗位的操作制度，进一步强化集团领导班子和各级经营者纪律观念和大局意识。按照宣传与经营“两分离”改革方案，进一步理顺体制，合理布局产业经营体系，组建大澄新媒体发展有限公司和大道影视文化传播有限公司；大澄新媒体发展有限公司旗下综合门户网站大澄网成功开通运营，大道影视文化传播有限公司和广电产业发展有限公司积极筹建。强化市场经营理念，加大广告市场拓展力度。在巩固原有汽车、房产、金融和家装类广告市场的基础上，全力开拓餐饮业和政务公益广告市场，同时通过开展购车节、房交会等创意活动，使品牌广告和宣传营销有机融合，带动广告创收能力整体上升。全年江阴电视台和江阴广播电台广告收入6631万元，比上年增长4.69%；《江阴广电报》广告收入210万元，顺利完成年度目标任务。加大服务投入力度，促进业务增值。集团组织网络公司、传输中心开展“数字电视春风行”服务优化活动，为数字电视用户提供进门入户现场服务达38万次，被评为江阴市第四届“十佳文明服务优质品牌”；网络公司在全市17个镇(街道)大力开展网络优化改造和双向互动业务。双向互动、高清数字电视业务于11月12日正式推向市场。集团数据业务积极培育“以服务强品牌，以品牌促发展”营销理念，根据不同客户需求，量身定制专业服务，全年新增江南水务股份有限公司等集团用户10户，个人宽带用户全年净增2162户，至年末，集团用户数累计61户、个人宽带用户总在网用户数累计7185户。全年该集团全系统实现经营创收2.5亿元，比上年增长7.73%，圆满实现“十一五”发展目标。

(汤默涵)

【江阴市旅游文化产业发展有限公司】 2008年成立公司。2009年，按照市委、市政府“管办分离”的原则进行资产运营管理，公司托管资产16亿元。3年内，该公司成功打造中国徐霞客旅游博览园(中国徐霞客碑刻文化园、中国徐霞客旅游博物馆)、旅游文化交流中心(旅游论坛)、赞园(佛教文化体验园)、军事文化博物馆、兴国园良宵民俗艺术街坊、双泾农渔文化体验园等旅游项目；完成望江楼、长江饭店改扩建工程，建成中山公园仪门、长江饭店综合楼及公交总站3个旅游集散服务中心。2010年，公司进一步强化企业现代经营管理理念，推动旅游文化产业建设。积极做好所辖公园、道路、城区绿地、行道树等1028万平方米的绿化养护管理以及城区开放性公园的日常养护管理工作；完成园林绿化整治、公园绿地配套经营设施的修建以及节庆环境布置等工作。徐霞客旅游博览园、双泾农渔文化体验园、鹅鼻嘴公园、军事文化博物馆、赞园5个旅游景点全年累计接待游客17万人次，旅游直接收入350万元，纪念品销售收入115万元。至年末，公司经营收入9497万元，其中管护费5543万元，市场创收3954万元，净利润228万元，公有资产增值率2.16%，超额完成市政府下达的目标任务。

（吕　琴）

【江阴敔山湾开发发展有限公司】 敔山湾开发是江阴市“十一五”期间的重大城建项目，是城市东拓、西延、南扩战略的重要组成部分，也是市委、市政府加快城乡建设、优化人居环境、提升城市品位的重大举措。2006年5月，江阴敔山湾开发发展有限公司成立，公司为江阴市政府直属国有全资公司，承担敔山湾新城开发建设任务。是年底，公司建成云亭区域安置小区48万平方米，共安置村民8700人。2008年10月，敔山会所建成投运，完成面积约66.67公顷用于应急水源的人工湖，同时完成湖区景观Ⅰ、Ⅱ、Ⅲ标段工程建设。是年底，区内两条主干道建成通车，道路绿化及路灯工程基本完成，长山大道西侧道路随地块开发全面启动，水、电、气等市政管线随道路同步实施到位，“一湖两路”（定山湖，环湖路、环山路）主体工程全面完成。2009年7月，公司在新城东区域建成安置房8万平方米。2010年7月完成西堤商业街、敔山居茶苑工程建设，9月又完成敔山客厅、敔山天桥工程建设。10月，第十九届中国金鸡百花电影节颁奖晚会在敔山湾国际会展中心成功举行。是年底，江阴市敔山湾双语学校工程项目完成一期封顶，市人才公租房、医院等配套工程项目顺利推进。敔山湾规划范围内拆迁总面积67.3万平方米，拆迁2354户，拆迁面积约67万平方米。2007～2010年，该公司各类工程项目资金发生量超30亿元，共出让土地58.49公顷，土地出让金24.13亿元，其中住宅用地54.28公顷、土地出让金21.78亿元，商业用地4.21公顷、土地出让金2.35亿元。公司负债率从2007年的90%降至2010年的30%。

（梁力立）

【江阴市国风文化艺术有限公司】 2009年底成立，与江阴市文化艺术集团两块牌子，一套班子。实现文化事业、文化产业双轨并行。公司成立后，积极打造全市文化产品生产商、供给商的主体形象，充分整合利用现有文化资源，提高文化场馆利用率，加快文化产业发展步伐，实现社会效益和经济效益双丰收。2010年，该公司坚持开展送戏下基层活动，锡剧团全年演出200多场次，其中“幸福江阴·文化欢乐行”到镇、街道社区演出85场次，完成演出收入250万元，评弹团全年演出1700多场次，演出收入达30万元，超额完成目标任务。加大文化培训资源整合力度，年内，成立国风天华文化艺术培训中心，对公司文化资源进行统一管理和运作，促使文化资源变成市场资源。培训中心开设文化、器乐、舞蹈等课目，全年各课目培训三期，总收入达338.76万元，其中文化课收入224.84万元、器乐课53.79万元、舞蹈60.13万元，开票收入为下达指标150万元的226%。积极开发可利用资源，推进长江影剧院工程改造建设，长江影剧院将改造成餐饮与商业结合的综合体影城。加大展览会务的经营力度，展览馆全年接待参观人员205万人次，全年会务共完成大小会议65场，场租收入近60万元，超额完成全年40万元目标任务。全年该公司营业收入5048万元，创收1647万元，实现利润209.45万元，圆满完成市政府下达的年度各项经济指标。

（刘湘和）

【江阴暨阳体育产业发展有限公司】 2009年7月，公司（原称市体育中心）注册成立，主要负责市体育场、体育馆、游泳池的日常运营管理。2010年，公司全面实行管办分离、市场化操作、公司化运作机制。成功吸引新奥体俱乐部、24小时恒动健身俱乐部、伊裴莎舞蹈会所、皇家一号音乐会所等品牌专业俱乐部落户。依托体育场、馆等体育设施，积极申办全国以上体育赛事、承办或协办各类文艺演出，接待国内外参观游客和观看赛事观众，开展健身有偿服务等经营性活动，广开财源，增收节支。年内，承办中国男子篮球职业联赛、中德足球国际邀请赛等国家级以上体育赛事5项次；主办或协办全市性的乒乓球、羽毛球等大型群众体育比赛活动17项次；举行费玉清演唱会、周立波下江南清口专场、广州军区战士杂技团表演以及第19届中国金鸡百花电影节开幕式等大型综艺演出6场次。培训篮球、足球、乒乓球、羽毛球、网球、游泳以及体育舞蹈等学生1310名。全年接待观众和健身市民75万余人次；接待国内外参观团队70个，接待国际友人60余人、中外考察官员570余人、中外媒体记者270余人。是年，市体育中心被江苏省体育局评为江苏省承办全国以上体育比赛最佳赛区，并被命名为国家级全民健身中心和江苏省体育产业示范基地以及2010年度全国优秀赛区。至年末，公司实现开票销售1418.4万元，超额完成市政府下达的年度目标任务。

（姜　莉　江　勇）

【江阴国教投资发展有限公司】 公司于2009年底成立。2010年，公司以“迎难而上求突破，稳步推进保落实”为宗旨，加快推进职教园建设。年内，公司先后制订完善考勤制度、办公区域管理规定、物品采购和发放管理规定、公文收发管理规定、印章管理规定、资金支用管理规定等管理制度。突出重点，稳步推进拆迁工作。完成公司园区内所有拆迁房屋的丈量、评估和确权等以及公司园区内所有坟墓和蔬菜大棚迁移工作，全年完成拆迁签约359户，占计划总拆迁448户的80%，累计投入拆迁资金1.2亿元。各类产权变更稳步推进。相继完成江阴职业技术学院和职教中心校的房产权证变更手续、交通驾校2.6公顷土地权证变更手续。全年公司新增注册资金3000万元，新增借款5000万元，投入规划设计费250万元。

至年末，该公司账面资金达 1.4 亿元。（陈三敏）

【江阴市国信市民卡有限公司】 公司2008 年 9 月经无锡市工商行政管理局注册成立，为具有独立法人资格的国有独资服务企业，注册资本为 6000 万元。公司经营项目有：市民卡的制作、发行、结算及相关设备的租赁；市民卡系统的开发、投资；国内外各类广告的设计、制作、发布与代理；日用百货的销售以及其他无需报经审批的合法经营项目。公司由江阴市政府授权发放江阴市民卡。市民卡是一张用于办理个人社会事务和享受公共服务的实名制图像化智能集成电路(IC)卡，其服务内容汇聚劳动保障、公交出行、日常消费、银行业务、政务应用、行业管理、商业应用等 23 项功能。2008～2010 年，该公司遵循市场经营理念，逐步扩大江阴市民卡社会服务功能。医保应用领域，实现与原社保卡、农保卡的并轨，覆盖全市 283 个医疗机构和 140 个药店；公共交通领域，覆盖全市所有公交车、自行车租用点以及全市 418 辆出租车；金融应用领域，市民卡遵循银联标准，依托江阴市农村商业银行，实现银行交易、转账等完整银行卡功能；商业应用领域，实现与江阴华联商厦、华地百货、国际购物中心、大统华超市、精品商厦等大型商场，以及酒店、咖啡店、眼镜店、美容理发店等场所的联网应用；文化体育领域，图书馆、新华书店、体育中心等均开通市民卡应用；校园应用领域，江苏省南菁高级中学、江苏省江阴高级中学市民卡校园一卡通均顺利运转；同时还实现与公安警务通的联动。2010 年，公司又推出公园年卡、手机支付、市民邮箱、联机账户、人民医院自助挂号等市民卡的新应用。至年末，江阴市民卡累计发放 120 万张；市民卡医保刷卡超 2000 万人次，农保刷卡 177 万人次；公交刷卡累计 3100 万余人次，自行车租用刷卡 30 万人次；签约合作商家近 100 个；校园应用总计刷卡 70 余万人次，日均充值额 2.4 万元；银行存入资金总额达 2.9 亿元。是年，公司通过江苏省软件产品和软件企业"双软"认证；江阴市民卡工程获国家金卡工程最高奖项——"金卡工程多功能应用奖"，成为全国县级市中首个连续两次获得该奖项的市民卡工程。（张成奇）

【江阴市公共交通公司】 公司于 1992 年 10 月成立，为主要经营城市公共汽车客运的国有专业运输企业。2010 年，该公司以国有资产降本节支为目标，以提倡低碳交通为发展战略，加快车辆提档升级，强化公司内部管理，取得社会效益和经济效益双丰收。由政府出资 6750 万元购置的 150 辆压缩天然气公交车于年内分期分批投用；投入资金 1300 万元建成永安公交首末站；投入 500 万元建成公交智能调度管理系统；开通 5 条公交线路，城区实现公交到住宅小区全覆盖。城区空调车比例达 100%；员工全年收入增长比例突破 13%；乘客满意度达 90%以上。至年末，该公司拥有员工 1128 人，各类营运车辆 532 台，营运线路 53 条，范围覆盖城区主要路段、小区及周边云亭、南闸、夏港、城东等街道，日发班次 3339 班，日行驶里程 7.78 万公里，日均运送乘客达 32.71 万人次，万人拥有公交车 18.5 标台，公共交通出行分担率达 24%。是年，公交营业收入首次突破 6000 万元，比上年增长 7.38%，圆满完成市政府下达的各项目标任务。（赵 菁）

【江阴市城西投资开发有限公司】 公司于 2009 年 10 月成立，按照"求真、务实、高效、规范"的经营理念，科学规划编制、循序渐进开发建设、依法征地拆迁、积极招商引资。先后完成《江阴市城西地区城市发展策略研究及深化设计》《江阴市城市西组团控制性详细规划》《江阴市城市西组团交通设施控制规划》及《江阴市西组团四个地块拆迁小区修建性详细规划》编制；拆迁区域范围内企业 35 个（其中退城入园企业 20 个）、民房 132 户，总计土地面积 35.43 万平方米，房屋建筑面积 24.8 万平方米。启动浮桥一期 6 万平方米的拆迁安置房建设；同时还启动普惠路中段、文富路二期、城裕路南延伸段、通惠路西延伸段等道路工程建设。在加快基础设施建设的同时，加大招商力度，吸引国内外知名品牌、企业进驻。成功引进大连万达集团股份有限公司投资建设江阴万达广场项目，该项目建筑面积超过 55 万平方米，包括大型购物中心、写字楼、室外商业步行街及城市商业街、商务酒店、住宅及配套设施，为城西地区最大、多功能、综合性城市综合体项目，投资超 40 亿元。至 2010 年末，市城西投资开发有限公司完成挂牌出让拆迁安置房用地 3.89 万平方米，经营性用地 12.15 万平方米；划拨出让经济适用房用地超 8.72 万平方米。累计取得土地出让金 5.8 亿元。

（刘 蓉 沈希婷）

■类目编辑 陈学超

科技管理和服务

【概况】 2010年，江阴市科技工作围绕新兴产业发展“445计划”*，坚持“一个中心、两条主线、三个战略着力点”（以技术创新和人才支撑推动经济转型发展为中心，一手抓传统产业高新化和品牌化、一手抓高新技术产业化和规模化，以实施产学研合作“新合作、新技术、新产业”战略为经济转型发展提供智力支撑为着力点，以实施知识产权战略推进企业技术创新和产业转型升级为着力点，以实施领军人才创新创业战略推进新兴产业和新兴战略性产业发展为着力点）工作思路，实施“科技创新创业七大推进计划”（国家级省级荣誉争创、产学研合作、新兴高科技产业、上级科技项目争抢、知识产权战略、各类创新平台建设、全社会科技创新氛围营造），科技创新工作取得显著成效。年内，江阴市获“十一五”国家科技计划组织管理优秀组织奖；被命名为江苏省首批创新型试点城市，成为全省唯一获此殊荣的县（市）。江阴高新技术创业园被科技部火炬中心评为国家级大学生科技创业见习基地试点单位；江苏江阴经济开发区获省政府批准更名为江苏省江阴高新技术产业开发区；市科技局获第四届中国产学研合作促进奖，被评为江苏省知识产权宣传培训工作先进单位、“送科技下乡、促农民增收”活动先进单位、科技宣传工作先进单位、研究与开发资源清查先进单位、院省合作先进单位。

科技计划项目 全年承担无锡市级以上各类科技计划项目312项，分别为国家级43项，其中重大科技专项（简称国家“02”专项）项目3项、“十二五”“重大新药创制”科技重大专项项目1项、中小型企业技术创新基金项目15项、火炬计划项目18项、重点新产品项目4项、向境外申请及授权专利资助项目2项；江苏省级244项，其中重大成果转化项目6项、配套国家科技专项资金重大项目2项、“江苏省创新团队”项目1项、贷款贴息项目1项、配套国家平台项目1项、科技支撑计划项目（工业）6项、科技型企业技术创新资金项目6项、国际科技合作计划项目1项、产学研前瞻性联合研究项目1项、科技支撑计划项目（社会发展）2项、自然科学基金项目3项、科技创新与成果转化项目（科技服务平台）1项、院士工作站项目3项、自主创新产品项目16项、高新技术产品项目159项、其他项目35项；无锡市级项目25项。全年获各级各类资助1.46亿余元，其中国家“02”专项获资助2316.83万元、其他资助1228万元；江苏省级资助1.09亿元；无锡市级资助196万元。

先进科技型企业 全市被江苏省科技厅重新认定高新技术企业27个，累计146个；有7个企业被科技部认定为国家火炬计划重点高新技术企业；新批江苏省级民营科技企业68个，累计321个；新批江苏省级创新型企业23个；新增江苏省农业科技型企业1个（江苏贝斯特水产高新技术有限公司），累计5个。新批无锡市高新技术企业93个；无锡市知识产权优势企业10个。

科技中介服务 市生产力促进中心组织企业申报各级各类科技计划项目308项，直接为企业遴选并辅导申报项目30项，为企业争取项目资助和税金减免累计达1000余万元。发布和更新市科技局网站网络信息700余条。解答市内企业科技政策、项目申报、知识产权咨询2400余次。接受代理企业科技查新项目180项，举办科技项目申报、火炬统计等培训班，800余人次参加培训。是年，市生产力促进中心通过ISO 9001-2008质量管理体系认证，并联合权威认证机构对外开展ISO 9001质量管理体系、ISO 14001环境管理体系等认证、企业管理咨询等。市科技信息网络中心在为全市500个科技型企业提供信息资源共享服务基础上，开发网络信息智能整合系统、企业个性化网络服务系统等运用软件，与文献资源系统整合，建成信息更完整、数据更准确、功能更强大信息服务系统，全年为250万人次提供信息服务。是年，市科技信息网络中心促成重点产学研合作项目69项，意向合作、人才交流项目560项。

（周红芬 张云霞 蔡中奇 沈益玲）

【第二十届科技节】 2010年10月23日，江阴市委、市政府举办第二十届科技节，在高新技术创业园和黄嘉喜来登酒店举行科技节系列活动。其间，组织举办无锡"国际人才特区"江阴科技人才资本战略合作创新联盟成立大会、江阴科技人才资本战略合作创新联盟"技术、资本、企业"对接合作洽谈会、全国"孵化器建设与区域经济发展"高层论坛等活动。

10月23日上午，无锡"国际人才特区"江阴科技人才资本战略合作创新联盟成立大会在黄嘉喜来登酒店召开，科技部、江苏省科技厅领导，海内外200名知名风险投资、金融机构嘉宾和高校院所专家学者，无锡市、江阴市领导，以及江阴市100个"530计划"*海归领军人才创业企业、100个拟上市科技型企业、全部上市公司负责人参加。全国人大常委会原副委员长、"中国风险投资之父"成思危，科技部党组书记、副部长李学勇发来贺信。其间，江阴市出台《关于加快科技金融服务体系建设的意见》(简称江阴科技金融"22条")，与各类创业投资、产业基金达成一期总投资15亿元合作项目。14个商业银行向科技型企业贷款授信323亿元，其中，与28个科技型中小企业签订贷款10.67亿元。

10月23日下午，科技部火炬中心高技术产业开发中心在江阴高新技术产业开发区管委会举行全国"孵化器建设与区域经济发展"高层论坛。科技部火炬中心和江苏省科技厅领导，各省、直辖市、计划单列市科技主管部门，各国家级高新技术产业开发区管委会，各国家级孵化器以及江阴市孵化创业企业等200余人参加。本次论坛主要探讨中国科技孵化器的发展经验及科技孵化器建设发展对区域经济的影响。上海、江苏、天津、西安、杭州、深圳、嘉善等8个科技管理部门和孵化器相关领导介绍孵化器建设促进本地经济发展成功经验。江阴高新技术产业开发区管委会介绍"孵化器的创新发展模式""特色创业服务模式"和"孵化器推动地方经济发展"等情况。 (梅士强　周红芬)

【江阴科技人才资本战略合作创新联盟成立】 2010年10月23日，无锡"国际人才特区"江阴科技人才资本战略合作创新联盟成立，这是全国县(市)成立的首个科技、人才、资本的战略合作平台。该联盟是技术性、专业性非独立法人社会团体，不以营利为目的，不受部门、地区和所有制限制的开放契约型联合组织；由国内外各类投资机构，海内外银行、保险、证券等机构，注册在江阴市的企业，科技园区及科研机构等，本着自愿、平等、互利、合作的原则而联合发起，集联合性、长期性、市场化于一体的区域性组织。是年，该联盟成员单位有海内外风险投资、创业投资、产业基金及金融机构100个，江阴境内上市公司、海内外高层次人才科技创业企业100个和拟上市科技型企业100个。该联盟以推进江阴转型发展、创新发展为目标，引导和调动国内外各类创业投资、风险投资、产业基金与江阴科技创新项目战略合作，进一步推动并加强全球各地知名资本机构和金融机构与江阴"530计划"创业团队、拟上市成长型科技企业和上市公司在科技、人才、资本全面合作，加快实现创新型经济发展和新兴产业发展"445计划"目标，为科技创新创业企业提供全方位投融资服务、产融研服务和"政保企"服务，推动创新型经济和战略性新兴产业快速集聚发展。 (周红芬)

【新认定29个省级以上高新技术企业】 2010年，江阴市科技局、财政局、国税局、地税局按照科技部、财政部、税务总局联合制定的《高新技术企业认定管理办法》，组织40余个科技型企业申报省级以上高新技术企业。吉鑫风能科技股份有限公司、江苏华宏科技股份有限公司2个企业被认定为国家火炬计划重点高新技术企业，累计达7个。江阴新仁科技有限公司等27个企业被省科技厅、财政厅、国税局、地税局认定为高新技术企业，累计达146个。江阴中南重工股份有限公司、江苏宝利沥青股份有限公司、无锡百川化工股份有限公司3个高新技术企业成功上市。江苏汉德天坤科技发展有限公司的"智能视频监测系统服务器"等159种产品被省科技厅认定为高新技术产品，江阴延利汽车饰件有限公司的"环保型热塑性天然棕麻纤维汽车内饰件复合基材"等11种产品被认定为江苏省自主创新产品。是年，全市高新技术产业产值(七分类)占规模以上工业产值17%，高新技术产业产值1650亿元，高新技术产业增加值占规模以上工业增加值的比重由2006年的22.8%增长到2010年的42%，上升19.2个百分点。 (薛　良　潘乐天)

【获准2个江苏省科技型农业专业合作社】 2010年，江苏省科技厅为充分发挥科技在发展现代农业、推进城乡经济社会一体化发展中的支撑作用，支持、引导农业专业合作社做大做强，促进农业和农村经济发展，启动科技型农业专业合作社建设。江阴市科技局组织具有较强依靠科技进步促进发展意识，能积极开展多种形式产学研合作，通过科技成果转化应用，带动农民致富取得明显成效的农业专业合作社申报。是年，江阴市定山养猪专业合作社、邓阳蔬菜农民专业合作社获评首批省科技型农业专业合作社。

(郭　峰)

【科技创新培训】 2010年3月，江阴市组织和开办创新型中小企业总裁新加坡研修班。市内相关创新型中小企业负责人20人与新加坡企业界同仁进行交流与合作，探讨新形势下企业面临的机遇与挑战，提升中小企业经营者素质与社会责任感。年内，举办知识产权知识培训班2期，有93个企业200人参加。同时，开展农业科技知识培训，新建星火课堂3个，至年末全市镇(街道)均已建立星火课堂。全年培训企业家或星火带头人380人、科技管理人员350人、师资65人，有2000余名农民参加科技致富实用技术培训。

(张云霞　周凤兴)

2010年江阴市国家火炬计划重点高新技术企业一览

表55

企业名称	行业领域	主导产品	企业类型	所在区、街道、镇
江阴兴澄特种钢铁有限公司	新材料	高标准轴承钢、高级齿轮钢、合金弹簧钢、合金管坯钢	股份公司	开发区
江苏海陆装饰有限公司	新材料	舰船用新型复合装饰防护安全材料	有限责任公司	澄江街道
江苏方程电力科技有限公司	新能源	电力系统优化控制、电力环保、电力节能产品	有限责任公司	澄江街道
江苏吉鑫风能科技股份有限公司	新能源	兆瓦级风力发电机组的轮毂、底座等	股份公司	云亭街道
江阴市江顺模具有限公司	新材料	新型精密铜铝型材热挤压模具、模具配件	有限责任公司	周庄镇
江苏华宏科技股份有限公司	机械装备制造	液压打包机械	股份公司	周庄镇
凯诺科技股份有限公司	新材料	精毛纺面料及服装	股份公司	新桥镇

2010年江阴市新增江苏省级高新技术企业一览

表56

企业名称	行业领域	主导产品	企业类型	所在区、街道、镇
江苏汉德天坤科技发展有限公司	电子信息	视频传感监控设备及软件	有限责任公司	开发区
江阴天恒计算机信息技术有限公司	电子信息	计算机信息安全软硬件	有限责任公司	开发区
江阴和普微电子有限公司	电子信息	集电子信息、微电子技术、集成电路产品设计	有限责任公司	开发区
江阴丰力生化工程装备有限公司	机械装备制造	双质体振动流化床、脉冲袋式除尘器	有限责任公司	开发区
江苏宝得换热设备有限公司	新材料	高效率换热器	有限责任公司	澄江街道
江苏常隆客车有限公司	新能源	新能源客车	有限责任公司	澄江街道
江阴市卡利格机械有限公司	机械装备制造	煤矿井下的辅助运输机械及配件	有限责任公司	申港街道
江阴福斯特纺织有限公司	新材料	新型服装面料及服饰设计生产	台港澳企业合资企业	申港街道
江苏中威智能设备有限公司	机械装备制造	新型智能燃气设备	有限责任公司	申港街道
江阴华电新材料有限公司	新材料	半导体、元器件专用超薄铜箔材料、高导体材料	有限责任公司	申港街道
远见风能(江阴)有限公司	新能源	风电整机(独立自主知识产权)	港、澳、台商独资经营企业	申港街道
江阴凯迈机械有限公司	机械装备制造	特种车辆太阳能光伏回转装置	外商独资企业	夏港街道
江阴和时利工程塑胶科技发展有限公司	新材料	PBT纯树脂	中外合资企业	云亭街道
江阴南工锻造有限公司	新材料	风电轴承锻件	有限责任公司	南闸街道
江阴法尔胜钢铁制品有限公司	新材料	特殊结构钢绞线及无黏结钢绞线	有限责任公司	璜土镇
江苏融泰石油科技股份有限公司	新材料	钻杆及其加重钻杆、方钻杆	民营股份制公司	璜土镇
江苏博大数控成套设备有限公司	机械装备制造	等离子数控切割设备	有限责任公司	璜土镇
江阴市宏泽氯碱设备制造有限公司	新材料	生产膜极距(零极距)离子膜电解槽、电解槽EPDM槽框垫片	有限责任公司	利港镇
江阴市鸿萌橡塑制品有限公司	新材料	医用橡胶制品配件	有限责任公司	利港镇
无锡优萌汽车部件制造有限公司	机械装备制造	汽车、卡车及工程机械发动机冷却系统	港、澳、台商投资企业	青阳镇
江阴新仁科技有限公司	新材料	高精铝板带箔	民营股份制公司	徐霞客镇
江苏大阳微粉科技有限公司	新材料	碳化硅微粉	有限责任公司	徐霞客镇
江阴兴鼎石油管具有限公司	新材料	石油钻杆、加重钻杆、钻杆接头	有限责任公司	华士镇
江阴市天宇镍网有限公司	新材料	新型圆筒印花镍网	有限责任公司	周庄镇
江阴市明康绝缘玻纤有限公司	新材料	新型覆铜板	有限责任公司	长泾镇
江阴升辉包装材料有限公司	新材料	多层共挤功能性薄膜	有限责任公司	长泾镇
江阴市友佳珠光云母有限公司	新材料	湿法合成云母粉、湿磨合成云母粉	有限责任公司	祝塘镇

(薛 良)

2010年江阴市获国家级科技计划项目一览

表57

类别	项目名称	承担单位
重大科技专项项目	QFN条带测试分选编带机的研发与产业化	江阴格朗瑞科技有限公司
	QFN装料管机的研发与产业化	
	QFN转盘式测试/打印/编带一体机的研发与产业化	
"十二五""重大新药创制"科技重大专项项目	阿德福韦酯的创新绿色技术改造	江苏四环生物股份有限公司
科技型中小企业技术创新基金项目	印染废水大通量膜处理及回用技术与产业化——全自动中水回用机	江阴市虎跑环保科技有限公司
	LTS低速高效环牒式污泥脱水机	无锡隆恩捷环境科技有限公司
	大型循环流化床(CFB)锅炉节能分选冷渣机	江阴市宏能科技有限公司
	新型气动式深水疏浚系统	江阴市水利机械施工工程有限公司
	GraphInfo多维信息集成系统	江苏远望神州软件有限公司
	替代进口子午胎用高黏合性硼酰化钴	江阴市三良化工有限公司
	高纯度井冈霉醇胺的合成	无锡药兴医药科技有限公司
	内筒膜多层袋制袋机	无锡鸿昌精密机械有限公司
	两级转轮太阳能除湿空调/采暖复合能量系统	江阴万龙源科技有限公司
	高速列车型材制造用大型复杂截面挤压模具	江阴市江顺模具有限公司
	HF-A02电子式地毯织机	江阴市华方新技术科研有限公司
	大规模无线传感网组网关键设备	江苏联优信息科技有限公司
	工业用无血清无蛋白化学培养基	江阴剑桥生物技术有限公司
	三维组织培养用的具有规则的交替错位多孔结构的透明聚苯乙烯支架	江阴瑞康健生物医学科技有限公司
	烟气余热回收的烟道板式换热器	江苏宝得换热设备有限公司
火炬计划项目	方形扁平无引脚封装技术研究及产业化	江苏长电科技股份有限公司
	全火焰水解法(OVD+OVD)制备低水峰光纤预制棒技术	江苏法尔胜光子有限公司
	GraphInfo多维信息集成系统应用与产业化	江苏远望神州软件有限公司
	可喷淋护理面料及服装的研制与开发	江苏阳光股份有限公司
	亚光凹凸花纹彩色钢板的产业化	江苏海陆装饰有限公司
	镀锌螺旋瓦斯抽放管	江苏澄工机械制造有限公司
	感应淬火轴承钢SAE1070M	江阴兴澄特种钢铁有限公司
	高性能废橡塑改性沥青	江苏宝利沥青股份有限公司
	高级弹力花呢	凯诺科技股份有限公司
	高速列车转向架用高性能弹簧钢	江苏泰富兴澄特殊钢有限公司
	YS6180G 18米BRT公交车	江苏常隆客车有限公司
	重型机械用多通道液压中央回转体	江阴市长龄液压机具厂
	钢制强化玻璃纤维制双层油罐	江阴市富仁高科有限公司
	低成本、高屏蔽覆膜药用丁基胶塞	江阴兰陵瓶塞有限公司
	分选式冷渣机	江阴市宏能科技有限公司
	s135大扭矩、超深井、高效石油钻杆	江阴德玛斯特钻具有限公司
	JYFL单吸式圆笼除尘机组	江阴市空调除尘设备厂
	YLDM-III型长袋低压脉冲袋式除尘器	江苏亿金环保设备工程有限公司
国家重点新产品项目	乙二醇丁醚酯	江苏怡达化工有限公司
	同步节能高效固定旋转式吹尘器	江阴市石油化工设备有限公司
	XZ0.1-407D(33/39)酯化蒸汽型溴化锂吸收式冷水机组	江苏双良空调设备股份有限公司
	高级阻燃花呢	凯诺科技股份有限公司
国家向境外申请及授权专利资助项目	结晶型四苄基伏格列波糖及其制备方法	无锡药兴医药科技有限公司
	立体选择性合成伏格列波糖	

2010年江阴市获江苏省级科技计划项目一览

表58

类别	项目名称	承担单位
重大科技成果转化项目	基于新型存储器的高可靠低成本的高频X-RFID芯片和应用产品的研发及产业化	江苏凯路威电子有限公司
	基于传感网的机电装备智能监控诊断成套研发及产业化	江阴众和电力仪表有限公司
	高性能光伏用EVA封装胶膜的研发及产业化	江苏爱康太阳能科技股份有限公司
	基于高效组合能源系统的纯电动大客车研发及产业化	江苏常隆客车有限公司
	高速铁路用高强度高导电铜镁合金承力索研发及产业化	江阴市电工合金有限公司
	轨道列车用铝型材大型复杂截面挤压模具的研发及产业化	江阴市江顺模具有限公司
科技支撑计划项目（工业）	基于IPV6的下一代网络融合技术的开发与应用	江苏同方云帆信息科技股份有限公司
	航空和风能用高性能低成本新型三维复合材料和碳纳米管复合材料	无锡安飞纤维材料科技有限公司
	环保高气密性轮胎薄膜的开发与产业化	江阴升辉包装材料有限公司
	汽车轻量化结构件内高压成形生产技术开发	江阴市界达特异制管有限公司
	特大桥缆索制造及检测技术国际标准	江苏法尔胜泓昇集团有限公司
	集成电路封装QFP技术标准	江苏省半导体行业协会、江苏长电科技股份有限公司、南通富士通微电子股份有限公司、天水华天科技股份有限公司
科技支撑计划项目（社会发展）	一类溶栓新药——福康普酶及注射用冻干针剂产品开发	江苏博闻生物技术有限公司
	面向公共安全的多模态个体鉴识信息网络分析平台	南京大学江阴信息技术研究院
国际科技合作计划项目	采用喷墨打印电极技术制备高效、低成本太阳电池	海润光伏科技股份有限公司
科技型中小企业技术创新资金项目	鑫皓生物识别支付——指纹支付系统研制	江苏鑫皓信息技术有限公司
	新型大功率高效电力电子器件研制	江阴源芯电子有限公司
	多光束高效LED晶圆激光划片设备研制	江阴德力激光设备有限公司
	用于干细胞和新药研发体外模型的三维细胞生长系列的产品	江阴瑞康健生物医学科技有限公司
	宫颈癌预防和早期诊断——致癌病毒HPV血液检测	江阴艾托金生物技术有限公司
	基于无线传感器网络(zigbee)和无线城市远程智能环境监控解决方案	无锡泛在智能网络科技有限公司
自然科学基金项目	利用指示特种群对江阴市河流进行快速生态评价	江阴市环境监测站
	β1,4-半乳糖基转移酶I在周围神经炎症中的意义及其机制研究	江阴市人民医院
	面向物联网的嵌入式系统建模与转换研究	南京大学江阴信息技术研究院
自主创新产品项目	Km-9阻燃型环氧酚醛纸覆铜箔层压板	江阴市明康绝缘玻纤有限公司
	环保型热塑性天然棕麻纤维汽车内饰件复合基材	江阴延利汽车饰件有限公司
	高支高密色织物	江阴福斯特纺织有限公司
	汉德天坤智能视频检测服SI-L-TK002	江苏汉德天坤科技发展有限公司
	s135大扭矩、超深井、高效石油钻杆	江阴德玛斯特钻具有限公司

续表 58

类　　别	项 目 名 称	承 担 单 位
自主创新产品项目	轨道列车用铝型材大型复杂截面挤压模具	江阴市江顺模具有限公司
	DJ 型多功能高速软袋装箱机	江阴纳尔捷机器人有限公司
	WC5E 双向驾驶防爆柴油机无轨胶轮车	江阴市卡利格机械有限公司
	一次性使用自动痔疮套扎器 HL-II	江苏华杨生物科技有限公司
	CMS1 煤矿用深孔钻车	江苏中煤矿山设备有限公司
	宽幅高抗撕硅橡胶板	江阴天祥塑化制带有限公司
	螺旋风管成型机 1602	江阴三本科技有限公司
	PA2000 系列智能电能质量监测装置	江苏斯菲尔电气股份有限公司
	基于 SAAS 模式的劳动保障企业服务平台	江苏网新博创科技有限公司
	基于新型存储器的高可靠低成本的高频 X-RFID 芯片	江苏凯路威电子有限公司
	全自动燃油(气)锅炉	江苏双良锅炉有限公司
高新技术产品项目	智能视频监测系统服务器	江苏汉德天坤科技发展有限公司
	纳米插层结构无铅热稳定剂	江阴市瑞法化工有限公司
	共聚支化 PET 瓶级聚酯切片	江苏兴业塑化股份有限公司
	防透薄花呢	江苏阳光股份有限公司
	翡翠珍珠舒适花呢	
	数控高精度火焰齿条切割机	江苏博大数控成套设备有限公司
	数控等离子回转割炬切割机	
	色织双弹泡泡纱	江阴龙华染织五厂有限公司
	全棉免烫管状梯级布	
	大跨径悬索桥高精度主缆索股	江苏法尔胜新日制铁缆索有限公司
	悬索桥主缆缠绕用 S 形钢丝	
	水性聚氨酯涂层胶	江阴市诺科科技有限公司
	螺旋风管机 1602	江阴三本科技有限公司
	环保循环再生纱线印染布	江苏三房巷实业股份有限公司
	全塑料透明彩色复合片材	江阴宝柏包装有限公司
	高阻隔新型防伪复合片材	
	低温酸奶包装用易揭盖膜	
	废橡胶粉改性沥青	江阴泰富沥青有限公司
	高光泽度光变环保节能包装材料	江阴市兰天彩印包装有限公司
	超细晶强化型铜镁合金接触线	中铁建电气化局集团康远新材料有限公司
	丝光羊毛与多种原料混纺的舒适型新型纱线	江阴市茂达棉纺厂
	基于 SAAS 模式的劳动保障企业服务平台	江苏网新博创科技有限公司
	全自动板坯修磨机	江阴东辰机械制造有限公司
	ф12-ф50 钢材轧机后道在线精整线	
	全自动多磨头修磨机	
	DTSF1352 三相四线电子式复费率电能表	江苏安科瑞电器制造有限公司
	DQ-QBL 连铸轧板栅生产线	江阴市东顺机械有限公司

续表 58

类　别	项　目　名　称	承　担　单　位
高新技术产品项目	高强度耐热合金钢锻件	江阴南工锻造有限公司
	节能高效大功率风力发电主轴	江阴振宏重型锻造有限公司
	高韧性抗疲劳石油钻杆	江苏融泰石油科技股份有限公司
	超大规格石油钻铤	
	JM-C-7F 挂壁式反转速监测保护仪	江阴市江凌科技有限公司
	JM-B-6Z(402)监测保护装置	
	JM-B-35 一体化振动变送器	
	Szs20-1.6/260-Y.Q、SZS30-1.6/350-YZ、SZS35-1.27/350-YC 全自动燃油(气)整装水管过热蒸汽锅炉	江苏双良锅炉有限公司
	SLG-45/3.82-QJ 散装燃焦炉煤气小型发电锅炉	
	SZS20-2.5-Y.Q、SZS30-1.25-Y.Q、SZS35-2.5-Y.Q 全自动燃油(气)整装水管蒸汽锅炉	
	千兆光网络三层管理交换机	江苏华丽网络工程有限公司
	仿金箔高分子装饰膜	江阴华东装饰材料有限公司
	仿球革高分子装饰膜	
	高效高精度镇流器、变压器铁芯产品	江阴华新电器有限公司
	锂离子电池与超级电容组合能源系统的纯电动大客车	江苏常隆客车有限公司
	高结晶热塑型聚对苯二甲酸丁二醇酯(PBT)树脂	江阴和时利工程塑胶科技发展有限公司
	新型离子膜电解槽出液管	江阴市宏泽氯碱设备制造有限公司
	用于离子膜电解槽的防腐蚀橡胶垫片	
	珠光级湿法云母粉	江阴市友佳珠光云母有限公司
	烟道板式换热器	江苏宝利换热设备有限公司
	汽车智能可变气门装置(VVT)带轮	无锡市恒特力金属制品有限公司
	优质氮化钒	江阴市长兴钒氮新材料有限公司
	兆瓦级风力发电机组用变桨轴承	江阴嘉鑫风电轴承有限公司
	轨道列车铝型材用大型复杂截面挤压模具	江阴市江顺模具有限公司
	高质量钢帘线用钢	江阴兴澄特种钢铁有限公司
	轿车用非调质钢 S45CVMn	
	高质量大规格连铸连轧 GCr15 钢	
	一体式水冷、风冷散热晶闸管陶瓷外壳	江阴市赛英电子有限公司
	方程电力低压线路无功补偿策略研究软件 V3.0	江苏方程电力科技有限公司
	电能调节节电装置	
	QFC 智能型电力无功补偿装置	
	电站冷凝热回收大型第一类溴化锂吸收式热泵机组	江苏双良空调设备股份有限公司
	高温型第二类溴化锂吸收式热泵机组	
	直燃型第一类溴化锂吸收式热泵机组	
	HF-A02 电子式地毯织机	江阴市华方新技术科研有限公司
	吸湿透气高档花呢	凯诺科技股份有限公司
	易护理毛麻精纺呢	

续表 58

类　别	项　目　名　称	承　担　单　位
高新技术产品项目	精品亮光呢绒	凯诺科技股份有限公司
	环保易护理花呢	
	硬质合金消防锯片	江苏锋菱超硬工具有限公司
	无卤素高密度互连用覆铜板	江苏星源航天材料股份有限公司
	风力发电传动齿轮	江阴市燎原锻压有限公司
	低排放天然气城市客车	江苏常隆客车有限公司
	高精度多功能电能质量分析仪	江苏斯菲尔电气股份有限公司
	低张力正胶显影液	江阴市江化微电子材料有限公司
	氟酸清洗剂	
	热成形不锈钢复合钢板制对焊弯头	江阴市东发机械设备制造有限公司
	3 兆瓦级风电机组用大型高性能件轮毂及底座	江苏吉鑫风能科技股份有限公司
	新型复合环氧增塑剂	江阴市向阳科技有限公司
	高密封性双层涂塑钢丝绳	江阴泰阳成索业有限公司
	CQJ-320 型橡胶搓切机	江阴市鑫达药化机械制造有限公司
	8011 合金耐温装饰箔	江阴新仁科技有限公司
	6811 合金汽车散热片铝箔	
	离子膜电解槽用复合涂层结构阴极网	江阴安凯特电化学设备有限公司
	环氧树脂涂层钢筋	江阴市华金交通建材有限公司
	用于轨道车辆的自调式废气排放装置	江阴市必得科技发展有限公司
	冷转移印花平绒	江阴望春花平绒有限公司
	新鲜肉制品透气保鲜拉伸成型薄膜	江阴升辉包装材料有限公司
	高强度抗疲劳高速电梯曳引用钢丝绳	江苏法尔胜特钢制品有限公司
	高强中伸型无纺布专用涤纶短纤维	江阴市华宏化纤有限公司
	超有光涤纶短纤维	
	卡车用 Cr-V、Cr-Mo-V 系列及 Cr-Mn 变截面弹簧钢	江苏泰富兴澄特殊钢有限公司
	工程机械用 Cr-Mn-Mo-B 钢	
	Q91Y-1250 型龙门式液压废钢剪切机	江苏华宏科技股份有限公司
	烟气余热酸性气回收节能环保装备	江阴市石油化工设备有限公司
	印染用镍铁复合金属圆网(165 目)	江阴市镍网厂有限公司
	超大公称周长 1206 型圆筒印花镍网	
	锌铝合金镀层钢丝耐久型缆索	江苏法尔胜新日制铁缆索有限公司
	抗硫石油钻杆	江阴德玛斯特钻具有限公司
	生活垃圾焚烧烟气净化系统	江苏亿金环保设备工程有限公司
	固态铝电解电容器专用电极箔	江阴市花园电子材料有限公司
	木器用聚己内酯硅氧烷水性聚氨酯涂料	江阴市诺科科技有限公司
	聚醚/巯基共改性亲水硅油乳液	
	新型竹炭抗菌功能面料	江阴芗菲服饰有限公司
	环保型超高支高密色织府绸	江阴福斯特纺织有限公司

续表58

类　别	项　目　名　称	承　担　单　位
高新技术产品项目	高性能废橡塑改性沥青	江苏宝利沥青股份有限公司
	63.5翻转式双模轮胎定型硫化机	江阴市林盛机械有限公司
	51液压天平式双模轮胎定型硫化机	
	小粒度大比表面氧化钇	江阴加华新材料资源有限公司
	超高纯高堆比重氧化钆	
	高柔性水刺无纺布涤纶短纤维	江阴博伦化纤有限公司
	酚醛纸基光屏蔽单面覆铜箔层压板	江阴市明康绝缘玻纤有限公司
	无毒环保环氧增塑剂	江阴市向阳科技有限公司
	油轮改装船	中船澄西船舶修造有限公司
	4.5万吨散货船	
	海上风场风力发电塔	
	7.6万吨巴拿马型散货船	
	3.5万吨举力浮船坞	
	SG-1200型双钓拉丝机	江阴市鑫达药化机械制造有限公司
	VM06系列高性能矢量控制变频器	三垦力达电气(江阴)有限公司
	大尺寸风电法兰	江阴风电法兰制造有限公司
	DG274C14无刷交流发电机	无锡顶一电机有限公司
	环保增强阻燃耐锡焊工程塑料PBT	江阴济化新材料有限公司
	节能电炉烟气捕集系统	江阴市盛凯环保设备有限公司
	低耗高效高纯度茶黄素	江苏德和生物科技有限公司
	低耗高效高纯度茶多酚	
	PC开关电源用低tf晶体管芯片	江阴新顺微电子有限公司
	低饱和低漏电节能灯用晶体管芯片	
	低饱和低漏电双极型晶体管芯片	
	低漏电低正向肖特基二极管芯片	
	48头方形纺丝甬道	江阴中绿化纤工艺技术有限公司
	多线锯用切割钢丝专用水箱拉丝机组	江阴市华方机电科技有限公司
	高强度高韧性缠绕管道用食品级内衬树脂	江苏富菱化工有限公司
	双芯康铜绞线PFA绝缘护套短距离恒功率串联电热带	江阴市华能电热器材有限公司
	环保节能、降耗、装载灵活型1.29万吨多用途船	江苏扬子江船厂有限公司
	环保、节能、智能型2500TEU集装箱船	
	灵便装载、高效装载、大湖型12600DWT多用途集装箱船	
	环保、节能降耗、改进型7600吨多用途干货船	
	集约高效、重载、集成控制型1350TEU冷藏集装箱船	
	基于新型存储器的高可靠低成本的高频X-RFID芯片	江苏凯路威电子有限公司
	光固化氟碳涂料无机装饰板(格赛特板)	江苏双良复合材料有限公司
	聚氨酯保温装饰复合板(格赛特保温装饰复合板)	
	高浸透性高玻璃化温度覆铜板	江阴市华尔胜绝缘材料有限公司

续表 58

类　别	项 目 名 称	承 担 单 位
高新技术产品项目	环保型环氧玻璃布覆铜箔板	江阴市华尔胜绝缘材料有限公司
	涂覆水溶性涂层的高性能冷打不锈钢线	江阴祥瑞不锈钢精线有限公司
	汽车领域中沉淀硬化半奥氏不锈钢线材	
	热反射彩色涂层钢板	江阴市中江彩板有限公司
	红外吸收彩色涂层钢板	
	免烘干干混砂浆成套设备	无锡江加建设机械有限公司
	新型环面包络无间隙蜗轮蜗杆减速装置	江阴凯迈机械有限公司
	新型移动式热锯机	江阴圆方机械制造有限公司
	履带涨紧装置	江阴市长龄机械制造有限公司
	CLG626R/630R 轮胎压路机	江阴柳工道路机械有限公司
	CLG612T 全液压双钢轮压路机	
	JY 型间接式彩钢板凹版印刷机	江阴市江南轻工机械有限公司
	废旧物料回收处理生产线	江阴市金科粉碎机械有限公司
	新型环保、多道密封集装箱门密封条	江阴海达橡塑股份有限公司
	免硅化医用胶塞	江苏华兰药用新材料股份有限公司
	太阳能单、多晶硅线切割用绿碳化硅微粉	江苏大阳微粉科技有限公司
	操控用铠装推拉钢索	江阴市长泾车船附件有限公司
	大跨度梁式桥钢箱梁	江苏中泰桥梁钢构股份有限公司
	悬索桥钢箱梁	

（张云霞　周　洁）

产学研合作

【概况】 2010 年，江阴市产学研工作紧紧围绕新兴产业发展“445 计划”，以发展战略性新兴产业与特色高新技术产业为核心，坚持“以市场为导向、企业为主体、政府作引导、院校为依托、各方要素联动”政产学研合作原则，深化合作内涵，提升合作水平，为江阴转型发展、科学发展提供强有力科技支撑。与上海交通大学签订《科技与人才合作框架协议》，依托上海交通大学创业学院和江阴“三创”载体*及骨干企业，共建上海交通大学创业学院江阴基地；与南京工业大学签署合作办学框架协议；建成企业院士工作站 5 个，其中江苏省级 3 个、无锡市级 2 个。年内，江阴区域产学研战略联盟成员单位有中小企业 502 个、高校院所 186 所；全市 243 个重点企业与 153 所国内外高校、院所签订产学研合作项目 290 项，研发经费总投入 14.41 亿元，带动项目总投入 40.95 亿元，形成产品销售收入超 33 亿元，实现利税 4.04 亿元。是年，江阴市科技局获第四届中国产学研合作促进奖，江阴区域产学研联盟被列为中国产学研合作促进会成员单位。

（周红芬）

【江阴市与上海交通大学产学研合作】 2010 年 7 月，江阴市政府为进一步推进江阴“人才特区”和创新型城市建设，助推实施“445 计划”新兴产业发展，与上海交通大学签署《科技和人才合作框架协议》《关于共建“上海交通大学产业学院江阴基地”的合作协议》。此后，江阴市制订详细目标计划和任务分解，逐步推进成果转化基地、创业基地、科技人才合作基地建设，举办“上海交通大学—江阴创新创业活动周”，推进科技项目合作。12 月，组织机械船舶制造、电子信息、新材料、生物医药、农业科技等行业 40 余个企业，赴上海交通大学与专家教授进行科技项目合作交流互动。江阴加华新材料资源有限公司与该校环境科学与工程学院降低萃取废水化学需氧量（COD）方法研制、江阴澄江化工有限公司与该校机械与动力工程学院吸湿脱湿速度可控的二氧化硅脱胶材料的研究与开发等 6 项项目签约。

（周红芬　刘国安）

【中国药科大学江阴百桥研究中心成立】 2010 年 4 月 17 日，中国药科大学江阴百桥研究中心揭牌成立。中国药科大学、无锡市、江阴市领导出席揭牌仪式。中国药科大学江阴百桥研究中心由江阴开发区、百桥国际生物科技孵化园和中国药科大学合作共建，是以生物医药研发为主要内容的产学研平台。该研究中心旨在全面推进产学研合作一体化发展，进一步推动科技成果产业化步伐，加快区域生物医药产业集聚发展，为江阴开发区打造“百亿生物谷”奠定坚实基础。

（周红芬）

“三创”载体建设

【概况】 2010年，江阴市制定《江阴市2011~2013年“三创”载体建设三年行动规划》，启动建设“三创”载体75万平方米，完成45万平方米，累计建成210万平方米。年内，江阴大学科技园、江阴生物医药企业加速器分别被批准为省级大学科技园和省级生物医药企业加速器。江苏省江阴传感网科技产业园、江苏省江阴风电装备科技产业园、江阴软件园被确认为首批江苏省科技产业园。建成新材料、新能源、生物医药、物联网、文化创意新兴产业公共技术服务平台，累计建成省级以上企业研发机构100余个，数量位居省内同类县(市)第一。新增江苏省级工程技术研究中心35个、无锡市级工程技术研究中心4个，新建厂办研究所45个。至年末，已形成国家高新技术创业服务中心、国家级大学生科技创业见习基地、国家级科技企业加速器，省级生物医药企业加速器、省级百桥生物医药孵化园、省级物联网科技产业园、省级软件园、省级软件及服务外包产业园和总部经济园、文化创意园10大特色创业园区，入驻各类孵化企业800余个。全市拥有国家级工程技术研究中心2个、企业技术中心5个；博士后科研工作站15个；江苏省级工程技术研究中心76个、企业技术中心16个；无锡市级工程技术研究中心82个；厂办科研开发机构252个。有各类专业技术人员12.95万人。

（梅士强　周红芬　陈光亚）

【江阴大学科技园晋升为省级科技园】 江阴大学(联盟)科技园主体建在江阴开发区，核心区是国家级创业服务中心、国家级大学生见习基地和国家级科技企业加速器，以开发区“一城六园”为孵化和产业化基地，产业化主要承接地在开发区、临港新城和靖江园区。产业发展基本方向：适应产业技术创新创业的需求，为企业优化配置科技资源和生产要素，提升江阴产业结构，增强产业竞争力。重点培育和发展本地特色支柱产业和新兴产业，关注最具成长型产业发展机遇。该园以高校特色技术研究所、博士后工作站、硕士流动工作站、联合研发中心等为形式，向江阴释放高校资源，为产业发展需要共性关键技术搭建平台，提供全方位技术支持。2010年10月，被江苏省科技厅、教育厅批准为江苏省江阴大学(联盟)科技园。是年，科技园有16所大学在园区建立各类平台16个，其中，有上海交通大学江阴技术转移中心、浙江大学江阴物联网研究院、东南大学江阴新材料研究院、南京航空航天大学技术研究中心、西安交通大学国家技术转移中心等。

（徐　扬）

【江阴生物医药企业加速器成为省级加速器】 江阴生物医药企业加速器占地面积30.67公顷，建筑总面积40余万平方米，定位为全市生物医药战略性新兴产业发展的“苗圃”，主要承接江阴百桥国际生物科技孵化园、江阴高新技术创业园生物医药研发项目中试及产业化。总体规划为研发孵化区、产业化加速区和生活配套区三个功能区，拟分三期建设。2009年完成一期研发用房、加速厂房15万平方米建设，2010年8月5日开工建设二期15万平方米配套用房，三期10余万平方米深化加速用房及平台在筹划建设中。至年末，有在孵企业50余个，实现产业化企业20余个，培育出江阴力博医药生物技术有限公司、江阴迈康升华医药科技有限公司等高新技术企业，形成江阴天江药业有限公司、江苏四环生物股份有限公司、江阴市康正生物制品有限公司等超亿元生物医药企业群体。12月，江阴生物医药企业加速器被省科技厅确认为首批省级科技企业加速器，成为全省首批10个省级科技企业加速器之一。是年，该加速器累计集聚生物医药企业68个，其中国家级高新技术企业2个，A股上市公司1个，实现销售收入12.04亿元。

（周红芬　阮　波）

2010年江阴市新增江苏省级工程技术研究中心一览

表59

序号	名　称	依托企业	批准时间
1	江苏省太阳能晶体硅片工程技术研究中心	海润光伏科技股份有限公司	2010年5月
2	江苏省太阳能光伏系统集成工程技术研究中心	江阴爱康太阳能器材有限公司	2010年5月
3	江苏省电子精密冲压工程技术研究中心	江阴华新电器有限公司	2010年5月
4	江苏省新型电力电子器件封装外壳工程技术研究中心	江阴市赛英电子有限公司	2010年5月
5	江苏省节能冷渣机械工程技术研究中心	江阴市宏能科技有限公司	2010年5月
6	江苏省生物蛋白酶应用工程技术研究中心	江苏雪豹日化有限公司	2010年5月
7	江苏省高精铝板带箔工程技术研究中心	江阴新仁科技有限公司	2010年5月
8	江苏省覆铜板材料工程技术研究中心	江苏星源航天材料股份有限公司	2010年5月

续表 59

序号	名　称	依托企业	批准时间
9	江苏省高分子复合包装材料工程技术研究中心	江阴宝柏包装有限公司	2010 年 5 月
10	江苏省船舶舱室装饰工程技术研究中心	江苏海陆装饰有限公司	2010 年 5 月
11	江苏省多功能共挤薄膜材料工程技术研究中心	江阴升辉包装材料有限公司	2010 年 5 月
12	江苏省工业粉尘与城市污泥处理工程技术研究中心	江苏亿金环保设备工程有限公司	2010 年 5 月
13	江苏省烟气脱硫脱硝工程技术研究中心	江阴市中立机械工业有限公司	2010 年 5 月
14	江苏省过程神经元网络工程技术研究中心	江阴市神州科技有限公司	2010 年 5 月
15	江苏省网络交换及安全系统工程技术研究中心	江苏华丽网络工程有限公司	2010 年 5 月
16	江苏省集成电路封装测试工程技术研究中心	江苏长电科技股份有限公司	2010 年 5 月
17	江苏省快速公交系列客车工程技术研究中心	江苏常隆客车有限公司	2010 年 5 月
18	江苏省机械状态监控与故障诊断工程技术研究中心	江阴众和电力仪表有限公司	2010 年 5 月
19	江苏省高精度工业模具工程技术研究中心	江阴市江顺模具有限公司	2010 年 5 月
20	江苏省(暨阳)抗艾滋病药物中间体工程技术研究中心	江阴暨阳医药化工有限公司	2010 年 12 月
21	江苏省汽车饰件模具设计工程技术研究中心	江南模塑科技股份有限公司	2010 年 12 月
22	江苏省高分子装饰膜工程技术研究中心	江阴华东装饰材料有限公司	2010 年 12 月
23	江苏省金属涂层材料工程技术研究中心	江阴市大阪涂料有限公司	2010 年 12 月
24	江苏省机动车掣动总成推拉索工程技术研究中心	江阴泰阳成索业有限公司	2010 年 12 月
25	江苏省电工合金材料工程技术研究中心	江阴市电工合金有限公司	2010 年 12 月
26	江苏省特种玻璃工程技术研究中心	江阴市京澄玻璃有限公司	2010 年 12 月
27	江苏省聚酯复合材料工程技术研究中心	江苏兴业塑化股份有限公司	2010 年 12 月
28	江苏省特种功能织物与服装工程技术研究中心	江阴福斯特纺织有限公司	2010 年 12 月
29	江苏省特种纸板工程技术研究中心	江阴比图特种纸板有限公司	2010 年 12 月
30	江苏省离子交换树脂与吸附树脂工程技术研究中心	江苏苏青水处理工程集团有限公司	2010 年 12 月
31	江苏省大型风电部件及材料工程技术研究中心	江阴风电法兰制造有限公司	2010 年 12 月
32	江苏省节能石油机电设备工程技术研究中心	江阴丰达科技有限公司	2010 年 12 月
33	江苏省玻璃机械工程技术研究中心	江阴市锦明玻璃技术有限公司	2010 年 12 月
34	江苏省紧密纺纱工程技术研究中心	江阴市华方新技术科研有限公司	2010 年 12 月
35	江苏省船舶修造工程技术研究中心	中船澄西船舶修造有限公司	2010 年 12 月

（陈光亚）

【贝卡尔特亚洲研发中心在江阴开业】 1992 年始，比利时贝卡尔特集团与江阴合作投资，至 2010 年总投资超 4.3 亿美元，建有 7 个分厂。2010 年 4 月 20 日，贝卡尔特亚洲研发中心在江阴开业，为贝卡尔特集团历史上第一个设在比利时以外的研发机构。比利时驻沪总领事乔志，国家科技平台中心副主任吕先志，贝卡尔特集团副总裁魏汉强，贝卡尔特亚洲区总裁马国运及江阴市领导王锡南、黄满忠、孙小虎出席开业典礼。贝卡尔特亚洲研发中心总投资近 2000 万美元，有研究人员和实验室技术人员 250 人，拥有完备现代化设备，为客户和贝卡尔特集团下属公司提供材料分析实验室服务、中试车间以及专项研发等，全力打造成集工业材料研发、设备设计及制造、研发样品试验生产线、工程测试线等于一体的综合性、创新型研发机构。

（周红芬）

知识产权工作

【概况】 2010年，江阴市坚持把实施知识产权战略作为提升企业自主创新能力重要抓手，引导企业走"自主知识产权、自主品牌、自主创新能力"道路，知识产权工作取得显著成效。年内，市知识产权局在"4·26"世界知识产权日期间，宣传知识产权知识，提高企业和市民保护知识产权意识。全年全市专利申请5776件，再创历年新高。是年，市知识产权局被评为江苏省县（市）年度知识产权宣传培训工作先进集体、江苏省县（市）年度知识产权工作先进集体；江苏长电科技股份有限公司和江阴兴澄特种钢铁有限公司的2件发明专利获第二届无锡市专利奖金奖。江苏阳光集团陈丽芬和江苏法尔胜新日制铁缆索有限公司赵军获江苏省第四届十大杰出发明人优秀发明人奖。

（周红芬 陈光亚）

【专利申请逾5700件】 2010年，全市共组织专利申请5776件，申请数比上年增加2034件，其中发明专利申请769件，占申请总数的13.31%。专利授权达3830件，超年计划1530件，其中发明专利授权234件，占授权总数的6.11%。开发区、华士镇、周庄镇、祝塘镇、利港镇、新桥镇、顾山镇、长泾镇、青阳镇、徐霞客镇、南闸街道、澄江街道、申港街道、云亭街道和夏港街道专利申请数均超200件，其中开发区超1000件，华士镇、周庄镇超500件。至此，全市专利申请与授权工作进入良性循环。

（陈光亚）

【"三名"商标新增52件】 2010年，江阴工商局以品牌强市为着力点，加快推进企业自主创新，培育自主品牌力度，不断提升企业品牌效应、知名度和美誉度、企业核心竞争力。全年申请国内注册商标2850件，国际注册商标28件；有52件商标被认定为"三名"（驰名、著名、知名）商标，其中，中国驰名商标7件（分别是"兴澄""法尔胜""华宏""鑫裕""超新""协记""金杯"），江苏省著名商标12件，无锡市知名商标33件。中国驰名商标"协记"的认定，标志着江阴市新兴产业品牌化发展取得成功突破。12月，促成全市首件商标专用质押贷款签约，中国驰名商标"超新"被中国工商银行股份有限公司江阴支行给予授信额度1亿元，获得首笔质押贷款3000万元，成为无锡市同类贷款金额最高且首次由国有银行参与的一笔业务。同时，江阴工商局加大商标保护力度，与市内200余个名优企业签订维权协议，为海澜之家服饰股份有限公司、江苏阳光集团等企业外出打假7次，挽回经济损失31万元，查处商标侵权案件116件。至年末，全市共有国内注册商标1.39万余件，国际注册商标168件；其中"三名"商标245件，分别为中国驰名商标23件（行政认定16件、司法认定7件），江苏省著名商标73件，无锡市知名商标149件；行政认定驰名商标总量居全省县（市）之首，商标总数和"三名"商标拥有量位于全省前列。 （沈纯雅）

【省知识产权管理标准化示范创建单位数列全省县（市）第一】 2010年，江阴市知识产权局按照江苏省知识产权局、省质量技术监督局《关于确认2010年度企业知识产权管理标准化示范创建单位的通知》要求，组织未参加过示范创建工作的规模以上企业及高新技术企业、民营科技企业、拥有专利量10件以上企业进行申报，开展企业知识产权管理绩效评价和培训，帮助企业建立完善知识产权管理体系，提高自主知识产权的理论水平和运用知识产权制度能力。是年，有17个企业被确认为2010年度江苏省知识产权管理标准化示范创建单位，数量名列全省县（市）第一，分别是：江苏华宏科技股份有限公司、江阴兴澄特种钢铁有限公司、江苏阳光股份有限公司、凯诺科技股份有限公司、江阴市江顺模具有限公司、江苏斯菲尔电气股份有限公司、江苏焱鑫科技股份有限公司、无锡市恒特力金属制品有限公司、江阴丰力生化工程装备有限公司、江阴芗菲服饰有限公司、江阴裕华铝业有限公司、江阴天祥塑化制带有限公司、江阴中南重工股份有限公司、江阴南工锻造有限公司、江阴圆方机械制造有限公司、江苏华丽网络工程有限公司、江阴市锦明玻璃技术有限公司；有2个企业被评为江苏省知识产权管理标准化示范创建绩效评估优胜单位，分别是江苏法尔胜泓昇集团有限公司和江苏双良集团。

【知识产权优势企业】 2010年，江阴市继续组织企事业单位实施《江苏省重点领域企业和行业知识产权战略推进计划》，年内，江苏阳光股份有限公司被确认为江苏省知识产权战略推进计划实施单位，全市累计5个；江阴润玛电子材料有限公司承担江苏省专利实施计划。江阴市东发管件制造有限公司等10个企业被无锡市政府表彰为知识产权优势企业，数量名列无锡市第一。

（周红芬 陈光亚）

科技成果

【概况】 2010年，江阴市获国家科技进步奖二等奖2项，为市内企业首次作为独自承担单位获该奖项；获江苏省科技进步奖二等奖1项、三等奖1项；获无锡市科技进步奖7项，其中二等奖3项、三等奖4项；获江阴市科技进步奖共69项，其中特等奖2项、一等奖8项、二等奖23项、三等奖36项。 （周红芬）

【获2项国家科技进步奖】 2010年，江阴市有2项项目获国家科技进步奖二等奖，具体为：江苏法尔胜泓昇集团有限公司的"耐久型超高强度平行钢丝拉索关键技术及产业化”项目,该项目主要用于桥梁用缆索生产，并突破桥梁拉索设计、材料、工艺、制造等6项关键性技术，项目产品成功用于苏通大桥（世界第一斜拉桥）、香港昂船洲大桥（世界第二长斜拉桥）、上海卢浦大桥(世界第一系拱桥)、杭州湾跨海大桥、国家体育馆等10余项国家重点工程，以及仁川大桥(韩国第一斜拉桥)等工程，创造斜拉桥和系拱桥建设世界纪录，占国内桥梁缆索市场份额50%以上；江阴兴澄特种钢铁有限公司的“高品质中高碳特殊钢棒线材连续生产技术与工艺开发”项目,该项目成功开发直径900毫米(世界最大直径)超大规格连铸圆坯，形成三大核心技术,拥有国家授权专利102件,打破国外高品质钢对市场垄断和对中国封锁，产品质量达到国际顶级水平,成为世界一流特钢企业。

【获2项江苏省科技进步奖】 2010年,江阴市获江苏省科技进步奖2项。其中,江阴兴澄特种钢铁有限公司的“特钢生产节能降耗、循环利用关键技术”获省科技进步奖二等奖。该项目主要研究炼铁喷煤及烧结、铁水热送热装冶炼、连铸坯热送热装工艺、余热回收及低温低压蒸汽发电、高炉煤气及转炉煤气综合利用等钢铁行业节能减排技术,减少能源消耗,降低生产成本,提高产品质量,促进钢铁企业清洁化生产。江阴天江药业有限公司的“中药配方颗粒关键技术研究与产业化”获省科技进步奖三等奖。该项目旨在继承和发扬中医药理论，保持中医药特色和优势，实现传统中药产业向现代中药产业跨越，提高中药配方颗粒的高科技含量。研究和制定中药配方颗粒质量标准,推进中药现代化和国际化进程,提高中药生产工艺及制剂技术水平,合理利用中国中药资源,增强中药产品的国际竞争力和市场份额。（刘国安 吴 洁）

【市人民医院5项技术获省医学新技术引进奖】 2010年,江阴市人民医院的“关节镜下联合修补技术治疗内侧半月板桶柄样撕裂的临床应用”“一站式低辐射剂量成像技术在上尿路病变诊断中的应用价值”“检测血管内皮生长因子C(VEGF-C)及其受体VEGFR-3在食管鳞癌中的临床应用”“联合经额和鼻内窥镜辅助下经鼻蝶入路治疗脑脊液鼻漏”“巨大子宫肌瘤小切口开腹术及非气腹腹腔镜辅助小切口开腹术的短期疗效随机对照”5项技术获江苏省卫生厅医学新技术引进奖二等奖，创该院获省医学新技术引进奖项历年之最。（唐铭燕）

科技园区

【概况】 2010年，江阴市各科技园区围绕新兴产业发展“445计划”，组织实施各类科技计划,加快发展高新技术产业，巩固特种金属材料、高档纺织等新材料传统优势产业,大力培育新能源、电子信息、生物医药、现代装备制造等新兴高新技术产业，企业技术创新能力和市场竞争力明显增强。是年,江阴高新技术创业园新增省级园、基地4个,招项引智成效显著，国家可持续发展先进示范区和沿江国家新材料产业带稳定发展。（周红芬）

【国家可持续发展先进示范区】 2010年，江阴市国家可持续发展先进示范区顺利实施《江阴市国家可持续发展先进示范区(2008~2012)建设规划》,重点组织实施江苏省社会发展项目2项，分别是南京大学江阴信息技术研究院承担的“面向公共安全多模态个体鉴识信息网络分析平台”和靖江园区与江苏博闻生物技术有限公司共同承担的“一类溶栓新药——福康普酶剂注射用冻干剂产品开发”，获省级资助50万元。江阴市新型农村合作医疗管理委员会办公室承担的“区域数字化医疗服务科技示范”(江苏省重大科技支撑招标项目）通过江苏省科技厅验收。江阴市可持续发展先进示范区办公室启动建设由江阴市人民医院承担的“农村急诊救治适宜技术及三级联动急救网络的应用示范”重点科技项目,该项目在全国县(市)属首项。（郭 峰 周凤兴）

【沿江国家新材料产业带】 2010年，江阴沿江国家新材料产业带五大高新技术产业群继续稳定发展，全年实施各类科技计划项目120余项,其中国家火炬计划项目10项，江苏省高新技术产品项目87项,国家、江苏省和无锡市科技支撑计划项目5项。凯诺科技股份有限公司、江阴兴澄特种钢铁有限公司、江苏海陆装饰有限公司、江阴市江顺模具有限公司4个新材料企业被认定为国家级高新技术企业，江阴华电新材料有限公司等13个企业被认定为江苏省高新技术企业。产业带新材料产业继续在全市高新技术产业中占主导地位，全年实现销售收入1100亿元，保持平稳发展。国家火炬计划高性能合金材料及制品产业基地完成销售收入370亿元。（薛 良）

【江阴高新技术创业园】 2010年，江阴高新技术创业园按照新兴产业发展“445计划”要求,围绕“五新二软一中心”(新传感、新医药、新能源、新材料、新装备产业,软件信息、文化创意产业，打造“百亿级、国家级”新传感产业园中心任务)战略定位,大力孵化培育高新技术新兴产业，集聚高层次科技创新创业人才。年内,引进科技型孵化项目42项,分别为物联网17项、生物医药12项、新能源6项、新材料3项、文化创意2项、机械制造2项;引进“530计划”项目25项,分别为A类4项、B类8项,C类13项;引进入孵企业专利申请119件，其中发明专利申请22件,专利授权31件;获批无锡市院士工作站2个；获批江苏省、无锡市级工程技术研究中心各1个;组织园区企业争取各类政策扶持资金1410.96万元。引进科技领军人才59人,已集聚国际核磁共振领袖级专家宋无名博士、“江阴千人计划”李延斌博士、“长江学者”暨国家杰出青年科学家基金获得者朱向阳和丁汉博士、美国杨氏科学研究院首席科学家杨涛教授等高层次创业人才，为提升产业层次，加快传统产业转型升级提供智力保障。是年，该园被批准为国家级大学生科技创业见习基地、江苏省江阴传感网科技产业园、省知识产权重点联络点、省江阴大学科技园。

（徐 扬）

【江阴风电装备特色产业基地】 2010年，江阴风电装备产业特色基地建成风电装备产业园一期工程，占地面积126公顷，远见风能（江阴）有限公司等企业入驻产业园。园区与丹麦艾尔姆公司签约风机叶片项目，一期总投资1.2亿元，叶片产品主要用于远见风能（江阴）有限公司1.5兆瓦风力发电机配套。是年，园区企业吉鑫风能科技股份有限公司被认定为国家重点高新技术企业，江阴南工锻造有限公司、远见风能（江阴）有限公司被认定为江苏省高新技术企业。基地基本形成风电特钢、轮毂、叶片、主轴、轴承、风电关键零部件、特种涂料等相互配套发展产业链，申请各类专利300多件，实现销售收入100亿元。

（薛 良）

2008年以来，江阴市气象局地面气象观测场按照观测环境先后改造独立气压室，更换不锈钢反光围栏，重建和新建地下电缆沟、电线积冰观测等，为提高气象监测预报预警水平奠定坚实基础。 （市气象局供稿）

气象科技

【概况】 2010年，江阴市气象局推进现代气象业务体系建设，提升公共气象服务能力，加强气象灾害监测预警应急工作，完善气象预警信息发布平台建设，防灾减灾和应对气候变化工作取得新进展。全年晴雨预报准确率24小时90.4%、48小时87.4%、72小时87.7%，分别高于省定指标15.4、17.4、22.7个百分点；最低、最高温度误差在2℃以内比例分别为85.4%和77.2%，高于省定指标15.4、7.2个百分点；灾害性天气预报水平达省定指标。组建农村气象信息员队伍，250名信息员分布全市各个镇、村，定期培训气象基础知识。接待“世界气象组织第39期多国别考察团”“发展中国家气象行政官员管理研修班成员”。是年，市气象局被评为江苏省气象系统先进集体、气象科普工作先进集体和省文明单位，无锡市气象系统2009年度目标考核优秀达标单位等。

气象设施　完成机房改造，更换大功率不间断电源（UPS）和高性能三层交换机，提高短信平台、预警平台服务器网络信息传输速度和质量。安装国产天融信防火墙，保障信息安全。分频改造天气预报视频会商系统，实现一机多屏显示功能。购置集移动天气监测、预报预警信息发布、灾情调查等功能的气象应急监测车。改造全市区域加密自动气象站，供电系统均使用太阳能电磁板。气象观测场内增设能见度仪设备，实现大气能见度自动观测。

气象信息服务　继续完善应急预警信息发布平台，在乡村、社区、学校、码头、企业等安装60块等离子电子显示屏，与新闻媒体、“96121”电话、手机和小灵通短信等构成气象信息快速发布体系，突发性天气及重要天气过程信息及时传送到决策部门、重要部门和重点企事业单位。全年发布各类重大天气公报58期，各类灾害性天气预警信号58份，应急短信25.7万余条。发布天气旬报36份，农业气象情报、专报23期，春运、第19届中国金鸡百花电影节等专题气象服务17期。全年5次寒潮过程，均提前24小时至48小时发布，准确率100%；9次雷电强降水过程，提前1小时至3小时发布预警； 29天高温期间，发布黄色预警信号18次、橙色10次；2月14日大雪、道路结冰天气，发布暴雪蓝色预警信号和道路结冰黄色预警信号。是年，在新桥镇建成农村气象信息服务站。

【暴雨应急响应启动】 2010年7月8日，强降雨来临江阴前，市气象局启动重大气象灾害3级应急响应，利用应急短信平台，向市政府决策中心、防汛指挥部和2000余名防灾第一责任人发布天气短信，提出防范建议。11～13日连续暴雨期间，再次为政府和公众提供准确及时暴雨预警信息和防御指南服务，每3小时向市防汛指挥部提供最新雨量实况和预报分析意见。其间，发布重要天气公报8期，暴雨蓝色预警信号3期，短信1.4万余条。市气象局准确及时预报，为预防暴雨灾害发生起到重要作用。此次连续暴雨过程在江阴市内未造成明显灾情。

【气象科普宣传】 2010年3月23日世界气象日，江阴市气象局派员参加市人民广播电台“空中热线”节目，围绕“世界气象组织——为人类安全和福祉服务60年”主题，讲解气候变迁和人类活动影响等知识，回答听众有关厄尔尼诺现象及出现浮尘、太阳雪天气原因等问题。5月，开展防灾减灾宣传周活动，印发气象科普读物500册，在周庄、南闸等镇、街道宣传气象知识。是年，市气象局接受新闻采访131次。科普教育基地接待参观群众、学生348人次，发放科普书籍和资料1676册。

【防雷减灾管理】 2010年，江阴市气象局防雷检测管理中心依法审核防雷装置设计技术评价项目335项，提出意见96条。受理新建建筑物防雷装置项目479项，审核新建建筑物防雷图纸844.5万平方米，对296个单位建筑物施工监督和竣工验收，按时办结率、一事一评率、满意率均达100%。检测1428个防雷敏感企事业单位防雷（静电）装置，被检单位满意率100%。是年，夏港街道被江苏省防雷中心确定为新农村防雷工程示范区建设示范点。

（黄　葵　陶廷森）

防震减灾

【概况】 2010年，江阴市地震办公室（以下简称市地震办）继续开展地震监测、地震观测设备维护和数据管理工作，确保监测数据连续性和完整性，为地震速报和地震预测提供数据保障。MDCB地震前兆监测站、白石山地震遥测站、君山强震台运行顺利。依法开展建设工程抗震设防审批，全年审批项目470项。加强建设工程场地地震安全性评价工作管理，保障建设工程安全性、科学性和经济性，提高抗御地震灾害能力。是年，根据无锡市要求，做好地震应急物资储备工作。

【地震应急物资储备】 2010年，江阴市地震办按照无锡市防震减灾工作联席会议要求，加强地震应急物资储备工作，根据江阴市实际情况，市财政拨30万元地震应急物资专款，通过政府采购方式采购现场无线对讲系统、海事卫星电话、导航仪（GPS）等16种基本配置应急物资。通过自行采购方式采购宽频段收音机、扩音喇叭、手机万能充电器、指挥机构个人防护装备、急救箱、应急食品储备等11种地震应急物资。

（顾上呆）

·小资料·

知识产权　是指行为主体对其智力劳动成果所依法享有的占有、使用、处分和收益的权利。知识产权是一种无形财产权，它与房屋、汽车等有形财产一样，都具有价值和使用价值，都受到国家法律的保护。知识产权包括工业产权（含专利权、商标权等）、版权、生物技术等。

知识产权特点　时间性：知识产权仅在一个法定期限内受到法律保护，期限届满或专利权中途丧失，任何人都可以无偿使用。地域性：依照一个国家的法律确认和保护的知识产权，只在该国领域内具有法律效力，在其他国家原则上不发生效力。独占性：权利人对其知识产权享有专有权。未经权利人许可，任何人都不得侵占，否则就会受到相关法律的制裁。

专利　专利权的简称。专利权是一种独占权，指国家知识产权局专利局对提出专利申请的发明创造，经依法审查合格后，授予专利申请人在规定时间内对该项发明创造所享有的专有权。在中国，专利包括发明专利、实用新型专利和外观设计专利三种类型。

发明专利　所谓发明是指对产品、方法或者其改进所提出的新的技术方案。我们从发明的概念可以看出，它必须是一种能够解决工业生产中实际问题的技术方案。而对于客观存在的自然定律的发现、抽象的智力活动规则的归纳和提炼等均不能算是发明。发明专利包括产品专利和方法专利。

实用新型专利　实用新型是指对产品的形状、构造或者其结合所提出的适于实用的新的技术方案。实用新型专利在技术水平上，略低于发明专利，人们有时称实用新型为“小发明”或“小专利”。目前，世界上对实用新型专利给予保护的国家并不多，主要有中国和德国、日本等。

外观设计专利　外观设计也称“工业品外观设计”，是指对产品的形状、图案或者其结合以及色彩与形状、图案的结合所作出的富有美感并适于工业上应用的新设计。外观设计专利保护的对象是产品的装饰性或者艺术性的外形外表设计。外观设计是产品整体质量不可缺少的组成部分。

商标　是区别商品或服务来源的一种标记，通常称商标为“牌子”，商标的本质作用是区别商品的来源或服务的提供者。商标可以是文字、图形、字母、数字、三维标志和颜色组合，也可以是上述要素的组合。经商标局核准注册的商标为注册商标，注册商标有特定的标记R，包括商品商标、服务商标。

版权　就是著作权，它是文学、艺术和科学作品的创作者依法处分其作品的权利，包括人身权和财产权。版权包括：发表权、署名权、修改权、保护作品完整权、复制权、发行权、出租权、展览权、表演权、放映权、广播权、信息网络传播权、摄制权、改编权、翻译权、汇编权等。

（市科技局供稿）

■类目编辑　成甦萍

教育

综述

【概况】 2010年，江阴市学习贯彻国家、江苏省、无锡市教育工作会议精神，坚持以“人人享有优质教育”为目标，以促进公平、提升质量为重点，通过科学规划、创新管理、项目推进，全面提升教育优质均衡发展水平。年内，召开全市人才与教育工作会议，表彰“捐资助学”先进代表和教育系统五个“十佳”。完成《江阴市“十二五”教育改革和发展规划》，从办学条件、师资队伍、学校管理、教学质量等入手创建优质学校，进一步推进全市教育优质均衡发展。年末全市有省四星级高中7所、省三星级高中5所；94%的中心幼儿园为省优质幼儿园；92%的中心小学和100%的初中为省义务教育现代化学校。继续实施《江阴市学校布局规划(2008~2012)》。完成江阴高中新校区(一期)、城西幼儿园新建；完成立新中学(一期)、市实验小学北校区建设前期工作和暨阳中学改造工程。全年易地新建学校(幼儿园)7所，建筑面积13.8万平方米，总投资3.7亿元；改扩建学校2所，建筑总面积10.2万平方米；撤并办学点23个。建立“三区合一”(督学责任区、调研联系区、服务示范区)制度，开展“争做幸福江阴好园丁”主题教育活动，提升全市教师的文明素养和职业道德；依据“尊重历史、执行政策、合情合理、妥善处置”原则，妥善解决合同民办、代课人员问题。全年落实138名合同民办人员退休及保养待遇，分两批完成幼儿园688名编外用工招聘工作。支持社会培训机构创建和引进教育品牌，发展城市教育。依托各镇(街道)成教中心开展各类培训，全年培训10.18万人次。举办第五届长三角校长高峰论坛、第一届“幸福教育”论坛。至年末，全市有普通高等学校1所，普通高中12所，初中28所(含九年一贯制学校4所)，小学39所，中心幼儿园47所，中等职业学校8所，特殊教育学校1所；各类学校教职员工15710人，其中专任教师14454人；学生(含在园幼儿)211790人。是年，江阴市被省教育厅评为江苏省阳光体育运动先进市、江苏省师资队伍建设先进单位。 (王晓峰)

【教育经费投入】 2010年，江阴市教育经费总支出27.4亿元，比上年增加3.8亿元，增长16.7%，其中财政预算内教育经费投入18.27亿元，增加3.23亿元。全年列入市、镇(街道)政府投资项目计划项目31项，总投资额5.8亿元(含续建)，总建筑面积44万平方米(含续建)，竣工项目19项，其中，江阴高中新校区投资3.6亿元、校舍面积8万平方米；西郊中心幼儿园投资5932万元、校舍面积9200平方米。年内，义务教育阶段财政预算内生均公用经费小学每生每年480元、初中每生每年650元，全市义务教育阶段公用经费拨款总额6719万元。免除义务教育阶段学生学杂费3169万元、课本费1902万元，新市民学生经费由市财政保障。继续实行家庭经济困难学生减免和补助政策，对义务教育阶段按小学每生每年780元、初中每生每年880元标准发放生活补助，共发放补助132万元，受助学生1684人次。对家庭经济困难的高中阶段学生按每生每年2000元标准发放教育费用补助，共发放补助198万元，受助学生990人次。根据《江苏省中等职业学校农村家庭经济困难学生和涉农专业学生免收学费实施办法(试行)》，全市中等职业教育学校免收589名家庭经济困难学生和51名涉农专业学生学费，财政共拨款118万元。是年，全市发放各类助学金989万元，涉及学生10131人。 (周素炯)

【“十二五”教育改革和发展规划】 2010年，江阴市教育局根据国家、江苏省、无锡市教育规划纲要和江阴市“十二五”发展规划，按照“优先发展，育人为本，改革创新，促进公平，提高质量”工作方针，制定《江阴市“十二五”教育改革和发展规划》。总体目标：到2015年在省内率先建成教育强市、教育现代化先导区和教育优质均衡示范区。具体目标：实现更高水平的普及教育，学前三年幼儿入园率达99.8%以上，义务教育阶段学生巩固率、高中阶段教育入学率达100%，高等教育毛入学率达60%以上，主要劳动年龄人口平均受教育年限12.5年以上，其中受过高等教育比例达26%以上，新增劳动力人均受教育年限达15.5年；形成惠及全民的公平教育，基本普及残疾儿童少年免费教育，外来务工人员随迁子女平等接受义务教育权利得到良好保障；提供更丰富的优质教育，学校基础设施、教育技术装备达到发达国家同期平均水平，省定优秀标准学校达100%，国家教育信息化标准达标率90%，学生、社会对学校满意度达85%以上；构建体系完备的终身教育，从业人员继续教育年参与率达70%以上；构建更具活力的体制机制，形成政府依法管理、学校自主办学、公办教育和民办教育共同发展，全方位、多层次、宽领域对外开放的教育发展格局，学校对政府管理和服务的满意度达85%以上；提供更有成效的社会服务，教育对经济社会发展的贡献度大幅提升，社会关注教育热点问题得到较好解决。（王晓峰）

【校园安全】 2010年，江阴市强化校园安全工作，全年用于学校人防、技防建设经费超4000万元，为历年最高。各学校均安装红外线视频监控、CK报警、周界报警、一键紧急报警、电子巡查系统等技防设备，学校保安配备防卫器械。市公安局在学校和幼儿园门口增设治安岗亭，加大交通巡警。市食品安全委员会向学校无偿配发总价值160万元的食品安全检测仪。全市学校杜绝食品安全事故，有效减少安全责任事故。是年，市南华职业高中、长寿实验小学等7所学校被评为江苏省平安校园，北漍中心小学、周庄实验小学、云亭实验小学被评为江苏省交通安全示范学校，江阴高中等35所学校被评为无锡市平安校园。（徐建刚）

【中小学校舍安全工程】 2010年，江阴市继续推进中小学校舍安全工程建设，制定《2010～2012年江阴市中小学校舍安全工程规划》，规划总投资约3.3亿元，旨在对全市所有存在安全隐患的中小学校舍进行抗震加固或重建，提高综合防灾能力，使全市中小学校舍达到重点设防类抗震设防标准，并符合对洪水、台风、火灾等灾害的防灾避险安全要求。是年，全市完成182幢、总面积43.4万平方米校舍的抗震加固施工图设计工作；完成江阴二中、江阴高中初中部、江阴高中高中部（原申港中学教学楼）、南菁高中初中部、长寿实验小学等学校校舍抗震加固改造工程，加固校舍19幢、总面积7.7万平方米；启动利港中学、利港实验小学和云亭中心小学整体易地重建工作；完成长山中学食堂、教学楼等重建工作，重建校舍24幢、面积8.25万平方米。（姚 斌）

【建立"三区合一"制度】 2010年3月，江阴市教育局根据江苏省《关于加强和改进教育督导工作意见》要求，建立江阴市督学责任区、调研联系区、服务示范区"三区合一"制度，将全市各级各类学校划为14个责任区，由市教育局和镇（街道）每月对责任区内学校开展督导活动，建立经常性督导与集中督导相结合、调研与服务相结合工作机制。年内，市教育局完成调研报告31篇，编印《督导信息》5期，有效提升教育局机关服务意识和能力，推动学校进一步规范办学行为。

【现代教育设施建设】 2010年，江阴市用于改善办学条件总投入达6.69亿元，其中校舍场馆投入6.29亿元，实验室投入577万元，校园信息化建设投入2307.9万元，图书馆设施及新增图书投入481.8万元，体育、艺术教育设施和器材投入588.6万元。启动建设教育信息化公共服务平台——江阴市校际教学与教学管理信息共享平台，新增微格录播系统6套、"班班通"设备299套、交互式电子白板190套、计算机3368台。至年末，全市100%义务教育阶段学校教育技术装备达到省二类标准，12所普通高中超省二类标准。全市中小学校共装备微格录播系统24套、交互式电子白板339套、学生用计算机17332台（生机比达8.6：1）、教师用计算机11577台（师机比达1.02：1）；3272个普通教室配备"班班通"比例达1.04：1，中心小学以上学校多媒体"班班通"比率达96.2%。

【第五届长三角校长高峰论坛举办】 2010年4月24～25日，第五届中国长三角校长高峰论坛在江苏省南菁高级中学举办，来自江苏、浙江、上海三省市的300多名中小学校长、专家、学者围绕"质量：教育的生命线"主题展开讨论。无锡市委书记杨卫泽、江苏省委教育工委副书记丛懋林、江阴市委书记朱民阳出席开幕式。中国教育学会副会长郭振有、新东方教育科技集团总裁俞敏洪作专题讲座。论坛会上还评选出过建春等9名"长三角最具影响力校长"。

【教育交流与合作】 2010年，江阴市扩大教育开放，推进教育国际交流与合作向全方位、多领域、高层次方向发展。年内，首届南菁中学美国高中课程班29名学生托福考试均分达84.23分，均被美国排名前86位的大学录取；第二届美国中学－新东方留学委培班的21名学生被美国名校录取；江阴一中IFY高中国际双汇班首期有14名学生获英国、澳大利亚等国大学预录取通知书，有3人就读NCC国内合作院校。9月，江阴高中开办武汉大学WTO学院直升班，首届招生28人；要塞中学有7名学生被美国高校录取。是年，全市组织300名中小学生赴外修学旅行、26名教师和管理者赴外培训；7所学校聘用外教17人。至年末，全市有11所学校与国外近30所学校建立友好学校关系。（沈 杰）

【江阴高中新校区（一期）建成启用】 2010年9月，江阴高中新校区（一期）建成启用，总投资3.6亿元，占地面积16.7公顷，建筑面积10.43万平方米。是月28日举行新校区落成典礼，江西省省长吴新雄及北京大学、中国人民大学、南京大学等发来贺电，江苏省教科院副院长杨九俊、国家督学成

江阴高中新校区　　(市教育局供稿)

尚荣，江阴市领导朱民阳、吴崇翟、黄满忠等出席落成典礼暨第一届“幸福教育”江阴论坛。新校区分东、西两个校区，西校区为师生工作学习生活区，东校区为配套活动区，两区以天桥相连，整体风格定位为“学府气质、文化沃土、青春乐园”。至年末，新校区有56个班，学生2706人，教师248人。　　(余　月)

基础教育

【概况】 2010年，江阴市基础教育工作坚持以全面实施素质教育为主题，以提高质量为核心，以创建义务教育高位均衡发展示范区为抓手，进一步加快发展学前教育，优化配置城乡教育资源，深入推进教育教学改革，不断扩大教育对外交流与合作，努力促进学生健康成长。年内，澄西中学通过省三星级高中复审，征存中学完成撤并过渡，116名初中学生由南菁高中初中部接收托管。

学前教育　全市年末有幼儿园(办班点)82所(个)，3岁～6岁在园幼儿36851人，比上年增加988人，入园率达99.6%；新市民子女10508人，托班幼儿1292人。年内，易地新建、改扩建西郊、西石桥、长泾、阳光国际花园、璜土、长寿6所幼儿园。清理整顿无证托幼机构，共取缔无证幼托92所，归并12所，整改87所，涉及幼儿7900余人。加强幼儿园安保工作，各镇(街道)校园安保总投入5000万元，比上年增加2000余万元。

小学教育　全市年末有小学39所，其中义务教育现代化学校33所，九年一贯制学校4所，民办学校1所，特教中心校1所。在校学生85253人，其中新市民学生30775人。小学入学率、巩固率、毕业率均保持100%。年内，花园实验小学升级为中心小学。

中学教育　全市年末有普通中学40所，其中普通高中12所，初中28所(含4所九年一贯制学校)；在校学生63926人，其中初中生40561人(含新市民学生8950人)，高中生23365人(含新市民学生912人)。初中生入学率、巩固率、毕业率分别为100%、99.72%、100%。年内，全市有14236名初中毕业生参加中考，录取普通高中7541人、职业学校6319人，录取率97.5%。有8403人参加高中学业水平测试，有8062人参加高考，录取7873人，录取率97.66%，比上年提高1.8个百分点，为录取率最高的年份之一，其中本科录取5177人，录取率达64.2%。

【特色学校建设】 2010年，江阴市教育局继续深入推进特色学校建设，启动特色教育示范基地和优秀德育品牌创建活动，指导学校梳理特色品牌，推广开展革命传统、心理健康、礼仪、科技、法制等专题教育活动。年内，启动书香校园建设，为师生多读书、读好书创造舆论氛围和条件保障。继续加强学校体艺教育，江阴一中的舞蹈《校园脚步声》、江阴二中的舞蹈《废墟·崛起》获全国第三届中小学生艺术展演一等奖，花园实验小学的情景剧《带锁的日记》获全国群星奖一等奖，江阴一中的健美操队获全国中学生“肯德基杯”健美操比赛特等奖。是年，江阴高中被省教育厅评为江苏省基础教育课程改革先进集体，华士高中成功创建全国普通高级中学特色培育学校。华士实验中学被评为中国少年科学院科普教育示范基地和2010年度中国创新型学校，获江苏省青少年发明家摇篮奖。华士实验小学被评为全国机器人教育示范学校，并被江苏省教育科学院授予“世界公民校本课程研发中心”称号。

【学生思想品德教育】 2010年，江阴市中小学坚持“德育为先、育人为本”，认真组织实施德育课程，完善德育机制，不断丰富“江阴德育在行动”内涵，启动德育名师建设工程，评选出首批无锡市德育工作带头人5人，江阴市第二批中小学班主任工作能手、班主任工作新秀各100人。5月，根据江阴市委《关于在全市中小学生中开展“幸福江阴”教育的通知》精神，组织开展“弘扬徐霞客精神，感受‘幸福江阴’，争做时代新人”主题教育活动，成立由32名教师组成的徐霞客精神宣讲团，江阴高中、江阴一中、江阴中等专业学校、市实验小学成为“幸福教育”试点学校。10月，举行10万人参加的徐霞客知识竞赛，开展中小学“弘扬霞客精神，争做时代新人”演讲比赛和主题班会。年内，江阴一中、虹桥小学被评为江苏省艺术特色学校，山观实验小学“红领巾小书房”、江阴高中初中部“渡江第一船中队”、北涸中心小学“红领巾警察学校”获首批江阴市中小学优秀德育品牌称号。

【西郊中心幼儿园新校区建成启用】 2010年9月，西郊中心幼儿园新园区建成启用，总投资5932万元、占地面积1.33公顷、建筑面积1万多平方米，10月21日举行新园区落成典礼。新园区有教学楼3幢，专业活动室1幢。年末，新园区有在园幼儿592人，教师39人。为满足就近入园需求，该园保留老园区，共有幼儿276人，教师和工作人员28人。（江红梅）

职业教育

【概况】 2010年，江阴市根据江苏省教育厅《关于推进中等职业教育持续健康发展的意见》有关达三星级标准学校由各市政府批准、省教育厅认定，均更名为“×××（地区、行业等）中等专业学校”的规定，市内多所三星级标准学校经批准认定而更名。江苏省江阴职业技术教育中心校更名为江苏省江阴中等专业学校，江阴华姿职业学校更名为江阴市华姿中等专业学校，江阴商业职业高级中学更名为江阴市商业中等专业学校，江阴轻工职业高级中学更名为江阴市轻工中等专业学校。是年，江阴市职业教育以就业为导向，进一步整合优化资源，提升学校专业、课程、师资、技能建设水平，推动职业教育发展规模、办学水平、教学质量与全市经济社会发展需求相适应，开展职教资源普查，调研职教专业设置与江阴产业结构吻合度，江阴中等专业学校的数控技术应用专业、南华职业高中的物流管理与服务专业被评为江苏省示范专业，江阴中等专业学校和江阴市华姿中等专业学校的机电一体化、电子信息工程技术等7个专业通过江苏省联合职业技术学院五年制高职专业建设评估，南华职业高中的机械加工技术成为省级课改试验点。全市新增无锡市重点建设专业5个、无锡市精品课程5门，连续6年在职业学校开展“三创”（创业、创新、创优）教育活动，江阴中等专业学校和南华职业高中学生创业园挂牌。江阴中等专业学校被评为江苏省中等职业学校德育工作先进集体和江苏省德育特色学校。是年，全市职业学校招生4962人，外地高职和部省属中专招生1124人；有301人参加对口单招，91人被本科院校录取，166人被大专院校录取；毕业生一次就业率达98.3%。年末，全市有中等职业学校8所，固定资产总值5.2亿元，实验实习设备总价值7627万元，专任教师1291人，在校学生17954人。

【专业结构与产业结构吻合度调研】 2010年，为进一步调整、优化专业设置，增强职业教育服务地方经济社会发展能力，江阴市教育局组织职业学校中层干部、专业教师深入企业调研，比照学校专业设置与地方产业结构，形成《江阴市职业教育专业结构与产业结构吻合情况分析与专业建设意见》。经调研，全市职业教育专业结构中，数控技术应用、机电技术应用、电子技术应用、计算机动漫及游戏制作、物流服务与管理等专业，与占产业总值大部分份额的机械装备产业、新传感器产业、服务外包产业和现代物流产业等产业集群吻合度较好；纺织技术、染整技术、化学工艺等专业，与纺织工业、新材料（石化）产业等产业集群吻合度较差。年内，全市依此调整职业学校专业设置与规模，增设数字媒体技术应用专业，强化机电、电子、计算机、汽车、物流、电子商务等专业，取消纺织技术、染整技术专业。

【江阴中等专业学校建成省四星级中等职业学校】 江苏省江阴中等专业学校位于江阴市人民西路，其前身为江阴职业高级中学和江阴市高级技工学校，2002年两校合并组建江苏省江阴职业技术教育中心校。学校占地面积16.67公顷，建筑面积8万平方米，固定资产1.12亿元，设本部和交通驾培中心两个校区，教职员工500余人，学生6000余人，开设数控加工与维修、机电一体化、机械加工技术等10个大类专业，形成融五年制大专、高技、中技、职业中专、职业高中、成人函授、短期培训等为一体的多层次办学格局，拥有国家级职业技能鉴定所和68个校外实习基地，建成车工、数控、电子电工、计算机等10个实习中心。2009年9月学校通过江苏省四星级中等职业学校和江苏省高水平示范性中等职业学校验收。2010年4月改校名为江苏省江阴中等专业学校。2010年12月，该校在江阴大剧院举行四星级中等职业学校揭牌典礼暨学校更名仪式。

【开展企业所需生产实践】 2010年5月，江阴中等专业学校成立校企合作办公室（校企服务110中心），旨在通过深入企业、参与生产、共同研发，为企业核心产品的加工制造、技术革新、设计生产以及学生的生产实践提供服务。该校先后成立数控、车削加工、电子电器、计算机、焊接、现代钳工、自动工控、商务与管理、机械基础与设计技术等9个服务队，深入中小企业提供新品研发、信息咨询、创新研发等服务；利用学校设施设备，为江阴市中小企业加工核心产品，培养培训学生技术工骨干；鼓励学生开展新品研发，推荐优秀作品参加省创新大赛并首次获奖，其中，江阴特产马蹄酥刻花器获高职组二等奖，可调节刀排（车螺纹用）、多功能平口钳获中职组二等奖。年内，学校新建成国家级数控技术实训基地，为20余个企业加工200余种零部件及核心组件。（吴理萍）

成人教育与社区教育

【概况】 2010年，江阴市各镇（街道）成人教育中心围绕服务学习型社会建设，进一步完善课程体系、拓宽服务网络，开展多层次、多形式培训。全年培训10.18万人次，其中，培训农村劳动力1.44万人，450人参加创业培训，8380人参加农村实用技术培训。开展成人高中“双证制”（高中毕业证书、初级以上国家职业资格证书）教学改革，全年招收学员130余人。继续推进社区教育特色课程建设及应用，打造富有地域特色的社区教育项目，形成“一校一特，一镇一品”格局。年内，利港镇建成全国社区教育示范镇，新桥镇建成省级社区教育示范镇，华士镇社区教育中心建成省级社区教育中心。至年末，全市有17个成人教育中心和17个社区教育中心。

【社区教育实验项目和特色课程】 2010年，江阴市各社区教育中心结合实际，开设社区教育实验项目和特色课程，推进社区教育深入发展。年内，璜土镇《果农课堂"四合一"社区教育平台的构建研究》、夏港街道《社区妇女教育校本课程开发及实施的研究》、月城镇《社区学习资源的开发及其实施的研究》3项实验项目成为全国社区教育实验项目，其中璜土镇实验项目被列为全国重点项目。社区教育中开设的江阴美食、生命教育、低碳社区·绿色生活、民间舞蹈《渔篮虾鼓》、幸福宗言健身操、葡萄种植技术培训、社区家居生活装饰创意指导、中老年养生保健、青少年软笔书法、服装特色研究、象棋入门、我的幸福我做主12门课程被评为江阴市社区教育特色课程。

【成人高中实行"双证制"】 2010年，江阴市教育局出台《关于成人高中实行"双证制"教学改革的意见》，明确具有初中毕业文化程度的从业人员和社会青年，经过系统学习，经考核通过，可获成人高中毕业证书和初级及以上国家职业资格证书。开展"双证制"教学改革有助于农民和在职职工技能学历双提升，为进一步学习技能、业务或接受高等教育打下基础，更好地适应经济建设和社会发展需要。是年，全市共招收学员130余人。

【利港镇建成全国社区教育示范镇】 近年来，利港镇完善社区教育管理网络，针对社区内不同群体特点和需求提供多样化教育服务，开展现代农民培训、青少年校外教育、从业人员培训、老年教育、弱势群体教育等社区教育活动，并根据企业和农民的培训需求，采取"订单式"培训方式。至2010年，该镇形成"党政统筹领导、教育部门主管、有关部门协调、社会各方支持、社区自主活动、群众广泛参与"的社区教育管理体制，全年举办各类培训班72期，培训6385人次，社区居民培训率59.5%，青壮年劳动力培训率11.5%，在职职工培训率13.9%，下岗失业人员培训率34.5%，老年人培训率5.3%。12月，该镇被中国成人教育协会社区教育专业委员会评为全国社区教育示范镇。

【新桥镇建成省级社区教育示范镇】 近年来，新桥镇加快推进社区教育建设，构建覆盖村、社区、单位、家庭的网络体系，组织管理体系，社会培训体系，考核评估体系。成立社区教育委员会，组建社区教育专、兼职教师队伍和社区志愿者队伍，完善社区教育设施，加强社区教育课程建设。至2010年末，该镇累计投资6000余万元建设多层次教育平台，新建纺织、服装实训基地，技能培训实训基地和绿园、康定、黄河3个社区睦邻中心。镇社区教育中心全年开办培训班49期，培训在职员工1.44万人次，培训率60%。559人次完成会计继续教育、110人完成专业技术培训。开展培训讲座36期，培训社区居民3085人次。12月，该镇被省教育厅评为省级社区教育示范镇。　　（陆文琴）

民办教育

【概况】 2010年，江阴市民办教育围绕全面提高市民的整体素质，服务群众精神文化生活需要，引进品牌教育机构和培训机构，开展各级各类培训班，形成以非学历教育为主，学历教育、学前教育、其他社会文化教育和岗位技能培训共存的多样化、多层次、多元化的办学新特色。年内，参加民办教育单位举办的各级各类培训班学员人数达21.14万人次。新审批试办江阴市远景教育、夏恩英语、艺铭、汉诺威马术、雷动云袂舞蹈艺术、环球雅思外语、优优英语7个民办非学历教育培训机构，品牌教育服务项目渐成体系。评估转正上年试办的江阴市金杯艺术、少儿棋类、丽都教育3个培训中心和周庄镇华宏世纪苑小太阳幼托园。至年末，全市有民办学校45所，其中民办中小学1所，民办幼儿园10所，民办非学历教育培训机构34个，非学历教育培训备案单位44个。　（陆文琴）

高等教育

【概况】 2010年，江阴市有普通高校1所，即江阴职业技术学院，全年共招收全日制大专生2800人，江苏招生2675人，跨省招生125人；招收学历教育学生2999人，其中电大667人，远程教育704人，业余大专1206人，联办本科422人；开办江苏大学工程硕士研究生班，招收学员42人；举办各类培训26批次，培训学员5913人次，累计32.6万学时。年内，学院服务江阴经济转型升级，加强专业建设，与浙江大学合作创办软件技术（嵌入式方向）专业，新设生物化工工艺、环境监测与治理技术、精细化学品生产技术（生物制药方向）专业；计算机网络技术专业通过江苏省教育厅组织的省品牌特色专业建设点检查验收，现代纺织技术专业被评为江苏省级特色专业，课程《数据库系统设计与项目应用》成为省级精品课程；高分子材料应用技术专业、《服装材料与应用》课程分别被评为2010年无锡市职业教育重点建设专业和精品课程；《高职文秘专业学生职业能力形成探索》等12项项目被评选为江苏省高等学校大学生实践创新项目。参加上海世博会"江苏周"巡游表演。学院2名教师获教授职称，13名教师晋升副高，5名教师入选江苏省"青蓝工程"培养对象，1名教师被评为江阴市有突出贡献技师。年末，学院共设7个系37个专业，有全日制学生7806人，成人学历在校生7735人；教职员工460人，其中副高级以上职称教师117人。是年，全市参加成人高考1540人，录取1206人；参加高等教育自学考试1002人。

【校企产学研合作】 2010年，江阴职业技术学院与企业签订产学研合作协议，合作申报工程技术研究中心，推荐教师进入江阴区域产学研战略联盟信息服务专家库，参加江苏省科技服务社会“校企联盟”、无锡海外科技创新交流联盟。同时，学院加入江苏高校科技网。年内，学院成功申报江苏省现代服务业信息融合工程技术研究开发中心，加大项目承接和研发力度；机电系与江阴城大信息科技有限公司签署合作协议，机电系教师许洪龙与江阴市天原电化设备有限公司合作研发的“ZMG-B4 纸浆模塑整形机”项目被评为无锡市优秀厂会协作项目。全年，学院共申请课题 11 项，结题课题 7 项；开展产学研合作项目 10 项，获得发明专利 1 项、实用新型专利 3 项。（朱永琳）

教师队伍

【概况】 2010 年，江阴市坚持人才强教、优先投入政策。市教育局进一步提升教师综合素质，优化师资队伍结构，创新管理模式。年内，解决合同民办、代课人员等历史遗留问题，组织开展“争做‘幸福江阴’好园丁”“我为‘幸福江阴’建设做什么”等主题教育活动；依托省内外高校，健全完善江阴高层次教育人才培训基地；采取任教、挂职、顶岗培训等方式，加大城乡教师交流力度。8 月组织幼儿园编外用工教师公开招考，录用 688 人；12 月，组织公办教师公开招考，录用 66 人。年内，新增特级教师 5 人，继续实施名特优教师奖励政策，发放奖金 75 万元。至年末，全市有公办教职工 13633 人，其中大学教师 456 人，普通高中教师 2125 人，职业高中教师 1291 人，初中教师 4082 人，小学教师 4876 人，幼儿教师 744 人，成教教师 59 人。普通高中教师研究生以上学历占 6%，初中教师本科以上学历占 81%，小学教师大专以上学历占 87%，在编幼儿教师大专以上学历占 94%。全市在职教师中，有江苏省特级教师 14 人，教授级中学高级教师 4 人；无锡市名校长 1 人、名教师 23 人。

【教师培训】 2010 年，江阴市教育局共组织开展各类教师培训 33 期，参训教师 5815 人次，其中江阴市级培训 4705 人次，无锡市级培训 624 人次，省级培训 379 人次，国家级培训 97 人次，出国境外培训 10 人次。培训对象为校长、校级中层干部、各学科教师和新教师等。培训形式有：教育管理干部高级研修班、小学语文和数学教师脱产轮训班、百校千师农村学校骨干教师培养工程、小学名师基础工程、中小学中层干部挂职实岗培训、班主任高级研修班等。年内，举办首届为期 3 个月的职业学校中层干部、骨干班主任培训班，参训学员 124 人；委托浙江大学举办第二期义务教育学校中青年校长培训班，参训学员 48 人；选派 97 名农村学校骨干教师到城区学校换岗实训一学期。有 115 名教师取得硕士研究生学历，有 56 名教师被录取为教育硕士研究生，累计在读硕士研究生 377 人。

【义务教育学校教师交流】 2010 年，江阴市教育局根据《江苏省义务教育优质均衡改革发展示范区建设的意见》和江阴市政府《关于加快推进创建义务教育高位均衡发展示范区工作的意见》，下发《关于做好 2010 年义务教育学校教师交流工作的通知》，明确教师交流以柔性交流和镇(街道)内校际交流为主，结合刚性交流、镇(街道)间校际交流。要求城区学校至少结对两所乡镇同类型学校，乡镇学校至少分别结对一所城区、一所乡镇同类型学校。其中，刚性交流教师交流时间为 1 学年，柔性交流教师视实际情况而定。交流人员原所聘岗位级别保持不变，人事关系保留在原单位（党员教师按规定办理党组织关系转接手续）；交流人员年度考核和奖励性绩效工资仍由原单位在征求交流所在学校意见后负责考核发放。年内，按照不低于专任教师总数 10% ~ 15%比例，选送教师参加市统一组织的异校集中交流培训活动，共交流教师 583 人，其中小学 390 人，初中 193 人，交流校级领导 65 人。

【教师招录】 2010 年，江阴市教育局与市人社局、市监察局共同组织教师公开招录工作，按照“优化结构、严控数量、保证质量”要求，招录试卷命题人员及面试考官均从外地聘请，其中，报考星级高中岗位的研究生及以上学历者首次不限户籍和生源地。年内，全市面向全日制普通高校毕业生招录 38 人，面向合同民办教师、幼儿园教学岗位编外用工人员定向招录 28 人。

【新增特级教师 5 人】 2010 年 8 月，经江苏省政府批准，省教育厅公布全省第十一批特级教师，南菁高中语文教师杨培明、江阴高中政治教师贡和法、晨光实验小学数学教师徐顺湘、江阴市实验小学语文教师何琼、华士实验中学综合实践教师常建强 5 人被评为第十一批江苏省特级教师。至年末，全市共有省特级教师 14 人、教授级中学高级教师 4 人、无锡市名教师 23 人、无锡市级教育教学骨干 720 人，骨干教师数量在省内同类城市处于领先地位。

【开展“争做‘幸福江阴’好园丁”活动】 2010 年，江阴市教育局在全市教育系统开展历时 7 个月的“争做‘幸福江阴’好园丁”主题教育活动，通过“学、思、行”三个阶段，提升教师文明素养和职业道德，解决全市学校师德师风建设中存在的突出问题。年内，编印教育法律法规和师德师风考核细则 1.5 万份，组织 4.5 万人次学习；向学生、家长、人大代表、政协委员等发放意见建议表 22 万份，排查教师队伍在师德师风、教育教学等方面存在的问题和不足；结合学校年度考评，开展全市教育系统“好园丁”评比。至年末，全市评出“争做‘幸福江阴’好园丁”主题教育活动先进集体 33 个、先进个人 152 人。（王时强）

■类目编辑 承 鸿

文化新闻

综 述

【概况】 2010年，江阴市认真贯彻落实无锡市文化建设工作会议精神，紧紧围绕"幸福江阴"建设和率先基本实现现代化的总目标，以建设国家历史文化名城为抓手，持续繁荣江阴文化新闻出版事业，大力发展文化产业，城市文化软实力不断提升。文化惠民工程向纵深发展，公益性文化设施达标率实现100%，城乡居民人均公共文化场馆面积达0.5平方米。17个镇(街道)文化服务中心、238个村（社区)文化活动室达到无锡市级标准，17个镇(街道)建成图书馆分馆，实现城乡资源共享、通借通还。建成农家书屋203个、文化信息资源共享工程基层服务点257个，2个农家书屋获江苏省百佳农家书屋称号。祁头山考古又有新发现，市博物馆获江苏省馆藏珍贵文物数据库建设先进单位称号，长泾镇获中国历史文化名镇称号。全市有线电视用户达37.7万户，个人宽带用户有5890户。"幸福进万家·文化欢乐行"文化下乡和"欢乐夜晚·品味幸福"夜晚文化活动深入开展，年内送戏曲下乡88场、评弹270场、电影3000场、图书2万余册；农村小戏进城演出17场。直接受惠群众达200余万人次。市文艺集团与俄罗斯莫斯科国立模范剧院合作，引进优秀芭蕾舞剧《天鹅湖》，首次在江阴演出。还与市文联共同承办"中国曲艺名家江阴行"活动，引进海派清口江浙巡演等活动，著名演员刘兰芳、姜昆、巩汉林、周立波等给江阴百姓带来了文化生活的饕餮大餐。群众性的文艺创作百花齐放、精品迭现。江阴人创作出版文学著作6部、143万余字，在省级以上刊物发表文学作品12篇，其中2篇获太湖文学奖一等奖；创作发表民间故事28篇，其中10余篇故事获创作奖或演讲奖；创作戏剧曲艺作品12件，分别获得创作、导演、表演奖共12项；还有60个美术、书法、摄影和民间工艺品入选省级以上展览，其中20余个获奖。全年共有16个文艺作品获国家级奖项。南闸街道被命名为江苏省书画之乡。文化产业快速发展，一批重大项目入驻江阴。新闻事业再创佳绩，《江阴日报》、江阴广播电台和电视台的采编人员发表的新闻稿件、论文在地市级以上各类评比中获奖64篇(次)，报告文学《江堤下的那座小屋》获中国新闻最高奖——中国新闻奖一等奖。年内"一报两台"在地级以上新闻媒体发表各类新闻作品600余篇。

【江阴"荡湖船"巡游世博会】 荡湖船，又称花船舞、荡旱船，是一项流传于江阴申港等地的民间集体舞，经过多方争取，富有江阴特色的"荡湖船"受邀参加上海世博会"江苏活动周"表演。从2010年3月起，按照世博会"传统节目，现代包装，业余演员，专业水平"的要求，由江阴职业技术学院学生组成的江阴荡湖船队全力投入排练之中。5月28日，江阴荡湖船队赴南京参加全省会排。6月13~17日的世博会"江苏活动周"表演中，江阴"荡湖船"方阵在6个地方方阵中第一个出场。从每天12时巡游至13时，并参加每天15时开始的广场舞台表演。通过世博会的大舞台，"荡湖船"向全世界展示了江阴的风采。

【"百县馆长论坛"在市图书馆举行】 2010年5月12~15日，中国图书馆学会第三届"百县馆长论坛"在市图书馆举行。130余位来自全国县级图书馆的馆长和专家学者参加会议。论坛围绕"构建体系、提高效益、持续发展"主题，针对县级图书馆管理体制、运行机制、服务效益和人才队伍等问题，研究探讨如何进一步发挥县级图书馆在文化事业中的积极作用，促进公共文化服务体系构建，总结推广县级图书馆在和谐社会构建、文化共享工程建设、新农村文化建设等方面创新管理、创新服务的经验。

群众文化

【概况】 2010年，江阴市群众文化以构建公共文化服务体系为重点，扎实推进文化惠民工程建设，着力打造特色文化品牌。举办刘半农诗歌节和第十四届读书节，开展“幸福进万家·文化欢乐行”文化下乡和“欢乐夜晚·品味幸福”夜晚文化等活动，组织全市性的广场文艺调演和群众文艺会演。市委宣传部、市文广新局、市文联、市文艺集团等单位联合举办少儿独奏、独唱、独舞比赛，参赛者达2000余人。兴澄特钢有限公司等企业组成了工人合唱团，企业文化活动蓬勃开展。

【三月三刘半农诗歌节】 2010年4月15~18日，市文艺集团与市文联共同举办三月三刘半农诗歌节，有近百名诗人参加。其间，举行刘半农学术研讨会，著名诗人、学者舒婷、白桦、李少君、潘维、唐晓渡等参加。大家对刘半农倡导的民谣新诗进行深度研讨，还于4月16日（农历三月初三）在江阴大剧院举行民谣诗歌专场演出，并编辑出版《三月三诗选》。

【第十四届读书节】 2010年5月27日，江阴市第十四届读书节在市图书馆开幕。本届读书节以“读书，让幸福江阴更美好”为主题，开展《江阴2010年全民阅读指导手册》发放、第9届少儿书画现场比赛、第10届少儿故事演讲比赛等活动；还组织各类征文、演讲、讲座、图片展和送书、送戏下乡活动。其间，评选出2010年度科技文化户17户，并向他们授牌。

【群众文艺演出】 2010年4月16日起，江阴市为打响“欢乐夜晚·品味幸福”文化品牌，举行广场文艺调演。全市17个镇(街道)的表演队按计划先后进城演出，观众3万余人次。7月20日，江阴市群众文艺会演在市文化馆小剧场举行。参演节目共有41个。其中，戏剧曲艺类节目18个，评出一等奖4个，二等奖6个，三等奖8个；音乐舞蹈类节目23个，舞蹈类评出一等奖3个，二等奖3个，三等奖5个，音乐类评出一等奖3个，二等奖4个，三等奖5个。随后这批获奖节目在江阴各片巡回演出。9月，江阴选送24个节目参加无锡市群众文艺会演，获8个金奖、6个银奖、8个铜奖，并获优秀组织奖。

文艺创作成果

【概况】 2010年，江阴市以“多出精品、多出人才”为目标，坚持正确的文艺导向，充分调动广大群众的创作积极性，全市文艺创作十分活跃。夏坚勇采写的报告文学《江堤下的那座小屋》在《新民晚报》发表，荣获第20届中国新闻奖一等奖；庞培创作的长篇散文《旧事记》在《钟山》上发表，卞文达创作的中篇小说《母鸡有罪》在《天津文学》头条发表，均获太湖文学奖一等奖。江阴网络作家在“红袖添香”“中文起点”“新浪”等著名网站发表长篇小说10余部，计500余万字。蔡晓英创作的儿童音乐剧《带锁的日记》获全国第十五届群星奖。市戏剧曲艺家协会成员创作表演的小锡剧《剪葡萄》、小品《今天妈妈来》获江苏省第六届戏剧小品大赛9个奖项；王立创作的女声独唱《梦中的大西北》获全国第十五届群星奖，男子群舞《废墟·崛起》获全国第三届中小学生文艺展演金奖、第九届江苏省五星工程奖金奖，女子群舞《校园脚步声》获全国第三届中小学生文艺展演金奖；市美术家协会成员创作的17幅作品入选省级以上展览；市书法家协会有17幅作品入选省级以上展览；市摄影协会有19幅作品入选省级以上展览。

2010年江阴市文学创作成果一览

表60

类别	著作(作品)名称	作者	出版社或发表刊物	体裁	篇幅(万字)	发表时间或期刊号	获奖情况
文学著作	《山鬼》	唐麒	上海三联书店	长篇小说	38	5月	
	《天堂鸟语》	刘湘和	内蒙古人民出版社	散文集	30	6月	
	《花开无言》	吴长海	北京大众文艺出版社	随笔结集	20	9月	
	《古镇梵音》	陈岳林	内蒙古人民出版社	报告文学	10		
	《徐霞客故事》	黄启元	作家出版社	故事集	20	10月	
	《中国游圣徐霞客》	肖卫琴	哈尔滨出版社	长篇小说	25		
文学作品	《旧事记》	庞培	《钟山》	长篇散文	20	第1期	太湖文学奖一等奖
	《江堤下的那座小屋》	夏坚勇	《新民晚报》	报告文学	1	3月	第20届中国新闻奖一等奖
	《安安的木梯》	卞文达	《太湖》	小说	1	第2期	
	《午夜童话》		《青海湖》		0.5	第5期	
	《琴弦上的魂》		《太湖》		1	第6期	
	《诗13首》	庞培	《山花》	诗歌	0.3	第8期	
	《江南绝唱》	邬丽雅	《雨花》	系列散文	30		
	《女人胸前的玫瑰》	桂斌	《佛山文艺》	小说	0.2	8月	
	《幸福照相馆》			散文	0.2	9月	
	《游圣徐霞客》	肖卫琴 徐伟忠	《电影文学》	电影剧本	2		
	《门》	缪文宗	《雨花》	短篇小说	0.5	第10期	
	《母鸡有罪》	卞文达	《天津文学》	中篇小说	3	第11期	太湖文学奖一等奖

2010年江阴市民间文艺作品发表及参赛情况一览

表 61

<table>
<tr><th>作品名称</th><th>作者(表演者)</th><th>类别</th><th>发表刊物及参赛(参演)名称</th><th>时　间</th><th>获奖情况</th></tr>
<tr><td>《市长孙子的生日宴会》</td><td>肖卫琴</td><td rowspan="24">故事创作</td><td rowspan="3">“金廉杯”华东六省一市廉政故事大赛</td><td rowspan="3">7~10月</td><td>铜　奖</td></tr>
<tr><td>《宝马重案》</td><td>徐凤清</td><td rowspan="9">优胜奖</td></tr>
<tr><td>《校长的星期天》</td><td>陈　璐</td></tr>
<tr><td>《拼死吃河豚》</td><td rowspan="13">徐凤清</td><td>《故事家》</td><td>第1期</td></tr>
<tr><td>《红豆魂》</td><td>《民间故事》</td><td>第2期</td></tr>
<tr><td>《爱玩鸟的乡长》</td><td>《上海文学》</td><td rowspan="2">第3期</td></tr>
<tr><td>《县长的忙假》</td><td>《故事林》</td></tr>
<tr><td>《追寻仇人》</td><td>《故事家》</td><td>第4期</td></tr>
<tr><td>《最后的圣土》</td><td>《民间文学》</td><td>第4~5期</td></tr>
<tr><td>《绝情的男友》</td><td>《民间故事》</td><td>第5期</td></tr>
<tr><td>《鸽王》</td><td rowspan="3">《故事林》</td><td rowspan="3">第8期</td><td rowspan="13">当月最佳故事</td></tr>
<tr><td>《谁怜天下父母亲》</td></tr>
<tr><td>《千年灵芝》</td></tr>
<tr><td>《小偷比武》</td><td>《故事家》</td><td>第9期</td></tr>
<tr><td>《女村官》</td><td>《中外故事》</td><td>第10期</td></tr>
<tr><td>《从一支烟开始》</td><td rowspan="8">《法制故事》</td><td rowspan="8">9月</td></tr>
<tr><td>《都是网络惹的祸》
《高墙内的“侠客”》</td><td>蔡晓英</td></tr>
<tr><td>《“攀比”的代价》
《他被“黄魔”吞噬》</td><td>邵振良</td></tr>
<tr><td>《不愿回家》
《流血的早恋》</td><td>宋建才</td></tr>
<tr><td>《给爷爷报仇的男孩》
《吞没良知的河》</td><td>郭凤英</td></tr>
<tr><td>《马尾巴巷的怪案》</td><td>黄启元</td></tr>
<tr><td>《失重》</td><td>陈复观</td></tr>
<tr><td>《永远的伤疤》</td><td>钱海英</td></tr>
<tr><td>《小丫的隐私》</td><td>邵振良</td><td>“五龙杯”中华孝德新事征文竞赛</td><td>11月</td><td>三等奖</td></tr>
<tr><td>《小足球迷贝贝》</td><td>阎　冉</td><td rowspan="2">故事演讲</td><td rowspan="2">“余杭杯”第十一届全国少儿故事大王选拔赛</td><td rowspan="2">8月</td><td>全国最佳故事大王奖</td></tr>
<tr><td>《小懒熊的信》</td><td>王欣悦</td><td>故事大王奖</td></tr>
<tr><td>《梅兰竹菊》</td><td rowspan="3">陈惠萍</td><td rowspan="3">民间工艺</td><td>江苏省“党风廉政”书画大展</td><td>7月</td><td rowspan="2">入　选</td></tr>
<tr><td>《呼啸雄风》等3幅</td><td rowspan="2">东方工艺美术之都博览会精品展暨第二届江苏省民间文艺“迎春花奖”评选</td><td rowspan="2">11月</td></tr>
<tr><td>《芙蓉花绽幸福地》</td><td>优秀作品奖</td></tr>
</table>

2010年江阴市戏剧曲艺作品参赛(参演)情况一览

表62

作品名称	作者(表演者)	类 别	参赛(参演)名称	时 间	获奖情况
《带锁的日记》	蔡晓英	音乐剧编剧	全国第十五届群星奖评选	5月	群星奖
《出海之前》	王 鹏	相声创作、表演	解放军总装备部文艺会演		二等奖
《貂蝉之死》	胡永忠	戏曲编剧	首届全国戏剧文化奖评选	10月	银 奖
《忠义街》					提名奖
《棋高一着》	邵振良	小戏曲编剧			银 奖
《跳楼事件》	杜文广	小品编剧			三等奖
《婚姻进行曲》	蔡红霞				
《住院》	吕伟江				
《市长来种树》	邵振良	小戏曲编剧	全国小戏小品大赛	11月	二等奖
《为人》	杜文广 单建东	小品导演、编剧、表演	第九届江苏省五星工程奖评选		银 奖
《今天妈妈来》	杜文广 蔡 飞	小品导演、表演	第六届戏剧小品大赛	12月	优秀剧目 三等奖
《剪葡萄》	黄启元 徐 惠 程雪梅 方黎春	小锡剧编剧、表演			

2010年江阴市音乐舞蹈作品参赛(参演)情况一览

表63

作品名称	作 者	类 别	参赛(参演)名称	时间	获奖情况
《梦中的大西北》	王 立	女声独唱	全国第十五届群星奖评选	5月	群星奖
《校园脚步声》	周燕萍	舞 蹈	全国第三届中小学生文艺展演	2月	金 奖
《废墟·崛起》	朱冬妮				
			第九届江苏省五星工程奖评选	12月	

2010年江阴市美术作品参赛(参展)情况一览

表64

作品名称	作 者	类 别	参赛(参演)名称	时间	获奖情况
《江南老灶头》	夏 静	油 画	江苏省第七届油画展	4月	优秀奖
《故乡北望》	刘鸿兴				入 选
《故乡新月》	徐剑鹏				
《下樟村秋衣》	王 俭				
《郊外》	曹亚明				
《夜雪向春舞》	陈 亮	中国画	上海世博会中国美术作品展	5月	优秀作品奖
《岁月》	夏晓云	水 彩	首届中国农民艺术节江苏省农民画展		优秀奖
《回归》	许 琰	中国画			入 选
《家在华西》	庄卫强				
《黄 河》	徐惠君	水 彩	首届上海朱家角国际水彩双年展	7月	
《畅想曲》	徐静芬	油 画	江苏省第三次新人美术作品展		
《家在华西幸福多》	庄卫强	中国画	中国首届农民艺术节		
《体操梦想》	王 俭	粉 画	第九届全国水彩粉画作品展	10月	
《法国PREST布雷斯特港印象》		油 画	“油画艺术与当代社会”中国油画展		

续表 64

作品名称	作者	类别	参赛(参演)名称	时间	获奖情况
《乡间的小路》	陶锏	粉画	江苏省第五届企业职工美术书法大赛	10月	金奖
《大音稀声》	徐建鹏	油画			优秀奖
《春深绿野秀》	陈亮	中国画			
《山水》	周文忠				
《南门印象》	夏静	油画			入选
《祈》	许琰	中国画			
《心语》	王俭	油画	中国油画名家学术邀请展	11月	
《船厂的农民工》	徐昌安	油画	江苏省第九届五星工程奖评选		金奖
《远望归来》	陶建荣				银奖
《故乡新月》	徐剑鹏				铜奖
《高架桥真气派》	曹语涵	儿童画			金奖
《全家总动员》	陈一菲				银奖
《早餐摊》	江来				铜奖
《云自忙时山自闲》	陈亮	中国画			入选
《准星在心》	夏晓云	水彩	江苏省反腐倡廉美术作品展		优秀奖
《素裹银装》	陈亮	中国画	“红色太行”全国山水画展	12月	入选

2010年江阴市书法、篆刻、摄影作品参赛(参展)情况一览

表 65

作品名称	作者	类别	参赛(参展)名称	时间	获奖情况
草书	蒋君慧	书法	全国第三届兰亭奖书法创作奖评选	1月	入选
篆书	顾淦清		全国第三届兰亭奖新人展		
	方芳		全国首届篆书展	3月	
楷书	晏红		江苏省第七届新人展	4月	
行书	金卫红				
	周守国				
	孔祥印				
	金晖				
	李益强				
	赵坚				
	邱琪				
	马闻骏				
草书	蒋君慧		第三届芮城永乐宫书画展		百佳奖
	许达				
行书	蒋鸿		全国第三届扇面展	8月	入选
篆刻	武宝民	篆刻	西泠印社第七届篆刻展		
边款	蒋瑾琦				
边款	顾淦清				

续表 65

作品名称	作　者	类　别	参赛(参展)名称	时间	获奖情况
《水墨江南》	周东芬	摄　影	“花都水城浪漫武进”全国摄影大展	3月	二级收藏
《套马》	陆卫宇	摄　影	第三届中国原生态国际摄影大展	3月	优秀奖
《争相斗艳》	孔维贤	摄　影	“中山杯”国际梅花摄影大展	3月	入　选
《村头顽童》	严汉文	摄　影	中国黟县“画里乡村”摄影大展	4月	入　选
《春到西递》	严汉文	摄　影	中国黟县“画里乡村”摄影大展	4月	入　选
《境气》	汤春鸣	摄　影	’2010 中国黄山风光摄影大展	5月	入　选
《如烟岁月》	顾　强	摄　影	第三届中国原生态国际摄影大展	5月	入　选
《冬韵坝上》	张曾楷	摄　影	第三届中国原生态国际摄影大展	5月	入　选
《江南寒冬》	黄　丰	摄　影	第七届《影像中国》全国大赛	5月	优秀奖
《牧民转场》	黄　丰	摄　影	第七届《影像中国》全国大赛	7月	优秀奖
《荷语》	黄　丰	摄　影	第七届《影像中国》全国大赛	7月	优秀奖
《船台美容师》	陆念祖	摄　影	第七届《影像中国》全国大赛	7月	优秀奖
《报春梅花》	周湘基	摄　影	第七届《影像中国》全国大赛	7月	入　选
《太湖鱼汛》	严汉文	摄　影	第七届《影像中国》全国大赛	7月	入　选
《本色》	黄　丰	摄　影	江苏省第 20 届摄影艺术展览	8月	优秀奖
《矿工畅想曲》	刘惠娟	摄　影	江苏省第 20 届摄影艺术展览	8月	优秀奖
《山居秋暝》	顾　强	摄　影	江苏省第 20 届摄影艺术展览	8月	入　选
《赶集归来》	顾　强	摄　影	江苏省第 20 届摄影艺术展览	8月	入　选
《绘》	林必荣	摄　影	江苏省第 20 届摄影艺术展览	8月	入　选
《船台美容师》	江鸣波	摄　影	江苏省第 20 届摄影艺术展览	8月	入　选
《修船》	陆炳汝	摄　影	江苏省第 20 届摄影艺术展览	8月	入　选
《让我捏一下》	周湘基	摄　影	江苏省第 20 届摄影艺术展览	8月	入　选
《无梦到徽州》	周东芬	摄　影	江苏省第 20 届摄影艺术展览	8月	入　选
《精灵》	詹爱平	摄　影	江苏省第 20 届摄影艺术展览	8月	入　选
《温馨之家》	花　炜	摄　影	江苏省第 20 届摄影艺术展览	8月	入　选
《快乐油漆工》	黄　丰	摄　影	江苏省 2010 年群星奖评选	8月	银　奖
《矿工畅想曲》	刘惠娟	摄　影	江苏省 2010 年群星奖评选	10月	铜　奖
《耍水》	汤思奕	摄　影	江苏省 2010 年群星奖评选	10月	铜　奖

（龚　翼）

文化遗产保护

【概况】 2010 年，江阴市文物保护部门认真贯彻“保护为主，抢救第一，合理利用，传承发展”的方针，组成了首批文物保护业余监督管理员队伍，努力挖掘历史文化资源，祁头山考古又有新发现，对 23 处文保单位进行了修缮。非物质文化遗产发掘保护成效明显。至年底，全市共发掘非物质文化遗产 87 项，其中入选国家级公示项目 1 项，江苏省级 4 项，无锡市级 31 项，江阴市级 51 项，还建立了非物质文化遗产展示馆。

【文物监管队成立】 2010 年 3 月，各镇（街道）以文化服务中心为依托，从退休教师、退休干部职工中选拔 27 名责任心强且热心文物保护的工作人员，组成全市首批文物保护业余监督管理员队伍。这批监管员遍布各镇（街道），形成文物管理网络，弥补专业文物管理力量的不足，有效地保护了文物资源。

【23 处文保单位修缮竣工】 2010 年，各镇和有关部门按照《江阴市建设国家历史文化名城实施意见》的要求，共投资近 5000 万元，加快文物保护单位修缮步伐，全市有 23 处文物保护单位先后修缮竣工。其中，国家级文物保护单位 1 处：徐霞客故居；江苏省级 4 处：江阴蚕种场、黄山小石湾明清

古炮台遗址、文庙、适园；江阴市级18处：朱杏南故居、五云桥、松风亭、楚春申君黄歇墓、舜过井、沈氏宗祠、金武祥故居、周少梅故居、曹颖甫故居、吴季子墓、新桥、广济古井、武庙、沈家冲祠堂、唐公祠、钱士纱业公所、双桥、上官云珠故居。

【祁头山考古新发现】 2009年12月~2010年1月，南京博物院和江阴市文管会、博物馆组成联合考古队，对祁头山遗址进行抢救性考古发掘。发掘面积660平方米，发现马家浜文化时期的沟2条，宋、清时期的墓葬27座，出土马家浜时期玉玦2件、玉石珠串1件、玉管2件和石碲、釜等石器，还有骨器及陶钵、陶豆等陶器。这次勘探重新确认了祁头山遗址范围：北至祁头山北侧河道，东至白屈港，南至夏家村南侧小河，西至殷家村东侧，总面积近50万平方米，为马家浜文化时期的大型遗址，也是太湖西北部乃至整个长江下游地区同期遗址中规模最大的一处马家浜文化时期遗址。

【盗挖古墓案破获】 2009年12月，澄江街道西部一座明代古墓被盗挖。市公安局、市文广新局立刻进行查处，于2010年1月侦破此案，抓获涉案人员6人，其中收赃者1人。收缴瓷碗、钱币等文物20余件。这是江阴史上第一次破获的盗墓案件。

【致和堂膏滋药制作方法入选国家级"非遗"名录】 2010年5月16日，江阴市申报的致和堂膏滋药制作方法入选第三批国家级非物质文化遗产名录。该制作方法与晚清名医柳宝诒1890年创办的柳致和堂药店同时诞生。致和堂膏滋药主要功能是冬令进补。制作特色是选用地道药材，经过浸泡、煎煮、浓缩后收膏存放，不添加任何化学成分。120年来师徒相传，延续至今。

【"非遗"展示馆建立】 2010年5月始，市文广新局与澄江街道联合筹建江阴市非物质文化遗产展示馆，于12月建成开放。馆址设在北大街117号的钱士纱业公所（2009年被江阴市政府命名为第七批文物保护单位）。该馆运用实物、资料、图片等史料，将江阴已发掘的非物质文化遗产项目陈列展示，让市民了解江阴悠久的历史文化渊源。

【文保图书出版和"非遗"项目传承人认定】 2010年，市文物保护部门挖掘整理文化遗产资料，陆续出版《江阴市文物地图册》《江阴市非物质文化遗产集锦》《古邑江阴》《江阴文物工作手册》等书籍。同时认定了一批"非遗"项目传承人：刘柏松被认定为第三批省级非物质文化遗产项目代表性传承人，江祥生、谢浩军等22人被认定为第一批无锡市级非物质文化遗产项目代表性传承人。

图　书

【概况】 2010年，市图书馆开展城乡一体的总、分馆建设，实现图书通借通还，进一步完善文化共享工程。在新增6个图书分馆的基础上，各分馆与总馆间实现网络互联、资源共享，图书借阅全免费。市图书馆通过工作创新和优质服务，继续保持了江苏省文明图书馆和国家一级图书馆称号。为倡导市民读好书、用好书，创办群众性季刊《读读书》，开设《专题》《在书房》《在写书》《在读书》《在生活》栏目，免费赠送广大读者，还开通电子版，读者可以上网阅览。是年，该刊被中国图书馆学会阅读推广委员会、阅读文化研究专业委员会指定为会刊。

【图书借阅全免费】 2010年1月1日起，市图书馆取消借阅证年注册费，实现全免费借阅；4月1日，市图书馆与流动图书车实现图书"通借通还"；4月23日，图书馆借阅证与市民卡功能有效对接启用，市民持市民卡即可享受图书馆的各项服务；6月开通自助验证系统，读者只需将借阅证放在自动核证机上刷一下即可延长使用有效期。

【图书分馆新增6个】 2010年，华士、长泾、璜土、月城4镇和澄江、城东2街道相继建成图书分馆6个，累计分馆达17个。各分馆面积均超过500平方米，藏书超过5万册。年内分馆共办借阅证2497张，图书流通25575册次。图书分馆与市图书馆实行图书通借通还。各馆都推出"阅读主题推荐""新书推荐""专题推荐"等导读活动，方便读者借阅。

【市图书馆获"书香暨阳"牌匾】 2010年5月21~24日，华夏阅读论坛江阴研讨会暨"书香暨阳"授牌仪式在市图书馆举行。中国阅读学研究会会长徐雁代表该会授予市图书馆"书香暨阳"牌匾，这在全国基层图书馆中尚属首次。是年，该馆连续第五次获得江苏省文明图书馆称号，并第四次顺利通过国家一级图书馆复查。

文化产业

【概况】 2010年，市委、市政府出台了一系列促进文化产业发展的文件，围绕新兴产业发展"445计划"* 和打造文化软实力战略，瞄准高品位、专业化目标，大力推进文化项目建设，积极培育文化骨干企业。市文化产业发展洽谈会在北京成功举办，引得一批重大项目入驻江阴。市文艺集团通过资源整合，成立国风天华文化艺术培训中心，获得社会、经济效益双丰收。展览馆全年接待参观人员2.5万人次。各影院、剧场推陈出新，除组织丰富多彩的演艺活动外，还接待各种会议65场。是年，市文艺集团营业收入5048万元，实现利润209.45万元。

【促进文化产业发展的配套文件出台】 2010年6月28日，市委、市政府制订出台《关于加快文化产业发展若干政策意见（试行）》《江阴市文化产业发展引导资金管理办法》《江阴市文化产业投资指导目录》三个促进文化产业发展的配套文件，从经营、财政、税收、投融资、土地扶持、工商、人才七个方面扶持发展文化产业，并设立市文化产业发展引导专项资金，市财政每年安排2000万元用于支持文化产业发展，以促进文化产业与城市同步转型升级。

【市文化产业发展洽谈会在北京举办】 2010年8月8日，'2010江阴市文化产业发展洽谈会在北京举行。洽谈成功项目35个，总投资额达51.45亿元。其中现场签约项目20项，投资额为43.59亿元。产业项目涉及影视制作、动漫产业、文化旅游、创意设计、大型游戏、电影院线等。江阴在环境配套设施、载体建设优化、营造创业生态等方面得到广大客商的广泛认同，仅百亿文化创意产业园就与各方洽谈、签约合作项目11项，总投资额达15.89亿元。

【文化产业重大项目】 2010年，扬子江文化创意产业园设计谷、动漫城等相继建成；总投资规模20亿元的深圳天安数码城等30多项项目入驻江阴；"中国裳岛"完成项目投资6800万元，并与东华大学达成建设纺织博览馆协议；"创意亚洲"创意设计基地投入运营后，建立了四川美术学院、鲁迅美术学院、广西艺术学院设计院、敦煌画院等十大美术学院和著名动漫专家肖永亮、著名工艺美术大师罗永辉、中央美术学院肖勇、创意亚洲总设计师张强等十大艺术名人工作室；"刘家大院·画家村"项目投资2.3亿元，工程全部完成，正式对外开放。是年，共有72.5亿元民间资本投入江阴文化产业，文化产业增加值占全市地区生产总值的比重达5.8%。

【具有江阴元素影视作品】 2010年，电影《失控》《绿色风暴》《虫虫畅想曲》《纸雪花》、电视连续剧《红尘丽影》、动画片《河小豚与江大鳄》等具有江阴文化元素、地方标志性建筑的影视作品相继杀青，58集动画片《风花仙子外传》出口韩国播放。2009年完成的电视纪录片《徐霞客》2010年再次在央视播出。

文化市场管理

【概况】 2010年，文化市场管理部门坚持"一手抓繁荣，一手抓管理"的方针，强化市场监管，规范经营行为，净化文化环境，使文化市场一直在合法守规、健康有序的轨道上发展。除了坚持开展"扫黄打非"等执法检查外，市文广新局还会同公安等部门开展严厉查处非法销售、安装卫星电视行动，共收缴不法商贩准备销售的卫星天线40余架，拆除已非法安装的卫星天线30余架。

【"扫黄打非"】 2010年3月16日始，全市开展严厉打击侵权盗版音像制品专项行动。共检查音像制品经营单位86个次，查缴侵权盗版音像制品2179套；抽查音像制品经营单位29个次，查缴各类非法音像制品425套。是年全市开展"扫黄打非"集中行动16次，取缔无证摊点29个，收缴非法音像制品3.3万余张、非法电子出版物3000余张、非法纸质出版物3000余册，将60余名经营淫秽音像制品的违法人员移交司法部门处理。同时，为进一步加强对全市网吧的技术监控，统一安装"净网先锋"监控软件，对各网吧进行全程监控。服务器在线率达95%以上，运行情况良好，为监督网吧的正常经营发挥了作用。

【校园周围环境整治】 2010年5月5日起，市文广新局等部门经过精心部署，组织人员对全市中小学校周围的经营单位开展专项检查，共检查网吧、电子游戏室、歌舞娱乐场所等经营单位136个次，开具现场整改通知书11份，使校园周围的文化环境得到净化。

【集场文化市场管理】 2010年，市文广新局会同公安、工商、城管等部门联合下发《关于进一步加强2010年庙会集场文化市场管理的通知》，规范集场文化市场。市文化市场综合执法大队安排执法人员对每个集场进行巡查，共出动执法人员250余人次，取缔非法书刊和音像制品经营摊点9个，收缴非法音像制品1585张、非法书刊368册，拆除非法搭建的演出大棚10个，制止了各类非正规演出团体流入集场。

（刘湘和）

广播电视

【概况】 2010年，市广电集团优化提升新闻宣传，整合转型产业经营，创新完善管理机制，实现了事业与产业的快速、协调发展，顺利完成了年度各项目标任务。是年，江阴人民广播电台、江阴电视台（以下简称电台、电视台）共推出主题性宣传和系列报道40余个；两台被中央台录用稿件76条，被江苏省级媒体用稿400余条，在全省县市级广播电视台中名列前茅；有4件作品获省级奖项、29件作品获无锡市级奖项，获奖数量和质量均创历史最好水平；电台、电视台数字化率均超过90%；根据宣传与经营"两分离"改革方案的精神，组建了大澄新媒体发展有限公司和大道影视文化传播有限公司；参与承办第19届中国金鸡百花电影节受到社会各界好评；9月28日，总投资4.9亿余元的江阴广播电视中心扩建（改造）工程（广电大厦）正式开工，主体建筑总面积5.8万平方米，高度近100米，计划于2012年竣工。

【重大主题宣传】 2010年，围绕市委、市政府"'以民主促民生'深化推进'幸福江阴'建设，加快产业和城市同步转型"中心工作和事关全市经济社会发展的重大决策、重点任务，电台先后开设《转型进行时》《接二连三新亮点》《80后创业之路》《海韵江风说江阴》《建设绿色家园》等20余个专栏，电视台先后推出《新年新气象》《以人民幸福评估发展》《聚焦"445"：产业升级进行时》《江阴声音志》《转型进行时》《我们的时代先锋》《百姓的幸福故事》《跨越—聚焦幸福江阴国际化进程》《幸福图景》等系列新闻报道，两台还同时推出《贯彻市委全体扩大会议精神——学华西，快转型，江阴有股劲》专题系列报道，同时充分报道'2010"幸福江阴"（北京）国际论坛、第五届徐霞客国际旅游节、全市转型发展工作会议、全市开发区工作会议、'2010江阴对外经济合作洽谈会、第20届科技节等重大活动,通过主题引导、典型引领等报道内容的充实和现场报道、连线访谈等报道形式的创新,全方位、多层次、高密度地宣传市委、市政府的民本理念、政策措施和社会各界踊跃求发展的干劲,为深入推进"幸福江阴"建设营造了积极和谐的舆论氛围。

【对外宣传】 2010年,电台、电视台抓主题,抓重头,抓亮点,抓质量,对外宣传开创新局面。电台构建主动策划、有效对接、提前沟通、快速反应的对外宣传运作机制,全年外宣成果在全省县级台中领先。电视外宣有新突破,7月12日央视《新闻联播》播出的《江苏江阴:"不开发区" 里的进与退》,单条篇幅时长达2分10秒,并上了新闻提要。年内两台被中央台录用稿件76条,其中中央人民广播电台《新闻和报纸摘要节目》用稿23条,中央电视台《新闻联播》用稿13条;江苏省级媒体用稿总量达到400余条,在全省县市级电台、电视台中名列前茅。

【节目创新创优】 江阴电台907频率与市公安局联合创建"公安交通指挥中心"直播平台,全新打造《907动听八九点》《907交通服务热线》等特色节目;106频率将"低碳·关爱·诚信"主题贯穿节目始终,推出《今天我低碳》等听众互动栏目;"空中热线"先后举办3次走进农村直播活动。电视台新闻综合频道日播节目《老张讲故事》市场份额突破8%;《啊哟喂》专栏以脱口秀的播报方式和具有表现力的艺术创作风格播报本地民生新闻;《暨阳时空》专栏设置"时空声音"版块,听取百姓对新闻事件和政府各项政策措施的反响,搭起沟通政府和市民的连心桥。年内两台共有4件作品获省级奖,电台、电视台各2件;共有29件作品获无锡市级奖,其中电台12件,电视台13件,《江阴广播电视报》4件,数量和质量均创历年评选之最。

【技术设备】 2010年,江阴电台率先在县级城市电台中实现全天候24小时播出,成为江阴广播发展史上新的里程碑。电视台完成高清转播车和移动演播车的升级改造,提高了全台网的安全稳定性。两台数字化率均超过90%,全系统优质安全播出和传输得到巩固。网络公司投入近5000万元,围绕"优质音视频专家"的品牌理念,在全市17个镇(街道)大力开展网络优化改造和双向互动业务,双向互动、高清数字电视业务于11月12日正式推向市场,年内新增江南水务等集团用户10个,集团用户数增至61个;个人宽带用户发展势头良好,全年净增宽带用户数2162户。

【绩效管理】 2010年4月始,市广电集团推进绩效薪酬体系建设。经两个月的前期筹备,电台于6月率先启动绩效管理体系建设试点工作,拟订《江阴电台绩效管理实施办法》,对电台组织架构、岗位层级设置进行梳理,完成各部门、各岗位、各职级的任职资格标准、岗位说明书和考核量表,并结合绩效考核,完善中层考核办法以及节目考评办法。网络公司以节目中心和维修中心两个部门为试点,制订岗位说明书、工作目标等考核量表及其他事项,8月份启动试点工作。 (汤默涵)

报 刊

·江阴日报·

【概况】 2010年,江阴日报社(以下简称报社)围绕市委中心工作,确立"以报业为核心、同心多元延伸"发展新理念,深化体制机制改革,加快推进宣传经营两分离步伐,舆论引导水平、队伍建设、新闻事业和产业均有新发展。年内,围绕"两会"、金鸡百花电影节、经贸洽谈会、科技节、"410行动"* 等重大时政活动和新兴产业"445计划"* 精心策划、组织新闻宣传,浓墨重彩营造舆论氛围;创新报道理念和形式,在确保导向准确前提下,追求角度新、内容鲜、形式活,先后推出一系列立足大局、关注民生的专题报道;全媒体延伸发展新领域,开播流媒体视频新闻;继续推出"夏令热线""市民论坛"等一系列公益性社会活动,参与社会、服务社会、影响社会,扩大报纸影响力。《江阴日报》日发行量3.2万余份。报社记者撰写的新闻稿件、论文在地市级以上各类评比中获奖64篇(幅)次,其中省级以上31篇(幅)次;在地市级以上新闻媒体发表各类新闻作品170篇(幅),其中《人民日报》1篇,《新华日报》31篇。是年,经营总收入3300万元,比上年增长8.27%。

【"打开天窗看窗外"大讨论活动】 2010年1月,报社为放眼发达地区报业,谋划新闻事业、文化产业同步发展上新台阶,开展"打开天窗看窗外"思想解放大讨论活动。报社全体职工以"找差距、求创新、上台阶"为目标,对照周边报纸新闻事业拓展、产业经营发展的先进经验进行深入剖析,认真查找部门和个人思想观念上存在的阻碍事业发展机制和体制上可能影响事业、产业发展的各种问题,并结合具体工作和自身情况写出找差距剖析书面材料。报社还组织采编人员赴常熟日报社、宜兴日报社、武进日报社、钱江晚报社等报社进行结对学习。各部门制订3~5年事业发展规划,每个员工都写3~5年自身职业生涯发展计划,全社掀起了学习、讨论、改进热潮。

【十大新闻品牌栏目推出】 2010年,报社为增强《江阴日报》的核心竞争力,推出报纸十大新闻品牌栏目,分别为:A版的《暨阳调查》《今日关注》《天南地北江阴人》《市民论坛》《摄影故事》《家园话题》和B版的《早读暨阳》《感动江阴的人和事》《人文视线》《民生热线》。这十个栏目涵盖报纸的政经和民生两个板块。报社为确保栏目质量,专门成立新闻品牌考核领导小组,规定考核部门,并制订了考核制度和考核办法。

【第四届"夏令热线"开通】 2010年7月15日~8月15日,报社开通第四届“夏令热线”,通过媒体搭建服务平台，整合各职能部门力量，全力以赴解决市民群众在盛夏遇到的急事、难事、烦心事。一个月时间里,“夏令热线”共接到各类求助和咨询电话948个，解决问题765个，解决率为80.7%。通过连续4年的运作,“夏令热线”已成为《江阴日报》与读者沟通的响亮品牌。

【江阴首张3D报纸亮相】 2010年10月22日,《江阴日报》推出江阴史上首张立体报纸（下称3D报纸)——《金鸡百花电影节3D特刊》,用全新的表现形式、立体的视角记录了在江阴举办的第19届中国金鸡百花电影节的盛况。为让更多读者欣赏到江阴首张3D报纸，报社除向每位《江阴日报》订户免费赠送一份《金鸡百花电影节3D特刊》外，还在城区设立30余个临时零售点，并在学院场广场设置特刊宣传推广点。

【“暨阳新媒体”视频新闻节目】 2010年12月28日，报社在城区大型电子屏和江阴日报网站正式推出“暨阳新媒体”视频新闻节目，该节目以轻松诙谐的“美眉说新闻”方式播新闻，搜索时下最新时事，调侃最炫话题，为广大市民提供一个耳目一新的了解本地和外地新闻的方式。为推出视频新闻，报社专门购置视频摄录和现场直播设备，建立视频演播室，并成立了新媒体部。

【大型社会活动】 2010年3月，报社积极参与江阴二月初八南门会集场，推出二月初八汽车、家装、生活展，设立汽车、家装、医疗、通讯等140余个摊位，提升了集场的档次。7月，报社承办婚庆嘉年华现场展示活动，组成汇聚涉及酒店、婚纱、珠宝、汽车、房产、家装、酒业、家电、旅游、美容等行业的20余个颇具实力商家的婚庆联盟，200余对准备结婚的青年伴侣和他们的家人参加了现场活动。9月，报社与市工商联联合组织为期5个月的“2010年江阴服务业风云人物评选”，评选涉及金融、医疗、零售商业、汽车销售、装饰装潢、旅游、餐饮、物流、文化创意、广告传媒、美容美发、娱乐等行业。活动通过报纸、网络投票和行业主管部门评选等多种方式进行。该活动通过评选各行业领军人物的方式，展示江阴服务业的风采，推进江阴现代服务业的健康发展。 （许　菊）

·其他报刊·

【概况】 2010年，江阴除市委、市政府批准创办的《江阴日报》外，在社会上公开发行的报刊还有《江阴广播电视报》《南京扬子·江阴专号》《无锡日报·江阴市场》《江苏四季风》《城市生活》等。

江阴有部分镇、机关、企事业单位及群众团体根据实际需要，陆续创办内部报刊，宣传党和国家的方针政策，市委、市政府的重要决策，以及各自在改革开放和现代化建设中取得的成果、经验，以推动工作开展。这些报刊多数为月刊，也有周刊、季刊和双月刊，主要在内部发行，少则500份，最多10000份。均免费赠阅。1990年，由江阴日报社牵头、市民政局批准，成立市企事业报刊联谊会，主要开展业务培训，交流办报经验等活动。当年有成员单位30余个。至2010年末，不间断出版且影响较大的内部报刊有60余种，市企事业报刊联谊会成员单位发展到45个。

【江阴广播电视报】 1993年正式创刊，每周1期，4开8版。2010年增至20版，并有彩色铜版纸封面，由江阴广电集团主办，报头下注《无锡新周刊》江阴叠，总编陶青。版面内容以娱乐视听、生活资讯为主，每期都刊登广播电视节目预告，发行3万份。为配合第19届中国金鸡百花电影节在江阴举行，另外编发了5期电影节专刊——《百花缘》和20余万字的宣传资料《江阴与中国电影》。

【南京扬子·江阴专号】 由《扬子晚报》下属的南京扬子广告有限公司承办，主编周建飞。该报4开4版，每周1至2期，以刊登江阴的经济信息为主，每期发行4万余份。

【无锡日报·江阴市场】 由《无锡日报》广告部直管，主编周建飞，该报4开4版，每月2期，设《市场经济》《生活保健》《收藏》等专栏，每期发行1.5万份。

【江苏四季风】 2003年创刊，由江苏四季风广告文化传播有限公司主办，是在江阴发行的第一份免费定向直投的杂志，主编林玉琪。该刊每月1期，16开本，铜版纸双面彩印，每期发行1万册，免费赠送市民阅读。内容以经济信息、生活资讯为主。2010年与市公安局交巡警大队合作，增设《交通安全行》专栏，宣传交通法规、文明行车方面的知识。

【城市生活】 2004年创刊，是市邮政局主办的大型生活服务类杂志，主编王亚同。该刊每周1期，8开本，铜版纸双面彩印，每期发行1.7万份，免费赠阅。2010年开设《房产置业》《江阴车市》《暨阳旅游》《投资理财》《逛街购物》《人才教育》《时尚家居》《休闲美食》《健康生活》《便民服务》等栏目。

2010年江阴市部分镇(街道)及企事业单位内部报刊情况一览

表66

创刊时间(年)	报刊名称	主办单位	刊　期	2010年每期发行数(份)
1976	《动力工人》2003年改为《江动报》	江动纺机制造有限公司	由旬刊改为月刊	1000
1983	《江阴企业家》	市企业家协会	月　刊	1000
1986	《船厂工人》	扬子江船厂		1500
1987	《澄水报》	江南水务股份有限公司		1000

续表 66

创刊时间(年)	报刊名称	主办单位	刊 期	2010 年每期发行数(份)
1988	《职工之友》2003 年改为《江阴工人》	市总工会	季 刊	2000
1989	《江阴港》	江阴港口集团	月 刊	1100
1990	《今日周庄》	周庄镇党委、政府		3000
1992	《江阴日报通讯》	江阴日报社		500
1993	《夏港》	夏港镇党委、政府	不定期	3000
	《长电报》2003 年改为《新潮报》	新潮科技集团有限公司	月 刊	2500
1994	《海澜人》	海澜集团有限公司		10000
1995	《江银报》	江阴农村商业银行		1000
1998	《法尔胜报》	法尔胜集团	半月刊	4000
	《法尔胜之声》	法尔胜大酒店	月 刊	500
	《申达之友》2009 年改为《申达人》	申达集团		1000
1999	《兴澄特钢报》	兴澄特种钢铁有限公司		4500
	《澄星人》	澄星集团		5000
2000	《双良人》	双良集团		2500
	《医苑之声》	市人民医院		4000
2002	《江阴商会》	市工商联、总商会	季 刊	1000
	《江阴学院》	江阴职业技术学院	月 刊	10000
2003	《新长江》	新长江实业集团有限公司		800
	《澄江商会》	澄江商会		500
	《今日霞客》	徐霞客镇党委、政府	周 刊	2000
	《海鹏风采》	全顺汽车有限公司	双月刊	1000
2004	《利港电力》	利电能源集团	月 刊	300
2005	《今日青阳》	青阳镇党委、政府		3000
	《华宏人》	华宏实业集团公司		2000
	《天江药业》	天江药业有限公司	季 刊	1000
	《风尚》	泓昇苑酒店		500
2006	《致远》	法尔胜集团	月 刊	1000
2008	《福斯特报》	福斯特纺织有限公司		1200
	《蒲公英》	法尔胜集团		2000
2009	《读读书》	市图书馆	季 刊	600
	《长博报》	长博集团	月 刊	1200
	《农行理财》	农业银行江阴支行	季 刊	5000
	《江阴公交报》	市公交公司	月 刊	1000
2010	《金土地》	璜土镇党委、政府		3500
	《福祉澄江》	澄江街道党工委、办事处	季 刊	3000
	《金信报》	金信营销与管理咨询有限公司	双月刊	2000

注:按创刊时间先后排序,2010 年已停刊和发行量较小的未收录。 (李缉宁)

■类目编辑 李缉宁

综述

【概况】 2010年，全市共有医疗卫生机构（含村卫生室）451个，其中医院、卫生院35个；编制床位3380张全部开放；卫生技术人员6967人。全市卫生事业经费1.67亿元，占市财政支出的1.44%。是年，门急诊767.1万人次，收治住院24.4万人次。全市新农合人均筹资370元（含大病救助基金10元），近177万人次得到结报补偿，补偿总额2.72亿元，门诊结报总额4752.8万元，全年各种救助总额达1063.3万元。开展第三轮免费健康体检工作，共体检47万余人，体检率98%。全面实施基本药物制度，整合全市基层医疗资源，建立健全市、镇、村三级服务体系，按确保每个建制镇（街道）有1个政府举办的基层医疗卫生机构的原则，调整设置17个社区卫生服务中心和196个社区卫生服务站，新建城中、周庄和长泾3个社区卫生服务中心，其中城中社区卫生服务中心下属服务站全部由政府举办，确保社区卫生服务的公益性质。新创建江苏省示范乡镇卫生院2个。组织开展第二轮星级社区卫生服务站创建工作，分别确认6个五星级、11个四星级、57个三星级。年内，完成市人民医院新病房大楼、市三院精神卫生中心大楼、市妇幼保健所改扩建工程。组织113次招标采购，实际采购金额8195余万元。其中采购医疗设备137台（套），采购金额5812万余元，节约采购资金974万元，节约率16.76%。是年，市人民医院肿瘤二科主任中医师沈伟生获卫生部"全国医药卫生系统先进个人"称号，市中医院袁士良被中华中医药学会评为"2009年全国基层优秀中医"。（王芬华）

【《健康教育与促进纲要》实施情况通过卫生部评估】 "十一五"期间，江阴市围绕建设"幸福江阴——人人都有好身体"的总体目标，依靠市镇村三级健康教育工作网络，各级各有关部门各司其职、齐抓共管，扎实开展内容丰富、形式多样、群众喜闻乐见的健康教育主题活动，社区、医疗卫生单位、学校、企事业单位等各类健康促进行动整体推进，全市健康教育与健康促进形成政府负责、部门配合、社会参与的良好局面，市民健康水平和生活质量不断提高。2010年5月16日，卫生部组织督导评估组，对江阴市《全国健康教育与健康促进规划纲要（2005～2010年）》实施情况进行督导评估。督导评估组专家在观看《浇灌人人都有好身体的幸福坐标》卫生宣传片，听取《实施健康促进行动，建设和谐幸福江阴》汇报，考察新桥镇绿园社区和海澜集团，认真查阅相关资料后，充分肯定江阴在健康教育与健康促进服务方面的工作成效。（沈海霞）

【爱心献血屋启用】 自《中华人民共和国献血法》实施十余年来，江阴市每年有近2万人自愿参加无偿献血，全市所需的血液全部来自无偿献血，临床用血安全得到保障。其中，街头献血成为近年无偿献血的重要途径，占到无偿献血总量的86%左右。2010年，为顺应无偿献血发展需要，进一步完善采血布局，提高血液质量，并为广大无偿献血者提供更加温馨、舒适、安全的献血环境，在人民路步行街专门建立爱心献血屋。6月14日，江阴市举行"6·14"世界献血者日庆祝活动暨爱心献血屋启用仪式。爱心献血屋建筑面积30余平方米，外观造型独特，内部设征询、体检、初筛、采血等区域，功能设施齐全。启用仪式上，江阴市10名优秀无偿献血志愿者代表受到表彰，市卫生系统的31名团员青年踊跃参加无偿献血，成为爱心献血屋首批爱心献血者。（陆美娟）

【首届卫生文化节】 2010年9月3日起，江阴市启动以"崇尚健康生活，构建和谐卫生"为主题的首届卫生文化节。此届卫生文化节设有书画摄影比赛、网球比赛、歌手大奖赛、朗诵比赛、篮球比赛、文艺汇演等一系列活动，先后有近1500人次参与。经过近一个月的比赛交流，评选出各类奖项32项，有12个单位及148人分别获奖，全方位多视角地展示了卫生系统文化建设的丰硕成果和卫生行业良好的社会形象，以及广大卫生工作者服务群众、乐于奉献的高尚品德和文明和谐、健康向上的人文素质。9月27日，首届卫生文化节在江阴大剧院闭幕。市委组织部长蔡叶明，副市长钱文琴，市政协副主席张时献出席闭幕式并为卫生文化建设先进单位颁奖。宣传部、卫生局、文广新局、体育局、总工会、团市委、妇联等部门及各医疗卫生单位的干部职工共1200余人参加闭幕式。

（程　刚）

【省长罗志军考察基本药物制度实施情况】 2010年1月19日，江苏省省长罗志军和副省长何权一行考察江阴市实施基本药物制度工作情况。在新桥卫生院，罗志军一行详细了解该院实施基本药物制度改革和农民参加新型农村合作医疗保险的情况。江阴新型农村合作医疗保险制度实施8年来，有效缓解了农民“因病致贫、因病返贫”，成为全市社会基本医疗保障的重要组成部分，形成“小病在社区，大病进医院，康复回社区”的就医格局，既方便群众看病又减轻看病负担。罗志军对江阴注重民生的举措表示满意，希望江阴大力推进基本药物制度改革，有序建设社区卫生服务中心，继续努力解决人民群众“看病难、看病贵”问题。无锡、江阴市领导毛小平、赵旻、朱民阳、曹锡荣、钱文琴陪同考察。（沈海霞）

【市第三人民医院完成整合搬迁】 2010年，江阴市第三人民医院整合夏港卫生院，在原夏港卫生院的基础上进行扩建。该项目作为市委、市政府为民办实事之一，列入市人大2010年监督工程。扩建后占地面积5.67公顷，建设资金由市财政承担，一期投入1.3亿元，新建精神卫生中心病房大楼建筑面积1.19万平方米，分7层，一层为精神科门诊、急诊、药房及辅检科室，二层为社会防治科及精神科康复中心，三层至七层为封闭式住院病区。新大楼宽敞明亮，周边环境优美，内部设施设备先进，开放中央空调，24小时供应热水，重症加强护理病房（CCU）实行全过程监控、无陪护住院，有高级病房11间，就医环境得到较大改善。9月25日，市第三人民医院完成搬迁，收住病人搬入新建成的精神卫生中心病房大楼。通过资源整合，该院医疗技术水平得到提升、服务功能健全、医疗环境更美，也使全市医疗资源的布局更趋合理，城西地区的医疗服务能力得到提升。（李　波）

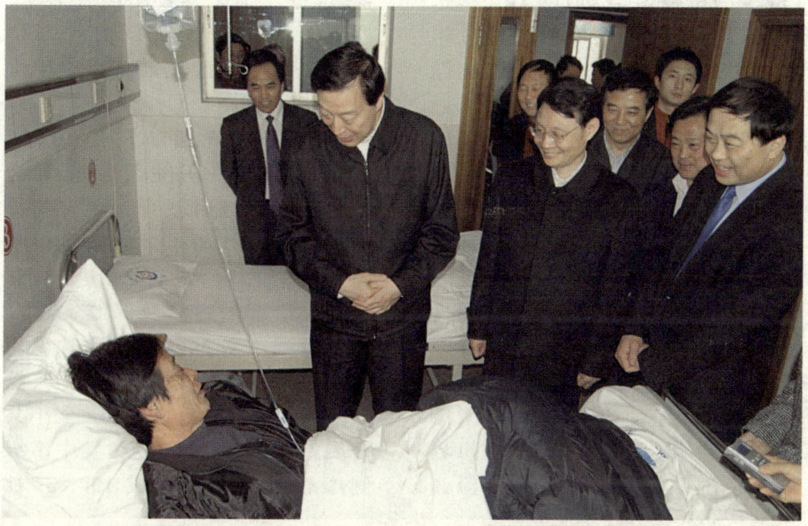

2010年1月19日，江苏省省长罗志军（左三）考察新桥社区卫生服务时与病人亲切交谈。（程　刚摄）

【市人民医院新病房大楼试运行】 江阴市人民医院新病房大楼工程于2008年12月28日奠基开工，2009年11月28日大楼封顶。2010年12月，新病房大楼进入试运行。该大楼总建筑面积7万余平方米，地下二层，地上二十层，设计床位900张，投资3.96亿元。楼内布局科学、设施先进、功能齐全，地下两层为停车场；地上一层主要用于办理出、入院手续及提供配套服务；二层为中心供应室、麻醉科、输血科；三层主要为20间手术室；四层为中心配置室；五层为重症监护病房；六层至二十层为标准病房。（萱　轲）

【省农民健康工程先进市创建活动】 近年来，江阴市以创建农民健康工程作为建设“幸福江阴”的重要举措，先后建立健全多层次新农合医疗保障制度，新农合基本医疗保障在规定范围内医药费用报销比例达63.5%；年大病救助基金达1500万元，创新建立对大病患者进行二次补偿的新农合大病补充保险制度，总补偿比例达82.7%。基本实现公共卫生服务均等化，全面落实10大类25项公共卫生服务项目；年举办各类健康科普讲座、大型义诊数百余场，编印发放市民健康保健知识系列丛书10万余册；建立完善两年一次的新农合参合群众免费健康体检机制，农民健康档案建档率达98.5%。调整社区卫生服务机构设置，形成以市级医院为龙头，片区医院为骨干，社区卫生服务中心（站）为基础，民营医疗机构为补充的农村卫生服务新体系；市人民医院、市中医院积极争创三级医院并通过无锡市初评，新建5个二级医院。市级医院每年组织百余名医务人员下基层进行帮扶支援、农村卫技人员50余人到上级医院进修学习，组织乡村医生349人开展中专学历补偿教育。2010年，全面实施基本药物制度，各公共卫生服务中心（站）全部配备和使用基本药物，实行零差率销售。12月17～18日，江苏省农民健康工程先进市考核评估组对江阴创建工作进行全面考核评估。考核组在先后听取汇报、查阅相关创建台账资料、实地走访新桥社区卫生服务中心和绿园社区卫生服务站后，对江阴市创建农民健康工程所取得的显著成效给予充分肯定，认为创建工作力度大，基础工作扎实，措施落实有力，发展态势好。

（沈海霞）

【新农合补充保险重大疾病专家会诊系统启用】 2010年7月1日，江阴市新农合补充保险重大疾病专家会诊系统和本地定点医师服务系统在市人民医院正式启用。会诊系统包括网上远程会诊和现场会诊两种形式，由江阴本地25名专家和北京、上海、南京等地的38个三甲医院的医疗专家组成，免费为患有重大疾病的参合群众提供服务。新农合补充保险重大疾病专家免费会诊的病种主要是恶性肿瘤、尿毒症、脑中风后遗症、帕金森症。参加新农合补充保险的患者可随时拨打24小时服务热线86841070或者通过江阴新农合网站链接，咨询相关专家会诊的信息。患者也可直接去市人民医院和中医院新农合补充保险会诊中心咨询登记，会诊中心派定点医师探视后，遴选合适病种、病情、数量的患者，启动会诊机制。专家免费上门会诊，既减少病人外出求医的麻烦，也省却患者、家属的奔波劳累，专家的精湛医术和良好服务也为病人及家属抗击病魔增添信心。当日来自江苏省人民医院、南京市脑科医院的3名肿瘤科、肾内科、神经内科专家进行首次集中现场会诊，13名患者成为首批免费会诊的服务对象。 （马新艳）

爱国卫生

【概况】 2010年，江阴市爱国卫生工作贯彻“政府组织、地方负责、部门协调、群众参与、科学治理、社会监督、分类指导”的方针，以巩固国家卫生城市成果和完善农村环境卫生长效管理机制工作为重点，广泛开展健康城市建设和健康教育“五进”(进社区、进企业、进学校、进家庭、进机关)工程活动，积极稳妥做好城乡居民健康素养干预及监测工作。大力推进卫生镇村创建，积极组织实施城乡环境卫生整洁行动，加快农村改水改厕，广泛开展城乡病媒生物防制工作。年内，制定下发《2010年市民健康知识宣传教育的实施意见》，引导城乡居民加快建立健康的生活和行为方式。积极开展健康示范企业和爱国卫生先进单位创建活动，江苏怡达化工集团建成江苏省健康示范企业，临港新城医院建成无锡市爱国卫生先进单位。继续实施“亿万农民健康促进行动”项目化管理，顺利通过卫生部组织的《全国健康教育与健康促进规划纲要(2005～2010)》督导评估工作和全国“亿万农民健康促进行动”示范市(区)复核工作。巩固创建成果，全市城乡环境卫生面貌得到明显改善，人民群众健康素养和健康水平得到明显提高。是年末，全市有国家卫生镇12个，江苏省卫生镇3个，江苏省卫生村215个。

【健康城市建设活动】 2010年是江阴市实施《健康城市建设三年规划》的最后一年。全市以建设“幸福江阴”为目标，推动健康城市建设工作全面发展。结合爱国卫生月，4月11日在学院广场举行“城市化与健康暨幸福江阴·健康知识进万家活动”启动仪式，组织20余名志愿者在学院广场开展大型健康咨询义诊活动，印发城市化与健康宣传倡议书10万份，其他宣传资料6000余份，健康三件套(控油壶、限盐勺、腰围尺)300余套；10月15日，在世界第3个洗手日，市爱卫办与澄江街道花园实验小学共同举办活动。加快推进学校、企业、社区三类健康场所示范点建设。坚持“以人为本、健康第一”的理念，打造社区与学校、学校与家庭相结合的立体网络，开展“小手拉大手”活动，向全市中小学生赠送1250套健康四件套(控油壶、限盐勺、腰围尺、健康读本)，倡导健康生活方式。年内全市有24所学校通过无锡市健康促进学校验收，19所学校申报省级健康促进学校，全市有80%以上中小学建成无锡市健康促进学校。有序开展建设健康社区活动，全市有34个社区建成健康社区。根据卫生部等联合下发的《关于2011年起全国医疗卫生系统全面禁烟的决定》精神，在全市卫生系统组织开展禁、控烟活动，市妇保所等31个单位成为江阴市首批无烟医疗卫生机构。

【健康教育讲课活动】 2010年，江阴以“幸福江阴健康行”活动为平台，开展“健康教育百名讲师百课讲”行动，利用市健康教育讲师团等师资力量，进行“五进”讲课活动。讲课内容涉及保健、养生、膳食营养、各类急慢性和常见疾病防治、急救知识、心理卫生、控烟知识、健康生活方式等，全年共开展专题讲座1345场，其中市级健康教育讲师团完成158场，社

2010年4月11日，“城市化与健康”暨“幸福江阴·健康知识进万家”活动启动仪式。 （程　刚摄）

区卫生服务中心、站分别完成1187场，受教育人数8万余人。为增强广大退休干部自我保健意识，促进身心健康，培养健康生活方式，11月19日，邀请复旦大学健康教育教研室主任、中国健康教育协会副会长李枫教授，在长江影剧院进行题为《21世纪的健康生活方式》的专题讲座。听取讲座的人员每人还免费获赠由市卫生局组织编印的高血压、高血糖、高血脂、颈椎腰椎、心理健康系列保健手册一套，累计发放3000余册。

【城乡居民健康素养干预及监测工作】 2010年，江阴市组织实施"中国公民健康素养促进行动"和"健康生活方式促进行动"。根据《2010年度江苏省城乡居民健康素养干预及监测工作方案》要求，经省、市两级抽样，顺利完成利港镇仁和村和祝塘镇建南村省级健康素养试点监测任务。调查问卷含健康基本知识、个体生活方式和行为习惯、操作题等三大类题型。经统计分析，全市城乡居民健康素养知识点普及率72.54%，综合健康素养水平为20%。

【城乡环境卫生整洁行动】 2010年，全市组织城管、交通、水利、农林、卫生、园林等部门，每季度对各镇（街道）公路两侧环境卫生管理、沿线河道管理、农贸市场和村庄卫生环境、农村绿化等工作进行一次现场检查，检查结果通过新闻媒体予以公布。各镇、街道、开发区都能切实加强组织领导，采取措施加大环境卫生整治力度，营造全市上下人人动手整洁环境，建设最佳人居环境的良好氛围。8~10月，各镇、街道、开发区在江阴承办第19届中国金鸡百花电影节前，把环境整治作为关乎人民福祉的民心工程来抓，以大声势、大行动、大范围、大力度，全面实现城乡环境面貌"水变清、地变绿、天变蓝、村变新、短变长"的五大变化目标。卫生基础设施建设步伐得到加快。各镇、街道进一步加强路网改造，后街背巷硬化等市政基础设施和重点工程的建设进一步加快；新建改造一批垃圾中转站，增设垃圾箱（桶）等设施，农村改厕有新进展，全市在新市民集中居住点新建和改建135座公厕，集镇区和农村卫生基础设施进一步完善；加强农村绿化建设，绿化覆盖率和绿地率进一步提高。各镇、街道还进一步修订完善农村环境卫生长效管理的规章制度，强化对农村环境卫生管理的督查，并将农村环境卫生纳入政府目标管理考核内容，环境卫生管理迈上制度化的轨道；大部分镇、街道的行政村均建立农村环境卫生长效管理和河道保洁的专管员队伍，农村人居环境生活质量和环境卫生管理水平得到提升。

【卫生镇村创建活动】 2010年，继续开展卫生镇和村创建活动，强化以创建推动城乡环境卫生面貌改善，提高群众卫生文明意识和防病能力。南闸街道、利港镇、徐霞客镇以建设"活力生态新市镇"为主题，将创建国家卫生镇（街道）工作纳入为民办实事工程，摆上党委、政府重要议事日程，成立由党政主要领导挂帅的创建国家卫生镇领导小组，实行"一把手"负责制。在创建国家卫生镇活动中，各部门分工明确，齐抓共管，广大干部群众积极参与，创建工作取得明显的成效。通过积极开展创建国家卫生镇活动，不断加大卫生基础设施和各项社会事业的投入，努力打造生产、生活、生态相融的人居环境，提升城镇品位，构建和谐社会。年内，南闸街道、利港镇、徐霞客镇被全国爱卫会命名为国家卫生镇（街道）。利港镇仁和村、芦埠港村、苍山村和青阳镇的邓阳村建成省级卫生村，实现全市村村建成省卫生村目标。组织开展对国家卫生镇复审工作，申港街道、祝塘镇被全国爱卫办重新确认为国家卫生镇（街道），至年末，全市有国家卫生镇12个，江苏省卫生镇3个，江苏省卫生村215个。

【农村池改厕】 2010年，江阴市根据上级精神，按照"政府组织，部门负责，群众参与，财政引导，多元投入"原则，结合全市社会主义新农村建设和卫生镇村的创建，因地制宜加快农村池改厕工作和生态户厕改造步伐。年内完成生态户厕5994户，超额完成上级爱卫会规定1000户的目标任务；各镇、街道新建农村水冲式公厕135座；全市农村无害化卫生户厕普及率达98%。

【城乡病媒生物防制】 2010年，市爱卫办将城乡病媒生物防制工作作为爱卫工作的一项重要内容：制订《2010年江阴市病媒生物监测项目管理方案》；借助公益电子屏、宣传展板等多种媒介，不定期宣传"四害"的危害、防治要点和各种消杀措施等知识，使病媒生物防制工作家喻户晓；以政府组织、群众参与、群众运动与专业队伍相结合的方法，采取经常与突击、化学与物理、生物与法规相结合的综合防制措施，在全市范围内形成人人参与、全方位灭杀的良好氛围，"四害"密度持续保持较低水平。各镇、街道结合"爱国卫生月"、卫生镇村创建、卫生清洁户评比等开展各种环境卫生整治活动，把环境整治与药物防治有机地结合起来，采取综合防制措施，彻底消除"四害"栖息场所，病媒生物监测体系不断完善。是年，全市投放灭鼠药15万份、灭蟑螂药3.65万份、灭蝇药4.3万份；对期满五年的申港街道、云亭街道、璜土镇、利港镇、月城镇、青阳镇、华士镇、祝塘镇等8个镇（街道）重新确认为"灭蟑灭鼠先进镇"。 （陶卓芬）

卫生监督管理

【概况】 2010年，江阴市审核发放卫生许可证1861件，职业卫生许可审批1件；开展餐饮服务食品安全专项整治和专项检查工作22次，监督检查各类餐饮服务单位1.2万个次。继续在餐饮服务单位开展食品卫生监督量化分级管理，深入开展示范单位、示范街（区）创建工作，新增澄江福地为餐饮示范区，实行监督公示制单位34个。组织开展产品抽检，抽检各类样品1052份,合格937份。完成26次涉及16.9万余人次的重大活动卫生监督保障任务,保障期间共开展快速检测242项次,实现重大活动卫生保障“零事故”。督导完成集中空调通风系统清洗消毒工作单位14个;住宿、沐浴、美容美发场所等公共场所卫生监督量化分级管理实施率达100%。取缔无证行医户185户次,没收药械259箱(袋),工具26件,实施行政处罚案件48件。监督《江阴日报》《江阴电视报》等登载医疗宣传产品424种,发现违法医疗广告76条。完成15项项目预评价及控效评价的卫生审核审查,配合江苏省卫生厅、卫生监督所对江阴市4项项目进行竣工验收。实施各类卫生行政处罚案件315件,罚没金额67.61万元。开展法律进机关、乡村、社区、学校、企业、单位活动,举办各类培训班78期,3.28万余人接受相关法律法规知识培训;发放从业人员卫生知识培训证3.74万张。

【医疗机构试行不良执业行为记分管理】 2010年4月起,江阴市对取得医疗机构执业许可证的医疗机构试行不良执业行为记分管理工作。市卫生监督所制订《江阴市医疗机构不良执业行为记分管理专项检查方案》,结合年度社区卫生服务机构专项检查和医院感染管理专项检查,落实对医疗机构的记分管理。以日常监管、专项督查、明察暗访、定期与不定期抽查等多种形式,出动监督人员452人次,监督检查各级各类医疗机构1030个次,督促被记分的53个医疗机构进行整改,对严重违法违规单位实施行政处罚21件,对1个医疗机构实施暂缓校验的处理。医疗机构试行不良执业行为记分管理的实施,改变以往对违规发布医疗广告、违反诊疗规程和技术操作规范等不良执业行为缺乏监管手段和处罚依据的状况,促进了医疗服务市场、医疗服务长效监督管理机制进一步健全和规范。

【世博会期间5项食品安全措施】 2010年,上海举办世博会,江阴市卫生监督部门落实5项举措,确保世博期间全市餐饮卫生安全。开展餐饮服务食品安全专项整治,对餐饮食品安全示范街区、主要商业街、旅游景区、宾馆等餐饮服务单位进行全面排查;实施餐饮服务食品安全分级保障制度,对重大活动以及承担重要或大型接待任务的单位实行一级保障,对餐饮食品安全示范街区、主要商业街、旅游景区、宾馆等餐饮服务提供者实施二级保障,对其他餐饮单位实施三级保障;加强餐饮服务食品安全日常监管,实施餐饮服务环节食品卫生监督量化分级管理工作,对大型餐饮单位和学校食堂推行“五常法”(常组织、常整顿、常清洁、常规范、常自律)管理;营造食品安全良好社会氛围,采取多种形式,深入旅游景点、社区、学校、农村,大力宣传食品安全相关知识,强化餐饮服务提供者责任意识,提高消费者自我保护意识;做好各项应急处置准备工作,执行24小时值班制度,及时处理餐饮服务环节食品安全举报投诉,并做好食品安全事故报告和应急处置准备,最大限度减少危害,维护社会稳定。

【职业病监督】 2010年,江阴市卫生监督部门对622个存在粉尘、高毒物品、放射、高温等危害因素的用人单位监督检查1351个次,督促用人单位为3.66万名劳动者进行上岗前、在岗期间和离岗前体检。调查处理职业卫生突发事件2件。推进基本职业卫生服务试点工作,开展第二轮职业病危害状况调查,对掌握的8572个用人单位进行清理,对724个用人单位负责人进行培训,对402个提交江阴市职业病危害申报表的用人单位进行现场核实。同时将相关信息录入无锡市职业病防治管理信息系统,建立动态数据库。年内处理信访、投诉、举报事件223起,处理及时率和举报反馈率均100%。回访结果显示,投诉者对查处的满意率超过98%。

【突发食品安全事故应急演练】 2010年8月14日下午,江阴市区某酒店举行突发食品安全事故调查处理演练。按照演练方案,卫生监督员以各分所为组进行演练,当“食品安全事故报告”电话陆续打到全市各个分所,各组人员携带取证工具、现场快检仪器和相关法律文书等应急物品及执法证件,进入现场勘查。最快到达现场的仅用时5分钟,各组分批进入假设现场,仅用20分钟。卫生监督员对该酒店食品加工场所的卫生设施、设备及操作情况进行仔细调查、取证并控制可疑食品。通过询问相关人员,进一步了解事件的详细情况。制作现场检查笔录、行政控制等文书。然后接受“考官”提问,就突发公共卫生事件应急处置的技术细节和理论基础进行口头回答。应急演练历时2个多小时,各组人员圆满完成应急演练任务。

【节日餐饮安全保障工作】 2010年10月12~16日,江阴市举办第19届中国金鸡百花电影节,因为与中秋、国庆两个节日靠近,全市的节日餐饮环节安全监管工作比往年繁重。市卫生监督部门高度重视,提前介入,严密部署,统筹安排,牢固筑起“三节”餐饮食品安全保护墙。在节前开展全面排查,结合豆制品专项检查、“一滴香”专项检查、“地沟油”专项检查等,对全市餐饮单位开展地毯式排查,及时发现存在问题并督促限期整改到位,确保无死角、无遗漏。同时,针对“三节”餐饮消费特点,重点加强对接待单位、大中型酒店、旅游景区等重点场所和粮油、肉及肉制品、乳及乳制品、水产品、添加剂等重点品种的监督检查力度,依法严厉查处和打击各类违法违规行为,确保群众饮食安全。进行专题部署,召开电影节接待单位卫生安全工作会议,全面部署卫生隐患自查整改任务,并与接待单位签订《卫生安全责任书》,进一步强化接待单位食品安全第一责任人意识;落实人员对接待单位食品加工进行全程监督保障。强化应急处置能力,严格落实24小时值班制度和食品安全事故报告制度,及时妥善处置餐饮服务环节各类投诉举报和食品安全事故。“三节”期间，全市未发生餐饮食品卫生安全事故。

【评为省卫生监督体系建设“达标示范”单位】 近年来，江阴市卫生监督管理以卫生监督体系建设创建为契机，以评促建、以评促改、以评促管，从软硬件两方面入手，加大投入，完善执法设备，加强队伍建设，抓住监督重点、突出监管亮点，逐步建立起体制顺畅、职责分明、运转协调、行为规范、精简高效、监督到位的卫生监督新体系。2010年10月20～22日，江阴市接受江苏省卫生监督体系建设评估组的评估，并以高分通过。11月24日，江苏省卫生监督体系建设评估工作小组下发《关于确认无锡江阴市卫生监督体系建设评估验收结果的通知》，正式确认江阴市为监督体系建设“达标示范”单位。

（陈椿蓉　林　琳）

医政管理

【概况】 2010年，医疗机构校验、变更、注册500余件，新设置医疗机构11个，注册变更医疗机构43个，注销医疗机构2个。医师注册、变更476件，护士注册、变更510件。组织330名医师参加全国执业医师资格考试。按照江阴市2008～2009年度医师定期考核办法，组织对4420名医师进行定期考核。对全市各级医疗机构开展的一类医疗技术建立审批、审核及备案制度，对医疗机构已经开展的二类技术进行技术申报。成立市医患纠纷人民调解委员会，建立以卫生、法院、司法等部门有关专家组成的专家咨询库。全市一级以上医疗机构加入医疗责任保险实现全覆盖。年内，市人民医院、市中医院分别通过二甲综合医院复核、评价，同时人民医院被省确认为7所县（市）三级医院管理试点单位并通过无锡市级评审。8个参照二级医院管理的医疗机构积极创建二级综合医院，并做好前期准备。年内，市四院、五院、青阳医院、南闸医院、临港新城医院被确认为二级乙等综合医院；文林、新桥2个卫生院通过省级示范乡镇卫生院的验收；璜土、利港、山观、北涸、长寿、河塘和峭岐7个医院通过一级医院复核评审。是年，全市先后有13个病区成为优质护理示范病区，市人民医院神经外科建成无锡市示范病区，成为省级联系点医院。全年国家级立项课题1个，省级1个，无锡市级8个，当年完成的课题有7个；市人民医院有5项技术被省卫生厅评为新技术引进奖二等奖。全市在核心期刊以上发表论文882余篇，其中美国科学信息研究所（SCI）录用文章11篇，学术会议交流论文272篇，专著4本，计86.8万字。启动市卫生高层次人才培养工作，全市有学科带头人10人、卫生拔尖人才30人、优秀卫生专业技术骨干50人成为首批高层次培养对象。各级医疗机构均开展医学继续教育，教育项目二级学科、教育学分达标和项目完成覆盖率100%。完成乡镇卫生医疗机构人员培训计划，启动务实进修工作，组织全市基层医疗机构医务人员51人到人民医院进行为期6个月的学习，乡村医生中专学历补偿教育349人。按照《无锡市卫生科技进社区项目2009～2010年工作意见》，组织心肺复苏，针灸、推拿，冬病夏治、冬令膏方等5项适宜技术项目进社区。

（李正刚）

【市人民医院通过国家药物临床试验机构资格认定】 2010年2月，国家食品药品监督管理局发布药物临床试验机构资格认定公告，东南大学医学院附属江阴医院（市人民医院）被卫生部和国家食品药品监督管理局认定为国家药物临床试验机构，市人民医院获准开展药物临床试验，并成为国内首家拥有该项资格的县级医院。市人民医院的心血管科、呼吸科、消化科、骨科、神经外科、普通外科、烧伤整形科、肿瘤科、妇科9个专业组同时通过专业资格认定。该院被认定为国家药物临床试验机构后，主要承担新药第二、三、四期临床试验研究和管理，给全市的患者，尤其是疑难病患者提供接受最新的药物治疗和更科学的规范治疗方案的机会。

（萱　轲）

【首届中澳神经外科青年论坛在江阴举办】 2010年1月29日，由江阴市医学会、市人民医院联合举办的市首届中澳神经外科青年论坛，在黄嘉喜来登酒店举行。特邀澳大利亚莫纳什大学东部临床医学院院长、外科教授Rosenfeld作“海绵窦脑膜瘤的治疗”“下丘脑错构瘤的治疗”的学术报告。国内来自南京、无锡、苏州、镇江、常州、宜兴和江阴等地的70余名神经外科中青年专家参加论坛。此次论坛开阔了相关医务人员的眼界，同时增进了与国内外相应医学领域的学术交流。

（沈建君）

【全国县（市）级医院管理学术年会在江阴召开】 2010年10月23～25日，由中国医院协会县（市）医院管理分会、江苏省医院协会主办，江阴市人民医院承办的2010年县（市）医院管理学术年会在江阴市召开。中国医院协会副会长、江苏省医院协会会长唐维新，卫生部医疗服务监管司医院运行监管处处长钟东波，江苏省卫生厅医政处处长李少冬，江阴市副市长钱文琴等领导参加，参加会议的还有中国医学科学院北京协和医学院医学信息研究所、中国医院协会县（市）医院管理分会、江苏省医院协会和县（市）级医院分会以及全国15个省、市250余名县（市）级医院院长、管理者。年会主题是“公立医院改革和县（市）级医院标准化建设”。由唐维新、钟东波和中国医学科学院医学信息研究所代涛所长分别作了《县（市）级医院标准化建设》《公立医院改革试点内容与进展》《公立医院医护人员激励机制研究》的专题讲座。会上，江苏省江阴市人民医院、昆山一院、昆山中医院、盐城三院、海安县人民医院、高淳县人民医院，山东省蒙阴县人民医院，浙江省天台县人民医院分别就人才与专科建设、医院危机与医院管理、信息建设、内部管理创新、医院集团化发展的实践等问题与会议代表进行探讨、交流。（萱　轲）

【省四肢关节内创伤治疗新进展学习班在江阴举办】 2010年5月28～30日，江苏省四肢关节内创伤治疗新进展学习班在江阴市人民医院举办。江苏省各大医院和江阴市基层医院150余名骨科医师参加学习班。学习邀请北京积水潭医院、上海第六人民医院、上海第九人民医院、华山医院、江苏省人民医院、省军区总院、苏州大学附一院8名专家学者以及来自德国杜赛尔多夫大学附属医院院长J.Herdmann博士等，就肘关节、胫骨平台、腕部、肱骨近端、假体周围骨折治疗及复合型髋臼损伤治疗、全肘关节置换的临床应用、创伤骨科治疗新进展、动力型颈椎间盘是否能替代经前路颈椎间盘切除融合手术等，从理论和实践两个层面作了精彩的报告，并与参会者进行探讨，为骨科医生们探索治疗新方法打开了新视角。（晨　峰）

【市人民医院列为省三级医院试点】 2010年9月6日，无锡市卫生局组织16名专家对江阴市人民医院进行三级医院预评审，专家们分7组，通过听取汇报、查阅台账、现场查看、问卷调查、随机抽考等形式，对该院行政管理、医疗质量、医疗技术、医院文化与服务、人才与科研、护理工作、基础设施、信息设备等工作进行评审，并对照三级医院评审标准提出了个别改进建议，医院顺利通过预评审。10月，江苏省卫生厅开展县（市）级医院转设为三级医院试点工作，将全省符合条件的7个县（市）级医院转设为三级医院试点单位，市人民医院名列其中。（江　烽）

【首例微创术治疗先天性心脏病】 2010年3月下旬，25岁的杜女士因胆结石被收治于市人民医院肝胆外科，入院后医生检查时发现，杜某还患有更严重的先天性心脏疾病，房间隔缺损面积竟达3×4厘米，急需进行心脏修补手术。以往传统手术需要切开患者胸骨，然后再用钢丝固定缝合，术后胸口留下很长的疤痕，胸骨愈合更是需要半年以上时间。该院胸心血管外科，决定采用微创技术对杜女士进行胸腔镜下房缺修补。4月4日，医生通过电视胸腔镜实施了此项心脏房间隔缺损修补手术。术中，医生首先为其建立体外循环，然后在其胸壁上切开3个直径约2厘米的小孔，通过小孔插入手术器械，在胸腔镜直视下进行分离、插管、切开心脏、修复房缺等高难度操作。经过两个半小时的努力，手术圆满成功。术后第二天，杜某即能下床活动，术后第五天便康复出院。利用胸腔镜治疗先天性心脏病在江阴市尚属首例，市人民医院也因此成为国内少数能开展此类手术的医院之一。（张　祥　黄　斌）

【首例人工晶体悬吊术成功】 2010年，56岁的胡先生因右眼外伤后疼痛、视物不见十余天入院医治，检查发现其右眼眼压较高，晶体脱位于玻璃体，眼底隐约可见玻璃体混浊，网膜平，诊断为右眼晶体脱位、继发性青光眼，需取出脱位晶状体并进行玻璃体切割术。但因无法施行传统人工晶体植入，术后视力无法提高。为改善患者术后视力情况，眼科决定为其施行人工晶体悬吊术。4月27日，实施“右眼晶状体切除＋玻璃体切除＋人工晶状体悬吊术”，切除患者的晶状体及玻璃体，并将人工晶状体双襻缝合固定于睫状沟。术后予以抗感染、激素治疗。手术一周后检查，胡先生的各项指标理想：视力矫正为0.5，眼压正常，右眼角膜明，前房中深，瞳孔圆，悬吊式人工晶体位正，网膜平，康复出院。此例人工晶体悬吊术在江阴市尚属首例。（徐武平）

【治疗胃肠道肿瘤首次采用内镜黏膜下剥离术】 2010年6月23日，江阴市人民医院运用内镜黏膜下剥离术（ESD）成功治疗分别患有食管平滑肌瘤、胃内异位胰腺和早期直肠癌的3名患者，首次在江阴用ESD治疗早期胃肠道肿瘤。ESD是近年发展起来的一项新的微创治疗技术，是在普通或一些特殊用途的内镜下配合特殊器械，如钩刀、IT刀、止血钳等，将消化道的癌前病变、尚未转移的早期食道癌、胃癌、结肠癌以及消化道黏膜下肿瘤（SMT）、胃内异位胰腺等进行整片剥离的手术方式，与传统外科手术相比，ESD具有不开刀、创伤小、痛苦少、费用低、术后恢复快等优势，尤其能够在根除肿瘤的同时，完整地保留胃肠道及其机能。（张　祥　郁心圃）

疾病防治

【概况】 2010年，江阴市累计报告乙类传染病11种1937例，比上年下降9.99%；报告死亡病例6例，下降25%。累计报告丙类传染病5种3229例，比上年下降12.54%，报告死亡病例1例（手足口病）。增设15个现代化免疫接种门诊，5苗（卡介苗、乙肝苗、百白破苗、麻疹苗、脊灰苗）接种率均达95%以上要求，其中乙肝疫苗接种率100%。各医疗机构网络报告肺结核病人1425例，其中新涂阳肺结核病人364例；上年度涂阳病人治愈率为94.12%。超额完成血防查螺任务，调查面积149.7万平方米，未发现活钉螺，完成血防查病3183人，未发现阳性患者。疟疾血检1.2万人，对查出的1例疟疾病人进行及时现症治疗和流行病学调查。完成土源性线虫病调查1367例，发现1例钩虫感染者，给予免费抗虫治疗。监测水样209份4662项次，出厂自来水、末梢水和省农村饮用水监测点合格率100%。监测各类食品330件，合格率77.7%；食品用包装材料11件，合格率100%；餐具2341件，合格率84.94%。年内对10项在建项目进行卫生学评价；开展职业性健康检查企业394个次，检查各类人员3.06万人，发现健康异常者5567人，其中可疑职业病患者158人、职业禁忌症

208人。全年有268人申请职业病诊断，正式受理并完成诊断106人。完成市区食品从业人员和公共场所从业人员健康体检3.12万人次，城乡共发放健康证明6.04万份。制订《江阴市学生常见病综合防治督导方案》，规范学校卫生工作，组织各医疗单位开展全市中小学生的健康体检工作，完成5.55万余名小学生的氟化泡沫防龋工作；举办"幸福江阴·健康知识进万家"2010年中小学生夏令营活动等。

【儿童疫苗接种】 2010年，江阴市对6735名1996年1月1日～1999年12月31日出生的未接种或未全程接种乙肝疫苗的儿童（含流动人口儿童），进行两轮乙肝疫苗补种，接种率100%；开展8月龄至5周岁儿童麻疹疫苗强化免疫接种6.92万人，接种率95.31%。全市儿童卡介苗接种率99.9%；脊灰疫苗接种率99.76%，百白破接种率99.59%，麻疹疫苗接种率99.8%，新生儿乙肝疫苗接种率99.72%，乙脑疫苗接种率98.1%，流脑疫苗接种率98.7%，均达到95%以上要求。

【艾滋病病毒监测干预】 2010年，江阴市16个艾滋病病毒初筛实验室运行正常，全年检测各类标本12.29万份；开展重点人群艾滋病监测，分别完成流动人群、嫖客人群哨点监测400人和384人，完成三类人群（吸毒者、暗娼、嫖客）调查2974例，为1754人提供艾滋病自愿咨询检测（VCT）门诊，并积极推广艾滋病咨询检测服务。对艾滋病病毒感染者及病人加强管理，定期对登记在册的（人类免疫缺陷病毒）HIV感染者和病人进行随访，落实对农民和城镇经济困难人群中的艾滋病患者实行免费抗病毒药物治疗；在艾滋病流行重点地区实施免费自愿咨询和血液检测；对艾滋病患者的孤儿实行免费上学；对艾滋病综合防治示范区的孕妇实施免费艾滋病咨询、筛查和抗病毒药物治疗，减少母婴传播。家庭和社区要为艾滋病病人及感染者营造一个友善、理解和健康的生活和工作环境，鼓励他们采取积极的生活态度、改变高危行为、配合治疗的"四免一关怀"政策。同时强化对各类目标人群的干预工作，干预高危场所312个，社区干预覆盖率达100%；完成娱乐场所高危人群干预3000人次。

【慢性病防治】 2010年，江阴市开展社区高血压、糖尿病、恶性肿瘤病人登记、随访和规范化、网络化管理工作，全市登记高血压病8.95万例，登记率7.5%，规范管理8.64万例，规范管理率97.1%；登记糖尿病2.5万例，登记率2.1%，规范管理2.43万例，规范管理率98.6%；登记恶性肿瘤病例1751例，随访率100%，规范管理1713例，规范管理率98.4%。全年共报告"慢五病"（高血压、糖尿病、冠心病、脑卒中、恶性肿瘤）新发确诊患者1.2万人，其中高血压患者6148人、冠心病患者506人、脑卒中患者1290人、糖尿病患者2329人、恶性肿瘤患者1678人。

【艾滋病咨询检测服务项目试点取得成功】 自2009年7月起，江阴市在6个医疗卫生单位中开展了艾滋病咨询检测服务（PITC）试点工作。2010年1月16日，美国疾病控制中心（CDC）驻中国办事处高级项目官员韦晓宇教授和江苏省疾控中心、无锡市疾控中心的艾滋病防治专家再次到江阴，对PITC试点工作开展调研指导，在听取工作汇报、与基层医务人员代表开展座谈和实地检查工作情况后，认为江阴的试点工作非常成功，取得许多有益经验，已具备将此项目向其他医疗卫生机构扩展的条件。同时建议增加提供PITC服务的医疗卫生单位数量，让更多人享受这一便捷、高效的服务。至是年底，全市共主动筛查近2.5万人，为早期发现艾滋病病毒感染者及病人起到积极作用。

【结核病液基夹层杯法诊断应用研究启动】 2010年4月，江阴市疾控中心启动国家科技重大专项结核病液基夹层杯法诊断新技术的基层应用研究课题。该技术由湖南省天骑医学新技术有限公司和国防科技大学合作发明，原理是痰液经处理后使结核杆菌牢固附着在夹层杯的基片上，并在夹层杯中直接进行染色后取出基片，置显微镜下观察，具有阳性检出率高、阳性级别大、诊断时间短和检验成本低等优点。为探索该技术在基层广泛应用的可行性，进一步评估其敏感度、特异度、判读标准、成本效益分析等指标，江苏省科技重大专项办公室指定江阴市作为全省两个基层项目应用点之一，承接该项新技术应用研究课题，以积累推广经验。此项新技术应用研究课题在全市启动和开展后，结核病人发现率得到提高，为增强江阴结核病防治能力起到积极作用。

【手足口病疫情防控】 2010年，江阴市疾控中心按照上级要求，针对手足口病加强疫情监测，及时下发新版手足口病防控技术规范，规范处理聚集性疫情，最大限度地降低发病率，保护儿童健康。年内，通过电视、广播、报纸、壁画、宣传栏等广泛开展手足口病防控知识宣传；重点加强对学生及家长的健康教育，指导学校印发手足口病防治知识《告家长书》，促进养成良好卫生习惯，增强自我防范意识和能力。对全市基层卫生技术人员开展手足口病防治知识培训，发放《手足口病预防控制指南》，做到人手一册，基层卫生技术人员防控和疫情处置能力得到提高。加强每日监控疫情网络报告，及时对报告病例进行审核、分析，科学研判疫情发展趋势；加强对重症病例、聚集性病例的监测，确保早发现、早诊治，减少病死率。及时采取流行病学调查、标本采集、疫点消毒、居家隔离等防控措施，并组织专业人员对居家隔离患者进行随访指导。对学校、托幼机构和医疗机构等重点场所加强防控，督促指导学校、托幼机构落实晨检、报告、隔离、消毒等制度；加强对医疗机构院内感染监测控制，防止疫情传播。全年报告手足口病病例1302例，发病率为十万分之七十四点一五例，比上年下降5.45%。

【公共卫生教学科研基地成立】 2010年南京医科大学公共卫生学院领导与市疾控中心领导共同签署《公共卫生教学科研合作协议》。南京医科大学作为国内著名医学科研教育机构,拥有国际一流的学科和实验室,师资雄厚,科研硕果累累,为江阴医疗卫生机构输送了大量专业人才。市疾控中心承担相应政府行政职能的地区性公共卫生核心机构、具有公共卫生技术服务能力,江阴传染病控制及人均期望寿命均达发达国家水平,慢性病、艾滋病等干预管理也处于省内乃至全国领先地位。5月6日,南京医科大学公共卫生学院——江阴市疾病预防控制中心教学科研基地正式揭牌成立,南京医科大学副校长王心如和江阴市卫生局局长朱建方共同为"基地"揭牌。此次强强牵手合作,更利于优势资源利用,加强江阴公共卫生人才培养,有效引进预防医学新技术,不断提高科技研发和创新能力。

【国家级病毒性肝炎母婴阻断项目研究课题启动】 慢性乙型肝炎是国内常见的慢性传染病之一,严重危害人民健康。母婴围产期传播是为乙型肝炎的主要传播途径之一,新生儿感染乙肝病毒后,90%可形成慢性感染状态,并在成年后易发展成肝硬化和肝癌。原有的新生儿乙肝疫苗接种可使儿童感染状况得到明显改善,但乙肝表面抗原阳性母亲所生新生儿仍有10%左右发生感染。2010年5月14日,国家科技重大专项病毒性肝炎母婴阻断项目现场研究课题在江阴市启动。该课题通过联合使用乙肝疫苗和乙肝免疫球蛋白对携带乙肝病毒的母亲所生新生儿进行免疫阻断,观察阻断效果,为进一步完善和规范国内乙肝免疫策略、提出符合国情的最佳乙肝母婴阻断方案提供现场数据。江阴市有人民医院、中医院等32个医疗卫生单位参加,至是年底,共有96例新生儿接种乙肝免疫球蛋白和乙肝疫苗,进入前瞻性研究组,对647例新生儿进行采血,纳入回顾性研究组。 (顾敏华)

妇幼保健

【概况】 2010年,江阴市以实施基本和重大妇幼卫生项目为抓手,推进妇幼卫生工作的开展,确保妇幼卫生各项工作指标全面完成。全市孕产妇死亡率十万分之四点九六,婴儿死亡率2.63‰,出生缺陷发生率2.92‰,免费婚检率88.68%,重大妇幼卫生服务项目覆盖率100%;0~36个月儿童系统管理率、孕产妇保健管理率均为95%以上;体弱儿专案管理率和高危孕产妇管理率均达100%。结合妇女病普查普治,育龄妇女环情监测、孕情监测,参合农民免费健康体检等工作,开展以防癌为重点,以保障妇女生殖健康为中心的"两癌"(宫颈癌、乳腺癌)筛查工作。全市妇女病普查率93.27%,生育信息通报率100%。全年举办托幼机构各类工作人员卫生保健知识培训班13期,培训1521人次;配合教育部门联合公安、妇联、建设等部门对全市291个无证民营托幼机构办学情况进行清理整顿;对40名民营托幼机构保育员进行上岗培训。全市托幼园(所)儿童健康建档率,卫生保健达标率,保健人员健康证、培训证、上岗证发放率均达100%。

【重大妇幼公共卫生项目实施】 2010年,江阴市妇幼保健工作根据江苏省、无锡市重大妇幼公共卫生项目管理方案要求,继续实施对全市农村孕产妇住院分娩补助、农村妇女增补叶酸预防出生缺陷和农村妇女"两癌"检查3项重大妇幼公共卫生项目。落实项目实施方案,在全市确定29个医疗单位为项目单位,确定目标人群,组织业务培训,召开多次项目推进会,并将"两癌"检查项目纳入第三轮新农合健康体检内容。对项目实施、运行情况,项目管理、定点医疗卫生机构确定、项目工作信息收集和管理情况,目标人群得益受惠符合项目要求情况,实施重大妇幼公共卫生项目的具体效果以及工作的主要问题等进行专项督查指导,规范3项重大妇幼公共卫生项目的执行。至年末,全市2009~2010年度住院分娩孕产妇10085人得到补助,完成率为100%;妇女叶酸服用人数10085人,年度指标完成率100%;"两癌"筛查人数分别为109960人和111101人,完成年度指标的90%和90.93%。

【市妇保所移址改扩建工程竣工】 2010年3月,江阴市妇幼保健所(以下简称妇保所)移址改扩建工程竣工启用。新址位于朝阳路博爱巷15号,工程总投资1260万元;占地面积5333平方米,建筑面积8000平方米,设主楼、东楼、西楼、行政楼、食堂楼。妇保所内设婚前医学检查中心、孕期保健中心、体检中心等业务科室及群体保健科、计算机信息中心等职能科室。保健医疗区域有床位20张,配备中央空调、中心供养、弱电系统等设施;配置三级净化手术室,麻醉机、呼吸机、病理设备、全自动生化仪及彩色多普勒超声诊断系统、X光机、X线乳腺诊断系统(钼靶机)及X线计算机成像系统、腔镜系统、阴道镜、骨密度仪等医疗设备。开设妇女保健、儿童保健、围产保健、计划生育手术、生殖健康、不孕不育、乳房专科、产后康复、眼及口腔专科、儿童疾病门诊和多动症门诊及儿童早教等科目,为妇女、儿童保健,妇女孕中、产后保健康复,妇女儿童常见疾病筛查与干预及重大疾病防治等提供公共卫生服务。

【妇幼保健行业监管】 2010年,江阴市加强妇幼保健行业监管,完成3年一次的母婴保健专项技术服务执业许可换证评审和母婴保健专项技术人员培训考核、核发新证工作。全年培训母婴保健技术服务人员171人,其中有164人参加现场操作考试;有156人参加无锡市组织的母婴保健专项技术理论考试。无锡市卫生局核发免试人员合格证183份,本市核发母婴保健专项技术考核合格证149件,合格率95.5%;获助产技术合格证138人、计划生育技术合格证79人。严格监管剖宫产审批流程及手术准入条件执行情况，明确产科医师申请剖宫产手术权限及审批权，通过每月产科报表核对，对剖宫产率高的医院实行动态质量监控，降低无指标剖宫产和新生儿窒息的发生率。

（殷 萍）

中医工作

【概况】 2010年，江阴市健全以市中医院、乡镇卫生院（社区卫生服务中心）中医科室、社区卫生服务站的农村中医三级网络体系，中医科和中药房设置全部到位，每个服务站至少有一名乡村医师能应用针灸、推拿等适宜技术防治常见病，多发病。大部分基层医疗机构中药饮片、中成药处方量占整个医院处方量的20%以上，市中医院在危重病人的护理方面积极探索，通过辨证施治，制定清热漱口草药方，替代昂贵的西医漱口溶液，取得很好疗效。中医院皮肤科、月城卫生院肝胆病外治科确定为全国农村医疗机构中医特色专科（专病）建设单位后，通过江苏省卫生厅复核。中医院小儿科、针灸科也通过省级中医重点专科建设单位项目的考核。"柴胡加龙骨汤对改善非糜烂性胃食管反流病患者生活质量的影响"获省中医药局立项，共获省级财政资助9万元。市中医院"医护服务135"荣获市第四届十佳文明服务优质品牌。市人民医院被列为全国综合医院中医示范建设单位。市中医院针灸理疗康复科被国家中医药管理局列为农村医疗机构特色专科建设单位、名医堂被命名为无锡市科普教育基地。月城卫生院"肝胆疾病中医外治法"被无锡市政府批准为第二批无锡市非物质文化遗产。市中医院小儿科、皮肤科、针灸科，月城卫生院肝胆病外治科分别通过省"十一五"全国农村医疗机构中医重点专科建设项目的考核。年内，全市继续开展"以病人为中心，以发挥中医药特色优势为主题"的中医医院管理年活动，在发挥中医特色优势、中医药人员配备、临床科室建设、重点专科建设、中药药事管理、中医药文化建设等方面制定具体措施。开展中医中药江阴站活动的宣传工作，举办专家义诊2次、发放中医科普资料1200册，编发《膏方》《冬病夏治》科普文集近万册；《江阴中医》创刊号正式出版；完善名医堂、名医廊建设，在华士镇建设中医药文化产业园，进一步推动中医药知识的普及。

【中医人才培养】 2010年，江阴市继续举办"西学中"（西医医技人员学习中医技术）培训和乡村医生中医药适宜技术培训班，临床医师100人、乡村医生50人参加学习，年内有200位医师取得"西学中"结业证书启动开展江苏省老中医药专家学术经验继承人、省农村优秀中医临床人才培养工程，全市中医临床骨干医生12人被选为培养对象，并通过专家组年度考核。完善江苏省青苗培养工程和江阴市中医杏林人才培养计划，市中医院袁士良入选省老中医药专家学术经验继承工作指导老师，花海兵、马善桐为省老中医药专家学术经验继承工作学术继承人。年末，全市有省、市名中医10人，中医硕士导师2人；30名医疗拔尖人才培养对象中有中医药人员9人。

（李正刚 花海兵）

【市中医院中医护理操作】 2010年，江阴市中医院各护理单元全面推行中医护理操作，改良中医漱口溶液，亲身尝试针灸、拔罐、耳穴埋籽等中医治疗，不断提高中医护理水平。五病区产科开设中药足浴，把新的护理理念贯穿医护全过程；九病区骨科将中药薰、药穴位按摩治疗应用于临床；十五病区康复科、十二病区神经内科在耳穴治疗方面取得突破。

（张海英）

【《江阴中医》创刊】 江阴市素有"中医之乡"美誉，在江阴地域形成的具有浓厚地方文化特色的中医流派——"江阴中医流派"，经一代又一代的家族和师徒的传承和发扬，世医流派涌现，影响深远。早在1994年，江阴市就成为全国首批农村中医药工作先进县市，市中医院为全国首批示范中医院。为推动江阴的中医药文化建设，由江阴市中医药学会和江阴市中医院联合主办不定期刊物《江阴中医》，创刊号于2010年5月正式刊发。首期开设江阴中医风貌、医史钩沉、薪火传承、医案医话、养生法、名科名院等多个栏目，内容涉及中医药、中医药文化、健康以及科普、名医名科名院介绍等；印数4000册，分发各单位和社区群众。年内刊发2期，广受中医爱好者和中老年朋友喜爱。

（王芬华）

【护肝拔毒软膏剂型改革与临床研究项目通过省级验收】 2006年，江苏省名中医、江阴市月城卫生院医师邹逸天主持研究省科研项目"护肝拔毒软膏剂型改革与临床研究"，根据课题设计要求，选择100名慢性乙型肝炎典型病例，分为治疗组和对照组进行观察和研究，取得满意效果。该项目采用临床使用方便的透皮贴膏剂型，使护肝拔毒贴膏成为治疗慢性乙肝疗效确切、安全、方便的新剂型。2010年12月25日召开鉴定验收会，省鉴定专家组通过查阅大量的临床记录认为：该课题设计严谨，方法先进，研究过程认真全面，资料完整，研究数据可信，在慢性乙肝治疗方法学、制剂改革等方面有独到创新，具有较大的临床实用价值，研究水平已达到国内领先水平。项目通过验收。

（缪雄刚）

■类目编辑 赵修平

体育

综述

【概况】 2010年，江阴市大力贯彻实施国务院《全民健身条例》，备战省第17届运动会，提高体育市场经营管理水平，加快推进体育基本现代化试点工作。市体育局根据无锡市和江阴市政府机构改革实施意见，理顺职责，新设体育业务科，挂“市体育总会秘书处”牌子，撤销原群众体育科、竞赛训练科；设体育经济科，撤销原体育产业科。年内，创新培育海澜马术、月城龙舟、霞客攀岩等产业基地，体育中心被命名为江苏省体育产业示范基地。全市有各类体育经营单位591个，实现营业收入10亿元；体彩销售完成3.23亿元。举办全市性比赛36项，承办“中德”足球、国际攀岩、CBA联赛等赛事；在省第17届运动会上获23.5枚金牌，名列全省县（市）第八，并获输送人才贡献奖；翁新芝、吕博入选广州亚运会。率先推进体育基本现代化建设，镇镇建设游泳池，学校体育设施向社会开放。配送基层体育设施526件（套）。是年，市体育局被评为全国全民健身活动先进单位，连续7年获国家体育总局表彰；全省体育工作县级综合考核首次排名第一，获省县级体育工作先进单位、体育彩票工作先进单位、2006～2010年省体育彩票销售量“五连冠”突出贡献奖、承办省级以上体育竞赛最佳赛区等荣誉；缪兴坤被江苏省体育局授予二等功。新桥镇、夏港街道体育健身中心，璜土镇体育公园被国家体育总局命名为国家全民健身工程示范项目。市民水上活动中心主体结构完成建设；市体育中心体育场屋顶膜结构获得世界膜工业协会I-FAI2010年度IAA国际杰出成就奖，为当年度国内唯一获此殊荣的工程项目。

【贯彻国务院《全民健身条例》】 2010年8月18日，江阴市政府下发《关于贯彻落实〈全民健身条例〉的实施意见》，对全市的全民健身工作进行部署和分工，将28项具体工作职责分解到各镇（街道、开发区）等相关责任部门，并强化督导和绩效考核。同时将贯彻落实国务院《全民健身条例》纳入市委、市政府50项管理目标及10件实事，纳入对各镇（街道）精神文明考核内容和“幸福江阴”指标考核体系。是年，全市体育事业经费达1850万元，人均15.4元。“城乡一体”体育设施建设全面推进，实现镇镇都有标准游泳池、400米塑胶田径场和全民健身活动中心，50%的镇（街道）建有体育馆；市级体育场馆及学校、企业、社区等公共体育资源实现共建共享，设施开放率80%；各镇（街道）均建有成人体质测试站。至年底，全市拥有20个体育单项协会，体育社区健身俱乐部实现城乡广覆盖；全市人均公共体育设施面积达3.28平方米；全年培训各级社会体育指导员213名，全市每万人体育指导员数达20名。

【体育基本现代化试点工作】 2009年1月，江阴市被江苏省体育局确定为全省3个体育基本现代化县级试点城市之一。为实现江阴体育事业发展的更高层次目标，江阴市政府于2010年5月制定下发《关于推进江阴市体育基本现代化建设的意见》和《2010～2012年江阴市体育基本现代化考核指标》，并分别就体育设施建设现状、体育锻炼人群现状以及健身需求深入调研和论证，形成推进意见和方案。同时把体育基本现代化重点工作纳入《江阴市国民经济社会发展“十二五”规划》，将2010～2012年全市体育基本现代化工作目标层层分解，责任到各部门、乡镇和社团；把考核指标量化为百分制，其中一级指标6项、二级指标22项、三级指标69项。

群众体育

【概况】 2010年，江阴市全民健身活动以元旦、春节、全民健身日等重大节日为节点，先后举办市级群众体育比赛25项次，镇、村和体育协会等体育竞赛、活动500余项次；参与人员15万余人次。全市拥有单项体育协会20个，各级各类体育俱乐部395个，其中社区体育健身俱乐部中有省级1个、无锡市级10个。各镇、街道均建有标准游泳池，50%的镇建有体育馆。至年末，全市拥有公共体育设施篮球场 798 片、乒乓球室 889 个、健身路径 624 套、游泳池 22 个、体育馆 12 座、门球场 47 片、晨晚练点 1107 处。其中澄江街道百乐城晨晚练点等 17 个健身点获江苏省优秀群众体育健身活动站(点)。全市有国民体质测试站点 22 个。全年新批三级社会体育指导员 144 名、二级 127 名、一级 32 名，至年末共有社会体育指导员 2468 名，其中国家级 3 名、一级 43 名、二级 322 名、三级 2100 名；每万人拥有社会体育指导员 20 名。是年，新桥镇、月城镇被省体育局表彰为全省群众体育先进单位，青阳镇被评为省老年人体协工作示范镇，市门球协会获省门球运动先进集体奖，太极拳选手获第八届香港国际武术邀请赛 3 金 2 银 1 铜，周庄华宏篮球队获全国“小康杯”农民篮球赛冠军，城东街道代表无锡市参加省健身秧歌大赛获一等奖，市老年人体协代表无锡市参加省老年人健身球比赛获优胜奖和优秀奖。市体育局局长喻伟力等被省体育局表彰为全省群众体育先进个人。

【全民健身日活动】 2010 年 8 月 8 日，是全国第二个全民健身日。江阴市以百乐城广场为全民健身活动主会场，市体育总会、共青团江阴澄江街道委员会在暨阳山庄主办“全民齐健身，运动嘉年华”第二届家庭趣味运动会；澄江街道举行全民健身节启动仪式；长泾镇组织百人健步走暨健身启动仪式；顾山镇举行全民运动会开幕式；新桥镇举办第二届社区文体活动周开幕式；祝塘镇、临港新城、夏港街道、太极拳协会等分别用比赛和表演展示等方式举行活动。市体育中心、恒动健身中心等体育健身场馆向市民免费开放，市国民体质测试中心为市民提供免费健身咨询和体质测试。是日，全市城乡举办全民健身日庆祝活动 13 场次，直接参与人数达 2 万人次。是年，夏港街道被江苏省体育局表彰为省全民健身活动先进单位，顾山镇和澄江街道被无锡市全民健身工作指导委员会授予无锡市全民健身节优秀组织奖。

【首次承办省级龙舟赛】 2010 年 6 月 16 日(端午节)，由江苏省社会体育管理中心、江阴市政府、江苏省龙舟协会主办，月城镇政府、市体育局、市园林旅游局承办的水韵月城生态旅游节开幕式暨江苏省“月城杯”龙舟精英赛在月城镇双泾村举行，为江阴市首次承办省级龙舟赛。省体育局副局长、省龙舟协会主席颜争鸣，省旅游局副局长袁丁以及江阴市领导朱民阳、黄满忠、赵国权等出席旅游节开幕式，并共同为参加此次比赛的龙舟点睛。此次比赛共 9 条龙舟，分成 3 个大组飞舟竞渡，约 6 万观众观摩。江阴协统龙舟队在 500 米直道竞速赛中，以一个船身的优势夺冠，江南大学龙舟队、南京体育学院职业技术学院龙舟队分获第二、三名。

2010 年 6 月 16 日，首届水韵月城生态旅游节开幕式暨'2010 江苏省“月城杯”龙舟精英赛。 (张国兴摄)

【国民体质监测抽样监测完成】 2010 年是全国第三次国民体质监测普查年，该普查每五年组织一次。江阴市作为全国国民体质监测年抽样单位，于 5 月 11 ~ 31 日，开展抽样监测。为保证数据的延续性和可比性，所设置的监测点全部延续五年前的监测站点，分别在顾山、利港等 8 个镇（街道)举行，抽样监测对象有儿童(3 岁 ~ 6 岁)、青少年(7 岁 ~ 19 岁)、成年人(20 岁 ~ 59 岁)和老年人(60 岁 ~ 69 岁)几个年龄段的 912 人。江苏省体育科研所人员全程监测。检测指标包括身体形态、身体机能、身体素质 3 个方面，参加测试人员还接受生活方式、体育锻炼的基本情况以及饮食习惯等问卷调查。是年，江阴市城东街道和夏港街道被评为无锡市国民体质监测先进单位；市体育局周乾被评为省国民体质监测先进个人。

【市一中获全国校园青春健美操大赛特等奖】 2006 年起，教育部在全国中学推广青少年校园青春健身操，并举办全国大赛，推动全国亿万学生阳光体育运动的开展。2010 年 10 月 22 ~ 24 日，校园青春健身操全国总决赛在北京科技大学举行，来自全国各省、直辖市 32 个分赛区的 60 支代表队 700 余名运动员参赛。比赛项目有健身操和啦啦操，每种操分别有基本套路和提高套路。江阴市一中 12 人组成的健美操队代表无锡市出赛。经过预、决赛，获啦啦操提高套路特等奖(全国第 3 名，每项前 3 名为特等奖)、基础套路一等奖以及最佳完成动作奖；并获得健身操团体一等奖。

【市单项体育协会活动】 2010 年，江阴市单项体育协会逐步成为办赛和群体活动的主体，在普及、推广群体活动中发挥优势作用。年内，市篮球协会、老年人体育协会、门球协会、羽毛球协会、足球协会、乒乓球协会等充分利用人力资源优势,举办、承办市级单项比赛和活动,使篮球、足球、乒乓球、羽毛球、门球等比赛及健身展示活动成为江阴群体活动特色项目。年内,先后举办市篮球甲级联赛、羽毛球大联盟公开赛、足球俱乐部联赛、老年人体育展示等。特别是举办 FJBA(F 幸福,J 江阴,B 篮球,A 甲级)幸福江阴篮球甲级联赛,9 支甲级队历时 2 个月展开 52 场比赛,开创江苏省县级市主客场双循环联赛制比赛先河,在全国县级市对应赛事中也属首创。市太极拳协会 6 名选手参加第八届香港国际武术节邀请赛,一举夺得 3 金、2 银、1 铜奖牌;10 名运动员在江苏省太极拳(剑)比赛中获 11 金、7 银、6 铜奖牌,所获奖牌、金牌之多为历次参赛之首;华士镇中意太极拳协会 6 名会员在第四届世界华人艺术节华东区武术选拔赛暨 2010 年法尔胜"泓凯杯"武术与健康论坛交流大会上,获团体比赛项目银奖,个人比赛项目 3 金 2 银。

竞技体育

【概况】 2010 年,江阴市组织全市中小学生田径、篮球、足球、排球、乒乓球、棋类等体育竞赛 8 项 11 次,参赛运动队 202 个、运动员 2547 人。组织 247 人参加 11 项无锡市小学生比赛,市实验小学男子篮球、青阳实验小学男子足球、要塞实验小学武术、辅延中心轮滑等项目均获无锡市团体总分第 1 名。市高级中学羽毛球队首次参加江苏省中学生羽毛球赛,获团体第 3 名、男单第 2 名;队员梁鑫入选解放军代表队。江阴市在省第 17 届运动会上获 23.5 枚金牌;市体校柔道队输送的许加华和马翔分获全国少年男子拳击锦标赛 46 公斤级和 80 公斤级组的冠军,臧伟获全国男子举重锦标赛抓举第一名、总成绩第三名。是年,体育与教育、体育与企业、体育与协会结合渠道得到拓展,省唯一马术竞赛训练基地落户江阴;市体育局、徐霞客镇与南京体育学院联办省体操队、蹦床队、艺术体操队、技巧队,均冠名为江苏徐霞客队;国家女子手球队与江苏新长江集团结为合作伙伴。先后承办'2010 中国徐霞客国际攀岩大师赛等全国赛事 4 项 6 次、省级赛事 5 项 5 次。新增市高级中学武术项目布局学校;新增一级裁判员 17 名、二级 34 名、三级 77 名。分别向省体校、省集训队输送运动员 4 名、13 名;6 人进入省优秀运动队。市体育局副局长季江宁被省体育局授予 2006~2009 年省优秀竞赛工作者称号。

【业余体校被评为省四星级体校】 江苏省大力实施竞技体育后备人才培养工程,在全省开展星级业余体校评定工作(分一至五个星级,其中一星为最基础级,县级四星为最高级)。2008 年 12 月,江阴市业余体校被命名为省首批三星级体校后。该校加大管理和提升训练水平,田径、足球、举重、柔道队成绩保持全省前茅,近 5 年输送优秀人才 143 人,其中省运动队 16 人、省体校 27 人、无锡市体校 100 余人。2010 年 10 月 26 日,市业余体校顺利通过省体育局专家组的审核和实地验收。11 月 9 日,省体育局发文确认该校为全省 6 所四星级体校之一,学校同时获资助奖金 12 万元,其中省级奖励 4 万元、市级配套 8 万元。

【国际攀岩大师赛举行】 '2010 中国江阴徐霞客国际攀岩大师赛在江阴徐霞客镇户外攀岩体验中心举行,该赛由国际攀岩联合会主办,国家体育总局登山运动管理中心、江苏省体育局和江阴市政府承办,江阴市体育局和徐霞客镇政府协办。国际攀岩大师赛是世界最高级别的攀岩赛事之一,此次比赛设男女难度、男女个人速度 4 个单项。11 月 2~3 日,来自俄罗斯、捷克、伊朗、波兰、韩国、斯洛文尼亚、日本、中国等多个国家以及中国香港地区的 36 名选手参赛,其中包括世界单项排名前 8 名的 8 位强者。江阴市市长王锡南主持比赛开幕式,市委书记朱民阳致辞,国家体育总局党组成员、中纪委驻国家体育总局纪检组长吴齐宣布开幕。国际攀岩联合会主席马尔科、国家体育总局登山运动管理中心主任李致新、江苏省体育局局长殷宝林、首位从北坡登上珠穆朗玛峰峰顶的女性登山者潘多以及江阴市领导孙英、龚振东等出席开幕式。徐霞客户外攀岩体验中心是临时搭建的国内最大的人工岩壁之一,拥有国际标准的人工攀岩岩壁、热身墙及相关比赛及训练所需的配套设施。此次比赛韩国选手孙祥源、金滋仁分获男、女难度赛冠军,中国选手钟齐鑫、何翠莲卫冕男、女个人速度赛冠军。闭幕式上,中国登山协会向江阴市政府颁发承办贡献奖;中国登山协会授予江阴徐霞客镇为"中国国家攀岩队竞赛和训练基地"。

【"徐霞客杯"中德国际足球邀请赛】 2010 年 5 月 19 日,"徐霞客杯"中德国际足球邀请赛国家男子足球队对德国勒沃库森俱乐部队比赛,在江阴市体育中心举行。勒沃库森队是德国足坛的老牌甲级劲旅,本赛季列德甲第四名。比赛当天正逢上海世博会德国馆开放日,中央电视台体育频道和德国电视台对该场比赛进行现场直播。国家体育总局足管中心副主任林晓华,省体育局副局长周旭到江阴观看比赛。江阴市委书记朱民阳和拜耳作物科学大中华区总裁戴思成为比赛开球。比赛结果中国国家男子足球队 3:0 胜勒沃库森队。江阴市市长王锡南为中国队颁发比赛优胜奖杯。该次男足比赛在江阴历史上级别最高,也是新一届中国足协领导班子组建国足后在国内首次亮相。为确保比赛安全圆满,江阴市委、市政府领导多次协调,市公安局制订总体方案、交通保障方案、处置预案共 7 份,绘作各种图表 6 份,制作交通指示牌、温馨提示牌、交通标志 80 余块;累计出动警力 2000 余名。在体育场外围设置 6 个初检票口和两个预检票口,内围共设置 18 扇安检门,协调周边单位提供停车位 2000 余个。观众 3 万余人。

【新长江集团与中国手球协会合作签约】 2010 年 12 月 28 日,国家体育总局手曲棒垒球运动管理中心副主任、中国手球协会副主席孟伟，代表中国手球协会与江苏新长江实业集团有限公司（下称新长江集团）总裁李洪耀在江阴签约，新长江集团与中国女子手球队开展赞助等合作，期限一年。新长江集团是江阴夏港街道长江村的村级经济实体，主要从事生产、经营、外贸、科技、投资为主的跨地区、跨部门、跨行业、内部实行股份制的实业性省级集团，是无锡市双百强企业和村级经济“排头兵”。此次签约后，该集团作为中国女子手球队的官方合作伙伴，获得“中国女子手球队战略合作伙伴”称号；享有主赞助商地位，获比赛服胸前广告等权益；享有冠名中国手球协会主办的国内手球比赛优先权等。国家体育总局党组成员、纪检组长、中国手球协会会长吴齐，国家体育总局手曲棒垒球中心主任雷军，江阴市委书记朱民阳和市领导孙英、龚振东出席签约仪式。

体育产业

【概况】 2010年，江阴市体育产业向多元化发展，形成体育竞赛表演、体育产品生产、体育休闲健身、体育基地培训、体育设施管理服务、体育体验旅游、体育用品销售、体育彩票和新兴体育10个产业发展重点。培育体育品牌赛事，成功举办全国、省级以上比赛8项11次24场次；确保体育经营市场安全，全年组织体育执法36次；组织108人次游泳教练员、救生员培训及国家资格认证。全市新增概率型体育彩票销售点54个、拓展体育彩票行业网点140个、竞彩加盟店36个，体育彩票全年销售3.23亿元。新增规模以上体育产业经营单位12个、其他体育个体经营户40个。海澜国际马术俱乐部建成国际标准化的马术综合训练馆、马术比赛馆、马术表演馆建成开放。至年末，有兼营销售体育用品的单位和个体经营商591个、各类个体棋牌室460余个。全年体育产业营业收入超10亿元。

【体育彩票销售获全国县级市第一】 2010年，江阴市体育彩票管理中心加大宣传力度，狠抓队伍建设，完善考评激励机制，加快拓展社会渠道，推动销量大幅攀升。12月6日，全市体育彩票年销售额在江苏省乃至全国县级市率先超3亿元。16日，江苏省体育彩票管理中心在江阴召开江阴市体彩销售全省县域五连冠暨年销量突破3亿元庆功会，国家体育总局副局长王钧、体育彩票管理中心主任王卫东、江苏省体育局局长殷宝林、副局长颜争鸣等和无锡市、江阴市有关领导出席庆功会，江阴市市长王锡南致词。省体育局向江阴市体育局颁发奖牌；无锡市体育场馆和训练管理中心对江阴市体育彩票年销售突破3亿元作出突出贡献的销售网点和销售员进行表彰。是年，全市体育彩票销售额3.23亿元，其中概率彩票销售1.65亿元、即开型销售1.15亿元、竞彩销售0.43亿元，销售额比上年增长42.73%；产生10个百万元以上大奖。

【爱居兔服装有限公司开业】 2010年9月，江阴爱居兔服装有限公司正式注册成立。该公司位于江阴市顾山镇，“海澜之家”服饰有限公司为发起人。该公司系集服装研发、生产、信息管理、物流、销售为一体的现代时尚运动服饰连锁经营企业。公司注册资金3000万元、员工3000余人，是当年无锡地区唯一一个注册资金超500万元的新兴体育用品生产企业。“爱居兔”品牌定位于运动、时尚、休闲风格，面向18岁～25岁年龄段顾客群。年内，以江苏省内为主的50个该品牌服装超市连锁门店陆续开张，至年末在全国开设连锁店100余个。

【江阴企业参与广州亚运会】 2010年，江阴有3个企业直接参与服务广州第16届亚运会。江苏金一文化发展有限公司是会徽吉祥物和场馆标识的创意设计者，公司同时成为第16届广州亚运会贵金属产品唯一特许供应商。公司研发的10款“亚运全纪录”贵金属产品，围绕“五羊”文化和亚运文化，汇集从2004年申亚成功到2010年开幕的广州亚运会全景历程，一经发布，受到收藏爱好者追捧，销售额近10亿元。公司副总裁兼董事长助理黄翠娥和执行总裁王俊因此在广东江门市参加亚运火炬传递。江阴—靖江工业园区的中建钢构江苏有限公司建造的广州亚运会综合体育馆（开、闭幕式场馆），该馆包括体操馆、台球馆、壁球馆及广州亚运历史博物馆，总金额超2亿元。该馆位于珠江新城南端珠江上的海心沙岛上，南北长185米、东西长87米，标高53.79米、悬挑跨度68米，钢结构总重量约1.5万吨，可容纳观众2.3万人，是国内悬挑跨度最大的开敞式屋盖顶篷，也是2010年亚运会建设规模最大的场馆。江阴莱恩音响商行派出1名技术服务志愿者，服务于亚运会多个场馆。（姜　莉）

2010年江阴市承办重大赛事一览

表67

比赛名称	时间	参赛队	人 数	地 点
2009～2010年(CBA)中国男子篮球职业联赛	1月31日,2月3日、10日、19日,3月3日、10日、12日	江苏、北京等8个代表队	112	市体育馆
“安踏杯”全国男子排球大奖赛	4月29日～5月2日	江苏、上海等4个代表队	93	市体育馆
“江阴国土资源杯”国际男篮挑战赛	5月15～17日	热火、泰山等4个代表队	58	市体育馆
中国之队国际足球赛	5月19日	中国队、德国勒沃库森队	60	市体育中心
江苏省“月城杯”龙舟精英赛	6月16日	9个代表队	233	月城镇
江苏省首届国际跳棋比赛	8月21～22日	12个代表队	125	云亭中心幼儿园
江苏省第十届“天华杯”国际象棋公开赛	10月2～5日	江苏省内学校、俱乐部等	430	市天华艺术学校
第八届江苏省“月城杯”少儿象棋定(升)级赛	10月4～6日	15个代表队	191	月城实验小学
肯德基全国青少年三人篮球冠军挑战赛常规赛(江苏赛区)	10月23日～11月7日	业余爱好者自行组队参赛	100	市体育中心
中国徐霞客国际攀岩大师赛	11月2～3日	中国、俄罗斯等8个国家	86	徐霞客镇
江苏省第十四届“省长杯”足球比赛男子高中组	12月1～5日	南通紫琅等5个代表队	106	市第一中学

2010年江阴市参加上级体育比赛成绩一览

表68

参赛单位或参赛人员	比 赛 名 称	时 间	地 点	成 绩
陆桥实验小学	第五届全国中小学生跆拳道锦标赛	1月30日～2月2日	上海	3金3银1铜及团体、团体表演舞第三名
市太极拳协会	第八届香港国际武术邀请赛	3月10～15日	中国香港	个人3金2银1铜
王涟涟	2010年世界青少年锦标赛	4月2日	阿塞拜疆巴库	女子花剑第三名
辅延中心小学	江苏省第14届“省长杯”青少年足球赛	4月9～13日	江苏宝应	女子小学组第一名
华士中意太极拳协会	第四届世界华人艺术节华东区武术选拔赛	4月18～20日	江苏镇江	团体银奖、个人3金2银
新桥中学	江苏省第七届“红旗杯”少儿棋类公开赛	4月23～25日	江苏镇江	少年乙组团体冠军
张俊杰				少年乙组男子第一名
缪一珉				少年乙组女子第一名
徐滋玲				少年乙组女子第二名
刘嘉扬				少年乙组男子第三名
市实验小学				儿童甲组、乙组和幼儿甲组团体第一名幼儿乙组、丙组团体第二名
陈喻新				儿童男甲组第一名
江炜烨				儿童男乙组第一名
缪斯清				幼儿男子甲组第一名
臧 伟	全国男子举重锦标赛	4月26～29日	河南郑州	171公斤抓举第一名、372公斤总成绩第三名
奚徐娜	江苏省第17届运动会网球比赛	5月6～9日	江苏无锡	团体第三名
江阴第二中学	江苏省第17届青少年足球比赛	5月6～14日	江苏金坛	女子乙组第二名
市木兰拳代表队	庆世博中国木兰拳精英荟萃邀请大赛	5月14～16日	江苏淮安	特等奖
江阴队	无锡市老干部门球比赛	5月24日	江苏无锡	第一名
潘建清	江苏省老年体育节棋类大赛	6月8～10日	江苏苏州	女子象棋第二名
华宏篮球队	“金东杯”第二届小康村篮球比赛	6月10～14日	山东烟台	第一名
江阴协统队	江苏省“月城杯”龙舟精英赛	6月16日	江阴月城	第一名

续表 68

参赛单位或参赛人员	比 赛 名 称	时 间	地 点	成 绩
季 敬	江苏省青少年县级田径比赛(第一赛区)	7 月 10～17 日	江苏张家港	男子甲组 200 米第三名 男子甲组 400 米第一名
梅晓菠				男子甲组五项全能第二名
宋海燕				女子甲组五项全能第三名
谢梦媛				女子乙组 100 米栏第一名
许志茹				女子丙组 60 米第二名
郑震宇	江苏省第 17 届运动会武术散打	7 月 13～18 日	江苏常州	少年乙组 65 公斤级第一名
孔 燊	江苏省第 11 届中学田径运动会(苏南片)	7 月 21～22 日	江苏镇江	高中男子组 100 米第二名、跳远第二名
梅小菠				高中男子组跳高第三名
宋海燕				高中女子组跳远第三名
周庄跆拳道队	首届华东区中学生跆拳道比赛	7 月 22～25 日	江阴周庄	男子总分第一、14 金、32 银、26 铜
黄 根	江苏省第 17 届运动会拳击比赛	7 月 26～31 日	江苏常州	青年组 69 公斤级第三名
城东街道	江苏省健身秧歌大赛	8 月 13～14 日	江苏东海	老年组规定套路一等奖
新桥中心小学	第 12 届全国青少年航空航天模型教育竞赛	8 月 16～18 日	山东莱芜	2 金、2 个一等奖、1 个二等奖
陈芳蕊				东风火箭项目女子组金牌
张盼盼				雷鸟橡皮筋动力飞机女子组金牌
许加华	全国少年男子拳击锦标赛	8 月 18～20 日	江西鹰潭	48 公斤级第一名
马 翔				80 公斤级第一名
山观中心幼儿园	江苏省国际跳棋比赛	8 月 21～22 日	江阴云亭	C 组、D 组团体冠军
花园实验小学				B 组团体冠军
云亭中心幼儿园				D 组团体亚军、C 组团体季军
夏港中心幼儿园				D 组团体亚军、C 组团体季军
袁 强、殷丽花				成人组男、女个人冠军
市太极拳协会	江苏省太极拳(剑)比赛	8 月 27～29 日	江苏昆山	11 金、7 银、6 铜奖牌
江阴队	江苏省老年人健身球比赛	9 月 17～18 日	江苏昆山	规定套路优胜奖 自选套路优秀奖
华宏篮球队	江苏省第 17 届运动会职工篮球赛	9 月 26 日	江苏无锡	第一名
辅延中心小学	无锡市小学生游泳比赛	9 月 26 日	江苏无锡	8 项单项第一名 团体总分第二名
市体校	江苏省第 14 届“省长杯”青少年足球赛	9 月 29 日～10 月 5 日	江苏句容	男子小学组第二名
张 羽	江苏省第 17 届运动会柔道比赛	10 月 16～22 日	江苏常州	男子 93 公斤级第一名
林 丽				女子 57 公斤级第一名
邱 丽				女子 63 公斤级第二名
张晨辰				女子 48 公斤级第三名
徐晓蕾	江苏省第 17 届运动会举重比赛	10 月 16～22 日	江苏常州	女子少年甲组 69 公斤级第一名
夏 吉				男子青年组 77 公斤级第一名
季 敬	江苏省第 17 届运动会田径比赛			男甲 400 米第三名
孔 繁				男甲跳远第三名
严晨旭				男子乙组 800 米第三名
张志成	全国举重冠军赛	10 月 21～24 日	北京	总成绩第三名
臧 伟				总成绩第二名
孔 繁	江苏省中学生田径比赛	11 月 6～7 日	江苏扬州	男子跳远、100 米第二名
梅晓波				男子跳高第三名
宋海燕				女子跳远第三名
市第一中学	江苏省第 14 届“省长杯”青少年足球赛	12 月 1～5 日	江苏江阴	男子高中组第三名
新桥中心小学	无锡市“连元杯”国际象棋等级赛	12 月 12～16 日	江苏无锡	团体冠军

（姜 莉）

■类目编辑 赵修平

社会生活

人民生活

【概况】 2010年，江阴市统计局对城乡典型户家庭抽样调查资料显示，全市人民收入持续增长，生活水平继续提升。年末城镇居民人均可支配收入为30184元，比上年增长11.3%；农民人均纯收入为14898元，比上年增长13.1%。城乡居民人均储蓄存款余额为54468元，比上年增长14.74%。城乡居民消费水平继续提高，消费结构日趋优化，消费领域不断延伸。城乡居民人均生活消费支出分别为22016元和9343元，分别比上年增长13.44%和12.49%。

【食品】 2010年，江阴市城乡居民人均食品消费支出分别为7351元和3365元，分别比上年增长16.17%和12.09%。城乡居民家庭食品消费支出占家庭生活消费支出的比重(即"恩格尔系数")分别为34.8%和36.02%，分别比上年下降0.8个百分点和0.14个百分点。

【衣着】 2010年，江阴市城乡居民人均衣着消费支出分别为2254元和607元，分别比上年增长4.55%和11.79%，主要以服装购买为主，居民服饰购置向品牌化、当季化和高档化发展。

【家庭设备用品】 2010年，江阴市城乡居民人均家庭设备、用品消费支出分别为1524元和346元，分别比上年增长11.57%和9.15%，家庭设备档次提升，日趋现代化。每百户城镇居民家庭主要耐用物品年末拥有量：电冰箱108台、洗衣机104台、彩色电视机191台、空调器215台。每百户农村居民家庭主要耐用物品年末拥有量：电冰箱104台、洗衣机107台、彩色电视机181台、空调器162台。

【居住】 2010年，江阴市城乡居民人均居住消费支出分别为1255元和1670元，分别比上年减少23.27%和增长13.30%；居住条件进一步改善，城乡居民人均住房面积分别为35.2平方米和66.9平方米。

【交通和通讯】 2010年，江阴市城乡居民人均交通和通讯消费支出分别为3234元和1153元，分别比上年增长19.73%和16.23%，私车用户的不断增加和移动电话功能的多样化带动了城乡居民交通和通讯支出的增长。年末全市拥有各类汽车179243辆，比上年增长24.2%。其中私人自备车为132784辆，比上年增长30.6%，私人自备车占全市汽车总数的比重为80.47%，比上年上升11.96个百分点。全市拥有固定电话(包括移动式固定电话)用户52.71万户，比上年减少22.2%。在网移动电话用户157.68万户，比上年减少7.2万户。国际互联网用户26.46万户，其中宽带网用户26.37万户。

【医疗保健】 2010年，江阴市城乡居民人均医疗保健消费支出分别为1423元和532元，分别比上年增长22.6%和12%。社会医疗保健体系不断完善，城镇职工基本医疗保险累计参保51万人；农村住院医疗保险补贴标准进一步提高，参保人数73万人，参保率为100%。

【文教娱乐】 2010年，江阴市城乡居民人均文教娱乐消费支出分别为4183元和1565元，占生活消费支出的比重分别为18.99%和16.75%，分别比上年上升2.42个百分点和下降0.07个百分点。城镇居民消费中精神领域消费比重逐年增加，近年来，旅游消费成为促进文化娱乐消费的一大亮点。

(薛宇锋)

社会保障

【概况】 2010年，江阴市人社局全力推进城乡保障一体化建设，着力构建企业职工社会保险为主、居民养老医疗保险为辅的城乡社会保障新体系。全年城保扩面重点由第二产业向第三产业转移，由规模型产业向中小企业转移，全市企业养老保险新增参保职工7.2万人，净增3.26万人，实际缴费40.27万人。基本医疗保险新增1.2万人，失业保险新增2.5万人，工伤保险新增1.18万人，生育保险新增0.76万人。制订出台江阴市被征地农民并轨城保方案，完成全市16.2万名历次被征地和被征地农民并轨城保工作，该方案入选2010年中国全面小康"十大民生决策"之一。启动实施居民养老保险工作。从2005年起，连续第六次调整企业退休人员养老金标准，人均增资139元。组织开展第三轮退休人员免费健康体检活动。配合基本药物制度实施，及时将基本药物纳入医保报销范围。进一步落实医保定点稽查、费用审核和日常管理各项制度。积极探索医护结合新模式，“夕阳红”爱心护理院成为市首个医保定点管理护理机构。全市参加医疗、失业、工伤、生育保险人员分别达51万人、24.3万人、32.9万人、20.7万人。

【被征地农民并轨城保】 2010年7月6日，江阴市委、市政府全面启动被征地农民并轨城保工作，市人社局精心组织，下发《江阴市人民政府关于进一步完善被征地农民基本生活保障制度的意见》和《江阴市人民政府关于历次被征地和被征地农民中就业年龄段人员参加企业职工基本养老保险的意见》，成立业务指导、政策宣传、软件开发、资金审核、社会稳定5个工作组，经过5个多月的加班加点，全面完成并轨工作任务。至12月底，全市有16.2万名历次被征地和被征地农民纳入城保范围，市、镇两级财政共出资35亿元。在“2010中国第五届全面小康论坛”上，被征地农民并轨城保工作被评为2010年中国全面小康“十大民生决策”之一。

2010年7月6日，江阴市委、市政府召开全市被征地农民并轨城保工作动员大会。（市人社局供稿）

【居民养老保险办法出台】 2010年，为进一步保障城乡老年居民生活，按照江苏省和无锡市有关规定，江阴市人社局积极筹备实施居民养老保险制度。下发《江阴市居民养老保险暂行办法》《江阴市居民养老保险暂行办法〈实施细则〉》。该办法以“保基本、全覆盖、有弹性、可持续”为原则，采取个人缴费、政府补贴、集体补助的办法，并对符合参保条件的低保对象按最低档次缴费给予全额补贴，实行基础养老保险和个人账户相结合的计算方法。该办法将于2011年1月1日起在全市范围内全面实施。

【社会保险征缴稽核】 2010年，市人社局加大维护职工社会保障权益力度，共年检上年度参保企业5417个，累计清欠社保经费1834万元，有效保障职工的合法权益。全年发放养老金、供养费等12.08亿元，审核零星报销人员1.2万人次，发放费用1.3亿元。发放被征地农民基本生活保障费和新农保基础养老金4.13亿元、农村社会养老保险费0.35亿元。

【养老保险基础工作】 2010年8月，市人社局公布年度社会保险缴费基数，对6月底前退休的72581名企业退休人员调整养老金，人均增加养老金139元。根据国家和省相关规定要求，做好职工基本养老保险关系转移接续业务的经办工作，年内共出具缴费凭证6115张，办理养老保险关系转出753人次，转入860人次，保障了参保职工的权益。

【第三轮企业退休人员免费健康体检】 2010年9~12月，全市8.2万名企业退休职工参加第三轮免费健康体检活动。体检项目除往年的内外科临床检查和血常规、肝功能等辅助检查外，增加50~59周岁妇女乳腺癌、宫颈癌的检查，此次体检的费用为人均120元，各级财政支出为832.22万元。体检结果由各镇（街道）人社所、澄江街道各社区建立电子健康档案。

【定点医疗机构稽核管理】 2010年，市人社局在对市级医院试行医疗费超支预警、医院医务人员协调沟通、医保住院巡查机制的基础上，采取“日常稽查、重点抽查、举报专查、网上审查”的稽查机制，全年发出医疗保险稽查处理通报8份，处理定点单位12个，有效规范定点单位的医保行为。对全市定点诊所、门诊部等定点单位进行信用等级评定，评出AAA级7个、AA级19个、A级3个定点单位。（邱　敏）

民政工作

【概况】 2010年，江阴市民政工作以“改善民生”为出发点和落脚点扎实推进。开展社会救助工作，发放低保金4560万元，改造困难户危房106户；创新扶贫帮困形式，开展“幸福江阴·千企助千户慈善大行动”；完成村（居）委会换届选举，公推直选全面推开；开展慈善义工服务，发放慈善救助资金5418万元，救助困难群众1.22万人（户）；落实优待抚恤政策，免费为退役士兵进行职业技能培训；规范社会事务管理，婚姻登记率和登记合格率以及救助率均为100%。积极创建“和谐示范社区”和“管理民主示范村”，全市有87个社区被评为“和谐示范社区”，达标率为80%；142个村被评为“管理民主示范村”，达标率为58%，其中周庄镇山泉村村级民主管理工作经验在全市被总结推广。开展减灾宣传活动，协调市教育局、团市委、红十字会等部门组队参加江苏省防灾减灾知识竞赛，获得优秀奖。

【低保资金规范化管理】 2010年，江阴市民政部门为规范低保资金的管理和使用，确保低保救助依法实施，会同市财政、监察、审计等部门对全市镇级低保资金管理使用情况进行联合督查，根据督查情况，出台《关于进一步加强低保资金管理的规定》。11月，召开全市低保规范化管理工作推进会，落实市、镇(街道)、村"三级"审核审批及低保渐退、终退政策。全面完成低保"一户一档"建档工作。至年末，全市有低保对象1.35万户2.91万人，共发放低保救助金4560万元。

【专项救助】 2010年，市民政局继续完善专项救助制度，救助非低保家庭重残人员5200人，发放救助金2093.52万元；临时救助生活困难群众1.18人次，发放救助金980万元；启动生活补贴机制，发放物价上涨补贴807万元；落实冬春救助508人，发放救助金19.88万元；配合市住保房管局做好廉租住房保障工作，全市有571户低收入家庭享受廉租住房保障，其中实物配租250户，享受租金补贴321户；年内改造困难户危房106户。

【孤残儿童供养】 2010年，江阴市民政系统建立孤儿供养福利制度，福利机构孤儿最低养育标准每人每月达1000元，社会散居孤儿、事实无人抚养的未成年人、受艾滋病影响的未成年人最低养育标准每人每月达600元。是年，江阴市儿童福利院共收养弃婴及儿童136名，其中接收公安部门移交66名、弃婴2名，办理家庭送养44名、家庭寄养29名，因病死亡5名。至年末，市儿童福利院内集中供养弃婴及儿童56名。全年有8名儿童被国外家庭收养。

【五保供养】 2010年，江阴市澄江街道、周庄镇、利港镇3个养老服务中心，华士镇颐养中心和璜土镇敬老院相继建成。至年末，全市有23所敬老院、1所老年公寓、1所夕阳红老年康乐中心，福利床位总数5800张。全市有五保供养对象1016人，其中集中供养732人，分散供养284人，集中供养和分散供养标准分别为年人均6824元和5618元，全市发放五保供养资金659万元。

【节日慰问补助】 2010年元旦、春节"两节"期间，江阴市继续开展"幸福在江阴·温暖千万家"为主题的走访慰问活动。各级共派出慰问小组643个5321人，走访慰问困难对象4.6万户，发放慰问金5044.8万元。同时，落实江苏省《关于做好适度普惠性节日补助工作要求》精神，"两节"期间向低保困难群众发放一次性生活补贴291.92万元。

【慈善救助】 2010年，江阴市、镇两级募集慈善基金6027万元，其中"一日捐"捐款1330.64万元，冠名基金3464.95万元，定向捐赠款714.65万元，日常捐赠款100.76万元以及青海玉树地震、舟曲泥石流灾害发生后的社会捐款416万元。全市销售电脑福利彩票1.56亿元、"刮刮乐"即开型彩票7825万元；"中福在线"国际大酒店及西横街销售厅于11月1日重新对外营业，当年完成销售650万元。慈善救助支出5418万元，救助困难群众达12150人。同时，推进企业结对救助，帮扶困难家庭就业，开展"幸福江阴·千企助千户慈善大行动"，全市1097个企业与1247户困难家庭签订结对帮扶书，实施以提供岗位帮助就业为重点的"助业、助学、助医、助居、助困"慈善互助。

【慈善义工服务】 2010年，江阴市各镇、街道、办事处成立义工联合会1个，义工站17个，设立义工队204个，义工组535个，注册义工超过1万人，组织社会公益活动1.3万次，累计奉献时间超26万小时，义工活动日益成为市民参与群众性精神文明建设的有效途径。

【抚恤补助】 2010年，江阴市民政部门向全市1105名现役义务兵发放家庭优待金1000余万元；调整部分优抚对象抚恤标准，按时足额发放重点优抚对象的生活补助金，向2270名重点优抚对象发放补助金3053万元，拨付门诊医疗费340余万元。

【退役军人安置】 2010年，江阴市共接收退役士兵、复员士官和转业士官529名，其中退役士兵475名，复员士官49名，转业士官5名，发放一次性安置金和一次性待安置期间生活费1892.72万元，退役士兵安置率和有偿安置率均达100%。同时，探索安置新模式，加强退役士兵职业技能培训工作，应训(就业)率达85%。联合市人社局职业培训指导中心，开设计算机操作、维修电工、营销管理、保安、创业指导5个专业的短期培训，培训退役士兵202名；委托市职业技术学院开设乡镇企业管理、工商管理、会计学、机电、计算机科学与技术、电气工程及自动化、汽车运用技术等10多个专业的中、长期职业技能培训班，培训退役士兵152名；根据企业需要进行订单式培训，协助海澜集团有限公司对60名退役士兵进行保安专项培训。

【双拥共建】 2010年，江阴市双拥工作围绕巩固军政军民团结，促进军地融合发展，整体水平有提高。春节和"八一"建军节期间，全市开展多形式、多层次的拥军走访慰问活动，发放慰问品和慰问金688.2万元。同时，向164名驻军士兵与随军家属支出民用技能培训费13.12万元，向50名随军家属发放生活补助金10.5万元。驻澄部队支持地方建设，共出动车辆96台次、人员2400人次，协助地方完成护林防火、植树造林、义务献血、军事培训以及第19届中国金鸡百花电影节和江苏省第17届运动会的安全保障工作。开展"军民同心共建幸福家园活动"，驻澄部队30个单位与全市30个农村单位结对挂钩，组织开展河道整治、环境综治、村庄绿化、农田建设、截污治污、捐资助学、卫生下乡、培训支农等系列活动。

【村(居)民委员会换届选举】 2010年，江阴市226个行政村、89个社区顺利完成第九届村民委员会和第四届居民委员会的换届选举工作，100%产生了新一届村民委员会和社区居民委员会。这次换届选举采用"无候选人一次性直接投票”方式选举的行政村有103个,占45.5%,比上届提高8个百分点;采用户代表直接选举方式进行选举的社区居民委员会有12个,占13.6%。

【婚姻、收养登记和救助管理】 2010年,市民政局婚姻登记处共办理结婚登记10404对、离婚登记2296对,补发婚姻登记证846件,出具无婚姻登记记录证明1729份,婚姻登记率和登记合格率均达100%;办理收养登记90件;救助站实施规范化建设,全年救助各类人员303人,安全救助率为100%。

【福利企业管理】 2010年,江阴市全年新登记福利企业7个,注销8个,为11个企业办理变更手续,为91个残疾职工数量有变化的企业办理重新认定手续。至年末,全市有福利企业124个,职工总人数17434人,其中残疾职工5756人,占福利企业职工总数的33%。

【殡葬管理】 2010年,江阴市继续加大零星散坟整治力度,共搬迁散坟1.73万座;探索骨灰处理新模式,组织3户家庭12名亲属参加无锡市第六次海葬活动;花山、长泾2个殡仪馆共火化遗体1.09万具;花山公墓出售墓穴1372穴,安葬墓穴1769穴。清明节期间,花山公墓接待祭扫35万人次,车辆进出3万余辆,未发生一起责任事故。

【地名管理】 2010年,市民政局下达地名批复文件69个,命名道路50条,住宅小区56个,桥梁、广场、大厦等其他建筑物24个,地名变更(区域范围调整)等18个。做好地名数据库和地名网站的维护和更新工作,年内对全市100多条道路和路段的500多块路牌进行维护和更换。3月,市民政局被江苏省民政厅评为全省地名公共服务工程建设先进集体。

【社会组织管理】 2010年,市民政局新注册登记社会团体24个,民办非企业单位33个;成立市社会组织促进会和社会组织孵化中心;培育发展村(社区)慈善基金会3个,其中华士镇陆桥社区扶贫帮困基金会为全国首个社区基金会;探索建立社会组织评估体系,加强行业协会商会规范化建设,在全市60个行业协会、商会中开展评估试点。至年末,全市有登记注册的社会团体288个,民办非企业单位202个,基金会10个。 (俞 洋 葛雅静)

人口和计划生育工作

【概况】 2010年,江阴市人口和计划生育工作围绕创建江苏省“十一五”人口协调发展先进市总目标,突出稳定低生育水平,统筹解决人口问题,全面提升全市人口计生工作水平。组织各镇(街道)编排计生文艺节目,会同靖江市开展纪念计划生育《公开信》(1980年9月25日中共中央发表《中共中央关于我国人口增长问题致全体共产党员共青团员的公开信》)发表30周年跨江联动文艺演出。举行“为了明天更幸福”专场文艺演出,市委书记朱民阳出席活动并为获得江苏省、无锡市30年人口计生工作突出贡献典型人物颁奖。在青阳中学、澄西中学2个青春期教育基地,有19所中学(含职高)通过无锡市青春期教育合格学校验收。“青春健康·同伴教育”在青阳华姿职校进行试点,并全面推广,收到良好效果。至年末,全年共出生8117人,人口出生率为6.7‰,户籍人口计划生育率为99.73%,流动人口计划生育率为95.3%。年内,江阴市被评为江苏省“十一五”人口协调发展先进市。

【省“十一五”人口协调发展先进市创建】 2010年初,江阴市出台创建工作实施意见,召开全市人口和计划生育工作会议,进一步明确创建目标,分解任务,落实部门职责,给各镇(街道)、相关部门下发任务书、责任书,层层分解任务,级级落实责任,将争创的各项措施落到实处。3月,邀请江苏省人口计生委副主任张春延到江阴指导创建工作,明确创建工作具体要求。4月,组织全市500名人口计生系统干部参加培训,详细分解创建考核指标,统一思想、提高认识。人口计生委包片干部深入镇村一线,对全市247个村、109个社区居委会摸底创建工作的进度和质量,将查漏补缺工作落到实处。7月,分组对全市镇(街道)进行自查并接受无锡市复核。12月初,顺利通过国家、省级考核验收,成功建成省“十一五”人口协调发展先进市。

【人口素质提升活动】 2010年,江阴市全面推进“幸福江阴·百万人口素质大提升”工程。市人口计生委以“好宝宝计划”为载体,抓住免费婚前体检、孕前风险评估、孕前优生检测和孕期筛查、新生儿疾病筛查五个环节;市总工会围绕“百万职工素质大提升”开展“百万工人大练兵、建功立业促转型”劳动竞赛活动,采取技能培训、互学互助等形式;市卫生局组织开展“幸福江阴健康行”系列活动;市人社局围绕推进新兴产业发展“445计划”[*]和江阴“千人计划”[*]两大工作重点,坚持人才引进和人力资源培育两项举措并重。各镇(街道)也相应开展提升市民素质活动。新桥镇围绕“学习、创新、跨越”主题,通过读书节、图书馆开馆、“书香传递”、社区学堂等形式,提升新市民素质;南闸街道采取强化服务力、提升文化力、增强管理力、培植创新力等举措全面推进提升素质工程。全市举办各类提升人口素质培训班440余期。

【人口服务管理】 2010年,市人口计生委根据无锡市的要求,把推进人口服务管理作为一项重要工作来抓,结合江阴实际,研究制订扎实有效的举措,进一步落实各相关部门人口服务管理的工作职责,在市行政服务中心人口计生窗口设立市人口服务管理监督受理中心,在澄江街道立新社区组织开展“大人口”管理试点,探索实施“一证二合同三承诺”(居住证、房屋租赁和劳动用工合同、《房屋租赁社会责任承诺书》《劳动用工社会责任承诺书》及《公民文明守法承诺书》)制度,在实践中总结经验,查找不足,为“十二五”实施“大人口”服务管理工作打基础。年内,建立全员人口信息库,输入120万人的全员户籍人口信息和70余万人的全员流动人口信息。

【人口计生行政权力网上公开运行】 2010年,市人口计生委利用市政府统一开发的行政权力网上运行系统,建立人口计生行政权力网上公开运行制度,实现计划生育行政审批、行政确认的网上公开透明运行。顺利通过江苏省“政务公开办事公开”和基层文明执法专项活动检查。严格依法审批,全年全市共审批照顾再生育一个孩子申请1367件,为户口迁入审核出具计生证明2095件,为收养孩子对象出具计生证明126件。年内,全市新增农民扶助对象1598人,新增特别扶助对象52人,共发放奖励金566.13万元。申领无锡市计生公益金35人,向320人发放市公益金60.28万元。对信访工作实行首问负责制,全年接访723人次,结案率100%。全年通过“12345”公共服务呼叫平台受理有关计划生育的咨询与诉求事项101件,满意率为100%。

【流动人口服务管理】 2010年,市人口计生委贯彻落实《无锡市流动人口计划生育工作条例》,增强计划生育服务的主动性、针对性和有效性。加强区域协作,分别与安徽定远、江西崇义等30个县(市)签订协作合同。4月,会同市教育、公安、人社局联合下发《关于做好新市民子女入学(园)预登记报名工作的实施办法》,牵头组织对部分学校入园入学工作进行抽查,规范新市民子女入学(园)工作。做好流动人口信息采集,全年有14.28万名外地已婚妇女信息被采集,信息准确率达90%。实施动态常规化服务管理,全市新增4个镇、8个村为国家级流动人口监测点。完成流动人口基础信息双向核查工作,共核查信息1.5万余条。

【世代服务建设全覆盖】 2010年,江阴市投入5708万元,建成市镇两级世代服务中心18个、建筑总面积1.64万平方米;投入285万元,建成村(社区)人口计生服务室192个,实现优质服务体系建设全覆盖。以“关爱母亲健康”为主题,实施《计划生育/避孕节育/生殖健康/家庭保健行动计划》,开展面对面的个性化咨询指导和随访服务。依托市镇两级服务阵地,为40.61万名已婚育妇提供国家规定项目的免费技术服务,利港镇、夏港街道顺利完成江苏省宫颈癌筛查项目工作,复查5700多名已婚育妇。全市开展免费优生检测6586人次,优生检测率91.6%,孕前风险评估9974人次,评估率89.18%,免费婚检7451对,婚检率93.26%。5月,国家人大常委会原副委员长蒋正华视察市世代服务中心,给予高度评价,并题词:“服务育龄群众,共享幸福江阴”。10月,开展以“情系金秋——关爱更年期妇女世代服务行”为主题,以各镇(街道)世代服务机构为主阵地,以服务更年期女性为目标人群的金秋系列关怀关爱活动,开展更年期知识培训38期,培训3200人次,开展绝经取器400余人。 (陈文广)

退管工作

【概况】 2010年,江阴市退管会以“六个老有”(老有所养、老有所医、老有所为、老有所学、老有所教、老有所乐)为目标,进一步完善企业退休人员社会化管理服务体系,扩大管理服务范畴,提高管理服务水平,圆满完成各项目标和任务。市级机关党工委退管会组织1000多名离退休机关干部听取形势报告会;市教育局、交通局等退管会组织学习大讨论;市农林局、经信委等退管会利用黑板报、文艺演出等形式,宣传党的十七届五中全会精神。是年,根据江阴市政府办文件精神,原市劳动和社会保障局下属事业单位“江阴市退休职工管理委员会办公室”划归市人社局管理,并入原“江阴市社会保障基金管理中心”的企业退休职工社会化管理服务职能,挂“江阴市退休职工社会化管理服务中心”的牌子。

【送温暖活动】 2010年春节前,由江阴市分管副市长、市退管会主任费平以及局有关领导带队,对全市高龄、重病、孤寡老人和特困退休职工家庭进行走访慰问,共走访慰问960多人,发放慰问金90余万元。春节、高温季节以及敬老节期间,各基层退管会根据市退管会的统一部署,开展走访慰问活动,共走访慰问6800余人,慰问金达310余万元。全市17个乡镇(街道)和52个社区分别为2178名75周岁以上老人进行生日慰问,为727名进行死亡吊唁,发放慰问金43万元。组织开展“企业退休人员健康知识专题讲座”活动23场,近5000人参加。9~12月,为全市8万余名退休职工免费体检,并建立健全退休人员的健康档案。年内,共接收退休人员档案8500份,整理档案1.6万份,为4000余名居住在江阴的异地退休人员办理养老金资格认证。

【文体活动】 2010年4月,江阴市退管会、人社局和机关党工委联合举办由市机关、事业单位退休人员参加的中国象棋比赛,共12个单位组队参加比赛,市教育局代表队获团体冠军,市文广新局、水利农机局代表队分获团体二、三名。市教育局代表队方永兴获个人冠军。5月,市退管会举办江阴市机关、事业单位退休人员乒乓球比赛。13个单位组队参加角逐。市水利农机局、公安局、江阴高中、职大、经信委、西石桥退管分会分获男子团体前六名。贡铭基获男单金牌,薛玉芬摘女单桂冠。10月25日,市退管会在文庙举办市第四届退休职工书法美术作品展,共收到作品260幅,展示书法、美术作品158幅。同时,出版《江阴市第四届退休职工书画展作品集》。 (赵志刚)

老龄工作

【概况】 2010年,江阴市加大老龄事业投入,加快老年设施建设步伐，扎实推进居家养老服务和“幸福一点通”[*]助老系统建设，开展丰富多彩的老年文体活动，提升全市老龄工作水平。3月，市政府出台《关于进一步做好我市老龄工作的意见》。5月，举行市老年大学建校20周年庆祝活动，组织部分敬老院院长到香港培训学习养老护理经验。同月，江阴作为试点城市获得“中国首个老年人宜居宜游城市”称号，6月，市老年用品展销中心落成启用。民政部部长李立国、副部长窦玉沛，全国老龄办副主任陈传书、阎青春到江阴市调研考察养老体系建设。全年向85周岁以上老人发放“尊老金”1002万元。完成5所养老服务中心建设，新增养老床位2072张，累计5800张，每百位老人拥有福利床位数2.5张。至年末，全市社区居家养老服务站总数达100个；“幸福一点通”助老系统新增1000户，累计2500户。全市60周岁以上老年人有23.2万人，占总人口的19.3%，年净增老年人口9000余人。

【老年用品展销中心启用】 2010年6月10日，江阴市发展老年产业、关爱老人生活的惠民工程——市老年用品展销中心落成启用。该展销中心总建筑面积3000平方米，主要功能是为老年消费者提供多样化的老年用品，为养老机构引进先进的养老护理康复专业设备，为生产经营老年产品的企业培育发展“银发”市场。主营护理康复、养生保健、生活产品、休闲锻炼等六大类900多种老年用品，并提供护理培训、居家养老、心理咨询等助老服务。中心启用后，在打造老年用品展销的集聚区、养老机构连锁的服务区、老年护理体验的示范区、康复保健知识的传播区和老人心灵沟通的关爱区等方面积累经验。

【养老服务体系建设】 2010年，江阴市探索由“社会参与、多元投入”的养老体系建设，立足于江阴民营经济相对发达、民间资本较为充裕的实际，推动社会资本进入养老服务行业，逐步改变由“政府投资、政府管理”的单一模式，以“公建民营、民办公助、政府补贴、购买服务”等多种方式鼓励社会资本进入养老服务领域，兴办老年服务机构。完成澄江街道、周庄镇、利港镇3个养老服务中心及华士镇颐养中心和璜土镇敬老院建设，新建床位2072张。启动建设长泾镇和祝塘镇养老服务中心。同时，启动建设由外商投资的两项养老服务项目，其中澄江街道五星级“酒店式老年公寓”，计划引入港资3.5亿元，建成福利性养老床位500张。组织职业技术培训，有160名养老服务人员获养老护理初级资格证书。组织对养老设施隐患的排查和消防安全教育，确保养老设施的安全运行和老年人的安全。

【居家养老服务中心建设】 从2008年起，江阴市对建成的社区居家养老服务机构给予3万元~10万元的一次性建设补贴，根据居家养老服务机构规模和服务老人数量等情况，给予每个机构每年不低于3万元的运营补贴。2010年，全市各镇（街道）依托村级集体经济投入，结合新农村建设和社区建设工作兴办社区居家养老服务站，创新理念，积极探索，加快居家养老服务建设，新增38个居家养老服务中心。申港街道新建申浦社区居家养老中心，实现该街道养老机构村（社区）全覆盖，10个村（社区）均建立居家养老服务中心。其他各镇（街道）企业家和干部群众慷慨捐资支持养老服务设施建设。

【“幸福一点通”助老系统】 “幸福一点通”助老系统自2008年5月底投入运行以后，在协助抢救突发疾病的老人脱离危险中发挥重要作用，许多老人还通过使用“幸福一点通”约请钟点工、生活护理、餐饮外送、水管疏通等。2010年，该助老系统发展数十个服务机构入网，除120、110、119等紧急救援单位外，全市的社区医院、人民医院、便民店、餐饮店、家政公司等也列入其中。年内，居家养老向乡村和城郊延伸，新桥、夏港等镇（街道）推广“幸福一点通”工程。全年安装“幸福一点通”1000余户，累计用户2500余户。

【第23个敬老日系列活动】 2010年9月，江阴市委办、市政府办联合下发《关于组织开展“敬老月”活动的通知》，全市各镇（街道）、机关各部门、市各直属企业党委（党组）、市各直属单位、各驻澄单位都根据单位实际，对“敬老日”“敬老月”（10月）活动进行部署。10月14日，举行庆祝第23个“敬老日”暨老年健身项目展示大会，来自城乡的17支老年健身队伍分别展示健身球操、舞龙、太极拳、舞蹈等，展现江阴老年人的风采。同日，市领导分组走访慰问市部分高龄、困难和独居老人。“敬老月”期间，全市召开敬老座谈会、茶话会等354次，参加人数2.03万人；镇（街道）有线电视宣传报道130次，在市级以上报刊发表文章、报道40篇；参加各种健身活动的人数有3.55万人，举

2010年6月10日，江阴市老年用品展销中心落成启用。 （市民政局供稿）

行文艺演出592场次，老年人观众有5.79万人；举办老年健康讲座117场次，参加的老年人有1.17万人；为10.99万老年人健康体检，为1276人解答法律咨询；参加为老志愿者服务人数6928人，受服务老人数1.44万人。共慰问老年人12.95万人，发放慰问金、慰问品计1056.93万元，其中周庄镇敬老节慰问金达308.5万元，受益老年人9423人。

（秦建国）

残疾人工作

【概况】 2010年，市残联加强残疾人社会保障体系和服务体系建设。创建“无锡市残疾人工作五星社区”120个，5个专门协会开展活动30余次。市残疾人托养中心基本建成。市残疾人服务中心运行规范，接待会议人员650余人次；接待参观考察人员720余人次；免费接待参加活动的残疾人6000余人次。市残疾人业余艺术团参与第19届中国金鸡百花电影节宣传演出，并赴托养机构等地慰问演出7场次，江阴版《千手观音》赢得喝彩。年内，江阴市被评为全国残疾人社区康复示范市，市残联获“江苏省残疾人之家”。

【残疾人康复救助】 2010年，市残联向150名残疾人赠送轮椅，为198名残疾人配赠盲杖、语音报时器等辅具，为30名肢体残疾人免费安装假肢；为965名贫困精神残疾人免费提供服药，为43名贫困精神病人提供住院治疗补助；完成白内障手术1282例；抢救性康复0~6岁残疾儿童80人；完成盲人定向行走训练108人；为120余户残疾人家庭进行无障碍设施改建；全年新评定发放残疾人证2286份。

【残疾人就业安置培训】 2010年，市残联继续落实残疾人按比例就业制度，全年审批残疾人就业企业349个，安排残疾职工688人，帮扶361名残疾人就业再就业，完成残疾人职业培训310人，向自主创业的10名残疾人发放奖励金2.8万元。

【特殊困难残疾人生活救助】 2010年初，江阴市出台《江阴市特殊困难残疾人生活救助实施办法》，对一户多残、依老养残家庭开展生活救助。全年为6739人次提供重残救助，发放低保无业重残救助金398.56万元；帮助161名残疾人脱贫；临时补助和一次性救助残疾人1350余人，发放救助金140.8万元。

【教育帮扶】 2010年，爱国华侨顾铁华夫妇与江阴职业技术学院联合成立“江阴育华教育基金”。10月29日，在江阴职业技术学院报告厅举办“江阴‘育华教育基金’成立暨颁奖仪式”，首批本市残疾小学生35人获教育奖励金，计7万元。年内，资助残疾学生52人，发放助学金13.4万元；资助残疾人贫困家庭子女205人，发放助学金66.85万元。

【残疾人体育参赛】 2010年8月，在江苏省第八届残疾人运动会上，15名江阴残疾运动员获得10金5银14铜的成绩，在无锡各区（市）排名第一。11月3日，在市特殊教育中心校举办2010年残疾人乒乓球比赛，共有28名选手参加比赛，肢残人邹惠兴获得第一名。

【残疾人服务机构建设】 2010年，市残联开展以残疾人“托养、就业、康复”等为主的服务机构建设，并给予机构一定的政策、资金、技术等扶持保障，全市各镇至少建立1个工（农）疗站、残疾人就业扶持基地或托养所，着力打造残疾人的“幸福家园”服务机构品牌。每个“幸福家园”设有康复室、休息室、餐厅、电视室、图书室、文体活动室等，让残疾人在轻松愉悦的环境中进行劳动、康复身心，帮助残疾人找到自信，回归社会。全市共建成残疾人工（农）疗站、就业扶持基地、托养所等服务机构23个，为500多名残疾人提供就近、就便、专业、优质的服务，促进实现城乡残疾人服务“一体化”。

【首届残疾人职业技能竞赛】 2010年10月19日，江阴市首届残疾人职业技能竞赛在市残疾人服务中心举行，来自全市17个镇（街道）的30余名参赛选手发挥特长，以娴熟的劳动技能展现市残疾人身残志坚、自强不息的精神风貌。本次技能竞赛分设美发、手工编织和盲人保健按摩3个项目组，经过一天激烈的角逐，徐宗、杜荣华、杨丽琴分别获得保健按摩组、手工编织组和美发组第一名。

【第20次全国助残日活动】 2010年5月13日，市残联组织开展“共沐关爱阳光·同享幸福生活”第20次全国助残日主题活动，市四套班子主要领导走访慰问4户残疾人家庭，并参加市残疾人业余艺术团首场汇报演出暨“五送五服务”*助残活动表彰会，为“五送五服务”助残活动先进集体和个人及“无锡市残疾人工作五星级社区”代表颁奖，市委书记朱民阳向市残联理事长周美娣颁发“全国残疾人社区康复示范市”奖

2010年5月13日，江阴市开展“共沐关爱阳光·同享幸福生活”第20次全国助残日主题活动。

（市残联供稿）

牌。同日,在市残疾人服务中心举办残疾人书画艺术作品及邮票收藏展,共展出20幅市残疾人书画作品及5个版面的珍贵邮票。

(徐 辉)

关心下一代工作

【概况】 2010年,市关工委在全市青少年中开展社会主义核心价值体系主题教育活动,教育青少年48万余人次;推进校外教育辅导站建设,累计建成300个;开展创建“未成年人零犯罪”村(社区),创新发展企业关工委工作,注重加强关工委自身建设。6月,市东发管件制造有限公司关工委主任李惠珍被中国关心下一代工作委员会、中央精神文明建设指导委员会办公室评为全国关心下一代工作先进工作者。7月,徐霞客镇关工委、月城镇秦皇村分别被江苏省文明办、江苏省关工委评为全省城乡校外教育辅导站工作先进集体、全省城乡社区校外教育辅导站工作优秀辅导站。年内,江阴市委调整市关工委班子成员。主任孙福康,名誉主任徐海锋,副主任6人,委员由13个相关部门分管领导担任。

【主题教育系列活动】 2010年,市关工委进一步深化江阴美德少年宣传,将百名美德少年的事迹编印成宣传画册,下发到各个学校,让广大少年向自己身边的美德少年学习。有3名美德少年的事迹被江苏省关工委主办的《关心下一代周报》刊登。抓住上海世博会和江阴市举办第19届中国金鸡百花电影节的契机,举办“拥抱世博盛会,弘扬文明新风”系列活动。9月,市关工委召开全市“学双百、争三好”(100位为新中国成立作出突出贡献的英雄模范人物、100位新中国成立以来感动中国人物;在校是个好学生、在家是个好孩子、在社会是个好公民)主题教育活动推进会。周庄镇关工委将本地烈士的英雄事迹制作成光盘送至各学校,山观小学开展“双百”人物故事进校园活动,华士实验中学在华西村成立“华士实验中学德育基地”,建立“仁宝中队”。华西村老书记吴仁宝还寄语学生要“爱国爱乡诚信富,仁义德才代代传”。全市各级关工委开展各类主题教育活动,教育青少年48万余人次。

【校外教育辅导站建设】 2010年,市关工委贯彻市《关于进一步推进校外教育辅导站建设的意见》,重点宣传推广徐霞客镇关工委校外教育辅导站村校联办和村(社区)中心站与自然村分站(小组)统分结合、以分为主的做法和经验。全市已建村(社区)中心校外教育辅导站300个,校外教育辅导点979个,参加辅导员队伍的“五老”(老干部、老战士、老专家、老教师、老模范)有4259人,辅导学生为19万余人次。

【预防未成年人犯罪】 2010年,市关工委推进创建“未成年人零犯罪”村(社区)活动。各镇(街道)关工委配合市司法、公安等部门在争创未成年人零犯罪村(社区)工作中,注重组建队伍,落实帮教。全市有“五老”帮教志愿者1199人,帮教小组310个,帮教失足青少年210人,转化160人。璜土、长泾实现镇内各村(社区)零犯罪。全市327个村(社区)实现零犯罪村(社区)252个,达77%(不含外来未成年人犯罪)。组织编印4万册《法律知识读本》下发至各学校,在全市各中、小学开展“读法律书,做守法人”的教育活动。加强法制宣传教育,全市各级关工委举办法制教育216场次,受教育青少年达22.78万人次。全市5个未成年人关爱教育基地和8个青年帮教管护基地,帮教涉罪外来未成年人11人、青年79人。加强对黑网吧的查证、整治工作,周庄镇关工委的《关于中小学生非正常上网的调研报告》先后被江阴市、无锡市和江苏省关工委转发,为整治黑网吧发挥了积极作用。

【关爱青少年弱势和特殊群体】 2010年,江阴市各级关工委发动“五老”人员为贫困生送温暖、为德困生送爱心、为学困生送辅导活动,扶贫助学2000余人计300余万元,对有不良行为的青少年开展“一帮一”结对帮助,利用校外辅导站(点)为学习有困难的学生进行辅导。为新市民子女赠送报刊4000余份。传统节日期间,组织探望在市少管所、看守所被关押的未成年人,开展帮教活动。

【大型企业组建关工委】 2010年,江阴市关工委主任孙福康在深入调研的基础上,提出“贴近企业实际,服务企业发展,关爱青工成长,促进社会和谐”的企业关工委工作指导原则,得到全市大型企业的支持和认可,企业建立关工委组织有新的进展。全年有江苏法尔胜泓昇集团有限公司、江苏阳光集团有限公司、海澜集团有限公司、江苏新潮科技集团有限公司、江阴新浩再循环纸业有限公司、江阴华联商厦有限公司、江阴福汇纺织有限公司建立关工委,江阴兴澄特种钢铁有限公司、江阴市西城钢铁有限公司筹建关工委。11月19日市关工委召开百个企业关工委工作交流会,江苏华西集团公司、江苏澄星磷化工股份有限公司、法尔胜泓昇集团公司等6个重点示范企业关工委作交流发言,10个重点示范企业作书面交流,推进全市企业关工委工作,年末,全市有7个大型企业建立关工委组织。

【青少年教育研究】 2010年,市关工委对江阴市延陵职校在帮助边缘青少年转化教育方面工作作了专题调研,市委书记朱民阳、副市长龚振东先后对调研报告作了批示,引起了教育行政部门重视。申港街道关工委成立青少年社会教育研究会,主要探索青少年教育规律,开展正常的有规律的活动,形成青少年教育网络,把青少年教育工作深入到村、社区、企业、单位和家庭。市关工委于7月起出版《江阴关工》内部双月刊,共出版4期。在《江阴日报》上开辟《江阴关工专栏》两期,印发《关心下一代工作知识手册》5000份,在进一步扩大全市关工委工作的影响力和覆盖面的同时,引导社会各界重视青少年教育研究工作。

(汤玉清)

民族宗教工作

【概况】 2010年，市民族宗教局紧紧围绕全市经济社会发展大局，全面贯彻落实党的民族宗教政策和国务院《宗教事务条例》，依法管理民族宗教事务，积极引导宗教与社会主义社会相适应，不断促进民族关系、宗教关系和谐。加强安全检查监督，全市各宗教活动场所举办80余次百人以上宗教活动，均安全无事故；化解各类矛盾和不稳定因素10余次，妥善处置多起突发事件。对未经批准场所实行综合治理，落实长效管理措施。以"民族团结促进年"活动为载体，做好为少数民族群众服务工作，开展丰富多彩的联谊活动，致力少数民族脱贫致富。6月21日、12月7日，市道教协会会长瞿剑华、天主教爱国会主任吴洪法分别作为基层代表出席在北京召开的中国道教协会第八次全国代表会议和中国天主教第八次全国代表会议，在人民大会堂受到贾庆林等中央领导的接见。这是江阴宗教界人士首次出席全国性代表会议。10月，市民族宗教局根据中央和国家民委援疆工作座谈会精神，与霍城县民族宗教局进行对接，达成对口支援意向，并向其捐助价值3万余元的办公电脑6台。11月14日，国家宗教事务局副局长齐晓飞到江阴视察建设中的青阳悟空寺及观音文化博览园。年内，市民族宗教局被国家宗教事务局评为"五五"普法工作先进集体，江阴天主堂被评为首届全国创建"和谐寺观教堂"先进集体。

【"民族团结促进年"活动】 2010年，市民族宗教局以开展"民族团结促进年"活动为载体，做好少数民族基础调研，推进民族政策法规宣传教育进机关、进企事业单位、进学校、进社区、进宗教场所，指导帮助少数民族群众脱贫致富，协助澄江街道、顾山镇打造"民族工作示范社区"。春节期间，给60户低收入少数民族贫困家庭发放补助金18万元。8月，给全市10名少数民族贫困学生分别发放助学金各2000元。9月，市少数民族联谊会与澄江街道联合举办民族团结文艺晚会。年内，按政策办理民族成分变更、民族考生加分审核，免费接送穆斯林群众到无锡清真寺过开斋节和古尔邦节。

【"和谐寺观教堂"创建】 2010年，市民族宗教局按照国家宗教事务局和江苏省宗教事务局的要求，组织全市96处宗教活动场所广泛深入开展创建"和谐寺观教堂"活动。4月，召开全市宗教场所管理工作会议，表彰全市12处"模范宗教场所"、12名"模范宗教教职人员"和15名"优秀宗教场所负责人"；9月，召开全市创建"和谐寺观教堂"推进会，按照创建目标量化考评细则，树立君山寺、东岳庙、市区天主堂和基督教堂4个示范典型。是年，举办宗教界人士培训班9期690人次；推动恢复君山古迹、打造人文景观的协调规划及悟空寺、十方庵、东岳庙无梁殿等重点项目规划建设；强化宗教场所规范化管理，健全落实规章制度。为新批准设立的佛教13处、道教5处、天主教1处共19处场所举行颁证仪式，在君山寺和东岳庙启动文明敬香活动。市道教协会承办无锡道教第二届君山论道活动。

【宗教界投身慈善公益事业】 2010年，市民族宗教局继续倡导全市宗教界开展"弘扬济世传统，提升社会形象"主题活动，实施"1+5"帮困(即一处宗教活动场所帮扶5户贫困家庭)活动，为构建和谐社会、建设"幸福江阴"贡献力量。全市各宗教活动场所均为当地敬老院老人、贫困户、残疾人和贫困学生奉献爱心，全年共结对困难家庭514户，累计帮扶资金120余万元。年内，宗教界还为青海省玉树地震灾区一次性捐款24万余元。

【扬子江国际礼拜堂暨博爱爱心护理院奠基】 2010年9月21日，基督教江阴扬子江国际礼拜堂暨博爱爱心护理院举行开工奠基典礼。该工程位于市区五星桥西堍南侧、通江路西侧、芙蓉社区北侧，建筑面积6300平方米，为哥特式建筑设计风格。教堂建成后将成为江阴基督教信教群众重要的宗教活动场所，护理院为老年人提供一处安度晚年的特色之所。

【市道教协会成立暨第一次代表会议召开】 江阴市道教协会历经10年筹备，于2010年4月17日正式成立，并召开第一次代表会议，全市道教界代表68人以及省内外嘉宾出席成立庆典。第一次代表会议通过《江阴市道教协会筹备小组工作报告》和《江阴市道教协会章程》，并选举产生了第一届理事会理事22人、常务理事9人。选举瞿剑华为会长，钱俊、朱志洪为副会长，钱俊兼任秘书长。

【基督教"三自"爱国会第九次代表会议召开】 2010年6月3日，江阴市基督教"三自"(自治、自养、自传)爱国运动委员会召开第九次代表会议。会议代表77人，会议通过"三自"爱国会第八届常委会工作报告以及章程修正草案，选举产生第九届"三自"爱国会委员33人、常务委员11人。选举熊娟芬为主席，黄芬勤、陈建芬为副主席，戴亚萍为秘书长。

【妥善处置穆斯林拉面店遭泼粪砸窗事件】 2010年11月2日凌晨，地处澄江街道革新村璜铜桥441号外来穆斯林群众马某(东乡族，甘肃广河县人)开的拉面店发生泼粪、砸窗玻璃事件，引起马某及其家人的愤怒，扬言要上访并通过互联网渲染等。为防止矛盾激化，全力维护民族领域稳定，市民族宗教局立即会同市公安、信访和澄江街道办事处等部门制订处置方案，一方面做穆斯林群众的思想工作，稳定其情绪，一方面迅速成立专案组侦破案件，并将案件定性为侮辱他人罪，抓获为尽早完成对马某租用的拉面店房屋的拆迁承包任务的张某和其同伙屠某。11月6日，作出张某被依法拘留10天，屠某被拘留3天(屠因未满16周岁，未执行)的决定。8日，双方达成调解协议，由张某承担事件全部责任，并补偿马某一定的经济损失。同时，马某搬离拉面店，旧房被拆除。一起事件得到稳妥处置。 (冯科伦)

2010年江阴市少数民族(户籍)分布情况一览

表 69　　单位:人

族类 / 区域	蒙古族	苗族	回族	土家族	满族	朝鲜族	壮族	维吾尔族	侗族	彝族	畲族	黎族	布依族	藏族	傣族	白族	水族	羌族	瑶族	傈僳族	拉祜族	土族	仫佬族	仡佬族	哈尼族	布朗族	景颇族	穿青族	达斡尔族	毛族	高族	锡伯族	总计	
																																	族数	人数
澄江街道	24	48	98	–	126	5	30	–	11	4	–	–	5	4	–	3	–	–	2	–	–	–	–	–	–	–	–	–	1	–	–	–	13	360
夏港街道	2	4	9	6	17	2	17	–	1	1	–	1	1	–	–	–	–	2	–	–	–	–	–	2	–	–	–	–	–	–	–	–	13	65
申港街道	1	6	6	4	4	–	138	–	2	2	–	2	2	–	–	–	2	1	2	–	–	–	–	–	–	–	–	–	–	–	–	–	13	172
城东街道	19	49	14	73	28	8	11	–	15	6	1	–	34	–	1	–	–	2	6	–	–	–	–	–	3	1	–	–	–	–	–	–	14	272
南闸街道	1	13	18	29	–	3	17	–	7	4	–	–	3	1	–	1	–	4	1	–	–	–	1	–	–	–	–	–	–	–	–	–	14	103
云亭街道	2	36	1	34	5	–	5	–	20	9	3	–	6	–	–	–	1	–	1	–	–	–	–	–	–	–	1	–	–	–	–	–	13	124
璜土镇	6	14	2	17	4	1	57	2	13	–	–	1	–	1	–	–	–	–	1	–	–	1	–	1	–	–	–	1	–	–	–	–	15	122
利港镇	5	11	4	9	9	1	106	2	6	1	1	–	–	–	–	–	–	–	–	1	–	–	–	–	–	1	–	–	–	–	–	1	14	158
月城镇	1	53	5	55	–	–	5	–	11	–	–	2	7	–	–	2	3	–	1	–	–	1	–	–	–	–	–	–	–	–	–	2	13	148
青阳镇	–	131	4	130	5	–	2	–	33	1	–	1	1	1	–	–	–	–	–	–	–	2	–	–	–	–	–	–	–	–	–	–	11	311
徐霞客镇	2	257	7	245	4	–	57	–	134	3	2	4	7	5	1	4	–	7	4	–	–	2	–	4	–	–	–	–	–	–	1	–	19	750
华士镇	6	37	19	41	6	2	2	–	27	4	–	–	37	–	–	6	1	2	2	–	–	–	–	7	–	–	–	1	–	–	–	–	16	200
周庄镇	6	65	11	85	3	1	10	–	30	3	–	–	32	–	–	–	–	–	–	–	–	1	–	5	–	–	–	4	1	–	–	–	14	257
新桥镇	2	8	4	3	2	2	6	–	8	3	–	1	6	–	–	–	–	2	–	–	–	–	2	4	–	–	–	1	–	–	–	–	15	54
长泾镇	2	18	5	12	1	–	14	–	7	3	–	–	26	2	–	–	–	1	–	–	–	–	–	1	–	–	–	–	–	–	–	–	12	92
顾山镇	1	19	1	19	1	–	15	1	1	9	–	–	38	1	–	1	–	1	1	–	–	–	–	1	–	–	–	–	–	–	–	–	15	110
祝塘镇	1	76	6	109	2	3	28	–	25	3	–	–	41	1	–	1	–	–	1	–	–	2	–	2	–	–	–	–	–	–	–	–	15	301

■类目编辑　纪晓华

改革

综述

【概况】 2010年，江阴市完善民主政治体制建设，扩大党内民主，加强基层民主和党内监督制度建设，建立以民主促进民生机制。提升行政审批服务效能，推广重大项目行政服务快车道、“一表制”企业登记前置审批网上并联办理等高效审批模式。行政权力网上公开透明运行初步实现，建成党政网站集群，完成四大数据库一期工程以及政府信息资源目录体系与交换平台一期工程。市民卡累计发放120余万张，极大便利市民生活。深化事业单位改革，教育系统下属事业单位完成岗位设置管理，稳步推进生产经营性事业单位改制转企。推进社会事业发展，加大学校布局优化调整力度，完善体育公共服务体系，鼓励社会资本投向文化产业。加快医药卫生体制改革步伐，整合设置17个社区卫生服务中心，创建8所片区二级医院。建立分级诊疗和双向转诊制度，引进预约诊疗服务系统、专家会诊系统，方便群众就医。新型农村合作医疗参加对象扩大至在江阴职业技术学院就读的外地学生，城区8所学校医务室成为无锡地区首批被纳入新农合门诊定点的学校医疗机构。加快经济结构转型升级，新兴产业发展“445计划”*初显成效，临港新城节能装备产业园被授予首批江苏省新型工业化产业示范基地，低碳产业园被认定为江苏省产业集聚示范区。加大传统产业技改力度，企业核心竞争力进一步加强。“哑铃型”企业模式成为发展导向，品牌、标准、专利、新产品研发战略成为企业主攻方向。推进节能降耗和产业整治，促进经济低碳化、绿色化发展。持续推进“三置换”改革*，深入发展富民合作。规范政府项目代建制，整合行政监管资源，启动城乡污水处理一体化整合工程，城乡自来水实现同网同质同价。财政信息化建设取得阶段性成果，预算编制的科学性和透明性进一步提高，参与式预算全面推行。社会资本踊跃投入生态文明建设市场，生态文明制度体系更加完备，敏感地区环境风险源风险评估制度、环境污染责任保险制度、专家检查制度和绿色采购制度全面推行。排污权有偿使用和交易制度、企业环境行为信息公开化制度和镇域环境资源区域补偿制度进一步完善，环境价格体系不断优化。

（许　军）

【市政府机构改革】 2010年，江阴市机构编制部门根据《江阴市人民政府机构改革实施意见》，推进政府机构改革。合理界定政府各部门职责权限，解决职责交叉问题。综合设置部门内设机构，各部门内设机构维持原有数量，职能强化、任务增加需设立机构的，通过整合机构、撤一建一等方式解决；部门合并共同组建新机构的，内设机构全面整合，数量不超过无锡市对口部门的处室数。严格控制编制，除机构合并或职能调整而人员编制随职能划转外，其他部门行政编制不作调整，部门领导职数按部门编制数比例配备。年内，市政府各部门认真制订部门“三定”（定机构、定编制、定职能）方案，30个部门的方案获批实施。

【镇（街道）机构改革】 2010年，江阴市按照中央、江苏省、无锡市关于乡镇机构改革的部署，华士、周庄、璜土、利港、青阳、长泾、顾山、祝塘、月城、新桥10个镇参加机构改革。6月，10个镇顺利实施机构改革，镇党政机构按“四办一所”设置：党政办公室、经济发展办公室、社会事务管理办公室、村镇规划建设管理办公室和财政所（华士镇和周庄镇单设党群工作办公室和社会治安综合治理办公室，为“六办一所”），镇事业单位按“三中心两所”设置：农业服务中心、经济服务中心、社会事务服务中心，人力资源和社会保障所、村镇建设管理服务所（华士镇和周庄镇单设招商中心和环境保护管理所，为“四中心三所”）。各镇行政和事业编制分别精简10%和20%，镇属编外用工实行一次性清退。12月，全市实施街道机构改革，重新核定6个街道的编制，行政编制总数精简10%，事业编制总数在2001年机构改革前的基础上精简44%。至年末，全市各镇（街道）行政编制由898个减少至808个，事业编制由1040个减少至943个，清理编外用工172人。

（张 勇）

【食品药品机构改革】 2010年初，根据《江阴市人民政府机构改革实施意见》要求，无锡市江阴食品药品监督管理局职责划入市卫生局，市卫生局挂市食品药品监督管理局牌子。7月经市委同意，在原市政府机构改革方案的基础上单设市食品药品监督管理局。8月10日，中共江阴市食品药品监督管理局党组和中共江阴市纪委驻市食品药品监督管理局纪律检查组建立。10月12日，市食品药品监管局与市编办、人社局召开编制人事工作会议，全面完成人员编制移交手续，市食品药品监管局由垂直管理改为分级管理。

（药监局）

【"不开发区域"建设】 2010年，江阴市围绕转型发展要求，创造性提出"不开发区域"建设战略，在全国率先提出"发展力求不污染、发展必须求生态、发展做到可持续"理念。将江阴南部顾山、长泾、祝塘、徐霞客、青阳、月城6个镇约200平方公里设置为不开发区域，分核心区域和一般区域两个层次，发展战略秉承开发与保护并行、发展与优化同步的主体功能区建设理念，着力建设五大功能区，即：基本农田保护区、水源地保护区、生态林地区、生态保护旅游景区和生态产业园区。8月，市委、市政府出台《关于加快推进不开发区域建设的意见（试行）》，明确建立财政转移支付政策、落实不开发区域税收优惠政策、完善不开发区域土地供应保障政策及土地指标有偿转让机制、完善跨区域投资考核政策和建立不开发区域排污权市场交易机制等五条政策措施，推进不开发区域建设加快走农业高效益、工业高水平、人居高品质、旅游高标准的发展道路，致力于把不开发区域打造成苏南乃至全国转型发展的重要实验区和示范区。年内，江阴市成立"不开发区域"建设领导小组，负责组织协调、政策制定、方案审核；"不开发区域"所在镇建立由镇党委书记任组长的领导小组，细化目标任务，落实推进举措。同时，建立对"不开发区域"建设专项考核机制，采取定期督查、不定期抽查和年终考核相结合的办法对不开发区域建设工作进行专项督查考核，内容包括不开发区域产业发展目标、环境资源保护、产业生态化、生态产业化等。

（庞嗣銓 吴 双）

民主政治体制改革

【概况】 2010年，江阴市深化干部人事制度改革，进一步加强竞争性选拔干部的力度，完善领导班子考核评价机制和基层选拔干部制度，推进公务员交流轮岗工作。扩大党内民主，党务实现全过程公开，试点推行党委新闻发言人制度，推广市党代表任期制及徐霞客镇党员提案制。加强基层民主建设，扩大基层民主选举范围，"公推直选""双推一选"等民主选举制度全面推行，规范村级组织设置、组织职能、事务公开、民主议事等。试点推行乡镇党代表工作站制度，出台《关于对市管主要领导干部实施任期责任五部门联合审计的意见（试行）》，对离任以及任职3年以上的市管主要领导干部实施任期廉洁自律考察、选人用人责任审查、机构编制责任审核、镇（街道）经济发展成果和公有资产保值增值审计和任期经济责任审计。年内，民主促进民生工作引起社会舆论关注，6月13日《新华日报》头版以《江阴：用民主促进民生幸福》为标题报道江阴市民主促进民生工作，得到良好反响。

【干部人事制度改革】 2010年，江阴市继续完善领导班子考核评价机制，出台《市级机关工作目标绩效考核实施办法（试行）》和《开发园区目标考核暂行办法》，实现镇（街道）、市级机关、开发园区绩效考核体系全覆盖，选择市委农工办、市建设局、经信委、总工会4个机关部门开展"健全促进科学发展的市级机关部门领导班子和领导干部考核评价机制"试点工作。加大竞争性选拔干部力度，对交通运输局下属副科级事业单位领导进行"定向公推"；对团市委副书记、南闸街道党工委委员2个岗位面向全市进行公开选拔；在乡镇机构改革中，周庄镇对17个中层副职岗位实行竞聘上岗。

【村（社区）党组织换届推行"公推直选"】 2010年6月11日，江阴市根据江苏省委、无锡市委统一部署，全面启动基层党组织换届选举工作，在村、社区党组织换届中推行"公推直选"。至10月底，全市除9个行政村经市委同意暂缓换届外，共228个行政村、91个社区完成换届。其中，185个行政村、85个社区按照"公推直选"方式进行选举，"公推直选"率达84.5%。"公推直选"的民主推荐环节中，村党组织书记平均得票率88.09%，委员平均得票率84.54%；直选环节中，书记平均得票率91.52%，委员平均得票率87.52%。换届后，全市68名村书记和社区书记因超龄退职，24名年轻干部当选新一届村书记，班子成员平均年龄由47.42岁下降为45.88岁，大专及以上学历700人，占总数的61.2%，全市行政村和社区党组织领导班子结构进一步优化。

（组织部）

事业单位改革

【概况】 2010年，江阴市积极推进事业单位岗位设置管理和全员聘用制改革工作，稳步开展生产经营性事业单位改制转企，启动市锡剧团、评弹团、长江影剧院、江阴大剧院和红星电影院、产权交易中心等经营性事业单位改制工作。年内，教育系统下属事业单位全部完成岗位设置管理，义务教育阶段学校教师绩效工资制度全面实施；启动卫生系统事业单位绩效工资改革工作。

【事业单位岗位设置管理】 2010年，江阴市继续推进事业单位岗位设置管理，逐步建立起政事职责分开、单位自主用人、人员自主择业、政府依法管理、配套措施完善的分类管理体制。3月召开全市事业单位岗位设置实施工作操作培训会议,6月举办事业单位岗位设置管理工作具体业务培训班,按照“先入轨、后完善”要求,研究并核准各单位岗位设置具体方案,专题研究教育、卫生等部门系统设置方案,确保结构比例的科学合理设置。至年末,全市符合岗位设置条件的事业单位有557个,在编在册人员25087人;完成岗位设置的事业单位385个,完成率70%;新签订事业单位聘用合同人员17812人,签订率71%以上。其中,教育系统下属事业单位全部完成岗位设置管理和人员聘用工作,义务教育阶段教师绩效工资全部与新聘用岗位对应。 (杨华兴)

【事业单位机构改革】 2010年,江阴市机构编制部门按照理顺体制、整合职能和规范管理原则,稳妥推进事业单位机构改革。年内,江阴市出台《机关事业单位编外用工清理规范工作实施意见》《市级机关事业单位编外用工管理暂行办法》《开发园区机关事业单位编外用工管理暂行办法》《编外用工指标核定原则》,规范事业单位编外用工。根据江苏省委、省政府《关于深化医疗卫生体制改革的实施意见》要求,完成市基层医疗卫生机构设置和编制核定工作。完成对各级各类公办学校教职工情况、编制情况、编外用工情况的全面调研工作。完善事业单位法人设立登记、变更登记和注销登记工作,对执行《事业单位登记管理条例》进行综合审查,全年年检合格事业单位598个、设立登记16个、变更登记172个、注销登记13个。 (张 勇)

卫生改革

【概况】 2010年,江阴市推进医疗卫生体制改革和医疗卫生服务体系建设,促进公共卫生服务均等化,实施基本药物制度改革,组织实施全民健康体检。推进基本医疗保障体系改革,建立筹资标准人均30元的新农合补充保险,全市农民参保率99.9%,住院实际补偿率44.9%,政策性住院补偿率60%以上。探索建立团队健康管理模式,各社区卫生服务中心及所属服务站合理配置医护人员,组建相应健康管理团队,划片包干与农村居民签订《家庭保健合同》32万余份,上门开展各类健康指导服务38万人次。

【公共卫生服务均等化改革】 2010年,江阴市进一步完善公共卫生项目化管理制度,对10大类25项基本公共卫生服务全面实行项目化管理,市财政投入2400万元,保障基本公共卫生服务项目实施。年内,为15岁以下人群补种乙肝疫苗6735人,补种率100%,居民健康档案电子化规范建档管理率达98.7%。完成12.22万名妇女“两癌”(宫颈癌、乳腺癌)检查,为10085名孕产妇提供住院分娩补助。加强对血吸虫病、结核病、艾滋病等防控,控制策略覆盖和干预率均为100%。全面实施第二轮职业病危害因素普查,建立企业职业卫生档案。对402个提交《江阴市职业病危害申报表》的用人单位进行现场调查核实,职业病危害调查核实率达100%;对622个存在粉尘、高毒物品、放射、高温等危害因素的用人单位的职业健康监护情况进行监督检查,监督覆盖率100%。对2个市政供水单位、3个增压站、35个二次供水单位供水情况进行现场监督,监督覆盖率100%。

【医疗卫生服务体系建设】 2010年6月,江阴市编制出台《江阴市区域卫生发展规划(2010~2020)》,大力加快区域内卫生资源优化整合,通过组织创建三级医疗机构、培育一批二级医院、重新调整社区卫生服务机构布局设置等方式,形成以市级医疗卫生机构为龙头、以片区医院为骨干、以社区卫生服务中心(站)为基础、以民营医疗机构为补充的医疗卫生服务新体系。年内,组织市人民医院、市中医院创建三级医疗机构,并通过无锡市级初评。临港新城医院等8所医疗机构被无锡市卫生局批准为参照二级医院管理,其中南闸医院、青阳医院、第四人民医院、临港新城医院、第五人民医院通过二级医院评审。按照确保每个建制镇(街道)有1所政府经营的基层医疗卫生机构为群众提供基本医疗卫生服务要求,调整设置17个社区卫生服务中心(卫生院),重新规划调整老城区内的社区卫生服务站,按照统一标准进行规范化建设和管理,建成社区卫生服务站196个,实现全市社区卫生服务机构全覆盖,并全面履行基本医疗卫生服务的职责。

【基本药物制度实施】 2010年,江阴市作为全省实施基本药物制度的先行地区之一,在基层公共医疗卫生机构全面实施基本药物制度。4月1日,全市17个社区卫生服务中心和196个社区卫生服务站按要求全部使用基本药物,非基本药物全部下架,并严格实行零差率销售,所配用药品均通过指定的配送渠道统一配送。年内,全市加强基层公共医疗机构管理,促进基层医疗卫生机构规范运行,严格按照规定和程序遴选基本药物,公开招标确定配送企业并签订廉政协议,通过组织相关部门人员进行督查,及时发现并妥善解决基本药物制度实施过程中遇到的困难和问题,保证各基层医疗卫生机构按规定时间节点和要求全面落实各项改革措施。至年底,基层公共医疗机构药品销售价格平均降幅达43%,门急诊人次比上年同期增长23.1%,门急诊均次费用下降29.2%。 (沈海霞)

城市建设和管理体制改革

【概况】 2010年,江阴市完善政府项目代建制,开发重点项目监管系统,实现施工现场24小时不间断的视频监控,建立规范的工程结算程序,降低内部运营成本。创新建设市场监管机制,设置片区管理机构,成立5个片区工程建设管理办公室,负责辖区内工程建设项目的巡查和监督管理。完善供水、燃气和污水特许经营工作,加强燃气特许经营管理。推进城乡供水、污水处理一体化工作,市属江南水务公司与14个镇(街道)水厂签订收购整合协议，城乡自来水实现同网同质同价，一体化供水格局初步形成。完善绿化共建机制，实行绿地认养认管，种、管、养分离模式逐步形成，主要道路树穴改造转向市场化运作。推进环卫作业市场化和城乡照明一体化建设。在全市范围内推广动态化、网格式大巡查机制，“横向到边、纵向到底”的大城管工作格局初步形成，“数字城管”一期建成投用。

【环卫事业改革】 2010年，江阴市继续推进环卫事业体制机制改革，召开环卫体制改革创新会议，加快环卫行业体制改革，推进环卫市场化进程。年内，全市创新环卫作业模式，实行快速保洁。4月成立快速保洁队伍，对城区105条重点道路、路段共220万平方米路面实施无缝隙保洁。环卫作业由每日8小时调整为16小时。推行机械化作业，新增集扫、冲、洗、刷、除尘等功能为一体的新型洗地作业车辆，道路清扫实现无尘化作业模式。是年，城区梅园路、北潮路、花北路、立新路、皮弄路和峭花路6条新建道路的保洁服务实施市场化运作。南闸街道对15座公厕、20万平方米道路清扫以及镇区垃圾收集等实行服务外包，华士镇区10条主干道(51万平方米)清扫实现市场化运作。至年末，全市有11个环卫所将生活垃圾清扫、收集、运输和道路清扫等日常作业推向市场，吸引社会资金参与环卫作业。

【城乡照明建、管、养分离】 2010年，江阴市积极推进照明设施管养分离和照明设施建设工程管建分离，完成总长10余公里的亮化工程，以及云南路、凤凰路南段、文化西路等10余条城乡道路路灯安装工程。继续对新建道路同步进行节电器改造，完成78台节电器改造任务。完善照明自动监控系统建设，对新建道路路灯及景观照明安装自动监控终端110台。加大对镇(街道)照明设施考核力度，每月对各镇区道路路灯亮化率、设施完好率进行考核，提高乡镇公共照明管理水平。是年，全市所辖道路路灯亮灯率超99%，设施完好率超97%，省、市级道路和城区主次干道550台节电设备的节电效率达10%～15%。　（唐建清）

财政管理改革

【概况】 2010年，江阴市财政部门围绕构建公共财政体系，继续深化各项财政改革，提升财政科学化、精细化管理水平，增强财政工作内在动力和活力。年内，财政信息化建设取得阶段性成果，公共财政网上办公平台成功上线，实现“节约型财政”“服务型财政”建设目标。试行绩效预算、绩效评价工作，预算单位责任意识日益增强，预算编制的科学性和透明性进一步提高。参与式预算全面推行，真正实现民主理财、科学理财，群众参政议政积极性更加高涨。国有资产管理更加科学，二、三级国有企业资产整合工作持续推进，国有资产动态管理信息平台上线运行，实现行政事业单位非经营性资产动态管理。

【国有资产体制机制创新】 2010年，江阴市财政局深化国有企业监督管理工作，核定企业国有资本金，监督企业投资行为，审核国资公司的对外投资、清算等重大事项。在16个一级国资公司组建整合到位的基础上，全面完成国有企业产权登记工作，继续做好一级企业所属的二、三级企业资产整合工作。年内，完成新国联公司所属的电力发展中心、基础产业总公司等部分子公司资产整合工作，成立恒通通水设施管理有限公司、大澄新媒体发展有限公司等4个国有二级公司。加强行政事业单位国有资产管理，借助公共财政网上办公平台和三级国有资产动态管理信息平台，对行政事业单位的非经营性资产实现全面、动态管理。

【专项资金绩效管理试点】 2010年8月，江阴市财政局制订《江阴市市级财政项目支出绩效评价暂行办法》和《江阴市市级财政项目绩效预算管理试行办法》，按照科学规范、公正公开、绩效相关、逐步推进原则，对重大项目(单项项目资金在500万元以上)支出、较大项目支出(单项项目资金在100万元～500万元)和一般项目支出进行绩效评价。该措施的推行，有助于有效加强对政府专项资金的绩效管理和监督检查，实现财政管理科学化、精细化。年内，市财政局将节能与循环经济、农桥补贴项目作为专项资金绩效评价和绩效预算试点项目，绩效管理试点工作有序推进。

【参与式预算】 参与式预算是政府拿出部分涉及群众切身利益的公共项目，经磋商、论证等公共选择机制，让受益地区社会公众参与项目决策过程，提高公共预算制定过程的公众参与度，以及公共预算的科学性、公信力和透明度。2009年，江阴市财政局根据《江阴市参与式预算改革试点工作实施意见》，在新桥镇、申港街道进行试点，并取得初步成效。2010年9月起，各镇(街道、开发区)全面推行参与式预算，均成立参与式预算工作领导小组，拟订拟实施的参与式预算项目和预算草案并向公众发布，召开工作代表大会，确定实施参与式预算的具体项目，领导小组及群众代表负责跟踪监督项目进展情况，进行绩效评价。年内，确定的参与式预算项目涉及道路建设、社区服务、小区改造等多个领域，预算金额2200余万元，受益群众24万人。

【公共财政网上办公平台建设】 2010年，江阴市财政部门以“建设覆盖市镇的一体化公共财政网上办公平台”为目标，在财政部财政科学研究所、江苏省财政厅支持下，1月1日起全面上线运行公共财政网上办公平台，376个市级预算单位使用平台进行会计核算。平台内容涵盖所有财政管理领域，包含一站式登录门户系统、财政业务应用系统(包括行政办公、预算编制、预算执行、财务核算、收入管理、政府采购管理、国有资产管理、财政监督管理、财政决策分析9大板块)、协同通讯服务系统(包括注解在线教育、即时通讯)三大系统，实现横向、纵向完全一体化，即改革成果一体化、业务流程一体化、对外服务一体化、行政办公业务一体化、廉政风险防范一体化、管理创新一体化。年内，江阴市财政资金实现高效透明运

行，平台建设走在全国同类城市财政部门前列，财政信息化建设成效明显。（沈旻旭）

镇村经济体制和管理改革

【概况】 2010年,江阴市把富民增收作为农村改革发展的首要目标，通过推进“三置换”改革试点增添发展活力，通过加快各类农村新型合作经济组织建设增加农民收入,通过推进不开发区域建设增强区域发展后劲。年内,“三置换”改革试点工作在1个街道5个行政村稳步推进。全市新组建各类新型合作经济组织39个,累计478个,其中新建集体经济股份合作社11个，累计134个；新建土地股份合作社13个,累计108个;新建“四有”(有组织制度、有合作手段、有较大规模、有明显效益）农民专业合作经济组织10个,累计216个;新建富民合作组织5个,累计20个。入股农户14.8万户，占全市农户总数的65.8%,全年分红3.19亿元。

【“三置换”改革试点】 2010年,江阴市突出城乡一体化发展主题,在促进改造农村、提升农业、转化农民、转型发展等方面取得初步成效。6月,市委、市政府出台《关于深化农村“三置换”改革统筹城乡一体化发展的实施意见》，将“三置换”改革试点工作与全市新兴产业“445计划”“不开发区域”战略和推进区域组团发展结合,以新市镇、新产业、新社区等建设为载体,体现农民群众主体作用、充分保障农民权益、促进农民全面发展。是年,5个试点村置换农户2049户,占总户数的35.39%,节约土地146.67公顷，置换城镇社会保障人数达3000人。澄江街道并轨人数3.04万人，签字率达99.55%，农民个人出资收缴率达99.8%。至年末,全市累计完成“三置换”改革拆迁总面积198万平方米,建设安置房总面积155万平方米,置换宅基地53.65公顷,置换承包土地368.63公顷，置换农民6.14万人，其中历次被征地农民4.99万人,被征地农民0.92万人。5个试点行政村流转土地440余公顷，流转比例100%，平均每公顷土地流转收益2.25万元。

【组建集体经济股份合作社11个】 2010年，江阴市继续推进村级集体经济股份合作制改革,加快组建集体经济股份合作社,规范合作社运行，促进集体资产保值增值,让农民获得更多的集体经济收益分配。年内,新建集体经济股份合作社11个,其中,华士镇3个，南闸、徐霞客、周庄3个镇(街道)各2个,云亭和长泾2个镇(街道)各1个。是年,全市134个集体经济股份合作社全年分红1.05亿元,12.2万人获集体分配，人均分红861元，其中夏港街道长江经济股份合作社个人股分红总额4790万元,人均分红1.73万元。

【新建土地股份合作社13个】 2010年，江阴市推进土地股份合作制改革工作，以土地股份合作社形式，引导农民开展土地承包经营权流转，提高农业集约发展水平和土地收益水平，全市土地流转面积1.56万公顷，农业适度规模经营比例达80%。是年,全市新建土地股份合作社13个,其中长泾镇3个,璜土、顾山、祝塘3个镇各2个,利港、申港、澄江、徐霞客4个镇(街道)各1个,累计108个。全市农村入股土地合作社土地累计5256公顷，涉及农户3.6万户，年分配土地红利7446万元,平均每公顷收益1.76万元,户均收益2361.7元，其中大华西土地股份合作社年分配土地红利4136.6万元，平均每公顷收益2.25万元，户均收益4858元。至年末，全市参加土地股份合作和土地流转并取得收益分配的农民14万户,占农民总人数的72.2%。

【新增“四有”农民专业合作组织10个】 2010年,江阴市加快“四有”农民专业合作社组建,进一步完善利益连接机制，提高社员凝聚力,最大限度实现公平交易,维护农民利益。年内，全市新组建“四有”农民专业合作组织10个，累计216个，拥有注册商标106个,53个合作组织统一执行农产品生产质量标准,87个通过无公害农产品质量认证,34个通过绿色食品认证。是年,农民专业合作组织实现销售收入总额8.12亿元,盈余2.91亿元,社员增收1.34亿元，定山养猪专业合作社和邓阳蔬菜农民专业合作社获批江苏省首批科技型农业专业合作社。

【新建富民合作组织5个】 2010年,江阴市注重把握入股自愿、平等持股、置业出租、民主管理等基本原则,创新农民合作形式,增强合作组织服务功能，加快农民财富的积累速度，促使富民合作组织向物业管理、劳务合作、商务流通等方面进行延伸发展，让农民通过房权、资金入股投资获得更多收益。年内,顾山、祝塘、申港、澄江、夏港5个镇(街道)新组建富民合作组织各1个，全市累计20个，注册资金累计超9689万元。（庞嗣铨 吴 双）

行政审批制度改革

【概况】 2010年，江阴市行政服务中心(以下简称中心)进一步深化行政审批制度改革,推进政务公开机制,强化便民服务举措,深化群众监督机制。开辟重大项目行政服务快车道,完善审批绿色通道和“445”服务专窗功能,做好重点项目后续跟踪服务。年内,中心实施“一表制”企业注册登记前置审批网上并联办理,推进行政权力网上公开透明运行,与市档案局数据库开通联网,在中心办事大厅设立档案信息查询点;在网站增设网上办事大厅、互动方式等栏目,建立政府社会合作互动平台。

【行政权力网上公开透明运行】 2009年,江阴市按照江苏省、无锡市有关工作部署和要求，成立行政权力网上公开透明运行工作领导小组，办公室设在行政服务中心,分清理审核、建设实施和运行提高三个阶段，全面开展和完成行政权力网上运行各项工作,至2010年6月基本完成全市统一的权力网上运行信息系统建设,实现行政权力事项的权力主体、程序、依据、标准等静态信息和办理动态信息实时显示，完成行政权力数据库建设，初步实现行政权力网上运行。2010年3月起，全市各部门行政权力普遍进入网上运行。7月1日，该网站在江苏省率先通过省政府考核验收，获优秀等次。是年，全市行政权力网上运行达35万余件，其中许可9.1万余件，处罚6200余件，强制8件，征收3300余件，其他25万余件。

【"一表制"前置审批网上并联办理】 为探索建立企业注册登记前置审批网上并联办理新机制，拓展"一表制"网上并联审批范畴，创新企业设立登记"一表制"工作机制，进一步加强对窗口审批业务流程研究。2009年12月，中心与江阴市和信科技有限公司签订"一表制"企业注册登记前置审批网上并联办理系统开发合同，启动开发任务，整合业务流程，将企业注册登记"一表制"系统延伸到前置审批事项，建立"一表制"前置审批网上并联办理平台。2010年4月，该系统完成开发并在工商、交通、港口、环保、卫生等窗口试运行，5月正式运行。同时，中心出台《"一表制"企业注册登记前置审批网上并联办理办法》，制订办理流程，建立长效管理和监督制度。"一表制"前置审批网上并联办理平台的建立，进一步拓展现有网上审批系统功能，简化办事程序，实现提速增效。是年，"一表制"前置审批网上并联办理系统共办理审批事项400余件。

（夏　一）

环境保护管理体制改革

【概况】 2010年，江阴市以改善环境质量、建设生态文明为目标，推进环境管理体制改革创新各项工作，优化管理制度，建立高效工作机制。年内，市环保局引入生态文明建设市场参与制，引导社会资金投向生态文明建设各个领域。深化排污权有偿使用和交易制度，完成全市重点排污企业排污量IC卡安装工作。加快城乡污水管网建设和污水集中治理，规范污水处理厂运行管理，提高污水处理率、废水达标率。继续推行市域环境资源区域补偿制度，完成生态区域补偿初步调整方案。建立敏感地区环境风险源风险评估制度，推行专家检查和绿色采购制度，完善企业环境行为信息公开化，促进环境改善与经济发展的良性互动。

【排污权交易制度】 2010年，市环保局出台《关于江阴市主要污染物排放总量交易的有关规定的通知》，进一步明确排污权交易对象范围，规范排污权交易行为，规定总量平衡的四项原则：地域原则，即建设项目新增排污指标在各镇（街道）辖区内平衡，无法平衡的市重点扶持项目可申请在市内予以平衡；点对点原则，即总量平衡指标来源必须是明确的具体削减项目，不列入当地减排计划；同步削减原则，即总量平衡指标来源项目必须为2010年度已完成的或正实施且本年度能完成的减排项目；认可原则，即总量平衡指标来源项目必须是经环保部门审批核定过排污总量的企业所实施的减排项目。是年，江阴市在全国首创废水排放IC卡管理制度，5月中央电视台新闻联播进行专题报道。至年末，全市完成233个企业IC卡安装，有621个企业缴纳排污权有偿使用费2229.1万元，119个企业进行排污权交易，交易额1937.6万元，IC卡安装率和排污权交易额均为全省县级市第一。

【市域生态补偿】 2010年，江阴市推行市域环境资源区域补偿制度，3月召开张家港河、锡澄运河沿线乡镇分管领导、环保所长会议，完成生态区域补偿初步调整方案，适当调整监测方法、断面及资金核算办法等，使生态区域补偿同江苏省对接。全年市财政共收取补偿资金3928.4万元，用经济杠杆促进全市上下采取措施改善河道水质。是年，各镇（街道）普遍加强水质保护，河道水质明显好转，张家港河、锡澄运河等主要河道两侧生态休闲公园相继建成，全市"河长制"考核30条主要河道有机物指标（高锰酸盐指数）达标率100%，河水黑臭现象得到有效消除。

（姚　奎）

·小资料·

"公推直选"选举模式

"公推直选"是1999～2009年党内建设中具有标志性的创新成果之一，也是基层党内民主建设中一种新的选举民主模式。"公推"是指党员和群众公开推荐基层党组织领导班子成员，增进基层党组织领导班子的合法性基础；"直选"是指党员直接选举基层党组织书记、副书记，更好体现选举人的意志。"公推直选"的现实根据，就是推动基层党内民主与村民自治的有机衔接与互动，促进形成农村党组织领导班子成员特别是党组织书记的产生方式与村民自治相一致的民主机制，有助于解决好执政党与自治组织的关系问题，化解"两委会"之间权力之争的矛盾。

"公推直选"使坚持人民主体地位与尊重党员主体地位有机地融合在一起，推动基层党内民主与村民自治的有机衔接与良性互动，发挥基层民主的整体效用。党的十七届四中全会再次重申十七大提出的"逐步扩大基层党组织领导班子直选范围"，"公推直选"将迎来新一轮的大范围运用。

——摘自百度网

■类目编辑　承　鸿

街道·镇概况

澄江街道

【概况】 澄江街道地处江阴市中心城区，是江阴市委、市政府所在地及全市政治、经济、文化中心，孕育了“刘氏三杰”（刘半农、刘天华、刘北茂）、教育家吴研因、爱国高僧巨赞、中国中药化学研究先驱赵承暇、“中国机器人之父”蒋新松等一批优秀儿女。总面积71.3平方公里，下辖6个管理区（48个社区居委会）和22个村民委员会。2010年末，有户籍人口352867人，其中男性173143人、女性179724人；有少数民族13个360人。有外来暂住人口126157人，寄住人口60112人。是年在江阴市经济社会发展综合考核中，继续名列全市各镇（街道）首位；获全国计划生育协会先进单位、全国妇联基层组织建设示范街道称号。

政治建设 以党委中心组学习为抓手，深化科学发展观和中共十七届四中、五中全会精神学习，建设学习型党组织。调优配强基层干部队伍，全年提拔干部78人，轮岗调整干部30人，招聘社区工作者15人。创新干部培养模式，开展“四训四挂”*活动，选送2名企业党务工作者到省委党校培训，分3批组织社区党支部书记赴香港培训，选派7名基层干部到街道机关、先进村和外市挂职锻炼。在全市率先推行基层党组织换届选举“公推直选”，圆满完成158个基层党组织换届选举工作。完成村委会和社区居委会换届。全面推进党建工作，深入开展“一个好班子、一支好队伍、一条好路子、一个好体制、一套好制度”争先创优活动，继续推进“星级红旗社区”达标创建活动，累计建成三星级以上“红旗社区”42个。新建昊柏国际大酒店、龙涛市政工程公司党支部，全年发展党员97人。街道人大工委依法履行职能，提高人大监督工作的实效性，建立澄江街道“代表之家”，组织人大代表专题调研，撰写调研文章3篇，提出代表建议意见90条。街道政协工委依法履行政治协商、民主监督、参政议政职能，提交提案14件，收集信息152条，组织编写“三亲”史料115篇。进一步巩固和发展最广泛的爱国统一战线，加强和改善党对工青妇等群团的领导。完善村（居）民自治，推进基层民主建设。继续加强国防动员，抓好人民武装工作。深入开展廉政文化“六进”活动，建成3个廉政教育基地。进一步健全领导干部述职述廉报告制度、廉政谈话告诫制度、民主评议制度等一系列党风廉政建设责任制度，创新和加强基层纪检监督组织建设，建成1个党代表监督工作站和6个党代表监督工作室，新建7个基层纪委。全年立案查处各类违纪案件33件，其中经济案件4件，查处违纪党员33人。

经济建设 全街道完成地区生产总值272亿元、工商业开票销售收入817.9亿元，完成协议注册外资6044万美元、到位注册外资2196万美元，完成工业产值365亿元，其中规模以上工业产值325亿元。工业固定资产投资5.12亿元，其中传统产业技改投入占工业总投入的45%；机械、电子等新兴产业的投入增长25%。高新技术产业占规模以上工业增加值比重达25%。强化节能减排，削减化学需氧量443吨，完成年度工业减排任务。新增污水管网367公里，全面完成316个区块的控源截污工程，并验收达标。服务业增加值占地区生产总值比重为64%，完成服务外包业务总额2761万美元，其中离岸外包业务1496万美元，新增服务外包注册企业5个。实施重点项目集中会办制度，8项超千万元工业重点技改项目全面开工，23项服务业重点项目加快推进，其中5项竣工投运。总部经济园区内弘扬大厦、澄江商会大厦、华方大厦、青年公社大厦、佳兆业城市综合体五星级酒店等7项项目全面启动建设，同方圣智、智宇科技、大地置业等28个公司注册落户园区。国际汽车城澄杨路环境改造全面结束，综合体项目完成建设方案，市车管所新大楼开工建设。

社会建设 全年获国家科技部中小企业创新基金项目1项、国家火炬计划项目立项3项、省重大科技成果转化项目2项；新增省级工程技术中心7个、国家

级高新技术企业2个、省级高新技术企业1个、研究生工作站1个；被认定省高新技术产品18种；申报博士后工作站1个；申请国家专利409件，其中发明专利57件。颁布实施3种产品标准，新增省名牌产品1种，引进人才600人。推动教育人事制度改革，加强师资队伍建设，清退代课教师42人，招录11名在职教师和45名幼儿园编外职工。虹桥小学创建成省艺术特色学校，要塞实验小学创建成省科技特色学校。创办《福祉澄江》杂志、编撰《我与幸福江阴》理论文集，举办《幸福澄江风采录》图片展和《江上清风》廉政书画摄影展。丰富“欢乐共享·幸福澄江”等文化展示形式，全方位构建群众文化活动体系，全年夜晚文化演出达50场次。保护传承文化遗产，江阴非物质文化遗产展示馆（北大街117号）对外开放，黑杜酒酿造技艺入选第一批无锡市《非物质文化遗产扩展项目名录》。建成城中社区卫生服务中心，新建社区卫生服务站6个，13个社区通过“江阴市健康社区”达标验收，累计达标38个。积极创建“无锡市体育健身工程示范街道”，广泛推动全民健身，各项体育赛事又创佳绩。稳定低生育水平，强化外来人口和流动人口的管理服务。大力实施10件实事工程，解决本地劳动力就业1884人，推荐城镇大龄特困人员再就业674人，扶持自主创业149人。全年新增城保扩面8863人，发放被征地农民基本生活保障金2211万元、退休职工养老金1165万元、新农保金102万元、低保金461万元。广泛开展社会救助，慰问困难户2530户，发放慰问金217万元，慈善冠名基金达1亿元。新建5个居家养老中心，新增“幸福一点通”*用户500户，街道养老服务中心即将启用。撤并新建5个社区，改善6个社区办公服务用房。配合市“12345”公共服务呼叫热线，受理和督办市民诉求785件，群众满意率99%。深入推进大调解机制、大防控体系、基层基础“三大建设”，全年受理群众来访来信86批次1571人次，成功化解各类信访积案8件，调处各类社会矛盾659起，调解成功率100%，无一“民转刑”“民转非”事件发生。全街道违法犯罪警情比上年下降8.1%。深入开展集中整治行动，加强校园安全建设，全力维护稳定和谐的发展环境。

2010年澄江街道主要经济社会指标一览

表70

指　　标	单　位	数　量	比上年增减(%)	指　　标	单　位	数　量	比上年增减(%)
地区生产总值	亿元	272.30	13.83	出口商品供货总值	亿元	147.20	18.62
人均地区生产总值	万元	16.53	16.80	工业企业	个	681	−7.47
财政收入	亿元	34.89	17.76	服务业(三产)总产值	亿元	160.6	12.70
二、三产业增加值占地区生产总值比重	%	63.73	2.06	小学学校数	所	12	0
农业总产值	亿元	1.57	16.50	小学在校学生数	人	20016	0
粮食总产量	万公斤	164.40	5.12	农村人均住房面积	平方米	55	0
工业总产值	亿元	365.70	7.34	数字电视入户率	%	99	0
工业利税总额	亿元	62.01	4.08	年末从业人数	人	270052	42.70
年末工业固定资产原值	亿元	137.63	7.12	农村居民人均收入	元	18714	11.56
工业用电量	亿千瓦时	16.43	11.90	社保参保率	%	96	0
工业固定资产投资	亿元	5.12	28.06	劳动合同签订率	%	96	0
协议注册外资	万美元	6044	130.78	月薪制实施率	%	95	0
到位注册外资	万美元	2196	0.78	新型农村合作医疗参保率	%	100	0

注：澄江街道辖区内的中学，均为市属学校，故只统计小学学校、小学在校学生数。

2010年澄江街道开票销售收入前10名企业一览

表71

名次	企　业　名　称	销售收入(亿元)	法人代表	名次	企　业　名　称	销售收入(亿元)	法人代表
1	江阴金属材料市场	243.57	王国安	6	江阴市全顺汽车有限公司	11.36	胡鹏飞
2	江苏扬子江船厂有限公司	154.10	任元林	7	江阴华地百货有限公司	11.02	陈　稳
3	江阴澄星实业集团有限公司	114.85	李　兴	8	江阴市安基橡胶工业有限公司	9.51	刘燕明
4	江苏红柳床单有限公司	24.44	黄建钧	9	江阴新浩再循环纸业有限公司	9.23	张浩荣
5	江阴天力燃气有限公司	11.64	卢鸿鹤	10	江阴市广吉汽车经销有限公司	8.61	黄建伟

注：澄星实业集团有限公司开票销售收入仅统计本埠数。

2010年澄江街道各村(管理区)基本情况一览

表72

村(管理区)名称	户数(户)	人口(人)	村(管理区)党支部(党总支、党委)书记	村(管理区)主任	村(管理区)开票销售收入(亿元)	人均纯收入(元)
贯庄村	1060	3310	徐建卫	徐　伟	9.71	21280
新华村	875	2706	刘建钢	徐国耀	3.36	17436
蒲桥村	1080	3430	陆惠明	陆惠明	7.96	17818
绮山村	1012	2853	陈国毅	王明章	4.93	22740
革新村	1333	4550	黄惠兴	陶金平	3.79	22876
先锋村	965	2126	高建平	顾建刚	2.72	23398
澄南村	1026	3548	林龙华	徐中兴	5.39	22876
立新村	734	2529	徐毛法	沈　刚	0.81	20660
皮弄村	800	4035	蒋国平	陆国祥	3.73	18483
花北村	780	2981	张士强	徐国强	1.41	19596
谢园村	650	2200	张　敏	徐苏英	2.05	20379
斜泾村	602	1354	夏惠文	周　健	8.68	21037
谢北村	856	2884	顾德松	顾德松	9.33	22067
工农村	352	2501	王丹锋	邢　伟	1.79	21950
红光村	1705	3259	沈建明	景　茵	1.17	15997
通运村	747	2570	林　毅	黄华良	4.13	21367
璜塘上村	2400	3106	杜叶清	沈　洪	3.38	21456
梅园村	497	1447	彭正平	彭正平	2.14	18688
文富村	1839	4525	黄和洪	胡兴发	17.12	21112
浮桥村	2012	4595	蒋星卫	夏建忠	1.76	20919
黄山村	954	3276	孙兴焕	盛达生	13.88	21488
要塞村	750	2668	谭海明	丁士福	6.31	23428
城中管理区	15149	46263	夏良华	夏良华	11.68	24460
虹桥管理区	22213	63393	黄国平	黄国平	13.33	26312
花园管理区	13635	38320	胡树良	胡树良	1.47	17250
城南管理区	12432	37313	缪英耀	缪英耀	7.04	16890
城西管理区	10090	30726	林贵剑	林贵剑	9.59	14950
城东管理区	23404	70399	顾敏华	顾敏华	—	—

【老小区和城中村改造】 2010年，澄江街道投资5000万元实施60万平方米老小区改造，共铺设雨水管道57.5公里，新增污水管道56公里，摊铺沥青路面24万平方米，硬化场地12万平方米，新建围墙90公里，设置门卫15个，新增停车位4625个，改造绿化面积23.8公顷，完成墙面刷新33万平方米。继续实施周家场、杨岸村等18个城中村改造项目，项目面积52.8万平方米，拆迁面积35万平方米；继续实施背街小巷改造，维修改造道路1.6万平方米，疏通、新排下水道约5000米。

【地区总部经济园区建设】 2010年，地区总部经济园区围绕加快推进新兴产业发展"445计划"[*]的战略部署和工作要求，以招商选资和项目建设为抓手，引进企业28个，开工建设项目5项，新增投入15.5亿元。全年完成销售额16.2亿元、入库税金4700万元。年内进一步深化完善园区规划和项目方案，C地块26个企业、97户居民签订拆迁协议，青年公社大厦、澄江商会大厦、华方大厦、弘扬大厦、佳兆业城市综合体五星级酒店等7项项目全面启动建设，在建项目建筑面积为35万平方米。扬子江大厦、中宝大厦等一批重点重大项目签约落户园区。

【江阴国际汽车文化城建设】 江阴国际汽车文化城规划用地面积50公顷，定位为建成集汽车销售服务、展览展示、商务办公、旅游休闲、文化娱乐、住宿餐饮等功能于一体的汽车产业和旅游文化基地。2010年，汽车城相继引进综合体项目1项，汽车4S店项目14项以及江阴车管所移建项目，入驻品牌累计35个。同时实施道路建设、管网铺设、河道改造工程民房拆迁，完成澄杨路两侧建筑物立面改造、各类管线入地、绿化种植、广告标牌清理、新建过路天桥以及增设辅车道等改造工程。是年建成区域内汽车销售收入超30亿元，全顺、广吉、宝马公司的销售收入分别为11.3亿元、8.6亿元和5.9亿元，增长幅度分别为19%、28%和38%。（陆梦舒）

夏港街道

【概况】 夏港街道是中国著名社会学家、民族学家吴文藻的故乡，位于江阴市区西，距市区约5公里，东邻澄江街道，南接南闸街道，西连申港街道，北靠长江。该街道下辖12个行政村、5个社区，区域面积37.67平方公里，其中耕地面积672公顷。2010年4月，江阴临港新城港口办事处并入夏港街道。年末，有户籍人口42738人，其中男性21673人、女性21065人；有少数民族13个65人。有外来暂住人口76666人。是年，夏港街道获中国商业名镇、江苏省人居环境范例奖等荣誉称号。

政治建设　开展“学长江、上台阶，学先锋、当模范”活动和“共献忠心爱心孝心，同谱幸福夏港新篇”主题活动。完成基层党组织换届选举、第九届村民委员会和第四届居民委员会换届选举，基层干部文化结构、年龄结构明显改善；新建环宇驾培有限公司等3个党支部，“两新”*组织动态组建率为95%，覆盖面100%；长江村、三联村、虹桥机械制造有限公司党委（支部）被评为江阴市先进基层党组织，普惠苑社区党总支创建成为无锡市先进基层党组织；实施干部“常青藤”*计划、领导班子和领导干部电子业绩档案，完善党员履责积分制，构建党员轮训、党员义工服务等常态机制。深化蹲村进户工作，设立2个党代表工作站，开展村级“三资”*清理，对所有建设项目招投标实施全过程监督。

经济建设　全年完成工商业开票销售902亿元、全口径财政收入16.48亿元，分列全市第一、第二位；新增协议注册外资1.84亿美元、实际到位外资9910万美元，分列全市第二、第一位；完成全社会固定资产投资43.22亿元，名列全市第四位。全街道15个重点工业企业、流通公司开票销售均超亿元，14个工业企业、流通公司入库税金均超500万元，江苏新长江集团、江苏西城三联集团、江阴港口集团、江苏长博集团等50个重点企业开票销售占全街道总量的92%。临港新城现代物流产业园获得中国物流示范基地、江苏省物联网产业基地等称号。现代物流产业园、江阴软件园、工业集中区、中央商务区建设齐头并进，园区经济占辖区经济总量的95%以上。临港新城现代物流产业园新增物流商贸和软件企业420个，江阴软件园建成全国首个港口物流和港口物联网科技平台、4个省级科技公共服务中心，江阴长江港口综合物流园区被中国物流学会评为产学研基地。江苏新长江实业集团、江苏西城三联集团控股有限公司分别名列中国企业500强第223位和315位。“长江之星”湿地生态园会所、高尔夫练球场等配套功能加快完善，蔬菜、花卉苗木基地得到巩固提升。新增绿化面积47公顷，累计绿化面积650公顷，建成10个生态园（公园），街区绿化覆盖率45%。新建污水管网16.8公里，基本实现全覆盖，街道生活污水处理率80%。验收“三同时”*项目28项，完成2个企业清洁生产审核，关停“五小”*企业2个，整治村庄10个。完成老夏港河滨江路至五星路段综合整治工程，全面完成25条镇村河道（23公里）疏浚工程，提前完成控源截污3年目标。港口物流、现代商贸、软件研发、文化创意等现代服务业加快发展，长宏国际物流中心、东风日产南华专营店全面投运，红星美凯龙家居城主体封顶，国际汽车城、新长江·雅阁国际大酒店加快建设，中国建材物流中心、橙天嘉禾影城在夏港落户。

社会建设　全年申报国家专利157件，其中发明专利17件、实用专利39件、外观专利101件，引进“530”*项目11项，新增省民营科技企业3个、省高新技术企业1个，申报省工程技术中心1个、高新技术产品2种、无锡市科技进步奖二等奖1项。完善夏港实验学校体制机制，实施校舍加固、“班班通”*工程。推进农村环境卫生长效管理，开展环境卫生优化提升竞赛，新建3类以上公厕9座。完成第3轮农民免费体检、育龄妇女健康体检，建成新港大街婚育新风一条街。建成开放朱杏南烈士纪念馆，修建老干部活动中心。组织电影下乡、文艺演出进村活动，举办第二届冰心文化艺术节、首届社区邻里节，组织“我们身边的明星”评选、“看夏港巨变”、爱心大放送、“有了爱就有了一切”征文摄影等活动。夏港羊肉三吃（压板羊肉、红烧羊肉、羊肉汤）和虎头鞋被收入江阴市非物质文化遗产保护目录。全年举办各类招聘会10场，提供就业岗位6685个，新增本地劳动力就业2122人，就业率95%。新沟村稳步推进“三置换”*试点，江锋村、夏东村组建村级股份经济合作社。完成历次被征地农民并轨城保工作，新增参加城镇职工养老保险5159人，农民基本养老保险、新型农村合作医疗保险覆盖面100%。提高最低生活保障金标准，全年财政补助超300万元。为386户（其中残疾人家庭201户）826人发放低保金108.7万元，困难助学80人，发放助学金18.9万元。帮助5户困难家庭进行危房改造，新建2个居家养老服务中心。为玉树、舟曲等灾区募集各类捐款79.8万元，收缴慈善冠名基金285万元。新沟村成立慈爱冠名基金会。组建街道残疾人工疗站、托养所，新安置残疾人10人，为185位中度残疾人发放救助金56.22万元。深化新市民安居乐业工程，6个村（社区）民事纠纷调解委员会达到三星级标准，全年各类纠纷调解成功率99%；葫桥村、夏南村建成无锡市现代化社会主义新农村建设示范村。

2010 年夏港街道主要经济社会指标一览

表 73

指　　标	单　位	数　量	比上年增减(%)	指　　标	单　位	数　量	比上年增减(%)
地区生产总值	亿元	164.59	25.21	出口商品供货总值	亿元	37.33	126.10
人均地区生产总值	万元	38.51	24.79	工业企业	个	151	0
财政收入	亿元	16.48	1.66	服务业(三产)总值	亿元	68.77	29.11
二、三产业增加值占地区生产总值比重	%	99.50	0.15	中小学校	所	3	0
农业总产值	亿元	1.83	21.20	中小学校在校学生数	人	4142	-11.65
粮食总产量	万公斤	166.20	-4.20	农村人均住房面积	平方米	65	-8.40
工业总产值	亿元	630.46	33.62	数字电视入户率	%	96.50	0.53
工业利税总额	亿元	31.31	23.27	年末从业人数	人	20601	2.21
年末工业固定资产原值	亿元	103.42	9.96	农村居民人均收入	元	17653	12.12
工业用电量	亿千瓦时	14.90	20.28	社保参保率	%	92	0.22
工业固定资产投资	亿元	43.23	24.05	劳动合同签订率	%	97	0
协议注册外资	万美元	18398.06	48.60	月薪制实施率	%	97	0
到位注册外资	万美元	9910.89	30.82	新型农村合作医疗参保率	%	100	0

2010 年夏港街道开票销售收入前 10 名企业一览

表 74

名次	企　业　名　称	开票销售(亿元)	法人代表	名次	企　业　名　称	开票销售(亿元)	法人代表
1	江阴市西城钢铁有限公司	98.84	孟志达	6	江阴市长江钢管有限公司	30.98	黄长城
2	江阴市长达钢铁有限公司	97.80	李洪耀	7	江苏恒业凯达科技有限公司	27.70	张　巍
3	无锡西城特种船用板有限公司	62.06	孟珍娣	8	江阴市金桥化工有限公司	25.54	孙　芳
4	江苏苏龙能源有限公司	55.25	祝宗坤	9	联合铁钢(中国)有限公司	22.39	蔡霨杓
5	江苏中金再生资源有限公司	31.33	王玉璋	10	江阴市无缝钢管总厂	21.04	黄长城

2010 年夏港街道各村(社区)基本情况一览

表 75

村(社区)名称	户数(户)	人口(人)	村(社区)党支部(党总支、党委)书记	村(社区)主任	村(社区)开票销售收入(亿元)	人均纯收入(元)
长江村	1198	4542	李良宝	范兴龙	365.25	24850
江锋村	226	746	许登明	任纪顺	-	17800
黄田港村	-	-	陈祖兴	-	-	-
普惠村	895	3242	王俊华	-	4.46	17645
夏东村	1037	3795	夏建峰	徐敏华	3.34	16000
三元村	730	2687	徐君才	袁剑华	7.63	18838
李沟头村	395	1453	曹湘荣	张　平	5.08	17122
新沟村	489	1849	蔡国明	曹洪良	0.57	16870
三联村	1238	4567	恽裕兴	刘宇平	211.65	17720
景贤村	573	2080	黄兴义	蒋惠军	2.85	13038
夏南村	1199	4454	袁满康	冯明飞	1.71	15522
葫桥村	881	3159	徐惠勇	陈晓东	0.44	13117
夏港社区	1184	3198	夏宏武	夏　勇	5	19443
普惠苑社区	18	39	蔡国明	蔡国明	-	-

续表 75

村(社区)名称	户数(户)	人口(人)	村(社区)党支部(党总支、党委)书记	村(社区)主任	村(社区)开票销售收入(亿元)	人均纯收入(元)
澄西新村社区	755	2323	吴海芳	吴海芳	–	–
望江社区	379	935	许芳华	–	–	–
通江路社区	1293	3669	陈建刚	陈建刚	–	–

注:农村社区的户数、人口、人均纯收入等数据统计在有关村。

【张怀西视察夏港街道】 2010年10月14日下午,第十届全国政协副主席张怀西在市政协主席黄满忠的陪同下视察夏港街道。张怀西先后视察长江村中央花园、聚园、吴文藻冰心纪念馆、夏港人文历史展览馆、新长江展览馆。在长江村视察时,张怀西说,长江村抓住优势产业,不断调优经济结构,不仅为江阴市经济发展作出了贡献,也为一方百姓安居乐业提供了保障。在视察吴文藻冰心纪念馆等展览(纪念)馆时,张怀西充分肯定夏港街道挖掘历史文化底蕴、发挥文化张力来建设和发展城市的做法。张怀西说,夏港最大限度地发挥历史遗存的文化影响力,做到以文化人、以文化文、以文化城,进一步增强城市"软实力",这种做法很好,应充分肯定。

【港口办事处并入夏港街道】 2010年4月30日,夏港街道召开行政区划调整工作会议,宣布撤销港口办事处,原港口办事处管辖区域全部纳入夏港街道管辖范围,原港口办事处承担的行政事务、社会稳定、社区建设、社会事业等管理服务职能划归夏港街道;原辖区基层党组织划归夏港街道党工委管理,原下辖的江锋村、黄田港村、澄西新村社区、望江社区、通江路社区划归夏港街道办事处管理。区划调整后,夏港街道管理12个村委会、5个社区居委会。江阴长江港口综合物流园区管委会增挂"江阴临港新城现代物流产业园管委会"(正科级建制)牌子,由临港新城管委会委托夏港街道管理。

【城市建设与管理】 2010年,夏港街道实施第二轮城市建设"300天行动计划",建成开放夏港规划展示馆,完成现代物流产业园整体规划、夏港国际汽车城控制性详规;建成聚园、茅场里路、通阳路、金江花苑邻里中心、新港小区邻里中心。长江国际花苑四期、港欣大厦、苏龙苑、智富大厦、江锋广场三期等工程主体封顶,港城大道夏港段、衡山路南拓工程和新敬老院、老夏港河综合整治工程在建设中。完成26个企业、925户民房拆迁,拆迁面积超38万平方米。普惠苑九期、金江花苑三期安置房主体封顶,新增拆迁安置房12万平方米,安置被拆迁户285户,社会资本投入占城建总投入的82%。健全城管执法、绿化管护等队伍,实施道路保洁、路灯维护市场化运作,完善"网格化"长效管理机制。

【获"中国商业名镇"称号】 夏港街道水陆交通发达,商业发展历史悠久,具有丰厚的商业、文化底蕴和独特的沿江靠城地理优势。近年来,夏港街道党工委、办事处把大力发展现代服务业作为新一轮经济发展中的重中之重,先后完成夏港街道中心区规划设计、临港新城现代物流产业发展规划、商贸服务业规划编制,并严格按规划进行建设,取得较好成效。至2010年,有商业流通企业356个,商业网点建筑面积110万平方米;有专业市场10家,特色、传统商业街3条,200余家店铺。2010年三产投入23.8亿元,占全社会总投入的55%,服务业开票数为520亿元,服务业地区生产总值占街道地区生产总值的39.8%。是年经中国商业联合会零售供货商专业委员会、商业发展中心批准,街道获"中国商业名镇"称号,并被收录《中国商业名镇》。

【举办冰心文化艺术节】 2010年5月20日上午,夏港街道启动第二届冰心文化艺术节,市委常委、宣传部部长徐冬青宣布冰心文化艺术节开幕,并与街道领导、群众一起观看"爱在夏港、文明港城"摄影展。艺术节期间,开展"有了爱就有了一切"征文、摄影比赛和"我们身边的明星"评选、第二届冰心少儿艺术节、《夏港映像》历史文化图片展等活动。"我们身边的明星"的评选,通过部署发动、群众推荐、选票汇总和研究审定等环节,评选出"忠心之星""爱心之星""孝心之星"。7月9日晚,在第二届冰心文化艺术节闭幕式上,市领导徐冬青、63680部队领导孙建兴、临港新城领导张勇及街道领导为1名"三星"标兵、5名"忠心之星"、8名"爱心之星"、8名"孝心之星"颁奖。第二届冰心文化艺术节在丰富群众文化生活的同时,让群众在潜移默化中接受"共献忠心爱心孝心,同谱幸福夏港新篇"主题教育,使"忠心报祖国、爱心献社会、孝心敬长辈"的人文内涵又一次升华。

【长江村送村民黄金白银】 2010年11月30日上午,长江村党委书记、新长江集团公司董事长李良宝在村总部大楼4楼第三会议室召开的村"两委"干部会议上宣布:预定到2012年长江村建厂40周年给每户村民平均送1斤黄金1斤白银的承诺,今天提前兑现部分,先给每户村民送100克黄金、100克白银,让村民们提前分享经济发展成果。下午2时28分,长江村村民户主以村民小组为单位依次进入村总部大厅,从村委领导手里领到首批黄金和白银,至下午5时28分发送结束。余下的黄金、白银暂存放在某银行金库,到2012年建厂40周年大庆时全部送给村民。

【入选省首批物联网产业基地】 近年来,江阴(国家)软件园依托无锡建设国家传感中心的契机,围绕江阴市“445计划”,着力建设发展新兴产业,促使企业跨越式发展。2010年,南京大学江阴信息技术研究院研发的港口物联网节点模块技术,成功应用于上海港和黄埔港等国内大港;江苏优联信息科技公司的大规模物联网组网技术完成前期研发,该公司的马松伟博士积极参与创业标准的修制定工作;无锡天堂软件技术公司研发的体态传感技术取得突破性进展,推出第一代互动游戏产品,并转入产品产业化;江苏远望神州软件有限公司研发的多维信息管理系统,成功应用于远望测量船舶和钻井平台。是年10月12日,江苏省经济和信息化委员会公布的“省首批物联网产业基地”名单中,江阴(国家)软件园榜上有名。

【新长江·寿山路停车楼投运】 由新长江集团投资建设的全市首个社会资本运作的停车楼——新长江·寿山路停车楼,于2008年7月开工建设。所建停车楼位于市区寿山路,建设面积2.5万平方米,分地下2层、地面7层,拥有481个停车泊位,总投资1.2亿元。停车楼进行了CI形象设计,有明显的标识,智能化的装备可使停车导航系统等与全市联网,停车规模、建设水平在全国中、小城市属一流。2010年3月7日,该工程竣工投运,有效缓解了中心城区停车难的问题。

【新沟村慈爱基金会成立】 2010年10月28日,经江苏省民政厅批准,江阴市新沟村慈爱基金会成立。慈爱基金会原始基金300万元,其中村集体出资150万元,认捐的基金原则上归捐助人所有,但基金所得利息归基金会所有。按照合法、安全、有效的原则实现基金的保值、增值。基金会财产及其他收入主要用于资助新沟村特困人员就医、就学,救助新沟村特困人员的基本生活,使新沟村的村民无论拆到哪儿、搬到哪儿、住到哪儿,只要是符合条件的帮扶对象,都能得到基金会的救助。 (符富先)

申港街道

【概况】 申港古名春申浦,因战国时楚相春申君黄歇开凿申浦河而得名,是春秋时吴国三让王位的季札的躬耕之地和晚清一代宗师、中国图书馆之父缪荃孙的故里;是国家卫生镇、全国环境优美乡镇,获全国人居范例奖。该街道地处江阴市西郊,距市区8公里,东邻夏港街道,南接南闸街道和武进郑陆镇,西连利港镇,北枕长江,总面积39平方公里,耕地面积717公顷,下辖10个行政村,其中4个为村社合一的社区。2010年末,有户籍人口46107人,其中男性23429人、女性22678人;少数民族13个172人。有外来暂住人口24156人。

政治建设 围绕创建党的工作模范区,切实加强党的建设。街道党工委中心组全年组织理论学习12次,形成学习心得体会和工作调研文章20篇。广泛开展“百名书记上党课”和“千名党员看世博”的基层党员干部轮训活动,受训、参观党员干部达1500余人次。完成村“两委”班子换届选举,新建浚鑫科技有限公司、东盛包装有限公司和新鸿艺有限公司党支部,发展新党员29人,转正预备党员66人。党校共举办各类培训班25期,培训入党积极分子62人、社区干部和楼组长98人、非公企业党建指导员97人、中青年人才500余人次。举办大学生村官工作交流会3次,建立大学生村官实践基地。组织3批140余名党员干部赴无锡预防职务犯罪警示教育基地接受警示教育。在全市率先举办“清风育桃李,廉香伴成长”廉政文化进学校主题教育活动,建立党代表督导制度,聘请12名党代表督导员。街道纪工委全年查处违纪案件4件,办结率100%。街道人大工委坚持“代表接待日”制度,开展对公安、国土、供电等9个部门的工作评议,有9名市人大代表分别向选区选民代表进行工作述职。街道办事处办理选民代表建议和意见19件,办理、答复率和满意率为100%;办理政协工委社情民意4条,政务网上公开咨询21件;办理“12345”公共呼叫服务中心咨询投诉事件265件,群众满意率达98.5%。公开审计政府投资工程42项,节约预算资金800余万元,政府投资工程“参与式”预算试点工作的成功经验在全市推广。街道党工委被评为江阴市“好班子”,街道获政治文明和精神文明建设先进镇(街道)称号。

经济建设 全年完成农业项目投资1.2亿元,新建龙虾园35公顷、蔬菜园26公顷、国花园15公顷,启动常隆生态园建设,新增生态林40公顷、经济林8公顷,植树55公顷。江阴长江三鲜养殖有限公司人工繁殖刀鱼获得成功,人工养殖的长江珍稀鱼类河豚“游进”上海世博会。土地承包经营权流转土地70.3公顷。实现工业产品销售收入212亿元,自营出口贸易额7.88亿美元。完成协议注册外资1.84亿美元,到位注册外资0.84亿美元,分列全市第一、二位。认定上市后备企业3个,新开工光伏、风电等转型高新产业项目22项,完成工业总投入52.12亿元,其中传统产业技改投入22.24亿元,占总投入的76%。关停化工企业1个,阶段性停产钢铁企业3个;铺设污水管网41.5公里,其中主管网19.5公里,削减化学需氧量82吨,超额完成减排任务。依托城市开发、保税物流园区和港口建设,大力发展房地产、仓储、物流业,完成第三产业投入19.73亿元,比上年增长91.17%;实现服务业开票销售收入139.47万元,比上年增长7.77%,分别位列全市第三位和第十六位。街道获江阴市加快发展、转型发展、投资考核、工业投入和协调发展先进镇(街道)称号。

社会建设 以实施“445计划”产业发展规划为龙头,加快科技创新和产业转型升级步伐,被认定省高新技术企业4个、无锡市高新技术企业3个,被认定省民营科技企业3个、省名牌产品2种，申报国家专利249件，其中发明专利9件。“金杯乐器”商标被认定评为中国驰名商标。江阴高级中学新校区全面投入使用，完成南华职高校门改造，启动南部幼儿园建设。南华职高创建成国家三星级职高，中心幼儿园通过省优质幼儿园复查，临港新城实验学校成功承办无锡市第28届小学生航模比赛。成立申港街道非物质文化遗产保护中心，并在全市率先举行申港街道非物质文化遗产展演展示活动；完成无锡市民间舞蹈特色之乡、荡湖船、段龙、春申广场、特色文化家庭“五特”项目申报，开展“唱响百花”进社区、“欢乐夜晚·品味江阴”申港送戏进城等文娱活动。民间传统舞蹈《荡湖船》参加上海世博会游园活动，建成申港季子祠古戏台并开台启用。村村建成文体活动室、文体活动广场，举办江阴市“兰陵杯”小学生篮球赛、“江南杯”篮球邀请赛。临港新城医院通过二级乙等医院评审，建立社区卫生服务中心，全面实行基本药物零差价制度，参加新型农村合作医疗保险20171人，参保率100%。新建创业孵化基地和创业实训基地各1个，提供就业岗位5368个，安排本地劳动力就业2836个，分别完成市下达任务的179%和405%，实现本地大中专毕业生100%就业和户户有企事业单位职工的目标，完成被征地农民并轨城保9255人，新增企业职工养老保险4138人。职工工资集体协商参与签订企业283个，覆盖职工16648人。年内发放救济困难补助款164万元、农村低保户保障金258万元，改造5户特困户危房，完成募集慈善资金330万元，发放慈善救济金74.2万元，资助特困学生129人计15.6万元，发放重残补助金136万元。新增居家养老服务中心3个，实现居家养老中心村村全覆盖，并完成首期100户“幸福一点通”建设。全面启动江苏省第一个国际及全国安全社区创建，通过国家卫生镇(街道)复查验收，建成春申公园消防安全主题公园，成立政法综治中心。街道分别被评为江阴市环境建设和新市镇建设先进镇(街道)。

2010年申港街道主要经济社会指标一览

表76

指标	单位	数量	比上年增减(%)	指标	单位	数量	比上年增减(%)
地区生产总值	亿元	95.29	22.02	出口商品供货总值	亿元	27.31	28
人均地区生产总值	万元	20.74	22	工业企业	个	497	8.20
财政收入	亿元	10.14	27.34	服务业(三产)总产值	亿元	79.15	15.40
二、三产业增加值占地区生产总值比重	%	90.30	−0.09	中小学校	所	3	0
农业总产值	亿元	3.16	32.20	中小学校在校学生数	人	6557	24.72
粮食总产量	万公斤	859.10	−25.40	农村人均住房面积	平方米	54	3.80
工业总产值	亿元	219.17	15.60	数字电视入户率	%	100	0
工业利税总额	亿元	22.98	29.03	年末从业人数	人	35474	2.80
年末工业固定资产原值	亿元	88.86	28.23	农村居民人均收入	元	18249	11.25
工业用电量	亿千瓦时	9.58	−4	社保参保率	%	95	2.15
工业固定资产投资	亿元	52.12	73.03	劳动合同签订率	%	98	0
协议注册外资	万美元	18423	165.93	月薪制实施率	%	95	−2.06
到位注册外资	万美元	8418	28.83	新型农村合作医疗参保率	%	100	0

2010年申港街道开票销售收入前10名企业一览

表77

名次	企业名称	销售收入(亿元)	法人代表	名次	企业名称	销售收入(亿元)	法人代表
1	江苏新华发集团有限公司	91.05	孙志华	6	江苏中基复合材料有限公司	10.14	考伟延
2	江苏申达集团有限公司	30.95	张国平	7	江阴阿波罗复合肥有限公司	9.54	李小荣
3	江阴浚鑫科技有限公司	25.60	徐文燕	8	江阴华新精密金属科技有限公司	8.97	六建中
4	江阴市华源科技有限公司	19.39	张根华	9	江阴长江投资集团有限公司	8.61	楚健健
5	江阴德玛斯特钻具有限公司	10.32	郑银良	10	远见风能(江阴)有限公司	8.54	张雷

2010年申港街道各村(社区)基本情况一览

表78

村(社区)名称	户数(户)	人口(人)	村(社区)党支部(党总支、党委)书记	村(社区)主任	村(社区)开票销售收入(亿元)	人均纯收入(元)
于门村	1107	4160	张秋度	曹甫生	8.42	19582
东刘村(社区)	689	2585	缪剑农	虞国裕	41.51	20186
滨江村(社区)	1602	5950	华　一	华　一	4.70	15611
创新村	1159	4317	徐夏芳	郑银良	23.20	20817
申西村	1215	4382	吴建兵	符林章	32.55	21067
申浦村(社区)	835	3020	陈忠岳	时建明	5.11	20812
申港村(社区)	1120	3999	胡仁峰	胡仁峰	4.48	21087
申兴村	1730	6298	殷宜俊	殷宜俊	3.93	16583
横塘村	1206	4394	黄明华	黄明华	1.44	15155
申南村	1885	7002	何金果	何国平	16.21	20595

【获2010亚洲都市景观奖】 近年来，申港街道累计投入3亿多元用于城市景观建设，使城市景观面貌焕然一新。2010年9月21日，由联合国人居署亚太办事处、亚洲人居环境协会、日本福冈亚洲都市研究所、亚洲景观设计学会联合主办的“2010亚洲都市景观奖颁奖暨经济介绍会”在日本福冈市举行，申港街道在严格的评审和激烈的竞争中脱颖而出，摘取本年度亚洲地区城市景观奖。

【新市镇建设】 2010年，申港街道按照建设“生态宜居”新市镇的目标，全力推进临港新天地等项目建设，加快实施南部开发和市镇重点工程建设，拆迁民房1487户、企业12个，拆迁建筑总面积49.45万平方米，涉及创新、申港、横塘、申兴、申西、申浦、于门6个行政村的16个自然村；完成江南二期小高层16.3万平方米、锦湖苑二村一期1.54万平方米安置房建设；启动锦湖苑三村二期5.2万平方米、朱家湾小区40万平方米安置房建设。新建申泰路、福星路等5条道路，完成亚包南路、申浦南路、东徐路、移山路等6条道路的改造延伸。启动港城大道建设，完成朝阳路、亚包路和芙蓉大道等4条主干道的绿化景观工程，建成江阴高级中学新校区和重庆金科房产锦绣天成13万平方米、中街房产申裕苑三期10万平方米、南京同创房产翡翠城7.5万平方米商业住宅房。

【活体长江河豚“游进”世博会】 江阴长江三鲜养殖有限公司是长江三鲜(鲥鱼、刀鱼、河豚)培育繁殖基地。2010年3月，受农业部长江渔业资源管委会委托，该公司在上海世博会期间向参观者提供活体长江暗纹东方豚展览。针对展览时容器水域空间小、不能换鱼和保持零死亡的要求，公司组织技术人员反复攻关，终于突破多项小水域养殖难题，在上海世博会期间，成功地在国际联合馆水晶球内展出。

【低碳产业园建设】 2010年，江阴临港新城低碳产业园紧紧围绕“445计划”产业要求，加快园区基础建设，分别完成区内4平方公里的建设详规产业布局规划和环境保护评审工作，建成园区产业发展规划展示馆和创新路、跃进路、园区中心路等路网管线配套设施。年内，远见风能、LM叶片和博风电机项目成功投产，中节能、浚鑫二期和爱康太阳能项目入驻园区，实现开票销售70.8亿元，成为申港经济增长的又一新亮点。

【“金杯乐器”商标被认定为中国驰名商标】 2010年10月8日，建厂30多年的江阴市金杯乐器有限公司，其注册的“金杯乐器”商标被国家工商总局认定为中国驰名商标。这是中国手风琴行业唯一获此殊荣的品牌。公司生产的“金杯乐器”手风琴系列产品长期出口欧美市场，深受国内外手风琴爱好者和演奏家的好评。

【创建国家和国际安全社区】 申港街道自2009年作为江苏省创建安全社区的试点单位后，率先在江南社区广泛开展创建安全社区概念、内容、标准和各项要求知识的全民教育培训活动，全面实施道路交通安全畅通工程、消防设施进万家工程、警务一点通工程、煤气使用安全工程、社区无障碍实施改造工程以及安全知识培训工程。2010年4月8日，为扩大创建成果，街道举行创建“全国安全社区暨国际安全社区”启动仪式，市委书记朱民阳和第十届全国政协常委、原国家安监局局长张宝明等参加启动仪式，并为申港街道创建全国、国际安全社区办公室授牌。 （黄浩然）

城东街道

【概况】 城东街道是中国著名作家、出版家、教育家胡山源的故乡，位于江阴市主城区东部，东临张家港市，东南毗邻周庄镇、云亭街道，西连澄江街道，北枕长江。街道总面积53平方公里，下辖22个行政村、4个居委会、8个社区。2010年末，有户籍人口71595人，其中男性36079人、女性35516人；有少数民族14个272人。有外来暂住人口84517人。

政治建设　街道党工委始终把创先争优与做好重点难点工作

结合起来，与党员干部开展“争主动、讲协作、创佳绩”活动结合起来，与扩大党内民主、推动民主促民生结合起来，调优配强基层领导班子，新建非公企业党组织3个、事业单位党组织1个，发展新党员41人，培训入党积极分子80人。注重干部队伍素质的提升，组织10名新任村、社区党支部书记赴华西村参加新任村（社区）党支部书记培训班。完成99个基层党组织换届选举，其中12个村、4个社区党组织采用“公推直选”方式进行选举，其余则采用“双推一选”方式进行选举。完成26个村（居）委会和8个社区居委会换届选举。开展“加强党性修养、坚持廉洁从政”党风党纪主题教育活动，党工委与村、社区党组织和街道机关科室一把手签订党风廉政建设责任状；26个行政村全面实行“村账处管”。

社会建设　街道相继举办大学生专场招聘会、“4050”专场招聘会，举办大型劳动力招聘会4场，新增就业岗位3700多个，推荐上岗就业人员2300多人，解决本地劳动力就业750人。举办技能培训6期，培训人员500多人。全年新增参保企业72个、人员3920人，完成市下达目标任务的186%。全力做好被征地农民并轨城保工作，参保率95.2%。全面推进新型农村合作医疗保险工作，参保率98.8%。对无收入农民实施基本养老保险，对征地后人均耕地不足0.1亩的被征地农民实施撤组保障。为3468名企业退休职工进行免费体检，并建立个人健康档案。关注社会弱势群体，完善村（社区）、街道、社会力量三级救助网络，深入推进党员干部结对挂钩制度。用心打造“励志助学”品牌，江阴中南重工有限公司、江阴万沅金属有限公司、江阴南方管件有限公司等公司资助贫困大学生66人。完成市“慈善一日捐”30万元、市“慈善冠名基金”400万元。集镇建设融入现代化科技新城整体发展规划，全面提升集镇形象。石牌社区等一批小高层安置房已具雏形，拆迁农户由“爬楼梯”跨入“坐电梯”时代。全面完成控源截污改造工程、东新路清淤工程，社区居住环境明显改善。投入530多万元整治“六路”* 环境；继续加大环卫设施投入，生活垃圾100%集中式处理。健全整治违法建设巡查机制，共拆除违章搭建31处，计5142多平方米。新增山体复绿13.34公顷、社区绿化15.5万平方米。做好小型墓区和骨灰堂建设管理工作，完成辖区内散坟迁移1981穴。加强网吧、音像市场、书报刊亭的管理，加大“扫黄打非”整治力度，收缴非法音像制品8000多张、非法图书2万多册。加强计划生育工作，推进世代服务品牌建设，街道人口出生率为6.79‰，户籍人口计划生育率为99.38%。广泛开展群众文化活动，组织参加“幸福进万家·文化欢乐行”广场文艺演出，小品《局长的钱包》、歌舞《春暖花开》均获江阴市群众文艺会演作品类、歌舞类评比一等奖。

2010年城东街道各村（社区）基本情况一览

表79

村（社区）名称	户数（户）	人口（人）	村（社区）党支部（党总支、党委）书记	村（社区）主任	村（社区）开票销售收入（亿元）	人均纯收入（元）
山观村	700	2209	黄国洪	黄国洪	3.11	17350
勇峰村	725	2750	刘奇云	刘奇云	1.39	15378
金童村	521	2807	金建清	金建清	16.94	16215
许姚村	1815	6235	蒋国忠	蒋国忠	13.00	14259
红岩村	425	1625	陈云龙	陈云龙	0.46	13000
团结村	495	1713	王士忠	王士忠	0.15	12150
寿山村	810	3055	汤勤武	汤勤武	0.50	13860
心经村	490	1663	秦国民	秦国兴	2.76	14421
朝阳村	650	2517	李洪章	李惠兴	0.85	14080
洪流村	625	2225	葛建华	任德明	0.49	15065
山源村	1537	5347	顾耀平	杨耀岐	1.40	15000
香山村	1283	4453	胡铭兴	胡铭兴	2.00	15349
杨官村	400	1600	陆龙飞	黄炜冬	0.66	13500
任桥村	334	1275	范晓东	–	0.05	13890
长山村	366	1399	钱建校	王　刚	0.17	13000
安全村	348	1332	陆剑敏	陆忠孝	0.33	13750
石牌村	1185	4873	黄耀兴	黄耀兴	0.76	13812
胜利村	610	2320	刘卫江	刘卫江	0.92	13933
陈桥村	201	669	刘国忠	刘国忠	–	13000

续表 79

村(社区)名称	户数(户)	人口(人)	村(社区)党支部(党总支、党委)书记	村(社区)主任	村(社区)开票销售收入(亿元)	人均纯收入(元)
江海村	510	1890	姚逸民	姚逸民	–	13870
白沙村	416	1565	朱云法	顾瑞良	0.59	15051
江虹村	545	1995	沈民富	沈民富	0.42	14297
东新居委	830	3268	冯建明	冯建明	2.98	16025
肖山居委	851	2935	何永良	梅文荣	0.24	14050
双牌居委	580	2008	梅国荣	梅国荣	1.03	14825
杨市居委	750	2850	袁国兴	陶惠其	–	14958
山观社区	759	2353	张宇忠	–	–	–
金山社区	1664	6371	马建龙	钱春华	–	–
双牌社区	3400	11544	刘奇云	梅国荣	–	–
锦隆社区	1591	5724	姚逸民	–	–	–
杨市社区	2971	9243	袁国兴	陶惠其	–	–
滨江社区	2537	7848	冯建明	陆建清	–	–
长山社区	3320	10409	刘卫江	王　勇	–	–
石牌社区	2243	8493	黄国浩	–	–	–

注:村(居委)人口与社区人口为交叉统计。

【拆迁安置】 2010年,街道完成农户拆迁协议1273户,新建安置房超100万平方米,安置拆迁农户800户,成为开发区建区以来安置房建设速度、拆迁速度最快的一年。实施项目开工建设全方位服务,确保辖区40多项项目顺利实施。

【平安街道建设】 2010年,街道加强巡防队伍、技防设施建设和外来人口管理,成立大调解中心,全面排查、及时有效化解社会不稳定因素及各类矛盾纠纷,先后调处各类矛盾纠纷458起,调处成功率98%以上。全年受理“12345”公共服务呼叫中心转办的群众投诉、咨询730余件,及时回复率99%以上。18个村(社区)建成警务站,2个村(社区)警务站被评为无锡市“三星级”警务站。加大普法宣传力度,抓好社区矫正和安置帮教工作。加强食品药品安全监管工作,坚决杜绝食品安全事故和群体事故的发生,切实保障社会安定、人民安居。

【社区创建】 2010年,街道投入近1500万元完善社区基础设施建设,新建金山社区一站式服务中心,完成杨市社区居家养老中心装修装潢工程。积极推行社区扁平化管理,围绕“一区一品”特色创建,涌现出“邻里互助中心”“特色楼道”等一批社区服务特色品牌。创建成效日益显著,3个社区获江阴市和谐示范社区,2个社区获江阴市三星级红旗社区,2个社区获江阴市新农村家庭建设示范社区。

【“中南重工”上市】 2010年7月13日,江阴中南重工股份有限公司正式在深交所中小板挂牌上市,成为江阴市第25个上市公司,也是江阴市年内在国内A股上市的第一个企业。中南重工股份有限公司是一个致力于管件、法兰、压力容器研发、生产和销售的省级高新技术企业,是国内金属管件行业的佼佼者和最大的管件制造商,参与制定多项国家标准、行业标准,被誉为“工业血管的构筑专家”。至年末,公司获批13件国家专利,是中石化最大的复合管件供应商,与中石油、中海油、中石化集团等国有大型企业建立了良好的合作关系。公司还拥有特种设备生产许可证、欧洲压力管道PED证书和AD-WO/TRD100证书,产品出口美国、德国、英国、日本等国家。 (缪海龙)

南闸街道

【概况】 南闸街道地处江阴市南郊,东、北临澄江街道,南连月城镇,西与常州市武进区焦溪镇接壤。区位优势明显,总面积45平方公里,耕地面积1570公顷,集镇建成区面积4.5平方公里,下辖11个村(含1个紫金社区)。2010年末,有户籍人口48787人,其中男25030人,女23757人;有少数民族14个103人。有外来暂住人口19232人。2010年,街道获“国家卫生镇”“无锡市绿色家园示范街道”称号,并被江阴市推荐为“江苏省社会主义新农村档案管理工作示范街道”。

政治建设　结合“学习华西勇创新、融入城市快转型”“千名党员看世博、讲求文明快转型”等主题活动,开展“比转型、赛发展”结对竞赛大讨论,举办“时代先锋”报告会,干部队伍的转型意识、争先意识、创新意识进一步增强。围绕廉洁从政、理想信念、华西精神,开展系列反腐倡廉宣教活动。落实干部学法制度,创新工程质量终身追究制等六项内控机制,机关工作公示考查制、月重点工作目标承诺制得到全面落实。完成11个村“两委”换届选举,新建党代表工作站2个,成立非公企业党支部3个、团支部15个,发展党员44人、商会会员5人,新增工会会员202人。观山村党委被推荐为“无锡市先进基层党组织”,紫金社区获“全国创建学习型家庭示范社区”称号。

经济建设　以333.34公顷设施农业区建设为突破,推动都市生态休闲农业发展,新增高效农业面积66.67公顷,累计866.67公顷。蔡泾村蔬菜基地全面建成,龙运、南闸两村蔬菜基地加快建设,狮子山、鼎鑫生态园设施功能进一步提升,“三好型”城市“菜篮子”建设取得成效。全年基地实现蔬菜销售2500万元,比上年增长72.4%。新建2个农村股份经济合作社。实现工商业开票销售135.3亿元,比上年增长39%。工业投入8.74亿元,以嘉鑫风电、南农高科为代表的风能设备、生物制药等新兴产业异军突起,安科瑞、锦明玻璃等一批高科技企业快速成长。实现协议注册外资1500万美元,到账外资1050万美元。工业污水达标排放口削减剩1个,新增污水管网9公里,镇区污水处理率85%以上。万元地区生产总值能耗下降6%。4个企业开展ISO14000环境质量体系认证,年削减化学需氧量109.5吨。完成大寨河等13条河道清淤,清淤土方10.5万立方米,山体复绿12万平方米,植树造林100.2公顷。新引进的同越经贸公司实现开票销售8亿元,形成服务业新的增长点。宏基名城花园全面建成,11.4万平方米的嘉福花园洋房加快建设,建材、灯具、餐饮、住宿、超市等各大市场购销两旺。

社会建设　全年申报省级重大支撑项目3项,新增省、市研发机构5个,新批省高新技术企业1个、省高新技术产品5种,完成产学研合作项目4项;引进人才191人、三创科技人才2人,申报国家专利270件,比上年翻一番。积极整合城乡教育资源,全面撤并村小,中心小学扩建工程竣工投用。提供就业岗位2692个,增长34.6%,创业带动就业480人,本地农村劳动力充分就业率为93%。历次被征地农民并轨城保3879人,并轨率为99.1%,城保扩面增长57.5%;新型农村合作医疗结报1192.5万元,结报率为51.94%,发放被征地农民保障金582万元、市民卡7310张。慈善冠名基金为160万元。新建称心阁花园小高层安置房,87户拆迁户得到妥善安置。新开辟公交线路1条,新建公交候车亭16座、镇村标准化公厕20座,创建成绿色家园示范村3个,全街道新农村示范村增至10个。年内落实低保1378人,慰问各类困难户359人;大力开展“常春藤计划”等各类助学行动,救助贫困学生264人,发放助学金20.3万元。实施市民素质提升工程,全面完成人口普查,2.2万名“新农合”参保群众接受免费健康体检,育龄妇女生殖健康查治率为96%。南闸卫生院通过二级综合医院验收。街道获“无锡市安全生产月先进单位”称号,被评为无锡市科普示范街道。

2010年南闸街道主要经济社会指标一览

表80

指　标	单位	数量	比上年增减(%)	指　标	单位	数量	比上年增减(%)
地区生产总值	亿元	45.99	11.99	出口商品供货总值	亿元	0.80	−200
人均地区生产总值	万元	9.43	14.44	工业企业	个	350	19.86
财政收入	亿元	4.28	13.20	服务业(三产)总产值	亿元	139.20	5.97
二、三产业增加值占地区生产总值比重	%	97.96	0.14	中小学校	所	2	0
农业总产值	亿元	2.01	62.10	中小学校在校学生数	人	4500	−5.10
粮食总产量	万公斤	876.11	−4.20	农村人均住房面积	平方米	57.20	4.30
工业总产值	亿元	89.54	15	数字电视入户率	%	100	0
工业利税总额	亿元	6.67	13.24	年末从业人数	人	28100	0.04
年末工业固定资产原值	亿元	21.38	14.76	农村居民人均收入	元	16188	17.30
工业用电量	亿千瓦时	4.10	0.01	社保参保率	%	96.50	0.50
工业固定资产投资	亿元	8.74	2.51	劳动合同签订率	%	100	0
协议注册外资	万美元	1500	18.30	月薪制实施率	%	98.60	0.30
到位注册外资	万美元	1050	36.70	新型农村合作医疗参保率	%	100	0

2010年南闸街道开票销售收入前10名企业一览

表81

名次	企业名称	销售收入(亿元)	法人代表	名次	企业名称	销售收入(亿元)	法人代表
1	江苏双宇特种线缆有限公司	12.54	符明君	6	江阴市红柳纸业有限公司	1.44	张新华
2	江阴市联通实业有限公司	6.13	六以方	7	江阴市特锐达包装科技有限公司	1.31	张学斌
3	江阴市中友金属制品有限公司	4.84	李廷飞	8	江阴市南华冶金机械制造有限公司	1.15	张全国
4	江阴市南工锻造有限公司	4.76	高森林	9	江阴市宇杰制衣有限公司	1.15	缪　鹏
5	江阴市三鑫精密钢管有限公司	2.88	王佩经	10	江阴市圆方机械制造有限公司	0.96	袁　芳

2010年南闸街道各村(社区)基本情况一览

表82

村(社区)名称	户数(户)	人口(人)	村(社区)党支部(党总支、党委)书记	村(社区)主任	村(社区)开票销售收入(亿元)	人均纯收入(元)
观山村	1112	3090	吴克平	吴克平	18.58	19180
蔡泾村	3694	6762	谢金华	蒋炳华	6.06	15450
谢南村(紫金社区)	3570	4937	谢兴福	王树才	1.90	16050
龙运村	2079	5739	蒋中平	徐洪福	2.13	15010
涂镇村	1635	3430	谢小刚	谢小刚	1.54	15750
曙光村	1328	3900	金顺才	金顺才	1.15	15030
南新村(社区)	1576	2765	花雷成	何　刚	1.29	16350
花果村	1129	3227	邓耀官	谭兴成	0.28	19050
南闸村	1255	3539	任阿成	耿永仁	0.84	15009
观西村	1577	4985	王　熹	徐　峰	0.85	15681
泗河村	1257	4221	许铁军	金锡强	0.31	15500

注:江阴职业技术学院2060人未列入上述统计表格内。

【罗志军视察南闸】 2010年3月31日,江苏省省长罗志军在无锡市委书记杨卫泽、江阴市委书记朱民阳等陪同下,视察南闸街道城市建设情况。罗志军重点视察白玉苑小高层安置房建设现场,并听取南闸街道党工委、办事处关于经济社会发展、农民安置、土地流转等情况汇报。罗志军对南闸在推进城乡一体化过程中注重民生为先的做法予以肯定,并希望南闸坚持“三集中”*,加快城乡一体化发展步伐,进一步推进城市化进程。

【镇区建设】 2010年,南闸街道投入1.34亿元用于新市镇建设。云南路、金三角路建成通车,“爱晚庭”爱心护理院、紫金路综合改造工程、南闸中心小学(东区)改扩建工程、控源截污、白玉新村综合改造、镇村标准化公厕等一大批城市功能配套工程建成投用。街道以如意滩项目建设为突破,完成老镇区步行街、南焦路—锡澄路两侧建筑物立面改造工程。年内完成拆迁面积22万平方米,白玉路、紫金广场、幼儿园、公交首末站、花山河、滨河公园等一批景观绿化、亮化工程顺利竣工,城市管理服务中心等项目建设加快推进,“时尚南闸、花园小镇”的城市形象初步展现。

【被评为江苏省书画之乡】 2008年以来,南闸街道不断加大文化投入,以书画协会为平台,大力培养书画领军人才,普及书画文化。至2009年末拥有200多名书协会员,其中国家级2人、省级16人,涌现许晨晞、陈昊立、陈晓斌等一批新人。街道常年聘请书法名家担任艺术指导,开展各类主题书画展、书画比赛,举办许达书法作品展、泗河村民书画作品藏品展等丰富多彩的书画活动,书画成果丰硕,许达、花国定作品多次获得全国大奖,还分别入选全国首届草书大展、《中国书画名录》和《当代硬笔书法作品集》;金建华的百寿图获中国无锡“吴地风韵”民间工艺美术精品展银奖,被列为江阴市非物质文化遗产。2010年8月20日,南闸街道被江苏省文化厅评为“江苏省书画之乡”,成为无锡市唯一入选的省特色文化之乡,也是江阴市仅有的一个省级特色文化之乡。

【省锡剧团南闸少儿学员班成立】 由南闸街道全额出资、江苏省锡剧团与南闸中心小学合作成立的省锡剧团南闸少儿学员班,于2010年10月9日正式开班,是江苏省锡剧团在省内创办的第一个少儿学员班。该少儿锡剧班是南闸街道弘扬锡剧传统戏曲艺术的一次积极探索,旨在通过从小学唱锡剧、欣赏锡剧、推广锡剧,发现更多的锡剧人才，培养更多的锡剧爱好者，打响南闸特色教育品牌，促进地方戏曲的振兴。首批35名学员，由幼儿园大班至小学五年级学生中海选产生。未来3年，省锡剧团将派出专业演员，对少儿学员进行专业培训，培养优秀的锡剧艺术接班人。

【实施市民文明素质提升工程】 2010年2月8日，名为"迎世博、讲文明、树新风"的南闸街道市民文明素质提升工程启动暨第一届"宜居南花园杯"群众文体活动大赛开幕仪式在紫金广场隆重举行。机关干部、企业职工、中小学生、市民群众等各界人士代表500多人参加仪式。年内，街道重点实施文明素质培训工程、公共文明践行工程、文明群体创建工程、群众文化服务工程。围绕市民思想道德知识、文明礼仪知识、科学文化常识、法律健康知识等内容举办专题讲座、知识竞赛、演讲比赛、金点子征集等活动，宣传和普及文明常识；大力开展"文明礼仪我先行""文明秩序我维护""文明生活我示范"行动，在全社会形成践行公共文明的良好氛围；开展文明镇村、文明社区、文明单位、文明行业、文明窗口和文明岗创建活动，个体文明素质、社会文明素质明显提升；进一步巩固完善街道、村、户三级文化阵地，举办第一届"宜居南花园杯"群众文体活动大赛、"百场电影乡村行"、第十四届读书节、文化四送下乡等群众文化活动，带动社区文化、企业文化、校园文化、广场文化和乡村文化进一步繁荣。（钱惠强）

云亭街道

【概况】 云亭街道是佘城遗址所在地、敔山湾新城开发核心地区，地处江阴市区东南，东邻周庄镇，南临徐霞客镇，西靠澄江街道，北接城东街道。东西长7.1公里，南北宽5.95公里，总面积40.17平方公里，耕地面积1895.3公顷，下辖7个行政村和1个社区居委会。2010年末，有户籍人口43960人，其中男性22143人、女性21817人；有少数民族13个124人。有外来暂住人口32949人。

政治建设　建立健全学习科学发展观长效机制，开展争当"学习型干部"活动，组织党政干部参加江阴市委组织部"三选"学习活动73人次。举办入党积子培训班、云亭与南闸街道中青年干部培训班、公文写作培训班等，培训250余人次。建立村级后备干部人才库41人、企业后备人才库35人；做好11名大学生村官培养管理工作，2名大学生村官进入"两委"（村支委会、村委会）班子；完成43个企事业单位党组织换届选举及6个行政村、2个社区"两委"换届选举，调整村（社区）党组织书记2人、主任2人，新进村（社区）"两委"委员17人。建立公开平等、竞争择优干部选拔任用机制，交流选拔机关中层干部8人。设立人才专项基金250万元，建立高层次和高层次柔性流动人才库，引进大学毕业生40人（研究生3人）。开展农村党员干部"三级联创"* 活动和千名党员"学华西经验、谋科学发展"活动，细化"三百工程"* 实施方案，筹建云亭街道党内关爱基金，募集善款92.73万元。建立党工委班子结对联系点13个，街道机关党支部与6个行政村及14个非公企业"结对共建"。与基层党组织、机关各部门签订党风廉政建设责任书，落实党风廉政建设工作责任分解，施行基层党组织纪检监察工作百分考核。全年印发督查通报9期，完成督办任务50余项。是年全部实行村账代理。开展民主评议基层站所和创建"人民满意基层站所"活动，完善内控制度50余项。专项治理"机关作风效能建设""小金库""酒后驾车"，立案查处干部6人，其中开除党籍2人、党内严重警告4人。

经济建设　实现工商开票销售169.18亿元，比上年增长46.13%，完成年计划的122.59%，其中工业147.25亿元，比上年增长40.54%，商业21.93亿元，比上年增长99.36%。完成全社会固定资产投资19.3亿元，比上年增长10.71%，其中工业投资13亿元，比上年增长2.18%，服务业投资（不含政府投资）6亿元，比上年增长32.3%。实现全口径财政收入8.18亿元，比上年增长43.15%，绝对值超过上年2.3亿元，一般预算收入4.08亿元，比上年增长48.67%。加大农业"三新"技术推广和高效农业培育，小麦、水稻亩产分别达到265公斤和575公斤；加快农田水利建设步伐，改造泵站6座，新建白屈港防洪驳岸800米，翻建地下渠道890米。调整农业产业结构，建成城市菜园，蔡村水景植物栽种13.34公顷。发展休闲旅游产业，绮山彩云乡涧农家乐和绮山文化会所建成投运。加快工业产业转型，培育机械特色产业，机械产业占全街道工业比重50%以上。600余个企业中，年开票销售超亿元的有32个、超20亿元的有1个、10亿元~20亿元有2个、5亿元~10亿元有3个、2亿元~5亿元有5个、1亿元~2亿元有16个。百川化工、宝利沥青股份有限公司成功上市。全年完成协议注册外资1756万美元，新增外资企业4个。流通服务业占全街道地区生产总值比重38%。10月，华溢物流开业，大经集团成立。

社会建设　设立2个农村专业技术研究会、2个企业科协和1个老年科协，会员540余人。设立园区院士工作站1个、省级博士后工作站1个、省级研究生工作站1个、省级工程技术研究中心7个和无锡市级技术研究中心8个、江阴市级16个。开通云亭街道科技创新网络服务平台，40余个企业与高校、科研院所建立产学研关系。申报获批国家中小企业创新基金1项、国家火炬计划项目3项，建立省级农业科技型合作社1个、省级民营科技企业3个。申报专利179件，其中发明专利10件、实用新型专利33件、外观专利136件，比上年增长80%。云亭中学新校区奠基开工。是年云亭中学最后一届高三毕业生高考本科率33%，中考中有45人被南菁、市中录取，该校被省教育厅命名为江苏省机器人教学实验学校，被无锡市教育局命名为无锡VCT项目实验学校。云亭实验小学实施"春蕾计划"，为云南大旱地区捐款9414.6元；成立江阴市首家"流动儿童快乐家园"，获江阴市"十佳特色学校"。在江阴市第二十四届中小学生田径运动会上，云亭中学获初中组金牌总数第一名、团体总分第三名；云亭实验小学获团体总分第三名、奖牌总数第四名。在2010年江阴市小学生排球比赛中，云亭实验小学代表队获亚军。云亭成教中心培训各类劳动技术人员869人次。举办"山水云亭、星光灿烂"云亭街道首届文化艺术节，成立云亭街道文学艺术界联合会，发行《云亭街道原创歌曲专辑》，小品《为人》获江阴市群众文艺会演编剧、表演双一等奖、省五星工程奖银奖，制作21项非物质文化遗产专版进江阴城区展览。广电站铺设7.5公里电影节点播用光缆，改造光点50个，覆盖用户2800多户。新建云亭电信支局营业大厅1座，新增篮球场5片，开辟健康路径5条，60%以上自然村建有健身场地。投资5000万元的云亭卫生院综合病房大楼竣工使用，免费为中小学生和7周岁以下儿童体检。成立大学生村官法律援助工作站。开展"巾帼欢舞，迎百年三八"妇女健身展示和"做书香女人"图书漂流活动。发放低保金190.56万元，为22名残疾人赠送轮椅，为2名残疾人赠送助行器和4脚拐，为3户贫困户改造危房。完成拆迁409户，拆迁企业7个，被征地农民并轨城保率90.4%。培训待岗人员、创业人员249人，提供3170条岗位就业信息，新增就业人员1105人，安置本地农业劳动力就业826人。敬老院入院98人，发放慰问金5.48万元，投入20万元改造老年活动中心。有280个企业签订工资发放协议书，其中单独签订127个，区域性签订153个，签订率100%。基层工会100%建立劳动争议调解委员会和劳动法律监督组织。街道调解委员会接待来访503人次，涉及金额184.7万元，慰问困难职工100余人，发放慰问金4万余元、慰问品（折合现金）3万多元。司法所受理矛盾纠纷176起，调解成功率100%。法律事务所代理民事诉讼85件，援助咨询人员165人次，安置刑满释放、帮教对象12人。派出所接警6358起，刑事案件621起，破189起，查获各类违法犯罪嫌疑人420人。

2010年云亭街道主要经济社会指标一览

表83

指　标	单　位	数　量	比上年增减(%)	指　标	单　位	数　量	比上年增减(%)
地区生产总值	亿元	52.67	18.12	出口商品供货总值	亿元	13	30
人均地区生产总值	万元	11.97	15.43	工业企业	个	625	5
财政收入	亿元	8.18	43.15	服务业(三产)总产值	亿元	32.64	18.49
二、三产业增加值占地区生产总值比重	%	38.06	2.73	中小学校	所	4	0
农业总产值	亿元	1.67	6.37	中小学校在校学生数	人	4356	−0.97
粮食总产量	万公斤	443	−0.96	农村人均住房面积	平方米	55	−0.95
工业总产值	亿元	156.68	18.12	数字电视入户率	%	100	0
工业利税总额	亿元	14.45	19.09	年末从业人数	人	52620	1.49
年末工业固定资产原值	亿元	41.50	10.54	农村居民人均收入	元	17820	13.60
工业用电量	亿千瓦时	7.50	26	社保参保率	%	100	0
工业固定资产投资	亿元	13.40	5.29	劳动合同签订率	%	100	0
协议注册外资	万美元	1756	1	月薪制实施率	%	100	0
到位注册外资	万美元	681	508	新型农村合作医疗参保率	%	100	0

2010年云亭街道开票销售收入前10名企业一览

表84

名次	企业名称	销售收入(亿元)	法人代表	名次	企业名称	销售收入(亿元)	法人代表
1	江阴吉鑫风能科技股份有限公司	20.02	包士金	6	江阴市华丰钢材销售有限公司	5.20	凌兆佑
2	无锡百川化工股份有限公司	16.50	郑铁江	7	江阴绮星水泥有限公司	5.09	刘德旗
3	江苏宝利沥青股份有限公司	10.09	周德洪	8	江阴康瑞不锈钢制品有限公司	4.58	朱　卫
4	江阴柳工道路机械有限公司	7.22	蓝先阳	9	江阴长龄机械制造有限公司	3.22	夏继发
5	江阴福茂纺织化纤有限公司	5.28	陈　东	10	江阴祥瑞不锈钢精线有限公司	3.21	胡建祥

2010年云亭街道各村(社区)基本情况一览

表85

村(社区)名称	户数(户)	人口(人)	村(社区)党支部(党总支、党委)书记	村(社区)主任	村(社区)开票销售收入(亿元)	人均纯收入(元)
定山村	1960	7213	蒋建云	殷开誉	8.76	17200
云新村	1348	4812	李于晓	曹经纬	3.88	17467
毗山村	2377	8945	刘永健	杨忠裕	13.36	16775
云亭村	1467	5141	夏继发	李金虎	16.56	20126
佘城村	1384	5032	邓凤江	钱　江	4.90	16368
花山村	1418	4993	朱雪春	谭瑞刚	5.34	20000
敔山村	1186	4234	李　强	薛国龙	3.15	17976
云亭社区	1307	3590	徐银和	刘敏虎	–	–

【镇区改造】 2010年，云亭街道加快集镇建设步伐，对老镇区所有道路两侧的街面建筑设施进行立面改造，全部改成简欧式装饰，并于太平路南端建造门楼1座。同时，拆除建于1981年的老影剧院，建设“绿城广场”，占地9800平方米，设2个舞池、1座商业店铺，装置喷泉、高架走廊，并配以绿化，集休闲、娱乐、健身为一体。

【定海猪舍装暖气】 2010年，江阴市定海畜禽有限公司为提高苗猪成活率，投资30多万元，建造月储存200多立方米沼气生产线，利用沼气制热为猪舍装上暖气，与原电器制热相比每年节约成本2万多元，在科技养猪上又迈出新的一步，被评为江苏省科技型农业专业合作社。3月15日，无锡市科技局、江阴市发改委、农林局有关领导为定海畜禽有限公司授牌。

【“百川”“宝利”2只股票上市】 2010年8月3日，无锡百川化工股份有限公司股票在深交所中小板上市，成为云亭街道第一个股票上市公司，“江阴板块”扩容至第26个。“百川股份”发行价为每股20元，上市当日就受到投资者的认可和追捧。股票开盘报价33元，涨幅高达65%，盘中一度升至35元。10月26日，江苏宝利沥青股份有限公司股票“宝利沥青”也正式在深交所创业板挂牌上市，这是江阴市第一只在创业板上市的股票。

【绮山森林公园绿道竣工开游】 2010年9月30日，绮山森林公园举行绿道竣工开游仪式，市委常委、常务副市长高佩宣布开游。绮山森林公园建设面积426公顷，是连接绮山、花山的绿色廊道。根据市政建设规划，绮山生态园建有四大绿道网络：长5.7公里的自驾车车游绿道，长13.1公里的自行车、电瓶车休闲健身游绿道，长15公里的人行绿道，绮山湖水上游绿道。开游当天，市委、街道领导与数千名群众骑上自行车进行环湖观光旅游，拉开绿道休闲游的序幕。

【实行村账代理】 2010年，云亭街道为严格财务管理，将7个行政村和中、小学的财务审核权收归街道，强化对基层单位的财务管理。村账代理后保持“五个不变”：集体资产所有权不变、独立核算体制不变、资产权益分配不变、民主理财监督机制不变、会计称谓待遇不变。实行“四把关”：开支审批关、票据审查关（四级联审）、集体资产管理关、财务支出公开质量关。3月11日，无锡市、江阴市纪委领导莅临考察，充分肯定村账代理的做法。

【举办首届文化艺术节】 2010年，云亭街道为策应对接第19届“金鸡百花电影节”在江阴举办，繁荣云亭文化，挖掘艺术人才，于6~10月举办“山水云亭、星光闪耀”云亭街道首届文化艺术节。本届文化艺术节期间，开展“安全文化”书画展，“山水云亭、东郊绿城”征文摄影比赛，“魅力云亭”原创歌曲CD首发式等12项文化艺术系列活动，并成立云亭街道文学艺术界联合会。街道文联下属书画、摄影、文学、音乐舞蹈、戏曲票友5个协会同时成立，吸纳会员共计150人。

【花山村文化会所成立】 2010年，花山村大力推进文化建设，于绮山生态湖北端建成一座文化会所。该会所由上海磊昶贸易有限公司投资2000万元建设，占地面积0.67公顷，建筑面积3000平方米，设有2个书画创作室、1个书画展览室，并配有餐饮服务、垂钓中心，并设有大、小会议室多个，可承办各种会议。所有设施均按星级标准设计，12月底竣工开放。（邬士金）

璜土镇

【概况】 璜土镇是高城墩良渚文化遗址所在地和中国良渚文化发祥地之一。西与常州高新区接壤，是江阴市的西大门，距沪宁高速公路常州道口1公里，交通便利。全镇总面积64.49平方公里，耕地面积1492公顷，下辖12个行政村和1个社区居委会。2010年末，有户籍人口57319人，其中男性28867人、女性28452人，非农业人口12954人；有少数民族15个122人。有外来暂住人口40813人。

政治建设　围绕学习中共十七届四中、五中全会精神，以“谋创新、快转型、惠民生、促发展”为研究课题，全年镇党委中心组集中学习20次，成员写心得体会文章和转型课题调研报告30篇。全镇91个村、机关、企事业单位党组织进行换届选举，其中选举产生新一届农村党组织班子13个、书记13人、副书记8人、委员37人。加强非公有制企业的党建工作,新建党支部8个,发展新党员50人。全镇新增人才209人,引进博士生导师5人,教授、副教授各1人,博士8人,具有高级职称和硕士学历的科技人才16人,新材料领域的高端人才4人。贯彻落实党风廉政建设责任制,与基层党支部和镇三套班子成员、机关各部门签订党风廉政建设责任书。制订发布《进一步加强村级集体资产管理的意见》,加强对村级集体资产的监管。镇政府自觉接受人大的依法监督和政协的民主监督,全年办理人大代表建议和政协提案31件,办复率100%。

经济建设　完成工商业开票销售301亿元,比上年增加100多亿元,增长47.5%,增幅列全市第三;完成全口径财政收入8.06亿元,比上年增收2.25亿元;工业总产值、工业开票销售、一般预算收入分别完成186.56亿元、181.37亿元、4.18亿元,分别比上年增长39.2%、62.8%、50.1%,3项指标增幅均列全市第一;完成全社会固定资产投资40.08亿元,新增投入10亿元;到账外资8040万美元,比上年增长16.5%。全年引进各类投资项目66项,其中有超20亿元项目1项、超10亿元项目1项、超亿元项目10项,完成投资42亿元。严格执行污染物排入总量控制目标,通过经济杠杆削减化学需氧量245.17吨,完成全年削减任务。举办中国环保产业发展论坛,加大环境保护公众宣传,查处违法企业13个,缴纳污染赔款15.8万元,关停中小化工企业7个,完成25个化工企业的环境污染事故应急预案工作,完成率达168.75%。全面推进水和空气的污染整治,完成污水管网建设8公里。全国13个省市的葡萄协会和研究所与璜土葡萄协会结成联盟,与中国农业大学、浙江大学、中科院等科研院校洽谈合作开发高效农业品种,成立各类农民合作社45个。建成占地10公顷的现代农业观光园生产基地,种植18个葡萄品种和10余个其他水果品种,全年农业产值超2亿元,农民人均增收1100元。

社会建设　年内获批省民营科技企业3个、省高新技术企业1个和国家中小企业创新基金1个。大力实施"政、校、企"产学研合作战略,有27个企业与北大、浙大、南大、东南大学、复旦大学开展科研合作。江阴丰达公司、江阴富盛公司、江阴盛凯环保公司、江阴博大数控公司等企业分别建立技术研究院、研发中心和产学研基地。中科院13个研究所在璜土镇召开科技成果推广与高科技人才对接会,与中科院成都有机所合作启动中国科学院江阴新材料中试基地,新建省级工程技术研究中心2个、专业研究所2个。不断优化办学条件,投入100多万元为中小学安装长4500米的州界报警设备。整合农村小学资源,全面实施义务教育阶段教师绩效工资;积极争创教育高位均衡发展示范学校和省级健康促进学校。举办广场文艺演出10场,其中有以"幸福璜土春满园"为主题的文艺晚会和"欢乐夜晚·品味幸福"送戏进城、"幸福璜土·葡香天下"第三届葡萄节文艺演出等节目。开展"健康送进村、幸福千万家"活动,组织288场电影、15场演出和1300余册图书送到农村。成立镇文学艺术界联合会,会员300多人。由镇文化中心创作并表演的《边关情》获市文艺汇演比赛一等奖、无锡市比赛创作奖和表演优秀奖。《璜土镇续志》初稿完成。投入1亿多元进行集镇改造和基础设施建设,新开工建设道路7条,镇立路、西横街等重点道路改造全面完成;芙蓉大道和港城大道西延工程完成建设规划,完成拆迁协议签订280多份;芙蓉大道两侧房屋立面改造完成,全镇新增绿化面积80公顷。投入300多万元用于环卫基础实施建设,对生产、生活垃圾做到定时定点收集。投入6000万元的新世纪花园三期基本建成;石庄派出所改造结束。投入500多万元对12个自然村进行整治,完成7万多平方米的房屋立面改造。全镇新增参保人员3500多人,发放农民基本养老保险金722人,办理退休150人,给25人发放抚恤金,免费为退休人员体检,体检率达94%;及时办理新农保250人,结办率100%。全镇共结对帮扶115对,落实农村低保对象967户2647人,支付低保资金达335.1万元;投入4.5万元对3户特困户进行危房改造;全年慰问困难户203多户,助学32人次,捐款捐物计20万元。对143名残疾人员发放康复器材,对无固定收入重残人员发放救助金115.5万元,对128名低保重残人员发放救助金29万元。举办劳动力招聘会4场,优先安排本地农民和失地农民进厂务工。举办家政服务培训班,100多名妇女受到培训。镇农服中心举办各类技能培训班5期,培训农民1300余人次,全年提供就业岗位3630个,推荐就业1112人。新增7个企业工会,会员1820人;对1900名职工进行素质大提升培训,完成301个企业签订工资集体合同。全镇收缴慈善冠名基金242.5万元。

2010年璜土镇主要经济社会指标一览

表86

指　　标	单　位	数　量	比上年增减(%)	指　　标	单　位	数　量	比上年增减(%)
地区生产总值	亿元	60.75	13.59	出口商品供货总值	亿元	148.94	37.60
人均地区生产总值	万元	10.52	12.15	工业企业	个	829	22.63
财政收入	亿元	8.06	38.89	服务业(三产)总产值	亿元	38.05	12.44
二、三产业增加值占地区生产总值比重	%	95.39	0.42	中小学校	所	4	−33.33

续表 86

指标	单位	数量	比上年增减(%)	指标	单位	数量	比上年增减(%)
农业总产值	亿元	2.82	36.70	中小学校在校学生数	人	4700	-6.19
粮食总产量	万公斤	12990	7.67	农村人均住房面积	平方米	45	2.74
工业总产值	亿元	186.55	39.21	数字电视入户率	%	99	1
工业利税总额	亿元	8.33	47.52	年末从业人数	人	64522	27.40
年末工业固定资产原值	亿元	53.58	9.98	农村居民人均收入	元	15877	10.93
工业用电量	亿千瓦时	4.48	17.90	社保参保率	%	98	1
工业固定资产投资	亿元	32.18	32.25	劳动合同签订率	%	100	0
协议注册外资	万美元	13753	23.99	月薪制实施率	%	98	1
到位注册外资	万美元	8040	16.71	新型农村合作医疗参保率	%	100	0

2010 年璜土镇开票销售收入前 10 名企业一览

表 87

名次	企业名称	销售收入(亿元)	法人代表	名次	企业名称	销售收入(亿元)	法人代表
1	阿尔法(江阴)沥青有限公司	28.42	周剑峰	6	江阴南泰家纺用品有限公司	8.56	陈利民
2	江苏嘉盛新材料有限公司	19.76	胡细根	7	建滔(江苏)化工有限公司	6.12	周国荣
3	建滔电子材料(江阴)有限公司	14.69	谢舒源	8	江苏富菱化工有限公司	3.97	许培圣
4	江苏大江金属材料有限公司	10.56	张建民	9	江阴顺飞精细化工有限公司	3.35	张华兴
5	江阴法尔胜钢铁制品有限公司	9.51	刘　翔	10	长沙中联重工科技发展股份有限公司江阴分公司	3.03	刘帝芳

2010 年璜土镇各村(社区)基本情况一览

表 88

村(社区)名称	户数(户)	人口(人)	村(社区)党支部(党总支、党委)书记	村(社区)主任	村(社区)开票销售收入(亿元)	人均纯收入(元)
利城村	1109	3719	臧建平	臧建平	0.82	16600
北湖西村	868	2835	朱建兴	朱建兴	1.76	14880
高粟村	1547	5232	许建明	许建明	1.07	15300
璜土村	520	1753	钱俊贤	钱俊贤	1.65	16688
小湖村	2258	7032	周国伟	周国伟	13.03	20529
篁村村	1873	6038	高旭伟	高旭伟	0.31	15900
常泽桥村	1108	3609	张建清	张建清	0.45	16756
汇南村	990	3250	丁　成	董国放	0.80	16274
芦墩村	996	3503	江伟良	殷忠良	0.97	14830
石庄村	1118	3607	彭　辉	彭　辉	0.65	13920
花港苑村	2840	10295	彭文峰	彭文峰	3.28	13802
启港苑村	853	2858	季茂芳	金岳彪	0.10	13883
璜土社区	1305	3588	曹　洁	-	-	15877

【“一园三区”规划定位】 2010年，镇党委、镇政府全面贯彻江阴市“445”行动计划，深入分析相邻的常州市的发展趋势，认真研究璜土镇可以利用并顺势而为、借势作为的优势，在征求北京、上海、深圳、香港和新加坡规划及经济等方面专家的考察权威意见后，确定“一园三区”的规划定位：“一园”就是千亿元级新材料科技产业园，主动对接常州新北区，大力引进新材料大企业大项目；“三区”分别是都市商务区、现代物流集聚区、生态旅游景区，充分利用芙蓉大道、扬子江路、港城大道的“大路”优势，主动与常州新城发展对接。

【中国南方葡萄产业发展联盟在璜土镇组建】 2010 年 7 月 25 日至 8 月 25 日，璜土镇举办第三届中国江阴璜土葡萄节。在 8 月 25

日的闭幕式上，中国葡萄协会领导晁无疾、浙江大学领导赵建明分别为新成立的“中国南方葡萄产业发展联盟”“浙江大学葡萄产业科研基地”揭牌。葡萄节期间举行第三届中国南方“中山杯”优质葡萄评比大会，对来自中国南方13个省、市和西安市、北京葡萄研究所种植的葡萄进行鉴评，璜土镇荣膺特等奖1名、金奖2名、银奖4名，再次摘取璜土葡萄“甲天下”的桂冠。鉴此，中国南方13个省的葡萄协会和研究所在璜土镇组建葡萄产业发展联盟。

【举办技术成果推介暨高科技人才对接会】 2010年7月9日，璜土镇举办中科院与新材料产业园技术成果推介暨高科技人才对接会。中科院院地合作局，中科院北京分院、南京分院，中科院金属研究所、化学物理研究所，中科院兰州化学物理研究所、上海硅酸盐研究所、苏州纳米技术与纳米仿生研究所等院所的20余名科技专家和江阴市有关领导蔡叶明等参加对接会。会上，中科院各院所向大会推介展示82项科研成果项目。苏派西服、顺飞化工、暨阳医药、天祥塑化、盛凯环保等15个企业当场与研究院所签订15个技术成果与科技人才长期合作协议，荣新塑化、天祥塑化、江佳厨房设备等8个企业分别与中科院成都有机化学研究所、中科院金属研究所、中科院大连化学物理研究所等院所洽谈合作研发项目。

【“蓝领”培养合作联盟成立】 2010年12月1日，璜土镇召开政校企联手共建座谈会，常州大学、江阴职业技术教育学院等12所高等院校的党委书记、院长及新材料产业园10位企业家与会。会上，与会者就如何搭建政校企“蓝领”培养合作联盟进行商讨。经过充分研讨，与会者对合作任务、合作模式、合作流程达成共识，确定在3年时间内由12所院校为璜土镇培养技术工人5000人、技术骨干500人、高级工和经营管理人才100人，引进国家级高端人才5人，新增高端人才集聚的研究中心3个，建立合作联盟多种平台合作模式和走进院校、走入企业双向互动培养机制，制订三方互派联络员的工作机制，通过合作联盟章程和规则。这是江阴市首个“蓝领”培养合作联盟。

【社会事业服务中心建成】 璜土镇社会事业服务中心坐落于澄常路璜土生态公园内，占地1公顷，建筑面积4500多平方米，总投资2000多万元，主体大楼分三层，呈现“回”字形布局。2010年3月开工，12月竣工。社会事业服务中心由文体服务中心、计生服务中心、便民服务中心、党员(人才)服务中心及社区居委会组成，简称“五中心”。“五中心”一楼有便民服务大厅、图书馆、书画展示厅、活动室，还有阅读、党员服务、团员服务站的活动大厅和世代服务室等；二楼有电子阅览室、党员谈心室、困难党员帮扶室、排练厅、文体健身室、美工创作室、居委办公区及计生办公区；三楼有文化资源共享室、培训室、党员活动室、文体办公区、演艺厅、多功能报告厅、接待室等。 (许幕艳)

利港镇

【概况】 利港镇位于江阴市西部，距江阴市区18公里，东与申港街道相接，南临常州市武进区郑陆镇，西与璜土镇为邻，北滨长江，拥有近10公里长江深水岸线，水陆交通便捷，是一座以机械装备制造为特色的港口工业重镇。该镇行政区域面积60平方公里，耕地面积2302公顷，下辖17个行政村(社区居委会)。2010年末，有户籍人口59161人，其中男性29906人、女性29255人；有少数民族14个158人。有外来暂住人口24805人。

政治建设 镇党委以共建共享和谐幸福新利港为目标，以“联系群众工作年”主题活动为抓手，认真开展“学习实践巩固年”活动，坚持用科学发展观、中共十七届四中、五中全会精神武装党员，教育群众；先后开展公务员每月学法、时代先锋先进事迹报告会；参观世博会和赴浙江大学集中封闭培训等形式多样的学习培训、考察活动。开展“基层组织强化年”活动，大力创建“星级红旗社区”，实施“凝聚力”工程，对10个党支部进行更名、撤销和隶属关系的调整，完成村“两委”换届选举。深入开展廉洁自律、“双学双争双评”等廉政教育活动，落实党风廉政建设责任制，强化对工程建设领域、教育收费、绩效工资制度和镇集体经营性资产租赁进行执法监察，畅通纪检监察信访渠道，严厉查处各类违纪案件。镇政府及时掌握社情民意，听取各方建议，自觉接受镇人大的监督；积极听取和采纳镇政协工委的意见、建议36件，办复率达100%，代表满意率98%。

经济建设 全镇完成工商业开票销售278.22亿元，比上年增长45.19%；完成利税总额19.11亿元，比上年增长22.39%；完成全社会固定资产投资45.38亿元，比上年增长58.89%；完成全口径财政收入8.5亿元，比上年增长19.8%；完成协议注册外资1.52亿美元，实际到账外资8011万美元。东支无公害蔬菜基地投入350多万元建成1000平方米配送中心主营区、500平方米农产品加工分档区。振江农业生态园投入近1000万元建成1000平方米育苗楼和4万平方米钢架大棚，2000平方米的智能温控大棚正在调试中。维常村200公顷水域与申港形成一体开发的特色水产养殖区，列入市“万顷良田”建设重点工程。工业项目开工25项，其中技改项目17项，工业投入32.38亿元，比上年增长34.66%。25个企业开票收入均超亿元，26个企业入库税金均超500万元。双良空冷机、利士德EPS、国光重机7000吨油压机、力沃新能源太阳能锅炉等13项项目竣工投产。海伦化学PTA、海水淡化设备、乐基科技风力发电设备、辰洋净化设备、欧凯纳斯生物制药等12项项目在建。投资30亿元的柳工机械项目落户利港。投资82亿日元的日本信越光纤预制棒项目开工建设。三产服务业投入11.8亿元,比上年增长201.58%。利泰能源公司实现开票销售26.38亿元。金一文化公司完成开票销售19.47亿元。利港电厂灰场煤炭储运码头建设进入前期准备工作。以新市镇建设为契机,城中花园、金港豪庭、金港东方等住宅商品房加快开发建设。

社会建设　巩固与浙江大学的合作,完成科技服务平台建设,启动机械装备公共技术平台建设;大力实施科技创新和品牌战略,积极参与国家标准制订和品牌的申报,申报省高新技术企业2个、无锡市高新技术企业4个,申报省高新技术产品16种,申报国家专利311件。完成西石桥幼儿园建设,利港教育中心启动建设;实施校舍加固和学校改造工程,完善提升校园配套设施;成人教育坚持服务“三农”、服务企业,开办72个班次,培训3965人次。组织“欢乐夜晚·品味幸福”送戏进城、“幸福进万家·文化欢乐行”送戏下乡、“花好月圆”中秋文艺晚会等文艺演出12场次。小品《住院》获首届全国戏剧三等奖。带响风筝、芦埠港灯会被列入无锡市非物质文化遗产名录。成功举办利港镇第二届龙狮文化节。举办摄影书画美术作品展、中秋灯谜会等文化活动。完成7个区块的控源截污工程,投资近3000万元建成污水管网22公里;新增绿化面积66.7公顷,投入680万元实施17个自然村的整治,硬化道路8万平方米,整治家河7.8万平方米,绿化道路2万平方米。完成本地农村劳动力培训505人、外地劳动力培训250人、创业培训30人、高技能培训33人,举办劳动用工招聘会4场,提供就业岗位4376个,完成目标任务的156%;新增参保人员3023人,完成年度城保扩面任务的159%;城保应并轨6236人,完成签约6087人,签约率98%;企业劳动合同签订率99.3%。开展“慈善一日捐”,募集慈善基金258.2万元,361户困难家庭得到慈善救助;为1753名低保人员发放生活补助264.4万元;全镇党员干部结对帮困829人,落实帮扶资金57.3万元;为513位特困学生发放助学金59万元;加快贫困户危房改造,修建改造危房10户;完成利港社区、兴港社区、陈墅社区居家养老站建设。实施矛盾纠纷调处属地负责制,镇村两级调解组织共受理调处各类纠纷156起,调处成功率100%。全面推进医药卫生体制改革,实施国家基本药物制度;基本建成新利港卫生院,调整设置社区卫生服务中心;被国家爱卫会命名为国家卫生镇。仁和村、龙港社区和苍山村通过江苏省卫生村考核验收,实现省级卫生村的全覆盖。怡达化工公司作为江阴市第一个江苏省健康促进示范企业,顺利通过省级考核验收。积极组织农村居民参加农村合作医疗,参保率为100%。为25318名农村居民进行免费体检,参检率98.18%。计划生育率99%,人口出生率和自然增长率分别为5.82‰和0.14‰,流动人口计划生育管理日趋规范。举办迎新春乒乓球比赛、“绅豪杯”台球比赛、“华平杯”元宵羽毛球比赛、游泳比赛等群众体育活动20多次。

2010年利港镇主要经济社会指标一览

表89

指　标	单位	数量	比上年增减(%)	指　标	单位	数量	比上年增减(%)
地区生产总值	亿元	71.19	12.99	出口商品供货总值	亿元	11.13	1.60
人均地区生产总值	万元	12.07	12.80	工业企业	个	445	0
财政收入	亿元	8.50	19.80	服务业(三产)总产值	亿元	26.60	16.26
二、三产业增加值占地区生产总值比重	%	69.39	13.36	中小学校	所	4	0
农业总产值	亿元	4.20	3.96	中小学校在校学生数	人	5908	−3.50
粮食总产量	万公斤	2105	−4.41	农村人均住房面积	平方米	66	1
工业总产值	亿元	200.18	10.82	数字电视入户率	%	97.50	0.50
工业利税总额	亿元	19.11	22.39	年末从业人数	人	57594	13.21
年末工业固定资产原值	亿元	84.57	13.22	农村居民人均收入	元	17238	12.67
工业用电量	亿千瓦时	4.90	10.10	社保参保率	%	93	8
工业固定资产投资	亿元	32.38	35	劳动合同签订率	%	99.30	0.80
协议注册外资	万美元	15150	325.68	月薪制实施率	%	90	0
到位注册外资	万美元	8011	1912.81	新型农村合作医疗参保率	%	100	0

2010 年利港镇开票销售收入前 10 名企业一览

表 90

名次	企业名称	销售收入(亿元)	法人代表	名次	企业名称	销售收入(亿元)	法人代表
1	江苏双良集团有限公司	111.44	缪双大	6	江阴双帆贸易有限公司	5.88	盛亚坤
2	江阴利泰能源材料有限公司	26.38	孙　峰	7	江苏怡达化工有限公司	5.03	刘杏元
3	江苏金一文化发展有限公司	19.47	钟　葱	8	江阴苏利科技有限公司	2.89	缪金凤
4	江阴市华骏机械有限公司	8.07	高建华	9	江阴郎博特钻杆制造有限公司	2.74	沈亚华
5	江阴加华新材料资源有限公司	6.37	百　福	10	江阴市液压油管有限公司	2.66	谢耀坤

2010 年利港镇各村(社区)基本情况一览

表 91

村(社区)名称	户数(户)	人口(人)	村(社区)党支部(党总支、党委)书记	村(社区)主任	村(社区)开票销售收入(亿元)	人均纯收入(元)
利港社区	1834	6173	姚建军	姚建军	13.84	17240
陈墅社区	1123	3639	江建洪	张　波	114.56	23856
仁和社区	679	2666	黄　平(副)	黄　平	0.27	16932
龙港社区	624	2118	蒋章林	蒋章林	0.26	17060
兴港社区	900	3009	奚华良	黄鞋娣	1.85	17405
兴利社区	731	2917	周伯清	董德章	1.16	16800
西安社区	629	2234	魏国瑜(副)	刘跃生	0.71	17131
黄丹村	1171	4317	潘惠忠	王永忠	0.63	17371
巨轮村	1098	4102	叶国庆	缪逸香	3.41	16950
西奚墅村	815	2985	谢国平	陈华中	5.89	17126
北郭庄村	1498	4822	杨岳祖	黄国兴	3.22	16832
江市社区	1188	4075	汤春明	汤春明	8.68	15994
苍山村	1071	3500	戚国兴	顾叙才	2.96	15476
东支社区	705	2426	常国和	常国和	1.99	17808
维常村	808	2797	刘志伟	王国清	0.43	16011
后梅社区	814	2617	盛南华	盛南华	0.52	15364
西石桥社区	1544	4764	吴助国	牟学军	2.01	17077

【集镇建设】 2010 年，利港镇以畅通市镇交通、提升市镇功能、改善居住条件为重点，全力推进集镇建设。投入 5000 万元的兴港路南延工程和投资 7000 万元的西利路南延拓宽工程竣工通车；投入近 3000 万元的亲水湖生态公园全面建成，绿化、亮化工程基本到位；新利港卫生院、敬老院和西石桥幼儿园竣工验收，利港教育中心开工建设。完成 673 户农户拆迁，拆迁面积 23 万平方米；完成 29 个企业拆迁，拆迁面积 5.2 万平方米；建成交付安置房陈墅三期、四期，兴西花苑三期和港郦一期多层共计 15.4 万平方米，安置拆迁户 418 户；3 万多平方米的小高层安置房将于 2011 年初完工。

【西石桥幼儿园竣工】 2010 年 1 月，利港镇投入 1500 万元易地新建西石桥幼儿园，占地面积 0.3 公顷，建筑面积近 8000 平方米。由新加坡国际知名设计公司设计。2011 年元旦交付使用。

【亲水湖公园建成】 2010 年，利港镇投入 3000 多万元，建设占地 13.34 公顷的亲水湖公园。亲水湖公园，顾名思义就是要让市民临近水、亲近水，更要保护水。为此在公园内近百亩的湖边建造各式各样的亲水平台，让市民感受江南水乡水的灵动和戏水时的那份欢愉。亲水湖公园建有一座秀美壮观的九孔桥，桥栏杆上形态憨掬的石狮子，让人觉得有几分北京卢沟桥的韵味。亲水湖公园于 2011 年元旦正式开放。

【举办第二届龙狮文化节】 2010 年 11 月 20 日晚，“龙腾利港雄狮舞”利港镇第二届龙狮文化节开幕。市委宣传部部长徐冬青宣布开幕，并在现场观看演出。全镇近万名群众的掌声将龙狮舞表演衬托得愈发喜庆。龙狮舞是中华民族的文化瑰宝，距今有 2000 多年的历史。利港是龙狮舞之乡。利港龙狮舞被列入无锡市非物质文化遗产目录。利港镇举办第二届龙狮文化节，是为了进一步传承龙狮舞这一民族文化传统，充分展示龙狮舞的文化魅力。

（高建钢　林　麟）

月 城 镇

【概况】 月城镇是中国民间文化艺术之乡,位于江阴市西南,东与徐霞客镇毗邻,南连青阳镇,西接常州市武进区,北以秦望山为界与南闸街道接壤;紧靠沪宁、沿江高速公路,锡澄公路纵贯全镇,镇东设有新长铁路客货站。镇域总面积38平方公里,耕地面积1800公顷,下辖9个行政村和1个社区。2010年末,有户籍人口42580人,其中女性21018人、男性21562人;有少数民族13个148人。有外来暂住人口14288人。

政治建设 实施“优秀企业家培训计划”、“富二代培养计划”和“镇村后备干部培养计划”,举办各类培训班6期,培训380余人次。加强干部监督管理,出台《月城镇机关考核实施意见》《月城镇机关责任追究办法》等规章制度。建立党员“致富帮扶岗”“信息传递岗”“技术交流岗”28个。实施非公企业党员发展工程,发展党员46人。积极实施“党内关怀工程”,慰问困难党员163人,发放慰问金5万多元。政府办理人大代表建议29件,代表满意率达97%。召开月城镇十七届人民代表大会第四次会议。建立健全行政效能监察网络,建立党代表工作站3个,成立村级纪律监督委员会,从严查处腐败分子,全年立案查处违纪党员11人。

经济建设 完成地区生产总值40.88亿元、工商业开票销售收入171.2亿元、到账外资1324万美元,完成全口径财政收入5.19亿元,其中一般预算收入1.85亿元,新增全社会固定资产投入17.02亿元,其中工业投入10.57亿元、服务业投入5.6亿元、农业投入8500万元,万元地区生产总值产值能耗下降5%。全镇经济林种植面积533.4公顷,林木种植面积266.7公顷,水产养殖面积333.4公顷,水生植物种植面积33.4公顷。商贸流通、房地产开发和生态旅游齐头并进,服务业开票销售55.6亿元。旅游业与生态农业、文化体育、民俗历史和新市镇建设有机结合,吸引观光旅游者40万人次。

社会建设 新增省民营科技企业3个、无锡市高新技术企业1个,获批省院士工作站1个,申报国家专利150件,申报无锡和省工程技术中心各1个、省高新技术产品3种、创新基金项目1项、无锡市科普教育基地1个、无锡市科技型农业合作社1个。有36名初三学生考取南菁、市中,24名高三学生考取本科;中小学特色教育——“小戏进课堂”成效明显;成人教育学校组织培训44期2728人次。举办江苏省第八届少儿象棋定(升)级赛。举办首届水韵月城生态旅游节系列活动,协统龙舟队在2010年江苏省“月城杯”龙舟精英赛中获冠军。群众体育特色鲜明,被评为江苏省群众体育先进集体。完善文化阵地建设,增设江阴市图书馆月城分馆、文化信息资源共享工程和戏曲票友协会活动室等12个活动场所。年内发表各类文艺作品12件,获各类奖项8项,周华元编剧的电影《绿色风暴》完成拍摄,《月城镇志》正式出版。开展环境卫生专项整治,清除卫生死角82处,清除收运生活垃圾1.32万吨,投资60万元新建公厕5座。完成全镇9个民兵营(连)规范化和市民防疏散试点建设及年度征兵任务,被评为无锡市征兵工作先进单位。开展人口和计划生育工作30周年成果展,投入10多万元增设计划生育宣传栏,实现全镇各村(社区)世代服务的全覆盖。户籍人口计划生育率99.05%,人口与计生知识普及率95%以上。培训劳动力812人次,新增本地劳动力就业563人。成立股份合作社3个、专业合作组织6个,吸纳农户76户。新增社保扩面3640人,发放各类保障金1150多万元,有27036人参加新型农村合作医疗保险,覆盖率100%。结对帮扶144对,救助困难学生、困难家庭、癌症病人、残疾人等3661人次,发放救助金162.6万元。全面推行基本药物制度,配备国家基本药物311种,均执行零差价销售。完成文化小区10万平方米技防改造,实施物业管理。发挥“大调解”作用,进一步推广“双泾模式”,全镇200人以上企事业单位相继成立专职人民调解员队伍。处理网上信访、投诉163件,实现100%的答复率。完成绿化面积175.8公顷,山体复绿11万平方米,累计19万平方米,全镇绿化率31%。完成卧龙村、双泾村林果区和团结河净化拦截工程;完成新丰河、新胜河等13条河道整治,清淤28万立方米,构筑驳岸3公里。新建桥梁8座,改造桥梁5座。戴庄村、月城村、下塘村和社区的拆迁工作如期进行,完成拆迁186户,总面积超4万平方米,年内竣工交付安置房3.43万平方米。

2010年月城镇主要经济社会指标一览

表92

指 标	单 位	数 量	比上年增减(%)	指 标	单 位	数 量	比上年增减(%)
地区生产总值	亿元	40.88	21.60	出口商品供货总值	亿元	3.95	3.40
人均地区生产总值	万元	9.61	22	工业企业	个	580	9.43
财政收入	亿元	5.19	30	服务业(三产)总产值	亿元	21.38	28.95
二、三产业增加值占地区生产总值比重	%	96.40	0.10	中小学校	所	4	0
农业总产值	亿元	2.10	10.20	中小学校在校学生数	人	3462	-8.10

续表 92

指标	单位	数量	比上年增减(%)	指标	单位	数量	比上年增减(%)
粮食总产量	万公斤	719	-21	农村人均住房面积	平方米	50	0
工业总产值	亿元	116.17	25.50	数字电视入户率	%	100	0
工业利税总额	亿元	8.82	20.82	年末从业人数	人	30285	7.77
年末工业固定资产原值	亿元	22.90	23.38	农村居民人均收入	元	17072	15
工业用电量	亿千瓦时	7.27	3.86	社保参保率	%	100	0
工业固定资产投资	亿元	10.57	10.08	劳动合同签订率	%	100	0
协议注册外资	万美元	1048	94.07	月薪制实施率	%	100	0
到位注册外资	万美元	1324	461	新型农村合作医疗参保率	%	100	0

2010 年月城镇开票销售收入前 10 名企业一览

表 93

名次	企业名称	销售收入(亿元)	法人代表	名次	企业名称	销售收入(亿元)	法人代表
1	江阴华润制钢有限公司	24.06	恽相才	6	江苏昊华华东聚苯工业有限公司	5.29	陈小龙
2	江阴锦澄钢铁有限公司	11.39	吴燕华	7	江阴春兴合金有限公司	3.16	杨春明
3	江阴协统汽车附件有限公司	10.90	钱德洪	8	江苏佼燕船舶设备有限公司	2.56	华世正
4	江阴泰富沥青有限公司	6.42	丁爱民	9	江阴恒力电子有限公司	2.37	张富祥
5	江苏宏晟重工集团有限公司	5.91	偶洪元	10	江阴市华盛印刷有限公司	2.02	严树珊

2010 年月城镇各村(社区)基本情况一览

表 94

村(社区)名称	户数(户)	人口(人)	村(社区)党支部(党总支、党委)书记	村(社区)主任	村(社区)开票销售收入(亿元)	人均纯收入(元)
戴庄村	1136	4238	徐坤龙	吴伯骏	2.61	16900
月城村	1553	5447	徐小虎	秦中华	12.12	20200
秦皇村	895	3205	苏冬青	葛建清	2.04	13959
沿山村	1259	4547	梁林宝	顾栋华	55.31	18800
卧龙村	1177	4240	吴国华	司建荣	0.53	14900
双泾村	2750	9439	钱德洪	钱国尧	15.41	18003
下塘村	926	3251	张禹贤	薛金方	5.85	16300
蔡庄村	720	2459	严伟明	沈建新	1.69	14510
黄桥村	1227	4295	吴卓平	刘登峰	1.03	15900
月城社区	607	1532	赵伟忠	赵伟忠	–	–

【水芸苑安置小区开工】 2010 年 9 月 17 日，月城镇举行水芸苑安置小区开工仪式。该小区是月城镇政府加快推进集中居住、建设水韵新城的重点工程。小区西临月前路，南近南埭路，东接红旗路，北连环南路，占地面积 6.23 公顷，总建筑面积 13.49 万平方米，总投资 2.3 亿元，采取 BT 合作方式建设，由江阴水韵新城项目投资有限公司承建。

【3 项重点重大项目开工】 2010 年 3 月 13 日，月城镇举行 3 项重点重大项目开工仪式。开工的 3 项项目有：江阴市机械制造有限公司技改扩能项目，总投资 3 亿元；江阴市三久铝业有限公司新型环保铝型材项目，总投资 8000 万元；江恒宏基房地产公司超市项目，总投资 6000 万元。

【用“生态浮岛”整治河道】 2010 年，月城镇投入 60 万元，在全长 3.77 公里的团结河上铺设“生态浮岛”，种植 2200 平方米水生植物。“生态浮岛”不仅可以吸收水中的部分有机物，增加水体与植物的接触面，抑制藻类生长，增加生态水系的绿化覆盖量，营造水面景观，还能为鱼类生存创造良好的条件。该镇在团结河成功放养 40 余万尾鱼苗，且生长良好。

【被认定为省螺蛳美食名镇】 月城镇有水产养殖面积 333.4 公顷，从事螺蛳养殖、捕捞、加工、销售的农民近千人，尤以双泾螺蛳最为有名，并成立双泾特种水产专业合作社。双泾螺蛳系鱼池螺蛳，与鱼苗共生培养，具有螺色青绿、螺壳薄脆、螺体圆润、螺肉鲜洁的特点，被尊为是高蛋白、低脂肪、高钙质的天然动物性保健食品。该镇在注册“月城双泾螺蛳”特色农产品商标的基础上，向江苏省烹饪协会申报“江苏螺蛳美食名镇”，以此做大做强地方特色招牌饮食，拓宽农民增收致富渠道。2010年5月25日，江苏省烹饪协会专家小组一行8人，对月城镇申报的江苏省螺蛳美食名镇进行考察认定。专家组通过听汇报、实地考察、品尝螺蛳后，认定月城镇为江苏省螺蛳美食名镇。

【举办首届水韵月城生态旅游节】 2010年6月16日，首届水韵月城生态旅游节开幕式暨’2010江苏省“月城杯”龙舟精英赛在月城镇双泾雷介泾河畔拉开帷幕。江苏省体育局副局长、龙舟协会会长颜争鸣，江苏省旅游局副局长袁丁出席开幕式。江阴市委书记朱民阳宣布旅游节开幕。水韵月城生态旅游节为期7天，以“生态、和谐、幸福”为主题，除别具一格的水乡特色开幕式外，旅游节期间还举办江苏省龙舟精英赛、“水韵善溪·农夫果园”开园仪式、信鸽展示会、’2010“月城杯”垂钓精英赛、中国双泾螺蛳烹饪技能大赛等五项活动。在江苏省龙舟精英赛中，月城协统龙舟队荣获冠军。

【“水韵善溪·农夫果园”开园】 2010年6月19日，与双泾生态园南北呼应的“水韵善溪·农夫果园”开园，这是月城镇巧做水韵文章、用生态农业支撑江阴市“不开发区”建设的旅游新亮点。“水韵善溪·农夫果园”依托万顷良田生态经济林果区的种植基础，通过水系沟通、绿化造景、水上采摘，形成可赏、可游、可学、可参与的休闲空间。该园首期规划面积33.4公顷，其中百果园、百花园、善溪梨园等种植区近20公顷，万荷竞放、清波莲语、善溪观渔等水面种植区近13.4公顷，水上采摘廊架长800米，陆上廊架长1000米，形成车行、步行、舟行3条旅游线路。

【电影《绿色风暴》开机】 2010年9月2日，电影《绿色风暴》在月城镇双泾生态园开机，这部讲述绿色环保理念的电影全程在该镇境内取景拍摄。电影讲述的是富二代如何在家族矛盾纷争、企业管理中努力提升自己，做大企业及同时做好环保工作的故事。该影片由月城镇企业家周华元编剧，樱花梦、奇安特、友利特等民营企业投资与央视6套合作拍摄。这部电影将乡镇企业生存发展壮大的历史背景，与新时期企业转型提升的探索实践相结合，既有深刻的思想性，又有曲折的故事性。 （是赛亚）

青阳镇

【概况】 青阳镇位于江阴市南端，东与徐霞客镇接壤，南与无锡市惠山区堰桥镇、前洲镇相邻，西与常州市武进区芙蓉镇隔河相望，北与月城镇毗邻。中心镇区距江阴市区18公里，镇域总面积67.56平方公里，耕地面积1820公顷，辖15个行政村、1个街道办事处和3个社区居委会。2010年末，有户籍人口68664人，其中男性33097人、女性35567人；有少数民族11个311人。有外来暂住人口38216人。

政治建设　镇党委中心组每月学习一次，采取党校培训、专题讲座、党课教育等形式开展政治学习，举办各类培训班30期（次），培训3156人次。加强党的组织建设，完成农村基层110个党组织换届选举，发展党员64人，建立党员中心户18户。加强党的作风建设，健全完善镇机关绩效考核制度及机关内部管理制度；深入推进党风廉政建设和反腐败工作，组织《廉政准则》专题讲座，下发廉政教材300余本；加强工程建设项目招投标管理，对政府重点重大工程项目从招投标起实行全程监管；全年立案查处违纪案件6件，有6名党员受到组织处分。召开镇十七届人大四次会议，选举陈东平为镇人大专职副主席、陈开为副镇长。

经济建设　完成地区生产总值55.24亿元、工商业销售收入228.1亿元、财政收入4.05亿元，完成协议注册外资3120万美元、到位注册外资1512万美元。全镇农民人均纯收入15668元。注重不开发区发展特色，大力发展现代高效农业，完成现代农业投入1.67亿元，万顷良田现代农业观光园基本建成，塘头桥优质粮油生产区全面建设，观光园二期规划选址完成。加大引资力度，全年签约土地出让项目11项，其中药芯焊丝、船舶配件、富华汽配、染整设备、太阳能硅片、热模锻等6项为工业项目，万豪生态酒店、中国儿童电影欢乐园、直升机航空俱乐部、莎芭（1881）酒吧街区和青盛木业市场5项为服务业项目。组织开展“项目建设突破年”活动，成功组织4项投资均超10亿元的重点重大项目集中竣工开工仪式。年内东昊不锈钢管、沃尔德轴承、裕华汽车配件扩能、星宇扩能、华实物流等项目投入建设，广大钢板、德瑞尔物流、华昌钢管等一批项目建成投产。全年申报国家中小企业创新基金项目2项、省高新技术企业2个、省民营科技企业4个、无锡市高新技术企业7个。完成服务业增加值22亿元，比上年增长20.9%，名列全市第五。生态旅游业实现突破，嘉茂国际花鸟园建成开园，观音文化展示馆开馆。

社会建设　围绕建设青阳新城核心区目标，组织实施“500天行动计划”，制订《青阳新镇区城市规划计划》《青阳镇城市休闲旅游产业发展总体规划（2010~2020）》《青阳城市街区照明规划设计》《青阳新镇区核心区凝秀湖景观设计》，完成城市建设项目21项，在建项目11项，公园改造和配套建设项目5项。开发商品房30万平方米，交付16.5万平方米；建成安置房10万平方米，提供安置房800套。高档住宅区锦绣庄园全面建成入住，府前沁园、亲水阳光小区建成交付，建设道路5条，总长6公里。新区大源步行街、波曼大酒店相继建成，暨南大道、青阳南桥、文体中心等重大项目完成80%。拆迁安置工作有力推进，拆迁农户310户，拆迁建筑面积6.8万平方米，安置拆迁户500套5.8万平方米。加快新农村建设，树家村、泗河口村、赵宕村被列为无锡市新农村建设创新村，并分别组建农村经济股份合作社。完成普照村土地股份制创建。加强就业保障扶持力度,新增就业岗位2964个,解决本地劳动力就业750人,举办各类职业技能培训班18期,培训农村劳动力720人、外来农民工320人。新增城保扩面参保企业40个2154人,新增农保462人。加强农村环境整治工作,3月被评为国家环境优美乡镇。建设农村居民点生活污水集中处理工程,建成集中处理点6个;投入600万元完成15个自然村庄整治,疏浚河道15条,清淤15万立方米。新增绿化面积58.86公顷,创建为无锡市"绿色家园示范镇"。投入286万元完成义务教育高位均衡区创建,完成青阳中学敬业楼翻建和青阳二中教育现代化改造,中心幼儿园东校区一期建成开园。举办11场大型文艺演出,参加无锡市演出获金奖,送戏下乡20场、电影135场。广泛开展群众性体育活动,体育人口为75%。组织32454人参加免费体检,落实新农合33321人,80197人次得到农保门诊补助。计划生育率99%。高度重视信访工作,调解矛盾纠纷1104起,调解率100%。扎实开展争创文明镇、文明村、文明单位、"五好文明家庭"活动。

2010年青阳镇主要经济社会指标一览

表95

指标	单位	数量	比上年增减(%)	指标	单位	数量	比上年增减(%)
地区生产总值	亿元	55.24	12.01	出口商品供货总值	亿元	8.60	16.20
人均地区生产总值	万元	8.12	12	工业企业	个	671	2.60
财政收入	亿元	4.05	17.73	服务业(三产)总产值	亿元	61.30	69
二三产业增加值占地区生产总值比重	%	96.14	0.22	中小学校	所	6	0
农业总产值	亿元	5.88	41.46	中小学校在校学生数	人	13237	−1.65
粮食总产量	万公斤	2185	6.60	农村人均住房面积	平方米	42	2.40
工业总产值	亿元	165.91	17.25	数字电视入户率	%	89.50	0.50
工业利税总额	亿元	8.16	3.95	年末从业人数	人	50449	4.90
年末工业固定资产原值	亿元	30.14	8.60	农村居民人均收入	元	15668	17.27
工业用电量	亿千瓦时	6.09	20.26	社保参保率	%	95	0
工业固定资产投资	亿元	12.18	20.50	劳动合同签订率	%	98	0
协议注册外资	万美元	3120	362.20	月薪制实施率	%	91	1.10
到位注册外资	万美元	1512	−7.46	新型农村合作医疗参保率	%	99.98	0

2010年青阳镇开票销售收入前10名企业一览

表96

名次	企业名称	销售收入(亿元)	法人代表	名次	企业名称	销售收入(亿元)	法人代表
1	无锡市兆顺不锈中板有限公司	50.07	杨兆顺	6	无锡中硅科技有限公司	3.12	孙　勇
2	江阴市澄润石油化工有限公司	15.40	赵玲娣	7	江苏裕华汽车零部件有限公司	2.69	谢　放
3	无锡市金涛铜业有限公司	13.67	金　唐	8	江苏飞宇铜业有限公司	2.17	章蓉娣
4	江苏星源航天材料股份有限公司	4.51	张新明	9	腾辉电子(江阴)有限公司	1.68	王岳柏
5	无锡市铁通钢铁有限公司	3.61	钱祖强	10	江阴市龙浩钢铁贸易有限公司	1.58	李静茹

2010年青阳镇各村(社区)基本情况一览

表97

村(社区)名称	户数(户)	人口(人)	村(社区)党支部(党总支、党委)书记	村(社区)主任	村(社区)开票销售收入(亿元)	人均纯收入(元)
街西村	594	1787	郑　云	吴志龙	4.87	20150
青联村	923	3066	沈国清	陈国兴	19.41	20000
小桥村	1340	4753	李忠德	袁兴才	13.90	20000
建义村	943	3284	张国清	庄晓平	19.33	14480
里旺里村	1446	5071	胡云龙	吴耀兴	61.51	15400
悟空村	1474	5328	黄永庆	徐建良	5.10	14740

续表 97

村(社区)名称	户数(户)	人口(人)	村(社区)党支部(党总支、党委)书记	村(社区)主任	村(社区)开票销售收入(亿元)	人均纯收入(元)
普照村	1341	4888	王林仁	吴美英	3.15	15063
芦塘村	1338	4878	薛 俊	李伟良	5.81	14400
邓阳村	716	2595	王建峰	薛荣伟	2.25	15157
塘头桥村	1159	3845	陈林芳	薛思新	3.94	15050
新安村	982	3320	吴伟祥	奚甫清	2.53	15076
桐岐村	1024	3404	马兴洪	顾敏刚	3.69	14950
赵宕村	1104	3943	俞建国	黄建新	3.16	13800
泗河口村	1126	4024	曹文江	王小英	2.81	13754
树家村	1420	4811	季丙良	王建峰	3.76	13000
旌阳社区	1540	4006	孙 鸣	吴闽青	–	15668
迎秀社区	2063	5338	孙 鸣	薛 葵	–	15668
桐岐社区	132	323	孙 鸣	朱仁良	–	15668

【通用航空基地落户青阳】 2010年3月9日，青阳镇人民政府与上海东方通用航空有限公司签订新建通用航空江阴基地协议书。市领导王锡南、计军、陈佩民、封晓春和民航总局华东管理局巡视员郭有虎出席签约仪式。通用航空江阴基地的建成，将使江阴进一步扩大对外交流，服务社会管理，促进旅游产业发展，增强旅游功能。这是江阴率先在全国建设县市级机场，对提升江阴形象有着积极的推进意义。

【《幸福江苏》在青阳首场直播】 2010年3月22日，由中央人民广播电台、江苏人民广播电台、中国江苏网等新闻媒体举办的大型新闻行动《幸福江苏》首场现场直播在青阳镇嘉茂国际花鸟园举行。市委书记朱民阳与青阳镇党委书记严军明一同作客直播间，并就不开发区建设如何提升百姓幸福指数接受现场采访。

【旌阳腰鼓在锡城摘冠】 旌阳腰鼓是青阳地区的传统腰鼓，在民间流传久远。2010年4月17日，青阳镇旌阳腰鼓队代表江阴市参加2010无锡市广场文艺演出活动开幕式暨无锡市广场腰鼓、莲湘大赛。无锡市、江阴、宜兴一城两市14支腰鼓、莲湘队参加大赛。经过激烈的角逐，青阳旌阳腰鼓队获腰鼓大赛金奖。

【中国儿童电影欢乐园落户青阳】 2010年8月8日，青阳镇与北京国广星光影视投资管理有限公司、江苏德日畅投资有限公司签订中国儿童电影欢乐园项目投资合作协议书，标志该项目正式落户青阳。该项目规划用地73.34公顷，总投资5亿元，全力打造集儿童电影主题游乐、儿童电影拍摄、儿童用品创意于一体的儿童电影产业创意基地，开创中国儿童教育、娱乐、休闲度假、购物的中国式“迪斯尼乐园”。

【获省“学陶”先进集体称号】 多年来，桐岐中心小学积极践行陶行知教育思想，创设“陶景”，学悟“陶言”，培育“陶苗”，举办“陶论”，学唱“陶歌”，开展“陶研”，形成浓烈的学陶、师陶、弘陶氛围，并取得显著成果。2010年10月17日，在庆祝江苏省陶行知研究会成立30周年暨伟大的人民教育家陶行知先生诞辰119年大会上，桐岐中心小学获省“学陶”先进集体荣誉奖牌。省学陶研究会出版的《行知研究》专刊，对桐岐中心小学开展学陶师陶作了集中宣传。

【《古镇梵音》出版】 由青阳镇史志办陈岳林创作的长篇历史报告文学《古镇梵音》，于2010年8月由内蒙古人民出版社出版。该书生动地再现了佛教、道教、天主教三大宗教在古镇青阳演绎的历史，展现了一幅富有传奇色彩而又光彩夺目的青阳历史画卷，可让今人更好地了解青阳历史的灿烂文明。《古镇梵音》一书23万字，由青阳镇党委书记严军明作序。 （张 军 陈岳林）

徐霞客镇

【概况】 徐霞客镇是明代杰出地理学家、旅行家徐霞客的故乡。该镇位于江阴市南部，东与祝塘镇接壤，南和无锡市惠山区堰桥镇隔河相望，西同青阳镇相连，北与云亭街道、周庄镇毗邻。境内建有徐霞客故居、中国徐霞客旅游博览园等旅游景点，是全国旅游特色景观名镇和中国最受欢迎的旅游名镇之一。该镇总面积110平方公里，耕地面积4002.67公顷，下辖21个行政村（其中村、居民社区合一的4个）。2010年末，有户籍人口108603人，其中男性54894人、女性53709人；有少数民族19个750人。有外来暂住人口49488人。

政治建设　年内发展新党员82人，123名预备党员转为正式党员。实行“公推直选”和“双推直选”的选举办法，完成85个党支部（总支）的换届选举工作，新一届村（社区）党支部（总支）成员平均年龄下降近3岁，大专以上学历比上届提高16%。建立3个党员代表监督站，每月活动两次，接待党员群众来访。强化基层廉政建设，以规范领导干部从政行为为重点，扎实开展基层党风廉政建设达标活动，21个行政村（社区)全部达到“五个一”标准。纪检、监察部门立案查处各类违纪违法案件18件。完成21个行政村第九届村民委员会和4个社区第四届居民委员会换届选举工作。镇人大组织市、镇两级人大代表,镇政协工委组织市政协委员,开展关注民生、致力推进幸福和谐专题调研,围绕老农保、统筹金退休人员生活待遇低、流转土地租金偏低等群众反映较多的热点、难点问题形成调研报告,向镇政府提出建议性意见和议案50件,切实保障民生发展。

经济建设 实现地区生产总值91.51亿元、工业总产值294.26亿元、农业总值6.36亿元、财政收入9.5亿元。继续推进农村改革,累计建成农村各类专业合作社30个。新增农业“三资”(工商资本、民间资本、外商资本)1.9亿元,完善现代农业园区建设,镇现代农业示范园被评为江苏省首批农业重点示范园,创建成无锡市标准化示范基地1个。各类土地股份合作社及种养大户经营面积4867公顷,规模经营比例为83%;通过国家级认证的无公害农产品有32种。重点建设“万顷良田”,流转整理土地180公顷。粮食生产呈恢复性增长态势,种植小麦面积867公顷、水稻面积2267公顷,粮食总产量2423.2万公斤。完善水利基础设施,新建排涝站2座,新修砼管地下渠道20公里,完成低洼地区圩岸土方3.8万立方米。新增绿化造林面积127公顷,全镇绿化覆盖率36.5%,15个行政村完成自然村围村林建设,21个行政村全部通过无锡市绿色生态示范村验收,镇被评为无锡市“十一五”期间绿化先进单位。创新招商路径,拓展招商领域,采取在深圳等地建立招商平台、举办经贸旅游和产业转型招商恳谈会等举措,实现协议注册外资2977万美元、到位注册外资2049万美元,新增外资项目3项。开展“决战决胜300天”行动,引导村、企快投入,争发展,完成工业性固定资产投入20.15亿元,比上年增长19.4%。全年新开工建设项目和技改扩能项目有54项,其中超亿元项目9项、超千万元项目42项。整治改造“三高两低”* 企业25个,关停“五小”企业8个。严把审报关,完成“三同时”* 项目53项,拒报“三高两低”项目12项,2个企业完成限期整改和中控室建设,3个企业实行清洁生产审核,5个企业完成ISO14000环境质量体系认证。控源截污工程两年任务一年完成,铺设生活污水管网96公里,接管入网企业20个,区内生活污水处理率80%,减排化学需氧量295吨,工业增加值能耗每万元0.55吨标煤,比上年下降5.2%。实现服务业投入7.3亿元,服务业增加值28.5亿元。镇物流中心、苏南塑化市场全面启动,引进东达物流、迈威物流等服务业项目17项。编制《徐霞客镇农业生态旅游区三年行动纲要》,成立江阴市首个镇级国际旅行社——徐霞客国际旅游社。徐霞客湿地一期竣工投运,幸福桃园二期等10个旅游重点项目启动建设,形成以农业园区、农家乐园为主要形态的农业生态休闲旅游特色。协办徐霞客国际旅游节和中国徐霞客旅游文化电视周,打造徐霞客旅游品牌,全年接待游客87万人次。在中国首届乡村旅游论坛上,该镇获国际著名乡村旅游目的地称号。

社会建设 申报国家专利208件,实施省级以上科技计划项目10项、无锡市级科技计划项目2项。与浙江大学、南京航空航天大学等大专院校进行产学研合作,新增企业技术研发平台和产学联合体10个,建立省级工程技术中心3个,重点实施产学研项目3项。申报国家科技型中小企业创新基金项目1项,申报省级高新技术企业2个,被认定省级民营科技企业2个,新增无锡市高新技术企业10个,新增省级高新技术产品3种。投入1400万元,实施峭岐中心幼儿园二期工程和完善徐霞客中学、徐霞客实验小学、璜塘中心幼儿园的教学设施。整合优化教育资源,璜塘实验学校实行中、小学分离,全面完成农村办学点撤并工作。全镇有380人考入四星级以上高中,其中71人被南菁高中和江阴高中录取。璜塘综合高中参加对口单招的81名学生,有80人达专科以上分数线,其中48人达本科分数线。在江阴大剧院成功举办“幸福江阴”徐霞客镇专场文艺演出。徐霞客锡剧团全年“送戏进城”6场,“送戏入村(社区)”136场。璜塘星宇娱乐宫和峭岐影剧院组织演出戏曲歌舞131场、放映电影334场。新型农村合作医疗参保率100%。开展“幸福徐霞客·免费健康体检”活动,为全镇5.6万名参保群众进行免费体检。投入1000万元改造马镇卫生院。开展农村环境整治,实施道路亮化、美化工程,其中长山大道沿线整治达8.2公里,粉刷墙体立面55万平方米。完成17条河道清淤,清除淤泥37.6万立方米。有8个自然村实现生活污水集中处理,新街、璜塘和马镇3个行政村实施生活污水无公害处理。镇被国家爱卫会正式批准为国家卫生镇。全面开展“村村体育健身工程”,全镇拥有83个露天运动场地和44个小型广场,有各类健身器材980余套。镇足球队获江阴市“澄强杯”足球联赛冠军。通过社会化运作以“徐霞客”冠名省体操队、省蹦床队、省技巧队和省艺术体操队。协办“徐霞客杯”中德国际足球邀请赛和中国徐霞客国际攀岩大师赛。实施“双百”富民工程,组织103位企业主和103户贫困家庭结对帮扶。建成江阴市创业促就业孵化基地和实训基地各1个,完成现代农民教育培训1300人,提供就业岗位2780个,职业介绍4020人。累计有2.2万名职工参加城镇职工养老保险,10704名历次被征地农民并轨城保,1.6万名老年农民享受新农保。全镇有7.1万人享受各类社会保障,占全镇总人口的65.7%。205410人次得到门诊和住院补助共2678.5万元。救助五保户、残疾人等困难群众442人,发放各类保障金59.3万元、优待金92.8万元。建立3个残疾人康复站、18个康复点，安排58名残疾人就业。向给4071名低保对象发放最低生活保障金655万元，资助658名低保户、低收入和特困家庭子女上学，发放助学金26万元。维护职工合法权益，规范劳资双方行为，签订劳动合同2.83万份、区域性集体合同22份、工资集体协商合同431份，签订率100%。调处各类劳资纠纷案件269起，调处成功率100%。扎实推进平安霞客创建活动，不断完善信访、民事调解、治安防控体系，全年受理群众信访207批1153人次；转办市民呼叫中心投诉咨询473件，答复率100%、满意率98%；及时调处各类矛盾纠纷513起，调解率100%、成功率98%。

2010年徐霞客镇主要经济社会指标一览

表98

指　标	单　位	数　量	比上年增减(%)	指　标	单　位	数　量	比上年增减(%)
地区生产总值	亿元	91.51	21.08	出口商品供货总值	亿元	35.52	72.90
人均地区生产总值	万元	8.42	21.15	工业企业	个	1053	5
财政收入	亿元	9.50	20.50	服务业(三产)总产值	亿元	51.96	10.73
二、三产业增加值占地区生产总值比重	%	96.52	0.63	中小学校	所	7	0
农业总产值	亿元	6.36	3.24	中小学校在校学生数	人	8953	−2.16
粮食总产量	万公斤	2423.20	1.06	农村人均住房面积	平方米	69	−7.70
工业总产值	亿元	294.26	20.93	数字电视入户率	%	99	0
工业利税总额	亿元	26.16	51.43	年末从业人数	人	76920	3.36
年末工业固定资产原值	亿元	72.19	−7.48	农民人均纯收入	元	14920	7.73
工业用电量	亿千瓦时	12.60	20.46	社保参保率	%	100	0
工业固定资产投资	亿元	20.15	19.40	劳动合同签订率	%	100	0
协议注册外资	万美元	2977	12.98	月薪制实施率	%	100	0
到位注册外资	万美元	2049	66.86	新型农村合作医疗参保率	%	100	0

2010年徐霞客镇开票销售收入前10名企业一览

表99

名次	企业名称	销售收入(亿元)	法人代表	名次	企业名称	销售收入(亿元)	法人代表
1	江阴市双达钢业有限公司	102.06	诸生明	6	江阴新仁科技有限公司	6.65	曾明柳
2	海润光伏科技股份有限公司	41.07	任向东	7	江阴金球集团有限公司	6.02	张希人
3	江苏万翔集团有限公司	17.83	陈建忠	8	江阴东晟电子有限公司	4.74	江国富
4	阿法拉伐(江阴)设备制造有限公司	10.60	申屠永学	9	无锡圣马科技有限公司	3.90	孙秉忠
5	江阴市江海非织造布有限公司	8.18	施建清	10	江阴金燕化纤有限公司	3.04	王进明

2010年徐霞客镇各村(社区)基本情况一览

表100

村(社区)名称	户数(户)	人口(人)	村(社区)党支部(党总支、党委)书记	村(社区)主任	村(社区)开票销售收入(亿元)	人均纯收入(元)
金凤村	1595	5268	黄根兴	薛德明	4.47	16450
任九房村(桥北社区)	1848	5047	任巍峰	任建平	100.72	18201
方园村	1777	6088	潘岳明	沈新军	11.18	17800
新须毛村	1006	3582	张亚良	孔忠平	6.26	19930
璜东村	1076	3866	庄　建	朱国华	11.72	19182
上东村	1836	6319	陈召良(副书记主持工作)	张荣兴	3.25	16580
璜塘村(桥南社区)	1427	4009	黄建祥	张振华	10.20	17115
北渚村	1844	6013	徐　虎(副书记主持工作)	曾雷军	13.82	15809
徐霞客村(马镇社区)	1440	4357	沈玉娟(副书记主持工作)	沈贤斌	3.51	14857

续表 100

村(社区)名称	户数(户)	人口(人)	村(社区)党支部(党总支、党委)书记	村(社区)主任	村(社区)开票销售收入(亿元)	人均纯收入(元)
马镇村	1139	3721	俞立华	张静德	5.91	13136
湖塘村	1042	3427	范云飞	张　坚	1.00	12204
红星村	1408	4914	王玉萍	顾建彬	7.84	14701
阳庄村	1304	4578	汪贤兵	金　平	2.67	14550
皋岸村	1801	6256	孔维章	张中南	3.19	14711
东宏村	1788	6289	吴东晓	蒋洪青	4.15	13039
黎明村	1348	4721	陆　振	封晓忠	10.69	12146
峭岐村(峭岐社区)	2406	6076	承东兴	金　春	2.66	15386
钓岐村	1566	5204	王建平	吴雪英	6.41	14774
宏岐村	1745	5979	胡震军	吴余清	7.33	16301
新街村	982	3586	胡建国	王林平	2.89	14749
南苑村	2792	9569	胡君良	王其海	2.42	11682

【被列入省首批行政管理体制改革试点镇】 2010年,中央编办正式确定徐霞客镇为江苏省3个经济发达镇行政管理体制改革试点镇之一。经济发达镇行政管理体制改革试点是落实中央关于“依法赋予经济发展快、人口吸纳能力强的小城镇相应行政管理权限”的精神,努力破解经济发展遇到的体制障碍,深入学习实践科学发展观的一项行政管理体制改革试行策略,旨在理顺职责关系,优化组织结构,加强基层政权建设,统筹城乡协调发展,着力提高社会管理和公共服务能力,充分发挥经济发达镇在区域经济社会发展中的辐射带动作用,为推进中国城镇化发展进程创造有利条件。改革的主要内容有:加快推进体制创新,对一些规模大、城镇水平较高、条件具备的经济发达镇适时进行区划调整;继续下放经济社会管理权,着力下放城建、环保、治安等涉及城市建设和管理方面的行政管理权限;创新机制机构管理,因地制宜设置机构,由所在省通过调剂的办法适当增加编制,鼓励继续创新人员配置方式,完善管理制度。徐霞客镇被列入经济发达镇行政管理体制改革试点,将为该镇加快“幸福霞客”建设带来新的机遇。

【镇女企业家协会成立】 随着经济的不断发展,徐霞客镇涌现出一批女企业家,她们已成为该镇经济建设的一支生力军。为使她们有一个交流探讨发展的平台,2010年3月7日徐霞客镇成立江阴市第一个镇级女企业家协会,协会由33位女企业家组成,协会旨在通过形式多样的活动,引导全镇女企业家进一步确立开拓创新意识,在妇女创业致富的实践中,发挥示范带头作用;进一步提高女企业家自身的素质和社会地位,维护女企业家的合法权益,壮大徐霞客镇女企业家队伍,为快速发展徐霞客镇经济,建设“幸福霞客”服务。

【建成国家卫生镇】 近年来,徐霞客镇先后投入资金数亿元,实施农村道路硬化、美化、环境整治、改水改厕、绿化亮化和生态家园建设等一系列工程,实现村村道路硬化。实现工业污水集中处理率100%,集镇建成区居民生活污水集中处理率80%,饮用长江自来水率99.4%,无害化卫生户厕普及率96%,生活垃圾、粪便无害化处理率100%,垃圾清运率100%,群众对环境卫生满意率93%。全镇绿化覆盖率36.5%,21个行政村全部建成江苏省卫生村。该镇还建立村环境卫生逐月考核评分的长效管理机制,达到长治久洁。2008年11月16日,该镇通过国家卫生镇考核验收,2010年9月通过国家卫生镇复查,12月17日国家爱卫会正式命名徐霞客镇为国家卫生镇。

【徐霞客冠名省4支体育队伍】 2010年徐霞客镇党委、政府把体育搭台作为铸造徐霞客品牌、促使品牌建设转型升级的重大举措来抓,除通过社会化运作、以“徐霞客”冠名承办重大体育赛事外,还冠名联办江苏省徐霞客体操队、徐霞客蹦床队、徐霞客艺术体操队和徐霞客技巧队4支省体育队伍。7月10日,徐霞客镇与江苏体育学院进行冠名签约仪式。冠名联办后,这4支体育队伍将以江苏省徐霞客体操队、徐霞客蹦床队、徐霞客艺术体操队和徐霞客技巧队为队名,参加国内的重大比赛和组团出国访问与交流等外事活动,这对提高徐霞客品牌在国内及国际的影响和知名度起到很大的推动促进作用,双方实现双赢。

【协办中国徐霞客国际攀岩大师赛】 2010年11月2~3日,由海润光伏科技股份有限公司、无锡圣马科技有限公司、江阴市双达钢业有限公司、江阴万羿服饰有限公司等16个企业联合协办的2010年中国徐霞客国际攀岩大师赛在徐霞客湿地举行。来自8个国家和地区的36名著名攀岩高手参加比赛。经过两天的角逐,中国队包揽了男女速度赛冠军,韩国队取得男女难度赛冠军。为协办这次赛事,徐霞客镇专门建造符合比赛要求的人工攀岩壁、热身墙及相关训练基地。徐霞客镇被国家体育总局、中国登山协会确定为国家攀岩队竞赛和训练基地，11月3日国家体育总局为基地授牌。

【徐霞客湿地一期工程竣工】 江阴市“不开发区”重点建设项目之一的徐霞客湿地一期工程，于2010年3月初开工，11月23日竣工。徐霞客湿地一期项目，规划为人文渔乐区、农耕体验区、湿地游教区和特色景观区，占地面积103.33公顷，由环湖路、旅游景观、自行车绿道3部分组成。环湖路宽6米，全长3600米，路上建有5座取意于徐霞客出游时曾东渡普陀、南涉闽粤、西至云贵边陲腾越州、北上燕京、游历九州的东普桥、南粤桥、西越桥、北燕桥和九州桥；修复东起锡澄高速公路，南到徐霞客村下村里，西至霞客大道，北至霞客湖南岸17.7万平方米范围内的旅游景观；建成自行车绿道1800米，其中木栈道120米。徐霞客湿地一期工程的竣工，初步实现该镇古代名人文化胜地与现代生态景点的有机结合，成为徐霞客镇旅游路线中的新亮点。

【士兵奖励金捐玉树灾区】 奚天，徐霞客镇徐霞客村人，2007年参军，为武警驻锡8720部队战士。他入伍后好学上进，刻苦训练，第一年就加入中国共产党。由于表现突出，入伍后的第二年两次被选拔到北京武警总部参加培训，被评为优秀学员。2009年新疆“7·5”事件发生后，他第一批被派往新疆执行维稳任务，被评为2009年度优秀士兵。徐霞客镇政府给予他700元优秀士兵奖励金。当奚天的父亲把这一消息告诉他时，奚天要父亲再垫上300元，凑足1000元，把这笔钱通过镇人武部转捐给玉树灾区，献上他的一份爱心。2010年4月21日奚天的父亲受儿子之托，来到镇人武部，把1000元钱交到镇人武部负责同志手里，由镇人武部转捐给了青海玉树地震灾区。 （李士兴）

华 士 镇

【概况】 华士，原名华墅、华市，又称龙砂，素为江南名镇。三国东吴孙权之母吴国太所建泰清寺古刹，宋代名将韩世忠、梁红玉夫妇抗金藏军洞遗址至今犹在。宋元时，华士地区已成为江南棉花交易集散中心，有“日出万匹，衣披天下”之美誉。华士镇是“天下第一村”华西村的所在镇，位于江阴市东部，东与新桥镇毗邻，东北与张家港市接壤，南连长泾镇、祝塘镇，西接周庄镇；340省道横贯该镇，沿江高速公路穿越华士工业园。镇下辖27个行政村和2个社区居委会，镇域总面积74.64平方公里，耕地面积2300公顷。2010年末，有户籍人口90736人，其中男性45487人、女性45249人；有少数民族16个200人。有外来暂住人口90189人。2010年11月，经市地名委员会批准，华西村更名为华西新市村。

政治建设　深入学习中共十七届四中、五中全会精神，积极开展“创先争优”活动，结合党员干部的思想情况和工作实际，重点开展“学习楷模老书记，科学发展争第一”“弘扬劳模精神、建设幸福华士”“学习华西快转型、科学发展上水平”“学华西、学理论，争当学习型干部、争创学习型组织”等主题活动；完成乡镇机构改革；262个基层党组织和27个行政村、2个社区举行换届选举；新建镇党员（人才）服务中心，开通“华士党建网”；新成立华中村、陆丰村2个村级党委，全年发展党员155人。镇人大视察评议政府工作6次，办理人大代表建议16件；召开华士镇第十六届人民代表大会第四次会议，选举陈献、张光明为华士镇副镇长。镇政协工委组织市政协委员开展调研，及时反映社情民意，办理建议54件；完成“三亲”史料文章93篇，近30万字。加快推进信息化建设步伐，全镇开通网上办公系统。在全镇设立3个党代表工作站，聘请36名党代表监督员，广泛听取社情民意；15个村（社区）成立村级纪律监督委员会；规范工程招投标，审计工程项目20项，核减资金500余万元；全年查处各类违纪案件12件。

经济建设　农业投入1.3亿元，新增土地流转面积40公顷，成立全市首家镇级农村合作经济联合会，首批会员有78人，注册资本1000万元。实现工业开票销售717.42亿元，比上年增长34.9%；把产业转型作为发展重点，制订出台镇产业转型实施意见和产业结构调整三年行动计划，新上工业项目88项，其中转型项目72项，设备投入超15亿元；加快形成优质马口铁、太阳能组件和优质带钢等3个超百亿生产基地和新型建材、优质纺纱等2个超50亿元的生产基地；高新产业投入超6.6亿元，占工业投入的33%，完成高新技术产业产值140亿元，高新技术产业增加值25亿元；积极推进企业上市，其中完成股改2个、进入辅导期2个。控源截污工程累计铺设管网74公里；加大节能减排力度，万元地区生产总值能耗比上年下降8.98%，削减化学需氧量183吨，实施大气污染防治和水环境综合整治“150天行动计划”。第三产业总投入超11.8亿元，开票销售72.7亿元，流通经营额117.5亿元，比上年增长16.6%；新增华西直升机旅游项目，开工建设闽海物流码头，华西空中新农村大楼、海澜之家科技研发中心封顶，华鑫钢材交易市场建成投运；成立总投资额逾13亿元的太海联股权投资基金。

社会建设　发放科技奖励金410万元，创建成无锡市科普示范镇；新增省高新技术企业1个、省民营科技企业8个、省工程中心3个和省高新技术产品10种，10种产品通过省级鉴定；获得国家中小企业创新基金、省重大科技成果转化基金各1项；申报国家专利597件，其中发明专利53件；新增中国驰名商标1个、省著名商标2个、省名牌产品2种。加快推进教育事业发展，完成3所村幼儿园（水池巷、朱蒋巷、曹家庄）撤并，新建成人教育中心校，并通过省级社区教育中心验收；陆桥中学教学楼、陆桥中心小学食堂投入使用。总投资2500万元的文化中心投入使用，免费开放文体活动项目20多项，全年举办各类文艺演出40多场；民间舞蹈《渔篮虾鼓》被列入省非物质文化遗产名录，6人被确定为无锡市、江阴市第一批非遗传承人；文艺创作精品迭出，共获各类文艺创作奖项30多个；积极推进文化产业项目建设，天华中医药文化健康产业园完成养生馆主体工程，建成投资7000万元、占地20公顷的华墅公园。改造镇区公厕14座，农村“池改厕”36座，道路保洁基本实现市场化运作。新建镇体育中心，规划设计镇室内游泳馆；举行第十一届中学生田径运动会，龚彬获全国坐式排球锦标赛金牌。新组建工会46个，完成工会和妇联基层组织换届选举，新建镇职工之家和妇女儿童之家。全面开展“十一五”人口协调发展先进镇创建工作，镇世代服务中心投入使用，村级世代服务室实现全覆盖。全年提供就业岗位6010个，安置本地劳动力就业1864人。举办各类职业技能培训18期，培训1248人。全镇居民人均收入超2万元，比上年增长8%，年末人均储蓄余额4.5万元。新增城保扩面参保13945人，发放被征地农民基本生活保障金2771万元。贯彻国家惠农政策，发放各类补贴资金118万元，兑现家电下乡、汽车摩托车下乡补贴317万元。实行城乡低保标准一体化，向819户2180名低保对象发放低保金226万元。募集615万元企业慈善冠名基金，发放各类慈善补助救助资金702万元，新招慈善义工900多人。投资2500万元的颐养中心落成投运，建成华士镇烈士陵园。安置48名残疾人就业，为130名无业重度残疾人发放生活补助34.64万元。新农村建设扎实推进，完成曙新村“三置换”一期工程，实施陆新村张家圩圩区综合整治，对5个行政村、12个自然村进行村庄整治，受益群众978户3318人，华西新市村、向阳村被评为江苏省社会主义新农村建设示范村。超额完成市下达的83.4公顷绿化任务和4万平方米的石宕复绿，被无锡市绿化委评为“十一五造林绿化先进镇”，陆南村创建为无锡市绿色家园示范村。不断健全大调解、大防控体系，受理各类矛盾纠纷1419起，调处成功率100%，成立特勤队，村村组建专职治安联防队。新建便民服务中心，全年受理办结12571件。

2010年华士镇主要经济社会指标一览

表101

指　标	单　位	数　量	比上年增减(%)	指　标	单　位	数　量	比上年增减(%)
地区生产总值	亿元	187.50	12.17	出口商品供货总值	亿元	34.50	25
人均地区生产总值	万元	20.70	11.50	工业企业	个	819	0.24
财政收入	亿元	14.56	12.96	服务业(三产)总产值	亿元	47.50	17.22
二、三产业增加值占地区生产总值比重	%	99.45	0.02	中小学校	所	6	0
农业总产值	亿元	2.03	7.66	中小学校在校学生数	人	13485	−4.21
粮食总产量	万公斤	911.40	4.43	农村人均住房面积	平方米	60	0
工业总产值	亿元	788.73	12.20	数字电视入户率	%	96	0
工业利税总额	亿元	55.67	4.60	年末从业人数	人	90473	67.69
年末工业固定资产原值	亿元	181.38	6.90	农村居民人均收入	元	18350	11.38
工业用电量	亿千瓦时	28.99	16.60	社保参保率	%	97	1.04
工业固定资产投资	亿元	18.10	5.05	劳动合同签订率	%	96	0.84
协议注册外资	万美元	6924	119	月薪制实施率	%	99	0
到位注册外资	万美元	2324	−18.90	新型农村合作医疗参保率	%	100	0

2010年华士镇开票销售收入前10名企业一览

表102

名次	企　业　名　称	销售收入(亿元)	法人代表	名次	企　业　名　称	销售收入(亿元)	法人代表
1	江苏华西集团公司	387.61	吴协恩	6	江阴市天华纱业有限公司	13.63	周爱明
2	江苏海达科技集团有限公司	57.04	徐友才	7	江阴市宏茂纺织有限公司	12.74	杨寿宝
3	江苏蝙蝠塑料集团有限公司	19.49	孟永华	8	江苏爱康太阳能科技股份有限公司	12.51	邹承惠
4	江苏向阳集团有限公司	17.88	李国良	9	江苏华士集团公司	11.81	徐长江
5	江阴市华诺新型材料有限公司	17.83	朱兴度	10	江阴协和新型建材有限公司	10.99	胡银福

2010年华士镇各村(社区)基本情况一览

表103

村(社区)名称	户数(户)	人口(人)	村(社区)党支部(党总支、党委)书记	村(社区)主任	村(社区)开票销售收入(亿元)	人均纯收入(元)
华西新市村	443	1798	吴协恩	吴协恩	387.61	65000
华西一村	1245	4377	曹江涛	曹江涛	1.53	20536
华西二村	1057	3671	赵小良	赵小良	3.86	20500
华西三村	864	3081	张忠善	张忠善	3.18	20230
华西四村	527	1809	谢士兴	谢士兴	–	15310
华西五村	733	2694	杨永平	杨永平	10.77	17947
华西六村	649	2322	赵仁龙	赵仁龙	2.18	17199
华西七村	620	2774	沈玉平	沈玉平	0.09	16582
华西八村	799	2779	季惠忠	季惠忠	0.23	16750
华西九村	519	1876	吴金福	吴金福	5.27	16800
华西十村	667	2487	唐玉兴	唐玉兴	1.93	19426
华西十一村	842	3001	唐龙彪	唐龙彪	3.47	19060
华西十二村	581	2127	陆林仁	陆林仁	2.87	17710
华西十三村	983	3451	徐希益	徐希益	1.81	18200
华士村	1174	3615	徐长江	徐华江	11.81	30000
向阳村	709	2679	李国良	李国良	17.88	30800
陆南村	766	2680	费　澄	费文洪	3.16	17451
陆桥村	888	3048	张忠敏	张忠敏	2.56	21600
陆新村	936	3144	孙政刚	夏　斌	2.43	18328
红苗村	735	2432	顾建军	王　勤	23.39	19322
陆丰村	1042	3706	周爱明	沈菊良	19.63	21920
勤丰村	976	3631	赵卫东	蔡瑞兴	15.84	19801
华中村	1295	4514	徐泽峰	徐泽峰	21.81	22070
华益村	1083	3970	吴国忠	赵　红	2.45	18762
龙河村	1314	4731	胡剑飞	胡仁宝	7.97	21051
曙新村	971	3401	赵正洪	徐惠高	31.21	21502
龙砂村	804	2873	赵积娣	王　棋	43.83	25061
华士社区	2700	7106	殷浩泉	殷浩泉	–	–
陆桥社区	547	1459	周爱明	徐勤弟	–	–

【第十届全国“村长”论坛在华西村举行】 2010年10月6～7日，第十届全国“村长”论坛在华西村隆重举行，来自全国各地包括200多名大学生村官、55个少数民族村的代表在内的1500名村官代表出席。中共中央政治局委员、中央书记处书记、中组部部长李源潮出席开幕式并讲话。论坛围绕“华西论富——创先争优强村，转型发展富民”为主题开展交流与研讨。论坛期间，论坛组委会授予吴仁宝“中国村官终身成就奖”；江苏省滨海县滨淮镇东晋村党委书记薛正红代表出席此次论坛的全体村官，向农村基层党组织和党员发出“深入开展‘创先争优’活动的《倡议书》”；还举行全国大学生“村官”华西交流会、全国少数民族村庄旅游经济发展大会、中国乡村旅游联盟启动仪式，央视《聚焦“三农”》与“三农”领军人对话、中国名村与“三农”资深专家在新华网对话等活动。在大学生村官交流会上，华西村党委副书记、村委会副主任周丽和陆新村党总支委员徐文斌作为江阴市大学生村官代表参加会议并发言，得到与会领导的充分肯定。

【梁保华调研华西村】 2010年6月3日，江苏省委书记梁保华到华西村调研。在华西村党委书记吴协恩和原书记吴仁宝的陪同下，梁保华登上高楼俯瞰华西村新的村容村貌，又实地察看龙东湖中康山庄、华西村都市设施农业园艺中心、在建的328米高的“华西增地空中新农村大楼”和观看村农民艺术团表演的节目，并在该村召开座谈会，听取村党委的工作汇报。梁保华高度评价华西村在新的发展阶段，坚持与时俱进、不断创新，加快经济转型升级，实现发展新突破，创造全面协调可持续发展的新经验。他要求在全省进一步总结、推广和学习华西村的新经验，推动全省科学发展上新水平。

【获“江苏省文明乡镇标兵”称号】 近3年来,华士镇始终坚持深入贯彻落实科学发展观,加快建设“经济强、百姓富、环境美、人和谐”的幸福华士,持续深化群众性精神文明创建活动,大力开展“文明村镇、文明单位、文明企业、文明校园、文明家庭”创建活动,形成齐抓共管、和谐协调的创建格局,推进经济社会的协调发展,促进乡风文明。3年中,相继获中国新农村建设示范镇、全国建设社会主义新农村典型镇、中国改革开放30年30个最受关注的乡镇、中国十大特色名镇、全国群众体育先进单位等全国性荣誉。2010年12月12日,全省农村精神文明建设经验交流会对2007~2009年度群众性精神文明建设先进单位进行命名表彰,华士镇获“江苏省文明乡镇标兵”称号,是全市唯一获此殊荣的镇。该镇华西新市村获“江苏省文明村标兵”称号,陆桥村获“江苏省创建文明村先进村”称号。

【新市镇建设投入17亿元】 2010年,完成华士镇城市设计规划并通过专家组论证。开工城建项目40余项,总投入17亿元。拆迁民宅328户,搬迁企业6个,拆迁总面积超15万平方米。实施新生路、陆华西路改造和华陆路、勤丰路摊铺及延伸工程,完成建设路和红郁路、西环路、环东路非机动车道建设。新区开发加速推进,城市主题公园、环南路安置房一期和经济适用房、国土分局等工程相继完成,环南路安置房二期、环西路安置房、新生路商住小区、广电站、供电所等工程加快建设。绿城景帝、龙东湖二期、广源华都等房地产项目顺利推进,开发商品房逾20万平方米。大力整治镇区交通秩序,和平街、自由街实施单向行驶,全面增设停车泊位,改善道路交通标识,方便群众安全出行。

【承办省首届中小学班主任高层论坛】 2010年7月29日,由南京师范大学班主任研究中心主办,《班主任》杂志社、江苏省教育学会班主任专业委员会协办,华士实验小学、华士实验中学共同承办的江苏省首届中小学班主任高层论坛在华士实验小学开幕,来自全国各地的200多名中小学班主任和教育专家参加论坛。论坛期间,与会的专家、学者和众多优秀班主任就新时期中小学班主任工作的新理念、新思维、新方式、新路径进行研究和探讨。

【镇文化中心落成】 华士镇文化中心于2008年11月启动建设,2010年1月落成,占地面积1.53公顷,建筑面积8450平方米,总投资2500万元。文化中心共设5层,集文化展示、文化学习、文化娱乐、党员成人教育、健身休闲等功能于一体。楼外还设有3000平方米的下沉式露天舞台,8000平方米的灯光篮球场、网球场、羽毛球场等体育活动设施,免费开放文体活动项目20多项。2月3日下午,无锡市委常委、宣传部部长王立人和无锡市委常委、江阴市委书记朱民阳为文化中心启用揭牌。

【《华士镇志》出版发行】 2010年1月,经过编纂工作人员8年多辛勤努力,《华士镇志》由方志出版社出版发行。《华士镇志》设26编、115章、391节,有总述、大事记、序言、编后记等,内容包括自然、经济、政治、文化和社会等方面,共210万字,另有照片200余张。《华士镇志》由著名学者、文艺理论和中国古代文学研究名家徐中玉题词,江阴市委书记朱民阳、华西村原书记吴仁宝等撰写序文。6月30日,该镇举行《华士镇志》首发仪式,向机关部门、村(社区)和企事业单位赠送志书。

【成为全国拥有村级慈善基金会最多的镇】 2010年,华士镇陆桥社区关爱帮扶基金会和朱蒋巷帮扶基金会获省民政厅批准,加上已经注册的3个和正在申报审批中的2个村级慈善基金会,全镇有注册、在办的村级慈善基金会7个,成为全国村级慈善组织最多的镇,慈善基金总额超2000万元。其中,陆桥社区关爱帮扶基金会成为全国首个社区慈善基金会,龙河村慈善基金会为江苏省第一个村级慈善基金会,朱蒋巷帮扶基金会成为影响力最大的基金会,人民网和《求是》《新华日报》《无锡日报》《江阴日报》等多家媒体予以报道。至年末,该镇村级慈善基金帮扶困难户2500人次,发放慈善基金120万元,帮助许多村民摆脱了困境。

【华西村获“国际最佳旅游观光名村”称号】 多年来,华西村结合科学发展观和新农村建设的总要求,不断丰富旅游景点、增强旅游内涵、深挖旅游潜力,推出“田园风光游、科技三农游、爱国教育游”等多条旅游线路,拥有金塔、塔群、幸福园、空中大楼、世界公园、农业大棚等众多景点,接待全球150多个国家的宾客。近几年,华西每年接待游客超200万人次,旅游收入超2亿元。华西旅行社连续8年蝉联“全国百强旅行社”,成为全国首家通过ISO9001(2000)国际质量管理体系认证的村级旅行社。2010年10月28日,在第十四届黄山国际旅游节暨第二届中国黄山国际旅游休闲度假论坛上,经国际文化旅游促进会、中国县域经济协会、中国旅游品牌协会、中国营销学会等权威机构综合评议,华西村获“国际最佳旅游观光名村”称号。

【华西新市村成为省廉政教育示范基地】 华西村是全国社会主义新农村建设的先进典型。几十年来,华西村在老书记吴仁宝的带领下,从一个以农业生产为主的村庄,发展成农工商并举,年营业收入突破500亿元的“天下第一村”,走出了一条经济繁荣、百姓富裕、社会和谐、具有鲜明特色的社会主义新农村建设之路。作为社会主义新农村建设的一面旗帜,华西村在创造一个个经济奇迹的同时,积累了丰富的廉政建设经验。2010年12月6日,华西新市村被命名为省廉政教育示范基地。省委常委、省纪委书记弘强为华西新市村授牌。(钱东昕)

周庄镇

【概况】 周庄镇是有6000多年的历史古镇,2450年前孔子七十二贤徒之一的言偃到周庄施教,宋、元时期有“江南布码头”盛誉。该镇西距江阴市区17公里，沿江高速公路、云顾公路穿镇而过，省道澄鹿公路、芙蓉大道东西横亘，国家3级航道张家港河、世纪大道纵贯南北；东与华士镇毗连，南与祝塘镇、徐霞客镇为邻，西与云亭街道、城东街道接壤，北以东横河为界与张家港市相望。境域面积75.96平方公里，耕地面积2470公顷，下辖15个行政村和1个街道办事处（含3个社区居民委员会）。2010年末，有户籍人口101075人，其中男性51381人、女性49694人；有少数民族14个257人。有外来暂住人口97133人。

政治建设　发展党员105人，预备党员转正89人，120名入党积极分子参加为期3天的学习培训；组织百名新党员举行入党宣誓活动，新党员当场为镇党内关爱基金捐款1.4万余元。采用“公推直选”“双推一选”方式，完成村党组织及村委换届选举；成立宗言村、山泉村党委；镇机关机构改革中，有17名中层副职干部竞争上岗；各基层妇联组织换届选举如期结束。组建非公企业纪监组1个，非公企业党组织覆盖率100%。建立17个党代表工作站和联系点，聘任30名党代表监督员；建立2个党代表监督站、15个党代表监督联系点和16个村（社区）纪律监督委员会；完成15个村主要领导干部任期经济责任审计。镇党委被评为无锡市先进基层党组织。首次组织村书记开展境外培训学习，有计划组织镇领导班子成员和机关中层干部共88人参加“选师选课选时”学习日活动。金湾村、成化高级中学等10个村、单位成立“文明联盟”，共同向社会倡导争做文明市民、建设文明社会。镇人大参与政府10项重点重大项目建设的监督，组织人大代表视察评议政府工作5次，视察政府8项实事工程；落实办理镇十六届人大四次会议代表建议30件，满意率100%；13名镇人大主席团成员接待选民100多人次，收到有代表性建议25条；邀请各界代表112人，民主评议8个基层站所。镇政协工委创刊《周庄社情民意》，编发3期，开展调查研究3次，为党委、政府建言献策。发布行政规范性文件13个，公开政府信息700多条，实施项目审计10项。

经济建设　实现农业总产值2.8亿元，投入农业1.07亿元，发放种粮直补和农资综合补贴133.35万元。实现工业总产值694.8亿元、工业利税总额49.71亿元、到位注册外资796万美元，出口商品供货总值120.8亿元。规模以上企业工业产值占全镇工业总产值的92%，增长18.4%。被授予“中国棉纺织名镇”和“中国化纤名镇”称号。江苏三房巷集团、江苏华宏集团开票销售收入分别为311.25亿元和104.93亿元；完成3个企业股份制改造，2个企业进入上市辅导期，4个企业实现主辅业分离。服务业投入38.45亿元，实现三产增加值41.6亿元，全社会消费品零售总额10亿元，分别比上年增长34.31%、9.62%和11%。

社会建设　新增省级高新产品14种、省级新产品及市科技成果鉴定15种及无锡市高新技术企业5个，获省科技成果转化项目2项、国家科技型中小企业技术创新基金3项、国家科技重大专项1项和国家、省、市科技进步奖13项，申报国家专利576件，组织申报复查省民营科技企业6个、省创新型企业5个，成立江苏省工程技术中心6个、江阴市科技研究所3个，新增中国驰名商标3件、无锡市知名商标2件，华宏集团、三房巷集团建立国家级博士后科研工作站，江阴海达橡塑股份有限公司科协成立，周庄镇成为江苏省创新型乡镇。长寿实验幼儿园教学楼和周庄中学三期扩建工程竣工投用，周庄实验小学东校区主体工程基本完工；6270名新市民子女入读公办学校，享受同等待遇，入学率100%。全国著名美术教育家、版画家赵宗藻旧居修缮一新，普查21个非物质文化遗产项目；镇文化服务中心倪玉莲创作的戏剧小品《为了妈妈》获首届全国戏剧文化奖小型剧本三等奖，在无锡市群众文艺会演（展）中获戏曲类专场创作和表演双金奖；村民李文勇获中国村歌之星总评选的最高奖项“和谐之星”；第六届中国曲艺牡丹奖中国曲艺名家和无锡锡剧院周庄锡剧周活动走进周庄专场演出，“欢乐夜晚·品味幸福”周庄镇小戏文艺演出在江阴大剧院广场上演；华宏村建成无锡市“职工书屋”，建成5个镇级职工书屋示范点，镇总工会建成“江苏省模范乡镇（街道）职工之家”；周庄镇档案室顺利通过省三星级档案室复查，数字档案室初步建成；建成全省首个法制漫画馆，在无锡地区优秀法制宣传漫画评选活动中共获得二等奖1人、三等奖3人、优秀奖3人，获奖数量在全市各镇排名第一。投资200万元新建社区卫生服务中心，开展“幸福江阴·健康知识”进社区活动——百名医师健康知识巡讲活动5次，红十字救护员培训和初级救护知识普训完成江阴市下达计划的132.3%，完成江阴市下达无偿献血任务的140.4%。举办“江阴周庄杯”首届华东区中学生跆拳道比赛，周庄跆拳道代表队代表江阴参赛，以男子总分第一和14金、32银、26铜的成绩，位列金牌及奖牌榜榜首。华宏篮球队代表无锡市参加江苏省第十七届运动会职工部篮球赛，夺得冠军，是无锡历史上首个省级运动会篮球冠军；同年，该篮球队参加“金东杯”和谐中国第三届小康村篮球赛获得冠军；承办周庄华宏杯江阴市“FJBA”男子篮球甲级联赛。全镇有各类文体协会、体育俱乐部9个。举办招聘专场3期，新增就业岗位3860个，培训1673人。新增城保参保4886人，新型农村合作医疗保险参保率100%，覆盖7.2万人，征缴基金1710万元，补偿结报2594万元，组织53915名参合居民免费体检；发放最低生活保障金、困难补助金和慈善救助金360万元；镇村投入1.76亿元，使17188人并轨城保；镇政府投资5000万元新建镇养老服务中心、残疾人托养所；被评为无锡市老龄工作先进镇。交警入村，公法联调，全面推进“技防镇”建设，调处各类矛盾纠纷2523起，成功率100%，受理信访81件，办结率92.7%，促使社会和谐安康。周庄镇被省综治领导小组、省安监局评为先进集体。

2010年周庄镇主要经济社会指标一览

表104

指　　标	单　位	数　量	比上年增减(%)	指　　标	单　位	数　量	比上年增减(%)
地区生产总值	亿元	180.13	15.94	出口商品供货总值	亿元	120.80	15.32
人均地区生产总值	万元	17.95	15.81	工业企业	个	1120	0.45
财政收入	亿元	14.38	15.51	服务业(三产)总产值	亿元	52.86	9.62
二、三产业增加值占地区生产总值比重	%	99.22	-0.12	中小学校	所	6	0
农业总产值	亿元	2.80	36.91	中小学校在校学生数	人	14249	2
粮食总产量	万公斤	1212	4.75	农村人均住房面积	平方米	62	6.90
工业总产值	亿元	694.80	16.91	数字电视入户率	%	100	0
工业利税总额	亿元	49.71	23.42	年末从业人数	人	55695	2.57
年末工业固定资产原值	亿元	224.24	11.43	农村居民人均收入	元	18499	11.62
工业用电量	亿千瓦时	28.12	16.78	社保参保率	%	100	0
工业固定资产投资	亿元	19.65	19.04	劳动合同签订率	%	96	0
协议注册外资	万美元	960	190.00	月薪制实施率	%	95	0
到位注册外资	万美元	796	90.40	新型农村合作医疗参保率	%	100	0

2010年周庄镇开票销售收入前10名企业一览

表105

名次	企　业　名　称	销售收入(亿元)	法人代表	名次	企　业　名　称	销售收入(亿元)	法人代表
1	江苏三房巷集团有限公司	311.25	卞平刚	6	江阴市电工合金有限公司	25.01	陈力皎
2	江苏华宏实业集团有限公司	104.93	胡士勇	7	江阴鑫裕装潢材料有限公司	10.21	陈继忠
3	江阴江东集团公司	63.39	赵纪法	8	江苏龙鼎集团有限公司	7.58	苏伟涛
4	江苏倪家巷集团有限公司	41.35	吴岳忠	9	江阴市长乐新科技电源有限公司	7.10	李生虎
5	江阴模塑集团有限公司	39.48	曹明芳	10	江阴市海达橡塑股份有限公司	5.05	钱振宇

2010年周庄镇各村(社区)基本情况一览

表106

村(社区)名称	户数(户)	人口(人)	村(社区)党支部(党总支、党委)书记	村(社区)主任	村(社区)开票销售收入(亿元)	人均纯收入(元)
周庄村	3830	12618	赵　峰	汪祥兴	63.39	24222
金湾村	1357	4783	周国民	周国民	16.96	25483
三房巷村	2891	10271	卞平刚	卞平刚	317.66	24753
鸡龙山村	759	2647	赵汝坤	余文兴	26.72	25931
山泉村	788	2856	李全兴	李全兴	12.45	25243
华宏村	2207	8212	胡士勇	陈决平	104.93	24879
陶城村	1874	6647	袁晓华	袁晓华	7.78	19847
东林村	1081	3923	庄　凉	庄　凉	7.99	18327
宗言村	2166	7954	殷良忠	殷良忠	35.65	23475
稷山村	806	2849	曹初兴	蒋中华	0.55	18367
倪家巷村	1487	5378	吴岳忠	沈中华	47.91	24617
周西村	952	3665	葛珠良	郇国龙	32.47	24410
长乐村	1172	4098	李浩庆	赵小兴	13.81	22799
长寿村	2940	10229	戈忠良	蔡永兴	23.07	21571
长南村	2490	8600	孙长福	李文希	17.47	19318
街道办事处	2880	6345	陈加平	陈加平	-	-

【反腐“五廉”举措】 2010年，周庄镇党委实行“五廉”举措，强化反腐倡廉教育。家庭助廉：开展“廉政亲情寄语”征集活动，召开干部家属座谈会，共同探讨家庭助廉新举措。案例警廉：邀请江阴市反贪局负责人作关于“预防职务犯罪”专题讲座，召开由镇机关部门负责人以上人员参加的预防职务犯罪个案座谈会。短信明廉：建设廉政短信平台，以手机短信形式将“廉政格言警句”等内容及时发送给全镇党员干部。源头保廉：镇纪委通过向参与工程项目建设的招投标代理、施工、监理、审计等单位寄送感谢信，提醒各单位加强廉政自律，自觉抵制不廉行为。读书思廉：向党员干部推荐好书、廉书、好文、廉文，筑牢党员干部拒腐防变的思想堤坝。

【制定周庄镇“十二五”发展规划】 2010年12月，周庄镇党委、政府通过召开党委会，镇长办公会议，镇机关部门负责人会议，镇村两级干部会议，人大代表、政协委员、老干部和社会各界人士座谈会，企业调研会等形式，广泛征求各方意见和建议，定思路、定目标、定措施，科学谋划周庄“十二五”发展，制订《周庄镇国民经济和社会发展第十二个五年规划纲要》（以下简称《纲要》）。12月27～28日，周庄镇第十六届人民代表大会第五次会议在镇政府隆重召开。在91名镇人大代表和123名列席代表认真讨论审议并原则同意的基础上，大会批准了《纲要》。《纲要》明确周庄“十二五”期间以工业为立镇之本，以城建为兴镇之举，以富民为强镇之基，以统筹为扩镇之重，全面打造宜居新镇、商贸重镇、文化名镇，把周庄打造成创新发展的先导区、城乡统筹的示范区、新农村建设的样板区、人民富庶的幸福区、生态文明的模范区。

【市镇建设】 2010年，周庄镇投入1.8亿元，完成光辉路、周庄西大街东段改造和新纪元广场建设，周庄东大街、伞墩东路、伞墩西路、莫城路北段、培元路建设基本完工，东风路延伸至中共江阴一大会址道路开工建设，启动张家港河两岸景观工程和周庄大桥重建工程建设。投资700余万元，完成芙蓉大道周庄段环境综合整治。镇区重要地段新建3座星级标准公共厕所，全镇日均清运生活垃圾124.6吨。新增绿化面积32万平方米。完成拆迁面积15万平方米，建成安置房15.5万平方米，兑付各类补偿金1.2亿元。

【成为省首批创新型乡镇】 周庄镇继2009年被评为“江苏省特种新材料创新专业镇”后，周庄镇以强化特色产业技术创新为主线，不断深化产学研合作，积极加强科技公共服务平台建设，培育产业化基地，全力促进工业经济由“投资拉动”向“创新驱动”转变。全镇拥有省级以上高新技术企业20个、省级民营科技企业31个、省级以上高新技术产品68种、专利授权884件、中国驰名商标4件，建立国家级博士后科研工作站3个、省级工程技术中心8个、省级企业技术中心3个及无锡市工程技术中心8个。2010年在省科技厅命名的首批23个“江苏省创新型乡镇”名单里，周庄镇名列其中，为江阴市唯一入选乡镇。

【节能减排】 2010年，周庄镇削减化学需氧量440吨，完成3个企业中水回用工程、18个接管企业IC卡安装、6个污水处理厂中控室建设，62项项目通过环保“三同时”验收，3个企业通过ISO 14000环境体系认证，2个企业通过清洁生产审核，5个企业通过能源审计，3项节能项目和25项循环经济项目顺利推进，年节约标准煤6000吨，淘汰落后设备20台套，关停小化工企业2个，周东污水处理厂建成投用。全镇工业废水排放达标率90%，工业污泥基本实现无害化处置，主要河道断面水质基本达标；投入6000余万元，完成22个片块的控源截污排水达标区创建，铺设主次管网15公里；完成镇区6000户居民生活污水接管、10个农村生活污水处理设施建设。山泉村投资建设LZF型智能IC卡排污监控管理系统。山泉村污水处理站的建设规模和日处理污水能力均名列全省村级前茅；5月26日，中央电视台记者采访报道了该村污水处理站。

【设立全国首个乡镇创投基金】 2010年3月28日，周庄镇10个企业法人共同筹资2.5亿元，设立全国首个乡镇创投基金“中科双盈创业投资基金”。该基金委托中科招商投资（基金）管理公司进行投资管理，江苏银行江阴周庄支行进行资金委托监管使用。年内，通过投资连云港中科黄海创业投资有限公司间接完成投资项目5项，投资额2.1亿元，投资领域覆盖太阳能、风能、互联网、环保、卫星遥感等。该投资基金成立不到5个月就实现盈利。8月12日，由三房巷集团、华宏集团等18个法人和自然人共同出资4.67亿元组建的“中科双盈（二期）创业投资有限公司”又正式挂牌成立。基金的投资运作，由深圳中科招商创业投资管理有限公司负责，江阴农村商业银行周庄支行对该资金进行托管。

【周庄镇养老服务中心落成】 2010年，周庄镇政府投资5000万元，建设占地面积2.86公顷、建筑面积1.5万平方米、居住床位350个的养老服务中心暨残疾人托养所。中心由托老部、残疾人托养所、医疗康复、生活服务组成，是一个集居住、疗养、康复、健身、学习、娱乐、休闲等综合配套为一体的养老服务场所。该中心以公益性与开放式为主要特色，其配有的老年学堂、阅览室、书画室、棋牌室、康复健身室、多功能活动室免费为入住的老年人开放。10月28日，镇养老服务中心落成投用，130名老人入住在那里颐养天年。11月7日，国家民政部副部长窦玉沛、全国老龄办副主任陈传书率“全国社会养老服务体系建设推进会”的200余名代表，参观了镇养老服务中心，并给予好评。

【山泉村建全国首个村级“巾帼交通指挥岗”】 2010年6月，山泉村村民委员会会同周庄交巡警中队，经过精心挑选、严格培训，组建起全国第一支女性村级交通管理队伍，在澄鹿路与山泉路路口设立全国首个村级“巾帼交通指挥岗”。同时还建立山泉村交通管理服务站，将交巡警周庄中队的车管窗口、违法处理窗口、事故处理窗口全部前移到村，方便了群众。山泉村被评为无锡市交通安全综合工作示范点。

（张学春　严　枫　赵勇发）

新　桥　镇

【概况】 江苏省首个国家园林城镇——新桥镇，古以白鹿、马嘶为名记载于史，今以纺织服装和国内首个以镇为建制的“三集中”建设的成就闻名于世。该镇地处江阴市东大门，位于苏锡常区域中心，距苏州、常州各60公里，离无锡、江阴、常熟均为30余公里，东和东北紧接张家港市区，南与长泾、顾山两镇相邻，西和西北与华士镇接壤，总面积19.6平方公里，耕地面积368.5公顷，下辖10个行政村和5个社区（其中1个社区与行政村合而为一）。2010年末，有户籍人口24520人，其中男性12161人、女性12359人；有少数民族15个54人。有外来暂住人口29287人。

政治建设 完成38个基层党组织和第九届村委会、第四届社区居委会换届选举工作，全年培训青年干部和入党积极分子89人，发展新党员69人。建立党代表监督制度，成立13个村（社区）纪律监督委员会，成立海澜集团纪律检查委员会。积极开展以“争当时代先锋、推动转型发展、建设幸福新桥”为主题的争先创优活动，镇党委被评为“2007～2009年度无锡市优秀基层党组织”，阳光集团党委被评为“无锡市党建工作示范点”，绿园社区党总支通过社区党建ISO9001质量管理体系认证。举办纪念建党89周年暨“时代先锋”先进事迹报告会，阳光、海澜等17个企业党组织负责人捐款34.5万元充实镇党内关爱基金。召开新桥镇第十三届人大四次、五次会议，镇人大审议政府专项工作报告3次，开展调研6次，集中视察3次，执法检查2次，完成代表述职13人次，联系选民485人次，收集建议意见82条。大力推进政务公开，第一个实行财政参与式预算的管理项目——康定社区新都苑二村休闲健身工程顺利完成，经群众评议满意率98%。继续以参与式预算管理形式加快推进青少年活动中心项目建设。镇政府的决策部署通过政府网站、连心屏、数字电视和《新桥》报等媒介向全镇人民公开，接受群众监督。扎实推进依法行政，加快政府职能转变，深入企业基层现场办公，对企业转型发展中存在的8个方面15个问题统筹协调，实行“一对一”服务；妥善解决通过“12345”公共服务呼叫中心接受的132起民事诉求。加强以勤廉为重点的机关效能建设，开展“一月一主题、周周有活动”机关争先创优活动；严格执行建设工程招投标制度，进一步完善工程建设审计结算管理程序，全年招投标项目53项，节约资金1200多万元，通过审计，核减资金1800多万元。镇总工会被评为“江苏省模范乡镇工会”，绿园社区被评为“全国妇联基层组织建设示范社区”。

经济建设 投入农业8000多万元，复耕土地7.4公顷，新增绿化面积56.7公顷，成立黄河村经济股份制合作社，神龙生态园联合省内7个专业合作社成立合作联社。以“总部、品牌、标准、资本、生态”五大经济为特色的转型发展呈现强劲势头，完成地区生产总值87.4亿元、全口径财政收入12.4亿元、属地工商业开票销售261.4亿元，实现利税总额30.1亿元，比上年增长18.8%；全社会固定资产投入25亿元，完成到位注册外资5292万美元，新增外资企业2个，完成进出口总额6.1亿美元；实现三产增加值31.1亿元，一、二、三产业比例为1∶63∶36。工业经济结构进一步优化，一期投资20亿元的500兆瓦鑫辉太阳能电池片及配套组件项目竣工投产，二期625兆瓦项目加快建设。阳光集团完成年销售286亿元，位列中国民营企业500强第27位、江苏省民营百强企业第六位、无锡市民营企业第一位。海澜集团推出“爱居兔”新品牌，克瑞特公司总部回归新桥，投资8亿元的海澜农庄马场和桃园山庄竣工营业，形成以马术表演为特色的“马文化”旅游产业。焱鑫科技、强力化纤、振新实业、凯华机械、鑫联金属等一批优势成长型企业，走出一条“专、精、特、新”的发展道路。阳光置业、新星房产、新建置业等企业成为三产服务业的中坚力量。全镇规模以上工业增加值能耗比上年下降8.5%，规模以上工业产值能耗下降8%，削减化学需氧量145.2吨。

社会建设 凯诺科技公司被认定为国家高新技术企业，焱鑫科技和宝力重工两公司被认定为省级民营科技企业；申报国家专利234件，申报无锡市级以上科技项目31项，通过省级鉴定新产品和科技成果10项。阳光集团在纺织品开发上承担51项国家科研攻关项目，其中列入国家科技支撑和火炬计划各1项；四环生物公司获国家“十二五”重大新药创制项目，并成立院士工作站，焱鑫科技集团成立博士后科研工作站。阳光集团、精亚集团新制订全国行业标准3项。投资1.2亿元易地新建中学（成教、党校）和镇体育运动中心，启动中心幼儿园与小太阳成长中心幼儿园合并工程；实施塑造名师、创建名校、打造名牌的“三名工程”，成功创建“江苏省社区教育示范镇”。新桥中心小学学生参加第十二届全国青少年航天航空模型教育竞赛，获2枚金牌。镇社区卫生服务中心成为江苏省基本药物制度改革首批试点单位，全镇居民全年减少药费支出600余万元，较改革前下降30%；完成9100余名农保参保人员和退休职工免费体检，完善居民健康档案。农村环境卫生综合考评在全市乡镇（街道）中继续名列第一。扎实推进农村体育健身工程，新桥镇被评为“江苏省群众体育工作先进镇”。大力开展企业文化、社区文化、校园文化活动，举办“社区文化体育节”“文化欢乐

行、幸福进万家”“广场戏曲周”等活动，全年送戏送影近百场次，送书万余册。成功举办金鸡百花电影节系列活动启动仪式，以举办电影节为契机，开展读书节、志愿服务、评选“新桥精神”和“十大文明行为”等系列活动。年内新桥镇被评为“江苏省文明镇”，阳光集团和海澜集团被评为“江苏省文明单位”。全年提供就业岗位2394个，安排本地劳动力就业488人次。全镇新增城保9139人，其中历次被征地农民保障并轨城保5159人。镇办企业老职工退休工资上调至250元/月以上；发放农保、新农保、被征地农民等保障金1036.5万元，发放“三集中”补贴资金363万元，发放民政救助资金64.3万元、最低生活保障金74万元，救助困难群众750人次，各类保障综合覆盖率100%。进一步完善大调解机制，建设“和谐新桥”。投资800万元完成派出所整体改造，提升公安机关软硬件建设，全镇技防监控点增至65个，开展网络式全天候动态大巡防，违法案件比上年下降8.3%。

2010年新桥镇主要经济社会指标一览

表107

指 标	单 位	数 量	比上年增减(%)	指 标	单 位	数 量	比上年增减(%)
地区生产总值	亿元	87.44	15.50	出口商品供货总值	亿元	34.78	13.70
人均地区生产总值	万元	35.66	14.88	工业企业	个	86	-2.27
财政收入	亿元	12.42	42.70	服务业(三产)总产值	亿元	43.14	27.18
二、三产业增加值占地区生产总值比重	%	99	0.10	中小学校	所	3	0
农业总产值	亿元	1.59	5	中小学在校学生数	人	3840	-5
粮食总产量	万公斤	0.16	-4.67	农村人均住房面积	平方米	52	52
工业总产值	亿元	365.89	16.16	数字电话入户率	%	100	0
工业利税总额	亿元	31.37	23.80	年末从业人数	人	40831	8.20
年末工业固定资产原值	亿元	106.14	8.12	农村居民人均收入	元	18739	11.75
工业用电量	亿千瓦时	4.65	16.90	社保参保率	%	98	-2
工业固定资产投资	亿元	13.60	56.16	劳动合同签订率	%	99	0
协议注册外资	万美元	5377	58.20	月薪制实施率	%	95	-4
到位注册外资	万美元	5292	113	新型农村合作医疗参保率	%	100	0

2010年新桥镇开票销售收入前10名企业一览

表108

名次	企 业 名 称	销售收入(亿元)	法人代表	名次	企 业 名 称	销售收入(亿元)	法人代表
1	江苏阳光集团有限公司	133.89	陆克平	6	江阴精亚集团有限公司	3.11	陶永生
2	海澜集团有限公司	83.70	周建平	7	江苏宝力重工科技有限公司	2.58	陈建国
3	江苏焱鑫科技集团有限公司	9.59	周国华	8	江阴鑫联金属制品有限公司	1.60	刘惠丰
4	江阴市强力化纤有限公司	5.71	倪利锋	9	江阴市旺发科技有限公司	1.45	汪 东
5	江苏省振新实业有限公司	5.46	张建锋	10	江阴市新桥针织绒有限公司	1.20	邵洪元

注：阳光、海澜集团销售收入不含属地以外开票销售收入。

2010年新桥镇各村(社区)基本情况一览

表109

村(社区)名称	户数(户)	人口(人)	村(社区)党支部(党总支、党委)书记	村(社区)主任	村(社区)开票销售收入(亿元)	人均纯收入(元)
郁桥村	723	2521	钱 刚	姚利丰	0.86	22150
黄河村	735	2548	郁叙法	谢福祥	3.87	21986
圩里村	805	2950	周永平	刘文俊	0.79	23090
新桥村(社区)	978	3291	张建锋	张海明	6.08	24669
雷下村	520	1790	许柏新	张国龙	1.04	22150

续表 109

村(社区)名称	户数(户)	人口(人)	村(社区)党支部(党总支、党委)书记	村(社区)主任	村(社区)开票销售收入(亿元)	人均纯收入(元)
六保村	328	1210	周国华	张玉萍	9.73	23843
马嘶村	815	3068	陶永明	周建斌(副)	6.26	23994
何巷村	586	1980	陈建国	强晓荣	4.69	21742
苏市村	620	2242	朱建平	陶　平	1.70	22092
苏圩村	401	1389	冯雄彪	周雪琴	0.45	22656
绿园社区	–	–	张玉萍	王永忠(副)	–	–
镇中社区	445	1509	郁建明	郁建明	–	–
黄河社区	–	–			–	–
康定社区	–	–	钱正英	钱正英	–	–

注:绿园、黄河、康定社区的人数、开票收入、人均收入统计在原所在村。

【罗志军到新桥镇调研】 2010年1月19日,江苏省省长罗志军到新桥镇调研实施国家基本药物制度改革情况,听取工作汇报,视察镇社区卫生服务中心,倾听群众对就医用药的意见和建议。罗志军对新桥社区卫生服务中心的改革试点成效表示满意。新桥社区卫生服务中心通过基本药物制度改革,居民全年减少药费支出600余万元,较改革前下降30%,大大减轻人民群众的医药负担。

【镇区建设】 2010年,新桥镇投入近亿元用于镇区建设。建设格林小镇、圩里小区、六保小区等9个小区安置房20万平方米,竣工16.3万平方米,安置794套,面积12万平方米。康宁路全线贯通改造,新北路、红郁路、新民路、庄园路等,建成新郁东路东段,成功创建"江苏省农村公路保养与安保工程示范镇"。完善小区功能配套,新增停车位240个、文化设施10处、运动健身设施14套、信报箱333只,新增天然气管网5公里,主管网覆盖全镇。完成重点区域和路段的绿化和景观亮化工程,绿色家园、绿色通道、绿色产业园三大生态体系全面提升,被评为"无锡市绿化先进镇"和江苏省首个"国家园林城镇"。新铺污水管网16公里,全镇污水管网总长75公里,工业污水接管率100%,镇区生活污水接管率97%,在全市率先完成生活污水集中处理和18个排水达标区控源截污目标任务,宜居环境进一步改善。

【获省内首个"国家园林城镇"称号】 近几年来,新桥镇在加快推进"三集中"建设中,以全力打造宜居环境为目标,不断加大建设绿色家园、绿色通道、绿色产业园三大生态体系的力度。至2009年,全镇绿化810.6公顷,绿化覆盖率42%,农田林网率100%,有园林式居住小区6个、园林式单位8个,形成"镇在林中、路在绿中、房在园中、人在景中"的格局。继获评"全国环境优美乡镇""江苏省园林城镇"后,2010年2月4日,又被国家住房和城乡建设部命名为"国家园林城镇",成为省内首个"国家园林城镇"。

【中央电视台、江苏卫视专题报道新桥镇】 2010年3月16日晚7:00中央电视台《新闻联播》报道:中央1号文件提出,要通过制度创新推进城镇化发展。江苏省江阴市新桥镇,通过对各类资源的有机整合与科学划分,让这里的农民腰包变鼓、生活变样。5月6日上午江苏卫视《江苏新时空》栏目记者到新桥镇采访,晚6:30以头条新闻报道该镇通过"三集中"建设,不断推动城镇化进程,实现城乡统筹、百姓安乐的幸福景象。

【阳光、海澜两集团参与上海世博会】 2010年6月29日,应澳大利亚羊毛发展公司邀请,阳光集团董事长陈丽芬作为主题嘉宾,在世博园澳大利亚馆参加美丽诺羊毛论坛。该集团控股的上海神力科技有限公司成为世博会燃料电池汽车发动机的主要供应商,共为30辆轿车和1辆客车提供燃料电池发动机动力系统。同时上海世博园中国馆和江苏馆服务人员服装分别由海澜集团和阳光集团设计制作。

【阳光集团位列省民营百强企业第六】 江苏阳光集团是中国纺织行业中唯一同时获得"中国世界名牌"和"出口服装免检"企业,因产品质量优异,被解放军总后勤部确定为军需产品的专业定点工厂。同时在外贸出口上由传统单一的数量优势向高附加值产品延伸,服装生产上形成高档服装"威尼帝"、职业装"庞贝"和商务时装"阳光时尚"三大品牌并驾齐驱的格局。2010年,该集团入选国家火炬计划和国家科技支撑计划项目各1项。其控股的四环生物股份有限公司成立院士工作站,秘书处制订全国行业标准1个。在做强主业的同时,生物医药、房地产、生态农林、新能源、热能电力等也取得不俗的成绩。是年该集团完成销售286亿元,上缴税金12.5亿元(其中本地6.5亿元),外贸出口3.93亿美元,分别比上年增长10.42%、15.74%、15.93%。是年,阳光集团位列江苏省民营百强企业第六。

【海澜国际马术俱乐部建成投用】 2010年9月25日,第19届中国金鸡百花电影节系列活动启动仪式暨海澜情·中国国际马术视觉艺术盛典开幕式,在海澜国际马术俱乐部举行。海澜集团投资8亿元建设的国际马术俱乐部,占地26.7公项。俱乐部聘请国外资深教练9人，从德国、西班牙、荷兰等国进口各类名马120多匹，从新疆、内蒙古等地引进国产良种马60多匹，有马术训练师36人，并有一支90人的马术表演队，拥有俱乐部成员百余人。继江苏马术队落户海澜马场之后，马场已建成国际化标准的马术训练馆、比赛馆、表演馆和马术三项赛场地，是国内规模最大、设施最好的集马术训练、表演、比赛于一体的综合场所。俱乐部南侧为超五星级标准的桃园山庄酒店，占地3公顷，建筑面积4.06万平方米，分为主楼、贵宾楼、西楼三部分，贵宾楼设泳池、茶座、SPA、宴会厅、会议室、接待室、客房等。

【鑫辉太阳能电池组件项目首期工程竣工】 2010年3月13日，江阴鑫辉太阳能有限公司投资20亿元的一期太阳能电池组件项目，在新桥工业集中区开工建设。首期工程占地面积5.4公顷，建筑面积5万平方米，拥有16条晶体硅生产流水线，形成年产500兆瓦太阳能电池组件的生产能力。至9月中旬，完成全部流水线的安装，其中4条流水线完成调试，正式投产，至年末完成销售3.8亿元。

【易建新桥中学】 2009年12月10日，投资1.2亿元的易地新建新桥中学(成教、党校)工程动工。该工程规划占地面积近7公顷，建筑面积3.3万平方米。在工程建设过程中，镇党委、政府领导多次现场办公，协调解决建设中遇到的困难和矛盾，定期督查工程进度和质量。至2010年12月底，工程基本竣工，新学期将投入使用。

（顾春宇　郁光义）

长 泾 镇

【概况】 长泾镇古名“东舜城”，是吴文化的发祥地之一，也是中国著名电影表演艺术家上官云珠和著名化学家、催化学科奠基人之一张大煜的故乡；地处江阴市东南，界于沪宁高速公路与沿江高速公路之间，东与顾山镇毗邻，南与无锡市锡山区接壤，西与祝塘镇交界，北连华士、新桥两镇。长泾镇总面积54平方公里，耕地面积1737.8公顷，下辖12个行政村和1个社区居委会。2010年末，有户籍人口55975人，其中男性27619人、女性28356人；有少数民族12个92人。有外来暂住人口37304人。

政治建设　镇党委以科学发展观和中共十七届四中、五中全会精神为指导，深入开展创先争优活动，在镇机关和基层党组织中开展“三争三赛”活动，加强基层党组织建设和干部队伍建设，对55个基层党组织进行换届选举，换届率98%，12个村和1个社区通过换届选举，调整3名村书记、4名村主任和22名其他村干部，村“两委”干部平均年龄下降4.7岁。开展“一村官一项目一品质”等活动，激励大学生村官等年轻干部增强发展活力，圆满完成团中央的乡镇共青团组织格局试点工作，开辟了优秀人才脱颖而出的快车道。“流动党校”送党课下乡、下基层45场次，培训入党积极分子98人、中青年党员干部120人。发展新党员50人。镇人大办结人大代表建议意见26件；对政府实事工程、2010年经济社会发展30项主要目标任务，进行定期视察与监督；组织8名市人大代表、35名镇人大代表向选民述职，并对其进行民主测评。镇十六届人大四次会议补选钱秋平为镇人大副主席，张红霞、张金龙为镇副镇长。镇政协工委围绕热点、难点、重点问题开展主题调研和视察，与镇拆迁办、农服中心进行对口协商，为镇新市镇建设和不开发区域的农业发展建言献策。征编“三亲”史料118篇，计28万余字，征集老照片168张。公开政府文件47份，全力打造阳光政府。

经济建设　贯彻江阴市南部6镇“不开发区域”战略，制定并发布《关于加快推进高效生态农业发展的政策意见》。引进粮油和种养殖业新品种新技术18项，水稻新品种覆盖率92%以上，年均单产582公斤。完成农林业总产值2.5亿元。疏浚镇村引排水河道23条，新建电灌站6座，改造农桥6座，新增绿化面积165公顷，4个村通过无锡市绿色家园示范村验收；投入1112万元，完成12个自然村整治，通过无锡市社会主义新农村示范镇验收。完成工业开票销售76.21亿元，比上年增长24.78%；完成工业投入10.5亿元，比上年增长16.79%，其中超1000万元项目37项，占总投资的80%；投入1500万元完成镇区控源截污排水达标区创建工程20个区块，完成5个自然村生活污水集中处理工程。推进节能减排，削减化学需氧量262吨，铺设生活污水管网28公里，关停小化工企业4个，淘汰落后产能设备28台套，24个接管企业安装IC卡，4个企业通过清洁生产审核验收，10个企业安装废气吸附净化装置，申报节能项目企业7个、循环经济企业2个。发展文化旅游等现代服务业，建设东舜商贸园，引进贸易公司22个，完成服务业投入8.8亿元，比上年增长22.05%，完成商业开票销售22.14亿元，比上年增长42.65%。

社会建设　全镇申报专利218件，其中国际专利1件、发明专利36件；江阴升辉包装公司、江阴明康电子公司申报省高新技术企业，顶一电机公司等10个企业被批准为无锡市高新技术企业，江苏苏青集团、江阴升辉包装公司、江阴比图公司被批准成立省工程技术研究中心，升辉包装公司的环保高气密性轮胎薄膜的开发与产业化项目被列入省科技支撑计划项目。江阴华能电热、叶飞园艺公司分别与浙江大学签订产学研合作协议。新注册商标51件，其中无锡市知名商标3件、省著名商标2件，苏青集团申报“苏青牌”中国驰名商标。投入5000余万元新建的长泾中心幼儿园于8月竣工，完成义务教育高位均衡发展示范区创建工作。积极开展文化活动和文艺创作，组织大型主题文化活动4次，获市级以上文艺创作表演奖24项，发表文艺作品50篇，申报非物质文化遗产项目11项，累计20项；积极做好第19届中国金鸡百花电影节的相关配合工作；由长泾文化旅游公司投资的32集电

视连续剧《红尘丽影》在长泾蚕种场开拍，并于9月13日在北京举行新闻发布会。被国家住房和城乡建设部与国家文物局评选为第五批中国历史文化名镇。长泾卫生院、河塘卫生院和各村卫生服务站医疗设备、技术能力、服务质量进一步提高；搬迁新建河塘医院。投入6000万元新建医养一体化的幸福家园养老中心，投入300万元建成世代服务中心。群众体育活动广泛开展。全镇提供就业岗位3491个，帮助本地劳动力就业628人，农村劳动力充分就业率95%以上；完成本地劳动力培训500人、创业培训40人、外来劳动力培训300人、高技能人才培训40人，组织劳动力市场招聘会4场，进场企业36个，提供就业岗位2200余个。新增城保扩面人员2153人；在全市率先全面完成历保并轨城保工作，全镇并轨人员3333人，农村医保参保29027人，发放市民卡28199张。强化社会治安综合治理，各类社会矛盾调解成功率100%。调处化解各类劳动争议255起涉及680人次，为650名工人追讨工资275万元。对全镇671户低保户1323人发放低保金247万元，对185名无固定收入的重残人员发放补助金55万元，慈善分会用于助医、助老、助学等救助金近50万元，惠及300余人。投资8万余元建成镇交通安全教育主题公园，开展以"平安长泾"为主题的13项系列平安创建活动。投入7.5万元建成技防入户家庭500户，全镇1.25万户家庭中有8800户家庭技防入户，泾东村等3个自然村进行平安E家建设试点。连续第八年被评为无锡市平安乡镇。共受理政府行政审批和服务事项4839件，办结率100%；受理群众网上咨询和投诉205件，办结率100%。

2010年长泾镇主要经济社会指标一览

表110

指　标	单　位	数　量	比上年增减(%)	指　标	单　位	数　量	比上年增减(%)
地区生产总值	亿元	37.15	11.49	出口商品供货总值	亿元	9.60	28.04
人均地区生产总值	万元	6.64	10.79	工业企业	个	542	3.04
财政收入	亿元	4.02	22.79	服务业(三产)总产值	亿元	39.79	12.02
二、三产业增加值占地区生产总值比重	%	96.04	0.47	中小学校	所	5	−28.57
农业总产值	亿元	2.02	19.53	中小学校在校学生数	人	5650	−29.63
粮食总产量	万公斤	1745.20	−8.57	农村人均住房面积	平方米	45	0
工业总产值	亿元	92.27	9.74	数字电视入户率	%	100	1.01
工业利税总额	亿元	8.80	9.70	年末从业人数	人	67312	3.06
年末工业固定资产原值	亿元	26.13	0.04	农村居民人均收入	元	17576	12.13
工业用电量	亿千瓦时	4.98	13.18	社保参保率	%	99	1.02
工业固定资产投资	亿元	20	20.48	劳动合同签订率	%	97	1.04
协议注册外资	万美元	1370	−14.38	月薪制实施率	%	90	0
到位注册外资	万美元	252	121.05	新型农村合作医疗参保率	%	100	0

2010年长泾镇开票销售收入前10名企业一览

表111

名次	企业名称	销售收入(亿元)	法人代表	名次	企业名称	销售收入(亿元)	法人代表
1	江阴市康源印染有限公司	7.38	夏志康	6	江阴市金泰纸业有限公司	2.11	龚金虎
2	江苏苏青水处理工程集团有限公司	4.86	蒋惠平	7	江阴市明康绝缘玻纤有限公司	1.67	颜明康
3	江阴升辉包装材料有限公司	4.12	宋建新	8	江阴市通利包装材料有限公司	1.54	周永南
4	江阴比图特种纸板有限公司	2.81	仰午正	9	江阴市康源染整有限公司	1.36	程兴源
5	江阴市长隆化纤有限公司	2.20	吴丁法	10	江阴市长隆金属制品有限公司	1.35	徐　良

2010年长泾镇各村(社区)基本情况一览

表112

村(社区)名称	户数(户)	人口(人)	村(社区)党支部(党总支、党委)书记	村(社区)主任	村(社区)开票销售收入(亿元)	人均纯收入(元)
泾南村	1000	3421	吴宪宏	金国新	4.42	17080
和平村	900	3205	吴文勇	程永建	2.43	15560
习礼村	930	3948	王伟民	陈伟南	1.07	17300
泾东村	892	3185	夏均宾	夏春雷	3.74	14458
长东村	1089	3874	吴栋标	吴建刚	13.83	17300
南湎村	1987	6591	徐中勤	李明法	8.55	17618
花园村	1448	4700	宋建新	程利平	14.85	20700
刘桥村	1456	4936	刘　达	刘　荣	2.75	15200
蒲市村	1543	5556	周东明	蔡宪星	2.55	16806
河塘村	1600	5721	王永芳	周新峰	4.09	14600
蔡桥村	644	2387	蒋海滨	何诞华	1.12	14000
王家村	1323	4734	顾明香	华晓平	3.51	17050
长泾社区	1428	3786	吴　刚	–	–	–

【调整优化城镇规划】 2010年，长泾镇根据市域总体规划，结合本镇特点，调整优化规划布局，确立工业集中区、中心城区、不开发区3个发展板块构想。工业集中区主要规划在云顾路以北，面积7.4平方公里，重点发展汽车摩托车零部件、新型包装材料、品牌服装等特色产业，同时严控园区规划，优化园区功能，淘汰“五小”企业，严格项目准入，引进高新项目，推动集约集聚。中心城区主要规划在云顾路与暨南大道之间，面积10平方公里。实施老镇区“一河两街”改造工程，该工程为加强历史文化遗存的保护开发利用、优化“不开发区域”历史文化街区生态人居环境、发展文化旅游产业、推动产业与城市的同步转型打下基础。实施南部新镇区建设，放大东舜湖公园效应，做美商住环境，打造城市综合体和一批高品质居民住宅区。不开发区主要规划在暨南大道之南，面积21平方公里，重点发展生态高效农业，着力打造万顷良田基地、万亩红豆杉种植基地、千亩商品化盆景生产基地。

【历史文化街区建成】 长泾历史文化街区位于镇区北部，有56处明清建筑，千米石板街、大福蚕种场、上官云珠纪念馆、张大烈故居、汪家石牌坊是其中的代表。为加强历史文化资源的保护开发利用、创建中国历史文化名镇，长泾镇于2009年11月启动长泾历史文化街区建设，开展“保护母亲河、留住城市记忆”300天行动计划，实施长泾河综合整治、长泾老街改造工程。工程总投资1.1亿元，由南京大学建筑规划学院等单位规划设计，由江苏建业恒安、无锡古建等单位施工建设，整个工程包括尾水外延、清水引流、控源截污、河道清淤、驳岸加固、管线入地、立面改造、绿化亮化、拆迁改造、人民大会堂建设10项子工程。改造后的长泾历史文化街区形成4个功能区：河北街西侧为艺术文化区、中段为影视文化区、东段为蚕桑文化区和河南街为饮食文化区。为保障历史文化街区的顺利建设，化解资金不足的困难，全镇广大企业、社会各界捐款总额近2800万元，广大居民以捐献古树木等实际行动积极响应，合力推进工程的顺利建设。工程于2010年9月竣工并举行开街仪式。

【被命名为中国历史文化名镇】 长泾镇继2009年10月成功申报江苏省历史文化名镇后，乘势而上，以“保护母亲河，留住城市记忆”300天行动计划为契机，继续申报中国历史文化名镇。在原有资料(16本台账)和古迹故居修缮的基础上，根据中国历史文化名镇的申报要求，邀请南京大学建筑学院对老街保护开发进行精心规划、科学设计实施10项古镇保护工程，实现保护、发掘、利用长泾历史文化资源的多赢，经过对古镇的重新设计规划和实施“一河两街”整治改造工程，2010年7月，长泾镇被国家住房和城乡建设部与国家文物局评选为第五批中国历史文化名镇。授牌仪式于12月13日在北京举行。

【推进京沪高铁连接线拆迁工程】 京沪高铁连接道路工程，是2010年市政府“新三路”重点工程之一，也是澄东地区对接大城市的快速通道。该工程主体建设在长泾(老河塘镇区)境内，拆迁工作复杂，难度很大。整个连接线拆迁安置投入资金2.8亿元，拆迁民房、企业、商业门店面积12.09万平方米。镇党委、政府精心组织，扎实推进此项拆迁工程，年内，完成所涉45个企业、126户民房、88家商场门店、商品住宅等拆迁安置(除河塘医院移建工程2011年3月竣工外)，确保该工程按计划施工建设。

【实施“一村官一项目一品质”工程】 2010年，为激励大学生村官发挥优势，长泾镇以项目为载体，以品质为引领，实施“一村官一项目一品质”工程。该工程通过开展青春邀约访谈活动,与15位大学生村官面对面交流沟通,帮助他们分析村民需求和个人优势,协助他们确定村官工作项目,并为每位村官确定一位镇领导作为项目顾问,帮助大学生村官协调解决项目实施中的具体问题。15位大学生村官确立新农村建设、社会事业建设和青年服务建设三方面11项具体项目。同时,开展“一村官一项目一品质”专题汇报展演,通过项目展示交流,以公开展示承诺不断自我加压,以不断进取的内生动力,形成创先争优和追求卓越的工作成长氛围,并让镇、村主要领导了解支持大学生村官做好项目、锤炼品质,为全镇大学生村官成长成才营造良好环境。

【长泾中心幼儿园建成】 长泾中心幼儿园工程由江阴市澄东建筑集团公司承建,于2009年6月8日动工,2010年8月竣工,总投资5000多万元。该园位于长泾镇南环路,东靠长泾实验小学,西临新开河。内部设置35个班级,可容纳1000多名幼儿。园内户外环境以体现原生态的自然场景为主,设置玩沙区、玩水区、养殖区、种植区、大型玩具区、探索区等功能区;专用活动区设置电脑室、科学发现室、美术室等9个各具特色的专用活动室;教学区每个班级能满足集体和分组教学的需要,包含有活动区、午睡区、卫生间、衣帽间;早教中心包含有亲子活动中心和托班教室。校园内还设置有校园局域网、广播系统、音响系统、防盗系统、监控系统、电话系统等,功能一应俱全。 (何思施)

顾 山 镇

【概况】 顾山,新石器时期末有先民聚居,禹治震泽称龟山,春秋时期是吴楚通衢,南梁时定名顾山,宋、元时成集设镇至今。该镇位于江阴市东南边缘,距江阴市区41公里,东、南以顾山山为界,和常熟市尚湖镇、无锡市锡山区相接,西连长泾镇,北隔新沙河与张家港市杨舍镇毗邻。镇域东西长12.6公里,南北宽10.4公里,总面积49.51平方公里,耕地面积1863公顷,下辖12个行政村和2个社区。省道云顾公路、暨南大道横越该镇东西,锡张高速、锡张公路纵贯南北,并直达沪宁高速公路、沿江高速公路两道口。申张航道、十一圩航道在境内相交畅流。2010年末,有户籍人口55341人,其中男性27158人、女性28183人;有少数民族15个110人。有外来暂住人口34604人。

政治建设 深入开展“外学华西践行科学发展、内学云蝠加快转型升级”主题活动,镇党委中心组全年集中学习12次,形成12个课题的调研报告,形成以党委中心组带动基层理论学习,以制度建设推动中心组学习的新路子。举办“金顾山大讲坛”,进行专题讲座12次;召开“时代先锋事迹报告会”,丰富基层党课内容,落实“基层党书记上党课”活动;开展2轮党员干部教育培训,2640名党员参加学习活动;举办党员干部短训班13期,培训887人。镇人大围绕镇党委、政府中心工作,关注人民群众热点难点问题,依法履行职责,听取和审议2010~2012年顾山镇十大发展规划,集中视察南大河与丁字河综合整治、东岐秸秆气化压缩站、红豆院路建设等政府为民办实事工程,有效推进工程建设;组织36名镇人大代表进行述职,接受选民评议。镇政协工委与台湾新竹县新浦镇进行交流合作,完成“亲见亲闻亲历”资料集《红豆故里档案》一书。镇政府坚持政务公开,做好10万元以上24项工程项目的招投标活动,完成对14个村(社区)的财务审计。

经济建设 粮食产量稳中有升,小麦平均亩产330公斤,水稻平均亩产570公斤;农机插秧面积90%,农业机械化大幅提高;“金顾山花卉研发基地”基本建成,新增桃园20公顷,千亩桃园已形成;完善示范方二期建设,万顷良田工程734公顷;“金顾山”农产品品牌7个。农业专业合作组织17个。完成工业开票销售106.6亿元,比上年增长24.4%;完成工业投入11亿元,比上年增长7.4%,新办工业企业52个,招商引资落户工业项目94项;完成协议注册外资1359万美元,到位注册外资835万美元;自营出口3.3亿美元,比上年增长30.9%。全年削减化学需氧量101吨,关停化工企业10个,拒批污染项目6项。年内创建成中国针织内衣产业基地、中国针织服装名镇。完成服务业开票销售收入46.6亿元,比上年增长45.5%;四方商贸园进驻经营公司277个,注册资金500万元的有39个,有开票销售超亿元企业11个,天誉灯都、金顾山旅游购物中心建成开业。

社会建设 成立省级工程技术研究中心4个,申报省高新技术产品6种,通过省级新产品鉴定4种,申报国家专利208件,申报省级名牌产品5种;发放科技创新奖金107.5万元,建立“九三学社省级专家工作站”,与科研院校建立合作意向项目26项。更新完善教育现代化设备,完成义务教育高位均衡发展示范区创建工作,规范幼教编外用工。成立“金顾山家教讲师团”。成功举办第三届江阴江南丝竹汇演,继续开展非物质文化遗产调查,向省、无锡市申报11项;民间资本投资建成紫檀博物馆,出版《赤岸概略》。举办顾山镇首届全民运动会,举行30个大项目142个小项目比赛。评选出“十佳道德模范”“十佳少数民族自强标兵”。全年减少群众医疗负担600万元,规划建设康复疗养中心。移地新建顾山卫生院,南曹庄村、涧东村通过省卫生村复查验收。全镇新型农村医疗保险参保33281人,参保率100%。提供就业岗位3177个,实现本地劳动力就业630人,就业率95%。免费培训农村劳动力1019人,培训外地劳动力379人,完成市下达任务的108%,列全市第一。新增城保2253人,劳动合同签订率97%,412个企业签订工资集体协商协议,签订率99.8%。对低保户708户1649人发放低保金

284万元。落实慈善基金235万元，开展各类扶贫帮困活动20多次，参加人员400多人。各类矛盾纠纷调处成功率100%。主要道路实现技防全覆盖，全面建成技防村(社区)，2处技防视频监控中心得到进一步发挥。排查出各类事故隐患1538处，整改率98%以上，完成高危自动化改造企业4个。通过"小手牵大手"活动，建成"蓝盾之家"法制教育基地，平安创建得到深化，年内3个村达到省级"民主法治"村标准。镇司法所被评为省优秀司法所、无锡市五星级司法所。

2010年顾山镇主要经济社会指标一览

表113

指　标	单　位	数　量	比上年增减(%)	指　标	单　位	数　量	比上年增减(%)
地区生产总值	亿元	49.50	10.14	出口商品供货总值	亿元	17.24	2.37
人均地区生产总值	万元	8.95	10.09	工业企业	个	737	1.52
财政收入	亿元	5.08	5.64	服务业(三产)总产值	亿元	36.27	10
二、三产业增加值占地区生产总值比重	%	98.07	-1.91	中小学校	所	4	0
农业总产值	亿元	2.42	26.24	中小学校在校学生数	人	6006	0.04
粮食总产量	万公斤	1554	1.56	农村人均住房面积	平方米	37.50	5.30
工业总产值	亿元	136.49	11.37	数字电视入户率	%	99	
工业利税总额	亿元	9.79	4.58	年末从业人数	人	48765	3.26
年末工业固定资产原值	亿元	25.27	7.22	农村居民人均收入	元	17387	12.28
工业用电量	亿千瓦时	5.13	7.90	社保参保率	%	96	1
工业固定资产投资	亿元	11.48	12.07	劳动合同签订率	%	99	0
协议注册外资	万美元	1359	1869.57	月薪制实施率	%	96	1
到位注册外资	万美元	835.30	1110.58	新型农村合作医疗参保率	%	100	0

2010年顾山镇开票销售收入前10名企业一览

表114

名次	企　业　名　称	销售收入(亿元)	法人代表	名次	企　业　名　称	销售收入(亿元)	法人代表
1	江阴德诚钢铁有限公司	8.93	林小强	6	江阴华新电器有限公司	2.97	温开强
2	江苏云蝠服饰有限公司	5.60	郭　健	7	江苏润达光伏科技有限公司	2.71	陈俊律
3	江阴市江洲铜业有限公司	5.45	刘　江	8	无锡海江印染有限公司	2.60	郭道义
4	江阴裕华铝业有限公司	4.10	徐建刚	9	江阴日毛纺纱有限公司	2.24	山本维义
5	江阴建邦铝业有限公司	3.91	郭亚霓	10	江阴市丰源轧钢有限公司	2.20	高敏锋

2010年顾山镇各村(社区)基本情况一览

表115

村(社区)名称	户数(户)	人口(人)	村(社区)党支部(党总支、党委)书记	村(社区)主任	村(社区)开票销售收入(亿元)	人均纯收入(元)
新龚村	1950	7053	郭正平	项建良	27.76	20330
涸东村	909	3044	杨仁荣	俞　晓	23.34	20680
南曹庄村	1142	4203	毛二度	周　斌	14.26	20240
顾北村	705	2463	赵玉龙	赵玉龙	12.94	18800
红豆村	1773	6241	吴敏东	夏飞龙	10.40	15060
解放村	829	2694	谢春雷	许敏达	4.18	17250
万兴村	995	3120	王洪兴	王永标	4.01	14560
东岐村	1136	3630	吴红一	刘文广	3.17	18275
涸南村	939	3160	唐伯恩	徐健荣	2.21	17740
赤岸村	1310	4356	张贤兵	薛义良	2.18	14160

续表115

村(社区)名称	户数(户)	人口(人)	村(社区)党支部(党总支、党委)书记	村(社区)主任	村(社区)开票销售收入(亿元)	人均纯收入(元)
鉴青村	661	2084	陆海新	凌 慧	2.03	15580
李家桥村	796	2751	钱为民	徐 敏	1.48	14760
北漍社区	1626	4760	金建瑜	徐 波	2.46	15165
顾山社区	2133	5942	王仁忠	周 昶	6.13	18900

【顾山山北地区水环境整治】 顾山山北地区地势低洼、水系繁多、河道纵横,是江阴著名的水网地区。多年来河道基础设施落后,管道淤堵,生活污水直排河道,河水污染严重。2010年,顾山镇党委、政府将整治山北地区水环境列入年度政府为民办实事工程之一。工程于4月底动工,6月底竣工,共疏浚河道18条、总长4800米,清淤23万立方米,驳石岸3500米,铺设管道8000米,总投资700多万元。整治后,重现"青山映绿水,河岸花园样"。

【培育"金顾山"品牌】 2000年始,顾山镇就形成水蜜桃、葡萄、梨、大闸蟹、大米五大类农产品,尽管产品优质,但不是品牌,卖不出价钱。2004年,在顾山镇镇政府的支持下,成立顾山水蜜桃合作社,并注册"金顾山"品牌;2005年"金顾山"水蜜桃获全省第二名,而且一时还供不应求。2010年"金顾山"品牌又从水蜜桃扩展到梨、葡萄、水产、大米。取名"金顾山"的五大类农产品一下走俏无锡市场,"金顾山"水蜜桃的批发价仅次于阳山水蜜桃。"金顾山"大米在江阴市场上更是供不应求。梨和葡萄挂上"金顾山"品牌后,也是身价倍增。

【建成"中国针织内衣产业基地"】 近年来,顾山镇大力扶持针织内衣产业,组织行业协会,抱团参展,建设旅游购物中心,走集群化发展之路,引导企业加快转型升级,走品牌化、高附加值道路,全面提高顾山针织内衣的产品质量档次。至2009年末,顾山镇拥有183个针织服装企业,拥有自创品牌66个,其中中国名牌1个、省名牌2个。是年获"江苏针织内衣·服装名镇"。2010年8月24日,在上海举办的中国国际针织博览会上,顾山镇又获"中国针织内衣产业基地"奖牌。

【孟加拉毛衫有限公司成立】 2010年3月,江苏云蝠集团获得国家商务部批准,与孟加拉方合资设立孟加拉毛衫有限公司。合资公司注册资本1200万美元,其中中方(云蝠集团)出资1020万美元,出资比例为85%。主要从事毛衫、服装、服饰、鞋帽、布玩具等产品的生产、加工销售等国际贸易,为江阴市纺织服装企业在境外投资额最大的生产型企业。

【裕华铝业品牌入驻世博会】 2008年5月,经过招投标,江阴裕华铝业有限公司成为上海世博会幕墙、门窗铝型材的供货商。"世博订单"需求量大,时间紧,质量要求高。在为中国国家馆供货时,世博主办方要求在2个月内交付300吨铝型材,为企业正常情况下3个月的生产量,而且是超高精级产品。为按时、高质交货,工人们加班加点,当任务全部完成按时交货后,一些工人、干部累倒了。2010年4月初,江阴裕华铝业有限公司成功交付上海世博会最后20吨铝型材,圆满完成"世博订单"。该公司共为90%的上海世博会永久性场馆提供铝型材3500吨,价值9100万元。

【金顾山旅游商品购物中心落成】 2010年9月19日,金顾山旅游商品购物中心落成开业。金顾山旅游商品购物中心,总投资8000万元,营业面积近万平方米,拥有3000平方米的大型停车场。购物中心实行自主采购、统一管理、统一销售经营,已有"恒源祥""红豆""华西人""芗菲"等30余个国内、国际名品入驻。

【《赤岸概略》出版】 由顾山镇赤岸村委策划,游振芳主编的《赤岸概略》一书,于2010年9月由中国工商出版社出版。该书62万字,分上篇赤岸纪略,下篇诗词篇章,反映了赤岸村自唐大中三年(849年)以来的历史变迁。前中宣部部长王忍之题写书名。9月2日,顾山镇举行《赤岸概略》首发座谈会,江阴市领导、著名文史专家、著名作家数十人参加座谈会,一致认为该书对地方历史文化的研究有一定的参考价值。

【顾山镇首届全民运动会举行】 2010年1月起,顾山镇为充分展示顾山人民昂扬向上的精神面貌,增强全民参与文化体育的意识,举行首届全民运动会。全民运动会设立劳动技能、农业生产、体育竞技、地方文化等四大类30个大项、142个小项的比赛项目,除传统竞技体育项目外,还有戏曲比赛、农业生产、家庭才艺、趣味娱乐,参赛选手达1.5万多人次。运动会历时10个月,共颁发400多枚奖牌。

【顾山镇大学生村官成长促进会成立】 顾山镇有大学生村官数十人,在村(社区)工作表现优秀,是该镇后备干部力量。2010年11月18日,顾山镇举行大学生村官成长促进会成立大会暨"3+1"结对帮带启动仪式。主要内容为:由一名党政领导为"督导员"、一名驻村干部为"指导员"、一名村级干部为"辅导员",共同帮助指导一名大学生村官,目的就是促进大学生村官健康成长。会上,镇党委书记、镇长带头当大学生村官的辅导、督导,并进行了签约。

【王晓棠参观顾山】 2010年10月14日,著名电影表演艺术家王晓棠,在参加第19届中国金鸡百花电影节之际,专程到顾山镇,先后参观红豆院、香山寺、敬老院、周少梅纪念馆、丰硕紫檀博物馆。在顾山敬老院,王晓棠受影星赵薇的委托,专程看望该院的老人,并代表赵薇向老人们赠送高丽参等营养品,祝福老人们幸福快乐。在周少梅纪念馆,王晓棠对周少梅

的艺术追求表示极大的钦佩，并在馆内与慕名而来的影迷见面，并与影迷们合影留念。（毛德彦）

祝塘镇

【概况】 祝塘镇是徐霞客的祖居，位于江阴市东南，南北分别与无锡市区、江阴市区相距20多公里，云顾、祝陆、祝璜、祝文公路在镇区交汇，暨南大道和长山大道分别在镇域内过境4.9公里和3.3公里，锡华大河贯穿全境，是澄东地区重要的交通枢纽。全镇总面积59.59平方公里，耕地面积2516公顷，下辖10个行政村和2个行政村级社区居委会。2010年末，有户籍人口59974人，其中男性29999人、女性29975人；有少数民族15个301人。有外来人口66069人。

政治建设 认真贯彻落实中共十七届五中全会、中央经济工作会议和市委扩大会议精神，以科学发展观为指导，以转型发展为主线，以创新发展为战略，以跨越发展为目标，深入开展学习型党组织建设。围绕“创先争优”主题，在全镇60个基层党组织中分类培育3个具有祝塘特色和较大影响力的市级党建工作示范点、10个镇级党建工作示范点。继续开展“双学”*活动，深化“五型党组织”创建，在基层开展新一轮“学华西、强堡垒，争创‘五好’党支部”和“星级红旗社区”评选活动，组织千名党员参观新华西。全年发展新党员51人，转正党员98人。新建“两新”*党组织3个，扎实开展“四训四挂”*活动，挑选优秀村干部和“两新”组织党务干部10人外出培训和挂职锻炼。顺利完成村委会和社区居委会换届选举工作。努力探索村级事务社区化管理新模式，规范村级民主管理。深入推进基层党代表监督工作，不断完善党代表工作站制度。组织开展反腐倡廉教育活动，大力加强机关廉政文化建设。

经济建设 完成农业投入1.23亿元，农业总产值3.78亿元。全镇农业规模经营比例达65.8%，农业亩均效益比上年提高450元以上；新增高效农业面积235.33公顷，新增粮油种植规模经营面积56.67公顷。小麦总产579.74万公斤、水稻总产1483.11万公斤、蔬菜产量5581万公斤、水产产量145万公斤、出栏生猪1.55万头、出棚家禽135万羽。新建农民专业合作社3个，积极推进“三置换”*工作进程，并在五福村实行试点。实施建设2个国家级农业标准化示范区、1个省级标准化示范区；有4个品牌的7种农产品获国家农业部绿色食品认证，有6个品牌的9种农产品获省农委无公害产品认证。完成地区生产总值55.3亿元、财政收入6.19亿元、工商业销售收入206.06亿元。完成工业投入12.63亿元、服务业投入6.76亿元，工业开工项目76项，其中无锡市河山液压机械制造有限公司技改扩能项目、江阴市恒润环锻有限公司二期等项目的顺利投产成为祝塘镇加快经济转型发展的助推器。园区经济规模不断壮大，园区内531个企业完成销售118亿元，占全镇经济总量的57.26%，其中140个规模企业完成销售78亿元，占园区经济总量的66.1%；园区新增企业37个，总投资6.94亿元，其中投资亿元以上的企业有5个。完成集镇24个区块的控源截污工程，铺设生活污水主管网5公里、支管网35公里，新建污水泵站4座。全面实施西阳防洪工程，新建排涝站1座、圩堤650米，铺设主管道680米。加快推进水环境整治，清淤河道9条，清淤土方7.7万立方米，新建石驳护岸1060米。大力实施村庄整治工作，完成11个自然村的整治任务；加大清理整顿规模养殖污物处理排放力度，取缔永平村非法废旧物品回收加工点。削减化学需氧量178.1吨，停用燃煤、蒸汽锅炉45台。完成绿化造林面积116.8公顷，村村创建成“无锡市绿色家园示范村”。

社会建设 全年申报专利368件，其中发明专利58件，专利授权130件。江阴友佳珠光云母有限公司被评为省高新技术企业；江阴南侨机械铝业有限公司、江阴林盛机械有限公司、江阴金凯阳机械装备有限公司和江阴协和针织有限公司4个企业被评为省民营科技企业；江阴友佳珠光云母有限公司、江阴市茂达棉纺厂有限公司各有1种产品，江阴林盛机械有限公司、江阴市江南轻工机械有限公司各有2种产品被列入省高新技术产品；江阴南侨机械铝业有限公司、江阴信元铝业有限公司、江阴永信铝业有限公司、江阴东方锁业有限公司和江阴华立铝业有限公司被评为无锡市高新技术企业；新增江阴康爱特包装有限公司与江南大学、江阴市霖肯科技有限公司与南京中医药大学2项产学研合作项目。省内首个国家红外中心江苏工作站揭牌成立，全市首个科普惠农服务站成立。江阴市联业生物科技有限公司与南农大、新天地公司合作项目被列入“十二五”国家科技计划农村领域首批预备项目，联业生物公司被评为无锡市现代农业科技创新中心。江阴康爱特化工有限公司制定的水处理剂2-膦酸基-1,2,4-三羧基丁烷技术被列为行业标准。投入近500万元新建文林中心小学综合楼、祝塘中心小学塑胶球场，改造祝塘中学多功能报告厅。祝塘中学创建成省绿色学校。本地大中专毕业生就业率达91%。文林卫生院投资3500万元，新建12070平方米住院大楼，新增床位280张，创建成省示范卫生院，市五院通过二级医院评审。全年组织大型文艺活动38场次，送戏下乡5场，送电影下乡145场，组织评弹演出15天，受惠群众达10万人次。小品《不好说》、女子群舞《红灯笼》，获市群众文艺汇演创作二等奖，费杏宝家庭被评为“江阴市科技文化户”。档案工作又上新台阶，该镇获省社会主义新农村建设档案工作示范镇称号。全年组织农民实用技术培训、创业培训1655人次。全年新增就业岗位2038个，完成目标任务的101.9%，扶持自主创业人数291人，创业带动就业人数1164人。全年共有498户1025人列入最低生活保障对象，发放低保金217.87万元；完成4户农村特困户危房改造，投入资金8.5万元；累计发放困难弱势群体各类生活补助金515.1万元。新增城镇职工养老保险参保人数

2544人,全年有38008人参加新型农村合作医疗保险;为退休人员统一办理和发放市民卡,组织免费健康体检,发放各类慰问金2万元;为305名老人办理优待证,为664名85周岁以上老人发放尊老金101.6万元;安排214名残疾人在福利企业就业;全年募集慈善"一日捐款"55.38万元,收缴企业冠名基金165万元,新发展慈善义工111名,开展义工活动6次。积极开展农村"池改厕"工作,新建公厕12座,新建垃圾房89只,新建垃圾集中点4个。12个村(社区)全部建立综治(警务)站,其中文林、永昌、建南、北湾4个村(社区)创建成"无锡市三星级综治(警务)站"。连续八年被评为"无锡市社会治安安全镇"。

2010年祝塘镇主要经济社会指标一览

表116

指　标	单　位	数　量	比上年增减(%)	指　标	单　位	数　量	比上年增减(%)
地区生产总值	亿元	55.30	14.02	出口商品供货总值	亿元	43.01	13.33
人均地区生产总值	万元	9.22	13.97	工业企业	个	797	5.56
财政收入	亿元	6.19	22.64	服务业(三产)总产值	亿元	32.23	12.77
二、三产业增加值占地区生产总值比重	%	96.44	0.17	中小学校	所	7	0
农业总产值	亿元	3.78	5.56	中小学校在校学生数	人	9919	−0.43
粮食总产量	万公斤	2062.80	2.45	农村人均住房面积	平方米	50	0
工业总产值	亿元	182.15	15.98	数字电视入户率	%	95	3
工业利税总额	亿元	13.02	11.28	年末从业人数	人	68168	5.18
年末工业固定资产原值	亿元	27.59	7.98	农村居民人均收入	元	15807	12.12
工业用电量	亿千瓦时	4.92	17.42	社保参保率	%	143.79	43.79
工业固定资产投资	亿元	12.63	19.15	劳动合同签订率	%	95	2
协议注册外资	万美元	1859	106.60	月薪制实施率	%	96	1
到位注册外资	万美元	645	19.22	新型农村合作医疗参保率	%	109	9

2010年祝塘镇开票销售收入前10名企业一览

表117

名次	企　业　名　称	销售收入(亿元)	法人代表	名次	企　业　名　称	销售收入(亿元)	法人代表
1	江阴市百舸有色金属材料有限公司	14.38	严瑞英	6	江苏贝德时装有限公司	2.28	蒋忠伟
2	江阴市飞燕实业有限公司	7.98	蒋云南	7	江阴迪新金属工业有限公司	2.15	丁建明
3	江阴市茂达棉纺厂有限公司	4.55	郁广益	8	江阴市江河化纤有限公司	2.04	戴泽新
4	江苏瑰宝集团有限公司	3.62	周云龙	9	江阴市春达铝业有限公司	1.94	朱忠良
5	江阴市铝丰装饰材料有限公司	2.64	徐林庆	10	江阴双马服饰有限公司	1.91	唐良君

2010年祝塘镇各村(社区)基本情况一览

表118

村(社区)名称	户数(户)	人口(人)	村(社区)党支部(党总支、党委)书记	村(社区)主任	村(社区)开票销售收入(亿元)	人均纯收入(元)
建南村	1613	5983	周云龙	王　良	19.65	17660
永平村	1251	4802	蒋云南	蒋云南	14.61	14916
金庄村	1935	7132	孔令福	何德兴	12.23	15790
茂龙村	905	3385	顾叙兴	华国洪	3.96	15050
永昌村	1245	4800	王　华	王　征	28.49	16720
景阳村(社区)	1766	5402	戴汉兴	陈文娟	8.48	15200
五福村	1479	4909	孙荣源	孙荣源	2.54	13703
富顺村	1639	5448	潘浩德	孙建刚	3.73	15875
石堰村	1080	3575	包盘兴	徐立新	0.80	13530
北湾村	990	3237	王军伟	潘学鸿	8.31	16000

续表 118

村(社区)名称	户数(户)	人口(人)	村(社区)党支部(党总支、党委)书记	村(社区)主任	村(社区)开票销售收入(亿元)	人均纯收入(元)
河湘村	1302	4480	钱震业	朱建飞	8.78	16010
文林村(社区)	2059	6821	张荣庆	王力军	16.33	18000

【3项工程被列入市现代农业重点示范工程】 2010年，江阴市威特凯鸽业有限公司鸽场标准化改造、江阴市联业生物科技有限公司有机肥研发中心项目以及江阴市雅圣灵芝生态园二期工程被列入“江阴市2010年现代农业十大重点示范工程”建设项目。威特凯鸽场标准化改造项目投资1000万元，将1.2万平方米敞开式老鸽场改造成封闭式标准化鸽舍，新增半自动化清粪设备36台套，自动化饮水、喂料、喷雾除尘、孵化等设备各若干台套，铺设饮水管线10公里；联业生物有机肥研发中心项目投资1200万元，建设商品有机肥研发中心大楼2000平方米，新增肥料加工设备1套，新建设备及肥料加工车间5000平方米；雅圣灵芝二期工程投资600万元，占地13.33公顷，新建灵芝生产大棚4公顷、绿化4公顷、配套消毒室等1.47公顷，修建道路1公里，修建灌排设施3公里，新建仓库、办公场所300平方米，建成集灵芝种植、休闲观光、学生实践三位一体的灵芝生态园。

【无锡河山液压有限公司新生产基地投运】 由湖南山河智能机械股份有限公司投资1.5亿元在镇域内建设的无锡河山液压机械制造有限公司液压元件制造基地，于2010年12月正式投产。投运的新厂区占地3.33公顷，完成一期建筑面积近2万平方米，建有现代化的全自动浇铸生产线、加工中心集群、现代化的装备线，年铸件生产能力将从原来的3000吨提高到1万吨。河山液压的正式投运将成为国内拥有自主知识产权的工程机械液压元件的重要配套基地，彻底改变工程机械配套液压元件主要依赖进口的局面。

【“古镇记忆”公园建成开放】 2010年11月开工、2011年1月31日开园的“古镇记忆”公园，位于祝塘镇环东路与青祝运河交汇处，总投资480万元，占地3.57公顷，其中绿化面积2.41公顷、水面面积0.71公顷。公园由“才荟苑”“能荟苑”“技荟苑”3个主题庭院组成。其中“才荟苑”展示内容有施耐庵传说、耥稻山歌、泥塑、木雕、灰塑、剪纸、石膏像；“能荟苑”展示内容有竹篾制作工艺、米酒、铁器、铜器、虎头鞋、烧饼、酒药、爆炒米、钉秤；“技荟苑”展示内容有陆氏风科、潘氏针灸、挑惊、蛇药、抬阁、磨剪刀、弹棉花、雕花。

【镇现代服务业发展恳谈会举行】 2010年初，祝塘镇狠抓现代商贸流通服务业招商工作，出台《关于加快引进商贸流通企业发展的意见》，对商贸流通发展予以奖励和支持。10月10日，成功举行“2010年祝塘镇现代服务业发展恳谈会”，邀请客商50多人，共签约元行贸易、中船物资等10项项目，签约金额达15.1亿元。是年全镇服务业投入5.76亿元，比上年增长78.58%。

【镇科普惠农服务站成立】 2010年5月29日，祝塘镇科普惠农服务站揭牌成立。该服务站由江阴市山芋种植业协会负责筹建，占地200平方米，建有科普画廊、科普资料阅览室、培训室、成果展示室和银发农技田，大力推广航天芝麻、长寿菜、聪明葵花、日本新紫山芋等新品种及其栽培技术，广泛开展科普宣传和科技的推广、培训、交流、研究、扶贫、咨询等工作，及时为农户提供科普服务。科普惠农服务站自成立以来，已接待当地、外地农民700余人次，帮助会员调剂“宁紫薯一号”种苗150万株、“航天芝麻”原种200罐、“长寿菜”种苗5万株、“聪明葵花”原种3公斤，方便了农户发展生产的需要，深受农民的欢迎。

【南石桥重建工程竣工】 南石桥，又名积庆桥、祝塘桥。明代天顺二年(1458年)，义民徐震建木桥；嘉靖十九年(1540年)，徐霞客伯祖父徐治重建石质平桥；万历四十年(1612年)，孔抃改建环洞桥。清代乾隆九年(1744年)，江阴知县王企堂倡同孔传求、孔继圣、姚景文、华凤翼等重建。民国十年(1921年)奚黄氏、黄涌渭、方寿颐出资重建。1975年，为拓宽河道，拆去拱形石桥，祝塘公社和江阴县水利局共同出资，重建可行轻型机动车的环梁水泥桥。由于年久失修，通行能力较差，2010年初镇党委、政府将南石桥重建工程列入政府实事工程，综合考虑南石桥区域的道路交通状况、水道通航以及安全通行等因素，决定将南石桥重建成步行景观桥。4月，进行先期勘探设计、方案报批、工程招投标、杆线迁移等工作；7月5日，拆除老桥；8月施工队伍进场，12月底竣工通行。改造后的南石桥为圆拱形桥，造型独特，桥宽5.5米，跨度26米。南石桥重建工程得到社会各界大力支持，17个企业捐资101万元。

【镇区建设】 2010年，祝塘镇完成新镇区城市设计，建成总长1000米、占地2.47公顷的五福新街，以灰白为基调色的建筑呈现出一派古朴的江南古镇特色，道路两侧建成沿街商住楼4.5万平方米；占地3.33公顷、位于青祝河畔以展示非物质文化遗产为主题的“古镇记忆”主题公园正式建成；步行景观桥南石桥建成通行。新建胜景嘉苑三期、怡景嘉苑、嘉华豪庭等现代住宅小区；全年完成拆迁面积10.78万平方米，投资6000万元完成华昌路二期安置房、水淹户搬迁二期工程建设，全面启动梅隆安置房建设；投资1000万元对长山大道、暨南大道两侧环境进行综合整治；亮化地名标志，统一制作并安装122块路牌。塘下路等一批道路相继竣工通车；镇养老中心一期工程正式启动；市第五人民医院住院大楼主体竣工；文林北街、人民路西段、环北路、环东路等路段的路灯安装工作全面到位。

(何国荣　华　天)

■类目编辑　王荣方

市级机构

中共江阴市委

书　记　朱民阳
副书记　王锡南
　　　　王进健(9月任,赴新疆工作)
　　　　赵国权
常　委　高　佩
　　　　蔡叶明
　　　　孙小虎
　　　　薛　良
　　　　徐冬青
　　　　计　军
　　　　须振宇
　　　　孙　英(女)
　　　　唐仲贤(新疆工作至8月)
　　　　陈佩民
　　　　程　政(8月任,赴新疆工作)

江阴市人大常委会(党组)

主　任　吴崇翟
副主任　何士荣
　　　　方国良(至10月)
　　　　夏国荣
　　　　倪颖伟
　　　　王一飞
党组书记　吴崇翟
副书记　何士荣

江阴市人民政府(党组)

市　长　王锡南
副市长　高　佩
　　　　计　军
　　　　袁秋中
　　　　费　平
　　　　钱文琴(女)
　　　　龚振东
　　　　封晓春
　　　　陶苏根
　　　　张济建(挂职)
　　　　何卫东(2月任,挂职)
党组书记　王锡南
副书记　高　佩

政协江阴市委员会(党组)

主　席　黄满忠
副主席　吴林兴
　　　　张时献(至11月)
　　　　黄丽泰(女,兼)
　　　　曹恩华
　　　　张英毅(兼)
党组书记　黄满忠
副书记　吴林兴
　　　　张时献(至11月)

中共江阴市纪律检查委员会

书　记　孙　英(女)
副书记　李一中(至8月)
　　　　卢澄晓(女)
　　　　陈明波(8月任)
常　委　陈明波
　　　　缪明球
　　　　陆永祥
　　　　陆　欣
　　　　沈　斌(12月任)

市委办公室

主　任　陈兴初
副主任　顾洪伟
　　　　唐玉良
　　　　六　扬(女)
　　　　张韶峰
　　　　缪　慧(12月任)
　　　　梅海荣
　　　　郭　诚

市委政策研究室

主　任　张韶峰
副主任　汤建影
　　　　唐晓峰(8月任)

市委组织部

部　长　蔡叶明
副部长　李　萍(女,至11月)
　　　　俞烈彪
　　　　周彦忠
　　　　叶雪琴(女,11月任)
　　　　张志浩
　　　　查建标
部务委员　陈雪源(12月任)

市委组织员办公室

主　任　李　萍(女,至11月)
　　　　张志浩(12月任)

市新经济社会组织党工委

书　记　查建标(12月任)

市委宣传部

部　长　徐冬青
副部长　王建新
　　　　刘　锋
　　　　黄　磊
　　　　阮丛友
　　　　杨建忠(12月任)
部务委员　杨建忠
　　　　王　敏(女,12月任)
文明办主任　王建新
副主任　周雯虹(女,至10月)
　　　　邹鹏辉(12月任)

市委统战部

部　长　曹恩华
副部长　叶雪琴(女,至11月)
　　　　方　政　陈建龙
　　　　高文展(10月任)

民族宗教事务局

局　长　陈建龙
副局长　冯正兴

人民政府侨务办公室

主　任　叶雪琴(女,至10月)
　　　　高文展(10月任)
副主任　叶　敏(女)

市委台湾工作办公室

主　任　薛　炯
副主任　袁喜忠
　　　　赵　笛(女,12月任)

市委政法委员会

书　记　须振宇
副书记　陶苏根
　　　　刘国兴
　　　　黄　伟
　　　　顾永成(挂派)

社会治安综合治理委员会办公室

主　任　刘国兴
副主任　王士洪(至10月)
　　　　陶金虎

机构编制委员会办公室

主　任　俞烈彪
副主任　夏宏伟

市委农村工作办公室

主　任　唐玉良
副主任　许忠新
　　　　顾志强(至9月)
　　　　龚菊平
　　　　李湘阳(12月任)

市委“610”办公室

主　任　张德根(至10月)
　　　　朱孝兵(10月任)
副主任　黄　磊

市委市级机关工作委员会(纪工委)

书　记　陈国兴
副书记　吴海英(女,至10月)
　　　　徐益民(10月任)
　　　　周雯虹(女,10月任)
纪工委书记　徐益民

市委老干部局

局　长　周彦忠
副局长　周玉芳(女)
　　　　薛　卫

市委机要保密局

局　长　顾洪伟
副局长　俞　良

信访局

局　长　顾培植
副局长　印国兴
　　　　朱小卫

史志办公室

主　任　李　阳(至10月)
　　　　吴海英(女,10月任)
副主任　王萍芳(女)
　　　　李孜渊

档案局、档案馆

局长、馆长　卞　宏
副局长、副馆长　吴红敏(女)
　　　　缪红珍(女)
　　　　蔡智峰

接待办公室

主　任　六　扬(女)
　　　　缪　慧(12月任)
副主任　张　豫(女)
　　　　秋初阳
　　　　杨雪清
　　　　宦雪忠
　　　　朱学民(女,12月任)

市人大办公室

主　任　赵志军
副主任　袁金英(女)
　　　　赵　东

市人大研究室

主　任　张秉伟
副主任　赵勇兵

市人大工作委员会

内务司法工委
主　任　徐　斌
副主任　龚楚华
财政经济工委
主　任　黄福扬
副主任　黄立新(女)
环境资源城乡建设工委
主　任　张大进
副主任　徐志伟
教科文卫工委
主　任　钱　侠
副主任　袁忠良
人事代表联络工委
主　任　庄梦觉
副主任　李志浩

市政府办公室(党组)

主　任　朱　敏
副主任　顾　平
　　　　六　扬(女)
　　　　翁国琪(至10月)
　　　　顾培植
　　　　宋荣富(至10月)
　　　　薛洪都(8月任)
　　　　缪　慧(12月任)
　　　　程建明
　　　　吴　钢

江　城
蒋万春
金啸峰
万小溪
吴家湘(10月任)
党组书记　朱　敏
人民政府研究室
主　任　顾　平
副主任　江永康

外事办公室

主　任　赵茹珊(女,10月任)
副主任　赵茹珊(女,至10月)

金融工作办公室

主　任　顾　平(12月任)
副主任　李　琦(女,12月任)

市级机关事务管理局(党组)

局　长　宋荣富(至10月)
薛洪都(10月任)
副局长　陆　平
陆桂兴
党组书记　宋荣富(至8月)
薛洪都(8月任)

发展和改革委员会(党组)

主　任　陆礼平
副主任　李建国
陈　欣
夏伟忠
王玉雷
郝周光(12月任)
党组书记　陆礼平

经济和信息化委员会(党委、纪委)

主　任　沈伟旗
副主任　唐国平(至10月)
翟　菁
傅建荣(至10月)
那叶青
翁国琪(10月任)
薛德网(10月任)
陶　宏(12月任)
党委书记　沈伟旗
副书记　肖朱东
纪委书记　肖朱东

信息化办公室

主　任　翁国琪
副主任　舒建华

教育局(党委、纪委)

局　长　屠湘如
副局长　王玉泉
何香娟(女)
沈娅梅(女)
王　健
党委书记　屠湘如
副书记　徐前锋(12月任)
纪委书记　徐前锋(12月任)

科学技术局(党组)

局　长　冯爱东
副局长　王　彪
王　凯(11月赴新疆工作)
吴自强
刘周成(至8月)
党组书记　冯爱东

人力资源和社会保障局(党委、纪委)

局　长　季相云
副局长　吴福庆
陆建兴
施晔新(女)
袁　飞
缪　勤(女)
华　江(12月任)
党委书记　季相云
副书记　陈国银
纪委书记　刘小微(10月任)

财政局(党组、纪检组)

局　长　黄耀清
副局长　沈国兴
王维秧
谢国虎(11月赴新疆工作)
盛良斌(10月任)
李　琦(女,12月任)
党组书记　黄耀清
党组副书记　沈国兴
纪检组长　盛良斌(至10月)
张　虎(10月任)

市政府国有资产监督管理办公室

主　任　黄耀清
副主任　陈正华

公安局(党委、纪委)

局　长　陶苏根
副局长　陈卫东
严会东
张德根
朱孝兵
孙瑞元
赵　敏
政　委　李　宏
政工监督室
主　任　朱福顺
党委书记　陶苏根
副书记　李　宏
严会东
纪委书记　符加良

监察局

局　长　李一中(至8月)
卢澄晓(女,8月任)
副局长　陈明波(至8月)
缪明球
陆永祥(12月任)
周美华(女,兼)

民政局(党委、纪委)

局　长　季三宝(至10月)
陆　钢(10月任)
副局长　高文展(至10月)
朱永蕾(女)
殷金耀
孔莿伟
党委书记　季三宝(至10月)
陆　钢(10月任)
副书记　张勤农
纪委书记　张金龙
赵国平(12月任)

司法局(党组)

局　长　陈建国
副局长　富振平
陈卫宏
徐国良
党组书记　陈建国

国土资源局(党委、纪委)

局　长　苏士虎
副局长　胡伟峰
张国兴
赵晓敏(女)

张桂清
唐文忆(10月任)
党委书记 苏士虎
副书记 肖伯仓(至4月)
赵晓敏(女,10月任)
纪委书记 周安伯

建设局(党委、纪委)

局　长 阚满荣(至10月)
蔡　欣(10月任)
副局长 蔡　欣(至10月)
陈　强
王　整
洪朝晖
张佰庆
蒋健平(8月任)
陈　林(10月任)
党委书记 阚满荣(至8月)
蔡　欣(8月任)
副书记 蔡　欣(至8月)
陈　强(8月任)
纪委书记 张　悦(女)

交通运输局(党委、纪委)

局　长 张光伟
副局长 华勇清
钦沉浮
傅士才
党委书记 张光伟
副书记 王玉龙
纪委书记 王玉龙

水利农机局(党委、纪委)

局　长 卢建法
副局长 张伟龙
徐志华
梅少华
党委书记 卢建法
副书记 席卫平
纪委书记 单国民

农林局(党委、纪委)

局　长 胡品洪
副局长 徐正芳(至10月)
夏源秋
孔秋海
曹亚成
臧存龙
龚荣进(12月任)
党委书记 胡品洪
副书记 张耀忠
纪委书记 龚荣进
张耀忠(12月任)

商务局(党委、纪委)

局　长 钱华光
六　扬(女,12月任)
副局长 孙志红(至9月)
濮益民(9月任)
王顺兴
樊　蓉(女)
赵文庆
钱　标(12月任)
党委书记 钱华光
六　扬(女,12月任)
纪委书记 陈　鑫(12月任)

文化广电新闻出版局(党委、纪委)

局　长 王建炜
副局长 张明军
刘卫星(女)
钱　晴(女)
党委书记 王建炜
副书记 郝周光
陆建兴(12月任)
纪委书记 郝周光
陆建兴(12月任)

卫生局(党委、纪委)

局　长 朱建方
副局长 崔　巍(至8月)
蒋尧严
钱大雁
鄢宏云
鄂　青(至8月)
杨益生(至8月)
仲崇前(至8月)
党委书记 朱建方
副书记 崔　巍(至8月)
耿晨新
纪委书记 张成慧(女)

食品药品监督管理局(党组)

局　长 崔　巍
副局长 鄂　青(8月任)
杨益生(8月任)
仲崇前(8月任)
党组书记 崔　巍(8月任)

人口和计划生育委员会(党组)

局　长 蒋　青(女)
副局长 俞勤龙
许　晨(女)
冯明刚(10月任)
党组书记 蒋　青(女)

审计局(党组)

局　长 汤龙生
副局长 陆　军
顾国平
李　琦(女)
周　铁
党组书记 汤龙生

环境保护局(党委、纪委)

局　长 王利峰
副局长 蒋健平(至8月)
颜新澄
浦　强
黄　铮
沈天星(8月任)
党委书记 王利峰
副书记 孙　龙
纪委书记 张荣保

规划局(党组、纪检组)

局　长 缪　敏
副局长 计慧红(女)
刘建军
总工程师 汪运志
党组书记 缪　敏
纪检组长 蒋宇正(10月任)

统计局(党组)

局　长 陈　泓(女)
副局长 江兆成
陈　华
党组书记 陈　泓(女)

安全生产监督管理局(党组、纪检组)

局　长 单春宏
副局长 孙益民
顾正飞(至10月)
陈耀仁(10月任)
党组书记 单春宏
纪检组长 唐建荣

粮食局(党委、纪委)

局　长　徐文侠
副局长　李旭旦
　　　　丁和兴
党委书记　徐文侠
副书记　李旭旦
　　　　陈　骏
纪委书记　曹焕平

体育局(党组)

局　长　缪兴坤
副局长　季江宁
　　　　喻伟力
　　　　张　海(女)
党组书记　缪兴坤

物价局(党组)

局　长　卢　忠
副局长　张国生
　　　　张荣涛
党组书记　卢　忠

人民政府法制办公室

主　任　蔡　澄
副主任　张宪伟
　　　　郭　盛

城市管理局(党委、纪委)

局　长　陈卫东
副局长　朱　健
　　　　屠汉玉
　　　　姚剑刚(10月任)
党委书记　陈卫东
副书记　华　青
纪委书记　蒋宇正(至10月)
　　　　吴子东(10月任)

住房保障和房产管理局(党组)

局　长　吴贯一(至10月)
　　　　何建华(10月任)
副局长　何建华(至10月)
　　　　陈耀华(至10月)
　　　　陆　雁(女)
　　　　陈　斌
　　　　朱念东(12月任)
党组书记　何建华
党组副书记　吴贯一(至10月)

园林旅游管理局(党组)

局　长　高林嵩
副局长　吴有成
　　　　陈耀仁(至10月)
　　　　严伟荣(至10月)
　　　　李俊泉(10月任)
　　　　周晓虹(女,12月任)
党组书记　高林嵩

民防局

局　长　濮益民(至8月)
　　　　施迪庆(8月任)
副局长　许兴伟(至10月)
　　　　任静云
　　　　陈　江(女,10月任)

江阴经济开发区党工委、管委会

党工委书记　朱民阳
副书记　孙小虎
主　任　王锡南
副主任　孙小虎
　　　　胡建新
　　　　符跃进
　　　　冯爱东
　　　　赵　叶(至10月)
　　　　孙志红(10月任,赴新疆工作)
纪工委书记　赵国权
主任助理　苏　铮(至10月)
　　　　庞承梁
　　　　孟胡坤

纪工委
副书记　顾爱芬(女)
监察审计局
副局长　徐琴芳(女)
党政办公室
主　任　徐岳明
副主任　陈勇奇
党群工作部
部　长　朱亚平
副部长　柳　蔚(女)
人大常委会开发区工作委员会
主　任　朱亚平
　　　　李瑞良(12月任)
招商局
局　长　严倪芳
副局长　孙企华
　　　　李　红(女)
　　　　葛燕峰
　　　　楚海芹(女)
经济发展局
局　长　黄　健
副局长　王建强
　　　　张士洪
　　　　朱学泽
　　　　李进仪
财政局
局　长　刘纳新
副局长　张剑峰
　　　　黄志锋(8月任)
规划建设局
局　长　陈　炜
副局长　方建良
　　　　吕道锋
社会事业局
局　长　李瑞良
　　　　吴建农(12月任)
副局长　张丽君(女)
　　　　沈　强
　　　　马忠洪(12月任)
　　　　刘平华(12月任)

城东街道党工委、纪工委

党工委书记　严建定
副书记　李瑞良
　　　　吴建农(12月任)
　　　　任伟源(至10月)
　　　　庞忠德
纪工委书记　任伟源(至10月)
　　　　邱　奕(12月任)
人大工委
主　任　严建定
办事处
主　任　李瑞良
　　　　吴建农(12月任)
副主任　张丽君(女)
　　　　殷文华
　　　　沈　强
　　　　马忠洪(12月任)
　　　　刘平华(12月任)

江阴经济开发区园区高新技术产业开发园管委会

主　任　殷文华
生物医药产业园管委会
主　任　殷文华(8月任)
副主任　吴朝阳(女,8月任)
服务外包产业园管委会
主　任　严倪芳(8月任)
副主任　周建峰(12月任)
新传感网产业园管委会
主　任　李进仪(8月任)
副主任　李　红(女,8月任)

米建华（8月任）

文化创意产业园管委会

主　任　楚海芹（女，8月任）

副主任　杨建军（12月任）

临港新城党工委、纪工委

党工委书记　蔡叶明

副书记　薛　良

张　勇

主　任　薛　良

副主任　修华林

王益新

费晓忠（10月任，赴新疆工作）

纪工委书记　张　勇（至2月）

李一中（2月任）

主任助理　费晓忠（至10月）

孙展峰

方枫云

任戴明

党政办公室

主　任　仇　丰

副主任　邱晓东

陆　超（10月任）

监察审计局

局　长　王文平

党群工作部

部　长　金　星

副部长　韩　俊

人大常委会临港新城工作委员会

主　任　曹志斌（至10月）

顾少农（10月任）

财政局

局　长　方枫云

副局长　吕中立

黄海华

经济发展局

局　长　陈海峰

副局长　陶　宏

金丹菁（女）

许　伟（12月任）

招商局

局　长　缪　慧

副局长　徐立刚

陆志云

规划建设局

局　长　时　新

副局长　虞　初

社会事业局

局　长　庞祥芬（女）

物流发展局

局　长　程　政（8月任）

钱华光（12月任）

副局长　顾文瑜（8月任）

吕　涛（8月任）

仰炯豪（8月任）

李罗娜（女，8月任）

港口事务局*

局　长　程　政（至8月）

副局长　顾文瑜（至8月）

吕　涛（至8月）

仰炯豪（至8月）

李罗娜（女，至8月）

国际商务中心

主　任　任戴明

副主任　杨种峰

江阴市保税物流中心

主　任　顾文瑜

副主任　陆志云

临港新城港口办事处（党委、纪委）*

党委书记　程　政（至4月）

副书记　刘汉秋（至4月）

许登明（至4月）

王华明（至4月）

纪委书记　赵海鹰（女，至4月）

主　任　刘汉秋（至4月）

副主任　许登明（至4月）

戴佳廉（至4月）

江阴临港新城各园区

江阴长江新港产业园管委会

主　任　费晓忠（至8月）

副主任　吕　涛

邵红良（8月任）

新材料产业园管委会

主　任　陈福良

副主任　张　荣（8月任）

张晓新（8月任）

徐建清

谢小明

刘　军（至10月）

沈正兴（10月任）

机械装备产业园管委会

主　任　童金良（8月任）

副主任　魏　锋（8月任）

朱节文（8月任）

徐科新（8月任）

低碳产业园管委会

主　任　包锡龙（8月任）

何建国（8月任）

华　锋（8月任）

谢　挺（8月任）

长江港口综合物流园区管委会

主　任　程　政

钱华光（12月任）

副主任　许登明（4月任）

王　松（4月任）

刘　军（10月任）

江阴经济开发区

靖江园区党委、管委会

主　任　赵　叶

副书记　周　琛

副主任　周　琛

陈益军

吴群力

孙明江

主任助理　张海红

办公室主任　陈益军

招商局

局　长　陈　华（女）

经济发展局

局　长　章　军

财政审计局

局　长　张海红

规划国土建设局

局　长　沈宏伟

港口事务局

局　长　马建民（10月任）

行政服务中心（党委、纪委）

主　任　陈文斌

副主任　余　华

殷永华

党委书记　陈文斌

副书记　龚定娟（女）

纪委书记　吴燕萍（女）

口岸办公室

（党组，挂市港口管理局牌子）

主　任　邱伟杰

副主任　钱满清

沈　平

严伟荣（10月任）

党组书记　邱伟杰

高新技术创业园

主　任　李进仪

副主任　李　红（女）

米建华

市政协办公室

主　任　黄林法
副主任　瞿江烨(女)
　　　　蔡玉梅(女)

市政协专门委员会

学习文史委员会
主　任　胥洪才
提案委员会
主　任　郁志刚
副主任　徐　伟
经济科技委员会
主　任　李培生
副主任　王国中
社会法制与海外联络委员会
主　任　卞祖兴
副主任　高　晟(女)
教文卫体委员会
主　任　王　乾
副主任　翁新月(女)
城镇建设与环境保护委员会
主　任　李人之

法院(党组、纪检组)

院　长　郑　元
副院长　夏明丰
　　　　王新达
　　　　叶志浩
　　　　陈忠宇(8月任)
党组书记　郑　元
党组副书记　夏明丰
政治处主任　陈忠宇(至9月)
　　　　朱行军(11月任)
纪检组长　章见良

检察院(党组、纪检组)

检察长　丁正红
副检察长　吴海平
　　　　张晓东
　　　　邹志强
　　　　赵建新
党组书记　丁正红
党组副书记　吴海平
政治处主任　沙智刚
纪检组长　朱彩娟(女)
反贪污贿赂局
局　长　沈海洪
反渎职侵权局
局　长　缪红雄

工商联(党组)

会　长　黄丽泰(女,兼)
副会长　方　政
　　　　朱顺清
　　　　金锡妹(女)
　　　　俞亚鹏(兼)
　　　　张国平(兼)
　　　　丁贤根(兼)
　　　　郁　敏(兼)
　　　　胡鹏飞(兼)
　　　　郁广益(兼)
党组书记　方　政

总工会(党组)

主　席　郁秋皓
副主席　余　玲(女)
　　　　卞正环
党组书记　郁秋皓

团市委

书　记　胡莹洁(女)
副书记　谈海平(11月赴新疆工作)
　　　　叶海舟(12月任)

妇女联合会

主　席　刘文红(女)
副主席　施丽娟(女)
　　　　孔晓燕(女,8月任)

科学技术协会

主　席　张英毅
副主席　吴　彪

归侨侨眷联合会

主　席　高小乒(女)
副主席　蔡荣芬(女,至10月)
　　　　刘　政(12月任)
　　　　曹　健(兼)
　　　　黄立新(女,兼)

文学艺术界联合会

主　席　黄　磊
副主席　周林海

残疾人联合会

主　席　钱文琴(女,兼)
副主席　周美娣(女)
　　　　孙明江(至10月)
理事长　周美娣(女)
副理事长　赵国平
　　　　江　良

红十字会

会　长　龚振东(兼)
副会长　刘永红(女)
　　　　季三宝(兼)
　　　　陆　钢(兼,12月任)
　　　　朱建方(兼)
　　　　刘　锋(兼)
　　　　陈国兴(兼)
　　　　屠湘如(兼)
　　　　黄耀清(兼)
　　　　万小溪(兼)

市委党校

校　长　朱民阳
副校长　俞伟人(主持工作)
　　　　杨　赟(女)
　　　　陈建华

江阴日报社

社　长　张再兴(10月任)
总编辑　张再兴(至10月)
　　　　李　春(女,10月任)
副总编辑　李　春(女,至10月)
　　　　单　旭
　　　　陈　曦
　　　　陈　忠

供销合作总社(党委、纪委)

主　任　孙志红(至9月)
　　　　濮益民(9月任)
副主任　范小龙
　　　　包云丹
党委书记　孙志红(至8月)
　　　　濮益民(8月任)

职业技术学院(党委、纪委)

院　长　钱　红
副院长　蒋国良(至8月)
　　　　潘永惠
　　　　沈春英(女)
　　　　张庆堂
　　　　刘文君
党委书记　钱　红
副书记　董泽民(8月任)

南菁高级中学(党委)

校　长　过建春

副校长　杨培明
　　　　蒋志远
　　　　赵长缨
　　　　夏建新（8月任）
党委书记　过建春
副书记　周　源

江阴高级中学（党委）

校　长　顾吉祥
副校长　张荣国（至8月）
　　　　陈　康
　　　　江　山
　　　　贡和法
　　　　陆振华
　　　　黄国清（8月任）
党委书记　顾吉祥
副书记　张荣国（至8月）

教师进修学校

校　长　姚　洁（女）
副校长　糜冠兴
　　　　王华平

江阴中等专业学校（党委）

校　长　葛柏炎（12月任）
副校长　邵鹏飞（12月任）
　　　　杭　强（12月任）
　　　　浦建平（12月任）
党委书记　葛柏炎（12月任）
副书记　季永良（12月任）

江阴职业技术教育中心校（党委）*

校　长　葛柏炎
副校长　沈　彬（至8月）
　　　　邵鹏飞
　　　　杭　强
　　　　浦建平（8月任）
党委书记　葛柏炎
副书记　季永良

街道、镇级机构

澄江街道党工委、纪工委

党工委书记　蔡　炯
副书记　顾金辉
　　　　谢洪兴
　　　　王光华
　　　　梁英航（5月任）
　　　　张佰庆（5月任）
纪工委书记　谭海鸣
人大工委主任　李　宁
副主任　张林兴
　　　　缪阿士
办事处主任　顾金辉
副主任　梁英航（至5月）
　　　　刘建国
　　　　唐雪江
　　　　黄岳君
　　　　邵　骥
　　　　陈祖平（10月任）
　　　　徐根福（10月任）

申港街道党工委、纪工委

党工委书记　包锡龙
副书记　尹志华
　　　　何建国
纪工委书记　刘丽华（女）
人大工委主任　包锡龙
副主任　陈　峰
办事处主任　尹志华
副主任　朱佳虎
　　　　徐洪伟
　　　　华　江
　　　　华　锋
　　　　谢　挺（12月任）
　　　　缪建伟（12月任）

夏港街道党工委、纪工委

党工委书记　程　政
　　　　钱华光（12月任）
副书记　施迪庆（至8月）
　　　　朱进华（9月任）
　　　　张静华
　　　　王华明（4月任，睢宁工作）
纪工委书记　李清泉
人大工委主任　程　政
　　　　钱华光（12月任）
副主任　石顺芳
　　　　焦建良
办事处主任　施迪庆（至9月）
　　　　朱进华（9月任）
副主任　朱进华（至9月）
　　　　华云岐
　　　　邵红良
　　　　徐建栋
　　　　陈　斌
　　　　戴佳廉（5月任）

南闸街道党工委、纪工委

党工委书记　吴　芳（女）
副书记　周建荣
　　　　陈　峰
纪工委书记　金国锦
　　　　陈丽华（12月任）
人大工委主任　徐华文（至10月）
　　　　吴　芳（女，10月任）
副主任　金国锦
主　任　周建荣
副主任　朱富强
　　　　曹其龙
　　　　周跃军（至3月）
　　　　钱昇贤
　　　　顾丰良（12月任）

云亭街道党工委、纪工委

党工委书记　郁李达
副书记　张建明
　　　　吴建农
　　　　朱佳虎（12月任）
纪工委书记　陈丽华（女）
　　　　朱　伟（12月任）
人大工委主任　郁李达
副主任　殷建华
主　任　张建明
副主任　茅卫兵
　　　　朱学明
　　　　吴志强
　　　　邬闽澄
　　　　严文华（12月任）

璜土镇

党委书记　陈福良
副书记　顾少农（至10月）
　　　　曹乐平（10月任）
　　　　张　荣
纪委书记　戴士良
人大主席　陈福良
副主席　时怀龙
　　　　江伟良
镇　长　顾少农
副镇长　曹伟平
　　　　张晓新
　　　　曹建峰（11月赴新疆工作）
　　　　占纪平

利港镇

党委书记　童金良

副书记　陶建国
李俊泉(至10月)
魏　锋(10月任)
纪委书记　潘国龙
人大主席　童金良
副主席　缪肖锋
镇　长　陶建国
副镇长　朱节文
严文华
魏　锋
徐科新
陈　奕(女)
薛　健(12月任)
吴志强(12月任)

月城镇

党委书记　叶韩清
副书记　杭　成
张建平
纪委书记　陈建国
人大主席　叶韩清
副主席　刘文光
镇　长　杭　成
副镇长　陈国新
吴树坚
吴卓平
姚剑波

青阳镇

党委书记　严军明
副书记　李满刚
邹星洪
纪委书记　李玉虎
人大主席　严军明
陈东平(12月任)
副主席　朱忠良
镇　长　李满刚
副镇长　薛　坚
陈东平
邱国才
周　延
张晓华
薛建国(11月赴新疆工作)
陈　开(12月任)

徐霞客镇

党委书记　路建忠
副书记　薛洪都(至8月)
顾志强(9月任)
毛　勇
赵惠千(8月任)
纪委书记　陆峥嵘
人大主席　路建忠
副主席　钟国清
镇　长　薛洪都
顾志强(12月任)
副镇长　李湘阳
赵惠千
陶杏全
范晓君
黄建祥
张浩伟
张　平(12月任)

华士镇

党委书记　缪　红
副书记　张　忠
赵　炯
孙　健(12月任)
纪委书记　陈　献
杨伟兵(12月任)
人大主席　缪　红
副主席　殷忠祥
镇　长　张　忠
副镇长　朱正锋
赵建春
江国虔
孙　健
陈　献(12月任)
张光明(12月任)

周庄镇

党委书记　陆　钢(至10月)
吴国忠(10月任)
副书记　吴国忠(至10月)
傅建荣(10月任)
陶正贤(睢宁工作)
曹乐平(至10月)
刘汉秋(4月任)
吴　广(12月任)
纪委书记　钱丽英(女)
王旭东(12月任)
人大主席　陆　钢
吴国忠(12月任)
副主席　胡仁祥
葛琴珍(女)
卞春兴(12月任)
镇　长　吴国忠
傅建荣(12月任)
副镇长　卞春兴
何玉林
吴　广
钱丽英(女,12月任)
薛华君(12月任)
潘　江(12月任)

新桥镇

党委书记　蒋和兴
副书记　赵　强
纪委书记　赵晓新
人大主席　蒋和兴
副主席　肖均贤
镇　长　赵　强
副镇长　周明方
朱念东
张国江
钱　标
陈剑雄(12月任)
季德鸿(12月任)

长泾镇

党委书记　张国兴
副书记　张　伟
徐前锋
季　峰(12月任)
纪委书记　葛文华
人大主席　张国兴
副主席　印忠厚
镇　长　张　伟
副镇长　季　峰
吴　新
邱瑞忠
陶郁峻

顾山镇

党委书记　陈兴华
副书记　陈国君
陈晓东
纪委书记　俞新钢
人大主席　陈兴华
副主席　刍惠忠
陈建明
镇　长　陈国君
副镇长　俞卫东
王　强
杨健荣
季　震
冯　健(12月任)

祝塘镇

党委书记 张少波
副书记 沈　军
　　　 汪汉明
纪委书记 孔晓燕(女,至8月)
　　　 顾行行(8月任)
人大主席 包嘉铭
副主席 孙跃进
镇　长 沈　军
副镇长 华协刚
　　　 夏建辉
　　　 徐　铭
　　　 周　钧
　　　 马　军(12月任)

(*为机构改革后已变化)

(市委组织部供稿)

驻江阴机构

江阴市人民武装部

部　长 戴旭东
政　委 陈佩民
副部长 陈爱民

江阴市国税局

局　长 吴明言
副局长 闵三红
　　　 彭耀辉
　　　 孙惠民
纪检组长 杨湖阳

江阴市地税局

局　长 蒋永成
副局长 顾敏明
　　　 陈增伟
　　　 钱敏郁
纪检组长 张农高
局长助理 徐　益

无锡市江阴工商行政管理局

局　长 陈俊虎
副局长 冯学锋
　　　 郁　敏
　　　 徐银芬(女)
　　　 潘文伟
纪检组长 陈国强
党组成员 郑力强(4月任)

无锡市江阴质量技术监督局

局　长 吴建一
副局长 严国琴(女)
　　　 陆成法
　　　 易海红(女)

江阴市气象局

局　长 阮蔚琳(女)
副局长 周章洪

江阴市邮政局(党委、纪委)

局　长 刘一青
副局长 袁　兵
党委书记 刘一青
纪委书记 袁　兵

江阴市电信局(党委、纪委)

局　长 冯卫钊
副局长 徐宏良
　　　 商　杰
党委书记 冯卫钊
纪委书记 商　杰

江阴市供电公司(党委)

总经理 储政伟
副总经理 刘五华
　　　 黄礼平
　　　 张开文
　　　 许立新
　　　 徐国平
党委书记 刘五华
纪委书记 钱建兵

江阴市盐务管理局

局　长 徐昌亭

江阴烟草专买局

局长(经理) 吴建良(11月任)
副局长 于　进

中国人民银行江阴市支行

行　长 李仁法
副行长 周　蓉(女)
　　　 胡焰刚

中国银行业监督管理委员会无锡监管分局江阴办事处

主　任 雷　燕(女)

中国工商银行股份有限公司江阴支行

行　长 许　阳
副行长 桂卫萍(女)
　　　 葛伟东
　　　 黄保成(10月任)

中国农业银行股份有限公司江阴支行

行　长 唐国华
副行长 徐　刚(至10月)
　　　 吴　亮
　　　 赵仲武
　　　 黄　慧

中国农业发展银行江阴市支行

行　长 余瑞伦
副行长 季以红
　　　 陶　翔

中国建设银行股份有限公司江阴支行

行　长 徐海峰
副行长 于锦凤(女)
　　　 夏　军
　　　 王永清
　　　 陈洁樱(女)

中国银行股份有限公司江阴支行

行　长 王海军
副行长 沈会龙
　　　 史雪芳
　　　 黄凤和
党委副书记 陆进飞

交通银行股份有限公司江阴支行

行　长 盛金才
副行长 徐　明
　　　 陈文蓉(女)
　　　 罗　平

江苏江阴农村商业银行股份有限公司

董事长 赵　益
行　长 孙　伟
监事长 任素惠(女)
副行长 宋　萍(女)
　　　 仲国良

上海浦东发展银行江阴支行

行　长　季永明
副行长　钱克艰

江苏银行股份有限公司江阴支行

行　长　刘红华
副行长　周松毅
行长助理　陈　虹

中国建设银行股份有限公司江阴临港新城支行

行　长　戴伟刚
副行长　徐　锋

招商银行股份有限公司江阴支行

行　长　王大雷
副行长　顾　军
　　　　韩　英(女,3月任)
　　　　卞希力(3月任)

中国邮政储蓄银行江苏省江阴市支行

行　长　吴雷钧
副行长　朱建平

中信银行股份有限公司江阴支行

行　长　黄建峰
副行长　缪勤国

中国人民财产保险股份有限公司江阴支公司

总经理　尤力人
副总经理　谢惠芳(女,12月任)
　　　　赵国明
　　　　顾　军

中国人寿保险股份有限公司江阴支公司

总经理　夏益平
副总经理　赵黎珺
　　　　黄奕辉
　　　　马　玲(女,3月任)

中国太平洋财产保险股份有限公司江阴支公司

总经理　顾　新
副总经理　庄月平
　　　　李敏跃
　　　　张小英(女)

中国太平洋人寿保险股份有限公司江阴支公司

总经理　胡进法
副总经理　陈　娟(女)
　　　　谢　斐

江阴海事局(党委)

局　长　徐新中(至5月)
　　　　张士元(5月任)
党委书记　许江生(至11月)
　　　　徐庆伟(11月任)
副局长　徐义勇
　　　　潘守成
局长助理　王长宁(11月任)

江阴海关(党组)

关　长　王荣军
党委书记　王荣军
副关长　张　阳(兼)
　　　　糜国清(至8月)
　　　　沈苏华
　　　　尹聚技(8月任)
驻江阴海关纪检监察
特派员　刘全兴

江阴海关缉私分局

局　长　张　阳
政　委　张晓东(至10月)
　　　　陈　翔(10月任)
副局长　李　定

江阴边防检查站(党委)

站　长　赵　虎
政　委　吴龙海
副站长　沙雪松
副政委　郑春雷

江阴出入境检验检疫局(党组)

局　长　徐洪刚
党组书记　徐洪刚
副局长　吴淦新
　　　　朱明道
　　　　何松涛
纪检组长　黄　海

中国船级社江阴办事处

经　理　张东标
副经理　蔡　高

长江引航中心(党委)

主　任　汪吉发
党委书记　沈祥法
副主任　张铜宁
　　　　许崇标
纪委书记　孙琪琳

(各单位供稿)

■类目编辑　陈学超

人物

江苏省级以上劳模和先进个人

朱民阳

1956年11月生，江苏无锡人，中共党员，硕士研究生学历，高级经济师。1975年2月参加工作，1978年3月加入中国共产党。中共江苏省委委员、中共无锡市委常委、中共江阴市委书记、江苏省江阴经济开发区党工委书记。近年来，朱民阳始终坚持以科学发展观统领全局，带领江阴市广大干部群众，围绕建设“幸福江阴”总目标，突出科技、人才、生态、文化、民生五大重点，加快城乡经济社会发展一体化步伐，转变发展观念，创新发展路径，突出结构调整，实现经济社会又好又快发展，全面完成“十一五”规划目标任务。在广泛而深刻的变革中，江阴探寻出一条生机勃勃的科学发展道路，2008年被中央确定为全国改革开放18个典型地区之一，被誉为“科学发展的先行者”。连续3年获“中国全面小康十大示范县（市）”第一，并获中国最佳经济活力魅力城市、中国最具活力民营经济县（市）、中国十佳和谐可持续发展城市、中国十大和谐名城、全国和谐社区建设示范城（市）、中国最关爱民生城市和“2010年中国最具幸福感城市”县（市）第一名等称号，“幸福江阴综合评价指标体系构建”项目获第五届“中国地方政府创新奖”。2010年1月，在国家发展和改革委员会主管、中国改革报社和中国企业报社主办的“2009第九届中国改革人物评选颁奖盛典”上，朱民阳被授予“2009中国改革十大创新人物”称号。12月，朱民阳在第四届中国产学研合作高峰论坛暨表彰大会上获首批全国产学研合作突出贡献奖。（史　志）

王锡南

1955年3月生，江苏宜兴人，中共党员，硕士研究生学历，高级经济师。1974年参加工作，1979年加入中国共产党。中共江阴市委副书记，江阴市市长、市政府党组书记，江阴市人民武装委员会主任，江苏省江阴经济开发区管委会主任。王锡南自2003年6月任市人民武装委员会主任后，心系国防，情注部队，积极把国防后备力量建设融入地方经济社会发展之中，认真落实党管武装制度，高度重视全民国防教育；组织兴建市工兵民兵训练基地，在全省率先建成集视频、电话、数据交换为一体的数字综合指挥网，建成市人武部新营区；积极部署征兵工作，为征兵工作创造良好环境，适应形势发展需求，主持制订出台退役士兵城乡一体化货币安置政策；大力组织开展真情拥军活动，积极为驻军解难题办实事；亲自主抓军转安置工作，每年妥善安置军转干部百余人等。江阴市两次荣膺全国“双拥模范城”称号，2005年作为全省唯一的县级市被解放军总参谋部表彰为军事设施保护工作先进单位，2009年6月被表彰为全国军队转业干部安置工作先进单位，市征兵办公室两次被国防部表彰为全国征兵工作先进单位，市人武部被省军区评为先进旅团单位，市人武部党委连续5年获“军区先进党委”称号，市国防教育办公室两次获省级表彰。2010年7月，王锡南被南京军区评为人民武装委员会好主任。（吴家湘）

高　佩

1965年4月生，江苏昆山人，中共党员，本科学历。中共江阴市委常委、常务副市长。高佩2007

年分管民防工作以后，关心人防，重视人防，支持民防工作，紧紧依靠广大民防工作者，齐心协力，共同奋斗，使江阴民防工作健康、快速发展，人防工程建设、指挥通信建设、依法行政工作、人防宣传教育工作等全面提升，走在全省前列，被江苏省民防局树为“十一五”期间省内人防工程建设先进典范；深入调查研究，认真听取汇报，掌握第一手民防工作动态，为民防建设工作排忧解难；主持召开有关民防工作的各类协调会议，理顺关系，解决问题，把民防工作落到实处；抓民防工作督查，抓目标任务落实，抓工作措施到位，主持出台《江阴市地下室空间开发利用暂行办法》等政策性文件，重视南门地区地下空间开发等工作，开创了江阴人防工作新局面。2010 年 12 月，高佩被江苏省军区、省民防局评为关心人防建设好市长。

（朱 兴 计 华）

张英毅

1963 年 3 月生，澄江街道人，民进会员，本科学历。江阴市政协副主席、民进江阴市委主委、市科协主席。张英毅 2006 年任市科协主席以后，认真履行职能，带领科协系统全体人员积极开展科技创新和科学普及工作，切实做好为全民科学素质服务、为科技工作者服务、为经济和社会发展服务工作。建成 500 多平方米的江阴市科技工作者之家，组建成立江阴市科技工作者服务中心。构筑全民科学素质工作领导小组成员单位网络、科协组织网络和社会科普队伍网络三大组织网络体系；制订落实桥梁纽带工作、科技创新和人才奖励三项工作制度；打造来信来访、学术交流和技术咨询三大服务平台；开展以“讲理想、比贡献”和为中小企业技术解难为主要内容的建言献策活动、以“金桥工程”和“厂会协作”为主要内容的技术创新活动、以“兴农富民”工程和“三百”（建立百个农村党员科技先锋岗，设立百个农村党员科技示范基地，开展百场农村党员科技致富宣讲）工程为主要内容的科普惠农活动三大活动。全市科协工作呈现勃勃生机，形成一支拥有 2 万余名科普工作者、2800 余名注册科普志愿者的科学普及队伍，建成省、市级“科技教育特色学校”20 所、科普文明社区 35 个、“兴农富民”工程科普示范基地 11 个。彰显江阴特色的科普示范体系，全民科学素质大幅度提高，江阴市被命名为全国科普示范市。2010 年 5 月，张英毅被科学技术部、中共中央宣传部和中国科协评为全国科普工作先进个人。

（焦亚平）

喻伟力

1964 年 2 月生，澄江街道人，九三学社社员，本科学历，工程师。1984 年 8 月参加工作，1998 年 9 月加入九三学社。江阴市政协副主席，市体育局副局长，九三学社无锡市委常委、江阴市委主委。喻伟力 2006 年 12 月任九三学社江阴市委主委以后，带领全体社员以建设高素质参政党为目标，以科学发展观为指导，以促进社会和谐为己任，切实履行参政议政职能，积极开展社会服务工作，为江阴经济社会又好又快发展作出重要贡献。社市委连续 5 年撰写的调研报告及政协会议建言献策专题发言得到中共江阴市委、市政府的肯定和采纳，并有 6 件集体提案被市政协列为重点提案。组织社内专业技术人员开展送科技下乡活动，组织全体社员开展扶贫帮困、捐资助学等活动。九三学社江阴市委连续 3 年被九三学社江苏省委评为社会服务工作先进集体。同时，喻伟力在市体育局分管全市群众体育和体育总会工作，为推进城乡公共体育设施建设、发展群众性体育活动、创新全民健身活动形式等作出不懈努力，取得显著成绩，市体育局连续 6 年被评为全国群众体育先进单位和全民健身活动先进集体，江阴被国家体育总局评为全国农村体育健身工程先进县（市）。2010 年 9 月，喻伟力被九三学社中央评为优秀社员；同月，被省体育局评为江苏省群众体育先进个人。

（韩琴敏）

吴协恩

1964 年 4 月生，华士镇人，中共党员，高级经济师。华西新市村党委书记、村委会主任、集团公司董事长兼总经理，全国村长论坛执委会主任、江苏省人大常委会委员、江苏省工商联（商会）副会长、中共江阴市委委员。吴协恩永葆共产党员先进性本色，带领全村干部群众齐心协力建设社会主义新华西，把华西的各项事业推向了全新的平台，使华西成为全国社会主义现代化新农村的典范，先后获“中国十大杰出村官”“中国乡镇企业十大新闻人物”“第 4 届全国农村基层干部十大新闻人物”“全国农村时代新闻人物”“全国精神文明建设先进工作者""全国推进新农退伍军人""江苏省劳动模范""江苏省扶贫状元"等荣誉称号。2010年4月，吴协恩在全国劳动模范和先进工作者表彰大会上被国务院授予"全国劳动模范"称号，并受到胡锦涛等党和国家领导人亲切接见。

（张学军）

沈文华

1955年9月生，璜土镇人，中共党员，大专学历，历任西石桥镇、青阳镇党委书记，市交通局局长、党委书记，市人大协理员等职。2008年8月任江阴援建四川省绵竹市清平乡现场总指挥，带领江阴市全体援建者奔赴灾区。江阴援建者在沈文华的带领下，克服余震不断、道路不畅、水电不通、通讯不良、飞石悬落等极端恶劣环境，发扬"人心齐、民性刚、敢攀登、创一流"的江阴精神和援建"五干精神"（晴天抢着干、雨天巧着干、晚上挑灯干、节假日加班干、合理安排科学干）及"四个特别"（特别能吃苦，特别能战斗，特别能团结，特别能奉献）工作作风，在比其他县市晚进场两个多月的情况下，提前一年圆满完成所有援建任务，受到江苏省、四川省、无锡市的充分肯定及灾区群众的广泛好评。2010年9月，沈文华被中华全国总工会授予"全国五一劳动奖章"和证书。是年，分别被四川省委、省政府和江苏省委、省政府授予"四川省灾后恢复重建先进个人"和"江苏省对口援建四川绵竹先进工作者"称号，享受省级劳动模范待遇；被无锡市委、市政府记个人二等功，并被评为无锡市先进工作者。

（袁静菊　缪宇强）

李　阳

1955年3月生，澄江街道人，中共党员，大专学历。1972年12月参加工作，1974年12月入伍，1996年10月转业，曾任国防科工委23基地试验技术部通信室正团职政治委员，中共江阴市委统战部、宣传部部务委员。2001年10月起任江阴市史志办公室副主任（主持工作）、主任。其间，他忠于职守，务实创新，带领全体人员团结奋斗，为江阴史志事业发展贡献智慧和力量。不断创新年鉴编纂内容、形式和编辑工作机制，在全市组织开展年鉴优秀文稿（条目）和年鉴工作先进单位评比活动，实行年鉴编辑工作绩效千分考核制度，并创新增加出版年鉴电子版，扩大面向全国的年鉴发行范围；主持制订指导乡镇、部门编修镇志、部门志的意见方案，并将编修镇志、出版反映镇情村情的史志书籍列入乡镇史志工作创新考核的重要内容。2006年下半年全市二轮修志工作启动后，他殚精竭虑，全身心地投入，特别是进入初稿编审后，精心组织实施一审、二审工作，坚持认真履行主编三审统审职责。10年来，《江阴年鉴》编纂质量在全国同类年鉴中一直保持领先水平，曾获中国年鉴奖、中国地方志年鉴奖特等奖、全国年鉴质量综合奖一等奖、江苏省地方志优秀成果特等奖等奖项；全市累计出版镇志3部、部门志8部、村志3部、地情书籍14种。他本人在省级以上业务刊物发表有关论文9篇，其中《年鉴主编统稿要"八看八注意"》一文被中国版协年鉴研究会评为一等奖，《浅谈地方综合年鉴卷首彩页的编辑》在第十届全国年鉴学术年会上作交流发言。2010年11月，李阳被中国地方志指导小组评为全国方志系统先进工作者。

（史　志）

濮益民

1962年1月生，顾山镇人，中共党员，硕士研究生学历。1981年1月参加工作，2003年11月任市人防办副主任（主持工作），2006年4月任市人防办主任，2010年1月任市民防局局长、市人防办主任，同年8月转任市供销合作总社主任。濮益民在市民防局（人防办）任内，带领人防部门全体人员团结奋斗，高起点推进人民防空事业建设，努力提升人防建设质量效益，在省内率先建成数据容灾备份中心，完善警报设施，建立人防专业队伍，建成省内一流民防疏散基地。江阴市人防指挥通信建设、人防工程质量管理水平、乡镇人防建设被树为省内人防工作典范，市民防局（人防办）被评为江苏省首批"准军事化"建设先进单位和省级人防工作先进单位，连续多年被无锡市民防局（人防办）评为年度目标综合考核第一名。2010年10月，濮益民被人力资源和社会保障部、解放军总参谋部联合评为全国人民防空先进工作者。

（朱兴计华）

单春宏

1956年2月生，利港镇人，中共党员，大专学历，江阴市政府安全生产委员会办公室主任，市安监局党组书记、局长。2007年2月上任后，单春宏按照"坚持安全发展，建设幸福江阴"总目标，带领江阴全体安监干部恪尽职守、励精图治、创新工作，狠抓企业安全

生产主体责任落实工作，在全市实施责任单位安全责任状制度和工业生产企业安全生产告知承诺书制度；开展危险化学品企业安全生产标准化建设，建立重大危险源企业24小时预警监测机制，有效预防重特大事故发生；关键时刻冲在前面，指挥排除10余处重大安全隐患，成功处置液氯运输车倾覆等多个危险化学品事故。江阴连续4年实现全市安全生产事故次数和死亡人数双下降目标，无重特大事故发生，安全生产工作连续4年列无锡市政府年度目标考核第一名，市安监局连续4年被无锡市政府评为安全生产先进单位，获“2010年度江苏省安全生产工作先进单位”称号。单春宏先后两次被评为江苏省安全生产监督管理系统先进个人。2010年1月，单春宏被国家安全生产监督管理总局授予“2009年度全国安全生产监管监察先进个人”称号。

（王征途）

翁新月

女，1973年11月生，澄江街道人，民建会员，研究生学历。市政协教文卫体专委会副主任，民建江苏省委文化委员会委员，民建江阴市委副秘书长、调研部部长。自1998年加入民建组织后，她积极履行参政议政、民主监督职能，先后撰写《关于提高江阴城市品质品位的思考与建议》《对徐霞客农业生态旅游区规划建设若干问题的建议》等多篇参政议政调研文章，连续5年负责起草民建江阴市委在市政协全会上的专题报告，有两篇获得市委书记朱民阳的重要批示。在市文联任职期间，她建立全省首个县级市文联法律援助站，成功化解10余件知识产权纠纷案；被聘为市法律援助中心兼职援助律师，成功代理5件未成年人犯罪案件，教育感化18名未成年人。作为市云亭中学法制副校长、市妇联家教讲师团成员、市关心下一代工作委员会成员，她经常为学校义务讲授法制教育课，并主编全国第一本青少年法制教育漫画读本。她多次获江阴市、无锡市民建先进会员等荣誉称号。2010年12月，被民建中央评为全国优秀会员。

（孙敏霞）

葛柏炎

1958年10月生，青阳镇人，中共党员，本科学历，中学高级教师职称。江苏省江阴中等专业学校(原江苏省江阴职业技术教育中心校)党委书记、校长，江阴市政协委员。葛柏炎从教30年，具有丰富的德育教育和管理工作经验，主持江阴中等专业学校工作以来，带领班子全体成员团结奋斗，发挥广大师生的创新积极性，强化专业课程建设与教科研工作，搭建教师业务发展平台，推动学生创业教育，加强实训基地建设，各项教学工作成绩斐然；建立以“仪表军人化、宿舍军营化、用餐军序化、做操军训化、出勤军纪化”为特点的军事化德育管理体系，提出“向德育要质量”口号，创立“课程化德育”体系和德育学分制，形成“积极德育”建设完整体系，使德育成为江阴中等专业学校的一大特色，在省内产生广泛影响。2010年，学校被评为江苏省中等职业学校德育工作先进集体、江苏省德育特色学校。其本人先后被评为无锡市优秀政工干部、无锡市德育先进工作者、江苏省职业教育与社会教育先进个人、江阴市“十佳校长”。2010年6月，被教育部、人力资源和社会保障部联合评为全国中等职业学校德育先进个人。

（贺东海）

李惠珍

女，1953年5月生，城东街道人，民盟盟员，高级经济师。江阴市东发管件制造有限公司、东发机械设备制造有限公司董事长兼总经理，江阴市人大代表、市民营科技企业协会副理事长、市私营个体经济协会副会长、无锡市私营个体经济协会副会长、中国个体劳动者协会二届十一次理事会代表。李惠珍在全市民营企业中率先建立关工委基层组织，每年出资10万元在山观中学设东发奖学金、东发助学金，受益学生近百名；每年出资3万元为睢宁县桃园小学“东发春蕾班”学生提供学习费用，受益学生63名。在市检察院、市关工委指导下，建立国内第一个外来未成年人关爱教育基地，为无固定居所、无稳定经济来源、无成年亲友监护的涉罪外来未成年人无偿提供生活住宿和取保候审担保，并无偿传授劳动技能。还与江阴商校、山观中学结成“校基联盟”，共同教育、挽救涉罪外来未成年人，累计有26名入驻基地的涉罪外来未成年人经关爱、教育、转化，走上社会，重新成为社会有用之人。2010年6月，李惠珍被中国关心下一代工作委员会、中央精神文明建设指导委员会办公室授予“全国关心下一代工作先进工作者”称号。是年还获得“中国骄傲·第10届中国时代十大杰出人物”“影响中国·第11

届中国时代十大创新人物”等荣誉称号。（汤玉清　蒋士范）

莫黎明

1965年6月生，江苏宜兴人，中共党员，本科学历。江阴市水利农机局农机科科长。近年来，莫黎明创新农机工作思路，强化为农服务意识，加强惠农政策扶持，开通农民办事绿色通道，实现办理农业机械购置及补贴发放等方面手续的一条龙服务；主持举办各类农机技术培训班，加强技术指导工作，提升农机手农业机械操作水平；加强农机后勤服务保障，提建议、想办法，妥善解决农忙期间农机用油问题；组织送技术下乡，为农机科技示范户提供技术指导服务，促进农业增效、农民增收；依托农机青年志愿服务队，组织开展农忙期间农机维修服务工作，保障粮食丰产丰收。在他和同事们的共同努力下，江阴农业机械化工作在全省一直保持领先水平，并于2008年率先基本实现水稻栽种机械化。2010年12月，莫黎明被农业部评为全国粮食生产先进工作者。（徐军伟）

姚泽炎

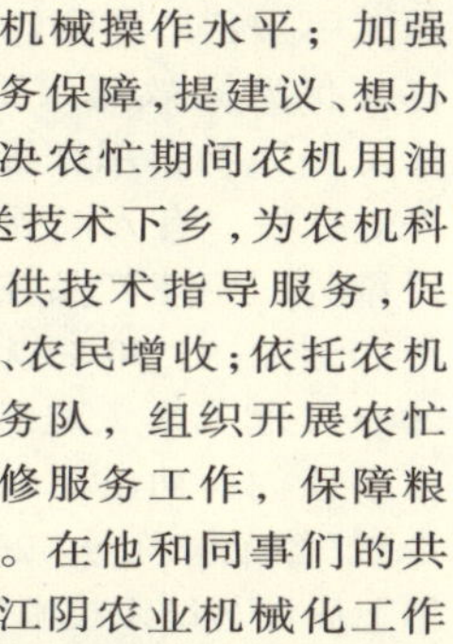

1964年12月生，江苏如皋人，中共党员，大学学历，长江引航中心南通引航站高级引航员。1985年从武汉河运专科学校海港引航专业毕业后，一直工作在长江引航第一线。他采集并牢记潮汐、气象、航道、水流、码头等数千个长江沿线数据，熟悉各类船舶的性能特点，屡次避免灾难性事故发生，实现了安全引航、精细引航。他刻苦钻研雷达、电脑软件应用、心理、水文、气象、英语等新技术新知识，结合长江航道地形复杂、潮汐多变的实际，创造了“姚泽炎安全引航操作法”等10余项技术成果，创造出在狭窄、弯曲、复杂的内河航道上把吃水最深、船体最宽、船身最长、吨位最大、上部建筑最高的船舶安全引领进出长江的5项记录，在中国引航界获得高度赞誉。他想船东货主之所想、急港口企业之所急，多次在关键时刻帮助港航企业排忧解难，圆满完成各类船舶的特殊引航任务。25年来，他每年工作340余天，每日工作10余个小时，安全引领60余个国家和地区的船舶6000余艘次，引航里程63万余公里，相当于绕地球15圈，实现了连续25年安全零事故、行风零投诉，备受港航企业和沿江地方政府的好评，被誉为长江上的“金牌引航员”和“水上国门形象第一人”。先后获“全国五一劳动奖章”“全国交通系统劳动模范”“全国十佳引航员”等荣誉和称号。2010年4月，被国务院评为全国先进工作者。7月，被航海日活动组织工作委员会授予“郑和航海贡献奖之杰出船员奖”。（王　穆）

蒋惠清

1956年2月生，城东街道人，中共党员，大专学历，城东街道司法所所长。1983年后，蒋惠清一直战斗在调处社会矛盾纠纷第一线，组织领导和直接调处社会矛盾，为维护一方平安、促进经济社会稳步快速发展作出重要贡献。2007年后，他更是注重加强人民调解组织建设，指导协调建立和完善人民调委组织网络，落实基层首席调解员、调解委员制度和调解信息员制度，确保把矛盾化解在基层；坚持“调防”结合，摸索出一套行之有效的调解方法，直接经手调解各类疑难复杂纠纷281件，调解成功率100%，有效防止“民转非”事件、“民转刑”案件的发生。2010年6月，蒋惠清被司法部评为全国模范人民调解员。

（吴永华　包丹凤　朱亚丽）

沈伟生

1956年7月生，浙江台州人，中共党员，本科学历，主任中医师，江阴市名中医。江阴市人民医院中西医结合肿瘤科主任，兼任江苏省中西医结合肿瘤专业委员会常务委员、省抗癌协会传统医药委员会委员、第4届中华中医药学会感染病分会委员、省中医药学会感染病分会常务委员等职。沈伟生从医近30年，身残志坚，大医精诚，在治病救人第一线每日坚持工作10小时～12小时，无怨无悔，对所诊治的每个病人都做到细心、耐心、专心，对症下药，合理处方；注重理论联系实际，用心钻研恶性肿瘤防治，主持的3个医学课题均获省级或无锡市级立项，并在省级以上医学核心刊物发表论文数十篇。先后获江阴市“十佳自强模范”、无锡市“振兴中医杏林奖”先进个人、无锡市第二届“十佳残疾人自强模范”、江苏省卫生行风先进个人等称号。2010年1月，沈伟生被卫生部评为全国医药卫生系统先进个人；2月，被江阴市政府授予“时代先锋”

称号。

（陈晶秋）

李　云

1975年7月生，月城镇人，中共党员，本科学历，市公安局人民警察培训学校副校长。李云勤恳敬业，乐于奉献，全身心投入警察教育训练事业，结合公安教育的特殊性，认真调研，精心谋划，科学施教，为基层公安教育训练工作作出积极贡献。2003年按照市公安局“大练兵”活动部署，不断完善警察教育培训实施方案，积极组织开展民警警务实战技能训练，提升民警综合素质。在他和同事们的共同努力下，江阴公安“大练兵”活动始终走在全省公安系统前列，并在公安部组织的“大练兵”考核中取得优异成绩，为江阴公安的正规化建设、“三基工程”（抓基层、打基础、苦练基本功）建设取得阶段性成果奠定坚实基础。其本人多次被评为市优秀公务员、优秀党员，并获市政府嘉奖3次，荣立三等功2次。2010年11月，李云被公安部评为全国公安优秀教育训练工作者。

（金维华　王　洁）

居红宇

1972年8月生，澄江街道人，大专学历，技师。海澜集团有限公司服装制板师。居红宇2003年2月供职海澜集团有限公司后，一直从事服装技术工作，精通各种服装结构设计和制作工艺，擅长西服、夹克、休闲服及大衣的工业制板，制板速度快，结构线条优美流畅，服装细节把握精确，操作技术水平在同行中处于领先。丰富的工作经验使他对公司在投资立项、产前技术准备、生产工艺与技术标准、生产线技术指导等服装企业关键环节的操作上有着独到的理念，为公司服装生产作出了积极的贡献。他充分发挥技术骨干的传、帮、带作用，为公司培养了一批技术人才。2008年8月获得“江苏省技术能手”“江苏省五一创新能手”荣誉称号，11月获得“全国技术能手”“全国纺织行业技术能手”荣誉称号。2011年1月，被人力资源和社会保障部、中国纺织工业协会联合评为全国纺织工业劳动模范。

张建刚

1971年1月生，华士镇人，中共党员，初中学历。华西村股份有限公司精毛纺厂车间主任。1987年参加工作后，他认真掌握精毛纺基础知识和专业技术，实现了从一名学徒工向技术员再至车间主任的角色转变。他注重抓好源头控制、过程监督与标准执行，大力开展质量创优、技术改革以及品质控制等活动，车间返修率、用毛率等指标逐年下降，一等品率稳步提升。他紧紧围绕公司的战略部署，充分调动各工序力量进行科技攻关与技术创新活动。其参与组织生产的高级莫代尔精纺呢绒、康丽呢等数十种产品获“国家重点新产品”“江苏省高新技术产品”等称号，并获中国纺织面料及花样设计大赛金奖等殊荣，为企业创造了可观的经济效益。其本人多次被授予无锡市和江阴市科技进步奖以及江阴市“双革四新”奖。2011年1月，被人力资源和社会保障部、中国纺织工业协会联合评为全国纺织工业劳动模范。

薛纪良

1957年11月生，周庄镇人，中共党员，硕士研究生学历，高级经济师。三房巷集团有限公司副总经理。薛纪良在技术创新、质量管理、财务管理等方面有独到的见解和工作方法，带领公司研发团队研发出一大批替代进口、节能、环保的高新技术产品，主要有：高吸热节能型聚对苯二甲酸乙二醇酯（PET）材料、无锑环保型高效瓶级聚酯切片、高速水刺无纺布用纤维、抗紫外线PET材料、有光高强增白涤纶短纤维等。企业产品在国内聚酯化纤行业占有30%以上的份额。2005年起其本人先后获得“江阴市十佳创新功臣”“江阴市先进工作者”等荣誉称号。2009年3月获第七届江苏纺织技术创新奖，12月获无锡市科技进步二等奖。累计获发明专利、实用新型专利37件。2011年1月，被人力资源和社会保障部、中国纺织工业协会联合评为全国纺织工业劳动模范。

李永丰

1960年6月生，华士镇人，中共党员，高中学历。江苏向阳集团有限公司精纺车间主任。李永丰非常具有开拓创新精神，将一个只有2台气流纺设备的纺纱车间扩大至拥有13台德国进口气流纺和8万锭环锭纺设备、1000余名工人的车间。他深知自己的责任重大,视产品质量如生命,时刻严把质量关。10余年来带领职工为公司完成六大系列500余种品种的开发和生产。作为一名党员,李永丰努力改造自己的人生观、价值观,让自己和群众紧密结合在一起,做员工的"带头人",积极改善职工的生活环境。2011年1月,被人力资源和社会保障部、中国纺织工业协会联合评为全国纺织工业劳动模范。

周 婉

女,1961年9月生,顾山镇人,中共党员,高中学历,顾山镇第十七届人大代表。江苏云蝠服饰有限公司横机车间主任。周婉精通洗毛、制条、纺纱、染色、电脑绣花、成衣加工、后期整理等诸多纺织技术,具有现代化管理的知识和技能。她恪尽职守、敬业奉献、勇于创新,带领车间近千名工人制造出具有国际标准水平的服饰,完成年产150万件毛衫的任务,生产劳动效益在同行业居领先地位。她严格要求员工,大力提高操作水平、工作效率和产品质量,降低生产成本,提高经济效益。在她的监督管理下,公司产品以高质量赢得客户的信任,以高效益赢得海外客户的青睐。2011年1月,被人力资源和社会保障部、中国纺织工业协会联合评为全国纺织工业劳动模范。

叶除芳

女,1971年6月生,江苏泰兴人,中共党员,初中学历。江阴市茂达棉纺厂纺纱挡车工。叶除芳

1992年进入企业,18年如一日,勤勤恳恳,兢兢业业,奋斗在一线挡车工岗位。她勤学苦练,能熟练操作各种国产气流纺机、进口气流纺机,并毫无保留地将自己反复摸索练就的操作诀窍传授给新员工,多次被评为企业先进工作者,多次在企业职工操作运动会上获得第一名。2007年被评为无锡市优秀农民工,2008年被评为无锡市劳动模范。2011年1月,被人力资源和社会保障部、中国纺织工业协会联合评为全国纺织工业劳动模范。 (王桂珍)

郑金良

1952年11月生,申港街道人,高中学历,高级技师。江阴市申港三鲜养殖有限公司董事长,江苏省人大代表。郑金良1999年创建三鲜养殖有限公司以后,养殖规模逐年扩大,长江珍稀鱼类科研开发硕果累累,将公司发展为国内规模最大、品种最全的"长江三鲜"(鲥鱼、河豚、刀鱼)繁育与养殖研究生产基地,产品远销北京、上海、杭州等众多大城市。2000~2002年先后攻克长江暗纹东方豚野生亲本及家化亲本的人工繁殖课题,成功探索出一条从河豚苗种繁育到成鱼直至加工烹饪的产业链;在野生长江鲥鱼绝迹后,2003年引进与长江鲥鱼相近的美洲鲥鱼受精卵进行孵化与养殖,培育出的鲥鱼产品深受市场欢迎;2004年起又瞄准珍稀的长江刀鱼进行繁育与养殖探索,承担的江苏省科技攻关项目"长江刀鲚人工养殖与繁殖技术研究"获得成功;实施多品种养殖探索,引种养殖的澳洲龙虾、漠斑牙鲆、观赏锦鲤等品种都取得良好成效,开创本地区引种养殖澳洲龙虾与漠斑牙鲆的先河;在实施长江名贵水产繁育与养殖的同时,积极关心和促进长江生态的良好发展,先后多次无偿向长江放流河豚鱼苗600万余尾,总价值700余万元,为恢复和保护长江生态及鱼类资源作出了重要贡献,被誉为"长江放流第一人"。2010年7月24日,农业部长江渔业资源管理委员会、世界自然基金会等单位在上海世博园庆典广场联合举行"世博会长江水生生物养护宣传周"启动仪式,郑金良应邀出席并被农业部长江渔业资源管理委员会授予"长江水生生物养护特别贡献奖"。

(孔建国 张呈祥)

陈佩民

1963年8月生,江苏泰兴人,中共党员,本科学历,上校军衔。市人武部党委书记、政治委员。陈佩民2006年3月任职以后,模范践行党员先进性要求,团结带领人武部党委"一班人"勤奋进取、开拓创新,各项工作取得显著成绩;坚持用党的最新理论成果武装官兵头脑,提高理论素养,先后撰写20余篇研究文章在军内刊物发表,摸索总结的创建"学习型人武部"做法被省军区推广;坚持学以致用,塑人品,正官德,强党性,大力营造风清气正的良好环境,使党委班子凝聚力、战斗力增强;积极探索党委班子岗位练兵路子,在南京军区团以上单位党委班子岗位练兵成果汇报演示中取得优异成绩,

并受到中央军委首长接见。市人武部党委和市人武部连续5年被省军区表彰为先进旅团党委、先进旅团级单位；国防教育、新闻宣传等10余项工作被省军区以上单位表彰。2010年8月，陈佩民被解放军总政治部表彰为“全军优秀师旅团级单位党委书记”；10月，被江苏省军区授予“何祥美式爱军精武标兵”称号。

祁　林

1973年8月生，浙江长兴人，中共党员，本科学历，少校军衔。市人武部政工科科长。祁林热爱学习，勤于思考，自觉以党的创新理论武装头脑，认真组织人武部干部职工开展各类学习教育活动，创建“学习型人武部”的经验做法被省军区推广；军政素质全面过硬，两次接受南京军区岗位练兵考核取得全优成绩，在南京军区团以上单位党委班子岗位练兵成果汇报演示中担任双三七高炮主要操作手，取得六发六中成绩，受到表彰，并多次在上级组织的政治工作研究演练中获奖；事业心、责任感强，积极为部领导出谋划策，高标准高质量完成各项任务。市人武部是南京军区确定的科学发展观和创先争优活动联系点，其作为联系人，科学筹划、严密组织开展各项活动，相关做法被省军区推广。2010年10月，祁林被江苏省军区授予“‘十一五’科学文化教育宣传先进个人”称号，被省政府、省军区评为征兵工作先进个人。　（符银芬）

江苏省条线系统、无锡市、江阴市先进个人

【江苏省条线系统先进个人】

姓　名	工作单位	荣誉称号	授予单位
2006～2009年度：			
季江宁	市体育局	江苏省优秀竞赛干部	江苏省体育局
2007～2009年度：			
吕　豫	市供电公司	工会劳动保护工作先进个人	江苏省电力公司工会
居海波	市供电公司	电费回收标兵	江苏省电力公司
2008～2009年度：			
奚元旦	市国土资源局	江苏省国土资源政务信息工作先进个人	江苏省国土资源厅
2009年度：			
刘　晨	江阴海关	南京关区优秀共青团员	南京海关机关团委
刘　昊	江阴海关	南京关区优秀共青团员	南京海关机关团委
王　定	市供电公司	纪检监察工作先进个人	江苏省电力公司党委、省电力公司
罗平方	市供电公司	优秀通讯员	江苏省电力公司
黄宇昕	市司法局	江苏省司法行政系统信息工作先进个人	江苏省司法厅
赵晓敏	市国土局	江苏省地籍管理先进个人	江苏省国土资源厅
徐韶岚	市国土局	江苏省地籍管理先进个人	江苏省国土资源厅
蒋士范	云亭街道退休教师协会	江苏省教育系统关心下一代先进工作者	江苏省教育厅
曹霞莉	市水利农机局	江苏水利先进个人	江苏省水利厅
乔田亮	市公安局	江苏省联合整治银行卡违法犯罪专项行动优秀个人	江苏省公安厅、中国人民银行南京分行
缪　敏	市规划局	城乡规划全覆盖工作先进个人	江苏省建设厅

邱伟杰	市口岸办	江苏省文明口岸先进个人	江苏省口岸办公室
钱满清	市口岸办	江苏省文明口岸先进个人	江苏省口岸办公室
冯春雷	市口岸办	江苏省文明口岸先进个人	江苏省口岸办公室

2007～2010年度：

王云文	市司法局	江苏省司法行政系统先进个人	江苏省司法厅
陶振华	顾山镇法律服务所	江苏省司法行政系统先进个人	江苏省司法厅

2009～2010年度：

钟　卿	市规划局	优秀共产党员	江苏省援建指挥部党委

2010年度：

缪兴坤	市体育局	二等功	江苏省体育局
喻伟力	市体育局	江苏省群众体育先进个人	江苏省体育局
周　乾	市体育局	江苏省国民体质监测先进个人	江苏省体育局
徐洪刚	出入境检验检疫局	江苏检验检疫系统“十佳勤政廉政优秀干部”	江苏出入境检验检疫局
徐大师	出入境检验检疫局	江苏检验检疫系统“十佳职业道德标兵”	江苏出入境检验检疫局
王荣军	江阴海关	南京关区优秀处级干部	南京海关
沈鸿宇	江阴海关	南京关区先进个人	南京海关
		南京关区优秀共产党员	南京海关机关党委
毛帮富	江阴海关	南京关区先进个人	南京海关
陈国强	江阴海关	南京关区政治工作先进个人	南京海关
张　烽	江阴海关	南京关区优秀共产党员	南京海关机关党委
殷洪祖	江阴海关	南京关区优秀共产党员	南京海关机关党委
许金辉	江阴海关	南京关区优秀共产党员	南京海关机关党委
钱华强	江阴海关	南京关区优秀共产党员	南京海关机关党委
李　霞	江阴海关	南京关区优秀共产党员	南京海关机关党委
陈义平	江阴海关	南京关区优秀共产党员	南京海关机关党委
邵彦萍	江阴海关	江苏海关学会优秀学会工作者	江苏海关学会
陈冬林	市供电公司	安全生产先进个人	江苏省电力公司
李志刚	市供电公司	世博电力保障工作先进个人	江苏省电力公司、省电力公司工会
		世博园区文明服务标兵	上海世博事务协调局
邱国新	市供电公司	江苏省档案工作五星级先进个人	江苏省档案局
高美娟	市供电公司	江苏省档案工作五星级先进个人	江苏省档案局
尹洪波	市供电公司	江苏省档案工作五星级先进个人	江苏省档案局
丁晓蓉	市供电公司	江苏省档案工作五星级先进个人	江苏省档案局
李汝才	澄江街道人民调解委员会	江苏省优秀人民调解员	江苏省司法厅、省高级人民法院
潘立新	顾山镇人民调解委员会	江苏省优秀人民调解员	江苏省司法厅、省高级人民法院
姚正兴	祝塘镇人民调解委员会	江苏省优秀人民调解员	江苏省司法厅、省高级人民法院

陆　武	青阳镇人民调解委员会	江苏省优秀人民调解员	江苏省司法厅、省高级人民法院
曹友志	江苏江成律师事务所江阴分所	江苏省优秀律师	江苏省司法厅、省律师协会
钟建锋	市人民医院	江苏省优秀志愿者	共青团江苏省委、省红十字会、省志愿者协会
曹岳蓉	市人民医院	优质护理服务标兵	江苏省护理学会
花海兵	市中医院	江苏省第五届优秀青年中医药(中西医结合)工作者	江苏省中医药学会、省中西医结合学会
		首届江苏省优秀青年中医之星	江苏省中医药学会
宋桂萍	市中医院	"常生杯"优秀药师	江苏省药学会
杨　君	市卫生局卫生监督所	江苏省优秀卫生监督员	江苏省卫生监督所
谢建霞	市疾病预防控制中心	卫生科普先进个人	江苏省疾病预防控制中心、省健康教育协会
王　琦	市疾病预防控制中心	卫生科普先进个人	江苏省疾病预防控制中心、省健康教育协会
查士军	市疾病预防控制中心	卫生科普先进个人	江苏省疾病预防控制中心、省健康教育协会
范凤鸣	新桥中心小学	优秀青少年科技教育校长	江苏省教育厅、省科技厅
陆文娟	新桥中学	优秀青少年科技教育校长	江苏省教育厅、省科技厅
陶凤娟	新桥中学	优秀青少年科技辅导员	江苏省教育厅、省科技厅
陈丽芬	阳光集团有限公司	江苏省工业企业质量经营优秀领导者	江苏省经济和信息化委员会
徐东英	新桥建工有限公司	江苏省建筑业优秀企业家	江苏省建筑行业协会
钱林才	新桥建工有限公司	江苏省建筑业优秀建造师	江苏省建筑行业协会
徐海锋	市关工委	江苏省未成年人思想道德建设工作先进个人	江苏省精神文明建设指导委员会
李　夏	市妇联	江苏省妇联系统"五五"法制宣传教育工作先进个人	江苏省妇女联合会
时　平	市外事办	《江苏外事》优秀通讯员	江苏省外事办公室
韩琴敏	九三学社江阴市委	组织工作先进个人	九三学社江苏省委
叶仁芳	市检察院	江苏省优秀人民检察官	中共江苏省委政法委员会
刘志平	市检察院	优秀通讯员	检察日报社
王华平	民盟江阴市委	民盟江苏省委宣传工作先进个人	民盟江苏省委
杨治明	市技工学校	江苏省民盟社会服务先进个人	民盟江苏省委
章　希	金信营销与管理咨询有限公司	江苏省优秀民建会员	民建江苏省委
梅玉珍	民建江阴市委	江苏省民建专门委员会优秀委员	民建江苏省委
单春宏	市安监局	江苏省安全生产监督管理系统先进个人	江苏省安全生产监督管理局
林建平	澄江街道办事处安监所	江苏省安全生产监督管理系统先进个人	江苏省安全生产监督管理局
戴鹏天	徐霞客镇退教分会	江苏省城乡社区校外教育辅导站工作先进个人	江苏省文明办、省关工委
刘翠芳	澄江街道远望社区关工委	江苏省城乡社区校外教育辅导站工作先进个人	江苏省文明办、省关工委
陶进龙	云亭街道花山村校外教育辅导站	江苏省城乡社区校外教育辅导站工作先进个人	江苏省文明办、省关工委

薛生龙	青阳镇塘头桥村校外教育辅导站	江苏省城乡社区校外教育辅导站工作先进个人	江苏省文明办、省关工委
胡明昌	周庄镇华宏村老年协会	江苏省城乡社区校外教育辅导站工作先进个人	江苏省文明办、省关工委
丁松宝	市第三实验小学关工委	江苏省城乡社区校外教育辅导站工作先进个人	江苏省文明办、省关工委
蒋国良	江阴职业技术学院	民进江苏省委先进个人	民进江苏省委
刘红华	江苏银行江阴支行	民进江苏省委先进个人	民进江苏省委
裴　煜	市建设局	施工图设计文件审查先进工作者	江苏省住房和城乡建设厅
金建华	市科协	江苏省科协系统先进工作者	江苏省人力资源和社会保障厅、省科学技术协会
陆建明	市联业生物科技有限公司	江苏省优秀科技工作者	江苏省科学技术协会
谢晓明	市公安局	个人二等功	江苏省公安厅
沈建国	市公安局	个人二等功	江苏省公安厅
庄　熠	市公安局	个人二等功	江苏省公安厅
		江苏省公安机关廉政标兵	江苏省公安厅
包亚虹	市公安局	江苏省公安机要密码先进工作者	江苏省公安厅
濮义庆	市公安局	江苏省公安机关优秀教师	江苏省公安厅
王建江	市公安局	江苏省公安机关基础工作标兵	江苏省公安厅
朱　斌	市公安局	江苏省公安机关打击发票犯罪“深入行动”工作先进个人	江苏省公安厅
包理经	市公安局	江苏省机动车涉牌涉证违法行为专项整治成绩突出个人	江苏省公安厅
田秀华	市公安局消防大队	全省先进个人	江苏省消防总队
缪　军	市公安局	江苏省“诉调对接”工作先进个人	江苏省高级人民法院、省司法厅等4部门
毛　云	江阴边防检查站	基层执法标兵	江苏省公安边防总队
夏　月	江阴边防检查站	岗位技能练兵先进个人	公安部边防管理局
		优秀共产党员	武警江苏省边防总队党委
		十佳服务标兵个人	江苏省公安边防总队
刘　新	江阴边防检查站	优秀共产党员	武警江苏省边防总队党委
潘晓成	江阴边防检查站	优秀党务工作者	武警江苏省边防总队党委
孙　涛	江阴边防检查站	优秀教练员	武警江苏省边防总队
李雨成	江阴边防检查站	信息工作先进个人	江苏省公安边防总队
王亚伟	江阴边防检查站	新训工作三等功	武警江苏省边防总队教导大队
刘　佳	江阴边防检查站	世博边防安保工作三等功	武警江苏省边防总队
朱　剑	江阴边防检查站	世博边防安保工作三等功	武警江苏省边防总队
孙　剑	江阴边防检查站	优秀团务工作者	武警江苏省边防总队
		优秀政治教育工作者	武警江苏省边防总队政治部
徐智文	江阴边防检查站	优秀报道员	武警江苏省边防总队
余星光	长江引航中心	长航十大杰出人物	长江航务管理局
方菊芬	江阴农村商业银行股份有限公司	优秀信贷员	江苏省农村信用社联合社
王德军	江阴农村商业银行股份有限公司	优秀信贷员	江苏省农村信用社联合社

【无锡市先进个人】(无锡市委、市政府表彰)

2009 年度:

无锡市民营经济发展先进个人

(一)优秀民营企业家

李良宝(新长江实业集团有限公司)
陈丽芬(阳光集团有限公司)
任元林(扬子江船厂有限公司)
恽相才(西城钢铁有限公司)
李　兴(澄星实业集团有限公司)
卞平刚(三房巷集团有限公司)
缪双大(江苏双良集团公司)
周建平(海澜集团有限公司)
王新潮(江苏新潮科技集团有限公司)
吴岳忠(倪家巷集团有限公司)
胡士勇(华宏实业集团有限公司)
包士金(吉鑫风能科技股份有限公司)
任向东(海润科技有限公司)
郭健(云蝠投资控股有限公司)
张惠明(海陆装饰有限公司)

(二)先进个体工商户

何邦连(山观家特福副食百货超市)
周琴生(长泾镇一品堂冠冠栗炒货行)
戴继发(澄北娇骄服装店)
盛龙才(为民医药商店)
彭新江(顾山镇大阳电池厂)
王建飞(华士镇欧特福超市)
王琴芳(璜土镇苏果超市加盟店)
钱金秀(利港镇如意家具店)
符兴凤(申港街道快乐副食批发部)
刘　清(新财盛农庄)
蒋国新(南闸街道福海楼大酒店)
吴志伟(亮晶晶灯饰商场)
李峰平(璜塘峰平摩托车商行)
张志娟(圆通酒楼)
周新良(周庄镇吉麦隆百货超市)
夏德峰(华仁医药商店)

(三)扶持民营经济发展先进个人

沈伟旗(市经信委)
唐国平(市经信委)
梅海荣(市委办)
程建明(市政府办)
葛晓红(市财政局)
陶　宏(临港新城管委会经发局)
章　军(江阴—靖江工业园区经发局)
钟　明(市国税局)
肖许锋(市地税局)
施柏林(市经信委)
张岭乔(市统计局)
朱国伟(璜土镇农经中心)
郁　炯(长泾镇农经中心)
蔡榴芳(利港镇农经中心)
肖　军(周庄镇农经中心)
赵　州(华士镇农经中心)
陶培鸿(新桥镇农经中心)
王建南(祝塘镇农经中心)

2006～2010 年度:

一、无锡市社会治安综合治理先进个人

顾永成(市政法委)
王新达(市法院)
邹志强(市检察院)
张德根(市公安局)
徐国良(市司法局)
何玉林(周庄镇政府)
韩争鸣(市政法委)
朱　明(澄江街道综治办)
李国兴(徐霞客镇综治办)
吴建忠(顾山镇综治办)
吴根荣(市公安局)
宋可喜(市司法局)
袁春霞(市信访局)
王惠建(市公安局马镇派出所)
卞文华(市公安局君山派出所)
陈　峰(市公安局长山派出所)
龚　科(市公安局长泾派出所)

二、法治无锡建设先进个人

顾洪伟(市委办)
吴　钢(市政府办)
陶金虎(市综治办)
邓国平(市公安局)
陈卫东(市检察院)
张宪伟(市法制办)
马　新(江阴工商局)
周　龙(江阴日报社)
周　杰(江阴电视台)
李汝才(澄江街道司法所)
何建国(申港街道党委)
韩伟祥(长泾镇司法所)
孙汉才(月城镇司法所)
刘　印(法尔胜泓昇集团有限公司)
刘逸安(新生活家居广场)

2010 年度:

一、社会主义现代化新农村建设先进个人

蒋和兴(新桥镇党委)
缪　红(华士镇党委)
路建忠(徐霞客镇党委)
严军明(青阳镇党委)
吴　芳(南闸街道党工委)
张国兴(夏港街道党工委)
包锡龙(申港街道党工委)
苏士虎(市国土局)
唐玉良(市委农工办)
黄耀清(市财政局)
梅海荣(市委办)
吴　钢(市政府办)

二、无锡市民营经济发展先进个人

(一)杰出民营企业家

张　雷(远景能源科技有限公司)　任元林(扬子江船厂有限公司)　胡士勇(华宏实业集团有限公司)
周建平(海澜集团有限公司)　王新潮(新潮科技集团有限公司)　卞平刚(三房巷集团有限公司)
陈丽芬(阳光集团有限公司)　周　江(法尔胜泓昇集团有限公司)
李　兴(澄星实业集团有限公司)　李良宝(新长江实业集团有限公司)

(二)优秀民营企业家

包士金(吉鑫风能科技股份有限公司)　缪双大(双良集团公司)　周德洪(宝利沥青股份有限公司)
恽相才(西城钢铁有限公司)　高　欣(江阴南工锻造有限公司)　喻祥富(康妮集团公司)

(三)先进个体工商户

陈　锋(利美康美容美发中心)　王礼华(利港镇创新服装店)　杨静南(华士镇勤丰保温服务队)
何如民(祝塘精益眼镜店)　蒋仁兴(申港街道满意副食百货批发部)　吴雯玉(天水雅居大酒店)
陈全凤(要塞阳光副食水果店)　陆亚秋(金三角丹玛建材商行)
钱惠琴(滨江花都服务部)　蒋　飞(夏港街道平安百姓酒楼)　金可胜(华辰百货超市)
王琴芳(璜土镇苏果超市加盟店)　王其明(峭岐世纪华联副食百货超市)　邵联巧(周庄镇上海如海超市)
周永江(长泾镇永江眼镜店)　施九英(周庄镇万事发美发厅)

(四)扶持民营经济发展先进个人

臧　新(璜土镇农经中心)　李云华(徐霞客镇农经中心)　赵自强(顾山镇农经中心)
蔡榴芳(利港镇农经中心)　吕惠琴(南闸街道农经中心)　杨建良(经济开发区经发局)
张福新(申港街道农经中心)　周平娟(云亭街道农经中心)　张岭乔(市统计局)
季中其(夏港街道农经中心)　徐　斌(周庄镇农经中心)　赵　州(华士镇农经中心)
顾谷香(月城镇农经中心)　陶培鸿(新桥镇农经中心)　钟　明(市国税局)
沈文元(青阳镇农经中心)　郁　炯(长泾镇农经中心)

三、无锡市对口援建四川省绵竹市汉旺镇(天池乡)清平乡先进工作者

沈文华(市交通局)　袁康龙(市交通局)　修建良(市公路管理处)
陈　强(市建设局)　钟　卿(市规划局)　胡云成(市公安局)

四、无锡市对口援建四川省绵竹市汉旺镇(天池乡)清平乡优秀工作者

朱孝兵(市公安局)　赵国权(市建筑工程管理处)　戴丽东(市重点工程建设办公室)
戴朝晖(市卫生局)　杨仁彪(市建设局)　张建国(江阴一建建设有限公司)
朱攀峰(云亭街道办事处)　钟卫东(市建筑工程管理处)　钟福祥(市公安局)

五、上海世博无锡安保工作先进个人

商修涛(市公安局)　蔡忠逸(市公安局)　祝树才(市公安局)
胡　宏(市公安局)

六、优秀共产党员、全民国防教育先进个人(无锡军分区表彰)

陈爱民(市人武部)　孙朝俊(市人武部)

【2010年度江阴市先进个人】(江阴市委、市政府表彰)

一、企业家

(一)工业系统

吴协恩　周　江　任元林　陆克平　李良宝　张文基　胡金根　孙　峰　周建平
恽相才　缪双大　周剑峰　陶建华　叶新锦　赵纪法　王新潮　卞平刚　包士金
黄丽泰　张胜军　胡士勇　郑银良　袁　勇　徐友才　申屠永学

(二)服务业系统

赵　益　张全兴　李　勇　陈雅娟　卢鸿鹤　陈富荣　汪　宜　孟志达　陈　稳
钱忠秀　吴建良　李廷飞　李洪芳　廖振铎　浦凤祥　何惠忠　朱永方　郭顺华
徐栋芳　王玉璋　葛勤良　郁亚平　陈　乐　杭　伟　钟　葱　陆惠忠　曹建华
解红光

二、优秀厂长(经理)

(一)工业系统

沙建新　金和良　龚国贤

(二)经济开发区(含城东街道)

黄珑琳　周嘉琳　柳康成　张　雷　黄顺钢　马建忠　陈少忠　史蒂芬　冯国桢
陈其忠　陈　灏　姚　君　刘成龙　吴世明　刘剑军　赵仁会　姚忠耀　陈　辉
刘　亮

(三)江阴—靖江工业园区

陈　禹　欧阳超　孙汉彬

(四)镇(街道)

澄江街道:李　兴　黄建钧　蔡雪秋　李征清　徐士官　张浩荣　刘燕明　张惠新
袁仁伟　张惠明　殷海锋　薛建良　陈　东　童　渝　张建春　范选国
夏港街道:权哲号　李　娟　王进良　赵锡英
申港街道:徐文燕　孙志华　华国平　楚健健　黄汉财　王科辉　刘维明　杨国锋
高　明
南闸街道:六以方　高森林　张学斌
云亭街道:周德洪　郑铁江　蓝先阳　夏继发　刘德旗　沈　剑　瞿建华
璜　土　镇:胡细根　谢舒源　陈利民　章龙娣　柳建峰　许小平　孙俊翼　俞建新
利　港　镇:高建华　单志才　顾晋南　谢耀坤　刘杏元　沈亚华　缪金凤　陈玉南
谢国平　张国方
月　城　镇:钱德洪　偶洪元　吴丁荣　华世正　丁爱民　程海滨　汪正华
青　阳　镇:杨兆顺　陈国庆
徐霞客镇:曾明柳　任向东　诸生明　施建清　陈建忠　孙秉忠
华　士　镇:李国良　周爱明　费庆和　杨寿宝　喻祥富　胡银福　邹承慧　孟永华
徐进良　赵建新　徐长江　姜建军　赵正洪　赵卫东　张福新　李魁民
赵建明　毛炳泉　章坤良　顾维明　赵林华
周　庄　镇:吴岳忠　马　坚　曹明芳　钱振宇　殷福华　陈力皎　李生虎　陈继忠
徐　泓　李全兴　胡德良　曹亚洪
新　桥　镇:周国华　张建锋　徐东英　陶永生　陈建国　于万旭
长　泾　镇:宋建新　夏国庆　李文义　仰午正
顾　山　镇:郭　健　徐建刚　郭新民　毛二度　日原邦民
祝　塘　镇:朱力微　徐宇清　郁广益　颜柏松　戴泽新　忠　伟　周云龙　唐良君

(五)服务业系统

卫乐平　汤燕雯　周　成　邓　峰　周剑明　沈　作　郭建中　冯卫钊　胡建新
胡祖芬　刘　瑞　曹海荣　王国安　周国华　许瑞龙　徐中勤　张毓法　周　勤
胡鹏飞　王辉阳　薛　丰　吴世平　任晓方　陈　朗　许才良　卢锡忠　李洪卫
刘建平　蒋玉龙　黄惠祥　张定江　陆良洪　苏惠年　罗庆春　张德刚　赵徐松
周永平　袁永凯　徐燕萍　黄金金　赵宇凯　叶奇良　黄建伟　顾文龙　周长妹
薛进良　柳伟清　胡　科　赵锦菊

三、优秀外来投资经理

海姆·魏斯曼　张耀军　刘宜仁　余宗勋　曹宇铉　金庆泰　小根泽·英德

麦肯迪诺·阿尔伯特　山本哲也　刘禧德

四、先进工作者

（一）经济开发区（含城东街道）

赵俊武　邓　进　王晓东　汤继业　缪　骁　刘文星　秦国兵　赖志明　黄伟林
黄　洪　朱　青　孙国建　张永皋　黄国洪　唐瑞刚　姜才明　徐士勇　黄耀兴
顾耀平　蒋国忠　刘卫江　袁国兴

（二）临港新城

黄翠娥　李晓航　朱照祥　朱顺成　臧亚平　朱永义　徐　虎　陆子友　蔡征顺
韩　杰　金亚洪　黄永生

（三）江阴—靖江工业园区

缪为群　王　东　李寄明　王志勇　李小东　奚赫楠　陆建芬　徐小建　车明安
钱小飞

（四）镇（街道）

澄江街道：黄国平　林贵剑　顾德松　黄和洪　高建平　陈国毅　张建兴　肖惠芬
黄坤达　张惠国　陈建章　汤明才　陈国贤　訾建平　林惠军　廖军民
许叶军　高　峰　陈志勇　叶寿泉

夏港街道：徐阿洪　於惠祖　蒋惠成　徐兴度　李洪亮　徐　瑛　夏宏武　范忠奇
屠有清　吴银芝

申港街道：吕文洋　张根华　缪剑农　李小荣　时建明　吕国银　徐小才　凤惠良
张国华　曹洪兴

南闸街道：符明君　张新华　缪　鹏　袁　芳　冯国贤　宋纪龙　周　中　王佩经
张　英　马新志

云亭街道：陈　东　朱　卫　胡建祥　朱宇洪　顾国兴　周　明　谭柏民　徐正风
苏以民　陈小光

璜土镇：周剑锋　刘帝芳　周国荣　张华兴　陈锡坤　黄宏图　张浩明　谢伟新
朱东俭　张才德

利港镇：薛涌兴　胡　震　叶国庆　王玉林　刘跃生　奚华良　朱金兴　吴建兴
张　益　谢文庆　李耀明　常德宝

月城镇：顾中达　严树珊　严伟民　钱秋林　丁福安　钦建华　陈　铭　杨春明
张禹贤　王坚群

青阳镇：赵玲娣　钱虹良　孙　勇　袁建明　闵海华　李有朋　林坚定　薛洪权
钱国良　徐才清　方家麟　谭冬华

徐霞客镇：江国富　张希人　王新标　任海涛　朱涵晓　王网忠　计耀金　陶海宝
张亚良　潘岳明　孔祥明　陈金忠　许建农　赵光明　沈国祥

华士镇：杨永昌　孙云丰　李满良　赵荷芬　赵凤娣　赵积娣　徐泽峰　胡剑飞
吴国忠　孙政刚　华明浩　赵亦初　卞少云　陶国荣　沈金龙

周庄镇：赵元忠　卞良法　张理罡　薛纪良　胡士清　杨毅方　曹富全　余林法
葛征坪　黄东升　吴奕宏　胡品龙　卞刚红　承立新　林建清

新桥镇：周建龙　顾东升　郁叙法　周永平　钱　刚　许柏新　朱建平　王　伟
王永明　倪利峰

长泾镇：吴宪宏　顾明香　夏均宾　吴文勇　吴丁法　程兴源　包理丰　周云飞
夏汝明　颜明康　龚金虎　吴栋标

顾山镇：郭正平　王仁忠　王洪兴　钱为民　唐伯恩　陈俊律　宋正兴　杨晓春
郭亚霓　吴丰硕　刘富镭　杨文友

祝塘镇：潘涌江　包建新　陆文昌　徐慕贤　周洪兴　江宜宾　颜正兴　周佩秀
周和兴　蒋云南　徐林庆　丁建明

(五)市直属企业

梁英航　陈　卓　张亚军　杨　明　徐志强　曹佩忠　任锦海　王晓斌　刘建江
刘少波　刘　晓　蔡正国　张琴霞　纪玉忠　高助忠　朱建龙　卜惠其　王春亚
宋振雷　陈志焕　兰　俊　陈玉辉　周震华　张　越　刘　印　陆国松　刘惠娟
黄本华　王　晖　董　东　黄　芳　刘　翔　吴靖宇　陆建清　王德祥　姚　伟
李建立　谈惠英　陈东华　孟　彬

(六)服务业系统

王伟忠　韩纪芳　盛亚坤　钱金华　王文斌　谢建峰　刘林法　朱国范　陈秀娟
陈圣腾　金　唐　倪明亮　石祖刚　李正兵　葛洪才　肖海翔　李永祥　赵　峰
周国民　陈决平　周建标　陈国营　蔡国强　周宏伟　陈云福　吴锦明　沈玉初
华　兴　高万里　金越平　刘国清　黄　安　张　蓓　李金才　刘伟佳　周　颜
王　旭　陈明军　时建祥　周晓东　章　炜　陶龙妹　沈民洪　王晓红　缪舒炎
刘　杰　孔维军　曹国华　姚镇龙　吴雯玉

逝世人物

刘立荣

1924年10月生，江苏涟水人。中共党员，享受地市级政治生活待遇。1945年2月参加革命，1946年7月加入中国共产党。1949年3月随中国人民解放军渡江南下，历任常熟县古苏区副区长、区委副书记、书记，副县长、县革委会常委，1971年6月起任中共江阴县委常委，带领干部群众大搞农田水利建设，并主持利港河拓浚工程建设。1973年8月调任苏州地区农业局负责人。1975年4月任江阴县革委会副主任、县委副书记。1981年7月任县长。带领全县干部群众以经济建设为中心，积极发展乡镇企业，着力推进撤县建市工作，为江阴乡镇企业的异军突起和全县经济社会发展作出重要贡献。1984年起任县人大常委会主任、党组书记。其间，依法履行职责，加强监督工作，积极推进江阴经济社会发展和民主法制建设。1986年12月离休。2010年12月，刘立荣因病逝世，享年86岁。

（缪宇强）

邢　浩

原名邢春庭，曾化名刘平，1920年11月生，澄江街道人。中共党员，副军职，上海警备区政治部原主任。出生于普通职员家庭，1938年8月积极投身上海人民抗日救国运动，1939年6月加入中国共产党，任上海新新公司地下党支部保卫委员。1940年6月参加江南抗日义勇军，后历任苏南区党委苏常太东路特委政治交通员，苏南锡南西区和宜兴扶风区、高塍区、闸口区、氿南区区委书记，苏南二地委宜南工委组织委员，宜兴大埢区区委书记兼区队政治教导员，宜兴塘宋区区委书记兼民运组长等职，在敌占区积极组织群众开展抗日地下活动和游击战争，曾在杏里镇战斗中指挥一个班与30余名日军进行激烈战斗。1945年10月参军入伍，历任苏南宜兴县警卫团第2营5连政治指导员，解放军第23军69师政治部保卫科副科长等职，参加方亭公路破击战、苏中高邮战斗、苏中“七战七捷”战役、豫东战役、淮海战役、渡江战役等战役战斗。新中国成立后，历任解放军第23军69师207团副政治委员、守备第2师政治委员、上海警备区政治部主任、上海警备区顾问等职。其间，参加抗美援朝战争，1952年获朝鲜民主主义人民共和国二级自由勋章，1955年被授中校军衔，同年9月获三级解放勋章，1963年晋升上校军衔。“文化大革命”中与林彪、“四人帮”的倒行逆施进行积极的抵制和斗争。1982年8月离职休养后，关心国家和军队建设，支持上海警备区干休所建设和发展，积极参加老干部书画活动，出版书画集。1988年7月获中国人民解放军独立功勋荣誉章，2005年获中国人民抗日战争胜利60周年纪念章。2010年2月25日，邢浩在上海病逝，享年90岁。

（史　志）

李　文

1913年11月9日生，澄江街道人。中共党员，北京科技大学（原北京钢铁学院）原党委副书记兼副院长，享受副部级待遇。1934年12月在上海生活书店参加革命，其间积极参加职业界救国会抗日救亡运动，开办工人夜校，开展工人运动。1937年在重庆创办

生活书店分店并担任经理，组织职业互助会书业界联谊会救亡工作。1938年5月加入中国共产党。1940年根据周恩来指示，由生活、读书和新知三个进步书店联合派遣赴太行山，于1941年创办晋东南抗日根据地华北书店，任经理。4月调往延安，创办延安华北书店，任经理，组织出版《铁流》《钢铁是怎样炼成的》《兄妹开荒》等国内外文艺小说及通俗读物。后任陕甘宁边区新华书店经理、辽北胜利报社经理部长。1946年5月任东北书店经理，1948年组织书店编辑出版6卷一套精装的《毛泽东选集》。新中国成立后，历任东北新华书店总经理、东北人民政府出版局局长、鞍山钢铁公司大型轧钢厂厂长、鞍山钢铁公司冷轧薄板厂厂长。1963年3月调任北京钢铁学院副书记兼副院长。1982年12月离休。离休后创作电视剧本《邹韬奋》《何穆医生》，主编《生活书店史稿》。2010年1月20日，李文在北京病逝，享年97岁。

徐　超

原名徐德兆，1919年2月生，璜土镇人。中共党员，空军指挥学院（原空军学院）原副院长（副兵团级）。1938年2月参加梅光迪抗日部队。1939年2月加入中国共产党。抗日战争时期，历任"江抗"三路3连1班班长、2团3连副指导员，新四军9团教导队队长、1师2旅6团1营副营长、4团3营营长，先后参加黄桥决战，曹甸、孝丰、两溧、天目山反顽，杭村反"扫荡"等战役战斗，其间参加苏南党校、华中党校学习。解放战争时期，历任华中野战军47团参谋长、48团副团长兼参谋长、46团团长，第三野战军24军208团团长、70师参谋长等职，先后参加苏中"七战七捷"、两次涟水保卫战和莱芜、孟良崮、沙土集、豫东、淮海、渡江等战役战斗，四次负伤。新中国成立后，先后在南京高级干部训练班、南京军事学院空军系学习。1956年被授上校军衔，1962年晋升大校军衔。历任军事学院空军系战役法教研室副主任，空军学院战役法教研室副主任、训练部第一教研室主任，国家第三机械工业部第四设计院军管会主任、党委书记，空军军政干部学校训练部部长，空军学院训练部部长、副院长（副兵团级）、顾问等职。1980年参加中央党校学习，同年参加解放军高等院校代表团赴土耳其、伊朗访问。1986年离休。曾获三级独立自由勋章、二级解放勋章、中国人民解放军独立功勋荣誉章和中国人民抗日战争胜利60周年纪念章。2010年4月1日，徐超在北京逝世，享年91岁。

（邢　盈　沈俊鸿）

于　玲

女，原名王韶华，1917年1月生，澄江街道人。中共党员，新四军老战士，江苏省中医院原顾问，享受副厅级待遇。自幼好学，读书至高中毕业，学生时代积极向往革命。1937年"七·七"事变后组织抗日宣传队，奔走江阴各集镇宣传抗日，为抗日将士募捐。1939年5月12日参加由陈毅组建、叶飞领导的以新四军三支队六团为骨干的江南抗日义勇军"江抗"。1939年6月加入中国共产党，历任"江抗"四路政治部组织干事兼党支部书记、常熟塘南区区委书记、江南抗日救国军（新"江抗"）驻澄办事处副主任（县级）、江阴县委委员兼宣传部长、江阴祝文区区长，其间创建"江抗"祝塘常备队并任大队长。1941年5月调华中党校学习，1942年1月任苏中军区二分区政治部民运科长，其间由组织安排护送丈夫乔信明（时任苏中二分区副司令）到日寇占领区上海治腿瘫病。1943年7月起先后在盱眙泥沛区委工作、苏中党校学习，1946年12月起先后任山东野战军一纵队后方留守处妇女大队大队长、华东野战军总留守处直属队协理员，其间创办华东野战军总留守处子弟学校并任副校长。新中国成立后历任华东人民革命大学秘书科科长、华东空军后勤部宣教科科长、江苏省监察厅第二处处长兼厅党组成员、江苏省手工业管理局办公室主任兼局党组成员。"文化大革命"中受冲击并被下放"五七"干校劳动。1973年起先后任江苏省中医院革命委员会副主任、顾问，因年龄原因离职休养后，仍不断发挥余热。20世纪50年代起积极撰写革命回忆文章和协助乔信明撰写回忆录，先后在《星火燎原》《解放军文艺》刊登；主持创作革命斗争题材小说、剧本，撰写党史研究《参加"江抗"东进和开辟澄东的经过》和回忆方志敏、谭震林、陈毅、粟裕、叶飞、钟期光夫妇等一系列纪念文章，主持编写乔信明纪念文集《一生战斗百折不挠》。积极参加各种纪念新四军活动，被推选为江苏新四军暨华中抗日根据地研究会顾问。2005年9月获中国人民抗日战争胜利60周年纪念章，被誉为两代"江抗"老战士。2007年后病中仍继续撰写回忆录，启迪后人。2010年1月9日，于玲因病逝世，享年93岁。

（史　志）

■类目编辑　邢　盈

附 录

重要文件目录

2010年中共江阴市委重要文件目录

一、1 月 5 日，江阴市委、市政府联合发《中共江阴市委常委会 2010 年十项重点工作》（澄委发〔2010〕3 号）。

二、1 月 25 日，江阴市委、市政府联合发《关于深化医药卫生体制改革的实施意见》（澄委发〔2010〕6 号）。

三、2 月 1 日，江阴市委、市政府联合发《关于印发〈关于加快推进新兴产业发展“445 计划”促进产业转型升级投资导向目录〉》《关于加快推进新兴产业发展“445 计划”产业规划导向的实施意见》《关于加快推进新兴产业发展“445 计划”促进经济转型升级政策意见（暂行）的通知》（澄委发〔2010〕7 号）。

四、2 月 1 日，江阴市委、市政府联合发《关于印发〈2010 年江阴市加快经济转型升级工作行动计划〉的通知》（澄委发〔2010〕9 号）。

五、2 月 5 日，江阴市委、市政府联合发《关于对〈建设“幸福江阴”行动纲要（2008～2010）〉2010 年度目标任务分解的通知》（澄委发〔2010〕10 号）。

六、3 月 8 日，江阴市委、市政府联合发《关于印发〈江阴市 2010 年国民经济和社会发展管理目标〉的通知》（澄委发〔2010〕8 号）。

七、3 月 8 日，江阴市委、市政府联合发《关于建设生态文明先驱城市的实施意见》（澄委发〔2010〕13 号）。

八、3 月 12 日，江阴市委办公室、市政府办公室联合发《印发〈关于建立以民主促进民生工作机制的实施意见〉的通知》（澄委办〔2010〕11 号）。

九、3 月 22 日，江阴市委、市政府联合发《关于印发〈江阴市 2010 年体制改革创新工作实施意见〉的通知》（澄委发〔2010〕14 号）。

十、3 月 24 日，江阴市委发《印发〈江阴市 2010 年度政治文明、精神文明建设 38 项目标任务〉的通知》（澄委发〔2010〕15 号）。

十一、4 月 23 日，江阴市委发《关于进一步加强和改进人大工作的意见》（澄委发〔2010〕16 号）。

十二、4 月 30 日，江阴市委办公室、市政府办公室联合发《关于打造惠民拆迁工程的若干工作意见》（澄委办〔2010〕24 号）。

十三、5 月 4 日，江阴市委、市政府联合发《关于印发〈江阴市镇级机构改革实施意见〉的通知》（澄委发〔2010〕18 号）。

十四、5 月 19 日，江阴市委、市政府联合发《关于印发〈关于 2010 年深入推进幸福江阴建设的工作意见〉的通知》（澄委发〔2010〕20 号）。

十五、5 月 21 日，江阴市委、市政府联合发《关于深入推进社会矛盾化解、社会管理创新、公正廉洁执法工作的实施意见》（澄委发〔2010〕22 号）。

十六、6 月 9 日，江阴市委、市政府联合发《关于加快完善社会救助城乡一体化建设的意见》（澄委发〔2010〕23 号）。

十七、6 月 9 日，江阴市委、市政府联合发《关于加快推进医疗保障城乡一体化建设的意见》（澄委发〔2010〕24 号）。

十八、6 月 12 日，江阴市委、市政府联合发《关于深化农村“三置换”改革统筹城乡一体化发展的实施意见》（澄委发〔2010〕26 号）。

十九、6 月 12 日，江阴市委、市政府联合发《关于 2010 年度镇（街道）机关工作综合考核的意见》（澄委发〔2010〕29 号）。

二十、6 月 28 日，江阴市委、市政府联合发《关于加快文化产业发展的若干政策意见（试行）的通知》（澄委发〔2010〕33 号）。

二十一、7 月 31 日，江阴市委办公室、市政府办公室联合发《关于开展“走进企业、走进基层、服务发展”集中走访调研活动的通知》（澄委办〔2010〕38 号）。

二十二、8 月 4 日，江阴市委办公室、市政府办公室联合发《关于万顷良田工程建设和经营管理创新的实施意见》（澄委办〔2010〕40 号）。

二十三、8月13日，江阴市委、市政府联合发《关于加快推进不开发区域建设的意见（试行）》(澄委发〔2010〕35号)。

二十四、8月18日，江阴市委办公室、市政府办公室联合发《关于开展工业经济"比转型、赛发展"结对竞赛活动的通知》(澄委办〔2010〕42号)。

二十五、9月4日，江阴市委、市政府联合发《印发〈关于推进新兴产业发展"445计划"建设江阴"人才特区"的暂行办法〉的通知》(澄委发〔2010〕37号)。

二十六、9月4日，江阴市委、市政府联合发《关于深入学习华西村新经验推动科学发展上水平的实施意见》(澄委发〔2010〕39号)。

二十七、9月20日，江阴市委发《关于加强和改进新形势下党校工作的若干意见》(澄委发〔2010〕40号)。

二十八、9月29日，江阴市委发《关于加强新时期科协工作的意见》(澄委发〔2010〕41号)。

二十九、10月22日，江阴市委、市政府联合发《关于加快科技金融服务体系建设的意见》(澄委发〔2010〕43号)。

三十、12月6日，江阴市委发《中共江阴市委关于加强和改进新形势下党史工作的实施意见》(澄委发〔2010〕45号)。

（市委办）

2010年江阴市人大常委会重要文件目录

一、1月7日，江阴市人大常委会发《关于表彰2008~2009年度市人大代表活动先进小组、代表活动积极分子和优秀联络员的决定》(澄人发〔2010〕5号)。

二、1月7日，江阴市人大常委会发《关于接受许晨同志辞去江阴市人大常委会委员职务请求的决定》(澄人发〔2010〕6号)。

三、2月24日，江阴市人大常委会发《关于调整江阴市第十五届人大常委会领导分工的通知》(澄人发〔2010〕11号)。

四、2月24日，江阴市人大常委会发《关于江阴市人大常委会各办事机构与政府部门、"两院"及有关单位、各片人大对口联系安排的通知》(澄人发〔2010〕12号)。

五、2月26日，江阴市人大常委会发《关于2010年市人大代表小组活动的意见》(澄人发〔2010〕13号)。

六、2月26日，江阴市人大常委会发《关于2010年基层人大工作的指导意见》(澄人发〔2010〕14号)。

七、2月26日，江阴市人大常委会发《2010年工作要点》(澄人发〔2010〕16号)。

八、4月23日，江阴市人大常委会发《关于组织全市人大代表开展联系选民活动的意见》(澄人发〔2010〕18号)。

九、4月26日，江阴市人大常委会发《关于任命郁秋皓同志职务的通知》(澄人发〔2010〕19号)。

十、4月26日，江阴市人大常委会发《关于江阴市第十五届人民代表大会常务委员会南闸、云亭街道工作委员会组成人员名单的通知》(澄人发〔2010〕20号)。

十一、6月4日，江阴市人大常委会发《关于同意将江阴市控源截污改造工程项目所需资金列入财政预算的批复》(澄人发〔2010〕25号)。

十二、6月28日，江阴市人大常委会发《关于批准江阴市2009年财政决算的决议》(澄人发〔2010〕26号)。

十三、6月28日，江阴市人大常委会发《关于批准江阴市区域卫生发展规划的决议》(澄人发〔2010〕27号)。

十四、6月28日，江阴市人大常委会发《关于批准南部不开发区域产业发展暨结构调整规划的决定》(澄人发〔2010〕28号)。

十五、6月28日，江阴市人大常委会发《江阴市人民代表大会常务委员会讨论决定重大事项的暂行规定》(澄人发〔2010〕29号)。

十六、6月28日，江阴市人大常委会发《江阴市人民代表大会常务委员会开展专项工作评议的暂行办法》(澄人发〔2010〕30号)。

十七、6月28日，江阴市人大常委会发《江阴市人民代表大会常务委员会组成人员守则》(澄人发〔2010〕31号)。

十八、6月28日，江阴市人大常委会发《江阴市人民代表大会常务委员会关于公民旁听人民代表大会的暂行办法》(澄人发〔2010〕32号)。

十九、8月16日，江阴市人大常委会发《关于评议粮食安全专项工作的实施意见》(澄人发〔2010〕36号)。

二十、8月17日，江阴市人大常委会发《关于开展"市人大代表活动周"活动的实施意见》(澄人发〔2010〕37号)。

二十一、9月1日，江阴市人大常委会发《关于批准部分政府投资重点项目调整投资方案的决议》(澄人发〔2010〕38号)。

二十二、9月1日，江阴市人大常委会发《关于授予田华、于洋"江阴市荣誉市民"称号的决定》(澄人发〔2010〕40号)。

二十三、9月29日，江阴市人大常委会发《江阴市人大常委会食品安全法执法检查方案》(澄人发〔2010〕44号)。

二十四、10月27日，江阴市人大常委会发《关于接受方国良同志辞去江阴市第十五届人大常委会副主任职务请求的决定》(澄人发〔2010〕46号)。

二十五、10月27日，江阴市人大常委会发《关于接受高林嵩等同志辞去江阴市第十五届人大代表职务请求的决定》(澄人发〔2010〕47号)。

二十六、12月10日，江阴市人大常委会发《关于召开江阴市第十五届人民代表大会第四次会议的决定》(澄人发〔2010〕53号)。

二十七、12月10日，江阴市人大常委会发《关于接受曾国新辞去江阴市第十五届人大代表职务请求的决定》(澄人发〔2010〕54号)。

（市人大办）

2010年江阴市人民政府重要文件目录

一、3月3日，江阴市政府发《关于进一步做好我市老龄工作的意见》(澄政发〔2010〕29号)。

二、3月31日，江阴市政府办公室发《江阴市限价商品住房管理暂行办法》(澄政办发〔2010〕33号)。

三、5月6日，江阴市政府办公室发《江阴市工程运输安全文明管理办法》(澄政办发〔2010〕41号)。

四、5月12日，江阴市政府办公室发《江阴市非物质文化遗产项目代表性传承人认定与管理暂行办法》(澄政办发〔2010〕46号)。

五、6月17日，江阴市政府办公室发《江阴市绿地认养认管办法(试行)》(澄政办发〔2010〕54号)。

六、6月25日，江阴市政府发《江阴市政务信息资源目录体系和交换平台管理暂行办法》(澄政发〔2010〕81号)。

七、6月28日，江阴市政府办公室发《江阴市文化产业发展引导资金管理办法》(澄政办发〔2010〕58号)。

八、6月28日，江阴市政府办公室发《江阴市文化产业发展指导目录》(澄政办发〔2010〕59号)。

九、7月1日，江阴市政府发《关于历次被征地和被征地农民中就业年龄段人员参加企业职工基本养老保险的意见》(澄政发〔2010〕82号)。

十、7月1日，江阴市政府发《关于进一步完善被征地农民基本生活保障制度的意见》(澄政发〔2010〕83号)。

十一、7月9日，江阴市政府发《江阴市2010年度防洪预案》(澄政发〔2010〕86号)。

十二、7月23日，江阴市政府发《关于加快江阴市旅游业发展的若干意见》(澄政发〔2010〕91号)。

十三、7月27日，江阴市政府办公室发《江阴市控源截污排水达标区长效管理实施细则》(澄政办发〔2010〕63号)。

十四、8月16日，江阴市政府办公室发《江阴市全民健身设施建设和管理暂行办法》(澄政办发〔2010〕71号)。

十五、8月24日，江阴市政府发《关于进一步提升节约集约用地水平促进产业转型升级的实施意见》(澄政发〔2010〕108号)。

十六、8月27日，江阴市政府发《江阴市市级财政项目支出绩效评价暂行办法》(澄政发〔2010〕109号)。

十七、9月13日，江阴市政府发《江阴市大力发展公共租赁住房的意见》(澄政发〔2010〕119号)。

十八、9月17日，江阴市政府发《江阴市排水设施建设和排水许可管理办法》(澄政发〔2010〕124号)。

十九、10月31日，江阴市政府发《江阴市居民养老保险暂行办法》(澄政发〔2010〕159号)。

二十、11月20日，江阴市政府发《关于2011年新型农村合作医疗制度实施意见》(澄政发〔2010〕149号)。

二十一、11月23日，江阴市政府发《人口综合信息库管理暂行办法》(澄政发〔2010〕151号)。

二十二、12月15日，江阴市政府发《江阴市政府性投资建设项目监督管理办法》(澄政发〔2010〕164号)。

二十三、12月28日，江阴市政府办公室发《江阴市居民养老保险暂行办法实施细则》(澄政办发〔2010〕153号)。

(市政府办)

目标任务完成情况

2010年江阴市政治文明、精神文明建设38项目标任务完成情况

一、组织开展“学习华西村新经验，推动科学发展上水平”活动，加强“学华西、快转型、江阴有股劲”宣传教育，大力开展弘扬江阴精神和建设“幸福江阴”教育活动，评选表彰江阴市第二届“时代先锋”，举办巡讲报告会25场，受教育群众数万人，在全市上下形成了创先争优、转型发展的浓厚氛围，为“幸福江阴”建设提供了强大的舆论支持和思想保证。积极开展社科理论研究，编写完成《当代中国城市发展》丛书江阴卷。

二、围绕建设学习型党组织、学习型领导班子，深入学习十七届五中全会精神和幸福社会建设、《江阴市“十二五”国民经济和社会发展总体规划纲要》等内容，落实党委(党组)中心组学习、领导干部学习会、市委常委旁听中心组学习等制度，市委宣讲团送党课到基层100余场次，全市党员轮训率达95%以上。11所基层党校被评为无锡市红旗和先进基层党校。

三、围绕市委中心工作，发挥人大职能优势，积极构建以民主促民生工作机制，实现公民旁听人代会制度化，依法任免干部50人次；听取审议“十二五”规划编制、“一府两院”报告30余项，全年开展16项专题视察调研，督办落实人大代表建议，建议办理满意率达97.5%。

四、认真履行政治协商职能，组织开展政情交流会、“委员活动日”等活动，建立市各民主党派、无党派知识分子联谊会与镇(街道)政协工作委员会结对联系活动制度，督办落实267件提案和45条社情民意，促进民生问题有效解决；组织撰写《江阴历史文化丛书》10卷，在《江阴日报》策划《政协之窗》6期。

五、严格党风廉政建设责任制，落实“惩防体系基本框架形成年”工作部署，惩防体系建设不断推进。广泛开展“学勤廉准则，做勤廉公仆”等活动，反腐倡廉教育进一步深化；“倡导实践华西勤廉标准工作”获2010年度江苏省纪检监察工作创新成果优胜奖。开展绩效考核和行风评议，机关作风建设和效能建设不断加强。加强对权力的监督制约，科级以上领导干部廉政档案建档率达到100%。

六、广泛开展“当好东道主、办好电影节，讲文明、

树新风”“人人争当东道主、个个都是志愿者”等宣传教育活动，印发 15 万份《江阴市电影节文明公约》宣传卡、编印 5 万册《江阴市民文明礼仪手册》，举办文明礼仪公益讲座，组织开展文明交通志愿协勤等道德实践，市民文明素质和城市文明程度进一步提升。年内，全市有 216 个单位获评无锡市精神文明建设先进单位，61 个单位获评省级精神文明建设先进单位，其中华西村、华士镇分别被命名为“江苏省文明村标兵”“江苏省文明镇标兵”。

七、以创先争优为契机，着力打造“七彩党建”特色品牌，不断加强基层党组织建设。编辑出版《江阴城乡党建一体化的实践与思考》。健全干部选拔任用提名制度，规范干部选拔任用提名程序，组织平级交流轮岗 150 人。基层党组织换届中，村、社区普遍推行“公推直选”，其他基层党组织全面推行“双推一选”。在全市 17 个镇、街道建成党员人才服务中心，建成村、社区、企业人才服务中心（站）538 个。

八、制订出台《关于加快文化产业发展的若干意见（试行）》等文件，设立 2000 万元文化产业发展引导资金，推进宣传与经营“两分离”，组建江阴广电集团产业发展有限公司和江阴日报社传媒发展有限公司，文化体制改革深入推进。着力构建完善的公共文化服务体系，公益性文化设施达标率达到 100%，城乡人均公共文化场馆面积达到 0.5 平方米。南闸街道被命名为江苏省书画之乡。

九、坚持繁荣与管理并重，大力净化社会文化环境，文化市场进一步规范。构建未成年人校外活动阵地网络，新桥镇绿园社区等 3 个社区未成年人活动中心被命名为无锡市示范点，规模型企业关工委组建率达 95% 以上。召开未成年人思想道德建设基地式学校创建工作推进会，开展“与世博同行、展校园风采”、青少年文明礼仪普及教育、“弘扬徐霞客精神，感受幸福江阴，争做时代新人”知识竞赛等活动。建设涉罪外来人员管护教育基地，开展“司法为青少年护航”活动，青少年维权“爱心港湾”作用发挥明显。

十、扎实推进现代农民教育培训，新建 3 个星火课堂，继续推进 5 个科技型专业科技合作示范基地建设，面向妇女开展实用技术培训，创造条件帮助残疾人就业、再就业。全年共培训本地农村劳动力 1.4 万人，农村青壮年劳动力职业技能培训覆盖率达 95.8%，超额完成年度任务，为新农村建设和“幸福江阴”建设提供了人才与人力支持。

十一、创新“维稳”机制，建立全市维稳基金，开展社会稳定风险评估，加强信访、维稳和网上舆情导控等工作，实现维护社会秩序与保障群众利益相统一；在全市重点路段、重要道口安装 224 套抓拍设备，全市违法犯罪警情比上年下降 12.03%，市民对社会治安满意率达到 98.8%。

十二、举办第十四届读书节，评选出 17 户“科技文化户”。继续实施“幸福进万家·文化欢乐行”和“欢乐夜晚·品味幸福”夜晚文化等活动，送戏曲 88 场、电影 3000 场、图书 20300 册，农村小戏进城 17 场，直接受惠群众 200 万余人次。

十三、开展“三服务”工作先进科室和先进事业单位创建活动，不断深化“一个党员一面旗帜”活动，评选表彰 20 个市级机关“五型党组织”示范点，创先争优、攀高比强氛围不断浓厚。加强机关作风建设，创新政府功能性服务，召开“互联网工作法”推进会，开展“万人评议机关”活动，不断健全“12345”公共服务平台，举办 4 期“空中热线”特别节目。

十四、积极构建和谐的政党、民族、宗教、新阶层和海内外同胞五大关系，建立省内首个民主党派建设教学基地；加强非公经济代表人士队伍建设，全年培训企业家 1500 余人次；积极帮扶少数民族家庭，加强民族团结；引导宗教界人士为玉树灾区募捐 24 万元；成功举办“海外华侨华人专业协会会长江阴行”活动。积极推进澄台交往交流，全年组织赴台考察、培训 43 批，接待来江阴参访团 10 批。

十五、完成《城市慢行交通专项规划》《城乡绿道建设规划》等规划编制。完善“幸福江阴”建设指标体系，完成经济社会统计监测工作。全面开展安全生产隐患排查治理，全年未发生较大以上安全生产事故。重点道桥工程顺利推进，完成梅园路三期、人民东路延伸段、名邸路二期等 9 项项目。全力实施“文明交通三年行动计划”，公交智能调度全面推广使用，城市万人拥有公交达 18.5 标台，公交出行分担率达到 24%。加强道路交通环境综合治理，群众对“交通安全”满意率达 96.2%。江阴市被评为全国实施畅通工程模范管理城市。

十六、大力开展市场价格和食品药品监管整治，推进明码标价示范街和放心消费创建活动，建成江苏省星级文明市场 28 个，无锡市级示范街 2 条、示范店 26 个，表彰 200 户江阴市诚信个体工商户，市场信用监管覆盖面达 95%，食品安全抽检合格率达 99.15%，粮油质量合格率达 96.7%；全市医疗机构、批发市场、医保定点药品零售企业全部纳入药械远程网络信息化监管。西石桥 8000 吨粮食片中心库建设顺利启动。

十七、行政审批、预算管理、国有资产管理、公务卡结算等制度改革不断推进，建成全市公共财政网上办公平台。全面推开参与式预算管理，财政资金管理进一步公开、透明。加强工程报建管理，实施施工许可公示牌制度。加强房产市场管理，成立市建筑行业协会，促进房地产健康有序发展。

十八、加强科学普及，建成科普教育基地 21 个、科普示范镇（街道）4 个、科普文明社区 45 个。华士实验中学被评为“中国少年科学院科普教育示范基地”。突出科技创新，新获批江苏省级企业院士工作站 3 个，江苏省科技创新示范企业 11 个。市第二届科技节成功举办。

十九、实施教育布局规划，江阴高中新校区（一期）建成投用，完成暨阳中学改造工程，江阴市被评为江苏省义务教育优质均衡发展先进市和教育现代化先进市。推进校舍安全和平安校园建设，加强中小学生心理健康教育，全市已建成无锡市级心理健康教育学校 20 所，心理健康教育合格学校39所,心理辅导室65个。

二十、加强社会保障工作,城保扩面7.2万人,历次被征地农民和被征地农民保障并轨城保15.2万人。新型农民基本养老保险提高到每人每月120元。人力资源和社会保障信息化建设不断加快,城域网覆盖率100%。

二十一、完成“五五”普法各项任务,江阴市被评为全国法治县(市)创建活动先进单位。研发第二代审批管理系统和电子监察系统,与市民服务中心实现网络对接,网上监察监控功能不断增强。大力推进法治文化建设,江阴法院被评为全国法院文化建设示范单位。年内新增4个无锡市四星级司法所,全市四星级以上司法所达10个。

二十二、全面开展“百万工人大练兵、建功立业促转型”劳动竞赛,“工人先锋号”创建活动不断深化。开展“争先创优,闪亮青春”、青年文明号“双争”等活动,新增江苏省级“青年文明号”2个,无锡市级2个,江阴市级49个。广泛开展“阅读,做书香女人”主题活动,推动妇女素质提升;深入推进“家庭育人”工程,举办2010家庭教育论坛,开设家庭教育讲座120余场。

二十三、全市企事业单位职代会制度建设不断加强,覆盖企业3115个,建制率达98%。全面推进企业工资集体协商工作,全市各类已建工会的企业工资集体协商建制率达98.3%,各类企业工会动态组建率和职工入会率达95%,农民工入会率达86.2%。

二十四、加强人口文化建设,全面宣传人口和计划生育工作,会同靖江市开展纪念中共中央《关于控制我国人口增长问题致全体共产党员、共青团员的公开信》发表30周年跨江联动文艺演出。户籍人口计划生育率为99.95%,人口出生率为6.25‰,被评为省“十一五”人口协调发展先进市;建成1个市级和17个镇级世代服务中心,覆盖率达100%。健全社区卫生服务规范化管理,实现市、镇、村三级服务体系。积极开展“百名医生进社区”活动,组织61名晋升中高级职称的城市医生到基层服务。

二十五、大力发展慈善事业,积极开展“幸福江阴·慈善一日捐”“千企助千户”等活动,募集慈善基金4253万元,发放慈善资金3897万余元。新增居家养老中心38个,荣获中国老年人宜居(宜游)城市。建成残疾人社区康复站(点)210个,创建无锡市残疾人工作五星社区120个,实现康复服务网络、对象全覆盖,年内,江阴市被评为全国残疾人社区康复示范市。

二十六、在国税、地税、公安、人保、城管、住房管理等系统开展民主评议基层站所和创建人民满意基层站所活动,促进行业单位文明创建活动深入开展。加强文明服务品牌建设,江阴工商局“红盾进社区”等10个品牌被评为第四届“江阴市十佳文明服务品牌”。加强便民服务中心建设,江阴市级新增5个部门9项项目进驻中心。

二十七、加强城市信息化建设,实现16个政府部门信用数据归集,入库江阴企业19000余个、数据信息90万余条。建成全市电子政务资源目录体系和交换共享平台、公共服务呼叫中心平台,建成数据中心、呼叫中心、容灾备份中心。

二十八、组织152名社区工作者赴香港考察培训。深入开展科技、文化、体育、法律、卫生、计生、环保、道德、民防“九进社区”活动,不断推进和谐社区建设,提高居民幸福指数。

二十九、全面推进健康城市建设,建成江阴市健康社区34个,江苏省、无锡市健康促进学校43所。举办各类健康讲座872场。实施第三轮免费健康体检47万人,居民健康档案、家庭健康档案建档率分别达98.7%、97.7%。全面推进医药卫生体制改革,实施国家基本药物制度,调整设置社区卫生服务中心17个,创建片区二级医院5家,市人民医院升格为三级医院。积极开展市容环境治理,对城区105条道路实施快速保洁,铺设污水管网6.2公里,生活垃圾无害化处理率保持100%;加强“三路”*沿线环境综合整治,建成城乡绿色景观大道。数字城管一期建成投用。

三十、不断加强志愿者工作,先后有5万多人次参加第19届中国金鸡百花电影节志愿服务,“志愿者的微笑”成为江阴的城市名片。慈善义工队伍发展迅速,注册义工超8000人。“巾帼助老”志愿服务集体达162个,结对服务1093名老人。《江阴日报》“城事义工”被评为2010年度无锡市志愿者服务活动十大杰出先进集体。

三十一、加强生态文明建设,建成农村生活污水处理点88个、各类绿色创建20个,削减化学需氧量3600吨、二氧化硫17000吨。开展争创全国国土资源节约集约用地模范市活动,全市依法用地规范率达99.5%。完成城乡拆迁480万平方米,新建拆迁安置房191万平方米。创建全国环境优美乡镇(街道)3个,徐霞客镇成为全国特色景观旅游名镇,新桥镇获评国家园林城镇,华西村成为国家级生态村。

三十二、积极争创国家历史文化名城,加强历史文化名城保护,启动南门忠义街修缮保护工程,长泾镇建成国家历史文化名镇。在中国美术馆成功举办“幸福江阴”美术书法摄影作品展。创作文艺精品,儿童音乐剧《带锁的日记》、声乐作品《梦中的大西北》获全国第15届“群星奖”;报告文学《江堤下的那座小屋》获第20届中国新闻奖一等奖。

三十三、成功举办第19届中国金鸡百花电影节,吸引200余个媒体、350名记者对50余项活动及“幸福江阴”建设进行深度报道;组织开展“'2010幸福江阴北京高层论坛”等集中采访活动,江阴市对外影响力和知名度、美誉度持续提升。被评为“'2010中国最具幸福感城市”“中国最关爱民生县(市)”“中国(长江)最具活力民营经济县(市)”。完成3.5万户信报箱改造,新设邮政报刊亭13个。

三十四、健全口岸工作协调机制,推动口岸单位文明共建,开展口岸社会服务承诺评议活动,口岸环境不断优化,口岸单位服务能力不断提升,进出口货物通关时间平均比上年分别减少10%和37%,圆满完成“亿吨大港,百万标箱”目标。荣获“江苏省文明口岸”称号。

三十五、出版发行2010版《江阴年鉴》;完成《江阴市志(1988～2007)》送审稿和全国性革命遗址普查工作,编写完成《江苏省志·江阴市概况(1978～2008)》初稿。年内,培训档案人员800多人次,接收档案4万余卷、7800多件;加强档案服务工作,全年查档接待5800多人次。

三十六、加大《流动人口计划生育工作条例》宣传力度,切实维护流动人口实行计划生育的合法权益,制订下发《关于做好新市民子女入学(园)预登记报名工作的实施办法》,规范新市民子女入学(园)工作。加强流动人口服务,采集14.5万个流入已婚育妇信息,准确率达90%。

三十七、全面推进镇村体育健身工程,实现镇镇有标准游泳池、有400米塑胶田径场、有2000平方米全民健身活动中心,村村有健身场地,人均公共体育场地面积达3.28平方米,基本形成普及城乡的公共体育设施体系。成功举办中德国际足球邀请赛、中国徐霞客国际攀岩大师赛、中国男子篮球职业联赛等重大赛事。市业余体校成功创建成为四星级业余体校。

三十八、科学制订基干民兵整组方案,遂行多样化军事任务的能力不断提升。编纂完成首部《江阴军事志》。城乡一体化货币安置政策进一步完善,不断激发应征青年参军热情,圆满完成年度征兵任务。建成民防教育基地,免费向社会开放。　　(陈宏兵)

2010年江阴市国民经济和社会发展管理目标完成情况一览

表119

序号	目标任务	全年完成情况	责任单位
1	全力推进“445计划”行动,加快新兴战略性产业发展步伐。低碳产业完成投入超40亿元,销售收入达250亿元;新材料(石化)产业投入超20亿元,销售收入达400亿元;车船及装备制造业投入超50亿元,销售收入达900亿元,全市现代物流营业收入突破2000亿元。	全年完成低碳产业投入40亿元,实现销售收入275亿元;新材料(石化)产业投入40亿元,销售收入540亿元;车船及装备制造业投入58亿元,销售收入900亿元。全市完成现代物流营业收入2050亿元。	经信委 商务局 临港新城
2	完成生物医药产业和传感器产业销售收入分别超10亿元和35亿元;服务外包业务总额达3亿美元;文化产业增加值占GDP比重提高至6%;总部经济园新开工项目4项,新签约引进项目6项。	全年完成生物医药产业销售收入20.8亿元、传感器产业42亿元;服务外包业务总额3.49亿美元。	宣传部 经济开发区 澄江街道 文广新局
3	聚焦融资服务,推进创新型企业上市。分梯队建立80个后备企业上市资源库;建立20个新兴企业后备队伍,争取3～5个企业上市。	全年新增上市公司5个,新增上市股票6只。培育中小板后备企业80个,培育创新型后备企业20个。	上市办
4	实施知识产权战略,推进品牌和标准化建设。组织申报专利3500件,其中发明专利申请数500件,授权专利1450件;采用国际标准和国外先进标准验收产品10种;完成国家、行业标准项目8项。	全年组织申报专利5776件,其中发明专利申请数796件,授权专利3830件;采用国际标准和国外先进标准验收产品18种;完成国家、行业标准项目10项。	科技局 质监局 工商局
5	推进品牌战略,争创省级以上名牌产品5～8种,申报驰名商标2件;全市新认定省级高新技术企业20个以上。	推进品牌战略,省质监局公示江阴市省级以上名牌产品44种;全年共注册商标2850件,成功申报驰名商标7件;组织申报省级高新技术企业31个。	科技局 质监局 工商局
6	集聚科技资源,加快功能平台建设。组织实施省以上科技计划项目60项以上,实施重点产学研项目50项;新增院士工作站2个以上,新获批省级以上企业工程技术研究中心5个;新增省级以上企业技术中心1个;新建“三创”载体65万平方米,累计建成210万平方米。	集聚科技资源,加快功能平台建设;组织申报省以上科技计划项目320项,实施重点产学研项目75项;新获批3个院士工作站、省企业工程技术研究中心19个;组织申报省级以上企业技术中心16个;新建“三创”载体65万平方米,累计建成210万平方米。	经信委 科技局
7	积极引进高层次人才,培育创新发展的人力资本。深入落实“江阴千人计划”,聘请海外引才顾问、设立海外引才工作站,年内组织1～2次赴海外招才引智活动,全年引进30名以上海外科技领军型创新人才,引进30名以上海外科技领军型创业人才(“530计划”引进人才),引进50名以上国内高层次创新创业人才。	组织赴海外招才引智活动,共建立海外引才工作站6个,引进30名海外科技领军型创新创业人才,引进51名国内高层次创新创业人才。新增“530计划”项目39项。	组织部 人社局

续表 119

序号	目标任务	全年完成情况	责任单位
8	引进100名以上江阴经济社会事业发展急需的高层次专业技术人才和经营管理人才。培育海外高层次人才引进示范企业60个。每万人拥有高层次人才数达58.3人;争创博士后工作站2个,引进入站博士3名;引进退休工程师10名。	全年引进247名江阴经济社会事业发展急需的高层次专业技术人才和经营管理人才。培育海外高层次人才引进示范企业40个。每万人拥有高层次人才数58.3人;申报博士后工作站3个,引进入站博士4名;引进退休工程师13名。	组织部 人社局
9	加大技改投入力度,促进工业经济优化升级。高新技术产业和高新技术改造传统产业的投入占工业投入65%以上;全市高新技术产业增加值占规模以上工业增加值的比重超过35%;工业投入增长20%以上,规模以上工业总产值增长10%、规模以上工业增加值增长11%以上、规模以上工业利税增长12%以上。	全年完成高新技术产业和高新技术改造传统产业的投入占工业投入65%以上;高新技术产业增加值占规模以上工业增加值的比重42%;工业投入增长16%;规模以上工业总产值增长17%、规模以上工业增加值增长10.1%(可比价)、规模以上工业利税增长19%。	经信委 科技局
10	大力发展现代服务业,加快产业结构优化升级。服务业增加值增长16%以上,占GDP比重39%;完成50个工业企业主辅分离,促进服务业专业化发展;社会消费品零售总额增长18%以上;服务业投入增长20%以上。	全年完成服务业增加值764亿元,增长16.4%;社会消费品零售总额381.38亿元,增长18.6%;服务业投入280.21亿元,增长38%。80个工业企业主辅分离,超额完成任务。	商务局 统计局
11	加快发展港口物流业,完成港口货物吞吐量1.15亿吨、外贸吞吐量1500万吨和集装箱吞吐量100万标箱。	全年完成港口货物吞吐量1.25亿吨、外贸吞吐量1292万吨和集装箱吞吐量101.07万标箱。	港口局
12	加快推进现代高效农业,促进农业"接二连三"* 发展。按照"不开发区"战略要求,推进徐霞客现代农业产业园区建设;完成农业总产值55亿元,投入10亿元以上;加大"三资"投入农业力度,完成"三资"投入5亿元。	加快推进现代高效农业,促进农业"接二连三"发展。按照"不开发区"战略要求,推进徐霞客现代农业产业园区建设,徐霞客现代农业产业园被认定为省级首批现代农业产业园区;完成农业总产值59.15亿元,投入15.81亿元。	农林局 园林旅游局
13	全力推进"万顷良田"工程*,实现新增耕地54.67公顷;加快农业向适度规模集中,规模经营比例提高到78%;新增设施农业面积333公顷,新增高效农业面积667公顷;申报1种省级名牌农产品,实施2个农业标准化示范区;高效农业主要生产环节机械化水平达45%以上。	全力推进万顷良田工程,实现新增耕地54.67公顷;加快农业向适度规模集中,规模经营比例提高到80%;新增设施农业面积933公顷,新增高效农业面积667公顷;完成1种省级名牌农产品认证,实施2个农业标准化示范区;高效农业主要生产环节机械化水平达45%以上。	农林局 国土局 水利农机局
14	推进开放型经济发展,提升经济国际化水平。争取全年新增工商登记注册外资12亿美元,实际利用外资7亿美元;开发区引进3项超亿美元项目,临港新城引进4项超亿美元项目,其中有1项超3亿美元项目;靖江园区引进2项超亿美元项目;全年进出口总额比上年增长10%以上,其中出口增长10%以上。	全年完成新增工商登记注册外资12.03亿美元,实际利用外资7.5亿美元。完成进出口总额158.49亿美元,比上年增长43.4%,其中自营出口额94.24亿美元,比上年增长52.6%。	商务局 经济开发区 临港新城 靖江园区
15	加快走出去步伐,完成新批境外投资项目10项,中方投资额6000万美元;完成离岸服务外包1.8亿美元,新增服务外包企业50个,新增入围"123计划"* 企业2个。	全年完成新批境外投资项目19项,中方投资额1.09亿美元;完成离岸服务外包1.82亿美元,新增服务外包企业52个。新增入围"123计划"企业2个。	商务局
16	加快重点项目建设,增强发展后劲。工业重点重大项目55项,计划完成投资110亿元,其中"445计划"项目41项,总计投资80.5亿元;非工业重点重大项目55项,计划完成投资100亿元。	全年完成工业重点重大项目55项,完成投资110亿元,其中"445计划"项目完成投资85亿元;非工业重点重大项目55项,完成投资100亿元。	发改委 经信委
17	财政收入稳定增长,信贷环境持续优化。财政一般预算收入增幅12%以上;全市驻江阴银行贷款余额高于无锡平均水平,城乡居民人均储蓄存款余额5万元,比上年增加0.5万元。	全年完成财政一般预算收入增幅18%,城乡居民人均储蓄存款余额5.44万元。	财政局 人行江阴市支行 金融办
18	积极兴办村镇银行、小额贷款公司等新型金融机构,确保1个村镇银行和2个小额贷款公司投入运营;新增落户2个股份制银行。建立担保协会,有效发挥融资担保作用。制定出台市社会信用体系建设实施意见,积极创建"金融生态市(县)"。	全年有3个小额贷款公司投入运营,1个小额贷款公司获批。扬子江科技小额贷款公司获得筹建批复。	金融办

续表 119

序号	目 标 任 务	全 年 完 成 情 况	责任单位
19	加强规划引导。完成"十二五"规划33个前期课题研究及《江阴市国民经济和社会发展第十二个五年规划纲要》的编制,明确"十二五"期间江阴市经济社会发展的重大战略任务和政策导向,研究提出"十二五"及到2020年江阴科学发展的目标取向和指标体系;加强"一中心四片区"发展规划研究,特别是进一步完善澄东地区新市镇规划和建设研究。	完成"十二五"规划33个前期课题研究及《江阴市国民经济和社会发展第十二个五年规划纲要》的编制,明确"十二五"期间江阴市经济社会发展的重大战略任务和政策导向,研究提出"十二五"及到2020年江阴科学发展的目标取向和指标体系;完成"一中心四片区"功能布局规划研究,澄东片区新市镇规划和建设研究通过专家论证,完成规划成果。	发改委 规划局
20	推进市域主干道建设,改善提升市区路网结构。开展轨道交通前期方案及项目融资研究;建设京沪高铁安镇站连接线道路、暨南大道二期(含川气东送配套道路)、扬子江路北段"新三路"工程;创新大道建成通车,港城大道主体建成。	积极推进轨道交通前期相关工作。开展区域性城际铁路的相关前期工作;"新三路" 工程完成投资6.25亿元,占工程总量的60%。其中京沪高铁安镇站连接线道路投资0.45亿元、暨南大道二期完成3.5亿元、扬子江路北段建成通车;创新大道和港城大道基本建成。	交通运输局 经济开发区 临港新城
21	完成青山路二期和通富路西延伸段主体工程,打通城区断头路2条;完成人民东路东延伸段、毗陵路一期和名邸路二期工程;启动虹桥南路三期和澄江西路二期工程。	青山路二期完成南外环路东路段灰土施工;通富路西延伸段开始灰土施工;人民东路东延伸段、毗陵路一期和名邸路二期施工结束,澄江西路二期工程工作井开挖。	建设局
22	全面完成城市客厅开发建设。天华轴线—滨江路天桥完工;1912酒吧娱乐区对外开放;深国投商业中心酒店、商场主体结构封顶;建成魔方时代广场;丹芙春城二期主体结构封顶;水岸新都三期高层封顶;江阴市民水上活动中心主体结构封顶。	江阴市民水上活动中心完成主体建设;天华轴线—滨江路天桥桥面完工;1912酒吧娱乐区基本完工;深国投商业中心酒店及商场、魔方时代广场主楼及裙房主体结构、水岸新都三期封顶。	城市客厅开发公司
23	加快敔山湾开发建设。全面完成敔山湾西区路网建设,继续推进东区核心区景观二、三标段建设;启动学校建设,完成国际会展中心建设项目。	敔山湾西区路网完成敔山路、滨港路,主干道全线贯通;东区核心区景观二、三标段竣工开放;完成学校桩基建设,完成国际会展中心建设项目,并投入运营。	敔山湾开发公司
24	加快南门地区改造。完成虹桥南路及周边地块的拆迁工作;启动运粮河西侧"五云桥畔"开发建设;启动澄南村、澄西管理区15万平方米的安置房建设;加快推进南门风貌带及忠义街历史文化街区建设。建成南门规划展示馆,启动忠义街164号修缮,原电动葫芦厂处启动传统风貌院落建设,启动八字桥公园建设。	虹桥南路及周边地块的拆迁完成1600户签约;"五云桥畔" 开发建设完成一期主体结构施工至4层;澄南村安置房建设完成景观设计,并开始试桩,澄西管理区完成动工勘察和试桩监测;南门风貌带示范区建成规划展示馆,完成规划设计工作,忠义街164号老宅修复工程开工,基本完成土建。	新国联公司
25	加快西组团开发建设。加强路网设施建设,拓展城市发展框架。新开普惠路中段、文富路二期和毗陵路建设,分别完成总投资量的87%、84%和66%。	普惠路中段完成前期手续及招投标工作,正在施工中;文富路二期进场开工建设;毗陵路完成部分前期手续,正在跟踪土地指标的报批。	城西开发公司
26	提升优化城市公交,发展完善城乡公交。新增城市公交空调大巴100辆,建设贯庄、永安公交首末站,新开辟公交线路5条,建成公交智能调度系统;世新客运中心建成投营;长山大道、暨南大道和芙蓉大道公交一体化改造竣工。	新增城市公交空调大巴100辆交付使用;建成永安公交首末站,新开辟公交线路4条,还有1条等道路建设到位适时开通;建成公交智能调度系统全面推广使用;世新客运中心建成投营;完成长山大道、暨南大道和芙蓉大道公交一体化改造。	交通运输局
27	对接世博,提升城市品牌。世博期间组织4次专题招商活动,争取世博会后将比利时—欧盟馆留置江阴并落户到徐霞客旅博园。实施"世博在上海、幸福看江阴"营销战略,与上海20个骨干旅行社建立稳定的合作伙伴关系。举行"3·29天下游"中国徐霞客国际旅游节、第19届中国金鸡百花电影节等活动,与阳光媒体集团等机构合作,规划江阴城市的品牌和形象。	成功举办比利时—欧盟展馆"江阴日"活动,完成留展前期推进工作(后因国家政策暂时搁置);在上海建立旅游营销中心,与上海10个大型旅游专业机构签订合作协议,推出"幸福江阴世博体验之旅"线路。徐霞客国际旅游节和第19届中国金鸡百花电影节成功举办。与阳光媒体集团进行规划论证,签订规划江阴城市品牌和形象的合同。	宣传部 商务局 园林旅游局 外事办
28	整治提升城乡环境。年内完成自然村整治150个;完成全市大型养殖场的环境治理;实施京沪高铁安镇站连接线、澄江西路二期等骨干道路配套路灯安装工程;加快农贸市场建设,完成健康菜场等3个市场的改造。	完成全市213个自然村整治整理工作,总投入资金1.4亿元;全市畜禽养殖污染综合整治工作基本到位,关闭207个,整治到位775个;完成果园路、凤凰路南段等22条城乡道路路灯安装工程;完成健康菜场等4个农贸市场商场化改造。	农工办 农林局 城管执法局 工商局

续表 119

序号	目标任务	全年完成情况	责任单位
29	整合功能资源,延伸城市空间。年内云亭实施打造一流生态产业园区、提升改造老镇区环境、规划建设新镇区等三大行动计划,加快城市化进程。南闸按照“东扩西攻”的思路,安排3.65亿元社会事业投入,用于完善新镇区建设、启动老镇区改造。临港新城核心区商业、商务、住宅、研发建设项目全面启动,核心区主干路网、生态休闲公园基本完成。	云亭街道和南闸街道加大社会事业投入用于完善新镇区建设和启动老镇区改造。临港新城核心区商业、商务、住宅、研发建设项目全面启动,临港新城江阴汉皇国际大酒店建成并投运,核心区建设全面启动,主干路网基本建成,生态休闲公园建设完成专家评审,开工建设。	云亭街道 南闸街道 临港新城
30	加强湿地保护,提高绿化水平。实施不开发区战略,启动徐霞客湿地区建设;完成绿化造林面积2000公顷,全市林木覆盖率提升至21.4%;创建绿色家园示范村60个、示范镇3个。	徐霞客湿地公园一期项目竣工;全市林木覆盖率达20.05%,创建绿色家园示范村60个、示范镇3个。	农林局 园林旅游局
31	城市建成区绿化覆盖率达44.2%,城区人均公共绿地面积达到15.8平方米;实施京沪高铁安镇站连接线道路、暨南大道二期(含川气东送配套道路)、扬子江路北段“新三路”绿化工程。	城市建成区绿化覆盖率45.02%;城区人均公共绿地面积达15.81平方米;推进京沪高铁安镇站连接线道路、暨南大道二期(含川气东送配套道路)、扬子江路北段“新三路”绿化工程。	园林旅游局
32	控源截污,推进污水集中处理。完成创建控源截污排水达标区637个,提前完成3年目标任务;城区、集镇生活污水集中处理率分别达到86%和75%。	完成创建控源截污排水达标区637个,提前完成3年目标任务;城区、集镇生活污水集中处理率分别达91.6%和83.5%。	建设局 环保局
33	全面推进农村生活污水处理,年内完成60个自然村的生活污水处理;锡澄运河西侧污水截流工程全面竣工。	推进农村生活污水处理,全面完成60个自然村的生活污水处理;锡澄运河西侧污水截流工程全面竣工。	建设局 环保局
34	推进污染物减排,加快土地复垦。氨氮、总氮、总磷按标准排放,主要污染物化学需氧量和二氧化硫排放量在2005年基础上分别削减32%以上;关停20项以上重污染企业项目,完成26个企业清洁生产审核。环境综合指数达到85以上;全市推出经营性用地233.33公顷;完成土地复垦整理66.67公顷。积极探索和实施差别化的土地供应政策,强力推进,分类处理,解决批而未用土地问题。	氨氮、总氮、总磷按标准排放,主要污染物化学需氧量和二氧化硫排放量在2005年基础上分别削减达32%;关停小化工企业61个,26个企业清洁生产完成审核评估。环境综合指数达85以上;全市推出经营性用地364.6公顷;完成土地复垦整理112公顷。积极探索和实施差别化的土地供应政策,强力推进,分类处理,解决批而未用土地问题。	环保局 经信委 国土局
35	提高资源集约利用水平。工业集中区新上项目的公顷均土地投资强度16.67万元以上,工业集中区新上项目的公顷均土地产出21.33万元以上;万元地区生产总值能耗下降4%,万元工业增加值能耗下降4.5%,万元规模以上工业增加值水耗小于210立方米。	全年工业集中区新上项目的公顷均土地投资强度16.8万元,工业集中区新上项目的公顷均土地产出21.86万元;万元规模以上工业增加值水耗小于210立方米,万元地区生产总值能耗下降4%,万元工业增加值能耗下降6.5%。	经信委 国土局 水利农机局 统计局
36	着力改善水环境。继续推进小康河道断面达标整治工程,疏浚整治镇村河道150条,完成西横河等河道整治工程;抓好节水载体建设,推广重点行业节水技术和废水“零排放”技术;新建澄西水厂。	继续推进小康河道断面达标整治工程,疏浚整治镇村河道150条,完成西横河等河道整治工程目标任务,市镇河道68个断面水质全面达标;抓好节水载体建设,推广重点行业节水技术和废水“零排放”技术;完成澄西水厂相关前期工作。	水利农机局 国澄公司
37	健全城市废弃物处理体系。实施澄东(花山)生活垃圾填埋场封场整治工程;实施城区垃圾中转站的渗滤液预处理工程,对城区7座生活垃圾中转站的垃圾渗滤液进行预处理后接入城市污水管网。	健全城市废弃物处理体系,澄东(花山)生活垃圾填埋场封场整治工程进入招投标程序;完成城区垃圾中转站的渗滤液预处理工程,并投入试运行。	城管局
38	促进城乡居民充分就业。全面落实新一轮稳定就业、扶持创业政策,全年提供就业岗位5万个,解决本地劳动力就业2万人,其中解决城镇就业困难人员再就业1000人,通过自主创业带动就业1万人;城镇登记失业率控制在3%以内,农村调查失业率控制在3.5%以内。	全面落实新一轮稳定就业、扶持创业政策,全年提供就业岗位5.23万个,解决本地劳动力就业2.36万人,其中解决城镇就业困难人员再就业1100人,通过自主创业带动就业1.23万人;城镇登记失业率2.46%,农村调查失业率2.85%。	人社局
39	通过制度创新巩固农民增收渠道。创建无锡市社会主义现代化新农村建设示范镇2个,创建比例达80%以上;创建达标村16个,创建比例达90%以上。	通过制度创新巩固农民增收渠道,新增无锡市社会主义现代化新农村建设示范镇2个,创建比例80%以上;创建达标村18个,创建比例90%以上。	农工办

续表 119

序号	目　标　任　务	全　年　完　成　情　况	责任单位
40	大力推进农村新型合作组织建设，新组建新型农村合作经济组织25个，累计达471个，全市参加各类合作经济组织农户的比例达60%，全面提升富民合作效应农民人均财产性收入增长13%，家庭经营性收入增长12%；加快推进"三置换"改革，积极稳妥搞好5个村的试点工作，推动社会转型发展。	大力推进农村新型合作组织建设，新组建新型农村合作经济组织34个，累计达478个，全市参加各类合作经济组织农户的比例达65.8%，全面提升富民合作效应农民人均财产性收入增长和家庭经营性收入增长；加快推进"三置换"改革，5个村1个街道的试点工作取得阶段性成果，推动了社会转型发展。	农工办 统计局
41	继续实施对弱势群体的帮扶工作。做好薄弱村脱贫转化工作，村级可支配收入增加15%以上；组织实施各级干部结对帮扶困难群众2万人以上；完成农村特困户危房改造50户。	做好薄弱村脱贫转化工作，全面提升村级可支配收入的增加；组织实施各级干部结对帮扶困难群众2万人以上；完成农村特困户危房改造50户。	农工办
42	市、镇两级募集慈善基金4000万元；全市新增注册慈善义工6000名，总数争取达到1万名。	市、镇两级募集慈善基金4816万元；全市成立义工联合会1个、义工站17个，义工总数超万名。	民政局
43	加快推进社会保障城乡一体化进程。全年基本养老保险新增参保4万人，净增2万人；新型农民基本养老金人均增加至120元／月。	全年基本养老保险新增参保7.2万人，净增3.5万人；新型农民基本养老金人均增加至120元／月。	人社局
44	加快推进劳动保障网上办事系统建设，确保企业参与率达60%以上；完善劳动保障监察"两网化"（网格化、网络化）建设，全年劳动合同签订率、月薪制实施率稳定在90%以上；在全市建立工会的企业中，企业工资集体协商建制率达98%。	加快推进劳动保障网上办事系统建设，企业参与率达61.2%；完善劳动保障监察"两网化"建设，全年劳动合同签订率达98.2%、月薪制实施率稳定在95%以上；在全市建立工会的企业中，企业工资集体协商建制率达98%。	人社局 总工会
45	加强就业、创业培训工作。组织农村劳动力培训1万人，不断提高农村劳动力技能素质和就业能力；组织创业意识、创业能力培训2000人，充分发挥创业带动就业倍增效应。	组织农村劳动力培训1.44万人，不断提高农村劳动力技能素质和就业能力；组织创业意识、创业能力培训2456人，充分发挥创业带动就业倍增效应。	人社局 农林局 供销社
46	加快技术技能人才培养步伐，全年培养高技能人才3000人；加大农民培训力度，完成实用技术培训7000人；培训农产品经纪人80人。	加快技术技能人才培养步伐，全年培养高技能人才3200人；加大农民培训力度，完成实用技术培训8380人；培训农民经纪人102人。	人社局 农林局 工商局
47	提高城乡医疗卫生保障水平。实施第九轮新型农村合作医疗保险工作，人均保费达370元，参合率达100%，住院补偿率达50%。	提高城乡医疗卫生保障水平，实施第九轮新型农村合作医疗保险工作，人均保费达370元，参合率达100%，住院补偿率达60%。	卫生局
48	深化医药卫生体制改革，完善医疗卫生服务体系，完成市人民医院新病房大楼和市三院易址改造建设；开工建设120急救中心。	深化医药卫生体制改革，完善医疗卫生服务体系，完成市人民医院新病房大楼和市三院易址改造建设；积极推进120急救中心建设。	卫生局
49	农民健康档案建档率达100%，每万人拥有医生数超过26人，卫生服务体系健全率100%，人均预期寿命超过78岁。	农民健康档案建档率达100%，每万人拥有医生数达26人，卫生服务体系健全率100%，人均预期寿命达78.12岁。	卫生局
50	加快建设保障性安居工程，推进老小区整治。完成50万平方米的老小区整治和2.3万平方米的平改坡工程。	加快建设保障性安居工程，推进老小区整治。全面完成50万平方米的老小区整治和2.3万平方米的平改坡工程。	住保房管局
51	建设12万平方米经济适用住房和廉租住房；建设100套以上公有租赁住房，解决各类人才住房困难。	积极推进12万平方米经济适用住房和廉租住房建设；加快建设100套以上公有租赁住房，解决各类人才住房困难。	住保房管局
52	在云亭、南闸和夏港街道建设中低价位和限价商品房18万平方米。	云亭、南闸和夏港街道建设中低价位和限价商品房基本完成前期准备工作。	住保房管局
53	完成全市城乡拆迁250万平方米，其中城区100万平方米，建设拆迁安置房190万平方米。	完成全市城乡拆迁400万平方米，其中城区190万平方米，建设拆迁安置房200万平方米。	建设局

续表 119

序号	目标任务	全年完成情况	责任单位
54	发展老年产业,提升居家养老服务水平。争创"全国老龄工作先进市";扶持和鼓励有条件的养老机构创办爱心护理院,年内完成2个。	发展老年产业,提升居家养老服务水平;开展夕阳红爱心护理院和峭岐卫生院试点工作。加强养老设施建设力度,华士颐养中心、周庄养老中心建成使用,市福利中心动工在建。	民政局
55	新增居家养老服务中心30个,总数达到80个;扩容"幸福一点通"* 老年求助服务用户500户,总数达到2000户;市老年用品展销中心建成投运。	新增居家养老服务中心38个,总数达88个;扩容"幸福一点通"老年求助服务用户800户,总数达2300户;市老年用品展销中心建成投运。	民政局
56	加强对残疾人救助力度。积极争创全国残疾人社区康复示范市,实现全市残疾人"人人享有康复服务"目标;完成白内障复明手术1000例以上。	加强对残疾人救助力度,获全国残疾人社区康复示范市荣誉,实现残疾人康复服务、对象全覆盖;完成白内障复明手术1282例。	残联
57	实现残疾人就业、再就业350人,使残疾人就业率达94%;新建残疾人就业扶持基地、托养所等服务机构8个,实现残疾人机构建设全覆盖。	实现残疾人就业、再就业361人,使残疾人就业率94%以上;新建残疾人就业扶持基地、托养所等服务机构9个,实现残疾人机构建设全覆盖。	残联
58	提升政府服务法制化、国际化水平。整合公共服务资源,推进市民服务中心建设;推进"阳光政务"工程建设,实现行政权力网上公开透明运行100%覆盖。	提升政府服务法制化、国际化水平,继续推进市民服务中心建设;行政权力网上公开透明运行初步达到100%覆盖。"一表制"企业登记前置审批网上并联办理在6个部门进行试点运行。	行政服务中心 监察局 政府法制办
59	建设全市行政监察和法制监察系统,实现对全市所有行政权力部门行政权力行使过程的实时监察。	建成行政权力电子监察和法制监督系统,实现信息采集、流程监控、绩效评估等功能。	行政服务中心 监察局 政府法制办
60	大力拓展市公共服务呼叫中心便民服务功能,建成"12345"网上民生热线,市民诉求件办理满意率达95%以上。	公共服务呼叫中心便民服务功能拓展项目签订服务外包协议,"12345"网上民生热线建成,进行8期网上直播。办理市民诉求件59399件,满意率达99.36%。	信息办 信访局
61	深入开展文明创建,大力发展文化事业。广泛开展文明创建活动,文明社区创建达标率达90%以上。	开展"文明在路上"宣传教育活动;评选表彰第二届"时代先锋",并在全市广泛宣传;编印发放《江阴市市民文明礼仪手册》。	宣传部 文明办
62	农村文化场所普及率100%,城乡居民人均文化公共场馆面积提高至0.5平方米,公益性文化设施达标率100%,各镇(街道)建成图书馆分馆,万人拥有公共文化设施面积810平方米。	农村文化场所普及率100%,城乡居民人均文化公共场馆面积提高至0.5平方米,公益性文化设施达标率100%,各镇(街道)建成图书馆分馆,万人拥有公共文化设施面积810平方米。	文广新局 统计局
63	提升信息化水平。建设人口、法人、地理、宏观经济信息四大基础数据库二期工程;完成市民卡发放累计120万张,实现社会保障、公共交通、文化体育、商业消费、医疗卫生和金融服务等主要应用领域全覆盖。	人口、法人、地理、宏观经济信息4个基础数据库二期工程基本建成;完成市民卡发放累计120万张;市民卡完成社保、图书馆、体育中心、公共汽车、出租车、公共自行车、水电通讯缴费、校园等多项公共便民应用服务,完成拓展90多个商家服务功能。	经信委 城管局 公安局 信息办
64	新建30个信息化示范村;启动数字城管二期工程;开展两化融合试验区推广工程和射频识别(RFID)试点工程,推动产业转型提升;启动全市智能化交通系统建设,制定2010～2014年度全市智能化交通系统五年规划。	完成30个信息化示范村的建设验收工作;积极推进数字城管二期工程;开展两化融合试验区推广工程和射频识别(RFID)试点工程,推动产业转型提升;建成启用全市智能化交通指挥中心,制定实施2010～2014年度全市智能化交通系统五年规划。	经信委 公安局 信息办
65	全面提升教育高位均衡发展水平。继续推进全市学校布局调整,江阴高级中学新校区建成使用,启动职教园建设。	全面提升教育高位均衡发展水平,继续推进全市学校布局调整,江阴高级中学新校区建成使用,积极推进职教园建设启动工作。	教育局
66	高等教育毛入学率提高到60%以上,在无锡市率先创建成义务教育高位均衡发展示范区。	高等教育毛入学率提高达61%。在无锡市率先创建成义务教育高位均衡发展示范区。从办学条件、师资队伍、学校管理、教学质量等入手,加快义务教育示范区创建进程。	教育局

续表 119

序号	目　标　任　务	全　年　完　成　情　况	责任单位
67	继续稳定低生育水平。人口出生率控制在8.5‰之内，户籍人口计划生育率保持在99%以上，流动人口计划生育率保持在90%以上。	人口出生率为6.73‰，户籍人口计划生育率达99.73%，流动人口计划生育率保持在90%以上。	人口计生委
68	全市计划生育"世代服务"体系建设达到覆盖率100%；建成首批省"十一五"人口协调发展先进市。	全市计划生育"世代服务"体系建设达到覆盖率100%；积极推进首批省"十一五"人口协调发展先进市的创建。	人口计生委
69	全面加强食品商品安全保障。粮油质量合格率达到96%，确保粮油消费安全；实施城乡一体化的早餐放心工程，新建早餐亭80个。	粮油质量合格率达97.7%，保证粮油消费安全；实施城乡一体化的早餐放心工程，新建早餐亭80个。	粮食局 供销社 工商局 卫生局
70	推进放心豆制品工程，新建统一标识的专营网点30个；推进放心肉工程，改扩建或重建国家三星级屠宰中心1～2个；食品安全检测合格率达96%；争创首批省级放心消费城市，商品合格率95%以上。	推进放心豆制品工程，开设直营店35个；推进放心肉工程，实现肉品安全信息可追溯系统，建成三星级屠宰加工中心1个；食品安全检测合格率达98.7%；积极争创首批省级放心消费城市，开展10项专项检查，流通领域商品合格率96.3%。	供销社 工商局 卫生局
71	纵深推进"平安江阴"建设。社会治安安全镇(街道、园区)达标率93%以上，安全村(社区)达标率93%，人民群众对社会治安的满意率达96%以上。	社会治安安全镇(街道、园区)达标率94.4%以上，安全村(社区)达标率95.4%，人民群众对社会治安的满意率达98.8%。	政法委
72	信访工作"四无"乡镇(街道)达标率80%以上；万人刑事发案率控制在万分之70以下；巩固和完善"大调解"工作机制，加大帮教安置工作力度，全面推进社区矫正工作。	信访工作"四无"乡镇(街道)达标率80%以上；万人刑事发案率为万分之62.87；巩固和完善"大调解"工作机制，加大帮教安置工作力度，全面推进社区矫正工作。	信访局 公安局 司法局
73	强化安全生产监管。完成全市事故灾难类危险源、危险区域的普查工作，在全市现有168个重大危险源点进行实时预警监测的基础上进行调整和增补，并落实监管责任。	对全市重大危险源的107个企业、194个点实现24小时实时监测。对拟定的重大危险源实施联网接入，有9个企业实施联网预警，6个正在推进中。	安监局
74	加强对工商贸企业ABC分类监管，创建A类标准化企业新增120个；全面推行危化、冶金、电力等高危行业安全标准化建设，关闭不达标的危化品生产企业12个；确保亿元GDP生产安全事故死亡率低于0.18人／亿元。	加强对工商贸企业ABC分类监管，创建A类标准化企业新增120个；全面推行危化、冶金、电力等高危行业安全标准化建设，关闭不达标的危化品生产企业12个；亿元GDP生产安全事故死亡率低于0.18人／亿元。	安监局
75	推进"法治江阴建设"。"法治无锡镇(街道)"达标率75%以上；认真实施"五五"普法规划；继续完善法律援助网络，扩大法律援助覆盖面，完成援助案件500件；全年民商事案件调解撤诉率超过55%。	"法治无锡镇(街道)"达标率75%以上；认真实施"五五"普法规划；继续完善法律援助网络，扩大法律援助覆盖面，完成援助案件820件；全年民商事案件调解撤诉率超过55%。	政法委 司法局 法院
76	加强党管武装制度。完成年度军事训练任务，参训率达99%；完成年度征兵任务；基层民兵、预备役工作达标单位达96%，先进单位达35%。	加强党管武装制度，完成年度军事训练任务，参训率达99%；完成年度征兵任务；组建合成化民兵应急分队。基层民兵、预备役工作达标单位达96%，先进单位达40%。	人武部
77	加快提升体育现代化水平。全面完成镇级游泳池(馆)建设项目，人均拥有公共体育设施超过2.2平方米；体育人口达50%以上；在全省率先实现体育基本现代化目标。	加快提升体育现代化水平。全面完成镇级游泳池(馆)建设项目，人均拥有公共体育设施超过2.59平方米；体育人口达50%；正式出台推进体育基本现代化考核指标和实施意见。	体育局
78	经济开发区全年完成地区生产总值259.9亿元，财政一般预算收入增长18%；工业总产值增长20%，工业利税增长15%；工业投入95亿元，服务业投入15亿元(不含政府投资)；协议注册外资3.5亿美元，到位注册外资1.8亿美元，进出口总额26.5亿美元，自营出口13.5亿美元；完成生物医药产业、服务外包产业和传感器产业销售收入分别超过10亿元、8亿元和35亿元；启动创建国家级生态园区。争创国家火炬计划江阴物联网特色产业基地。	完成地区生产总值260亿元，财政一般预算收入增长18.06%；工业总产值增长20%，工业利税增长15.12%；工业投入95亿元，服务业投入15亿元(不含政府投资)；协议注册外资2.10亿美元，到位注册外资1.11亿美元，进出口总额31.5亿美元，自营出口16.5亿美元；完成生物医药产业、服务外包产业和传感器产业销售收入分别达12亿元、15亿元和40亿元；积极推进国家级生态园区创建。争创国家火炬计划江阴物联网特色产业基地已向省科技厅申报。	经济开发区

续表 119

序号	目标任务	全年完成情况	责任单位
79	临港新城全年完成地区生产总值367.64亿元，财政一般预算收入增长20%；工业总产值增长12%；工业利税增长15%以上；工业投入115亿元，服务业投入34.5亿元（不含政府投资）；协议注册外资6亿美元；到位注册外资3.2亿美元；进出口总额30亿美元，自营出口14.5亿美元；低碳产业销售达到70亿元以上，新材料（石化）产业销售达到150亿元以上，机械装备产业销售达到400亿元，现代物流产业销售达到700亿元；争创国家级物流示范基地、国家火炬计划低碳产业基地。	完成地区生产总值380亿元，财政一般预算收入增长23%；工业总产值增长26%；工业利税增长15%；工业投入115亿元，服务业投入70亿元（不含政府投资）；协议注册外资6.2亿美元；到位注册外资3.36亿美元；进出口总额37亿美元，自营出口20亿美元；低碳产业销售达105亿元，新材料（石化）产业销售达到177亿元，机械装备产业销售达415亿元，现代物流产业销售达760亿元；积极推进国家级物流示范基地、国家火炬计划低碳产业基地的创建工作。	临港新城
80	靖江园区全年完成地区生产总值78.54亿元，财政一般预算收入增长25%；工业总产值225亿元，增长23%，工业利税总额35亿元，增长20%；工业投入25亿元，服务业投入7亿元（不含政府投资）；工商登记协议注册外资2亿美元，到位注册外资1亿美元；车船及机械装备产业销售达到130亿元。建成国家级钢结构生产基地。	完成地区生产总值90亿元，财政一般预算收入增长77%；工业总产值260亿元，增长24%，工业利税总额42亿元，增长14%；工业投入25亿元，服务业投入7亿元（不含政府投资）；工商登记协议注册外资1.02亿美元，到位注册外资1.45亿美元；车船及机械装备产业销售达130亿元。建成国家级钢结构生产基地1个。	靖江园区
说明	2010年江阴市国民经济和社会发展管理目标（50项）一级分解指标共有80项，完成突出、成绩显著的有41项，占总数的50%；全面完成或基本完成的有39项，占总数的49%。		

摘自江阴市发展和改革委员会《发展改革动态》2010年第10期（2011年1月4日），表中部分数据按江阴市统计局《2010年江阴市国民经济和社会发展统计公报》有所调整。

先进集体

全国条线表彰的先进集体一览

表 120

2009年度及以前

单位	荣誉称号	授予机关（部门）
江阴市	2008～2009年度实施畅通工程模范城市	公安部、住房和城乡建设部
市体育局	2009年度体育竞赛优秀赛区	国家体育总局
市供电公司	2009年度全国“安康杯”竞赛优胜企业单位	中华全国总工会、国家安全生产管理监督总局
市供电公司团委	2009年度五四红旗团委	国家电网公司团委
市供电公司纪委、监审部	2009年度纪检监察工作先进集体	中共国家电网公司党组
夏港街道长江村	2009年度全国民主法治示范村	司法部、民政部

2010年度

单位	荣誉称号	授予机关（部门）
江阴市	全国县域经济基本竞争力排名第一	中郡县域经济研究所、中国县域经济网、县域经济基本竞争力评价中心
	中国全面小康十大示范县（市）第一名	2010第五届中国全面小康论坛、求是《小康》杂志社
	最具竞争力的低碳产业基地城市	低碳中国论坛首届年会
	中国最具活力民营经济县（市）	中国民（私）营经济研究会、中国商帮峰会组委会、文汇新民联合报业集团、上海世博会中国民营企业联合馆组委会

续表120

单 位	荣 誉 称 号	授 予 机 关(部 门)
江阴市	“2010年中国最具幸福感城市”县(市)第一名	2010年中国最具幸福感城市评选活动组委会
	中国最关爱民生的县(市)	中国城市经济学会、中国劳动学会
	全国创建学习型家庭示范城市	中华全国妇女联合会、民政部、环境保护部、文化部、国家广播电影电视总局
	2009～2010年度中国和谐管理城市	中国城市管理发展年会组委会
	全国实施畅通工程模范管理城市	公安部、住房和城乡建设部
	全国首个老年人宜居宜游城市	中国老年学学会、中国科学院、全国老龄工作委员会办公室、民政部、卫生部、人力资源和社会保障部
	全国残疾人社区康复示范市	民政部、卫生部、中国残疾人联合会
	全国法治县(市)创建活动先进单位	全国普法办公室
	第三批全国养老服务示范单位	民政部
	第七届全国五好文明家庭创建活动先进协调组织	全国五好文明家庭创建活动协调小组
	“十一五”国家科技计划组织管理优秀组织奖	科技部
市史志办	全国地方志系统第二届年鉴综合特等奖	中国地方志指导小组
市体育局	全民健身活动先进单位	国家体育总局
市国土局	全国国土资源管理系统先进集体	人力资源和社会保障部、国土资源部
	全国国土资源管理系统推进依法行政先进单位	国土资源部
市公安局	全国公安机关执法示范单位	公安部
市公安局交警大队车管所	全国优秀县级车辆管理所	公安部
市消防大队特勤中队	上海世博会消防安保工作先进集体	公安部
市检察院	全国检察宣传先进单位	检察日报社
市检察院法警大队	全国检察机关司法警察编队管理示范单位	最高人民检察院政治部
周庄镇	中国棉纺织名镇	中国纺织工业协会、中国棉纺织行业协会
	中国化纤名镇	中国纺织工业协会、中国化学纤维工业协会
夏港街道	中国商业名镇	中国商业发展中心、中国商业联合会零售供货商委员会
新桥镇绿园社区	全国妇联基层组织建设示范社区	中华全国妇女联合会
南闸街道紫金社区	全国创建学习型示范社区	中华全国妇女联合会、民政部、环境保护部、文化部、国家广播电影电视总局
江阴长江港口综合物流园区	中国物流产学研基地	中国物流学会
江阴临港新城现代物流产业园	中国物流示范基地	中国物流与采购联合会
江阴高新技术创业中心	大学生科技创业见习基地试点单位	科学技术部
市供电公司	全国模范职工之家	中华全国总工会
市供电公司新桥供电所	中国最美金牌供电所	中国电力报社、中国电力报刊协会
江苏江阴农村商业银行	最佳支持中小企业贡献奖	中国银行业协会
长江引航中心	全国十佳引航机构	中国货运业大奖组委会
江阴边检站	公安边防部队财务管理先进单位	公安部边防管理局
江苏阳光集团有限公司	全国纺织工业先进集体	人力资源和社会保障部、中国纺织工业协会

续表 120

单位	荣誉称号	授予机关(部门)
中国人民财产保险股份有限公司江阴支公司	全国人保系统明星县区支公司	中国人民财产保险股份有限公司
交通银行股份有限公司江阴支行	交通银行学习型组织标兵单位	交通银行党委

江苏省条线表彰的先进集体一览

表 121

2009 年度及以前

单位	荣誉称号	授予机关(部门)
江阴市	2007～2009 年度省级村民自治模范县(市、区)	江苏省民政厅
市委老干部局	2009 年度全省老干部部门信息工作先进集体	江苏省委老干部局
市档案局	2009 年度全省档案宣传工作先进集体	江苏省档案局、江苏省档案协会
市接待办	2009 年度全省接待系统“三创”成果三等奖	江苏省委办公厅、江苏省政府办公厅
市民政局	全省地名公共服务工程建设先进集体	江苏省民政厅
市粮食局	2009 年度全省粮食流通监督检查工作先进单位	江苏省粮食局
	2009 年度江苏省粮食行业安全生产工作先进单位	江苏省粮食局
市国土局	2008～2009 年度全省国土资源政务信息工作先进单位	江苏省国土资源厅
	2009 年度地籍管理先进单位	江苏省国土资源厅
市规划局	2009 年度全省城乡全覆盖工作先进单位	江苏省建设厅
市公安局	国庆 60 周年信访稳定工作先进单位	江苏省信访联席会议、江苏省信访工作领导小组
华士镇	2007～2009 年度江苏省文明乡镇标兵	江苏省委、江苏省政府
	2007～2009 年度江苏省群众性精神文明建设文明镇标兵	江苏省精神文明建设指导委员会
华士镇华西村	2007～2009 年度江苏省文明村标兵	江苏省委、江苏省政府
	2007～2009 年度江苏省群众性精神文明建设文明村标兵	江苏省精神文明建设指导委员会
周庄镇三房巷村、申港街道申港村、璜土镇小湖村	2007～2009 年度江苏省群众性精神文明建设文明村	江苏省精神文明建设指导委员会
新桥镇	2007～2009 年度江苏省群众性精神文明建设文明镇	江苏省精神文明建设指导委员会
江阴出入境检验检疫局、长江引航中心、江阴新华书店有限公司、江苏省南菁高级中学、江阴海关、江阴华联商厦有限公司	2007～2009 年度江苏省群众性精神文明建设文明单位	江苏省精神文明建设指导委员会
澄江街道西横街社区	2007～2009 年度江苏省群众性精神文明建设文明社区	江苏省精神文明建设指导委员会

续表 121

单　位	荣　誉　称　号	授 予 机 关(部 门)
市国家税务系统、江阴供电系统、中国电信股份有限公司江阴分公司系统、市环保系统、市食品药品监督管理系统、市价格系统、中国移动通信集团江苏有限公司江阴分公司系统、市工商行政管理系统、市质量技术监督系统、市民政系统、市房管系统	2007～2009 年度江苏省群众性精神文明建设文明行业	江苏省精神文明建设指导委员会
周庄镇华宏村、夏港街道长江村、祝塘镇富顺村、顾山镇涸东村、南闸街道观山村、青阳镇新安村、徐霞客镇阳庄村、华士镇陆桥村、利港镇西奚墅村	2007～2009 年度江苏省创建文明村工作先进村	江苏省精神文明建设指导委员会
顾山镇、周庄镇、徐霞客镇、青阳镇、月城镇	2007~2009 年度江苏省创建文明乡镇工作先进乡镇	江苏省精神文明建设指导委员会
市国税局第四税务分局、江苏阳光集团有限公司、海澜集团有限公司、中国工商银行股份有限公司江阴支行、交通银行股份有限公司江阴支行、申港街道办事处、市行政服务中心、江苏省江阴高级中学、市地税局第九税务分局、市疾病预防控制中心、市气象局、江苏银行股份有限公司江阴支行、江阴农村商业银行股份有限公司、市委党校、申港三鲜养殖有限公司	2007～2009 年度江苏省精神文明建设工作先进单位	江苏省精神文明建设指导委员会
夏港街道普惠苑社区	2007～2009 年度江苏省创建文明社区工作先进社区	江苏省精神文明建设指导委员会
中国农业银行股份有限公司江阴市分行系统、市交通运输系统、市水利系统、市公安系统、江阴海事系统	2007~2009 年度江苏省创建文明行业工作先进行业	江苏省精神文明建设指导委员会
市公安局打击假币犯罪“09 行动”办公室	全省公安机关打击假币犯罪“09 行动”先进集体	江苏省公安厅
市公安局刑警大队	2009 年度命案侦破工作集体三等功	江苏省公安厅
周庄镇	2009 年江苏省农民体育先进乡(镇)	江苏省农业委员会
周庄镇华宏村	2009 年江苏省农民体育先进村	江苏省农业委员会
江阴海关	2009 年度江苏省文明口岸先进单位	江苏省口岸办公室
江阴海关团支部	2009 年度南京关区优秀团组织	南京海关

2010 年度

单　位	荣　誉　称　号	授 予 机 关(部 门)
江阴市	第九届双拥模范城	江苏省委、江苏省政府、江苏省军区
	全省福利彩票销售十强县(市)	江苏省民政厅
	江苏省农民健康工程先进县(市、区)	江苏省卫生厅
	承办全国以上体育竞赛最佳赛区	江苏省体育局
	江苏省县级体育工作先进单位	江苏省体育局
	江苏省土地执法模范县(市、区)	江苏省国土资源厅

续表 121

单　位	荣　誉　称　号	授 予 机 关(部 门)
市农村改革领导小组	全省农业农村政策创新奖	江苏省委农村工作领导小组
市史志办	全省党史系统先进集体	江苏省委党史工办、江苏省人力资源和社会保障厅
	首届江苏省年鉴综合特等奖	江苏省政府办公厅
江阴市委党校	全省党校系统行政后勤工作先进集体	江苏省委党校
	2009～2010 年度在职研究生优秀教学点	江苏省委党校
市档案局	全省档案宣传工作先进集体	江苏省档案局、江苏省档案协会
市外事办	《江苏外事》通联工作先进单位	江苏省外事办
市民政局	全省民政工作先进集体	江苏省民政厅
	全省殡葬改革先进单位	江苏省民政厅
市安监局、周庄镇安监所、申港街道安监所	全省安全生产监督管理系统先进单位	江苏省安全生产监督管理局
市人民医院	实施患者安全目标合格医院	江苏省医院协会
	江苏省医院协会第九届医院院长论坛组织奖	江苏省医院协会
市卫生局卫生监督所	江苏省卫生监督体系达标示范单位	江苏省卫生监督体系建设评估工作小组
	全省卫生监督工作先进单位	江苏省卫生监督所
市体育局	2006～2010 年度江苏省体育彩票销售量“五连冠”突出贡献奖	江苏省体育局
	体育彩票工作先进单位	江苏省体育局
市国土局	全省国土系统“五五”普法工作先进单位	江苏省国土资源厅
	全省第 20 个全国“土地日”宣传好项目奖	江苏省国土资源厅
市国土局开发区分局	江苏省优秀国土资源所(分局)	江苏省国土资源厅
市交通局	江苏省城乡客运一体化发展先进单位	江苏省交通运输厅
市粮食局	江苏省粮食系统先进集体	江苏省人力资源和社会保障厅、江苏省粮食局
市公安局	全省执法质量先进单位	江苏省公安厅
市公安局刑警大队、交巡警大队、南闸派出所	集体二等功	江苏省公安厅
市公安局经侦大队	打击发票犯罪深入行动集体二等功	江苏省公安厅
市消防大队	全省基层建设先进大队	江苏省消防总队
	全省信息调研先进单位	江苏省消防总队
市公安局交巡警大队事故中队、临港新城医院	全省“诉调对接”工作先进集体	江苏省高级人民法院、江苏省司法厅、江苏省社会治安综合治理委员会办公室、江苏省社会矛盾纠纷调解工作指导办公室
市消防大队	全省十佳基层大队	江苏省消防总队
	全省消防监督执法工作先进单位	江苏省消防总队
	全省消防宣传先进单位	江苏省消防总队
	全省消防部队执勤岗位练兵先进单位	江苏省消防总队
市检察院	江苏省检察机关第五次“双先”会先进集体	江苏省人民检察院、江苏省人力资源和社会保障厅

续表121

单　位	荣　誉　称　号	授予机关(部门)
市司法局	全省司法行政系统先进集体	江苏省人力资源和社会保障厅、江苏省司法厅
市人武部	党委班子岗位练兵先进集体	南京军区
	先进团级党委	江苏省军区
	先进纪检检察集体	江苏省军区
	新闻宣传先进单位	江苏省军区
市全民国防教育委员会	全民国防教育先进单位	江苏省军区
江阴质监局	江苏省质量技术监督系统先进单位	江苏省质量技术监督局
市供电公司	江苏省电力公司文明单位	江苏省电力公司党委、江苏省电力公司
	江苏省电力公司安全生产先进集体	江苏省电力公司、江苏省电力公司工会
	同业对标综合管理标杆单位	江苏省电力公司
江阴边检站	主题教育先进单位	江苏省边防总队
江阴边检站监护一中队	集体三等功	江苏省边防总队
	党风廉政建设先进所队	江苏省公安边防总队党委
江阴边检站监护一中队党支部	基层先进党支部	江苏省边防总队党委
江阴边检站监护二中队、边检站执勤业务一科	基层建设先进单位	江苏省边防总队党委
江阴边检站执勤业务一科	提高边检服务水平十佳服务标兵科队	江苏省公安边防总队
江阴边检站监护二中队团支部	基层先进团支部	江苏省边防总队政治部
长江引航中心江阴引航站	江苏省五一劳动奖章	江苏省总工会
江阴海关通关科、缉私分局法制科	南京关区先进集体	南京海关
江阴海关综合业务统计科	南京关区统计工作综合考核一等奖	南京海关
江阴海关人事政工科	南京关区政治工作先进集体	南京海关
江阴海关第一党支部	南京关区先进党支部	南京海关
江阴出入境检验检疫局	江苏省检验检疫系统文明单位	江苏出入境检验检疫局
江阴高新技术产业开发区、江苏长电科技股份有限公司	江苏省高层次人才创新创业基地	江苏省人才工作领导小组
江阴高新区生物医药企业加速器	首批省级科技企业加速器	江苏省科学技术厅
江阴传感网科技产业园、江阴风电装备科技产业园	首批江苏省科技产业园	江苏省科学技术厅
江阴高新技术产业开发区经济发展局	全省开发区统计工作先进单位	江苏省商务厅
市疾病预防控制中心	全省农村饮用水监测工作先进单位	江苏省疾病预防控制中心
市妇联	江苏省妇联系统“五五”法制宣传教育工作先进集体	江苏省妇女联合会
夏港街道	江苏省人居环境范例奖	江苏省住房和城乡建设厅
澄江街道	江苏省妇联基层组织建设示范街道	江苏省妇女联合会
江阴软件园	江苏省物联网产业基地	江苏省经济和信息化委员会
	江苏省中小企业创业示范基地	江苏省经济和信息化委员会
市人民调解委员会	江苏省优秀人民调解委员会	江苏省高级人民法院、江苏省司法厅

续表121

单　位	荣　誉　称　号	授　予　机　关(部　门)
中港街道华平百货有限公司、南闸街道上海如海超市、新华书店有限公司、市澄安服务中心、市澄东房地产开发有限公司、市卫生中等专业学校、市中医院、月城卫生院、云亭卫生院、璜塘房地产开发有限公司、江阴天水雅居大酒店、市南华汽车维修有限公司、华惠物业管理有限公司、长江房地产开发有限公司	2009～2010年度江苏省价格诚信单位	江苏省物价局
夏港街道长江村	江苏省全民健身活动先进单位	江苏省体育局
	江苏省新农村新家庭计划示范村	江苏省人口和计划生育委员会
	江苏省社会主义新农村建设示范村	江苏省委农村工作领导小组
夏港街道长江村、新桥镇绿园社区	江苏省妇联基层组织建设示范村(社区)	江苏省妇女联合会
周庄镇	首批江苏省创新型乡镇	江苏省科学技术厅
周庄镇总工会、顾山镇总工会、长泾镇总工会、申港街道总工会	江苏省模范乡镇(街道)职工之家	江苏省总工会
周庄镇安监所	全省安全生产监督管理系统先进单位	江苏省安全生产监督管理局
周庄镇文化服务中心	第九届江苏省“五星工程奖”铜奖	江苏省文化厅
新桥镇、月城镇	全省群众体育先进单位	江苏省体育局
新桥镇	江苏省工会模范乡镇	江苏省体育局
新桥镇财政所	2007～2010年度全省财政系统先进集体	江苏省财政厅
江苏新桥建工有限公司	江苏省建筑业企业安全生产先进单位	江苏省建筑安全与设备管理协会
	江苏省建筑优秀企业	江苏省建筑行业协会
市远望医院司法鉴定所	全省司法鉴定工作先进集体	江苏省司法厅
江苏远闻律师事务所江阴分所	江苏省优秀律师所	江苏省司法厅、江苏省律师协会
九三学社江阴市委	社会服务工作先进集体	九三学社江苏省委员会
江苏江阴农村商业银行山观支行	信贷工作先进单位	江苏省农村信用社联合社
江苏阳光集团有限公司、江苏法尔胜泓昇集团有限公司、江苏三房巷集团有限公司、江苏新潮科技集团有限公司、江苏新长江实业集团有限公司、江苏扬子江船厂有限公司、江苏金一文化发展有限公司	江苏省优秀民营企业	江苏省委、江苏省政府
南闸中学、夏港中学、月城中学、青阳实验小学、峭岐实验小学、陆桥实验小学	江苏省第九批绿色学校	江苏省创建绿色学校活动协调领导小组、江苏省环保厅

无锡市级先进集体

一、无锡市委、市政府命名的2007～2009年度无锡市群众性精神文明建设先进单位

（一）无锡市文明行业

江阴供电行业
江阴电信行业
江阴邮政行业
江阴市国家税务行业
江阴移动通信行业
江阴市环境保护行业
江阴市物价行业
江阴市食品药品监督管理行业
江阴市质量技术监督行业
江阴市民政行业
江阴工商行政管理行业
江阴市房产管理行业
江阴农业银行行业
江阴市公安行业
江阴市广播电视行业
江阴市国土资源管理行业

（二）无锡市文明单位

海澜集团有限公司
江苏苏派服装集团有限公司
申达集团有限公司
江阴浚鑫科技有限公司
江苏新华发集团有限公司
江阴德玛斯特钻具有限公司
江阴市夏港建设开发总公司
江阴市长江化工厂
江阴市华盛印刷有限公司
江阴市生一氯碱设备制造有限公司
江阴市洪腾机械有限公司
江阴新锦南建筑安装工程有限公司
江阴南工锻造有限公司
江苏吉鑫风能科技股份有限公司
无锡百川化工股份有限公司
江苏宝利沥青股份有限公司
江阴海达彩涂有限公司
江阴市天华纱业有限公司
江阴海陆冶金设备制造有限公司
江阴市东达服饰有限公司
江阴市江顺模具有限公司
江苏阳光集团有限公司
江阴精亚集团有限公司
云蝠投资控股有限公司
江苏银铃集团公司
江阴华联商厦有限公司
江阴市飞达出租汽车有限公司
江阴市城镇建设综合开发有限公司
江阴市申澄集团有限公司
江苏江阴港港口集团股份有限公司
江苏长博集团有限公司
江阴港口物流园区投资有限公司
江阴市建筑设计研究院有限公司
江阴市暨阳电力设计有限公司
江阴市公共交通公司
江阴新华书店有限责任公司
法尔胜泓昇集团有限公司
江苏长电科技股份有限公司
中国江阴外轮代理有限公司
江阴市东发管件制造有限公司
江苏怡达化工有限公司
江阴市实验幼儿园
江阴市市级机关幼儿园
江阴市璜土实验小学
江阴市利港实验小学
江阴市西石桥中心小学
江阴市峭岐实验小学
江阴市周庄实验小学
江阴市长泾实验小学
江阴市北涸中心小学
江阴市实验小学
江阴市城中实验小学
江阴市澄江中心小学
江阴市辅延中心小学
江阴市山观实验小学
江阴市月城中学
江阴市青阳中学
江阴市徐霞客中学
江苏省江阴长泾中学
江阴市成化高级中学
江阴市顾山中学
江阴市山观中学
江苏省南菁高级中学
江苏省江阴高级中学
江苏省江阴市第一中学
江阴市暨阳中学
江阴市要塞中学
江苏省江阴职业技术教育中心校
江阴市华士实验学校
江阴市少年宫
江阴市教师进修学校
江阴市青阳镇环境卫生管理所
江阴市璜塘卫生院
江阴市长泾中心卫生院
江阴市第五人民医院
江阴市人民医院
江阴市卫生局卫生监督所
江阴市疾病预防控制中心

江阴市红十字血站
江阴市儿童福利院
上海浦东发展银行江阴支行
江苏江阴农村商业银行股份有限公司
江苏江阴农村商业银行股份有限公司祝塘支行
中国建设银行股份有限公司江阴支行
中国人民银行江阴市支行
中国工商银行股份有限公司江阴支行
交通银行股份有限公司江阴支行
江苏银行股份有限公司江阴支行
中国农业银行股份有限公司无锡分行江阴要塞支行
江阴市社会保险基金管理中心
江阴市医疗保险基金管理中心
江阴市国税局第二税务分局
江阴市国税局第三税务分局
江阴市国税局第四税务分局
江阴市国税局第五税务分局
江阴市国税局第六税务分局
江阴市国税局第七税务分局
江阴市地税局第一税务分局
江阴市地税局第二税务分局
江阴市地税局第三税务分局
江阴市地税局第四税务分局
江阴市地税局第五税务分局
江阴市地税局第六税务分局
江阴市地税局第七税务分局
江阴市地税局第八税务分局
江阴市地税局第九税务分局
江阴市地税局第十税务分局
江阴工商局青阳分局
江阴工商局徐霞客分局
江阴工商局周庄分局
江阴工商局澄北分局
江阴工商局澄南分局
江阴工商局滨江分局
江阴工商局临港新城分局
江阴市公安局月城派出所
江阴市公安局南闸派出所
江阴市公安局华士派出所
江阴市公安局城中派出所
江阴市公安局交巡警大队
江阴市检察院
江阴市委党校
江阴市行政服务中心
江阴市革命烈士陵园
江阴市劳动就业管理中心
江阴市住保房管局产权监理处
江阴市总工会困难职工援助中心
江阴市公有房屋管理中心
江阴市公路管理处
江阴船闸管理处
江阴市运输管理处
江阴市航道管理处
江阴市河道管理处
江阴市水资源管理办公室
江阴市排灌管理所
江阴市农林执法大队
江阴市林业技术指导站
江阴市国土资源局澄江分局
江阴市国土资源局华士分局
江阴市粮油行政执法监察大队
江阴市环境监测站
江阴市环境监测大队
国家纺纱产品质量监督检验中心(江阴)
江苏省特种设备安全监督检验研究院江阴分院
江阴市气象局　江阴出入境检验检疫局
江阴市烟草专卖局　江阴市地方海事处
江阴海关　长江引航中心
江阴海事局　江阴市法律援助中心
长江引航中心江阴引航站

(三)无锡市文明镇(街道)

华士镇　新桥镇　申港街道
顾山镇　周庄镇　南闸街道
利港镇　徐霞客镇

(四)无锡市文明社区

澄江街道春申社区　澄江街道西横街社区
澄江街道剪金街社区　澄江街道文化路社区
澄江街道文定社区　华士镇华士社区
新桥镇绿园社区　申港街道江南社区
祝塘镇文林社区

(五)无锡市文明村

澄江街道澄南村　澄江街道先锋村
澄江街道浮桥村　利港镇西奚墅村
华士镇华西村　华士镇陆桥村
顾山镇涸东村　南闸街道观山村
长泾镇刘桥村　长泾镇泾南村
新桥镇新桥村　璜土镇小湖村
周庄镇三房巷村　周庄镇华宏村
周庄镇金湾村　周庄镇长寿村
青阳镇新安村　徐霞客镇阳庄村
徐霞客镇徐霞客村　徐霞客镇皋岸村
夏港街道长江村　祝塘镇富顺村
月城镇月城村　申港街道申港村

(六)无锡市创建文明行业工作先进行业

江阴市交通运输行业　江阴市粮食行业

(七)无锡市创建文明社区工作先进社区

澄江街道远望社区　云亭街道云亭社区
周庄镇北新社区　夏港街道普惠苑社区

二、无锡市委、市政府表彰的2009年度民营经济发展先进单位(集体)

(一)十佳规模型民营企业

江苏新长江实业集团有限公司

江苏阳光集团有限公司

江阴澄星实业集团有限公司

江苏三房巷集团有限公司

江苏扬子江船业集团公司

海澜集团有限公司

(二)十佳创新型民营企业

江阴众和电力仪表有限公司

江苏吉鑫风能科技股份有限公司

(三)十佳效益型民营企业

江苏双良集团有限公司

(四)十佳成长型民营企业

江苏海陆装饰有限公司

(五)十佳外向型民营企业

云蝠投资控股有限公司

江苏新潮科技集团有限公司

(六)十佳商贸流通民营企业

江阴金属材料市场

(七)十佳农业产业化龙头民营企业

江苏九州果业科技有限公司

(八)十佳服务机构

江阴市职业培训指导中心

江阴中天衡会计事务所有限公司

(九)十佳创业基地

江苏江阴软件园

(十)十佳公共服务平台

江阴大田科技服务有限公司

(十一)扶持民营经济发展先进集体

市经信委　市财政局

市国税局　市地税局

江阴工商局

中国人民银行江阴市支行

徐霞客镇农村经济服务中心

顾山镇农村经济服务中心

夏港街道农村经济服务中心

经济开发区经济发展局

南闸街道农村经济服务中心

澄江街道农村经济服务中心

云亭街道农村经济服务中心

青阳镇农村经济服务中心

周庄镇农村经济服务中心

月城镇农村经济服务中心

三、无锡市委、市政府命名表彰的2009年度法治无锡创建工作先进单位

(一)法治县(市、区)创建工作先进单位

江阴市

(二)法治镇(街道)创建工作示范单位

夏港街道、长泾镇、新桥镇、徐霞客镇

四、无锡市委、市政府命名表彰的2009年度法治镇(街道)创建工作先进单位

祝塘镇、青阳镇、申港街道、澄江街道、顾山镇、周庄镇

五、无锡市政府、无锡军分区表彰的2009年度人民武装工作先进单位

澄江街道　月城镇　青阳镇　周庄镇　新桥镇　利港镇

六、无锡市委、市政府表彰的2006～2010年度无锡市社会治安综合治理、法治建设先进集体

(一)社会治安综合治理先进集体

中国人民银行江阴市支行

市人社局　云亭街道

青阳镇　祝塘镇

市公安局澄江分局

市检察院公诉科

市法院滨江人民法庭

月城镇司法所　利港镇综治办

夏港街道普惠苑社区

澄江街道天鹤社区

华士镇华士村　周庄镇华宏村

璜土镇璜土村

(二)法治无锡建设先进集体

市依法治市领导小组办公室

市法院　市教育局

市司法局　市交通运输局

夏港街道　申港街道

徐霞客镇　周庄镇

新桥镇　长泾镇

顾山镇　华士镇向阳村

祝塘镇文林社区

江苏法尔胜泓昇集团有限公司

江阴协统汽车附件有限公司

七、无锡市委、市政府表彰的2010年度民营经济发展先进单位

(一)优秀民营企业

江阴远景能源科技有限公司

海澜集团有限公司

江苏阳光集团有限公司

江阴澄星实业集团有限公司

江苏扬子江船厂有限公司

江苏吉鑫风能科技股份有限公司

江苏法尔胜泓昇集团有限公司

江苏新潮科技集团有限公司

江苏三房巷集团有限公司

江苏金一文化发展有限公司

江苏新长江实业集团有限公司

江苏双良集团公司
江苏华宏实业集团有限公司
江阴浚鑫科技有限公司
江苏倪家巷集团有限公司
江苏宝利沥青股份有限公司

(二)扶持民营经济发展先进集体
市经信委　市财政局　市国税局
市地税局　江阴工商局
祝塘镇农村经济服务中心
澄江街道农村经济服务中心

八、无锡市委、市政府表彰的2010年度社会主义现代化新农村建设先进单位

(一)推进现代化新农村建设优胜单位
市政府
(二)农村新五件实事建设先进单位
市委农工办
(三)农村改革创新工作先进单位
市国土局　市人社局
(四)推进"两置换一转化"工作先进单位
澄江街道办事处　周庄镇政府
(五)村庄环境综合整治先进单位
周庄镇华宏村　华士镇龙砂村
(六)万顷良田建设先进单位
月城镇政府　青阳镇政府
(七)农村股份合作建设单位
澄江街道浮桥村　夏港街道新沟村
周庄镇山泉村
(八)"五好"专业合作社建设先进单位
江阴市璜土迎香葡萄专业合作社
江阴市幸福园果品专业合作社
(九)生物农业发展先进单位
江苏阳光生态农林开发有限公司
江苏南农高科技股份有限公司
江阴市联业生物科技有限公司
(十)科技兴农工作先进单位
江苏华西都市农业发展有限公司
嘉茂国际花鸟园
(十一)农业融合发展先进单位
江苏九州果业科技有限公司
江阴市双泾生态园
(十二)农村社会保障工作先进单位
云亭街道办事处　利港镇政府
新桥镇政府
(十三)现代农民培训工作先进单位
市农林局　华士镇政府
(十四)农村金融创新工作先进单位
江阴农村商业银行　市金融办
(十五)争创示范镇村工作先进单位
徐霞客镇政府　长泾镇政府
(十六)经济弱村发展转化先进村
徐霞客镇东宏村　顾山镇红豆村

九、无锡市委表彰的基层党建工作示范点和先进基层党组织

(一)基层党建工作示范点
顾山镇涠东村党委
江苏阳光集团有限公司党委
(二)先进基层党组织
徐霞客镇党委　周庄镇党委
新桥镇党委　市交通运输局党委
江苏江阴农村商业银行党委
江阴海事局党委　市人社局机关党总支部
澄江街道澄南村党委
夏港街道普惠苑社区党总支部
南闸街道观山村党委
华士镇曙新村党委
江阴市茂达棉纺厂党总支部
江阴柳工道路机械有限公司党支部

江阴市级先进集体

一、2010年经济社会发展考核

(一)综合考核前五名的镇(街道)
澄江街道、新桥镇、申港街道、夏港街道、华士镇
(二)加快发展先进镇(街道)
新桥镇、申港街道、澄江街道、夏港街道、徐霞客镇
(三)转型发展先进镇(街道)
澄江街道、申港街道、周庄镇、新桥镇、云亭街道
(四)投资考核前五名的镇(街道)
新桥镇、夏港街道、申港街道、利港镇、华士镇
(五)工业投入先进镇(街道)
申港街道、璜土镇、利港镇、周庄镇、新桥镇、徐霞客镇
(六)协调发展先进镇(街道)
澄江街道、周庄镇、夏港街道、申港街道、新桥镇
(七)城镇建设管理先进镇(街道)
新桥镇、周庄镇、华士镇、申港街道、南闸街道
(八)新市镇建设先进镇(街道)
新桥镇、长泾镇、南闸街道、申港街道、利港镇
(九)环境卫生综合整治优胜单位
新桥镇、申港街道、华士镇、澄江街道、周庄镇
(十)生态环境建设先进镇(街道)
祝塘镇、云亭街道、申港街道、澄江街道、新桥镇
(十一)节能减排先进镇(街道)
申港街道、华士镇、夏港街道、新桥镇、南闸街道
(十二)社会平安建设先进镇(街道)
澄江街道、徐霞客镇、华士镇、周庄镇、新桥镇
(十三)政治文明和精神文明建设先进镇(街道)
澄江街道、华士镇、新桥镇、申港街道、顾山镇
(十四)科技和人才工作先进单位
澄江街道、申港街道、青阳镇、华士镇
江阴高新技术创业园、江阴软件园

（十五）工业经济"比转型、赛发展"结对竞赛优胜单位

新桥镇、徐霞客镇、云亭街道、夏港街道、经济开发区

二、2010年经济社会发展考核

（一）2010年百强明星企业

1.工业

江苏华西集团公司（华士镇）
江苏法尔胜泓昇集团有限公司（经济开发区）
江苏扬子江船厂有限公司（澄江街道）
江苏阳光集团有限公司（新桥镇）
中船澄西船舶修造有限公司（临港新城）
海澜集团有限公司（新桥镇）
江阴兴澄特种钢铁有限公司（经济开发区）
江苏利电能源集团（临港新城）
江苏新长江实业集团有限公司（夏港街道）
江苏双良集团有限公司（利港镇）
江苏西城三联控股集团有限公司（夏港街道）
阿尔法（江阴）沥青有限公司（璜土镇）
江阴苏龙热电有限公司（临港新城）
瀚宇博德科技（江阴）有限公司（经济开发区）
江苏新潮科技集团有限公司（经济开发区）
江苏吉鑫风能科技股份有限公司（云亭街道）
江阴江东集团公司（周庄镇）
江苏三房巷集团有限公司（周庄镇）
帝斯曼工程塑料（江苏）有限公司（经济开发区）
江苏华宏实业集团有限公司（周庄镇）
江苏利安达集团有限公司（经济开发区）
江阴德玛斯特钻具有限公司（申港街道）
江苏中油兴能沥青有限公司（经济开发区）
江阴海达集团有限公司（华士镇）
江阴新仁科技有限公司（徐霞客镇）
阿法拉伐（江阴）设备制造有限公司（徐霞客镇）
江苏倪家巷集团有限公司（周庄镇）
江阴天江药业有限公司（经济开发区）
江阴模塑集团有限公司（周庄镇）
江苏宝利沥青股份有限公司（云亭街道）
江阴协统汽车附件有限公司（月城镇）
江阴热电有限公司（周庄镇）
江阴凯澄起重机械有限公司（经济开发区）
江苏向阳集团有限公司（华士镇）
海润光伏科技股份有限公司（徐霞客镇）
江阴市天华纱业有限公司（华士镇）
江苏新华发集团有限公司（申港街道）
江阴浚鑫科技有限公司（申港街道）
江阴远景能源科技有限公司（经济开发区）
江阴新和桥化工有限公司（经济开发区）
江阴澄星实业集团有限公司（澄江街道）
江阴市兰天彩印包装有限公司（澄江街道）
江苏江南水务股份有限公司（市属）
江阴联通实业有限公司（南闸街道）
江阴美纶纱业有限公司（华士镇）
江苏红柳床单有限公司（澄江街道）
江苏焱鑫科技集团有限公司（新桥镇）
江阴市华骏机械有限公司（利港镇）
江苏康妮集团公司（华士镇）
江阴市宏茂纺织有限公司（华士镇）
江苏富仁集团有限公司（澄江街道）
江阴加华新材料资源有限公司（利港镇）
江阴市华澄实业有限公司（澄江街道）
江阴福汇纺织有限公司（经济开发区）
江阴南方建设集团有限公司（澄江街道）
无锡百川化工股份有限公司（云亭街道）
江阴市江化微电子材料有限公司（周庄镇）
江阴新浩再循环纸业有限公司（澄江街道）
江阴市申澄集团有限公司（经济开发区）
江阴柳工道路机械有限公司（云亭街道）
中粮麦芽(江阴)有限公司（经济开发区）
江苏银铃集团公司（顾山镇）
云蝠投资控股有限公司（顾山镇）
上海振华重工(集团)股份有限公司江阴分公司（澄江街道）
江苏嘉盛新材料有限公司（璜土镇）
江苏海陆装饰有限公司（澄江街道）
江阴市安基橡胶工业有限公司（澄江街道）
江阴南工锻造有限公司（南闸街道）
江苏省振新实业有限公司（新桥镇）
江阴市民用建筑安装工程有限公司（市属）

2.服务业

江苏江阴农村商业银行股份有限公司（市属）
江阴市宇联物资再生利用有限公司（夏港街道）
中油销售江苏有限公司（市属）
江苏阳光置业发展有限公司（新桥镇）
江阴海澜之家供应链管理有限公司（新桥镇）
江阴天力燃气有限公司（澄江街道）
江阴金科置业发展有限公司（云亭街道）
江阴市月山再生资源有限公司（月城镇）
江阴华地百货有限公司（澄江街道）
无锡市烟草公司江阴分公司（市属）
江苏中金再生资源有限公司（夏港街道）
江阴高成房地产开发有限公司（璜土镇）
江阴市长江钢管有限公司（夏港街道）
江阴宏基房地产开发有限公司（南闸街道）
见龙（江阴）国际贸易有限公司（经济开发区）
江阴利昌房地产开发有限公司（新桥镇）
江阴市长江房地产开发公司（夏港街道）
江阴申建废旧物资回收有限公司（申港街道）
江苏长博集团有限公司（夏港街道）
江阴市新星房地产有限公司（新桥镇）
江苏江阴港港口集团股份有限公司（夏港街道）
中国移动通信集团江苏有限公司江阴分公司（市属）
江阴市联盛废塑料再生利用有限公司（周庄镇）
江阴市暨阳房地产开发有限公司（澄江街道）
江苏金一文化发展有限公司（利港镇）
江阴华联商厦有限公司（澄江街道）
江阴弘建置业有限公司（夏港街道）

江阴绿艺回收利用有限公司(云亭街道)
江阴市利江废旧物资回收有限公司(徐霞客镇)
常州长兴集团房地产开发有限公司江阴分公司(璜土镇)

(二)2010年上缴税金首次超10亿元企业

江苏扬子江船厂有限公司(澄江街道)

(三)2010年工商销售(营业)收入首次超百亿企业(市场)

江苏华宏实业集团有限公司(周庄镇)
江苏利电能源集团(临港新城)
江阴金属材料市场有限公司(澄江街道)
江阴市港口物流园区市场管理有限公司(夏港街道)
江阴景澄物流交易市场有限公司(经济开发区)
江苏华东石化物资交易市场有限公司(夏港街道)
江阴沿江石化市场有限公司(璜土镇)
江苏长阳金属材料市场有限公司(靖江园区)

(四)2010年税金超亿元企业

1.工业

江苏华西集团公司(华士镇)
江苏法尔胜泓昇集团有限公司(经济开发区)
江苏扬子江船厂有限公司(澄江街道)
江苏阳光集团有限公司(新桥镇)
江苏新长江实业集团有限公司(夏港街道)
江阴兴澄特种钢铁有限公司(经济开发区)
中船澄西船舶修造有限公司(临港新城)
江苏利电能源集团(临港新城)
海澜集团有限公司(新桥镇)
江苏西城三联控股集团有限公司(夏港街道)
江苏双良集团有限公司(利港镇)
阿尔法(江阴)沥青有限公司(璜土镇)
江阴苏龙热电有限公司(临港新城)
瀚宇博德科技(江阴)有限公司(经济开发区)
江阴江东集团公司(周庄镇)
江苏新潮科技集团有限公司(经济开发区)
江苏三房巷集团有限公司(周庄镇)
江苏吉鑫风能科技股份有限公司(云亭街道)
江苏利安达集团有限公司(经济开发区)
江苏中油兴能沥青有限公司(经济开发区)
江苏华宏实业集团有限公司(周庄镇)
江阴德玛斯特钻具有限公司(申港街道)
帝斯曼工程塑料(江苏)有限公司(经济开发区)
江阴海达集团有限公司(华士镇)
阿法拉伐(江阴)设备制造有限公司(徐霞客镇)

2.服务业

江苏江阴农村商业银行股份有限公司(市属)
江阴市宇联物资再生利用有限公司(夏港街道)
中油销售江苏有限公司(市属)
江苏阳光置业发展有限公司(新桥镇)

(五)2010年十佳科技创新型企业

江苏法尔胜泓昇集团有限公司(经济开发区)
江苏阳光股份有限公司(新桥镇)
海澜集团有限公司(新桥镇)
江苏双良集团有限公司(利港镇)
江苏长电科技股份有限公司(经济开发区)
江苏华宏科技股份有限公司(周庄镇)
江阴远景能源科技有限公司(经济开发区)
江苏吉鑫风能科技股份有限公司(云亭街道)
江苏常隆客车有限公司(澄江街道)
江苏凯路威电子有限公司(经济开发区)

(六)2010年十佳节能减排先进企业

江苏华西集团公司(华士镇)
江阴兴澄特种钢铁有限公司(经济开发区)
江苏阳光集团有限公司(新桥镇)
江苏双良集团有限公司(利港镇)
江苏长电科技股份有限公司(经济开发区)
江苏华宏实业集团有限公司(周庄镇)
江阴热电有限公司(周庄镇)
江阴苏龙热电有限公司(临港新城)
江苏界达特异新材料股份有限公司(澄江街道)
江阴新桥污水处理有限公司(新桥镇)

(七)2010年十佳诚信企业

江苏华西集团公司(华士镇)
江苏法尔胜泓昇集团有限公司(经济开发区)
江苏阳光集团有限公司(新桥镇)
海澜集团有限公司(新桥镇)
江苏长电科技股份有限公司(经济开发区)
江苏扬子江船厂有限公司(澄江街道)
双良节能系统股份有限公司(利港镇)
江苏三房巷集团有限公司(周庄镇)
江阴市广吉汽车经销有限公司(澄江街道)
昆山润华商业有限公司江阴大润发分公司(澄江街道)

(八)2010年十佳关爱职工企业

江阴兴澄特种钢铁有限公司(经济开发区)
江苏长电科技股份有限公司(经济开发区)
江苏扬子江船厂有限公司(澄江街道)
江苏西城三联控股集团有限公司(夏港街道)
江阴浚鑫科技有限公司(申港街道)
贝卡尔特钢帘线有限公司(经济开发区)
江阴凯澄起重机械有限公司(经济开发区)
江苏华宏科技股份有限公司(周庄镇)
江阴港港口集团股份有限公司(夏港街道)
江阴华联商厦有限公司(澄江街道)

(九)2010年十佳热心慈善企业

海澜之家服饰股份有限公司(新桥镇)
江苏华西集团公司(华士镇)
江苏三房巷集团有限公司(周庄镇)
江苏法尔胜泓昇集团有限公司(经济开发区)
江苏新长江实业集团公司(夏港街道)
江阴凯澄起重机械有限公司(经济开发区)
江苏阳光集团有限公司(新桥镇)
江阴兴澄特种钢铁有限公司(经济开发区)
江苏蝙蝠集团(华士镇)
江苏华宏实业集团有限公司(周庄镇)

(十)2010年十佳外贸企业

江苏三房巷集团有限公司(周庄镇)

江苏新潮科技集团有限公司(经济开发区)
江苏阳光集团有限公司(新桥镇)
江苏华西集团公司(华士镇)
江苏法尔胜泓昇集团有限公司(经济开发区)
江苏华宏实业集团有限公司(周庄镇)
云蝠投资控股有限公司(顾山镇)
江苏红柳床单有限公司(澄江街道)
江苏海达科技集团有限公司(华士镇)
海润光伏科技股份有限公司(徐霞客镇)

(十一)2010年十佳外商投资企业

江阴贝卡尔特合金材料有限公司(经济开发区)
江阴兴澄特种钢铁有限公司(经济开发区)
江阴利港发电股份有限公司(临港新城)
江阴苏龙热电有限公司(临港新城)
江苏扬子江船厂有限公司(澄江街道)
帝斯曼工程塑料(江苏)有限公司(经济开发区)
阿法拉伐(江阴)设备制造有限公司(徐霞客镇)
瀚宇博德科技(江阴)有限公司(经济开发区)
江阴浚鑫科技有限公司(申港街道)
江阴新和桥化工有限公司(经济开发区)

(十二)2010年十佳社会主义新农村建设示范村

华西新市村(华士镇)　长江村(夏港街道)
三房巷村(周庄镇)　华宏村(周庄镇)
山泉村(周庄镇)　华士村(华士镇)
向阳村(华士镇)　宗言村(周庄镇)
花园村(长泾镇)　周庄村(周庄镇)

(十三)2010年集体经济薄弱村脱贫工作先进村

景贤村(夏港街道)　横塘村(申港街道)
毗山村(云亭街道)　塘头桥村(青阳镇)
东宏村(徐霞客镇)　宏岐村(徐霞客镇)
陆新村(华士镇)　稷山村(周庄镇)
李家桥村(顾山镇)　富顺村(祝塘镇)

(十四)2010年农村新型合作经济组织先进单位

周庄镇金湾村股份经济合作社
华士镇向阳村股份经济合作社
澄江街道浮桥股份经济合作社
夏港街道三联村股份经济合作社
长泾镇长东村股份经济合作社
申港街道申西村土地股份合作社
长泾镇蒲市村土地股份合作社
顾山镇东岐村土地股份合作社
新桥镇郁桥村土地股份合作社
江阴市富民生猪产业合作联社
利港镇延江劳动服务富民合作社
夏港街道新沟村富民物业合作社
南闸街道蔡泾村蔬菜基地富民合作社
顾山镇红豆村富民农业专业合作社
江阴市璜土镇葡萄专业合作联社
江阴市徐霞客阳庄蔬菜专业合作社
江阴市神龙生态养殖专业合作社
江阴市南洇花木专业合作社
江阴市金顾山水蜜桃专业合作社
江阴市金凤果品专业合作社

(十五)2010年十佳和谐示范社区

北大街社区(澄江街道)　芙蓉社区(澄江街道)
澄南社区(澄江街道)　杨市社区(城东街道)
普惠苑社区(夏港街道)　江南社区(申港街道)
紫金社区(南闸街道)　北新社区(周庄镇)
绿园社区(新桥镇)　文林社区(祝塘镇)

(十六)2010年十佳现代农业先进企业

江苏华西都市农业科技发展有限公司(华士镇)
江苏阳光生态农林开发有限公司(新桥镇)
升泰现代农业发展有限公司(青阳镇)
江苏九州果业科技有限公司(徐霞客镇)
江苏南农高科技股份有限公司(南闸街道)
江阴市申港三鲜养殖有限公司(申港街道)
江阴市花木有限公司(徐霞客镇)
江阴市联业生物科技有限公司(祝塘镇)
江阴市威特凯鸽业有限公司(祝塘镇)
江阴市定海畜禽有限公司(云亭街道)

(十七)2010年"团结、廉洁、高效、开拓"好班子

申港街道　云亭街道　青阳镇
华士镇　新桥镇　顾山镇
市纪委(监察局)市委办(保密局、政策研究室)
市委组织部　市委宣传部
市机关党工委　市委老干部局
市信访局　市政府办(研究室)
市人社局　市财政局　市公安局
市民政局　市司法局　市交通运输局
市审计局　市安监局　市行政服务中心
江阴广电集团　市国土局　市国税局
江阴工商局　江阴海关　江阴海事局
江阴出入境检验检疫局

(十八)2010年"三服务"工作先进部门

市委组织部　市委宣传部　市机关党工委
市纪委(监察局)　市委老干部局
市委农工办　市委党校　市农林局
市民政局　市行政服务中心
市发改委(上市办)　市经信委
市财政局　市人社局
市审计局　市港口局(口岸办)
市检察院　中国人民银行江阴市支行
江阴出入境检验检疫局
江阴海关　江阴工商局
市国税局　市公安局(610办)
市文广新局　市体育局

经济社会发展统计资料

一、综　合

2010年江阴市社会经济主要指标一览

表122

指　标	单位	2010年	比上年增减(%)	指　标	单　位	2010年	比上年增减(%)
总人口	万人	120.71	0.30	银行机构年末贷款余额	亿元	1546.02	13.91
全社会从业人数	万人	95.77	9.00	银行机构年末存款余额	亿元	2005.10	21.67
地区生产总值(当年价)	亿元	2000.92	16.80	其中:居民储蓄存款余额	亿元	656.51	15.12
工农业总产值(现行价)	亿元	5517.22	16.05	保费收入	亿元	32.44	25.69
全社会粮食总产量	吨	196279	−1.33	赔款支出	亿元	4.98	5.01
油料作物总产量	吨	1767	−14.88	证券交易量	亿元	2934.76	96.78
水产品总产量	吨	22405	−1.08	各类学校在校学生数	人	174281	−2.28
猪全年出栏数	万头	33.20	0.61	各类学校专任教师数	人	14454	2.18
货物运输量	万吨	3223	12.53	各类卫生机构医疗床位数	张	5366	7.32
旅客发送量	万人	12409	−0.85	卫生技术人员人数	人	6967	3.91
邮电业务总收入	万元	234307	5.30	公共图书藏书量	万册	1002	11.83
全社会用电量	万千瓦小时	2189517	13.67	年末城镇职工人数	人	186310	36.89
江南水务股份有限公司供水量	万立方米	23970	6.56	城镇职工工资总额	万元	811430	37.12
固定资产投资额	万元	6265177	25.11	城镇职工年平均工资	元	44076	2.86
其中:工业投资	万元	3304481	21.95	城镇居民人均可支配收入	元	30184	11.30
社会消费品零售总额	万元	3813731	18.56	农民人均纯收入	元	14898	13.10
进出口总额	万美元	1584885	43.37	城乡居民人均储蓄存款余额	元	54468	14.74
其中:自营出口额	万美元	942426	52.62	人均地区生产总值(当年价)	元	166008	16.45
预算内财政收入	万元	3820225	40.82	人均财政收入	元	31695	40.41
其中:一般预算收入	万元	1307186	18.01	人均社会消费品零售额	元	31641	18.20
预算内财政支出	万元	2308076	57.27	人均工农业总产值(现行价)	元	457742	15.71

2010年苏、浙、粤、沪10县(市、区)社会经济主要指标一览

表123

指　标	江阴	武进	常熟	张家港	昆山	萧山	顺德	南海	嘉定	青浦
年末户籍总人口(万人)	120.71	100.30	106.69	90.51	71.13	121.98	122.54	118.94	55.75	46.19
区域面积(平方公里)	987.53	1245.80	1094.00	998.70	927.68	1420.22	806.57	1073.82	463.61	668.49
地区生产总值(当年价、亿元)	2000.92	1163.90	1453.61	1603.51	2100.28	1220.06	1935.57	1796.58	806.80	589.71
其中:第一产业	36.26	36.94	29.40	22.06	19.40	47.11	34.60	32.87	4.10	9.00
第二产业	1184.23	741.96	815.89	974.63	1345.86	752.92	1223.60	1103.30	524.70	358.67
其中:工业	1143.71	702.40	783.12	941.35	1283.58	698.24	1179.94	1070.76	496.10	346.60
第三产业	780.43	385.00	608.32	606.82	735.02	420.03	677.37	660.41	278.00	222.04
粮食总产量(万吨)	19.63	19.46	31.21	28.07	12.37	24.52	0.10	0.73	5.09	22.63
农林牧渔业总产值(现行价、亿元)	59.14	59.50	50.23	39.20	33.19	75.08	69.64	65.58	12.26	22.63
全部工业总产值(现行价、亿元)	5458.07	3340.87	3652.16	4700.87	7001.29	4486.02	5235.06	4406.80	–	1633.70
其中:规模以上企业总产值	5123.05	2930.12	2876.73	3977.65	6571.90	4148.02	4995.06	3938.22	2316.16	1326.52
全部工业单位总数(个)	16744	14750	8756	10267	17586	–	–	–	–	10690
其中:规模以上工业单位个数	1653	3342	2030	1604	2388	2610	2708	2680	2301	1421
规模以上工业业务收入(亿元)	5037.39	2865.26	2799.99	3990.55	6530.86	4103.38	4915.39	3756.09	2397.92	1299.54
规模以上工业利润总额(亿元)	391.58	130.77	167.47	208.88	398.93	245.93	247.22	397.34	176.44	77.97
全社会固定资产投资(亿元)	626.52	600.40	440.65	445.91	530.69	476.56	392.75	541.46	345.01	277.97
其中:工业投资	330.45	412.22	237.40	275.58	221.80	203.44	94.94	154.50	96.56	51.21
社会消费品零售总额(亿元)	381.37	267.31	360.46	268.17	357.70	283.94	539.70	545.50	242.90	250.61
进出口总额(亿美元)	158.49	62.54	173.20	250.08	821.24	113.53	186.58	166.04	153.13	117.12
其中:出口总额	94.24	44.46	116.55	98.08	533.37	74.15	144.31	83.93	78.40	65.39
工商注册登记外资(亿美元)	12.03	12.52	20.99	18.14	32.01	13.36	6.61	5.56	–	7.51
实际到账外资(亿美元)	7.50	8.54	8.72	10.01	17.25	7.74	5.94	6.13	5.16	4.93
财政收入(亿元)	382.02	255.49	274.11	336.42	480.42	182.30	373.09	256.07	267.59	188.70
其中:一般预算收入	130.72	85.19	100.09	116.06	163.13	98.17	106.75	102.66	82.96	58.95
银行机构年末存款余额(亿元)	2005.10	1244.88	1627.13	1668.85	1851.91	2313.20	2481.65	2663.61	1341.06	798.03
其中:居民储蓄余额	656.51	568.44	756.30	601.33	609.28	836.20	1500.57	1544.86	584.65	320.77
银行机构年末贷款余额(亿元)	1546.02	869.80	1128.38	1352.21	1321.59	1934.41	1581.64	1248.78	738.90	454.12
城镇在岗职工年平均工资(元)	44392	–	41784	42518	41669	37653	38675	39177	41271	42809
农民人均纯收入(元)	14898	13958	14664	14658	14824	15987	12543	13559	15704	12936
城镇居民人均可支配收入(元)	30184	27222	30738	30829	30923	32313	30618	29978	26611	25152

2010年江阴市地区生产总值及构成一览

表124　　单位:亿元

指　　标	2010年	比上年增减(%)	指　　标	2010年	比上年增减(%)
地区生产总值(当年价)	2000.92	16.80	科学研究、技术服务和地质勘查业	15.08	14.85
第一产业	36.26	12.57	水利、环境和公共设施管理业	13.15	21.20
第二产业	1184.23	15.15	居民服务和其他服务业	29.49	23.96
工业	1143.71	14.64	教育	25.05	23.95
建筑业	40.52	31.64	卫生、社会保障和社会福利业	17.59	27.56
第三产业	780.43	19.59	文化、体育和娱乐业	13.99	175.39
交通运输、仓储和邮政业	47.95	20.57	公共管理和社会组织	44.12	18.70
信息传输、计算机服务和软件业	11.43	24.51	总值中:		
批发和零售业	340.55	19.35	劳动者报酬	588.83	23.22
住宿和餐饮业	39.13	24.86	生产税净额	323.75	16.70
金融业	72.12	9.33	固定资产折旧	209.53	14.96
房地产业	84.85	11.57	营业盈余	877.71	13.16
租赁和商务服务业	25.93	23.95			

2010年与2009年江阴市总户数和总人口数比较一览

表125　　单位:人

年份	总户数(户)	总人口	按性别分		按农业、非农业分		人口密度(人/平方公里)
			男	女	农业人口	非农业人口	
2010	365790	1207110	606096	601014	693096	514014	1222
2009	365363	1203516	604598	598918	713891	489625	1219

2010年与2009年江阴市人口变动情况比较一览

表126　　单位:人

年份	年平均人口	自然变动						机械变动	
		出生人数	出生率(‰)	死亡人数	死亡率(‰)	自然增长人数	自然增长率(‰)	迁入人数	迁出人数
2010	1205313	8117	6.73	8269	6.86	−152	−0.13	6297	4499
2009	1201768	8212	6.83	8044	6.70	766	0.13	7858	4810

2010年与2009年江阴市计划生育情况比较一览

表127　　单位:人

年份	晚婚率(%)	节育措施落实率(%)	计划生育率(%)	一孩率(%)	独生子女领证率(%)
2010	51.10	99.94	99.73	88.11	35.20
2009	55.33	97.33	99.49	87.26	26.82

二、农村和农业

2010年江阴市农村基本情况一览

表128

指　　标	单位	年末实有数	指　　标	单位	年末实有数
(一)农村组织情况			6.批发和零售业	万人	2.48
镇	个	11	7.住宿和餐饮业	万人	0.93
街道办事处	个	6	8.银行业和保险业	万人	0.23
村民委员会	个	243	9.房地产和社会服务业	万人	0.44
村民小组	个	7104	10.卫生、体育和社会福利业	万人	0.25
(二)农村户数	万户	22.95	11.教育、文化、艺术、广播、影视业	万人	0.38
(三)农村人口	万人	66.78	12.科研和综合技术服务业	万人	0.02
(四)农村从业人员	万人	43.60	13.镇村经济组织管理业	万人	0.38
其中:外出合同工、临时工	万人	1.89	14.其他	万人	1.13
女性从业人员	万人	20.71	(五)农作物总播种面积	千公顷	43.84
劳动年龄内从业人员	万人	41.05	粮食作物	千公顷	28.82
1.农林牧渔业	万人	6.76	油料	千公顷	0.90
其中:农业	万人	5.27	其他农作物	千公顷	14.12
2.工业	万人	25.75	(六)农业机械总动力	千瓦	251389
3.建筑业	万人	2.96	1.柴油机	千瓦	110719
4.交通运输、仓储和邮政业	万人	1.75	2.汽油机	千瓦	15735
5.信息传输、计算机服务和软件业	万人	0.14	3.电动机	千瓦	124935

2010年江阴市主要农副业产品产量一览

表129

产品名称	单　位	产　量	产品名称	单　位	产　量
粮食总产量	吨	196279	牛肉	吨	308
其中:稻谷	吨	143458	羊肉	吨	196
小麦	吨	47330	牛奶	吨	28150
油料	吨	1767	禽蛋	吨	10312
茶叶	吨	13	蜂蜜	吨	43
水果	吨	39674	羊毛	吨	1.1
食用菌	吨	4585	兔毛	吨	5.8
生猪全年出栏	头	332000	水产品	吨	22405
家禽全年出栏	万羽	1190	其中:淡水产品	吨	22405
猪肉	吨	29252	珍珠	公斤	2949

2010年江阴市农村非农行业现价总产值一览

表130 单位:万元

指　　标	2010年	比上年增减(%)	指　　标	2010年	比上年增减(%)
农村非农行业总产值	51278561	14.42	(2)农田水利工程	22066	31.40
(一)工业总产值	43916139	14.01	(3)其他建筑安装工程	5310	28.60
1.镇村工业	11060656	18.83	2.其他基本建设	90383	31.40
2.私营工业	32855483	12.47	(三)运输业总产值	768171	6.60
(二)建筑业总产值	995206	17.34	(四)批发零售贸易、餐饮业总产值	5599045	18.46
1.建筑安装工程	904823	16.10	1.批发零售贸易业	4461249	18.60
(1)兴建房屋	877447	15.70	2.餐饮业	1137796	17.93

2010年江阴市农村经济收益分配一览

表131 单位:万元

指　　标	金　额	指　　标	金　额
(一)农村经济总收入	38978012	(10)其他	944216
其中:出售产品收入	28983554	(二)总费用	33402468
1.按经营形式划分		其中:1.生产费用	27203922
(1)镇办企业收入	9530563	2.管理费用	3497594
(2)村组集体经营收入	5826637	(三)净收入	5575544
其中:村办企业收入	5315366	(四)投资收益	36012
(3)农民家庭经营收入	11161039	(五)农民外出劳务收入	86549
(4)农民专业合作社经营收入	163031	(六)可分配净收入总额	5698105
(5)其他经营收入	12296742	1.国家税金	738006
2.按行业划分		2.上缴国家有关部门	190499
(1)农业(种植业等)收入	160560	3.外来投资分利	355210
(2)林业收入	13460	4.外来人员带走劳务收入	545560
(3)畜牧业收入	72040	5.企业各项留利	2272254
(4)渔业收入	38627	6.乡村集体所得	50714
(5)工业收入	28619606	7.农民经营所得	1545862
(6)建筑业收入	516876	(七)农民从乡镇级集体企业得到收入	134869
(7)运输业收入	238842	(八)农民从集体分配收入	91191
(8)商饮业收入	3020621	(九)农民所得总额	1771922
(9)服务业收入	5353164	农民人均所得(元)	17795

三、工业和固定资产投资

2010年江阴市全部工业企业单位数、工业总产值和职工人数一览

表132

指　标	工业企业单位数(个)		工业总产值(现行价、万元)		工业增加值(万元)		年末职工人数(万人)	
	2010年	比上年增减(%)	2010年	比上年增减(%)	2010年	比上年增减(%)	2010年	比上年增减(%)
合计	16744	−0.86	54580715	16.10	11437100	14.64	60.39	4.48
其中:直属	72	10.77	10664576	25.57	2357339	12.73	6.57	15.06
镇村	102	27.50	11060656	18.83	1794220	14.40	6.64	1.53
私个	16570	−1.04	32855483	12.47	7285541	15.34	47.18	3.58
其中:轻工业	10867	−0.95	–	–	3847673	14.01	37.64	4.41
重工业	5877	−0.70	–	–	7589427	14.97	22.75	4.60
其中:大型企业	31	0.00	27030953	16.93	4903707	15.90	16.78	2.82
中型企业	181	2.26	12932495	14.29	3261434	12.14	11.02	6.06
小型企业	16532	−0.90	14617267	16.19	3271959	15.34	32.59	4.82
其中:规模以上工业企业	1653	3.96	51230548	18.02	11642000	19.21	44.98	4.03
1.国有企业	4	0.00	1855231	14.55	421596	23.54	0.67	4.69
2.集体企业	33	3.13	4298608	8.96	976846	45.66	3.01	−0.33
3.股份合作企业	12	−33.33	255393	3.64	58038	17.07	0.35	0.00
4.有限责任公司	47	20.51	7537904	9.74	1712978	25.92	4.66	3.10
5.股份有限公司	20	0.00	792553	32.07	180105	−5.15	0.49	−3.92
6.私营企业	1220	5.45	20836318	19.81	4734990	14.28	25.48	5.03
7.港澳台商投资企业	145	−1.36	9374357	22.63	2130294	50.02	6.28	7.90
8.外商投资企业	172	−0.58	6280184	23.35	1427153	−10.27	4.04	−0.98

2010年与2009年江阴市独立核算工业企业主要经济指标比较一览(一)

表 133

指　标	单　位	2010年	2009年	比2009年增减(%)	指　标	单位	2010年	2009年	比2009年增减(%)
工业企业单位数	个	8580	8654	−0.86	产成品存货	万元	2619695	2587433	1.25
其中:亏损企业单位数	个	355	423	−16.08	两项资金占用总额	万元	8720238	7510749	16.10
全部职工年平均人数	人	603907	578080	4.47	工业总产值(现行价)	万元	54580715	47012651	16.10
工业增加值(现行价)	万元	11437100	9976200	14.64	工业销售产值(现行价)	万元	53444073	45900108	16.44
工业产品销售收入	万元	53535604	45506594	17.64	工业产品销售率	%	97.92	97.63	0.29(百分点)
工业产品销售成本	万元	47282460	40365056	17.14	全部职工工资总额	万元	1481571	1275812	16.13
管理费用	万元	1277303	1051244	21.50	全员劳动生产率	元/人	198949	175279	13.50
财务费用	万元	574038	453608	26.55	流动资金周转天数	天	175	175	0.00
利润总额	万元	3915821	3250261	20.48	工业增加值率	%	22.01	21.55	0.46(百分点)
税金	万元	1299054	1141354	13.82	百元产值创利税	元	9.55	9.34	0.21(百分点)
利税总额	万元	5214875	4391615	18.75	百元销售收入创利税	元	9.74	9.65	0.09(百分点)
亏损企业亏损额	万元	45816	65206	−29.74	百元固定资产创利税	元	27.39	26.33	1.06(百分点)
固定资产原价期末占用数	万元	19037194	16681376	14.12	百元流动资产创利税	元	18.99	20.33	−1.34(百分点)
固定资产净值平均余额	万元	12156343	10625974	14.40	百元资产创利税	元	11.03	11.07	−0.04(百分点)
流动资产期末占用数	万元	27457436	21597574	27.13	资产总计	万元	47274816	39680187	19.14
流动资产平均余额	万元	26020912	22067433	17.92	所有者权益合计	万元	18737030	15629768	19.88
应收账款净额	万元	6100543	4923316	23.91					

2010年与2009年江阴市独立核算工业企业主要经济指标比较一览(二)

表 134

指　标	单　位	直属工业			镇村工业			私营工业		
		2010年	2009年	比2009年增减(%)	2010年	2009年	比2009年增减(%)	2010年	2009年	比2009年增减(%)
工业企业单位数	个	72	65	10.77	102	80	27.50	8406	8509	−1.21
其中:亏损企业单位数	个	0	0	0.00	4	5	−20.00	351	418	−16.03
全部职工年平均人数	人	65732	57146	15.02	66379	65443	1.43	471796	455491	3.58
工业增加值(现行价)	万元	2357339	2091149	12.73	1794220	1568329	14.40	7285541	6316722	15.34
工业产品销售收入	万元	10590695	8234586	28.61	11240080	9338732	20.36	31704829	27933276	13.50
利润总额	万元	1043968	983371	6.16	603583	485105	24.42	2268270	1781785	27.30
税金	万元	350749	246050	42.55	183103	165880	10.38	765202	729424	4.90
利税总额	万元	1394717	1229421	13.45	786686	650985	20.85	3033472	2511209	20.80
固定资产原价期末占用数	万元	6344924	5112363	24.11	2812385	2624661	7.15	9879885	8944352	10.46
固定资产净值平均余额	万元	3898986	3271585	19.18	1717522	1713932	0.21	6539835	5640457	15.95
流动资产期末占用数	万元	5093937	4234558	20.29	5052406	3901747	29.49	17311093	13461269	28.60
流动资产平均余额	万元	5117079	4437938	15.30	4577560	3644844	25.59	16326273	13984651	16.74
应收账款净额	万元	1046582	799971	30.83	609312	359514	69.48	4444649	3763831	18.09
产成品存货	万元	349951	218881	59.88	555803	390498	42.33	1713941	1978054	−13.35
两项资金占用总额	万元	1396533	1018852	37.07	1165115	750012	55.35	6158590	5741885	7.26
工业总产值(现行价)	万元	10664576	8492715	25.57	11060656	9308129	18.83	32855483	29211807	12.47
工业销售产值(现行价)	万元	10456476	8308760	25.85	10836499	9108920	18.97	32151098	28482428	12.88
工业产品销售率	%	98.05	97.83	0.22(百分点)	97.97	97.86	0.11(百分点)	97.86	97.50	0.36(百分点)
全部职工工资总额	万元	239902	210028	14.22	179502	151291	18.65	1062167	914493	16.15
全员劳动生产率	元/人	358628	365931	−2.00	270299	239648	12.79	166663	142112	17.28
资产总计	万元	11239534	9298761	20.87	8290603	6455975	28.42	27744679	23925451	15.96
所有者权益合计	万元	4233891	3423052	23.69	3262779	2657940	22.76	11240360	9548776	17.72

2010年江阴市规模以上工业生产主要产品产量一览

表135

产品名称	单位	产量	产品名称	单位	产量
发电量	万千瓦小时	3054418	合成纤维	吨	2388281
粗钢	吨	9570011	印染布	万米	68951
成品钢材	吨	18346901	化学纤维	吨	2424508
化学农药	吨	16291	机制纸及纸板	吨	372606
生铁	吨	4325278	塑料制品	吨	652882
集成电路	万块	1065000	服装	万件	37650
半导体分立器件	万只	2285775	皮鞋	万双	28
水泥	万吨	279	工业锅炉	蒸吨	716
纱	吨	527994	铜材	吨	80890
布	万米	31010	石油沥青	吨	621143

2010年江阴市固定资产投资完成情况一览

表136

单位:万元

指标	金额	指标	金额
全社会固定资产投资总额	6265177	3. 电力、燃气及水的生产和供应业	77773
其中:民营投资	3728493	4. 交通运输、仓储和邮政业	178945
私个投资	2395942	5. 信息传输、计算机服务和软件业	500
500万元以上投资	6203084	6. 批发和零售业	113845
(一)按产业分		7. 住宿和餐饮业	78884
1. 第一产业	158573	8. 金融业	4300
2. 第二产业	3304481	9. 房地产业	219014
其中:工业	3304481	10. 租赁和商务服务业	54700
3. 第三产业	2802123	11. 科研、技术服务业和地质勘查业	31700
(二)按报表种类分		12. 水利环境和公共设施管理业	761431
1. 50万元以上项目投资	5200125	13. 居民服务和其他服务业	8700
其中:城镇投资	2833584	14. 教育	92762
农村投资	2366541	15. 卫生、社会保障和福利业	52020
2. 房地产开发投资	1065052	16. 文化、体育与娱乐业	30120
(三)按性质分(不含房地产开发投资)		17. 公共管理和社会组织	110150
1. 新建	1897808	(五)按投资规模分(不含房地产开发投资)	
2. 扩建	1616688	50万元~100万元	3548
3. 改建和技术改造	1335733	100万元~500万元	91462
4. 迁建	81633	500万元~1000万元	223832
5. 单纯购置	268263	1000万元~3000万元	1031016
(四)按国民经济行业分(不含房地产开发投资)		3000万元~5000万元	455107
1. 农林牧渔业	158573	5000万元~1亿元	1306212
2. 制造业	3226708	1亿元以上	2088948

四、商贸、外经

2010 年与 2009 年江阴市社会消费品零售总额比较一览

表 137　　单位:万元

指　标	2010 年	2009 年	比 2009 年增减(%)	指　标	2010 年	2009 年	比 2009 年增减(%)
社会消费品零售总额	3813731	3216835	18.56	2.住宿和餐饮业	235586	199767	17.93
(一)按销售地区分				附:全市市场个数(个)	94	90	4.44
1.城镇	2686490	2251785	19.30	全市市场成交总额	13469710	10633473	26.67
2.农村	1127241	965050	16.81	1.消费品市场	4160838	3166716	31.39
(二)按行业分				2.生产资料市场	9308872	7466757	24.67
1.批发和零售业	3578145	3017068	18.60				

2010 年与 2009 年江阴市外向型经济综合指标比较一览

表 138

指　标	单　位	2010 年	2009 年	比 2009 年增减(%)
(一)进出口总额	万美元	1584885	1105484	43.37
(二)自营出口总额	万美元	942426	617483	52.62
1.外贸专业企业	万美元	136834	103300	32.46
2.自营生产企业	万美元	304334	193917	56.94
3.外商投资企业	万美元	501258	320266	56.51
(三)进口总额	万美元	642459	488001	31.65
(四)新批外资项目	项	66	72	-8.33
其中:超千万美元项目	项	30	30	0.00
(五)工商登记协议注册外资	万美元	120291	100717	19.43
(六)到位注册外资	万美元	74994	71865	4.35
(七)投产开业外商投资企业	个	20	22	-9.09
(八)外商投资企业营业收入	亿元	2411.39	1728.5	39.51
(九)外商投资企业入库税金	亿元	67	53.66	24.86
(十)服务外包业务总额	万美元	34961	21476	62.79
(十一)新增外包企业数	个	52	88	-40.91
(十二)新批境外投资项目	项	19	15	26.67
(十三)新批境外投资项目中方投资额	万美元	10991	6014.40	82.74

五、财政、银行、保险

2010 年江阴市财政、银行、保险一览

表 139　　单位:万元

指　标	金额	指　标	金额
(一)财政(预算内)		粮油物资储备管理等事物	1933
1.财政收入合计	3820225	其他支出	34705
其中:中央	1390034	基金支出	982541
2.财政支出合计	2308076	社会保险基金支出	166552
其中:一般公共服务	128113	(二)银行	
国防	1536	1.银行机构人民币存款余额	19561995
公共安全	70629	其中:城乡居民储蓄存款余额	6526236
教育	211269	(1)城镇居民储蓄	4633628
科学技术	25694	(2)农村居民储蓄	1892608
文化体育与传媒	12776	2.银行机构人民币贷款余额	14607627
社会保障和就业	92104	其中:短期贷款	8915172
医疗卫生	37581	中长期贷款	5171055
环境保护	48857	3.银行机构外币存款余额(万美元)	73838
城乡社区事务	238509	其中:储蓄存款	5864
农林水利事务	57861	4.银行机构外币贷款余额(万美元)	128736
交通运输	46494	(三)保险	
资源勘探、电力、信息等事物	80013	1.保费收入	324442
商业、服务业等事物	20729	其中:财产险收入	105491
金融监管支出	648	人寿险收入	218951
地震灾后恢复重建支出	14056	2.赔款支出	49819
国土资源、气象等事物	5921	其中:财产险赔款支出	42659
保障住房支出	29555	人寿险赔款支出	7160

注:财政支出科目按功能分类调整。

六、交通、邮电、电力、城建

2010 年与 2009 年江阴市交通、邮电情况比较一览

表 140

指　标	单位	2010 年	2009 年	指　标	单位	2010 年	2009 年
(一)交通				特快专递	万件	128.94	117.16
公路通车里程	公里	2363.5	2348.5	集邮业务	万枚	225.8	103.56
公路桥梁	座	1006	991	邮政储蓄年平均余额	万元	337356	367950
内河航道通航里程	公里	394.2	394.2	邮政储蓄点	个	27	33
公路客运量	万人	3650	3229	本地电话交换设备容量	万门	100.47	112.93
公路客运周转量	万人公里	217844	274228	全市电话用户合计	户	609905	677095
公路货运量	万吨	3031	2724	其中:住宅电话	户	329143	345246
公路货运周转量	万吨公里	222753	200920	1.城市固定电话用户	户	214430	191330
水路货运量	万吨	192	140	其中:住宅电话	户	121470	109870
水路货运周转量	万吨公里	229051	64898	2.农村固定电话用户	户	284168	330168
港口货物吞吐量	万吨	12522	10845	其中:住宅电话	户	207673	235376
港口集装箱运量	标箱	1010688	752200	3.公用电话用户	户	51162	58467
长江轮渡车辆通过量	万辆	288.29	372.37	4.移动式固定电话用户	户	53744	92773
(二)邮电				5.无线座机用户	户	6401	4357
邮政局、所合计	个	39	42	互联网用户	户	264649	238485
其中:设在农村	个	28	30	其中:宽带网用户	户	263689	238060
邮路总长度	公里	908	908	在网手机用户总量	户	1576844	1632772

2010年江阴市供电用电情况一览

表141　　单位:万千瓦小时

指　标	2010年	比上年增减(%)	指　标	2010年	比上年增减(%)
(一)发购电量总计	2220918	12.13	黑色金属冶炼及压延加工业	479448	2.81
其中:发电量	343094	-5.16	非金属矿物制品业	25119	16.23
(二)全社会用电量	2189517	13.67	金属制品业	228085	34.86
1.农林牧渔业	3939	28.68	通用及专用设备制造业	99083	30.51
其中:排灌	1171	3.08	3.建筑业	5908	-0.02
2.工业	1985612	13.06	4.交通运输、仓储和邮政业	7627	20.32
其中:轻工业	622051	9.67	5.商业、住宿和餐饮业	31257	18.02
重工业	1363561	14.67	6.其他行业	52205	22.77
其中:纺织业	350923	5.9	7.城乡居民生活用电	102969	20.24
化学原料及化学制品制造业	65650	5.97	其中:农村	74335	20.80

2010年江阴市城市建设情况一览

表142

指　标	单　位	数　量	指　标	单　位	数　量
城市面积	平方公里	198	用气户数	户	81925
城市建成区面积	平方公里	53.8	燃气普及率	%	100
城市户籍人口	万人	30.79	公共交通运营车辆	辆	570
其中:非农业人口	万人	26.44	每万人拥有公共车辆	标台	18.50
城市人口密度	人/平方公里	1681	市政道路长度	公里	390
污水处理率	%	90.40	市政道路面积	万平方米	867
城市建成区绿地率	%	38.68	人均市政道路面积	平方米	28.16
城市建成区绿化覆盖率	%	42.4	路灯	盏	20924
城市自来水年供水总量	万立方米	7048	市政桥梁	座	79
城市自来水年售水总量	万立方米	6362	防洪堤长度	公里	4
用水户数	户	123815	排水管道长度	公里	820
用自来水人口(城市户籍人口)	万人	30.79	排水管道密度	公里/平方公里	4.10
人均日生活用水量	升	187.73	绿化覆盖面积	公顷	4502
用水普及率	%	100	绿地面积	公顷	4272
城市液化气供气总量	万吨	0.38	其中:公园绿地面积	公顷	488
其中:家庭用	万吨	0.28	人均公园绿地面积	平方米	15.85
用气户数	户	27805	公园	座	15
天然气供气总量	万立方米	41660	公园面积	公顷	215
其中:家庭用	万立方米	1301			

七、科、教、文、卫

2010年江阴市各类科技机构、科技人员情况一览

表143

指　标	单　位	数　量	指　标	单　位	数　量
(一)科技团体、机构总计	个	418	其中:高级	人	4655
1.市级学会、协会	个	32	中级	人	22535
2.院校科协	个	2	初级(助、员)	人	38677
3.企业科协	个	49	未评	人	44836
4.镇科协	个	17	2.乡镇科技人员	人	18825
5.农村专业技术研究会	个	66	其中:高级	人	255
6.厂办科技开发机构	个	252	中级	人	2649
(二)科技人员总计	人	129528	初级(助、员)	人	15921
1.国家科技人员(在职)	人	110703	(三)政工专业职称人员	人	2785

2010~2011学年江阴市各级各类学校基本情况一览

表144

指　标	学校数(所)	在校学生数(人)	教职员工数(人)	指　标	学校数(所)	在校学生数(人)	教职员工数(人)
(一)中小学	82	156096	12427	1.职业技术学院	1	7549	494
1.普通中学	40	63749	6246	2.五年制高职和大专班	–	3655	–
其中:初中	28	40507	–	(四)技工学校	2	3255	110
高中	12	23242	–	(五)成人中专	2	279	104
2.职业中学	2	7021	1252	1.卫生职工学校	1	46	47
3.小学	39	85117	4853	2.教师进修学校	1	233	57
4.特殊教育	1	209	76	(六)成人教育	440	277438	2075
(二)地方中专	–	3447	–	成人技术培训学校	440	277438	2075
中专班	–	3447	–	(七)幼儿园	47	36494	2575
(三)普通高校	1	11204	494				

注:上表数据为2010年9月新学年开学市教育局统计上报数据。

2010年江阴市文化、广播、电视基本情况一览

表145

指 标	单 位	数 量	指 标	单 位	数 量
(一)影剧管理机构	个	1	(九)市图书馆、文化馆	个	2
(二)影剧院	个	12	(十)工人文化宫、少年宫	个	2
(三)电影放映单位	个	13	(十一)市博物馆	个	1
放映场次	场	9828	(十二)镇级文化服务中心	个	17
观众人数	万人	647.2	(十三)藏书合计	万册	1002
放映收入	万元	929.2	(十四)纪念馆	个	12
发行收入	万元	10	(十五)文物保护单位	个	98
(四)接待剧团演出	场	85	国家级	个	1
演出收入	万元	587	省级	个	10
(五)市锡剧团演出	场	215	市级	个	87
观众人数	万人	53.7	(十六)江阴报社	个	1
演出收入	万元	215	(十七)市电视台	个	1
(六)市评弹团演出	场	1900	(十八)市广播电台	个	1
观众人数	万人	19	(十九)调频广播立体声发射机	部/千瓦	2/2
演出收入	万元	33.4	(二十)电视发射机	部/千瓦	4/4
(七)营业性舞厅、歌厅	个	119	(二十一)电视发射塔	座	2
(八)营业性书场	个	10	(二十二)全市有线电视用户	万户	37

2010年江阴市卫生事业基本情况一览

表146

指标	机构数(个)	床位数(张)	年末人员数(人)	卫生技术人员	医生	执业(助理)医师	监督员	管理人员
全市总计	451	5366	7964	6967	3172	2424	75	234
(一)医院合计	25	4486	4751	4174	–	1516	–	159
1.综合医院	19	3466	3524	3177	–	1139	–	127
2.中医院	1	500	757	655	–	243	–	14
3.精神病院	1	340	264	202	–	81	–	–
4.民营专科医院	3	100	176	128	–	49	–	13
5.护理院	1	80	30	12	–	4	–	5
(二)卫生院合计	10	735	877	736	–	321	–	37
1.街道卫生院	1	100	118	110	–	52	–	5
2.镇卫生院	9	635	759	626	–	269	–	32
(三)疾病预防控制中心	1	–	134	111	–	69	–	–
(四)澄江预防保健所	1	–	27	24	–	12	–	–
(五)卫生监督所	1	–	77	75	–	–	75	2
(六)妇幼保健所	1	20	91	76	–	34	–	5
(七)采供血机构	1	–	49	37	–	8	–	3
(八)医学在职培训机构	1	–	46	17	–	13	–	2
(九)门诊部	13	–	129	98	–	49	–	5
(十)诊所、卫生所、医务室	194	–	563	490	–	282	–	–
(十一)社区卫生服务站	66	–	186	124	–	10	–	11
(十二)社区卫生服务中心	7	125	200	171	–	79	–	10
(十三)村卫生室	130	–	834	834	779	31	–	–

八、人民生活

2010年江阴市人民生活一览

表147

指　标	单位	数量	指　标	单位	数量
(一)农村住户家庭基本情况			(二)城镇居民家庭基本情况		
1.调查户数	户	100	1.调查户数	户	100
2.平均每户常住人口	人	3.8	2.平均每户常住人口	人	2.87
3.平均每户整半劳动力	人	2.61	3.平均每户就业人口	人	1.33
4.负担系数	人	1.46	4.负担系数	人	1.54
5.人均住房面积	平方米	66.9	5.人均住房面积	平方米	35.13
6.人均年纯收入	元	14898	6.人均年可支配收入	元	30184
7.人均年生活消费支出	元	9343	7.人均年生活消费支出	元	22016
8.每百户耐用消费品拥有量			8.每百户耐用消费品拥有量		
自行车	辆	207	微波炉	台	99
微波炉	台	94	热水器	台	100
影碟机	台	32	组合音响	台	37
热水器	台	95	洗衣机	台	104
洗衣机	台	107	电冰箱	台	108
电冰箱	台	104	彩色电视机	台	191
彩色电视机	台	181	照相机/摄像机	架	67
照相机	架	37	摩托车	辆	21
摩托车	辆	86	空调器	台	215
空调器	台	162	电话机	部	113
电话机	部	111	移动电话	部	204
移动电话	部	229	家用计算机	台	101
家用计算机	台	65	家用汽车	辆	35
汽车	辆	15	助力车	辆	68

九、各镇(街道、开发区)综合指标

2010年江阴市各镇(街道、开发区)社会经济主要指标一览

表148

镇(街道、开发区)	人口(万人)	地区生产总值(亿元)	人均地区生产总值(万元)	全社会从业人员人数(万人)	工业总产值(现价)(亿元)	工业利税总额(亿元)	年末工业固定资产原值(亿元)	粮食总产量(吨)	农民人均纯收入(元)	自营出口总额(万美元)	到位注册外资(万美元)	全社会固定资产投资(亿元)	其中:工业固定资产投资(亿元)
澄江街道	22.86	272.21	11.95	19.71	365.71	62.01	137.63	1631	18714	145977	2196	47.23	5.12
璜土镇	5.73	60.75	10.61	6.14	186.55	8.33	53.58	12683	15949	22648	8040	40.19	32.18
利港镇	5.92	71.19	12.04	5.76	200.18	19.07	84.57	21029	16259	16104	8011	45.38	32.38
申港街道	4.61	95.28	20.68	3.78	219.17	22.84	88.86	8988	18249	78872	8418	53.05	32.12
夏港街道	4.28	164.59	38.54	3.72	630.46	31.09	103.42	1520	17716	89674	9911	43.23	18.00
月城镇	4.27	40.88	9.59	3.03	116.17	8.80	22.91	6748	14924	6941	1324	16.57	10.57
青阳镇	6.87	55.24	8.06	5.04	165.91	8.05	30.14	21778	14635	8648	1512	23.78	12.18
徐霞客镇	10.89	91.51	8.41	7.69	294.26	26.16	72.19	24232	14920	47523	2049	26.76	20.15
南闸街道	4.89	46.00	9.35	2.76	89.54	6.64	21.38	9230	15020	1196	1050	21.59	8.74
云亭街道	4.41	52.67	11.95	4.94	156.68	14.29	41.51	4380	16464	19546	681	20.76	13.40
华士镇	9.07	187.50	20.70	9.05	788.73	54.95	181.38	9082	18350	85988	2324	32.77	18.10
周庄镇	10.13	180.14	17.85	8.44	695.27	49.71	224.24	11986	18449	108799	796	32.42	19.64
新桥镇	2.46	87.44	35.67	4.02	375.24	31.33	106.14	1594	18739	27714	5292	23.35	13.60
长泾镇	5.60	37.15	6.64	6.91	92.28	8.77	26.13	17606	15558	13798	252	20.01	10.53
顾山镇	5.55	49.50	8.92	4.88	136.49	9.61	25.27	15289	16131	34217	835	18.65	11.48
祝塘镇	6.01	55.31	9.21	7.05	182.15	13.02	27.59	21444	15809	26842	645	20.61	12.63
经济开发区	7.16	260.00	36.36	9.24	1002.30	83.01	370.79	3725	16501	174512	11055	131.87	104.36
临港新城	20.54	391.82	19.09	19.40	1461.23	81.32	330.43	44220	–	207297	33614	187.34	114.68
靖江园区	–	88.37	–	–	267.74	49.55	51.04	–	–	33428	14505	34.59	25.01

十、经济发展排行榜

2010年江阴市开票销售收入前30名村一览

表149　　单位：万元

名次	单位名称	实绩
1	华士镇华西村	4488183
2	夏港街道长江村	3427984
3	周庄镇三房巷村	3178445
4	夏港街道三联村	2608946
5	利港镇陈墅村	1473002
6	周庄镇华宏村	1077305
7	周庄镇周庄村	597997
8	青阳镇里旺里村	592978
9	月城镇沿山村	553076
10	徐霞客镇任九房村	538982
11	周庄镇倪家巷村	495388
12	华士镇龙砂村	433903
13	申港街道东刘村	397646
14	申港街道申西村	324790
15	周庄镇周西村	324347
16	周庄镇宗言村	315041
17	周庄镇鸡笼山村	309716
18	祝塘镇永昌村	284643
19	顾山镇新龚村	281333
20	华士镇曙新村	234508
21	顾山镇涸东村	231739
22	周庄镇长寿村	230828
23	申港街道创新村	230335
24	华士镇华中村	228139
25	长泾镇长东村	201716
26	华士镇向阳村	200283
27	云亭街道云亭村	199696
28	祝塘镇建南村	195979
29	南闸街道观山村	194593
30	华士镇陆丰村	194364

2010年江阴市开票销售收入前50名工业企业一览

表150　　单位：万元

名次	单位名称	实绩
1	江苏华西集团公司	4488183
2	江苏新长江实业集团有限公司	3427984
3	江苏三房巷集团有限公司	3115667
4	江阴兴澄特种钢铁有限公司	3051417
5	江苏西城三联控股集团有限公司	2517448
6	江苏阳光集团有限公司	1598165
7	江苏扬子江船厂有限公司	1541103
8	江苏法尔胜泓昇集团有限公司	1503558
9	江苏双良集团有限公司	1443035
10	江阴澄星实业集团有限公司	1172925
11	江苏华宏实业集团有限公司	1077305
12	海澜集团有限公司	1073655
13	江苏利电能源集团	1006364
14	江苏新华发集团有限公司	772976
15	江阴市双达钢业有限公司	737214
16	江阴苏龙热电有限公司	730379
17	中船澄西船舶修造有限公司	709372
18	江阴新和桥化工有限公司	651131
19	江阴江东集团公司	597997
20	江阴海达集团有限公司	525811
21	无锡市兆顺不锈中板有限公司	515988
22	瀚宇博德科技(江阴)有限公司	476681
23	江苏新潮科技集团有限公司	431652
24	江苏倪家巷集团有限公司	414972
25	海润光伏科技股份有限公司	410714
26	江苏中油兴能沥青有限公司	354253
27	江苏嘉盛新材料有限公司	304017
28	阿尔法(江阴)沥青有限公司	284217
29	江阴市电工合金有限公司	271469
30	江苏红柳床单有限公司	258735

续表 150

名次	单位名称	实绩
31	江阴浚鑫科技有限公司	256006
32	江阴福汇纺织有限公司	238178
33	帝斯曼工程塑料(江苏)有限公司	232694
34	联合铁钢(中国)有限公司	223875
35	申达集团有限公司	204634
36	建滔电子材料(江阴)有限公司	202201
37	江苏吉鑫风能科技股份有限公司	198216
38	江苏蝙蝠塑料集团有限公司	194861
39	江苏万翔集团有限公司	190874
40	江苏向阳集团有限公司	183094
41	江阴市百舸有色金属材料有限公司	180075
42	江阴模塑集团有限公司	177816
43	无锡百川化工股份有限公司	164978
44	江苏利安达集团有限公司	161989
45	江阴联通实业有限公司	158091
46	江阴锦澄钢铁有限公司	157879
47	江阴市天华纱业有限公司	148347
48	江阴协统汽车附件有限公司	141116
49	江阴热电有限公司	132959
50	江阴爱康太阳能器材有限公司	128590

2010年江阴市工业投入前50名工业企业一览

表 151 单位:万元

名次	单位名称	实绩
1	江苏海伦石化有限公司	174035
2	江阴澄星实业集团有限公司	148060
3	江阴兴澄特种钢铁有限公司	119600
4	江阴鑫辉太阳能有限公司	90050
5	江苏国宇高科通信技术有限公司	71400
6	江苏华海海洋工程装备有限公司	69206
7	瀚宇博德科技(江阴)有限公司	62301
8	新东方船舶配件有限公司	62215
9	江阴浚鑫科技有限公司	60000
10	江苏吉鑫风能科技股份有限公司	53340
11	江苏大江金属材料有限公司	50000
12	贝卡尔特(江阴)超硬复合新材料有限公司	41800

续表 151

名次	单位名称	实绩
13	江阴永利新型包装材料有限公司	36100
14	江阴海润太阳能电力有限公司	33600
15	江苏利士德化工有限公司	33500
16	江苏新潮科技集团有限公司	32412
17	江阴华润制钢有限公司	31500
18	江苏法尔胜股份有限公司	30705
19	江苏国光重型机械有限公司	30400
20	海澜之家服饰股份有限公司	30235
21	建滔(江阴)复合材料有限公司	25000
22	江阴乐基科技有限公司	20965
23	江阴科玛金属制品有限公司	20000
24	江阴博风特种电机有限公司	19365
25	丹麦艾尔姆有限公司	17700
26	光大环保能源(江阴)有限公司	16500
27	江苏三鑫电子有限公司	16000
28	江阴市恒润环锻有限公司	15000
28	江阴东华铝材科技有限公司	15000
30	江阴市东昊不锈钢管有限公司	14700
31	江阴市七星电缆有限公司	14200
32	江阴中稷半导体材料有限公司	14000
33	远见风能(江阴)有限公司	13000
34	江阴市茂昌铸造有限公司	12600
35	无锡造漆厂有限公司	12000
36	江苏中基复合材料有限公司	11600
37	江阴市长达钢铁有限公司	11000
37	江苏广大钢板加工有限公司	11000
37	江阴市天华纱业有限公司	11000
40	江阴市华昌不锈钢管有限公司	10300
41	无锡方展机械制造有限公司	10100
42	江阴南方新能源科技有限公司	10000
43	江阴机械制造有限公司	9900
44	中建钢构江苏有限公司	9850
45	江阴宏凯化纤有限公司	9800
45	江阴界顺金属科技有限公司	9800
47	江阴新树工程塑料有限公司	9678
48	江阴市峰腾机械有限公司	9600
49	江阴天龙重工机械有限公司	9500
50	欧凯纳斯科技江苏有限公司	9460

2010年江阴市开票销售收入前20名服务业企业一览

表152 单位:万元

名次	单位名称	实绩
1	江苏中金再生资源有限公司	450463
2	江阴市长江钢管有限公司	447000
3	江阴长三角钢铁集团有限公司	430905
4	江阴市中昌实业有限公司	372335
5	中油销售江苏有限公司	370105
6	江阴市润德物资有限公司	334467
7	江苏三房巷国际贸易有限公司	292142
8	中国石油化工股份有限公司江苏江阴石油分公司	262349
9	江苏阳光置业发展有限公司	191038
10	江苏金一文化发展有限公司	189470
11	江苏长博集团有限公司	185970
12	江阴市海江废金属加工有限公司	185800
13	江苏江阴农村商业银行股份有限公司	180000
14	江阴市宇联物资再生利用有限公司	170000
15	无锡市烟草公司江阴分公司	150804
16	江阴海澜之家供应链管理有限公司	148977
17	江阴市全顺汽车有限公司	127001
18	江阴市新暨阳石油有限公司	126405
19	江阴天力燃气有限公司	116393
20	江阴华地百货有限公司	110193

2010年江阴市自营出口前20名企业一览

表153 单位:万美元

名次	单位名称	实绩
1	江苏扬子江船业集团	84834
2	江苏三房巷集团有限公司	49823
3	江苏新潮科技集团有限公司	35605
4	江阴浚鑫科技有限公司	34157
5	江苏法尔胜泓昇集团有限公司	26856
6	江阴兴澄特种钢铁有限公司	25555
7	江阴福汇纺织有限公司	24001
8	江苏阳光集团有限公司	21127
9	联合铁钢(中国)有限公司	20704
10	中船澄西船舶修造有限公司	20353
11	海润光伏科技股份有限公司	19618
12	江苏华宏实业集团有限公司	19166
13	江苏红柳床单有限公司	18879
14	江苏华西集团公司	17145
15	江苏海达科技集团有限公司	16768
16	江阴澄星实业集团有限公司	15246
17	江苏爱康太阳能科技有限公司	13205
18	江阴宗承钢铁有限公司	12124
19	江苏新长江实业集团有限公司	11885
20	瀚宇博德科技(江阴)有限公司	11366

(市统计局)

■类目编辑 俞也平 陈学超 邢 盈

索　　引

本索引是以正文部分(不包括宣传画页)为主要内容的综合性主题索引。标目一般采用主题词、中心词或简称,并按汉语拼音字母顺序排列。其右侧数字表示页码,字母 a 为左栏,b 为中栏,c 为右栏。

K

L

M

N

P

Q

R

S

T

W

X

Y

■类目编辑 纪晓华

缩 略 语 注 释

"121"阳光扶助工程 指对有劳动能力、有就业愿望并经认定的城镇(男45周岁以上、女40周岁以上)大龄、特困失业人员，劳动保障部门实行承诺，只要不挑不拣，通过1次申请，提供2次推荐，1个月内帮助上岗。

"123计划" 指无锡市委、市政府为实施服务外包城市新战略、打造"中国服务外包示范区"制订的行动计划：到2010年，在全市集聚国际服务外包和软件出口企业100个，每个企业从业人员超过2000人、年出口超过3000万美元。

"12345"公共服务平台 指按照"全市域覆盖、全天候服务、全过程监察、全方位互动"要求，对分散在100多个部门和单位的公共服务呼叫热线资源进行整合，建成全市统一的"听民声、采民智、办民事"公共服务呼叫中心，形成"12345，有事找政府"、快速响应市民需求的公共服务体系。

"131"农村就业援助服务 指对农村就业困难人员，免费提供1次职业指导、3次有效信息和1次职业培训，帮助其实现就业。

"31230"特色美食培育工程 指用3年时间，形成1项全国有影响力的美食活动，打造30种"澄菜"品牌美食、市场覆盖面扩大至30个省(市、自治区)。

"4045"再就业援助工程 指对有劳动能力、就业愿望并认定的城镇(男45周岁以上、女40周岁以上)大龄、特困失业人员，通过给予就业岗位补贴、社会保险补贴、小额担保贷款和创业培训等再就业优惠政策扶持，帮助大龄、特困失业人员实现再就业。

"410行动" 指在一、二、三、四季度末月的10日举行重点重大项目的集中竣工、开工仪式。

"445计划" 指从2010年起，用4年时间，重点打造现代物流、低碳产业、机械装备制造、新材料产业(石化)4个千亿级新兴产业集群，生物医药、服务外包、新传感器、文化创意、地区总部经济5个百亿级新兴战略性产业园区。

"515工程" 指从2009年起的5年内，重点扶持1万人自主创业，带动5万人就业再就业。

"530计划" 指无锡市政府为大力实施"科教兴市、人才强市"战略而制定的一项行动计划。该计划从2006年起实施，旨在5年内引进30名领军型海外留学归国创业人才。

"5年1万"创业培训工程 指2011年至2015年，实施创业培训1万人，促进全民自主创业。

"5年5万"农村劳动力培训工程 指从2006年起至2010年，利用5年时间，为全市培养5万名农村劳动力，促进农村劳动力就近就地转移就业。

"7100计划" 指完成全社会固定资产投资700亿元以上，突出抓好100项重点重大项目建设。

"一个中心城区、四个卫星城区" 指按照城市现代化和区域城市化的要求，着力增强城镇组团的聚集能力，努力使"一城四区"提升为"一个中心城区、四个卫星城区"。东部定位科技创新城区，西部定位枢纽港城区、南部六镇定位不开发区域生态城区、东南三镇定位新型工业化区，中心城区定位行政、生活、商贸综合功能区。

"三上"企业 指规模以上工业企业、限额以上批发零售住宿餐饮企业、资质以上的建筑业企业和房地产开发企业。

"三中心""四大数据库" 指呼叫中心、数据中心、容灾备份中心，法人信息数据库、人口信息数据库、自然资源和空间地理信息数据库、宏观经济数据库。

"三区三城" 指把江阴打造成为基本实现现代化的先行区、创新型经济的先导区、城乡一体化的示范区；江海联动的枢纽港城、文明现代的学习型城市、和谐宜居的幸福名城。

"三百"工程 指云亭街道实施的100个党员干部、100个企业帮扶100户贫困户脱贫工程。

"三农" 指农业、农村和农民。

"三创"载体 指以科技创新、创业、创意为主题和内涵的载体。其中，科技创新载体主要是指研发中心、工程技术中心、博士后工作站等研发机构；科技创业载体主要是指科技创业园区、科技创业中心(孵化器)等；科技创意载体是指以创意产业为支柱的现代科技服务业载体。

"三高两低"企业 指高能耗、高污染、高危险、低产出、低效益企业。

"三资"投农 指利用工商资本、外商资本、社会资本投资开发现代农业。

"三路"工程 指芙蓉大道西段、长山大道南段、暨南大道一期三条道路的建设工程。

"三置换"改革 指在保障农民土地物权和农民自愿有偿的前提下，以稳定的预期收益和经济补偿政策作为杠杆，实施以"土地承包经营权置换城镇社会保障、农村住宅置换城镇安居房、农村居民身份置换城镇居民身份"为主要内容的改革，加快农村城镇化、用地集约化、农民市民化进程。

"四千四万"精神 指说尽千言万语、踏遍千山万水、吃尽千辛万苦、换来千车万船。

"四化一新" 指以巩固发展城乡环境综合整治成果为总目标，在全市开展的新一轮环境整治行动，即人人动手，环境整治社会化；处处用心，品质管理精细化；件件为民，城镇功能一体化；环环相扣，体制机制科学化；提升文明，城市展示新形象，切实解决前阶段整治活动中存在的管理模式和管理成效等方面的问题。

"四训四挂"工程 指组织村"两委"负责人到市委党校轮训，组织优秀年轻干部到浙江大学培训，组织先进社区书记到上海复旦大学培训，组织"两新"组织党务书记骨干到浙江省委党校培训；挑选优秀年轻村干部到重点骨干企业进行挂职锻炼，挑选优秀年轻村干部到全市先进村挂职锻炼，挑选优秀年轻村干部到上级相关部门进行挂职锻炼，挑选优秀年轻村干部到周边县市先进村挂职锻炼。

"四有"农民专业合作社 指有组织制度、有合作手段、有较大规模、有明显效益的农民合作社。

"四检联动" 指工商行政执法部门对流通领域食品安全进行监管的模式体系，具体内容是：消费者送检、经营者自检、部门快检、法定部门定向监测。

"五小"企业 指小钢铁、小化工、小水泥、小电镀、小印染企业。

"五民五好" 指民生为本，个个都有好工作；民富为纲，家家都有好收入；民享为先，处处都有好环境；民安为基，天天都有好心情；民强为重，人人都有好身体。

"五送"文化下乡 指送戏、送图书、送电影、送展览、送评弹下乡。

"五送五服务" 指为基层送文化，提供精神慰藉服务；送科技，提供技术信息服务；送健康，提供医疗康复服务；送设施,提供特需设施服务;送温暖,提供辅助保障服务。

"五整治两提高" 指整治污染源头、整治矿山窑业、整治城乡河道、整治农村环境卫生、整治零星散坟;提高绿化水平、提高治污水平。

"六个抢" 指抢项目审批、抢有效投入、抢贷款结构优化、抢人才资源、抢市场拓展、抢产业转型升级。

"八合一"快速检测仪 指食品安全快速检测仪将食品(农产品)8个检测项目的"检出限""测定范围""准确度"的指标参数能快速检测出来。8个检测项目是:农药残留、亚硝酸盐、亚硫酸盐、甲醛、重金属、吊白块、硝酸盐、蛋白质。

"十个抱团" 指银行和企业"抱团",政府和银行"抱团",政府和企业在加强税收合作方面"抱团",口岸部门与企业"抱团",政府和企业在"走出去"方面"抱团",政银企在共同分析形势、把握机遇方面"抱团",政府和企业在提升企业家队伍素质方面"抱团",政府和企业在企业人才队伍建设方面"抱团",企业内部在构建企业文化、加强诚信建设方面"抱团",政银企在现代产业体系建设上"抱团"。

"十百千"计划 指选派10名左右巡视员督查面上"两新"组织党建工作、选派100名左右党建工作督导员督促指导百强工业企业和大型商贸流通企业党建工作、选派1000名左右党建工作指导员指导规模以上非公企业开展党建工作。

"万顷良田"工程 按照《江苏省万顷良田建设工程》方案,结合江阴市农村耕地现状,决定到2010年,初步建成华西山北地区现代农业示范区、徐霞客和青阳高效设施农业区、徐霞客优质粮油生产区、月城生态经济林果区四大片区良田工程,促进农业增产、农民增收。

"人才特区" 指围绕江阴转型发展要求,在新兴产业发展"445计划"产业园区,以高端人才为引领,建立人才发展的特别导向、特别政策、特别机制、特别环境。重点在高新技术产业开发区、临港新城打造低碳产业、生物医药产业、新材料产业3个"人才特区",使之成为高端人才的集聚区、转型发展的先导区。

"工业反哺农业"七种模式 指以工投农、以工办农、以工带农、以工富农、以工扶农、以工促农、以工补农七种工业反哺农业模式。

无锡"三城同创"建设 指创建国家生态城市、国家生态园林城市和全国最佳人居环境城市。

不开发区域 指以生态保护和可持续发展为前提,以自然生态保护和开发并举、发展和引导同步为指导,以生态功能为主体功能,经济、社会、生态协调,以人为本、科学发展的区域。目前规划范围为顾山、长泾、祝塘、徐霞客、青阳、月城六镇约200平方公里区域。

"双软"认证 指软件产品、软件企业认证。

"江阴千人计划" 指根据国家、无锡"千人计划"制定的江阴高层次人才引进计划。主要目标为"一二三四五":从2009年开始,用5年时间,从海外重点引进100名以上科技领军型创新人才,引进200名以上科技领军型创业人才,从国内引进300名以上高层次创新创业人才,引进400名以上江阴经济社会发展急需的专业技术和经营管理人才,科技领军型人才创办企业的销售收入达到500亿元以上。

安全生产"三同时"制度 指一切新建、改建、扩建的基本建设项目(工程)、技术改造项目(工程)、引进的建设项目,其职业安全卫生设施必须符合国家规定的标准,必须与主体工程同时设计、同时施工、同时投入生产和使用,一般称之为"三同时"制度。

农业"510工程" 指从2008年启动实施的在全市新建或完善提高10个500亩以上生态园、10个500亩以上蔬菜基地、10个规模化养殖示范基地、10个千亩以上现代农业示范园、10个无锡市级以上农业龙头企业。

农业"接二连三" 指农业发展紧接二次产业、密连三次产业。接二,即利用工业资本投入农业,用工业管理的理念管理农业;连三,即把农业导入到第三产业,发展农业观光旅游、科普教育、餐饮娱乐等。

农村"三资"清理 指农村资源、资产、资金清理。

"两培两挂"工程 指选送部分优秀年轻干部到大专院校进行短期培训,组织村党支部和村委会负责人进行集中培训;挑选部分优秀村干部到市内先进村挂职锻炼;挑选部分优秀村干部到其所在镇(街道)相关部门挂职锻炼。

"两新"党组织 指在新经济组织、新社会组织内建立中国共产党的组织。

现代农业十大重点示范工程 指从2009年启动实施,包括万顷良田工程、绿色蔬菜示范工程、产学研合作示范工程、农业旅游示范工程、生态园建设示范工程、特种水产养殖示范工程、优质果品示范工程、花卉苗木示范工程、农家乐示范工程、村庄整治示范工程。

限价商品房 指由市政府指定在有关镇(街道)建设,限制销售价格、限制住房套型面积、限制销售对象的普通商品住房,旨在缓解城市工薪阶层困难家庭的住房困难。

"幸福一点通" 指借助现代化网络通讯及信息技术,依托社会服务资源,向社区老人家庭尤其是"空巢"、独居、病残老人家庭提供紧急呼叫救助和日常生活照顾的个性化、信息化的家庭养老服务体系。老人们可使用直接连接到家庭固定电话上的呼叫装置,足不出户享受到医疗卫生、心理咨询、家电维修、家政服务等10多项人性化服务。

"河长制" 指河道整治行政首长负责制。

"城乡居民收入倍增计划" 指"十二五"期间,努力使居民收入增长与经济发展同步,人民生活质量和水平大幅提高,城乡居民收入年均增长12%以上,力争实现倍增。

城市发展"215计划" 指用2年时间,实施100多个重大重点项目,推进活力工程、低碳工程、和谐工程、魅力工程、生态工程等5大工程,突出功能新提升、居住新趋势、生活新理念、生产新模式,促进经济转型和城市转型,打造绿色、环保的低碳城市,建设可持续发展的人居环境。

信访工作"四无" 指无进京非正常上访和重复访,无进京集体访和去省重复集体访,无历史遗留信访案件,无因信访问题引发的有影响事件。

"常青藤"工程 指江阴市委、市政府培育企业家接班人的一项系统工程。

"新三路"工程 指暨南大道二期(含川气东送配套道路)、扬子江路北段、京沪高铁安镇站连接道路三条道路的建设工程。

廉政文化"六进"工程 指廉政文化进机关、进社区、进家庭、进学校、进企业、进农村。

镇村道路"五个一" 指建成一个规范路口、设置一个规范停车场、创建一条规范文明交通示范街、成立一支专兼职管理队伍、完善一套规范管理制度。

【江阴市新兴产业“445计划”】

2009年12月，江阴市委、市政府提出新兴产业发展“445计划”，即用4年时间，重点打造以风电为主体的低碳产业、车船装备为主体的机械装备制造产业、新材料产业（石化）和现代物流产业4个“千亿级产业集群”和生物医药、服务外包、新传感器、文化创意、地区总部经济5个“百亿级新兴战略性产业园区”。

① 2010年1月4日，江阴临港新城召开培育四大千亿级产业集群大会战推进会暨临港新城工作会议。
② 江苏省江阴经济开发区(深圳)战略性新兴产业发展恳谈会现场
③ 江苏长电科技股份有限公司生产车间

【江阴临港新城低碳产业园】

低碳产业园重点以风电、光伏、节能三大产业为主要发展对象，以低碳化为主题，以研发总装、核心部件生产、人才培训及服务检测等为主要内容，打造以风电为主的高端产业区，并依托河豚渔村、渔光会馆等商务配套设施，建设高端服务区、绿色生态区和低碳示范社区。风电产业区以远见风能为龙头，全球最大的风机叶片生产厂商丹麦LM投资的风机叶片项目于2009年底入驻园区，2010年1月正式开工建设，同年7月竣工投产。光伏产业区总投资9998万美元的浚鑫科技二期200兆瓦晶硅太阳能电池项目已开工建设，预计2011年下半年投产；节能产业区由中国节能投资公司主导的节能产业园即将启动。

① 远见风能有限公司

② 江阴临港新城低碳产业园配套的临港新天地效果图

【江阴临港新城机械装备产业园】

机械装备产业园按照“产业优先、整合集聚、和谐共建、超越发展”的发展思路，全面实施新兴产业发展“445计划”，全力培育千亿级产业集群，通过加快招商引资步伐、加速重点重大项目建设、加大科研技改项目投入，实施产品创优、技术创新、名牌品牌战略，提升产业层次，逐步形成以双良集团为龙头的节能环保机械、以柳工机械和华骏机械为代表的工程机械、以国光重机为代表的重型机械等三大产业集群。

① 2010年4月，利港镇机械装备产业集群发展计划通过专家论证。
② 2011年3月，柳工无锡研发制造基地开工奠基。
③ 2010年6月，江苏国光重机7000吨锻造油压机投运。
④ 浙大机械装备研发平台助推机械装备产业集群发展
⑤ 江苏双良锅炉有限公司生产车间

【江阴临港新城新材料产业园】

新材料产业园规划发展用地20平方公里。西邻常州高新园区，北枕长江，物流发展交通便捷；南接常州行政商务区，与常州融合对接，资源共享。园区交通便捷、地理位置独特、产业链集聚，是发展制造业、新材料产业、石化业、房产业、特色农业等各类投资项目的理想选择。

① 临港新城新材料产业园
② 阿尔法沥青有限公司
③ 法尔胜线接触项目
④ 建滔电子生产车间
⑤ 汉邦石化项目

江阴临港新城现代物流产业园

现代物流产业园是无锡市最大的物流基地和江苏省五大物流基地之一。产业园位于江阴市城区西北部，北枕长江黄金水道，锡澄运河穿园而过，依托优越的地理位置和沿江港口优势，大力发展以港口货运、装卸、仓储、商贸、物流信息处理等为重点的现代物流产业和软件及服务外包产业，已逐渐成为“长三角”地区物流体系的一个重要节点。园区产业基础雄厚，区域功能健全，规划建设超前，资源配置科学，集疏运体系完善，服务环境一流，建有各具特色、功能互补、互动发展的多个重点商贸市场和物流中心。

① 江阴临港新城现代物流产业园办公楼
② 江阴长江港口综合物流园区
③ 江阴临港新城现代物流园区

【江阴经济开发区生物医药产业园】

生物医药产业园初步形成“研发孵化—科技加速—产业化”的科技企业成长路线图，为生物医药企业提供“特别适宜创新生长，特别能够裂变成功”的发展平台，重点突出生物制药、体外诊断试剂、便携式医疗器械、生物技术服务外包等四大领域。百桥园是研发孵化项目的承载区，2010年底已拥有有企业近40个，其中无锡市“530计划”企业35个；扬子江生物医药加速器是江苏省首批唯一的生物医药专业加速器，主要承接项目研发成果的产业化，力博医药、金泰克生物、普莱医药等企业即将入驻并可实现产业化；生物医药产业园主要承接从生物医药加速器裂变成功的种子型企业和龙头型企业，天江药业、神州济仁、荷兰帝斯曼生物医药等高、新、尖企业陆续入驻。

① 国际生物医药孵化园
② 扬子江生物医药加速器效果图
③ 生物医药产业园鸟瞰图

【江阴经济开发区新传感网产业园】

新传感网产业园以江阴高新技术创业园为研发孵化载体，以创智产业园为科技加速承接区，以即将启动建设的新潮集团物联网产业园为产业化基地，重点突出RFID射频识别、影像、超声波、光纤、生物、荧光等传感器，微机电系统、定位、短距通信、二维码、传感网络节点、云计算等各类技术和应用。目前依托国家级高新技术创业服务中心、大学生科技创业见习基地和省级留学人员创业园等平台优势，进一步完善中介、项目对接、人才和技术信息、产学研合作以及投融资等五大公共服务平台，全力为入孵企业提供商务、专利、法律、政策、科技、上市辅导等各项服务。凯路威电子、汉德天坤、天一环保等一批企业已经进入全面产业化阶段，为城市管理、社区管理、校园安全、食品安全、安防、环保、物流等领域提供物联网解决方案。

① 新传感网产业园办公楼
② 江苏凯路威电子科技有限公司生产车间
③ 江苏长电科技股份有限公司生产车间

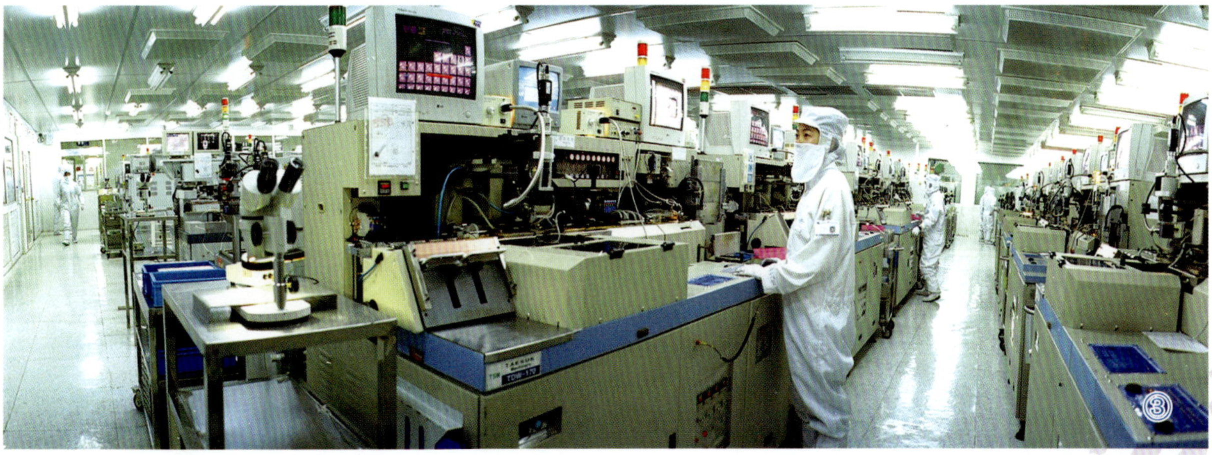

【江阴经济开发区服务外包产业园】

服务外包产业园以扬子江信息软件园和扬子江创智产业园为承接地，成功引进了浙大网新、晟峰高科、同方股份、紫光软件、阿里巴巴、腾讯等一批龙头品牌企业。2010年底，累计集聚服务外包企业近108个，被评为“省级国际服务外包示范区”，扬子江信息软件园被认定为“江苏省软件和信息服务产业园”。面向未来，园区将重点形成软件外包、电子商务、生物医药研发外包、检验检测外包、技术研发外包、影视动漫游戏外包六大特色产业。

① 服务外包入驻企业标记
② 江阴市天安数码城效果图

【江阴经济开发区文化创意产业园】

文化创意产业园以设计服务业、信息服务业、动漫游戏业、文化传媒业、教育培训业、休闲娱乐业为发展重点，2010年底园区已集聚43个企业，1000多名创意人才。中国“文化产业年度十大人物”得主魏来，下一代电影质大型网络游戏开发领军人物王鹏勃相继落户园区。经过近两年的发展，园区企业已经进入快速成长期，国动文化传媒有限公司原创作品《风花仙子外传》登陆韩国市场，天普文化传播有限公司投拍的电影《失控》创数字电影发行量新高，原创游戏《王者大陆》《欢乐马场》等纷纷出炉，目前儿童数字出版基地、大型网络游戏运营平台正在加速推进。

① 文化创意产业园夜景图
② 文化创意LOGO合集
③ 动漫城大厅

【江阴市地区总部经济园】

地区总部经济园位于市区东部，东至东外环路、南至新长铁路、西至水岸新都、北至新华路，由三个地块组成，规划用地面积46公顷，规划建筑面积约120万平方米。园区建成后将集企业总部、商务办公、星级酒店、酒店式公寓、金融保险、商业服务、文化创意、休闲娱乐等业态于一体，形成各类总部企业聚集，资本、技术、信息密集，功能配套，设施完善，最具活力和创造力的城市商务和金融核心区。2010年新引进企业28个，新开工建设项目5项。

① 2009年9月10日，无锡市委书记杨卫泽(右一)和无锡市委常委、江阴市委书记朱民阳(左一)考察总部经济园区。
② 园区未来的商业街
③ 总部经济园区东部效果图
④ 江阴总部经济园区聚燕会所全景

【江阴市科学技术局】

市科技局围绕新兴产业“445计划”开展的“科技项目储备库”建设成效显著，2010年组织实施国家、江苏省、无锡市各类科技计划项目312项，为企业争取到上级扶持资金1.46亿余元。新增省级创新型企业23个、省工程技术研究中心35个、省级企业院士工作站3个，先后获批省级物联网和风电装备科技产业园、省级江阴大学科技园。全市高新技术产业增加值占规模以上工业增加值的比重达42%，比上年同期上升9个百分点。全市专利申请5776件，专利授权达3830件，创历史新高。科技“三创”载体建成210万平方米，入驻孵化企业800余个。第二十届科技节活动影响深远，无锡“国际人才特区”江阴科技人才资本战略合作创新联盟成立和江阴科技金融“22条”的颁布开启全市科技金融服务体系建设历史新纪元。

① 2010年3月31日，江苏省领导罗志军(前排左二)与无锡市领导杨卫泽(前排左一)等视察江阴高新技术创业园。

②③ 2010年10月23日，召开江阴科技人才资本战略合作创新联盟成立大会。

④ 2010年10月23日，举办全国“孵化器建设与区域经济发展”高层论坛。

【江阴市国土资源局】

市国土资源局大力弘扬“旗帜鲜明执法、全力以赴服务”的江阴国土精神，大胆探索、开拓创新，以集中推进集约，以集聚促进节约，走出了一条符合实际的科学用地之路。2010年，市国土资源局先后获得了全国国土资源管理系统先进集体、全省国土资源系统推进依法行政先进单位、全省国土资源系统“五五”普法工作先进单位和江苏省地籍管理先进单位等荣誉称号；局领导班子被市委、市政府评为“团结、廉洁、高效、开拓”好班子；开发区分局被省国土资源厅表彰为“江苏省优秀国土资源所”。

① 2010年3月，江苏省领导调研江阴“万顷良田”建设工程。
② 2010年12月7日，江阴市副市长袁秋中在全国国土资源节约集约模范县(市) 创建活动经验交流会上发言。
③ 2011年1月21日，市国土资源局局长苏士虎作为先进集体代表参加全国国土资源管理系统先进集体表彰会。
④ 2010年5月26日，国土资源科普基地揭牌。

【江阴市地方税务局】

江阴市地方税务局全力推进“三个一流”（一流的干部队伍、一流的服务水平、一流的工作业绩）建设，以组织收入为中心的各项工作齐头并进，地税事业呈现又好又快的发展势头。进一步落实“以旬保月、以月保季、以季保年”的组织收入工作机制，实现税收收入的平稳、有序增长，组织收入总量实现新攀升。税收征管水平获得新提高。加强基础数据管理，加强国地税协作征管，加强效能通报管理，开展门市开票执行政策情况的专项检查，全面规范门市开票工作。税收法制环境得到新规范。全力推进企业实施主辅分离，支持全市新兴产业发展，开展江阴地税特色的纳税评估工作，形成征稽合力。纳税服务水平取得新提升，成立无锡市首个行政服务中心地税分中心；借助政府公共平台，开设“12366”咨询热线人工坐席服务电话，开展系列税收宣传活动。创新完善五项干部管理机制，加强思想教育和廉政教育，扎实开展分级分类全员培训。

① 2010年12月31日，无锡市委常委、江阴市委书记朱民阳(前排左二)慰问地税干部。
② 2010年6月，无锡地税系统首个行政服务中心地税分中心成立。
③ 2010年7月20日，地税局网站访问量突破500万人次庆祝会。
④ 地税局专设绿色通道服务第19届中国金鸡百花电影节
⑤ 2010年10月17日，华西村党委书记吴协恩为江阴市地税干部讲述华西村发展史。

【无锡市江阴工商行政管理局】

江阴工商局围绕服务发展和维护民生需要，在服务经济转型、实施商标战略、依法强化监管、积极创先争优等方面履职尽责，助推外资合伙、商标权质押、“双打”行动等工作取得新突破。一年来，历史性地获得了无锡工商局年度考核所有单项考核条线第一名的好成绩，被评为江苏省文明行业，获无锡工商系统先进集体及江阴市“三服务”工作先进部门、“万人评议机关”活动优胜奖等殊荣，并获市目标绩效考核垂直条线第一名。党组班子被评为市“团结、廉洁、高效、开拓”好班子。有2个分局被评定为省级文明工商分局，13个分局被命名为江阴市文明单位。局机关党委获评“和谐示范社区创建工作先进单位”，工商局志愿者联合会获评市优秀志愿服务团队，“红盾社区行”服务品牌被评为市“十佳”优秀服务品牌。

① 2010年3月15日，江苏省、无锡市工商系统领导考察调研江阴市重点骨干企业。
② 2010年2月11日，局长陈俊虎陪同王锡南(左三)等市领导在节前视察农贸市场。
③ 2010年9月27日，检查大型超市食品安全情况。
④ 2010年10月21日，开展“走进科技新城，服务新兴产业”活动。
⑤ 2010年11月20日，开展“红盾社区行”系列活动。

【江阴市妇女联合会】

2010年是“三八”国际劳动妇女节成立100周年，为弘扬“四自”（自尊、自信、自立、自强）精神，展示巾帼风采，市妇联举行了一系列纪念活动，评选表彰了一批“三八”红旗手标兵和“三八”红旗集体，编写了《江花烂漫》纪念图书，展示了百位杰出江阴女性的先进事迹。一年来，市妇联助推妇女创业就业，协调发放妇女创业贷款，组织妇女创业就业培训；实施妇幼实事工程，帮扶单身贫困母亲、“两癌”（宫颈癌，乳腺癌）特困妇女；促进女性素质提升，开展“阅读，做书香女人”主题活动；推动家庭科学育人，开展“快乐，伴孩子成长”系列活动。是年，江阴市被全国妇联、民政部、环境保护部、文化部、国家广电总局等五部门联合命名为“全国创建学习型家庭示范市”，是全省唯一获此殊荣的县级城市；江阴市五好文明家庭创建活动协调小组被评为第七届全国先进协调组织。

① 2010年6月1日，无锡市委常委、江阴市委书记朱民阳(右三)等领导与少年儿童共度“六一”儿童节。
② 2010年3月6日，市长王锡南(左一)为江阴市“三八”红旗手标兵颁奖。
③ 2010年3月8日，市委副书记赵国权(右一)与机关妇女代表一起种植百年妇运纪念林。
④ 2010年5月17日，副市长钱文琴(后排左四)参加妇女创业小额贷款签约仪式。
⑤ 2010年3月6日，江阴市召开纪念“三八”国际劳动妇女节100周年大会。

【江阴市残疾人联合会】

2010年，市残联积极为残疾人提供优质高效的服务，建成210个社区康复站（点），实现康复服务网络、对象两个“全覆盖”；深入推进“五送五服务”助残活动；建成残疾人工(农)疗站、就业扶持基地、托养所等服务机构23个，打响“幸福家园”服务品牌；开展实事工程，帮扶残疾人就业361人，残疾人职业培训310人，重残救助6000余人次，康复服务2.6万余人，教育资助257人；市残疾人业余艺术团赴托养机构等地慰问演出7场。江阴市获“全国残疾人社区康复示范市”称号，市残联获江苏省“残疾人之家”“残疾人状况监测工作先进单位”“残疾人就业保障金征缴工作成绩突出单位”称号。

① 2010年5月13日，无锡市委常委、江阴市委书记朱民阳(左一)等市领导慰问市残疾人业余艺术团演员。

② 2010年2月21日，市长王锡南(左一)等市领导在残联领导陪同下到残疾人专场招聘会上看望残疾人。

③ 2010年7月3日，全国残疾人社区康复示范市复评检查情况通报会现场。

④ 2010年10月19日，江阴市举办首届残疾人技能竞赛。

【江阴市红十字会】

2010年，市红十字会积极援助受灾地区，为玉树地震、舟曲泥石流等灾区募集人道救助款物469.9万元。深入开展“幸福在江阴，博爱暖人心”新春救助、学生大病医疗救助、青少年儿童白血病救助、妇女“两癌”(乳腺癌、宫颈癌)筛查红十字医疗救助等活动，年内发放各类救助款物80万余元。积极开展世界红十字日暨防灾减灾日宣传、健康爱心行动进社区、急救知识进社区大型直播等活动。开展情系清平舟曲赈灾义演、关爱白血病公益义演等红十字志愿服务活动。推进无偿献血宣传工作，开展造血干细胞捐献采样活动，年内有147名造血干细胞捐献志愿者采样入库，1人成功捐献造血干细胞。完成2000名红十字救护员和2万名群众性现场初级急救培训，深入开展群众性初级卫生救护培训工作。是年，市红十字会获无锡市红十字会系统2010年度目标管理考核优秀奖第一名、单项工作特别贡献奖、两项创新工作奖、江阴市对口援建绵竹市清平乡先进集体。

① 2010年8月27日，中国红十字会副会长郭长江(前排右二)考察江阴市红十字工作。
② 2010年2月1日，副市长、市红十字会会长龚振东(左二)等领导走访慰问贫困家庭。
③ 2010年4月12~16日，市红十字会举办江阴市救护培训实事项目师资培训班。
④ 2010年12月24日，市红十字会召开七届三次理事会议。

【江阴市公安局】

2010年，市公安局围绕“全国现代警务先导区、示范区” 奋斗目标，始终服从和服务于“幸福江阴”建设大局，坚持用前瞻的理念带动全警、用创新的手段突破瓶颈、用精细的管理提升质效，着力抓好信息警务、预知警务、合成警务、动态警务、换位警务、诚信警务、人本警务等七大工作重点，铸炼“江阴警察精神”（忠诚履职、为民奉献、务实创新、勇争一流），努力建成“社会治安最稳定、最安全的城市之一”“交通秩序最畅通、最文明的地区之一”“公安队伍最优秀、最具活力的警队之一”，把群众安全感作为创新社会管理、提升幸福指数的主攻方向，实现平安品质大跃进，推出“设防城市”“畅通工程”等一系列在全国、全省叫得响的品牌。据“幸福江阴”年度民意调查显示，群众对全市“交通出行”“社会治安”和“交通安全”的满意率分别达98.1%、97.8%、96.2%，包揽社会事业25项指标前三名。年内，江阴市被公安部、住房和城乡建设部授予“实施畅通工程模范管理城市”称号，连续第6年被江苏省委、省政府评为全省社会治安安全县（市）。市公安局、市交巡警大队车辆管理所分别被公安部评为公安机关执法示范单位和优秀县级车辆管理所；市公安局被江苏省文明委授予“2007～2009年度创建文明行业工作先进单位”称号；整体工作绩效考核成绩继续名列无锡市第一，被无锡市政府荣记集体二等功。

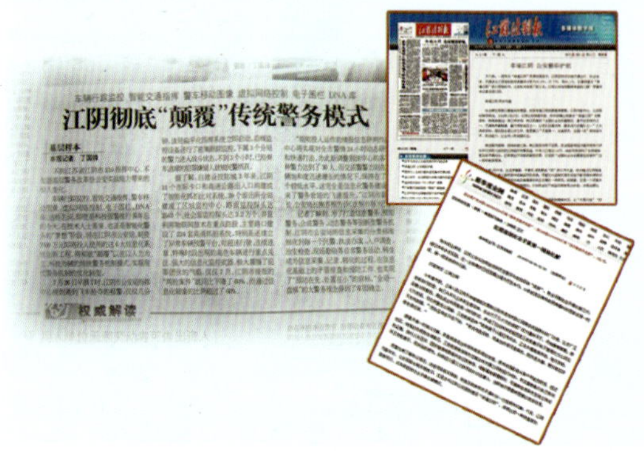

① 2010年9月1日，公安部、住房和城乡建设部在江阴市隆重举行实施畅通工程模范管理城市授牌仪式。
② 2010年8月7日，全市公安机关举行警民恳谈会。
③ 2010年7月22日，公安交通指挥中心运行。
④ 2010年12月28日，举行江阴市综合应急救援大队揭牌暨市公安消防指挥中心启用仪式。
⑤ 2010年4月26日，市公安局全面起动城区亮灯编队巡逻行动。
⑥ 2010年11月9日，在全国首先应用物联网于金融收押。

【江阴市城市管理局】

①

2010年，市城管局紧紧围绕“提升群众满意度，推进幸福江阴建设”为目标，内强素质，外塑形象，创新体制机制，不断加大城市管理和行政执法工作力度，深入开展环境综合整治，扎实推进各项民生实事工程的实施，加快数字城管建设和运行，全力做好市里各项重要活动保障工作，圆满完成全年各项目标任务。是年，全局行政处罚案件2.08万件；拆除违法建筑696处；签订市容责任状1.84万件；生活垃圾无害化处理45.6万吨；办理特种垃圾处置证8983张；办理行政许可7848件；受理各类信访投诉2035件，做到及时签收率100%，按时回复率100%，群众满意率98%。完成第19届中国金鸡百花电影节等各类重大活动市容环境保障80次。

②

③

④

⑤

① 市城管局办公大楼新貌
② 2010年10月29日，市城市管理监督指挥中心揭牌启用。
③ 2010年8月23日，市城市管理委员会召开第一次联席会议。
④ 2010年3月8日，市城管局开展“学习华西精神、打造三个一流、提升三个满意”作风效能建设活动。
⑤ 2010年3月10日，市城管局全面推行“动态化、网格式”大巡查和说理性执法。
⑥ 2010年8月12日，局领导慰问高温一线职工。
⑦ 2010年12月4日，局领导在空中热线节目中与群众互动交流。
⑧ 2010年10月29日，市城管局举办“心系家园”文艺演出。
⑨ 2010年9月改造后的南街一景
⑩ 2010年3月，运用社会资本更新城区108个便民信息栏。
⑪ 2010年，运用社会资本改设城区70个便民修理亭。
⑫ 2010年9月，环城南路立面改造工程完成。

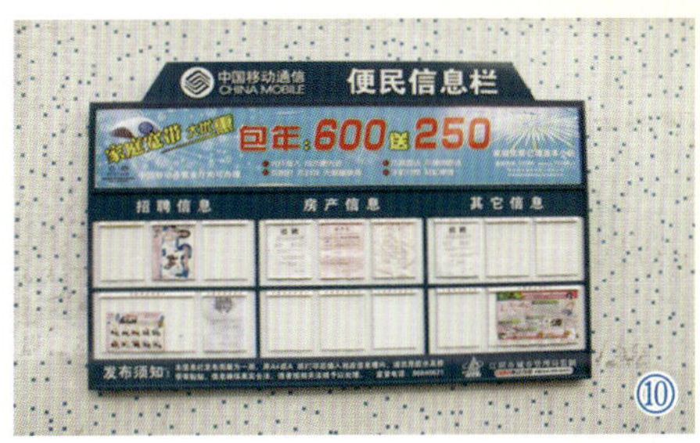

【江阴市人民武装部】

市人民武装部，坚持深入学习实践科学发展观，大力开展“创先争优”活动，突出加强思想政治建设，扎实推进军事斗争常态化准备，努力创建学习型党委班子，着力夯实基层建设基础，毫不放松抓好安全稳定，较好地完成了年度各项工作任务，全面建设继续保持科学发展的良好势头。2010年，被南京军区表彰为团以上党委班子岗位练兵先进单位，被江苏省军区表彰为先进团级党委、先进纪委和全民国防教育先进单位，无锡军分区党委作出《开展向江阴市人武部党委学习活动的决定》。

① 2010年4月22日，江苏省委常委、省军区政委李笃信(中)在无锡市委常委、江阴市委书记朱民阳(左一)陪同下视察市人武部。

② 2010年11月8日，市征兵领导小组视察体检现场。

③ 2010年8月3日，江阴市民兵应急连队员在江苏泰州参加全省民兵“精准射击、精熟操作、精确指挥”竞赛。

④ 2010年3月，江阴市人武部参加南京军区组织的团以上党委班子练兵成果汇报活动。